Hellmut Wollmann/ Roland Roth (Hrsg.)

Kommunalpolitik

Politisches Handeln in den Gemeinden

D1712161

Leske + Budrich GmbH, Opladen 1999

Die Deutsche Bibliothek – CIP-Einheitsaufnahme
Kommunalpolitik: Politisches Handeln in den Gemeinden / Hrsg.: Hellmut Wollmann;
Roland Roth. – 2. völlig überarb. und akt. Auflage. – Opladen: Leske und Budrich, 1999
ISBN 3-8100-2210-1
NE: Wollmann, Hellmut [Hrsg.];

Lektorat: Dr. Frank Berg
Redaktionelle Betreuung: Sabine Berthold
Satzherstellung: Fotosatz Froitzheim AG, Bonn
Druck: Bercker, Kevelaer
Printed in Germany

Inhalt

V

VIII

Vorwort

Wenn wir kaum fünf Jahre nach dem ersten Erscheinen eine erweiterte und umfassend überarbeitete Neuausgabe des Sammelbandes »Kommunalpolitik« vorlegen, tragen wir damit der enormen Veränderungsgeschwindigkeit Rechnung, die in vielen Feldern der Kommunalpolitik am Ende dieses Jahrhunderts zu beobachten ist. Nicht nur mit Blick auf die deutsch-deutsche Vereinigung gilt: »Soviel Anfang war nie«. Das spannungsreiche Kräftefeld des kommunalen Wandels läßt sich grob mit den Stichworten Globalisierung, Europäisierung, Ökonomisierung/Privatisierung, Verwaltungsreform und Demokratisierung abstecken.

Spürbarer denn je wirken ökonomisch vorangetriebene Globalisierungsprozesse auf die Kommunalpolitik. Die oft zitierte »Standortfrage« provoziert und verlangt nicht zuletzt lokal angepaßte Antworten. Sie zu finden und umzusetzen, übersteigt allerdings häufig das hergebrachte Handlungspotential der zuständigen Ämter. Experimentiert wird daher mit neuen Kooperationsformen, wie z. B. »public private partnerships«, imageträchtigen Festivals und möglichst internationalen Ausstellungen – Anstrengungen, die gelegentlich zum Leitbild der »unternehmerischen Stadt« verdichtet werden. Auch dort, wo solche Kampagnen von Erfolg gekrönt sind, laufen wenig glamouröse soziale »Kosten« auf. Ein vielerorts zu beobachtender Globalisierungseffekt ist die wachsende soziale Ungleichheit. Auch wo sie sich (noch) nicht in räumlicher Segregation und Ghettobildung niederschlägt, wie wir sie von vielen US-Städten oder den Stadtrandsiedlungen französischer Großstädte kennen, haben vielfältige Erscheinungsformen der sozialen Ausgrenzung und Verarmung auch in Deutschland die bange Frage auf die Tagesordnung gesetzt: »Überlebt die soziale Stadt?«. Die gesteigerte Mobilität auf den internationalen Finanz- und Kapitalmärkten ist von Migration und Fluchtbewegungen begleitet. Sie stellen eine sozialintegrative Herausforderung dar, die in erster Linie von den Kommunen zu bewältigen ist. Aber zumeist fehlt es ihnen an den entsprechenden Mitteln und Voraussetzungen. Der Aufschwung rechtsradikaler Mobilisierungen und »ausländerfeindlicher« Gewalttaten in den neunziger Jahren signalisiert, wie weit entfernt wir von einer offenen, toleranten und multikulturellen Stadtgesellschaft sind. Auch wenn Stichworte wie »Globalisierung« und »Standort« häufig zur Verstärkung von rhetorischem Imponiergehabe und zum Passepartout für alle möglichen Interessen funktionalisiert oder zu Sammelbegriffen für vielfältige Bedrohungsgefühle werden, dürfte doch unstrittig sein, daß wir eher am Anfang als am Ende der damit bezeichneten ökonomisch-gesellschaftlichen Umbrüche stehen.

Europa hat sich in der gedrungenen Gestalt der Europäischen Union seit Maastricht zu einem gewichtiger werdenden politischen Faktor entwickelt, der auf die kommunale Ebene austrahlt. Einerseits wird mit dieser Europäisierung die Hierarchie der politischen Ebenen von Gemeinden, Ländern und Bund um eine weitere aufgestockt, die keineswegs flächendeckend, aber doch in zahlreichen lokalen Politikfeldern Einfluß nimmt. Andererseits – und dies gilt besonders für die kommunale Ebene in Ostdeutschland – halten die Förderungsprogramme der EU diverse »Töpfe« bereit, aus denen sich die notorisch finanzknappen Kommunen bedienen können. Mit der Wirtschafts- und Währungsunion wurde jedoch nicht nur der nationalstaatliche Rahmen erweitert bzw. aufgestockt, sondern wurden zugleich europäische Bürgerrechte geschaffen, die auch die Gemeindeebene zu verändern beginnen. Unmittelbar spürbar wird dies im Kommunalwahlrecht für EU-BürgerInnen, aber auch in den grenzüberschreitenden ökonomischen Rechten, die z. B. die für die Bundesrepublik bislang prägende, im internationalen Vergleich einmalige Vorrangigkeit der Wohlfahrtsverbände für weite Bereiche der sozialen Dienste und Einrichtungen in Frage stellen wird. Auch für die Dynamik der EU-Europäisierung gilt, daß deren längerfristige Wirkungen auf die Gemeindepolitik – zumal nach der Einführung des »Euro« – gegenwärtig kaum absehbar sind.

Bis in die siebziger Jahre – in der »alten« Bundesrepublik noch ein Jahrzehnt länger – schien es so, als folge die Entwicklung der kommunalen Aufgabenfelder und Versorgungseinrichtungen dem »Wagnerschen Gesetz« stetig wachsender Staatstätigkeit. Jahresringen gleich zeichnete sich Kommunalpolitik in erster Linie durch die Neuanlagerungen von Leistungen und Diensten aus, ohne daß der Bestand in Frage gestellt wurde. Seither hat eine neoliberale Gegenbewegung die Kommune als Garant von Infrastruktureinrichtungen umgekrempelt. Längst sind in vielen Ländern klassische kommunale Dienste – von der Wasser- und Gasversorgung bis zur Müllabfuhr – (wieder) an private Unternehmen abgetreten worden. Frühere Domänen kommunaler Daseinsvorsorge, wie z. B. der kommunale Wohnungsbau, sind zu Brachland geworden. Aber die Trendwende in Richtung marktwirtschaftlicher Privatisierung ist keineswegs ungebrochen, denn die Kommunen sehen sich auch mit neuen Infrastrukturforderungen konfrontiert, wie z. B. die Versorgung mit neuen Informationstechnologien und Internetanschlüssen. Welche Aufgaben aus welchen Gründen in kommunaler Regie verbleiben sollten, ist heute umstrittener denn je. Daß von der jeweiligen wohlfahrtspolitischen Verteilung der Zuständigkeiten zwischen Staat, Markt und Gemeinschaften/Haushalten auch die Gestaltungskraft kommunaler Politik berührt wird, dürfte allerdings auf der Hand liegen.

Jenseits der Frage nach dem Zuschnitt der kommunalen Aufgaben wird die kommunale Landschaft der Bundesrepublik durch die Suche nach »neuen Steuerungsmodellen« bzw. einem »new public management« umgepflügt. Betriebswirtschaftliche Orientierungen sollen auch – so die Botschaft – in der kommunalen Selbstverwaltung Einzug halten, um dort zu mehr Effizienz – und womöglich auch zu mehr Demokratie – beizutragen. Mit dem neuen Leitmotiv »Vom Bürger zum Kunden« werden jedenfalls zwiespältige Erwartungen angesprochen. Eine neue Konsumentensouveränität soll dort Einzug halten, wo vordem Amtsstubengeist wehte. Aber wie steht es um die sozialen Garantien für jene Bevölkerungsgruppen, denen es an der nötigen Kaufkraft mangelt? Mit der Erprobung von neuen Managementmodellen wird auch das demokratische Potential kommunaler Selbstverwaltung im Spannungsfeld von Bürgerinnen und Bürgern, ihren Vertretungsorganen und der kommunalen Verwaltung neu vermessen. Ob sich der vielfach versprochene doppelte Zugewinn an Effizienz und Demokratie wirklich einstellen wird, läßt sich gegenwärtig schwer entscheiden.

Ähnlich schwierig ist eine Bilanz der inzwischen abgeschlossenen Serie von Kommunalverfassungsreformen, die in den neunziger Jahren einige der Besonderheiten der süddeutschen Kommunalverfassung auf die gesamte Bundesrepublik ausdehnte. Im Zentrum der öffentlichen Aufmerksamkeit stand die flächendeckende Einführung von direktdemokratischen Verfahren – allen voran die Möglichkeit von Sachentscheiden über Bürgerbegehren und Bürgerentscheid, zusätzlich in vielen Ländern die Direktwahl von Bürgermeistern und Landräten. Auch wenn wir die Langfristwirkungen noch nicht absehen können, deutet die konkrete Ausgestaltung dieses kommunalen Demokratisierungsschubs nicht in Richtung einer Abkehr von den repräsentativen Traditionen in der Kommunalpolitik, sondern allenfalls auf eine direkt-demokratische Ergänzung. Daß mit gelegentlichen Sachvoten die in Bürgerinitiativen, sozialen Protesten oder Selbsthilfegruppen aufgestauten Beteiligungsansprüche abgegolten werden können, steht daher kaum zu erwarten. Parallel haben sich weitere Demokratisierungsinitiativen entwickelt, die – z. B. mit Kinder- und Jugendparlamenten – auf mehr politische Beteiligung entlang spezifischer Lebenslagen und Betroffenheiten setzen.

Während die bislang beschriebenen Veränderungsquellen auch in vielen anderen Ländern mit einer starken Tradition kommunaler Selbstverwaltung zu finden sind, wird die Situation in Deutschland zusätzlich durch die Besonderheiten des Vereinigungsprozesses geprägt. Wie wohl nicht anders zu erwarten war, hat die Übernahme zentraler kommunalpolitischer Institutionen in den neuen Ländern nicht zu einem deckungsgleichen Abbild des Westens geführt. Daß lokale Politik in den neuen Ländern als besonders »problemreich und konfliktgeladen« erscheint, gehört noch zu den hoffnungsvolleren Aussagen, markiert diese Diagnose zumindest einen deutlichen Bruch mit der zentralstaatlichen Bevormundung (»doppelte Unterstellung«) der DDR-Gemeinden. Ihre besondere Ressourcenschwäche und rechtliche Einbindung könnte ansonsten leicht den Eindruck entstehen lassen, der Systemwechsel habe an der Nachrangigkeit der kommunalen Ebene letztlich nichts verändert.

Keines dieser aufgelisteten Kräftefelder (und weitere müßten sicherlich hinzugefügt werden) hat spürbar an Veränderungsenergie verloren. Gerade deshalb ist es notwendig, immer wieder Zwischenbilanzen und Ortsbestimmungen zu versuchen. Sie ermöglichen Orientierungen und zeigen Eingriffschancen, selbst wenn viele der Detailaussagen nur für begrenzte Zeit Gültigkeit haben. Der faszinierte Blick auf das Neue kann zudem zu Trugschlüssen verleiten. Meist handelt es sich ja nicht, wie im Falle des Vereinigungsprozesses, um revolutionäre Umbrüche und Neuanfänge. Vielmehr erweisen sich viele der kommunalpolitischen Neuerungen bei näherer Betrachtung als »pfadabhängig«, d. h. sie bewegen sich in den Grenzen der deutschen Traditionen kommunaler Selbstverwaltung. Wir haben die Autorinnen und Autoren dieses Bandes entsprechend gebeten, sowohl die Traditionslinien und dauerhaften institutionellen Strukturen ihres Themen- und Politikbereiches aufzuzeigen, wie auch jeweils die jüngsten Veränderungen, Herausforderungen und Alternativen zu präsentieren. Ziel war ein möglichst umfassendes Arbeitsbuch für alle kommunalpolitisch Interessierten, das wesentlich auf die Fachkompetenz von Autorinnen und Autoren setzt, die sich wissenschaftlich und praktisch durch ihre Spezialkenntnisse ausgewiesen haben. Damit halten wir am Anspruch der Erstauflage fest, politische Beteiligung in der Kommunalpolitik durch eine kompetente Orientierungshilfe zu befördern.

Schon der erweiterte Umfang des vorliegenden Bandes macht deutlich, daß wir uns bemüht haben, einige der thematischen Lücken zu schließen. Zudem haben wir versucht, die in der kommunalwissenschaftlichen Literatur übliche Großstadtfixierung durch eine eingehendere Würdigung der Landkreise abzubauen. Leider mußten wir, um bei limitiertem Umfang Raum für einige Aufsätze zu neueren Entwicklungen zu gewinnen, einige Beiträge der Erstauflage herausnehmen. Dies fiel uns dann leichter, wenn wir den Eindruck hatten, daß diese Aufsätze auch ohne Aktualisierung ihre Orientierungsaufgabe erfüllen können. Wer sich z. B. zu den Themen Kommunalwissenschaften, Alternative Kommunalpolitik, Finanzplanung oder Neues Steuerungsmodell kundig machen möchte, sei nachdrücklich auf die entsprechenden Beiträge in der Erstauflage des Bandes verwiesen. Eine neue Gliederung des Bandes schien uns zur Steigerung seines Gebrauchswerts ebenso angezeigt wie ein Sachregister.

Der Bundeszentrale für politische Bildung möchten wir für das Interesse und die Bereitschaft danken, eine Neuausgabe des Bandes zu ermöglichen. Ein solch umfangreicher Band wird nur möglich, wenn viele mittun. Ihnen allen ist zu danken. Dies gilt zum einen selbstredend für die Autorinnen und Autoren, nicht zuletzt dafür, daß sie sich mit teilweise einschneidenden editorischen Kürzungsvorschlägen abfanden. Ganz besonders möchten wir Uta *Kühn*, Sekretärin am Lehrstuhl Verwaltungslehre der Humboldt-Universität, für die professionelle Sorgfalt und schier unerschöpfliche Geduld, mit der sie die komplexe Infrastruktur und Logistik des Bandes meisterte, und Dr. Frank *Berg* dafür danken, daß er mit großer fachlicher Kompetenz und unerschütterlicher Umsicht die aufwendige redaktionelle Bearbeitung der Beiträge bis zur Druckvorlage und die Erstellung des Sachregisters besorgte.

Berlin, im Mai 1998
Hellmut Wollmann

Roland Roth

Kapitel 1:

Lokale Demokratie und lokale Politikarena

Roland Roth

Lokale Demokratie »von unten«

Bürgerinitiativen, städtischer Protest, Bürgerbewegungen und neue soziale Bewegungen in der Kommunalpolitik

Im internationalen Vergleich gilt Deutschland als Nation mit einer traditionell starken lokalen Selbstverwaltung.[1] Daß im »Dritten Reich« und in der DDR die kommunale Selbstverwaltung zentralistisch abgewürgt wurde, sind die bestätigenden Ausnahmen dieses lokal-demokratischen Gesamtbildes. Stärke wird nicht nur für die Stellung der Kommunen in der Staatsorganisation reklamiert, sondern auch für deren demokratische Substanz. Die Verallgemeinerung des kommunalen Wahlrechts und die von den Parteien ausgehende Politisierung der kommunalen Selbstverwaltung haben sicherlich dazu beigetragen.[2] Die bislang erfolglosen Versuche, auch der gesamten ausländischen Wohnbevölkerung in der Bundesrepublik das Kommunalwahlrecht einzuräumen (im Vertrag von Maastricht ist es für Bürgerinnen und Bürger aus den EU-Mitgliedstaaten vereinbart), die Debatten um das Wahlrecht für Jugendliche und die Einrichtung von kommunalen Kinder- und Jugendparlamenten, sowie der Ansturm von »grün-alternativen« und »bunten« Listen und Parteien auf die Gemeindeparlamente seit der zweiten Hälfte der siebziger Jahre zeigen, daß es sich hierbei nicht um abgeschlossene Kapitel demokratischer Partizipation handelt.

Neben den institutionell garantierten Formen der politischen Beteiligung kommt stärker informellen Akteuren, wie Bürgerinitiativen und Selbsthilfegruppen, städtischen Protesten und Bürgerbewegungen in der Demokratisierung lokaler Politik eine Schlüsselrolle zu. Davon zeugen die vielfältigen lokalen Aufbrüche und Experimente, die von Emanzipationsbewegungen in Deutschland seit dem Vormärz hervorgebracht wurden. Erinnert sei nur an die bunte Palette von lokalpolitischen Initiativen in der Revolutionskultur von 1848/49[3] oder den Aufschwung von Bürgerinitiativen[4] im Anschluß an jene Protestbewegungen, die mit der Jahreszahl »1968« verbunden werden. Bürgerinitiativen und andere lokale Proteste haben seither

---

1 Vgl. Arthur B. Gunlicks, Local Government in the German Federal System, Durham 1986, S. 208 ff.
2 Hierzu Adelheid von Saldern in diesem Band.
3 Auf das Gewicht lokaler Themen in den Revolutionsjahren von 1848/49 hat eindrucksvoll Manfred Gailus, Straße und Brot. Sozialer Protest in den deutschen Staaten unter besonderer Berücksichtigung Preußens 1847–1849, Göttingen 1990, aufmerksam gemacht.
4 Welch buntes Völkchen vor mehr als zwanzig Jahren unter dem Titel »Bürgerinitiative« antrat, dokumentiert der frühe Sammelband von Heinz Grossmann, Bürgerinitiativen – Schritte zur Veränderung? Frankfurt a. M. 1971.

2

erheblich zur Revitalisierung kommunaler Demokratie beigetragen, indem sie die lokale Öffentlichkeit belebt, das Konfliktbewußtsein geschärft, das Terrain der kommunalpolitischen Zuständigkeit erweitert sowie konkrete Alternativen und neue Visionen für die Kommunen entwickelt haben.[5]

Lokale Proteste und Initiativen lassen unterschiedliche Lesarten zu. Sie erinnern einerseits daran, daß Gemeindedemokratie nicht allein von institutionell verfaßten Handlungsspielräumen und einem funktionierenden Kommunalparlamentarismus leben kann, sondern des Engagements »von unten« bedarf. Kommunale Demokratie, die sich dem Leitbild einer »civic culture«[6] oder »starken Demokratie«[7] verpflichtet weiß, lebt von kritischer Öffentlichkeit, Widerspruch und Protest, von Selbsthilfe und direkter Beteiligung. Das in der alten Bundesrepublik in den letzten beiden Jahrzehnten eingespielte Nebeneinander von konventionellen und unkonventionellen Formen des politischen Engagements läßt sich in dieser Perspektive als ein demokratischer Substanzgewinn (nicht nur) der Kommunalpolitik interpretieren.[8] Der vielstimmige Protest selbst ist bereits eine demokratische Botschaft.[9]

Weniger beruhigend ist eine andere Lesart des lokalen Protests. Er war und ist immer auch praktische Kritik an der existierenden Kommunalpolitik, indem er in konkreten Politikbereichen Defizite und strukturelle Grenzen kommunaler Zuständig-

---

5   Die Gemeindedemokratie erhielt in den ersten beiden Jahrzehnten der Bundesrepublik eher schlechte Noten. In einer scharfen Kritik geißelte der konservative Staatsrechtslehrer Theodor Eschenburg 1964 in einem Vortrag über »Mythos und Wirklichkeit der kommunalen Selbstverwaltung« vor allem Byzantinismus, Subalternität, Kritiklähmung, Korruption und eine Feudalisierung der Mandate – abgedruckt in: Theodor Eschenburg, Zur politischen Praxis in der Bundesrepublik, Bd. II, München 1966, S. 126–147; zur Entwicklung der kommunalen Öffentlichkeit vgl. den Beitrag von Otfried Jarren in diesem Band.

6   Im Mittelpunkt dieses für die Debatte über »politische Kultur« zentralen Konzepts steht die Vorstellung, daß stabile repräsentative parlamentarische Demokratien eines »zivilen« Fundaments bedürfen, das einzig aus der informellen partizipatorischen Praxis von Bürgerinnen und Bürgern erwachsen kann. Bis in die sechziger Jahre hinein wurde der Verdacht geäußert, daß die Bundesrepublik – aufgrund einer fehlenden Partizipationskultur »von unten« – eine eher instabile »Schönwetterdemokratie« darstelle (zu Konzept und Diagnose s. Gabriel A. Almond/Sidney Verba, The Civic Culture. Political Attitudes and Democracy in Five Nations, Princeton/New York 1963). Erst nach der »partizipatorischen Revolution« der siebziger Jahre (Max Kaase) fiel die Diagnose günstiger aus – vgl. David P. Conradt, Changing German Political Culture, in: Gabriel A. Almond/Sidney Verba (Hrsg.), The Civic Culture Revisited, Boston und Toronto 1980, S. 212–272.

7   Zum Konzept einer auf kommunaler wie auf nationaler Ebene direkt-demokratisch ausgestalteten »starken Demokratie« s. Benjamin Barber, Strong Democracy. Participatory Politics for a New Age, Berkeley u. a. 1984 (deutsche Ausgabe: Hamburg 1994).

8   So Ulrich von Alemann, der bereits zu Beginn der achtziger Jahre in der intensiven Partizipationskultur neben und unterhalb der Parteien zwar eine Konkurrenz sieht, aber mit positiven Rückwirkungen rechnet: »Die Demokratie in Deutschland ist durch das Entstehen von Konkurrenz zu den Parteien stärker geworden.« (Parteiendemokratie und Bürgermitwirkung, in: Landeszentrale für politische Bildung des Landes Nordrhein-Westfalen (Hrsg.), Demokratie als Teilhabe. Chancen der Mitwirkung am demokratischen Prozeß in Staat und Gesellschaft, Köln 1981, S. 107–118, hier S. 118). Empirische Belege für diese Deutung bieten Jürgen Hofrichter/Hermann Schmitt, Eher mit- als gegeneinander! Zum Verhältnis von neuen sozialen Bewegungen und politischen Parteien in den achtziger Jahren, in: Roland Roth/Dieter Rucht (Hrsg.), Neue soziale Bewegungen in der Bundesrepublik Deutschland, Bonn 1991 (2. überarbeitete und erweiterte Auflage), S. 469–488.

9   Diese Perspektive entwickelt Ruud Koopmans, Democracy from Below. New Social Movements and the Political System in West Germany, Boulder, Colorado 1995.

keiten aufzeigt, die Grenzen des Politischen verschiebt, »non decisions«[10] auf die Tagesordnung zerrt, repräsentativen Beteiligungsformen ihre Legitimations- und Bindungskraft beschneidet und die fraglose Unterordnung unter Mehrheitsentscheidungen aufkündigt. Alltägliche Erfahrungen mit einem schier ohnmächtigen kommunalen »Scheinparlament«[11] und der notorischen »Unzuständigkeit« der Gemeindepolitik[12] haben dafür gesorgt, daß die Frage nach der politischen und damit auch demokratischen »Identität« der kommunalen Ebene aktuell geblieben ist.[13] Weder die Ansätze zu einer »alternativen Kommunalpolitik«, selbst wenn sie in rot-grünen Bündnissen zu Bestandteilen des kommunalen Regierungsprogramms wurden, noch die insgesamt eher bescheidenen direkt-demokratischen Öffnungen in einigen Kommunalverfassungen haben daran etwas ändern können. Protest läuft unter diesen Bedingungen leer oder bleibt borniert. Die skeptische Frage, ob und in welchem Umfang politische Alternativen auf kommunaler Ebene überhaupt entfaltet werden können, prägt auch die aktuelle Debatte.[14] Aus dieser Sicht wird Protest zum permanenten Krisensymptom, das an die ausgebliebene demokratische Kommunalisierung der Politik erinnert.[15]

---

10 Der Begriff »Nicht-Entscheidungen« verweist darauf, daß gerade im kommunalen Kontext zentrale politische Weichenstellungen durch lokale und überlokale Machtkonstellationen, aber auch durch Verfahrensregeln und Institutionen »vorentschieden« sind. Auf der Tagesordnung der Kommunalparlamente taucht nur ein vergleichsweise unbedeutender Rest auf, solange die Vorgaben der »Nicht-Entscheidungen« allgemein akzeptiert oder hingenommen werden, d. h. Protest ausbleibt – zu Begriff und Debatte s. Peter Bachrach/Morton S. Baratz, Macht und Armut. Eine theoretisch-empirische Untersuchung, Frankfurt a. M. 1977.

11 So die Bilanz eines Frankfurter Stadtverordneten zu Beginn der siebziger Jahre – s. Karl-Heinz Berkemeier, Das kommunale Schein-Parlament: Ausgeschaltet aus dem Planungsprozeß, in: Zeitschrift für Parlamentsfragen, (1972) 2, S. 202–208 – vgl. auch seinen Beitrag in diesem Band.

12 Die Bedeutung von vertikal wie horizontal aufgefächerten staatlichen Zuständigkeiten für die Absorption lokaler Proteste betont, gestützt auf Fallstudien, Herbert Grymer, Konfliktverarbeitung und Staatsstruktur, Frankfurt a. M./New York 1979.

13 Grundlegend Claus Offe, Zur Frage der »Identität der kommunalen Ebene«, in: Rolf-Richard Grauhan (Hrsg.), Lokale Politikforschung, Frankfurt a. M./New York 1975, S. 303–309; und erneut Udo Bullmann, Zur »Identität der lokalen Ebene«, in: Bernhard Blanke (Hrsg.), Staat und Stadt (PVS-Sonderheft 22), Opladen 1991, S. 72–92. Als jüngste Herausforderung für die »Identität« lokaler Politik werden die Folgen von ökonomischen Globalisierungsprozessen diskutiert – vgl. Saskia Sassen, Metropolen des Weltmarkts. Die neue Rolle des Global Cities, Frankfurt a. M./New York 1996; Wolfgang Gessenharter, Warum neue Beteiligungsmodelle auf kommunaler Ebene? Kommunalpolitik zwischen Globalisierung und Demokratisierung, in: Aus Politik und Zeitgeschichte, B 50/96, S. 3–13.

14 Vgl. die Diskussionsbände von Hubert Heinelt/Hellmut Wollmann (Hrsg.), Brennpunkt Stadt. Stadtpolitik und lokale Politikforschung in den 80er und 90er Jahren, Basel u. a. 1991, und B. Blanke (Anm. 13). Zu den Konturen »alternativer« Kommunalpolitik s. die jüngste Ausgabe von Herbert Klemisch u. a. (Hrsg.), Handbuch für alternative Kommunalpolitik, Bielefeld 1994. Eine Bilanz rot-grüner Bündnisse auf lokaler Ebene bieten: Bodo Zennert Jörg Wischermann, Rot-Grün in den Kommunen. Konfliktpotentiale und Reformperspektiven. Opladen 1995.

15 Bevor die ökologische Maxime »Global denken, lokal handeln« populär wurde, hatte Rolf-Richard Grauhan die kommunalpolitische Aufbruchstimmung zu einer »kommunitären« Vision verdichtet. Die Kommunen sollten zum Kern eines zukunftsgerechten Strukturtyps »politischer Produktion« weiterentwickelt werden, der auf demokratischer Selbsttätigkeit in überschaubaren Zusammenhängen gründet – vgl. Rolf-Richard Grauhan, Kommune als Strukturtyp politischer Produktion, in: Rolf-Richard Grauhan/Rudolf Hickel (Hrsg.), Krise des Steuerstaats (Leviathan Sonderheft 1), Opladen 1978, S. 229–247.

Welche Perspektive auch angemessener sein mag, mit dem Beitritt der neuen Bundesländer haben sich die Rahmenbedingungen kommunalen Handelns einschneidend verändert. Dabei ist gerade für die Kommunalpolitik der neuen Bundesrepublik ein politisch brisantes Spannungsverhältnis zwischen den weitreichenden Anforderungen an lokales Handeln einerseits und den vielfältigen Restriktionen der lokalen Ebene andererseits prägend geworden. Die in den neuen Bundesländern restituierte kommunale Ebene hat einen erheblichen Teil der ökonomischen und sozialen Transformationsfolgen zu tragen. Für sie erscheint der in der Finanzverfassung des Grundgesetzes postulierte Grundsatz der »Einheitlichkeit der Lebensverhältnisse im Bundesgebiet« (Artikel 106, Absatz 3) gegenwärtig utopisch. Gleichzeitig sollen die Kommunen ein zweites Mal nach 1945 – nun im Osten der Republik – als »Schule der Demokratie« taugen. Gerade die Erfahrungen auf lokaler Ebene werden entscheidend dazu beitragen, ob demokratische Umgangsformen zwischen Bürgerinnen und Bürgern, Parteien, Interessengruppen und Verwaltung eine Chance bekommen. Die mit der Vereinigung angefachte Verfassungsdebatte jedenfalls bewirkte keinen substantiellen Ausbau kommunaler Demokratie, obwohl die Bürgerbewegungen des Ostens wie die neuen sozialen Bewegungen des Westens in diese Richtung drängten. Immerhin wurden in der Kommunalverfassung der Nach-Wende-DDR vom 17. Mai 1990 nicht nur Bürgerinitiativen hervorgehoben und Gleichstellungsbeauftragte verankert, sondern auch Bürgerantrag, Bürgerentscheid und Bürgerbegehren installiert, wenn auch bereits dort eher als direkt-demokratisches Ornament an einem repräsentativen Gebäude.[16] Um die protestierend vorgebrachten Inhalte steht es noch schlechter. Umweltverträglichkeit oder gleichberechtigte Verhältnisse zwischen den Geschlechtern drohen – mit den erstrittenen demokratischen Beteiligungsrechten an den »Runden Tischen« der »Wende-Zeit« – unter die Räder einer »nachholenden Modernisierung« zu kommen, die mit »Beschleunigungsgesetzen« vorangetrieben wird.

1. Lokaler Protest und »unkonventionelle« politische Beteiligung als Mitgift der alten Bundesrepublik

Daß in den siebziger Jahren, stimuliert durch die Außerparlamentarische Opposition und ihre Entmischungsprodukte, in der Bundesrepublik – verglichen mit dem politischen Interesse und Engagement in den ersten beiden Jahrzehnten – eine »partizipatorische Revolution« (Max Kaase) stattgefunden hat, gehört heute zu den unstrittigen Befunden der politischen Soziologie. Politische Beteiligung erhöhte sich dabei sowohl im »konventionellen« Bereich, etwa der Parteimitgliedschaft, wie auch in den »unkonventionellen« Handlungsformen, wie z. B. Bürgerinitiativen oder Demonstra-

---

16 Halbherzig sind die direkt-demokratischen Regelungen deshalb zu nennen, weil ein hohes Quorum (10 Prozent der Wahlberechtigten für Antrag und Begehren, 25 Prozent für den Entscheid) und eine lange Liste von Themen, die ausschließlich von der Gemeindevertretung zu entscheiden sind, immense formelle und materielle Hürden darstellen – vgl. Peter-Paul Humpert, Bürgerantrag, Bürgerentscheid und Bürgerbegehren in der Kommunalverfassung der neuen Bundesländer, in: Die Öffentliche Verwaltung, (1990) 23, S. 999–1005; zur Entwicklung der Kommunalverfassungen vgl. auch Franz-Ludwig Knemeyer in diesem Band und den Beitrag von Hellmut Wollmann zur direkten Demokratie.

tionen. In den achtziger Jahren setzte sich dieser Trend fort, aber nun deutlich auf Kosten der konventionellen Beteiligungsformen. »Protestgesellschaft« lautet in dezenter Übertreibung eine griffige Zeitdiagnose[17], der selbst ein eher konservativer Soziologe wie Niklas Luhmann in einem »Nachruf« auf die »alte« Bundesrepublik zustimmte. Das »Dagegensein«, die »Gewohnheit des Protestierens«, war für ihn – neben der sozialen Marktwirtschaft – eine der beiden Eigentümlichkeiten, die von westlicher Seite als Erbe in das neue Gemeinwesen eingebracht wurden.[18]

Weniger beachtet wird dabei meist der Umstand, daß die erweiterte politische Beteiligung vor allem auf der lokalen Ebene ansetzte und nachhaltig zur Politisierung der kommunalen Handlungsfelder beigetragen hat. Mehr als die Hälfte aller Proteste haben die Kommunen als Adressaten, so die Ergebnisse der »Political Action« Studie aus dem Jahre 1979.[19] Dies ist nicht verwunderlich, denn die Einflußchancen werden traditionell auf kommunaler Ebene höher eingeschätzt als auf Bundesebene. Angestiegen ist die generelle Bereitschaft, sich im Bedarfsfalle in die Lokalpolitik einzumischen.[20] Zugenommen hat nicht nur das kommunalpolitische Kompetenzbewußtsein der Bevölkerung, sondern auch die Bereitschaft zum gemeinsamen politischen Handeln. »Besonders informelle, gruppenbezogene Aktivitäten haben als Instrumente kommunalpolitischer Interessendurchsetzung deutlich an Gewicht gewonnen.«[21] Verkehrs- und Umweltpolitik, gefolgt von Schule/Kultur/Bildung waren dabei die wichtgsten Themenfelder des lokalen Protests.[22] Dies gilt für Bürgerinitiativen wie für die neuen sozialen Bewegungen. In der Parole der Ökologiebewegung »Global denken, lokal handeln!« wurde der örtliche Bezug sogar zum Programm.

Es sind vor allem drei analytisch unterscheidbare, »vor Ort« nicht selten eng verschränkte Mobilisierungsformen, die im wesentlichen zur »unkonventionellen« Belebung kommunaler Politik beigetragen haben:

a. Bürgerinitiativen

Sie können als *die* Standardform lokaler Mobilisierung »von unten« in der Bundesrepublik Deutschland gelten. Lokale Zusammenschlüsse von Bürgerinnen und Bürgern entlang gemeinsamer Interessen bzw. Betroffenenprotest hat es vereinzelt schon vorher gegeben, aber erst Ende der sechziger Jahre erreichten solche Initiativen eine

---

17 Zum Begriff s. Harry Pross, Protestgesellschaft. Von der Wirksamkeit des Widerspruchs, München 1992.

18 Niklas Luhmann, Immer noch Bundesrepublik? Das Erbe und die Zukunft, in: Otthein Rammstedt/Günther Schmidt (Hrsg.), BRD ade! Vierzig Jahre in Rück-Ansichten, Frankfurt a. M. 1992, S. 95–100.

19 Vgl. Samuel H. Barnes/Max Kaase u. a., Political Action: Mass Participation in Five Western Democracies, Beverly Hills 1979, hier zitiert nach Oscar W. Gabriel, Bürgerbeteiligung an der Kommunalpolitik, in: ders. (Hrsg.), Kommunale Demokratie zwischen Politik und Verwaltung, München 1989, S. 129–155, S. 143.

20 Während sich 1959 bereits 62 Prozent der Befragten in der Lage sahen, etwas gegen ungerechtfertigte Vorhaben der Kommunalverwaltung zu unternehmen, steigerte sich die Zahl im Jahre 1980 auf 76 Prozent – s. Gabriel (Anm. 19), S. 136 f.

21 Auf den lokalen Bezug von Protestpolitik hat besonders Oscar W. Gabriel in einer Auswertung von empirischen Studien zur politischen Beteiligung aufmerksam gemacht – s. Oscar W. Gabriel (Anm. 19), S. 142.

22 Vgl. Oscar W. Gabriel (Anm. 19), S. 143.

Verbreitung und ein gemeinsames Selbstbewußtsein, daß sie den Begriff »Bürgerinitiative« erfolgreich für sich reklamieren konnten, der bis dahin nur im Singular für die im öffentlichen Interesse agierenden »Aktivbürger« reserviert war. Empirische Erhebungen ergaben, daß sich – je nach Abgrenzung[23] – 60 bis 90 Prozent der Bürgerinitiativen mit kommunalpolitischen Fragen beschäftigen und in der Kommunalverwaltung bzw. Stadtregierung ihren zentralen Adressaten sehen.[24]

Für die 70er Jahre liegen einige empirische Studien zu Umfang, Entwicklung, Zielen und Erfolgen von Bürgerinitiativen vor[25], die auf einen raschen Bedeutungsgewinn dieser politischen Beteiligungsform verweisen. Er erschien einigen zeitgenössischen Beobachtern so dramatisch, daß sie von einer »Bürgerinitiativbewegung« sprachen.[26] Weder das schnelle Ende der reformpolitischen Ermutigung auf Bundesebene mit der Aufforderung, »mehr Demokratie zu wagen«, noch die harten Zeiten ökonomischer Krisen brachten das Phänomen »Bürgerinitiative« zum Verschwinden. Zwar waren und sind Bürgerinitiativen besonders dann erfolgreich, wenn sie sich auf begrenzte und konkrete Anliegen konzentrieren, aber bereits in den siebziger Jahren war ein Formalisierungsprozeß zu beobachten. Nicht wenige Initiativen gaben sich dauerhaftere Formen, z. B. in Gestalt eingetragener Vereine, vernetzten sich regional oder schloßen sich, wie viele Umwelt- und Verkehrsinitiativen, zu themenspezifischen Verbänden zusammen. Alternative Forschungsinstitute und andere professionelle Einrichtungen sorgten für weitere Kompetenzgewinne. Zielerweiterungen und -verschiebungen waren in der Bürgerinitiativpraxis häufig zu beobachten. Neben den kooperativen und öffentlichkeitsbezogenen Praxisformen griffen auch die Bürgerinitiativen verstärkt auf demonstrative und konfrontative Protestaktionen zurück (Platzbesetzungen, Straßensperrungen, Instandbesetzungen etc.).

»Für den Umfang der Bürgerinitiativ-Aktivitäten sind keine zuverlässigen Zahlen bekannt. Repräsentative Umfragen ermittelten Anteile von 3 % und 1,3 % für Bürgerinitiativen-Mitglieder.«[27] Trotz solcher Unsicherheiten sprach bereits an der Schwelle der achtziger Jahren einiges dafür, daß die Zahl der aktiven Mitglieder in

---

23 Daß der Begriff »Bürgerinitiative« nicht in ähnlicher Weise präzisierbar ist, wie der Begriff »Partei«, wenn die Bestimmungen des Parteiengesetzes zugrunde gelegt werden, liegt auf der Hand. Er umfaßt spontane und informell agierende Initiativen mit kurzer Lebensdauer ebenso wie eingetragene Vereine, die – wie z. B. die prominente »Aktionsgemeinschaft Westend« (AGW) in Frankfurt a. M. – bereits seit 30 Jahren aktiv sind. Als die Bürgerinitiativen an Popularität und Ansehen in der Öffentlichkeit gewannen, gingen zudem Parteien und Interessenverbände gelegentlich dazu über, »Bürgerinitiativen« zu gründen. Auf dem Höhepunkt der Auseinandersetzungen um den NATO-Nachrüstungsbeschluß stilisierte der zuständige Verteidigungsminister gar die Bundeswehr zur größten friedenspolitischen »Bürgerinitiative«. Innere Heterogenität, ihre Funktionalisierung durch anders verfaßte politische Akteure und Verweigerung von Aussagen – besonders in Konfliktsituationen – begrenzen die Aussagekraft der vorliegenden empirischen Erhebungen in diesem Feld.

24 Im Aufkommen der Bürgerinitiativen zu Beginn der siebziger Jahre sieht Wolfgang Rudzio einen wesentlichen Faktor für die Politisierung und gestiegene Konfliktträchtigkeit der kommunalen Ebene – Wolfgang Rudzio, Das politische System der Bundesrepublik Deutschland, Opladen 1996 (4. Auflage), S. 368.

25 Brauchbare Übersichten bieten Wolfgang Rüdig, Bürgerinitiativen im Umweltschutz. Eine Bestandsaufnahme der empirischen Befunde, in: Volker Hauff (Hrsg.), Bürgerinitiativen in der Gesellschaft, Villingen 1980, S. 119–184, und der Sammelband von Bernd Guggenberger/Udo Kempf (Hrsg.), Bürgerinitiativen und repräsentatives System, Opladen 1984 (2. erweiterte Auflage).

26 Sehr früh Peter Cornelius Mayer-Tasch, Die Bürgerinitiativbewegung, Reinbek 1976.

27 Wolfgang Rüdig (Anm. 25), S. 174.

Bürgerinitiativen die der aktiven Parteimitglieder überstieg. Über die Entwicklung von Bürgerinitiativen in den achtziger Jahren liegen keine differenzierten repräsentativen Untersuchungen, sondern lediglich globale Daten und einige Fallstudien vor. Da aber die Protestintensität – sowohl bezogen auf die Anzahl der Proteste als auch die Anzahl der Beteiligten – in den achtziger Jahren insgesamt deutlich angestiegen ist und gleichzeitig die lokale Ebene nicht an Bedeutung verloren hat[28], wäre es falsch, aus dem nachlassenden wissenschaftlichen Interesse auf einen Abschwung der Bürgerinitiativen zu schließen.[29] Während 1980 nur 6,7 Prozent der Befragten angaben, sich bereits einmal an einer Bürgerinitiative beteiligt zu haben, waren es 1989 immerhin schon 14,1 Prozent.[30] Bürgerinitiativen sind alltäglich geworden und haben ihren Überraschungscharakter weitgehend verloren. Mit dieser Normalisierung ist eine Diffusion des Protests in kleinstädtische und ländliche Gegenden einhergegangen.[31]

»Bürgerinitiativen werden von der Mehrheit der Bevölkerung positiv eingeschätzt. 43 % sind evtl. bereit, in einer Bürgerinitiative mitzuarbeiten. In Fragen des Umweltschutzes ist die Glaubwürdigkeit von Bürgerinitiativen weit höher als die von Politikern, 48 % erwarten am ehesten von Bürgerinitiativen einen wirkungsvollen Beitrag zum Umweltschutz, von Parteien und Gewerkschaften nehmen dies nur 8 % bzw. 2 % an.«[32] Diese 1980 gegebene Einschätzung hat durch den Einzug der »Grünen« in die Parlamente und die zunehmende Sensibilität gegenüber ökologischen Fragen in allen gesellschaftlichen Bereichen sicher an Gültigkeit eingebüßt, aber die Wertschätzung von Bürgerinitiativen hat dadurch kaum gelitten. Während sich 1989 gerade 32 Prozent

---

28 Dies belegt die bislang solideste Studie zu Protestereignissen in der Bundesrepublik Deutschland für den Zeitraum von 1965 bis 1989. Selbst im protestärmsten Jahr der achtziger Jahre (1987) lag die Zahl der Protestereignisse über dem des legendären Protestjahres »1968«, das bis Ende der siebziger Jahre die größte Protestintensität aufwies – s. Ruud Koopmans (Anm. 9), S. 116. In vergleichender Perspektive auf Grundlage des gleichen Datensatzes für die Bundesrepublik s. Hanspeter Kriesi/Ruud Koopmans/Jan Willem Duyvendak/Marco G. Giugni, New Social Movements in Western Europe. A Comparative Analysis, London 1995. Die am Berliner Wissenschaftszentrum erstellte Datei zu Protestereignissen in den Bundesrepublik (»Prodat«) wird noch präzisere Analysen ermöglichen. Eine erste quantitative Auswertung bietet Dieter Rucht, Forms of Protest in Germany 1950–92: A Quantitative Overview, Berlin 1996 (Ms.). Er bestätigt im wesentlichen die Aussagen von R. Koopmans, H. Kriesi u. a., wobei die Zahl der Protestereignisse Anfang der 90er Jahre noch einmal angestiegen ist. Zu diesem Forschungsansatz vgl. Dieter Rucht/Rund Koopmans/Friedhelm Neidhardt (Hrsg.), Acts of Dissent. New Developments in the Study of Protest, Berlin 1998.

29 Eine Fallstudie zur Entwicklung von Berliner Verkehrsbürgerinitiativen von 1973–1993 zeigt, daß deren Gesamtzahl kontinuierlich angewachsen ist und Anfang der 90er Jahre den höchsten Stand erreichte – s. Rainer Schneider-Wilkes/Volker Kemeter, Erfolg und Mißerfolg bei Berliner Verkehrsbürgerinitiativen 1973–1993, Berlin 1995 (FU-ZI 6).

30 Max Kaase/Friedhelm Neidhardt, Politische Gewalt und Repression. Ergebnisse von Bevölkerungsumfragen, in: Hans-Dieter Schwind (Hrsg.), Ursachen, Prävention und Kontrolle von Gewalt: Analysen und Vorschläge der Unabhängigen Regierungskommission zur Verhinderung und Bekämpfung von Gewalt. Band IV, Berlin 1990, S. 17.

31 Konzentrierten sich in der Zeit von 1965 bis 1974 über 70 Prozent der Protestereignisse auf die vier größten Städte der Bundesrepublik (in ländlichen Gebieten fanden nur knapp 5 Prozent aller Proteste statt), so waren es von 1975–1989 nur noch knapp ein Drittel, während in diesem Zeitraum ländliche Gebiete bereits mit über 30 Prozent an der Gesamtzahl der Protestereignisse beteiligt waren – s. Ruud Koopmans (Anm. 9), S. 139.

32 Wolfgang Rüdig (Anm. 25), S. 175.

der Befragten vorstellen konnten, in einer Partei Mitglied zu werden bzw. mitzuarbeiten, lag diese Zahl für die Bürgerinitiativen bei 51 Prozent.[33]

Welche Entwicklungen und Veränderungen sich hinter solchen Umfragedaten verbergen, läßt sich aufgrund fehlender Forschungen nur schwer ausmachen. Der Mitgliederzuwachs von Umweltverbänden und die anhaltende Ausweitung eines lokalen »Dritten Sektors« sind Anzeichen dafür, daß der Trend zur Formalisierung und Institutionalisierung von Bürgerinitiativen in den achtziger Jahren angehalten hat. Großstädtische Untersuchungen verweisen auf eine neue Generation von Bürgerinitiativen, die stärker pragmatisch im Sinne unmittelbarer Interessenpolitik agieren und damit an die US-Kultur der »NIMBYs« (»Not in my backyard«) anknüpfen.[34] Zudem zeichne sich eine Tendenz zur »Dethematisierung des Sozialen« ab, d. h. den überwiegend mittelschichtgeprägten Bürgerinitiativen gehe es häufig um kleinkarierte Besitzstandswahrung.[35] Solche Beobachtungen haben sicherlich einen berechtigten Kern. Gleichwohl ist zweifelhaft, ob sich heutige Initiativen auf diesen Nenner bringen lassen. Vorbehalte gegen eine borniert, kleinbürgerliche Interessenpolitik via Bürgerinitiative begleiten schließlich die Debatten von Anbeginn. Beispiele hierfür lassen sich sicherlich leicht erbringen. Trotzdem spricht auch in den neunziger Jahren einiges dafür, daß von Bürgerinitiativen potentiell verallgemeinerungsfähige Interessen vorgebracht werden (wie dies exemplarisch die Umweltinitiativen in den siebziger Jahren taten), die bislang keine Lobby in den politischen Institutionen haben.

b. Radikale städtische Oppositionsbewegungen

Wer von den Bürgerinitiativen spricht, sollte von radikaleren Protesten nicht schweigen. Anfänglich waren die Bürgerinitiativen von den Lokalpolitikern nicht zuletzt deshalb begeistert begrüßt worden, weil sie sich durch Augenmaß in den Forderungen, fachliche Kompetenz, ein gemäßigtes Aktionsrepertoire und prinzipielle Kooperationsbereitschaft mit der Verwaltung so wohltuend von den radikalen Stadtteilgruppen und -initiativen abhoben, die mit der Außerparlamentarischen Opposition entstanden waren. Die Skandalierung der wachsenden Kluft zwischen »privatem Wohlstand« und »öffentlicher Armut« war ein Ausgangspunkt für die Entdeckung des »Reproduktionsbereichs« durch eine heterogene Neue Linke. Der Auszug aus dem universitären Milieu wies nicht nur in Richtung Fabrik, dem von den sich bildenden K-Gruppen deutlich bevorzugten Ort »revolutionärer« Praxis. Er führte auch in die Stadtteile und korrespondierte mit dem Programm einer »radikalen Berufspraxis«, mit dem eine neue politischen Generation in den expandierenden Bereich der Humandienst-

---

33 Max Kaase/Friedhelm Neidhardt (Anm. 30), S. 18. Daß dieser Trend auch in den 90er Jahren trotz sinkenden politischen Interesses auch bei der nachwachsenden Generation anhält, belegt die 12. Shell Jugendstudie – s. Arthur Fischer/Richard Münchmeier (Hrsg.), Jugend '97. Zukunftsperspektiven. Gesellschaftliches Engagement. Politische Orientierung, Opladen 1997, S. 334 ff.

34 Zu Frankfurt a. M. s. Roger Keil/Klaus Ronneberger, Macht und Räumlichkeit: Die Weltstadt geht aufs Dorf, in: Frank-Olaf Brauerhoch (Hrsg.), Frankfurt a. M. Stadt, Soziologie und Kultur, Frankfurt a. M. 1991, S. 125–147.

35 Mit Blick auf Bremer Erfahrungen s. Thomas Krämer-Badoni, Die Dethematisierung des Sozialen. Ansätze zur Analyse städtischer sozialer Bewegungen, in: Forschungsjournal Neue Soziale Bewegungen, (1990) 4, S. 20–27.

leistungen hineindrängte. Es gab kaum ein Feld der Sozial-, Bildungs- und Gesund-
heitsberufe, in dem nicht radikale Ansätze entwickelt wurden und Protest Einzug hielt.
Auch Architektur und Stadtplanung wurden davon erfaßt. Erinnert sei nur an die
Randgruppen- und Stadtteilarbeit, die Sozialarbeiter- und Jugendzentrumsbewegung,
an Obdachlosen- und Erwerbsloseninitiativen, an Haus- und Instandbesetzerbewe-
gungen. Typisch für diese Motivlage nach dem Ende der Studentenbewegung war die
erste Hausbesetzungsaktion im Frankfurter Westend im September 1970, aus der sich
dann der nahezu vier Jahre während Frankfurter »Häuserkampf« entwickelte. Die
Besetzungsinitiative ging zwar von Studenten aus, bezog jedoch mehrere kinderreiche ausländische Familien mit ein. Damit sollte nicht nur auf die Umwandlung des
Stadtteils zum Nachteil der Wohnbevölkerung demonstrativ aufmerksam gemacht,
sondern zugleich ein integratives Experiment mit »Gastarbeiterfamilien« gestartet
und auf deren besondere Benachteiligung auf dem Wohnungsmarkt aufmerksam gemacht werden.[36]

Diese buntscheckige radikale städtische Opposition hatte sicherlich in der ersten
Hälfte der siebziger Jahre in den Groß- und Universitätsstädten ihren Höhepunkt.
Aber einige ihrer Initiativen und Ansätze sind sie heute lebendig und aus der Stadtpolitik nicht wegzudenken. Zu Beginn der achtziger Jahre erlebte die Bundesrepublik
(und Westeuropa) eine Welle von Jugendprotesten, die bis in die »Provinz« reichten.[37]
Die »Instandbesetzungsbewegung« in Berlin prägte für einige Jahre das politische
Klima der Stadt.[38] Geblieben ist vielerorts eine »autonome Szene« mit unterschiedlichen politischen Ansätzen, die sich gelegentlich lautstark in der Öffentlichkeit
meldet.[39] Häufig bilden »die Autonomen«, ein in sich äußerst heterogenes und wand-
lungsfähiges Milieu, auch die militante Unterströmung breiterer lokaler Mobilisierungen – so in der »NOLYMPIA«-Kampagne gegen die Olympia-Bewerbung von
Berlin und die sich daraus ergebenden Stadtumbauten. Daß es durchaus mobilisie-
rungsfähig geblieben ist, zeigte sich z. B. bei den »Chaos-Tagen« in Hannover[40], aber
auch bei Aktionen gegen rechtsradikal motivierte Attacken auf Asylbewerber-Unter-
künfte.

c. Neue soziale Bewegungen

Während die Diskussion über Bürgerinitiativen – zu unrecht – abgeebbt und die radikale Stadtopposition eher zu einem Randphänomen geworden ist, das vor allem
dann an sich erinnert, wenn es zu gewaltsamen Auseinandersetzungen kommt, erlebten die neuen sozialen Bewegungen in der Bundesrepublik seit Mitte der siebziger

36 Zu den ersten Besetzungen vgl. Til Schulz, Besetzungen im Westend – eine Bürgerinitiative,
    in: Heinz Grossmann (Anm. 4), S. 138–151; zum »Häuserkampf« insgesamt Ernst Stracke,
    Stadtzerstörung und Stadtteilkampf in Frankfurt a. M., Köln 1980.
37 Zur internationalen Dimension vgl. Wolf-Dieter Narr u. a., Berlin, Zürich, Amsterdam – Politik,
    Protest und die Polizei. Eine vergleichende Untersuchung, in: CILIP, (1981) 9–10, S. 5–157.
38 Hierzu die eindrucksvolle Studie von Matthias Manrique, Marginalisierung und Militanz.
    Jugendliche Bewegungsmilieus im Aufruhr, Frankfurt a. M./New York 1992.
39 Vgl. »Geronimo«, Feuer und Flamme. Zur Geschichte und Gegenwart der Autonomen,
    Berlin 1990; sowie »Geronimo« u. a., Kritiken, Reflexionen und Anmerkungen zur Lage der
    Autonomen, Berlin 1992.
40 Vgl. Heiko Geiling, »Chaos-Tage« in Hannover. Vom Ereignis zum Mythos, in: Vorgänge,
    Heft 132, (1995) 4, S. 1–6.

Jahre eine Blüte.[41] Fast drei Viertel aller Protestereignisse gehen von 1975 bis 1989 auf ihr Konto, und die Bundesrepublik nimmt damit im internationalen Vergleich eine Spitzenstellung in Sachen neue soziale Bewegungen ein.[42] Angesichts der globalen Themen und überregionalen Mobilisierungen, die in diesem Begriff zusammengefaßt sind (vor allem die neue Frauenbewegung, die Ökologie- und Anti-Kernkraftbewegung und die neue Friedensbewegung), wird häufig übersehen, daß sie in ihren Aktionen und Projekten wesentlich, oft auch programmatisch auf lokaler Ebene ansetzen. Gerade die (im Vergleich zu Frankreich oder den Niederlanden) fragmentierten politischen Strukturen der Bundesrepublik boten die – intensiv genutzte – Chance zur lokalen Verankerung von Bewegungsinitiativen.[43]

Die Varianten lokaler Bewegungspolitik sind vielfältig.[44] Konkrete Protestanlässe, wie z. B. verstärkte Verkehrsbelastungen in Wohnstraßen, lassen sich als Teil einer ökologischen Bewegung deuten und öffentlich zur Sprache bringen. Übergreifende soziale Bewegungen liefern dabei einen Deutungsrahmen, der den eigenen Forderungen Legitimität und Perspektive verleihen kann. Aber auch der umgekehrte Weg wird häufig begangen. Pazifistische Orientierungen sollen nicht nur bei zentralen Großdemonstrationen oder an Militärstandorten zum Ausdruck gebracht, sondern auch in der eigenen Kommune sichtbar werden. Dazu taugen lokale und regionale »Ostermärsche« und »Friedenswochen« oder die Forderung, die eigene Kommune zur »atomwaffenfreien Zone« zu erklären. In den letzten zwanzig Jahren ist dabei ein facettenreiches lokales Handlungsrepertoire der neuen sozialen Bewegungen entstanden. »Frieden vor Ort«[45] oder »Die Zukunft der Stadt ist weiblich«[46], lauten z. B. die Titel von Sammelbänden mit einschlägigen Erfahrungsberichten und Aktionsvorschlägen.

---

41 Zum Begriff und zur Debatte über die »neuen sozialen Bewegungen« vgl. die Einleitung und diverse Beiträge in Roland Roth/Dieter Rucht (Anm. 8). Regelmäßige Informationen bietet das »Forschungsjournal Neue Soziale Bewegungen«, das seit 1988 vierteljährlich erscheint. Für unseren Zusammenhang ist wichtig, daß keine scharfen Trennlinien zu Bürgerinitiativen und radikaleren Protestinitiativen bestehen. Gerade bei Bürgerinitiativen wurde häufig ein Übergang in Richtung Ökologiebewegung beschrieben, d. h. in der »Ökologisierung« der Protestperspektiven fand sich ein gemeinsamer Nenner ursprünglich unterschiedlicher Protestmotive – vgl. hierzu exemplarisch die Studien in Dieter Rucht (Hrsg.), Flughafenprojekte als Politikum, Frankfurt a. M./New York 1984. Feministische, radikalpazifistische und ökologische Motive sind auch bei den »Autonomen« äußerst bedeutsam.
42 Die genaue Zahl für die Bundesrepublik beträgt 73,3 Prozent; in Frankreich liegt der Anteil der neuen sozialen Bewegungen dagegen nur bei 36,2 %, in den Niederlanden bei 65,4 und in der Schweiz bei 61,1 Prozent – s. Ruud Koopmans (Anm. 9), S. 63. In international vergleichender Perspektive sind die Arbeiten von Dieter Rucht, Modernisierung und neue soziale Bewegungen. Deutschland, Frankreich und USA im Vergleich, Frankfurt a. M./New York 1994, und Hanspeter Kriesi u. a. (Anm. 28) von besonderem Interesse.
43 Während in der Zeitspanne von 1965–1974 nur in 29,6 Prozent der Fälle die lokale bzw. regionale Ebene der Adressat von Aktionen der neuen sozialen Bewegungen war, sind es für den Zeitraum 1975–1989 bereits 48,4 Prozent (internationale Anliegen machen 13 Prozent aus, die nationale Ebene 38,6 Prozent). In Frankreich (24,7 %) und in den Niederlanden (22,5 %) spielt die lokale/regionale Ebene dagegen eine weitaus geringere Rolle für die Mobilisierungen der neuen sozialen Bewegungen – Ruud Koopmans (Anm. 9), S. 17 bzw. 71.
44 Eine frühe Zwischenbilanz bietet Norbert Kostede (Hrsg.), Die Zukunft der Stadt. Soziale Bewegungen vor Ort, Reinbek 1983.
45 Marianne und Reimer Gronemeyer (Hrsg.), Frieden vor Ort, Frankfurt a. M. 1982.
46 Elke Steg/Inga Jesinghaus (Hrsg.), Die Zukunft der Stadt ist weiblich. Frauenpolitik in der Kommune, Bielefeld 1987.

Die lokale Praxis der in der »alten« Bundesrepublik relativ eng miteinander verflochtenen neuen sozialen Bewegungen wird von Bewegungsmilieus getragen, die sich mit dem neuen Protest entfaltet haben. Ihre Praxis in kleinen Gruppen und Wohngemeinschaften, eine Infrastruktur von Gemeinschaftseinrichtungen (Kneipen, Treffs, Buchläden Kommunikationszentren, Alternativbetrieben und -projekten) gehören heute zum wenig spektakulären Alltag, aus dem bei gegebenem oder geschaffenem Anlaß sichtbare Mobilisierungen hervorgebracht werden. Die Existenz einer solchen »Szene« ist längst in »Stattbüchern« und ihren regionalen Erweiterungen mit einer breiten Angebotspalette festgehalten, die in einigen größeren Städten bereits unhandliche Ausmaße angenommen hat. Zu den erstaunlichen Folgen des Vereinigungsprozesses gehört die rasche Entfaltung ähnlich strukturierter Bewegungsmilieus in den größeren Städten der neuen Bundesländer – vor allem dort, wo bereits zu DDR-Zeiten oppositionelle Subkulturen mit entsprechender Infrastruktur bestanden. Die beschäftigungs- und arbeitsmarktpolitisch motivierte Ausweitung des zweiten Arbeitsmarkts hat dort dazu beigetragen, daß die Projekte schneller und in größerem Umfang als im Westen auf bezahlte Tätigkeit gebaut haben. Damit muß die Frage offen bleiben, was davon aus eigener Kraft bestehen kann, wenn die Transferleistungen (etwa durch das Bundesprogramm zur Unterstützung von lokalen Selbsthilfeinitiativen) eingeschränkt werden.[47]

Wer die »alternativen Branchenführer« oder »Frauen–Stadtbücher« der letzten Jahre durchblättert, wird auf ein größere Anzahl von Verbandsadressen und öffentliche Einrichtungen stoßen, die zu Protestpolitik nur geringe Affinität haben dürften, aber in thematischer Nähe liegen. Darin kommt ein vielfältiger Institutionalisierungs- und Professionalisierungsprozeß zum Ausdruck, der auch zu einer Fülle von neuen intermediären, öffentlich finanzierten oder unmittelbar kommunalen Einrichtungen geführt hat. Ihr Spektrum reicht vom Frauenbuchladen und dem autonomen Frauenhaus, über das kommunal unterstützte Frauengesundheitszentrum bis zum kommunalen Frauenbüro, um nur einige Institutionen zu nennen, die ohne die Proteste der neuen Frauenbewegung kaum denkbar wären. Die Grenzen zwischen den Bewegungsmilieus und ihrem intermediären Umfeld aus Selbsthilfegruppen und neuen Dienstleistungen sind ebenso fluide geworden wie die zur etablierten Kommunalpolitik.[48]

Der Einzug von »grün-alternativen und bunten Listen« in die Kommunalparlamente, die erfolgreiche Gründung der Bundespartei »Die Grünen« mit einem deutlichen Handlungsschwerpunkt im Bereich »alternativer Kommunalpolitik«[49] bis hin zu »rot-grünen« Lokal- und Landesregierungen haben diesen Prozeß der gesellschaftlichen Anerkennung und öffentlichen Unterstützung von Themen, Projekten und Initiativen aus den neuen sozialen Bewegungen erheblich beschleunigt.[50] »Staatsknete« wird selbstbewußt gefordert und – je nach Haushaltslage – auch gewährt. Mittel aus Arbeitsbeschaffungsmaßnahmen der Bundesanstalt für Arbeit und andere öffentliche

---

47 Zu diesem Themenbereich die empirische Studie von Dieter Rucht/Barbara Blattert/Dieter Rink, Soziale Bewegungen auf dem Weg zur Institutionalisierung. Zum Strukturwandel »alternativer« Gruppen in beiden Teilen Deutschlands, Frankfurt a. M./New York 1997.

48 Vgl. Klaus Selle, Neue Institutionen für die Entwicklung städtischer Quartiere, oder: warum entstehen intermediäre Organisationen, in: Jahrbuch Stadterneuerung 1990/91, Berlin (Technische Universität), S. 71–87.

49 Vgl. Roland Roth, Grüne als Kommunalpartei, in: Joachim Raschke, Die Grünen – Wie sie wurden, was sie sind, Köln 1993, S. 774–789.

50 Zu diesem Feld nun die grundlegende Arbeit von Joachim Raschke (Anm. 49); zur »alternativen Kommunalpolitik« s. Herbert Klemisch u. a. (Anm. 14).

Programme zur Förderung von »Zweiten Arbeitsmärkten« oder »Selbsthilfegruppen« haben zusätzlich zur – oft durchaus prekären – Institutionalisierung von Bewegungsmilieus beigetragen.[51] Selbst mit dem Protest wird 30 Jahre nach der ApO von staatlicher Seite insgesamt weniger aufgeregt umgegangen.

2. Entwicklungstendenzen im Verhältnis von Protest und lokaler Politik

In der Entwicklung städtischer Oppositionsbewegungen lassen sich für die Bundesrepublik grob folgende Phasen unterscheiden:

1. Phase:

Obwohl auch bis zur Mitte der 60er Jahre durchaus Protestbewegungen zustande kamen[52], reichte ihre Mobilisierungskraft nicht aus, um ein eigenes lokales Schwergewicht zu gewinnen. Sie blieben weitgehend von Ressourcen der Parteien und Verbände abhängig.

2. Phase:

Mit der Außerparlamentarischen Opposition bildeten sich zwei sehr unterschiedliche Pole lokalen Protests. Zum einen kristalliserte sich eine radikale Oppositionsbewegung mit mehr oder weniger revolutionärem Anspruch heraus, der sowohl in seinen gegenkulturellen wie in seinen machtpolitischen Varianten als Frontalangriff auf die bestehende Ordnung verstanden wurde. »Nehmen wir uns die Stadt!«, lautete eine kämpferische, aus Italien importierte Parole. »Revolutionierung des Alltagslebens«, »Gegenmacht«, »befreite Gebiete«, »Stadtguerilla«, »Revolte der Lebenstriebe«, »Kampf in den Städten«[53] waren einige weitere einschüchternde Agitations-

---

51 Hierzu detailliert Roland Roth, Demokratie von unten. Neue soziale Bewegungen auf dem Wege zur politischen Institution, Köln 1994, und Dieter Rucht u. a. (Anm. 47).

52 Mit dem Bild der biederen und protestarmen Anfänge der Bundesrepublik hat eine ein drucksvolle Protest-Dokumentation aufgeräumt – Wolfgang Kraushaar, Die Protest-Chronik 1949–1959. Eine illustrierte Geschichte von Bewegung, Widerstand und Utopie. 4 Bände, Hamburg 1996; ähnliche Befunde ergeben sich aus der bereits erwähnten Prodat-Datei des Berliner Wissenschaftszentrums – s. Dieter Rucht (Anm. 28).

53 So der Titel der deutschen Übersetzung (Berlin 1975) des Standardwerks für diese Phase von Manuel Castells, Luttes urbaines et pouvoir politique, Paris 1973. Weder »Stadtkämpfe« noch der international gebräuchliche Terminus »städtische soziale Bewegungen« konnten in der deutschen Debatte heimisch werden (vgl. Manuel Castells, The City and the Grassroots. A Cross-Cultural Theory of Urban Social Movements, Berkeley 1983; kritisch resümierend Stuart Lowe, Urban Social Movements. The City after Castells, London 1986). Dies liegt wohl auch daran, daß die westdeutschen lokalen Proteste stärker durch die »neuen sozialen Bewegungen« geprägt wurden als durch Ghetto-Aufstände oder Armutsbewegungen.

begriffe, die allerdings nicht selten in gehörigem Abstand über vergleichsweise bescheidenen Praxisversuchen in den Stadtteilen schwebten. Gleichzeitig gewann mit den Bürgerinitiativen ein »bürgerlicher« Gegenpol an Gewicht, der um so heftiger von der radikaleren »Szene« kritisiert wurde, je kooperativer sich die Kommunalverwaltungen zeigten.

3. Phase:

Nach dem Scheitern der radikalen Initiativen kam es in der zweiten Hälfte der siebziger Jahre zu einer subkulturellen Stabilisierung der städtischen Protestmilieus, begleitet von Fluchtbewegungen »aufs Land« oder in Drogen und Esoterik.[54] Gleichzeitig differenzierte sich eine eigenständige Frauenbewegungsszene heraus[55], und die Ökologisierung der Bürgerinitiativen erfuhr nach den erfolgreichen Protesten gegen den Bau eines Atomkraftwerks in Wyhl eine Beschleunigung. Unter dem Eindruck von »Investitionsstaus« erschienen nun selbst moderate Bürgerinitiativen als »Landplage«. Im institutionellen Kontext verschlechterten sich zudem die Chancen der Einflußnahme. Die Gebietsreformen der siebziger Jahre waren vordringlich an der Leistungsmaximierung der Verwaltungen orientiert gewesen. Für die kommunale Demokratie brachten sie einen »Kahlschlag an institutionalisierten Partizipationsmöglichkeiten«[56], der durch die Einführung einer weiteren, mit geringeren Rechten ausgestatteten Beteiligungsebene (Ortsbeiräte, Bezirke in größeren Städten) nicht kompensiert wurde.

4. Phase:

Zu Beginn der achtziger Jahre verlor diese Blockadesituation an Prägekraft und punktuelle Öffnungen wurden möglich. Die Initiativen und Projekte der lokalen Bewegungsmilieus wurden von progressiven Stadtpolitikern als Reformressource entdeckt. Selbst die Instandbesetzerbewegung in Berlin traf schließlich auf institutionelle Angebote von Seiten der Stadt. Grün-alternative Lokalpolitik und die Parteienkonkurrenz beförderten eine Entwicklung, deren Wachstumszonen u. a. auf »zweiten Arbeitsmärkten«, in der »neuen Subsidiarität«, der Selbsthilfeförderung in der Gesundheits- und Sozialpolitik gefunden wurden.[57]

---

54 Einen Eindruck von der Stimmungslage und den Diskussionen dieser Phase bietet Wolfgang Kraushaar (Hrsg.), Autonomie oder Getto? Kontroversen über die Alternativbewegung, Frankfurt a. M. 1978.

55 Vgl. hierzu zwei Lokalstudien: Margot Poppenhusen, Viel bewegt – nichts verrückt? 20 Jahre Frauenbewegung in Freiburg 1972–1992, Freiburg 1992; und Regina Dackweiler, Ausgegrenzt und eingemeindet. Die neue Frauenbewegung im Blick der Sozialwissenschaften, Münster 1995, S. 163 ff. zu Frankfurt a. M.

56 So reduzierte sich z. B. die Zahl der Gemeinde- und Kreistagsmitglieder in Nordrhein-Westfalen auf die Hälfte – vgl. Wolfgang Rudzio, Das politische System der Bundesrepublik Deutschland, Opladen 1991 (3. Aufl.), S. 379.

57 Typisch für diese Phase sind Sammelbände wie der von Berhard Blanke/Adalbert Evers/Hellmut Wollmann (Hrsg.), Die Zweite Stadt. Neue Formen lokaler Arbeits- und Sozialpolitik, Opladen 1986; skeptischer dagegen Joachim Jens Hesse (Hrsg.), Erneuerung der Politik »von unten«? Stadtpolitik und kommunale Selbstverwaltung im Umbruch, Opladen 1986.

5. Phase:

Nach dem Beitritt der fünf neuen Bundesländer hat sich das kooptative und kooperative Klima gegenüber den städtischen Protestmilieus und ihren Alternativen deutlich abgeschwächt. Dazu hat die Rückkehr der »alten« sozialen Konfliktlinien (Armutsprobleme, dauerhafte Massenarbeitslosigkeit, Obdachlosigkeit)[58] und die Ausprägung eines neuen rechtsradikalen Gegenpols mit entsprechenden Gegenbewegungen erheblich beigetragen. Unter dem »Diktat leerer Kassen« werden vor allem die Grenzen kommunaler Reformen deutlich.[59] Projekte wie Beteiligungsansprüche aus den lokalen Milieus der neuen sozialen Bewegungen sind in der Gefahr, zu unbezahlbarem Luxus stilisiert und beiseite geschoben zu werden.

Wie steht es nun um die demokratischen Botschaften der lokalen Protestbewegungen in der »alten« Bundesrepublik? Schon die Vielfalt der Initiativen und ihr schneller Wandel läßt keine einfachen Antworten zu, aber auch die Beurteilungsmaßstäbe spielen eine zentrale Rolle. Aus der lange Zeit und in der politischen Klasse der Bundesrepublik wohl noch immer dominierenden Perspektive der »streitbaren Demokratie« bzw. der »freiheitlich-demokratischen Grundordnung« fiel und fällt es offensichtlich schwer, Protesten einen legitimen Ort im politischen Prozeß zuzugestehen.[60] Selbst wenn sie sich im legalen Rahmen bewegen, sind die »unverfaßten Formen der politischen Beteiligung« eine Herausforderung für einen nahezu absolut gesetzten Repräsentationsanspruch der politischen Parteien. Auch lokaler Protest wird, wenn er die Grenze zum zivilen Ungehorsam überschreitet, in dieser Perspektive zu einem Problem der »inneren Sicherheit«. Davon zeugt der zähe Kampf um den Nötigungsparagraphen (§ 240 StGB), nach dem bis 1995 auch friedliche Sitzblockaden mit den Mitteln des Strafrechts und nicht im Rahmen des Demonstrationsrechts zu behandeln waren.[61] Unmittelbar gewaltförmige Proteste spielen in den neuen sozialen Bewegungen ohnehin eine marginale Rolle; ihr Anteil hat in den achtziger Jahren weiter abgenommen.[62] Dieses zivile Erscheinungsbild hat sicherlich zur »Normalisierung« von Protest in der politischen Kultur der Bundesrepublik beigetragen, von der seit Beginn der 90er Jahre die Rede ist.

Gegen konservative Krisenprognosen kann mit Blick auf die Geschichte der »alten« Bundesrepublik eingewandt werden, daß die beachtliche Intensität lokaler Proteste keineswegs zu einer Blockade kommunaler Politik geführt hat. Im Gegenteil: Seit unkonventionelle Formen der politischen Beteiligung die lokale Szene beleben und

---

58 Symptomatisch sind die Beiträge in Walter Hanesch (Hrsg.), Überlebt die soziale Stadt? Konzeption, Krise und Perspektiven kommunaler Sozialstaatlichkeit, Opladen 1997; zu den sich ankündigenden Veränderungen im Bewegungssektor vgl. Roland Roth, Die Rückkehr des Sozialen. Neue soziale Bewegungen, poor people's movements und der Kampf um soziale Bürgerrechte, in: Forschungsjournal Neue Soziale Bewegungen, (1997) 2, S. 38–50.

59 Diese veränderte Stimmungslage belegt die Dokumentation zum »1. Bundesweiten Kommunalpolitischen Kongreß von Grünen und Bündnis '90« am 29.-31. Mai 1992 in Leipzig mit dem Titel »Macht und Ohnmacht der Kommune« (AKP-Sonderdruck vom Nov. 1992).

60 Zu diesen Konzepten s. Hans-Gerd Jaschke, Streitbare Demokratie und Innere Sicherheit, Opladen 1991.

61 Die Untersuchungen der »Gewaltkommission« haben ergeben, daß immerhin »zwischen 500 000 und 1 Million junger Bürger verschiedene Akte zivilen Ungehorsams bereits als durchaus ›normales‹ Mittel der politischen Auseinandersetzung begreifen« – Max Kaase/ Friedhelm Neidhardt (Anm. 30), S. 20.

62 Ruud Koopmans (Anm. 9), S. 17.

gelegentlich zur »Gegenimplementation von unten«[63] führen, hat sich eine umfassende Politisierung der lokalen Ebene zugetragen, die nicht nur die angestammten kommunalen Tätigkeitsfelder erfaßt hat, wie z. B. die Sozial- und Jugendhilfe, Stadtplanung und -sanierung, Verkehrsplanung, Müllentsorgung, die Versorgung mit Gas, Wasser und Strom, sondern neue entstehen ließ (kommunale Umwelt- und Frauenpolitik, Selbsthilfeförderung etc.). Die großen Parteien haben auf diese Herausforderung in den siebziger Jahren mit Kommunalprogrammen reagiert, die nach dem Erfolg der »Grünen« als Kommunalpartei in den achtziger Jahren erneut revisionsbedürftig wurden.

Den vor 20 Jahren geführten Debatten über die Legitimität und Legalität von Bürgerinitiativen haftet heute etwas Absurdes an. Damals wurde teils so argumentiert, als ließe sich das vorhandene bürgerliche Partizipationsbegehren in staatsrechtlich gezimmerte Laufställchen zurückdrängen.[64] Neuere Forschungen zur politischen Beteiligung zeigen stattdessen, daß »Akte legaler unverfaßter Beteiligung tatsächlich bereits zur Normalität unserer Gesellschaft geworden sind. Hierbei ist besonders interessant, daß . . . das Partizipationsgefälle zugunsten junger Bürger geringer ausfällt als erwartet. Das spricht für gesellschaftliche Diffusions- und Lernprozesse, die in Zukunft auch von älteren Bürgern vielfältige politische Aktionen erwarten lassen.«[65]

Weder die beschriebene Politisierung noch die Normalisierung vormals unkonventioneller Formen der politischen Beteiligung auf kommunaler Ebene können jedoch darüber hinweg täuschen, daß sich die Kluft zwischen den von lokalen Initiativen und Protesten vorgebrachten Ansprüchen an kommunale Demokratie und der kommunalpolitischen Realität eher vertieft hat. Auf den bewegten Ansturm »von unten« und seine lokale Gegenöffentlichkeit haben die Kommunen bzw. die für die Gemeindeordnungen zuständigen Länder überwiegend nicht mit nachhaltigen Beteiligungsangeboten und einem erweiterten Akteneinsichtsrecht für die interessierten Bürgerinnen und Bürger reagiert, sondern mit dem Aufbau von Presse- und Informationsämtern, die sich der stattdessen der Stadtwerbung und der Imageproduktion widmen.[66] Auch die revidierten Kommunalverfassungen der letzten Jahre blieben mit einem bescheidenen Einbau von direkt-demokratischen Elementen und der Direktwahl von Bürgermeistern durchweg formkonservativ, indem sie mit der nahezu bundesweiten Ausdehnung der süddeutschen Ratsverfassung lediglich nachholen, was z. B. in Baden-Württemberg seit langem Praxis ist.[67] Damit bleibt eine Chance weitgehend ungenutzt. »Gerade im lokalen Bereich bietet es sich an, neue Formen politischer

63 Hellmut Wollmann, Implementation durch Gegenimplementation von unten? In: Renate Mayntz (Hrsg.), Implementation politischer Programme (II), Opladen 1983, S. 168–186.

64 Erinnert sei nur an den charakteristischen Untertitel der Bürgerinitiativ-Studie von P. C. Mayer-Tasch: »Der aktive Bürger als rechts- und politikwissenschaftliches Problem« (Anm. 26).

65 Max Kaase/Friedhelm Neidhardt (Anm. 30), S. 20.

66 Davon überzeugt das »Praktiker-Handbuch« von Joachim Peter, Presse- und Öffentlichkeitsarbeit in der Kommune, München 1992.

67 Vgl. hierzu den Beitrag von Franz-Ludwig Knemeyer in diesem Band; zu den direkt-demokratischen Formen auf lokaler Ebene detailliert Oscar W. Gabriel/Franz-Ludwig Knemeyer/ Klaus Peter Strohmeier, Neue Formen politischer Partizipation – Bürgerbegehren und Bürgerentscheid, Sankt Augustin 1997 (Interne Studie Nr. 136/1997 der Konrad-Adenauer-Stiftung). Die durch einen erfolgreichen landesweiten Volksentscheid 1995 durchgesetzten kommunalen Varianten von Bürgerbegehren und Volksentscheid in Bayern fallen aus dem Rahmen, weil sie extrem niedrigschwellig institutionalisiert wurden.

Willensbildung zu erproben und die damit gemachten Erfahrungen für Reformdiskussionen auf der nationalen Ebene des politischen Systems zu nutzen.«[68]

Zentrale Beschränkungen kommunaler Demokratie, die immer erneut jene Initiativen frustrieren müssen, die sich am politischen Prozeß beteiligen, bleiben völlig unangetastet. Dies gilt zunächst für das Übergewicht der Kommunalverwaltung und ihrer Spitze gegenüber den Repäsentativgremien und mehr noch gegenüber partizipationsorientierten Bürgerinnen und Bürgern. Nicht erst die eindrucksvollen Korruptionsfälle des letzten Jahrzehnts in Frankfurt a. M., München, Berlin oder im Hoch-Taunus-Kreis haben auf die Kontrollschwäche der Gemeindeparlamente aufmerksam gemacht. Die geringe Transparenz und die relative Stärke der Kommunalverwaltungen beruht nicht zuletzt auf dem nachrangigen Status der Kommunen im Staatsaufbau. Entscheidungsbefugnisse wandern »nach oben« bzw. in demokratisch nicht kontrollierbare Verhandlungssysteme ab, unten bleibt nur noch die Verwaltung. Mit der Verlagerung von Kompetenzen auf die EU-Ebene wird noch eine weitere Hierarchie-Ebene aufgestockt, selbst wenn sie dem Anspruch nach durch das »Subsidiaritätsprinzip« schlank gehalten werden soll. Für die Versuche, in der Kommune Sachentscheidungen durch direkt-demokratische Verfahren zu erstreiten, schnappt fast zwangsläufig die Politikverflechtungsfalle zu.

Zu diesen Mängelanzeigen lassen sich aus der Sicht der lokalen Proteste noch weitere hinzufügen. Es fehlt immer noch an Resonanz und kommunalpolitischen Übersetzungsversuchen der demokratischen Herausforderungen, die von den zentralen Bewegungsthemen ausgehen. Wie müßten die Institutionen einer Kommunalpolitik aussehen, die z. B. den Anforderungen ökologischer Demokratie gerecht werden könnte. Die Parole »Global denken, lokal handeln« ist leicht dahin gesagt. Schon die globale Verantwortung und mehr noch die Lebensbedingungen kommender Generationen stellen hohe Ansprüche an einen »Prozeß der wechselseitigen Angleichung, Durchdringung, Beeinflussung und Korrektur von Bedürfnissen, Interessen und Werten«, von dem allein vernünftige Entscheidungen zu erwarten wären.[69] Immerhin ist die Debatte seit dem »Erdgipfel« von Rio (1992) und den lokalen Umsetzungsversuchen der Agenda 21 unter dem Stichwort »nachhaltige Entwicklung« in Gang gekommen.[70] Wie ist jenseits von Quoten und Frauenbüros eine Demokratisierung der Kommunalpolitik denkbar, die geschlechtsspezifische Diskriminierungen und Ausgrenzungen überwindet und gleichzeitig unterschiedliche Lebensentwürfe von Frauen und Männern lebbar macht? Dies fängt beim Zeitaufwand für öffentliche Ämter an und hört bei der Übersetzung von »personal politics« in eine kom-

---

68 Oscar W. Gabriel (Anm. 19), S. 150 f.; eine eingehende Behandlung des Verhältnisses der neu verfaßten Partizipationsangebote zu bewegten Beteiligungsansprüchen »von unten« habe ich an anderer Stelle versucht – s. Roland Roth, Die Kommune als Ort der Bürgerbeteiligung, in: Ansgar Klein/Rainer Schmalz-Bruns (Hrsg.), Politische Beteiligung und Bürgerengagement in Deutschland – Möglichkeiten und Grenzen, Bonn 1997, S. 405–447.

69 Schon diese Anforderungen machen deutlich, daß der Hinweis auf Plebiszite keinen Passepartout darstellt, sondern erst für Probleme sensibilisiert – vgl. Ulrich K. Preuß, Plebiszite als Formen der Bürgerbeteiligung, in: Zeitschrift für Rechtspolitik, (1993) 4, S. 131–138, hier S. 136.

70 Zu den Folgen des UNCED-Gipfels und dem Stand der Umsetzungsanstrengungen, die unter Titeln wie »globale Ernüchterung« oder »Geduldsspiel Nachhaltigkeit« bilanziert werden, vgl. das Themenheft der Zeitschrift »Politische Ökologie«, Nr. 52, (1997) 7–8 und Monika Zimmermann, Lokale Agenda 21, in: Aus Politik und Zeitgeschichte, B 27/97, S. 25–38.

munalpolitische Sprache sicher nicht auf.[71] Die ernüchternden Bewegungs- und Protesterfahrungen mit kommunaler Demokratie haben wohl nicht dazu inspiriert, auf dieser Ebene nach »großen« Alternativen zu suchen.

3. Bürgerbewegungen und lokaler Protest in der DDR und in den neuen Bundesländern

Wenn von lokalen Bewegungen und Protesten in der DDR die Rede ist, gilt es bei allen Parallelen zur westdeutschen Entwicklung die strukturellen Besonderheiten der lokalen Ebene im SED-Staat im Auge zu behalten. Eine eigenständige Kommunalpolitik existierte nicht, vielmehr waren örtliche Bewegungsinitiativen mit den lokalen Organen eines zentralistischen Staates konfrontiert. Der staatlich-parteiliche Herrschaftsanspruch ließ keinen Platz für öffentlichen Protest. Wer es dennoch versuchte, hatte mit drakonischen Strafen zu rechnen. Oppositionelle Gruppen waren zudem von einem dichten Spitzelsystem durchsetzt, das wohl nicht nur für eine »Geschichtsschreibung« des Protests gesorgt, sondern auch nachhaltig Einfluß genommen hat. Ein produktives Wechselspiel von institutioneller Politik und Protest konnte sich unter diesen Bedingungen nicht entwickeln. Dennoch waren es – eine Ironie der Geschichte – vor allem die unter das Dach der Kirche abgedrängten kleinen oppositionellen Gruppen, die die stark lokal geprägte Protestdynamik der »friedlichen Revolution« auslösten und eine Weile bestimmten.[72]

Trotz einer bemerkenswerten und allmählich aufgehellten Protestgeschichte entstand wohl erst Ende der siebziger Jahre in der DDR eine breitere lokale Opposition, die nicht auf Abwanderung setzte, sondern auf Veränderungen in der DDR-Gesellschaft drängte.[73] Bedeutsam war hierfür die Ausprägung von lokalen »alternativen Milieus«, die eine Erweiterung der vor allem auf intellektuelle und künstlerische Kreise begrenzten Opposition Ende der 60er und Anfang der 70er Jahre bedeuteten. »Auch in der DDR regt sich ein breites Spektrum nicht-konformer Lebensäußerungen, die die vormals

---

71 Zu den Erfahrungen von Frauen in Kommunalparlamenten vgl. Susanne Benzler u. a., Frauen in der Kommunalpolitik. Eine empirische Studie, Opladen 1997.

72 Daß die Proteste der Bürgerbewegungen nur einen von mehreren Faktoren darstellen, die zur »Wende« führten, versteht sich von selbst.

73 Die Geschichte des lokalen Protests in der DDR ist noch nicht geschrieben. An neueren Studien liegen u. a. vor: Helmut Müller-Enbergs (Hrsg.), Was wollen die Bürgerbewegungen? Dresden 1993; Lothar Probst, Ostdeutsche Bürgerbewegungen und Perspektiven der Demokratie, Köln 1993; Wolfgang Rüddenklau (Hrsg.), Störenfried. DDR-Opposition 1986–1989, Berlin 1992; Jan Wielgohs, Auflösung und Transformation der ostdeutschen Bürgerbewegung, in: Deutschland Archiv (1993) 4, S. 426–434; Jan Wielgohs u. a., Bündnis 90, Berlin 1992; Anne Hampele, Der Unabhängige Frauenverband. Organisationslaufbahn eines frauenpolitischen Experiments im deutsch-deutschen Vereinigungsprozeß, Berlin 1995 (FU-Dissertation); Ulrike Poppe/Rainer Eckert/Ilko-Sascha Kowalczuk (Hrsg.), Zwischen Selbstbehauptung und Anpassung. Formen des Widerstands und der Opposition in der DDR, Berlin 1995; Helmut Fehr, Unabhängige Öffentlichkeit und soziale Bewegungen in Osteuropa. Fallstudien über Bürgerbewegungen in Polen und der DDR, Opladen 1996; Detlef Pollack/Dieter Rink (Hrsg.), Zwischen Verweigerung und Opposition. Politischer Protest in der DDR 1970–1989, Frankfurt a. M./New York 1997; Ehrhart Neubert, Geschichte der Opposition in der DDR 1949–1989, Berlin 1997.

apathische und weitgehend regungslose DDR-Gesellschaft beleben und durchdringen, wenngleich deren Kraft sich weniger als in der Bundesrepublik in spektakulären politischen Ereignissen äußert«.[74]

Folgende Bewegungen und Strömungen waren – zumindest teilweise – in eine lokale Gegenkultur eingebunden und vielfach überregional miteinander verzahnt:[75]

a. Unabhängige Friedensbewegung

Bis 1978 konnte sich die »offizielle Friedensbewegung«, der »Friedensrat der DDR«, der Vorherrschaft über das Thema relativ sicher sein. Mit der gegen Proteste der Kirchen in den Schulen eingeführten Wehrkunde, der Ablehnung eines »Sozialen Friedensdienstes« als Alternative zum Wehrdienst und dem Festhalten am Konzept des »bewaffneten Friedens« entstand eine friedensbewegte Basisopposition – vor allem im Umfeld der Evangelischen Kirche. In ihrer Programmatik wiesen sie eine große Nähe zu Gruppen der westdeutschen Friedensbewegung auf (»Frieden schaffen ohne Waffen«, »Schwerter zu Pflugscharen«) – allerdings mit einer stärkeren Betonung von Pazifismus, Kriegsdienstverweigerung und individuell friedensorientiertem Handeln (»Erziehung zum Frieden«). Angst vor einem Nuklearkrieg und die moralische Sensibilisierung für die gesellschaftlichen Kosten von Rüstung (z. B. Armut in der »Dritten Welt«) gehörten zu den Motivlagen. Mittelbar spielten auch der Anspruch auf autonome politische Artikulation und religiöse Haltungen eine Rolle. Die Binnenstruktur dieser Friedensbewegung war von lokalen Basisgruppen geprägt, die sich in jährlichen Treffen koordinierten (z. B. in der kirchlichen Friedensdekade). Solche Gruppen gab es in größeren Städten und den Universitätsstädten, aber auch in einigen ländlichen Gebieten. Sie waren vorwiegend in der Evangelischen Kirche eingebunden, nachdem autonome Ansätze staatlich unterdrückt worden waren. In der Außendarstellung verschmolzen daher häufig Orientierungen aus den Alternativmilieus mit religiösen Motiven und amtskirchlichen Interessen. In ihren nach außen gerichteten Aktionsformen knüpften die Gruppen an jene moderaten Praktiken an, die auch im kirchlichen Bereich der westdeutschen Friedensbewegung gängig waren: Mahnwachen, Fasten und Beten für den Frieden, Informationsstände, regelmäßige Versammlungen in Kirchen, Eingaben an offizielle Stellen. Schließlich zeigten sie sich mit eigenen Transparenten und Zeichen in offiziellen Großdemonstrationen und Treffen.[76] Seit dem Dresdner Friedensforum vom 19. Februar 1982 war kaum

---

74 Hubertus Knabe, Friedens- und Umweltengagement in der DDR, in: pds, (1986) 3, S. 170–186, hier S. 171.

75 In Anlehnung an eine Darstellung, die vor allem die Nähen zum Konzept »neue soziale Bewegungen« betont – Hubertus Knabe, Neue soziale Bewegungen im Sozialismus. Zur Genesis alternativer politischer Orientierungen in der DDR, in: Kölner Zeitschrift für Soziologie und Sozialpsychologie, (1988) 4, S. 551–569.

76 In einer Reportage berichtete Reiner Scholz Anfang 1989 über solche Aktivitäten einer Dresdner Gruppe: »Im September 1987 haben sie die wahrscheinlich erste und einzige autonome Demonstration hinbekommen. Unter Losungen gegen ›Kriegsspielzeug‹ und für ›Abrüstung in Ost und West‹ sowie den äußerst skeptischen Blicken einbestellter Werktätiger und der Staatssicherheit zogen etwa 250 christliche Friedensfreunde vom Dresdner Dimitroffplatz zum Theaterplatz, wo sie sich mit den ›offiziellen‹ Demonstranten im Andenken an den ermordeten schwedischen Ministerpräsidenten Olof Palme vereinten« (FR v. 11. 2. 1989).

ein Monat vergangen, in dem nicht irgendwo in der DDR ein kirchliches Friedensmeeting mit wenigstens einigen hundert TeilnehmerInnen stattfand.

b. Ökologiebewegung

Seit 1980 gab es in der DDR regelmäßig arbeitende Umweltgruppen, die in gemeinsamen Aktionen (Baumbegrünung, autofreies Wochenende, Fahrradkorsos, Müllsammlungen etc.) und Öffentlichkeitsarbeit von sich reden machten. Auch ihr Artikulationsraum war vorwiegend auf den kirchlichen Rahmen beschränkt und ihr Einfluß auf konkrete Industrie- oder Infrastrukturprojekte nur sehr begrenzt. Sie lassen sich nur bedingt mit der westdeutschen Ökologiebwegung vergleichen, weil lokale und überregionale Bewegungen mit größerer Unterstützung aus der Bevölkerung fehlten. 1986 zählten Beobachter rund 50 unabhängige Ökogruppen in der DDR, deren alltägliche Einflußnahme auf niedrigster Stufe angesiedelt war (Eingaben, Leserbriefe, kirchliche Ausstellungen, Gespräch und Mitarbeit in offiziellen Institutionen). Anfang 1989 war von 80 Arbeitskreisen Ökologie die Rede, die – etwa bei gemeinsamen Blokkade-Aktionen gegen den Müll-Import aus der Bundesrepublik – auch zu Formen des zivilen Ungehorsams übergingen. Nach Tschernobyl kam es zu lebhaften Atomenergie-Diskussion, von einer Anti-AKW-Bewegung konnte jedoch keine Rede sein. In ihrer Programmatik wiesen die Gruppen große Ähnlichkeiten zur westlichen Zivilisationskritik auf. Wie die Friedenspolitik griff auch die ökologische Kritik stärker als im Westen Dimensionen der persönlichen Verantwortung, von Moral und Lebensstil auf.

c. Dritte-Welt-Bewegung

Träger waren auch hier vor allem kirchliche Gruppen, die sich seit Mitte der 70er aus karitativen, antiimperialistischen und zivilisationskritischen Motiven engagierten. Vor allem in ihrer Betonung gobaler Problemlagen und in ihrer Wohlstands- und Konsumkritik hielten sie Anschluß an die anderen Strömungen. Ihre Praxis wurde mit dem Kürzel »INKOTA« (Information, Kontakt, Tagungen) im kirchlichen Bereich umschrieben.
    Eine den westeuropäischen Erfahrungen vergleichbare autonome Frauenbewegung war in der DDR nur begrenzt sichtbar geworden, auch wenn es an entsprechenden Gruppen und Szenen nicht fehlte.[77] In die zivilisationskritischen Motive der Friedens- und Ökologiegruppen war allerdings eine Patriarchatskritik eingelagert (»Frauen für den Frieden«, feministische Theologie). Zudem kündeten entsprechende Kreise in den evangelischen Kirchen von einem wachsenden Selbstbewußtsein von Schwulen und Lesben. Über solche regelmäßig arbeitenden Gruppen hinaus existierte in der DDR eine sich »alternativ« verstehende Jugendszene, die westliche Strömungen der Jugend- und Popkultur aufnahm und »alternative Lebensstile« ausprobierte. Mit der Zahl der Gruppen verstärkte sich in den letzten Jahren der DDR die Bemühungen um Kooperation – etwa in Form von »Grünen Netzwerken«. Sichtbare Ergebnisse waren unabhängige Periodika wie »grenzfall« und »Umweltblätter«, die mehr innerkirchlich orientierte Organe wie »Arche Noah« oder »Umwelttelegramm« ergänzten.

---

77 Hierzu detailliert Anne Hampele (Anm. 73).

d. Bürgerbewegungen und lokale Demokratie

Dieses von der Zahl wie von den sichtbaren Aktionen her – auch verglichen mit anderen osteuropäischen Ländern – eher bescheidene oppositionelle Erbe der DDR und seine Ansätze zu einer »zweiten Öffentlichkeit«[78] verdienen in unserem Zusammenhang aus mehreren Gründen besondere Aufmerksamkeit:

1. Aus diesen oppositionellen Milieus heraus und stark von ihren Wertvorstellungen geprägt, bildeten sich 1989 die oppositionellen politischen Foren, Bürgerbewegungen, Parteien und Verbände (vom »Neuen Forum« bis zur Sozialdemokratischen Partei – SDP), die aktiv zur »friedlichen Revolution« in der DDR beitrugen und die Entwicklungen in der DDR der »Wende«-Zeit mitgestalteten. Jene Oppositionsgruppen, die auf eine andere DDR bzw. einen »Dritten Weg« setzten, gerieten bereits wenige Monate nach der »Novemberrevolution« politisch in eine Minderheitenrolle oder an den Rand – eine Entwicklung, die in den Wahlergebnissen des Jahres 1990 bestätigt wurde. Mit dem Beitritt der neuen Bundesländer beschleunigte sich die Übernahme des westlichen politischen Institutionengefüges (Parteien, Verbände, Gewerkschaften – kommunale Selbstverwaltung). Oft auf ihre bescheidene Stärke vor der »Wende« geschrumpft, sehen sich die verbliebenen Bürgerbewegungen und -initiativen in einer ähnlichen Situation wie die westdeutschen Bewegungsmilieus. Die Vereinigung von »Bündnis 90« und »Grünen« im Frühjahr 1993 kann als der letzte Schritt dieser Angleichung verstanden werden. Im Unterschied zur Mehrzahl der politischen Parteien können die lokalen Bewegungsmilieus in den neuen Bundesländern jedoch für sich in Anspruch nehmen, ein authentischer Ausdruck der demokratischen Tradition des jeweiligen Ortes zu sein. In dieser besonderen Legitimation liegt ihr spezifischer Beitrag zur Erneuerung der Demokratie von unten.

2. Über die aktuelle Größe und den Einfluß der vor Ort übrig gebliebenen bzw. wieder entstandenen Bürgerbewegungs- und Bürgerinitiativgruppen liegen sehr unterschiedliche Einschätzungen vor. Für Leipzig wurde noch 1992 von einer florierenden Bürgerinitiativszene berichtet[79], während in Rostock zum gleichen Zeitpunkt eher – einem wohl generellen Trend folgend – ein Nachlassen von Bewegungsimpulsen verzeichnet wurde.[80] Das Machtvakuum und die Zeit der »Doppelherrschaft« in der Nach-Wende-DDR mit ihren »Runden Tischen« hat dazu geführt, daß Vertreterinnen und Vertreter von Oppositionsgruppen gerade auf lokaler Ebene sehr schnell in Ämter und Dezernate einrückten und dort für eine »bewegungsfreundliche« Politik sorgten. Ein weiterer Professionalisierungs- und Institutionalisierungsschub geht von Arbeitsmarktprogrammen aus. Sie haben eine Fülle von lokalen Bewegungsinitiativen und Selbsthilfeprojekten gefördert, allerdings in der prekären Existenzform von ABM-Projekten. Damit haben sich in den neuen Bundesländern im Zeitraffer in den lokalen Bewegungsmilieus Entwicklungsprozesse abgespielt, die im Westen mehr als ein Jahrzehnt in Anspruch nahmen. Wie fragil die dabei entstandenen Gebilde und politischen Orientierungen letztlich sind, läßt sich daher nur schwer einschätzen.[81]

---

78 Hubertus Knabe (Anm. 75), S. 557; vergleichend Helmut Fehr (Anm. 73).

79 Dieter Rink, Bürgerbewegungen im Übergang. Entwicklungslinien der Leipziger Bürgerbewegungen, in: Forschungsjournal Neue Soziale Bewegungen, (1992) 1, S. 61–69.

80 Lothar Probst, Bürgerbewegungen im Prozeß der Vereinigung. Eine regionalgeschichtliche Untersuchung des Neuen Forum Rostock, in: Forschungsjournal Neue Soziale Bewegungen, (1992) 1, S. 47–60.

81 Vgl. hierzu Dieter Rucht u. a. (Anm. 47).

3. Die Bürgerbewegungen der DDR und in den neuen Bundesländern haben nicht nur an Protestmotive der neuen sozialen Bewegungen des Westens angeknüpft, sondern durchaus eigene Formen und Vorstellungen direkter Demokratie entwikkelt. »Runde Tische« waren nicht nur ein Ausdruck lokaler Gegenmacht in der »Wendezeit«. Im Kontrast zu den westlichen Traditionen repräsentativer Demokratie zielten und zielen die Bürgerbewegungen auf politische Formen, die sich am Leitbild einer »Zivilgesellschaft« orientieren. Es lebt von einer uneingeschränkten politischen Öffentlichkeit, der Anerkenung der Prinzipien des Dialogs, der Toleranz und der Mündigkeit. Direkte politische Beteiligung ist das Lebenselexier einer zivilgesellschaftlich fundierten Demokratie. Von westlicher Seite ist diese Orientierung allenfalls für die Zeit des Umbruchs anerkannt worden. Mit dem Import repräsentativer politischer Strukturen schien auch das demokratische Leitbild der Bürgerbewegungen überholt. Gemessen an den Konfliktlinien und -formen der Parteienkonkurrenz wirkte es unpolitisch und konfliktscheu. Die zahlreichen Versuche, diese demokratische Perspektive in die Verfassungsdebatten des neuen Deutschland einzubringen, können nach der »kleinen« Verfassungsreform von 1994 als gescheitert gelten.[82] Das Unbehagen am repräsentativen Überhang und der parteipolitischen Monopolbildung selbst auf kommunaler Ebene ist allerdings so groß geworden, daß die zivilgesellschaftliche Herausforderung der kommunalen Demokratie eine Zukunft haben dürfte.

Die gescheiterte Verfassungsreform, die enormen Transformationskosten und die Entfremdungserfahrungen im Vereinigungsprozeß haben insgesamt zu einer politischen Marginalisierung der Themen und politischen Formen beigetragen, die aus den lokalen Bewegungsmilieus des Westens und des Ostens entstanden sind. Ihre demokratischen Fragen werden gegenwärtig vom Übergewicht der »alten« Politik und der kommunalen Finanznot schier erdrückt. Hinzu kommen rechtspopulistische Mobilisierungen und rechtsradikale Anschläge, die nicht nur einen Gegenpol zu den demokratisch inspirierten Bewegungen bilden, die noch bis vor kurzem die Protestszene in der Bundesrepublik dominierten.

Diese skeptische Bilanz führt in eine paradoxe Situation. Eine umfassende Erneuerung der Demokratie von unten scheint in dieser Lage ebenso notwendig wie unwahrscheinlich. Das Nebeneinander von Protest und repräsentativer Demokratie bietet keine Antwort auf die gestellten demokratischen Fragen. Nicht nur für die lokale Demokratie in den neuen Bundesländern gilt die Diagnose: »problemreich und konfliktgeladen.«[83]

---

82 Programmatisch zu diesem neuen Verfassungsverständnis s. Ulrich K. Preuß, Revolution, Fortschritt und Verfassung, Berlin 1990; Beiträge zur lokalen Ebene finden sich in Klaus M. Schmals/Hubert Heinelt (Hrsg.), Zivile Gesellschaft. Entwicklung – Defizite – Potentiale, Opladen 1997; zu lokalen Ausdrucksformen in den neuen Bundesländern vgl. Susanne Benzler/Udo Bullmann/Dieter Eißel (Hrsg.), Deutschland-Ost vor Ort. Anfänge der lokalen Politik in den neuen Bundesländern, Opladen 1995.
83 Thomas R. Cusack/Bernhard Weßels, Problemreich und konfliktgeladen: Lokale Demokratie in Deutschland fünf Jahre nach der Vereinigung, Berlin 1996 (WZB – Discussion Paper FS III 96 – 203). Zum inzwischen aufgelaufenen Reformbedarf s. Martin Osterland, Kommunale Demokratie in den neuen Bundesländern. Eine Bilanz, in: Aus Politik und Zeitgeschichte, B 50/96, S. 41 – 46.

Rückblicke. Zur Geschichte der kommunalen Selbstverwaltung in Deutschland

Was dem Bildungsbürger sein Schiller und Goethe, war für lange Zeit dem Kommunalpolitiker sein Stein und Gneist. Der große Reformer Freiherr vom Stein[1] und der bekannte Verfassungsrechtler Rudolf von Gneist[2] repräsentierten die Tradition der kommunalen Selbstverwaltung in Deutschland. Oftmals wird die kommunale Selbstverwaltung in unsere nicht gerade große Liste freiheitlicher Traditionen in deutschen Landen eingereiht, und zwar an vorderer Stelle. Meist geschieht dies jedoch in quasi einbalsamierter Form, denn von den Veränderungen, die die kommunale Selbstverwaltung in der nunmehr fast 200jährigen Geschichte durchlaufen hat, ist in Feiertagsreden nur wenig zu erfahren. Doch das Thema sollte nicht nur für Festreden aktuell sein.[3] In fünf Längsschnitten werden im folgenden Kontinuitäten und Veränderungen im Bereich der kommunalen Selbstverwaltung bis zum Ende des Dritten Reichs dargelegt. (Für die Entwicklung nach 1945 vgl. die einschlägigen Beiträge in diesem Band, insbesondere Franz-Ludwig Knemeyer zu Gemeindeverfassungen und Hellmut Wollmann zum Um- und Neubau der Kommunalstrukturen in Ostdeutschland.)

1. Verfassungsrechtliches Verhältnis von Staat und Kommunen

Die Geschichte der neueren kommunalen Selbstverwaltung beginnt mit der Städtereform von 1808. Die Reform sollte sowohl dem Staat als auch den Städten helfen. Nach den Niederlagen Preußens gegen Napoleon I war die Situation im Lande prekär. Der Staat war hoch verschuldet, die Wirtschaft lag infolge der Kontinentalsperre am Boden. Hohe Kontributionen mußten an Frankreich bezahlt werden. Selfgovernment-Ideen aus England sowie Aufklärungseinflüsse aus Frankreich taten das ihre, die Re

---

1 Carl Freiherr vom und zum Stein, 1757–1831. Für Hinweise und Kritik danke ich Christian Engeli und Marc Hansmann.

2 Rudolf von Gneist, 1816–1895, deutscher liberaler Rechtslehrer und Politiker, entwickelte das Konzept der Selbstverwaltung und propagierte vor allem das System sogenannter unpolitischer Ehrenämter.

3 Einen Überblick über die Stadtgeschichtsforschung bietet Horst Matzerath, Stand und Leistung der modernen Stadtgeschichtsforschung, in: Joachim Jens Hesse (Hrsg.), Kommunalwissenschaften in der Bundesrepublik Deutschland, Baden-Baden 1989.

form voranzutreiben, und die französische Revolution mahnte als großes Jahrhundertereignis davor, daß Reformen nicht zu spät kommen dürfen, wenn Revolutionen vermieden werden sollen. In dieser Situation kam es in Preußen bekanntlich auf zahlreichen Gebieten zu bedeutsamen Reformen, auch in bezug auf die Städte.

Freiherr vom Stein wollte die freie Gemeinde schaffen. Als Gegner jeglichen Zentralismus sah er darin die Verwirklichung politischer Freiheit. Die freie Gemeinde sollte sich aus freien städtischen Bürgern zusammensetzen. Solche Art Freiheit könnte die Bürger aktivieren, so hoffte Stein, für ihre städtischen Belange auch die nötigen Finanzmittel selbst aufzubringen. Die Städte seien dann nicht mehr so stark wie bisher auf die finanzielle Unterstützung seitens des Staates angewiesen, und damit könne eine Gesundung der preußischen Finanzen erreicht werden. Tatsächlich wurden im Zuge der preußischen Städtereform die älteren Landes- und Polizeiordnungen, die bis dahin die Städteherrschaft regulierten, abgeschafft, die Aufsicht des Staates über die Städte auf ein Minimum beschränkt. Die ehemaligen staatlichen Steuerräte dankten ab. Anstelle der bisher vom Staat eingesetzten Magistraturen agierten fortan von der Gemeinde gewählte.

Der Erfolg, den die preußische Städteordnung in kurzer Zeit hatte, veranlaßte die meisten anderen Staaten in Deutschland, ihre Gemeindeordnung auf ähnlichen Prinzipien zu errichten. Die preußische Städteordnung blieb aber keineswegs in der Fassung von 1808 erhalten, sondern erfuhr in den folgenden Jahrzehnten verschiedene Veränderungen, so in den revidierten Städteordnungen von 1831 und 1853. Haupttendenz dieser Veränderungen war die Zurücknahme der Reformen an neuralgischen Punkten im Verhältnis von Staat und Kommunen. So verstärkten sich im Laufe der Zeit wieder die Aufsichtsrechte des Staates gegenüber den Kommunen. Die Polizei war in Preußen im übrigen stets in staatlicher Hand geblieben. In der preußischen Städteordnung von 1853 wurde überdies die Stellung des Magistrats ausgebaut. Dies ging zu Lasten der Bürgervorsteherkollegien, d. h. zu Lasten der politischen Mitspracherechte der städtischen Bürger. Mit diesen Maßnahmen reagierte der Staat nicht zuletzt auf das Anwachsen des städtischen Proletariats und auf Erfahrungen mit Unruhen, vor allem während der Revolution von 1848/49. Im Zuge der Industrialisierung und Urbanisierung ging das libertäre Idealbild des Freiherrn vom Stein, eine Stadt freier selbstbestimmter Bürger zu schaffen, immer deutlicher in die Brüche.

In der neuen Verfassung des Deutschen Kaiserreichs war die Aufgabenteilung zwischen Staat und Gemeinden nicht eigens geregelt. Vielmehr entschieden die neu eingerichteten Verwaltungsgerichte auftretende Meinungsdifferenzen und Konflikte.[4] Anders dagegen die Reichsverfassung der Weimarer Republik. Sie verbürgte in Artikel 127 das »Recht der Selbstverwaltung innerhalb der Schranken der Gesetze«. Staatsrechtliche Auslegungen dieses Artikels machten allerdings deutlich, daß die kommunalen Selbstverwaltungsrechte lediglich als solche aufgefaßt wurden, die vom Staat abgeleitet waren. Das Selbstverwaltungsrecht stellte, so wurde befunden, kein bürgerliches Grundrecht, sondern ein Organisationsprinzip des Staates dar. Tatsächlich griff der Staat durch die Reichsgesetzgebung auch vermehrt in die kommunale Selbstverwaltung direkt ein. Allerdings bestand im Hinblick auf die konkrete Durchführung der Gesetze noch immer ein beträchtlicher kommunaler Handlungsspielraum, beispielsweise im Hinblick auf das Reichsjugendwohlfahrtsgesetz von 1924 oder bezüglich des sozialen Wohnungsbaus nach 1924.

---

4 Christian Engeli/Wolfgang Haus, Quellen zum modernen Gemeindeverfassungsrecht in Deutschland, Stuttgart u. a. 1975, S. 19.

24

Das NS-Regime beendete mit der Deutschen Gemeindeordnung von 1935 dann vorerst offiziell die Tradition der kommunalen Selbstverwaltung. Das sogenannte Führerprinzip brachte die Gemeinden in völlige Abhängigkeit von Staat und Partei.

2. Von der freien Bürgergemeinde zur kommunalen Parteiendemokratie

Wie bereits erwähnt, wollte Freiherr vom Stein dem »freien Stadtbürger« historische Geltung verschaffen. Dies gelang mit der Städteordnung von 1808, zumal in Preußen 1810 die Gewerbefreiheit eingeführt wurde, woraufhin jeder Stadtbürger auch ein freier Wirtschaftsbürger werden konnte, d. h. er durfte sich wirtschaftlich frei entfalten.

Im Vormärz wurde das Recht des »freien Stadtbürgers« im allgemeinen auf jene Männer, die »Vollbürger«, d. h. selbständige Besitzbürger waren, beschränkt. Die vielen »Schutzverwandten«, auch Einwohner genannt, hatten kein Wahlrecht. Nach den Erfahrungen der Revolution von 1848/49 wurde durch die Städteordnung von 1853 das sogenannte Dreiklassenwahlrecht eingeführt. Damit erhielten auch »Einwohner« das aktive Wahlrecht, falls sie einen gewissen Steuersatz entrichteten und männlichen Geschlechts waren. Gleichzeitig wurde der Begriff »Bürger« erweitert. Um Bürger zu werden, mußte man zwar nach wie vor selbständig sein, doch das bedeutete nun »lediglich«, daß der Betreffende imstande war, die finanzielle Voraussetzung für die Führung eines eigenen Hausstandes nachzuweisen und einen bestimmten Steuerbetrag zu zahlen. Demnach wurden mit der preußischen Städteordnung von 1853 zwar die Partizipationsrechte der männlichen Stadtbewohner erweitert, gleichzeitig wurde aber mit der Einführung von Zensus- und Dreiklassenwahlrecht auf Dauer verhindert, daß die Arbeiterschaft nennenswerten Einfluß auf die Kommunalpolitik erhielt. So waren in Bielefeld im Jahre 1913 noch immer nur 18,2 Prozent der Gesamtbevölkerung wahlberechtigt.[5] Aus dem idealistisch-libertären Modell des »freien Bürgers« entwickelte sich in der Praxis eine bürgerliche Klassenherrschaft. Sozialgeschichtlich gesehen basierte die bürgerliche Hegemonie in den Städten des 19. Jahrhunderts vor allem auf den Hausbesitzern. Schon in der preußischen Städteordnung von 1808 wurde festgelegt, daß zwei Drittel der Stadtverordneten Hausbesitzer sein müßten; in den späteren diversen Städteordnungen inner- und außerhalb Preußens waren meist die Hälfte der Sitze der Stadtverordnetenversammlung den Hausbesitzern überlassen. Legitimiert wurde eine solche Bestimmung durch die Annahme, daß wer ein Haus besitze, auch mehr Interesse an der Stadtpolitik habe als derjenige, der kein Haus sein eigen nannte. Dieses angeblich größere Engagement sollte in Form der sogenannten Honoratiorenverwaltung auch unter Beweis gestellt werden. In der Tat nahmen städtische Besitzbürger in der Folgezeit an der Stadtverwaltung ehrenamtlich aktiv teil und beeinflußten hierdurch nicht nur die städtische Politik, sondern halfen auch bei der praktischen

---

5 Wolfgang Hofmann, Die Bielefelder Stadtverordneten. Ein Beitrag zu bürgerlicher Selbstverwaltung und sozialem Wandel 1850 bis 1914, Lübeck und Hamburg 1964, S. 80; vgl. allg. auch ders., Aufgaben und Struktur der kommunalen Selbstverwaltung in der Zeit der Hochindustrialisierung, in: Kurt G. A. Jeserich u. a. (Hrsg.), Deutsche Verwaltungsgeschichte, Bd. 3: Das Deutsche Reich bis zum Ende der Monarchie, Stuttgart 1984, S. 608.

Durchführung.[6] Während es im frühen 19. Jahrhundert noch äußerst schwierig war, geeignete Persönlichkeiten für solche Aufgaben zu gewinnen, war dies in der Mitte des 19. Jahrhunderts offensichtlich kein größeres Problem mehr. Selbst Unternehmer und Direktoren von Industriebetrieben wurden damals, aus welchen Gründen auch immer, kommunalpolitisch aktiv.

Galt die Honoratiorenherrschaft als eine Herrschaft, die die individuelle Verantwortung des Bürgers für das städtische Gesamtwohl repräsentierte, so unterminierten die Parteien diese Auffassung, und zwar allein schon durch ihre Existenz. Denn die sich den 1860er Jahren dauerhaft etablierenden Parteien vertraten ja aus ihrem eigentlichen Selbstverständnis heraus lediglich Teilinteressen der Gesellschaft. Allerdings war diese Erkenntnis mit der Hoffnung verknüpft, daß die Teilinteressen sich früher oder später zu Allgemeininteressen ausweiten ließen. Doch es sollte noch ungefähr zwei Generationen dauern, bis die Parteien tatsächlich in vollem Umfang die Kommunalpolitik bestimmten. Bis dahin gehörte es zu deren Selbstverständnis, sich mehr um nationale Politik als um Kommunalpolitik zu kümmern. Das galt auch für die Sozialdemokratische Partei Deutschlands, die in der Zeit des Deutschen Kaiserreiches die Interessen des Industrieproletariats vertreten hat. Sie dachte und handelte, zumindest im preußisch-norddeutschen Raum, stärker staats- und weniger kommunalorientiert, dies um so mehr, als sie auf Grund der Wahlrechte kaum Mitbestimmungsmöglichkeiten in den Kommunen hatte.[7] Durch die Eroberung der Staatsmacht würde, so erwartete deshalb die SPD, auch die Macht in den Kommunen automatisch errungen werden.

Mit der Industrialisierung und Urbanisierung der Städte wuchsen deren Aufgaben derart an, daß früher oder später die »laienhafte« ehrenamtliche Honoratiorentätigkeit als nicht mehr adäquat-funktionsgerecht angesehen wurde. Die Professionalisierung städtischer Verwaltungstätigkeit im Zuge der Funktionssteigerung der Kommunen war die Folge. Dies führte zur Herausbildung der Kommunalbürokratie. Beispielsweise wuchs allein das Bauressort der Essener Stadtverwaltung von drei Beamten im Jahre 1869 auf 92 im Jahre 1910. Und es war nur eine Frage der Zeit, bis die Kommunalbürokratie auch ein Selbstbewußtsein und ein spezielles Image entwickelte. Dem Nationalliberalismus häufig nahestehend, identifizierten sich die oftmals nicht vom Ort stammenden Kommunalbeamten allmählich mit »ihrer« Stadt und verfolgten dabei nicht selten das Ziel, im Städtevergleich gut abzuschneiden.[8]

Das Anwachsen der Kommunalbürokratie im letzten Drittel des 19. Jahrhunderts war eng mit der Ausdifferenzierung und Professionalisierung der Ämter innerhalb der Stadtverwaltung verbunden. Vor allem Ingenieure bekamen nunmehr wichtige Aufgaben zugewiesen, weil die sogenannte Städtetechnik (Verkehr, Gas, Wasser, Straßenbau und Kanalisation) am stärksten expandierte. In Mannheim stieg z. B. die Anzahl der Beamten und Angestellten in der Zeit zwischen 1870 und 1906 von 48 auf 1127.[9] Die Repräsentanten der städtischen Exekutive waren meist Wahlbeamte, die für sechs, acht oder zwölf Jahre gewählt wurden. Dies war für die Zeit nach 1918/19

---

6 So basierte das sog. Elberfelder System, daß in den 1850er Jahren zur Organisation der Armenpflege entwickelt wurde, auf dem Prinzip bürgerlicher ehrenamtlicher Tätigkeit. Vgl. Jürgen Reulecke, Geschichte der Urbanisierung in Deutschland, Frankfurt 1985, S. 178.

7 Siehe Adelheid von Saldern, Die Gemeinde in Theorie und Praxis der deutschen Arbeiterorganisationen 1863–1920, in: Internationale Wissenschaftliche Korrespondenz (IWK), 12 (1976) 3, S. 295–353.

8 Vgl. dazu Jürgen Reulecke, Stadtbürgertum und bürgerliche Sozialreform im 19. Jahrhundert in Preußen, in: Lothar Gall (Hrsg.), Stadt und Bürgertum im 19. Jahrhundert, München 1990, S. 194.

9 Wolfgang Hofmann, Aufgaben (Anm. 5), S. 619.

folgenreich, denn die Beamten traten trotz der veränderten Gesamtlage meist nicht zurück, behielten vielfach ihr spezifisches, im Kaiserreich entwickeltes Verwaltungsethos bei, das nicht selten mit einer Voreingenommenheit gegenüber demokratischen Strukturen verbunden blieb. Bis zum Ende des Deutschen Kaiserreichs hielten sowohl Kommunalbeamte als auch nationalliberal gesinnte Stadtbürger am plutokratischen Wahlrecht fest, obwohl ihnen die rechtliche Möglichkeit offenstand, das Wahlrecht schrittweise zu demokratisieren. Im preußischen Herrenhaus gehörten die Oberbürgermeister damals zu den entschiedensten Verteidigern des wahlrechtlichen Status quo.[10] Hier zeigt sich, daß die autokratischen Strukturen des Kaiserreichs von wesentlichen Teilen des städtischen liberalen Besitzbürgertums und der Kommunalbürokratie mitgetragen wurden. Daran änderte sich auch relativ wenig, als nach 1900 in den Städten das Bildungsbürgertum mehr an Einfluß gewann.

Als im Zuge der Revolution von 1918/19 schließlich die Demokratisierung des kommunalen Wahlrechtes erfolgte, war dies die bis dahin einschneidendste Reform in der gesamten Geschichte der kommunalen Selbstverwaltung.[11] Wie tief der Einschnitt ging, zeigt sich daran, daß konservative und liberale Staatsrechtler und Politiker nicht aufhörten, die Demokratisierung der kommunalen Selbstverwaltung als das Ende der »eigentlichen Selbstverwaltung« zu interpretieren. Ausgehend von der Vorstellung, daß die bürgerliche Herrschaft im Rahmen der kommunalen Selbstverwaltung im 19. Jahrhundert – trotz der Existenz von Parteien – nicht von parteiischen und politischen Interessen bestimmt, sondern dem städtischen Allgemeinwohl verpflichtet gewesen war, kamen sie zu der Überzeugung, daß sich die kommunale Selbstverwaltung mit einer auf dem allgemeinen und gleichen Wahlrecht basierenden Parteienherrschaft nicht vertrüge. Durch eine solche Konstellation träte eine Politisierung der Kommunalpolitik per se ein, was der eigentlichen Selbstverwaltungsidee wesensfremd sei. Dieser Standpunkt war zwar pure Ideologie, aber deren Verfechter konnten sich immerhin auf das vergleichsweise ruhige kommunalpolitische Klima der Kaiserzeit berufen. Damit war es nun in der Tat vorbei. Fortan fungierte die Kommune nicht mehr als ein privilegiensichernder Schonraum des Bürgertums gegenüber Ansprüchen »von unten«. Statt dessen sahen sie sich ähnlichen gesellschaftspolitischen Konflikten ausgesetzt wie Einzelstaaten und Reich.[12] So überrascht es nicht, wenn während der großen Wirtschaftskrise am Ende der Weimarer Republik, in der ja auch die Verfassung des Deutschen Reiches zur Disposition stand, das Ende der angeblich seit 1919 fehlentwickelten kommunalen Selbstverwaltung eingeleitet wurde. Bei den während der Präsidialregierungen (1930 bis 1933) ausbrechenden Konflikten zwischen Staat und Kommunen über die Frage staatlicher Intervention und staatlichen Machtzuwachses auf Kosten der Kommunen ging es im Kern nicht um eine Zentralisierung an sich, sondern um eine Paralysierung der politischen Parteiendemokratie in den Kommunen. Das 1931 verabschiedete Änderungsgesetz der Berliner Kommunalverfassung machte diese Tendenz sichtbar. Die Rechte des Oberbürgermeisters wurden auf Kosten der Stadtverordnetenversammlung gestärkt. Deshalb gilt dieses Gesetz als ein »ent-

---

10 Friedrich Lenger, Bürgertum und Stadtverwaltung in rheinischen Großstädten des 19. Jahrhunderts, in: Lothar Gall (Anm. 8), S. 115 ff., 167.

11 Vgl. allg. Frank Bajohr, Vom Honoratiorentum zur Technokratie. Ambivalenzen städtischer Daseinsvorsorge und Leistungsverwaltung im Kaiserreich und in der Weimarer Republik, in: ders. u. a. (Hrsg.), Zivilisation und Barbarei. Die widersprüchlichen Potentiale der Moderne, Hamburg 1991.

12 Vgl. Wilhelm Ribhegge, Die Systemfunktion der Gemeinden. Zur deutschen Kommunalgeschichte seit 1918, in: Aus Politik und Zeitgeschichte, B 47/73.

scheidender politischer Schritt auf dem Wege zur Entmachtung der gemeindlichen Demokratie« und ein »Übergang zum Führerprinzip der folgenden Epoche.«[13]

Während die Präsidialregierungen noch Angst haben mußten, daß sie mit ihren »Reformen« ihr Machtbudget überziehen würden, konnten die Nationalsozialisten es sich »leisten«, offen und schnell zu agieren. Die politische Demokratie in den Kommunen wurde direkt zu Beginn der Machtübernahme 1933 abgeschafft. Allerdings mußte nun auch das Bürgertum selbst, das mit der kommunalen Parteiendemokratie nicht viel im Sinne gehabt hatte, einen hohen Preis bezahlen. Das Rad der Geschichte wurde nämlich nicht, wie manch' einer gehofft haben mag, zurückgedreht. Mit der bürgerlichen Hegemonie im alten Sinn war es in den Städten endgültig vorbei. Das Führerprinzip berücksichtigte bürgerliche Interessen künftig nur soweit diese in den nationalsozialistisch-rassistischen Kontext paßten.[14]

3. Kommunalverfassungsrecht in deutschen Landen – Vielfalt oder Einheit

Nirgendwo merkt man die Bedeutung des Regionalismus und Föderalismus in der deutschen Geschichte vielleicht so deutlich wie im Hinblick auf die Kommunalverfassungen. Wer sich daran erinnert, wie mühsam der Gründungsprozeß des Deutschen Reichs einst vonstatten gegangen ist, hat hierfür historisches Verständnis, gab es doch in der Zeit vor 1870/71 nicht nur die schon mehrmals genannte preußische Städteordnung von 1808, sondern auch die bayrische Gemeindeordnung von 1818, das württembergische Gemeindeedikt von 1822, die preußische revidierte Städteordnung von 1831, das badische Gemeindegesetz von 1831, die sächsische Landgemeindeordnung von 1838, die westfälische Landgemeindeordnung von 1841, die Gemeindeordnung für die Rheinprovinz von 1845, die preußische Gemeindeordnung von 1850, die hannoversche Städteordnung von 1851, die Städteordnung für die östlichen Provinzen Preußens von 1853, die rheinische und die westfälische Städteordnung von 1856, die schleswig-holsteinische Städteordnung von 1869 sowie die sächsische Städteordnung von 1832, um nur die wichtigsten zu nennen.

Unterschiedlich war das Verhältnis der Kommunen zur Zentralgewalt geregelt. So waren beispielsweise im badischen Gemeindegesetz von 1831 die staatlichen Bestätigungsrechte stark beschränkt, und die Polizei wurde in gemeindeeigene Verwaltung überführt. Unterschiedlich war auch die Stellung der städtischen Exekutive, des Magistrats. In der hannoverschen Städteordnung von 1851 konnte sich der Magistrat an

---

13 So urteilt der Historiker Otto Büsch in seinem Buch »Geschichte der Berliner Kommunalwirtschaft in der Weimarer Epoche«, Berlin 1960, S. 192.

14 In der Deutschen Gemeindeordnung von 1935 wurde festgelegt, daß der Beauftragte der NSDAP »im Benehmen mit dem Bürgermeister« die Gemeinderäte berufe. »Bei der Berufung hat er auf nationale Zuverlässigkeit, Eignung und Leumund zu achten und Persönlichkeiten zu berücksichtigen, deren Wirkungskreis der Gemeinde ihre besondere Eigenart oder Bedeutung gibt oder das gemeindliche Leben wesentlich beeinflußt.« Auch der Bürgermeister konnte nicht mehr frei gewählt werden. In § 33 hieß es: »Zur Sicherung des Einklangs der Gemeindeverwaltung mit der Partei wirkt der Beauftragte der NSDAP... bei der Berufung und Abberufung des Bürgermeister ... mit.« In: Christian Engeli/Wolfgang Haus (Anm. 4), S. 683, 686.

der Wahl seiner eigenen Mitglieder beteiligen, wobei die Betreffenden sogar auf Lebenszeit gewählt wurden. Hier wurde also noch stark am vorkonstitutionellen Prinzip der Ortsobrigkeit festgehalten.[15] Im Hinblick auf die Partizipationsrechte sorgten Zensushöhe, Klassenwahlrechte und Bürgerrechtsbestimmungen für diverse Abstufungen und Differenzierungen zwischen den einzelnen Kommunalverfassungen. Längst nicht in allen Regionen war das Dreiklassenwahlrecht eingeführt. In der schon erwähnten hannoverschen Städteordnung von 1851 hatten z. B. alle männlichen Bürger ein Wahlrecht, aber um Bürger zu werden, mußte man ein sogenanntes Bürgerrechtsgewinngeld und einen Bürgereid leisten. Da das Bürgerrechtsgewinngeld recht hoch war, lief die Regelung letzten Endes darauf hinaus, daß meist nur zwischen fünf und zehn Prozent der männlichen Einwohner wählen konnten. Das Wahlrecht war demnach de facto noch undemokratischer als das Dreiklassenwahlrecht.

Je länger es unterschiedliche Gemeinde- und Städteordnungen gab, je eindringlicher stellte sich die Frage nach den Möglichkeiten, diese zu vereinheitlichen. Solange kein Deutsches Reich bestand, konnten Kommunalverfassungen allerdings logischerweise nur auf der Ebene eines einzelnen Staates vereinheitlicht werden. Doch das war schwierig. Aus dem Jahre 1850 ist zwar z. B. eine einheitliche Gemeindeordnung für ganz Preußen überliefert, aber schon 1853 wurde diese neue Gemeindeordnung, noch bevor sie richtig umgesetzt worden war, wieder suspendiert. Die stark divergierenden Interessen zwischen Stadt- und Landgemeinden ließen sich offensichtlich nicht in Übereinstimmung bringen. Ein einheitliches preußisches Gemeindeverfassungsgesetz hätte nämlich das Ende der Patrimonialherrschaft in Ostelbien bedeutet, wodurch die adeligen Gutsbesitzer weitgehend entmachtet worden wären. Erfolgreicher als der 1850er-Entwurf waren die agrarisch-konservativen Kräfte bei ihrem Gegenangriff: Das Prinzip der Trennung zwischen städtischer und ländlicher Gemeindeorganisation wurde während des gesamten Deutschen Kaiserreichs aufrechterhalten, und selbst in der Rheinprovinz, wo es schon ein einheitliches Gemeindeverfassungsgesetz gegeben hatte, wurde nunmehr die Aufspaltung zwischen Stadt und Land verfassungsrechtlich verfügt, eine Regelung, von der nicht zu letzt der ostelbische Adel profitierte, insofern die Gutsbezirke als Landgemeinden galten. Ansonsten blieb es innerhalb Preußens bei einer Art Regionalismus. Selbst als die neuen Gebiete Schleswig-Holstein und Hannover einverleibt wurden, kultivierte Preußen seine schon im frühen 19. Jahrhundert geübte Praxis – damals gegenüber seinen neuen Provinzen Rheinland, Westfalen und Nassau – die jeweils in der Region bestehende Kommunalverfassung anzuerkennen und fortzuschreiben.

Die Verfassung des Deutschen Kaiserreiches tangierte nicht das Recht der Einzelstaaten, so viel Kommunalverfassungen zu erlassen, wie diese es selbst für richtig hielten. Dabei blieb es auch in der Verfassung der Weimarer Republik. Das Recht der Länder auf eigene Kommunalverfassungen wurde weiterhin zugestanden, wenngleich eine Anpassung an die Grundprinzipien der Weimarer Verfassung, so vor allem bezüglich des demokratischen Wahlrechts, erfolgen mußte. Die meisten Einzelstaaten behalfen sich zunächst mit entsprechenden Änderungsbestimmungen ihrer alten Gemeindeordnungen, und ein Teil von ihnen verabschiedete erst im Laufe der 20er Jahre neue Gemeindeordnungen. Wesentliche Neuerung in Bayern und Württemberg war der damals erfolgte Wechsel vom Zweikammer- zum Einkammersystem. Das Einkammersystem galt im Unterschied zur Magistratsverfassung als eine konsequentere Verwirklichung demokratischer Prinzipien. Im Unterschied zu Preußen paßten sich die beiden Länder damit der rheinischen Bürgermeisterverfassung an, aufgrund derer

---

15   Christian Engeli/Wolfgang Haus (Anm. 4), S. 15.

das Einkammersystem schon während des ganzen 19. Jahrhunderts mit gutem Erfolg praktiziert worden war. Preußen hingegen blieb beim Nebeneinander von Ein- und Zweikammersystem in den verschiedenen regionalen Gemeindeverfassungen. Vergeblich hat der Preußische Städtetag versucht, eine Vereinheitlichung des Kommunalverfassungsrechtes durchzusetzen, ähnlich übrigens – wenngleich ebenfalls vergeblich – wie der Deutsche Städtetag, der sogar 1925 und 1929 Entwürfe für eine neue Reichsstädteordnung vorlegte. Schließlich wurde die Vereinheitlichung im NS-Staat durch die Deutsche Gemeindeordnung vom 30. Januar 1935 erzwungen, nunmehr aber unter nationalsozialistischen Rahmenbedingungen. Das bedeutete, daß die Vereinheitlichung der Gemeindeordnungen primär der Machtsicherung der NSDAP diente.

4. Kommunale Selbstverwaltung im Kontext wachsender Aufgaben

Während der Hochindustrialisierung und Urbanisierung, also in der Zeit nach 1850/1870, wuchsen die Aufgaben in den Städten rapide an. Infrastrukturpolitik und kommunale Sozialpolitik sowie Stadtplanung und Stadterweiterung stellten seither zentrale Aufgabenbereiche dar.

a. Infrastrukturpolitik

Bei den Infrastrukturmaßnahmen ging es darum, die Standortbedingungen für die industrielle Produktion zeitgemäß fortzuentwickeln und das allgemeine Bedürfnis der Stadtbevölkerung zugunsten der Einführung technischer Neuerungen und Modernisierungsmaßnahmen zu befriedigen.[16] In den 1870er und 80er Jahren entstand das moderne kommunalisierte Versorgungs- und Verkehrssystem, nämlich städtische Gas- und später Elektrizitätswerke, städtische Schlachthöfe, städtische Krankenhäuser, städtische Friedhöfe etc. Straßenpflasterung, Straßenbeleuchtung, Straßenreinigung und Straßenbahnen stellten ebenfalls wichtige Neuerungen dar. Eine besondere Rolle spielte die Wasserver- und Wasserentsorgung als Kern der Stadthygiene.

Repräsentative Bauten und Denkmäler symbolisierten die Dominanz bürgerlicher urbaner Kultur, vor allem in den Stadtzentren. Es war die Zeit der großen Rathaus- und Theaterbauten in den »Neostilen« sowie des Ausbaus großflächiger Straßen und Parks. Festhallen und Ausstellungsgebäude schufen Räume zur Inszenierung städtischer Öffentlichkeiten und unterfütterten den aufblühenden Stadtpatriotismus. Moderne Infrastruktur und großzügige Kulturbauten verstärkten die Identifikationsmöglichkeiten des Bürgertums mit ihrer jeweiligen Stadt. Die in solcher Hinsicht moderne Stadt konnte in Deutschland also ohne kommunale Demokratie entstehen, genauso wie der moderne deutsche Industriestaat sich ohne parlamentarische Demokratie entwickelt hat.[17] Unter den diversen politischen Systemen des 20. Jahrhunderts setzten

---

16 Dazu Wolfgang R. Krabbe, Kommunalpolitik und Industrialisierung, Stuttgart u. a. 1985.
17 Allerdings war die infrastrukturelle Ausstattung nach Qualität und Zeitpunkt ihrer Einführung unterschiedlich, je nach sozialer Zusammensetzung der Stadtviertel. Arbeiter-

sich die infrastrukturellen Aufgaben der Kommunen fort, allerdings mit jeweils zeit- und systemspezifischen Akzentsetzungen. So betrachteten die Kommunen in der Weimarer Republik neben Verkehrs- und Energieausbau die Durchführung des staatlich subventierten Wohnungsbaus als eine ihrer vordringlichen Aufgaben. Im Dritten Reich standen zunächst kommunale Notstandsarbeiten, Altstadtsanierungen, der Bau NS-bezogener Gemeinschaftseinrichtungen sowie Stadt- und Regionalplanungen im Vordergrund, später waren es Luftschutzbunker, die Versorgung von Evakuierten sowie andere kriegsvorbereitende und kriegsbegleitende Maßnahmen.

b. Sozialpolitik

Zur kommunalen Sozialpolitik gehörte im frühen und mittleren 19. Jahrhundert zunächst vor allem die Unterstützung der armen Bevölkerung, die sehr zahlreich war. In Elberfeld beispielsweise galten im Jahre 1851 16 Prozent der Bevölkerung nach damaligem sehr strengen Maßstab als arm. Viele Städte versuchten die Ausgaben für die Unterstützung der Armen zu begrenzen, sei es/durch Heiratsbeschränkungen oder durch die Aufrechterhaltung des sogenannten Heimatsrechts[18], sei es durch die repressive »polizeiliche Fürsorge« in Armen- und Arbeitshäusern. Einige Gemeinden grenzten ihre Unterstützungsverpflichtung gegenüber Armen möglichst weit ein, die anderen übten sich in repressiver Handhabung derselben. Auch das sogenannte Elberfelder System der 1850er Jahre, nach dem die Stadtarmen nicht mehr vom »grünen Tisch«, sondern durch Ehrenamtliche »vor Ort« betreut wurden, war nicht nur als einschlägige Sozialreform, sondern auch als Sparaktion konzipiert worden. Obwohl der Staat in den 1880er Jahren durch die Einführung der Sozialversicherungen die Kommunen auf sozialfürsorgerischem Gebiet wesentlich entlastete, wuchsen die kommunalen sozialpolitischen Aufgaben insgesamt gesehen weiterhin an. Neben der traditionellen Armenpolitik sollten in wilhelminischer Zeit eine kommunale Gesundheitsfürsorge ausgebaut, Wohnungs- und Arbeitsnachweisstellen sowie Rechtsauskunftstellen, Gewerbe- und Einigungsämter eingerichtet, außerdem Baugenossenschaften gefördert werden. Zahlreiche Gemeinden ließen sich jedoch mit der Einführung dringend notwendiger sozialer Maßnahmen viel, nicht selten allzu viel Zeit.[19]

In der Weimarer Republik erweiterten sich die Funktionen der Kommunen auf sozialpolitischem Gebiet. Mittels Gesetz wurden die Gemeinden zunehmend in den sich ausdehnenden Sozialstaat eingebunden, insbesonders beim Wohnungsbau, aber auch bei dem reichseinheitlichen neuen System der Arbeitslosenversicherung (1927). Außerdem wurden nach Krieg und Inflation die Angebote städtischer Versorgungseinrichtungen ausgebaut oder modernisiert. So entstanden in jener Zeit zahlreiche Schwimmbäder, Sportstätten, Grünanlagen und Bibliotheken. Im Dritten Reich wurden solche ursprünglich gemeindlichen Aufgabenbereiche zugunsten von parteinahen

---

quartiere blieben benachteiligt. Siehe den Überblick bei Adelheid von Saldern, Häuserleben. Zur Geschichte städtischen Arbeiterwohnens vom Kaiserreich bis heute, Bonn 1995, S. 65 ff.

18 Das Heimatrecht beschränkte etwaige Versorgungsansprüche, die im Rahmen des Armenrechts gestellt werden konnten, auf die jeweilige Heimatstadt. Dadurch wurde der Zuzug in eine andere Stadt von vornherein begrenzt.

19 Zwei Beispiele für unterschiedliche Befunde: Adelheid von Saldern, Vom Einwohner zum Büger. Zur Emanzipation der städtischen Unterschicht Göttingens 1890–1920, S. 425ff; Heinrich Pohl, Die Münchener Arbeiterbewegung, München u. a. 1992.

Organisationen, wie vor allem der Deutschen Arbeitsfront, oder zugunsten von Sonderbehörden ausgehöhlt.[20]

c. Stadtplanung/Stadterweiterung

Mit zunehmender Urbanisierung und Industrialisierung bekamen Stadtplanung und Stadterweiterung im Rahmen der kommunalen Selbstverwaltung erhöhte Bedeutung. Die Stadtplanung stand im Zeichen des Versuchs, die städtebauliche Entwicklung ohne wesentliche Eigentumsstrukturveränderungen zu rationalisieren. Seit den 1870er Jahren wurde das moderne Baurecht- und Bauleitplanungssystem entwickelt, das schließlich – im Vergleich zu anderen europäischen Ländern – ein hohes Niveau erreichte.[21] Die Stadterweiterung vollzog sich vielfach durch Eingemeindungen. Frankfurt wuchs von 7 000 Hektar im Jahre 1870 auf 13 500 Hektar im Jahre 1910 an.[22] Dabei verloren die »geschluckten« Gemeinden ihre eigenen kommunalen Selbstverwaltungsrechte bzw. sahen sich in größere und damit rationeller erscheindende Organisationszusammenhänge eingebunden. Auf diesem Wege kam es auch 1920 zur Neugründung der Einheitsgemeinde Groß-Berlin.

In den 20er Jahren nahm die Stadtplanungseuphorie noch zu und stand nunmehr ganz im Zeichen des international orientierten Funktionalismus. Doch die Marktmechanismen im Hinblick auf Grundstücksnutzung und -umnutzung sowie die nach wie vor recht eingeschränkten Enteignungsrechte der Kommunen grenzten die weitausgreifenden Pläne der Städtebauer und Architekten ein. Vieles blieb deshalb auf dem Reißbrett. Symptomatisch für die unterschiedlichen Vorstellungen über das Ausmaß an Planungskompetenz war, daß ein preußisches Städtebaugesetz auf Landesebene über das Stadium eines Gesetzentwurfes nicht hinauskam. Interkommunale Erfolge hatte man lediglich beim Aufbau eines regionalen Verbundsystems in der rheinischen Energieversorgung sowie mit der Gründung des Siedlungsverbandes Ruhrkohlenbezirk zu verzeichnen. Diese Gründungen zeigen, wie aktuell das Thema Regionalplanung bereits in den 20er Jahren war.

Im Dritten Reich wurde schließlich die Landesplanung zwecks Lösung anstehender Raumprobleme in einer hochindustrialisierten und aufrüstungsorientierten Gesellschaft institutionalisiert. Eine zentralistische Planungsorganisation wurde geschaffen, wobei die neuen Landesplanungsbehörden die Zugriffsmöglichkeiten des Staates gegenüber den Kommunen erhöhten und die kommunalen Selbstverwaltungsrechte erheblich einschränkten. Die neue Raumplanung beendete die traditionelle Einzelstadtplanung. Nach dem Erlaß zur Neugestaltung deutscher Städte von 1937 wurden in vielen Städten neue Planungsbüros außerhalb der eigentlichen Kommunalverwaltung eingerichtet. Das Städtewachstum sollte auf diese Weise in Zukunft stärker als früher gesteuert werden. Die sich immer mehr herausbildende Polykratie des NS-Herrschaftssystems sorgte allerdings für beträchtliche Kompetenzüberschneidungen auf diesem Gebiet.

---

20 Horst Matzerath, Nationalsozialismus und kommunale Selbstverwaltung, Stuttgart u. a. 1970, S. 369.
21 Rudolf Hartog, Stadterweiterungen im 19. Jahrhundert, Stuttgart 1962, S. 120. Allerdings diente beispielsweise die Bauzonenordnung auch dazu, die sozialräumliche Trennung von Klassen und Schichten zu legitimieren.
22 Horst Matzerath (Anm. 20), S. 99, 112.

5. Wachsende Finanznöte und kommunale Selbstverwaltung

In der Zeit vor 1850 wurde ein Großteil der kommunalen Ausgaben für die Zivil- und Polizeiverwaltung sowie für das Schul- und Armenwesen von speziellen Stiftungen finanziert. Für diese Art von Ausgaben zahlte die Stadt normalerweise lediglich Zuschüsse.

Die Haupteinnahmequellen der Kommunen beruhten vor 1873 auf der Akzise, das heißt auf indirekten städtischen Steuern für bestimmte Produkte, wie Mehl, Schlachterzeugnisse und Bier.[23] Hinzu kamen die immer ergiebiger werdenden kommunalen Einkommensteuerzuschläge, weswegen die Akzise mehr und mehr in den Hintergrund trat, bis sie schließlich meist ganz wegfiel. Seit der Steuerreform von 1893 spielten die den Gemeinden zustehenden sogenannten Realsteuern bei der Finanzierung der kommunalen Aufgaben eine immer bedeutsamere Rolle. Diese machten fortan ungefähr 35 Prozent des kommunalen Einnahmebudgets aus, während die Einkommensteuerzuschläge sich etwa bei 45 Prozent einpendelten. Gebühren schlugen mit rund 20 Prozent zu Buche. Hinzu kam ein wichtiges neues Finanzierungsmittel, nämlich die städtischen Anleihen. Die liberale Praxis des Staates gegenüber den Anleihengesuchen der Kommunen führte dazu, daß die Kommunen, vor allem seit dem Ende des 19. Jahrhunderts, zunehmend Gebrauch von dieser Finanzierungsmöglichkeit machten und dadurch viele Infrastrukturmaßnahmen und Dienstleistungseinrichtungen finanzierten.[24]

Durch die Erzbergersche Steuerreform des Jahres 1920 gerieten die Kommunen in eine bedeutend größere finanzielle Abhängigkeit vom Staat, als dies im Kaiserreich der Fall gewesen war. Den Kommunen wurde das Recht zur selbständigen Erhebung von Einkommensteuerzuschlägen genommen, dafür erhielten sie vom Staat Anteile an der Einkommens-, Körperschafts- und Umsatzsteuer zugewiesen. Das neue zukunftsträchtige System blieb allerdings provisorisch, und das Mißverhältnis zwischen steigenden Ausgaben der Kommunen und unzureichend hohen Finanzzuweisungen nahm zeitweise gewaltige Dimensionen an. Die wichtigste den Kommunen in der Weimarer Republik verbliebene Finanzquelle bildeteten die Zuschläge zu den sogenannten Realsteuern, den Gewerbe- und Grundsteuern. Hinzu kamen noch bestimmte Sondersteuern bzw. indirekte Steuern, wie zum Beipiel Wertzuwachssteuer, Vergnügungssteuer und Hundesteuer, nicht zu vergessen die Gebühren bzw. die Einnahmen aus den kommunalen Wirtschaftsbetrieben. Hier blieb den Kommunen noch ein Handlungsspielraum erhalten, den diese allerdings recht unterschiedlich nutzten.

Die Steuerpolitik in den Kommunen war während der Weimarer Republik zu einem äußerst schwierigen Operationsfeld geworden, seitdem – durch die Demokratisierung des Kommunalwahlrechts im Jahre 1919 – die Vertreter der Arbeiterparteien, der Sozialdemokratischen Partei, der Kommunistischen Partei und für kurze Zeit auch der Unabhängigen Sozialdemokratischen Partei, in die Stadtparlamente

---

23 Im Jahre 1867 stammten beispielsweise in Nordhausen 67 Prozent der Gesamteinnahmen aus der städtischen Akzise.

24 So war z. B. der Schuldenstand der Stadt Karlsruhe im Jahre 1913 etwa 1,5 mal so hoch wie das Gesamtbudget, während 1980 die Schulden der Stadt noch nicht einmal die Hälfte des Gesamtbudgets ausmachten. Gerhard Seiler, Änderungen in der kommunalen Finanzautonomie – Beispiel Karlsruhe, in: Bernhard Kirchgässner/Jörg Schadt (Hrsg.), Kommunale Selbstverwaltung – Idee und Wirklichkeit, Sigmaringen 1983, S. 83.

eingezogen waren und die Steuerentscheidungen »politisierten«. Um den Einfluß der SPD, die häufig die stärkste Fraktion in den Stadtverordnetenversammlungen stellte, zu begrenzen, kam es zu zeitweise erfolgreichen Sammlungsbewegungen der bürgerlichen Parteien in sogenannten »Ordnungsblöcken«. Als typischer finanzpolitischer Kompromiß zwischen der SPD und dem jeweiligen »Ordnungsblock« galt das nur mäßige Andrehen der Steuer- und Gebührenschraube, dafür sollte, soweit möglich, die Finanzierung eines Teils der anfallenden Investitionen durch Anleihen erfolgen. Diese Art von Kompromißfindung, die auf stetiges Wirtschaftswachstum ausgerichtet war, führte in der Zeit der großen Wirtschaftskrise am Ende der Weimarer Republik zu gewaltigen Problemen, und zwar wegen der sich anhäufenden Zinsbelastungen und der häufig nur kurzen Laufzeit der Anleihen bei gleichzeitigem Sinken der Steuereinnahmen und drastischem Anwachsen der Wohlfahrtsausgaben. Katastrophal wirkte sich in einer solchen Situation die Verringerung der staatlichen Finanzüberweisungen aus. Diese gingen zum Beispiel in Ludwigshafen von 3,9 Millionen RM im Jahre 1928 auf 1,5 Millionen RM im Jahre 1932 zurück.[25] Gemeindebiersteuer und Bürgersteuer, 1930 obligatorisch eingeführt, konnten die Notlage der Kommunen nicht beheben.

In der prekären finanzpolitischen Situation, in der sich Reich, Länder und Kommunen damals befanden, hielt die Präsidialregierung unter Brüning im Zuge ihrer Deflationspolitik eine finanzpolitische Entmachtung der Kommunen für notwendig, um etwaige gegenläufige Politikstrategien seitens der Kommunen verhindern zu können. Die den Gemeinden im Gegenzug versprochene Umschuldung blieb hingegen im Sande stecken. Teilweise weigerten sich kommunale Vertretungskörperschaften, unter den gegebenen Bedingungen ihre Haushalte überhaupt noch auszugleichen. Manches Mal führten Kommunen sogar keine Steuern mehr an den Staat ab.[26] Sie nahmen in Kauf, daß eine solche »Renitenz« gegen die Zentralgewalt schnell und radikal gebrochen wurde. Staatskommissare kamen angereist und regelten vor Ort die offenen Probleme in autokratischer Manier. Alleine in Preußen wurden 1932/33 in 600 Gemeinden, darunter auch in Berlin, sogenannte Zwangsetatisierungen vorgenommen bzw. bestimmte finanzpolitische Entscheidungen zwangsweise von Staats wegen durchgesetzt. Die »Krise der Städte« am Ende der Weimarer Republik war – zusammenfassend gesehen – von gesamtpolitischem Zuschnitt. Die Städte wurden einerseits zu »Prellböcken der Nation«[27], andererseits wandten sich die arbeitslosen und meist verarmten Menschen in jener Zeit mehr denn je an die Kommunen als dem »Sozialstaat in der Reserve«[28]. Je mehr sich der Staat als Sozialstaat abmeldete, desto größer wurde der Druck »von unten« auf die Gemeinde.

Die den Kommunen in der Endphase der Weimarer Republik versetzten Schläge gegen die bis dahin gültigen finanzpolitischen Entscheidungsrechte im Rahmen kommunaler Selbstverwaltung verstärkten sich noch beträchtlich im Dritten Reich. Zwar hatte die NSDAP keinen formellen Zugriff auf die Gemeindefinanzen, »verfügte aber im allgemeinen informell über ausreichende Handhaben, um ihre Ziele durch-

25 Fritz Blaich, Möglichkeiten und Grenzen kommunaler Wirtschaftspolitik während der Weltwirtschaftskrise 1929 bis 1932. Dargestellt am Beispiel der Stadt Ludwigshafen am Rhein, in: Archiv für Kommunalwissenschaften, (1970) 9, S. 99.
26 Wilhelm Ribhegge (Anm. 12), S. 14; Wolfgang Haus, Staatskommissare und Selbstverwaltung 1930–1933, in: der städtetag, 1956, S. 97.
27 Dies formulierte der Münchner Oberbürgermeister Scharnagel 1933, zit. nach Peter Steinborn, Grundlagen und Grundzüge Münchner Kommunalpolitik in den Jahren der Weimarer Republik, München 1968, S. 517; vgl. auch Wolfgang Haus (Anm. 26), S. 97.
28 Stefan Leibfried/Florian Tennstedt (Hrsg.), Politik der Armut und der Spaltung des Sozialstaats, Frankfurt a. M. 1985, S. 33.

zusetzen.«[29] Die Deutsche Gemeindeordnung von 1935 schränkte zudem die wirtschaftliche Betätigungsmöglichkeit der Kommunen wesentlich ein. Daß die Nationalsozialisten lediglich das durchsetzten, was bestimmte Gesellschaftsgruppen sich schon »zuvor« gewünscht hatten, läßt sich nicht nur an entsprechenden Forderungen aus der Zeit vor 1933[30], sondern auch daran aufzeigen, daß in den bundesdeutschen Gemeindeordnungen ausgerechnet der Abschnitt über die Gemeindewirtschaft aus dem NS-Gesetz beibehalten wurde, und zwar bis auf den heutigen Tag. In gewisser Weise wurden im Dritten Reich außerdem die bis dahin entwickelten Tendenzen zur Herausbildung eines Finanzausgleichsystems rückgängig gemacht: Durch die Realsteuerreform von 1936 erhielten die Kommunen nämlich die Grund- und Gewerbesteuer zur alleinigen Ausschöpfung überlassen, nachdem diese bis dahin mit den Ländern geteilt werden mußten. Während die Länder hinsichtlich ihrer Finanzeinnahmen starke Verluste erlitten, verfügten die Gemeinden 1936 über fast gleich hohe Einnahmen wie 1925 – bei allerdings höheren Ausgaben.[31] Seit 1938 verschlechterte sich freilich im Zuge der forcierten Aufrüstung und der Kriegsvorbereitungen die finanzielle Situation der Gemeinden erneut.[32] Im gleichen Jahr kam es zu einer im Prinzip zukunftträchtigen Regelung eines horizontalen Finanzausgleichs zwischen den Kommunen.

6. Schlußbemerkungen

Wer von den Bewertungskriterien »Demokratie« und »Sozialkommune« die Geschichte der kommunalen Selbstverwaltung rückblickend betrachtet, kann der rein bürgerlich geprägten Selbstverwaltung und Honoratiorenherrschaft des 19. Jahrhunderts heute nur noch wenig Sympathie entgegenbringen. Die tradierte Vorstellung, daß es eine unpolitische Gemeindeverwaltung geben könne, war Schein und Ideologie. Die rigide Ablehnung parteiendemokratischer Kommunalpolitik noch im späten 19. und frühen 20. Jahrhundert wirft aus heutiger Sicht tiefe Schatten auf die Geschichte der kommunalen Selbstverwaltung. Das autokratische Kommunalwahlrecht war Ausdruck bürgerlicher Klassenherrschaft. Für Frauen besteht schon gar kein Grund, die Geschichte kommunaler Selbstverwaltung positiv zu bewerten, ermöglichte ihnen doch die bürgerliche Stadt des 19. Jahrhunderts allenfalls die ehrenamtliche Tätigkeit innerhalb von Wohlfahrtsorganisationen, aber in der Regel weder kommunalpolitische Rechte noch formelle Einflußmöglichkeiten.

Zahlreichen Kommunen fiel es im 19. Jahrhundert auch schwer, die Aufgaben einer »Sozialkommune« zu übernehmen, selbst nachdem die Bismarckschen Sozialversicherungsgesetze auf staatlicher Seite einen historischen Markstein für die zukünftige

29 Horst Matzerath (Anm. 20), S. 370.
30 Handwerk und Industrie sprachen während der Zwanziger Jahre von einer Art »kalten Sozialisierung«. Carl Böhret, Aktionen gegen die »kalte Sozialisierung« 1926–1930. Ein Beitrag zum Wirken ökonomischer Einflußverbände in der Weimarer Republik, Berlin 1966.
31 Jeremy Leaman, The Gemeinden as Agents of Fiscal and Social Policy in the Twentieth Century: Local Government and State-form Crises in Germany, in: W. R. Lee/Eve Rosenhaft, The State and Social Change in Germany, 1880–1980, New York u. a. 1989, S. 270.
32 Siehe Horst Matzerath (Anm. 20), S. 370, 355. So wurde die Biersteuer den Gemeinden weggenommen sowie Teile der Grunderwerbsteuer. Auch wurden die kommunalen Versorgungsbetriebe körperschaftsteuerpflichtig.

Entwicklung gesetzt hatten. In den Demokratien des 20. Jahrhunderts wurde zwar das Sozialstaatspostulat auch auf die Kommunen übertragen, allerdings war und ist diese Neuerung durch die wechselseitige Problemverschiebung zwischen Staat und Kommunen und durch das strukturelle Mißverhältnis von Funktions- und Finanzzuweisungen permanent belastet.[33]

Beträchtliche Leistungen, besonders auch im internationalen Vergleich, erbrachten die Kommunen auf dem Gebiet städtischer Infrastruktur. Die Modernisierung der Städte im Dreiklang von Infrastruktur, Kommerz und Kultur, die vom meist liberal gesinnten Bürgertum, aber vor allem von der heranwachsenden Kommunalbürokratie in der Zeit des Deutschen Kaiserreichs initiiert und getragen wurde, produzierte jenes Image von der leistungsfähigen, nur am Gemeinwohl orientierten deutschen Selbstverwaltung des 19. Jahrhunderts, von dem so häufig bei feierlichen Anläßen die Rede war und ist.

Bei Bewertungsversuchen muß auch heute noch der Blick in besonderer Weise auf die Städtereform im frühen 19. Jahrhundert fallen. Damals ging es um die Beschränkung der Macht eines autokratischen Staates im Namen freier (männlicher) Bürger. Insofern gehört dieser Teil der Geschichte der kommunalen Selbstverwaltung tatsächlich in das Album der Erinnerung an freiheitliche Traditionen in deutschen Landen.

Durch die Demokratisierung staatlicher Entscheidungsprozesse im 20. Jahrhundert wurde die Bedeutung der kommunalen Selbstverwaltung zwar nicht aufgehoben, aber doch erheblich abgeschwächt. Allerdings zeigen die massiven Eingriffe in die kommunale Selbstverwaltung während der Zeit der Präsidialregierungen am Ende der Weimarer Republik und erst recht im Dritten Reich, daß das kommunale Selbstverwaltungsrecht eben kein Naturrecht war und ist, sondern der permanenten politischen und kulturellen Legitimation und gegebenenfalls der Verteidigung bedarf, vor allem in gesamtgesellschaftlichen Krisenzeiten.

Für uns heute gilt es, die ganze Geschichte der kommunalen Selbstverwaltung, ihre Höhen und Tiefen, ihre Chancen und »Sachzwänge«, ihre Macht und Ohnmacht, ihre Freiheits- und Unterdrückungskomponenten, ihre Leistungen und ihr Versagen zu rezipieren. Stein und Gneist repräsentieren eben nur einen kleinen Teil der Geschichte der kommunalen Selbstverwaltung: Ihre Einbalsamierung verführt außerdem zu einer bruchlosen Identitätssuche mit der Vergangenheit, die dem realen Geschichtsablauf, der in Wirklichkeit recht komplex und ambivalent war, nicht gerecht wird. Der historische Rückblick zeigt zudem: Im Unterschied zu autokratisch-zentralistischen Systemen, in denen die kommunalen Selbstverwaltungsrechte als ein prinzipieller Verlust an Freiheitsrechten zu bewerten ist, kommt es in demokratisch-föderalistischen Systemen nicht nur auf die kommunale Selbstverwaltung an sich an, sondern darüber hinaus auch auf die Art und Weise, wie die kommunale Selbstverwaltung genutzt wird, d. h., welchen Interessen sie dient, ob sie die Lebensbedingungen der Menschen sichern helfen kann, wie bürger- und bürgerinnennah agiert wird und welchen Beitrag sie zu einer sozial und demokratisch orientierten, aktiven politischen Kultur zu leisten vermag.

---

33 Dazu siehe in historischer Perspektive Jeremy Leaman (Anm. 31), S. 271 ff.

Hellmut Wollmann

Kommunalpolitik –
zu neuen (direkt-)demokratischen Ufern?

1. Zur historischen Genese

Auf den Beginn des letzten Jahrhunderts zurückgehend, ist die Entwicklung der Demokratie auf der lokalen Ebene in Deutschland vor allem durch zwei institutionelle Eigentümlichkeiten und »Pfadabhängigkeiten« gekennzeichnet:[1]

Zum einen wurde die Entfaltung der kommunalen Autonomie als *politisch-demokratische* Verfassungsform (im Sinne eines *local self-government*) über weite historische Strecken von der Vorstellung von der kommunalen Ebene als bürgerlich-ehrenamtlich-selbstverantwortlicher (Staats-)Verwaltung (*kommunale Selbstverwaltung*) überlagert und überformt.[2] Einen jedenfalls verfassungsrechtlich markanten Einschnitt in dieser Entwicklungslinie hat das Grundgesetz der Bundesrepublik Deutschland vom 23. Mai 1949 damit vollzogen, daß es in Art. 28 Abs. 1 Satz 2 GG vorschreibt, »das Volk (müsse) in den Ländern, Kreisen und Gemeinden eine (demokratisch gewählte, H. W.) Volksvertretung« haben und erkannte damit die Länder und Kommunen als der bundesstaatlichen Ebene demokratietheoretisch prinzipiell ebenbürtige Handlungsebenen an.

Innerhalb des administrativ akzentuierten Konzepts der kommunalen Selbstverwaltung prägte sich die Stellung der (gewählten) Gemeindevertretung als das kommunale Schlüsselorgan aus, das in der Wahrnehmung der kommunalen Aufgaben ergänzende oder gar konkurrierende Verfahren direkter Demokratie auf der lokalen Ebene konzeptionell wie machtpolitisch ausschloß.[3] Zwar führte die Weimarer Verfassung vom 11. August 1919 neben dem repräsentativ-demokratischen Grundprinzip (demokratische Wahl des Reichstags) mit den Referenden (Volksbegehren und Volksentscheid) sowie der Direktwahl des Reichspräsidenten nunmehr direkt-demokratische Verfahren ein; auch die neuen Länderverfassungen sahen Referenden vor.

1 Vgl. hierzu Adelheid von Saldern und Hellmut Wollmann, Entwicklungslinien der lokalen Demokratie im Vergleich, beide in diesem Band.
2 Vgl. Hellmut Wollmann, Kommunalvertretung . . ., in diesem Band.
3 Traf dies im letzten Jahrhundert jedenfalls weithin auf die Städte zu, wo die aufgrund des Dreiklassenwahlrechts gewählten Kommunalvertretungen dem Besitzbürgertum als Machtposition gegen die wachsende städtische Arbeitsbevölkerung diente, so darf nicht übersehen werden, daß für die kleinen ländlichen Ortschaften teilweise direktdemokratische Gemeindeversammlungen durchaus vorgesehen waren, z. B. in der Preußischen Landgemeindeordnung von 1892, vgl. Friedrich Franke, Kleinstgemeinden in Schleswig-Holstein – liebenswürdiges, aber anachronistisches Kuriosum? Eindrücke von Besuchen vor Ort, in: Die Gemeinde Schleswig-Holstein, 1994, S. 104.

Jedoch blieben die Gemeinde- und Kreisordnungen, die die Länder verabschiedeten, von solchen direkt-demokratischen Neuerungen weitgehend unberührt. Offenkundig waren die Landtage nach wie vor von der überkommenen Vorstellung durchdrungen, daß die Kommunalvertretungen als (immerhin demokratisch bestimmte) Verwaltungsorgane anzusehen sind, denen direktdemokratische Verfahren naturgemäß fremd seien.

Das Erschrecken der Verfassungsväter des Grundgesetzes darüber widerspiegelnd, welche verhängnisvolle Rolle bei der Zerstörung der Weimarer Republik der agitatorische Mißbrauch der plebiszitär-demokratischen Verfahren gespielt hatte, erkannte die neue Bundesverfassung dem Bundesvolk praktisch keine direkt-demokratischen Rechte zu (sieht man von dem Volksentscheid über die Länderneugliederung ab), sondern beschränkte es – streng repräsentativ[4] – auf das Recht, den Bundestag zu wählen.[5] Für die kommunale Ebene zeigt das Grundgesetz allerdings bemerkenswerte direkt-demokratische Sympathien. Ist in Art. 28 Abs. 1, Satz 3 GG – im unmittelbaren Anschluß an die erwähnte Verfassungsgarantie der in den Kommunen zu wählenden »Volksvertretungen« – ergänzend gesagt, daß »in Gemeinden an die Stelle der gewählten Körperschaft die Gemeindeversammlung«, also die urdemokratische Versammlung der Gemeindebewohner, treten könne.

Während vor allem diejenigen neuen Länder, die – in der Regel unter lebhafter Mitwirkung der Besatzungsmächte – ihre Verfassungen noch vor Inkrafttreten des GG berieten und verabschiedeten, in diese durchweg Referenden aufnahmen[6], sind direkt-demokratische Verfahren in den Gemeinde- und Kreisordnungen, die in den Ländern in Kraft gesetzt wurden, kaum zu finden. Hierbei dürften mehrere Faktoren zusammengespielt haben. Zum einen waren den Kommunalverfassungen direkt-demokratische Verfahren bislang weitgehend fremd. Zum andern waren zweien der drei Besatzungsmächte, die an den Kommunalverfassungen kräftig mitschrieben, nämlich England und Frankreich, in ihren eigenen Kommunaltraditionen praktisch nur repräsentativ-demokratische und keine direkt-demokratischen Strukturen geläufig. Allein in den – bezeichnenderweise in der Amerikanischen Besatzungszone gelegenen – Ländern Bayern und Baden-Württemberg wurden die Direktwahl des Bürgermeisters (in Bayern auch des Landrats) und in Baden-Württerberg das Verfahren des kommunalen Bürgerbegehrens und -entscheids eingeführt.

Bei diesem gemeinsamen repräsentativ-demokratischen Entwicklungspfad der – von Land zu Land ansonsten stark unterschiedlichen – Kommunalordnungen[7] blieb es praktisch für die Dauer von 40 Jahren.

Zwar gerieten in den 60er und 70er Jahren die repräsentativ-demokratisch-parlamentarischen Strukturen und Verfahren auf allen Ebenen der Bundesrepublik unter kritisches Feuer und »außerparlamentarischen« Druck – zunächst unter den Vor-

---

4 Vgl. Wolfgang Böckenförde, Demokratie und Repräsentation, in: ders., Staat, Verfassung, Demokratie, 2. Aufl. 1992, S. 379.

5 Vgl. Hans Herbert von Arnim, Möglichkeiten unmittelbarer Demokratie auf Gemeindeebene, in: Die Öffentliche Verwaltung, 1990, S. 89 f. mit weiteren Nachweisen.

6 Vgl. Franz-Ludwig Knemeyer, Bürgerbeteiligung und Kommunalpolitik, München usw. 1995; Wilfried Erbguth, Verstärkung der Elemente unmittelbarer Bürgerbeteiligung auf kommunaler Ebene, in: Hans-Günter Henneke (Hrsg.), Aktuelle Entwicklungen der inneren Kommunalverfassung, Stuttgart etc. 1996, S. 123, Anm. 46 mit Nachweisen; ferner Günter Jürgens, Direkte Demokratie in den Ländern; Albrecht Weber, Direkte Demokratie im Landesverfassungsrecht, in: Die Öffentliche Verwaltung, 1985, S. 178 ff.

7 Vgl. Franz-Ludwig Knemeyer in diesem Band.

zeichen einer *Demokratiekritik*, dann – im Soge der Studentenrevolte an den Hochschulen ab 1968 – auch unter dem Banner einer fundamentalen *Systemkritik*. Die Bürgerinitiativen, die sich vielerorts gegen Planungsentscheidungen und Maßnahmen der Kommunen bildeten, markierten die »bürgerliche« Unzufriedenheit mit den bestehenden ausschließlich repräsentativ-demokratischen Entscheidungsstrukturen in den Kommunen und drängten auf die Erweiterung der *partizipativen* Rechte. Die von der Sozial-liberalen Koalition proklamierte »Politik der Inneren Reformen«, die nicht zuletzt eine Reform der demokratischen Strukturen und Verfahren anstreben sollte und wollte, schrieb sich »Mehr Demokratie wagen« auf die Fahne. Unter dem Strich erwiesen sich die institutionellen Veränderungen und Früchte dieser politisch turbulenten Phase indessen als bemerkenswert karg.[8] Die Erweiterung der politischen Teilhaberechte der Bürger, seien es »Öffentlichkeitsrechte« oder »Betroffenenrechte«[9], beschränkten sich auf (konsultative) Anhörungs-, Informations- und Mitwirkungsrechte in unterschiedlichen Planungsverfahren (z. B. »vorgezogene Bürgerbeteiligung« in Bauplanungsverfahren[10]), für die die verbindliche Entscheidung letztlich den überkommenen repräsentativ-politischen Gremien vorbehalten blieb.

Erst in den frühen 90er Jahren wurde die kommunale Institutionenwelt von einer Welle von kommunalverfassungsrechtlichen Änderungen ergriffen, die insbesondere die Einführung kommunaler Referenden und der Direktwahl (und teilweise auch Abwahl) des Bürgermeisters/Landrats umfaßte und den überkommenen repräsentativ-demokratischen Regelungspfad der Kommunalverfassungen der Länder beinahe im Handumdrehen für einen direkt-demokratischen Entwicklungsstrang geöffnet hat.

Von diesem direktdemokratischen »Ruck« in der kommunalen Verfassungs- und Politikwelt soll im folgenden die Rede sein.

Dabei wird sich die kurze Abhandlung auf die »echten« direkt-demokratischen Teilhaberechte des Bürgers beschränken, vermöge derer er/sie an verbindlichen politisch-öffentlichen Entscheidungen mitwirkt – im Gegensatz zu »unechten« Teilhaberechten, aufgrund derer er/sie an Entscheidungsverfahren beratend, informierend, fordernd usw. beteiligt ist, während die verbindlichen Beschlüsse zu fassen letztlich allein den repräsentativ-demokratischen Organen reserviert bleibt. Diese letzteren »unechten« Teilhabe- und Partizipationsrechte sollen hier unerörtert bleiben.[11]

Zu den (»echten«) direkt-demokratischen Teilhaberechten des Bürgers sind zum einen die *Referenden* (Bürgerbegehren und -entscheid) zu rechnen, die auf die Mitwirkung an *Sach*entscheidungen gerichtet sind. Aber auch die Direktwahl (»Urwahl«) des Bürgermeisters/Landrats sowie seine Abwahl werden hier zu den direkt-demokratischen Teilhaberechten gezählt[12], obgleich sie – der Wahl von Abgeordneten vergleichbar – auf die Wahl/Abwahl von *Personen* gerichtet sind und in ihnen insofern auch ein Element mittelbarer Demokratie erkannt werden kann.[13]

---

8 Ähnlich Hans Herbert von Arnim (Anm. 5), S. 89.
9 Vgl. die Übersicht bei Reinhard Hendler, Vorzüge und Nachteile verstärkter Bürgerbeteiligung auf kommunaler Ebene, in: Hans-Günter Henneke (Anm. 6), S. 101 ff.
10 § 3 Abs. 1, Satz 2 Bundesbaugesetz bzw. Baugesetzbuch.
11 Für ausführlichere Übersichten vgl. Reinhard Hendler (Anm. 9); Wilfried Erbguth (Anm. 6), S. 111 ff.
12 So z. B. auch Hans Herbert von Arnim (Anm. 5), S. 86. Eine Stütze findet diese Klassifikation in Art. 20 Art. 2 GG, wo offenbar zwischen unmittelbaren Entscheidungen des Volkes durch Wahlen und Abstimmungen einerseits und mittelbaren Entscheidungen des Volkes durch besondere Gremien der Gesetzgebung andererseits unterschieden wird.
13 So Reinhard Hendler (Anm. 9), S. 104.

2. Direkt-demokratische Einrichtungen und Verfahren

a. Gemeindeversammlung

Als Urform der unmittelbaren lokalen Demokratie hat die Bürger- und Gemeindeversammlung als eine Versammlung aller wahlberechtigten Bürger zur verbindlichen Entscheidung der in ihre Zuständigkeit fallenden Angelegenheiten zu gelten. Die Beispiele reichen von der »Polis« im antiken Athen bis zu den »town-meetings« in den Städten und Gemeinden in den Neu-England-Staaten an der Ostküste der USA und den Gemeinde- und Bürgerversammlungen der »urdemokratischen« Schweiz.[14] Der deutschen Kommunaltradition blieb der direktdemokratische Entwicklungsstrang weitgehend fremd.

Mit Art. 28, Abs. 2 Satz 3 GG, der, wie erwähnt, ausdrücklich vorschrieb, daß »in Gemeinden an die Stelle der gewählten Körperschaft die Gemeindeversammlung treten« können, schien für die Kommunale Ebene eine neue direktdemokratischen Regelungsspur eröffnet. Tatsächlich machten in den 50er Jahren neben Schleswig-Holstein auch Niedersachsen, Nordrhein-Westfalen, Hessen und Baden-Württemberg von dieser Regelung Gebrauch. Nach der Gemeindeordnung des Landes Baden-Württemberg von 1955 z. B. konnten Gemeinden mit nicht mehr als 200 Einwohnern durch Hauptsatzung bestimmen, »daß die Verwaltung der Gemeinde bei der Gemeindeversammlung und dem Bürgermeister« liege.[15] Im Zuge der in den 60er und 70er Jahren in den Bundesländern durchgeführten Gemeindegebietsreform sind die Kleinstgemeinden indessen weitgehend verschwunden und die Einrichtung der auf die Kleinstgemeinden gemünzten Gemeindeversammlungen praktisch belanglos. Deshalb wurde die direktdemokratische Regelung in diesen Ländern aufgehoben – außer in Schleswig-Holstein. Hier ist sie für Gemeinden bis zu 70 Einwohnern verbindlich vorgeschrieben und wird derzeit in 29 Gemeinden angewandt.[16] Als einziges weiteres Land hat Brandenburg in seiner neuen Gemeindeordnung von 1993 die Gemeindeversammlung für Gemeinden mit weniger als 100 Einwohnern vorgeschrieben; dies trifft derzeit auf rund 30 Gemeinden zu. Allerdings dürften die urdemokratischen Gemeindeversammlungen in der deutschen kommunalpolitischen Landschaft wohl eher als ein »liebenswürdiges, aber anachronistisches Kuriosum«[17] denn eine als auf Dauer leistungs- und überlebensfähige Alternative zum repräsentativ-demokratischen Modell anzusehen sein.

b. Lokale Bürgerbegehren und -entscheide (Referenden)

Das kommunale Referendum wurde erstmals in der deutschen Kommunalverfassungsgeschichte durch die Gemeindeordnung von Baden-Württemberg vom 25. Juli

---

14 Vgl. Yvo Hangartner, Die kommunale Selbstverwaltung in der Schweiz, in: Hans-Uwe Erichsen/Werner Hoppe/Adalbert Leidinger (Hrsg.), Kommunalverfassungen in Europa, Stuttgart 1988, S. 91 ff.

15 § 23, Abs. 3, vgl. Richard Kunze/Carl Schmid, Gemeindeordnung für Baden-Württemberg, 2. Aufl., Stuttgart 1994, S. 203 ff.

16 Vgl. Friedrich Franke (Anm. 3), S. 103 ff.; ausführlich Friedrich Franke, Gemeindeversammlungen in Recht und Verwaltungspraxis in Schleswig-Holsteins Kleinstgemeinden, Berlin 1996.

17 So die mit Fragezeichen versehene Überschrift bei Friedrich Franke (Anm. 3).

1955[18] eingeführt und blieb für 25 Jahre ein einsamer Sonderling. Erst Anfang der 90er Jahre, als die Kommunalverfassungsdiskussion in den Bundesländern von einer Welle direktdemokratischer Veränderungen ergriffen wurde, hielt das kommunale Referendum – zusammen mit der Direktwahl des Bürgermeisters/Landrats – Einzug in fast alle Länderkommunalverfassungen.

Den Anfang machte das Land Schleswig-Holstein mit einer entsprechenden Novellierung seiner Gemeindeordnung vom 2. 4. 1990.[19] In die von der demokratischen »Nach-Wende«-DDR-Volkskammer verabschiedete DDR-Kommunalverfassung vom 17. Mai 1990 wurden Bürgerbegehren und -entscheid unverkennbar in der Absicht aufgenommen, damit ein Stück basisdemokratischen Erbes der ostdeutschen »friedlichen Revolution« zu bewahren.[20]

Die neuen Gemeinde- und Kreisordnungen der ostdeutschen Länder, die, die DDR-Kommunalverfassung vom 17. 5. 1990 ablösend, am 5. Dezember 1993 (in Brandenburg) bzw. am 12. Juni 1994 (in den anderen ostdeutschen Ländern) in Kraft traten, sahen weiterhin kommunale Referenden vor. Im Land Bremen wurden sie durch einen Volksentscheid vom 16. 10. 1994 für die Stadtgemeinde Bremen[21], schließlich auch in Bayern durch einen Volksentscheid vom 20. 2. 1995 für die Gemeinden und Kreise des Landes eingeführt. Damit sind inzwischen die Referenden für die *Gemeinden* in allen bundesdeutschen Flächenländern eingeführt.[22]

Dies gilt auch für die *Landkreise* in allen ostdeutschen und den meisten westdeutschen Flächenländern.[23] Diese »Parallelisierung zwischen Gemeinde- und Kreisrecht«[24] ist um so bemerkenswerter, als den Landkreisen, deren Institutionsgeschichte und -regelung sich von der der Gemeinden bis in die jüngste Zeit durchaus unterschied[25], »herkömmlicherweise solche Formen unmittelbarer Bürgerbeteiligung fremd«[26] waren.

b.1 Verfahrensregelung

Initiierung und Durchführung der lokalen Referenden sind in allen Bundesländern zweistufig aufgebaut. In der ersten Stufe – dem *Bürgerbegehren* – geht es den Initiatoren darum, eine hinreichend große Zahl von Bürgern zu gewinnen, die ihre

18 Vgl. hierzu Hans Herbert von Arnim (Anm. 5), S. 86, Fußnote 4 mit Nachweisen.
19 Vgl. Dian Schefold/Maja Neumann, Entwicklungstendenzen der Kommunalverfassungen in Deutschland, Basel usw. 1996, S. 105, die einen Zusammenhang mit der Barschel-Affäre und der hierdurch ausgelösten Reformdiskussion um die politischen Strukturen sehen.
20 Vgl. die Dokumentation der Gesetzesberatungen in Franz-Ludwig Knemeyer (Hrsg.), Aufbau kommunaler Selbstverwaltung in der DDR, Baden-Baden 1990; vgl. auch Franz-Ludwig Knemeyer sowie Hellmut Wollmann, Um- und Neubau der Kommunalstrukturen in Ostdeutschland, in diesem Band.
21 Vgl. Dian Schefold/Maja Neumann (Anm. 19), S. 107.
22 Außer: in Mecklenburg-Vorpommern – hier ab 1999. Für eine Übersicht vgl. Ralf Kleinfeld, Kommunalpolitik, Opladen 1996, S. 141.
23 Außer Baden-Württemberg, Hessen und Saarland. Für eine Übersicht vgl. Hans-Günter Henneke, Bürgerentscheide in den (Land-)Kreisen, Synopse, in: Hans-Günter Henneke (Anm. 6), S. 170 ff.
24 Eberhard Schmidt-Aßmann, Kommunalspezifischer Verwaltungsstil und Differenzierungsmodelle, in: Hans-Günter Henneke (Anm. 6), S.146.
25 Vgl. Hans-Jürgen von der Heide, Hans-Günter Henneke sowie Hellmut Wollmann, Entwicklungslinien lokaler Demokratie . . ., alle in diesem Band.
26 Hans-Günter Henneke, Kreisrecht in den Ländern der Bundesrepublik Deutschland, 1994, S. 45 f.

Unterstützung für die Initiative durch Unterschrift auf vorgefertigten Listen dokumentieren.[27] Das Antragsquorum, das für die erfolgreiche Überwindung dieser ersten Verfahrenshürde erforderlich ist, liegt, grob gesprochen, zwischen 10 und 20 Prozent.[28]

In den meisten Ländern[29] kann – neben dem aus der Mitte der Bevölkerung initiierten *Bürgerbegehren* – ein Bürgerentscheid auch aus der Mitte der Gemeindevertretung – mit der absoluten Mehrheit bzw. von zwei Dritteln der Mitglieder[30] – in Gang gebracht werden (sog. *Ratsbegehren*).

Die Mehrzahl der Gemeindeordnungen beschränkt die zulässigen Gegenstände eines *Bürgerbegehrens* auf »wichtige Gemeindeangelegenheiten«. Damit wird an den Bestand der örtlichen, von den Gemeinden in eigener Verantwortung zu regelnden Aufgaben angeknüpft.[31] Die meisten Gemeindeordnungen präzisieren die hier zuzurechnenden Angelegenheiten in einem sog. Positivkatalog. Alle enthalten darüber hinaus einen – unterschiedlich umfangreichen – *Negativkatalog* jener Angelegenheiten, in denen Bürgerbegehren auf keinen Fall zulässig sind. Dabei handelt es sich regelmäßig um Initiativen, die die innere Organisation der Kommunalverwaltung und die kommunalen Finanzen, insbesondere den Haushaltsplan und die kommunalen Abgaben, betreffen.[32] Explizit oder implizit ausgeschlossen sind auch Angelegenheiten des »übertragenen Wirkungskreises«, also jene Aufgaben, die die Gemeinden – neben und außerhalb ihrer kommunalen Selbstverwaltungsaufgaben – als vom Staat übertragene Aufgaben erledigen. Jedem Bürgerbegehren ist weiterhin ein *Kostendeckungsvorschlag* beizufügen.[33]

Über die *Zulässigkeit* des Bürgerbegehrens entscheidet in fast allen Länderregelungen die Gemeindevertretung (ausgenommen Schleswig-Holstein, wo die Zulässigkeit von der Rechtsaufsichtsbehörde geprüft wird). Abgesehen davon, daß die Gemeindevertretung vielfach überfordert sein dürfte, die oft rechtlich knifflige Frage der inhaltlichen Zulässigkeit eines Bürgerbegehrens kompetent zu beantworten, ist diese Regelung auch politisch problematisch, da die Gemeindevertretung gegenüber einem Bürgerbegehren vielfach selber »Partei« ist.[34]

Über ein Bürgerbegehren, das das jeweilige landesgesetzlich erforderliche Quorum erreicht hat und »zugelassen« worden ist, kommt es dann zum *Bürgerentscheid*. Das

27 Ausführlich Fritz Ossenbühl, Bürgerbegehren und Bürgerentscheid, in: Gerhard Seiler (Hrsg.), Gelebte Demokratie. Festschrift für Manfred Rommel, Stuttgart usw. 1997, S. 250; Dian Schefold/Maja Neumann (Anm. 19), S. 111 ff.

28 Genauer: In – mit steigender Gemeindegröße abnehmendem Prozenterfordernis – Baden-Württemberg und Rheinland-Pfalz zwischen 6 und 15 sowie (ab 1999) in Mecklenburg-Vorpommern zwischen 7,5 und 10 Prozent, ohne Staffelung 10 Prozent in Bayern, Brandenburg, Hessen, Nordrhein-Westfalen und Schleswig-Holstein, 15 Prozent in Sachsen und 20 Prozent in Thüringen, vgl. Dian Schefold/Maja Neumann (Anm. 19), S. 118, Anm. 53.

29 Außer: Hessen, Nordrhein-Westfalen, Rheinland-Pfalz und Thüringen.

30 Absolute Mehrheit in Mecklenburg-Vorpommern und Bayern, Zwei-Drittel-Mehrheit in Baden-Württemberg, Sachsen, Sachsen-Anhalt und Schleswig-Holstein, vgl. Dian Schefold/ Maja Neumann (Anm. 19), S. 111.

31 Vgl. Näheres bei Dian Schefold/Maja Neumann (Anm. 19), S. 108 ff.; Fritz Ossenbühl (Anm. 27), S. 150 f.

32 Kritisch zum Ausschluß der finanziellen Fragen vgl. Hans Herbert von Arnim (Anm. 5), S. 93; Ralf Kleinfeld (Anm. 22), S. 140.

33 Näheres bei Dian Schefold/Maja Neumann (Anm. 19), S. 116 f.; Fritz Ossenbühl (Anm. 27), S. 254 ff.

34 Zur Kritik vgl. Fritz Ossenbühl (Anm. 27), S. 252 f. mit weiteren Nachweisen.

Begehren obsiegt, wenn es von der Mehrheit der Abstimmenden unterstützt und hierbei ein Quorum überschritten wird, das von 25 Prozent[35] bis 30 Prozent der Wahlberechtigten[36] reicht; einzig in Bayern genügt die einfache Mehrheit der abgegebenen Stimmen.

b.2 Bisherige Praxis

Ergiebige Informationen zur Inanspruchnahme der lokalen Referenden liegen bislang nur zu *Baden-Württemberg* vor, wo die Regelung immerhin über 40 Jahre in Kraft ist.

In den ersten 20 Jahren (1956 bis 1976) gab es in den rund 1 100 Städten und Gemeinden Baden-Württembergs insgesamt 52 Bürgerbegehren, von denen 24 zu einer Abstimmung führten.[37]

Danach (1975 bis Ende 1988) wurden insgesamt 110 Bürgerbegehren initiiert, von denen 43 zum Bürgerentscheid führten und 23 die erforderliche Mehrheit fanden.[38] Lag die Zahl der initiierten Bürgerbegehren bis Mitte der 70er Jahre mithin landesweit bei kaum mehr als zwei im Jahresdurchschnitt, stieg danach die Häufigkeit jahresdurchschnittlich immerhin auf acht, darunter zwei im Ergebnis erfolgreiche. Auffällig ist, daß nur die Hälfte der Bürgerbegehren zur Abstimmung im Bürgerentscheid gelangten, offenkundig weil viele von der Gemeindevertretung als unzulässig verworfen wurden.

Über die Inanspruchnahme der lokalen Referenden in anderen Bundesländern, in denen diese erst in den frühen 90er Jahren eingeführt wurden, liegen bislang verständlicherweise nur ausschnitthafte Informationen vor. In *Schleswig-Holstein* gab es zwischen April 1990 und Juni 1991, also in einem reichlichen Jahr, 23 Bürgerbegehren, von denen neun in Bürgerentscheiden mündeten.[39] In *Nordrhein-Westfalen* wurden zwischen Oktober 1994 und Februar 1997, also in zweieinhalb Jahren, 20 Bürgerentscheide registriert.[40]

Die thematische Begrenzung der Zulässigkeit von Bürgerbegehren widerspiegelnd, hatten diese in der Praxis offenkundig überwiegend Fragen der kommunalen Einrichtungen zum Gegenstand, wie Bau einer Stadthalle, Errichtung einer Gesamtschule, Standortbestimmung einer Schule, Errichtung einer Fußgängerzone, Parkraumbewirtschaftungskonzept usw.[41]

Zur Frage, ob und in welchem Umfang in den *Landkreisen* vom Bürgerbegehren und -entscheid Gebrauch gemacht worden ist, sind, soweit ersichtlich, bislang keine Informationen verfügbar.

Während – im Rückblick auf die frühe Praxis der kommunalen Referenden in Baden-Württemberg – mit guten Gründen skeptisch gefragt werden konnte, ob »bei so vielen Hindernissen Bürgerbegehren und Bürgerentscheid ... noch als realistische

---

35 So in Brandenburg, Hessen, Mecklenburg Vorpommern, Nordrhein-Westfalen, Sachsen, Schleswig-Holstein, Thüringen.
36 So in Baden-Württemberg, Rheinland-Pfalz und Sachsen-Anhalt.
37 Vgl. Günter Beilharz, Politische Partizipation im Rahmen des § 21 der Gemeindeordnung von Baden-Württemberg, 1981.
38 Vgl. Landtag Baden-Württemberg, Drs. 10/1486 v. 18. 4. 1989 (Antwort der Landesregierung auf Kleine Anfrage); vgl. hierzu auch Dian Schefold/Maja Neumann (Anm. 19), S. 119 f.; Hans Herbert von Arnim (Anm. 5), S. 897 Anm. 9, jeweils mit weiteren Nachweisen.
39 Vgl. Dian Schefold/Maja Neumann (Anm.), S. 121 mit Nachweisen.
40 Vgl. Klaus Ritgen, Bürgerbegehren und Bürgerentscheid 1997, mit Nachweisen.
41 Vgl. Fritz Ossenbühl (Anm. 27), S. 248.

Partizipationschance anzusprechen«[42] seien, deutet die jüngere Entwicklung darauf hin, daß das direktdemokratische Pflänzlein des kommunalen Referendums, das infolge der überkommenen Dominanz der repräsentativ-demokratischen Strukturen und Verfahren auch und gerade auf der kommunalen Ebene und in einer entsprechend geprägten *politischen Kultur* einen eher steinigen und abweisenden Boden vorfindet, durchaus Wurzeln zu schlagen begonnen hat und wenn schon nicht einen Umbruch, so doch eine bedeutsame Veränderung der kommunalen Institutionenwelt und Politikkultur und insgesamt nachhaltige Belebung der lokalen Demokratie einleiten könnte. Hinzu kommt, daß die schiere *potentielle* Anwendung des kommunalen Referendums durch den Bürger die Machtverhältnisse zwischen Bürgerschaft, Kommunalvertretung und Kommuanlverwaltung/Verwaltungsspitze zu verschieben geeignet ist – ein »Damoklesschwert«, mit dem als neues direktdemokratisches Rüstzeug des Bürgers die Kommunalvertretung und die Kommunalverwaltung/Verwaltungsspitze jederzeit zu rechnen haben. Abschließend sei hervorgehoben, daß mit der verbreiteten Einführung kommunaler Referenden die deutsche Kommunalgesetzgebung in den »exklusiven Club« eingetreten ist, dem in Europa bislang nur die Schweiz – das Mutterland direkter Gemeindedemokratie – und ansatzweise auch Dänemark angehören.[43]

Allerdings bleibt kritisch auf erhebliche Verfahrenshindernisse zu verweisen, denen abgeholfen werden sollte:

– Die Bürgerbegehrens- und Bürgerentscheidsquoren liegen in den meisten Ländern zu hoch. Dies gilt vor allem mit Blick auf die Großstädte, wo es erfahrungsgemäß schwieriger als in den kleineren Orten ist, die erforderliche Zahl von Bürgern zu aktivieren – mit dem Ergebnis, daß, wie die verfügbaren Daten nahelegen, die Erfolgschance von lokalen Referenden in Großstädten vergleichsweise gering sind.[44]

– Der Katalog der »wichtigen Angelegenheiten«, die Gegenstand von lokalen Referenden sein können, sollte entschieden erweitert anstatt, wie bislang, durch Negativkataloge ausdrücklich beschnitten werden. Dies gilt beispielsweise für kommunalfinanzielle Angelegenheiten[45] und für Fragen der inneren Organisation der Kommunalverwaltung.[46]

– Die Entscheidung über die (rechtliche) Zulässigkeit der Bürgerbegehren sollte nicht bei der Gemeindevertretung liegen, sondern, wie dies bereits in Schleswig-Holstein geregelt ist, von der Rechtsaufsichtsbehörde wahrgenommen werden.

c. Direktwahl des Bürgermeisters und Landrats

Allein in den (bezeichnenderweise der US-amerikanischen Besatzungszone angehörenden) Ländern *Bayern* und *Baden-Württemberg* war nach 1945 die Direkt-

---

42 So Hans-Georg Wehling, Politische Partizipation in der Kommunalpolitik, Bürgerbegehren und Bürgerentscheid, Gemeinderats- und Bürgermeisterwahl in Baden-Württemberg, in: Archiv für Kommunalwissenschaft, 1989, S. 112.

43 Vgl. Alan Norton, International Handbook of Local and Regional Government, Aldershot, p. 106.

44 Vgl. Hans Herbert von Arnim (Anm. 5), S. 86 Anm. 8 mit Nachweisen; Dian Schefold/Maja Neumann (Anm. 19), S. 120 f.

45 Vgl. Hans Herbert von Arnim (Anm. 5), S. 93.

46 So auch Dian Schefold/Maja Neumann (Anm. 19), S. 123.

wahl des Bürgermeisters (in Bayern auch des Landrats) vorgesehen.[47] Hebt man darauf ab, daß in diesen sog. Süddeutschen Bürgermeister-Rats-Verfassungen sowohl die Gemeindevertretung als auch der Verwaltungschef von der Bevölkerung direkt gewählt wird und der letztere über eine beträchtliche Zuständigkeits- und Machtfülle verfügt, könnte man mit aller Vorsicht von einem *lokalen Präsidialsystem* sprechen.

In allen anderen Bundesländern wurde in den Nachkriegs-Kommunalverfassungen – in unterschiedlichen, an dieser Stelle nicht auszubreitenden Varianten[48] – die Politik-/Verwaltungsspitze von der Kommunalvertretung gewählt; mit der gebotenen Vorsicht kann man dies als lokale Analogie und Annäherung zum *parlamentarischen Regierungssystem* interpretieren.

In den 90er Jahren kam in den traditionelle Variantenreichtum der Landeskommunalverfassungen Bewegung – mit dem Ergebnis, daß innerhalb kurzer Zeit die Direktwahl des *Bürgermeisters* in allen 13 Flächenländern der Bundesrepublik und auch die des *Landrats* in fast allen Ländern (mit Ausnahme von Baden-Württemberg, Schleswig-Holstein, Niedersachsen sowie Brandenburg) eingeführt worden ist.[49]

Für diesen – erstaunlich raschen – institutionellen Umschwung sind vor allem zwei Gründe zu erkennen.

– Einerseits hatte der direkt gewählte Bürgermeister vor allem unter *Steuerungs- und Management*aspekten dadurch bestechenden Charme, daß er als »starker« Politik- und Verwaltungschef und »exekutiver Führer« die institutionellen Voraussetzungen in sich zu vereinigen versprach, um das kommunale Schiff in schwierigen kommunalfinanziellen und -ökonomischen Gewässern handlungs- und steuerungsfähig zu halten. Unverkennbar gaben solche eher steuerungs- und managementorientierte Überlegungen in *Nordrhein-Westfalen* letztlich den Ausschlag, wo nach jahrelangen Auseinandersetzungen der kommunalverfassungsrechtliche Systemwechsel von der »Norddeutschen Ratsverfassung« (mit ihrer »Doppelspitze« aus Bürgermeister und Stadtdirektor; beide von der Kommunalvertretung gewählt) zur Bürgermeister-Rats-Verfassung (süddeutscher Provenienz) am 17. 10. 1994 vollzogen wurde.[50]

– Auf der anderen Seite wurden für die Direktwahl des Bürgermeisters verbreitet auch *demokratietheoretische* Gründe ins Feld geführt. Dies gilt insbesondere für die neuen Kommunalverfassungen der ostdeutschen Länder, die am 5. 12. 1993 (in Brandenburg) bzw. am 12. 6. 1994 (in den anderen Ländern) in Kraft traten. Wie die Gesetzesberatungen erkennen lassen[51], war die Entscheidung für die Direktwahl durchaus von dem »basisdemokratischen« Wunsch bestimmt, die Auswahl des kommunalen Politik- und Verwaltungschefs als wichtigste Personalentscheidung der Kommunalpolitik direktdemokratisch zu verankern.

47 Vgl. Bovenschulte, Andreas/Buß, Annette, Plebiszitäre Bürgermeisterverfassungen. Baden-Baden 1996; Franz-Ludwig Knemeyer in diesem Band.
48 Vgl. hierzu Franz-Ludwig Knemeyer, Die Kommunalverfassungen in der Bundesrepublik Deutschland, in: Roland Roth/Hellmut Wollmann (Hrsg.), Kommunalpolitik, Opladen 1994, S. 81 ff.
49 Vgl. Hans-Günter Henneke, Rechtsfragen zu Status und Kompetenzen des Hauptverwaltungsbeamten, in: Hans-Günter Henneke (Anm. 6), S. 36. Mit den Neuregelungen des Kommunalverfassungsrechts in Schleswig-Holstein und in Niedersachsen wird die Direktwahl des Landrats schrittweise auch in diesen Ländern eingeführt, vgl. ebda.
50 Vgl. Ralf Kleinfeld (Anm. 22), S. 80 ff. mit einer detaillierten Analyse dieser jahrelangen, seit 1987 – unter der Meinungsführerschaft von Gerhard Banner – verschärft einsetzenden Auseinandersetzungen.
51 Vgl. die Nachweise bei Dian Schefold/Maja Neumann (Anm. 19).

d. Abwahl des Bürgermeisters und des Landrats

Dem in *Bayern* und *Baden-Württemberg* eingeführten Modell der Direktwahl des Bürgermeisters und (in Bayern) auch des Landrats ist die Möglichkeit von deren Abwahl von Anfang an bis heute unbekannt.

d.1 Verfahrensregelung

Die Abwahl des Bürgermeisters fand als kommunalverfassungsrechtliches Verfahren und als kommunalpolitische Pointe dadurch Eingang in die deutsche Kommunaltradition, daß einige Bundesländer mit Kommunalordnungen, in denen die Bürgermeister durch die Kommunalvertretungen für die Dauer ihrer Wahlperiode gewählt wurden, in den 70er Jahren dazu übergingen, deren vorzeitige Abwahl durch die Kommunalvertretung einzuführen[52] – augenscheinlich vor dem Hintergrunde der Diskussion um eine weitere Demokratisierung der kommunalen Institutionen. Für die Abwahl wurde in der Regel das Erfordernis einer *Zwei-Drittel-Mehrheit* der Mitglieder der Kommunalvertretung vorgesehen. Obgleich dies in den gesetzgeberischen Begründungen zum Teil ausdrücklich bestritten wurde[53], lieferten die so novellierten Kommunalverfassungen, funktional und politisch betrachtet, ein weiteres Merkmal dafür, sie als lokale Variante des *»parlamentarischen Regierungssystems«*[54] zu sehen, dessen entscheidender institutioneller und politischer Punkt die »parlamentarische Verantwortung«, also die Abwählbarkeit des Regierungschefs, bildet.[55]

Nachdem die Abwahl der kommunalen Politik- und Verwaltungsspitze als Verfahren, diese politisch verantwortlich zu halten und möglicherweise politisch zu sanktionieren, mit »parlamentarischer« Pointe in das kommunalpolitische Handlungsrepertoire Eingang gefunden hatte, lag es für die Länder bei ihrem Strategie- und Modellwechsel vom »parlamentarischen« zum »präsidentiellen« Verwaltungschef nahe, die Abwahl als Mittel der politischen Verantwortlichkeit und Kontrolle auch in das neue Modell zu übernehmen. Insbesondere in den Gesetzgebungsverfahren der ostdeutschen Landtage ist zu erkennen, daß mit der Einführung der Abwahl des Bürgermeisters die Absicht verfolgt wurde, dem kommunalen »Wahlvolk« gegenüber dem direktgewählten kommunal- und machtpolitisch »überlebens-

---

52 So in Rheinland-Pfalz und im Saarland 1973, in Nordrhein-Westfalen und Niedersachsen 1979.

53 Zur Gesetzgebungsdiskussion in Rheinland-Pfalz vgl. Heinz Dreibus, Die Bürgermeisterverfassung in Rheinland-Pfalz, im Saarland und in Schleswig-Holstein, in: Günter Püttner (Hrsg.), Handbuch der kommunalen Wissenschaft und Praxis, 2. Aufl., 2. Band, Berlin usw. 1982, S. 245 f.

54 Vgl. hierzu den bahnbrechenden Beschluß des Bundesverfassungsgerichts vom 17. 10. 1957, in: BVerfGE 7, 155, dort vor allem S. 164 ff. Auf den diesem bundesverfassungsgerichtlichen (wie nachfolgenden anderen höchstgerichtlichen) Verfahren zugrunde liegenden Streitstoff (die Beendbarkeit des (Wahl-)Beamtenverhältnisses, in dem die Bürgermeister, Beigeordneten, Landräte stehen, durch ihre Abwahl durch die Kommunalvertretung) sei hier nicht weiter eingegangen. Hier nur soviel: Das Bundesverfassungsgericht bejahte die Verfassungsmäßigkeit dieses Beendigungsgrundes für das (an sich für die ganze Wahlperiode gesicherten) Wahlbeamtenverhältnis, indem es sich entscheidend auf die dem »parlamentarischen Regierungssystem« entsprechende »Notwendigkeit sachlich-politischer Übereinstimmung« oder »Gleichgestimmtheit« zwischen Kommunalvertretung und Verwaltungsspitze stützte. Vgl. hierzu (kritisch) Hans-Günter Henneke (Anm. 49) mit zahlreichen Nachweisen.

55 Zur Frage der »Parlamentarisierung« vgl. auch Hellmut Wollmann, Kommunalvertretungen..., in diesem Band.

großen« Politik- und Verwaltungschef eine Art direktdemokratische Notbremse an die Hand zu geben.[56]

Inzwischen sind Verfahren für die Abwahl des Bürgermeisters in allen ostdeutschen (in Mecklenburg-Vorpommern ab 1999) und in den meisten westdeutschen Bundesländern (außer Bayern und Baden-Württemberg) vorgesehen.[57] Ähnliches gilt für die Abwahl des Landrats.[58] Hervorzuheben ist, daß in Bayern und Baden-Württemberg, den beiden Ursprungs- und Exportländern des »Süddeutschen Bürgermeister-Rats-Modells«, bislang das Abwahlverfahren noch nicht einmal in Erwägung gezogen worden ist.

Gemeinsam ist in allen Regelungen der Abwahl vorgesehen, daß über den Abwahlantrag in einem *Bürgerentscheid* abgestimmt wird. Dem liegt die demokratietheoretische Logik zugrunde, daß nur das kommunale »Wahlvolk«, das den Bürgermeister/Landrat durch Urwahl bestimmt hat, über dessen Abwahl entscheiden kann.

Welche Mehrheiten im Bürgerentscheid erforderlich sind, um die Abwahl zu bewirken, ist in den Ländern unterschiedlich geregelt. Der Bürgermeister ist abgewählt, wenn sich für die Abwahl eine Mehrheit der gültigen Stimmen und hierbei mindestens 25 Prozent (so in Brandenburg und Nordrhein-Westfalen), 30 Prozent (so in Rheinland-Pfalz, Saarland, Sachsen-Anhalt und Thüringen) oder 50 Prozent (so in Sachsen) der Wahlberechtigten aussprechen.

Auch in der Frage, von wem und unter welchen Voraussetzungen ein *Abwahlantrag* eingebracht werden kann, der dann zum Bürgerentscheid durch das kommunale Wahlvolk führt, sind unterschiedliche Regelungen zu beobachten.

Ein entscheidender Unterschied zwischen zwei Gruppen von Ländern besteht vor allem darin, daß in den meisten Ländern *allein* die *Kommunalvertretung* berechtigt ist, mit qualifizierter Mehrheit (zwischen der einfachen Mehrheit und drei Vierteln ihrer Mitglieder)[59] ein Abwahlverfahren in Gang zu setzen (*Ratsbegehren*). Aus der Mitte der Bevölkerung kann in diesen Ländern ein Abwahlverfahren also nicht eingeleitet werden. Der Ausschluß eines direktdemokratischen *Bürgerbegehrens* verrät ein Zögern, wenn nicht sogar ein gewisses Mißtrauen des Landesgesetzgebers, neben der Entscheidung über die Abwahl auch noch die Entscheidung über die Einleitung des Abwahlverfahrens in basisdemokratische Hände zu legen. Vor dem direktdemokratischen Abwahlentscheid ist somit eine repräsentativ-demokratische Einstiegshürde aufgebaut.

Nur in zwei ostdeutschen Ländern, nämlich in Brandenburg und Sachsen, haben sich die Landtage entschieden, neben dem Antragsrecht der Kommunalvertretungen (Ratsbegehren) auch die Möglichkeit vorzusehen, daß der Abwahlantrag aus der Mitte der Bürger initiiert wird (Bürgerbegehren). Dieses kommt wirksam zustande, wenn 10 Prozent (so in Brandenburg), 25 Prozent (so in Schleswig-Holstein) oder ein Drittel (so in Sachsen) der Wahlberechtigten die Initiative unterstützen.[60]

---

56 Zum Gesetzgebungsverfahren in Brandenburg vgl. Ilona Münch-Wulf, Abberufungen der Bürgermeister im Land Brandenburg, Dipl.arbeit (Humboldt-Universität zu Berlin, Institut für Politikwissenschaft, vv. Ms.) 1997, S. 17 ff.

57 Vgl. Dian Schefold/MajaNeumann (Anm. 19), S. 98 ff.

58 Vgl. Hans-Günter Henneke (Anm. 49), S. 36 mit Nachweisen.

59 Mehrheit (in Thüringen), zwei Drittel (in Brandenburg, Hessen, Nordrhein-Westfalen, Rheinland-Pfalz, Schleswig-Holstein und Saarland) oder drei Viertel (in Niedersachsen und Sachsen) der Mitglieder der Kommunalvertretung, vgl. Dian Schefold/Maja Neumann (Anm. 19), 102 f.

60 Vgl. Dian Schefold/Maja Neumann (Anm. 19), S. 103.

d.2 Bisherige Praxis und Einschätzung

Vor allem in den (rund 1 700) Städten und Gemeinden *Brandenburgs* sind Bürgermeisterabwahlverfahren, teils durch Bürgerbegehren, teils durch Ratsbegehren, bislang in durchaus nennenswerter Zahl in Gang gebracht worden. Für die Zeit zwischen Ende 1993 (Inkrafttreten der Abwahlregelung) und Ende 1996 wurden insgesamt 23 Bürgermeisterabwahlinitiativen, davon 16 Bürger- und 7 Ratsbegehren, festgestellt.[61]

– Von den 16 Bürgerbegehren schafften 12 das erforderliche (mit 10 Prozent der Wahlberechtigten verhältnismäßig niedrige) Antragsquorum. In 11 Fällen führte dies zu Bürgerentscheiden, die in 6 Fällen die erforderliche Abstimmungsmehrheit des lokalen Wahlvolks erreichten und damit die Abwahl der Bürgermeister (drei hauptamtliche und drei ehrenamtliche) bewirkten.

– Von den 7 aus der Mitte der Gemeindevertretung initiierten Ratsbegehren erhielten 6 die erforderliche (Zwei-Drittel-)Mehrheit in der Gemeindevertretung. Vier davon endeten mit der Abwahl des Bürgermeisters (zwei hauptamtliche, zwei nebenamtliche).

Im Ergebnis sind bislang (Anfang 1998) mithin 10 Bürgermeister – dies sind 8,3 Prozent der hauptamtlichen und 0,3 Prozent der ehrenamtlichen Bürgermeister des Landes – abgewählt worden.

In den Verfahren, die mit der Abwahl des Bürgermeisters endeten, waren für das Abwahlvotum augenscheinlich vor allem die folgenden (jeweils unterschiedlich gemischten und akzentuierten) Gründe und Motive bestimmend:[62]

– Fehlende Vertrauensbasis zwischen Kommunalvertretung und Bürgermeister, z. B. unüberbrückbarer Dissens über Entwicklungsziele der Stadt;

– persönlicher Führungsstil des Bürgermeisters (»Eigenmächtigkeit«, »Arroganz«);

– Vorwurf der finanziellen Unregelmäßigkeiten.

Diese Entwicklung hat eine zunehmend kritische Diskussion in der landespolitischen Öffentlichkeit und in den Medien (»Bürgermeisterkegeln«, »basisdemokratischer Volkssport«) ausgelöst[63]; derzeit (Anfang 1998) zeichnet sich die Absicht der Regierungsmehrheit im Landtag ab, das Antragsquorum für Bürgerbegehren von bislang 10 auf 25 Prozent zu erhöhen.

Auch in Sachsen, wo die Antragsquoren deutlich höher als in Brandenburg liegen[64], wurde jüngst ein Abwahlverfahren gegen einen (Ober-)Bürgermeister eingeleitet und endete mit dessen Abwahl.[65]

Mit der Abwahl der urgewählten Bürgermeister (und Landräte) durch das kommunale Wahlvolk ist ein direktdemokratisches Verfahren in die deutsche Kommunal-

---

61 Vgl. Ilona Münch-Wulf (Anm. 56), S. 22 ff.

62 Vgl. im einzelnen Ilona Münch-Wulf (Anm. 56), insbes. S. 72 f. und 97 f.

63 Vgl. SÜDDEUTSCHE ZEITUNG vom 10. 2. 1998, Seite 1: »Bürgermeisterkegeln im Osten. Schon zehn Gemeindechefs durch Referenden abgesetzt«; DER TAGESSPIEGEL vom 16. 2. 1998, Leitartikel »Bürgermeisterkegeln«. Das Abwahlverfahren rückt derzeit dadurch in den Mittelpunkt, daß in der Landeshauptstadt Potsdam ein Abwahlverfahren gegen den amtierenden Oberbürgermeister eingeleitet wurde und inzwischen das erforderliche Quorum von 10 Prozent der Wahlberechtigten erreicht hat (vgl. DER TAGESSPIEGEL vom 24. 2. 1998).

64 Bürgerbegehren: ein Drittel der Wahlberechtigten, Ratsbegehren: Hälfte der Mitglieder der Gemeindevertretung.

65 Vgl. DER TAGESSPIEGEL vom 9. 2. 1998: »Oberbürgermeister in Görlitz abgelöst«, SÜDDEUTSCHE ZEITUNG vom 10. 2. 1998: »Des Arroganten Zähmung. Warum die Görlitzer ihren CDU-Bürgermeister abgewählt haben«.

verfassung und -politik eingezogen, für die es – im Gegensatz etwa zu den USA, denen die direktdemokratische Abwahl (*recall*) von lokalen Amtsträgern seit langem geläufig ist – in der deutschen Politiktradition und -kultur vermöge ihrer repräsentativ-demokratischen und teilweise noch obrigkeitsstaatlichen Prägung so gut wie keine institutionellen und kulturellen Voraussetzungen gibt. Hinzu kommt, daß die Bevölkerung in den Städten und Gemeinden, im Umgang mit diesem neuen direktdemokratischen Einflußmittel ungeübt und unerfahren, sich bei seiner Handhabung mancherorts möglicherweise eher von allgemeinem Frust und Ärger (wozu die ökonomische Entwicklung in Ostdeutschland reichlich Anlaß bietet) denn von vom Bürgermeister zu verantwortenden Mißständen leiten läßt. Verfehlt wäre es, nun die Gemeinden allerorts in kommunalpolitischen Flammen zu sehen und als Feuerwehr nach dem Gesetzgeber und seiner Gesetzesnovellierung zu rufen[66].

3. Zusammenfassung

Bringt man sich vor Augen, daß die institutionelle Entwicklung der Kommunalverfassung in der Bundesrepublik in der ersten 40 Jahren ihrer Geschichte sich weitgehend in den institutionellen Bahnen vollzogen hat, die ihr durch ihre *repräsentativ-demokratische Pfadabhängigkeit* vorgezeichnet schien, überraschen das Ausmaß und die Schnelligkeit, mit der das traditionell repräsentativ-demokratische Institutionen- und Verfahrensrepertoire seit Beginn der 90er Jahre durch *direkt-demokratische* Verfahren erweitert und bereichert worden ist. Aus der Verbindung der Stärkung der direkt-demokratischen Teilhaberechte der Bürger/innen einerseits und der »Parlamentarisierung« der Kommunalvertretungen[67] als repräsentativ-demokratischer Struktur andererseits könnte eine nachhaltige Kräftigung der lokalen Demokratie erwachsen.

---

66 Sehr kritisch zum Abwahlverfahren insgesamt Franz-Ludwig Knemeyer (Anm. 6), S. 100:
    »Die Abwahl ist nur auf den ersten Blick ein Gewinn für das demokratische System. In der
    Praxis zerstört sie das fein austarierte duale System mit seiner Balancierung des Zielkonflikts
    zwischen Bürgernähe und Verwaltungseffizienz durch die zu starke Ausrichtung maß-
    geblichen Verwaltungshandelns am vermutlichen Willen des Bürgers«.
67 Vgl. Hellmut Wollmann, Kommunalvertretungen ..., in diesem Band.

Hellmut Wollmann

Kommunalvertretungen:
Verwaltungsorgane oder Parlamente?

Die Frage, ob die Kommunalvertretungen als kommunale *Verwaltungs*organe oder als kommunale *Parlamente* zu betrachten seien, mag auf den ersten Blick als akademischer Zankapfel erscheinen, der in einem an einen allgemeinen Leserkreis gerichteten Band getrost beseite bleiben könnte. Bei genauerem Hinsehen entpuppt sich der Streitstoff indessen aus mehreren Blickwinkeln als spannend und aufschlußreich:

– Die Regelung der (horizontalen) institutionellen Ordnung der Kommunen (man spricht auch von der *inneren Kommunalverfassung*) und ihrer (vertikalen) Stellung im Gesamtstaat (*äußere Kommunalverfassung*) hängen eng zusammen. Deshalb sind mit der Frage, ob die Kommunalvertretungen als kommunale *Verwaltungs*-organe oder *Parlamente* zu beurteilen seien, zugleich grundsätzliche Fragen zur verfassungsrechtlichen und -politischen Stellung der Kommunen im Verfassungs- und Verwaltungssystem der Bundesrepublik insgesamt aufgeworfen.

– Das gegenwärtige Verfassungs- und Verwaltungssystem erweist sich vielfach von Faktoren bestimmt, die weit in die Verfassungs- und Institutionengeschichte zurückreichen und als *Pfadabhängigkeiten*[1] begriffen werden können, durch die bestimmte Entwicklungsspuren markiert werden. Auch und gerade für die hier interessierenden kommunalen Institutionen sollte es analytisch lohnend sein, die *historischen* Entwicklungslinien in den Blick zu rücken und mögliche *Pfadabhängigkeiten* zu identifizieren.

– In der (wissenschaftlichen, auch *rechts*wissenschaftlichen) Diskussion und Interpretation der politisch-gesellschaftlichen Wirklichkeit und ihrer institutionellen Regelungen bilden sich vielfach unterschiedliche Diskussions- und Interpretationszusammenhänge heraus, die durch unterschiedliche professionell-disziplinäre Herkünfte und Sichtweisen ihrer Teilnehmer, aber auch durch deren unterschiedliche normative, politische usw. Grundüberzeugungen und Ausgangsprämissen geformt sind und sich als unterschiedliche Interpretationsschulen und -lager gegenübertreten. Für deren Analyse wird hier das (wissenssoziologisch inspirierte) Konzept der *Diskursgemeinden*[2] herangezogen.

---

1 Mit dem Begriff der Pfadabhängigkeit wird auf ein Konzept angespielt, das – ursprünglich in der sog. Transitions- und dann Transformationsforschung angewandt – neuerdings in der Institutionenanalyse zunehmend Beachtung findet, vgl. Hellmut Wollmann, Variationen institutioneller Transformation in sozialistischen Ländern, in: Hellmut Wollmann/Helmut Wiesenthal/Frank Bönker (Hrsg.), Transformation sozialistischer Gesellschaften, Opladen 1995, S. 555 f. mit Nachweisen.

2 Zum Konzept der discourse communities vgl. Hellmut Wollmann, Verwaltungsmodernisierung: Ausgangsbedingungen, Reformanläufe und aktuelle Modernisierungsdiskurse, in: Christoph Reichard/Hellmut Wollmann (Hrsg.), Kommunalverwaltung im Modernisierungsschub? Basel 1996, S. 21 ff. mit Nachweisen.

Der Aufsatz wird in drei Schritten voranschreiten. Zunächst soll – in stichwortartiger Raffung – an die historischen, auf den Beginn des letzten Jahrhunderts zurückreichenden Entwicklungslinien der für unsere Fragestellung relevanten rechtlichen Regelungen und Interpretationen erinnert werden (Abschnitt 1). Sodann sollen die entsprechende Entwicklung nach der Neubegründung des demokratischen Verfassungsstaats nach 1945 umrissen, zwei unterschiedliche Interpretationsschulen (*Diskursgemeinden*) gekennzeichnet und hierzu eine eigene Position bezogen werden (Abschnitt 2). Schließlich sollen hieraus Folgerungen für verfassungs- und kommunalrechtliche Reformen gezogen werden (Abschnitt 3).

1. Kommunale Ebene zwischen kommunaler »Selbstregierung« und »Selbstverwaltung«[3]

Als sich zu Beginn des letzten Jahrhunders die spätabsolutistischen Staaten Deutschlands, vor allem Preußen – durch ihre Niederlagen gegen das revolutionäre und Napoleonische Frankreich – schließlich zu politischen und administrativen Reformen gezwungen sahen, kam der Neubegründung kommunaler Autonomie politisch wie administrativ eine Schlüsselrolle zu. Dabei ließ der Reformaufbruch zwei konzeptionelle Stoßrichtungen erkennen[4]:
– Einerseits verbanden die Frühliberalen mit der Begründung der Autonomie der Städte vor allem die *demokratisch-parlamentarische* Vorstellung, damit einen entscheidenden Schritt zur Schaffung freiheitlich parlamentarischer Verhältnisse in den deutschen Staaten, wenn nicht in einem geeinten deutschen Verfassungsstaat zu setzen. Für die Anhänger dieser Vorstellung war das englische *local self-government* vor allem in der politisch-repräsentativen Form Vorbild, die es nach der Reform von 1835 mit der Einführung der gewählten Vertretungen (*local councils*) in den Städten und Gemeinden gefunden hatte.[5] In diesem Konzept- und Diskussionsstrang wurde denn von kommunaler Selbst*regierung* mit *politischem* Grundton gesprochen.[6]
– Auf der anderen Seite verknüpften die Reformer mit der Autonomie der Städte das vorrangige Ziel, die bislang von der zentralistischen Staatsbürokratie ausgeübten Verwaltungstätigkeiten in den Städten von deren Bürgern selbst ehrenamtlich erledigen zu lassen. Diese Orientierung drückte sich in der Rede von der kommunalen Selbst*verwaltung* mit einem (staats-)*administrativen* Akzent aus.

3 Zur kommunalen Verfassungsgeschichte vgl. insbesondere (nach wie vor unentbehrlich) Heinrich Heffter, Die deutsche Selbstverwaltung im 19. Jahrhundert, 2. Aufl. Stuttgart 1969, sowie Christian Engeli/Wolfgang Haus, Quellen zum modernen Gemeindeverfassungsrecht in Deutschland, Stuttgart 1975 (mit den maßgeblichen Gemeindeverfassungstexten und hervorragenden Einführungskapiteln). Zur Geschichte der kommunalen Selbstverwaltung vgl. auch Adelheid von Saldern, zu den Kommunalverfassungen vgl. Franz-Ludwig Knemeyer, beide in diesem Band.
4 Vgl. zum folgenden insbesondere Yvonne Ott, Der Parlamentscharakter der Gemeindevertretung, Baden-Baden 1994, S. 47 ff. mit einer vorzüglichen Analyse und umfangreichen Nachweisen.
5 Vgl. hierzu ausführlich Hellmut Wollmann, Entwicklungslinien lokaler Demokratie ... im internationalen Vergleich, in diesem Band.
6 Vgl. Yvonne Ott (Anm. 4), S. 49 ff. mit Nachweisen.

In der *Preußischen Städteordnung* vom 11. November 1808, die die Handschrift des Reformers Freiherr *vom Stein* trug[7], sind beide Grundlinien zu erkennen. Insoweit eine »Versammlung der Stadtverordneten« als maßgebliches Entscheidungsorgan eingerichtet wurde, für deren Wahl das Wahlrecht »in der Regel jedem Bürger« zustand (allerdings ab einer bestimmten Einkommensgrenze und unter ausdrücklichem Ausschluß der Frauen)[8] und deren Mitglieder »die unbeschränkte Vollmacht (haben), in allen Angelegenheiten des Gemeinwesens der Stadt« zu entscheiden[9], war einerseits eine *politisch-parlamentarische* Entwicklungsspur gelegt.

Auf der anderen Seite zielte das Reformmodell in erster Linie darauf – mit anti-bürokratischer Emphase[10] –, die spätabsolutistische Staatsbürokratie in den Städten durch die ehrenamtliche Inpflichtnahme der Bürger zu verdrängen und zugleich – in politisch-pädagogischer Absicht – bei diesen »durch diese Theilnahme Gemeinsinn zu erregen und zu erhalten.«[11] Insoweit stand der Gedanke der ehrenamtlichen Selbst-*verwaltung* von Staatsaufgaben im Vordergrund. Insgesamt war denn die Stadtver-ordnetenversammlung eher »die Repräsentanz des vom kommunalen Ehrenamts in Pflicht genommenen Besitzbürgertums als die Vertretung des örtlichen Wahlvolks«.[12]

Nach der Niederlage der bürgerlichen Revolution von 1848 und der erneuten Stärkung restaurativ-reaktionärer monarchischer Gewalt in den deutschen Einzel- und Kleinstaaten gerieten die politisch-parlamentarischen Vorstellungen und Ziel-setzungen weiter ins Abseits. Galt den liberalen Theoretikern die Kommune zunächst als Hort der bürgerlichen Freiheit gegenüber der monarchischen Staatsgewalt und wurde die kommunale Ebene – in der zeitgenössischen Unterscheidung zwischen Staat und Gesellschaft – der letzteren zugeordnet, so setzte sich mit fortschreitendem 19. Jahrhundert – vor allem unter dem Einfluß des konservativ-liberalen Staats-rechtsgelehrten (und Politikers) Rudolf *von Gneist*[13] – die Vorstellung von der kom-munalen Selbstverwaltung als *Honoratioren-* und *bürgerlich-ehrenamtliche Staats-verwaltung* vollends durch.[14] Von hier war es kein großer Schritt mehr zu der gegen Ende des 19. Jahrhunderts vom deutschen Rechtspositivismus, insbesondere von Paul *Laband*, entwickelten Lehre von der kommunalen Selbstverwaltung als vom Staat *abgeleiteter* Herrschaftsgewalt und als eine Form staatlicher Dezentralisation.[15] Hinzu kam in den deutschen Einzelstaaten der reaktionäre Gegenschlag gegen die Kom-munalvertretungen, für die die wohlhabenden Besitzbürger kraß bevorrechtende Dreiklassen-Wahlrechte oder eine kostspielige Wählerregistrierung eingeführt hat-

---

7 Vgl. Text der PrStO in: Christian Engeli/Wolfgang Haus (Anm. 3), S. 104 ff.; vgl. dort auch Einführung, S. 101 ff.
8 Vgl. § 74 PrStO.
9 § 108 PrStO.
10 Der PrStO lag – nach den Worten des Freiherrn vom Stein – der Gedanke zugrunde, »die Tätigkeit aller Staatsbürger bei der Staatsverwaltung in Anspruch zu nehmen und nicht alles dem Mietlingsgeist der Büros zu überlassen«, zit. nach Yvonne Ott (Anm. 4), S. 41, mit wei-teren Nachweisen.
11 So die vielzitierte Präambel zur Preußischen Städteordnung (Anm. 7), S. 105.
12 Gerd Schmidt-Eichstaedt, Machtverteilung zwischen Gemeindevertretung und dem Haupt-verwaltungsbeamten im Vergleich deutscher Kommunalverfassungen, in: Archiv für Kom-munalwissenschaften (1985), S. 20, 30; vgl. auch Yvonne Ott (Anm. 4), S. 42, Anm. 160, mit weiteren Nachweisen.
13 Zu Gneist vgl. Gerd Schmidt-Eichstaedt, Staatsverwaltung und Selbstverwaltung bei Rudolf Gneist, in: Die Verwaltung, (1975) 8, S. 345, 358; sowie Yvonne Ott (Anm. 4), S. 49 ff., jeweils mit weiteren Nachweisen.
14 Vgl. Yvonne Ott (Anm. 4), S. 52.
15 Vgl. Yvonne Ott (Anm. 4), S. 53 mit Nachweisen.

ten.[16] Überdies wurden ihre Zuständigkeiten dadurch drastisch beschnitten, daß ihre Entscheidungen der Zustimmung der (von ihnen als kollegiale Verwaltungsorgane gewählten) *Magistrate* bedurften (sog. Zweikammernsystem).[17]

Zwar meldete sich 1889 der Staatsrechtslehrer Hugo *Preuß* mit einer Gegenposition zu Worte[18], in der er, genossenschaftstheoretischen Gedankengängen seines Lehrers Otto *von Gierke* folgend, seine Theorie der *Wesensgleichheit* von Reich, Gliedstaaten und Gemeinden entwickelte und deshalb, auch das englische *local self-government* des späten 19. Jahrhunderts vor Augen, für die Gemeinden ebenfalls *Selbstregierung* anstatt der dem Staat unterworfenen und inkorporierte Selbstverwaltung reklamierte.[19] Jedoch blieb diese Position weithin wirkungslos.

Damit hat die durch den Macht- und Verfassungskompromiß zwischen Monarchie und Bürgertum geprägte Institutionengeschichte des letzten Jahrhunderts die kommunale Ebene institutionell wie konzeptionell wesentlich auf die Vorstellung von einer Ebene ehrenamtlicher Selbstverwaltung, wenn nicht mittelbarer Staatsverwaltung verengt; dabei wurde von einem maßgeblichen Teil der zunehmend von Staatsrechtlern getragenen *Diskursgemeinde* die »ganz ins Konservative gewendete Selbstverwaltungsidee als eigentümlicher deutscher Staatsgedanke ... dem Parlamentarismus und der Demokratie Westeuropas schroff entgegengesetzt«.[20] Institutionell wie konzeptionell wurden hierdurch eine institutionelle und konzeptionell-interpretatorische Entwicklungsspur und *Pfadabhängigkeit* begründet, die den weiteren Regelungsverlauf und Diskurs nachhaltig beeinflußten.

Die revolutionäre Ablösung des Kaiserreichs durch die Weimarer Republik brachte auf Reichs- und Länderebene den umstürzenden Wechsel zum parlamentarischen Regierungssystem und auch neues Reichs- und Länderrecht, durch das auch das *äußere*, vor allem aber das *innere Kommunalverfassungsrecht* nicht unerheblich verändert wurden.

– In Art. 127 der Weimarer Reichsverfassung vom 11. August wurde den Gemeinden und Gemeindeverbänden »das Recht der Selbstverwaltung innerhalb der Schranken der Gesetze« zuerkannt. Wenn die Verfassung diese Vorschrift im Abschnitt »Gemeinschaftsleben« (neben Ehe, Vereinen usw.) bringt, so läßt sie allerdings in einer »anachronistischen Anwandlung«[21] die in das letzte Jahrhundert zurückfallende Vorstellung durchschimmern, die Kommunen seien nicht der staatlich-öffentlichen, sondern der gesellschaftlichen Sphäre zuzurechnen.

– Darin wird deutlich, daß sich das auf seine Lehre von der *Wesensgleichheit* der Gemeinden gestützte Reformkonzept von Hugo *Preuß* »gegen das ausgeprägte Bewußtsein der Eigenstaatlichkeit der Länder«[22] nicht eine Spur durchsetzen konnte.

– Das allgemeine Wahlrecht, einschließlich des Frauenwahlrechts, wurde nunmehr auch für die Wahlen zu den Gemeinde- und Kreisvertretungen vorgeschrieben.[23]

---

16 Vgl. Christian Engeli/Wolfgang Haus (Anm. 3), S. 607.
17 Vgl. ausführlich Adelheid von Saldern in diesem Band.
18 Vgl. Hugo Preuß, Gemeinde, Staat und Reich als Gebietskörperschaften, Berlin 1889.
19 Vgl. Yvonne Ott (Anm. 4), S. 55 mit Nachweisen.
20 Heinrich Heffter (Anm. 3), S. 734.
21 Hans Meyer, Kommunalwahlrecht, in: Günter Püttner (Hrsg.), Handbuch der kommunalen Wissenschaft und Praxis, Bd. 2, 2. Aufl., Berlin usw. 1982 , S. 39.
22 Dieter Rebentisch, Die Selbstverwaltung in der Weimarer Zeit, in: Günter Püttner (Hrsg.), Handbuch der kommunalen Wissenschaft und Praxis, Bd. 1, 2. Aufl., Berlin usw. 1981, S. 87.
23 Vgl. Hans Meyer (Anm. 21), S. 38 ff. In Beratungen der Nationalversammlung wurde diese Ausdehnung des Wahlrechts von konservativen Abgeordneten denn auch heftig abgelehnt »als unnatürliche und unbegründete Gleichmacherei«; »für die Zusammensetzung von Ge-

- Einige Länder gingen daran, in ihren Kommunalverfassungen das überkommene, die Zuständigkeit der Kommunalvertretungen einschränkende *Zweikammern-system* abzuschaffen und deren alleinige Zuständigkeit (sog. Einkörpersystem) vorzusehen. In Bayern wurde vorübergehend sogar die Direktwahl der Bürgermeister eingeführt.[24] Thüringen und Sachsen gingen so weit, die Abberufbarkeit von Bürgermeister und Magistratsmitgliedern durch die Gemeindevertretung, also eine Variante parlamentarischer Verantwortlichkeit, einzuführen[25], was denn auch zeitgenössisch als »extremer kommunaler Parlamentarismus«[26] bezeichnet wurde. In Preußen freilich blieb es überwiegend beim überkommenen Zweikammern-system.

Damit zeichneten sich in der Verfassungs- und Gesetzeswelt von Reich und Ländern Widersprüchlichkeiten und Unstimmigkeiten darin ab, daß einerseits in einer Schlüsselfrage der *äußeren Kommunalverfassung*, nämlich der vertikalen Einordnung der Kommunen in das Verfassungssystem, die Weimarer Verfassung nicht nur an der Zweistufigkeit des Bundesstaates strikt festhielt, sondern die Gemeinden, der Vorstellungswelt des letzten Jahrhunderts verhaftet, in der vor-staatlichen, gesellschaftlichen Sphäre verortete. Andererseits wurden vor allem in den ersten Jahren der Weimarer Republik, jedenfalls in einzelnen Ländern, rechtliche Neuerungen beschlossen, durch die die volle demokratische Legitimierung der Kommunalvertretungen begründet, ihre Alleinzuständigkeit festgelegt und insgesamt die überkommene *antiparlamentarische* Regelungsspur merklich verlassen wurden.

Ungeachtet dieser – freilich erst tastenden – »parlamentarisierenden« rechtlichen Verschiebungen hielt die vor allem von Staatsrechtslehrern und Richtern vertretene *herrschende Meinung* an der überkommenen Interpretation der Stellung der Kommunen und der Kommunalvertretungen mit Entschiedenheit fest. Dabei war die rechtliche Argumentation unverkennbar vielfach von einem konservativen, wenn nicht reaktionären, die neue demokratische und republikanische Ordnung ablehnenden Staats- und Politikverständnis getragen, das den Bestand und die Handlungsfähigkeit des Staates durch Demokratie und Pluralismus im allgemeinen[27] und durch eine Politisierung und Parlamentarisierung der kommunalen Ebene im besonderen gefährdet sah. Besonders vehement und wirkungsvoll wurde die *herrschende Meinung* vom konservativen (und nach 1933 nationalsozialistischen) Staatsrechtler Ernst *Forsthoff* verfochten, der die Gefahr der »pluralistischen Auflösung des Staates« beschwor[28], in der »Politisierung« und »in der Hineintragung parlamentarischer Praktiken eine direkte Gefahr für die Selbstverwaltung«[29] sah und hierin den wesentlichen Grund für die »Krise der kommunalen Selbstverwaltung«[30] erblickte.

Damit hatten maßgebliche Stimmen der *herrschenden Meinung* im Verlauf der Weimarer Republik die unter dem monarchischen Konstitutionalismus des letzten

---

meindekörpern (müßten) ganz andere Grundsätze . . . als für Volksvertretungen gelten« (zit. in: ebda, S. 39 Anm. 2); vgl. auch Dieter Rebentisch (Anm. 22), S. 89 mit Nachweisen.

24 Vgl. Christian Engeli/Wolfgang Haus (Anm. 3), S. 608, 632.
25 Vgl. Yvonne Ott (Anm. 4), S. 65 mit Nachweisen.
26 Heinrich Heffter (Anm. 3), S. 782.
27 Vgl. Hans Herzfeld, Demokratie und Selbstverwaltung in der Weimarer Epoche, Stuttgart 1957, S. 34–35.
28 Ernst Forsthoff, Die öffentliche Körperschaft im Bundesstaat, Tübingen 1931, S. 176.
29 Ernst Forsthoff (Anm. 28), S. 174, 175.
30 So die programmatischen Titel zweier (in der Spätphase der Weimarer Republik erschienener) einflußreicher Schriften: Arnold Köttgen, Die Krise der kommunalen Selbstverwaltung, Tübingen 1931; Ernst Forsthoff, Die Krise der Gemeindeverwaltung, Berlin 1932.

Jahrhunderts geformte antiparlamentarische Argumentationsspur noch vertieft und überdies mit einer antirepublikanischen und antidemokratischen Gesinnung aufgeladen, bevor nach der Machtübernahme der Nationalsozialisten am 30. Januar 1933 die Kommunen und ihre Selbstverwaltung der zentralistischen Gleichschaltung des Hitler-Regimes zum Opfer fielen.

2. Veränderte Regelung und Interpretation der kommunalen Selbstverwaltung und der Kommunal-vertretungen durch den Aufbau und die Entwicklung des demokratischen Verfassungsstaats der Bundesrepublik?

Gegenüber der Verfassungs- und Gesetzeswelt der Weimarer Republik weisen die Regelungen, die nach 1945 bei der Neugründung einer demokratischen föderativ-dezentralen Ordnung in den Verfassungen der Bundesrepublik und ihrer Länder sowie in deren Kommunalgesetzgebungen geschaffen und seitdem im Laufe eines halben Jahrhunderts fortentwickelt worden sind, erhebliche *rechtliche* Veränderungen auf. Dies gilt für die *vertikale* (»intergovernmental«) Stellung der Kommunen als Selbstverwaltungskörperschaften im bundesdeutschen Verfassungssystem (*äußere Kommunalverfassung*) ebenso wie für das *horizontale* Handlungs- und Zuständigkeitssystem in den Kommunen (*innere Kommunalverfassung*).

Zwar hält das Grundgesetz vom 5. Mai 1949 am zweistufigen, aus Bund und Ländern bestehenden föderativen System fest, in dem die Kommunen staatsrechtlich nicht als eigenständige *dritte Ebene* gelten, sondern der Länderebene zugerechnet werden. Jedoch bringt es gegenüber der Weimarer Verfassung zum (vertikalen) Status der Kommunen einige bemerkenswerte neue Vorschriften. Dadurch, daß sich die für die Kommunen und deren institutionelle Garantie zentrale Verfassungsvorschrift des Art. 28 Abs. 2 GG nunmehr in seinem Abschnitt »Der Bund und die Länder« findet, ordnet das Grundgesetz – anders als die Weimarer Verfassung – die Gemeinden jetzt eindeutig in den öffentlichen Bereich ein und bekennt sich damit zu deren Integration in den demokratischen Staatsaufbau.[31] Zum andern formuliert das GG in Art. 28 Abs. 2 Absatz 1 nunmehr eine umfassende Zuständigkeitsregelung und -vermutung, wonach die Gemeinden das Recht haben, »die Angelegenheiten der örtlichen Gemeinschaft eigenverantwortlich zu regeln« – treilich mit der wichtigen (gegenüber der Weimarer Verfassung abgeschwächten)[32] Einschränkung: »im Rahmen der Gesetze«. Schließlich schreibt das GG in der sog. bundesstaatlichen Homogenitätsklausel des Art. 28 Abs. 1 Satz 2 vor, daß »daß Volk in Ländern, Kreisen und Gemeinden« demokratisch gewählte Vertretungen haben müsse[33], nennt die Länder und Gemeinden also in einem Atemzug.[34]

---

31 Vgl. Yvonne Ott (Anm. 4), S. 79.
32 Art. 127 WRV: »Gemeinden und Gemeindeverbände haben das Recht der Selbstverwaltung in den Schranken der Gesetze.« (Hervorhebung H.W.).
33 Vgl. Yvonne Ott (Anm. 4), S. 78 mit Nachweisen.
34 Vgl. Gerd Schmidt-Eichstaedt (Anm. 12), S. 31; vgl. auch Günter Püttner, Zum Verhältnis von Demokratie und Selbstverwaltung, in: Günter Püttner (Hrsg.), (Anm. 21), S. 5. Noch

In den frühen siebziger Jahren – im Zusammenhang mit der vom Bundestag am 8. 10. 1970 eingesetzten Enquetekommission Verfassungsreform – wurden von kommunaler Seite, inbesondere den kommunalen Spitzenverbänden, Vorstellungen und Forderungen formuliert, die auf eine Stärkung des verfassungsrechtlichen Status der Kommunen im bundesstaatlichen System und damit auf eine Lockerung dessen starrer Zweistufigkeit zielten.[35] In ihrem Schlußbericht vom 9. 12. 1976[36] wies die Enquetekommission, in der die Ländervertreter sowie die Staatsrechtler als Sachverständige ein erhebliches Gewicht besaßen[37], diese Forderungen im Grundsatz geradezu brüsk zurück, bekräftigte die Zweistufigkeit und damit die staatsrechtliche Einordnung der Kommunen in die Länder[38]; den Forderungen der Kommunen wurde lediglich in einer Reihe von Mitwirkungsrechten (etwa Anhörungsrechten in Gesetzgebungsverfahren) Rechnung getragen.[39]

In der Frage der *inneren Kommunalverfassung* brachten die nach 1945 (zunächst unter der starken Einwirkung der Besatzungsmächte) in Kraft gesetzten Kommunalordnungen der neuen westdeutschen Länder einschneidendere rechtliche Neuerungen. Ohne an dieser Stelle auf Einzelheiten eingehen zu können[40], seien hier nur zwei für unsere Fragestellung wichtige Entwicklungslinien hervorgehoben.

Mit der Absicht eines tiefgreifenden demokratischen Neubeginns wurde zum einen das in einigen Ländern, u. a. in Preußen, bis zum Ende der Weimarer Republik geltende *Zweikammernsystem* (mit seinem ebenbürtigen Mitentscheidungsrecht des Magistrats) beseitigt und durchweg die gewählten Gemeindevertretungen zum obersten und alleinigen Beschlußorgan der Gemeinden gemacht. Zugespitzt galt (zunächst) die *monistische* Zuständigkeit der Gemeindevertretung (sozusagen »alle Macht dem Rat!«) in der *Norddeutschen Ratsverfassung* (Nordrhein-Westfalen, Niedersachsen), für die die britischen *local councils* Modell standen.

Zum andern wurde in den meisten Kommunalverfassungen eine *dualistische* Aufgabenverteilung zwischen der Gemeindevertretung und der Verwaltung bzw. der Verwaltungsspitze vorgesehen – in gewissem Widerspruch zur *monistischen* Ausgangsprämisse. Soweit für die Erledigung der Verwaltungsaufgaben die monokratische Institution des *Bürgermeisters* vorgesehen war, wurde dieser zunächst entweder (mittelbar) von der Gemeindevertretung (so z. B. in Rheinland-Pfalz) oder (unmittelbar) von der lokalen Bevölkerung gewählt (so in Bayern und Baden-Württemberg).

---

ausdrücklicher kommt dieses Modell einer die kommunale Ebene wesentlich einbegreifenden »gestuften Demokratie« (G. Püttner) in Art. 11, Abs. 4 der Bayerischen Verfassung zum Ausdruck, wonach die Selbstverwaltung der Gemeinden »dem Aufbau der Demokratie von unten nach oben« dient.

35 Vgl. Forderungen der Städte und Kreise zum Standort des kommunalen Bereichs nach dem Grundgesetz, in: der städtetag, (1973) 9, S. 469 f. Am weitesten ging der Deutsche Städte- und Gemeindebund, der eine Mitgliedschaft von kommunalen Vertretern im Bundesrat forderte.

36 Vgl. BT-Drs.7/5924, S. 219 ff., zum Zwischenbericht vom 21.9.1972, vgl. BT-Drs. 6/1211.

37 Die Enquetekommission umfaßte je sieben Ländervertreter, Bundestagsabgeordnete und Sachverständige, unter den letzteren überwiegend Staatsrechtsprofessoren, vgl. Wolfgang Zeh, Spätföderalismus, in: Zeitschrift für Parlamentsfragen, (1977) 4, S. 477 ff.

38 Vgl. insbesondere BT-Drs. 7/5924, S. 220 ff.

39 Für eine Zusammenfassung vgl. Erwin Schleberger, Der Schlußbericht der Enquete-Kommission Verfassungsreform, in: der städtetag, (1977) 4, S. 184 ff.

40 Ausführlich Dian Schefold/Maja Neumann, Entwicklungstendenzen der Kommunalverfassungen in Deutschland: Demokratisierung und Dezentralisierung? Basel usw. 1995; vgl. auch Franz-Ludwig Knemeyer in diesem Band.

Im Zuge der jüngsten Kommunalgesetzgebungswelle, die seit 1990 in allen neuen Bundesländern, aber auch in den alten, zu beobachten war, ist inzwischen in fast allen (Flächen-)Ländern das Modell der *Süddeutschen Bürgermeister/Rats-Verfassung* in Kraft.[41] Mit der gebotenen Vorsicht kann man in der dualistischen Zuständigkeitsverteilung zwischen Gemeindevertretung und Bürgermeister eine Form *lokaler Gewaltenteilung*, in der früheren Modalität des von der Gemeindevertretung gewählten (und u.U. abwählbaren) Bürgermeisters (bzw. Magistrats) die lokale Variante eines *parlamentarischen Regierungssystems* und in der jetzt überwiegenden Regelung des von der Bevölkerung unmittelbar gewählten (und teilweise abwählbaren) Bürgermeisters die lokale Variante eines *Präsidialsystems* erkennen.[42]

Schließlich trugen die Kommunalverfassungen der Länder zunehmend der Tatsache Rechnung, daß unter den Rahmenbedingungen der pluralistischen Demokratie und Parteikonkurrenz die politischen Parteien längst maßgebliche politische Akteure auch auf der kommunalen Ebene, vor allem in den Groß- und mittleren Städten, geworden sind. Zwar hat sich diese Entwicklung seit den 70er Jahren noch verstärkt, ist in ihren Anfängen jedoch bereits um die Jahrhundertwende, inbesondere in den Industriestädten mit rasch wachsender Arbeiterschaft, zu beobachten[43] (und gab in der Weimarer Republik, wie erwähnt, den konservativen und reaktionären Kräften und den ihnen nahestehenden juristischen Interpreten Veranlassung, die »Krise der kommunalen Selbstverwaltung« an die Wand zu malen).

Daß die – insbesondere an der Bildung von *Koalitionen*, am Gegenüberstehen von »Regierungsmehrheit« und oppositioneller Minderheit, aber auch an der verbreiteten Rede von »Kommunal*parlament*« und »Stadt*regierung*«[44] – ablesbare *faktische Parlamentarisierung* längst und zunehmend von den Kommunalverfassungen auch *rechtlich* anerkannt worden ist, wird durch mehrere Regelungskomplexe belegt.

– Dem aus einer *dualistischen* Zuständigkeit, wenn nicht »Gewaltenteilung« folgenden funktionalen und institutionellen Spannungsverhältnis zwischen Kommunalvertretung und Verwaltung/Verwaltungsspitze wurde in einer Kräftigung der (»parlamentarischen«) *Kontrollrechte* der ersteren (insbesondere in Form von Informations-, Frage- und Akteneinsichtsrechten)[45] Rechnung getragen.

– Die (auch in der höchstrichterlichen Rechtsprechung längst anerkannte)[46] bestimmende Rolle der Fraktionen findet den ihnen eigens eingeräumten Verfah-

---

41 Vgl. Dian Schefold/Maja Neumann (Anm. 40), S. 7 f., 99 ff.

42 Vgl. Hans-Ulrich Derlien, Kommunalverfassungen zwischen Reform und Revolution, in: Oscar W. Gabriel/Rüdiger Voigt (Hrsg.), Kommunalwissenschaftliche Analysen, Bochum 1994, S. 14.

43 Vgl. Dieter Rebentisch (Anm. 22), S. 88.

44 Vgl. Rainer Frey/Karl-Heinz Naßmacher, Parlamentarisierung der Kommunalpolitik? In: Archiv für Kommunalwissenschaften, (1975), S. 195 ff.; Wolfgang Holler/Karl-Heinz Naßmacher, Rat und Verwaltung im Prozeß kommunalpolitischer Willensbildung, in: Rainer Frey (Hrsg.), Kommunale Demokratie, Bonn-Bad Godesberg 1976, S. 141 ff.; vgl. Franz-Ludwig Knemeyer, Parlamentarisierung der Stadträte und Stadtregierung? In: D. Schwab/ D. Giesen/J. Listl/H.W. Strätz (Hrsg.), Staat, Kirche Wissenschaft in einer pluralistischen Gesellschaft, Festschrift z. 65. Geburtstag v. Paul Mikat, Berlin 1989, S. 744 ff., mit weiteren Nachweisen. Hans-Georg Wehling, Kommunalpolitik in der Bundesrepublik, Berlin 1986, S. 71 ff.

45 Vgl. Dian Schefold/Maja Neumann (Anm. 40), S. 98 ff. mit ausführlichen Nachweisen, zu den (kommunalpolitisch brisanten) Akteneinsichtsrechten vgl. ebda., S. 99.

46 Vgl. Bundesverwaltungsgericht, Beschluß, in: Die Öffentliche Verwaltung, (1979), S. 791, wonach die Fraktionen in den Gemeindevertretungen »durch Vorbereitung der Willens-

rensrechten Ausdruck.[47] Gegen die Verletzung ihrer Verfahrensrechte durch Mehrheitsentscheidungen können sich die Fraktionen gerichtlich (im Verwaltungsgerichtsweg) zur Wehr setzen.[48]

- Auch die Verfahrensrechte der *einzelnen Mitglieder* der Gemeindevertretungen wurden gestärkt.[49]
- Die Fraktions- und andere Minderheitsrechte geben vor allem der *Opposition* in der Kommunalvertretung und ihren Mitgliedern wichtige parlamentarische Handhaben.

Insgesamt ist in die hier interessierenden Regelungen der äußeren und inneren Kommunalverfassung nach 1945 eine Bewegung gekommen, die durch die Absicht, die neue Bundesrepublik als demokratischen Verfassungsstaat dezidiert dezentralisierter Prägung zu begründen, ausgelöst wurde und sich im weiteren Verlauf – vor allem in den Kommunalverfassungen der Länder – fortsetzte, wenn nicht verstärkte. Dadurch, daß diese Entwicklung teils an überkommene Regelungsmuster anknüpfte, teils neue Regelungen schuf, in mehreren Phasen und Schüben verlief und teils auf der Bundes-, teils auf der Landesebene und hinsichtlich der letzteren zudem in jener für die deutsche föderativ-dezentrale Verfassungstradition seit je eigentümlichen institutionellen Vielfalt stattfand, sind Entwicklung und Stand der Regelungswelt konzeptionell und institutionell dadurch gekennzeichnet, daß überkommene Regelungsmuster und neue Regelungsansätze in einem teilweise rechtlich unstimmigen und in der kommunalen Praxis konfliktträchtigen Gemenge liegen. Hinzu kommen reale Veränderungen, die in der kommunalen Verfassungs- und Politikpraxis zwar bestimmungsmächtig sind, denen jedoch in den geltenden verfassungs- und kommunalrechtlichen Regelungen bislang nur zum Teil Rechnung getragen worden ist.

Verlauf und Stand dieser *rechtlichen* ebenso wie *tatsächlichen* Entwicklung spiegeln sich in den Auseinandersetzungen um deren *Interpretation* wider. Dabei lassen sich inzwischen zwei *Diskursgemeinden* unterscheiden.

- Auf der einen Seite steht die (noch immer) herrschende Meinung, für die die kommunale Selbstverwaltung nach wie vor letztlich als eine Form *dezentralisierter Staatsverwaltung* und die Kommunalvertretung mithin als *Verwaltungs*organe gelten. Diese *Diskursgemeinde*, die noch immer von der juristischen Profession (Staatsrechtler, Richter) getragen wird, stützt sich auf die dem überkommenen Staatsrecht verhafteten Teile des geltenden Verfassungs- und Gesetzesrechts. In ihrer Interpretation weiß sie sich in Übereinstimmung mit der höchstrichterlichen Rechtsprechung und der hergebrachten deutschen Staatsrechtslehre.
- Dem steht eine neuere (in der Minderheit) befindliche Position gegenüber, für die die Gemeinden – ungeachtet der Zweistufigkeit des Bundesstaates – als »voll ausgebildete politische Systeme«[50] und jedenfalls die Kommunalvertretungen als »vollwertige Parlamente«[51] anzusehen seien. Zur Begründung beruft sich diese

---

bildung politisch Gleichgesinnter die Arbeit im Plenum straffen und so der Effektivierung der Ratsarbeit dienen«.

47 Zu den Fraktionsrechten vgl. Dian Schefold/Maja Neumann (Anm. 40), S. 88 ff. mit Nachweisen.

48 Vgl. Edzard Schmidt-Jortzig, Kommunalrecht, Stuttgart u. a. 1982, Rndr. 206, vgl. auch Dian Schefold/Maja Neumann (Anm. 40), S. 90.

49 Vgl. Dian Schefold/Maja Neumann (Anm. 40), S. 95 ff. mit Nachweisen.

50 Vgl. Heiko Faber, in: Alternativ-Kommentar zum Grundgesetz der Bundesrepublik Deutschland, Neuwied/Darmstadt 1984, Art. 28 Rndr. 55.

51 Vgl. Rainer Frey/Karl-Heinz Naßmacher (Anm. 44); Gerd Schmidt-Eichstaedt (Anm. 12), S. 31.

Diskursgemeinde, die sich inbesondere aus Politikwissenschaftlern, aber auch Juristen, rekrutiert, *rechtlich* auf neuere verfassungs- und kommunalgesetzesrechtliche Regelungselemente sowie auf verfassungs- und politik*tatsächliche* Entwicklungen.

Auf die jweiligen wesentlichen Argumentationsprämissen und -schlußfolgerungen der beiden *Diskursgemeinden* sei im folgenden kurz eingegangen.[52]

a. Traditioneller Diskurs

Ausgangs- und Angelpunkt der von der überkommenen Lehre verfolgten Argumentation ist, daß die Bundesrepublik verfassungsrechtlich als zweistufiger Bundesstaat gebildet sei und damit (nur) der Bund und die Länder »originäre« Staatlichkeit und Staatsgewalt besäßen.[53] Der in Art. 20 GG niedergelegte Verfassungsgrundsatz der Gewaltenteilung – in Legislative, Exekutive und Judikative – finde ob ihrer originären Staatlichkeit mithin nur auf Bund und Länder Anwendung. Nur sie verfügen – im staatsrechtlichen Verständnis – über eine (»echte«) *Legislative* und *Exekutive*. Innerhalb dieser bundesstaatlichen Zweistufigkeit und des Gewaltenteilungsschemas seien die Kommunen staatsrechtlich als Teil der *Exekutive der Länder* einzustufen. Dies gelte – wie Vertreter der herrschenden Meinung nicht ohne gelegentliche Unsicherheiten[54] und etwas gewunden[55] folgern – auch dort, wo die Gemeinden normsetzend tätig werden: die von den Gemeinden verabschiedeten Satzungen seien als (vom Staat abgeleitete) »administrative Rechtsetzung«[56] zu qualifizieren. Da die

---

52 Ausführlich zum Diskussionsstand: Gabriele Wurzel, Gemeinderat als Parlament?, Würzburg 1975; Y. Ott, (Anm. 4), jeweils mit zahlreichen Nachweisen. Im Ergebnis vertritt die erstere die traditionelle, die letztere die neuere Auffassung.

53 Vgl. Yvonne Ott (Anm. 4), S. 105 ff. mit Nachweisen.

54 So führte das Bundesverfassungsgericht in einer Entscheidung aus dem Jahr 1972 aus, daß die Kommunalvertretung in der Ausübung ihrer Satzungsbefugnis »zwar kein echtes Parlament (sei, jedoch als demokratisch gewähltes Beschlußorgan insoweit dem Bereich der Legislative (sic! d.Verf.) zuzuordnen« sei (BVerfGE 32, 361). Nach dieser von einflußreichen Vertretern der herkömmlichen Lehre als »voreilige Formulierung« (so Klaus Stern/Günter Püttner, Anmerkung zu BVerfGE 21, 54 ff. in: Juristenzeitung, [1967], S. 488 f.) oder zumindest »kühn« bzw. »mit größter Vorsicht« zu behandeln (so Franz-Ludwig Knemeyer [Anm. 44], S. 746; Anm. 3, S. 747) gerügten Entscheidung kehrte die Bundesverfassung auf den Pfad der herrschenden Meinung in einer 1983 getroffenen Entscheidung zurück, in der es u. a. heißt, daß »die Rechtsetzung der Gemeinden ungeachtet dessen, daß sie in mancher Hinsicht legislatorischen Charakter aufweist, im System der staatlichen Gewaltenteilung (Gesetzgebung, Verwaltung und Rechtsprechung) dem Bereich der Verwaltung zuzuordnen« sei (BVerfGE 65, S. 289), vgl. hierzu auch Yvonne Ott (Anm. 4), S. 174 ff., mit weiteren Nachweisen.

55 Vgl. Karl-Heinz Ladeur, Zum Anspruch des fraktionslosen Gemeinderatsmitglieds auf Einräumung von Mitgliedschaftsrechten in Gemeinderatsausschüssen, in: Bayerische Verwaltungsblätter, (1992), S. 388: Auch wenn die Kommunalvertretung »›legislative‹ Funktionen hat, ist (ihre) Rechtsetzungsmacht – vor allem soweit sie zu Grundrechtseingriffen führen kann – nur abgeleitet ..., auch wenn die Garantie der kommunalen Selbstverwaltung durchaus einen Eigenbereich auch der normativen Regelung örtlicher Angelegenheiten umfaßt«.

56 Vgl. Eberhardt Schmidt-Aßmann, Die kommunale Rechtsetzungsbefugnis, in: Günter Püttner (Hrsg.), Handwörterbuch der kommunalen Wissenschaft und Praxis, Bd. 3, 2. Aufl., Tübingen 1983, S. 181.

Kommunen allenfalls über vom Staat abgeleitete Staatsgewalt verfügten, könne aber auch ihre Verwaltung staatsrechtlich nicht als *Exekutive* gelten. Da die Kommunalvertretungen im Ergebnis weder »echte« legislative Befugnisse besäßen noch ihr institutionelles Pendant eine »echte« exekutive Gewalt sei[57], sei es staatsrechtlich ausgeschlossen, sie als *Parlamente* zu qualifizieren.

Zwar verschließen die Anhänger der überkommenen Lehre nicht die Augen davor, daß sich – teilweise in den Regelungen der Kommunalverfassungen, vor allem aber in der kommunalen Praxis – längst eine Parlamentarisierung, wie sich auch in der Terminologie (»Stadtparlament«, »Stadtregierung«) zeigt, entwickelt hat.[58] Im Ergebnis halten sie jedoch an der überkommenen Lehre fest[59] – gelegentlich mit rechtsnormativ mißbilligendem Unterton ob solcher »Usurpation.«[60]

Zur Begründung ihrer Auffassung, die kommunale Selbstverwaltung als pure *Verwaltung*stätigkeit zu deklarieren, beriefen sich die Verfechter der überkommenen Lehre – in einer ursprünglich im vergangenen Jahrhundert und der damaligen Gegenüberstellung von (politischem) Staat und (unpolitischer) Gesellschaft beheimateten Argumentationsfigur – außerdem darauf, daß Aufgabe der Kommunalvertretung nicht »politische Willensbildung, sondern die sachgerechte Erledigung örtlicher Verwaltungsobliegenheiten«[61], also eben nicht Politik, sondern Verwaltung sei. Inzwischen wurde diese antiquierte Sicht indessen auch von denen aufgegeben, die aus anderen Gründen ansonsten an der überkommenen Lehre festhalten.[62]

b. Neuerer Diskurs

In ihrer Kritik an der überkommenen Lehre setzen die Verfechter der neueren Auffassung an deren entscheidender Prämisse an, allein Bund und Länder besäßen im geltenden Verfassungsrecht originäre Staatsgewalt und die Kommunen mithin allenfalls eine von dieser abgeleitete. Zunächst wird von Vertretern dieser Gegenposition in Zweifel gezogen, daß die traditionelle Rede von der originären Staatsgewalt von Bund und Ländern vor dem dem Grundgesetz zugrundeliegenden Verfassungsverständnis noch bestehen könne: Die Hoheitsbefugnisse von Bund und Ländern wurzelten nicht in einer der Verfassung vorausliegenden Staatlichkeit, sondern seien durch die Verfassung verliehen und festgelegt und werden – in Form einer allgemeinen Zuständig-

---

57 Vgl. BVerfGE 6, 104 ff (105): Während zu den Funktionen des Bundestages und der Landtage die »Gesetzgebung und Regierungsbildung« gehöre, sei die Funktion der Kommunalvertretung »die Verwaltung der Gemeinde.«

58 Vgl. Franz-Ludwig Knemeyer (Anm. 44), S. 741 ff.

59 Vgl. Franz-Ludwig Knemeyer (Anm. 44), S. 748: Es bleibe »festzuhalten, daß der Stadtrat trotz parlamentarisch-demokratischer Elemente auch weiterhin Verwaltungsorgan ist«.

60 Vgl. Gabriele Wurzel, Usurpation parlamentarischer Kompetenzen durch Stadt- und Gemeinderäte, in: Bayerische Verwaltungsblätter, 1986, S. 417 ff.

61 Ernst Forsthoff, Lehrbuch des Verwaltungsrechts, Bd.1, Allgemeiner Teil, 10. Aufl., München 1973, S. 536. Ähnlich das Bundesverfassungsgericht in einer Entscheidung aus dem Jahr 1952, wonach »auf der Ebene der (kommunalen) Gebietskörperschaften nicht eigentlich politische Entscheidungen fallen« und »die politische Willensbildung des Volkes im eigentliche Sinne sich nur im Bundestag und den Landtagen« vollzögen, vgl. BVerfGE 2, 1 ff. (76).

62 Vgl. Franz-Ludwig Knemeyer (Anm. 44), S. 745. Ähnlich das Bundesverfassungsgericht, das in einer 1957 ergangenen Entscheidung von seiner früheren Auffassung (vgl. Anm. 61) abgerückt ist, vgl. BVerfGE 6, S. 367 ff. (373).

keitsvermutung für die »Angelegenheiten der örtlichen Gemeinschaft« – damit verfassungskräftig von den Zuständigkeiten des Bundes und der Länder unterschieden und vertikal abgeschichtet.[63] Eine weitere Stütze für ihre Verfassungsinterpretation sehen Vertreter der neueren Auffassung in Art. 28, Abs. 1, Satz 2 GG, wonach »das Volk in Ländern, Kreisen und Gemeinden« demokratisch gewählte Vertretungen haben müsse und damit die Kommunalvertretungen »in eine Linie mit den Volksvertretungen auf Länder- und implizit auch auf Bundesebene« stellt.[64, 65] Insgesamt läuft diese neuere Verfassungsinterpretation der Gegenposition darauf hinaus, der kommunalen Ebene – ungeachtet der fortbestehenden Zweistufigkeit des Bundesstaates – einen eigenen, der Bundes- und Landesebene in wesentlichen Dimensionen funktional ähnlichen und ebenbürtigen Status zuzuerkennen und damit die herrschende Meinung in ihrem archimedischen Punkt auszuhebeln. Hierin wird eine Argumentationslinie sichtbar, die an die von Hugo *Preuß* schon 1889 formulierte Lehre von einer »Wesensgleichheit« der »Selbstregierung« der Reichs-, Landes- und der »Selbstverwaltung« der kommunalen Ebene erinnert.

Aufgrund der von ihr entfalteten Verfassungsinterpretation gelangen Verfechter der neueren Position denn dazu, die Kommunen in der Ausübung ihrer »kommunalen Autonomie« als eine (auch verfassungs*rechtlich*) eigenständige politisch-administrative Ebene im demokratischen bundesstaatlich-dezentralen Verfassungssystem der Bundesrepublik anzuerkennen[66], in ihrer Normsetzungsbefugnis eine durch das Grundgesetz unmittelbar eingeräumte Zuständigkeit zu sehen[67] und die Kommunalvertretung (auch im staatsrechtlichen Sinne) als *Parlament* einzustufen.

c. Eigene Position

Beim Versuch, in dem Streitstand abschließend selbst eine Position zu beziehen, sei zunächst daran erinnert, daß, wie sich zeigte, in dem für unsere Fragestellung relevanten Verfassungs- und Gesetzesbestand Regelungen in einem durchaus unstimmigen und widersprüchlichen Gemenge liegen, in dem einerseits im überkommenen Verfassungsrecht und Staatsverständnis wurzelnde, insoweit pfadabhängige Normierungsstränge und andererseits aber auch aus einem neueren Verfassungsverständnis gespeiste und die realen Veränderungen der Kommunalpolitik berücksichtigende neuere Regelungsspuren hervortreten. Diese Gemengelage des *geltenden* Rechts liefert den Hintergrund und Stoff für die (vorausgehend referierten) konfligierenden *rechtlichen* Interpretationen.

Vor diesem Hintergrund kann sich einerseits die auf der herkömmlichen Interpretation beharrende, vorwiegend aus Juristen (Staatsrechtler und Richter) gebildete

---

63 Vgl. Yvonne Ott (Anm. 4), S. 107.
64 Gerd Schmidt-Eichstaedt (Anm. 12), S. 31.
65 Es kann nicht verwundern, daß Werner Weber, Staatsrechtslehrer und Verfechter der überkommenen Lehre, wohl in Erkenntnis ihrer möglichen verfassungsrechtlichen Sprengkraft, publizistisch Alarm schlug: »Weiter verrät die völlige Gleichstellung der Staatsparlamente und Gemeindeparlamente (sic! HW), daß dem Gesetzesschöpfer der Sinn für die Wesensart der kommunalen Selbstverwaltung fehlte.« (Werner Weber, Staats- und Selbstverwaltung in der Gegenwart, 2. Aufl., Göttingen 1967, S. 39.)
66 Vgl. Heiko Faber (Anm. 50), a.a.O.
67 So auch Jochen Abr. Frowein, Die kommunale Volksvertretung, in: Günter Püttner (Hrsg.), (Anm. 21), S. 81 f.

und die (nach wie vor) *herrschende Meinung* vertretende *Diskursgemeinde* zweifellos auf maßgebliche, dem herkömmlichen Regelungsstrang zuzurechnende Festlegungen des geltenden Verfassungsrechts, zudem auf eine entsprechende Entscheidungspraxis der höchsten Gerichte berufen. Andererseits kann sich die neuere Interpretationsrichtung, deren *Diskursgemeinde* sich in erster Linie aus Politikwissenschaftlern, aber auch aus Juristen zusammensetzt, auf eine neuere Generation von Vorschriften beziehen, vor allem in den Kommunalverfassungen der Länder und deren »parlamentsrechtlichen« Regelungen. Zudem kann sie Unterstützung bei einem Verfassungsverständnis finden, wonach Verfassungsvorschriften durch im Zeitverlauf eintretende reale Veränderungen (verfassungspolitische Gegebenheiten, Vorstellungen usw.) einen *verfassungsrechtlich* relevanten »Bedeutungswandel« erfahren können[68], dessen Grenzen freilich durch das jeweilige »Normprogramm« (Konrad Hesse) gezogen sind.[69] In Anlehnung daran eröffnet sich eine in gewissem Sinne »dynamische« Verfassungsinterpretation, die, Elemente einer *wirklichkeits-* bzw. *sozialwissenschaftlichen* Rechtsauslegung[70] aufnehmend, sich als geeignet erweisen kann, die dichotome und letztlich unfruchtbare Gegenüberstellung von juristischen und sozialwissenschaftlichen Betrachtungsweisen[71] zu überwinden und den Vorwurf einer »Verwechselung rechtsdogmatischer und rechtspolitischer Argumentation«[72] zu entkräften.

Demnach geht es also nicht um die Gegenüberstellung einer *juristischen* und *politikwissenschaftlichen* Betrachtungsweise, in der jene das rechtliche Sollen und diese das tatsächliche Sein in den Blick rücken, und auch nicht um eine »Verwechselung *rechtsdogmatischer* und *rechtspolitischer* Argumentation«[73], sondern um unterschiedliche *juristische* Interpretationen des *geltenden* Rechts aufgrund von Unterschieden in der Wahrnehmung und »selektiver Perzeption« des (in sich keineswegs konsistenten) geltenden Rechts und in den interpretativen Bezugsrahmen – Unterschiede, die ihrerseits in unterschiedlicher professioneller und konzeptioneller Formierung und professioneller Einbindung der beiden *Diskursgemeinden* gründen.

---

68 Zum »Bedeutungswandel« von Verfassungsregelungen vgl. Bundesverfassungsgericht, Urteil v. 1. 7. 1953, BVerfGE 2, 380 ff. (401): »... kann eine Verfassungsbestimmung einen Bedeutungswandel erfahren, wenn in ihrem Bereich neue, nicht vorausgesehene Tatbestände auftauchen oder bekannte Tatbestände ihre Einordnung in den Gesamtablauf einer Entwicklung in neuer Beziehung oder Bedeutung erscheinen«; vgl. auch BVerfGE 1, 178, wonach »die Gesamtheit der Normen und Grundsätze, die den historisch gewordenen Begriff der Selbstverwaltung ausmachen ..., nicht als unabänderlich gelten«. Zur Reichweite und Grenze des »Bedeutungswandels« von Verfassungsvorschriften vgl. insbesondere Konrad Hesse, Verfassung und Verfassungsrecht, in: Ernst Benda/Werner Maierhofer/Hans-Joachim Vogel (Hrsg.), Handbuch des Verfassungsrechts, 2. Aufl., Bd. 1, Berlin/New York 1995, Rdnr. 22; ähnlich Peter Badura, Verfassungsänderung, -wandel, -gewohnheitsrecht, in: Josef Isensee/Paul Kirchhof (Hrsg.), Handbuch des Staatsrechts der Bundesrepublik Deutschland, § 160, Rndr. 13.

69 Vgl. Ekkehart Stein, in: (Alternativ-)Kommentar zum Grundgesetz für die Bundesrepublik Deutschland, Bd. 1, Neuwied 1989, Einleitung II, Rdnr. 89 f. mit Nachweis.

70 Ablehnend Starck, Christian, Die Verfassungsauslegung, in: Josef Isensee/Paul Kirchhof (Hrsg.), Handbuch des Staatsrechts der Bundesrepublik Deutschland, Bd. VII, Heidelberg 1992, § 164, Rdnr. 26 mit Nachweisen.

71 Vgl. Werner Thieme, Die Gliederung der deutschen Verwaltung, in: Günter Püttner (Hrsg.), (Anm. 22), S. 142 f., der einen nicht aufgelösten Widerspruch zwischen juristischer und »politologisch-verwaltungswissenschaftlicher« Betrachtungsweise sieht.

72 So Franz-Ludwig Knemeyer (Anm. 44), S. 743.

73 So aber Franz-Ludwig Knemeyer (Anm. 44), S. 743.

Aus der Sicht des Autors spricht vieles dafür, der *neueren* Interpretation und Position den Vorzug zu geben. Sie ist am ehesten imstande, diejenigen Teile des *geltenden Rechts* (im Juristendeutsch: *de lege lata*), vor allem die der Kommunalgesetzgebung der Länder, in denen die *faktische* Parlamentarisierung der Kommunalpolitik, etwa in Vorschriften eines kommunalen Parlamentsrechts, längst anerkannt worden ist, aber auch die der rechtlichen Regelung noch harrenden (*de lege ferenda*) realen Veränderungen *rechtskonzeptionell* ebenso wie politikwissenschaftlich schlüssig einzuordnen. Insgesamt eröffnet der neuere Interpretationsstrang die Möglichkeit, eine im letzten Jahrhundert unter völlig anderen Verfassungsbedingungen begründete, also verfassungs- und politikhistorisch überholte (durch seine antirepublikanische und reaktionäre Stoßrichtung in der Weimarer Periode zudem gebrandmarkte) institutionelle *Pfadabhängigkeit* und Interpretationsspur endgültig aufzugeben und eine *moderne* Regelung und Interpretation zu erreichen, die den normativen Anforderungen des demokratischen förderativ-dezentralen Verfassungsstaats gerecht wird.

3. Rechts- und institutionenpolitische Folgerungen

Ansatzpunkte für Verfassungs- und Gesetzgebungsänderungen kommen auf der hier gelegten Argumentationslinie vor allem in zwei Dimensionen in Betracht:
- zum einen in der (vertikalen) Einordnung der Kommunen im bundesstaatlichen Institutionensystem (*äußere Kommunalverfassung*);
- zum andern in der (horizontalen) Gestaltung der Institutionenwelt der Kommunen (*innere Kommunalverfassung*).

a. Äußere Kommunalverfassung

Die weitestgehende verfassungsgeberische Konsequenz bestünde darin, die Verfassungselemente, in denen die Anerkennung einer politisch-funktionalen *Wesensgleichheit* (Hugo Preuß) der kommunalen mit der Bundes- und Landesebene zumindest ansatzweise zu erkennen ist, zu verstärken, die Starrheit der bundesstaatlichen Zweistufigkeit weiter zu lockern und letztlich einen Umbau der bundesstaatlich-dezentralen Ordnung zu einer echten Dreistufigkeit vorzubereiten. Allerdings ist für dieses Reformkonzept unter den gegenwärtigen Handlungsbedingungen eine Realisierungschance nicht zu erkennen. Die Entschiedenheit, mit der die die Enquête-Kommission Verfassungsreform der frühen 70er Jahre die Vorstellungen und Forderungen einer verfassungsrechtlichen »Höherzonung« der Kommunen zurückgewiesen hat, zeugt davon, wie stark die Zweistufigkeit des Bundesstaats vor allem im institutionellen Eigeninteresse der Länder festgezurrt scheint.

Trotz Fehlens einer solchen »großen« förderativ-dezentralen Verfassungsreform sollten im *Land-Kommune*-Verhältnis die im Rahmen der sog. *Funktionalreformen* beobachtbaren Schritte verstärkt und beschleunigt werden, den Spielraum kommunaler Selbstbestimmung und Aufgabenverantwortung zu erweitern. Hierzu sollte das Aufsichts- und Kontrollverhältnis, in dem sich die Kommunen, insbesondere in dem Bereich der traditionell *übertragenen* Aufgaben, befinden, vor allem dadurch gelockert und neu gestaltet werden, daß die Übertragung staatlicher Aufgaben in Form einer *echten Kommunalisierung* erfolgt, in der sich die staatliche Aufsicht tendenziell auf eine Rechtsaufsicht zurückziehen und beschränken würde.[74]

b. Innere Kommunalverfassung

Auch nach der jüngsten Runde der Kommunalgesetzgebung, als deren Ergebnis bekanntlich in allen ostdeutschen und in den meisten westdeutschen Ländern nunmehr die (süddeutsche) Bürgermeister/Rats-Verfassung – als lokale Variante eines Präsidialsystems – in Kraft ist, bleibt die *innere Kommunalverfassung* von Unstimmigkeiten und »Ungereimtheiten«[75] gekennzeichnet, die insbesondere in der Unentschiedenheit und Unschärfe der geltenden, teils monistischen, teils dualistischen Zuständigkeitsvorschriften stecken.

Auf der einen Seite wird auch in den neuen Kommunalverfassungen – insofern nach wie vor *monistisch* – an dem Grundsatz der Allzuständigkeit der Kommunalvertretung festgehalten. Dies ist zugespitzt in den Kommunalverfassungen der Fall, die den Kommunalvertretungen weiterhin ein *Rückholrecht*, also die Befugnis verbriefen, im Bereich der kommunalen Selbstverwaltungsangelegenheiten jedwede Entscheidung, mag sie an den Bürgermeister delegiert worden sein, wieder an sich zu ziehen.

Auf der anderen Seite sind, insoweit *dualistisch*, dem Bürgermeister eigene Zuständigkeiten eingeräumt worden, zu denen der (in der Praxis und Rechtsprechung weit ausgelegte) Kranz *laufender Angelegenheiten*[76], aber auch der wichtige Bereich der Personalentscheidungen (Rekrutierung, Entlassung usw. der Kommunalbediensteten), gehören.

In der kommunalen Politik- und Verwaltungspraxis lädt diese in der rechtlichen Regelung liegende Unschärfe geradezu zu Konflikten zwischen Kommunalvertretung und Verwaltung/Verwaltungsspitze ein. Unter Berufung auf die grundsätzliche Allzuständigkeit der Kommunalvertretungen, die ihren Mitgliedern das Recht gibt, letztlich jede, auch jede *Einzel- und Detail*entscheidung zu treffen und diese gegebenenfalls an sich zu ziehen, haben die Kommunalpolitiker in den Kommunalvertretungen denn die Neigung, sich vorrangig um den »Kleinkram« der Kommunalpolitik, das ominöse »Klappern eines Kanaldeckels«, zu kümmern[77] und sich in den Verwaltungsvollzug im Einzelfall einzumischen[78], anstatt sich in erster Linie der *großen* und strategischen Fragen der Kommunalpolitik und Verwaltungskontrolle anzunehmen. Dadurch, daß sich die Kommunalvertreter, als ehrenamtliche Feierabendpolitiker ohnedies zeitlich sehr eingeschränkt und bedrängt, in Detailfragen verzetteln und das strategische Geschäft der Kommunalparlamente am Rande bleibt, schlägt die potentielle Allmacht der Kommunalvertretungen in eine aktuelle und faktische Ohnmacht um, zumal sie es

---

74 Ausführlich Hellmut Wollmann, »Echte Kommunalisierung« der Verwaltungsaufgaben: Innovatives Leitbild für umfassende Funktionalreform? In Landes- und Kommunalverwaltung, (1997) 4, S. 105–109.

75 Gerd Schmidt-Eichstaedt (Anm. 22), S. 33.

76 Vgl. ausführlich Dian Schefold/Maja Neumann (Anm. 40), S. 86 ff. mit Nachweisen (auch der Rechtsprechung).

77 Vgl. etwa Paul von Kodolitsch, Die Zusammenarbeit von Rat und Verwaltung – Herausforderungen durch das »Neue Steuerungsmodell«, in: Christoph Reichard/Hellmut Wollmann (Hrsg.) (Anm. 2), S. 154.

78 Vgl. Hermann Janning, Neue Steuerungsmodelle im Spannungsverhältnis von Politik und Verwaltung, in: Christoph Reichard/Hellmut Wollmann (Anm. 2), S. 154.

in der Verwaltung und deren Verwaltungsspitze mit einem Gegenspieler zu tun haben, der ihnen durch seine hauptamtlich tätigen, professionell ausgebildeten Verwaltungsstäbe und die Verfügung über Informationsressourcen allemal machtstrukturell überlegen ist; dieses Machtgefälle hat sich mit der Einführung der (süddeutschen) Bürgermeister/Rats-Verfassung (und ihrem starken Bürgermeister) in inzwischen allen Ländern eher noch verstärkt.

Dieser Entwicklung könnte und sollte durch eine Novellierung der Kommunalverfassungen gesetzgeberisch gegengesteuert werden. Diese könnte konzeptionelle Anleitung und Begründung daraus gewinnen, daß die Kommunen, wie hier argumentiert wird, auch *rechtlich* längst als lokale Ausprägungen politisch-parlamentarischer Regierungssysteme bzw. Präsidialsysteme gelten können.[79] Um die institutionenpolitisch-funktionale Handlungsfähigkeit der kommunalen politisch-administrativen Systeme zu sichern und zu stärken, sollte die Gesetzesreform, die durch das bisherige Gemenge von monistischen und dualistischen Regelungselementen bedingten Unstimmigkeiten beseitigend, vor allem an zwei miteinander zusammenhängenden strategischen Punkten ansetzen:

– Zum einen sollten die Kommunalverfassungen die (monistische) Allzuständigkeit der Gemeindevertretung ausdrücklich aufgeben und deren Zuständigkeit explizit auf die *wichtigen* Fragen der kommunalen Selbstverwaltung konzentrieren und beschränken. Durch eine solche Regelung würde der Neigung der Kommunalparlamentarier, sich eher mit dem Kleinkram als den großen Fragen der Kommunen zu befassen, jedenfalls rechtlich der Boden entzogen und würde ihnen eine veränderte Rolle und Funktion gesetzgeberisch vorgegeben.

– Gleichzeitig sollten die Informations-, Auskunfts- und Kontrollrechte der Kommunalparlamente, insbesondere als Rechte der oppositionellen Minderheit(en), gegenüber Verwaltung und Verwaltungsspitze weiter ausgebaut werden.

Eine Stärkung der Kontrollfunktion der Kommunalvertretungen wird zudem in dem Maße noch an Bedeutung gewinnen, wie sich in einigen Bundesländern bereits beobachtbare Tendenz der Kommunalisierung der auf die Kommunen übertragenen Aufgaben in der Weise fortsetzt, daß den Kommunalvertretungen in gewissem Umfange Mitwirkungs-, jedenfalls Kontrollrechte über den Vollzug der solchermaßen kommunalisierten Aufgaben eingeräumt werden.[80]

An dieser Stelle sei daran erinnert, daß die Neubestimmung der (horizontalen) Zuständigkeitsverteilung, die – entlang der hier entfalteten Argumentationslinie – aus der Ausformung der Kommunen als lokale Varianten eines (parlamentarisch-präsidentiellen) politisch-administrativen Systems zu entwickeln und zu begründen ist, auch ein Schlüsselkonzept des *Neuen Steuerungsmodells* darstellt, durch das seit mehreren Jahren in einer zunehmenden Zahl von Gemeinden (und Kreisen) eine Modernisierung der kommunalen Politik- und Verwaltungswelt[81] angeleitet und angetrieben

---

79 Zwar sehen auch die Vertreter der traditionellen Lehre Veranlassung, die Verstärkung der dualistischen Aufgaben- und Funktionsverteilung zwischen Kommunalvertretung und Verwaltung, zumal Verwaltungsspitze, vorzuschlagen und sich hierbei auf die Notwendigkeit einer Form von lokaler Gewaltenteilung (»checks and balances«) zu berufen (vgl. auch den Beitrag von Franz-Ludwig Knemeyer in diesem Band. Im Rahmen des traditionellen Konzepts, es handle sich sowohl bei Kommunalvertretung und Kommunalverwaltung im Kern um Verwaltung, fällt eine konzeptionell schlüssige Begründung freilich schwer.

80 Ausführlich vgl. Hellmut Wollmann (Anm. 47).

81 Vgl. statt vieler Christoph Reichard, Umdenken im Rathaus, Berlin 1994; Christoph Reichard/Hellmut Wollmann (Hrsg.), (Anm. 2); vgl. auch die Beiträge von Niclas Stucke/ Michael Schöneich, Werner Schnappauf und Hermann Janning in diesem Band.

wird. Auch im *Neuen Steuerungsmodell* wird eine neue (horizontale) Aufgaben- und Rollenverteilung gefordert, in der sich die Kommunalparlamente auf die Leitungsentscheidungen, strategische Steuerung und Kontrolle der Verwaltung konzentrieren und beschränken, während die Verwaltung und die Verwaltungsspitze für Verwaltungsvollzug und Leistungserbringung zuständig sind.

Es versteht sich von selbst, daß es mit einem Federstrich des Gesetzgebers nicht getan ist. Die Umsetzung und Verwirklichung eines solchen (am Modell eines parlamentarisch-präsidentiellen Regierungssystems Maß nehmendes) kommunalen Handlungssystems steht und fällt mit der Bereitschaft und Fähigkeit der lokalen Akteure, dieses in ihre Vorstellungswelt aufzunehmen und im Handlungsalltag der kommunalen Politik umzusetzen. Hält man sich vor Augen, daß die überkommene Allzuständigkeit im Selbst- und Rollenverständnis der Kommunalvertretung tief verwurzelt erscheint und die bisherige Neigung der Kommunalvertreter, sich lieber mit konkret-überschaubaren Einzelfragen (»klappernden Kanaldeckeln«) als mit den wesentlich komplexeren Leitungs- und Kontrollaufgaben zu befassen, in einer auch der Alltagserfahrung geläufigen Handlungsdisposition verankert ist, wird sichtbar, daß es bei dem hier angesprochenen Einstellungs- und Rollenwandel der kommunalen Akteure um nicht weniger als eine »Revolution der kommunalen politischen Kultur«[82] geht.

---

82 Vgl. Paul von Kodolitsch (Anm. 77), S. 174.

KARL-HEINZ BERKEMEIER

Kommunalpolitisches Engagement: Zwischen Ehrenamt und Profession

Über 10 000 Tage Kommunalpolitiker: Da kann man was erzählen. Es begann am 20. Oktober 1968 – abends: Das Ergebnis der Kommunalwahl in Frankfurt a. M. steht fest. Auf Platz 13 der SPD-Liste bin ich ins Stadtparlament gekommen. Als einer von 81, heute 93. Ungefähr die Hälfte Neulinge, woran der Aufbruch der Jugend seinen kräftigen Anteil hatte. Die Wahlbeteiligung war an diesem Tage gering und wurde an den folgenden sieben Kommunalwahlen noch geringer. Das Desinteresse der Bürger ist beträchtlich: Durchweg ein Drittel, gelegentlich fast die Hälfte der stimmberechtigten Bürger beteiligt sich nicht an den Wahlen zum Stadtparlament. Es endete am 31. März 1997, nach genau 10 388 Tagen, wenn ich richtig gezählt habe, und immer ehrenamtlich, also praktisch im Doppelberuf.

Die Summe meiner Erfahrungen in diesen bald 30 Jahren: Die Volksvertretungen in den Großstädten funktionieren – gemessen an ihrem Anspruch – nicht so, wie die Bürger es sich vorstellen, wie es notwendig wäre, und wie es jemand, der seinen Auftrag als Volksvertreter ernst nimmt, verlangen muß.

Schon nach drei Jahren hinter der Rathaustür habe ich in dem Aufsatz »Das kommunale Schein-Parlament« rund drei Dutzend Reformvorschläge gemacht. In dem folgenden Vierteljahrhundert sind tatsächlich 10 Prozent verwirklicht worden, vor allem die Anregung, den Fraktionen hauptberufliche Assistenten zuzuordnen. Sollte dieses Reform-Tempo anhalten, dürften in 250 Jahren alle Vorschläge realisiert sein. Ich tröste mich damit, daß die allermeisten anderen Stadtverordneten noch weniger erreicht haben.

Was ist – und was sein müßte

Grundlegende Reformen – so scheint es mir nach wie vor – sind zwingend. In die den Parlamentariern der unteren Ebene verbliebenen Entscheidungsbereiche – die entscheidenden Weichen werden in der Bundeshauptstadt und/oder den Landeshauptstädten gestellt – hat sich Blutleere eingeschlichen. Sitzungen der kommunalen Parlamente lassen die Bürger kalt. Die Kontrollfunktion findet so gut wie nicht statt. Die kommunalen Regierungsmitglieder können praktisch nicht zur Verantwortung gezogen werden. Entscheidungen werden in Intim-Kreisen oder in der Verwaltung vorgefertigt und abgesichert, dem Parlament bleibt nur die Legitimation übrig. Das Parlament als Diskussionsforum für brennende und aktuelle Fragen fällt aus. Lokalzeitungen (vgl. hierzu Otfried Jarren in diesem Band) und zunehmend Bürgerinitiativen haben diese Rolle übernommen. Zu eigenverantwortlichen Entscheidungen wie auch zur Kontrolle ist derzeit ein kommunaler Parlamentarier so gut wie nicht in der Lage. Ihm fehlt die Zeit, das Geld und ihm fehlen Hilfskräfte. Selbst wo es, wie in Frankurt am Main, mittlerweile Fraktionsassistenten gibt, ist die Lage für den einzelnen Kommunalpolitiker nicht viel besser: Ihnen wird in der Regel von der Fraktionsspitze die Rolle von Unter-Geschäftsführern oder Zuträgern aufgedrückt.

Dabei heißt es in den Kommunalverfassungen durchweg: Die Gemeindevertretung ist das oberste beschließende, überwachende und Wahl-Organ; die Gemeindevertreter üben ihre Tätigkeit nach ihrer freien, nur durch Rücksicht auf das Gemeinwohl bestimmten Überzeugung aus und sind an Aufträge und Wünsche der Wähler nicht gebunden. Tatsächlich ist der gewählte Abgeordnete nicht einmal in der Lage zu überprüfen, wie sich viele Beschlüsse, an deren Zustandekommen er – wenn auch oft nur pro forma – beteiligt war, in der Praxis auswirken.

Unternehmen »Kommune«

Heute ist in den Gemeinden ein Zustand erreicht, in dem sich der Staat der Wirtschaft und die Wirtschaft dem Staat angleicht. Zwischen den Großstädten und auch vielen kleinen Kommunen herrscht ein permanenter Konkurrenzkampf, wobei sie sich mit günstigen Bedingungen für Verbände und Unternehmen gegenseitig unterbieten. Auf diese Weise sind zum Beispiel dem Verband der Automobilindustrie praktisch Steuern in Millionenhöhe erlassen worden. Wie es mit der Gegenleistung – ob positiv oder negativ – aussieht, kann ein Kommunalparlamentarier mangels exakter Untersuchungen nicht über-, geschweige denn durchschauen. Um in das Dickicht auf diesem Gebiet zumindest eine Schneise zu schlagen und den Parlamentariern einige Entscheidungshilfen geben zu können, ist es notwendig:
– bei Industrie-, Gewerbeansiedlungen u. ä. eine Nutzen-Kosten-Rechnung aufzustellen;
– den mutmaßlichen Grad der Verschlechterung der Umweltbedingungen – Verschmutzung der Luft und des Wassers, Lärmentwicklung usw. – festzustellen;
– bei städtischen Maßnahmen auszuweisen, welche wirtschaftlichen oder sonstigen Vorteile sie für bestimmte Gruppen oder auch Nachteile für andere Gruppen bringen;
– den Wertzuwachs des Bodens infolge Planung, Erschließung und Ausnahmegenehmigungen offenzulegen.
Wenn eine Kommune nicht von der Wirtschaft übervorteilt werden will, sollte sie von ihr lernen. So ließe sich das, was der Vorsitzende der Bertelsmann-Stiftung, Reinhard Mohn, über Unternehmen gesagt hat, sehr wohl auf das Unternehmen »Kommune« anwenden:
»Das unausgeschöpfte Potential an kreativen Menschen ist groß. Es kann sich unter den derzeitigen Bedingungen aber nicht entfalten ... Die konsequente Delegation der Verantwortung und die Gewährung von Freiraum lösen Innovation und Lernprozeß zugleich aus ... Die heute erforderliche Flexibilität und Innovationsfähigkeit der Großunternehmen kann von der Führungsspitze allein nicht mehr gewährleistet werden. Die mittlere Führungsebene und die Basis müssen dazu beitragen.«[1]

Alle Kontakte der Verbände zu Parlament, Regierung und Verwaltung sollten einer möglichst weitgehenden Publizitätspflicht unterworfen werden, damit wenigstens die Chance der Kontrolle durch die öffentliche Meinung gewährleistet werden kann. Dazu gehört die Pflicht zur Information darüber, wer zu Vorlagen gehört worden ist bzw. mit wem sie abgesprochen worden sind.

---

1 Reinhard Mohn, Die Quittung der politischen Fehlsteuerung, in: Frankfurter Rundschau vom 28./29. Mai 1997.

»Ein bißchen Köln ist überall«

Draußen vor der Rathaustür wird eine Reihe weiterer, tief in das Leben der eigenen Gemeinde eingreifender Entscheidungen gefällt, die zu beeinflussen oder zu kontrollieren der einzelne Gemeindevertreter nicht in der Lage ist – seien es Gremien der Regionalplanung, kommunale Gesellschaften oder Betriebe, überregionale Vereinigungen, wie Landeswohlfahrtsverbände usw. Nicht mehr als eine Handvoll Parlamentarier hat im Wege der Delegation Einblick in die Politik dieser Einrichtungen.

Die Eigengesellschaften der Städte (vgl. hierzu den Beitrag von Günter Püttner in diesem Band) sind heute vielfach zu Selbstbedienungsläden verkommen. Ihre Helfershelfer sitzen meist *auf*, nicht *zwischen* zwei Stühlen: In den kommunalen Gremien und den Aufsichts- oder Verwaltungsräten gleichermaßen.

So gelang es mir im Jahre 1996 nicht, einen aktuellen Antrag zum Thema »Die Stadtwerke und ihre Führungskräfte« auf die Tagesordnung einer Parlamentssitzung zu setzen. Die Sache sei »nicht dringlich«, fand die Mehrheit, nachdem seit Tagen in den Medien über das Thema kontrovers berichtet wurde. Nach Umwandlung der Stadtwerke in eine GmbH hatten sich deren Führungskräfte als allererstes Gehaltserhöhungen »genehmigt«: jährlich über eine Million Mark zusätzlich für zwei Direktoren und sechs Prokuristen. Mein Antrag, die ursprünglichen Gehälter beizubehalten und vor eventuellen Erhöhungen den wirtschaftlichen Erfolg der neuen GmbH abzuwarten, hatte bei den Rathausfraktionen von CDU und SPD keine Chance; beide hatten schließlich Leute ihrer Couleur in diese Positionen gehievt, unbeschadet ihrer (Nicht-)Qualifikation.

Ähnliches geschah vier Jahre zuvor in Köln. Die Sozialforscher Ute und Erwin K. Scheuch berichten[2], der Kölner Klüngel aus CDU und SPD habe für den Vorstandsvorsitzenden der Kreissparkasse und die übrigen vier Vorstandsmitglieder Gehaltserhöhungen von jährlich zusammen 510 000 Mark durchgeboxt. Das war ein Plus von über 30 Prozent, während gleichzeitig den Mitarbeitern der Kreissparkasse 3,5 Prozent mehr Gehalt angeboten worden seien. Als Frankfurter kann ich das Resümee der beiden Sozialforscher bestätigen: »Ein bißchen Köln ist überall.«

Artisten ohne Netz

Verfassungen und Gemeindeordnungen haben nie Schwierigkeiten zu definieren, was die Aufgabe des Kommunalparlamentariers und wofür er ausschließlich zuständig ist: »Die Gemeindevertretung überwacht die gesamte Verwaltung der Gemeinde und die Geschäftsführung des Gemeindevorstandes, insbesondere die Verwendung der Gemeinde-Einnahmen.«[3]

Das sind beispielsweise in Frankfurt a. M. mittlerweile mehrere Milliarden Mark im Jahr (vgl. hierzu den Beitrag von Monika Kuban in diesem Band) – der Umsatz eines respektablen Großunternehmens. Die Entscheidung über diesen Etat fällt in die »ausschließliche Zuständigkeit« der Frankfurter Stadtverordnetenversammlung ebenso wie die über den Stellenplan für mehr als 20 000 Bedienstete.

In jedem Jahr kommen zudem mehrere tausend Vorlagen auf den Tisch jedes Stadtverordneten. Grob nach Sachgebieten aufgeteilt, sieht das so aus:

---

2 Ute und Erwin K. Scheuch, Der Kölner Klüngel ist sich treu geblieben, in: Frankfurter Rundschau vom 11. April 1996.
3 Hessische Gemeindeordnung, §§ 50, 51.

- Mehr als tausend Vorlagen zu Bau- und Verkehrsfragen;
- Hunderte von Vorlagen über Personalfragen;
- Hunderte Bürger ernennen, wählen, bestätigen;
- ein paar hundert Grundstücksangelegenheiten entscheiden;
- hundert bis zweihundert Bebauungs- und Flächennutzungspläne;
- über hundert Fälle von Zuschüssen;
- Ordnungen, Verordnungen, Richtlinien, Satzungen, Tarife sind in Dutzenden von Fällen zu behandeln;
- in ca. 50 Fällen über- und außerplanmäßige Ausgaben.

Eine derartige Arbeit ehrenamtlich, ohne Hilfsmittel und Hilfskräfte auszuführen, heißt ständig den kommunalpolitischen Artisten zu spielen, dem das Netz verweigert wird. Geht etwas ins Auge, heißt es, die Volksvertreter haben es ja so beschlossen und tragen demnach die Verantwortung, die zu übernehmen sie aus den genannten Gründen praktisch nicht in der Lage sind.

Kein Wunder, daß viele von ihnen im Rathaus-Saal sitzen wie die Artisten in der Zirkuskuppel – ratlos.

Oben und unten

Es gibt eine Reihe von Indizien, an denen sich ablesen läßt, wie der Wert und die Rolle von Parlament und Regierung eingeschätzt werden:
- Kaum ein Stadtverordneter ist einem ins Gewicht fallenden Teil der Bevölkerung bekannt, der Oberbürgermeister dagegen zu 90 Prozent und mehr.
- In Protokollfragen rangieren die Parlamentarier in der Regel hinter Vertretern der Exekutive und gelegentlich auch hinter Verbandsvertretern.
- Die hauptamtlichen Mitglieder der Stadtregierung verfügen über je einen Wagen mit Fahrer; die Volksvertreter erhalten eine Freifahrkarte für die kommunalen Verkehrsmittel.
- Ein Amt für Öffentlichkeitsarbeit steht praktisch nur der Exekutive zur Verfügung.
- Die Stadtregierung hat eine sehr große Zahl von Mitarbeitern und eine komplette Bürotechnik zu Diensten; für die Parlamentarier dagegen gibt es im Rathaus kaum Arbeitsmöglichkeiten.

Eine klare Abgrenzung der Kompetenz und der Verantwortlichkeit ist eine der Bedingungen, ohne die parlamentarische Reformen nicht denkbar sind. Der Landesgesetzgeber sollte klare Fronten schaffen, d.h. auch in den Städten einen Trennstrich ziehen zwischen Regierung und ihrer Parlamentsmehrheit einerseits und der Opposition andererseits. Die ursprüngliche Vorstellung, alle politisch relevanten Kräfte an der Stadtregierung zu beteiligen, um auf diese Weise eher einen Konsens zu erreichen, ist längst illusionär geworden und wird in Frankfurt a. M. seit der Wahl 1997 geradezu konterkariert: Magistratsmitglieder attackieren sich in aller Öffentlichkeit gegenseitig, weigern sich aber gleichwohl, ihre unterschiedlichen Vorstellungen im Parlament zur Abstimmung zu stellen. Für den Bürger verwischen sich dabei Verantwortlichkeiten und mögliche Alternativen. Zu einer klaren Kompetenzabgrenzung gehört auch, daß die Mitglieder der Stadtregierung die zahlreichen Einzelentscheidungen in ihrem Bereich in eigener Verantwortung fällen, wobei dem Parlament das Recht einzuräumen wäre, sie zur Verantwortung zu ziehen und gegebenenfalls während der Legislaturperiode mit einfacher Mehrheit und ohne Pensionsansprüche abwählen zu können. Dadurch würde das Parlament sowohl entlastet als auch in seiner Kontrollfunktion gestärkt.

Das Licht der Öffentlichkeit

Die Theorie:»Die Gemeindevertretung faßt ihre Beschlüsse in öffentlichen Sitzungen.«[4] Die Praxis: 90 Prozent aller Vorlagen, wenn nicht mehr, gehen ohne Diskussion über die Parlamentsbühne. Da wird der Begriff »öffentlich« zur Täuschung. Tatsächlich werden die Beschlüsse spätestens in den nichtöffentlichen Sitzungen der Fraktionen festgelegt.

Richtig ist, was der Politikwissenschaftler Franz Schneider erklärt:»Über die Politik von Regierung und Opposition zu entscheiden, setzt voraus, diese Politik zu kennen. Das Diskussions-Prinzip wird deshalb in der Demokratie erst durch das Öffentlichkeits- und Evidenz-Prinzip sinnvoll.«[5] Schneider geht von drei Diskussionstypen aus: der Intern-Diskussion, der Intim-Diskussion und der Extern-Diskussion. Unter Intern-Diskussion versteht er, daß die Diskussion dort stattfindet, wo sie den Regeln nach hingehört. Tatsächlich herrschen die beiden anderen Diskussionstypen vor. Schneider definiert sie so: Die Intim-Diskussion »zieht sich aus dem zuständigen Gremium zurück in das intime Arkanum kleinerer Zirkel, in Fraktionszimmer, nichtöffentliche Ausschüsse, Kabinette und Cliquen.«[6] Die Extern-Diskussion »wird zwar geführt von institutionell zuständigen Personen, aber in der Öffentlichkeit eines nicht vorgesehenen Rahmens. Die richtigen Redner reden also in der falschen Öffentlichkeit.«[7]

Der Politologe Heinz Laufer hat die Praxis der Kommunalpolitik gut getroffen, wenn er feststellt, »daß der einzelne Abgeordnete, der schon sein Mandat der Partei verdankt, streng an die Fraktion gebunden ist. Will die Fraktion wirksam handeln, so kann sie gar nicht zulassen, daß Abgeordnete als ›unabhängige Repräsentanten des ganzen Volkes‹ im Parlament agieren. Nicht daß jetzt etwa der Abgeordnete zum Befehlsempfänger der Fraktionsführung herabsinken muß; nur kann er ohne die Fraktion seine Initiative und Aktivität nicht mehr im Parlament einsetzen. Diese sind aus dem Plenum in die Fraktionen verlagert . . . Ziel ist es dabei stets, als möglichst geschlossene Handlungseinheit aufzutreten. Um dies zu erreichen, bedarf es nicht unbedingt eines ›Fraktionszwanges‹ im verfassungsrechtlichen Sinne. Parteiloyalität und politische Vernunft erreichen in der Regel mehr als juristische Normen und Fraktions-Geschäftsordnungen (die übrigens einen ›Fraktionszwang‹ nicht kennen).«[8]

Die Notwendigkeit, bei wichtigen Abstimmungen im Sinne der Ziele der jeweiligen Partei als geschlossener Block aufzutreten, schließt allerdings zweierlei nicht aus:
1. die Fraktionssitzungen regelmäßig öffentlich, zumindest Presse-öffentlich zu machen und
2. dem einzelnen Abgeordneten mehr Bewegungsspielraum zuzugestehen.

Öffentliche Fraktionssitzungen hätten zwei unschätzbare Vorteile: Einmal würden sie dem Bürger im Laufe der Zeit deutlich machen, mit wie großer – oder auch geringer – Intensität Probleme z. T. in stundenlanger, kontroverser, alle Für und Wider abwägender Diskussion entschieden werden; zum andern könnte allmählich ins Bewußtsein der Bürger dringen, daß entsprechend der Mehrheitsentscheidung die Frak-

---

4 Vgl. Hessische Gemeindeordnung (Anm. 3), § 52.
5 Franz Schneider, Diskussion und Evidenz im parlamentarischen Regierungssystem, in: Aus Politik und Zeitgeschichte, B 6/68.
6 Vgl. Franz Schneider (Anm. 5).
7 Vgl. Franz Schneider (Anm. 5).
8 Heinz Laufer, Das demokratische Regime der Bundesrepublik, in: Aus Politik und Zeitgeschichte, B 30/65.

tion in wichtigen Fragen im Parlament zusammenhält, um nicht dem politischen Gegner zum Zuge zu verhelfen. Ohne mehr Öffentlichkeit bei den politischen Entscheidungsprozessen und damit ohne ein Mehr an »offener Rede« kann eine Gesellschaft nicht als von Grund auf demokratisiert angesehen werden. Der Öffentlichkeit vorzugaukeln, es gäbe von vornherein eine Einheitsmeinung, ist nicht nur unredlich, sondern auf lange Sicht für die Fraktion oder Partei auch schädlich – ganz abgesehen davon, daß Meinungsverschiedenheiten bei wichtigen Problemen sowieso verhältnismäßig oft an die Öffentlichkeit geraten, dann allerdings vielfach spekulativ und verzerrt. Was man wiederum den Journalisten nicht vorwerfen sollte, da man ihnen die notwendigen Informationen vorenthält.

Mund halten – oder Absturz

Häufig wird ein Widerspruch gesehen zwischen geschlossenem Auftreten der Fraktion und einem größeren Spielraum für den einzelnen Abgeordneten. Das ist jedoch – zumindest in dieser Verallgemeinerung – falsch. Bis auf die relativ wenigen, politisch äußerst bedeutsamen Entscheidungen im Kommunalparlament könnten dem einzelnen Volksvertreter durchaus mehr eigene parlamentarische Vorstöße zugestanden werden. Das heißt einerseits, daß die Fraktionsmehrheit nicht ständig allergisch reagiert und dauernd vermeintlich höhere Parteigüter in Gefahr sieht, und andererseits, daß das »Fraktions-Individuum« nicht fortwährend – aus Angst vor Sanktionen – an kurzer Leine laufen muß. Wer heute unbotmäßig ist, wird bestraft. Da schert es die Partei- und Fraktionsoberen einen Dreck, daß Gesetz und Verfassung auch innerparteiliche Demokratie und Unabhängigkeit des Mandats postulieren. Der einzelne hat nur die Wahl zwischen Mundhalten oder politischem Absturz.

In ihrem Buch »Bürokraten in den Chefetagen« schildern die beiden Sozialforscher Ute und Erwin K. Scheuch die Deformation des politischen Systems auch im kommunalen Bereich. Verkrustungen aufzubrechen, stieß teilweise auf erbitterten Widerstand: »Die SPD Köln lehnte nicht nur die Urwahl ihrer Kandidaten ab, sondern wies sogar eine bloße Befragung ihrer Mitglieder zurück. Eine solche Beteiligung sei ein Schritt zu einer ›Amerikanisierung‹.«[9]

Auch der Kölner CDU-Vorsitzende halte nichts von innerparteilichen Wahlkämpfen; denn dann könnte gewählt werden, wer von den Führungsgremien nicht gewollt wird. »Zufälligkeiten« (= unangenehme Wahlergebnisse) seien für ihn nicht hinnehmbar.

Nachdem die Mitgliederzahl der Frankfurter SPD in den vorangegangenen Jahren auf rund 6 000 halbiert worden war und weniger als 10 Prozent der Ortsvereins-Mitglieder noch aktiv waren, habe ich 1993 einen Offenen Brief an meine eigene Partei gerichtet: »Laßt uns ur-abstimmen!« Aus der Begründung: »Gar nicht zu denken, wieviel Potenz und Kompetenz bei mehr Chancen der Partizipation für die SPD zu gewinnen wären, gerade auch in einer so intelligenten Stadt wie Frankfurt.«

Mein Vorschlag sah nicht etwa vor, Urabstimmungen gleich einzuführen, sondern alle SPD-Mitglieder zunächst zu befragen, ob sie Urabstimmungen und Urwahlen wünschten oder nicht. Die drei Klüngelkreise der SPD-Rechten, der SPD-Linken und der SPD-Mitte waren sich einig in der Ablehnung, wäre doch ihr Postenschacher er-

---

9 Ute und Erwin K. Scheuch, Bürokraten in den Chefetagen, Reinbek 1995.

heblich gestört, wenn nicht zunichte gemacht worden. Da stört dann auch der fehlende Nachwuchs nicht weiter, obwohl alle ernsthaften Untersuchungen belegen, daß junge Leute für eine Partei nicht zu gewinnen sind, wenn sie nicht tatsächlich mitentscheiden und mitbestimmen können. Das wiederum könnte manche Obere hinwegfegen. Soweit wollen sie die »Demokratisierung« denn doch nicht treiben.

Der Appeal des Parlaments

Die schönste »Öffentlichkeit« nutzt nichts, wenn sie nicht vom Bürger angenommen wird. Und sie wird nicht angenommen, wenn sie nicht Reize ausstrahlt, lockt, anspricht, deutlich macht:»Hier werden meine Interessen verhandelt, hier meine Forderungen angemeldet, hier meine Wünsche und Proteste artikuliert.« Hierzu bieten sich an:
– Fragestunden, in denen tatsächlich gefragt werden kann, d.h. in denen der Vorsitzende nicht nach zwei Fragen das Fallbeil schwingt und weiteres Insistieren ablehnt;
– aktuelle Stunden, die bei Bedarf wenigstens zweimal im Monat möglich sein sollten und die auch eine kleine Zahl von Parlamentariern beantragen können müßte;
– Hearings für Betroffene, wobei deren Meinung in die anstehenden Entscheidungen einbezogen werden sollte, was vor allem eine Hilfe für unterprivilegierte Gruppen sein könnte.
Will ein Kommunalparlament heute für die Bürger sprechen und handeln, dann muß es sich – im Zeitalter des Zusammenwachsens Europas und der zunehmenden Mobilität – auch eines bisher sträflich vernachlässigten Problems annehmen: der sogenannten Gastarbeiter, der langansässigen Ausländer und der in Deutschland Geborenen ohne deutschen Paß. Es ist nicht einzusehen, weshalb sie in ihren Pflichten praktisch gleichgestellt, in ihren Rechten aber mindere Bürger sind. Daher ist anzustreben, daß *alle* Ausländer, die längere Zeit am Ort leben und arbeiten, das Wahlrecht zum Kommunalparlament und auch das Recht erhalten, sich selbst hierfür wählen zu lassen. Für eine Übergangszeit – die allerdings nicht weitere Jahrzehnte dauern darf – ist denkbar, daß ein Ausländerforum eingerichtet wird. Das Kommunalparlament sollte sich ihm gegenüber verpflichten, Anträge, Anregungen, Forderungen und Wünsche zu beraten, und sich grundsätzlich bereit erklären, regelmäßig Vertreter des Forums zu hören.

Der »Citizen« muß mitbestimmen können

Unterdessen reift innerhalb des neuen Typus des Stadtbewohners, des Citizen, eine besondere Spezies heran: der »urbane Gourmet« (wie ich ihn nennen will). Er ist es leid mitanzusehen, wie seine Stadt zugerichtet wird; er will in seiner Stadt leben, nicht nur arbeiten und vegetieren. Er entwickelt Vorstellungskraft, wie »Phantasie« zwar wenig poetisch, doch treffend ins Deutsche übersetzt wird. Dazu rechne ich die vielen Aktiven in den Tausenden von Bürgerinitiativen aller Art, die sich für ihre Stadt, ihren Stadtteil einsetzen.

Überreif ist dagegen mittlerweile der Typus des Kommunalpolitikers, der sich nicht als *Ge*-wählter, sondern als *Er*-wählter betrachtet. Er vergißt häufig, daß er Angestellter der Wähler ist, nicht ihr Vorstandsvorsitzender. Und Magistratsmitglieder vergessen nicht nur gelegentlich, daß sie zweifache Angestellte sind: Sie werden – bis auf wenige Ausnahmen – von den Stadtparlamentariern als deren Angestellte auf Zeit bestellt, die, wie gesagt, ihrerseits wieder Angestellte der Bürger sind. Dabei geriert sich der Magistrat allzu oft als Aufsichtsrat über das niedere Volk und dessen Vertreter.

Das Volk aber – wenigstens ein demokratisch engagierter Teil – will mitreden, mitbestimmen, partizipieren an Entscheidungen. Es gibt nicht nur eine Menge Finanz-Kapital, sondern auch eine nicht zu vernachlässigende Menge an Human-Kapital, das die althergebrachte Kommunalpolitik unverzinst liegen läßt. Es kommt aber darauf an, dieses Human-Kapital zu nutzen. Das setzt ein grundsätzliches Umdenken voraus: Erkennen, akzeptieren und danach handeln, daß die Bürgerinnen und Bürger die Auftraggeber und Kunden der Kommunalpolitiker sind, die Willensbildung also von unten nach oben stattfindet – ein Prinzip, das gemeinhin praktizierte Demokratie genannt wird.

In der Praxis muß und kann ein Weg eingeschlagen werden, der nicht erst durch ferne Gesetzesänderungen zu schaffen, sondern vielfach bereits heute gangbar ist: die Anhörung von betroffenen Bevölkerungsgruppen und Sachverständigen, wie es zum Beispiel die hessische Gemeindeordnung in ihrem § 62 vorsieht.[10] Ein solches Anhörungsrecht muß regelrecht institutionalisiert und nicht, wie bisher, gelegentlich gnädig zugestanden werden. Und das geht auch. So hat der Frankfurter Planungsausschuß, dessen Vorsitzender ich damals war, in den Jahren 1972 bis Anfang 1977, als es um die Zukunft des Westends als Wohnquartier und des Bankenviertels ging, alle Betroffenen, aber auch alle, gehört. Dazu hat der Planungsausschuß über hundert mal und immer öffentlich getagt, obwohl ein Ausschuß in einer Legislaturperiode normalerweise auf höchstens 40 Sitzungen kommt.

Es hat sich gelohnt: Im Westend wurde gerettet, was noch zu retten war – immerhin einige tausend Wohnungen. Und auch in einer anderen Hinsicht: Der Planungsausschuß wurde seinerzeit allgemein als Vertreter der Interessen der Bürgerschaft anerkannt und von anderer Seite entsprechend kritisiert, weil die Einflußnahme über die üblichen nichtöffentlichen Kanäle nicht mehr möglich war.

Die Frankfurter Kommunalpolitiker kosten die Bürger im Jahr immerhin runde sechs Millionen Mark. Diese Ausgaben müssen sich besser rentieren als bisher. Wenn mehr Sach- und Fachkompetenz in die kommunalen Entscheidungsprozesse eingebracht wird, zahlt sich das aus: nicht nur finanziell, sondern auch in mehr Wohlgefühl vieler Bürgerinnen und Bürger.

Entwicklungshilfe für Parlamentarier

Nach einem Wort des Soziologen Max Weber ist die bürokratische Organisation das technisch höchstentwickelte Machtmittel in der Hand dessen, der über sie verfügt. Folglich steht der kommunale Volksvertreter heute – wie dargestellt – auf der unteren Entwicklungsstufe des parlamentarischen Systems. Die notwendige Konsequenz daraus hat der Politikwissenschaftler Theodor Eschenburg gezogen: »Einmal müssen die Abgeordneten und die Fraktionen, nicht nur des Bundes und der Länder, sondern auch der Großstädte, über ein qualitativ und quantitativ ausreichendes Personal und die entsprechende technische Apparatur verfügen, so daß die Kontrolle vorbereitet und

---

10 Hessische Gemeindeordnung, § 62 (6): »Die Ausschüsse können Vertreter derjenigen Bevölkerungsgruppen, die von ihrer Entscheidung vorwiegend betroffen werden, und Sachverständige zu den Beratungen zuziehen.«

damit überhaupt ermöglicht werden kann ... An die rein parlamentarische Arbeit des Abgeordneten werden heute die Anforderungen eines fulltime job, also eines vollen Berufs, gestellt.«[11]

Nun hätten sich die Volksvertretungen auf allen Ebenen längst das Notwendige beschaffen können, da das Bewilligungsrecht ja bei ihnen liegt. Warum das nicht geschehen ist, hat schon vor langer Zeit der Bundestagsabgeordnete Karl Mommer herausgefunden: Während das Parlament der Exekutive alles Erforderliche und manchmal mehr zur Verfügung stellt, bewilligt es »sich selber, seiner wissenschaftlichen Abteilung, seinen Fraktionen, seinen Ausschüssen und den einzelnen Abgeordneten bisher nur so bescheidene Mittel, daß sie einen enthüllenden Schluß auf sein unterentwickeltes Selbstbewußtsein zulassen. Auch im Bundestag gibt es die unterbewußte Vorstellung, der Staat, das sei doch die Exekutive, während die dem alten Obrigkeitsstaat angehängte Volksvertretung Beiwerk sei.«[12]

Um beim Frankfurter Beispiel zu bleiben: Summiert man alles – eigene Vorbereitungszeit, Sitzungen usw. –, so kann man gut und gern von durchschnittlich einer Stunde Zeitaufwand bei einer halbwegs bedeutenden Vorlage ausgehen. Rechnet man 1 Jahr mit 200 Arbeitstagen zu je 7 bis 3 Stunden, so kommt man auf rund 1 500 Arbeitsstunden. Damit blieben einem Stadtverordneten nur noch relativ wenige Arbeitsstunden für den eigenen Beruf – höchstens ganze zwei Monate im Jahr.

Vom Bohren harter Bretter

Mit Flickschusterei ist den Problemen des kommunalen Parlamentarismus nicht mehr beizukommen. Denn, so der Publizist Sebastian Haffner: »Die Aufgabe eines Parlaments ist eine doppelte. Als Volksvertretung soll es das Ohr am Boden haben, soll es das, was im Volk unklar nach Ausdruck ringt, formulieren und zur Sprache bringen, Kritik, Wünsche, Beschwerden hellhörig aufnehmen, filtern und nachdrücklich nach oben weiterleiten; als konstituierendes Regierungsorgan soll es gleichzeitig dieser Kritik, diesen Wünschen und Beschwerden möglichst voraus sein, sie durch eigene Situations-Analysen abfangen, von sich aus dafür sorgen, daß eine kluge und vorausschauende Politik gemacht wird, so daß außerparlamentarische Kritik gar nicht erst an Boden gewinnt.«[13]

Bleibt als Ansporn und Trost ein Wort des Politikwissenschaftlers Wilhelm Hennis: »Wenn Politik nach Max Weber ›ein starkes, langsames Bohren von harten Brettern‹ bedeutet, so muß, wer Parlamentsbräuche ändern will, sich auf besonders harte Bretter gefaßt machen.«[14]

---

11 Theodor Eschenburg, Affären, Tricks, Beziehungen, in: Die Zeit, Nr. 44/68.
12 Karl Mommer zitiert nach Helmut Schmidt, Reform des Parlaments, in: Die Zeit, Nr. 47/69.
13 Sebastian Haffner, Parlamentsbankrott, in: Stern, Nr. 21/68.
14 Wilhelm Hennis, Therapie für parlamentarische Schwächen, in: Die Zeit, Nr. 13/66.

HERMANN JANNING

Kreispolitik und Kreisverwaltung

aus der Sicht eines Oberkreisdirektors

Das Verhältnis von Politik und Verwaltung auf der Kreisebene ist in vielen Grundbedingungen ähnlich wie auf der gemeindlichen Ebene. Die zunehmende Komplexität staatlicher Aufgabenwahrnehmung, die insbesondere in den letzten Jahren sich dramatisch verschlechternde Situation der öffentlichen Finanzen sowie die sowohl auf der gemeindlichen wie auf der Kreisebene in den letzten Jahrzehnten durchgeführten Gebietsreformen haben ähnliche Strukturbedingungen auf der gemeindlichen wie auf der Kreisebene geschaffen. Als Ausgangspunkt sollen daher die *Entwicklungstendenzen* im Verhältnis von Politik und Verwaltung auf kommunaler Ebene dargestellt werden (Abschnitt 1).

Unbestritten gibt es jedoch auch *kreisspezifische* Rahmenbedingungen, die eigene Entwicklungstrends für die Kreisebene aufzeigen (Abschnitt 2).

Besonders intensiv dürfte sich das Verhältnis von Kreispolitik und Kreisverwaltung unter der derzeit geführten Diskussion um die Umsetzung neuer Steuerungsmodelle verändern. Die seit Beginn der 90er Jahre geführte Diskussion und ihre praktische Umsetzung auch in vielen Kreisen hat bereits zu wichtigen Veränderungen im Verhältnis von Politik und Verwaltung geführt und wird tendenziell diesen Trend weiter verstärken (Abschnitt 3).

1. Entwicklungstendenzen im Verhältnis von Politik und Verwaltung auf kommunaler Ebene

Das Leitbild kommunaler Selbstverwaltung – verkörpert im Zusammenwirken von ehrenamtlichen Politikern und einer professionellen Verwaltung – hat sich im Hinblick auf die kommunalverfassungsrechtlichen Grundlagen in den letzten Jahrzehnten kaum verändert. Es geht aus von einer Beteiligung der vom Bürger nach den Grundsätzen der repräsentativen Demokratie gewählten Volksvertreter an der Verwaltung der kommunalen Angelegenheiten.

Die Verfassungsrealität hat sich jedoch angesichts der Strukturbedingungen der »kommunalen Demokratie« ganz wesentlich gewandelt. Zu diesen veränderten Strukturbedingungen zählen u.a.:
- Die dramatische Zunahme der *Regelungsdichte* bei der Wahrnehmung öffentlicher Aufgaben hat in der Folge zu einer ebenso beträchtlichen Steigerung in der *Komplexität* öffentlicher Aufgabenstrukturen geführt. Für das Verhältnis von Politik und Verwaltung ist diese Entwicklung nicht ohne Folgen geblieben.

- Die seit Ende der sechziger/Anfang der siebziger Jahre entstandene *Partizipationswelle* in Form von Bürgerinitiativen hat zu *direkten bürgerschaftlichen Artikulationsmöglichkeiten* geführt. Damit entstanden aus der Sicht der Kommunalpolitik »konkurrierende« Willensbildungs- und Entscheidungssysteme, die die bisherige Alleinvertretung bürgerschaftlicher Interessen über den Rat/Kreistag in Frage stellten.[1]
- Die *Finanzkrise* öffentlicher Haushalte seit Anfang der 90er Jahre veränderte auch die Bedingungen für das Verhältnis von kommunaler Politik und Verwaltung. Während in den 60er und 70er Jahren eine beispielhafte kommunale Infrastruktur aufgebaut wurde und Kommunalpolitik dazu einen wichtigen Beitrag leistete, begannen Ende der 80er Jahre erste Sanierungsbemühungen öffentlicher Finanzen. Nicht mehr das großzügige Verteilen von Investitionen und die Weiterentwicklung der Infrastruktur stehen seitdem im Vordergrund, sondern die »Verteilung von Kürzungen«. Für eine Kommunalpolitik, die um die Zustimmung ihres Klientels wirbt, ist die Sanierung öffentlicher Finanzen natürlich nicht annähernd so angenehm, weil es mit vielen schmerzlichen Einschnitten verbunden ist. Die Konflikte, die eine notwendige Haushaltskonsolidierung auslöst, beeinflussen auch das Verhältnis von Politik und Verwaltung.

Die Folgen dieser veränderten Strukturbedingungen der Kommunalpolitik für die Rollenverteilung Politik-Verwaltung lassen sich zusammenfassend wie folgt skizzieren:

1. Die *Arbeitsbelastung* der ehrenamtlichen Kommunalpolitiker ist ständig gestiegen. Höhere Komplexität der Aufgaben, der äußere Druck zu »mehr Demokratie«, der steigende Konflikt unter Fachpolitikern bei der Verteilung von Ressourcen haben zu einer immer größeren Materialflut und zur höheren zeitlichen Beanspruchung der ehrenamtlich tätigen Politiker geführt. Auch die Zahl der von den Kommunalpolitikern wahrzunehmenden Gremienverpflichtungen ist in den vergangenen Jahrzehnten über das kommunalverfassungsrechtlich vorgesehene Maß hinaus gewachsen: Beiräte, Unterausschüsse, Arbeitskreise und andere in der Kommunalverfassung nicht vorgesehene Gremien potenzieren die Arbeitsbelastung. Der Kommunalpolitiker ist nicht mehr in der Lage, die gesamte Bandbreite kommunalpolitischer Entscheidungen auch nur annähernd nachzuvollziehen. Der wöchentliche Zeitaufwand für ein Rats- oder Kreistagsmandat dürfte sich in den letzten Jahrzehnten dramatisch erhöht haben.

2. Die Folge dieses Prozesses ist eine zunehmende *personelle Selektion* in der Rekrutierung ehrenamtlicher Kommunalpolitiker. Unsere Kommunalparlamente entsprechen heute nicht mehr einem Spiegelbild der bürgerschaftlichen Zusammensetzung. Sie repräsentieren überproportional die Berufsgruppen, die sich ein so zeitaufwendiges ehrenamtliches Engagement leisten können. Eigene berufliche Karriere sowie ehrenamtliches Engagement in der Kommunalpolitik sind kaum noch miteinander zu vereinbaren. Bestimmte Berufsgruppen sind daher nur unterdurchschnittlich in unseren Kommunalparlamenten vertreten: Selbständige, Mittelständler, leitende Angestellte, Freiberufler usw. Wie bereits unsere Bundes- und Landesparlamente entwickeln sich folglich auch unsere Kommunalparlamente zunehmend zu Volksvertretungen der Beamten, Funktionäre, Pensionäre usw.

3. Die institutionelle Konsequenz aus diesem Dilemma und damit die systemimmanente Gegensteuerung ist der Versuch, die *Zuarbeit* für den ehrenamtlichen Kom-

---

1 Vgl. Paul von Kodolitsch, Die Zusammenarbeit von Rat und Verwaltung – Herausforderungen durch das Neue Steuerungsmodell, in: Christoph Reichard/Hellmut Wollmann, Kommunalverwaltung im Modernisierungsschub, Basel 1996, S. 169 ff.

munalpolitiker *zu professionalisieren.* In den letzten 10–15 Jahren sind die Qualität und der Umfang der Fraktionszuarbeit überproportional ausgedehnt worden. Nur dadurch hat man eine Chance gesehen, dem starken Gewicht der Verwaltung ein institutionelles Gegengewicht in Form von hauptamtlicher, professioneller Zuarbeit entgegenzusetzen. Rats- und Kreistagsmitglieder werden durch diese Form der Zuarbeit noch weiter zu Experten und zu Fachleuten und immer weniger zu kommunalpolitischen Generalisten. Professionelle Fachschaften und vertikale Seilschaften sind die Folge. Nicht mehr die globale kommunalpolitische Betrachtung steht im Vordergrund, sondern die durch alle Bereiche sich vollziehende Zusammenarbeit von entsprechenden Experten in der Verwaltung, in der Fraktion und in den fraktionsnahen Bereichen.

4. Die *Politik* übernimmt damit immer mehr die *Aufgabe der Verwaltung.* Unter dem Deckmantel einer notwendigen Kontrolle der Verwaltung besteht das Alltagsgeschäft der Politik darin, Verwaltungsentscheidungen bereits in der Vorbereitungsphase zu beeinflussen und sie darüber hinaus im Einzelvollzug zu überprüfen und zu hinterfragen. Die Verwaltung ihrerseits richtet sich auf diesen Dauerkonflikt ein. Entweder sie unterstützt diese Entwicklungen und bemüht sich im Wege des »vorauseilenden Gehorsams« tendenziell noch mehr Verwaltungsentscheidungen durch antizipierte Vorabstimmung in der Politik der kommunalpolitischen Beurteilung zugänglich zu machen. Oder sie besteht auf der kommunalverfassungsrechtlich vorgegebenen Aufgabenteilung und produziert damit regelmäßig Konflikte im Verhältnis zwischen Politik und Verwaltung. Beide Wege dienen nicht einer effizienten, kundenorientierten Aufgabenwahrnehmung in der kommunalen Ebene.

5. Eine zunehmende *Parteipolitisierung* in der Rekrutierung von Verwaltungspersonal, die eindeutig im Gegensatz zum Verfassungsauftrag des Art. 33 Grundgesetz steht, führt darüber hinaus zu einer Gemengelage zwischen politischen Entscheidern auf der einen und Verwaltungsmitarbeitern auf der anderen Seite. Die klassische Funktion der politischen Gremien als politische Entscheider, als Initiatoren politischer Prozesse sowie als Kontrolleure der Verwaltung wird auf allen drei Handlungsebenen durch die parteipolitische Überlagerung kaschiert. 80–90 % der kommunalpolitischen Entscheidungen werden von der Verwaltung vorbereitet. Hier hat sich in der Praxis ein dichtes Netz von fachlichen Beziehungen zwischen politischen Entscheidern und vorbereitenden Verwaltungsmitarbeitern entwickelt, welches eine klare Zuordnung unterschiedlicher Verantwortung nur noch schwer möglich macht. Der Einfluß einzelner weniger Kommunalpolitiker ist hier außerordentlich groß, während das durchschnittliche Rats- oder Kreistagsmitglied, welches keine besonderen »Beziehungen« besitzt, nur sehr gering auf Entscheidungsabläufe Einfluß nimmt. Nicht die Politik in ihrer Gesamtheit ist auf der Ebene politischer Entscheidungen schwächer geworden, vielmehr gilt dies für die Mehrzahl der Rats- bzw. Kreistagsmitglieder, die von einer Elite ihrer eigenen Fraktion in der Entscheidungskompetenz eindeutig abgehängt worden sind. Eine vordergründige Betrachtung über Machtverschiebungen zwischen Politik und Verwaltung zugunsten der Verwaltung, wie sie in der Regel vorgenommen wird, trägt diesem Tatbestand viel zu wenig Rechnung. Die Initiativfunktion der Kommunalpolitiker wird durch diese parteipolitische Gemengelage determiniert. Nicht wenige Anträge in den politischen Gremien, wie sie dort von den »Fachpolitikern« vorgetragen werden, sind zuvor mit den jeweiligen Fachleuten in der Verwaltung abgestimmt und auf parteipolitischer Ebene abgesegnet worden. Nicht zuletzt aufgrund dieses Tatbestandes ist es nicht erstaunlich, daß der Rat/Kreistag in seiner Kon-

trollfunktion gegenüber der Verwaltung von den institutionellen Möglichkeiten der Kontrolle gegenüber der Verwaltung kaum oder nur wenig Gebrauch macht. Zur Kontrolle der Verwaltung stehen dem Rat und dem einzelnen Ratsmitglied vielfältige Möglichkeiten zu (Anfragen, Akteneinsichtsrecht, Aufträge an das Rechnungsprüfungsamt usw.). Auch in diesem Feld kann man feststellen, daß eine systematische Kontrolle der Verwaltung durch den Rat in seiner Gesamtheit eher die Ausnahme ist. So erfolgt die Beauftragung des Rechnungsprüfungsamtes im Rahmen dieser Kontrollfunktion nur außerordentlich selten. Diese strukturellen Veränderungen machen deutlich, daß die parteipolitische Durchdringung auch der Kommunalverwaltung in hohem Maße einer wirkungsvollen politisch institutionellen Mitsprache der Volksvertretung zuwiderläuft. Tendenziell muß man jedoch leider feststellen, daß die parteipolitische Orientierung der Kommunalverwaltung in den letzten 20–30 Jahren deutlich gewachsen ist und damit die beschriebenen Entwicklungen sich eher verstärkt haben.

2. Kreisspezifische Bedingungen für Politik und Verwaltung

Die Kreise verfügen nach dem Grundgesetz und den entsprechenden Landesverfassungen über keine Aufgabenallzuständigkeit wie die Gemeinden (vgl. den Beitrag von Hans-Jürgen von der Heide zu Stellung und Funktion der Kreise, in diesem Band). Der Aufgabenbestand der Kreise im Bereich der Selbstverwaltungsaufgaben ist vielmehr vom Grundsatz der gesetzlichen Aufgabenzuweisung geprägt, sei es durch Spezialgesetze, durch Generalklauseln, oder durch Regelungen in den Kreisordnungen.

Das weitere wesentliche Merkmal der Kreisaufgaben besteht in der historisch bedingten Verbindung von staatlicher und kommunaler Aufgabenerfüllung auf der Kreisebene. Der zeitgeschichtliche Wandel der Kreisaufgaben[2] findet seine Ausprägung in einer bis heute gültigen Einteilung derselben in:
– übergemeindliche
– ergänzende und
– ausgleichende Aufgaben.
Zu den übergemeindlichen Aufgaben zählen diejenigen, die wegen ihrer flächenhaften Natur eine Erledigung durch den Kreis erfordern oder deren Erfüllung durch die gemeindliche Handlungsebene unangemessen wäre. Zu solchen Angelegenheiten zählen etwa der Ausbau und die Unterhaltung von Kreisstraßen, die Unterhaltung von Einrichtungen gemeindeverbindender Verkehrsorganisationen, wasserwirtschaftliche Aufgaben, gemeindeübergreifende Umweltschutzaufgaben usw.[3]

Noch deutlicher wird der strukturpolitische Auftrag der Kreise bei den ergänzenden und den ausgleichenden Aufgaben. In jedem Kreis gibt es Disparitäten zwischen den kreisangehörigen Gemeinden. Nach der Gebietsreform der Kreise in

---

2 Vgl. Hans-Günter Henneke, Individualisierung und Integration von Kreisen, in: DVBL 1994, S. 516 ff.
3 Vgl. Alexander Schink, in: Edzard Schmidt-Jortzig/Alexander Schink, Subsidiaritätsprinzip und Kommunalordnung, Köln 1982, S. 35 ff.

den 70er Jahren haben die Kreise in den meisten Bundesländern auch einen räumlichen Größenzuschnitt, der solche Entwicklungsdisparitäten in der Wirtschafts- oder Raumstruktur der kreisangehörigen Gemeinde deutlich hervortreten läßt. Aus der unterschiedlichen Größen- und Leistungsstruktur der Gemeinden ergibt sich daher ein dringender Bedarf für Infrastruktureinrichtungen des Kreises (z. B. berufsbildende Schulen, Krankenhäuser, Volkshochschulen usw.). Die Abgrenzung zum gemeindlichen Aufgabenbereich ist zeitlich und räumlich flexibel. So wie die Verschiedenartigkeit der Verhältnisse in den einzelnen Kreisen eine abstrakte, normative Grenzziehung nicht immer ermöglicht, so wird es in der Praxis zwischen kreisangehörigen Gemeinden und Kreisen immer wieder zu »überlappenden« Aufgabenerfüllungen kommen. Der Bereich der ergänzenden Kreisaufgaben ist daher für das Verhältnis der kommunalen Ebene Gemeinde und Kreis besonders problematisch.

Auch die ausgleichenden Aufgaben der Kreise[4] haben zum Ziel, unter den kreisangehörigen Gemeinden für einen gerechten Ausgleich der finanziellen Belastungen zu sorgen.[5]

Die staatliche Einflußnahme auf die staatliche Aufgabenwahrnehmung auf der Kreisebene durch die Fachaufsicht ist beträchtlich. In einzelnen Ländern, wie z. B. in Bayern, Thüringen usw., sind zudem noch zusätzliche personelle Vorgaben vorhanden. Insgesamt betrachtet, ist daher die Aufgabenwahrnehmung auf der Kreisebene weitergehender eingeschränkt als bei Städten und Gemeinden.

Für das Verhältnis von Kreistag und Kreisverwaltung bedeutet der Dualismus von staatlichen und kommunalen Aufgaben eine deutlichere Stärkung der Verwaltung im Vergleich zur gemeindlichen Ebene. Dies ergibt sich aus dem Tatbestand, daß die staatlichen Aufgaben in aller Regel dem Hauptverwaltungsbeamten zur eigenverantwortlichen Wahrnehmung übertragen worden sind, ohne daß sie dem politischen Zugriff der Fachausschüsse oder des Kreistages unterliegen. Die Dominanz dieser staatlichen Aufgaben in ihrer Unabhängigkeit von der kommunalen Volksvertretung ist dabei je nach unterschiedlicher kommunaler Verfassung sehr differenziert ausgeprägt.[6]

Die politischen Gremien des Kreistages haben in diesem Aufgabenbereich also weder eine Entscheidungs- noch eine Befassungs- oder Kontrollkompetenz. Je nach unterschiedlicher Landesausprägung und je nach Größe des Kreises können diese staatlichen Aufgaben, die dem politischen Zugriff entzogen sind, bis zur Hälfte der gesamten Kreisverwaltung hinsichtlich ihrer Personal- und Finanzressourcen ausmachen.

Eine weitere Stärkung des Hauptverwaltungsbeamten ergibt sich auf der Kreisebene aus dem Verzicht auf eine kommunalpolitische »Allzuständigkeit« des Kreistages entsprechend dem Leitbild der Gemeindeordnungen. Nach dieser gemeindlichen Allzuständigkeit des Rates kann die Politik jede Aufgabe an sich ziehen und damit in beträchtlicher Weise in die Aufgabenerledigung durch den Hauptverwaltungsbeamten eingreifen. Eine klarer definierte Schnittstelle in der Aufgabenabgrenzung zwischen Hauptverwaltungsbeamten und Kreistag erleichtert das tägliche Zusammenwirken und führt zu weniger Konflikten.

---

4 Vgl. Günter Seele, Die Kreise in der Bundesrepublik Deutschland, Köln 1990, S. 329.
5 Vgl. im einzelnen zu den strukturpolitischen Aufgaben der Kreise: Hermann Janning, Strukturwandel und Möglichkeiten des Kreises, Ansätze und Optionen, (in: Stember/Wutschka, Struktureller Wandel und Kreisentwicklung, Stuttgart 1995, S. 58 ff.
6 Zum Vergleich der unterschiedlichen Kreisordnungen vgl. Hans-Günter Henneke, Kreisrecht in den Ländern der Bundesrepublik Deutschland, Freiburg 1994.

Ein weiterer Aspekt für ein anderes Zusammenwirken von Politik und Verwaltung auf der Kreisebene ergibt sich durch den überörtlichen Charakter der Kreise. Der Kreis erfüllt keine örtlichen Aufgaben der kommunalen Selbstverwaltung. Dies bedeutet, daß die unmittelbare Berührung von Bürgerinteressen, wie sie auf der Gemeindeebene evident ist, auf der Kreisebene nur ausnahmsweise gegeben ist. Dies führt folglich dazu, daß die Artikulation von Bürgerinteressen aufgrund ihrer fehlenden Betroffenheit auf Kreisebene deutlich geringer ist. Für das Verhältnis von Politik und Verwaltung bedeutet dies in der Konzentration auf die überörtliche Aufgabenwahrnehmung eine geringere Konfrontation oder auch einen geringeren Zwang zur Auseinandersetzung mit direkten Bürgerinteressen.

Die Artikulation von kreispolitischen Interessen ist zudem wesentlich von der Frage abhängig, ob die nach der Gemeinde- und Kreisverfassung in der Regel zulässige Kombination von Gemeinde- und Kreistagsmandat aufgrund politischer Machtverhältnisse eher die Regel ist oder ob sie sich nur als Ausnahme darstellt. Bei starker Doppelmitgliedschaft in den gemeindlichen Räten und dem Kreistag steht die Artikulation politischen Interesses im Kreistag in der Gefahr, sich auf die Vertretung örtlicher Interessen in der überörtlichen Aufgabenwahrnehmung zu reduzieren. Kreistagsmitglieder verstehen sich dann sehr viel eher als Vertreter ihrer jeweiligen örtlichen Region, wenn die Doppelmitgliedschaft die Regel ist. Andernfalls besteht auf der Kreisebene auch die Chance, so etwas wie eine eigene Kreisidentität und damit auch das Gewicht eines gemeindeübergreifenden strukturellen Interesses für eine Kreispolitik zu entwickeln.

3. Kreispolitik und Kreisverwaltung im Spannungsfeld neuer Steuerungsmodelle

Die seit 1990/91 eingeleitete Diskussion um neue Steuerungsmodelle hat zwischenzeitlich sehr unterschiedliche Praxismodelle entstehen lassen.[7] Auch die Terminologie der Modernisierungsinhalte ist teilweise recht verwirrend. Während einerseits der gesamte Reformprozeß in den öffentlichen Verwaltungen unter dem Stichwort »Neue Steuerungsmodelle« eingeordnet wird[8], stellen andere vorrangig den prozeßhaften Charakter der Personal- und Organisationsentwicklung in den Vordergrund.[9]

Eine nach den Grundsätzen des Neuen Steuerungsmodells umgebildete Verwaltung kann die Politik nicht wirksam »führen«, ohne die eigene Steuerungsqualität darauf einzustellen.

Damit sind für die Politik aber wichtige Konsequenzen verbunden:
- Die Stärkung der dezentralen Eigenverantwortlichkeit der Verwaltung steht im Widerspruch zum ständigen Einzeleingriff in den Verwaltungsvollzug. In der Kommunalpolitik gehören politische *Eingriffe in den Verwaltungsvollzug* zum Alltagsgeschäft.

---

7 Überblick bei Christoph Reichard, Umdenken im Rathaus, Neue Steuerungsmodelle in der deutschen Kommunalverwaltung, Berlin 1994.
8 KGSt-Bericht 5/93 »Das Neue Steuerungsmodell«.
9 Hermann Janning (Hrsg.): Das Modell Soest. Der Umbau der Kommunalverwaltung auf Kreisebene, Stuttgart 1994.

- Eine veränderte Führungsphilosophie im internen Verwaltungsmanagement (Kontraktmanagement) kann nicht ohne Auswirkungen bleiben auf das Verhältnis Verwaltung/Politik. Die Vorstellung einer detaillierten und zentralistisch gesteuerten Ressourcenzuweisung durch die Politik ist mit dem Modell einer *dezentralen Ressourcenverantwortung* nicht vereinbar. Dezentrale Ressourcenverwaltung zwingt zur Bereitschaft, mehr Verantwortung auf dezentrale Organisationseinheiten zu delegieren.
- Eine aktive Personal- und Organisationsentwicklung, die die Leistungskraft und die Motivation der MitarbeiterInnen stärken soll, ist mit einer Personalwirtschaft nach den Prinzipien der *Ämterpatronage* oder der *Parteibuchkarriere* nicht vereinbar.
- Politik legitimiert sich nach eigener Auffassung immer wieder durch den *vermeintlichen Wählerwillen*, auch wenn verfassungsrechtlich die Mitglieder des Gemeinderates als Volksvertreter nur an die Verfassung und Gesetze gebunden sind, und damit gerade eine Bindung an Wünsche oder Aufträge der Wähler nicht gegeben ist.[10] Die Praxis im kommunalen Alltag führt daher immer wieder zur Rücksichtnahme der Politik auf tatsächliche oder mutmaßliche Schwankungen bei der eigenen Wählerklientel. Diese Art von kurzatmiger Politik erschwert häufig planvolles und rationales Arbeiten der Verwaltung.
- Die Grundzüge der »Neuen Steuerung« setzen einen Schwerpunkt in der Schaffung einer ergebnis- und zielorientierten Steuerung nicht nur für die verwaltungsinterne Führung, sondern auch für die »*Führung« durch die Politik* in Form von Zielvorgaben für die Verwaltung. Politik hingegen denkt und handelt vorrangig aktionistisch und maßnahmenorientiert, weniger strategisch oder ergebnisorientiert.

Eine neue Rollenverteilung Politik/Verwaltung auf der Grundlage der Neuen Steuerungsmodelle wird nicht »per Stichtag« einführbar sein. Sie muß durch gemeinsame Arbeit von Politik und Verwaltung erarbeitet und sukzessive erprobt werden. Sie erfordert ein gegenseitiges Grundvertrauen und damit eine Abkehr von der ständigen Sorge um den eigenen Machtverlust.

Als Bedingungen für einen erfolgreichen Prozeß zur Entwicklung einer neuen Rollenverteilung Politik/Verwaltung müssen gelten:

- Die *Bereitschaft* der Politik zum *Experiment* und zur schrittweisen Erprobung neuer Rollenmuster. In dem Prozeß des Experimentierens eröffnen sich für die Politik mehr Chancen als Gefahren. Statt heimlicher Sorge um den eigenen Machtverlust müssen Offenheit und Transparenz den Prozeß bestimmen. Je weniger beide Seiten »revolutionäre« Veränderungen im Eiltempo anstreben, um so eher werden sich evolutionäre Prozesse ohne Gewinner und Verlierer ermöglichen lassen.
- Die *Verwaltung* muß sich sehr viel intensiver *öffnen*. Nur wenn einerseits die Verwaltung der Politik zusätzliche Felder für ergebnisorientierte kommunalpolitische Einflußnahmen aufzeigt, wird andererseits die Politik zur Reduzierung der Einzeleingriffe bereit sein. Nur auf der Basis einer solchen *Kompensation* ist realistisch die Rollenverteilung Politik/Verwaltung erfolgreich veränderbar.

Dies haben manche Vertreter der Verwaltung in dem Reformprozeß noch nicht verstanden, wenn sie isoliert für eine einseitige Machtverschiebung zugunsten der Verwaltung eintreten. Dies schreckt Politik nicht nur ab, sondern ist zudem nicht im Sinne einer notwendigen stärkeren ergebnisorientierten Steuerung durch die Politik.

Dieses Verhalten von Verwaltung offenbart hingegen deutlich einen eigenen Mangel: die sehr häufig fehlende Zielorientierung des Verwaltungshandelns.

---

10   So ausdrücklich § 30 Abs. 1 Gemeindeordnung für das Land Nordrhein-Westfalen.

Die Frage also, ob die Politik ihr Interesse entdeckt, zielorientierte strategische Vorgaben neuer Qualität zu entwickeln, ist ganz wesentlich davon abhängig, ob die Verwaltung bereit ist, sich offensiv für ein solches Bemühen zu öffnen und es mit eigenen Vorschlägen zu begleiten.

Neben diesen Grundbedingungen im Umgang miteinander wird man in den materiellen Aufgabenfeldern sehr bald auf weitere Kernfragen stoßen:

Die Umgestaltung der kommunalen Haushalte nach den Prinzipien der inzwischen vielfältig erprobten Budgetierung erfordert ein anderes finanzwirtschaftliches Problembewußtsein. Nicht mehr die einzelne kameralistische Haushaltsstelle steht im Mittelpunkt der politischen Betrachtung, sondern das Budget für einen Verantwortungsbereich einer Organisationseinheit.

Die finanzwirtschaftliche Betrachtungsweise wird globaler und stärker gebündelt und entzieht sich der Versuchung, über einzelne Haushaltsstellen in dezentrale Verantwortungsbereiche einzugreifen.

Aber dem offensichtlichen Verlust an Detaileingriffen steht ein viel höheres Maß an qualitativ neuer Einflußnahme entgegen: Die Bindung der Budgets an politische Zielvorgaben und ergebnisorientierte Kennzahlen und Indikatoren. Auch hier muß gelten, daß es Aufgabe der Verwaltung ist, schrittweise die kameralistischen Haushalte in diesem Sinne zu ergebnisorientierten Haushalten umzubauen.

Im Ergebnis bedeutet dies wohl die Chance zu *mehr* finanzwirtschaftlicher Einflußmöglichkeit der Politik. Über die ergebnisorientierte Steuerung der Budgets ist letztlich eine sehr viel stärkere Beeinflussung der Verwaltungsproduktivität möglich als bisher.

Eine solche Akzentsetzung in der Beratung kommunaler Haushaltsentwürfe würde außerdem die Chance bieten, die mittelfristige Finanzplanung als Leitlinie finanzwirtschaftlicher Grundorientierung wieder stärker in den Mittelpunkt zu rücken. Nur zu häufig ist die Realität heutiger kommunaler Haushaltsberatungen ausschließlich geprägt von den fachspezifischen Interessen und kaum von der finanzwirtschaftlichen Gesamtperspektive. Kommunalpolitiker konzentrieren in aller Regel ihre ganze politische Kraft auf ihre jeweiligen Fachinteressen in einzelnen Abschnitten des Haushaltsplanes, ohne vorab finanzwirtschaftliche Rahmenbedingungen abzustecken.

Weitere notwendige Folge eines veränderten Rollenverständnisses muß eine *Umkehr in der Personalwirtschaft* unserer Kommunen sein. Wir brauchen völlig neue Impulse für eine integrierte Personal- und Organisationsentwicklung in unseren Kommunalverwaltungen.

Eine verantwortliche Personalentwicklung nach dem Modell der dezentralen Ressourcenverantwortung wird jedoch ohne ein verändertes Rollenverständnis zwischen Politik und Verwaltung nicht möglich sein. Nur wenn die Politik von ihrem Anliegen Abstand nimmt, bis in die Sachbearbeiterebene hinein Stellenbesetzungen politisch entscheiden zu wollen, wird eine mehr strukturell orientierte Personalwirtschaft unter qualitativen Aspekten möglich werden. Der Stellenplan ist der Verantwortungsbereich der Politik. Die subjektive Umsetzung unterhalb der obersten Führungsebene (Dezernenten/Fachbereichsleiter) muß ausschließlich Angelegenheit der Verwaltung sein.

Auch in der Personalwirtschaft hat die Politik die Chance, nicht nur (an die Verwaltung) abzugeben, sondern neue, qualitativ wichtigere Aufgabenfelder durch Zielvorgaben zu besetzen: die Personalentwicklungsplanung, Steuerung über Personalkennziffern (Mitarbeiterzufriedenheit, Ausfallquoten usw.), Gleichstellungsfragen, Förderung der Teilzeit usw.

Stärkere Ziel- und Globalsteuerung in der Personalwirtschaft statt ausschließlich personelle Einzelfall-Regelungen durch die Politik, dies ist die Alternative für eine andere Rollenverteilung Politik/Verwaltung. Die Politik müßte dabei eigentlich erkennen, daß sie bei einer solchen Akzentverschiebung tendenziell nicht weniger, sondern mehr Einfluß gewinnt.

Die Diskussion um Neue Steuerungsmodelle bietet eine Chance zur Neubesinnung und zu einer neuen Standortfestschreibung auch für das Spannungsverhältnis von Politik und Verwaltung.

Durch die stärkere Ergebnis- und Outputorientierung hat die Politik die Möglichkeit, im Interesse der Bürger eine stärkere Zielorientierung der Verwaltung:
- auf mehr Kundenorientierung
- zu mehr Flexibilität im Verwaltungshandeln
- und eine höhere Effizienz
  zu erreichen.

Die Kommunalpolitik hat bisher eine konsequente Zielverfolgung und Zielerreichung der Kommunalverwaltung nicht gewährleisten können, da dafür die entsprechenden Instrumente nicht zur Verfügung standen. Die Verwaltungen haben im Zweifel auch alles dafür getan, eine derart bindende Zielorientierung durch Vorgaben der Politik zu vermeiden.

Hier liegt die große Chance der Kommunalpolitik für die Zukunft, nicht mehr die regelmäßige und im Vordergrund stehende Einbindung in die Erledigung von Einzelfällen, sondern die Beeinflussung der strukturellen Entwicklung der Verwaltung und ihrer zielorientierten Führung.

Wird die Kommunalpolitik diese vielfältigen Chancen nutzen, parallel zu einer Modernisierung unserer Kommunalverwaltung zu einer neuen Rollenverteilung Politik/Verwaltung zu gelangen? Denn letztlich ist auch der Erfolg des Modernisierungsprozesses insgesamt in seiner Wirkung von der Bereitschaft der Politik abhängig, die eigene Rolle neu zu definieren.

Die Verwaltungsmoderinsierung ist primär ein anspruchsvoller Prozeß des Kulturwandels.[11] In diesem Sinne ist die Suche nach einer neuen Rollenverteilung von Politik und Verwaltung ein Stück Neuorientierung unserer politischen Kultur.

Hoffnungen darf man haben, aber politische Hürden sind noch reichlich vorhanden!

4. Zusammenfassung

Die in den Kreisordnungen der Länder verankerten Schnittstellen im Verhältnis von Politik und Verwaltung sind deutlicher und klarer als auf der Gemeindeebene (Verzicht auf Allzuständigkeit des Rates, alleinige Verantwortung des Hauptverwaltungsbeamten für die übertragenen staatlichen Aufgaben usw.). Trotzdem haben sich die Entwicklungstrends der gemeindlichen kommunalen Ebene für das Verhältnis von Politik und Verwaltung (zunehmende Parteipolitisierung, wachsende Arbeitsbelastung

---

11 Sabine van Vlodrop: Verwaltungskultur. Eine Konzeption für den Kreis Soest. In: Hermann Janning (Hrsg.), Das Modell Soest. Der Umbau der Kommunalverwaltung auf Kreisebene, Stuttgart 1994 (S. 141–145).

angesichts wachsender Komplexität, verstärkte einseitige Selektion der Kommunalpolitiker usw.) auch auf der Kreisebene durchgesetzt. Die kreisspezifischen Bedingungen (Aufgaben, Kommunalverfassung usw.) ermöglichen jedoch eine klarere Verantwortungsabgrenzung von Politik und Verwaltung.

Dementsprechend dürften die Chancen für Neue Steuerungsmodelle auf der Kreisebene tendenziell günstiger sein als auf der Gemeindeebene. Eine Neubesinnung im Verhältnis Politik-Verwaltung auf der Kreisebene im Sinne Neuer Steuerungsmodelle erfordert eine experimentelle Bereitschaft auf beiden Seiten. Die Effizienz des gemeindlichen Handelns und das Ziel einer deutlich stärkeren Bürgerorientierung könnten dafür Maßstab auch auf der Kreisebene sein.

HERBERT SCHNEIDER

Dorfpolitik

Der Blick geht in eine oberbayerische Gasthofstube: Vier Männer – darunter der Wirt – sitzen in einer Ecke und konzentrieren sich auf eine Zeitung. »Die Dorfpolitiker« nannte der Maler Wilhelm Leibl sein schon 1875 vorgestelltes Gemälde. Doch würden sich die vier Dargestellten nur mit den Geschehnissen in ihrem damals noch überschaubaren Dorf beschäftigen, so könnten sie auf eine Zeitungslektüre verzichten. Dem Begriff Dorfpolitiker kommt deshalb auch hier ein anderer Bedeutungsinhalt zu. Leibl will damit ausdrücken, daß sich die von ihm Porträtierten mittels einer Zeitung für die politischen Ereignisse außerhalb ihres Dorfes interessieren. Könnten wir diese befragen, so würden sie mit Sicherheit die Auffassung bestreiten, es könne so etwas wie einen eigenen Bereich Dorfpolitik geben. Mehr als hundert Jahre später ist eine solche Meinung noch immer weitverbreitet. Im Verständnis vieler Dorfbewohner reduziert sich Politik weiterhin auf die Vitalfragen eines Volkes wie Sicherheit, Auswärtiges, Konjunktur. Die Politik hat in ihren Augen deshalb im Dorf keinen Platz. Dabei wird nicht zur Kenntnis genommen, daß es selbst bei einer räumlichen Übereinstimmung zwischen dem sozialen Wirkungszusammenhang eines Dorfes und seinen kommunalen Körperschaftsgrenzen nicht ausreicht, auftauchende Probleme auf dem Wege traditionellen Routinehandelns lösen zu wollen; es bedarf hierzu in einem immer größeren Umfange politischer Lösungsstrategien, wenn wir unter Politik eine willensbestimmte Auswahlentscheidung unter verschiedenen Alternativen und auch deren Durchsetzung gegen widerstrebende Interessen verstehen. Politik im und für das Dorf setzt jedoch zweierlei voraus: Zunächst einmal das Vorhandensein von eigenen Entscheidungsspielräumen und deren Ausschöpfung durch selbstbestellte Organe. Ist aber Dorfpolitik darüber hinausgehend nicht auch das Bemühen, auf übergeordnete Organe Einfluß auszuüben? So gelangen wir zu einem komplexeren Verständnis von Dorfpolitik, wenn damit auch noch nicht ausreichend geklärt ist, ob ihr Stil, ihre Instrumente und ihre Arbeitsfelder es rechtfertigen, Dorfpolitik von der Stadtpolitik zu unterscheiden.

1. Geschichte der dörflichen Selbstverwaltung

a. Die bäuerliche Dorfgemeinde

Im Gegensatz zu der im 19. Jahrhundert vorherrschenden Kontinuitätsthese[1] hat sich heute die Auffassung durchgesetzt, daß die bäuerliche Dorfgemeinde nicht aus der

---

1 Georg-Ludwig von Maurer, Geschichte der Mark-, Hof-, Stadt- und Dorfverfassung, München 1854.

germanischen Markgenossenschaft hervorgegangen, sondern erst im hohen Mittelalter in Erscheinung getreten ist.[2] Die Auflösung der damaligen Villifikationsordnung hatte zur Folge, daß die zu Bauern gewordenen Unfreien nach neuen Formen des sozialen Zusammenlebens suchen mußten. So entwickelte sich aus der Nachbarschaft von Höfen das Dorf. Vor allem war es jedoch die sich allmählich durchsetzende Dreifelderwirtschaft, die eine engere Zusammenarbeit der Hofbesitzer nötig machte: Der Zeitpunkt des Pflügens, Säens und Erntens war ebenso festzulegen wie der Zugang zu den Flurstücken. Zwar ist die sich herausbildende bäuerliche Dorfgemeinde kaum über einen Kamm zu scheren, zu groß sind die Unterschiede zwischen Süd- und Ostdeutschland, Winzerorten und Ackerbaugebieten, adeligen Hofmarken und Klosterdörfern, doch vielfach gelang es ihr, die niedere Gerichtsbarkeit an sich zu ziehen. Die kommunale Selbstverwaltung wuchs daher nicht nur in mauerumgürteten Städten heran. Es ist das Verdienst von Peter Blickle, nachgewiesen zu haben, daß eine ihrer Wurzeln auch in das Dorf reicht.[3] Zwar ging das genossenschaftliche Element nach den Bauernkriegen nicht völlig unter, doch es wurde durch den Ausbau der territorialstaatlichen Herrschaftsinstitutionen zurückgedrängt. Deren zunehmende Steuerungsdichte – damals als »Vielregiererei« verschrieen – erlebte ihren Höhepunkt im Absolutismus, wo der Dorfrichter zum bloßen Erfüllungsgehilfen der fürstlichen Ämter und Kellereien herabsank.

b. Die bürgerliche Dorfgemeinde

Das 19. Jahrhundert sah zwei grundlegende Veränderungen der dörflichen Lebenswelt. Zum einen wurden durch staatliche Gesetze die persönlichen Abhängigkeiten der ländlichen Bevölkerung vom Grundherrn aufgehoben. Hinzu trat – und das erwies sich in der Durchführung als viel schwieriger – die Ablösung der an Grund und Boden gebundenen Lasten. Zum anderen wurde die bäuerliche zur bürgerlichen Dorfgemeinde umgestaltet, d. h. sie verwandelte sich aus einem Personalverband berechtigter Hofbesitzer zu einer primär durch Gebiet und Einwohner bestimmten Körperschaft. Das die Zusammenarbeit der Dorfbewohner voraussetzende Allmendeland wurde individuell aufgeteilt, um es dem Produktionsfortschritt zugänglich zu machen. So kam es zu einer tendenziellen »Verbürgerlichung« der Landgemeinde. Heide Wunder entdeckt diese in einer Verbindung von politischen, wirtschaftlichen und kulturellen Elementen[4]: Demnach ist Ausdruck der politischen Verbürgerlichung das gegen die »Gleichmacherei« gerichtete, nach Steuerkraft abgestufte Wahlrecht der »Bürgergemeinde«. War der Einfluß der Hofbesitzer in der bäuerlichen Dorfgemeinde schon beträchtlich gewesen, so nahm er jetzt noch mehr zu. Gleichzeitig wurden diese im Zuge der wirtschaftlichen Verbürgerlichung nicht nur von grundherrlichen Lasten, sondern z. T. auch von der Fürsorge gegenüber ihrem Gesinde und den Dorfarmen befreit. Mit dem Abbau der gemeinsamen Nutzungsrechte veränderten sich auch die Verhaltensweisen der Dorfbewohner. Sie kümmerten sich jetzt mehr um ihr individuelles Eigentum, schlossen sich in Vereinen und Genossenschaften zusammen und übernahmen die städtischen Moden. Zwar wurde nach wie vor eine Aufgabe der Gemeinde darin gesehen, die dörfliche Wertegemeinschaft zu bewahren, doch mit dem sich durchsetzenden Sachbezug gewann auch ihre Komplementärfunktion an Bedeu-

---

2 Werner Rösener, Bauern im Mittelalter, München 1987.
3 Peter Blickle, Deutsche Untertanen – Ein Widerspruch, München 1981.
4 Heide Wunder, Die bäuerliche Gemeinde in Deutschland, Göttingen 1986, S. 123.

tung, d. h. die Unterstützung der individuellen Agrarnutzung durch Kelter, Waage oder Farrenstall. Dieser Prozeß hat aber nicht sogleich zu einer Angleichung der kommunalen Selbstverwaltungsrechte für Städte und Landgemeinden geführt. Als Ergebnis eines aus unterschiedlichen Quellen (u. a. Absolutismus, Reformliberalismus, Totalitarismus) gespeisten Prozesses kam die Einheitsgemeinde erst mit der deutschen Gemeindeordnung von 1935 zustande.

c. Die ländliche Flächengemeinde

Zwar hatten sich die Parteiortsgruppen schon gegen Ende des Kaiserreiches, vor allem aber in der Weimarer Republik in den größeren Dorfgemeinden festgesetzt, doch blieben sie dort aufgrund des vorherrschenden Lokalismus eher die Ausnahme. Im Dritten Reich erhielt die NSDAP auf dem Dorfe Zulauf aus bis dahin von den örtlichen Führungsgruppen ferngehaltenen Jüngeren oder Grundbesitzlosen. Nach dem Kriege fiel das Dorf zunächst wieder in seine parteipolitische Abstinenz zurück. In den übersichtlichen Dorfgemeinden unter 1 000 Einwohnern – und diese bildeten auf dem Lande bis zur Gebietsreform die Mehrheit – glaubte man, ohne Parteien auskommen zu können. Das änderte sich mit der Anfang der 70er Jahre durchgeführten Gebietsreform. Der Boden hierfür wurde durch die nach dem Kriege verstärkt – vor allem durch das Einströmen von Millionen von Vertriebenen – einsetzende Urbanisierung vorbereitet. Damals weiteten sich die Arbeitsgebiete der Dorfgemeinden sprunghaft aus: Wohnungen waren zu bauen, Arbeitsplätze zu schaffen und Verkehrsverbindungen zu verbessern. Je erfolgreicher die kommunale Selbstverwaltung war, desto mehr steigerte sich das durch Massenmedien und Individualmotorisierung angeregte Anspruchsniveau der Dorfbewohner. Von diesen ging aber kein Druck in Richtung kommunale Gebietsreform aus. Wie schon bei anderen Anlässen zuvor, war die Bevölkerung des flachen Landes weniger die treibende Kraft als vielmehr das geduldige Objekt für wohlmeinende Bemühungen anderer. Die Reform kam von »oben«, vom Staat und seiner Ministerialbürokratie, von Teilen der Wissenschaft und ihren medialen Propagandisten sowie von planungseuphorischen Parteimehrheiten.[5] Doch fand sie Unterstützung bei einer sich verjüngenden, auf Effizienz setzenden und Gestaltungsmöglichkeiten suchenden ländlichen Führungsschicht. Reformauslöser war neben dem hier nicht weiter zu erörternden Stadt-Umlandproblem die Raumplanung in den ländlichen Gebieten. Mit der kommunalen Bauleitplanung wollte der Staat dem zunehmenden Wildwuchs der dörflichen Neubaugebiete entgegenwirken. Es stellte sich jedoch bald heraus, daß die kleineren Dorfgemeinden weder den politischen Willen noch die Verwaltungskraft besaßen, einen Bebauungsplan aufzustellen bzw. deren Beachtung durchzusetzen. Die darüber unzufriedenen Reformer betrachteten daher die Berechnungen des Verwaltungswissenschaftlers Frido Wagener als eine willkommene Schützenhilfe. Dieser glaubte den Beweis antreten zu können, daß eine leistungsfähige Verwaltung eine Mindesteinwohnerzahl voraussetze, um wirtschaftlich arbeiten und eine gleichwertige Lebensverhältnisse verbürgende Infrastruktur anbieten zu können.[6] Er kam dabei auf eine Durchschnittsgröße zwischen 5 000 und 10 000 Einwohnern, d. h. eine weit größere als die damals auf dem flachen Lande an-

---

5 Hans-Otto Mühleisen, Probleme der Kommunal- und Gebietsreform, in: ders./Theo Stammen (Hrsg.), Gemeinde und Gebietsreform in Bayern, Augsburg 1986, S. 65.

6 Frido Wagener, Neubau der Verwaltung, Berlin 1969.

zutreffenden Gemeindeeinwohnerzahlen. Auf solche Weise wissenschaftlich »munitioniert«, konnten sich die Reformer in einer bemerkenswert kurzen Zeit durchsetzen: Bereits Mitte der 70er Jahre war die kommunale Landkarte der ländlichen Räume in einer revolutionären Art und Weise umgestaltet. Jahrhundertealte dörfliche Ortsgemeinden wurden einer städtischen Mittelpunktgemeinde einverleibt oder bildeten zusammen mit Nachbarorten eine neue ländliche Flächengemeinde. So verringerte sich die Zahl der selbständigen Gemeinden in der »alten« Bundesrepublik von 24 411 auf 8 503; gleichzeitig sank die Zahl der Landkreise von 417 auf 237.

Ist es damit zu einem »Ende der Dorfpolitik« gekommen?[7] Unter dem Pseudonym Jacob meinten dies die beiden Volkskundler Albert Ilien und Utz Jeggle am Beispiel ihrer Untersuchungsgemeinde Hausen (Kiebingen) feststellen zu können. Dabei ist aber zweierlei zu bedenken: Zum einen beschränkt sich ihr Befund auf nur eine Dorfgemeinde; zum anderen ist dieser bereits drei Jahre nach der Eingemeindung dieses Dorfes in die benachbarte Stadt erhoben worden. Damals hatte sich unter den Dorfbewohnern Apathie ausgebreitet, weil sie mit dem Instrument Ortschaftsverfassung noch wenig anzufangen wußten. 20 Jahre später sieht dieses Bild schon anders aus: Der Ortschaftsrat versteht seine eigenen Verwaltungskompetenzen zu nutzen und nimmt auf die Entscheidungen der Gesamtgemeinde einen nicht zu unterschätzenden Einfluß. Zumindest in Kiebingen kann daher von einem Ende der Dorfpolitik noch keine Rede sein. Und es gibt – wie Beobachtungen zeigen – mehr als ein »Kiebingen« in Baden-Württemberg. Wie sind dann die von dem Essener Geographen Gerhard Henkel erhobenen Klagen und Vorschläge zu bewerten? Henkel vertritt entschieden die Ansicht, daß die kommunale Gebietsreform die Möglichkeiten einer qualifizierten Mitwirkung der Bürger an der lokalen Politik verschlechtert – und deshalb zu einer wachsenden kommunalpolitischen Resignation geführt habe.[8] Er fordert daher eine Revision dieser Reform (»Reform der Reform«) im Sinne einer Wiederherstellung der dörflichen Selbstverwaltung. Sind diese weitgehenden Schlußfolgerungen darauf zurückzuführen, daß seine Beobachtungs- und Erfahrungsbasis das Land Nordrhein-Westfalen bildet, wo bei der Auswahl des geographischen Zuschnitts und der rechtlichen Struktur der Landgemeinden der Zentralismus bei der Gebietsreform auf die Spitze getrieben worden ist? Diese Frage erinnert daran, daß die Bundesländer aufgrund ihrer verschiedenen Bevölkerungsdichten, kommunalen Traditionen und parteipolitischen Mehrheitsverhältnisse bei der Gebietsreform für den ländlichen Raum unterschiedliche Wege gewählt haben.

2. Institutionelle Vorkehrungen für dörfliche Selbstverwaltung

a. Einheitsgemeinde mit Ortsvorsteher bzw. Ortssprecher (Nordrhein-Westfalen, Bayern)

In der von den großen Städten stark beeinflußten Landespolitik Nordrhein-Westfalens stieß die kommunale Gebietsreform auf dem Lande nur auf geringen Widerstand, ob-

---

7 Albert Jacob, Das Ende der Dorfpolitik? In: Der Bürger im Staat, (1975) 1, S. 26–31.
8 Gerhard Henkel (Hrsg.), Kommunale Gebietsreform und Autonomie im ländlichen Raum. Essener Geographische Arbeiten, Bd. 15, Paderborn 1986.

wohl hier die Zahl der Gemeinden in einem radikal zu nennenden Schnitt von 2 362 auf nur noch 396 verringert wurde (vgl. hierzu den Beitrag von Eberhard Laux zu kommunalen Gebiets- und Funktionalreformen, in diesem Band). Darunter befinden sich nur noch 82 Gemeinden unter 10 000 Einwohnern. So wird eine ländliche Gemeindeeinwohnerzahl von durchschnittlich 25 000 verständlich. Anders sieht es in Bayern aus: Hier war die kommunale Landkarte durch viele kleine Landkreise (143) und Gemeinden (7 087) gekennzeichnet, von denen nach der Reform nur noch 71 Landkreise und 2 051 Gemeinden übriggeblieben sind. Das ging nicht ohne örtlichen Widerstand ab. So schlossen sich die ursprünglich mehr als 200 »Rebellengemeinden« in Bayern zu einer »Aktionsgemeinschaft Demokratische Gebietsreform« zusammen, die sich jedoch bis Ende 1988 auf fünf reduzierten. Dazu gehört auch die von Everhard Holtmann und Winfried Killisch untersuchte unterfränkische Gemeinde Ermershausen.[9] Diese sperrte sich nicht gegen die Reform an sich, sondern wollte lediglich ihre Eigenständigkeit im Unterschied zur Zielplanung der Staatsregierung wenigstens z. T. durch den Beitritt zu einer Verwaltungsgemeinschaft erhalten wissen. Proteste und Widerstand waren auch in Bayerisch Schwaben zu verzeichnen.[10] Warum blieben diese aber begrenzt? In vielen Gemeinden war offensichtlich die örtliche Identität schon fraglich geworden. Hinzu kam, daß die Regierung Köder in Form von Fusionsprämien auslegte. Schließlich ist noch die Strategie der Staatsregierung zu bedenken: Ihr ging es zwar nicht um die örtliche Bestandspflege, doch hat sie die geographischen und soziokulturellen Voraussetzungen für die Bildung neuer Gemeinden im Auge behalten und diesen das Recht auf Bildung von Verwaltungsgemeinschaften eingeräumt. So beträgt die Durchschnittsgröße bayerischer Landgemeinden nur etwa 5 000 Einwohner. Bei gleichen institutionellen Bedingungen – Einheitsgemeinde mit Ortsvorsteher, in Bayern genannt, aber ohne kollegiales Vertretungsorgan – kommt es bei enormen Unterschieden in den Gemeindegrößenverhältnissen auch zu einer anderen Art der Dorfpolitik in Nordrhein-Westfalen und Bayern. Durch den Verzicht auf Ortsausschüsse oder Ortschaftsräte in den oft aus mehr als 10 Dörfern bestehenden Einheitsgemeinden in NRW wird nicht nur das Gewicht der professionellen Gemeindeverwaltung verstärkt, sondern auch ein Minus an lokalem Sachverstand und örtlicher Beteiligung erzeugt. Die dadurch aufgerissene Partizipations- und Informationslücke kann durch den Ortsvorsteher als Verbindungsmann zwischen Gemeinde und Dorf bzw. durch die kommunikative Kompetenz der bereits auf der Großgemeindeebene recht aktiven Parteien nur zum Teil geschlossen werden.[11] Als Reaktion auf diese Art der Auszehrung der Dorfpolitik ist es schon zur Bildung von Dorfräten auf freiwilliger Grundlage gekommen.[12] Dieses Beispiel hat aber noch wenig Schule gemacht. Läßt dies darauf schließen, daß sich die Dorfbewohner mit der Pflege ihrer lokalen Identität in Form von Schützenbruderschaften oder Dorfhäusern zufrieden geben oder bereits den Rückzug in die Privatheit angetreten haben? Im Vergleich zu NRW scheint es in den kleiner konzipierten bayerischen Landgemeinden eher gelungen zu sein, den Erhalt der Ortsidentität mit der Beteiligung am politischen Leben der größer gewordenen Gemeinde zu verbinden. Dies geschieht vor allem über die vor Ort gewählten Gemeinderäte, die oft, wenn auch nicht immer, eine Ersatzvertretung für eine fehlende Ortschaftsvertretung darstellen.

9 Everhard Holtmann/Winfried Killisch, Lokale Identität und Gemeindegebietsreform, Erlangen 1991.
10 Gisela Riescher, Kurzberichte zu den Problemfällen Horgau (LK Augsburg) und Ermershausen (LK Haßberge/Unterfranken), in Th. Stammen/Hans-Otto Mühlhausen (Anm. 5).
11 Herbert Schneider, Chancen und Wirkungen lokaler Politik, in: P. Sinkwitz (Hrsg.), Beiträge der ländlichen Soziologie zur Dorfentwicklung, Fredeburg 1991, S. 29.
12 Rüdiger Voigt, Dorfpolitik nach der Gebietsreform, in: Essener Geographische Arbeiten, Bd. 15, Paderborn 1986, S. 69.

b. Dezentralisierte Einheitsgemeinde mit Ortschaftsverfassung (Baden-Württemberg, Hessen)

Als Folge der Gebietsreform ist die Zahl der Gemeinden in Baden-Württemberg von 3 279 auf 1 111 zurückgegangen, von denen 456 eine Ortschaftsverfassung gewählt haben. Die in diesem Bundesland gültige Ortschaftsverfassung weist folgende Prinzipien auf:

- Der von der Bevölkerung bei den Kommunalwahlen direkt bestellte Ortschaftsrat ist durch die zuständigen Organe der Gemeinde (Gemeinderat, beschließende Ausschüsse, Bürgermeister) zu allen wichtigen örtlichen Angelegenheiten zu hören, z. B. zu Satzungen, Straßenbaumaßnahmen, Dorfentwicklung.
- Der Ortschaftsrat besitzt gegenüber den Gemeindeorganen ein Vorschlagsrecht in allen Angelegenheiten, die die Ortschaft angehen. Diese Befugnis ist zwar räumlich, aber nicht sachlich beschränkt.
- Darüber hinaus kann der Gemeinderat dem Ortschaftsrat Sachentscheidungszuständigkeiten übertragen, wie die Ausgestaltung und Erhaltung von öffentlichen Einrichtungen (Gemeindekelter, Waage, landwirtschaftliche Wege, Förderung des örtlichen Vereinswesens, Friedhofs- und Bestattungswesen). Die Haushaltshoheit bleibt jedoch in den Händen des Gemeinderats.
- An der Spitze des Ortschaftsrates steht der vom Gemeinderat gewählte Ortschaftsvorsteher: Er ist Sprecher und Vertrauensmann des Dorfes, zugleich auch Bindeglied zwischen Teilort und Gemeinde, vor allem dort, wo er entweder mit beratender Stimme oder als gewähltes Mitglied an den Gemeinderatssitzungen teilnimmt.

In Hessen wurde die Zahl der Gemeinden noch stärker als in Baden-Württemberg, nämlich von 2 693 auf 426 beschnitten, d. h. es ergibt sich in diesem Land eine größere Gemeindedurchschnittsgröße im Hinblick auf Einwohner- und Teilortzahl. Die hier eingeführte Ortsbezirksverfassung weicht von der baden-württembergischen in folgenden Punkten ab:

- Der Ortsvorsteher wird vom Ortsbeirat aus seiner Mitte gewählt.
- Die Gemeinden machen nur zurückhaltend von der Möglichkeit Gebrauch, bestimmte Angelegenheiten dem Ortsbeirat zur Entscheidung zu überlassen.

Wie hat sich die Ortschaftsverfassung bewährt? Da die bestehenden gesetzlichen Regelungen eine unterschiedliche Ausgestaltung erlauben und die Parteien auf kommunaler Ebene in Hessen eine stärkere Stellung als in Baden-Württemberg einnehmen, sind Generalisierungen nur bedingt möglich. Für die Ortschaftsverfassung spricht jedoch nach wie vor, daß sie die Kommunalverwaltung in großflächigen Gemeinden übersichtlicher macht und ihr eine größere Bürgernähe verschafft; auch kann sie neben Vereinen und Kirchengemeinden dazu beitragen, daß die Ortschaften sowohl ihre teilräumlichen Interessen im Gesamtkonzept der Gemeinde zu Gehör bringen als auch ihre Identität bewahren. Gegen die Ortschaftsverfassung wird eingewendet, daß sich durch sie bereits auf Gemeindeebene die Entscheidungsprozesse verlangsamen. Wo dies nicht der Fall ist, werden oft die Möglichkeiten der Ortschaftsverfassung nicht ausgeschöpft: Es entsteht dann bei dem Bürger der Eindruck, daß sich die Mitarbeit in ihrem Rahmen nicht mehr lohne.

c. Ortsgemeinde als Teil einer Samt- oder Verbandsgemeinde

Einer »zweistöckigen« Gemeindestruktur begegnen wir in Rheinland-Pfalz, Niedersachsen und Schleswig-Holstein. In diesen Ländern wurde die überlieferte dörfliche Ortsgemeinde nicht ausgelöst, sondern deren Bürgernähe und Identität mit der bürokratischen Effizienz und gesteigerten Finanzkraft einer Flächengemeinde (»Verbands-« oder »Samtgemeinde« bzw. »Amt« genannt) zu verbinden versucht. Das konnte nur dadurch verwirklicht werden, daß genauso wie in einem Bundesstaat eine Kompetenzaufteilung zwischen der Ortsgemeinde auf der einen und der Flächengemeinde auf der anderen Seite vorgenommen wurde. In Rheinland-Pfalz geschah dies folgendermaßen: Die Ortsgemeinden haben zwar ihre Entscheidungskompetenzen über die Ortsstraßen, die Vereinsförderung, die Dorferneuerung und sogar den Bebauungsplan behalten, doch mußten sie die Zuständigkeiten für Wasser, Abwasser, zentrale Freizeiteinrichtungen und Schulen abgeben. Der Aufgabenkreis einer Samtgemeinde bzw. eines Amtes (Niedersachsen und Schleswig-Holstein) geht über den einer Verbandsgemeinde in Rheinland-Pfalz noch hinaus, indem er nicht nur den Flächennutzungsplan, das Schulwesen oder die Wasserver- und -entsorgung umfaßt, sondern sich auch noch auf die Gemeindeverbindungsstraßen, die Straßenreinigung und das Friedhofswesen erstreckt.[13] Das mag einer der Gründe dafür sein, warum bei der in Niedersachsen eingeräumten Optionsmöglichkeit von der Mehrzahl der Dorfgemeinden der Einheitsgemeinde der Vorzug gegeben wurde. Dieser Schritt lag auch deshalb nahe, weil – ob Verbands- oder Samtgemeinde bzw. Amt – der Verwaltungsvollzug von der Ortsgemeinde auf die professionelle, arbeitsteilige Administration der Flächengemeinde übergegangen ist. Die Ortsbürgermeister drängen deshalb auch in die Verbands- bzw. Samtgemeinderäte, um damit ihr Gewicht gegenüber der Zentrale aufzuwerten und die ortsspezifische Interessenvertretung in der Gesamtgemeinde zu verbessern. Dabei können sie auf die Unterstützung der ortsübergreifenden, den Gemeinderat in Fraktionen strukturierenden Parteien zurückgreifen. Im Verwaltungsausschuß des schleswig-holsteinischen Amtes sind sie als geborene Mitglieder sowieso vertreten. So ergibt sich eine widerspruchsvolle Konstellation: Während in den Ortsgemeinderäten – auch bedingt durch die Mehrheitswahl – mehr oder weniger unpolitische Honoratioren den Ton angeben, herrschen in den Verbands- und Samtgemeinderäten von Parteien ausgesuchte, überlokal orientierte Personen neben Interessensachwaltern der Ortsgemeinden (Teilorte) vor.

3. Gestaltende Kräfte der Dorfpolitik

a. Vereine

Die kleinen Dorfgemeinden bedürfen noch nicht der vermittelnden Funktion von Parteien und Verbänden. Doch die ihre Vorstellungen und Bedürfnisse anmeldenden Einwohner handeln in der Regel nicht als einzelne. Sie sind eingebunden in Verwandtschaftskreise, Klientelbeziehungen und Vereinsgruppierungen. Obwohl letztere heute

---

13 Hans-Ulrich Derlien/Dyprand von Queis, Kommunalpolitik im geplanten Wandel, Baden-Baden 1986.

als Kennzeichen des ländlichen Soziallebens gelten, stellen sie einen Import aus der Stadt dar. Vereine kamen erst in der zweiten Hälfte des vergangenen Jahrhunderts in die Dörfer, wo sie Nachbarschaften, Burschenversammlungen und Jahrgangsgruppierungen zurückdrängten. Als Freizeitvereinigungen ermöglichen sie für die Dorfbewohner die Pflege eines Hobbys, gleichzeitig werden dadurch die Gemeinden von Kultur- und Sportfunktionen entlastet. Nicht zu übersehen ist aber auch, daß den in der Regel ortsbezogenen Vereinen in Flächengemeinden der ländlichen Räume die Aufgabe zufallen kann, die Identität »ihres« Dorfes zu verkörpern. Nachdem dieses sein Rathaus und seine Schule, manchmal auch seine Kirche verloren hat, signalisieren sie mit ihrem Namen, ihrer Tradition und ihrem Auftreten der Umwelt, daß die »alte Gemeinde« noch lebt. Vereine können deshalb einen Symbolwert erlangen und stellvertretend für ein Dorf stehen: Sie sind dann sowohl Ausdruck als auch Verstärker symbolischer Ortsbezogenheit. Vor allem tritt dies dann ein, wenn keine eigene Ortschaftsverfassung besteht. Es ist dann auch möglich, daß sich ein Verein als Sachverwalter von Ortsinteressen versteht und deshalb in der Gemeindepolitik »mitmischt«. In der Mehrzahl der Fälle halten sich aber die Vereine zurück. Ihre gemeindepolitische Bedeutung ist mehr indirekter Art, dabei wäre nicht nur an die schon dargestellte Entlastungs- und Identitätsfunktion, sondern auch an ihre Wirkung als Kommunikationsplattform zu denken.[14] Das mag auch einer der Gründe dafür sein, warum es keines besonderen Druckes bedarf, damit ihnen die Rathausfraktionen weit entgegenkommen. Sie gehen dabei von der noch zu beweisenden Annahme aus, daß durch die Kommunikation in den Vereinen einheitliche Stimmpakete bei den Kommunalwahlen geschnürt werden. Mehr Plausibilität gewinnt dagegen ein anderer Erklärungsversuch: Vereinsvorstände gehören zu dem beschränkten und deshalb überlappenden Personenkreis der Sozialaktiven. Wir begegnen ihnen daher auf den Bänken der Kirchenältesten und Parteifunktionäre ebenso wie in den Sitzungssälen für Orts- und Verbandsgemeinderäte.

b. Parteien und Wählergemeinschaften

Vor der Gebietsreform verzichteten die Dorfbewohner auf die Funktionen der Parteien mit folgenden Argumenten: »Abends sitzen wir auf den Milchkannen, da wird gesagt, was gesagt werden muß, da brauchen wir keine Parteien.«[15] Was braucht man eine Partei, wenn man sich gegenseitig kennt? »Wozu bedarf es einer Organisation, die Interessen bündelt, wo man sowieso weiß, welche Interessen er und die Seinen haben«.[16] In den letzten 20 Jahren haben Parteien nicht nur in den größer gewordenen Landgemeinden, sondern selbst schon in den Dörfern Fuß gefaßt. Dabei rücken sie den Wählergemeinschaften auf den Leib, die teils auf dem Lande eine »Stellvertreterfunktion« für die bürgerlichen Parteien wahrnahmen, teils spezifische Aspekte der dörflichen politischen Kultur zum Ausdruck brachten. Sie verbinden diese Lokalzentrierung mit unpolitischen, d. h. am Markte oder an der Tradition ausgerichteten Problemlösungen. Wo schon politisch gehandelt werden muß, ziehen Wählerver-

14 Herbert Schneider, Lokalpolitik in der Landgemeinde, in: H. Köser (Hrsg.), Der Bürger in der Gemeinde, Hamburg 1979, S. 35.
15 Gerhart Wurzbacher/Renate Pflaum, Das Dorf im Spannungsfeld industrieller Entwicklung, Stuttgart 1954, S. 66.
16 Albert Ilien/Utz Jeggle, Leben auf dem Dorf, Opladen 1978, S. 134.

einigungen eine den Steuerzahlern schonende Lösung vor.[17] Zwar haben sie durch das Vorrücken der Parteien, die Abnahme der Selbständigen und die Zunahme der überlokalen Orientierungen Wähler verloren, doch ist es ihnen vor allem in Baden-Württemberg und in Rheinland-Pfalz gelungen, sich durch Besetzung von lokalen Kompetenzlücken der Parteien und eine dauerhaftere Organisationsform im politischen Konkurrenzkampf zu behaupten. Umgekehrt passen sich die Parteien auf dem Lande durch die Akzeptanz der in den Dörfern noch immer vorherrschenden unpolitischen Selektions- und Beurteilungskriterien an den Wählergemeinschaften an.[18] So erklärt sich ein widersprüchliches Phänomen: Die Parteien üben eine politische Rekrutierungs- und Selektionsfunktion aus, doch koppeln sich ihre Mandats- und Amtsträger vielfach inhaltlich von ihnen ab. Damit entsprechen sie der landläufigen Vorstellung von einer sachorientierten Kommunalpolitik. Obwohl sich diese gewissermaßen vor der Haustür abspielt, bildet sie nur in geringem Maße den Gegenstand der Beratungen von Orts-, Gemeinde- und Kreisverbänden der Parteien. Um so eifriger wenden sich diese in ihren Informationsveranstaltungen und Wahlversammlungen der »großen« Bundes- und Landespolitik zu. Die Parteien fallen daher auch nach der Gebietsreform als kommunale Informationsquellen für den Bürger aus. Könnten sie aber nicht eine Integrationsleistung für die neugebildete Flächengemeinde erbringen? Anders als die parochialen Vereine sind die Parteien vor allem auf Gemeindeebene angesiedelt und besitzen daher institutionelle Voraussetzungen als Integrationshelfer.

c. Kirchengemeinden

»Die Kirche im Dorf« – das bedeutet zunächst einmal, ein Identitätssymbol zu besitzen. Mit diesem architektonisch mehr oder weniger überzeugenden Bauwerk hebt sich ein Dorf äußerlich von seinen Nachbarn ab. Und die Kirche als Einrichtung bleibt trotz Säkularisierung und Segmentierung noch immer eine dörfliche Sozialisationsagentur. Das beginnt bei dem kirchlichen Kindergarten, der dem Dorf nach der Schließung seiner Zwergschule noch geblieben ist. Hier wachsen die Dorfkinder für einen begrenzten Zeitraum gemeinsam auf. Zwar nimmt die Zahl der sonntäglichen Gottesdienstbesucher auch in den Landgemeinden deutlich ab, doch an den den Lebenszyklus bestimmenden Ereignissen wie Erstkommunion, Konfirmation, Trauung und Beerdigung oder den Jahresablauf akzentuierenden kirchlichen Festen wie Ostern, Pfingsten, Kirchweih und Weihnachten erreicht das Wort des Pfarrers noch immer einen erheblichen Teil der Dorfbewohner. Dieser stellt aber – selbst in katholischen Orten – nicht allein die Kirchengemeinde dar, die heute mehr denn je durch die Mitarbeit von Mitgliedern des Pfarrgemeinderats, der verschiedenen Arbeitskreise und kirchlichen Gruppierungen getragen und belebt wird. Welche Beziehungen unterhält die so vielfältig gegliederte Pfarrgemeinde zu den anderen Kräften des lokalen Systems?

Noch mehr als die Pfarrgemeinden gelten heute in den Augen der Bevölkerung die Vereine als Garanten des dörflichen Eigenlebens. In Abwesenheit einer Orts-

---

17 Hans-Martin Haller, Die Freien Wähler in der Kommunalpolitik, in: H. Köser (Anm. 14), S. 353–369.

18 Wolfgang Rudzio, Wahlverhalten und kommunalpolitisches Personal in ausgewählten Oldenburger Gemeinden, in: W. Günther (Hrsg.), Sozialer und politischer Wandel in Oldenburg, Oldenburg 1981, S. 253–297.

vertretung kann aber diese Rolle auch der Kirchengemeinde zufallen. Bei deren Dekkungsgleichheit mit einer aus mehreren Teilorten bestehenden Flächengemeinde ist es aber auch möglich, daß der Kirche eine Integrationsaufgabe zukommt. Wie auch immer: Pfarrer und Kirchengemeinderat stellen Gesprächspartner der politischen Gemeinde dar, wobei sich die Themenliste vom Bürgerhaus über den Kindergarten bis zur Sozialstation erstreckt. Hinzu kann noch die Dorfentwicklung treten, bei der die Pfarrgemeinde nicht nur als Moderator zwischen Planern, Verwaltung und Bevölkerung, sondern auch als Fürsprecher für ein ganzheitliches Vorgehen in Frage kommt.

4. Aufgabenfelder der Dorfpolitik

a. Urbanisierung und Handlungsspielräume

Der Umfang der von den dörflichen Gemeinden zu erfüllenden Aufgaben war vor 50 oder gar 100 Jahren wesentlich geringer als heute. Er beschränkte sich in der Regel auf die Überwachung der Dorfmoral, die Bereithaltung von landwirtschaftlichen Komplemetäreinrichtungen und die Verwaltung des Gemeindevermögens.[19] In den 50er und 60er Jahren vermehrten sich die Anforderungen an die Dorfpolitik, so wie z. B. Bauleitplanung, Baulanderschließung, Abwasserbeseitigung und andere Aufgaben. Aus dieser Aufzählung läßt sich die Urbanisierung der Kommunalpolitik auf dem Lande ablesen. Worauf ist dieser Prozeß zurückzuführen? Ursachen und Wirkungen können hier schwer voneinander getrennt werden. Haben die miteinander verbündeten Staatsbürokratien und kommunale Führungsgruppen eine Urbanisierung erzwungen oder geht diese mehr auf das Konto von städtischen Zuzüglern, den vergleichenden Erfahrungen von Pendlern oder den von Massenmedien geweckten Wünschen? Der dadurch hervorgerufene Urbanisierungsdruck hat schließlich die Verwaltungs- und Finanzkraft der Dorfgemeinden überfordert und es kam zur Bildung ländlicher Flächengemeinden. Diese stellten ihre neuerworbene Verwaltungskraft unter Beweis, als sie in den 70er und 80er Jahren komplizierte Planungsverfahren und umfangreiche Investitionsvorhaben meisterten. Noch nie zuvor wurden so viele öffentliche Großvorhaben auf dem Lande ausgeführt.

Die Erweiterung der kommunalen Handlungsspielräume war jedoch ohne staatliche Zuschüsse nicht möglich, d. h. die Gemeinden mußten gleichzeitig eine Einschränkung ihrer Entscheidungsfreiheit in Form von vom Staat gesetzter Prioritäten und erteilter Auflagen hinnehmen. Diese größere Außenabhängigkeit verschob auch die Gewichte innerhalb der Gemeinde: Da Außenverhandlungen eine Domäne des Verwaltungschefs darstellen, mußte dadurch dessen Bedeutung auf Kosten des Gemeinderats zunehmen. Noch mehr wurden jedoch die Entscheidungsspielräume der eingemeindeten Dörfer beschnitten. Sie konnten noch von Glück sagen, wenn ihnen im Zuge der Ortschaftsverfassung Zuständigkeiten über Friedhof und Kindergarten verblieben. Um so größeren Stellenwert gewann daher für sie das Bemühen, Einfluß auf die Politik ihrer neuen Flächengemeinde auszuüben. Diese wiederum stand vor der Frage, wie sie mit ihren Teilorten umgehen sollte.

---

19 Arnold Köttgen, Der Strukturwandel des flachen Landes als Verwaltungsproblem, in: Archiv für Kommunalwissenschaften, (1964) 3, S. 155–178.

b. Das Spannungsverhältnis von Zentralisierung und Dezentralisierung

Eingemeindete Dörfer versuchen nicht nur ein gewisses Maß an politischer und sozialer Autonomie zu bewahren, sondern auch bei der gemeindlichen Investitions- und Standortpolitik angemessen berücksichtigt zu werden. Dabei stellt sich für die Flächengemeinde ein grundsätzliches Problem: Soll sie die Zentralität ihre Hauptortes auf Kosten ihrer Teilorte ausbauen oder die kommunalen Investitionen flächendeckend verstreuen? Die Beantwortung dieser Frage wird nicht nur durch die Vorgaben der Gemeindeordnung, sondern auch durch die Struktur der jeweiligen Gemeinde und die politischen Gewichte in ihrer Vertretung mitbestimmt. Manche Landgemeinden versuchten sie dadurch zu entschärfen, daß sie einen längerfristigen Investitionsplan mit einer eingebauten örtlichen Prioritätenfolge aufstellten; andere lenken zwar den Hauptteil ihrer Investitionen in den Hauptort, bemühen sich aber, ihre Dörfer durch gleichmäßig verteilte Dorfgestaltungsinvestitionen wie »Jahr der Dorfbrunnen« oder »Jahr der Kinderspielplätze« bei guter Laune zu halten. Spannungen können sich jedoch bei der Ausweisung von Baugebieten ergeben. So kann es geschehen, daß die Flächengemeinde Wohngebiete nur in zentralen Orten ausweist. Man kann davon ausgehen, daß sie damit den Widerstand der Dorfbewohner provoziert. Dabei geht es nicht nur um die Wertsteigerung von Grundstücken. Die Dörfler spüren instinktiv, daß der Fortbestand und die Lebendigkeit ihres Ortes davon abhängt, ob es gelingt, junge Paare im Dorf zu halten und ihnen die Möglichkeit einer Heimstatt zu vernünftigen Preisen zu geben. Dabei kann die Ausweisung von Bauland am Ortsrande ebenso helfen wie die Revitalisierung eines nicht mehr landwirtschaftlich genutzten Dorfkerns.

c. Dorfentwicklung als ganzheitliche Selbstverwaltungsaufgabe

Die staatlich geförderte Dorfentwicklung hat eine merkwürdige Vorgeschichte: Es waren die Bundesländer, die dieser kommunalen Selbstverwaltungsaufgabe zum Leben verhalfen. Mit Hilfe von Zuschüssen versuchen sie, die ländlichen Gemeinden zu bewegen, ihre Dörfer zu restaurieren, auszuschmücken und zu revitalisieren. Das würde nicht in einem solchen Ausmaße gelingen, wenn nicht die Kommunen der ländlichen Räume aufgrund ihrer Finanzschwäche bereit wären, solchen Verlockungen nachzugeben. Ganz abgesehen davon, daß es gute Gründe gibt, den Baubestand der Dörfer zu verbessern, ihre Infrastruktur zu modernisieren und deren wirtschaftlich-soziales Leben zu kräftigen. Bei der Unterstützung dieser Dorfentwicklung schlagen jedoch die Bundesländer unterschiedliche Wege ein. Von Nordrhein-Westfalen ist bekannt, daß es Einzelförderung und Behördenanbindung bevorzugt. Im Gegensatz hierzu setzen Baden-Württemberg und Rheinland-Pfalz auf Bürgerbeteiligung und Gemeindeausrichtung.[20] So werden in Rheinland-Pfalz staatliche Zuschüsse von der Vorlage eines durch die Ortsgemeinde finanzierten Dorferneuerungsprogramms abhängig gemacht. Da die Planungskosten hierfür nicht unerheblich zu Buche schlagen, wird auf diese Weise ein heilsamer Zwang auf die Gemeinden ausgeübt, einer Dorf-

---

20 Deutsches Institut für Fernstudien (Hrsg.), Dorfentwicklung als Lernprozeß, 7. Bd., Tübingen 1989.

entwicklung erst nach sorgfältiger Erörterung des Für und Wider näherzutreten. Dazu bedarf es keines besonderen Beirates, denn es reicht aus, wenn der Gemeinderat alle interessierten Bürger zu seinen öffentlichen Sitzungen einlädt, die sich mit der Dorfentwicklung befassen. Doch diese ist nicht nur ein finanzielles und politisches Problem für Gemeinderat und Hausbesitzer, sondern kann im Sinne eines ganzheitlichen Unterfangens alle Bereiche des Dorflebens berühren und somit auch alle Dorfeinwohner ansprechen. Deren dorfhistorisches Bewußtsein und ihre Alltagserfahrungen stellen in einem solchen Falle neben der professionellen Kompetenz unentbehrliche Planungshilfen dar. Dies setzt aber in der Regel eine besondere Situation voraus. So z. B. dann, wenn ein von Zukunftsängsten heimgesuchtes Dorf alle Kräfte aufbietet, um mit Hilfe einer »Ortsidee« oder einer »Zukunftsphilosophie« einen neuen Weg zu finden.[21] Die Chancen hierfür scheinen um so größer, je mehr es auf einen offenen Aktivitätskern zählen kann, der zusammen mit Vereinen, Kirchengemeinden und Gemeinde- bzw. Ortschaftsräten die durch die Dorfentwicklung angebotenen Möglichkeiten ergreift.

5. Dorfpolitik in den neuen Bundesländern[22]

Struktur und Charakter der Dorfpolitik haben sich auf dem Gebiet der neuen Bundesländer bis Mitte 1945 nicht allzu sehr von den Verhältnissen in anderen deutschen Landschaften unterschieden. So zeichnet Gunther de Bruyn in seiner Autobiographie »Zwischenbilanz« selbst noch für die Zeit unter sowjetischer Besatzung das Bild eines die bäuerlichen Lebensform bewahrenden märkischen Dorfes. Das sollte sich aber bald ändern. In einigen der heutigen neuen Bundesländer war der Anteil des Großgrundbesitzes an der Bodenfläche besonders hoch: Er betrug in Sachsen-Anhalt 27 %, in Brandenburg 30 % und in Mecklenburg-Vorpommern 48 %. Daraus können auch Rückschlüsse auf sein politisches und soziales Gewicht in vielen Dörfern gezogen werden. Unter Führung der KP haben in den Jahren 1945/46 sogenannte Bodenreformkommissionen den Großgrundbesitz über 100 ha eingezogen und den Bodenfonds zugeführt. Daraus wurden 210 000 Neubauernstellen geschaffen, was vor allem zu einer Veränderung der sozialen und wirtschaftlichen Situation in den »Gutsdörfern« führte. Damit war aber für die aus der Zwangsvereinigung der KPD und SPD hervorgegangene SED der »Klassenkampf auf dem Lande« noch nicht beendet. Im Gegenteil, durch die Staffelung der Ablieferungsquoten und den Einsatz von Maschinenausleih-Stationen wurden die mittleren und größeren Bauern bedrängt. Der Dorffrieden ist damit nachhaltig gestört worden. Viele Bauern entzogen sich damals durch ihre Flucht in den Westen diesem politisch-wirtschaftlichen Druck, andere entschlossen sich notgedrungen dazu, ihre Selbständigkeit aufzugeben und den LPGs beizutreten. Mit der 1960 ihren Höhepunkt erreichenden Zwangskollektivierung war das Ende des Bauerntums in der DDR gekommen. In den folgenden Jahren gewöhnten sich die Dörfler an sich neu bildende Sozialstrukturen. Eine neue Zäsur brachte die

---

21 Dieter Schoeller, Eine Gemeindephilosophie am Anfang, in: Deutsches Institut für Fernstudien (Anm. 20), S. 11–189.

22 Herbert Schneider/Rüdiger Voigt (Hrsg.), Gebietsreform in ländlichen Räumen. Eine Zwischenbilanz der kommunalen Gebiets- und Verwaltungsreform in den neuen Bundesländern, Erfurt 1994.

Wende 1989/90: Die LPGs wurden von anderen Unternehmensformen abgelöst, wobei sich nur wenige der alten Bauern bereit finden, sich als »Wiedereinrichter« selbständig zu machen. Nicht selten sind es aus dem Westen kommende »Neueinrichter«, die durch Landkauf bzw. Pachtung und Neuerung in den Dörfern für Unruhe sorgen. Gleichzeitig ging die Zahl der in der Landwirtschaft Tätigen von rd. 900 000 auf rd. 200 000 zurück. Beim Fehlen von alternativen Arbeitsplätzen verlassen daher besonders viele junge Menschen ihre Dorfgemeinden. Diese werden beim Aufbau der neuen politischen und sozialen Strukturen fehlen.

Die westdeutsche Gebietsreform hatte die Zahl der Gemeinden drastisch beschnitten. Anders in den neuen Bundesländern: Fast 50 % der bei der Wende noch

Gemeinden in den Ländern am 31. 12. 1990 nach Einwohnergrößenklassen

Land	Gemein-den insg.	Darunter Gemeinden mit ... bis unter ... Einwohnern								
		unter 200	200– 500	500– 1000	1 000– 2 000	2 000– 5 000	5 000– 10 000	10 000– 20 000	20 000– 50 000	50 000 und mehr
Baden-Württemberg	1 111	10	35	49	136	417	247	130	65	22
Bayern	2 051	–	2	186	648	744	281	133	40	17
Berlin	1	–	–	–	–	–	–	–	–	1
Brandenburg	1 793	356	813	322	125	94	36	22	18	7
Bremen	2	–	–	–	–	–	–	–	–	2
Hamburg	1	–	–	–	–	–	–	–	–	1
Hessen	426	–	–	1	10	114	143	109	37	12
Mecklenburg-Vorpommern	1 124	89	488	332	105	62	19	19	4	6
Niedersachsen	1 030	–	31	247	264	185	122	104	60	17
Nordrhein-Westfalen	396	–	–	–	–	3	68	130	124	71
Rheinland-Pfalz	2 304	399	701	556	340	193	74	22	11	8
Saarland	52	–	–	–	–	–	11	28	11	2
Sachsen	1 626	65	438	469	351	179	59	33	25	7
Sachsen-Anhalt	1 364	107	457	411	212	116	24	13	21	3
Schleswig-Holstein	1 129	158	333	290	171	88	40	29	15	5
Thüringen	1 705	277	637	399	227	103	28	13	15	6
Deutschland	16 115	1 461	3 935	3 262	2 589	2 298	1 152	785	446	187
früheres Bundesgebiet	8 503	567	1 102	1 329	1 569	1 744	986	685	363	158
Neue Länder und Berlin-O.	7 612	894	2 833	1 933	1 020	554	166	100	83	29

Quelle: Deutscher Städtetag, 1997.

bestehenden 7 640 Gemeinden zählten weniger als 500 Einwohner. Es drängt sich die Frage auf, warum das ansonsten auf das Gesetz der großen Zahl eingeschworene SED-Regime die kleinen Dorfgemeinden unangetastet gelassen hat. Eine der Gründe hierfür ist darin zu suchen, daß diese auf den Status von örtlichen Organen der Staatsmacht reduziert worden waren. Zwar wurden im Zuge der Raumplanung auch Überlegungen angestellt, ein System von zentralen Orten ins Leben zu rufen, doch diese sind nicht weiterverfolgt worden, weil einerseits die materiellen Voraussetzungen für die Ausstattung derselben fehlten, andererseits auf die Eigeninitiative der Dorfbewohner und LPGs in den kleineren Dörfern nicht ganz verzichtet werden konnte. Dabei haben sich vor allem die Leistungen der dorfübergreifenden LPGs für die infrastrukturelle Ausstattung des flachen Landes als unentbehrlich herausgestellt: Diese unterhielten soziale Einrichtungen und boten kulturelle Veranstaltungen an. Mit deren Wegfall sind viele dieser Aufgaben an die Dorfgemeinden übergegangen. Diese sahen sich zudem neuen, noch ungewohnten Herausforderungen gegenüber, nämlich Wasserversorgung, Abwasserregelung, Dorferneuerung u. a. Zwar besaßen sie um Unterschied zu den westdeutschen Dorfgemeinden vor der Gebietsreform hauptamtliches Personal, doch verfügten sie damit noch nicht über eine fachlich spezialisierte Verwaltungskraft. So fühlten sich viele Dorfgemeinden von ihrer Aufgabenerweiterung überfordert. Dennoch bestanden bei nicht wenigen Dorfbewohnern Vorbehalte gegen eine kommunale Gebietsreform. Nach dem Wegfall der Bevormundung durch den zentralisierten SED-Staat wollten sie ihre neugewonnene Gemeindeeigenständigkeit nicht gleich wieder verlieren.

Im Vergleich mit Dörfern in der alten Bundesrepublik fällt auf, daß die Dorfgemeinden in den neuen Bundesländern weniger sozial »durchblutet« sind, d. h. es mangelt ihnen an Kommunikations- und Integrationsorten in Form von Gasthäusern, Festen und Vereinen; diese Lücke wird auch durch Kirchgemeinden nicht geschlossen. Wenn schon der soziale Lokalismus ausbaufähig ist, wie steht es dann erst mit dem politischen Lokalismus? Die Dorfbewohner haben in den neuen Bundesländern erhebliche Umstellungsleistungen zu erbringen. Mit den eigenen Problemen und Sorgen beschäftigt, bleibt oft nur noch Zeit für die Beteiligung an der Gemeindepolitik. Die Gemeindereformer in Parlamenten und Ministerien wollten deshalb zwar die kleinen Dorfgemeinden nicht durch eine großflächige Einheitsgemeinde nach dem Vorbild von Nordrhein-Westfalen ersetzen, doch hielten sie auch wenig von einer zusätzlichen kommunalen Wahlebene in Form der Samt- oder Verbandsgemeinde. Von Mecklenburg-Vorpommern bis Sachsen gingen daher ihre Reformüberlegungen vielmehr davon aus, die kommunale Verwaltungskraft auf dem Lande durch die Bildung von Verwaltungsgemeinschaften zu stärken. Dabei orientiert sich Mecklenburg-Vorpommern an der Amtsverfassung Schleswig-Holstein, während sich Sachsen die baden-wurttembergische Verwaltungsgemeinschaft zum Vorbild genommen hat. Was als dauerhafte »weiche« Gebietsreformalternative zur Bildung von größeren Einheitsgemeinden gedacht war, wird inzwischen mehr und mehr als »Durchgangsstadium« auf dem Wege zu diesen betrachtet.[23] Damit dürften sich auch die Rahmenbedingungen für die Dorfpolitik in den neuen Bundesländern von neuem entscheidend verändern.

---

23 Hellmut Wollmann, Transformation der ostdeutschen Kommunalstrukturen. Rezeption, Eigenentwicklung, Innovation, in: Hellmut Wollmann/H.-U. Derlien/K. König/W. Rentzsch/W. Seibel, Transformation der politisch-administrativen Strukturen in Ostdeutschland, Opladen 1997, S. 293.

Fazit

Im Vergleich zum 19. Jahrhundert mit seiner Unterscheidung zwischen Stadt- und Dorfgemeinde besteht heute in Deutschland die Einheitsgemeinde. Allein diese Rechtslage läßt es kaum zu, von einem Gegensatz zwischen städtischer und ländlicher Kommunalpolitik auszugehen. Eine solche dichotomische Betrachtungsweise verbietet sich auch deshalb, weil ein anhaltender Urbanisierungsdruck nicht nur die Lebensgrundlage und die Baugestalt der Dörfer, sondern auch die Verhaltensweisen ihrer Bewohner verändert. Dennoch weist die Dorfpolitik noch immer einige Besonderheiten auf, die es rechtfertigen, sie als eine Spielart der allgemeinen Kommunalpolitik einzuschätzen. Wie im folgenden zu sehen ist, sind ihre besonderen Merkmale u. a. in kommunalrechtlichen Vorkehrungen, Eigenarten der politischen Kultur und kommunalen Aufgabenprioritäten zu suchen.

1. Dem föderalistischen Geist entsprechend haben die Bundesländer recht unterschiedliche Wege bei der Ausgestaltung der kommunalen Selbstverwaltung des flachen Landes und seiner Dörfer gewählt: Diese reichen von der Einheitsgemeinde mit Ortsvorsteher über die dezentralisierte Einheitsgemeinde mit Ortschaftsverfassung bis hin zu der »zweistöckigen« Verbands- bzw. Samtgemeinde oder der Verwaltungsgemeinschaft (Amt). Wie Untersuchungen zeigen, wird zwar der »soziale Lokalismus« durch kommunalrechtliche Vorkehrungen weitaus weniger mit Leben erfüllt als von der Tätigkeit ortsbezogener Vereine und Kirchengemeinden, doch der »politische Lokalismus«, d. h. die Vertretung von teilörtlichen Interessen, hat dort eine größere Artikulations- und Durchsetzungschance, wo eine unmittelbar von der Bevölkerung gewählte Ortsvertretung besteht. Diese sieht sich eher als ein allein vom Gemeinderat bestimmter Ortsvorsteher in der Lage, die im Gegensatz zum »alten Dorf« sozial und kulturell aufgefächerten Bedürfnisse des »neuen Dorfes« aufzugreifen und in Zusammenarbeit mit einer professionalisierten Gemeindeverwaltung und einem parteipolitisierten Gemeinderat in eine bürgernahe Sozialraumgestaltung umzusetzen.

2. Der kommunalpolitische Meinungs- und Willensbildungsprozeß ist in den Dörfern – trotz mancher Veränderungen seit der Gebietsreform – im Gegensatz zu den Städten noch immer mehr personen- als organisationsbezogen. Dabei fällt eine ausgeprägte lokalistische Einstellung der Dorfbewohner auf. Auf diesen Parochialismus ist es auch zurückzuführen, daß in ihrer Identifikationshierarchie das eigene Dorf an erster Stelle zu stehen kommt, d. h. Landgemeinde, Verwaltungsgemeinschaft und Landkreis gelten bereits als kommunale Fernräume. Die politische Kultur der Dorfbevölkerung ist aber auch noch durch den Drang nach einvernehmlichen Lösungen, einer gewissen Konfliktscheu und eine nach wie vor bestehende Distanz gegenüber den Parteien gekennzeichnet. Dabei wären im Unterschied zu den teilortorientierten Vereinen die auf Gemeindeebene angesiedelten Parteien im besonderen Maße dazu berufen, das Zusammenwachsen der neugebildeten Landgemeinden und Verwaltungsgemeinschaften zu fördern.[24]

3. Zwar ist die Urbanisierung der kommunalpolitischen Handlungsthemen auf dem Lande nicht zu übersehen, doch deren Prioritätenfolge und Schwerpunkte werden durch dessen besondere Bedingungen und Bedürfnisse bestimmt. So besitzt die Ausweisung von Baugebieten bei gleichzeitiger Verbesserung der Verkehrsanbindungen einen besonderen Stellenwert für die Dorfbewohner. Diese sind auch daran interessiert, daß ihr Dorf öffentliche Einrichtungen wie einen Kindergarten behält bzw.

---

24 Herbert Schneider, Kommunalpolitik auf dem Lande, München 1991, S. 221.

andere wie z. B. die Grundschule zurückgewinnt. Ein von allen öffentlichen Einrichtungen entblößtes Dorf büßt nicht nur an Infrastrukturqualität ein, sondern verliert auch an Selbstvertrauen. Die überlokalen Landgemeindeämter und Verwaltungsgemeinschaften sind daher gut beraten, wenn sie ihren Dörfern ein Minimum an öffentlichen und privaten Einrichtungen sichern helfen. Bei dieser Aufgabe ist nicht nur die Maklerfunktion des Gemeinderats oder Amts- bzw. Verwaltungsausschusses, sondern auch die Außenvertretungsrolle der Verwaltungsspitze, vor allem gegenüber dem Landkreis, gefordert.

4. Die Bildung von Flächengemeinden und Verwaltungsgemeinschaften hat auch das Verhältnis Landkreis-Gemeinde in den ländlichen Räumen berührt. Da vor den in den 70er Jahren erfolgten Gebietsreformen viele der kleinen Dorfgemeinden nur über die Verwaltungskraft von nebenamtlichen Bediensteten verfügten, mußte die Kommunalaufsicht des Landratsamtes mehr als einmal vorbeugend tätig werden. Mit der Professionalisierung der ländlichen Kommunalverwaltung hat dieser Eingriffsgrund an Bedeutung verloren. Gleichzeitig hält eine sich verändernde politische Kultur die Dorfbewohner nicht mehr davon ab, sich beschwerdeführend unter Umgehung der von ihr gewählten Gemeindevertreter unmittelbar an die Organe des Landkreises zu wenden (s. auch das Stichwort »Stellung und Funktion der Kreise«).[25]

---

25 Herbert Schneider u. a., Kreispolitik im ländlichen Raum, München 1985.

Kapitel 2:
Institutionelle Rahmenbedingungen lokaler Politik und Verwaltung

FRANZ-LUDWIG KNEMEYER

Gemeindeverfassungen

1. Von der historisch und föderalistisch bestimmten Vielfalt zur dualen Rat-Bürgermeister-Verfassung

a. Föderalistisch bestimmte Vielfalt

Vielfältig und dem föderalen Gebilde aus 16 Staaten mit verschiedenen historischen Entwicklungen entsprechend, waren noch bis vor wenigen Jahren die inneren Kommunalverfassungen, die Binnenorganisationen zur Erfüllung kommunaler Aufgaben. Steht bei der äußeren Gemeindeverfassung das Verhältnis Staat-Gemeinden im Vordergrund[1], so ist die innere Gemeindeverfassung[2], auf die sich dieser Beitrag beschränkt, vor allem durch die Aufgaben- und Verantwortungsverteilung[3] zwischen Gemeindevertretung (Rat) und Verwaltung gekennzeichnet.

Die Aufgabenerledigung durch verselbständigte kommunale Einheiten – Eigenbetriebe, Eigengesellschaften u. ä. –, die je nach Nähe zum oder Ferne vom Mut-

---

1 Das Verhältnis Staat-Kommunen (für die Bundesrepublik Deutschland nunmehr nach langen Diskussionen wohl zunächst einmal beruhigend geklärt durch die Rastede-Entscheidung des Bundesverfassungsgerichts [BVerfGE 79, S. 127 ff.] – siehe dazu etwa Franz-Ludwig Knemeyer, Staat-Kommunen, Gemeinden-Landkreise, Der Staat 1990, S. 406 ff. mit weiteren Nachweisen) wird seit dem Ende der 80er Jahre erneut und verstärkt diskutiert vor dem Hintergrund der Europäischen Charta der kommunalen Selbstverwaltung. Ders., Die Europäische Charta der kommunalen Selbstverwaltung, Kommunalrecht – Kommunalverwaltung, Bd. 1, Baden-Baden 1989.

2 Gesamtheit der Regelungen, die den inneren Aufbau der Gemeinde betreffen, also deren innere Organisation, die Arten und Aufgaben der verschiedenen Organe, deren Bildung und Zusammensetzung, ihr Verhältnis zueinander und ihre Zuständigkeit im kommunalpolitischen und administrativen Entscheidungs- und Vollzugsverfahren.

3 Der Terminus der »Machtverteilung« zwischen Gemeindevertretung und Hauptverwaltungsbeamten wird bewußt vermieden. Er wird kommunalen Grundstrukturen, in denen Gemeindevertretung und Hauptverwaltungsbeamte gleichermaßen – in einem Boot sitzend – die Verwaltung darstellen, nicht gerecht. Das von Gerd Schmidt-Eichstaedt – dem dieser Terminus zuzuschreiben ist – propagierte Modell der Stadtregierung kommt zwar einer Realitätsbeschreibung in Großstädten nahe, ist jedoch für den Staats- und Kommunalrechtler nicht akzeptabel (siehe G. Schmidt-Eichstaedt, Machtverteilung zwischen Gemeindevertretung und dem Hauptverwaltungsbeamten im Vergleich der deutschen Kommunalverfassungssysteme, Archiv für Kommunalwissenschaften, 1985, S. 20 ff.; dagegen F.-L. Knemeyer, Parlamentarisierung der Stadträte und Stadtregierung? In: D. Schwab/D. Giesen/J. Listl/H.W. Strätz [Hrsg.], Staat, Kirche, Wissenschaft in einer pluralistischen Gesellschaft, Festschrift z. 65. Geburtstag v. Paul Mikat, Berlin 1989, S. 741 ff.).

tergemeinwesen nicht nur kommunale Verantwortung lockert[4], sondern auch durch zusätzliche Organisationsstrukturen gekennzeichnet ist, hat zwar für die Gesamtansicht einer Gemeindeverfassung Bedeutung, stellt aber im wesentlichen eine weitere Ausdifferenzierung des Bildes dar und muß deswegen hier vernachlässigt werden (vgl. hierzu den Beitrag von Günter Püttner in diesem Band. Ausgeblendet aus der Darstellung und Analyse der Gemeindeverfassungen sind auch die Formen gemeindlicher Zusammenarbeit, namentlich im ländlichen Bereich, die zur Steigerung von Effektivität bei Wahrung demokratischer Mitwirkung Kompetenzen und Verantwortung verlagern, wie etwa Konstruktionen der Verwaltungsgemeinschaften, Ämter, Samtgemeinden oder Verbandsgemeinden.[5]

Trotz einer Reduktion der Vielfalt bundesdeutscher Kommunalverfassungen durch den »Siegeszug der süddeutschen Kommunalverfassung«[6] ist ein Verzicht auf die Einbeziehung auch der Organisationsstrukturen der Stadtstaaten Berlin, Bremen und Hamburg erforderlich[7] (zu den Kreisverfassungen vgl. den Beitrag von Hans-Günter Henneke in diesem Band. Bei einer derart vorgenommenen Eingrenzung des Themas auf die unmittelbare Binnenorganisation, die Aufgabenverteilung und Entscheidungsstrukturen der Gemeinden in den Flächenstaaten der Bundesrepublik, zeigt sich dennoch eine gewisse Vielfalt, wenn man in die Feinabgrenzung einsteigt.[8] So hat die Angleichung der Kommunalverfassungen keineswegs zu einem weitgehend vereinheitlichten Kommunalrecht in der Bundesrepublik Deutschland geführt. Im Rahmen der Mindestvorgaben des Art. 28 Abs. 2 GG und der Europäischen Kommunalcharta haben die Ländergesetzgeber ihrer Sicht des Verhältnisses Staat-Kommunen entsprechend Modelle und Modellvarianten in ihren Gemeindeordnungen umgesetzt, die sowohl dem Grundsatz effektiver kommunaler Selbstverwaltung, nämlich »alle Angelegenheiten der örtlichen Gemeinschaft im Rahmen der Gesetze in eigener Verantwortung zu regeln« (Art. 28 Abs. 2 GG), als auch der örtlichen Demokratie entsprechen.[9] Wie breit die Gestaltungsmacht der Landesgesetzgeber unter den generellen Garantievorgaben des Grundgesetzes ist, zeigt allein die Tatsache, daß sich die Kommunalverfassungssysteme bei gleichbleibenden grundgesetzlichen Vorgaben namentlich in den neunziger Jahren nicht unerheblich gewandelt haben.

---

4 Dazu Hans-Günter Henneke, Organisation kommunaler Aufgabenerfüllung, Schriften zum deutschen und europäischen Kommunalrecht, Bd. 6, Stuttgart 1997.

5 Dazu insg. etwa Hans-Werner Rengeling, Interkommunale Zusammenarbeit, in: Handbuch der kommunalen Wissenschaft und Praxis, Bd. 2, 2. Aufl., Berlin 1982, S. 385 ff. sowie die Beiträge von Eberhard Laux und Herbert Schneider in diesem Band.

6 Dazu näher hinten 1.c – Der Beitrag von v. Arnim, Auf dem Weg zur optimalen Gemeindeverfassung? In: Staat und Verwaltung – Fünfzig Jahre Hochschule für Verwaltungswissenschaften Speyer, hrsg. von Klaus Lüder, Berlin 1997, S. 297 ff., konnte nicht mehr berücksichtigt werden.

7 Dazu im einzelnen die Beiträge von E. Machalet/V. Becker/G. Schneider und H. Heise, in: Günter Püttner (Hrsg.), Handbuch der kommunalen Wissenschaft und Praxis, Bd. 2: Kommunalverfassung, Berlin u. a. 1982, S. 264 ff.; W. Hoffmann-Riem/H. J. Koch (Hrsg.), Hamburgisches Staats- und Verwaltungsrecht, Frankfurt a. M. 1988; V. Kröning/G. Pottschmidt/U. K. Preuß/A. Rinken (Hrsg.), Handbuch des Bremischen Verfassung, Baden-Baden 1991.

8 Von einer beeindruckenden Unterschiedlichkeit ist freilich kaum noch zu sprechen. So aber noch aus politikwissenschaftlicher Sicht Rüdiger Voigt, Kommunalpolitik zwischen exekutiver Führerschaft und legislatorischer Programmsteuerung, in: Aus Politik und Zeitgeschichte, B 22–23/92, S. 3 ff. Selbst ein und dieselbe Kommunalverfassung kann die verschiedensten Entscheidungsstrukturen hervorbringen (ebd. S. 11 f.).

9 Zu den Mindeststandards der EKC Bernd Weiß, Einführung und Umsetzung der Europäischen Charta der kommunalen Selbstverwaltung in Deutschland, Frankfurt a. M. u. a. 1996.

b. Zur historischen Entwicklung der verschiedenen Gemeindeverfassungssysteme

»Die Kommunalverfassungssysteme in den Ländern der Bundesrepublik sind ein Spiegelbild der bundesstaatlichen Ordnung, der Geschichte der Bundesrepublik, des Reiches und der Staaten im Reich.«[10] Die reiche, weit ins Mittelalter zurückgehende Geschichte kommunaler Selbstverwaltung war immer auch ein Spiegelbild unterschiedlicher Herrschaftsstrukturen und Freiheitsordnungen (vgl. den Beitrag von Adelheid von Saldern in diesem Band. Deutlich wird dies in der im gleichen Jahr 1808 in Preußen erlassenen Stein'schen Städteordnung (1808) und in dem von Montgelas in Bayern erlassenen ersten Gemeindeedikt.[11] Beide dort erstmals in moderner Gesetzesform gefaßte Grundtypen wirken neben vielen späteren Einflüssen – so den britischen nach dem 2. Weltkrieg – noch heute fort. Nur für kurze Zeit wurde den deutschen Kommunen eine einheitliche Verfassung aufgezwungen, die von Hitler »erlassene« Deutsche Gemeindeordnung von 1935.[12]

Will man Herkunft und Bezeichnung der heute fälschlicherweise immer noch so bezeichneten norddeutschen Ratsverfassung, der süddeutschen Ratsverfassung und der Magistratsverfassung verstehen, so bedarf es eines kurzen Blicks in die Entwicklungsgeschichte des 19. Jahrhunderts. Zu Recht wird hervorgehoben, daß die reiche Vielfalt eigenständiger Gemeindeverfassungssysteme aus der Tradition der deutschen Verfassungsgeschichte zu verstehen sei. »Selbst als die neuen Gebiete Schleswig-Holstein und Hannover einverleibt wurden, kultivierte Preußen seine schon im frühen 19. Jahrhundert geübte Praxis – damals gegenüber seinen neuen Provinzen Rheinland, Westfalen und Nassau –, die jeweils in der Region bestehende Kommunalverfassung anzuerkennen und fortzuschreiben.«[13] Einheitliche Gemeindeordnungen für größere Einheiten waren jeweils nur von kurzer Dauer. Die Gemeindeordnung für ganz Preußen von 1850 wurde schon drei Jahre später suspendiert, und die Deutsche Gemeindeordnung von 1935 blieb ebenso Episode. Gleiches galt aber auch für die Versuche kommunaler Spitzenverbände sowohl nach dem 1. als auch nach dem 2. Weltkrieg. Die Grundvorstellungen der verschiedenen Länder waren zu unterschiedlich, als daß sie über »Musterordnungen« hätten harmonisiert werden können. Aber auch in den Spitzenverbänden war man sich nicht einig. So wurden z. B. im Jahre 1947 fünf Alternativentwürfe vorgelegt. Insgesamt ist das Bild wohl am besten unter Hinweis auf eine Entschließung des 5. Deutschen Städtetages im Jahre 1921 zu kennzeichnen, der hervorhebt, daß »wohl auf keinem Rechtsgebiet zur Zeit eine so unübersehbare Mannigfaltigkeit wie auf dem Gebiet des städtischen Verfassungsrechts in Deutschland« besteht, weil »alle diese Städteordnungen in unzähligen Einzelheiten voneinander unterschieden« sind.[14] Diese Aussage galt keineswegs allein für die Städteordnungen. Es

10 Erwin Schleberger, Die Kommunalverfassungssysteme im Überblick, in: Günter Püttner (Anm. 7), S. 197 ff.
11 Dazu Franz-Ludwig Knemeyer, Regierungs- und Verwaltungsreformen in Deutschland zu Beginn des 19. Jahrhunderts, Köln u. a. 1970, S. 101 ff., 112 ff.; ders. (Hrsg.), Die bayerischen Gemeindeordnungen 1808–1945, Schriften zur öffentlichen Verwaltung, Bd. 41, Köln 1994.
12 Abgedruckt bei P. Löw, Kommunalgesetzgebung im NS-Staat am Beispiel der Deutschen Gemeindeordnung 1935, Baden-Baden 1992, S. 317 ff.; Ch. Engeli/W. Haus (Bearb.), Quellen zum modernen Gemeindeverfassungsrecht in Deutschland, Stuttgart u. a. 1975, S. 673 ff.
13 Adelheid von Saldern, in diesem Band.
14 Siehe dazu Hans-Joachim Stargardt, Kommunalverfassungen in Deutschland, in: Verwaltungsrundschau 1995, S. 118 ff., 119.

bestanden daneben noch Ordnungen für die Landgemeinden und, wenn man den Begriff der Kommunalverfassungen umfassend sieht, natürlich auch unterschiedliche Landkreisordnungen sowie Gesetze für Selbstverwaltungskörperschaften der dritten kommunalen Ebene.

Die bis in die heutige Zeit nachwirkenden Kommunalverfassungssysteme fanden ihre Ausgestaltungen vor dem Hintergrund der Garantienorm der Weimarer Verfassung (Art. 127).[15] Hier fanden dann auch erstmals, wenn auch noch zaghaft, neben den Selbst-Verwaltungselementen Elemente örtlicher Demokratie Eingang.

Versucht man die Vielfalt auf Grundstrukturen zu reduzieren, so sind kennzeichnend zunächst die Unterscheidungen zwischen Ein- und Zweikörpersystemen. Ganz grob mag man sie einteilen in die preußisch bestimmten Magistratsverfassungssysteme als Zweikörpersysteme, die rheinische Bürgermeister-Verfassung als typisches Einkörpersystem sowie die süddeutschen Einkörpersysteme in Bayern, Württemberg und Thüringen. Im Unterschied zum preußischen Magistratssystem galt das Einkammersystem als konsequente Verwirklichung demokratischer Prinzipien. Dementsprechend war auch die süddeutsche Ratsverfassung in der Zeit zwischen den beiden Weltkriegen richtig bezeichnet: der Rat als maßgebliches Organ bestimmte die neue örtliche Demokratie.[16] Im Kontrast dazu war jedoch das Einkammersystem – die rheinische Bürgermeister-Verfassung – weit mehr durch Aspekte der Verwaltungseffizienz als durch Demokratieaspekte gekennzeichnet. Der Bürgermeister bestimmte maßgeblich die Gesamtpolitik. Die süddeutsche Ratsverfassung wurde bereits zwischen den beiden Weltkriegen in Richtung einer dualen Verfassung fortentwickelt, indem der Bürgermeister Schritt für Schritt eine eigenständige Position erhielt.[17]

Als Vorteil des Zweikörpersystems wurde herausgestellt, daß diese »gerade in politisch schwierigen Zeiten eine Gewähr dafür bieten, daß ein auf ungenügenden Überlegungen beruhender, übereilter, oder ein durch zufälliges Mehrheitsverhältnis in einer einzelnen Sitzung zustande gekommener oder ein ausschließlich durch parteipolitische Interessen hervorgerufener Stadtverordnetenbeschluß durch ein zweites Kollegium korrigiert werden könne.«[18] Für die Einkörpersysteme wurde unter dem Aspekt der Verwaltungseffizienz herausgestellt, daß eine unter dem Vorsitz des Bürgermeisters arbeitende Beschlußkörperschaft eine wesentliche Verbesserung und Vereinfachung bedeute.[19]

Nach dem Zweiten Weltkrieg knüpften die neuen Länder schnell an die in ihren Gebieten überkommenen Gemeindeordnungen an. Zum Teil wurden Vorbilder aus Kommunalverfassungen der Besatzungsmächte – namentlich des britischen local government – berücksichtigt[20]. Die Deutsche Gemeindeordnung 1935 wirkte lediglich – und dies ist schon bedeutsam – in ihrer Gliederung sowie den Vorschriften über das kommunale Wirtschafts- und Haushaltsrecht und teilweise die Aufsicht nach.

---

15 Zur Entwicklung der verfassungsrechtlichen Vorgaben im einzelnen Franz-Ludwig Knemeyer, Die Entwicklung der kommunalen Selbstverwaltung im Spiegel von Verfassungen und Kommunalordnungen, in: Arno Buschmann/Franz-Ludwig Knemeyer/Gerhard Otte/Werner Schubert (Hrsg.), Festschrift für Rudolf Gmür zum 70. Geburtstag, Berlin 1982, S. 137 ff., 145.

16 Vgl. Adelheid von Saldern (Anm. 13).

17 Dazu im einzelnen Franz-Ludwig Knemeyer, Die bayerischen Gemeindeordnungen (Anm. 11).

18 Adelheid von Saldern, Geschichte der kommunalen Selbstverwaltung, in: Roland Roth/Hellmut Wollmann (Hrsg.), Kommunalpolitik, 1. Auflage, Opladen 1994, S. 6 f.

19 Siehe dazu auch Hans-Joachim Stargardt (Anm. 14), S. 118 ff., 119.

20 Janbernd Oebbecke, Zur »englischen« Kommunalverfassung in Nordrhein-Westfalen, Archiv für Kommunalwissenschaften 1997, S. 116 ff.

Ansätze zu einer weitergehenden Vereinheitlichung konnten sich auch nach dem Zweiten Weltkrieg nicht durchsetzen. Der Weinheimer Entwurf von 1948[21] konnte nicht zu einem die Kommunalverfassungen vereinheitlichenden Gesetz werden, da die »innere Kommunalverfassung« ausgespart und landesgesetzlicher Regelung überlassen wurde. Kennzeichnend für alle Alternativlösungen zum Weinheimer Entwurf und für diesen selbst war die Tendenz zum Einkörpersystem, das die »Schwerfälligkeit z. B. der Magistratslösung ... durch ein Verwaltungssystem, das einfach und schnell funktioniert«[22], ersetzen sollte. Auch erneute Vorstellungen des Deutschen Städtetages Anfang der 60er Jahre brachten keine Vereinheitlichung. Letzte Vereinheitlichungsbemühungen beim Deutschen Juristentag 1972 förderten lediglich die Erkenntnis nach dem Bedarf größerer Gemeinsamkeiten in den Landesgesetzen zutage. Eine entsprechende Rahmengesetzgebung des Bundes wurde jedoch abgelehnt.[23]

Die in dieser Zeit durchgeführten Gebietsreformen mit ihren umfassenden Umgestaltungen der kommunalen Landschaft – zwei Drittel der Gemeinden und fast die Hälfte der Landkreise »verschwanden«[24] – hat den Diskussionen um die »richtige Kommunalverfassung« erneut Nahrung gegeben. Mehr als den Folgen der Gebietsreform Rechnung tragende neue Strukturen kommunaler Zusammenarbeit – Verwaltungsgemeinschaften, Verbandsgemeinden, Neubelebung der Ämter[25] – und besondere Binnenstrukturen, wie Ortschaftsverfassungen[26], sind jedoch nicht zu verzeichnen.

Kennzeichnend für eine stille Veränderung der kommunalen Landschaft sind jedoch die Diskussionen um mehr Effizienz und Demokratie – ebenfalls ausgelöst durch die Gebietsreformen und allgemeine Strömungen der 70er Jahre. Stärkere Bürgermitwirkung gegen Parteien- und Staatsverdrossenheit, die sich auch in kleineren kommunalen Einheiten breit machten, standen auf der einen Seite, Effektivitätsbemühungen, bezogen auf die Aufgabenwahrnehmung von Rat und Verwaltung, auf der anderen. Effektivität und Demokratie waren Schlüsselworte, die auch in der Diskussion um eine bessere Kommunalverfassung Gewicht erlangten.[27]

Als *Ergebnis des historischen Prozesses* ist festzuhalten, daß keine Gemeindeordnung mit einer anderen identisch ist, und dennoch läßt sich eine jede unter die grundgesetzliche Garantienorm des Art. 28 Abs. 2 ebenso wie unter die Minimum-

---

21 Abgedruckt als Anhang zur Textausgabe der Gemeindeordnung für Schleswig-Holstein vom 24. Januar 1950, hrsg. von F. Markull, Göttingen 1950. Zum Entwurf auch Ch. Engeli/W. Haus (Anm. 12), S. 742.

22 Dazu Hans-Joachim Stargardt (Anm. 14), S. 119.

23 Ständige Deputation des Deutschen Juristentags (Hrsg.), Verhandlungen des 49. Deutschen Juristentags in Düsseldorf, München 1972, Bd. II, 2. Teilbd., Abschn. D; zur Problematik auch Rauch, Vereinheitlichung des Gemeindeverfassungsrechts in den Flächenstaaten, Diss. jur. Würzburg 1974.

24 Zu den Ergebnissen der Gebietsreform vgl. H.-F. Mattenklodt, Territoriale Gliederung – Gemeinden und Kreise vor und nach der Gebietsreform, in: Günter Püttner (Hrsg.), Handbuch der kommunalen Wissenschaft und Praxis, Bd. 1: Grundlagen, Berlin u. a. 1981, S. 154 ff.; vgl. auch Eberhard Laux in diesem Band.

25 Vgl. hierzu H.-W. Rengeling, Formen interkommunaler Zusammenarbeit, in: Günter Püttner (Hrsg.), (Anm. 7), S. 385 ff.; H. Fischer-Heidlberger, Die Rechtsstellung der Mitgliedsgemeinden in der Verwaltungsgemeinschaft, Schriften zur öffentlichen Verwaltung, Bd. 23, Köln u. a. 1993; W. Dahm, Die Verbandsgemeinde und ihre Ortsgemeinden, Herford 1986.

26 Vgl. R. Wiese, Systeme der Ortschaftsverfassung und der Bezirksgliederung, in: Günter Püttner (Hrsg.), (Anm. 7), S. 328 ff.

27 Siehe dazu die Wertung in Abschnitt 4.

standardregelungen der Europäischen Kommunalcharta subsumieren. Bis zu den zum Teil grundlegenden Kommunalverfassungsreformen der 90er Jahre wurden die Kommunalverfassungen, allgemeiner Typologisierung folgend, vier Gruppen zugeordnet:
- norddeutsche Ratsverfassung
- süddeutsche Ratsverfassung
- rheinische Bürgermeister-Verfassung und
- unechte Magistratsverfassung.[28]

Diese Typen knüpften vorrangig an die kommunalen Organe an und beachteten weniger die Kompetenzenverteilung und Entscheidungsbefugnis und schon gar nicht die mittlerweile zumindest tatsächlich weitgehend angeglichenen monistischen und dualistischen Aufgabensysteme.[29] Schon vor den Kommunalverfassungsreformen habe ich diese Einteilung kritisiert und auf drei Typen reduziert.

Demnach war bis zu den Kommunalverfassungsreformen der 90er Jahre zu unterscheiden zwischen (norddeutscher) Ratsverfassung, (süddeutscher) dualer Rat-Bürgermeister-Verfassung sowie Magistratsverfassung.[30]

c. Die Reduzierung der Grundtypen der Gemeindeverfassungen durch den »Siegeszug der süddeutschen Kommunalverfassung«[31]

Die Diskussion um die richtige Kommunalverfassung hat die 70er und 80er Jahre bestimmt.[32] Aus dem »Wettbewerb der Kommunalsysteme« ist die duale Rat-Bürgermeister-Verfassung »als Sieger hervorgegangen.«[33] Sie verbindet die notwendige Effizienz der Verwaltung mit der erforderlichen demokratischen Legitimation und bürgerschaftlicher Einwirkung.[34] Lediglich die in Hessen noch geltende Magistrats-

---

28 Zu den Kommunalverfassungen allgemein: Albert von Mutius, Kommunalrecht, München 1996, Rn. 648 ff.; Rolf Stober, Kommunalrecht in der Bundesrepublik Deutschland, 3. Aufl. 1996, § 4; Kay Waechter, Kommunalrecht, 3. Aufl., Köln u. a. 1997, Rn. 249 ff.

29 Dazu näher Matthias Götte, Kommunale Aufgaben in Bayern und Nordrhein-Westfalen, Diss. jur. Würzburg 1995, und Rolf Stober, Kommunalrecht (Anm. 27), § 4 IV.

30 Dazu Franz-Ludwig Knemeyer, Die Gemeindeverfassungen in der Bundesrepublik Deutschland, in: Roth/Wollmann (Hrsg.), Kommunalpolitik, 1. Aufl. 1994, S. 81 ff.

31 Hans Herbert von Arnim, Demokratie vor neuen Herausforderungen, ZRP 1995, 340 ff., 351; Rolf Stober, Kommunalrecht (Anm. 27), S. 32.

32 Siehe dazu Franz-Ludwig Knemeyer, Erfahrungen mit der süddeutschen Gemeindeverfassung, in: Jörn Ipsen (Hrsg.), Kontinuität oder Reform – Die Gemeindeverfassung auf dem Prüfstand, Köln u. a. 1990, S. 58 ff., und Jörn Ipsen, Die neue Niedersächsische Kommunalverfassung, in: NdsVBl. 1996, S. 97 ff.

33 Rolf Stober, Kommunalrecht (Anm. 27), S. 32, und Franz-Ludwig Knemeyer, Der süddeutsche Verwaltungschef und der Gemeinderat, in: Gelebte Demokratie, Festschrift für Manfred Rommel, 1997, S. 83 ff. m. umf. Nachw., namentlich in Anm. 2–4 sowie Franz-Ludwig Knemeyer, Die duale Rat-Bürgermeister-Verfassung als Leitverfassung nach den Kommunalverfassungsreformen, JuS 1998, S. 193 ff.

34 Dazu unter besonderer Herausstellung der plebiszitären Elemente: Andreas Bovenschulte/ Anette Buß, Plebiszitäre Bürgermeisterverfassungen, Der Umbruch im Kommunalverfassungsrecht, Baden-Baden 1996, sowie Dian Scheffold/Maja Neumann, Entwicklungstendenzen der Kommunalverfassungen in Deutschland, Demokratisierung oder Dezentralisierung? Basel u. a. 1996.

verfassung mag man als trialistische Verfassung kennzeichnen, wenn man beachtet, daß dem Bürgermeister mittlerweile eine – wenn auch nicht mit dem »süddeutschen Bürgermeister« vergleichbare – eigene Rechtsstellung zukommt.[35] Ob und inwieweit der Hauptausschuß oder Verwaltungsausschuß[36] in einigen Kommunalverfassungen als trialistisches Element gewertet werden kann, muß hier dahinstehen.[37]

Nachdem die Urwahl des Bürgermeisters flächendeckend eingeführt worden ist – gleiches gilt nicht für die Abwahl[38] – stellt diese kein kommunalverfassungsrechtliches Abgrenzungskriterium mehr dar. Kennzeichnend für eine Unterschiedlichkeit in den Verfassungen ist jedoch die Stellung des Bürgermeisters im einzelnen. In der Mehrzahl der Verfassungen ist er zugleich Leiter der Verwaltung und Leiter des Rates. Beide Bereiche stehen also unter einer Spitze. Daneben haben andere Kommunalverfassungen am eigenständigen Ratsvorsitzenden oder Vorsitzenden der Gemeindevertretung mit unterschiedlich weiten Kompetenzen festgehalten.

d. Die »Übergangs«-Kommunalverfassung der DDR

Die nur für kurze Zeit gültige »Übergangs«-Kommunalverfassung der DDR hat ihren eigenen Stellenwert im historischen Prozeß der Entwicklung neuer Kommunalverfassungen. Gerade ihre Schaffung hat die Reformen auch in den neuen Ländern maßgeblich angestoßen. Aus diesem Grunde und zur Erläuterung gewisser Verwandtschaften der Gemeindeordnungen der fünf neuen Länder, die die DDR-Kommunalverfassung abgelöst haben, sei dieses wohl mit zu den bedeutsamsten und fortschrittlichsten Gesetzen der ersten freigewählten Volkskammer zu zählende Gesetz kurz charakterisiert.

Unmittelbar nach der Wende zu Beginn des Jahres 1990 sind in kurzem, dichtem Verfahren die Voraussetzungen für eine Ablösung des Gesetzes über die örtlichen Volksvertretungen von 1985 und die Einführung einer demokratischen Vorstellungen westlicher Prägung entsprechenden Kommunalverfassung geschaffen worden.[39] Die noch von der Volkskammer der DDR verabschiedete »Kommunalverfassung der DDR«, in Kraft getreten am 17. Mai 1990 und nach dem Einigungsvertrag zunächst fortgeltend, hat die Fragen der inneren Kommunalverfassung im Abschnitt »Vertretung und Verwaltung« in den §§ 20–33 geregelt. Obwohl in den Diskussionen, namentlich auch vor dem Hintergrund der Reformbestrebungen in Nordrhein-Westfalen und Niedersachsen, eine Präferenz für süddeutsche Kommunalverfassungsvorstellungen vorherrschte, ist das Gesetz selbst durch eine möglichst enge Anbindung an Bestehendes gekennzeichnet, sei es auch nur unter dem Gesichtspunkt der Bei-

---

35 Siehe dazu hinten 3.

36 Dazu allgemein Gerhard Weinmann, Kollegiale Formen kommunaler Verwaltungsführung, in: Schriften zur öffentlichen Verwaltung, Bd. 40, Köln u. a. 1993, S. 188 ff.

37 Siehe die Kommunalverfassungen von Brandenburg, Nordrhein-Westfalen, Niedersachsen, Mecklenburg-Vorpommern und Schleswig-Holstein. – Zur Abhängigkeit des urgewählten Bürgermeisters vom Hauptausschuß in Brandenburg z. B. Nierhaus, Die Gemeindeordnung des Landes Brandenburg, LKV 1995, S. 5 ff.

38 Baden-Württemberg und Bayern haben bewußt eine Abwahl nicht eingeführt.

39 Franz-Ludwig Knemeyer, Kurzbericht über das Seminar, in: ders. (Hrsg.), Aufbau kommunaler Selbstverwaltung in der DDR, in: Kommunalrecht – Kommunalverwaltung, Bd. 4, 1990, S. 81 f.

behaltung von Bezeichnungen. Man versuchte noch (!) eine »organisatorische Fortentwicklung.«[40]

Die »Übergangs«-Kommunalverfassung der DDR wurde sehr bald durch eigenständige Gemeindeordnungen der fünf neuen Länder abgelöst. Als erstes hat sich der Freistaat Sachsen mit Gesetz vom 21. April 1993 eine neue Gemeindeordnung gegeben, die am 1. Mai 1993 in Kraft getreten ist. Die übrigen Länder haben ihre eigenständigen Gesetze bis zu den Kommunalwahlen des Jahres 1994 erlassen.

2. Die duale Rat-Bürgermeister-Verfassung als Leitverfassung

a. Allgemeine Charakterisierung und Abgrenzung im System der drei verschiedenen Kommunalverfassungen in Deutschland

Nach dem Siegeszug der süddeutschen Gemeindeverfassung[41] gehen die Gemeindeordnungen von einer dualistischen Kompetenzverteilung aus. Auf die Sonderstellung der Hessischen Kommunalverfassung wurde hingewiesen. Unter dem Aspekt der Aufgaben- und Verantwortungsteilung ist also das duale – Kompetenzen und Verantwortung zwischen Rat und Verwaltung verteilende – System flächendeckend. Ist damit der Unterschied zwischen monistischen[42] und dualistischen Kommunalverfassungen entfallen und sind auf diese Weise wesentliche Unterschiede eingeebnet, so sind die konkreten Ausgestaltungen und Konturen mannigfaltiger und unschärfer geworden. Hinzu kommt, daß in einzelnen Ländern die Verfassungen für Landgemeinden mit ehrenamtlichen Bürgermeistern und im Bereich kommunaler Zusammenarbeit anders ausgestaltet sind als die in Gemeinden mit hauptamtlichem Bürgermeister.[43]

Eine wesentliche Unterscheidung bringt jedoch die Frage der Leitungskompetenz der beiden Hauptorgane mit sich: die Frage nach der Aufgabenerfüllung unter einer Spitze oder zwei Leitungsverantwortlichen, einer Doppelspitze. Systemkennzeichnend und damit eine Unterteilung rechtfertigend, ist die besondere Position des Ratsvorsitzenden. Mit der flächendeckenden Einführung der Urwahl des Bürgermeisters und der damit verbundenen Verstärkung seiner »Machtposition« haben einige Kommunalverfassungen zur Gewährleistung der Kontrollfunktion des Rates gegenüber dem erstarkten Bürgermeister mit seiner Verwaltung die Trennung von Ratsvorsitz und Verwaltungsspitze als »Machtregulativ« beibehalten.[44]

Sieht man einmal von gewissen Besonderheiten im Bereich kleiner Gemeinden ab, so sind die verschiedenen Kommunalverfassungen wie folgt zu systematisieren:

---

40 Zur Kommunalverfassung der DDR siehe Otto N. Bretzinger, Die Kommunalverfassung der DDR, Baden-Baden 1994, mit umf. Nachw.
41 Hans Herbert von Arnim, Demokratie vor neuen Herausforderungen, ZRP 1995, S. 340, 351 und Rolf Stober, Kommunalrecht (Anm. 27), S. 32.
42 Ehedem die sog. norddeutsche Ratsverfassung in NW und Niedersachsen.
43 Derartige Besonderheiten kennen Brandenburg, Mecklenburg-Vorpommern, Niedersachsen, Sachsen-Anhalt und Schleswig-Holstein.
44 Dazu Dian Scheffold/Maja Neumann, Entwicklungstendenzen (Anm. 33), S. 10.

- *Duale Rat-Bürgermeister-Verfassung unter einer Spitze:* Der durch die Bürger gewählte Bürgermeister ist Leiter der monokratischen Verwaltung und kraft Amtes
  auch Vorsitzender des Rates/der Gemeindevertretung. Die Kompetenzverteilung
  ist dualistisch. – *Baden-Württemberg, Bayern, Nordrhein-Westfalen, Rheinland-
  Pfalz, Saarland, Sachsen, Thüringen.*
- *Duale Rat-Bürgermeister-Verfassung mit zwei Spitzen:* Der durch die Bürger gewählte Bürgermeister ist Leiter der monokratischen Verwaltung. Die Gemeinde-
  vertretung/der Rat wird durch den aus ihrer Mitte gewählten Vorsitzenden geleitet.
  Die Kompetenzverteilung ist dualistisch. – *Brandenburg, Mecklenburg-Vorpommern, Niedersachsen*[45]*, Sachsen-Anhalt, Schleswig-Holstein.*
- Unechte Magistratsverfassung: Bei dualistischer (resp. trialistischer) Kompetenzverteilung wird die Verwaltung durch ein Kollegialorgan – den Magistrat – geleitet,
  dessen Vorsitzender und Mitglied auch der urgewählte Bürgermeister ist. Ihm stehen daneben eigene Kompetenzen zu. Die Gemeindevertretung wird durch den aus
  ihrer Mitte gewählten Vorsteher geleitet. – *Hessen.*[46]

b. Die duale Rat-Bürgermeister-Verfassung unter einer Spitze

Dies betrifft die Länder Baden-Württemberg, Bayern, Nordrhein-Westfalen, Rheinland-Pfalz, Saarland, Sachsen, Thüringen und Option Niedersachsen.

b.1 Kommunalrechtliche und kommunalpolitische Einordnung

Betrachtet man die sogenannten süddeutschen Kommunalverfassungen und die diesen
nachgebildeten dualistischen Kommunalverfassungen unter einer Spitze durch die
kommunal-*rechtliche* Brille, so teilt der Bürgermeister die Gemeindeaufgaben mit
dem Rat. Kommunalrechtlich zutreffend sind daher auch die süddeutschen Kommunalverfassungen nicht als »süddeutsche Ratsverfassung«, sondern als Rat-Bürgermeister-Verfassung zu bezeichnen. Sie werden bei allen Wertungen sowohl unter
Demokratie- als auch unter Effizienzgesichtspunkten als der kommunalen Selbstverwaltung besonders förderlich eingestuft. Trotz der Machtfülle der einen Spitze ist
diese Verfassung auch unter dem Gesichtspunkt der Bedeutung des Rates als eigen-
ständigem Organ entsprechend austariert.

Betrachtet man diese dualen Rat-Bürgermeister-Verfassungen durch die kom-
munal-*politische* Brille, so stellen sie sich eigentlich dar als Bürgermeisterverfassungen. Der Bürgermeister ist derjenige, den der politisch Interessierte als Gemeindeoberhaupt ansieht. Der Bürgermeister besitzt Macht und Gestaltungsfülle wie kein
anderer. Durch die unmittelbare Bürgerwahl hat er schließlich die »höheren Weihen«
erhalten.

Betrachtet man die Funktionszusammenhänge im einzelnen und addiert zu den
Funktionen des Verwaltungschefs die Funktionen des Ratschefs, so wird ein nicht un-
erhebliches faktisches Übergewicht des von den Gemeindeordnungen (nur) als zweites

---

45 Mit der Möglichkeit, auch den Bürgermeister zum Ratsvorsitzenden zu wählen.
46 Die Magistratsverfassung besteht nurmehr in Hessen und übergangsweise bis zum 31. 3. 1998
    noch in Städten Schleswig-Holsteins.

Hauptorgan konstituierten Bürgermeisters deutlich. Sein besonderes Gewicht erlangt er aber als die eine steuernde Spitze über Rat und Verwaltung.[47]

b.2 Die Position des Gemeinderats im dualen Rat-Bürgermeister-System – sein Verhältnis zu Bürgermeister und Verwaltung

Unbestritten ist das kollegiale Vertretungsorgan der Gemeinde in der dualen Rat-Bürgermeister-Verfassung das erste Hauptorgan. Unmittelbar von der Bürgerschaft gewählt, zum Teil jedenfalls durch ein von Kumulieren und Panaschieren bestimmtes Kommunalwahlsystem weitgehend dem Bürgereinfluß unterstellt[48], hat er die zentralen Fragen gemeindlicher Politik zu entscheiden. Für ihn spricht die Vermutung der Kompetenz in allen Fällen, in denen diese nicht gesetzlich ausdrücklich dem Bürgermeister zugewiesen sind. Aus Position und Funktionen des kollegialen Vertretungsorgans einerseits und des Verwaltungsleiters andererseits ergeben sich freilich nicht selten auch Spannungen und ein immer wiederholtes Streben nach Wahrung der eigenen Kompetenzen. Ein solches Streben braucht auch bei zwei auf ein Ziel gerichteten Organen keineswegs negativ gesehen zu werden. Vor allem braucht diese Konstruktion nicht zu einem gegenseitigen Mißtrauen zu führen. Schon gar nicht sollte man von einem »Urmißtrauen« zwischen Gemeinderat und Verwaltung sprechen, wie dies bei den wohl vom großstädtischen Hintergrund geprägten Ausführungen von Schmidt-Eichstaedt der Fall ist.[49] Voraussetzung ist allerdings, daß Kollegialorgan und Bürgermeister sowie Kollegialorgan und Verwaltung sich von ihrem Grundverständnis her als »in einem Boot sitzend« betrachten, beide sind Verwaltungsorgane. Das dem »Stadtregierungsmodell«[50] zugrundeliegende Verständnis von Parlament und Regierung, von »Regierungsfraktion« und »-opposition« – am ehesten noch in der hessischen unechten Magistratsverfassung angelegt – ist dem Kommunalverfassungsrecht grundsätzlich fremd (kritisch hierzu: Hellmut Wollmann in diesem Band, Kommunalvertretungen: Verwaltungsorgane oder Parlamente? Trotz der Kompetenzenfülle und der Steuerungskapazitäten, die dem Bürgermeister durch Sitzungsvorbereitung, Sitzungsleitung und »Sitzungsnachbereitung« (Vollzug) zustehen, braucht eine schädliche »Machtverteilung«[51] zu Lasten der Kommunalvertretung nicht befürchtet zu werden. Freilich wird es im wesentlichen an den Mitgliedern der Kommunalvertretung selbst liegen, ob und wie sie die ihnen zustehenden Kompetenzen eigenverantwortlich und umfassend wahrnehmen.

47 Zur Notwendigkeit einer Spitze über den zwei Organen Franz-Ludwig Knemeyer, Erfahrungen mit der süddeutschen Gemeindeverfassung, in: Jörn Ipsen (Hrsg.), Kontinuität oder Reform (Anm. 31), S. 37 ff., 51.

48 Mit der Einführung plebiszitärer Elemente in die neuen Gemeindeordnungen haben diese jedoch nicht einen die Kommunalverfassung kennzeichnenden Stellenwert erlangt. Die Hereinnahme in die Bezeichnung der Verfassung würde die Bedeutung dieser Elemente weit überzeichnen, vor allem aber die Rolle des Rates vernachlässigen. Es ist der Rat, der die maßgeblichen kommunalpolitischen Entscheidungen trifft, und nur ganz ausnahmsweise tritt einmal die Bürgerschaft an die Stelle des Rates. – Vgl. dazu Franz-Ludwig Knemeyer, Bürgerbeteiligung und Kommunalpolitik. Mitwirkungsrechte von Bürgern auf kommunaler Ebene, 2. Aufl., München und Landsberg/Lech 1997, insbes. S. 162 ff.

49 Gerd Schmidt-Eichstaedt, Die Machtverteilung (Anm. 3), S. 20 ff., 29, mit weiteren Nachweisen.

50 Zum System der Stadtregierung Gerd Schmidt-Eichstaedt (Anm. 3), S. 35, und Franz-Ludwig Knemeyer, Parlamentarisierung der Stadträte (Anm. 3), S. 741 ff.

51 Siehe dazu näher Franz-Ludwig Knemeyer, Der süddeutsche Verwaltungschef (Anm. 32), S. 83 ff., 94 ff.

Gute Gemeinderatsarbeit ist dadurch gekennzeichnet, daß das Kollegialorgan sich so viele Einzelentscheidungen wie eben möglich vom Leibe hält, um Leitentscheidungen ausgiebig erörtern und fundiert treffen zu können. Besinnung auf das Wesentliche, Verzicht auf die weniger wichtigen zugunsten der wichtigen Angelegenheiten und Behandlung der wichtigen entsprechend ihrer Gewichtung, Rückbesinnung auf das »Ob« und »Bis wann« und Überlassung des »Wie« und »Mit wem« an den Bürgermeister, das ist die beste Grundlage für eine ratsentsprechende Aufgabenwahrnehmung. Die Räte müssen sich mit dem Leitbild Stadt einschließlich der finanziellen Strategien befassen, Ziele vorgeben und deren Verwirklichung kontrollieren, die Ausführung selbst aber der Verwaltung überlassen, ohne die Beschlüsse bis an den Schreibtisch zu reglementieren. Ein derartiges Aufgabenverständnis ist auch Voraussetzung für alle Ansätze zu neuen Steuerungsmodellen.[52] Nur auf diese Weise wird auch der immer wieder beklagten zeitlichen Überbeanspruchung Rechnung getragen.[53]

b.3 Die Ratsfunktionen des Bürgermeisters in der dualen Rat-Bürgermeister-Verfassung

Seit altersher ist die Funktion des Gemeinderatsvorsitzenden die klassische Bürgermeisterfunktion. Gibt schon allein die Leitung eines Kollegialorgans weitgehende Steuerungsmöglichkeiten, so werden diese verstärkt dadurch, daß er die Sitzung vorzubereiten, die Tagesordnung zu gestalten und die Beschlüsse auszuführen hat. Wenn der Bürgermeister daneben noch geborener Vorsitzender der Ausschüsse ist, so laufen damit politisch alle Fäden in seiner Hand zusammen.[54] Der Bürgermeister ist daneben als Behördenleiter aber auch eigenständiges Organ und als solches losgelöst vom Rat. Er ist Chef der Gemeindeverwaltung. Gerade diese Doppelung macht den eigentlichen Reiz des Amtes aus.[55] Als Gemeinderatsvorsitzender und Behördenleiter verbindet er in der Spitze das willensbildende Organ und den Verwaltungsapparat. Er ist nicht nur Geschäftsleiter, Dienstvorgesetzter, Wahlleiter, Selbstschutzleiter, Standesbeamter usw., sondern seine politische Funktion besteht zugleich darin, den Rat und die Verwaltung zusammenzuführen und die jeweils spezifischen Funktionen zur Geltung zu bringen. Neben den schon angesprochenen Aufgaben liegt vor allem die Erfüllung der Aufgaben, die der Gemeinderat als Kollegialorgan nicht erledigen soll oder kann – der sogenannten »einfachen Geschäfte der laufenden Verwaltung« –, in der Kompetenz des Behördenchefs. Dieser zeitlich für den Verwaltungsapparat sehr aufwendige Bereich muß nicht nur der Vollständigkeit halber mit angeführt werden. Selbst wenn er gegebenenfalls auch noch, beschnitten durch Richtlinien des Gemein-

---

52 Dazu etwa Jochen Dieckmann, Bürger, Rat und Verwaltung, in: Reformen im Rathaus, Die Modernisierung der kommunalen Selbstverwaltung, Köln u. a. 1996, insb. S. 19 ff., sowie die übrigen in diesem Band angegebenen Beiträge.

53 Zum Zeitbudget Jochen Dieckmann, Rat und Verwaltung. Nimmt jeder die richtigen Aufgaben wahr? In: Festschrift für Christian Roßkopf, Mainz 1995; zum Landkreisbereich siehe Hubert Meyer, Künftige Ausgestaltung der Individualrechte von Kreistagsabgeordneten unter dem Aspekt Gefährdungen der ehrenamtlichen Mandatswahrnehmung, mit weiteren Nachw., in: Henneke (Hrsg.), Aktuelle Entwicklungen der inneren Kommunalverfassung, Stuttgart u. a. 1996, S. 77 f.

54 Dazu und zu den übrigen Ratsfunktionen des Bürgermeisters Franz-Ludwig Knemeyer, Der süddeutsche Verwaltungschef (Anm. 32), S. 83 ff., 88 ff.

55 Dazu näher Alfred Leclaire, Die Bedeutung des Bürgermeisteramtes hat zugenommen – Funktion und Position des bayerischen Bürgermeisters, in: Der Bayerische Bürgermeister 1984, S. 12 ff., 13, und Franz-Ludwig Knemeyer, Der bayerische Bürgermeister – was sonst?! In: Der Bayerische Bürgermeister 1996, S. 98 ff.

derats, in Grundzügen vorbestimmt wird, läßt er doch der Politikgestaltung genügend Raum. Gerade dieser Bereich ist unter dem Gesichtspunkt der Effizienz der Verwaltung, aber auch der Bürgernähe, von herausragender Bedeutung.

Bemerkenswert ist schließlich die vom Gesetzgeber eingeräumte und in der Praxis reichlich realisierte Möglichkeit, dem Bürgermeister Ratsaufgaben zur selbständigen Erledigung zu übertragen. Gerade hier bestehen von Kommune zu Kommune nicht unerhebliche Unterschiede – gerade hier liegt aber auch ein Schlüssel für eine in vielen Bereichen erforderliche Reform der Ratsarbeit.[56] Hier liegen die Möglichkeiten, die Ratsaufgaben so zu bestimmen und zu gestalten, daß die Mitglieder der kommunalen Vertretungskörperschaften ihren eigentlichen Funktionen nachkommen können.[57]

c. Die duale Rat-Bürgermeister-Verfassung mit Doppelspitze

Dies betrifft die Länder Brandenburg, Mecklenburg-Vorpommern, Niedersachsen, Sachsen-Anhalt, Schleswig-Holstein[58], (Niedersachsen mit der Möglichkeit einer Spitze).

Betrachtet man die dualen Rat-Bürgermeister-Verfassungen mit Doppelspitze – hier sind die Gemeinderäte überwiegend als Gemeindevertretungen bezeichnet[59] –, so sollte aus dem Begriff Doppelspitze eigentlich abgeleitet werden, daß beide Spitzen in etwa ebenbürtig wären. Vergleicht man jedoch die Bürgermeisterfunktionen und die Funktionen des Gemeindevorstehers oder des Vorsitzenden der Vertretungskörperschaft, so kommen letztere in ihrem Gewicht auch nicht annähernd an die Position des Bürgermeisters heran.

In Brandenburg kommt dem Vorsitzenden der Gemeindevertretung neben den Leitungskompetenzen auch die Ladungs- und die Tagesordnungskompetenz zu, letztere freilich im Benehmen mit dem hauptamtlichen Bürgermeister oder dem Amtsdirektor. Ähnliches gilt für Mecklenburg-Vorpommern, Sachsen-Anhalt und Schleswig-Holstein.

Noch schwächer ist die Position des ratsgewählten Vorsitzenden in Niedersachsen, der nicht einmal die Ladungs- und eingeschränkte Tagesordnungskompetenz besitzt. So ist dann gerade die Argumentation für Niedersachsen wohl ein wenig vordergründig, wenn man dem vom Rat gewählten Vorsitzenden, der kaum mehr als die Stellung eines Primus inter pares besitzt, die Funktion des Machtregulativs zuschreiben will.[60] Die schwache Rolle des Ratsvorsitzenden wird zudem relativiert, wenn man die »Kompromißregelung« in der Niedersächsischen Gemeindeordnung beachtet, die es dem kommunalen Vertretungsorgan überlassen hat, über den Vorsitz zu entscheiden, also gegenbenenfalls den Bürgermeister auch zum Ratsvorsitzenden zu bestimmen.

---

56 Siehe dazu im einzelnen etwa u. a. Jochen Dieckmann u. a., Reformen im Rathaus – Modernisierung der kommunalen Selbstverwaltung, Köln 1996, mit weiteren Nachweisen.

57 Zu Anforderungen und Möglichkeiten des Rates im einzelnen Franz-Ludwig Knemeyer, Der süddeutsche Verwaltungschef (Anm. 32), S. 83 ff., 98 ff.

58 Bei der Gesetzesnovellierung wurde die Überschrift zu den §§ 48 ff. mit »Bürgermeisterverfassung« wohl aus Versehen (?) beibehalten.

59 Brandenburg, Mecklenburg-Vorpommern, Schleswig-Holstein. – Niedersachsen und Sachsen-Anhalt bezeichnen das kollegiale Verwaltungsorgan als Rat.

60 So aber Dian Scheffold/Maja Neumann, Entwicklungstendenzen (Anm. 33), S 10.

3. Die Magistratsverfassung[61]

Die in Hessen und den Städten Schleswig-Holsteins noch bis zum 31. 3. 1998 geltende (unechte) Magistratsverfassung setzt preußische Traditionen fort. Als dualistisches System teilen sich Gemeindevertretung und Magistrat die kommunalen Aufgaben. Die vom Bürger gewählte Gemeindevertretung wählt aus ihrem Kreis einen Vorsitzenden. Zudem wählt sie den Magistrat (in den Gemeinden den Gemeindevorstand) als Kollegium, bestehend aus haupt- und ehrenamtlich tätigen Mitgliedern. Dieser Magistrat, dessen Mitglieder (ausgenommen Schleswig-Holstein) nicht der Stadtverordnetenversammlung angehören dürfen, ist die kollegiale Verwaltungsbehörde der Stadt, vom Rat abhängig, die Ratsbeschlüsse vollziehend. Der Bürgermeister – nunmehr unmittelbar von den Bürgern gewählt – ist Vorsitzender dieses Verwaltungsorgans, nicht aber der Volksvertretung. Er vertritt die Gemeinde nach außen und besitzt daneben eine Reihe von den Kollegialorganen unabhängige Kompetenzen. So nimmt er u. a. die Aufgaben der örtlichen Ordnungsbehörden in alleiniger Verantwortung wahr. Daneben haben Oberbürgermeister der kreisfreien Städte auch staatliche Aufgaben als Behörde der Landesverwaltung wahrzunehmen.[62]

Von Arnim wertet die um die Urwahl des Bürgermeisters ergänzte Magistratsverfassung in Hessen als in sich unstimmig.[63] Im Gegensatz zu Schleswig-Holstein, das mit Einführung der Urwahl des Bürgermeisters konsequent die Magistratsverfassung abgeschafft hat, konnte Hessen sich dazu nicht entschließen.

Gemeindeverfassungstypen[64]

Land	Kompetenz-verteilung	Verwaltungs-leitung	Leitung des Rates	Wahl des Verwaltungs-chefs	Abwahl des Bürger-meisters
Baden-Württemberg	dualistisch	monokratisch	Bürgermeister	durch die Bürger	nicht vorgesehen
Bayern	dualistisch	monokratisch	Bürgermeister	durch die Bürger	nicht vorgesehen
Brandenburg	dualistisch	monokratisch	Vorsitzender d. Gem.Vertr.	durch die Bürger	möglich (hauptamtl.)
Hessen	dualistisch	kollegial	Vorsitzender d. Gem.Vertr.	durch die Bürger	möglich

---

61 Vgl. G. Schneider, Die Magistratsverfassung in Hessen und Schleswig-Holstein, in: Günter Püttner (Hrsg.) (Anm. 7), S. 209 ff.; Daniela Birkenfeld-Pfeiffer, Kommunalrecht, Baden-Baden 1996, Rn. 340 ff. Eine ausführliche Darstellung und Wertung bringt Weinmann, Kollegiale Formen kommunaler Verwaltungsführung, Schriften zur öffentlichen Verwaltung, Bd. 40, Köln 1993.

62 Zu den weiteren Kompetenzen des Bürgermeisters siehe im einzelnen Daniela Birkenfeld-Pfeiffer (Anm. 60), Rn. 340 ff.

63 Hans Herbert von Arnim, Die neue Gemeindeverfassung von Rheinland-Pfalz, in: Carl Böhret/Matthias Nowak (Hrsg.), Festschrift für Christian Roßkopf, 1995, S. 69 ff.

64 Besonderheiten in Gemeinden mit ehrenamtlichen Bürgermeistern sind nicht erfaßt – dazu vorne 2.a.

Land	Kompetenz-verteilung	Verwaltungs-leitung	Leitung des Rates	Wahl des Verwaltungs-chefs	Abwahl des Bürger-meisters
Mecklenburg-Vorpommern	dualistisch	monokratisch	Vorsitzender d. Gem.Vertr.	durch die Bürger (1999)	möglich
Niedersachsen	dualistisch	monokratisch	Ratsvors.	durch die Bürger	möglich
Nordrhein-Westfalen	dualistisch	monokratisch	Bürgermeister	durch die Bürger (1999)	möglich
Rheinland-Pfalz	dualistisch	monokratisch	Bürgermeister	durch die Bürger	möglich
Saarland	dualistisch	monokratisch	Bürgermeister	durch die Bürger	möglich
Sachsen	dualistisch	monokratisch	Bürgermeister	durch die Bürger	möglich
Sachsen-Anhalt	dualistisch	monokratisch	Ratsvors.	durch die Bürger	möglich (hauptamtl.)
Schlewig-Holstein	dualistisch	monokratisch	Vorsitzender d. Gem.Vertr.	durch die Bürger	möglich (hauptamtl.)
Thüringen	dualistisch	monokratisch	Bürgermeister	durch die Bürger	möglich (hauptamtl.)

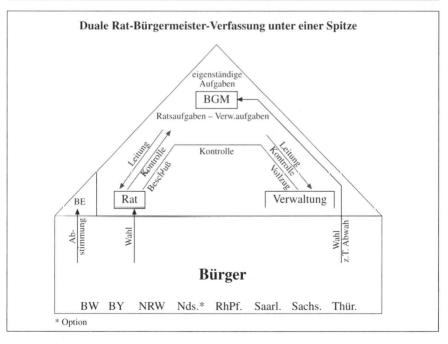

Duale Rat-Bürgermeister-Verfassung unter einer Spitze

BW   BY   NRW   Nds.*   RhPf.   Saarl.   Sachs.   Thür.

* Option

117

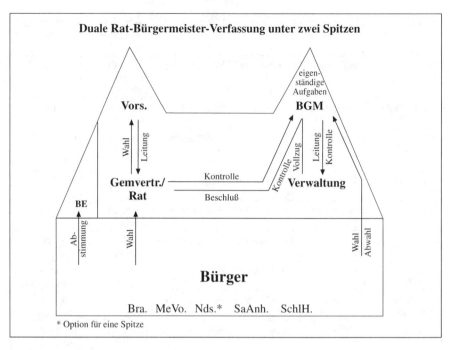

Duale Rat-Bürgermeister-Verfassung unter zwei Spitzen

Vors.

eigen-
ständige
Aufgaben

BGM

Wahl

Leitung

Gemvertr./
Rat

Kontrolle

Verwaltung

Beschluß

Kontrolle Vollzug

Leitung Kontrolle

BE

Ab-
stimmung

Wahl

Wahl Abwahl

Bürger

Bra. MeVo. Nds.* SaAnh. SchlH.

* Option für eine Spitze

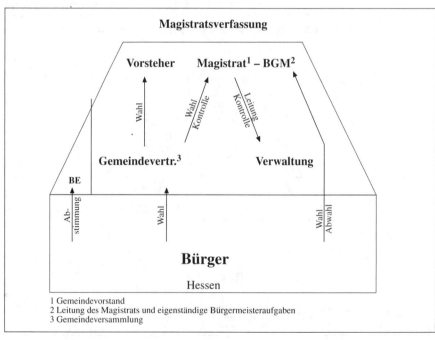

Magistratsverfassung

Vorsteher   Magistrat[1] – BGM[2]

Wahl

Wahl
Kontrolle

Leitung
Kontrolle

Gemeindevertr.[3]

Verwaltung

BE

Ab-
stimmung

Wahl

Wahl Abwahl

Bürger

Hessen

1 Gemeindevorstand
2 Leitung des Magistrats und eigenständige Bürgermeisteraufgaben
3 Gemeindeversammlung

4. Wertung der Systeme

a. Die Antwort aus dem verfassungsrechtlichen System Staat-Gemeinden

Letztlich muß die Antwort auf Fragen nach einer adäquaten Kommunalverfassung aus dem System Verfassung-Staat-Gemeinden gegeben werden.[65] Mögen auch alle bundesdeutschen Kommunalverfassungen dem Art. 28 Abs. 2 GG entsprechen, so wird man doch zumindest aus wissenschaftlicher Perspektive zwar nicht die beste oder die allein richtige, aber doch die der verfassungsrechtlichen Position der Kommunen im Staat adäquate Kommunalverfassung finden können. Art. 28 des Grundgesetzes stellt unserer föderalistischen Ordnung entsprechend eine ganze Palette von Gestaltungsmöglichkeiten lokaler Demokratie zur Verfügung, die von den Landtagen ja auch genutzt worden sind. Während wir somit die Frage nach der allein richtigen Gemeindeordnung überhaupt nicht stellen dürfen, kann man die Frage nach verfehlten Elementen in der Kommunalverfassung schon eher beantworten. Georg Banner trägt zu Recht vor, daß man ziemlich genau sagen könne, welche Regelungen vermieden werden müßten und welche andererseits ein hohes Maß an Demokratie und Effizienz verwirklichen können.[66]

b. Die Notwendigkeit zweier Verwaltungszweige – duales System

Die Frage nach der richtigen Aufgaben- und Rollenverteilung, die Frage nach der Konstruktion der Spitze und deren politisch-demokratischer Legitimation kann nur vor dem Hintergrund der grundgesetzbestimmten Position der Gemeinden im Staat beantwortet werden. Historisch bedingte, von den Alliierten für richtig gehaltene Strukturen müssen unberücksichtigt bleiben. Nach unserer Verfassung sind die Gemeinden Selbst-Verwaltungs-Einheiten im Staat. Sie haben eigenverantwortlich einen wesentlichen Teil der öffentlichen Aufgaben mit den Mitteln der Verwaltung zu erfüllen, um das Gemeinwohl zu realisieren. Selbstverwaltung und Eigenverantwortlichkeit setzen im demokratisch strukturierten Gemeinwesen demokratisch legitimierte Entscheidungsträger voraus. Entscheidungen von grundlegender Bedeutung und die allgemeine Bestimmung des Verwaltungskurses bedürfen unter Demokratiegesichtspunkten der *kollegialen* Beratung und Entscheidung. Alle übrigen Verwaltungsaufgaben müssen auch im demokratischen Gemeinwesen bürokratisch-effektiv und geschäftsmäßig erfüllt werden, damit das demokratisch legitimierte Kollegialorgan seinen eigentlichen Funktionen wirksam nachkommen kann. Die Erfüllung wiederkehrender, nicht grundsätzlicher Verwaltungsaufgaben ist trotz aller Team-Konstruktionen allein in grundsätzlich hierarchischer Behördenstruktur möglich.

Erkennt man diese Voraussetzungen an, so kann Gemeinde-Selbstverwaltung nur in zwei Zweigen – einem kollegialen und einem monokratischen – erfüllt werden. Eine Gemeindeverwaltung, in der der kollegiale Rat für alle Angelegenheiten zu-

65 Für die Sicht der Politikwissenschaft ist kennzeichnend der Beitrag von Rüdiger Voigt (Anm. 8), S. 3 ff.
66 Gerhard Banner, Vor- und Nachteile der Gemeindeordnungen in der Bundesrepublik, in: Peter Michael Mombaur (Hrsg.), Neue Kommunalverfassung für Nordrhein-Westfalen? Köln 1988, S. 26 ff.

ständig ist und selbst einfache Geschäfte der laufenden Verwaltung nur als auf den Hauptverwaltungsbeamten delegiert gelten, dem Gemeinderat darüber hinaus sogar noch ein Rückholrecht zusteht, vermag dem hier allgemein gekennzeichneten System kaum zu entsprechen. Ein monistisches System führt zur Überlastung der Räte und gefährdet die Ehrenamtlichkeit. Es verstößt auch gegen das Ziel größtmöglicher Effizienz. Gefordert sind somit von der Sache her zwei grundsätzlich eigenständige Zweige kommunaler Verwaltung, die mit verschiedenen Formen und Mitteln ihre Aufgaben erfüllen.

c. Die Notwendigkeit einer Spitze

Zu beachten gilt es freilich, daß diese beiden Zweige zu einem Baum gehören oder – um ein anderes Bild zu verwenden – Rat und Verwaltung in einem Boot sitzen und – wenn auch mit verschiedenen Rollen und verschiedenen Mitteln und Handlungsformen – einem Ziel zustreben. Das Gespann Gemeindeverwaltung muß so konstruiert sein, daß die Pferde, nämlich Rat und Verwaltung, es nur in eine Richtung ziehen können, nämlich in Richtung Gemeinwohl.[67] Es bedarf also in jedem Fall des vertrauensvollen Zusammenwirkens beider Organe, nicht aber der Herausstellung von Gegenpositionen, wie dies u. a. durch eine wachsende Parlamentarisierung der Räte und die Diskussion von Stadtregierungsmodellen gekennzeichnet ist.[68]

Ein solches Zusammenwirken zwischen Rat und Verwaltung ist am ehesten durch eine Zusammenführung beider Gremien in der Spitze zu erreichen. Die Personalunion zwischen Ratsvorsitzendem und Leiter der Verwaltung stellt das wirksamste Mittel zur Vereinheitlichung und Verknüpfung dar. Dabei ist das süddeutsche System von Rat und Verwaltung unter der einheitlichen Leitung des Bürgermeisters gut austariert[69]; beide Organe sind zudem in einem Netz immer engmaschiger werdender Rechtssätze gefangen.

Schließlich kann der Bürgermeister gerade wegen seiner umfassenden Kompetenzen dem Gemeinderat viel Kleinarbeit abnehmen. So vermag der Rat wichtige Zeit einzusparen, um sich auf die eigentlichen grundsätzlichen Entscheidungen zu konzentrieren. Damit aber wird die demokratische Mitwirkung im Rat erst akzeptabel und attraktiv.[70] Gerade das hier Angesprochene erscheint als Kernproblem einer aus-

---

67 Zu diesem Bild und Folgen einer evtl. Fehlkonstruktion Gerhard Banner (Anm. 65), S. 26 ff.
68 Zum Modell der Stadtregierung Gerd Schmidt-Eichstaedt (Anm. 3), S. 20 ff., 31; vgl. auch Hellmut Wollmann, Kommunalvertretungen: Verwaltungsorgane oder Parlamente? – In diesem Band; dagegen F.-L. Knemeyer, Parlamentarisierung (Anm. 3), S. 741 ff.; A. Janssen, Die zunehmende Parlamentarisierung der Gemeindeverfassung als Rechtsproblem, Schriftenreihe des Niedersächsischen Städtetages, (1988) 17.
69 Im einzelnen H. Klüber, Das Gemeinderecht in den Ländern der Bundesrepublik Deutschland, Berlin u. a. 1972, insb. S. 121 ff., 128 ff.
70 Wesentliche Ausführungen dazu bei J. Stöck, in: J. Ipsen (Hrsg.), Kontinuität oder Reform, Die Gemeindeverfassung auf dem Prüfstand, Köln u. a. 1990, S. 5 ff.; zum Zeitbudget der Räte bes. H. Fruth, Sind unsere ehrenamtlichen Stadträte überfordert? Beiträge zur Kommunalwissenschaft, Bd. 27, München 1989. Zu neuen Erkenntnissen für Baden-Württemberg siehe Siegfried Bäuerle, Bürgermeister – zur Charakteristik einer interessanten Berufsgruppe, in: Norbert Roth (Hrsg.), Position und Situation der Bürgermeister in Baden-Württemberg, Stuttgart u. a. 1998, S. 61 ff.

gewogenen Gemeindeverfassung, hören wir doch allenthalben Klagen über eine Erstickung der Ratsarbeit in »Kleinvieh-Zuständigkeiten« – wie Frido Wagener es in seiner bildhaft deftigen Sprache auszudrücken pflegte. Es bleibt dabei unbeachtlich, ob die Räte damit von außen überbürdet wurden oder ob sie sich selbst diese Lasten aufgeladen haben.

Wesentlich erscheint insbesondere, daß die mitunter befürchtete starke Stellung des Bürgermeisters keineswegs zu einer »Entmachtung der Räte« führt, wenn diese nur ihre Position entsprechend erkennen, sich ihr gemäß verhalten und sich auf grundlegende Entscheidungen beschränken.[71]

d. Die Notwendigkeit einer starken politischen, demokratisch unmittelbar legitimierten Spitze

Sieht man die politische Steuerung des Gemeindewohls als Hauptaufgabe des Rates und konstatiert man die Notwendigkeit einer Stärkung dieser Funktion, so muß man gleichzeitig eine starke Stellung seiner Leitung fordern. Damit die Verwaltung in Eigenständigkeit eine Vielzahl der Aufgaben, die den Rat von seiner Steuerungsfunktion abhalten, übernehmen kann, bedarf die Verwaltungsspitze der eigenen Organstellung; beide Organe müssen in ihren Positionen und ihrer Mächtigkeit ausgewogen und zudem in der Spitze miteinander verknüpft sein: Nur so vermag sie die Einheit der Kommunalverwaltung, die Verfassung und Gemeindeordnungen voraussetzen, zu gewährleisten.

Verbindet man beide Positionen, so muß die Spitze politisch besetzt sein. Nur sie hat die entsprechende Durchsetzungsfähigkeit. Eine rein administrative Kommunalverwaltung und eine unpolitische Beamtenspitze sind irreal.[72]

Schließlich muß diese Position allein ihrer Bedeutung wegen besonders attraktiv sein. Gerade die Machtfülle und der damit verbundene weite Gestaltungsraum des süddeutschen Bürgermeisters machen das Amt attraktiv für starke Persönlichkeiten, die einfallsreich, unkonventionell, unabhängig im Denken und durchsetzungsfähig sind. Eine derartige Position ist primär über die Urwahl des Bürgermeisters zu erreichen. Gerade auf diese Weise wird er als politischer Repräsentant und integrierende Persönlichkeit der gesamten Bürgerschaft angesehen. Er hat die wichtige – wie Gerhard Banner es ausdrückt – Scharnierfunktion zwischen Rat und Verwaltung, aber auch zum Bürger hin.[73] Für diesen scheint der Bürgermeister – wenn auch nicht allein, so doch primär – verantwortlich. Schuld- und Verantwortungszuweisungen zwischen Ratsvorsitzendem und Verwaltungschef kennt der Bürger nicht. Er ist auch nicht an einer parteipolitisch ausgerichteten Kommunalpolitik interessiert. Der urgewählte Bürgermeister ist am ehesten imstande, parteipolitische Blockaden aufzubrechen und

71 Zur kommunalverfassungsgemäßen Rollenverteilung F.-L. Knemeyer, Parlamentarisierung (Anm. 3), S. 741 ff.; siehe auch ders., Der süddeutsche Verwaltungschef (Anm. 32).
72 Franz-Ludwig Knemeyer, Eine unpolitische Beamtenspitze ist irreal, Der Gemeinderat 1988, S. 14 f.; ders./K. Jahndel, Parteien in der kommunalen Selbstverwaltung, Kommunalforschung für die Praxis, (1991) 28, Stuttgart u. a. – die lange vorherrschende Ansicht, Kommunalpolitik sei »unpolitisch«, kann nicht mehr gelten – s. H. H. v. Arnim, Gemeindeselbstverwaltung und Demokratie, AöR 113 (1988), S. 1 ff.
73 Gerhard Banner (Anm. 65), S. 26 ff.

somit verwaltungsentsprechend die Einheit zu garantieren.[74] Der von den Bürgern unmittelbar gewählte Chef von Rat und Verwaltung ist in optimaler Weise geeignet, die Gemeinde als Einheit zu verkörpern.[75]

Betrachtet man das *Ergebnis* der Reformen der 90er Jahre, so sind alle neuen Kommunalverfassungen verwaltungs- und demokratiegeeignet. Erscheinen die Organisationsstrukturen auch nicht in allen Fällen optimal, so sind doch maßgebliche Voraussetzungen erreicht: der Dualismus von Rat und Verwaltung, die Urwahl des Verwaltungschefs und überwiegend auch die Verbindung beider Zweige der Kommunalverwaltung unter einer urgewählten Spitze. Insgesamt ist damit der Weg auch für eine Modernisierung der Kommunalverwaltung – für Reformen im Rathaus[76] – frei.

---

74 Dazu G. Banner (Anm. 65), S. 26 ff.
75 J. Stock (Anm. 69), S. 5 ff. – Auf die vielfältigen demokratischen Vorteile der Urwahl kann hier nicht eingegangen werden. Beachtenswert die Studie von H.-G. Wehling/H. J. Siewert, Der Bürgermeister in Baden-Württemberg, Stuttgart u. a. 1984.
76 Zum allenthalben diskutierten Umdenken im Rathaus, gefaßt unter der Bezeichnung »neuere Steuerungsmodelle in der deutschen Kommunalverwaltung«, siehe etwa Christoph Reichard, Umdenken im Rathaus, 3. Aufl., Berlin 1994, und Jochen Dieckmann u. a. (Anm. 55), m. umf. Nachw.; Siegfried Hönert, Zur Führung des Dienstleistungsunternehmens Stadtverwaltung, in: Stadt und Gemeinde, 1996, S. 348 ff.

HANS-JÜRGEN VON DER HEIDE

Stellung und Funktion der Kreise

1. Einleitung

Der Kreis ist eine Verwaltungsinstitution, wie es sie in dieser Form in anderen Staaten nicht gibt. Er ist in unserem Lande eine historisch gewachsene Verwaltungseinheit, deren Wurzeln weit in die Vergangenheit zurückreichen. Ein Teil ist aus kleinen weltlichen oder geistlichen Fürstentümern entstanden. Ein anderer Teil geht auf Bezirke landesherrlicher Verwaltung zurück, wieder ein anderer auf Bezirke ständischer Korporationen. Trotz der Verwaltungsreformen, vor allem der großen Gebietsreform zwischen der Mitte der 60er und der Mitte der 70er Jahre in der ehemaligen Bundesrepublik sind diese bis ins Mittelalter zurückreichenden Wurzeln vielfach noch immer für das Gesicht des einzelnen Kreises bestimmend.

Gewisse Ähnlichkeiten zu deutschen Institutionen weisen Kreise in Dänemark und Norwegen, die Counties in England und in den USA auf (siehe auch den Beitrag von Hellmut Wollmann, Kommunale Selbstverwaltung ... im internationalen Vergleich, in diesem Band). Die Generalräte in Frankreich, die Landstings in Schweden oder auch die Provinzen in Italien sind zwar auch kommunal organisiert, aber doch sehr viel großräumiger als die Kreise. In den meisten übrigen Ländern ist die Verwaltungsebene oberhalb der Gemeinden staatlich organisiert. In Osteuropa gibt es jetzt bei der Neuordnung der Verwaltung Interesse am Kreismodell.

In Deutschland gibt es z. Zt. 323 Kreise. Sie verteilen sich auf die Bundesländer wie folgt: Baden-Württemberg 35, Bayern 71, Brandenburg 14, Hessen 21, Mecklenburg-Vorpommern 12, Niedersachsen 38, Nordrhein-Westfalen 31, Rheinland-Pfalz 24, Saarland 6, Sachsen 22, Sachsen-Anhalt 21, Schleswig-Holstein 11, Thüringen 17. In den 3 Stadtstaaten Berlin, Hamburg und Bremen gibt es keine Kreise.

Die Größe der Kreise ist unterschiedlich. Es gibt Kreise mit mehr als 600 000 Einwohnern, aber auch solche, die nur etwas über 50 000 Einwohner haben. Aber auch die Flächengröße der Kreise unterscheidet sich. Es gibt einen Kreis mit mehr als 3 000 qkm, der damit größer ist als das Saarland, aber auch solche, die nur wenige 100 qkm umfassen. Trotz der unterschiedlichen Größe stellt die Kreisebene die homogenste Verwaltungsebene in der Bundesrepublik dar. Das gilt insbesondere im Vergleich mit den Gemeinden, deren Größen auch nach der Gebietsreform von einigen hundert bis zu mehr als drei Millionen Einwohnern reichen. Die Fläche der Kreise umfaßt 96 % des Gebiets Deutschlands, in ihnen leben deutlich über 60 % der deutschen Bevölkerung. Diese beiden Zahlen machen deutlich, welche Bedeutung der Kreisbereich für die deutsche Bevölkerung hat. Von drei Deutschen leben zwei in Kreisen.

Die Bezeichnung »Kreis« hat sich erst in den letzten Jahrzehnten eingebürgert. Früher hieß diese Verwaltungsebene in Deutschland ganz einheitlich der Landkreis. Dies trug der Tatsache Rechnung, daß diese Verwaltung eine Verwaltung des flachen

Landes war. Das war für die Zeit der Agrargesellschaft noch zutreffend, als man noch klare Grenzen zwischen Stadt und Land ziehen konnte. In unserer heutigen Siedlungsstruktur sind diese klaren Grenzziehungen vor allem in den Verdichtungsräumen aufgehoben. Bei ca. der Hälfte Deutschlands ist der Kreis heute keine ländlich bestimmte Verwaltungsform mehr. Hier trifft die alte Bezeichnung »Landkreis« nicht mehr zu, so daß einige Länder die alte Bezeichnung durch »Kreis« ersetzt haben. Diese Bezeichnung hat sich inzwischen auch in der Literatur durchgesetzt. Andere Länder haben an der traditionellen Bezeichnung Landkreis festgehalten; die gelben Ortsschilder künden für jedermann sichtbar davon, welche Bezeichnung in welchem Lande gilt.

Früher hießen die Kreise nach dem Sitz der Kreisverwaltung, z. B. Landkreis Lüneburg, Landkreis Celle, Landkreis Lübben, Landkreis Perleberg. Das gilt auch, wenn der Sitz der Kreisverwaltung in einer kreisfreien Stadt liegt, beispielsweise Landkreis Hannover, Landkreis München, Landkreis Karlsruhe. Einige Kreise führten seit alters her historische Bezeichnungen, wie z. B. Kreis Herzogtum Lauenburg, Landkreis Grafschaft Bentheim, Kreis Dithmarschen. Nach der Gebietsreform, in der zahlreiche Kreise zusammengelegt wurden, entstanden vielfach Doppelbezeichnungen, wie beispielsweise Mayen-Koblenz, Cochem-Zell, Schleswig-Flensburg, Rendsburg-Eckernförde, Freyung-Grafenau. Heute werden häufig geographische Bezeichnungen als Kreisnamen benutzt, wie z. B. Ortenaukreis, Schwarzwald-Baar-Kreis, Kreis Nordfriesland, Rhein-Neckar-Kreis, Rhein-Sieg-Kreis.

2. Die Stellung der Kreise im Verwaltungsaufbau

Der Verwaltungsaufbau in Deutschland gliedert sich in den großen Flächenländern in fünf Verwaltungsebenen; der Verwaltungsebene
– des Bundes;
– der Bundesländer;
– der Bezirksregierungen (Regierungspräsidien);
– der Kreise (einschließlich der kreisfreien Städte, die zur Kreisebene gehören) und
– der kreisangehörigen Gemeinden.
Die drei erstgenannten Ebenen sind staatliche Verwaltungsbehörden: Nach der Verwaltungsebene des Bundes folgt in den Ländern für das ganze Landesgebiet die Ebene der Landesregierung (Ministerialinstanz) und darunter die staatliche Mittelinstanz (Bezirksregierung unter Leitung des Regierungspräsidenten). In den kleinen Bundesländern der alten Bundesrepublik (Schleswig-Holstein und Saarland) fehlt die staatliche Mittelinstanz. Ihre Aufgaben werden hier mit von den Behörden der Landesregierung wahrgenommen oder sind den Kreisen übertragen. Auch in den neuen Ländern Brandenburg, Mecklenburg und Thüringen gibt es keine staatliche Mittelinstanz. Das ist eine Folge davon, daß die DDR nach Auflösung der Länder in 18 Bezirksverwaltungen untergliedert war, die ihrerseits unmittelbar der Ministerialinstanz in Ostberlin unterstellt waren. Diese Bezirke waren die Einrichtungen, in denen die SED besonders stark ihren Einfluß auf die Bürger geltend machte. Sie waren so verhaßt, daß von der Bevölkerung überall ihre Abschaffung verlangt worden war, auch da, wo eine staatliche Mittelinstanz sachlich sinnvoll, wenn nicht sogar schlicht geboten gewesen wäre. In Sachsen und in Sachsen-Anhalt sind staatliche Mittelinstanzen

124

entsprechend denen in den großen westlichen Bundesländern geschaffen worden; in Sachsen-Anhalt geschah dies aus internen landespolitischen Gründen. Bei der Rivalität zwischen Halle und Magdeburg über den Sitz der Regierung ist zum Trost für Halle, das nicht Hauptstadt wurde, wenigstens ein Regierungspräsidium in Halle etabliert worden. Zusätzlich wurden auch Magdeburg und Dessau Sitz einer staatlichen Mittelbehörde.

Die Kreise in der föderalen Staatsstruktur

Der Landkreis war zumindest in den flächengrößeren Ländern Deutschlands eine ideale Verwaltungsform des »flachen Landes«. Seine Wurzeln reichen – wie oben dargestellt – bis in das Mittelalter zurück. Die Funktion der Kreise und ihr Standort im Verwaltungsaufbau lassen sich nur als Folge der geschichtlichen Entwicklung begreifen. Die staatlichen Bezirke in den Territorialstaaten und die überörtlichen Gemeinschaften wuchsen aufeinander zu. Daraus erklärt sich die Doppelfunktion des heutigen Kreises als überörtliche Gebietskörperschaft und Gemeindeverband und als staatlicher Verwaltungsbezirk.

Besondere Bedeutung hatte der Kreis als überörtlicher Verwaltungsbezirk in Preußen, dessen Ausdehnung 1 000 km von West nach 0st, von Aachen bis an die Memel und 400 km von Nord nach Süd, von Nordschleswig bis nach Kassel und Frankfurt umfaßte. In diesem flächengroßen Land gliederte sich der Staat einheitlich in Provinzen, Regierungsbezirke und Kreise. Durch diese Dezentralisation konnten die lokalen, die überörtlichen und die regionalen Interessen und Besonderheiten vorbildlich gewährleistet werden.

Auch in den anderen größeren Ländern Deutschlands bildeten sich oberhalb der gemeindlichen Ebene größere, den preußischen Kreisen vielfach entsprechende Verwaltungsbezirke, die aber nicht überall als Landkreise bezeichnet waren. Dieser unterschiedliche Verwaltungsaufbau mit seinen unterschiedlichen Bezeichnungen bestand auch nach 1871 im föderalen Staat des zweiten Deutschen Reiches bis in die 30er Jahre dieses Jahrhunderts fort. Nach 1933 wurde mit der Ausschaltung der Länder im damals entstehenden Zentralstaat versucht, die Verwaltungsgliederung in Deutschland zu vereinheitlichen. Überall in Deutschland wurde die Bezeichnung »Kreis« und für seinen leitenden Verwaltungsbeamten die Bezeichnung »Landrat« eingeführt. Anders als bei den Gemeinden, für die die Deutsche Gemeindeordnung (DGO) ein einheitliches Gemeindeverfassungsrecht schuf, das ein Jahrzehnt – bis 1945 – Gültigkeit hatte, wurde der Versuch, für das Kreisverfassungsrecht eine einheitliche Rechtsordnung zu schaffen, nach Beginn des Zweiten Weltkrieges aufgegeben.

Nach Kriegsende erließen die Militärregierungen für ihre jeweiligen Besatzungszonen eine neue Rechtsordnung für die Kreise und Gemeinden. Dadurch entstanden vier unterschiedliche Rechtsräume, die bis heute nachwirken. Trotz aller Unterschiede im einzelnen haben sich die einheitlichen Grundstrukturen des Kreisrechts im westlichen Deutschland erhalten, was auch für die Entwicklung in den neuen Ländern gilt.

Nach dem Grundgesetz sind ausschließlich die Länder für die Regelung des kommunalen Verfassungs- und Organisationsrechts zuständig. Der Bund hat im Rahmen der Art. 84 und 85 GG nur sehr beschränkte Möglichkeiten, bundesrechtliche Regelungen zu treffen, die in die kommunale Organisation eingreifen.

Selbstverwaltung der Kreise

Die Kreise und die kreisangehörigen Gemeinden (und natürlich auch die kreisfreien Städte) sind Selbstverwaltungskörperschaften. Unter Selbstverwaltung wird die Befugnis verstanden, öffentliche Aufgaben aus eigenem Recht in eigener Verantwortung zu regeln. Im demokratischen Staatswesen ist die kommunale Selbstverwaltung ein tragendes Element. Sie ist in Art. 28 des Grundgesetzes und den Landesverfassungen der Flächenländer verfassungsrechtlich garantiert (vgl. zur Geschichte der kommunalen Selbstverwaltung Adelheid von Saldern in diesem Band.

Nach Art. 28 Abs. 1 des Grundgesetzes müssen Kreise und Gemeinden eine Vertretungskörperschaft (Kommunalparlament) haben, die aus allgemeinen, unmittelbaren, freien, gleichen und geheimen Wahlen hervorgegangen ist. Bei den Kreisen heißt diese bürgerschaftliche Vertretung »Kreistag«. In solchen Kreistagen wirken bei den 323 Kreisen in Deutschland heute rund 15 000 gewählte Bürger für das Gemeinwohl.

Der Unterschied zwischen dem Bundestag und den Landtagen auf der einen Seite und den gewählten Vertretungen in den Städten, Kreisen und Gemeinden auf der anderen Seite liegt darin, daß die Parlamente in Bund und Ländern Gesetzgebungsorgane sind, die Vertretungen in den Kommunen aber in erster Linie Verwaltungsorgane, obwohl auch sie mit ihrem Satzungsrecht eine beschränkte Rechtssetzungskompetenz besitzen. In der Politik unseres Parteienstaates sind die Kommunen noch immer das Fundament der Demokratie.

Der Kreis als Gebietskörperschaft, Gemeindeverband und untere staatliche Verwaltungsbehörde

Der Kreis hat rechtlich unterschiedliche Fundamente: Er ist Gebietskörperschaft, Gemeindeverband und untere staatliche Verwaltungsbehörde.

Der Kreis ist – wie die Gemeinden – eine Gebietskörperschaft. Mit dieser Rechtsstellung verbindet sich die Hoheitsgewalt für einen räumlich abgegrenzten Bereich. Damit hebt er sich von allen privatrechtlichen Einrichtungen mit öffentlicher Zielsetzung und der Vielzahl öffentlich-rechtlicher Einrichtungen mit speziellen Aufgaben, wie z. B. Arbeitsverwaltung, Sparkassen, Handwerkskammern, Industrie- und Handelskammern, Landwirtschaftskammern, ab. Daneben ist er zugleich ein Gemeindeverband aus allen seinen kreisangehörigen Gemeinden. Dem Charakter des Gemeindeverbands entsprechend wird ein Teil der Kreisfinanzen durch eine Umlage bei den kreisangehörigen Gemeinden – der Kreisumlage – aufgebracht. Bis heute ist in der Rechtstheorie umstritten, welche Grundlage – die gebietskörperschaftliche oder die verbandlich-genossenschaftliche – für den Rechtscharakter des Kreises die vorrangige ist. Die einen betonen mehr den herrschaftlichen, die anderen mehr den genossenschaftlichen Aspekt.

Im Kreis verbinden sich Staat und Selbstverwaltung auf besondere Weise. Diese Verbindung ist allerdings in den Ländern auf unterschiedliche Weise organisiert. Früher war der Chef der Kreisverwaltung Staatsbeamter und in allen Kreisverwaltungen waren neben den kommunalen auch staatliche Dienstkräfte tätig. Der Verwaltungschef der Kreisverwaltung ist heute Wahlbeamter auf Zeit, so daß diese Klammer heute nicht mehr besteht. In einigen Ländern sind heute die Kreisverwaltungen bzw. Landratsämter untere staatliche Verwaltungsbehörde im herkömmlichen Sinne, in anderen

Ländern wird der Hauptverwaltungsbeamte in Organleihe als untere staatliche Verwaltungsbehörde tätig und unterliegt dann staatlicher Weisung. In Niedersachsen erfüllen die Kreise die Aufgabe der unteren staatlichen Verwaltungsbehörde ohne besondere organisatorische Vorkehrungen im Rahmen der Kommunalverwaltung.

3. Die Aufgaben der Kreise

Der Kreis ist – wie schon einleitend dargestellt – Teil des allgemeinen Behördenaufbaus. Darauf ist die Verteilung seiner Zuständigkeiten ausgerichtet. Dabei geht es um zwei Zuständigkeitsabgrenzungen, nämlich um die gegenüber den kreisangehörigen Gemeinden und die gegenüber den staatlichen Sonderbehörden auf der Kreisebene.

Kreis und Gemeinden

Wenn zwei Verwaltungen im Bereich der Selbstverwaltung nebeneinander bestehen, wie dies beim Kreis und den kreisangehörigen Gemeinden der Fall ist, dann muß im einzelnen festgelegt werden, wo die Grenzen in den Zuständigkeitsbereichen liegen. Dabei ist zunächst darauf hinzuweisen, daß der Kreis und seine Gemeinden jeweils selbständige Gebietskörperschaften mit eigenen unmittelbar von der Bevölkerung gewählten Vertretungen sind. Es gibt zwischen dem Kreis und seinen Gemeinden keine Über- oder Unterordnung wie im hierarchischen Verwaltungsaufbau des Staates. Die Gemeinden und der Kreis sind Glieder einer gestuften Verwaltung. Sie nehmen eine Art Funktionsverbund für kommunale Aufgaben wahr.

Für die Abgrenzung der Aufgaben zwischen Kreis und Gemeinden gelten folgende allgemeine Prinzipien: Die Gemeinde ist für die Aufgaben der »örtlichen Gemeinschaft« zuständig, der Kreis für die darüber hinausgreifenden kommunalen Angelegenheiten im Kreisgebiet, also für die Aufgaben der »überörtlichen Gemeinschaft«.

Die Zuordnung von Aufgaben zu der einen oder anderen Kategorie ist vielfach eindeutig, manchmal aber auch umstritten. Eine einheitliche Linie hierfür gibt es nicht, da die Leistungskraft der kreisangehörigen Gemeinden zu unterschiedlich ist. Es gibt kreisangehörige Gemeinden von 100 000 Einwohnern und solche von nur wenigen 100. Daraus folgen zwangsläufig Leistungsunterschiede.

Im Prinzip sollen die Gemeinden weithin alles das leisten, was von der örtlichen Gemeinschaft an öffentlichen Aufgaben gefordert wird und nach Maßgabe der Verwaltungs- und Veranstaltungskraft von der Gemeinde erbracht werden kann. Typische Gemeindeaufgaben sind die Ausstellung von Ausweisen und Pässen, das Einwohnermeldewesen, der Bau und die Unterhaltung der Gemeindestraßen, Grundschulen und Kindergärten, z. T. auch weiterführender Schulen, die Bauleitplanung und je nach Bedarf und Leistungsfähigkeit der Bau und die Unterhaltung von Abwasserbeseitigungsanlagen, Sportplätzen und Freibädern.

Was nicht örtlich erledigt werden kann, weil es die Leistungskraft kreisangehöriger Gemeinden übersteigt, ist dagegen prinzipiell Aufgabe des Kreises.

Insgesamt ergibt sich daraus eine bunte Palette von Kreisaufgaben. Die Kreise nehmen auf der einen Seite reine Verwaltungsaufgaben wahr, auf der anderen Seite sind sie Träger zahlreicher öffentlicher Einrichtungen und schließlich sind sie in die übergreifende Strukturpolitik, die Raumordnung und die Landesplanung eingeschaltet und entwickeln so Konzepte für die räumliche Entwicklung ihres Gebietes.

Von den *reinen Verwaltungsaufgaben* seien nachstehend die wesentlichen genannt: Erteilung von Baugenehmigungen, Sozialhilfe, Jugendhilfe, Auszahlung des Wohngeldes, Unterhaltssicherung für Soldaten, Ausbildungsförderung, Verkehrsaufsicht, Kraftfahrzeugzulassung, Katastrophenabwehr, Ausländerwesen, Erteilung von Waffenscheinen, Abfallwirtschaft, Natur- und Landschaftsschutz, Gewässerschutz.

Unmittelbar nach dem Kriege waren für sie besonders wichtig die Milderung der Kriegsfolgen wie die Kriegsopferfürsorge und der Lastenausgleich.

Gegenwärtig sind die Aufgaben des Umweltschutzes von besonderer Aktualität. Auf der Kreisebene stehen hier die Abfallbeseitigung, der Natur- und Landschaftsschutz und die Reinhaltung des Wassers im Vordergrund.

Zusätzlich zu den eigentlichen Verwaltungsaufgaben treten jene Aufgaben, die man heute zur *öffentlichen Daseinsvorsorge* zählt. Diese hat nicht nur für die Gemeinden, sondern genauso für den Kreis große Bedeutung. Deshalb ist auch die Palette an öffentlichen Einrichtungen der Kreise groß. Von Kreisen werden unterhalten: Berufsschulen, weiterführende allgemeinbildende Schulen, Fachoberschulen, Volkshochschulen, Schullandheime, Büchereien, Heimatmuseen, Kreisarchive, Bildstellen, Kinderheime, Kindererholungsheime, Müttererholungsheime, Altenheime, Altenerholungsheime, Krankenhäuser, Einrichtungen des Rettungsdienstes, Tagesstätten für geistig behinderte Kinder, Lebensmitteluntersuchungsämter, Naturparks, Nahverkehrsbetriebe, Nahverkehrsflugplätze, Kreisstraßen, Sparkassen.

Eine besondere Aufgabe des Kreises ist die Kommunalaufsicht über die kreisangehörigen Gemeinden. Hier vertritt der Kreis den Staat in seiner wichtigen Aufsichtsfunktion, obgleich, wie bereits oben deutlich gemacht, es kein Über- und Unterordnungsverhältnis zwischen Kreis und Gemeinden gibt. Diese Übertragung der Aufsichtszuständigkeit stellt aber in besonderem Maße sicher, daß bei der Aufsicht die besonderen lokalen Bedürfnisse der Gemeinden berücksichtigt werden können (die größeren Städte in den Kreisen unterstehen in der Regel allerdings nicht der Aufsicht der Kreisverwaltung, sondern der Aufsicht der Regierungspräsidien).

Die Zusammenarbeit zwischen dem Kreis und seinen Gemeinden ist auf Partnerschaft angelegt. Auf der einen Seite leisten die Gemeinden der Kreisverwaltung auf vielfache Art Amtshilfe, auf der anderen Seite fördert der Kreis die Gemeinden in ihrer Selbstverwaltung und bei der Erledigung ihrer Aufgaben. Wegen der unterschiedlichen Leistungskraft der kreisangehörigen Gemeinden ist der Kreis aufgerufen, diese Leistungsunterschiede auszugleichen (»Ausgleichsfunktion«). Dies geschieht vor allem durch finanzielle Zuweisungen.

Neben der *Ausgleichsfunktion* hat der Kreis auch noch eine »*Ergänzungsfunktion*«, denn er ist verpflichtet, das erforderliche Leistungsangebot zu erbringen, wenn einige oder die Mehrzahl der kreisangehörigen Gemeinden ursprünglich örtliche Angelegenheiten nicht aus eigener Kraft lösen können. Beispiele für solche Aufgabenfelder sind z. B. die Wasserversorgung oder weiterführende Schulen. In den alten Bundesländern hat sich die Kooperation zwischen den Kreisen und Gemeinden weitgehend eingespielt. Nach der Gebiets- und Verwaltungsreform war allerdings die Leistungskraft der Gemeindeebene erheblich angestiegen. Die Zahl der Gemeinden reduzierte sich von früher 24 000 Gemeinden auf nur noch 8 000, von denen viele wieder in Verwaltungsgemeinschaften zusammengeschlossen sind, so daß es in den alten Ländern heute ca. 3 600 Einheiten der unteren Verwaltungsstufe gibt.

In den neuen Ländern bestehen im Verhältnis zwischen den Kreisen und ihren Gemeinden noch erhebliche Spannungen, die sich aus der Vergangenheit ergeben. In der Vergangenheit des sozialistischen Staatssystems hatte der Rat des Kreises über alle Angelegenheiten der Gemeinden bestimmt. Sie waren auch personell schlecht ausgestattet, in der Regel ein Bürgermeister, eine Sachbearbeiterin und eine Sekretärin. Nach der Wende gewannen sie an Selbstbewußtsein und wollten nun nicht mehr durch den Kreis »gegängelt« werden, sondern selbst über ihre Entwicklung bestimmen können. Derartige Spannungen konnten sich auch dadurch verstärken, daß die Kreise vielfach noch sehr klein geschnitten waren. Es wird vermutlich noch einige Zeit dauern, bis die Unbefangenheit, wie sie in den westlichen Ländern zwischen dem Kreis und seinen Gemeinden besteht, erreicht ist.

Die Rechtsnatur der Kreisaufgaben

Der größte Teil der Kreisaufgaben ist den Kreisen durch Gesetz übertragen (z. B. die Bauaufsicht, die Sozialhilfe, die Jugendhilfe, die Kriegsopferfürsorge und die Straßenverkehrszulassung). Zum Teil sind die Kreise verpflichtet, bestimmte Einrichtungen zu schaffen und zu unterhalten – sogenannte Pflichtaufgaben – (z. B. Berufsschulen, Tierkörperbeseitigungsanstalten). Viele Aufgaben erfüllen die Kreise jedoch freiwillig. Als Beispiele seien hier genannt auf dem Gebiet der Weiterbildung die Volkshochschulen und Büchereien, auf dem Gebiete der Kulturpflege Museen, auf dem Gebiet des Sports Sporthallen und Schwimmbäder. Freiwillige Aufgaben sind auch die Alten- und die Jugendheime, die Nahverkehrsbetriebe und vor allem die Sparkassen.

Die Rechtsnatur der Kreisaufgaben ist unterschiedlich. Trotz des unterschiedlichen Kommunalverfassungsrechts und abweichender Terminologie im Landesrecht sind drei Aufgabenkomplexe zu unterscheiden: zunächst die *Aufgaben des eigenen Wirkungskreises* (Selbstverwaltungsaufgaben), die sich wieder in freiwillige Aufgaben oder in Pflichtaufgaben unterteilen. Sie entsprechen dem Charakter des Kreises als Gebietskörperschaft mit dem Recht auf kommunale Selbstverwaltung. Die Kreise sind hier im Rahmen der Gesetze bei der Erfüllung der Aufgaben frei, der Staat hat nur die Rechtsaufsicht.

Die zweite Aufgabengruppe sind die *Aufgaben des übertragenen Wirkungskreises* (Auftragsangelegenheiten, Pflichtaufgaben zur Erfüllung nach Weisung). Dabei handelt es sich um kommunale Aufgaben, bei denen den staatlichen Fachaufsichtsbehörden ein durch Gesetz oder Erlaß manchmal eingeschränktes Weisungsrecht zusteht (z. B. die Bauaufsicht). Einen dritten Komplex bilden in den meisten Ländern die Aufgaben der Kreisverwaltung als *untere staatliche Verwaltungsbehörde*. Hier werden die Kreise unmittelbar für das Land tätig und entsprechend ist das Weisungsrecht des Landes hier im Prinzip nicht beschränkt. Ein Beispiel für diese Aufgaben ist die Kreispolizeibehörde.

Staatsaufsicht

Wie jede Selbstverwaltungskörperschaft unterliegen auch die Kreise wie die Städte und Gemeinden der staatlichen Aufsicht (Kommunalaufsicht). In den großen Flächenstaaten wird sie durch die Bezirksregierungen (Regierungspräsidenten) ausgeführt. In Ländern ohne staatliche Mittelinstanz übt das Innenministerium die Aufsicht aus.

4. Partner im Verwaltungsaufbau

Der Kreis ist im Gefüge der deutschen Verwaltungsorganisation gegenüber anderen Verwaltungseinheiten und sonstigen Organisationen abzugrenzen, die unmittelbare Aufgabenbeziehungen zu ihm haben. Dabei lassen sich drei Arten solcher Partner der Kreise im Verwaltungsaufbau unterscheiden:
- Partner unterhalb der Verwaltungsebene des Kreises,
- Partner auf der gleichen Verwaltungsebene sowie
- Partner oberhalb der Verwaltungsebene des Kreises.

Bei den Partnern unterhalb ihrer eigenen Verwaltungsebene handelt es sich im wesentlichen um die kreisangehörigen Gemeinden. Partner auf der eigenen Verwaltungsebene sind die kreisfreien Städte, Sonderbehörden, die Gerichtsorganisation und gesellschaftliche Organisationen. Die Partner oberhalb der eigenen Verwaltungsebene sind Regionalverbände und Regionen.

Bei dieser Vorstellung von gestuften Verwaltungsebenen geht es um gleichberechtigte partnerschaftliche Beziehungen. Die mit jeweils engerem, gleich großem oder weiterem Zuständigkeitsbereich versehenen Verwaltungseinheiten oder sonstigen Organisationen sind hinsichtlich ihrer Aufgabenerfüllung im allgemeinen von gegenseitigen Weisungen frei.

Kreis und kreisangehörige Gemeinden

Eine zweistufige Verwaltungsorganisation, wie sie in Deutschland mit dem Kreis und den kreisangehörigen Gemeinden besteht, führt die öffentlichen Aufgaben in der Weise durch, daß das gesamte Gebiet der größeren Verwaltungseinheit (also des Kreises) von kleinen lokalen Verwaltungsbezirken ausgefüllt ist. Darüber gelagert ist der größere Verwaltungsbezirk, der allerdings nur die Aufgaben zu erfüllen hat, die (in unterschiedlichem Maße) von den kleineren Einheiten wegen ihrer geringen Fläche oder wegen ihrer geringeren Leistungskraft nicht ordnungsgemäß erfüllt werden können.

In Deutschland ist dieses zweistufige System in ziemlich reiner Ausprägung verwirklicht worden. Der überlagernde Bezirk, der Kreis, nimmt einerseits keine lokalen Aufgaben wahr, andererseits ist er für etwa notwendige ergänzende Aufgabenerfüllung noch zuständig. Während die Verwaltung der kreisfreien Stadt Einheitsverwaltung ist, die grundsätzlich alle Verwaltungsleistungen in ihrem Gebiet erbringt, ist die Verwaltung im Kreis durch das System von selbständigen Gebietskörperschaften und dem darüber gelagerten Kreis gekennzeichnet. Im einzelnen gibt es hinsichtlich der Kompetenzverteilung zwischen Gemeinden und Kreis zwischen den Ländern unterschiedliche Regelungen. Größere kreisangehörige Städte haben vielfach eine Sonderstellung (»Große Kreisstädte«, »Selbständige Städte«, »Mittelstädte«).

Kreis und kreisfreie Städte

Früher schieden gewöhnlich Städte, die eine Einwohnerzahl von 25 000 (nach dem Zweiten Weltkrieg ab etwa 50 000 Einwohnern) erreicht hatten, aus dem Kreis aus. Sie wurden als kreisfreie Städte organisiert. Die wachsenden kreisfreien Städte haben sich im Laufe der Jahrzehnte durch Eingemeindungen vergrößert und damit die Grenzen der benachbarten Kreise immer wieder in das noch ländlich bestimmte Umland verschoben. Die Kreise in einer Grenzlage zu kreisfreien Städten heben sich in der Aufgabenerfüllung für ihre Gemeinden und ihre Einwohner von den »Normalkreisen« deutlich ab, und zwar als Nachbarkreise oder als Umlandkreise (auch Kragenkreis). Bei der wachsenden Verdichtung in Deutschland wird die überkommene Abgrenzung zwischen Stadt- und Landkreisen fragwürdiger. Hier wird über neue Verwaltungseinheiten diskutiert (Regionalstadt, Bezirksstadt, Verbundstadt). Auch wenn es noch kein wirklich überzeugendes Modell für eine moderne Verwaltungsorganisation für große Verdichtungsräume gibt, so wird die Lösung dieser Problematik mit Sicherheit Kernstück einer kommenden großen Verwaltungsreform sein müssen.

Kreis und Sonderbehörden

Wenn möglichst zahlreiche verschiedenartige Verwaltungsaufgaben für ein Verwaltungsgebiet von einer Verwaltungsbehörde wahrgenommen werden, gleichen sich einseitige Interessen aus und es tritt ein Koordinierungs- und Rationalisierungseffekt ein. Dieser Grundsatz der »Einheit der Verwaltung« in der Kreisinstanz ist ein wesentliches Merkmal der heutigen deutschen Kreisorganisation. Trotzdem gibt es noch immer zahlreiche Sonderbehörden auf der Kreisebene, z. B. die Arbeitsämter als Untergliederung der Bundesanstalt für Arbeit oder die Finanzämter.

Als vorbildlich gilt der Grundsatz der Einheit der Verwaltung auf der Kreisstufe in Nordrhein-Westfalen. Hier sind die früher staatlichen Gesundheits-, Veterinär-, Kataster- und Straßenbauämter in die Kreise und kreisfreien Städte als kommunale Dienststellen eingegliedert worden. Das Schulamt als Schulaufsichtsbehörde ist zwar untere Landesbehörde geblieben, aber den Kreisen angegliedert worden. Auch die Kreispolizeibehörden als untere Landesbehörden stimmen in ihrem Gebiet mit den Kreisen überein. Der Hauptverwaltungsbeamte des Kreises, gegenwärtig in Nordrhein-Westfalen zumeist noch der Oberkreisdirektor, künftig wie in allen anderen Bundesländern der hauptamtlich gewählte Landrat, ist gleichzeitig im Wege der Organleihe Kreispolizeibehörde.

Kreise und Gerichtsorganisation

Die Rechtsprechung ist nach unserer Staatsordnung nicht Teil der Verwaltung, sondern strikt von ihr getrennt. Dennoch stehen die Tätigkeiten der Kreisverwaltungen und die der Gerichte nicht beziehungslos nebeneinander. Die Amtsgerichte haben bei Jugendstrafsachen und in der freiwilligen Gerichtsbarkeit mit den Jugendämtern und den Standesämtern, bei Verkehrsstraftaten mit der Kreispolizeibehörde und dem Straßenverkehrsamt sowie bei Grundbuchsachen mit dem Katasteramt zu tun. Noch engere Zusammenhänge zwischen Gerichten und Verwaltungsbehörde ergeben sich, wenn die Gerichtsbezirke und die Zuständigkeitsgebiete der Verwaltungsbehörden deckungsgleich sind. Die Bezirke der Amtsgerichte stimmen bei den kreisfreien Städten im allgemeinen mit dem Stadtgebiet überein. Im übrigen beachten die Grenzen der Amtsgerichtsbezirke meist nur die Gemeindegrenzen und überlappen in zahlreichen Fällen die Kreisgrenzen. Auch bei den Bezirken der höheren Gerichte (Landgerichte und Oberlandesgerichte) und der Verwaltungs- und Sozialgerichte gibt es kaum Deckungsgleichheit zu Verwaltungsbezirken.

Kreise und gesellschaftliche Organisationen

Der Kreis ist mehr als ein kommunaler und staatlicher Verwaltungsbezirk; er ist zunehmend für die Kreisbürger zum »Lebensraum« geworden. Eine Großzahl von Vereinigungen, Vereinen und Verbänden hat das Gebiet des Kreises zur eigenen Gliederungseinheit gewählt. Die politischen Parteien, die Gewerkschaften, die Verbände der freien Wohlfahrtspflege, die Jugendorganisationen, die überörtlichen Zusammenschlüsse bei Sportvereinen, ja sogar teilweise die Kirchen haben sich in ihrem Aufbau den Kreisen angepaßt.

Je dichter das Netz der Vereinigungen, Vereine und Verbände geworden ist, die als Grenze ihrer Unterorganisationen die Grenze des Kreises gewählt haben, desto zwangsläufiger ist der Kreis zum Lebensraum geworden. In grundsätzlich allen Kreisen besteht heute diese Vielfalt der gesellschaftlichen und sozialen Zusammenschlüsse, und sie entwickelt sich weiter. Dies ist ein wichtiger Beleg dafür, wie sehr sich inzwischen ein Kreisbewußtsein herausbildet.

Kreise und Regionalverbände

In einigen Bundesländern gibt es oberhalb der Kreise Kommunalverbände (z. B. in Nordrhein-Westfalen die Landschaftsverbände Rheinland und Westfalen-Lippe, in Bayern sieben Bezirksverbände, in Hessen den Landeswohlfahrtsverband, in Rheinland-Pfalz den Bezirksverband Pfalz, in Baden-Württemberg zwei Landeswohlfahrtsverbände). Zu den regionalen Kommunalverbänden haben die Kreise intensive Aufgabenverflechtungen. Zusätzlich ist durch die Zusammensetzung der Organe und durch das Finanzsystem der regionalen Kommunalverbände eine enge Beziehung zu den Kreisen als kommunalen Mitgliedskörperschaften hergestellt.

Kreise und Regionen

Hier bahnt sich eine neue Entwicklung an, die nachhaltige Rückwirkungen auf die Kreise haben kann. Im nationalen Rahmen spielt diese Frage bei der Regionalplanung eine Rolle. In fast allen Flächenländern sind für die Regionalplanung i. S. des Bundesraumordnungsgesetzes regionale Planungsräume (Planungsregionen) geschaffen worden. Sie bewegen sich hinsichtlich der Einwohnerzahl in einer Größenordnung zwischen 300 000 bis eine Million. Solche Regionen sollen in erster Linie Raumordnungs- und Planungseinheiten unter kommunalem Einfluß sein. Gemeinden, Kreise und kreisfreie Städte sollen sich in der Abstimmung der großen Entwicklungsziele für die Hauptlebensfunktionen Arbeit, Wohnen, Bildung, Erholung und Versorgung abstimmen, ergänzen und ausgleichen.

Hans-Günter Henneke

Kreisverfassungen

1. Rahmenbedingungen für Kommunalpolitik im Kreis

Wer sich mit kommunaler Selbstverwaltung befaßt, denkt dabei häufig zunächst an die Großstädte, deren Aufgaben, Finanzierungsprobleme und kommunalpolitische Entscheidungen. Dabei wird verkannt, daß etwa zwei Drittel der Bevölkerung der Bundesrepublik Deutschland auf rd. 96 % der Fläche des Bundesgebiets im kreisangehörigen Raum leben, wo im Gegensatz zu den kreisfreien Städten die kommunale Verwaltungsorganisation zwei selbständige Ebenen, nämlich die der Gemeinden und Landkreise, umfaßt.

Es gibt ebenso wie auf der Gemeindeebene nicht *die eine* Kreis- oder Gemeindeordnung, sondern von Land zu Land im Detail unterschiedliche Kreisverfassungen, die sich aber an den verfassungsrechtlichen Vorgaben des Grundgesetzes aus Art. 28 GG ebenso zu orientieren haben wie an der spezifischen Funktion der Kreise im Staatsgefüge und deshalb über die Grenzen der Bundesländer hinweg vergleichbare Grundstrukturen aufweisen.

Um die Regelungsgegenstände der Kreisverfassungen von den tatsächlichen Rahmenbedingungen her erfassen zu können, bedarf es der Vergegenwärtigung folgender Aspekte (zu den Strukturen und Funktionen der Kreise vgl. von der Heide in diesem Band):

Die Siedlungsdichte und -struktur in Deutschland ist ebenso wie in den anderen Staaten sehr unterschiedlich. In den sechziger Jahren gab es im seinerzeitigen Gebiet der Bundesrepublik Deutschland 24 282 kreisangehörige Gemeinden und 135 kreisfreie Städte mit sehr unterschiedlicher Größe, Leistungsfähigkeit, Verwaltungs- und Finanzkraft.[1] Dem verfassungsrechtlichen Postulat der Gleichwertigkeit der Lebensverhältnisse ließ sich damit auf der gemeindlichen Ebene nicht Rechnung tragen. In der ehemaligen DDR war die gemeindliche Struktur noch kleingliedriger. Hier gab es bei einer Einwohnerzahl von etwa einem Viertel der Bundesrepublik insgesamt 7 565 Gemeinden. Daß bei einer solchen Struktur nicht ein Mindestmaß an öffentlichen Aufgaben im dörflichen Bereich[2] und schon gar nicht darüber hinaus erbracht werden könnte, wobei noch wachsende Anforderungen seitens der Bevölkerung festzustellen waren, bedarf keiner Betonung. In den westdeutschen Bundesländern wurde daher, basierend auf unterschiedlichen Konzeptionen in den sechziger und siebziger Jahren, überall eine Gemeindegebietsreform mit der Folge einer drastischen Verringerung der Zahl der Gemeinden durchgeführt.[3] In den zehn westdeutschen Bundesländern wurde

---

1 Dazu ausf.: Eberhard Laux, Erfahrungen und Perspektiven der kommunalen Gebiets- und Funktionalreformen, in diesem Band.
2 Dazu ausf.: Herbert Schneider, Dorfpolitik, in diesem Band.
3 Dazu näher Eberhard Laux (Anm. 1).

die Zahl der kreisangehörigen Gemeinden mit 8 409 auf etwa ein Drittel, die der kreisfreien Städte um etwa ein Drittel auf 91 reduziert, wobei bei weitem nicht alle kreisangehörigen Gemeinden über eine hauptamtliche Verwaltung verfügen, da mehr als 6 000 Gemeinden Mitgliedsgemeinden von etwa 1 000 hauptamtlich verwalteten Verwaltungsgemeinschaften (Ämter, Samtgemeinden, Verbandsgemeinden, Verwaltungsgemeinschaften etc.[4]) sind. Die Gemeindegebietsreform war der von Land zu Land konzeptionell unterschiedlich ausgestaltete Versuch, Verwaltungseffizienz und Leistungsfähigkeit auf der Gemeindeebene zu stärken, möglichst ohne gewachsene Identitäten und die demokratische Mitwirkung der Bürger am gemeindlichen Geschehen zu zerstören.[5] Angesichts der unterschiedlichen Siedlungsstrukturen und -dichte konnte dies zwangsläufig nur bedingt gelingen. In der DDR blieb dagegen die gemeindliche Struktur bis zur Vereinigung am 3. Oktober 1990 unverändert bestehen, so daß (maßvolle) gebietliche Neugliederungen erst von den neuen Bundesländern durchgeführt wurden.

Trotz der Gemeindegebietsreform und der Bildung von hauptamtlich geleiteten Verwaltungsgemeinschaften mußte die gemeindliche Leistungsfähigkeit unterschiedlich bleiben. Viele durch bürgerschaftliche Mitwirkung erfüllbare Aufgaben sind zudem entweder schon immer auf einen größeren Gebietszuschnitt und eine größere Einwohnerzahl angewiesen gewesen oder im Laufe der Zeit in einen größeren Zuschnitt hineingewachsen als ihn selbst größere Gemeinden aufweisen. Hier, also zwischen der Aufgabenerfüllung durch das Land einerseits sowie den Gemeinden bzw. ihren Verbindungen zu hauptamtlichen Verwaltungseinheiten andererseits, liegt das originäre Wirkungsfeld der Landkreise, deren Zahl im Zuge der die Kreisebene ebenfalls erfassenden Gebietsreform von ursprünglich 425 im bisherigen Bundesgebiet der Bundesrepublik Deutschland und 189 in der ehemaligen DDR[6] im Zuge der Kreisgebietsreformen in Westdeutschland von 1972–1977 und in den neuen Ländern von 1993–1995 auf heute 237 bzw. 86 und damit insgesamt auf 323 zurückgeführt wurde, was mit einer erheblichen flächen- und einwohnermäßigen Ausdehnung einhergegangen ist.

2. Von den Kreisverfassungen zu beachtende Gemeinsamkeiten und Unterschiede von Kreisen und Gemeinden

Für die gesetzliche Normierung der Entscheidungsverfahren in den Kreisverfassungen ergeben sich gegenüber dem gemeindlichen Bereich neben zahlreichen Gemeinsamkeiten durchaus auch beachtliche Besonderheiten.

---

4   Dazu näher Eberhard Laux (Anm. 1); Schneider (Anm. 2).
5   Dazu näher Eberhard Laux (Anm. 1); Schneider (Anm. 2).
6   Hans-Günter Henneke, Kreisebene in der Bundesrepublik Deutschland nach der Gebietsreform in den neuen Ländern, in: Der Landkreis 1994, S. 145–152; ders., Verwaltungseffizienz und Betroffenenakzeptanz, Leitbildgerechtigkeit und politische Durchsetzbarkeit. Bestimmungsfaktoren für die Gebiets- und Funktionalreform in den ostdeutschen Bundesländern, in: NVwZ 1994, S. 555–561.

Im Vergleich mit der gemeindlichen Verwaltung gibt es bei den Kreisen zahlreiche Gemeinsamkeiten, von denen die Landesgesetzgeber bei der Regelung der Kommunalverfassung ausgehen können. Neben den Gemeinsamkeiten gilt es aber auch, die kreisspezifischen Rahmenbedingungen herauszuarbeiten, die bei einer gesetzlichen Regelung Berücksichtigung finden sollten.

a. Gemeinsamkeiten

Hinsichtlich der verfassungsrechtlichen Garantie der Kreise besteht weitgehend Identität mit der Garantie der Gemeinden. Die unmittelbar demokratische Legitimation für die Kreisorganisation ist gemäß Art. 28 Abs. 1 S. 2 und 3 GG identisch. Das Bundesverfassungsgericht spricht insoweit von der »Einheitlichkeit der demokratischen Legitimationsgrundlage«.[7]

Zudem ist die Autonomie, also die Eigenverantwortlichkeit der Aufgabenwahrnehmung, bei Kreisen und Gemeinden identisch. Unterschiede in der Selbstverwaltungsgarantie bestehen bei struktureller Identität allein hinsichtlich des Bestandes an Aufgaben der örtlichen Gemeinschaft, der den Gemeinden verfassungsunmittelbar zugeordnet ist, während die Kreise einer gesetzlichen Aufgabenzuweisung bedürfen, die auch generalklauselartig erfolgen kann. Da diese Zuweisungen kraft Landesrechts in allen Ländern erfolgt sind, verfügen die Kreise wie die Gemeinden im Ergebnis über eine Aufgabenallzuständigkeit bezogen auf ihren Bereich.[8] Das bedeutet, daß bei Aufgabenzuordnungen, die über die Gemeindegrenzen hinausgehen, im Zweifel der Kreis angesprochen ist und nicht ein kommunaler Zweckverband, selbst wenn auch Zweckverbände eine zulässige Aufgabenerfüllungsform darstellen.[9]

Gemeinsam ist Gemeinden und Kreisen auch, daß sie anders als Bund und Länder allein der Exekutive zuzuordnen sind. Die Kommunalvertretung der Gemeinden und der Kreise ist damit, auch wenn sie aus Wahlen i. S. von Art. 28 Abs. 1 S. 2, 3 GG hervorgeht, Organ einer Selbstverwaltungskörperschaft und kein Parlament. Kreise und Gemeinden können ihre Handlungsermächtigungen und Einnahmequellen also nicht aus eigenem Recht schaffen, sondern bedürfen dazu einer gesetzlichen Ermächtigung. Parlamentsrechtliche Begriffe wie Koalition und Opposition haben in der Kreisverfassung damit keinen Platz, während der Begriff der Fraktion in jüngerer Zeit, obwohl dem Parlamentarismus entstammend, in die meisten Kreisordnungen Einzug gehalten hat. Das Wesen von Kommunalpolitik, das in der Vergangenheit im kreisangehörigen Raum weitgehend von Einzelpersönlichkeiten und Wählergemeinschaften geprägt war[10], hat sich folglich insbesondere in den letzten beiden Jahrzehnten – wohl auch infolge der Gebietsreform – gravierend verändert.

Schließlich gilt für Gemeinden wie für Kreise gleichermaßen das die kommunale Selbstverwaltung charakterisierende Prinzip der Überschaubarkeit.[11] Dieses bedingt

---

7 BVerfGE 83, 37 (54 f.).

8 Eberhard Schmidt-Aßmann, Perspektiven der Selbstverwaltung der Landkreise, in: Friedrich Schoch (Hrsg.), Selbstverwaltung der Kreise in Deutschland, Köln u.a. 1996, S. 79.

9 Albert von Mutius, Kreise als Gebietskörperschaft, Gemeindeverband und untere staatliche Verwaltungsbehörde, in: Der Landkreis 1994, S. 5.

10 Herbert Schneider (Anm. 2).

11 Eberhard Schmidt-Aßmann (Anm. 8), S. 79 f.

einen Gebietszuschnitt, der es ermöglicht, daß sich ein Gefühl der Verbundenheit ausbildet. Zudem sind der Verwaltungsraum, der Aufgabenzuschnitt und die in den Kreisverfassungen geregelte Entscheidungsstruktur so aufeinander abzustimmen, daß die zugrunde liegenden Interessen und ihre Träger greifbar und die zu treffenden Entscheidungen nach dem Grundsatz der Folgenfühlbarkeit in ihren vorteilhaften wie in ihren belastenden Wirkungen erkennbar sind.[12]

b. Unterschiede

Insbesondere die Trias von Strukturelementen des Kreises führt zu Besonderheiten gegenüber der Gemeindeebene, da das Austarieren von Unmittelbarkeit und Distanz auf diesen beiden Ebenen in unterschiedlicher Weise erfolgt, wobei das richtige Verhältnis zwischen unmittelbarer Betroffenenmitwirkung und Distanz wahrender Entscheidungsfindung immer wieder neu ins Verhältnis gesetzt werden muß.[13]

Hinsichtlich des gebietskörperschaftlichen Charakters unterscheiden sich Gemeinden und Kreise nicht voneinander. Es bestehen bei den – großflächiger angelegten – überörtlichen Aufgaben direkte Leistungs- und Legitimationsbeziehungen zwischen Landkreis und Einwohnern. Dies entspricht dem gemeindlichen Bereich.

In der Gemeindeverbandsfunktion unterscheiden sich dagegen die Kreise von den Gemeinden. Diese Funktion findet insbesondere in den Ausgleichs- und Ergänzungsaufgaben der Kreise und in dem Finanzierungsinstrument der Kreisumlage[14] ihren Ausdruck. Sowohl die Bestimmung der Wahrnehmung und Intensität ausgleichender und ergänzender Aufgaben wie die Ausgestaltung der Kreisumlage[15] ist eine spezifische politische Gestaltungsaufgabe der Kreistage der einzelnen Landkreise, die sich unmittelbar aus der Garantie kommunaler Selbstverwaltung herleiten läßt.[16]

Die kreispolitischen Entscheidungen haben dabei auf die Belange der kreisangehörigen Gemeinden untereinander sowie im Verhältnis zum Kreis besondere Rücksicht zu nehmen. Für die Normierung der Kreisverfassungen stellt sich für die Gesetzgeber damit die Frage, wie diesen Aspekten angemessen Rechnung getragen werden kann. So hat Schmidt-Aßmann[17] zu Recht darauf hingewiesen, daß es zweifelhaft erscheint, ob das subtile Beziehungsgeflecht innerhalb eines Gemeindeverbandes es wirklich verträgt, daß mit Bürgerbegehren und Bürgerentscheid zusätzlich deutlich zentralisierende Bauformen eingefügt werden, und vorgeschlagen, daß hier mindestens die Distanz schaffenden Kataloge ausgeschlossener Gegenstände[18] erweitert werden müßten.

---

12 Eberhard Schmidt-Aßmann (Anm. 8), S. 80.
13 Eberhard Schmidt-Aßmann (Anm. 8), S. 80.
14 Dazu ausf.: Hans-Günter Henneke, Aufgabenzuständigkeit im kreisangehörigen Raum, Heidelberg 1992 sowie ders., Die Kreisumlage 1998 – Strukturelle Fragestellungen und fiskalische Relevanz, in: Der Landkreis 1998, S. 168–187.
15 Dazu: BVerwG, in: NVwZ 1996, S. 1222 ff.
16 BVerwG, in: NVwZ 1996, S. 1222 ff.
17 Eberhard Schmidt-Aßmann (Anm. 8), S. 88.
18 Dazu ausf.: Hans-Günter Henneke, Das richtige Maß von Unmittelbarkeit und Distanz bei kommunalen Bürgerbegehren und -entscheiden, in: ZG 1996, S. 1 (15 ff.).

Schließlich zeichnet sich die Kreisverwaltung durch ihre – landesrechtlich unterschiedlich ausgestaltete – Inanspruchnahme als untere staatliche Behörde[19] aus. Rechtssystematisch ist die Erfüllung dieses für die Kreise quantitativ und qualitativ äußerst bedeutsamen Aufgabenkatalogs vom Kreis als Selbstverwaltungssystem getrennt, prägt aber das Gesamtbild des Kreises und seiner Verwaltung entscheidend mit. Der Landrat erweist sich dabei als Mittler zwischen Staatsverwaltung und kommunaler Selbstverwaltung.[20] Landesrechtlich unterschiedliche Einschränkungen ergeben sich dagegen hinsichtlich der Mitentscheidung und Mitberatung dieser Angelegenheiten durch den Kreistag. Zum Teil sind die Kreisverfassungen auf diesen Aufgabenbestand gar nicht oder nur eingeschränkt anwendbar.[21] Der Entscheidung durch Bürgerbegehren und Bürgerentscheid sind diese Aufgaben nicht zugänglich.[22] Außerdem fragt sich, ob sich aus der besonderen Stellung gerade des Landrats für diese Aufgaben nicht besondere, in der Kommunalverfassung normierte Anforderungen an seine Qualifikation ergeben müssen, seine Urwahl in Betracht kommt und seine Abwahl ausgeschlossen oder erschwert ist.

3. Funktionen der Kreisverfassung

Mit dem Kommunalverfassungsrecht, also den Gemeindeordnungen und Landkreisordnungen, werden die Arten und das Zusammenwirken der Kreisorgane geregelt. Damit wird der Zweck verfolgt, die kommunale Organisationshoheit vor Ort im Interesse landesweit gemeinsamer kommunaler Organisationsstrukturen einzuschränken. Die in den Art. 28 Abs. 2 GG entsprechenden Bestimmungen der Landesverfassungen enthaltene Gewährleistung der Eigenverantwortlichkeit bei der Regelung aller Angelegenheiten der örtlichen Gemeinschaft beinhaltet die grundsätzliche Befugnis der Kreise und Gemeinden, ihre Aufbau- und Ablauforganisation nach den eigenen Vorstellungen zu gestalten und entsprechende Organisationsmaßnahmen zu ergreifen. Diese Befugnis steht allerdings unter dem Vorbehalt des Gesetzes, wovon die Landesgesetzgeber mit den Kreis- und Gemeindeordnungen überall Gebrauch gemacht haben. Mit den Normierungen der Kreisverfassungen regeln die Landesgesetzgeber somit verbindlich die innere Kreisorganisation mit der Folge, daß den Selbstgestaltungsbefugnissen der Kreise enge Grenzen gesetzt sind – die von diesen etwa auch bei der Einführung und Umsetzung des Neuen Steuerungsmodells zu beachten sind.[23]

---

19 Dazu näher Eberhard Laux (Anm. 1.); Hans-Jürgen von der Heide, Stellung und Funktion der Kreise, in diesem Band.

20 So Georg Christoph von Unruh, Der Landrat. Mittler zwischen Staatsverwaltung und kommunaler Selbstverwaltung, Köln/Berlin 1966; Margun Schmitz, Der Landrat. Mittler zwischen Staatsverwaltung und kommunaler Selbstverwaltung, Baden-Baden, 1991.

21 Dazu jüngst: Albert von Mutius, Neues Steuerungsmodell in der Kommunalverwaltung, in: Joachim Burmeister (Hrsg.), Verfassungsstaatlichkeit. Festschrift für Klaus Stern, München 1997, S. 685 (710 ff.).

22 Dazu näher Hans-Günter Henneke (Anm. 18), S. 15 ff.

23 Dazu Albert von Mutius (Anm. 21), S. 685–716; Hans-Günter Henneke, Selbstverwaltung der Kreise zwischen Politikgestaltung und Verwaltungsmanagement, in: Der Landkreis 1996, S. 447–453.

Historisch überkommen weisen die Kreisverfassungen in den deutschen Ländern ebenso wie die Gemeindeordnungen erhebliche Unterschiede auf. Eine einheitliche Rechtsgrundlage gab es auf der gemeindlichen Ebene nur zur Zeit der Geltung der Deutschen Gemeindeordnung von 1935 bis zum Kriegsende, auf der Kreisebene dagegen nie. Sodann prägte das Besatzungsrecht die Ausgestaltung der Kommunalverfassungen neben landesrechtlichen Vorstellungen. Herkömmlich wird dabei von den vier Kommunalverfassungstypen der Norddeutschen und Süddeutschen Ratsverfassung, der Rheinischen Bürgermeisterverfassung und der Magistrats- bzw. Kreisausschußverfassung gesprochen.[24]

Mit einer Novellierungswelle im Kommunalverfassungsrecht, ausgelöst von den Neuregelungen in den neuen Ländern zur Ablösung der DDR-Kommunalverfassung und fortgesetzt in den westdeutschen Ländern, ist es wegen der weitgehend eingeführten Urwahl des Landrats, der Abschaffung der sogenannten Doppelspitze in Niedersachsen und Nordrhein-Westfalen sowie der Beseitigung der Magistrats- bzw. Kreisausschußverfassung in Schleswig-Holstein zu erheblichen Angleichungen gekommen.

4. Von den Kreisverfassungen vorgesehene Kreisorgane

Im einzelnen ergibt sich in den Ländern folgendes Bild: Über zwei Kreisorgane verfügen die Kreise in den Ländern Baden-Württemberg, Hessen, Mecklenburg-Vorpommern, Rheinland-Pfalz, Sachsen, Sachsen-Anhalt, Thüringen, und seit 1998 auch in Schleswig-Holstein. In Hessen sind dies der Kreistag und der Kreisausschuß, in den übrigen genannten Ländern der Kreistag und der Landrat. Über die drei Kreisorgane Kreistag, Kreisausschuß und Hauptverwaltungsbeamter verfügen die Kreise in Niedersachsen, Nordrhein-Westfalen und im Saarland, wobei der Hauptverwaltungsbeamte in Niedersachsen und Nordrhein-Westfalen bis zum Auslaufen von Übergangsregelungen (Oktober 1999 in Nordrhein-Westfalen, Ablauf der individuellen zwölfjährigen Wahlzeit in Niedersachsen) noch als Oberkreisdirektor, künftig aber hier ebenso wie in allen anderen Ländern als Landrat bezeichnet wird.

Besonderheiten hinsichtlich der Kreisorgane ergeben sich in Bayern und Brandenburg. In Bayern haben neben dem Kreistag und dem Landrat als Novum auch vom Kreistag bestellte Ausschüsse, zu denen auch der Kreisausschuß gehört, Organstellung. In Brandenburg kommt – ohne daß dies nähere Konsequenzen hat – neben dem Kreistag, dem Kreisausschuß und dem Landrat auch der Bürgerschaft eine Organstellung zu. Damit soll der Tatsache Ausdruck verliehen werden, daß den Bürgern auf Kreisebene eine unmittelbare Sachentscheidungskompetenz durch Bürgerbegehren und Bürgerentscheid eingeräumt wurde.

Bis zum Beginn der neunziger Jahre wurde in den Kommunalverfassungen der deutschen Bundesländer eine Regelung über Bürgerbegehren und Bürgerentscheid lediglich in der baden-württembergischen Gemeindeordnung im Jahre 1955 getroffen und im Jahre 1975 erweitert. Die Kreisebene war gar nicht erfaßt. Auch die DDR-Kommunalverfassung vom 17. Mai 1990[25] sah nur für die Gemeinden, nicht aber für

---

24 Dazu Eberhard Schmidt-Aßmann, Kommunalrecht, in: ders. (Hrsg.), Besonderes Verwaltungsrecht, Berlin/New York (1995) 10, S. 1 (41 ff.).

25 Dazu Hans-Günter Henneke (Anm. 18), S. 11 ff.

die Kreise die Institute Bürgerbegehren und Bürgerentscheid vor. Nach der erst-
maligen Regelung für die Kreisebene in Schleswig-Holstein im Frühjahr 1990 sind
die Institute Bürgerbegehren und Bürgerentscheid inzwischen in allen Gemeindeordnungen und in den Kreisordnungen der Länder Bayern, Brandenburg, Mecklenburg-Vorpommern, Niedersachsen, Nordrhein-Westfalen, Rheinland-Pfalz, Saarland,
Sachsen, Sachsen-Anhalt und Schleswig-Holstein normiert.[26] In Baden-Württemberg,
Hessen und Thüringen wird dagegen aus den o. g. Gründen zwischen den Gemeinden
und Kreisen differenziert. Sieht man einmal von der durch Volksgesetzgebung ge-
schaffenen, partiell verfassungswidrigen Regelung in Bayern[27] ab, gleichen sich die
Bestimmungen über Bürgerbegehren und Bürgerentscheid in den übrigen Bundesländern sehr.[28] Die Anwendungserfahrungen sind unterschiedlich.[29] Gar nicht zu
überschätzen sind indes die faktischen Auswirkungen des bloßen Vorhandenseins der
Institute Bürgerbegehren und Bürgerentscheid auf das Verhalten der übrigen Kreisorgane (sog. »Zeigen der Folterinstrumente«).[30]

Hinsichtlich der Bestellung und Amtsperiode der Kreisorgane finden sich folgende
Regelungen:

Der *Kreistag* wird in Bayern auf sechs Jahre, in Hessen und Schleswig-Holstein auf
vier Jahre und in den übrigen Bundesländern auf fünf Jahre von den wahlberechtigten
Einwohnern gewählt. Anders als auf Bundes- und Landesebene erstreckt sich das
Wahlrecht nach Art. 28 Abs. 1 Satz 3 GG auch auf Personen, die die Staatsangehörigkeit eines Mitgliedstaates der EG besitzen. Manche Bundesländer sind zudem seit
1996 dazu übergegangen, das aktive Wahlrecht auch Jugendlichen ab dem 16. Lebensjahr zu verleihen.

Die Zahl der Kreistagsmitglieder, die in Baden-Württemberg, Bayern und Sachsen als Kreisräte, in Brandenburg, Hessen, Niedersachsen und Schleswig-Holstein
als Kreistagsabgeordnete und in Mecklenburg-Vorpommern, Nordrhein-Westfalen,
Rheinland-Pfalz, dem Saarland, Sachsen-Anhalt und Thüringen als Kreistagsmitglieder bezeichnet werden, ist landesrechtlich bestimmt. Sie richtet sich jeweils
nach der Einwohnerzahl der Kreise. Um angesichts des großen Gebiets der Kreise
dem Gesichtspunkt der Repräsentanz möglichst aller Kreisteile im Kreistag Rechnung zu tragen, sehen manche Landesgesetze eine recht hohe Zahl von Kreistags-
mitgliedern vor, was sich ungünstig auf die Arbeitsfähigkeit der Kreistage auswirken kann.

Einen *Kreisausschuß* gibt es in den Kreisen in Baden-Württemberg, Sachsen und
Sachsen-Anhalt nicht. In Mecklenburg-Vorpommern, Rheinland-Pfalz, Thüringen und
nunmehr auch in Schleswig-Holstein hat der Kreisausschuß, der in Schleswig-Holstein
jetzt Hauptausschuß heißt, keine Organstellung. In den übrigen Ländern ist bestimmt,
daß der Kreisausschuß aus dem Landrat und einer bestimmten Zahl von Kreistags-
mitgliedern, die vom Kreistag aus dessen Mitte gewählt werden, besteht. In Hessen
gibt es als Ausdruck der sog. Magistrats- bzw. Kreisausschußverfassung die Besonderheit, daß der Kreisausschuß aus dem Landrat sowie dem Ersten und weiteren Kreis-
beigeordneten besteht, die nicht Kreistagsabgeordnete sind.

26 Siehe dazu die Synopse bei Hans-Günter Henneke, Bürgerentscheide in den (Land-)Kreisen,
    in: Der Landkreis 1996, S. 159 ff.
27 Dazu ausf. Hans-Günter Henneke (Anm. 18), S. 13 ff.; ders., Die Rolle der Fraktionen und
    Parteien in einem gewandelten Kommunalverfassungsrecht, in: Der Landkreis 1997, S. 1 (5 ff.).
28 Dazu Hans-Günter Henneke (Anm. 26), S. 159 ff.
29 Dazu Hans-Günter Henneke (Anm. 27), S. 5 ff.; ders. (Anm. 18), S. 9 ff.
30 Dazu ausf. Hans-Günter Henneke (Anm. 27), S. 8 ff.

Der *Hauptverwaltungsbeamte* des Kreises führt traditionell die Bezeichnung *Landrat*. Dies gilt künftig für die Kreise in allen Ländern. In Niedersachsen und Nordrhein-Westfalen wurde aufgrund Besatzungsrechts die Bezeichnung Oberkreisdirektor eingeführt. Aufgrund von Reformgesetzen aus dem Jahre 1996 bzw. 1994 ist diese Bezeichnung in diesen beiden Ländern abgeschafft worden, es gelten aber Übergangsregelungen für die gegenwärtigen Amtsinhaber.

Die Dauer der Amtsperiode des Landrats ist höchst unterschiedlich geregelt, wobei sie in den meisten Ländern im Gesetz festgelegt ist. In Bayern, Hessen und Thüringen beträgt sie sechs Jahre, in Sachsen und Sachsen-Anhalt sieben Jahre, in Baden-Württemberg, Brandenburg, Rheinland-Pfalz und dem Saarland acht Jahre. In Niedersachsen und Nordrhein-Westfalen werden die Landräte künftig auf fünf Jahre gewählt, während bisher die Amtszeit der Oberkreisdirektoren zwölf bzw. acht Jahre betrug. In Schleswig-Holstein und Mecklenburg-Vorpommern überläßt es der Gesetzgeber den Kreistagen, die genaue Dauer der Amtsperiode festzulegen und gibt nur einen Rahmen vor. Dieser liegt in Schleswig-Holstein zwischen sechs und acht Jahren, in Mecklenburg-Vorpommern zwischen sieben und neun Jahren.

Die größten Änderungen in den Kreisverfassungen hat es in den letzten Jahren hinsichtlich der *Bestellung des Landrats* gegeben. Gab es bis zur Mitte der achtziger Jahre in Rheinland-Pfalz und im Saarland noch staatlich bestellte Landräte und in den übrigen Ländern mit Ausnahme Bayerns Landräte bzw. Oberkreisdirektoren, die jeweils vom Kreistag gewählt wurden, so hat sich hier nach der Vereinigung Deutschlands eine weitgehende Änderung ergeben. Staatliche Landräte sind in keiner Kreisverfassung mehr vorgesehen. Demgegenüber ist die bisher nur in Bayern praktizierte unmittelbare Wahl des Landrats durch die Bevölkerung in den meisten Ländern eingeführt worden. Sie erfolgt künftig außer in Bayern in Hessen, Mecklenburg-Vorpommern, Niedersachsen, Nordrhein-Westfalen, Rheinland-Pfalz, dem Saarland, Sachsen, Sachsen-Anhalt, Schleswig-Holstein und Thüringen. Lediglich in Brandenburg und in Baden-Württemberg, wo die Bürgermeister schon immer durch die Bürger gewählt wurden, wird der Landrat auch künftig noch vom Kreistag gewählt.

Der Übergang zur sog. Urwahl verändert das überkommene Gefüge zwischen Kreistag und Hauptverwaltungsbeamtem erheblich und stärkt grundsätzlich das Eigengewicht des Landrats. Während diese Stärkung geradezu das Ziel der Neuregelung in manchen Ländern war[31], haben die Gesetzgeber in anderen Ländern versucht, die überkommene Gewichtsverteilung zwischen Kreistag und Hauptverwaltungsbeamtem durch ein System von »checks and balances« zu wahren und die durch die unmittelbare Legitimation gestärkte Position des Landrats an anderer Stelle zu schwächen.[32]

5. Kompetenzverteilung auf die Kreisorgane

Das Herzstück aller Kreisverfassungen bildet die Verteilung der Kompetenzen auf die einzelnen Kreisorgane.

---

31 Dazu ausf. Hans-Günter Henneke, Bemerkungen zur Reform der Kommunalverfasssung in Zeiten der Verwaltungsmodernisierung, in: Der Landkreis 1995, S. 227–231; ders., Die Reform der Niedersächsischen Kommunalverfassung – Zeitgeistorientiert oder funktionsrecht? In: NdsVBl. 1995, S. 150–156.

32 Hans-Günter Henneke (Anm. 31a), S. 229 ff.

a. Kreistag

Im Zentrum der Zuständigkeiten des Kreistags stehen in allen Kreisordnungen die Kataloge der dem Kreistag zur Entscheidung vorbehaltenen Aufgaben, die wegen ihrer Wichtigkeit nicht auf andere Kreisgremien delegiert werden dürfen. Dazu gehören z. B. die Aufstellung von Richtlinien, nach denen die Verwaltung geführt werden soll, der Erlaß oder die Änderung von Satzungen, die Festsetzung öffentlicher Abgaben, der Erlaß der Haushaltssatzung, die Errichtung von oder Beteiligung an Unternehmen, die Verfügung über Kreisvermögen, die Aufnahme von Krediten, die Festsetzung der Kreisumlage und die Übernahme von Aufgaben, für die die Kreise keine gesetzliche Verpflichtung trifft. Letzteres betrifft insbesondere die Ausgleichs- und Ergänzungsaufgaben der Kreise.

Im Sinne der Idee des Neuen Steuerungsmodells[33] heißt es in Schleswig-Holstein, daß der Kreistag die Ziele und Grundsätze für die Verwaltung des Kreises festlegt und alle für den Kreis wichtigen Entscheidungen in Selbstverwaltungsangelegenheiten trifft und ihre Durchführung überwacht.

Daneben gibt es in allen Kreisverfassungen abweichend gefaßte Generalklauseln über Erstzuständigkeiten des Kreistags, bei denen dieser regelmäßig befugt ist, seine Zuständigkeiten auf andere Gremien zu übertragen, was sich angesichts der Größe des Kreistages als sehr zweckmäßig erweist. In welcher Weise die Übertragung erfolgt, ist in den einzelnen Ländern unterschiedlich normiert, wobei zwei Grundmodelle bestehen: Zum einen ist eine generell-abstrakte Übertragungsmöglichkeit auf den Kreisausschuß und den Landrat vorgesehen. Wird von ihr Gebrauch gemacht, gilt sie für alle Einzelfälle, es sei denn, daß der Kreisausschuß oder der Hauptverwaltungsbeamte wegen der besonderen Bedeutung der Angelegenheit diese dem Kreistag wieder vorlegt. Zum anderen besteht die Möglichkeit der Zuständigkeitsübertragung auf beschließende Ausschüsse. Dabei ist zumeist ein Rückholrecht normiert, so daß der Kreistag Angelegenheiten, deren Beschlußfassung er beschließenden Ausschüssen oder anderen Kreisorganen übertragen hat, jederzeit wieder an sich ziehen und Beschlüsse aufheben oder ändern kann, soweit Rechte Dritter noch nicht entstanden sind.

Beratende Ausschüsse haben demgegenüber (lediglich) die Aufgabe, die Beschlüsse des Kreistags vorzubereiten. Die beratende Funktion ist in Brandenburg, Mecklenburg-Vorpommern, Niedersachsen, Nordrhein-Westfalen und im Saarland die alleinige Funktion der Ausschüsse. Aber auch die beschließenden Ausschüsse können eine Vorbereitungsfunktion wahrnehmen. Dies ist insbesondere bei den nicht delegierbaren Kreistagszuständigkeiten der Fall.

Neben den Zuständigkeiten des Kreistags normieren die Kreisordnungen regelmäßig auch die Rechte und Pflichten der einzelnen Kreistagsmitglieder.[34] Sofern dies nicht geschehen ist, sind die entsprechenden Regelungen über ehrenamtlich Tätige heranzuziehen. In den meisten Kreisordnungen ist im Zuge der Novellierungen zudem mittlerweile das Recht zur Bildung von Fraktionen[35] enthalten.

---

33 Vgl. dazu nur KGSt-Bericht 5/1993: Das Neue Steuerungsmodell: Begründung, Konturen, Umsetzung.

34 Dazu ausf.: Hubert Meyer, Künftige Ausgestaltung der Individualrechte von Kreistagsabgeordneten, in: Hans-Günter Henneke (Hrsg.), Aktuelle Entwicklungen der inneren Kommunalverfassung, Stuttgart u. a. 1996, S. 77–98.

35 Dazu ausf.: Hubert Meyer, Das Recht der Ratsfraktionen, Wiesbaden 1994; Hans-Günter Henneke (Anm. 27), S. 2 ff.

b. Kreisausschuß

In Brandenburg, Niedersachsen, Nordrhein-Westfalen und dem Saarland hat der Kreisausschuß Organstellung als Zwischenorgan[36], das seine Zuständigkeiten weitgehend vom Kreistag ableitet und sich aus Kreistagsabgeordneten zusammensetzt. Er entscheidet grundsätzlich über die Angelegenheiten, die einerseits nicht der Entscheidung des Kreistags bedürfen (bzw. der Kreistag übertragen, sich nicht vorbehalten hat) und andererseits nicht dem Hauptverwaltungsbeamten obliegen, und bereitet zudem die Beschlüsse des Kreistags vor. In Brandenburg, Mecklenburg-Vorpommern und Niedersachsen hat der Kreisausschuß daneben die Aufgabe, die Arbeit aller Ausschüsse aufeinander abzustimmen.

In Schleswig-Holstein, wo der Kreisausschuß nunmehr Hauptausschuß heißt, kommt es ihm i. S. der Idee des Neuen Steuerungsmodells dabei zu, die Arbeit der Ausschüsse zu koordinieren und die Umsetzung der vom Kreistag festgelegten Ziele und Grundsätze in der vom Landrat geleiteten Verwaltung zu kontrollieren. Zu seinen Aufgaben gehört es vor allem, die Beschlüsse des Kreistags über die Festlegung von Zielen und Grundsätzen vorzubereiten, das vom Kreistag zu beschließende Berichtswesen zu entwickeln und bei der Kontrolle der Kreisverwaltung anzuwenden sowie auf die Einheitlichkeit der Arbeit der Ausschüsse hinzuwirken, wobei er in diesem Rahmen die den Ausschüssen im Einzelfall übertragenen Entscheidungen an sich ziehen kann, wenn der Ausschuß noch nicht entschieden hat.

In Mecklenburg-Vorpommern, Nordrhein-Westfalen und im Saarland hat er die Eilentscheidungskompetenz anstelle des Kreistags. In Hessen ist der Kreisausschuß die Verwaltungsbehörde des Landkreises, die die laufende Verwaltung des Kreises besorgt, den Landkreis vertritt, und Dienstvorgesetzter des Landrats sowie gesetzlicher Vertreter des Landkreises ist.

In Bayern ist der Kreisausschuß ein vom Kreistag bestellter ständiger Ausschuß, der die Verhandlungen des Kreistags vorbereitet und an seiner Stelle die ihm vom Kreistag übertragenen Aufgaben erledigt. In Mecklenburg-Vorpommern, Rheinland-Pfalz und Thüringen ist ein Kreisausschuß zu bilden, ohne daß diesem Organstellung zukommt.

c. Der Landrat/Oberkreisdirektor

Die Stellung des Hauptverwaltungsbeamten weist naturgemäß in ihrem Kern in den Kreisverfassungen aller Länder hohe Übereinstimmungen auf; dennoch gibt es im einzelnen erheblich voneinander abweichende Regelungen, ohne daß insoweit eine alle Aspekte erfassende Systematisierung vorgenommen werden kann.

Der Landrat (bzw. Oberkreisdirektor in Niedersachsen und Nordrhein-Westfalen bis zum Ablaufen der dortigen Übergangsregelungen) vertritt den Landkreis nach außen und leitet die Kreisverwaltung, wobei er dies in Hessen handelnd für den Kreisausschuß tut. Die Leitungsfunktion bezieht sich auf alle von der Kreisverwaltung zu erfüllenden Angelegenheiten, also sowohl die Selbstverwaltungsaufgaben wie staatlich übertragene Aufgaben.

---

36 Winfried Wilkens, Verwaltungsausschuß und Kreisausschuß in Niedersachsen, Baden-Baden 1992.

Von Land zu Land unterschiedlich geregelt ist, ob der Landrat auch Mitglied bzw. sogar Vorsitzender des Kreistags ist. Der Oberkreisdirektor in Niedersachsen und Nordrhein-Westfalen gehörte dem Kreistag dagegen nicht an. Vorsitzender des Kreistags war hier als Ausdruck der sogenannten Doppelspitze[37] der in diesen Ländern ehrenamtlich tätige Landrat.

In allen Kreisverfassungen finden sich detaillierte Regelungen über die (Erst-) Zuständigkeiten des Landrats, die sich mit denen über die Rechtsstellung zum Teil überschneiden. Daneben findet sich jeweils eine Regelung über die *Eilentscheidungskompetenz* für an sich in die Zuständigkeit des Kreistags bzw. des Kreisausschusses fallende Angelegenheiten. Zumeist fällt diese dem Landrat zu, z. T. in Verbindung mit dem Vorsitzenden des Kreistags. Bisweilen liegt sie zunächst beim Kreisausschuß.

Nach den meisten Kreisverfassungen hat der Hauptverwaltungsbeamte zudem eine Beanstandungspflicht bei von ihm für rechtswidrig gehaltenen Beschlüssen der Kreisgremien mit der Folge der Wirksamkeitshemmung der Beschlüsse. Der Kreistag hat sich dann erneut mit der Angelegenheit zu befassen. Bleibt er bei seinem Beschluß, so ist die Rechtsaufsichtsbehörde in die Sache einzuschalten. Zumeist ist zudem vorgesehen, daß eine Beanstandung vorgenommen werden kann, wenn der Hauptverwaltungsbeamte das Kreiswohl für gefährdet hält. Eine Widerspruchspflicht besteht hier indes nicht. Beharren die Kreisgremien auf ihrer Entscheidung, so hat es damit sein Bewenden. Diese Rügerechte dienen der innerkreislichen Rechtskontrolle und der Ausbalancierung des politischen Gewichts der Kreisorgane.

In den meisten Kreisverfassungen sind zudem besondere Voraussetzungen hinsichtlich der Wählbarkeit des Landrats/Oberkreisdirektors normiert. Diese beziehen sich sowohl auf die persönliche und fachliche Eignung, was sich nicht zuletzt aus der Erfüllung der staatlichen Aufgaben erklärt als auch auf das Lebensalter (Mindest- und Höchstalter). Das Mindestalter schwankt dabei zwischen 21 (Sachsen-Anhalt und Thüringen) und 30 Jahren (Baden-Württemberg). Das Höchstalter bei der Wahl schwankt zwischen 57 Jahren in Brandenburg und 65 Jahren in Bayern, Hessen, Niedersachsen, Rheinland-Pfalz, Sachsen, Sachsen-Anhalt und Thüringen.

Außer in Baden-Württemberg und Bayern kann der Hauptverwaltungsbeamte mittlerweile nach allen Kreisverfassungen abberufen werden. An die Abberufung werden zumeist hohe verfahrensmäßige Voraussetzungen gestellt. Inhaltliche Voraussetzungen müssen dagegen nicht erfüllt werden. Dies ist trotz massiver Bedenken[38] als verfassungsgemäß anzusehen, nachdem das Bundesverfassungsgericht[39] die sehr umstrittenen Abwahlregelungen als der Verfassung entsprechend bestätigt hat. Die Abberufung erfolgt sozusagen spiegelbildlich zu den Regelungen über die Wahl des Hauptverwaltungsbeamten. Wird dieser durch den Kreistag gewählt, ist auch eine Abberufung durch den Kreistag vorgesehen. Wird der Landrat dagegen in unmittelbarer Wahl von den Bürgern gewählt, erfolgt die Abwahl ebenfalls letztlich durch die Kreisbürger.

---

37 Dazu ausf.: Gert Hoffmann, Die sogenannte Zweigleisigkeit der niedersächsischen Kommunalverfassung, Gifhorn 1987.
38 Dazu ausf.: Hans-Günter Henneke, Die Abberufung des Bürgermeisters, in: Jura 1988, S. 374–383; ders., Rechtsfragen zu Status und Kompetenzen des Hauptverwaltungsbeamten, in: ders. (Hrsg.), Aktuelle Entwicklungen der inneren Kommunalverfassung, Stuttgart u. a. 1996, S. 35–56.
39 BVerfG, in: NVwZ 1994, S. 473 (474).

6. Offene Fragen – Weiterentwicklungsbedarf der Kreisverfassungen

Fragt man nach den aktuellen Gefährdungen der Kreisselbstverwaltung[40], ist in erster Linie auf die zunehmende Durchnormierung der von den Kommunen zu erfüllenden Aufgaben durch Bund und Länder hinzuweisen, durch die die kreisliche Gestaltungsfreiheit immer stärker zurückgedrängt wird. Dies wirkt sich in erster Linie zum Nachteil der Politikgestaltung vor Ort und damit kompetenzmindernd für den Kreistag und seine Ausschüsse aus. .

Die Finanzkrise der Kommunen, hervorgerufen durch unvollständige oder gänzlich fehlende Kostenerstattungen bei staatlicherseits übertragenen Aufgaben und einen unzureichenden kommunalen Finanzausgleich, zwingt die Kreise und in diesen die Kreistage in erheblichem Maße zur Rückführung gestaltbarer Aufgaben. Auf diese Weise gehen die politischen Gestaltungsspielräume der Kreistage und ihrer Ausschüsse faktisch ebenfalls erheblich zurück. Der Rückzug aus gestaltbaren Aufgaben bedeutet also immer auch eine Gewichtsverschiebung vom Kreistag und seinen Ausschüssen hin zur hauptamtlichen Verwaltung. Von besonderer Bedeutung ist in diesem Zusammenhang, daß die Rechtsprechung[41] den Kreisen und innerhalb dieser den Kreistagen die Gestaltungsspielräume zur Wahrnehmung freiwilliger überörtlicher, ausgleichender und ergänzender Aufgaben und zur Erhebung der dafür erforderlichen Mittel über die Kreisumlage gesichert hat, wenngleich davon angesichts der gegenwärtigen Finanzmisere derzeit kaum Gebrauch gemacht werden kann.

Ein hohes Gefährdungspotential liegt zudem in einer undifferenzierten Aufgabenprivatisierung, wobei oftmals nicht zwischen der sog. Organisationsprivatisierung (= Gründung von bzw. Beteiligung an Gesellschaften) und der materiellen Aufgabenprivatisierung, also der Aufgabenübertragung auf Dritte, unterschieden wird. Während die privatisierungsrelevanten Bereiche bei Bund und Ländern nicht im Zentrum der jeweiligen Staatstätigkeit stehen, bilden sie im kommunalen Bereich insbesondere auf Kreisebene mit den Bereichen Abfallwirtschaft, Krankenhausversorgung, Abwasserentsorgung und Öffentlicher Personennahverkehr sozusagen das Herzstück kommunaler Daseinsvorsorge und kommunaler Gestaltungsaufgaben.[42] Die Organisationsprivatisierung auf Kreisebene ist potentiell mit Gefahren für die kommunale Selbstverwaltung verbunden, weil die Kreisorgane, insbesondere der Kreistag, auf unmittelbare Einwirkungsmöglichkeiten verzichten und Verantwortung auf Dritte verlagern. Die Aufgabenerledigung wird sozusagen der Kreisverfassung entzogen, selbst wenn sie bei der öffentlichen Hand verbleibt. Dies führt tendenziell zu einer Schwächung der politisch-demokratischen Funktion der Kreise mit den Prinzipien der Gesamtschau, Gesamtverantwortung und Gesamtabwägung der Kreisaufgabenerfüllung und zu einem integrationshemmenden Verlust an Transparenz der Aufgabenerledigung auf Kreisebene. Außerdem werden die privatisierten Aufgabenfelder der Möglichkeit unmittelbarer Bürgerentscheidung entzogen.

---

40 Dazu ausf.: Hans-Günter Henneke, Möglichkeiten zur Stärkung der kommunalen Selbstverantwortung, in: Die Öffentliche Verwaltung 1994, S. 705–715 sowie ders. (Hrsg.), Stärkung der kommunalen Handlungs- und Entfaltungsspielräume, Stuttgart u. a. 1996.

41 Siehe nur BVerwG, in: DVBl. 1996, S. 1062 sowie NVwZ 1998, S. 63; VerfGH NW, in: NWVBl. 1996, S. 426; OVG Schleswig, in: DVBl. 1995, S. 469.

42 Dazu ausf.: Hans-Günter Henneke (Hrsg.), Organisation kommunaler Aufgabenerfüllung – Optimierungspotentiale im Spannungsfeld von Demokratie und Effizienz, Stuttgart u. a. 1998.

Hier setzen die Überlegungen des Neuen Steuerungsmodells an (vgl. hierzu auch den Beitrag von Werner Schnappauf in diesem Band), die Flexibilität und Schnelligkeit von Entscheidungsprozessen im System der Kommunalverfassung zu erhöhen, statt hinsichtlich einzelner Aufgaben die Flucht aus dem System durch Privatisierung anzutreten.

Dem liegt folgender Schwachstellenbefund kommunalen Entscheidens zugrunde: Zunächst erscheint die Ehrenamtlichkeit durch Überlastung der Kreistage und zunehmende Spezialisierung und Detailbefassung massiv gefährdet, weil das so für die Kommunalpolitik aufzuwendende Zeitbudget immer mehr in Richtung auf eine volle Professionalisierung zunimmt – was zur Folge hat, daß sich immer größere Teile der Bevölkerung aus der Kommunalpolitik zurückziehen, wodurch der Repräsentationsgedanke gefährdet wird. Andererseits besteht im Prozeß der kommunalpolitischen Sachentscheidung insbesondere bei der Problemfindung und bei der Entscheidungsvorbereitung als Phasen eminenter politischer Gestaltungsmöglichkeiten weitgehend ein Primat der Alternativen auswählenden Verwaltung, so daß die hier an sich gebotene ehrenamtliche Mitwirkung i. S. einer Steuerung politischer Prozesse zu spät ansetzt.

Bei der Durchführung der Entscheidungen kommt es demgegenüber zu vielfachen verantwortungsverwischenden Politikeinwirkungen auf Einzelfälle, durch die der Blick der gewählten Kommunalvertreter für die kommunale Gesamtgestaltung verlorengeht und die eigentliche Steuerungs- und Kontrollaufgabe vernachlässigt wird.[43] Als – durchaus auch Integrationschancen bietende, Interessen aggregierende – Gefährdungen der kommunalen Selbstverwaltung sind weiter zu nennen die zunehmende Politisierung und Parteiendominanz sowie die sich ausbreitende Tendenz zur Parlamentarisierung der kommunalen Selbstverwaltung mit einer Stärkung der Rechte wie der Ausstattung von Fraktionen, wenngleich diesbezügliche Negativentwicklungen insbesondere im städtischen Bereich und weniger auf Kreisebene vorzufinden sind. Diese Schwachstellen der heutigen kommunalen Selbstverwaltung finden sich – bei deutlichen Abstufungen – in nahezu allen Bundesländern, treten also fast unabhängig vom gewählten Kommunalverfassungssystem auf und lassen sich durch eine Weiterentwicklung der Kommunalverfassung daher auch nur bedingt beheben. Dennoch können mit einer Reform der Kommunalverfassung wichtige Weichen zu ihrer Beseitigung wie umgekehrt auch zu ihrer Intensivierung gestellt werden, wenn ein schlüssiges Gesamtkonzept vorgelegt wird.[44]

An diesen Schwachstellenbefund knüpft das sog. Neue Steuerungsmodell[45] an: Für viele Kommunen sei eine Verantwortungsvermischung zwischen Politik und Verwaltung typisch, durch die einerseits die Politik in fachliche Fragen der Leistungserstellung hineingezogen und für bürokratische Interessen eingespannt werde und andererseits der Verwaltungsapparat auf vielfältige Weise politisiert werde. Unwirtschaftlichkeit und Demotivierung der Verwaltung seien die Folgen. Vor allem aber würden durch Einzeleingriffe der Politik in Verwaltungsabläufe die Kreistage ebenso wie die Räte von ihrer Hauptaufgabe abgelenkt, politische Ziele vorzugeben und zu kontrollieren, ob der Verwaltungsapparat diese Ziele konsequent verfolge und er-

---

43 Hellmut Wollmann, Verwaltungsmodernisierung: Ausgangsbedingungen, Reformanläufe und aktuelle Modernisierungsdiskurse, in: Christoph Reichard/Hellmut Wollmann (Hrsg.), Kommunalverwaltung im Modernisierungsschub? Basel u. a. 1996, S. 1-49.
44 Dazu näher Hans-Günter Henneke (Anm. 31b), S. 150 ff.
45 Vgl. KGSt-Bericht 5/1993: Das Neue Steuerungsmodell: Begründung, Konturen, Umsetzung.

reiche. So mahnt die KGSt[46] an, daß sich die ehrenamtlichen Räte und Kreistage auf diese Hauptaufgabe konzentrieren müßten, anstatt sich in Verfahrens- und Vollzugsdetails zu verlieren und fordert eine klare Verantwortungsaufteilung zwischen Politik und Verwaltung. Dafür wird das Bild gebraucht, daß die Politik als Auftrag- und Kapitalgeber für die kommunalen Leistungen auftrete, die die Verwaltung als Auftragnehmer sodann erbringe. Die gewählte Kurzformel, daß die Politik für das »Was«, die Verwaltung für das »Wie« der kommunalen Leistungserstellung verantwortlich sein müsse[47], hat eine heftige Debatte ausgelöst, in der diese Abgrenzung massiv kritisiert worden ist.[48] Dies hat zur Folge gehabt, daß die Formel vom »Was« und »Wie« in der Folgezeit näher spezifiziert worden ist.[49]

Im Zuge der Verwaltungsmodernisierungsdiskussion ist dabei bisher die Frage vernachlässigt worden, inwieweit eine Kommune ihre Verwaltungsorganisation nach dem Konzept des Neuen Steuerungsmodells umgestalten darf, ohne gegen verbindliche, nicht zu ihrer Disposition stehende Vorgaben des Kommunalverfassungsrechts zu verstoßen. Nach dem gegenwärtigen Kreisverfassungsrecht haben die Kreistage weitreichende, wenn nicht sogar umfassende Erstzuständigkeiten für Selbstverwaltungsangelegenheiten. Sie können Kompetenzen zwar mit Ausnahme der gesetzlich festgelegten Kataloge unübertragbarer Aufgaben weitgehend delegieren, sind dazu aber rechtlich nicht verpflichtet und können überdies eine delegierte Entscheidungskompetenz im Wege der Ausübung des Rückholrechts in der Regel wieder an sich ziehen. Nach geltendem Kommunalverfassungsrecht ist die angestrebte Trennung zwischen politischer Führung und operativer Verwaltung daher nur auf freiwilliger und widerruflicher Basis möglich.[50]

Bezogen auf die Kreisverwaltung legen im übrigen die Kreisverfassungen nicht den Grundsatz der dezentralen Ressourcenverantwortung zugrunde; vielmehr wird die gesamte Kreisverwaltung als unselbständiger Ausführungsapparat des Landrats/Oberkreisdirektors angesehen. Bei der Verteilung von Zuständigkeiten und Verantwortlichkeiten setzen die Kreisverfassungen die gesamte Verwaltung mit dem Hauptverwaltungsbeamten als Spitze der Verwaltung gleich, worin der Grundsatz der Einheit der Kreisverwaltung seinen Ausdruck findet.[51]

Schließlich ist zu beachten, daß die Kreise Aufgaben unterschiedlicher rechtlicher Qualität (Selbstverwaltungsaufgaben und Aufgaben des übertragenen Wirkungskreises bzw. Pflichtaufgaben zur Erfüllung nach Weisung und Auftragsangelegenheiten) durchzuführen haben. Als Folge dieser Aufgabenvielfalt werden unterschiedliche Erstzuständigkeiten innerhalb der Kreisverwaltung begründet. Der Kreistag und seine Ausschüsse sind regelmäßig nur für die eigenen bzw. nicht weisungsgebundenen Aufgaben zuständig, während regelmäßig beim Landrat/Oberkreisdirektor die Zuständigkeit für die Aufgaben des übertragenen Wirkungskreises bzw. die Pflichtaufgaben zur Erfüllung nach Weisung und Auftragsangelegenheiten liegt. Die vom Neuen Steuerungsmodell geforderte klare Trennung der Aufgaben politischer Führung von denen des operativen Vollzugs mit der Folge einer eindeutigen Zuweisung dieser Auf-

---

46 KGSt-Bericht 5/93 (Anm. 45), S. 9 ff., 16 ff.
47 KGSt-Bericht 5/93 (Anm. 45), S. 17.
48 Vgl. Eberhard Laux, Die Privatisierung des Öffentlichen: Brauchen wir eine neue Kommunalverwaltung? In: Der Gemeindehaushalt 1994, S. 169 (172); ders., Das »Was« und das »Wie«, in: Die Öffentliche Verwaltung 1996, S. 414 (414 f.); Wollmann (Anm. 43), S. 40 ff.
49 KGSt-Bericht 10/96: Das Verhältnis von Politik und Verwaltung im Neuen Steuerungsmodell, S. 24 ff.
50 Albert von Mutius (Anm. 21), S. 695 ff.
51 Albert von Mutius (Anm. 21), S. 704 ff.

gabe an bestimmte Organisationseinheiten berücksichtigt diese Unterschiedlichkeit kreisverfassungsrechtlicher Primärzuständigkeiten nicht.

Seit 1994 sind nahezu alle Bundesländer dazu übergegangen, in den Kommunalverfassungen mit sog. Experimentierklauseln zur Erprobung neuer Steuerungsmodelle Ausnahmen von organisations- und haushaltsrechtlichen Bestimmungen der Kommunalverfassungen zuzulassen. Da sich die Experimentierklauseln auf den intraorganisatorischen Bereich der Kommunen, der ohnehin der kommunalen Organisationshoheit unterfällt, beschränken, verstoßen sie nicht gegen das verfassungsrechtliche Bestimmtheitsgebot.[52] Auf mittlere Sicht ist aber die Frage nach einer Weiterentwicklung des Kommunalverfassungsrechts »Jenseits der Experimentierklauseln«[53] zu beantworten. Dabei bieten sich m. E. die folgenden neun Regelungen an:

1. Abschaffung des Grundsatzes der umfassenden Erstzuständigkeit des Kreistags.[54]
2. Konzentration der ehrenamtlichen Tätigkeit durch gesetzliche Straffung der Kataloge unübertragbarer Zuständigkeiten bzw. die Einführung von diesbezüglichen Wertgrenzen bei Stärkung der Individualrechte gewählter Vertreter (kommunalverfassungsrechtlicher Wesentlichkeitsgrundsatz[55]).
3. Ausschließliche Zuständigkeit des Landrats für die Geschäfte der laufenden Verwaltung und Abschaffung des Beschlußvorbehalts des Kreistags gegenüber dem Kreisausschuß bzw. beschließenden Ausschüssen und dem Landrat sowie des Rechts dieser Ausschüsse gegenüber dem Landrat. Der Beschlußvorbehalt ist systemfremd, überflüssig, kompetenzverwischend und lädt zu mißbräuchlicher Anwendung ein.
4. Stärkere Entlastung des Kreistags von Personalentscheidungen durch gesetzlich je nach Bedeutung der Stelle differenzierte Kompetenzzuordnung bei Stärkung des Einflusses des Landrats, sofern dies gegenwärtig noch nicht der Fall ist.[56]
5. Einschränkung der Öffentlichkeit von Ausschußsitzungen, da sich diese etwa nach dem Bericht der niedersächsischen Enquête-Kommission[57] überwiegend nicht bewährt hat[58], weil sie den offenen Dialog behindert und Vorabmeinungsbildungen in Fraktionen sowie Fensterreden fördert.
6. Sehr gründlich muß überlegt werden, ob Ausschüsse künftig überhaupt bzw. vermehrt mit Entscheidungskompetenzen versehen werden sollen, da damit sowohl Segregationstendenzen gefördert werden wie die Gefahr der verstärkten Einmischung in den laufenden Verwaltungsvollzug verstärkt wird.[59]
7. Einführung von asynchronen, gegenüber der Wahlperiode der Vertretungskörperschaft deutlich längeren Amtsperioden des unmittelbar gewählten Landrats, um dessen Unabhängigkeit der Legitimation gegenüber Kreistag und Parteien zum Ausdruck zu bringen, dem Gesichtspunkt der Verwaltungskontinuität angemessen

52 Albert von Mutius (Anm. 21), S. 713 ff.
53 Dazu ausf.: Hermann Hill/Helmut Klages (Hrsg.), Jenseits der Experimentierklausel, Stuttgart u. a. 1996.
54 Gernot Korthals, Die Steuerungsfunktion des Kreistages und seiner Ausschüsse, in: Hans-Günter Henneke (Hrsg.), Aktuelle Entwicklungen der inneren Kommunalverfassung, Stuttgart u. a. 1996, S. 69 ff.
55 Hubert Meyer (Anm. 34), S. 77 ff.
56 Dazu näher Hans-Günter Henneke (Anm. 31b), S. 153.
57 Nds. LT-Drucks. 12/6260, S. 21 f.
58 Dazu näher Hans-Günter Henneke (Anm. 31a), S. 230 f.
59 Ebenso Gernot Korthals, Die Steuerungsfunktion des Kreistages und seiner Ausschüsse, in: Hans-Günter Henneke (Hrsg.), Aktuelle Entwicklungen der inneren Kommunalverfassung, Stuttgart u.a. 1996, S. 75 f.

Rechnung zu tragen und parallele Einarbeitungsnotwendigkeiten von Kreistag und Landrat mit der Folge einer dann jeweils stark eingeschränkten Handlungsfähigkeit der Kreise zu vermeiden.[60]

8. Abschaffung des begründungslosen Abwahlrechts des Landrats zum Schutze seiner originären Kompetenzen, unbeschadet der vom Bundesverfassungsgericht angenommenen verfassungsrechtlichen Zulässigkeit solcher Regelungen. Anders als Bürgermeister müssen gerade Landräte vor allem bei staatlichen Aufgaben u. U. harte Ordnungsentscheidungen treffen und in einer längerfristigen Strategie umsetzen können, ohne in ihrem Status unter den Druck von wechselnden Mehrheiten oder Stimmungsschwankungen der Bevölkerung zu geraten.[61]

9. Beibehaltung bzw. Wiedereinführung der überkommenen Qualifikationsanforderungen an den Landrat, um auf diese Weise die Fortsetzung der Funktionalreform in den einzelnen Ländern zu fördern, um mit Blick auf die Erstzuständigkeiten des Landrats im Bereich der staatlicherseits übertragenen Aufgaben wie als kommunalinterne Kontrollinstanz (Beanstandungsrecht) funktionsgerechte Lösungen zu erzielen, welche die persönliche Verantwortung und die individuelle Qualifikation miteinander verbinden.[62]

Mit der Umsetzung dieser Vorschläge würde kreisverfassungsrechtlich einer stärkeren Verantwortungsabgrenzung der Kreisorgane unter Berücksichtigung der durch Urwahl gestärkten Legitimation des Landrats Rechnung getragen.

---

60 Dazu ausf. Hans-Günter Henneke (Anm. 31b), S. 156.
61 Eberhard Schmidt-Aßmann (Anm. 8), S. 88.
62 Dazu näher Hans-Günter Henneke (Anm. 31b), S. 152.

HELLMUT WOLLMANN

Um- und Neubau der Kommunalstrukturen in Ostdeutschland

Dem nachstehenden Aufsatz ist eine doppelte Aufgabe gestellt. Zum einen soll er von der Stellung und den Funktionen der Kommunen in der Staatsorganisation der DDR (Abschnitt 1), zum andern vom Um- und Neubau der Politik- und Verwaltungsstrukturen der ostdeutschen Kommunen nach dem Kollaps des SED-Regimes und nach dem Beitritt der DDR zur Bundesrepublik handeln (Abschnitt 2 ff.).[1]

1. Die Kommunen im DDR-Staat

Nach dem Ende des NS-Regimes und der Besetzung Deutschlands durch die Siegermächte schien auch die politische Entwicklung in der Sowjetischen Besatzungszone unter der *Sowjetischen Militäradministration in Deutschland* (SMAD) zunächst auf eine Wiederbelebung der föderativen und kommunalen Strukturen und des demokratischen Verfassungslebens zuzulaufen. Mit Verfügung vom 9. Juli 1945 – nur wenige Wochen nach der Kapitulation Hitler-Deutschlands – bildete die SMAD fünf Länder, in denen im Oktober 1946 Wahlen abgehalten wurden. Auf der kommunalen Ebene wurden für die anfänglich nach Weisung der SMAD amtierenden Bürgermeister und Landräte »Beiräte«, später »beratende Versammlungen« gebildet, in denen die inzwischen wieder zugelassenen Parteien und Verbände vertreten waren. Der Prozeß der Neubelebung der kommunalen Selbstverwaltung schien mit der von der SMAD

---

1 Aus dem inzwischen umfangreichen Schrifttum zur institutionellen Transformation der kommunalen Ebene vgl. z. B. Hellmut Wollmann, Transformation der ostdeutschen Kommunalstrukturen: Rezeption, Eigenentwicklung, Innovation, in: Hellmut Wollmann/Hans-Ulrich Derlien/Klaus König/Wolfgang Renzsch/Wolfgang Seibel (Hrsg.), Transformation der politisch-administrativen Strukturen in Ostdeutschland, Opladen 1997, S. 259 ff.; Sabine Lorenz/ Wolfgang Jaedicke/Kai Wegrich/Hellmut Wollmann, Kommunale Verwaltungspolitik in Ostdeutschland, Basel usw. 1997; Frank Berg/Martin Nagelschmidt/Hellmut Wollmann, Kommunaler Institutionenwandel. Regionale Fallstudien zum ostdeutschen Transformationsprozeß, Opladen 1996; Susanne Benzler/Udo Bullmann/Dieter Eißel (Hrsg.), Deutschland-Ost vor Ort. Anfänge der lokalen Politik in den neuen Bundesländern, Opladen 1995 (darin insbesondere Udo Bullmann/Wito Schwanengel, Zur Transformation territorialer Politikstrukturen); Petzold, Siegfried, Zur Entwicklung und Funktion der kommunalen Selbstverwaltung in den neuen Bundesländern, in: Roth, Roland/Wollmann, Hellmut (Hrsg.), Kommunalpolitik, Opladen 1994, S. 34 ff. Rainer Frank, Politik und Verwaltung im Umbruch. Neubau der Kommunalverwaltungen in den neuen Bundesländern – eine Zwischenbilanz, in: Demokratische Gemeinde, (1992) 1 und 2.

erlassenen *Demokratischen Gemeindeordnung (für die sowjetische Besatzungszone Deutschlands)* vom 14. 9. 1946, die formal durchaus an die deutsche Kommunaltradition anknüpfte, einen vorläufigen Abschluß erreicht zu haben.[2]

Ähnlich wie in Westdeutschland bildeten auch in Ostdeutschland »gerade die Kommunen ... (das) Hauptfeld für den Neubeginn und Neuaufbau. In den ersten Nachkriegsjahren erwies sich die kreative Kraft kommunaler Selbstverwaltung, um das Leben wieder in Gang zu bringen.«[3] Diese Ansätze fielen jedoch rasch dem Auf- und Ausbau des kommunistischen Regimes zum Opfer.[4]

Nach der 2. Parteikonferenz der SED im Jahr 1952, welche die »Aufbau des Sozialismus« genannte Sowjetisierung der DDR vollends einleitete, beseitigte das *Gesetz über die weitere Demokratisierung des Aufbaus und der Arbeitsweise der staatlichen Organe in den Ländern der DDR* vom 23. Juli 1952 unter dem ideologischen Diktat *der Einheit der Staatsgewalt* den föderativen Aufbau und die kommunale Selbstverwaltung. Es begründete einen Verwaltungsaufbau, der zur Durchsetzung und Sicherung der kommunistischen Herrschaft weitgehend das stalinistische Staatsorganisationsmodell der Sowjetunion mit den Maximen des *Demokratischen Zentralismus* und der *doppelten Unterstellung* übernahm.

Anstelle der fünf Länder wurden auf regionaler Ebene 14 Bezirksverwaltungen (plus Ost-Berlin) geschaffen, deren gebietlicher Zuschnitt historische Zusammenhänge ignorierte und von staatsorganisations- und machtpolitischen Kalkülen diktiert war. Gleichzeitig wurde das in der deutschen Verfassungs- und Verwaltungstradition wurzelnde Institut der kommunalen Selbstverwaltung abgeschafft. Die Kreise, kreisfreien Städte und Gemeinden wurden auf die Funktion von (örtlichen) »Organen der Staatsmacht« reduziert. Um die Kreise als untere Handlungs- und Vollzugsebene in die dreistufige vertikale Kommando- und Kontrollhierarchie vollends einzupassen, wurden sie verkleinert und ihre Zahl von 132 auf 217 (191 Land- und 26 Stadtkreise mit einer durchschnittlichen Bevölkerungszahl von 60 000 Einwohnern) erhöht. Nur Anzahl und Gebietszuschnitt der Städte und Gemeinden blieben von dieser Umwälzung der Staats- und Verwaltungsorganisation unberührt. 1952 bestanden knapp 10 000 Gemeinden, deren Zahl später in einer Neugliederungswelle zwischen 1973 und 1975 auf rund 7 640 verringert wurde, die Hälfte von ihnen mit weniger als 500 Einwohnern.[5]

Stellung und Funktion der Kreise und Gemeinden im zentralistischen Planungs- und Lenkungssystem waren von dem Grundsatz *des Demokratischen Zentralismus* geprägt. Dieser kam organisationspolitisch zum einen darin zum Ausdruck, daß die innere Organisation der Verwaltung der Kreise, Städte und Gemeinden weitgehend zentral vorgeschrieben war und damit den Durchgriff von oben erleichterte.[6] Im

---

2 Vgl. Christian Engeli/Wolfgang Haus, Quellen zum modernen Gemeindeverfassungsrecht in Deutschland, Stuttgart usw. 1975, S. 729 ff. sowie den dort (S. 732 ff.) abgedruckten Text der *Demokratischen Gemeindeordnung*.

3 Vgl. Helmut Melzer, Lokale Politikforschung in der DDR zwischen Zentralismus und kommunaler Selbstverwaltung, in: Hubert Heinelt/Hellmut Wollmann (Hrsg.), Brennpunkt Stadt. Basel u. a. 1991, S. 323.

4 Vgl. Wolfgang Bernet, Gemeinden und Gemeinderecht im Regimewandel. Von der DDR zu den neuen Bundesländern, in: Aus Politik und Zeitgeschichte B 36/93, S. 29 ff.

5 Vgl. Albrecht Rösler, Zur Beibehaltung traditioneller Gemeindegrößen in der ehemaligen DDR, in: Günter Püttner/Wolfgang Bernet (Hrsg.), Verwaltungsaufbau und Verwaltungsreform in den neuen Ländern. Köln usw. 1991, S. 32.

6 Vgl. Christian Schubel/Wito Schwanengel, Funktionelle Probleme beim Aufbau von Landkreisverwaltungen in Thüringen, in: Landes- und Kommunalverwaltung, (1991) 8, S. 250.

Herbst 1989 setzten sich die Räte der kreisfreien Städte (*Stadtkreise*) aus 18 Mitgliedern[7] und die der Landkreise aus 19 Mitgliedern[8] zusammen; jedem Ratsmitglied unterstand eine Fachabteilung. Für kreisangehörige Städte mit mehr als 20 000 Einwohnern war ein 13köpfiger Rat, für kleinere Städte mit zwischen 5 000 und 20 000 Einwohnern ein Rat mit 5 bis höchstens 12 haupt- und ehrenamtlichen Mitgliedern vorgeschrieben.[9]

Formal wurde der Rat als kollektives Verwaltungsorgan von der kommunalen Volksvertretung gewählt, faktisch von der Parteileitung der SED eingesetzt. Auch die gesetzlich vorgeschriebene *doppelte Unterstellung* als Ausdruck des Demokratischen Zentralismus war von dieser für den Scheinkonstitutionalismus der realsozialistischen Herrschaftssysteme eigentümlichen Diskrepanz zwischen formal demokratischem Anschein und machtpolitischer Faktizität charaktisiert. Die eine Seite der doppelten Unterstellung, nämlich die des Rates gegenüber der örtlichen Volksvertretung, blieb eine Fiktion. Ihr wirkliches Gesicht zeigte sie in der Einbindung der Räte und ihrer Fachabteilungen in vertikale Anweisungs- und Kontrollstränge, die zum Rat bzw. zur jeweiligen Fachabteilung in der Bezirksverwaltung und von dort weiter zum zuständigen Ministerium liefen. Hierbei schlug das im realsozialistischen Staats- und Wirtschaftssystem allgegenwärtige vertikale Sektor-(*Zweig*-)Prinzip durch, das horizontale oder territoriale Entscheidung und Koordinierung hintanstellte. Die Fachabteilungen unterstanden den übergeordneten Fachverwaltungen unmittelbar, gingen also am Rat als kollektivem Verwaltungsorgan vorbei. Hinzu kam, daß insbesondere die Großbetriebe (Kombinate), die innerhalb des staatswirtschaftlichen Sektor-(Zweig-)Prinzips vom jeweiligen Industrieministerium geleitet wurden, auf der kommunalen Ebene mächtige Akteure waren. Ihnen gegenüber waren die Kreise und Städte, wenn es um die Beschaffung von Ressourcen ging, kaum mehr als Bittsteller und Anhängsel. Schließlich ist als Grundzug der kommunistischen Parteidiktaturen daran zu erinnern, daß parallel zu den Strukturen des Staatsapparates auf allen Ebenen Parteiorganisationen der SED bestanden, über die diese ihr Herrschafts-, Lenkungs- und Kontrollmonopol sicherten – mit dem 1. Parteisekretär auf Bezirks- und Kreisebene als Schlüsselfigur. Der beherrschende Einfluß der SED auf Entscheidungen der Räte und der Fachabteilungen war ferner dadurch gesichert, daß die Besetzung aller wichtigen Verwaltungspositionen in der Hand der Partei lag. Bis auf wenige den Blockparteien vorbehaltene Stellen waren die Positionen im Rat der SED-Elite vorbehalten.[10]

Die Kernverwaltungen der Kreise und kreisfreien Städte[11] umfaßten in den 80er Jahren zwischen 250 und 350 Mitarbeiter (einschließlich des sog. technischen Dienstes, wie Hausmeister, Kraftfahrer usw.). Stellt man in Rechnung, daß die Räte der Land-

---

7 Vgl. Deutscher Städtetag, Herstellung kommunalen Eigentums und Vermögens in den neuen Bundesländern, in: DSt-Beiträge zur Kommunalpolitik, Reihe A (1990) 12, S. 26.

8 Vgl. das bei Christian Schubel/Wito Schwanengel (Anm, 6) auf S. 251 abgedruckte Gliederungsschema.

9 Vgl. Deutscher Städtetag (Anm. 7), S. 26.

10 Für ein anschauliches Beispiel vgl. Frank Berg, Transformation der kommunalen Verwaltungsinstitutionen in Stadt und Kreis Strausberg, in: Hildrud Naßmacher/Oskar Niedermayer/Hellmut Wollmann (Hrsg.), Politische Strukturen im Umbruch, Berlin 1994, S. 194.

11 Zu den Beschäftigten der mit unmittelbarem staatlichen Aufgabenvollzug befaßten sog. *Kernverwaltung* kamen die sog. nachgeordneten Einrichtungen (Kindergärten, Grundschulen). Diese machten bei den kreisfreien und größeren kreisangehörigen Städten ein Vielfaches der Kernverwaltung aus; vgl. Frank Berg/Martin Nagelschmidt/Hellmut Wollmann (Anm. 1), S. 256.

kreise und kreisfreien Städte als politisch-administrative Leitungsorgane 19 bzw. 18 Mitglieder umfaßten und sich deren Kernverwaltung dementsprechend in 19 bzw. 18 Abteilungen (»Fachorgane«) gliederte, springen die administrative Kopflastigkeit und säulenartige Fragmentierung der Verwaltungsorganisation ins Auge.

Die kreisangehörigen Gemeinden boten ein unterschiedliches Bild. Die größeren und mittelgroßen Kommunen verfügten – je nach Größenordnung mit zunehmender Kopflastigkeit – über einen mehrköpfigen Rat der Gemeinde und Verwaltungspersonal. In der Mehrzahl der kreisangehörigen Gemeinden (über die Hälfte hatte weniger als 500 Einwohner) bestand die Verwaltung – neben dem von der Kommunalvertretung gewählten hauptamtlichen Bürgermeister – aus einem Verwaltungsmitarbeiter und einer Sekretärin.[12]

Die Kümmerfunktion, die das Gros der kreisangehörigen Gemeinden in der Staatsorganisation der DDR hatte, spiegelt die Tatsache wider, daß die Landkreise bzw. die kreisfreien Städte die maßgeblichen örtlichen Staatsorgane waren, die sich gegenüber den kreisangehörigen Gemeinden – und auch aus der Sicht der Bürger – als Vollzugsebene zentralistischer Lenkung, Kontrolle und Leistungserbringung darstellten.

Zur Aufgabenstellung der Kreise und Städte in der DDR ist einerseits daran zu erinnern, daß umfangreiche Aufgaben, die in der Bundesrepublik zur kommunalen Selbstverwaltung gehören (Sozial-, Gesundheits-, Kultureinrichtungen), in der DDR von volkseigenen Betrieben wahrgenommen wurden.[13] Zum Aufgabenbestand der Kommunen rechneten andererseits aber Bereiche, die aus der Einbindung der Kommunen in die Staatswirtschaft folgten und insbesondere örtliche Kontrollaufgaben (Preis- und Sortimentskontrolle im Einzelhandel) und die örtliche Versorgungswirtschaft (Dienst- und Reparaturleistungen) betrafen. Die Gemeinden handelten teils durch Auflagen etwa für die Produktionsgenossenschaften und privaten Handwerker, teils durch ihnen unterstellte Dienstleistungsbetriebe. Dadurch, daß vor allem die Städte und Gemeinden – entlang einer breiten, an der Aufgabengliederung des Rates ablesbaren Aufgabenpalette[14] – Koordinierungs- und Kontrollaufgaben gegenüber den ihnen unterstellten Einrichtungen hatten, bestand ein unübersichtliches Geflecht formaler und informeller Zuständigkeiten, das nach der Wende für den Übergang solcher Einrichtungen auf die Kommunen als Beschäftigungsträger bedeutsam werden sollte.

Die Haushalts- und Finanzwirtschaft der Städte war untrennbarer Bestandteil des einheitlichen Staatshaushalts[15], der eigene budgetäre Handlungsspielraum der Kommunen minimal. Über sog. Kommunalverträge, die die Kommunen mit (nichtunterstellten) Betrieben abschlossen, waren sie bestrebt, Breschen in das rigide System der zentralen Mittelzuweisung und der Mängelwirtschaft (für die Durchführung von Bauarbeiten usw.) zu schlagen.

---

12 Vgl. Roland Däumer, Die Gemeindeverwaltungsreform in Sachsen-Anhalt: Voraussetzungen zur Verwirklichung lokaler Selbstverwaltung? Halle: Martin-Luther-Universität, 1995, S. 16.

13 Vgl. Oliver Scheytt, Reorganisation der kommunalen Selbstverwaltung, in: Christoph Rühl (Hrsg.), Institutionelle Reorganisation in den neuen Ländern – Selbstverwaltung zwischen Markt und Zentralstaat, Marburg 1992, S. 26.

14 Bernd Einenkel/Thomas Thierbach, Das schwere Erbe des Zentralismus, in: DDR-Städte im Rückblick. Beiträge zur Kommunalpolitik, (1990) 11, Köln: Deutscher Städtetag, S. 39 ff.

15 Bernd Einenkel/Thomas Thierbach (Anm. 14), S. 73 ff.

2. Rahmenbedingungen

a. Unmittelbare Umbruch- und »Gründungs«phase

Zwar teilte der Systemwechsel in Ostdeutschland mit dessen realsozialistischen Nachbarn in Mittelosteuropa die Ausgangssituation, daß es um nichts weniger ging als um eine fundamentale politische, institutionelle, wirtschaftliche und gesellschaftliche Transformation und die »schöpferische Zerstörung« (Joseph Schumpeter) einer sozialistischen Staatlichkeit, die das gesamte gesellschaftliche und wirtschaftliche System durchdrungen hatte und von der zentralistischen Parteiführung in eisernem Griff gehalten worden war. Ein entscheidender Unterschied zum Systemwechsel in den anderen mittelosteuropäischen Reformländern bestand in Ostdeutschland aber darin, daß dessen Transformation in den Prozeß der deutsch-deutschen (Wieder-)Vereinigung eingebettet war und als *Beitritt* nach Art. 23 GG erfolgte, durch den die DDR, als völkerrechtliches Subjekt untergehend, in das politische, institutionelle und wirtschaftliche System der Bundesrepublik *integriert, inkorporiert* wurde.

Damit gehorchte die institutionelle Transformation einer *Integrationslogik*, die sich in der Triade dreier mächtiger Bestimmungsfaktoren geltend machte[16]:
- einem *Institutionentransfer*[17], in dem sich der Neu- und Aufbau der institutionellen Strukturen in Ostdeutschland weitgehend an der Institutionenwelt der »alten« Bundesrepublik orientierte;
- einem *Personentransfer*, innerhalb dessen zahlreiche westdeutsche Fachleute und Berater, sei es vorübergehend als »Leihbeamte«, sei es dauerhaft, nach Ostdeutschland wechselten, um dort leitende Positionen beim institutionellen Neubau zu übernehmen;
- und last not least einem *Finanztransfer*, in dem Finanzmittel gigantischer Größenordnung nach Ostdeutschland flossen, um Investitionsvorhaben, Personal- und Sozialausgaben zu finanzieren.[18]

Dem Umbruch der kommunalen politischen und administrativen Strukturen kam in diesem historisch schier beispiellosen Transformationsprozeß eine Schlüsselbedeutung schon deshalb zu, weil die Schaffung leistungsfähiger kommunaler Institutionen eine entscheidende Voraussetzung für Verlauf und Gelingen des Systemwechsels in Ostdeutschland und dessen Integration in das Wirtschafts- und Sozialsystem der Bundesrepublik bildete.

Die ostdeutschen Städte, Gemeinden und Kreise erwiesen sich als die einzige institutionelle Ebene, die den Untergang des DDR-Staats organisatorisch überlebte. Demgegenüber verschwand die zentralstaatliche DDR-Regierung mit dem vollzogenen *Beitritt* am 3. Oktober 1990; auch die bisherigen Bezirksverwaltungen wurden in drei der neugebildeten fünf Bundesländer beseitigt, die übrigen Verwaltungsstruk-

---

16 Vgl. Hellmut Wollmann, Institutionenbildung in Ostdeutschland: Neubau, Umbau und »schöpferische Zerstörung«, in: Max Kaase/Andreas Eisen/Oscar W. Gabriel/Oskar Niedermayer/Hellmut Wollmann (Hrsg.), Politisches System, Opladen 1996, S. 49 ff.
17 Vgl. Gerhard Lehmbruch, Institutionentransfer. Zur politischen Logik der Verwaltungsintegration in Deutschland, in: Wolfgang Seibel/Arthur Benz/Heinrich Mäding (Hrsg.), Verwaltungsreform und Verwaltungspolitik im Prozeß der deutschen Einigung, Baden-Baden 1993, S. 42–66.
18 Vgl. Wolfgang Renzsch, Budgetäre Anpassung statt institutionellen Wandels, in: Hellmut Wollmann u. a. (Hrsg.), (Anm. 1), S. 49 ff.

turen des zentralistischen DDR-Staats entweder in die neuen Verwaltungsstrukturen der Länder eingeschmolzen oder durch Abwicklung aufgelöst.[19]

Insgesamt setzte die Umstrukturierung der kommunalen Ebene bereits im Mai 1990 ein – im Gefolge der am 6. Mai 1990 abgehaltenen demokratischen Wahlen und auf der Grundlage der von der demokratischen DDR-Kammer verabschiedeten neuen Kommunalverfassung vom 17. Mai 1990 –, in einer Phase also, als die Regierungsstrukturen der DDR zunehmend in Agonie fielen, während der Aufbau der neuen Länderstrukturen erst nach der Bildung der neuen Länderregierungen Ende Oktober 1990 in Gang kam. Die ostdeutschen Kommunen agierten mithin »fast ein Jahr lang praktisch ohne staatliche Aufsicht und Anleitung.«[20]

Mit dem Inkrafttreten der neuen Kommunalverfassung vom 17. Mai 1990, die weitgehend dem Grundmodell der kommunalen Selbstverwaltung in den westdeutschen Ländern folgte[21], und aufgrund der umfangreichen Gesetzgebung, mit der die DDR-Volkskammer – zur Vorbereitung der Wirtschafts-, Währungs- und Sozialunion zum 1. 7. 1990 – die Rechtsanpassung der Noch-DDR an die Bundesrepublik vorantrieb[22], änderte sich das Zuständigkeits- und Aufgabenmodell der Kommunen fundamental.

So wurden einerseits weite Bereiche der bisherigen Zuständigkeiten und Verwaltungsteile der Kreise und Städte obsolet, vor allem jene, die sich aus ihrer Einbindung in die zentralistisch gelenkte Staatswirtschaft und deren regionale und örtliche Produktions- und Versorgungsfunktionen ergeben hatten. Auf der anderen Seite sahen sich die Kommunen völlig oder weitgehend neuen Aufgaben gegenüber, die die Schaffung neuer Verwaltungsstrukturen erforderten (z. B. Bauleitplanung, Sozial-, Umwelt-, Liegenschaftsverwaltung).[23]

Schließlich sahen sich insbesondere die kreisfreien Städte, aber auch die Kreise und größeren kreisangehörigen Städte, dadurch einer gewaltigen organisations- und personalpolitischen Aufgabe gegenüber, daß sie auf der Grundlage des DDR-Kommunalvermögensgesetzes vom 6. Juli 1990[24] im Spätjahr 1990, teilweise noch vor dem 3. Oktober 1990, ihre Anträge an die Treuhandanstalt auf *(Rück-)Übertragung* des Kommunalvermögens richteten und hierbei eine Vielzahl von Betrieben und Einrichtungen des Gesundheits-, Sozial- und Freizeitsektors, einschließlich entsprechender betrieblicher Einrichtungen (Betriebskindergärten, -polikliniken usw.), reklamierten.[25] In den kreisfreien Städten schnellte die Zahl der Kommunalbediensteten um die

---

19 Vgl. Hellmut Wollmann (Anm. 16), S. 85 ff.

20 Jan Hoesch, Zum Verwaltungsaufbau in den neuen Bundesländern, in: Recht und Politik, (1993) 3, S. 140–145.

21 Näheres bei Hellmut Wollmann (Anm. 1), S. 263 ff. mit Nachweisen.

22 Vgl. Hellmut Wollmann, Entwicklung des Verfassungs- und Rechtsstaates in Ostdeutschland als Institutionen- und Personaltransfer, in: Hellmut Wollmann u. a. (Anm. 18), S. 31 ff.

23 Für eine überaus informative Fallstudie zu dieser in den ostdeutschen Kommunen seit Frühjahr 1990 einsetzenden Umbruch- und Anpassungsphase vgl. Wolfgang Bernet/Hans Lecheler, Die DDR-Verwaltung im Umbau, Regensburg 1990, S. 68–71 (am Beispiel der Stadt Plauen).

24 Dessen § 1 lautet:»Volkseigenes Vermögen, das kommunalen Aufgaben und kommunalen Dienstleistungen dient, wird den Gemeinden, Städten und Landkreisen kostenlos übertragen.«

25 Vgl. Deutscher Städtetag, Herstellung kommunalen Eigentums und Vermögens in den neuen Bundesländern. DSt-Beiträge zur Kommunalpolitik. Reihe A (1990) 12, Köln; Oliver Scheytt/Hans-Christian Otto, Der Einigungsvertrag in der kommunalen Praxis, Berlin/München 1991; Michael Schöneich, Kommunale Wirtschaftsentwicklung – Anforderun-

Jahreswende 1990/1991 schlagartig von 250 bis 350 Mitarbeitern der bisherigen Kernverwaltung auf 4 000 bis 5 000, teilweise bis zu 10 000, in die Höhe.

b. Verwaltungshilfe

Der beispiellose institutionelle Umbruch, von dem die ostdeutschen Kommunen seit dem Frühjahr 1990 ergriffen wurden, war von Anfang an von vielfältigen Hilfestellungen durch westdeutsche Kommunen[26] begleitet. Dadurch, daß der Neubau der Landesverwaltung in den neuen Bundesländern wesentlich erst nach der Vereinigung, also im Spätherbst 1990, einsetzte, waren die Kommunen die Vorreiter der – dann verbreitet *Verwaltungshilfe* genannten – Unterstützung, die der Bund und die westdeutschen Länder und Kommunen beim Um- und Neubau der politischen und administrativen Strukturen in Ostdeutschland leisteten.

Die kommunale Verwaltungshilfe spielte sich vor allem im Rahmen der kommunalen Partnerschaften ab, die ab Spätjahr 1989 in rasch wachsender Zahl zwischen west- und ostdeutschen Städten und Landkreisen geschlossen wurden.[27]

Unmittelbar nach der Wende ging es noch vielfach um materielle, nicht selten elementare sächliche Unterstützung (Büromaterial, Kopiergeräte, Gesetzestexte usw.). Ab Mai 1990, mit dem stürmischen Umbruch der kommunalen Politik- und Verwaltungsstrukturen, rückten dann die Beratung durch westdeutsche Fachleute und deren unmittelbare Mitwirkung an der institutionellen Transformation – mit anderen Worten: Formen der *personellen* Verwaltungshilfe – in den Vordergrund. Diese reichten von kurzen Beratungsaufenthalten westdeutscher Kommunalpraktiker in der ostdeutschen Partnerkommune (im Rahmen von Dienstreisen) bis zur zeitlich befristeten Übernahme von kommunalen Leitungspositionen durch westdeutsche Fachleute, die, verbreitet als »Leihbeamte« bezeichnet, von den westdeutschen Kommunen (oder auch Ländern) für eine gewisse Dauer in die ostdeutsche Verwaltung entsandt (»abgeordnet«) wurden. Umgekehrt hielten sich zahlreiche ostdeutsche Kommunalbedienstete in den westdeutschen Partnerkommunen zum Zwecke praktischer Ausbildung auf. Hinzu kamen unzählige ost-/westdeutsche Telefongespräche, in denen

gen an die Treuhandanstalt, in: Rainer Pitschas (Hrsg.), Verwaltungsintegration in den neuen Bundesländern, Berlin 1993, S. 117–130; Klaus König/Jan Heimann, Vermögens- und Aufgabenzuordnung nach Üblichkeit, in: Hellmut Wollmann u. a. (Hrsg.), (Anm. 1), S. 121 ff.

26 Vgl. Oliver Scheytt, Rechts- und Verwaltungshilfe in den neuen Bundesländern am Beispiel der Kommunalverwaltung, in: Rainer Pitschas (Hrsg.), (Anm. 25), S. 83; vgl. Hellmut Wollmann (Anm. 16), S. 60 ff.; zur Verwaltungshilfe neuerdings grundlegend die Beiträge in: Dieter Grunow (Hrsg.), Verwaltungstransformation zwischen politischer Opportunität und administrativer Rationalität, Bielefeld 1996.

27 Nach einer vom Deutschen Städtetag unter den Städten und Gemeinden durchgeführten Umfrage stellt sich die Entwicklung der Städtepartnerschaften folgendermaßen dar:
– Vor dem 8. 11. 1989 bestanden 98 west-/ostdeutsche Städtepartnerschaften.
– In der Zeit zwischen 9. 11. 1989 und 6. 5. 1990 wurden 646,
– nach dem 3. 10. 1990 weitere 230 Städtepartnerschaften geschlossen.
– Stand ca. Mitte 1991: 1 084 Städtepartnerschaften,
vgl. Deutscher Städtetag, Die innerdeutschen Städtepartnerschaften, DSt-Beiträge zur Kommunalpolitik, Reihe A, (1992) 18, Köln, S. 24.

westdeutsche Erfahrungen in dem sich einspielenden ostdeutschen Verwaltungsalltag genutzt werden sollten.

Im Frühjahr 1991 wurde der – bis dahin eher zögerlich einsetzende – Strom westdeutscher *Leihbeamten* dadurch schlagartig verbreitet, daß der Bund kräftige finanzielle Anreize für den Wechsel als *Leihbeamten* nach Ostdeutschland setzte und die Bundesländer ähnliche Förderungsprogramme für die personelle Verwaltungshilfe einrichteten.[28] Diese Förderprogramme liefen Ende 1994 aus. Kritisch ist freilich insbesondere anzumerken, daß die bemerkenswert großzügig bemessene (in den Medien ironisch als »Buschgeld« bezeichnete) Aufwandsentschädigung geeignet war, unter den ostdeutschen Beschäftigten, deren ganze Entgeltung oft niedriger als allein die Aufwandsentschädigung der neben ihnen arbeitenden »Westkollegen« ausfiel, Verdruß und Ärger hervorzurufen und die Zusammenarbeit zu beeinträchtigen.

Die Bedeutung, die die *personelle Verwaltungshilfe* für die Schaffung leistungsfähiger ostdeutscher Kommunalverwaltungen hatte, kann – alles in allem – kaum überschätzt werden; sie gilt für den eigentlichen Um- und Neubau der Verwaltungsstrukturen ebenso wie für die Bewältigung der beispiellosen Aufgabenlast, denen sich die ostdeutschen Kommunen gegenüber sahen. Allein aus dem Fond des Bundes wurde die Entsendung von 2 000 *Leihbeamten* gefördert. Die Zahl der westdeutschen Kommunalbediensteten, die sich, sei es als (kurzfristige) Berater, sei es als längerfristig tätige *Leihbeamten*, in den ostdeutschen Kommunen aufhielten, wird auf mehr als 5 000 geschätzt.[29] Mit dem Auslaufen der Förderprogramme des Bundes und der Länder ist zwar der größte Teil der *Leihbeamten* nach Westdeutschland zurückgekehrt. Jedoch hat sich eine nicht geringe Zahl von Westdeutschen entschieden, dauerhaft in den Dienst ostdeutscher Kommunen (insbesondere als Dezernenten und Amtsleiter) zu treten, sei es, daß sie zunächst Leihbeamte waren und dann blieben, sei es, daß sie im Wege einer normalen Ausschreibung oder Bewerbung in die Verwaltung einer ostdeutschen Kommune eintraten.

3. Umbruch der Personalstrukturen

a. Elitenwechsel[30]

Die kommunale Führungs- und Machtelite des SED-Regimes hatte sich vor allem aus den Mitgliedern der Räte der Kreise, Städte und Gemeinden zusammengesetzt; ihre rund 17 000 Funktionsträger gehörten überwiegend den Führungsrängen der SED (»Nomenklaturkader«) an. Nachdem die kommunalen Machtpositionen der SED seit dem Jahreswechsel 1989/1990 – unter dem Druck der lokalen Runden Tische – zunehmend zerfallen waren, vollzog sich als Ergebnis der demokratischen Kom-

---

28 insbesondere in Form einer (zusätzlich zur Entgeltung zu leistenden) steuerfreien Aufwandsentschädigung bis zur Höhe von monatlich 2 500 DM – ab Besoldungsgruppe A 13); Einzelheiten und Nachweise bei Hellmut Wollmann (Anm. 16), S. 62 f.
29 Schätzung vom Deutschen Städtetag, vgl. FAZ vom 25. 11. 1994.
30 Zur Elitenzirkulation im ostdeutschen Systemwechsel grundlegend zuletzt Hans-Ulrich Derlien, Elitenzirkulation zwischen Implosion und Integration, in: Hellmut Wollmann u. a. (Hrsg.), (Anm. 1), S. 335 ff.

munalwahlen vom 6. Mai 1990 der endgültige Machtwechsel in Kommunalpolitik und -verwaltung.[31]

Der nachgerade revolutionäre Bruch kam zum einen in einer weitgehenden personellen Erneuerung (*Elitenwechsel*) in den Kommunalvertretungen zum Ausdruck. Rund drei Viertel der am 6. Mai 1990 gewählten Kommunalvertreter waren *Neupolitiker*, die nach der Wende erstmals ein politisches Mandat übernahmen, ein Viertel *Altpolitiker*, die bereits vor der Wende eine politische Funktion, insbesondere durch ein Mandat in einer örtlichen Volksvertretung, innegehabt hatten.

Im politisch-administrativen Führungspersonal der Kommunen spiegelte sich der radikale politische Wechsel darin wider, daß die neuen Kommunalvertretungen zu den (Ober-)Bürgermeistern und Landräten der ersten Stunde ganz überwiegend ebenfalls *Neupolitiker*, die vor der Wende keine politischen oder administrativen Positionen, schon gar nicht in der bisherigen kommunalen Machtelite als Mitglieder der Räte des Kreises oder der Stadt, innegehabt hatten. Auch die neuen Positionen der Beigeordneten/Dezernenten und Amtsleiter wurden zum größeren Teil von Personen übernommen, die bislang außerhalb des Staatsapparates, insbesondere in staatswirtschaftlichen Betrieben oder im Bildungswesen, tätig gewesen waren. Nur ein Teil der kommunalen Führungspositionen wurde mit *Altpersonal* besetzt, also mit Personen, die schon vor der Wende im Staatsapparat – in der Regel in nachgeordneten Positionen – tätig gewesen waren (für weitere Informationen vgl. Tabelle 2). Etwa 15 % der neuen Beigeordneten und Amtsleiter in den Städten waren *Westdeutsche*, in der unmittelbaren Umbruchphase überwiegend aus den westdeutschen Partnerkommunen (oft zunächst als Verwaltungshelfer vorübergehend) als Beigeordnete meist für die

---

31 Die folgenden Ausführungen stützen sich zum einen insbesondere auf Ergebnisse eines Forschungsprojekts, das, an der Humboldt-Universität zu Berlin bearbeitet und von der KSPW gefördert, in den Ländern Brandenburg und Sachsen-Anhalt 1993/1995 in einer kreisfreien Stadt und zwei kreisangehörigen Städten, zwei Landkreisen sowie je zwei Ämtern bzw. Verwaltungsgemeinschaften verfolgt wurde; u. a. wurden Ende 1993/Anfang 1994 (d. h. am Ende der 1. kommunalen Wahlperiode) mündliche Interviews mit führenden Mitgliedern der Kommunalvertretungen (Fraktions-, Ausschußvorsitzenden) und Verwaltungsführungs- und -leitungspersonal (Ober-Bürgermeistern, Landräten, Beigeordneten/Dezernenten und Amtsleitern) durchgeführt, vgl. Frank Berg/Martin Nagelschmidt/Hellmut Wollmann (Anm. 1). Zum andern wird im folgenden Bezug genommen auf Ergebnisse des Forschungsprojekts »Lokale Demokratie«, das am *WZB* in Kooperation mit der *Humboldt-Universität zu Berlin* durchgeführt und von der KSPW im Zusammenhang mit dem Projekt *Kommunaler Institutionenwandel* mit einem Teilbetrag unterstützt wurde. In dem Projekt wurde im Mai 1995 (also in der 2. ostdeutschen Kommunalwahlperiode in 40 westdeutschen und 37 ostdeutschen Städten zwischen 25 000 und 250 000 Einwohnern eine schriftliche repräsentative Befragung von 1. (Ober-)Bürgermeistern, (Ober-)Stadtdirektoren, Beigeordneten/Dezernenten, 2. Amtsleitern, 3. Mitgliedern der Gemeindevertretungen, 4. Fraktionsvorsitzenden und 5. lokalen Parteivorständen durchgeführt. Zur Methode vgl. Thomas R. Cusack/Bernhard Weßels, Problemreich und konfliktgeladen: Lokale Demokratie in Deutschland fünf Jahre nach der Vereinigung, Berlin: WZB, 1996, S. 5; zu Ergebnissen vgl. Thomas R. Cusack, Problem-Ridden and Conflict-Ridden: Local Government in Germany Five Years after Unification. Some Preliminary Results from the Project on Democracy and Local Governance in Germany. Manuskript (unveröff.), Berlin 1996. Die in diesem Aufsatz verwendeten Tabellen beruhen auf einer von Frank Berg durchgeführten Zusatzauswertung. Für die Nutzung und Interpretation der Daten dieses Projekts ist im Auge zu behalten, daß sich die Erhebung auf Städte zwischen 25 000 und 250 000 Einwohner bezog. Damit ist ein gewisser (Mittel- und Groß-)Stadt-Bias in Rechnung zu stellen. Zu den hier interessierenden Ergebnissen ausführlicher Hellmut Wollmann (Anm. 16), S. 110 ff., insbesondere die Tabellen 8, 9 und 10.

Leitung der für den Verwaltungsumbau zentralen Wirtschafts-, Finanz- oder Hauptamtsdezernate und als Amtsleiter vielfach zum Aufbau der Rechtsämter kamen. In einem beispiellosen Umfang handelt es sich bei dem neuen Führungs- und Leitungspersonal der ostdeutschen Kommunen um Politik- und Verwaltungsneulinge und um Seiteneinsteiger, die vor der Wende zum engeren Politik- und Staatsapparat des SED-Regimes auf Distanz geblieben, jedenfalls außerhalb dieses tätig gewesen waren.

Das besondere Profil der neuen kommunalen Führungs- und Leitungsschicht (»neue Verwaltungselite«) wird vor allem im Vergleich mit den entsprechenden westdeutschen Positionsträgern sichtbar. Unter Verweis auf Tabelle 2 seien hier einige west-/ostdeutsche Vergleichsdaten zur Gruppe der Amtsleiter angesprochen[32], die sich in den ostdeutschen Stadtverwaltungen zu fast zwei Dritteln aus Verwaltungsneulingen und Quereinsteigern, zu rund einem Viertel aus »Altpersonal« und zu einem knappen Fünftel aus Westdeutschen zusammensetzt.[33]

Tabelle 1: Amtsleiter in Städten zwischen 25 000 und 250 000 Einwohnern (Mitte 1995)

	ostdeutsche Städte				west-deutsche Städte n = 115
	Ostpersonal			West-personal n = 14	
	gesamt n = 67	»alt« n = 20	»neu« n = 47		
Alter (∅)	45,7	46,6	45,2	39,6	48,5
weiblich (%)	29,9	35,0	27,7	21,4	6,1
juristisches, verwaltungs- oder wirtschaftsbezogenes Ausbildungsprofil (%)	19,7	25,0	17,4	71,4	69,9
technisches, naturwissenschaftliches oder medizinisches Ausbildungsprofil (%)	73,7	60,0	65,2	14,3	21,2
Hochschulabschluß	67,2	55,0	72,3	85,7	47,0
Tätigkeitsdauer in politischen oder öffentlichen Positionen vor 1990 (Jahre)	3,2	11,6	–0,4	4,9	17,6

Quelle: Wollmann (Anm. 16).

Während bei den ostdeutschen Amtsleitern das technisch-naturwissenschaftlich-medizinische Ausbildungsprofil (mit rund zwei Dritteln) überwiegt und das juristisch-verwaltungsbezogene (mit einem Fünftel) zurücktritt, verhält sich dies genau umge-

---

32 Für einen entsprechenden ost-/westdeutschen Vergleich hinsichtlich der Positionsgruppe der (Ober-)Bürgermeister, (Ober-)Stadtdirektoren und Beigeordneten vgl. Hellmut Wollmann (Anm. 16), S. 123 ff., insbesondere Tabelle 9.
33 58 %, 24 % bzw. 17 % auf der Grundlage der repräsentativen Befragung in Städten zwischen 25 000 und 250 000 Einwohnern, vgl. Anm. 1.

kehrt bei den westdeutschen Amtsleitern: Zwei Drittel von ihnen weisen ein verwaltungsbezogenes Ausbildungsprofil auf, nur ein Fünftel ein technisches. Besonders auffällig wird die fehlende Verwaltungspraxis der »neupersonellen« ostdeutschen Amtsleiter angesichts dessen, daß ihre westdeutschen Amtskollegen durchschnittlich auf knapp 20 Jahre Verwaltungspraxis zurückblicken und auch ihre »altpersonellen« ostdeutschen Kollegen es immerhin auf eine rund 10jährige Verwaltungspraxis bringen. Ins Auge springt auch, daß insbesondere die »neupersonellen« ostdeutschen Amtsleiter über eine deutlich höhere formale Qualifikation (nicht selten mit einem Doktor-Abschluß) verfügen als die westdeutschen. Hervorgehoben sei schließlich, daß ein knappes Drittel der neuen Amtsleiterpositionen in den ostdeutschen Städten von Frauen übernommen worden ist, während der entsprechende Anteil in den westdeutschen Kommunen bei etwa 6 Prozent liegt.

Als Ergebnis des weitgehenden Elitenaustausches, der den Systemwechsel in Ostdeutschland auch auf der kommunalen Ebene kennzeichnete, wurde der Auf- und Umbau der ostdeutschen Institutionenwelt – sieht man von dem wichtigen Beitrag der westdeutschen Verwaltungshelfer, inbesondere im Rahmen der kommunalen Partnerschaften, ab – von ostdeutschen *Politik- und Verwaltungsneulingen geleistet*. Dadurch, daß die neue politische und administrative Elite verhältnismäßig jung ist und in den Verwaltungen weder mit nennenswerter Fluktuation noch Expansion der Stellen zu rechnen ist, wird es bei dieser personalstrukturellen Prägung, einschließlich der Häufung von Ingenieuren und Naturwissenschaftlern, auf Jahre bleiben. Damit wird vor allem in der ostdeutschen *Verwaltung* ein *Ausbildungs- und Karriereprofil* des Führungs- und Leitungspersonals sichtbar, das in scharfem Kontrast zu dem in der alten Bundesrepublik steht. Während es sich in Westdeutschland, der deutschen Verwaltungstradition folgend, um »in langjähriger Vorbildung fachgeschultes«[34] Verwaltungspersonal handelt und im höheren Verwaltungsdienst nach wie vor das Juristenmonopol herrscht, entbehrt die neue administrative Führungskohorte in Ostdeutschland dieser verwaltungsbezogenen fachlichen Vor- und Ausbildung und setzt sich also überwiegend aus *Ingenieuren* und *Naturwissenschaftlern* zusammen.[35]

b. Personalentwicklung

In der Umbruchphase waren die Kommunen *organisations- und personalpolitisch* einerseits gefordert, neue Personalstäbe *aufzubauen* und diese in einer »gigantischen und historisch einmaligen Fortbildungswelle«[36] für die Aneignung und Handhabung der neuen Rechts und Institutionenwelt zu ertüchtigen. Andererseits waren sie vor die sozial- und beschäftigungspolitische Zerreißprobe gestellt, vor allem die Personalbestände, die sie als Erbe der sozialistischen Staatlichkeit mit ihrem staatlichen und betrieblichen Netz der Gesundheits-, Sozial-, Bildungs- und Freizeitversorgung hatten, in Anpassung an die westdeutsche Normalität drastisch zu *reduzieren*. Die Dramatik

---

34 Max Weber, Wirtschaft und Gesellschaft, 4. Aufl., Tübingen 1972, S. 831.

35 »Die Kommunalverwaltung nach der Wende ist von Ingenieuren aufgebaut worden«, so Amtsleiter im Interview (zitiert bei: Frank Berg/Martin Nagelschmidt/Hellmut Wollmann 1996, Anm. 1). Oder:»Der deutsche Ingenieur kann alles«, Amtsleiter im Interview (zitiert bei: Wolfgang Jaedicke/Kai Wegrich/Sabine Lorenz/Hellmut Wollmann (Anm. 1).

36 Regina Ehrhardt, Fortbildung für den Verwaltungsaufbau, in: Rainer Pitschas (Hrsg.), (Anm. 25), S. 241; vgl. H. Wollmann (Anm.1), S. 130 ff. mit Nachweisen.

dieser personalwirtschaftlichen Ausgangssituation der ostdeutschen Kommunen wird darin sichtbar, daß diese am 30. Juni 1991 insgesamt 661 000 Beschäftigte zählten, was einen Personalbestand von 41,6 Beschäftigten pro 1 000 Einwohner und damit genau doppelt so viel wie in den alten Bundesländern (mit 20,8) bedeutete (vgl. Tabelle 2).[37] Die Aufgliederung nach Aufgabenbereichen spitzt den Vergleich mit den westdeutschen Kommunen zu.[38] Während die ostdeutschen Kommunen 1991 11 Beschäftigte pro 1 000 Einwohner im Bereich Soziale Sicherheit hatten, waren dies in den westdeutschen Kommunen 2,9, also etwa ein Viertel. Ähnliches war 1991 für den Bereich Gesundheit, Sport, Erholung zu beobachten. Diese Zahlen legen offen, daß die Kommunen durch die (Rück-)Übertragung von Kommunalvermögen (betriebliche Kinderkrippen, Schulhorte usw., Polikliniken, Krankenhäuser usw.) große Personalstäbe gerade in Feldern übernommen haben, die in den alten Bundesländern entweder weniger ausgebaut oder überwiegend in der Hand von freien Trägern sind. Die kommunalfinanziellen Konsequenzen dieser personellen Überausstattung der ostdeutschen Kommunen ist daran ablesbar, daß ihre Personalausgaben 1992 – ungeachtet der gegenüber dem West-Tarif abgesenkten Entgeltung – 45 % höher als in den westdeutschen Kommunen lagen.[39]

Tabelle 2: Personal der Gemeinden/Gv. 1991–1994 (pro 1 000 Einwohner und nach Umfang des Dienstverhältnisses)

Jahr Personal-veränderung	neue Länder			alte Länder		
	Gesamt in Tsd.	*pro 1 000 EW**	*Teilzeit-quote*	Gesamt in Tsd.	*pro 1 000 EW**	*Teilzeit-quote*
1991**	662	*41,6*	*13,38*	1 334	*20,8*	*23,79*
1992**	655	*41,6*	*11,66*	1 360	*21,0*	*24,52*
1993**	539	*34,5*	*14,95*	1 345	*20,5*	*24,88*
1994***	476	*30,7*	*25,71*	1 330	*20,2*	*25,14*
Veränderung 91–92 in %	*– 1,02*			*1,96*		
Veränderung 92–93 in %	*–17,67*			*–1,13*		
Veränderung 93–94 in %	*–11,68*			*–1,09*		
Veränderung 91–94 in %	*–28,03*			*–0,30*		

Quelle: Wollmann (Anm. 16).

In der Auseinandersetzung mit ihren vergleichsweise hohen Beschäftigtenzahlen machten die Kommunen vom im Einigungsvertrag auch für sie vorgesehenen, bis

---

37 Hierbei ist zu vermuten, daß die Gesamtbeschäftigungszahl Anfang 1991 noch deutlich höher lag und in der ersten Jahreshälfte von 1991 bereits merklich reduziert wurde.
38 Vgl. hierzu auch die Tabelle 12 in Hellmut Wollmann (Anm. 16), S. 133.
39 Vgl. Hanns Karrenberg/Engelbert Münstermann, Gemeindefinanzbericht 1994, in: der städtetag, (1994) 3, S. 140.

Ende 1993 verlängerten *ordentlichen Sonderkündigungsrecht* sehr unterschiedlich Gebrauch. In vielen Städten wurde beschlossen, keine betriebsbedingten Kündigungen auszusprechen, sondern zunächst alle Mitarbeiter zu übernehmen.[40] Statt dessen wurden in vielen Fällen vertragliche Auflösungen (zusammen mit Abfindungen) und auch Regelungen der Teilzeitbeschäftigung getroffen.

Zwischen 1991 und 1994 ging die Zahl der Kommunalbediensteten insgesamt um über ein Viertel (28,3 %) zurück (vgl. Tabelle 2) – mit dem schärfsten Einschnitt von 1992 auf 1993 (17,7 %). Besonders ausgeprägt war zwischen 1991 und 1994 der Personalrückgang im Aufgabenbereich »Gesundheit, Sport, Erholung«; der größte Rückgang zeigt sich im Bereich »Krankenhäuser«, worin sich die Auflösung der Polikliniken, aber auch die rechtlich-organisatorische Auslagerung der Krankenhäuser, geltend macht.

c. Fort- und Weiterbildung der Kommunalbediensteten

Vor diesem Hintergrund liegt die singuläre Bedeutung der *Fort- und Weiterbildung* der ostdeutschen Kommunalbediensteten auf der Hand, der die beispiellose Aufgabe gestellt war, ein Heer von Verwaltungsneulingen, aber auch eine erhebliche Zahl von in der sozialistischen Kaderverwaltung geprägtem Altpersonal mit den Grundprämissen und Verfahren einer rechtsstaatlichen und bürgernahen öffentlichen Verwaltung und den fachgesetzlichen Regelungen vertraut zu machen.

Ohne daß hier auf Einzelheiten der »gigantischen und historisch einmaligen Fortbildungswelle«[41] eingegangen werden kann, die nach dem 3. Oktober 1990 einsetzte[42], sei hier nur so viel angemerkt: Der beispiellose Umfang dieses Unterfangens wird daran ablesbar, daß der Deutsche Städtetag allein für die kommunale Ebene davon ausging, daß mindestens 150 000 Mitarbeiter in der engeren Kommunalverwaltung kurzfristig »im Hinblick auf das neue Rechtssystem zu qualifizieren seien.«[43] Ging es in der ersten – weitgehend von der Verwaltungshilfe getragenen – Welle der sog. *Anpassungsqualifizierung* in erster Linie darum, eine erste Handlungskompetenz zu erreichen, »um die Verwaltung überhaupt nur irgendwie in Gang zu bringen«[44], so rückte im weiteren Verlauf die *berufsbegleitende Fortbildung* in den Vordergrund, die sich an den in den westdeutschen Ländern entwickelten *Angestelltenlehrgängen I und II* orientierte, insbesondere den inzwischen in den ostdeutschen Ländern ebenfalls nach dem westdeutschen Vorbild und mit westdeutscher Unterstützung aufgebauten kommunalen Studieninstituten angeboten werden und für die ostdeutschen Verwaltungs-

40 Gertrud Kühnlein, Verwaltungspersonal in den neuen Ländern: Fortbildung und Personalpolitik in ostdeutschen Kommunen, in: Modernisierung des öffentlichen Sektors, Sonderband 6, Berlin 1997, S. 46 ff.

41 Vgl. Regina Ehrhardt, Fortbildung für den Verwaltungsaufbau, in: Rainer Pitschas (Hrsg.), (Anm. 25), S. 241.

42 Bundesvereinigung der kommunalen Spitzenverbände (Hrsg.), Personalwirtschaft in kommunalen Verwaltungen, München 1995; vgl. Gertrud Kühnlein (Anm. 40); vgl. ferner Christoph Reichard in diesem Band.

43 Erko Grömig, Umstrukturierung der Verwaltung in den neuen Ländern, in: Verwaltungsrundschau, (1993) 6, S. 199.

44 Deutscher Städtetag, Personalwirtschaft der Städte in den neuen Bundesländern. Reihe A, DSt-Beiträge zur Kommunalpolitik, (1992) 19, S. 43.

bediensteten, die ja eine originäre verwaltungsbezogene *Aus*bildung nicht besitzen, die Funktion einer *nachholenden Ausbildung* hat.

Allerdings ist inzwischen die Qualifizierungsoffensive – unter dem Druck der finanziellen Sparzwänge und der die Freistellung der Beschäftigten für intensive Qualifizierungsmaßnahmen immer weniger erlaubenden Personal- und Zeitbudgets der Kommunen – vielerorts ins Stocken geraten. Nach internen Schätzungen des Deutschen Städtetages konnten Ende 1995/Anfang 1996 allenfalls 25–30 % der im kommunalen Dienst Beschäfigten als »einschlägig qualifiziert« gelten.[45] Überdies befinden sich die Kommunen dadurch in einer *personellen Erneuerungsfalle*, daß sie sich zu *beschäftigungspolitischen Wagenburgen* entwickeln, in denen unter dem Druck der Beschäftigten und ihrer Personalvertretungen die Gewährleistung der bestehenden Beschäftigungsverhältnisse oberste Priorität hat. Diese finden in einer durch Einstellungsstopp gesicherten Bevorzugung der *internen* gegenüber der *externen* Rekrutierung ihren Ausdruck und geben personeller Strukturkonservierung gegenüber Strukturerneuerung den Vorrang.[46] Interne Umsetzung und interne Rekrutierung bewirken zudem eine laufende Entwertung inzwischen erworbener Qualifikationen.

4. Umbruch der Organisationsstrukturen

Die Kommunen und ihr neues Führungspersonal standen vor der Aufgabe, die bisherige (in den Stadtkreisen, d. h. kreisfreien Städten 18-säulige) Abteilungs- und Sachbereichsgliederung aufzulösen und die organisations- und personalstrukturellen Bruchstücke – zusammen mit den hinzukommenden Verwaltungsteilen und Personalbeständen – in ein neues Aufgaben- und Organisationsschema zu fügen. Vor allem die kreisfreien, aber auch die größeren kreisangehörigen Städte waren mit der zusätzlichen Aufgabe konfrontiert, jene Lawine der Rückübertragung von Kommunalvermögen organisations- und personalpolitisch zu bewältigen. Das neue ostdeutsche kommunale Führungspersonal, aber auch die westdeutschen Berater und Verwaltungshelfer, standen damit vor einer Restrukturierungsaufgabe, die nach Umfang und Art in der westdeutschen kommunalen Praxis, sieht man einmal von der Situation unmittelbar nach dem 2. Weltkrieg ab, kein Beispiel hatte.

Die Entscheidungen über die künftige Organisationsstruktur, deren Ausarbeitung am 6. Mai 1990 vereinzelt bereits weitgehend vorlag[47], in den meisten Fällen nach den Kommunalwahlen unverzüglich angepackt wurde[48], waren in Verlauf und Ergebnis

45 Vgl. Gertrud Kühnlein, Verwaltungshilfe durch Fortbildung – Erwartungen und Umsetzungsverfahren auf kommunaler Ebene, in: Dieter Grunow (Hrsg.), Verwaltungstransformation zwischen politischer Opportunität und administrativer Rationalität, Bielefeld 1996, S. 294.

46 Fred Henneberger, Der Staat als Arbeitgeber in den jungen Bundesländern – Transformation und Entwicklung der Beschäftigungsverhältnisse, in: Sozialer Fortschritt, (1994) 7/8, S. 172–178.

47 Zum Beispiel der Stadt Jena vgl. Christoph Boock, Vom Bürgerforum in die Stadtverwaltung. Erfahrungen aus Jena, In: Susanne Benzler u. a. (Hrsg.), Deutschland-Ost vor Ort. Anfänge der lokalen Politik in den neuen Bundesländern, Opladen 1995, S. 57.

48 Zum Beispiel des Kreises Cottbus vgl. Christian Hanisch, Fragen der Strukturumstellung in der Verwaltung, in: Der Landkreis, (1991) 2, S. 71–74.

einerseits davon bestimmt, daß sie sich – auf der Grundlage der neuen DDR-Kommunalverfassung vom 17. Mai 1990 – an dem KGSt-Modell orientierten, insbesondere an der hierarchisch-vertikalen Gliederung von Dezernaten und Ämtern sowie an dem funktionalen und institutionellen Nebeneinander von Querschnittsressorts bzw. Ämtern (Organisation, Personal, Recht, Finanzen) und Facheinheiten.

Verlauf und Ergebnis des institutionellen Umbruchs zeigen, daß dieser innerhalb dieses Grundmodells von einer außerordentlich großen institutionellen Variabilität und Varianz gekennzeichnet ist, die insbesondere hinsichtlich der Zahl der Dezernate und Ämter, des unterschiedlichen fachlichen Zuschnitts der Dezernate und der Zuordnung der Ämter zu diesen sowie der Rate und des Tempos wiederholter Organisationsänderungen binnen weniger Jahre zum Ausdruck kam. Diese konkreten Organisationsentscheidungen lösten sich von der Bannkraft des KGSt- oder Partnerkommune-Modells und sind – jedenfalls in den Detailentscheidungen – von Faktoren bestimmt, die wesentlich im ostdeutschen Entscheidungsfeld selbst sowie in der spezifischen Dynamik des Transformationsprozesses wurzeln.[49]

Dies trifft zum einen auf die konkreten politischen Konstellationen und Koalitionen vor Ort zu, deren Veränderungen, Zerbrechen und Neukonstituierung durch den hierdurch bedingten Neuzuschnitt der Dezernate und die Neuzuordnung von Ämtern unmittelbar auf die Organisationsstruktur durchschlug.

Zum andern war der unter extremem Zeit- und Problemdruck stehende Institutionalisierungsprozeß maßgeblich von institutioneller Improvisation bestimmt.[50] »Die ständig praktizierten Veränderungen in den Strukturen der Kommunalverwaltungen – Ämter werden zusammengefaßt oder innerhalb der Dezernate neu zugeordnet; Dezernate werden aufgelöst oder wieder neu gegründet, wenn Defizite erkennbar sind – zeigen den Anpassungsbedarf an die Bedingungen einer funktionierenden Verwaltung.«[51]

Damit sind in den ostdeutschen Städten und Kreisen Organisationsstrukturen entstanden, die sich zwar grundsätzlich an dem herkömmlichen Grundschema (KGSt-Modell) und den Organisationsbeispielen der westdeutschen Partnerkommunen orientierten, jedoch in mannigfachen Variationen den situativen Handlungskontext und seine endogenen Bedingungen widerspiegeln. (Für Einzelheiten sei auf vorliegende ausführliche Untersuchungen verwiesen.[52])

Im Rückblick ist verschiedentlich kritisch geltend gemacht worden, im Zuge dieses Institutionentransfers seien »veraltete zentralistische westliche Verwaltungsmodelle in ostdeutsche Kommunen«[53] übernommen und Innovationschancen verspielt worden.[54] Dem ist zum einen entgegenzuhalten, daß die Debatte um ein *Neues Steuerungsmodell*

---

49 Für detaillierte Fallstudien zum Prozeß der Institutionenbildung in ostdeutschen Kommunen vgl. Frank Berg/Martin Nagelschmidt/Hellmut Wollmann (Anm. 1); Kai Wegrich/Wolfgang Jaedicke/Sabine Lorenz/Hellmut Wollmann (Anm. 1); vgl. auch Dieter Meisel, Kommunale Selbstverwaltung im Umbruch: Entscheidungsprozesse in einer ostdeutschen Stadt nach der Wende, Erfurt/Vieselbach 1995, mit einer Fallstudie zur Stadt Jena.

50 Christoph Boock (Anm. 47), S. 95.

51 Wilma Hammernick, Probleme der Wirtschaftsförderung und Stadtentwicklung aus kommunaler Sicht am Beispiel der Stadt Suhl/Thüringen, in: Rainer Pitschas (Anm. 25), S. 131 f.

52 Vgl. Frank Berg/Martin Nagelschmidt/Hellmut Wollmann (Anm. 1); Wolfgang Jaedicke/Kai Wegrich/Sabine Lorenz/Hellmut Wollmann (Anm. 1) mit Fokus auf Sozial- und Umweltverwaltung.

53 Vgl. Christoph Reichard, Umdenken im Rathaus, Berlin 1994, S. 68.

54 Vgl. Hermann Hill, Die neue Verwaltung nachhaltig entwickeln, in: Die Öffentliche Verwaltung, (1993) 2, S. 54–60.

auch in der alten Bundesrepublik erst im Laufe von 1990, also in einer Phase in Gang kam, in der die grundlegenden institutionellen Entscheidungen – am frühesten just auf der kommunalen Ebene – unverzüglich getroffen werden mußten. So war es durchaus einleuchtend und rational, wenn sowohl die westdeutschen Berater, einschließlich der in Organisationsfragen der Kommunen einflußreichen KGSt[55], als auch das ostdeutsche Führungspersonal auf die in ihren Stärken und Schwächen einigermaßen bekannten traditionellen Organisationsmuster und -prinzipien setzten, anstatt sich auf das Wagnis neuer, auch in der alten Bundesrepublik zu diesem Zeitpunkt noch völlig unerprobter Organisationskonzepte einzulassen.

5. »Zweite Veränderungswelle« der Rahmenbedingungen

Kaum hatten die ostdeutschen Kommunen in der Gründungsphase den Umbruch der politischen und administrativen Strukturen der Kommunen eingeleitet, festgelegt und umgesetzt, sahen sie sich neuen Anstößen zu weiteren einschneidenden Organisationsveränderungen gegenüber, nämlich
– den neuen Kommunalverfassungen der ostdeutschen Länder,
– der Kreisgebietsreform,
– der Gemeindeverwaltungsreform,
– der Funktionalreform und
– dem Übergreifen der in den alten Bundesländern unter dem Stichwort des Neuen Steuerungsmodells in Gang gekommenen Verwaltungsmodernisierungsdebatte.
Dieser neuerliche Veränderungsschub in den Rahmenbedingungen kann hier nur angetippt werden. Für ein »Konzentrat« relevanter Informationen wird auf die nachstehende Tabelle 3 verwiesen.

a. Neue Kommunalverfassungen

Ab Mitte 1991 berieten und beschlossen die ostdeutschen Landtage neue Gemeinde- und Kreisordnungen, die zum Datum der nächsten Kommunalwahlen in Kraft traten[56] und damit die zunächst als Landesrecht fortgeltende DDR-Kommunalverfas-

---

55 So betrachtet, ist es nur scheinbar paradox, wenn die KGSt im Verlaufe von 1990 zeitlich parallel einerseits – im Kielwasser der internationalen New Public Management-Debatte und insbesondere des Tilburger Modells – ihr Neues Steuerungsmodell konzeptionell und instrumentell entwickelte (vgl. Gerhard Banner, Von der Behörde zum Dienstleistungsunternehmen. Die Kommunen brauchen ein neues Steuerungsmodell, in: Verwaltungsführung, Organisation, Personal, [1991] 3, S. 6–11) und andererseits mit Blick auf die singuläre Situation in Ostdeutschland auf die traditionellen, über die Jahre entwickelten und in den westdeutschen Städten insgesamt bewährten Organisationsmodelle und -empfehlungen setzte, vgl. KGSt, Organisationsmodell für Gemeinden und Verwaltungsgemeinschaften in der DDR (bis 5 000 Einwohner), Köln 1990; KGSt, Organisationsmodelle für Landkreise der DDR, Köln 1990. Einem On-dit zufolge tagten bei der KGSt die entsprechenden Arbeitsgruppen zeitweise Tür an Tür.
56 Am 5. Dezember 1993 in Brandenburg und am 12. Juni 1994 in den anderen neuen Ländern. Für Einzelheiten vgl. Dian Schefold/Maja Neumann, Entwicklungstendenzen der Kom-

Tabelle 3: Kreisgebiets- und Gemeindereform in den neuen Bundesländern

Land	Kreisgebietsreform					Gemeindereform				
	Gesetz	Veränderungen				Gesetz	Veränderungen			
		Landkreise			kreis-freie Städte		Ämter*/ Verwaltungsgem.**/ Verwaltungsverb.***			amtsfr./ verw.-fr. Gemein-den
		Zahl der LK	Ø EW in Tsd.	Ø Fl. in km²	Zahl		Zahl	Ø EW in Tsd.	Amts.- usw. ang. Gem.	Zahl
M-V	Landkr. Neu-ordG v. 23.6.93	31 ↓ 12	41 ↓ 103	1 942	6 ↓ 6	AO v. 18.3.92	*123	5.5	1 096	53
Br bg	KrGe-bRef.G v. 16.12.92	38 ↓ 14	50 ↓ 143	2 333	6 ↓ 4	AO v. 19.12.91	*160	8	1 683	56
S-Anh	KrGe-bRef.G v. 13.7.93	37 ↓ 21	60 ↓ 102	953	3 ↓ 3	GNeuO k. GA v. 9.10.92	**194		1 250	21
Sa	KrGeb-Ref.G v. 25.5.93	48 ↓ 23	69 ↓ 138	769	6 ↓ 7	G ü. kom. Zus.-ar-b. v. 19.8.93	**71 ***26		126 111	1.635 →848 [#]
Thür	Neu-gliedG v. 16.8.93	35 ↓ 17	57 ↓ 116	452 ↓ 908	5 ↓ 5	Thür. KO v. 16.8.93	**116		878	147

Legende: KrGebRef.G = Kreisgebietsreformgesetz; AO = Amtsordnung; Landkr.neuordG = Landkreisneu-ordnungsgesetz; G – Gesetz; [#] = freiwillige Zusammenschlüsse; LK = Landkreise; Gem. = Gemeinden; * = Ämter; ** = Verwaltungsgemeinschaften; *** = Verwaltungsverbände; Fl. = Fläche; amtsfr./verw.-freie Gem. = amtsfreie/verwaltungsfreie Gemeinden; EW = Einwohner; amts.-usw. ang. Gem. = amts-(bzw.verwaltungsgemeinschafts-)angehörige Gemeinden; GNeuO k. GA = Gesetz zur Neuordnung der kom-munalen Gemeinschaftsarbeit
Quelle: Wollmann (Anm. 16).

sung vom 17. Mai 1990 ablösten. Als eine der markantesten Veränderungen sei an dieser Stelle lediglich hervorgehoben, daß nunmehr in allen ostdeutschen Ländern – in Anlehnung an die »Süddeutsche Bürgermeister-Rats-Verfassung« – die Direktwahl

munalverfassungen in Deutschland: Demokratisierung oder Dezentralisierung? Basel usw. 1995; vgl. auch den Beitrag von Franz-Ludwig Knemeyer in diesem Band.

des Bürgermeisters sowie überwiegend – als kommunalgeschichtliche Innovation – auch Abwahlverfahren (»recall«) vorgesehen sind.

b. Kreisgebiets- und Gemeinde(verwaltungs)reform

Die DDR hatte auf der kommunalen Ebene eine Gebietsstruktur hinterlassen, die – auf die am Staatsorganisationsmodell der Sowjetunion ausgerichtete Verwaltungsreform von 1952 zurückgehend – 191 Landkreise mit durchschnittlich 60 000 Einwohnern umfaßte. Außerdem zählte die DDR 7 564 kreisangehörige Gemeinden, die Hälfte von ihnen mit weniger als 500 Einwohnern.[57]

Unter Verweis auf die Angaben in Tabelle 3 sei zu Verlauf und Ergebnis der Kreisgebiets- und Gemeindeverwaltungsreformen in den neuen Ländern an dieser Stelle nur so viel gesagt[58]:

In allen ostdeutschen Ländern wurden noch in der ersten Legislaturperiode der Landtage Kreisgebietsreformen beschlossen, die mit der Wahl der neuen Kommunalvertretungen[59] in Kraft traten – mit einer Zügigkeit, die angesichts der konfliktreichen Langwierigkeit der kommunalen Gebietsreformen in den westdeutschen Ländern in den späten 60er und frühen 70er Jahren in Erstaunen versetzt.[60] Im Ergebnis wurde die Zahl der Kreise in den ostdeutschen Ländern von insgesamt ursprünglich 191 auf 77 reduziert, also fast gedrittelt.

Durchweg wurde auf eine *Gemeindegebietsreform* im Wege einer gegebenenfalls gesetzgeberisch verfügten Zusammenlegung (Eingemeindung) von Gemeinden zur Bildung neuer »Einheitsgemeinden« verzichtet und statt dessen *Ämter* (so in Brandenburg und Mecklenburg-Vorpommern) bzw. *Verwaltungsgemeinschaften* (so in den anderen Ländern) als gemeinsame Verwaltungseinheit der als politische Gebietskörperschaften fortbestehenden Kleingemeinden vorgeschrieben (vgl. hierzu Tabelle 3).

Anders als die übrigen vier ostdeutschen Länder zielte die Landesregierung von *Sachsen* institutionen- und verwaltungspolitisch von vornherein auf die Schaffung von größeren »Einheitsgemeinden« im Wege einer Gemeinde*gebiets*reform.[61]

Inzwischen (Ende 1997) wurde aber auch in anderen ostdeutschen Ländern – so mit zunehmender Bestimmtheit in Brandenburg – von Landespolitikern eine Umgestaltung der bestehenden Ämterordnung in Samt-, wenn nicht in Einheitsgemeinden ins Gespräch gebracht.[62]

---

57 Vgl. Albrecht Rösler, Zur Beibehaltung traditioneller Gemeindegrößen in der ehemaligen DDR, in: Günter Püttner/Wolfgang Bernet (Hrsg.), Verwaltungsaufbau und Verwaltungsreform in den neuen Ländern. Köln usw. 1991, S. 29–56.

58 Näheres bei Hellmut Wollmann (Anm. 1), S. 289 ff. mit zahlreichen Nachweisen; vgl. auch den Beitrag von Eberhard Laux in diesem Band.

59 Vgl. Anm. 56.

60 Vgl. den Beitrag von Eberhard Laux in diesem Band.

61 Vgl. W.-U. Sponer, Länderbericht in Sachsen, in: Landes- und Kommunalverwaltung, (1996) 8, S. 267–269.

62 Vgl. Hasso Lieber, Worum geht es bei der Reform der Kommunalverfassung? In: Brandenburg Kommunal, (1996) 17, S. 4–5; Alwin Ziel, Kommunalreform, in: Brandenburg Kommunal, (1996) 17, S. 2–3.

Des weiteren ist auch auf die Anläufe zu *Funktionalreformen* hinzuweisen, die inzwischen – vor allem in Brandenburg und Mecklenburg-Vorpommern – in Gang gekommen sind.[63]

Schließlich sind die Anstöße hervorzuheben, die für eine weitere Restrukturierung der kommunalen Institutionen davon ausgehen, daß die Diskussion zum *Neuen Steuerungsmodell* und zum »Umdenken im Rathaus«[64] inzwischen auch verstärkt die ostdeutschen Kommunen, in Sonderheit die Städte, ergriffen hat.[65]

---

63 Näheres bei Hellmut Wollmann (Anm. 1), S. 294 ff., sowie bei Hellmut Wollmann, »Echte Kommunalisierung« der Verwaltungsaufgaben: Innovatives Leitbild für umfassende Funktionalreform? In: Landes- und Kommunalverwaltung, (1997) 4.

64 Vgl. Christoph Reichard (Anm. 53); vgl. ferner etwa Christoph Reichard/Hellmut Wollmann (Hrsg.), Kommunalverwaltung im Modernisierungsschub? Basel usw. 1996.

65 Vgl. H. Wollmann (Anm. 1), S. 299 ff.; Kai Wegrich/Wolfgang Jaedicke/Sabine Lorenz/ Hellmut Wollmann (Anm. 1), S. 192 ff. mit Nachweisen; vgl. auch die Beiträge von Niclas Stucke/Michael Schöneich sowie Werner Schnappauf in diesem Band.

EBERHARD LAUX

Erfahrungen und Perspektiven der kommunalen Gebiets- und Funktionalreformen

1. Politische Grundfragen der Reformen

Für die Gemeinden und Kreise sind die Bürgerinnen und Bürger (Einwohner) und das Territorium (Gebiet) konstitutive Elemente in ihrer Eigenschaft als Gebietskörperschaften.[1] Soll das grundgesetzlich und auch nach den Landesverfassungen abgesicherte Prinzip einer weitestgehend dezentralen Aufgabenwahrnehmung funktionieren, so müssen die Territorien der Gebietskörperschaften so bemessen sein, daß eine Aufgabenübertragung prinzipiell möglich, aber auch organisatorisch und wirtschaftlich gerechtfertigt ist. Damit stellt sich die Frage nach der Effizienz der territorialen Organisation.[2]

Für die Funktion der kommunalen Selbstverwaltung im Staatsganzen ist es wichtig, daß die demokratische Verantwortung der Volksvertretungen mit der Möglichkeit, auf die Erfüllung der öffentlichen Aufgaben im Gemeindegebiet im Rahmen der Gesetze angemessen einzuwirken, kongruent ist. Daß dies durchgängig der Fall ist, läßt sich keineswegs bestätigen. Vielfach ist das, was Gemeinde im Rechtssinne ist, nur historisch begründbar.

Ein Auseinanderklaffen zwischen der Gebietsgröße (Einwohnerzahl), der Fähigkeit, öffentliche Aufgaben in rechtsstaatlich einwandfreier Weise wahrzunehmen (Verwaltungskraft) und der Eignung für die Trägerschaft von Veranstaltungen (Einrichtungen) aller Art, die die Bürgerschaft als öffentliche Leistung erwarten kann (Veranstaltungskraft), hat zu zwei Gruppierungen von Gemeinden (Städten) geführt:
- den großen Städten, die nicht einem gegliederten System von Aufgabenträgern und örtlichen Vertretungen zugehören (sog. kreisfreie Städte);
- den übrigen Städten und Gemeinden im Territorium der Kreise, die unbeschadet ihrer verfassungsrechtlich gesicherten Selbständigkeit nur in Funktionsteilung mit der Kreisorganisation allgemein erwartete oder gesetzlich festgelegte Leistungen erbringen können.

Die Unterschiede in der Struktur der zweiten Gruppe hinsichtlich Einwohnerzahl, Einwohnerdichte, Lage im größeren Raum, Wirtschaftsstruktur, öffentliche Infrastruktur, haben dazu beigetragen, daß die Verwaltungsordnung in den einzelnen Län-

---

1 Eingehend untersucht von W. Loschelder, Kommunale Selbstverwaltungsgarantie und gemeindliche Gebietsgestaltung, Schriften zum Öffentlichen Recht, Bd. 308, Berlin 1976.
2 Von erheblichem theoretischen und politischen Einfluß s. Zt.: F. Wagener, Neubau der Verwaltung, Gliederung der öffentlichen Aufgaben nach Effektivität und Integrationswert, Schriftenreihe der Hochschule Speyer, Bd. 41, Berlin 1969.

dern zum Teil erheblich differiert. Dementsprechend ist auch das Verhältnis von Städten und Gemeinden zur jeweiligen Kreisorganisation variantenreich. Umfaßt ein Kreis leistungsfähige Gemeinden, die im wesentlichen in der Lage sind, die Angelegenheiten der örtlichen Gemeinschaft politisch und administrativ eigenständig zu bewältigen, so ist die Funktion des Kreises eine andere als dort, wo in einem Kreisgebiet zahlreiche leistungsschwache Gemeinden vorhanden sind, die umfangreicher Unterstützung und Ergänzung durch den Kreis als Gebietskörperschaft des größeren Raums bedürfen. Im ersteren Fall wird der Kreis außer seinen gesetzlichen Aufgaben z. B. weniger eigene Einrichtungen vorhalten müssen.[3]

Die Anpassung der territorialen Organisation an Veränderungen aller Art war und ist ein komplizierter Vorgang. Während Änderungen in Organisation und Aufgabenbeständen der Kommunen im Rahmen von Art. 28 Abs. 2 GG und den entsprechenden Vorschriften der Länderverfassungen durch Gesetz erlaubt sind und relativ breite Möglichkeiten öffnen, sind Eingriffe in die territoriale Substanz – das »Gebiet« – von strengeren Voraussetzungen abhängig. Die kommunalen Verfassungsgesetze machen sie von »Gründen des öffentlichen Wohls« abhängig (z. B. § 14 [1] GO NW). Sie werden als »ultima ratio« vor allen Dingen dann bezeichnet, wenn es sich um Auflösungen oder Zusammenlegungen von Kommunen handelt. Dementsprechend waren die Landesgesetzgeber bei den Gebietsreformen besonders gefordert und haben sich, wie sich an der intensiven Gesetzgebungsarbeit nachweisen läßt, diesen Anforderungen auch gestellt.

2. Ziele und Konflikte der kommunalen Gebietsreformen in den alten Bundesländern

a. Allgemeine Ziele und Kriterien

Die allgemeinen Ziele der etwa 1968 einsetzenden Reformen können auf der Grundlage der Verfassungen und der programmatischen Eingangsbestimmungen der Gemeinde- und Kreisordnungen dahingehend zusammengefaßt werden, daß ein möglichst günstiges Wirkungsverhältnis zwischen dem Grundgedanken der demokratischen Legitimation und der politischen Integration der in einem Gebiet wohnenden »Bürger« im Sinne des Kommunalrechts einerseits und der Effizienz der gebietskörperschaftlichen Verwaltung im kommunalen Territorium andererseits erreicht werden sollte.[4] Dabei mußten die langfristig beobachteten deutlichen Mängel, vor allem die aus politischen Gründen gescheiterten Ansätze nach 1918, behoben und zusammen mit voraussehbaren Entwicklungen in eine Gesamtkorrektur der traditionellen Gliederung der kommunalen Selbstverwaltung eingebracht werden. Es besteht

---

3 Siehe die sorgfältigen Analysen von G. Seele, in: Der Kreis – ein Handbuch, Bd. 3, Köln/Berlin 1985, S. 39–184.

4 Einen umfassenden Einblick in die Zielsetzung und Kriterien der einzelnen Bundesländer geben W. Thieme/G. Prillwitz. Durchführung und Ergebnisse der kommunalen Gebietsreform, Bd. I 2 der Schriftenreihe »Die kommunale Gebietsreform«, hrsg. von H. J. v. Oertzen/ W. Thieme, Baden-Baden 1981.

kein Zweifel, daß diese »Reformen« lediglich einen Evolutionsschritt bedeuteten, der eher einer Anpassung als einer Systemveränderung gleichkam. Man kann nachträglich feststellen, daß die Bemühungen, diese Reformen zeitlich und sachlich richtig zu dimensionieren, sehr sorgsam und intensiv, im übrigen aber, gemessen an den gravierenden Mängellagen im Bereich der ländlichen Selbstverwaltung, schonend gewesen sind. Dies wird auch durch die Gebietsreformen in den östlichen Bundesländern bestätigt (s. u., Abschnitt 4).

Kriterien

Auf der Grundlage sorgfältiger wissenschaftlicher Studien sind in der Reformarbeit eine Reihe von Kriterien für die Bildung von Verwaltungseinheiten der unteren kommunalen Stufe (Gemeinden) aufgestellt worden.
1. Tatsächliche, nicht nur formaldemokratische Verantwortlichkeit für die öffentlichen Angelegenheiten der örtlichen Gemeinschaft.
2. Fähigkeit zur Trägerschaft von Aufgaben sowohl im eigenen wie im vom Staat übertragenen Wirkungskreis, die die öffentliche Grundversorgung der örtlichen Gemeinschaft mit Verwaltungsleistungen oder in Form von Trägerschaften öffentlicher Einrichtungen sicherstellt. Dazu gehörte vor allem die für die örtliche Selbstverwaltung unentbehrliche Fähigkeit zur Aufstellung von Bauleitplänen nach § 2 Abs. 1 BauBG (Planungsfähigkeit).
3. Anpassung an die raumordnerische Gliederung in sogenannte Versorgungsnahbereiche, d. h. Räume, in denen ökonomisch eine ausreichende Versorgung mit den Gütern des täglichen Lebens, aber auch mit qualifizierten Verwaltungsleistungen möglich sein sollte. Dabei spielte das Schulsystem eine große Rolle.[5]
4. Günstige Einpassung in die Verkehrsinfrastruktur.
5. Überschaubarkeit des Gemeindegebietes: Eine »örtliche Gemeinschaft« sollte noch erkennbar sein. Die Bevölkerung sollte für die Wahrnehmung ihrer Verwaltungsangelegenheiten auf Ortsebene möglichst nicht weitere Wege als etwa 7–10 km zurücklegen müssen.
6. Ausreichende administrative Leistungsfähigkeit. Dies führte zu errechneten Mindestgrößen für die Organisation hauptamtlich besetzter Behörden auf örtlicher Ebene. Erst bei einer Verwaltung von 10–15 hauptamtlichen Mitarbeitern (ohne Arbeiter) hielt man eine ausreichende Verwaltungskraft für gegeben. Daraus ergaben sich seinerzeit Größenordnungen von mindestens 5 000–8 000 Einwohnern, unabhängig, ob es sich um eine Einheitsgemeinde als unterste Verwaltungseinheit oder um eine gegliederte Organisation von Gemeinden und einer Hilfseinrichtung (Verwaltungsgemeinschaft) handelte.
Die Funktion der Kreise verlangte weitere Überlegungen.[6] Kreise nahmen in der vertikalen Aufgabenverteilung wichtige Funktionen ein:
1. Sie sollen eine großräumig kommunale räumliche Entwicklungspolitik ermöglichen.
2. Sie sollen gewährleisten, daß die Länder keine eigenen Behörden (untere Landesbehörden) in der Ortsstufe unterhalten müssen, sondern Aufgaben auf politisch

---

5 Dazu exemplarisch R. Tiggemann.»Die kommunale Neugliederung in Nordrhein-Westfalen«. Möglichkeiten und Grenzen der Anwendung landesplanerischer Entwicklungskonzeptionen und Instrumentarien auf das Zielsystem der Gebietsreform. Sozialwissenschaftliche Studien zur Stadt- und Regionalpolitik, Bd. 2, Meisenheim 1977.
6 Im einzelnen G. Seele (Anm. 3), S. 51 ff.

kontrollierte Gebietskörperschaften (Kreise mit Kreistagen) übertragen können. Dadurch ist eine weitgehende Kommunalisierung der öffentlichen Aufgaben möglich (Ausnahme: Finanzverwaltung).
3. Sie sollen in der Lage sein, durch Kreistage und die politischen Kräfte auf Kreisebene den Raum der Kommunalpolitik nach oben abzugrenzen und so die Erweiterung des kommunalen Aktionsfeldes zu sichern.
4. Sie sollen für die Organisation in den Ländern leistungsfähige Träger einer Reihe von Aufgaben sein können, die Ihrer Herkunft nach oder von ihrer Substanz her »staatlich« sind.
5. Außer solchen, den Kreisen durch Gesetz übertragenen Aufgaben sollen sie als überörtliche Verwaltungen zur Unterstützung der gemeindlichen Selbstverwaltung ergänzende, übergemeindliche und ausgleichende Aufgaben in großer Vielfalt wahrnehmen können.

Als Mindestgrößen zur Bereitstellung von ausreichendem Fachpersonal für spezialisierte Verwaltungsangelegenheiten wurden im allgemeinen 100 000–150 000 Einwohner angenommen. Das Verhältnis der Anzahl kreisangehörigen Städte und Gemeinden zum Kreis sollte 1:10–12 gemeindliche Verwaltungsträger sein. Dabei sollte die größte kreisangehörige Gemeinde nicht mehr als ein Drittel der Einwohnerzahl des Kreises aufweisen.

b. Konflikte und Erfahrungen

Nach Abschluß der kommunalen Gebiets- und Funktionalreformen in der alten BRD hat es nicht an kritischen Stimmen gefehlt.[7] So weist z. B. Klaus Stern[8] darauf hin, man sei vielfach etwas zu »schneidig« vorgegangen und letztlich habe der Bürger die Ergebnisse mehr widerwillig als zustimmend hingenommen. Immerhin gab es in den alten Bundesländern keine flächendeckenden Reformen, die theoretisch und in der ministerialen Vorbereitung der Gesetze so gründlich über Jahre hinaus durchgearbeitet worden sind, die in Politik und Verwaltung, aber auch mit der Bürgerschaft so breit diskutiert worden sind und die wissenschaftlich so intensiv kritisch begleitet wurden. Das hat sich offensichtlich bezahlt gemacht.

Die generelle Kritik an Strategie und Methodik läßt sich auf eine nicht überzeugende Philosophie reduzieren, die man als »Selbstverwaltungs- oder Dorfromantik« bezeichnen könnte. Brauchbare Gegenmodelle zur Behebung der offensichtlichen Leistungsschwäche der territorialen Struktur von 1968 hat es aber nicht gegeben. Man verwechselt die Gemeinde als sozialen Raum mit der Gemeinde als Gebietskörperschaft, wenn man die Verbundenheit der Bevölkerung in Ortsteilen oder Wohnplätzen

---

7 Die wichtigsten Publikationen zur Analyse und Bewertung der Gebietsreformen außer W. Thieme/G. Prillwitz (Anm. 4) sind die 19 Bände der von H. J. v. Oertzen/W. Thieme hrsg. Reihe: Die kommunale Gebietsreform, erschienen in den Jahren 1979 und 1987, Baden-Baden; wissenschaftlich grundlegend W. Loschelder (Anm. 1), vor allem in seiner Analyse über »gemeindliche Integration in der lokalen Wirklichkeit« (S. 222 ff.), Hochschule Speyer; Zukunftsaspekte der Verwaltung, hrsg. von F. Wagener, Bd. 81 der Schriftenreihe, Berlin 1980; W. Weber, Selbstverwaltung und Demokratie in den Gemeinden nach der Gebietsreform. Schriften zum deutschen Kommunalrecht, Bd. 24, Siegburg 1982; V. Wrage, Erfolg der Territorialreform, Schriftenreihe der Hochschule Speyer, Bd. 56, Berlin 1979.
8 K. Stern, Das Staatsrecht der Bundesrepublik Deutschland, Bd. I, München 1984, S. 407 f.

gleichsetzt mit der Frage eines qualifizierten Angebots von Verwaltungsleistungen, wenngleich die Bevölkerung einen Anspruch auf möglichst fehlerfreie und rechtsstaatlich abgesicherte Abwicklung ihrer Anliegen hat. Dies war vor 1968 keineswegs überall garantiert. Es wäre dann unausweichlich gewesen, sehr viel mehr Verwaltungsaufgaben auf die noch stärker ausgebauten Kreise »hochzuzonen«. Gerade das hätte, wie der Rastede-Beschluß des Bundesverfassungsgerichts von 1988 noch einmal bestätigt hat, verfassungsrechtlich bedenkliche Probleme ausgelöst. Im übrigen wird der Gemeindebürger nicht allein von der Kommune mit öffentlichen Leistungen »versorgt«, sondern auch von Bundes- und Landesdienststellen, der Arbeitsverwaltung, der Sozialversicherung und vielen öffentlich subventionierten Organisationen, was häufig übersehen wird.

Der Klage über mangelnde Ortsnähe der gemeindlichen Verwaltungen ist zu entgegnen, daß gegenüber 1968 ein erheblich verbessertes Verkehrs- und Kommunikationssystem existiert, viele Verwaltungsangelegenheiten infolge der Verbreitung der Telekommunikation nicht mehr bei der Verwaltung persönlich nachgesucht werden müssen und in vergrößerten Gemeindeverwaltungen weithin Sprechzeiten in den einzelnen Ortsteilen (Bezirke) eingeführt sind. Es hat also eine Umorganisation von der »Holschuld« des Bürgers zur »Bringschuld« der Verwaltung stattgefunden. Bei der Notwendigkeit, ein leistungsfähiges Schul- und Bildungssystem aufzubauen, ebenso wie eine gute stationäre Versorgung der Bevölkerung in Krankenhäusern zu sichern, hat die Bevölkerung allgemein einige Unbequemlichkeiten als Preis für eine bessere Leistung in Kauf genommen. Allein die Notwendigkeit, auf dem flachen Lande ein leistungsfähiges Schulwesen zu etablieren, war damals ein Argument gegen die Aufrechterhaltung kleinster Einheiten und für die Zielvorstellungen einer »Maßstabsvergrößerung« (Frido Wagener).

Es blieb freilich der Verlust an politischen Mandaten. Nur war zu fragen, ob es einen Sinn machte, Mandatsträger zu wählen, die kaum mehr über nennenswerte Aufgaben auf Ortsebene abschließend entscheiden konnten und deren Engagement entsprechend an Substanzlosigkeit litt. Wenn z. B. bei den kleinen Gemeinden deutlich wurde, daß sie weder Träger von leistungsfähigen kommunalen Einrichtungen sein konnten, noch in ihrem Haushalt wesentlich mehr als Beiträge zu Umlagen im größeren Verbund aufwiesen, dann war dies keine Selbstverwaltung i. S. von Art. 28 Abs. 2 GG.

Nicht nachprüfbar ist, ob durch die Vergrößerung der Verwaltungsbezirke die Verwaltung nachhaltig wirtschaftlicher geworden ist. Vergleiche mit dem Zustand vor den Reformen verboten sich in aller Regel schon deshalb, weil der Aufgabenzuwachs seit Mitte der 60er Jahre für den kommunalen Raum ganz erheblich war und qualifizierte Leistungen der Verwaltung nicht für weniger Geld zu haben waren. Insgesamt ist nachweisbar, daß der Personalbestand bei den Kommunen in den westlichen Ländern seit der Zeit der Reformen im Staatsganzen, trotz erheblicher Ausweitung der Leistungen, relativ weniger gestiegen ist.

So fehlt auch einer neuerdings, also 25 Jahre nach den Reformen, wieder aufkommenden Generalkritik eine glaubhafte Begründung. Das Produkt eines »Zeitgeistes« waren die Reformen nicht: zu einer generellen Korrektur besteht daher kein Anlaß.

Das darf freilich nicht davon ablenken, daß manche Probleme nicht gut gelöst sind und einer weiteren, vertieften Behandlung, vor allem in der Kommunalpolitik, bedürfen. Die Verflechtungen in den dicht besiedelten Gebieten, besonders im Raum der großen Städte, haben noch zugenommen. Damit steigern sich die Finanzierungsprobleme der Kernstädte bis zu einer kritischen Grenze. Die Zusammenhänge zwischen Städtenetzen und territorialer Gliederung bedürfen einer neuen Bewertung.[9]

Letztlich können Gebietsreformen nur periodische Anpassungsprozesse sein, die den Verwaltungsaufbau auch wirtschaftlich stabilisieren sollen. Das ist aber nur eine der Perspektiven von Raumordnungs-, Regionalplanungs- und kommunaler Entwicklungspolitik.

c. Modelle für die Neuordnung im ländlichen Raum

Die territoriale Neuordnung im Raum der kreisangehörigen Städte und Gemeinden, insbesondere aber der typisch ländlichen kleineren Gemeinden war ein Kernbereich aller Reformüberlegungen.[10] Von den über 24 000 kreisangehörigen Gemeinden im Gebiet der alten BRD hatten 1968 etwa 84 % unter 2 000 Einwohner und lagen damit unter einer Grenze, in der sie Träger eines nennenswerten Angebots öffentlicher Dienstleistungen oder Einrichtungen sein konnten und in der sie sachlich wie ökonomisch den seinerzeit bereits bestehenden Ansprüchen, insbesondere im Schulwesen, genügen konnten.

Für die territoriale Neuordnung im Bereich der ländlichen Gemeinden gab es auf der Grundlage regional bewährter organisatorischer Lösungen folgende Strategien:

Strategie I:

Man erhielt die ländlichen Gemeinden als örtliche Gebietskörperschaften im wesentlichen in den bestehenden Größenordnungen und damit auch als Basis örtlicher Kommunalpolitik. Zusätzlich wurde ein flächendeckendes System von Verbandslösungen als Verwaltungsgemeinschaften eingerichtet, um die Personalprobleme für die Verwaltungen zu lösen und damit qualifizierte Verwaltungsangelegenheiten ortsnah bearbeiten zu können. Das Hauptproblem bildeten aber die Trägerschaften von kommunalen Veranstaltungen und Einrichtungen, für die daneben noch besondere Zweckverbände bestehenblieben.

Strategie II:

Man richtete eine zweistufige Gemeindeorganisation als örtliche Selbstverwaltung ein, die eine politische Vertretung auf der Ebene der »Gesamtgemeinde« und der Ebene der »Ortsgemeinden« vorsieht. Die Ortsgemeinden konnten so in Status und Größe aber weitgehend bestehenbleiben. Auf die Ebene der Gesamtgemeinde konnte man

---

9 E. Laux, Nachdenken über kommunale Organisationspolitik, in: Gelebte Demokratie, Festschrift für Manfred Rommel, Köln 1997, S. 267–284 (275) mit weiteren Hinweisen.

10 Zum Verständnis der Zusammenhänge: E. Laux, Die Verwaltung des ländlichen Raumes, in: K. König/H. J. v. Oertzen/F. Wagener, Öffentliche Verwaltung in der Bundesrepublik Deutschland, Baden-Baden 1981, S. 157–179; zur Sach- und Rechtslage allg. W. Thieme/G. Prillwitz (Anm. 4).

dann auch Aufgaben des eigenen Wirkungskreises der Ortsgemeinden übertragen, insbesondere die Verwaltung von leistungsfähigen Einrichtungen. Variante der Lösung zu I und II war die gleichzeitige Zusammenlegung kleiner Ortsgemeinden, um kleinste Einheiten zu vermeiden.

Strategie III:

Man bildete großflächige Gemeinden (sogenannte Einheitsgemeinden) eventuell mit Ortschaftsverfassung für die ursprünglichen Gemeinden, die ihre Eigenständigkeit verloren. Nur diese Lösung sicherte letztlich die Kongruenz von lokaler politischer Willensbildung für die eigenen Angelegenheiten mit der Leitung und Kontrollen einer leistungsfähigen professionellen Verwaltung. Nachteilig konnte sein, daß solche Gemeinden bei dünner Besiedlungsdichte sehr großflächig angelegt werden mußten.

Für alle drei Modelle hatte man errechnet, daß erst ab 8 000 Einwohnern eine optimale Verknüpfung von politischer Selbstverwaltung und hauptamtlicher kommunaler Verwaltung erreicht werden konnte. Die Anschauungen in den Bundesländern waren hier jedoch nicht einhellig. Es sind letztlich alle drei Strategien umgesetzt worden, da die geographischen und strukturellen Unterschiede im Bundesgebiet keine einheitliche Lösung ermöglichten.

Die Strategie I wurde vor allem in Schleswig-Holstein und Bayern, also relativ dünn besiedelten Ländern, verfolgt. Aber auch in Baden-Württemberg, in dem von 1 111 Gemeinden (1987) 189 als Einheitsgemeinden gebildet wurden, griff man zu dieser Lösung. In Schleswig-Holstein hatte man schon seit 1946 mit den sogenannten »Ämtern« gute Erfahrungen gemacht. Sie waren ursprünglich nur Hilfseinrichtungen ohne eigene Aufgaben. Eine Amtsvertretung bestand nicht: Das beschließende Organ, der Amtsausschuß, bestand aus den Bürgermeistern der Gemeinden. Lediglich der ehrenamtliche Amtmann hatte die Funktion einer örtlichen Ordnungsbehörde für den Amtsbereich. Diese Verbandsform ist mehrfach im Laufe der Jahre angepaßt worden, hat ihren Charakter aber insgesamt nicht verloren. Seit 1966 erfüllt das Amt die ihm und den amtsangehörigen Gemeinden zur »Erfüllung nach Weisung« übertragenen Landesaufgaben: eine Übertragung von Selbstverwaltungsangelegenheiten der Gemeinden ist möglich. Damit sollte sich die Bildung von Zweckverbänden erübrigen. Nach 1974 durften Zweckverbände innerhalb des Amtes nicht mehr gebildet werden. Z. Zt. gilt die AO i. d. F. der Bekanntmachung vom 19. 1. 1994 (GVOBl, S. 75); 1994 betrug die Zahl der Ämter 119. Das Schleswig-Holsteinische Amt näherte sich immer weiter der Strategie II an. Bayern hat mit dem Ersten Gesetz zur Stärkung der kommunalen Selbstverwaltung von 1971 Verwaltungsgemeinschaften ähnlichen Musters eingeführt, deren Organe nicht vom Volke gewählt werden. Z. Zt. gilt die Verwaltungsgemeinschaftsordnung für den Freistaat Bayern i. d. F. der Bekanntmachung vom 26. 10. 1982 (GVBl., S. 965). 1994 betrug die Zahl der Verwaltungsgemeinschaften 337. Baden-Württemberg hat durch die Novelle zur Gemeindeordnung von 1974 als besondere Verwaltungsform die sogenannte Verwaltungsgemeinschaft für Gemeinden, die nicht als Einheitsgemeinden gebildet werden konnten, vorgeschrieben (Zahl 1994: 922), gleichzeitig jedoch im Gegensatz zu Schleswig-Holstein, aber ähnlich wie in Bayern, eine erhebliche Verminderung der Klein- und der Kleinst-Gemeinden durchgeführt. Im übrigen ist die Konstruktion dieser Gemeindeverwaltungsverbände ähnlich wie jene der »Ämter« in Schleswig-Holstein (siehe §§ 59 bis 62 der GO BW von 1983; zuletzt geändert mit Gesetz vom 18. 12. 1995/Gbl. 1996, S. 29).

Diese Überlegungen waren auch für die Gemeindegebietsreform in den neuen Bundesländern grundlegend, auch wenn man dort (bisher) die Strategie III nicht verfolgt hat (s. u. Abschnitt 4).

3. Die Ergebnisse der Gebietsreformen in den alten Bundesländern

Die in den Jahren 1968 bis 1978 durchgeführten Gebietsreformen haben zu folgenden Veränderungen geführt:[11]

Tabelle 1: Veränderungen durch Gebietsreform

Ebene	1968	1980	Veränderungen in % gegenüber 1968
Kreisangehörige Gemeinden	24 282	8 409	– 65
Kreise	425	237	– 45
Kreisfreie Städte	135	91	– 34

Quelle: Verfasser.

Bemerkenswert war der außerordentlich hohe Bestand an kreisangehörigen kleinen und kleinsten Gemeinden, deren gebietliche Abgrenzung fast ausschließlich das Ergebnis der territorialen staatlichen Ordnung des 19. Jahrhunderts war.

Diese Reformen sind als Maßnahmen der Landesgesetzgeber durchgeführt worden; die Zahl der gegen den Willen der betroffenen Kommunen ergangenen Entscheidungen war dennoch relativ klein.

Gemeinden

Von den 8 414 kreisangehörigen Städten und Gemeinden gehören 6 013 kleinere Gemeinden zu 1 037 engeren Gemeindeverbänden mit hauptamtlicher Verwaltung. Man darf dabei aber nicht übersehen, daß durch die Reduzierung der kreisangehörigen Gemeinden um 65 % die Größen der Gemeinden gleichzeitig relativ stark heraufgesetzt worden sind. So nahm die Zahl der Gemeinden in Baden-Württemberg absolut um 67 %, in Bayern um 71 %, in Hessen um 84 %, in Niedersachsen um 75 %, in Nordrhein Westfalen um 82,6 % ab; dagegen blieben die Länder Rheinland-Pfalz (20 %) und Schleswig-Holstein (17,9 %) bei ihrem traditionellen System auch kleiner und kleinster Gemeinden als unterste Gebietskörperschaften.

Kreise

Auch hier brachten die Gebietsreformen drastische Veränderungen.

---

11 Vgl. im einzelnen W. Thieme/G. Prillwitz (Anm. 4).

Tabelle 2: Ergebnisse der Gebietsreformen in den Kreisen

Land	1960	1981
Schleswig-Holstein	17	11
Niedersachsen	60	38
Nordrhein-Westfalen	57	31
Hessen	39	21
Rheinland-Pfalz	39	24
Baden-Württemberg	63	35
Bayern	143	71
Saarland	7	6
insgesamt	425	237

Quelle: Verfasser.

Der Durchschnittskreis nach den Gebietsreformen hatte fast 70 000 Einwohner bei 1 000 qkm Fläche. Allerdings besagen solche Durchschnittswerte wenig, darüber, daß die Streuungsbreite außerordentlich hoch blieb, wie die folgende Tabelle zeigt:

Tabelle 3: Kreise nach Fläche und Einwohner

	Schl.-H	Nds	NW	Hess	Rh-PF	BW	Bay	Saar
Einwohnerzahl								
bis 75 000	0	2	0	0	4	0	7	0
75 – 100 000	0	9	0	1	7	1	28	2
100 – 200 000	8	22	4	8	13	20	35	2
200 – 300 000	3	4	15	11	0	7	1	1
über 300 000	0	1	12	1	0	7	0	1
Flächengröße (qkm)								
bis 500	0	0	4	4	2	0	4	5
500 – 1 000	2	16	11	6	19	19	38	1
1 000 – 1 500	6	13	14	9	2	13	25	0
1 500 – 2 000	0	4	2	2	1	3	4	0
über 2 000	3	5	0	0	0	0	0	0

Quelle: Verfasser.

Kreisfreie Städte und das Umland der Großstädte

Die Ergebnisse der Gebietsreform auf der Ebene der Kreise wurden entscheidend geprägt durch die Veränderungen im Raum der kreisfreien Städte. Vor den Reformen existierten 137 kreisfreie Städte, danach 87. Dabei ist man in den einzelnen Bundesländern nicht einheitlich verfahren. Hatte man sich im allgemeinen darauf verständigt, den Status einer kreisfreien Stadt erst ab 100 000 Einwohner festzulegen, so blieb man

176

in Bayern und der ehemals bayerischen Pfalz (Rheinland-Pfalz) z. T. erheblich unter diesem Wert, was letztlich auch mit der niedrigeren Einwohnergröße der Kreise korrespondiert. Mit der Einbeziehung ehemals kreisfreier Städte wurde das Problem der Funktion und Aufgabenkompetenz größerer Städte im Rahmen der Kreisorganisation verstärkt.

Gebietsänderungen im Raum der kreisfreien Städte (Eingemeindungen) zur Neuordnung des städtischen Umlandes gehören zum grundsätzlichen Instrumentarium der Gebietsreformen[12]. Die Veränderungen waren z. T. ganz erheblich. Eine Anzahl von Städten umfaßte nach den Reformen das Doppelte oder ein Mehrfaches ihrer früheren Fläche, so z. B. Braunschweig, Wolfsburg, Bielefeld, Mainz, Koblenz, Trier, Worms, Freiburg, Pforzheim, Ulm und Saarbrücken. Diese Entwicklung war auch bei zahlreichen größeren kreisangehörigen Städten zu beobachten.

Die Gründe für Eingemeindungen waren vielfältig, eine Systematik nicht erkennbar; folgende Fälle können unterschieden werden:
- Einbeziehung ohnehin mit der Kernstadt weitestgehend verwachsener Nachbargemeinden;
- sogenannte planerische Flächenbedarfe, womit großflächige Eingemeindungen meist nicht zu rechtfertigen waren;
- Vergrößerung der Einwohnerzahl, um auf eine Größenordnung zu gelangen, die Kreisfreiheit rechtfertigte;
- Stärkung der Funktion einer Stadt im regionalen Raum.

Nicht allgemein durchgesetzt hatte sich der Gedanke, durch Verbandslösungen im Stadt-Umland Ziele der Landesplanung umzusetzen und außerdem großflächige Eingemeindungen, also die Vernichtung selbständiger Kommunen zu vermeiden.

Zur Berücksichtigung der spezifischen Belange einiger großstädtischer Einzugsgebiete hat man Lösungen praktiziert, die eher einer Funktionalreform zugerechnet werden können. Zu nennen sind hier: der Stadtverband Saarbrücken (§ 192 ff. des SVG Saar, i. d. F. vom 18. 4. 1989; Amtsbl. Saar 557), der Umlandverband Frankfurt (Gesetz vom 11. 9. 1974, Hess. GVBl. I 427, mehrfach geändert), der Kommunalverband Großraum Hannover (Gesetz vom 20. 9. 1992, Nds. GVBl. 153) und der Zweckverband »Großraum Braunschweig« (Gesetz vom 21. 11. 1991. Nds. GVBl. 304). Als jüngste Lösung ist auf den Verband Region Stuttgart zu verweisen, der gebietskörperschaftlich konzipiert ist (Gesetz vom 7. 2. 1994, GBl. 92).

4. Die Gebietsreformen in den neuen Bundesländern

a. Ziele und Konflikte

Die Gebiets- und Funktionalreformen in den 5 neuen Bundesländern (vgl. hierzu Hellmut Wollmann, Um- und Neubau der Kommunalstrukturen in Ostdeutschland, in diesem Band) standen unter ganz besonderen Schwierigkeiten.[13] Ziel dieser Reformen

---

12 Dazu F. Erlenkämper, Die Stadt-Umweltproblematik der Flächenstaaten der Bundesrepublik Deutschland. Neue Schriften des Deutschen Städtetages, (1980) 39, Köln.

13 Grundlegend: H. Wollmann, Transformation der ostdeutschen Kommunalstrukturen: Rezeption, Eigenentwicklung, Innovation, in: H. Wollmann/H.-U. Derlien/K. König/W.

mußte es sein, die kommunale Organisation insgesamt an die westlichen Bundesländer anzupassen, so daß ein einheitlicher Vollzug der Bundes- und Landesgesetze im Gesamtterritorium der Bundesrepublik garantiert ist. Dabei sollten die Erfahrungen in der BRD ausgewertet werden (s.o. Abschnitt 2.b). Einer direkten Transformation standen aber eine Reihe von prinzipiellen Hindernissen entgegen. Die Reformen in den westlichen Bundesländern erfolgten zu einem Zeitpunkt, in dem es nicht mehr darum ging, die kommunale Selbstverwaltung als Bestandteil des politischen Systems neu aufzubauen oder politisch abzusichern. So konnten die Kommunalreformen dann insgesamt mehr ein Nachholprozeß an die Entwicklung zur Industrie- bzw. Dienstleistungsgesellschaft und eine notwendige Aufräumarbeit durch Neuordnung der Kompetenzen sein als ein grundlegender Neubeginn. Die Reformen waren deshalb eindeutig auf die Verbesserung der bestehenden Verwaltungen und ihrer Wirkungsweise gerichtet.

Demgegenüber war der Aufbau einer politisch wie administrativ völlig zerstörten kommunalen Selbstverwaltung im traditionellen Sinne eine ganz andere Aufgabe, obwohl die Strategien ähnlich sein mußten. Edzard Schmidt-Jortzig[14] hat auf einige grundlegende »Startnachteile und Restriktionen« hingewiesen: die Finanzausstattung, das Kommunalvermögen, das Betreiben kommunaler Verwaltungseinrichtungen und die personelle Verwaltungskraft. Weit schwerwiegender wirkt, daß die territoriale Gliederung in weiten Teilen einer Aufgabenerfüllung, wie sie als erforderlich geachtet wurde, nicht gerecht werden konnte. Dies ist schon frühzeitig erkannt worden.

Über allem standen die Stabilisierung der Kommunalpolitik durch eine demokratische Parteienorganisation, die Wahl qualifizierter leitender Mitarbeiter und ausreichend Aktionsraum eigenverantwortlicher Betätigung. Kommunale Selbstverwaltung mußte bei den Bürgerinnen und Bürgern Akzeptanz finden können.

Die statistischen Zahlen belegen den quantitativen Umfang der Problematik. 1988 bestanden auf dem Gebiet der DDR insgesamt 7 565 Gemeinden, davon 38 sogenannte Stadtkreise. 87 % der Gemeinden erreichte nicht eine Einwohnerzahl von 2 000 Einwohnern. Die Zahl der Kreise betrug 191.

Bei den Gemeinden standen also – da es in der DDR zwar Hilfsorganisationen in der Art von Bürogemeinschaften für einige wenige Servicefunktionen, aber keine Ämter, Verwaltungsgemeinschaften, Verbandsgemeinden, Samtgemeinden, gemeinsame Bürgermeistereien o. ä. als leistungsfähige untere Verwaltungsträger kleinerer Gemeinden gab – den rd. 3 438 unteren kommunalen Verwaltungsträgern in der früheren BRD 7 565 »Einheiten« in den fünf neuen Bundesländern (1990) bei etwa 20 % der Gesamtbevölkerung gegenüber. Von den Kreisen (Durchschnitt: 60 000 Ew.) hat-

Renzsch/W. Seibel (Hrsg.), Transformation der politisch-administrativen Strukturen in Ostdeutschland, Opladen 1997, S. 259–327, mit umfassenden Literaturhinweisen; ferner W. Hoppe/B. Stüer, Die kommunale Gebietsreform in den östlichen Bundesländern, DVBL., 1992, S. 641; Franz-Ludwig Knemeyer, Kommunale Gebietsreform in den neuen Bundesländern, LKV, 1992, S. 177–182; H. J. v. Oertzen (Hrsg.), Rechtsstaatliche Verwaltung im Aufbau I. Schriften der Deutschen Sektion des Internationalen Instituts für Verwaltungswissenschaften, Bd. 17, Baden-Baden 1992; G. Püttner/W. Bernet (Hrsg.), Verwaltungsaufbau und Verwaltungsreform in den neuen Bundesländern, Köln u. a. 1992; G. Schmidt-Eichstaedt, Gemeindeverwaltungsreform und Kreisgebietsreform in den neuen Bundesländern, Archiv f. Kommunalwissenschaften, 31 (1992) S. 21; G. Seele, Die Kreisgebietsreform in den neuen Bundesländern, in: Der Landkreis, 1992, S. 312–318; W. Bernet, Die Verwaltungs- und Gebietsreformen in den Gemeinden und in den Landkreisen, Jena/Speyer 1992.

14 E. Schmidt-Jortzig, Die Bedingungen der kommunalen Selbstverwaltung im Ostteil des vereinigten Deutschlands, in LKV 1992, S. 65–69.

ten 15 % eine Einwohnerzahl zwischen 75 000 und 100 000 und nur 10 % eine Einwohnerzahl zwischen 100 000 und 150 000. Die durchschnittliche Fläche betrug ca. 550 Quadratkilometer. Es war deshalb einhellige Auffassung, daß eine politisch wie administrativ leistungsfähige kommunale ländliche Selbstverwaltung damit in keiner Weise garantiert werden konnte.

Obwohl die einzuschlagenden Strategien sich an den politischen Leitlinien einer Anpassung durch Transfer orientieren sollten, mußten folgende Besonderheiten berücksichtigt werden:

Kreisfreie Städte

Die geringsten Schwierigkeiten für eine Gebietsreform fanden sich bei den Stadtkreisen. In der DDR sind 1952 nahezu alle kleineren Stadtkreise aufgelöst und mit den Gebieten der Kreise zusammengelegt worden. Trotz einer gewissen Streuungsbreite wiesen die 38 bestehenden Stadtkreise Größenordnungen im Verhältnis zu ihrem Umland auf, die es geraten sein ließen, diesen Städten den Status »kreisfreie Stadt« zu geben, sofern eine Kreisbildung in ihrem Umland damit nicht unmöglich wurde. Eine solche Strategie hatte den Vorzug, daß man nunmehr in der schwierigen Übergangzeit wie auch in der langen Zeit der »inneren Sanierung« mit den kreisfreien Städten über stabile Verwaltungseinheiten verfügte. Daß einzelne dieser Städte nicht die im Westen zwar angestrebte, aber in zahlreichen Fällen nicht erreichte Richtgröße von mindestens 100 000 Einwohner aufweisen, konnte nicht davon ablenken, daß man mit einer Integration von Stadtkreisen unter 100 000 Einwohnern in die neuen Kreise letztere mit ganz erheblichen kommunalpolitischen Konsolidierungsschwierigkeiten belasten würde, die auch in den westlichen Bundesländern durchaus Probleme bereitet haben.

Ungelöst, und damit eine beachtliche Hypothek für die Zukunft bleiben vorläufig noch die Umlandprobleme der Großstädte, abgesehen von Berlin vor allem bei Leipzig, Dresden, Chemnitz, Halle, Magdeburg.

Kreise

Es war allgemein bereits bei den Diskussionen um das »Gesetz über die Selbstverwaltung der Gemeinden und Landkreise der DDR« (Kommunalverfassung) vom 17. 5. 1990 (Gbl. I DDR, S. 255) deutlich geworden, daß das wichtigste Problem neben der Etablierung der Länderverwaltungen die Reform im Bereich der Kreise sein würde. Bei der gänzlich anderen Funktion der Kreise im Staatsaufbau der DDR als Behörden eines Wirtschaftsverwaltungssystems stand man vor der Tatsache, daß fast keiner der 1952 durch Verkleinerung der bis dahin bestehenden Kreise entstandenen Einheiten den Anforderungen einer kommunalen Selbstverwaltung des demokratischen sozialen Rechtsstaates entsprach. Die Probleme lagen darin, daß es bei der Demokratisierung 1990 unumgänglich war, die in der DDR gebildeten Kreise zunächst als Träger von Volksvertretungen i. S. von Art. 28 Abs. 1 GG weiter bestehen zu lassen. Die damit notwendigerweise eintretenden politischen Verfestigungen mußten in Kauf genommen werden. Das erschwerte die Territorialreform in ihrem Vollzug zunächst erheblich.[15]

---

15 Zur Kreisebene eingehend H.-G. Henneke, Kreisebene in der Bundesrepublik Deutschland nach der Gebietsreform in den neuen Bundesländern. In: Der Landkreis 1994, S. 145–152.

b. Ergebnisse

Veränderungen in den neuen Bundesländern bis zum 1. 1. 96

Vergleicht man die Zahlen von 1988 mit denen vom 1. 1. 96, so ergeben sich für die Gebietsreform in den 5 östlichen Bundesländern folgende Veränderungen:

Tabelle 4: Jahresvergleich 1988–1996

Jahr	1988	1996
Gemeinden	7 627	6 037
Kreise	189	86
kreisfreie Städte (Stadtkreise)	38	25

Quelle: Stat. Jahrbuch 1996 der BRD.

Die Gemeindegebietsreform ist nur zaghaft vorgenommen worden. Aus Gründen, die in erstmaliger Bildung demokratischer Strukturen und in der Schonung der noch instabilen Parteienlandschaft lagen, ist man überwiegend nach der Strategie I (s. o. Abschnitt 2.c) vorgegangen, hat also versucht, ein Netz leistungsfähiger örtlicher Verwaltungen mittels Verbandslösungen aufzubauen.

In Brandenburg folgt die Amtsordnung – Art. 3 der Kommunalverfassung vom 15. 10. 1993 (GVBl. I, S. 398) – der Strategie I; jedoch ist der Amtsdirektor Organ und hauptamtlicher Beamter auf Zeit. Mecklenburg-Vorpommern hat die schleswig-holsteinische Regelung übernommen (Kommunalverfassung vom 18. 2. 1994 – GS Meck.-Vorp., S. 249, Amtsordnung §§ 125–148). Sachsen behilft sich bis zur Gemeindegebietsreform mit Lösungen der kommunalen Gemeinschaftsarbeit (Ges. vom 9. 10. 1992 – GVBl., S. 730 i. d. F. des Ges. vom 3. 2. 1994 – GVBl., S. 164, Art. 1). Sachsen-Anhalt versucht das Problem der Stärkung der Verwaltungskraft ländlicher Gemeinden mit fakultativen Verwaltungsgemeinschaften zu bewältigen, die den Ämtern in Schleswig-Holstein und Mecklenburg-Vorpommern ähneln (§§ 75–85 GO vom 5. 10. 1993 – GVOBl., S. 568); das Amt eines hauptamtlichen Leiters des gemeinsamen Verwaltungsamtes ist als Organ ausgebaut. Thüringen ist einen ähnlichen Weg wie Sachsen-Anhalt gegangen (§§ 46–52 der Kommunalordnung vom 16. 8. 1993 – GVBl., S. 501). Alle genannten Institutionen sind Körperschaften des öffentlichen Rechts.

Sehr kleine Gemeinden wie in Thüringen wurden zusammengelegt. Dies war auch s. Zt. die Vorgehensweise in Rheinland-Pfalz und in Schleswig-Holstein, also Ländern, in denen die Gebietsreformen der 70er Jahre keine Veränderungen bei den Land-(Orts-)gemeinden gebracht haben. Das hatte in den dünnbesiedelten Ländern wie Mecklenburg-Vorpommern und Brandenburg gute Gründe, wobei im Berliner Umfeld nach dem Bestand solcher organisationspolitischer Lösungen gefragt werden muß.

In Sachsen ist die Gemeindegebietsreform noch nicht abgeschlossen, trotz der Auflösung zahlreicher Zwerggemeinden (766). Das Bild dürfte sich also noch verändern. Die drastische Verringerung der Kreise war nach dem oben Gesagten zu erwarten gewesen, ebenso bei den ehemaligen Stadtkreisen. Was die Neuordnung des Umlandes der großen Städte bringen wird, bleibt abzuwarten.

5. Gesamtergebnis Gebietsreform

Tabelle 5: Verwaltungsgliederung Deutschland am 1. 1. 1996

Land	kreisfreie Städte	Landkreise	Gemeinden
Baden-Württemberg	9	35	1 111
Bayern	25	71	2 056
Berlin	1	–	1
Brandenburg	4	14	1 696
Bremen	2	–	2
Hamburg	1	–	1
Hessen	5	21	426
Mecklenburg-Vorpommern	6	12	1 079
Niedersachsen	9	38	1 032
Nordrhein-Westfalen	23	31	396
Rheinland-Pfalz	12	24	2 305
Saarland	–	6	52
Sachsen	7	22	860
Sachsen-Anhalt	3	21	1 300
Schleswig-Holstein	4	11	1 131
Thüringen	5	17	1 179
Deutschland	*116*	*323*	*14 627*
Nachrichtl.: Früheres Bundesgebiet	91	237	8 513
Neue Länder	25	86	6 114

6. Funktionalreformen

a. Das allgemeine Konzept der Funktionalreformen (Ziele, Tendenzen, Konflikte)

Die Unterscheidung von Gebiets- und Funktionalreformen für verschiedene Ansätze kommunaler Neuordnung ist gebräuchlich, wenn auch etwas künstlich, da durch die Gebietsreform selbst die funktionale Eignung der Kommunen im Staatsaufbau verbessert werden sollte, wie aus Abschnitt 1 hervorgeht. In der Gesetzgebungs- und Ministerialpraxis wurde unter Funktionalreformen im Unterschied zur Gebietsreform ein Bündel von Maßnahmen zusammengefaßt, die oft das Wort Reform nicht rechtfertigen. Zudem hat sich schnell erwiesen, daß im Gegensatz zur Gebietsreform die Funktionalreform eine Daueraufgabe der Verwaltung ist, auch wenn sie kampagneartig verläuft. Richtlinien für die Funktionalreformen enthalten alle Gemeinde- und Kreisordnungen, z. T. auch die Landesverfassungen.

Wichtigstes Thema der Funktionalreformen ist die Aufgabenverlagerung auf andere Verwaltungsträger, -ebenen und -behörden unter Beachtung des Subsidiaritätsprinzips. Damit werden für die kommunale Selbstverwaltung zentrale Grundlagen ihrer Kompetenz, ihres Handelns und ihrer Wirkungsweise angesprochen.[16] Auf diesen engeren Begriff der Funktionalreform, der auf die Aufgabenverteilung im Staatsganzen abgestellt ist, soll diese Betrachtung auch im folgenden reduziert bleiben, weil nur er in einem engen Zusammenhang mit den Vorhaben der Gebietsreformen steht. Es soll aber nicht übersehen werden, daß sich mittlerweile unter diesem Stichwort auch Maßnahmen der sogenannten Verwaltungsmodernisierung, also einer inneren Funktionalreform, erfassen lassen. Damit wird die Betrachtung auch auf die Bewertung der Verwaltung als handelnde Organisation, als Dienstleistungsbetrieb unter den Kriterien der Effektivität und der Effizienz und auf den Ressourceneinsatz ausgeweitet. Weitere Themen sind in diesem Zusammenhang z. B. Privatisierungen und public private partnerships (vgl. hierzu den Beitrag von Werner Heinz in diesem Band), die Reform der Handlungsabläufe durch technische Medien, die Neuordnung des Personalwesens und des Finanz- bzw. Rechnungswesens. In diesen Problembereichen ist auch eine systematische Trennung zwischen alten und neuen Bundesländern nicht mehr möglich, da die Verwaltungsmodernisierung mittlerweile den gesamten kommunalen Bereich aller Größenordnungen erfaßt und auch in fast allen allen Bundesländern zu politischen Initiativen und Konzepten zur Neuabgrenzung der Aufgabenverteilung zwischen Land und Kommunen geführt hat. Auch können die Konzepte nicht mehr allein nach den einzelnen gebietskörperschaftlichen Ebenen dargestellt und bewertet werden. Der Bund (»schlanker Staat«) und die Länder stehen zum Teil vor gleichen Problemen wie die Kommunen. Diese sind wiederum in ihrer Organisationspolitik in die Planungen und Maßnahmen der EU, des Bundes und der Länder verstrickt, so daß der Raum eigenständiger Gestaltung zunehmend eingeengt wird.

Überlagert wird die Diskussion um die Funktionalreformen immer stärker durch die Notwendigkeit, die politische Funktion der kommunalen Selbstverwaltung grundsätzlich zu überdenken. Eine zentralisierende Tendenz in der Aufgabenprogrammierung kann angesichts dieser Verflechtung der Ebenen zu einer Erosion der Autonomie der kommunalen Gebietskörperschaften, wie sie durch Art. 28 GG und die entsprechenden Regelungen der Länderverfassungen vorgeformt ist, führen. Die Frage lautet, ob die kommunale Selbstverwaltung auf dem Wege zu einer Anpassungs- und Vollzugsapparatur der höherrangigen Ebenen degeneriert. Angesichts der bisherigen Maßnahmen der Funktionalreformen drängt sich die Überlegung auf, ob nicht eine »echte Kommunalisierung« der Verwaltungsaufgaben der alleinige Weg für Abhilfen sein kann.[17] Gleichzeitig kann nicht unbeachtet bleiben, daß das kommunale Aufgabenspektrum sich finanziell in der bisherigen Form als unerfüllbar erwiesen hat.

Wenig geklärt sind die Zusammenhänge zwischen kommunalen Aufgaben und der Entwicklung in der Medienwirtschaft, insbesondere durch Internet (vgl. hierzu den Beitrag von Otfried Jarren zu lokalen Medien, in diesem Band). Die Kommunen sind

---

16 Wissenschaftlich umfassend s. Zt. B. Stuer, Funktionalreform und kommunale Selbstverwaltung, Göttingen 1980. Ferner E. Laux, Die Gemeinden im Staat der achtziger Jahre – Was folgt auf die Reformen? In: F. Wagener (Anm. 7), S. 75–106. Für die neuen Bundesländer Hellmut Wollmann (Anm. 14).

17 H. Wollmann, »Echte Kommunalisierung« der Verwaltungsaufgaben: Innovatives Leitbild für umfassende Funktionalreform? In: LKV 1997, Heft 1, S. 105 ff.

territoriale Institutionen, d. h. in ihren Kompetenzen im Prinzip auf ihre Grenzen beschränkt. Dies wiederum entspricht nicht mehr dem lokalen Bedürfnis der Teilnahme an der künftigen Entwicklung des Medienmarktes, der sich gerade nicht oder nur wenig an territorialen Grenzen wird ausrichten können.

Einer besonderen Betrachtung bedarf die Situation in den neuen Bundesländern.[18] Für die Zielrichtung der dort eingeleiteten oder durchgeführten Maßnahmen hat das Land Brandenburg in seinem »Funktionalreformgrundsätzegesetz« von 1994 in § 1 (1), die Ziele der Aufgabenverteilung in folgender Weise definiert:

»Verwaltungsaufgaben sind möglichst orts- und bürgernah zu erfüllen. Dabei ist eine größtmögliche Bündelung vor Ort anzustreben und der Grundsatz der Einräumigkeit der Verwaltung zu beachten.«

Damit folgt man den Organisationsmodellen, die in den westlichen Bundesländern den Funktionalreformen zugrunde gelegt waren. Unterschiede haben sich vor allen Dingen dadurch ergeben, daß die Verwaltungspolitik der einzelnen westlichen »Patenländer« ihre Spuren hinterlassen haben. Dies war aber nicht von grundsätzlicher Bedeutung.

Man kann letztlich davon ausgehen, daß der eigentliche Prozeß einer umfassenden Funktionalreform für den Bereich der kommunalen Selbstverwaltung erst beginnt und es sich bis jetzt mehr um ein periodisches Konzept des »Aufräumens« in der Aufgaben- und Kompetenzverteilung zwischen Ländern und Kommunen gehandelt hat, jedoch ohne größere innovative Perspektiven. Nicht ausreichend ist dabei bedacht worden, ob nicht die Kategorisierung der Verwaltungsaufgaben nach eigenen oder übertragenen Aufgabenbereichen – bei letzteren mit unterschiedlichen Einflußnahmen etwa auf dem Wege des Weisungsrechts von Aufsichtsbehörden – aufgegeben werden muß. Geprüft werden müßte letztlich auch, ob das Konzept einer Doppelfunktion der Verwaltungsspitze in den Landkreisen mit dem Konzept einer »unteren staatlichen Landesverwaltung« in den Kreisen einer klareren und selbstverwaltungsfreundlichen Trennung der gebietskörperschaftlichen Ebenen im Wege steht.

b. Ergebnisse

Es ist hier nicht möglich, einen Überblick über die zahlreichen Maßnahmen in Bund und Ländern zu geben, die die Aufgabenverteilung auf die einzelnen Gebietskörperschaften betrafen. Soweit es sich um die Aufgabenabgrenzung zwischen den Ländern, den kreisfreien Städten und den Kreisen sowie zwischen den Kreisen und den kreis-

---

18 Zur Funktionalreform in den neuen Bundesländern sind eine Reihe von Studien, Denkschriften und Berichte erschienen. Hier kann nur eine Auswahl angeboten werden:
Mecklenburg-Vorpommern: Landtag Mecklenburg-Vorpommern: Die Funktionalreform, Rostock 1995.
Brandenburg: Abschlußbericht der Landesregierung zur Umsetzung der Funktionalreform im Land Brandenburg, Stand Dezember 1996, Landtagsdrucksache 2–3736 vom 29. 1. 97.
Sachsen-Anhalt: Bericht der Enquete-Kommission Verwaltungreform: Vorschläge zur Neuorganisation der Verwaltung Sachsen-Anhalt, Magdeburg 1994.
Sachsen: H. Siedentopf – E. Laux, Grundlagen für eine Funktionalreform auf der Ebene der Landkreise im Freistaat Sachsen, Gutachten, Baden-Baden 1998.
Thüringen: Abschlußbericht der Sachverständigenkommission Funktionalreform Thüringen vom April 1994, Erfurt.

angehörigen Gemeinden handelt, müssen sie an den oben genannten Zielen der territorialen Neuordnung (Abschnitt 1) geprüft werden. Es ist seit 1968 viel getan worden, um die Dezentralisierung im staatlichen Gesamtsystem zu fördern, ohne daß insgesamt die durch das Finanzsystem erzeugten Zentralisierungstendenzen neutralisiert werden konnten. Zwei Bereiche verdienen aber Anspruch auf besondere Beachtung:
– die Kommunalisierung von Sonderbehörden der Länder auf Kreisebene,
– die Gliederung der Gemeindegebiete in »Bezirke«.
Dazu tritt das Problem einer Sonderstellung größerer kreisangehöriger Städte (Privilegierung). Diese Themen standen und stehen in engem Zusammenhang mit der kommunalen Gebietsreform.

Sonderbehörden der Länder auf Kreisstufe

Die Problematik der staatlichen Gesamtorganisation war im Laufe der Jahrzehnte immer wieder Gegenstand von Reformüberlegungen. Unter der pragmatischen Forderung »Einheit der Verwaltung in der Kreisstufe« hat man schon seit den 30er Jahren versucht, das Verwaltungssystem übersichtlicher zu gestalten. Bereits nach Ende des Krieges wurden in Schleswig-Holstein und Nordrhein-Westfalen folgende Sonderbehörden kommunalisiert, d. h. als Dienststellen in die Kreisverwaltung einbezogen: Gesundheitsämter, Veterinärämter, Kataster- und Vermessungsämter (nur NRW) und die Schulämter bei teilweiser Beibehaltung ihres Sonderstatus. Damit deutete sich eine neue Sicht der Funktion kommunaler Selbstverwaltung in der Gesamtorganisation des Staates an, die aber zunächst nicht weiter verfolgt wurde. Erst seit 1968 sind in allen Ländern Erfolge mit einer stärkeren Dezentralisierung erzielt worden. Dies lag z. T. an der geringen Kreisgröße vor den Gebietsreformen.

Folgende Behörden waren zu berücksichtigen: die Allgemeine untere Verwaltungsbehörde, Gesundheitsämter, Veterinärämter, Vermessungs- und Katasterämter, Schulämter, Polizeidienststellen, Wasserwirtschaftsämter, Straßenbauämter, Landwirtschaftsbehörden, Gewerbeaufsichtsämter, staatliche Hochbauämter und Versorgungsämter. Im einzelnen bestehen für die organisatorische Einbindung von staatlichen Sonderbehörden in die territoriale Organisation der Kreisebene folgende Möglichkeiten: die Einbeziehung als Dienststellen in die Verwaltungsorganisation der Kreisverwaltung, die Angliederung an etwa bestehende allgemeine untere Verwaltungsbehörden beim Kreis und die Einräumung von Kompetenzen des Hauptverwaltungsbeamten beim Kreis gegenüber den weiter als selbständige Verwaltungseinheiten fortbestehenden staatlichen Sonderbehörden. Alle drei Möglichkeiten können nebeneinander angewendet werden.[19]

Im Rahmen der Funktionalreform seit 1968 sind vor allem Gesundheitsämter, Veterinärämter, Vermessungs- und Katasterämter, Schulämter und Dienststellen der Polizei in die Kreisorganisation eingegliedert worden, wenn auch nicht in allen Ländern gleichmäßig. Dies lag u. a. an der Auffassung von der »Staatlichkeit« bestimmter Aufgaben, wie sie besonders für die Länder Baden-Württemberg, Bayern und Rheinland-Pfalz charakteristisch war. Die Überlegungen zur »Einheit der Verwaltung in der Kreisstufe«, die eine bessere Koordinierung der Aufgaben im Kreisgebiet und eine wirksamere Zusammenarbeit der Fachdienststellen erbringen soll, zudem aber auch die gesamte Verwaltungsorganisation transparenter machen würde, sind noch nicht

---

19 G. Seele, Einheit der Verwaltung auf der Kreisstufe in den neuen Bundesländern, in: Der Landkreis, 1992, S. 511 ff.

vollständig abgeschlossen. Besonders bei der Eingliederung von Polizeidienststellen weichen die Ansichten noch stark voneinander ab. Sicher wird es aber eine Reihe von Sonderbehörden der Länder in der Kreisstufe schon deshalb geben müssen, weil die Einzugsgebiete für manche Aufgabenbereiche sich mit den Grenzen der Kreise nicht decken (z. B. Wasserwirtschaftsämter, Straßenbauämter, Eichämter, Gewerbeaufsichtsämter). Auch in Zukunft ist die Regelung im einzelnen ein Problem ausreichender Kreisgrößen.

Die verwaltungspolitischen Schwierigkeiten auf der Ebene der Kreise in den östlichen Bundesländern liegen in der Durchsetzung des in einzelnen Landesverfassungen festgelegten Grundsatzes, daß in der Ebene der Kreise staatliche Sonderbehörden eine Ausnahme bilden sollten, darin, daß sich die Interessen der Fachressorts nach 1990 erstaunlich schnell in Richtung eines eigenen Unterbaus etabliert hatten. Teilweise waren solche Überlegungen noch durch die Verwaltungsgliederung, die aus der Zeit der DDR-Verwaltung stammte, bestimmt. Außerdem zeichneten sich Anpassungsprobleme personeller und sachlicher Art bei der Veränderung der Behördenstruktur ab. Dieser Prozeß hatte sicher auch Gründe in der noch wenig befriedigenden Verwaltungsqualität einzelner Kreisverwaltungen. Letztlich hat sich aber das Konzept der Eingliederung der o. g. staatlichen Behörden in die Organisation der Kreisverwaltungen allgemein durchgesetzt.

Insgesamt gesehen ist aber die Einbeziehung der ehemals staatlichen Sonderbehörden in die allgemeine Verwaltung bisher positiv verlaufen. Auch der Wechsel von staatlichem Personal zu kommunalen Dienstherren war im großen und ganzen unproblematisch.

Die Gliederung des Gemeindegebietes in Bezirke

Ein ergänzender Beitrag zur Funktionalreform waren die gesetzgeberischen Maßnahmen zur inneren räumlichen Gliederung von Stadt- und Gemeindegebieten, die weitgehend auch als Kompensation für den Verlust eigenständiger Selbstverwaltung gesehen werden müssen. Für die kreisfreien Städte in Bayern – ab 100 000 Einwohner – und in Nordrhein-Westfalen haben die Gemeindeordnungen die Bildung von Stadtbezirken vorgeschrieben[20], in NRW maximal zehn. In Bayern können Bezirksausschüsse und Bezirksverwaltungsstellen errichtet werden. In NRW, wo die Bezirksvertretungen von den Bürgern gewählt werden, ist dies zwingend (§§ 13–13c GO). Diese Lösung kommt den Vorstellungen von der dezentralisierten Großstadt am nächsten. Für die Einrichtung einer Ortschaftsverfassung, die Bildung von Ortsbezirken, Ortsräten und -beiräten und Gemeindebezirken sehen alle Gemeindeordnungen Regeln vor, die sich im wesentlichen ähneln, im einzelnen hangt dies von der geographischen Struktur des Gemeindegebietes ab. Diese Gliederungen tragen vor allen Dingen der Tatsache Rechnung, daß Gemeindegebiet und sozialer Lebensraum in großflächigen Kommunen nicht mehr identisch sind. Sie vergrößern aber den Aufwand politisch-administrativer Steuerung oft erheblich. Es bleibt eine Frage der örtlichen Kommunalpolitik, politische Mitwirkung und Verwaltungsnähe mit den zentralen Belangen sinnvoll, d. h. auch unter wirtschaftlichen Kriterien, abzustimmen.

---

20 Übersicht bei A. Gern, Deutsches Kommunalrecht, 2. Aufl., Baden-Baden 1997, Tz. 630–657.

HELLMUT WOLLMANN

Entwicklungslinien lokaler Demokratie und kommunaler Selbstverwaltung im internationalen Vergleich

1. Einleitung

Der folgende Aufsatz soll die Kommunen als Ebene lokaler Demokratie und Selbstverwaltung im Vergleich mehrerer Länder behandeln und dadurch den Blick für die Gemeinsamkeiten, Unterschiede und Eigentümlichkeiten der deutschen kommunalen Institutionenwelt und ihrer Entwicklungslinien schärfen.

– Zwar wird sich die Darstellung – innerhalb des vorgegebenen Seitenlimits – auf *England, Frankreich* und *Deutschland* beschränken.[1] Jedoch läßt die Auswahl gerade dieser drei Länder erwarten, markante und einflußreiche Varianten der dezentral-lokalen Institutionenentwicklung in Europa sichtbar zu machen.[2]

– Da die *gegenwärtige* Stellung der Kommunen als Ebene lokaler Demokratie und Selbstverwaltung in der jeweiligen nationalen Politik- und Verwaltungswelt nur vor dem Hintergrund ihrer spezifischen *historischen* Entwicklungslinien und *Pfadabhängigkeiten*[3] verständlich und erklärbar sind, soll diesen hier besondere Aufmerksamkeit gewidmet werden.

---

1 Den Länderbericht über Deutschland betreffend, wird für Einzelheiten, um Doppelungen zu vermeiden, verwiesen auf: Adelheid von Saldern (zur Entwicklung der kommunalen Selbstverwaltung bis zum Ende der Weimarer Republik), Franz-Ludwig Knemeyer (zur Entwicklung nach 1945) und Hellmut Wollmann, Kommunalvertretungen ... (ebenfalls mit spezifischem historischen Rückblick), alle in diesem Band.

2 Für umfassendere, auch weitere Länder einbeziehende Abhandlungen vgl. Edward C. Page/ Michael J. Goldsmith (Hrsg.), Central and Local Relations: A Comparative Analysis of West European Unitary States, London 1987; Hans-Uwe Erichsen/Werner Hoppe/Adalbert Leidinger (Hrsg.), Kommunalverfassungen in Europa, Stuttgart 1988; Robert Bennett (Hrsg.), Territory and Administration in Europe, London/New York 1989; Joachim Jens Hesse (Hrsg.), Local Government and Urban Affairs in International Perspective, Baden-Baden 1991; Gérard Marcou/Imre Verebelyi, New Trends in Local-Government in Western and Eastern Europe, Brussels 1993; Allen Norton, International Handbook of Local and Regional Government, Aldershot 1994 (mit umfangreicher weiterführender Literaturübersicht, S. 491 ff.); Wehling, Hans-Georg, Kommunalpolitik in Europa, Stuttgart usw. 1994; Schwerpunktheft »Kommunalpolitik in Europa«, in: Der Bürger im Staat, (1994) 3–4; zur Entwicklung in Mittel-Osteuropa vgl. Hellmut Wollmann, Systemwandel und Städtebau in Mittel- und Osteuropa, Basel etc. 1994; Harald Baldersheim/Michael Illner/Audun Offerdal/Lawrence Rose/Pawel Swianiewicz (Hrsg.), Local Democracy and the Processes of Transformation in East-Central Europe, Boulder 1996.

3 Mit der *Pfadabhängigkeit* wird ein Konzept herangezogen, das ursprünglich in der sog. *Transitionsforschung* (zu den politischen Umbrüchen in – insbesondere lateinamerikanischen –

- Im folgenden sollen zunächst getrennte Länderberichte (zu England, Frankreich und Deutschland) und dann abschließend eine kurze vergleichende Zusammensicht gegegeben werden. Um den durch vorschnelle Übersetzungen (hier: »Eindeutschungen«) eröffneten Mißverständlichkeiten und Mißdeutungen der nationalen Eigentümlichkeiten vorzubeugen, werden in den Länderberichten, wo ratsam, die landessprachlichen Bezeichnungen verwendet.
- In der Analyse der dezentral-lokalen Ebenen wird in diesem Aufsatz eine vornehmlich *institutionalistische* Brille aufgesetzt, die Fragen der demokratischen Entscheidungsstrukturen der dezentral-lokalen Ebenen, ihrer Stufen, gebietlichen Zuschnitte und autonomen Zuständigkeiten sowie ihres Verhältnisses zu den staatlichen Politik- und Verwaltungsebenen hervorhebt; andere für die tatsächliche Wahrnehmung und wirksame Ausfüllung der kommunalen Autonomie maßgebliche Voraussetzungen, wie insbesondere die kommunalen Finanzen, müssen an dieser Stelle ausgeblendet bleiben.[4]

2. Länderberichte

a. England

Für die Entfaltung der dezentralen Politik- und Verwaltungsebene (local self-government, wörtlich übersetzt = *lokale Selbstregierung*[5]) in England waren vor allem drei Rahmenbedingungen bestimmend:
- Sie bildet den Teil einer Politik- und Verfassungsgeschichte, der eine Verfassung im Sinne eines schriftlichen (vom Parlament nur mit qualifizierter Mehrheit änderbaren) Verfassungsdokuments unbekannt ist.[6] Hierin kommt der beherrschende

---

Ländern »im Übergang zur Demokratie«) verwendet, dann in der sog. *Transformationsforschung* (zum Systemwechsel in den sozialistischen Ländern) benutzt wurde und neuerdings verstärkt in die *Institutionenforschung* eingeführt wird, vgl. Hellmut Wollmann, Variationen institutioneller Transformation in sozialistischen Ländern: Die (Wieder-)Einführung der kommunalen Selbstverwaltung in Ostdeutschland, Ungarn, Polen und Rußland, in: Hellmut Wollmann/Helmut Wiesenthal/Frank Bönker (Hrsg.), Transformation sozialistischer Gesellschaften: Am Ende des Anfangs, Leviathan Sonderheft, Opladen 1995.

4 Hierzu vgl. etwa Allen Norton (Anm. 2), S. 70 ff.; Poul Erik Mouritzen/K. H. Nielsen, Handbook of Comparative Urban Fiscal Data, Odense 1988. Für einige international vergleichende Informationen zum kommunalen Personalwesen vgl. Sabine Lorenz/Hellmut Wollmann in diesem Band.

5 Besonders am Begriff der *local self-government* entpuppt sich die Vertracktheit einer umstandslosen Übersetzung als *kommunale Selbstverwaltung*. Während im englischen *self-government* die *politisch*-demokratische Selbstbestimmung der lokalen Ebene mitschwingt (vgl. hierzu unten Anm. 22 mit Nachweis), betont kommunale Selbstverwaltung im herkömmlichen Verständnis eher die *administrative* Seite kommunaler Eigenverantwortung. Dieses Verständnis- und Übersetzungsproblem im Auge, soll im folgenden England-Bericht bald von *local self-government*, bald von *kommunaler Selbstverwaltung* gesprochen werden.

6 Die englische Verfassung ist »äußerlich nichts anderes als ein schwer entwirrbares Gemenge von ungeschriebenen Gewohnheiten, jahrhundertealten Präjucien, stillschweigend übernommenen feierlichen Verträgen zwischen Volk und König, Parlament und Krone, zahlreichen über 800 Jahre verstreuten Bestimmungen in geschiebenen Gesetzen«, so Josef Redlich,

Verfassungsgrundsatz der »Parlamentssouveränität« (*parliamentary sovereignty*)[7] zum Ausdruck, wonach jedwede Politik- und Verfassungsfrage im Prinzip durch einfaches (mit einfacher Parlamentsmehrheit zu beschließendes) Gesetz geregelt werden kann.

– Aus dem Grundsatz der *Parlamentssouveränität* wird die sog. *ultra vires*-Doktrin abgeleitet, vermöge der das *local government* – insoweit allen anderen Institutionen gleichgestellt – nur diejenigen Befugnisse besitzt, die ihnen das Parlament durch (einfaches) Gesetz ausdrücklich zuweist.[8]

– Schließlich war die Entfaltung der kommunalen Selbstverwaltung von der Ausbildung eines als *dual polity*[9] bezeichneten Verfassungsmodells gekennzeichnet, in dem sich die zentralstaatliche Politikebene im wesentlichen mit der Gesetzgebung und ganz allgemein mit »dem Regieren« (nicht zuletzt des Britischen Weltreichs) befaßte, administrativ-exekutivische Funktionen indessen kaum besaß[10, 11], während den dezentral-lokalen Ebenen, also den Grafschaften (*shires* bzw. *counties*) und Städten die Erledigung der gesamten öffentlichen Aufgaben übertragen und überlassen wurde.

Damit war der Entwicklung des englischen *local self-government* eine Pfadabhängigkeit eigentümlich, in der der Verfassungsgrundsatz der Parlamentssouveränität wie das Damoklesschwert eines jederzeit möglichen gesetzgeberischen Eingriffs über ihm schwebte und andererseits die Ausbildung der *dual polity* faktisch für ein ungewöhnliches Ausmaß lokaler Autonomie sorgte.

In der Geschichte des *local government*, die weit in das Mittelalter zurückreicht, lagen zunächst die Aufgaben (insbesondere auch gerichtlichen) in den althergebrachten Grafschaften (*shires, counties*) bei den von der Krone ernannten Friedensrichtern (*justices of the peace*) und auf der lokalen Ebene bei einzelnen Einrichtungen, denen bestimmte Aufgaben und Rechte durch königliche Bewilligungen oder Einzelfallgesetze des Parlaments in einem Flickenteppich von Selbstverwaltungszuständigkeiten übertragen worden waren.[12] Angestoßen durch den einsetzenden Industrialisierungsprozeß, ging es hierbei zunehmend um infrastrukturelle und sozialpolitische Aufgaben[13]; ein frühes Beispiel war die Armengesetzgebung (Poor Law) von 1601, die die Städte für die Anfänge einer Sozialpolitik in die Pflicht nahm.[14]

---

der – österreichische – Verfasser einer der klassischen Abhandlungen zur englischen Lokalverwaltung, zitiert nach: Neville Johnson, Die kommunale Selbstverwaltung in England, in: Hans-Uwe Erichsen u. a. (Anm. 2), S. 19.

7 Die geschichtsträchtige Bezeichnung lautet »Queen in Parliament« – in Widerspiegelung der verfassungstraditionellen Vorstellung, daß eine Parlamentsentscheidung durch das Zusammenwirken von König/Königin, Unterhaus und Oberhaus zustande kommen. Faktisch entscheidet längst allein das Unterhaus mit der Mehrheit seiner Abgeordneten.

8 Vgl. Allen Norton (Anm. 2), S. 356, (anders als die kontinentaleuropäische Kommunaltradition, der eine – in jüngerer Zeit zudem in der Verfassung verankerte – allgemeine Zuständigkeitsvermutung für die kommunale Selbstverwaltung eigentümlich ist).

9 Vgl. Jim Bulpitt, Territory and Power in the United Kingdom, Manchester 1983.

10 Zur »non-executant tradition of the British centre« vgl. L. J. Sharpe, The United Kingdom: The Disjointed Meso, in: L. J. Sharpe (Hrsg.), The Rise of Meso Government in Europe, London etc. 1993, S. 248.

11 (und das Parlament zudem die Ausbildung eines eigenen Verwaltungsapparats der Regierung auf der mittleren und unteren Ebene nicht zuließ), vgl. L. J. Sharpe (Anm 10), S. 247 ff.

12 Für einen geschichtlichen Rückblick vgl. David Mitchell-Gears, Großbritannien, in: Kommunalpolitik in Europa, Themenheft »Der Bürger im Staat«, (1994) 3–4, S. 231 ff.

13 Vgl. Neville Johnson (Anm. 6), S. 22.

14 Vgl. Allen Norton (Anm. 2), S. 351.

Im *Municipal Corporation Act* von 1835, dessen Verabschiedung als die Geburtsstunde des modernen *local self-government* in England gilt[15], wurden die Funktionen der Städte und die Zuständigkeiten ihrer Vertretungen (*councils*) einheitlich geregelt und das Wahlrecht auf alle männlichen Bewohner ausgedehnt. Den Städten wurde überdies das Recht eingeräumt, zur Deckung der lokalen Ausgaben eigene Steuern (*local rates*) zu erheben.[16]

1888 wurden die Grafschaften (*counties*), denen nach altem aristokratischen Herkommen von der Krone ernannte Friedensrichter vorstanden, in die politisch-repräsentative Verfassungsentwicklung einbezogen, indem für die Erledigung ihrer Aufgaben nunmehr gewählte Vertretungsorgane (*county councils*) geschaffen wurden.

1894 wurde schließlich die dezentral-lokale Institutionenwelt dadurch umgekrempelt, daß die Distrikte (*districts*) als völlig neue »künstliche«[17] Politik- und Verwaltungsebene zwischen den Grafschaften und den Städten und Gemeinden eingeführt wurden – mit gewählten Vertretungen (*district councils*), für die alle männlichen Bewohner (und erstmals auch alleinstehende weibliche Hausbesitzerinnen) wahlberechtigt waren.[18] Die große Zahl (etwas über 10 000) der ländlichen Städte (*towns*) und Gemeinden (*parishes*) blieb zwar bestehen (und hatte eigene gewählte Vertretungen, *councils*), jedoch verloren sie die lokalen Zuständigkeiten, bis auf triviale Ausnahmen, an die neugebildeten Distrikte.[19]

In der – im zeitgenössischen Europa beispiellosen[20] – Radikalität, mit der 1894 die dezentral-lokale Institutionenwelt umgemodelt worden war, wurde das in der Verfassungsdoktrin von der *Parlamentssouveränität* steckende Eingriffspotential sichtbar und kündigte sich zudem jener eigentümliche institutionenpolitische Pragmatismus an, mit der die Zentralregierung auch bei späteren Gelegenheiten mit den dezentral-lokalen Ebenen umging.[21]

Als Ergebnisse der Reformen von 1835, 1888 und 1894 sind vor allem festzuhalten:

– Mit der Umgestaltung der Grafschaften (*counties*) und der Neuschaffung der Ebene der Distrikte (*districts*) wurde die moderne Variante der dezentral-lokalen Zweistufigkeit geschaffen, die in dieser Gebietsstruktur bis in die 1970er Jahre existierte und im Grundzug noch heute besteht.

– Dadurch, daß die gewählten Vertretungen (*councils*) als die eigentlichen Träger des local self-government eingeführt bzw. bestätigt wurden und das Wahlrecht zu diesen ausgedehnt wurde, gewann das englische Modell des *local self-government* jenen *politisch-repräsentativen* Akzent[22], in dem die zeitgenössischen Beobachter, insbesondere die liberalen Demokraten in Deutschland, das Vorbild einer lokalen *Selbstregierung* (im Gegensatz zu der in der kontinentaleuropäischen, zumal

15 Vgl. Allen Norton (Anm. 2), S. 351.
16 Vgl. Allen Norton (Anm. 2), S. 351.
17 »artificial system«, Allen Norton (Anm. 2), S. 11.
18 Vgl. Neville Johnson (Anm. 6), S. 21, Fußnote 4.
19 Vgl. Allen Norton (Anm. 2), S. 364; Gérard Marcou/Imre Verebelyi, Size, levels and functions of local government, in: Gérard Marcou/Imre Verebelyi (Hrsg.), (Anm. 2), S. 41. Zu diesen residualen Aufgaben der *town/parish councils* gehören traditionell das Friedhofswesen, die Straßenbeleuchtung, der Erhalt von Gehsteigen usw., vgl. hierzu die Übersicht bei David Mitchell-Gears (Anm. 12), S. 233.
20 Vgl. Allen Norton (Anm. 2), S. 352.
21 Vgl. Allen Norton (Anm 2), S. 352, vgl. auch unten Nachweise in Anm. 32.
22 Vgl. Neville Johnson (Anm. 6), S. 20.

deutschen Tradition eigentümlichen kommunalen *Selbstverwaltung*) erblickten und bewunderten.[23]

- Dadurch, daß den Grafschaften und Distrikten durch Parlamentsgesetz immer mehr Aufgaben übertragen wurden, wuchs ihnen eine umfassende Zuständigkeit zu (all-purpose local authorities)[24], der die für die deutsche Kommunaltradition herkömmlich fundamentale Unterscheidung zwischen »eigenen« (Selbstverwaltungs-)Aufgaben und »übertragenen« (staatlichen) Aufgaben – auch dies ein Ausdruck der *dual polity* – unbekannt ist.[25, 26]
- Ebenfalls aus der Logik der *dual polity* folgend, war die Einmischung der zentralen Regierungsebene, auch in Form von Aufsichtsrechten, nur schwach ausgeprägt.[27]
- Die Autonomie der lokalen Selbstverwaltung wurde in dieser Phase noch dadurch unterstrichen, daß ihre Ausgaben aus lokalen Steuern (*local rate*) finanziert wurden.[28]

Als Ergebnis dieser Entwicklung kann das local self-government als ein *Trennmodell* oder *separationist model*[29] bezeichnet werden, in dem die *Zentralebene* »fürs Regieren« zuständig ist, einen eigenen Verwaltungsunterbau aber nicht besitzt, während die Erledigung der öffentlichen Aufgaben grundsätzlich bei dem *self-government* der dezentral-lokalen Ebenen liegt.

Seit den 1930er Jahren hat dieses historische Modell tiefgreifende Veränderungen erfahren, zu denen vor allem drei – parteipolitisch und reformpolitisch unterschiedlich angetriebene und akzentuierte – Schübe beigetragen haben.

- Die 1945 von der ersten Labour-Regierung eingeleiteten Reformen drehten sich vor allem um einen teilweise radikalen *Aufgabenumbau* der Grafschaften und Distrikte. Diesen wurden »klassische« Aufgaben (Wasser-, Energieversorgung, Gesundheitsdienst) entzogen und neu gegründeten staatlichen Einrichtungen (z. B. *National Health Service*, NHS) übertragen. Gleichzeitig wurden die lokalen Ebenen verstärkt für sozialpolitische Aufgaben (Soziale Dienste, Wohnungsbau) in die Pflicht genommen.
- In den Jahren 1972/1974 wurde die 1888/1894 geschaffene Gebietsstruktur der Grafschaften und Distrikte tiefgreifend umgestaltet.[30] Außerhalb von London und sechs weiteren Ballungsräumen (*metropolitan counties*) wurden (unter Neuzuschnitt der bei den Reformen von 1888 in ihren uralten Grenzen beibehaltenen

---

23 Vgl. Hellmut Wollmann, Kommunalvertretungen . . ., in diesem Band.

24 Vgl. Allen Norton (Anm. 2), S. 353.

25 Vgl. Imre Verebelyi, Basics of local self-government, in: Gérard Marcou/Imre Verebelyi (eds.), (Anm. 2), S. 24.

26 Ein bezeichnendes Beispiel für die ungewöhnlich breiten lokalen Zuständigkeiten bieten die Grundschulen, für die die maßgeblichen Entscheidungen (Einstellung der Lehrer, Festlegung der Unterrichtspläne usw.) bei lokalen Instanzen liegen (vgl. Neville Johnson, Anm. 6, S. 30 f.) – in eklatantem Gegensatz zur kontinentaleuropäischen Tradition, in der das Schulwesen unter strikt staatlicher Leitung und Kontrolle steht (und, wie in der deutschen Schultradition, die Kommunen für die Bereitstellung der Schulgebäude und allenfalls für die Einstellung der Hausmeister verantwortlich sind).

27 Vgl. Nevil Johnson, Länderbericht Großbritannien, in: Franz-Ludwig Knemeyer (Hrsg.), Die Europäische Charta der kommunalen Selbstverwaltung, Baden-Baden 1989, S. 127.

28 Noch 1920 setzten sich die Einnahmen der Kommunen zu 75% aus von ihnen selbst festgesetzten und erhobenen Steuern (*local rates*) und nur zu einem Viertel aus staatlichen Zuweisungen (*grants*) zusammen. Ab 1940 stieg der Anteil der letzteren ständig an, vgl. L. J. Sharpe (Anm. 10), S. 250.

29 Vgl. Harald Baldersheim et al. (Anm. 2), S. 40 f.

30 Vgl. Neville Johnson (Anm. 6), S. 25.

Grafschaften) nunmehr 39 Grafschaften und 365 Distrikte (bzw. *boroughs*) geschaffen – die ersteren mit durchschnittlich rund 730 000, die letzteren mit durchschnittlich 125 000 Einwohnern.[31]
An die radikale Institutionenreform von 1894 erinnernd, bringen die einschneidenden
Reformen von 1972/1974 erneut und verstärkt die dem Prinzip der Parlamentssouveränität innewohnende unitarisch-zentralstaatliche Durchgriffsmacht und jenen
Pragmatismus zum Vorschein, mit dem die zentrale Ebene, wenn es ihr institutionenpolitisch darauf ankommt, Gesichtspunkten der Verwaltungseffizienz den Vorrang
gibt.[32] Überdies scheinen lokale Proteste, die in anderen Ländern kommunale Ge-
bietsreformvorhaben vielfach begleitet und teilweise verhindert bzw. modifiziert haben[33], in England weitgehend ausgeblieben zu sein.[34]
Im Vergleich mit den kommunalen Gebietsreformen, die in der Nachkriegsphase
auch in anderen europäischen Ländern durchgeführt worden sind[35], steht England –
vermöge des Neuzuschnitts seiner Distrikte als unterer Politik- und Verwaltungsebene
mit durchschnittlich 130 000 Einwohnern – weit an der Spitze (gefolgt von Schweden
mit lokalen Einheiten mit durchschnittlich 30 000 Einwohnern) des als »nord-
europäisch« bezeichneten Reformtypus.[36]
– Weitere einschneidende Veränderungen erfuhr das traditionelle Modell des *local
self-government* schließlich zwischen 1979 und 1997 unter den konservativen Regierungen und deren Chefin Margaret Thatcher, die, von den Vorstellungen eines
neoliberalen minimalistischen Staates und eines neuen Verwaltungsmanage-
mentkonzepts (*New Public Management*) beflügelt, diese wesentlich durch eine
radikale Umgestaltung der dezentral-lokalen Politik- und Verwaltungsebenen zu
verwirklichen suchten. Da diese überwiegend von Labour-Mehrheiten regiert
wurden, war der Konflikt zwischen der Zentralregierung und den dezentralen
Ebenen überdies in hohem Maße parteipolitisch aufgeladen. Die (etwa 100)[37] Par-

---

31 Die rund 10 200 Kleinstädte und Gemeinden (towns, parishes) blieben (mit gewählten Ver-
    tretungen, councils, und nebensächlichen Zuständigkeiten) unterhalb der Distrikt-Ebene
    weiterhin bestehen, vgl. Allen Norton (Anm 2), S. 40 f., vgl. auch die Übersicht bei David
    Mitchell-Gears (Anm. 12), S. 231.
32 Vgl. Neville Johnson (Anm 6), S. 3: »grundlegender Pragmatismus«, Allen Norton (Anm 2),
    S. 22, 25 ff.: »instrumental and pragmatic«; vgl. auch L. J. Sharpe (Anm. 10), S. 252, der
    pointiert von einem »fast zwanghaften Vorrang« (»almost obsessive predominance«) spricht,
    den in England die zentrale Ebene beim Zuschnitt der dezentralen Politik- und Verwal-
    tungsebenen dem Kriterium der »Produktionseffizienz« (»production efficiency«) einräumt.
33 Vgl. unten Anmerkungen 69 bis 72 und 102 bis 105 mit Nachweisen.
34 Hinsichtlich der Distrikte dürfte dies damit zusammenhängen, daß sich deren Bevölkerung
    mit ihnen – zu Ende des letzten Jahrhunderts geschaffene »Kunstgebilde«, die sie sind – noch
    immer kaum identifiziert, vgl. Gérard Marcou/Imre Verebelyi (Anm. 19), S. 42. Zudem
    nehmen die lokalen politischen Eliten – in der insofern fortwirkenden *dual polity* Englands –
    auf die nationale Politikarena kaum Einfluß, vgl. L. J. Sharpe (Anm. 10), S. 277.
35 Nach dem 2. Weltkrieg machte Schweden, das rund 2 000 Städte und Dörfer zählte, davon
    über die Hälfte mit weniger als 1 000 Einwohnern den Anfang. Auf der Grundlage einer
    Regierungskommission, die 1943 ihren Bericht vorlegte, wurde in zwei Wellen (1952 und
    1974) kommunale Gebietsreformen durchgeführt, als deren Ergebnis die Zahl der Gemein-
    den auf 278 (mit durchschnittlich 30 000 Einwohnern) reduziert wurde, vgl. Gérard Marcou/
    Imre Verebelyi (Anm. 19), S. 382 ff.
36 Vgl. Harald Baldersheim et. al. (Anm. 2), S. 25 ff.
37 Vgl. Gerry Stoker, British Local Government: Under New Management? In: Dieter Gru-
    now/Hellmut Wollmann (Hrsg.), Kommunale Verwaltungsmodernisierung in Aktion, Basel
    usw. 1998 (im Erscheinen).

lamentsgesetze, die in der zwanzigjährigen Konservativen Ära verabschiedet wurden, waren denn darauf gerichtet, die überkommenen (weiten) Befugnisse und autonomen Entscheidungsspielräume der dezentral-lokalen Ebenen drastisch zu stutzen.[38] 1986 wurde in die Anfang der 70er Jahre geschaffene dezentrale Gebietsstruktur erneut dadurch eingegriffen, daß mit Parlamentsgesetz – in einem unverkennbar parteipolitisch motivierten Akt – in den Ballungsgebieten die *metropolitan counties* (insbesondere auch *der Greater London Council*) abgeschafft wurden.[39] Ferner wurde das überkommene Recht der Kommunen, ihre lokalen Steuern (*local rates*) weitgehend autonom zu bestimmen, dadurch beschnitten, daß der zuständige Minister das Recht hat, für einzelne lokale Verwaltungen Höchstgrenzen für ihre Steuersätze zu bestimmen (*rate capping*).[40]

Um zusammenzufassen: In den 1930er Jahren einsetzend und während der zwanzigjährigen Regierungszeit der Konservativen beschleunigt, haben sich tiefgreifende Veränderungen vollzogen, durch die konstitutive Elemente des überkommenen, im *dual polity* wurzelnden Trennmodells (*separationist model*) aufgelöst worden sind.

– Die lokalen Zuständigkeiten und Entscheidungsspielräume sind durch eine Vielzahl von Parlamentsgesetzen und zentralstaatlichen Festlegungen stark eingeschränkt worden.

– Wesentliche Bestandteile der traditionellen lokalen Finanzautonomie wurden aufgehoben, die finanzielle Abhängigkeit von zentralstaatlichen Zuweisungen ist stark gestiegen.

– Längst besitzen die Ministerien und andere Dienststellen (*agencies*) der Zentralregierung vielfältige Genehmigungs-, Mitwirkungs- und Aufsichtsrechte bei Entscheidungen und Vollzugsakten der kommunalen Ebene.»Daraus ist ein kompliziertes Geflecht der staatlichen Einmischung und Kontrolle entstanden, durch das die Autonomie der Kommunen erheblich eingeschränkt worden ist.«[41]

– In wichtigen Handlungsfeldern sind neue staatliche Agenturen mit einem bis in die lokalen Ebenen reichenden Verwaltungsunterbau entstanden (z. B. *National Health Service, SocialBenefit Agency*).[42]

– Das»Damoklesschwert« der *parliamentary sovereignty* bewies in der (insbesondere jüngsten) Entwicklung des local self-government zumal dann seine ganze Schärfe, wenn sich das Parlament bzw. seine Mehrheit vom herkömmlichen institutionenpolitischen Pragmatismus oder gar von parteipolitischen Durchsetzungsstrategien leiten ließ. Im Ergebnis zeigt das dezentral-lokale Institutionensystem einen Grad an raschen Veränderungsschüben, der zu den ansonsten »langen Wellen« der englischen Institutionengeschichte in auffälligem Gegensatz steht.

---

38 Z. B. im *Schulwesen* durch die zentrale Festsetzung der Lehrpläne und durch das Recht der Eltern, für ihre Kinder eine private Schule zu wählen, *opt out*, außerhalb und anstelle des von local government getragenen traditionellen Schulsystems; in der *Leistungsverwaltung* (aufgrund des Local Government Act von 1989) durch die gesetzliche Verpflichtung, für alle – bislang durch lokale Dienststellen unmittelbar erbrachte – Dienstleistungen eine öffentliche Ausschreibung, *compulsory competitive tendering*, durchzuführen und sie damit dem Wettbewerb mit privaten Anbietern auszusetzen, vgl. Gérard Marcou/Imre Verebelyi (Anm. 19), S. 82.

39 Vgl. Neville Johnson (Anm. 6), S. 23.

40 Vgl. Neville Johnson (Anm. 6), S. 33.

41 Neville Johnson (Anm. 6), S. 30, vgl. N. Johnson (Anm. 27), S. 128 mit Beispielen.

42 Als Instrument für ihre Politikinterventionen wurden unter Margaret Thatcher überdies wiederholt Agenturen geschaffen, die, unter der Führung der zentralstaatlichen Ministerien stehend, lokal operieren; vgl. Gérard Marcou/Imre Verebelyi (Anm. 19), S. 89.

– Im übrigen ist den lokalen Institutionen, nicht zuletzt wegen des Fehlens einer schriftlichen Verfassung als gerichtsfähigen Maßstabs, weitgehend der rechtliche Weg versperrt, Verletzungen ihrer *local self-government*-Rechte, etwa durch ein Gesetz, vor den Gerichten zu rügen.[43] Sollten sie bei Gericht durchdringen, hat es das Parlament überdies in der Hand, durch einfaches Gesetz der Klage den Boden zu entziehen.[44]

Zwar hat sich seit den 1930er Jahren, insbesondere in den letzten 20 Jahren unter konservativen Regierungen, eine markante Schwächung des traditionellen *local self-government* vollzogen[45]; im Gefolge einer massiven Zentralisierung wird die kommunale Selbstverwaltung in England verbreitet »in der Krise«[46] gesehen, und dies in einer Phase, in der in anderen Ländern, z. B. in Frankreich, eine entschiedene Dezentralisierung eingeleitet wurde.[47] Jedoch ist daran zu erinnern, daß das englische *local self-government* noch bis vor kurzem über Zuständigkeiten (z. B. im Schulwesen) und über Autonomiespielräume (z. B. sein eigenes Steuerfestsetzungs- und -erhebungsrecht) verfügte, die die lokale Ebene anderswo in Europa nie besessen hat. Zudem ist darauf zu verweisen, daß die Reformpolitik der Konservativen Regierung – trotz oder gerade wegen der Vielzahl von Gesetzen und Programmen – unter einem erheblichen »Vollzugsdefizit« gelitten und unerwartete Konsequenzen gezeitigt hat, die sogar zu einer Stärkung der lokalen Ebene führen können.[48] Wie sich die neuerliche Regierungsübernahme durch die Labour-Partei unter Tony Blair auf die Situation und Entwicklung des *local self-government* auswirken wird, bleibt abzuwarten.

b. Frankreich

Der institutionelle Umbruch, der in Frankreich mit der Großen Revolution vom 14. Juli 1789 einsetzte, vollzog sich in wahren Wechselbädern, indem zunächst eine radikal dezentralisiert-demokratische Verfassungsordnung geschaffen und diese dann nach wenigen Jahren wieder durch eine dikatorisch-zentralistische abgelöst wurde. Wie ein institutionenpolitischer roter Faden wirkte hierbei die Lehre von der »Einheit und Unteilbarkeit« des Königreichs[49] bzw. der Republik[50], in der der vom *ancien régime*

---

43 Vgl. Gérard Marcou/Imre Verebelyi (Anm. 19), S. 78 f. mit einem instruktiven Beispiel und Nachweisen.
44 Vgl. Allen Norton (Anm. 2), S. 356.
45 Vgl. Neville Johnson (Anm. 6), S. 36 f.
46 So Neville Johnson (Anm. 6), S. 33.
47 Vgl. Howard Davies, Free markets and centralised power: A British paradox, in: Robert J. Bennett (Hrsg.), Local Government in the New Europe, London 1993, S. 83. Central governments attempts »to revive market forces and inject competition into the economy, on the one hand, and to roll back the frontiers of the state, on the other, have led to more central government control over many aspects of policy, at the expense of local government. The UK seems to be moving in a direction quite different from that being taken in other developed economies in Europe.«
48 Vgl. Gerry Stoker (Anm 37).
49 Art. 1 »Le royaume est un et indivisible«, in: Günther Franz, Staatsverfassungen, Darmstadt 1964, S. 310.
50 Vgl. Verfassung der Französischen Republik vom 24. 6. 1793, Art. 1: »La République française est une et indivisible«, in: Günther Franz (Anm. 49), S. 378.

durchgesetzte Zentralismus nachklang und den sich zuerst vor allem die revolutionäre Fraktion der Jakobiner mit zunehmend zentralistischer – in der Folgezeit als Jakobinismus (*jacobinisme*) apostrophierten – Emphase und dann *Napoleon Bonaparte* zu eigen machten.

Die Umgestaltung des von den Bourbonen-Königen zentralistisch regierten vorrevolutionären Frankreichs zu einer dezentralisierten demokratischen Verfassungsordnung erfolgte durch das von der Constituante am 14.12.1789 beschlossene Munizipalgesetz:

- Dieses führte ein dreistufiges System dezentraler Selbstverwaltung ein, indem auf der regionalen Ebene 83 *départements* und auf der subregionalen Ebene *cantons* als zwei völlig neue dezentrale Politik- und Verwaltungsebenen geschaffen wurden. Gleichzeitig wurden die (rund 44 000, in ihrer Entstehung vielfach ins Mittelalter zurückreichenden)[51] Städte und Pfarrgemeinden (*paroisses*) einheitlich – unabhängig von ihrer Größe und ihres städtischen oder ländlichen Charakters – als Kommunen (*communes*) geregelt.
- Als maßgebliche Entscheidungsorgane für die drei dezentralen Ebenen wurden die (aufgrund allgemeinen Wahlrechts gewählten) Vertretungen (*conseils*) vorgesehen, während – in einer »dualistischen« Zuständigkeitsteilung – der Aufgabenvollzug den von den Vertretungen gewählten lokalen Amtsträgern, insbesondere dem Bürgermeister (*maire*), zugewiesen wurde.[52]
- Für die Kommunen als lokale Politik- und Verwaltungsebene wurde eine Doppelfunktion dadurch vorgeschrieben, daß sie zum einen eigene Aufgaben (der »munizipalen Gewalt«, *pouvoir municipal*) und zum andern vom Staat »übertragene« Aufgaben zu erledigen hatten[53]; die Ausführung der letzteren lag bei dem Bürgermeister (*maire*), der insoweit als Funktionär des Staates tätig wurde.

Als Folge dieses institutionell-politischen Umbruchs erlebte Frankreich eine »kurze Blüte lokaler Freiheit voller Vielfalt und Experimentierens.«[54] Jedoch fand dieser dezentral-demokratische Frühling Frankreichs ein rasches Ende. Zunächst wurden die dezentralen Vertretungen durch die revolutionären Kräfte in Paris, voran die Jakobiner, selber beschnitten, die in dem politischen Eigenleben der dezentralen Ebenen und Akteure eine Gefahr für die zentrale Führung der Revolution und für die »eine und unteilbare Republik« erblickten.[55]

Unter dem Druck des bürgerlichen Liberalismus wurde der Napoleon'sche exekutive Zentralismus im Verlaufe des 19. Jahrhunderts stellenweise abgeschwächt:

Schließlich formte *Napoleon Bonaparte* nach seiner Machtübernahme durch das Gesetz vom 17. 2. 1800 das im Zuge der Revolution geschaffene Institutionensystem dadurch zu einem exekutiv-hierarchischen Instrument zentralistischer Regierung und Verwaltung um, daß die drei subnationalen Ebenen (*départements*, *arrondissements* und *communes*) zwar bestehen blieben, jedoch ihres dezentral-demokratischen Kerns

---

51 Zur Vorgeschichte der lokalen Ebene und ihrer in das 12. Jahrhundert zurückreichenden Autonomiebestrebungen vgl. Jeanne Becquart-Leclercq, Frankreich, in: Der Bürger im Staat, (1994) 3–4, S. 203.

52 Vgl. hierzu Art. 78 ff. der Verfassung vom 24. 6. 1793 mit der Unterscheidung zwischen den assemblées de commune (als corps législatif) und den officiers municipaux, in: Günther Franz (Anm. 49), S. 390.

53 Vgl. Georg-Christoph von Unruh, Die Veränderung der Preußischen Staatsverfassung durch Sozial- und Verwaltungsreformen, in: Kurt G. A. Jeserich/Hans Pohl/Georg-Christoph von Unruh (Hrsg.), Deutsche Verwaltungsgeschichte, Bd. 2, Stuttgart 1983, S. 429.

54 Allen Norton (Anm. 2), S. 121.

55 Vgl. Allen Norton (Anm. 2), S. 121 ff.

beraubt wurden: Die Wahl der Vertretungen und Amtsträger »von unten« wurde abgeschafft und durch die staatliche Ernennung »von oben« ersetzt. Der von der Zentralregierung ernannte Präfekt (*préfet*) als Chef der Departements-Verwaltung wurde zum regionalen Rückgrat der Zentralregierung; die von ihm ernannten Subpräfekten der Arrondissements und Bürgermeister (*maires*) der Kommunen bildeten die Scharniere einer von Paris bis auf die lokale Ebene reichenden Verwaltungsvertikale.[56] Napoleons zentralistisches Staatsorganisationsmodell übte seine Prägewirkung und *Pfadabhängigkeit* für Frankreichs weitere Institutionenentwicklung bis in jüngste Zeit aus. In den anderen europäischen Staaten – nicht zuletzt in den deutschen Einzelstaaten unter dem Eindruck ihrer Niederlage durch das Napoleonische Frankreich – diente es als Vorbild, um die eigenen vielfach noch spätfeudal-ständisch geprägten Staats- und Verwaltungsstrukturen zu modernisieren.

Unter dem Druck des bürgerlichen Liberalismus wurde der Napoleon'sche exekutive Zentralismus im Verlaufe des 19. Jahrhunderts stückweise abgeschwächt:
- 1831 wurde die Wahl der Vertretungen der Kommunen, 1833 die der Departements und Arrondissements auf der Grundlage eines eingeschränkten Zensuswahlrechts wieder eingeführt und 1848 um das allgemeine (männliche) Wahlrecht erweitert.[57]
- 1884 wurden die Selbstverwaltungsbefugnisse der Kommunen erweitert; erstmals wurde gesetzlich eine allgemeine Zuständigkeitsvermutung vorgesehen, wonach die Kommunalvertretungen »die Angelegenheiten der Kommune erledigen«.[58]
- 1871 wurde die Wahl der Vorsitzenden der Departements und 1884 die der Bürgermeister durch die Vertretungen (anstelle der bisherigen Wahl durch die Zentralregierung) vorgesehen.

Ungeachtet der Wiedereinführung demokratisch-repräsentativer Grundsätze blieb der exekutive Zentralismus in Schlüsselfragen erhalten. Dies zeigte sich insbesondere darin:
- Die Selbstverwaltungszuständigkeiten der Kommunen blieben schmal und der strikten Aufsicht (*tutelle*) des Präfekten unterstellt.
- Zwar besaßen die Kommunen formal die Verwaltungszuständigkeit für ihre Selbstverwaltungsangelegenheiten. Faktisch verzichteten sie jedoch verbreitet auf den Aufbau eigener Verwaltungen und überließen die administrative Erledigung ihrer Aufgaben dem Präfekten und seiner Verwaltung.[59]
- Für die Selbstverwaltungsangelegenheiten der Departements lag die Verwaltungszuständigkeit von vornherein auch formal beim Präfekten und der Staatsverwaltung.[60]
- Insgesamt blieben der Umfang der den dezentralen Ebenen eingeräumten Selbstverwaltungsangelegenheiten sehr beschränkt und der größte Teil der öffentlichen Aufgaben der Staatsverwaltung selbst vorbehalten, deren hierarchisch-vertikale Strukturen von den zentralen Ministerien in Paris über den Präfekten bis auf die Sonderbehörden der lokalen Ebene reichte.[61]

Im 19. Jahrhunderts formte sich damit ein Verfassungs und Verwaltungssystem aus, in dem die dezentrale Selbstverwaltung eher randständig und die exekutiv-zentralistische

---

56 Vgl. Albert Mabileau, Kommunalpolitik und -verwaltung in Frankreich, Basel usw. 1996, S. 24 ff.; Allen Norton (Anm. 2), S. 122.
57 Vgl. Albert Mabileau (Anm. 56), S. 26.
58 Vgl. Albert Mabileau (Anm. 56), S. 27; Gérard Marcou/Imre Verebelyi (Anm. 19), S. 72 f.
59 Vgl. Gérard Marcou/Imre Verebelyi (Anm. 19), S. 82.
60 Vgl. Jeanne Becquart-Leclercq (Anm. 51), S. 203.
61 Vgl. Albert Mabileau (Anm. 56), S. 18.

Staatsverwaltung – mit dem Präfekten als Schlüsselfigur – dominant waren. Mit Blick darauf, daß die Staatsverwaltung – zusätzlich zu ihren eigenen staatlichen Aufgaben – die Selbstverwaltungsangelegenheiten der Departements und überwiegend auch der Kommunen administrativ erledigte, also diese in die Staatsverwaltung gewissermaßen »integrierte«, kann man von einem *staatsadministrativen Integrationsmodell* sprechen.[62]

Als ein Gegengewicht zum exekutiven Zentralismus und seinen hierarchischen Anweisungs- und Kontrollmechanismen – sozusagen zur »Zähmung des Jakobinismus«[63] – bildete sich aber gleichzeitig eine für Frankreich eigentümliche Politiktradition heraus, in der die regionalen und lokalen Eliten (*Notables*), insbesondere die Bürgermeister (*maires*) und prominente Mitglieder der lokalen Vertretungen, gleichzeitig Wahlmandate auf den anderen politischen Ebenen hatten, nicht zuletzt auch Abgeordnete der Nationalversammlung waren (*cumul de mandats*)[64]; aufgrund dieser personellen Vernetzung nahmen sie traditionell auf die Entscheidungen der nationalen Arena erheblichen Einfluß und schliffen auch die Schärfe der hierarchischen Staatsaufsicht (*tutelle*) zum Teil bis zu einem »immer symbolischeren Charakter«[65] ab.

Diese – wenn auch in gewissem Sinne »gezähmte« – jakobinisch-zentralistische Entwicklungsspur und *Pfadabhängigkeit* der französischen Institutionenwelt blieb praktisch bis in die frühen 1980er Jahre wirksam. Zwar sah die Verfassung (der Vierten Republik) vom 13. 10. 1946 vor, daß für die Ausführung der Selbstverwaltungsangelegenheiten der Departements künftig die Präsidenten der Departements-Vertretungen (*conseils généraux*) zuständig sein sollten[66], jedoch blieb es bis 1982 bei der überkommenen Verwaltungszuständigkeit des Präfekten.[67]

Mit dem Gesetz vom 5. Juli 1972 wurden (26) Regionen als neue institutionelle Ebene (zwischen zentraler Regierungs- und Departements-Ebene) inbesondere für Zwecke der Regionalplanung (zunächst mit einer nur indirekt gewählten Vertretung) eingeführt.[68]

In den frühen 1970er Jahren wurde – ähnlich wie in anderen europäischen Ländern – auch in Frankreich ein Anlauf zu einer Gebietsreform der etwa 37 000 Kommunen unternommen, scheiterte jedoch weitgehend (nur 1 900 Gemeinden wurden zu 800 zusammengelegt).[69] Die Gründe hierfür sind in dem Widerstandpotential der durch den *cumul de mandats* mit den oberen Entscheidungsarenen einflußkräftig vernetzten lokalen »Notablen« und in der massiven Ablehnung der sich mit ihren

---

62 Dieser Typus einer administrativen Verbindung von staatlichen und Selbstverwaltungsaufgaben wird in der vergleichenden Literatur auch als *fused system* (vermischtes oder Verbundsystem) bezeichnet, vgl. Robert Bennett, European economy, society, politics and administration: symmetry and disjuncture, in: Robert Bennett (Hrsg.), Territory and Administration in Europe, London/New York 1989, p. 12 f. mit Nachweisen. – Die hier verwendete Begrifflichkeit folgt Harald Baldersheim et al. (Anm. 2) p. 40 f., die von einem *administrative integrated model* sprechen. Um den französischen Typus kenntlich zu machen (und ihn dem – weiter unten herauszuarbeitenden – Typus der deutschen Kommunaltradition und deren *kommunal*administrative Integration abzusetzen, vgl. unten Anm. 96), wird hier der Begriff der *staats*administrativen Integration verwendet.
63 Vgl. Allen Norton (Anm. 2), S. 132; Albert Mabileau (Anm. 56), S. 68.
64 Vgl. Allen Norton (Anm. 2), S. 132, Jeanne Becquart-Leclercq (Anm. 51), S. 133.
65 Jeanne Becquart-Leclerq (Anm. 51), S. 118.
66 Art 87 Abs. 2 (in: Günther Franz, Anm. 49, S. 442).
67 Vgl. Jeanne Becquart-Leclercq (Anm. 51), S. 203.
68 Vgl. Jeanne Becquart-Leclercq (Anm. 51), S. 208 f., Albert Mabileau (Anm. 56), S. 50 ff.
69 Vgl. Albert Mabileau (Anm. 56), S. 39, Fußnote 1.

kleinen Orten in hohem Maße emotional identifizierenden Bevölkerung[70], wenn nicht auch in dem letztlich geringen Interesse des Staates an einer Stärkung der Kommunen[71] zu sehen. Indem Frankreich mithin nach wie vor knapp 37 000 Kommunen (mit durchschnittlich 1 800 Einwohnern) hat, deren Gebietsstruktur im wesentlichen auf Frankreichs vorrevolutionäre Geschichte zurückreicht, ist es dem »südeuropäischen« Typus kleinteiliger Gemeindegebietsstruktur zuzurechnen.[72]

Angesichts dieser extremen Kleinteiligkeit des Gebietszuschnitts der Gemeinden wurde traditionell eine typische institutionelle Abhilfe in Formen inter- und überkommunaler Kooperation gesucht. 1959 wurden die Zweckverbände (Syndicat Intercommunal à Vocation Multiple = SIVOM) für die Landgemeinden und kleinen Städte geschaffen: sie stellten die Erweiterung der im Munizipalgesetz von 1884 geregelten Zweckverbände (Syndicat Intercommunal à Vocation Unique = SIVU) dar.[73] 1966 wurden Stadt-Umland-Verbände (communauté urbaine) für die großen Ballungsräume und ihre Vororte ins Leben gerufen. Mit 14 500 SIVU, 2 500 SIVOM und 9 Stadt-Umland-Verbänden[74] haben sich diese Organisationsformen dezentral-lokaler Kooperation praktisch als eine neue institutionelle Zwischenebene – unterhalb der Departements und oberhalb der Kommunen – etabliert.

Mit der Verfassungsreform von 1982 wurde schließlich eine geradezu revolutionäre Dezentralisierung des französischen Politik- und Verwaltungssystems eingeleitet, die regelrecht »einen Bruch mit der jakobinischen Tradition einer lokalen Verwaltung im Dienst des Staates darstellt.«[75]

– Die Selbstverwaltungszuständigkeiten der Departements, aber auch der Kommunen, wurden erheblich erweitert.
– Die (bislang vom Präfekten wahrgenommene) administrative Ausführung der Selbstverwaltungsangelegenheiten der Departements wurde nunmehr der Verwaltung des Departements unter der Leitung des Vorsitzenden der Departement-Vertretung (*conseil général*) übertragen; ein Teil des Personals der Präfektur wurde dem Departement überstellt.[76]
– Auch in den Kommunen, insbesondere in den größeren Städten, werden für die Erledigung ihrer Selbstverwaltungsangelegenheiten eigene Kommunalverwaltungen unter Leitung des Bürgermeisters (*maire*) aufgebaut.[77]
– Die traditionell sehr weitgehende Staatsaufsicht über die Selbstverwaltungsangelegenheiten (tutelle) wurde auf eine bemerkenswert abgeschwächte Rechtsaufsicht des Präfekten zurückgenommen, für deren Durchsetzung dieser die Verwaltungsgerichte bzw. die Rechnungskammern (*cour de comptes*) anzurufen hat.[78]

---

70 Laut einer Umfrage (1990) verbinden die Franzosen ihr vorrangiges Zugehörigkeitsgefühl: zu 41 % mit ihrer Kommune, zu 32 % mit Frankreich als Nation, zu 15 % mit ihrer Region und zu 9 % mit ihrem Departement; nach Albert Mabileau (Anm. 56), S. 41, Fußnote 41.
71 Vgl. Michel Fromont, Länderbericht Frankreich, in: Franz-Ludwig Knemeyer (Hrsg.), Die Europäische Charta der kommunalen Selbstverwaltung, Baden-Baden 1989, S. 102.
72 Vgl. Allen Norton (Anm. 2), S. 40 ff., Harald Baldersheim et al. (Anm. 2), S. 25 ff.
73 Vgl. Albert Mabileau (Anm. 56), S. 58; Jeanne Becquart-Leclercq (Anm. 51), S. 213.
74 Vgl. diese und weitere Zahlenangaben bei Albert Mabileau (Anm. 56), S. 59.
75 Albert Mabileau (Anm 56), S. 33.
76 Vgl. Jeanne Becquart-Leclercq (Anm. 51), S. 208.
77 Vgl. Albert Mabileau (Anm 56), S. 77 ff.
78 Vgl. Jeanne Becquart-Leclercq (Anm. 51), S. 206, aber auch deren Einschätzung, daß ungeachtet der Abschwächung der »offiziellen« Aufsicht (tutelle) die »offiziöse« Aufsicht und Kontrolle der Staatsverwaltung über die Kommunen eher noch zugenommen hat.

- Unter der neueren Verfassungs- und Gesetzregelung der kommunalen Selbstverwaltung können die Kommunen die Verletzung ihres Selbstverwaltungsrechts vor dem Verfassungsgericht (*Conseil Constitutionnel*) rügen.[79]
- Die Stellung des Präfekten wurde vor allem dadurch beschnitten, daß er nicht mehr die Exekutivfunktion für die Departements hat. Indessen übt er als »Kommissar der Republik« (*Commissaire de la République*) und als direkt Verantwortlicher für den weiterhin breiten Strang mittlerer und unterer staatlicher Sonderbehörden nach wie vor erheblichen administrativen und auch politischen Einfluß aus.[80]

Zwar hat die Verfassungsreform von 1982 in geradezu radikaler Weise mit der administrativ-zentralistischen Verfassungs- und Verwaltungstradition und deren »jakobinischer« Pfadabhängigkeit gebrochen und die institutionellen Voraussetzungen für die Entfaltung einer dezentral-demokratischen Politik- und Verwaltungswelt geschaffen.[81] Jedoch bleibt das Institutionensystem in mehrfacher Hinsicht dem überkommenen Verwaltungsetatismus verhaftet.[82] Die geringe Handlungs- und Leistungsfähigkeit der Myriade von Kommunen, die auch durch die Vielzahl von institutionalisierten Kooperationsformen nicht wettgemacht werden kann, perpetuiert den faktischen Vorrang der Staatsverwaltung. Innerhalb der dezentralen Institutionen macht sich ein Übergewicht des Verwaltungschefs gegenüber den Vertretungen geltend.[83] Da im Wege der Reformen neue dezentrale Ebenen (so die Regionen und die Formen institutionalisierter kommunaler Kooperation) jeweils zusätzlich zu den bestehenden geschaffen wurden, weist Frankreich – mit insgesamt vier dezentralen Handlungsebenen (rechnet man die Ebene interkommunaler Kooperation mit ein) – inzwischen eine Überinstitutionalisierung auf.[84]

Institutionengeschichtlich und -typisierend läßt sich die jüngste Entwicklung als die Ablösung des traditionellen staatsadministrativen Integrationsmodells durch ein *vertikales Parallelsystem* interpretieren, in dem die Selbstverwaltungskörperschaften und die Staatsverwaltung ihre Aufgaben jeweils getrennt erledigen.

c. Deutschland

Die moderne kommunale Selbstverwaltung wurde in Deutschland zu Beginn des letzten Jahrhunderts unter Rahmenbedingungen geschaffen, von denen vor allem zwei, weil spezifische *Pfadabhängigkeiten* begründend, eingangs hervorgehoben seien.
- Anders als in den einheitsstaatlich (*unitarisch*) verfaßten Ländern *England* und *Frankreich* war die Entwicklung der kommunalen Strukturen in Deutschland zu Beginn des letzten Jahrhunderts durch die Existenz einer Vielzahl von Einzelstaaten bestimmt, von denen jeder über seine eigenen staatlichen und kommunalen Strukturen selber entschied – mit dem Ergebnis einer über die Bildung des Kaiserreichs von 1871 hinaus bis in die Gegenwart reichenden föderativen Vielfältigkeit der dezentral-lokalen Institutionenbildung.

---

79 Vgl. Imre Verebelyi (Anm. 25), S. 21 mit Nachweisen.
80 Vgl. Jeanne Becquart-Leclercq (Anm. 51), S. 208.
81 Vgl. Gérard Marcou/Imre Verebelyi (Anm. 19), S. 73: »... now become a genuine local government«; Allen Norton (Anm. 2), S. 126: Als Ergebnis der Reformen sei »indubitably a system of local government in Anglo/American terms« entstanden.
82 Für eine insgesamt kritische Einschätzung vgl. Jeanne Becquart-Leclercq (Anm. 51), S. 212 ff.
83 Zur »Präsidialisierung der Institutionen« vgl. Albert Mabileau (Anm. 56), S. 83.
84 Albert Mabileau (Anm. 56), S. 40.

- Im Unterschied zu *England*, wo die Entwicklung des *local self-government* in die sich über Jahrhunderte erstreckende schrittweise Ausbildung eines freiheitlich parlamentarischen Regierungssystems eingebettet war, aber auch anders als in *Frankreich*, wo die (anfängliche) institutionelle und politische Dezentralisierung von einer erfolgreichen Revolution angetrieben wurde, kam die Einführung der kommunalen Selbstverwaltung in den deutschen Einzelstaaten zu Beginn des letzten Jahrhunderts im wesentlichen dadurch in Gang, daß sich die spätabsolutistischen Herrscher – unter dem Eindruck der Niederlage durch das Napoleonische Frankreich – zu »Reformen von oben« veranlaßt sahen. Im weiteren Gang des 19. Jahrhunderts blieb die Entwicklung der lokalen Autonomie und deren Pfadabhängigkeit durch die Niederlage der bürgerlichen Revolution von 1848 und die machtpolitischen Rahmenbedingungen der konstitutionellen Monarchie geprägt.

Den folgenreichen Auftakt zur Wiederbegründung kommunaler Autonomie in Deutschland gab Preußen mit seiner Preußischen Städteordnung vom 18. 11. 1808[85], die, die Handschrift des Reformers Freiherrn vom Stein tragend und vermutlich vom französischen Munizipalgesetz von 1789 beeinflußt[86], insbesondere vorsah:

- Als maßgebliches Beschlußorgan der neubegründeten Autonomie wurden Kommunalvertretungen (»Versammlung der Stadtverordneten«) vorgeschrieben, für die alle (männlichen) Bürger – ab einer bestimmten Einkommensgrenze – wahlberechtigt waren.
- Für die Städte und ihre Vertretungen wurde eine umfassende Zuständigkeitsregel formuliert, wonach sie »die unbeschränkte Vollmacht (haben), alle Angelegenheiten des Gemeinwesens der Stadt . . . sämtliche Gemeinde-Angelegenheiten für sie zu besorgen.«[87]
- Neben der Kommunalvertretung wurde der von dieser zu wählende »Magistrat« als kollegiale »ausführende Behörde« eingerichtet.
- Außer den eigenen Selbstverwaltungsangelegenheiten sollten die Magistrate der Städte – in einer dem französischen Munizipalgesetz ähnlichen »Doppelfunktion« – auch durch den Staat »übertragene« Aufgaben erledigen und sollten hinsichtlich dieser »als Behörden des Staates betrachtet«[88] werden.[89]

Dieses bemerkenswert fortschrittliche (freilich auf die Städte begrenzte und damit die Vielzahl der Landgemeinden ausschließende) Kommunalmodell (sowie ähnliche institutionelle Regelungen in anderen deutschen Einzelstaaten) erlitt im Zuge der weiteren Politik- und Verfassungsentwicklung, die nach der Niederlage der bürgerlich-liberalen Revolution 1848 durch die sich behauptende monarchische Staatsgewalt bestimmt war, nachhaltige Rückschläge:

- Verbreitet wurde ein Dreiklassen-Wahlrecht eingeführt, in dem sich Konservative und Liberale gegen die rasch anwachsende städtische Arbeitsbevölkerung verbündeten.[90]

---

85 Text in: Christian Engeli/Wolfgang Haus, Quellen zum modernen Gemeindeverfassungsrecht in Deutschland, Stuttgart usw. 1975, S. 100 ff. mit Einführung. Vgl. zum folgenden auch Adelheid von Saldern in diesem Band.

86 Vgl. Georg-Christoph von Unruh (Anm. 53), S. 431 f.

87 § 108 Preußische Städteordnung.

88 § 166 PrStO.

89 Hierzu rechneten insbesondere Aufgaben der »Polizei« – in jenem weiten zeitgenössischen Verständnis, das wichtige – im heutigen Verständnis – ordnungsbehördliche Aufgaben umschloß, vgl. Georg-Christoph Unruh (Anm 53), S. 418.

90 Vgl. Christian Engeli/Wolfgang Haus (Anm. 85), S. 311, 370, 607.

- Die Zuständigkeit der Kommunalvertretungen wurde dadurch beschnitten, daß ihre eigentlichen Beschlußkompetenzen verkürzt und ihre Entscheidungen von der Zustimmung des von ihnen gewählten Magistrats abhängig gemacht wurden (sog. Zweikammernsystem).[91]
- Die Aufsicht des Staates wurde verschärft.

Ungeachtet dieser kommunalrechtlichen Restriktionen spielten die Kommunen, insbesondere die rapide expandierenden Großstädte, in der zweiten Hälfte des letzten Jahrhunderts eine Schlüsselrolle im Industrialisierungsprozeß, nicht zuletzt in – vom zeitgenössischen *Manchester-Liberalismus* als »Munizipalsozialismus« kritisierten – Ansätzen einer kommunalen Sozialpolitik.[92]

In ihrem Bestreben, auch auf dem »flachen Land« außerhalb der Städte eine (verbreitet am Napoleonischen Verwaltungsmodell und seinen rational-hierarchischen Ebenen orientierte) moderne Staatsorganisation durchzusetzen, stießen die reformerischen Staatsbürokraten im frühen letzten Jahrhundert auf den Widerstand der patrimonial-gutsherrlichen Machtstrukturen, die im 17. und 18. Jahrhundert zur Herausbildung einer Kreisebene (oberhalb der Landgemeinden und Gutsherrschaften) und zu deren Leitung durch einen im wesentlichen vom Landadel bestimmten Landrat geführt hatte. Am Ende der sich über Jahrzehnte hinziehenden Auseinandersetzungen, die sich in Preußen an einer ersten Kreisordnung von 1825 und dann in der Preußischen Kreisordnung von 1872 ablesen lassen[93], stand eine institutionelle Regelung, in der die vom Landrat geleiteten Landkreise eine eigentümliche Doppelfunktion übernahmen: Auf der einen Seite waren sie Träger von überörtlichen Selbstverwaltungsaufgaben und bildeten darin die obere (»überörtliche«) Ebene einer zweistufigen (aus Kreisen und kreisangehörigen Gemeinden bestehenden) Struktur kommunaler Selbstverwaltung. Auf der anderen Seite wurde dem Landrat die Erledigung staatlicher Aufgaben übertragen, die er als mittelbare Staatsverwaltung erfüllte; diese staatliche Indienstnahme und Einbindung zeigte sich vor allem darin, daß er insoweit einer strikten (Fach-)Aufsicht des Staates unterstellt war und er – unbeschadet eines Vorschlagsrechts des gewählten Landkreistages – von der Staatsregierung ernannt wurde.[94]

Die – im Ansatz bereits in der Preußischen Städteordnung von 1808 für die Städte und dann ausgeprägt in der Preußischen Landkreisordnung von 1872 für die Kreise vorgeschriebene – *Doppelfunktion* der Kommunen (gleichzeitige Erledigung von »eigenen« Selbstverwaltungs- und von »übertragenen« Staatsaufgaben) bildete ein Schlüsselkonzept der deutschen Kommunaltradition. Auch wenn die Doppelfunktion der Kommunen erstmals im französischen Munizipalgesetz von 1789 formuliert (und allerdings nur für wenige postrevolutionäre Jahre verwirklicht) worden war, kann sie, vor dem Hintergrund der verwaltungsgeschichtlichen Besonderheiten (zumal der

---

91 Vgl. Adelheid von Saldern in diesem Band.
92 Zur Entwicklung kommunaler Wohnungspolitik im letzten Drittel des 19. Jahrhunderts vgl. Hellmut Wollmann, Entwicklungslinien kommunaler Wohnungspolitik – eine wohnungspolitikgeschichtliche Skizze, in: Adalbert Evers/Hans-Georg Lange/Hellmut Wollmann (Hrsg.), Kommunale Wohnungspolitik, Basel usw. 1983, S. 92 ff.
93 Vgl. Georg-Christoph von Unruh (Anm. 53), S. 463 ff., ausführlich ferner Margun Schmitz, Der Landrat. Mittler zwischen Staatsverwaltung und kommunaler Selbstverwaltung, Baden-Baden 1991, S. 46 ff. mit detaillierten Anlysen zur variantenreichen Entwicklung in den deutschen Einzelstaaten mit zahlreichen Nachweisen, vgl. Günter Seele, Die Kreise in der Bundesrepublik Deutschland, in: Der Landkreis, (1991) 10, S. 5 ff.
94 Ausführlicher zu den Landkreisen vgl. Hans-Jürgen von der Heide sowie Hans-Günter Henneke in diesem Band.

Kreise) und als dauerhaft etablierte kommunale Verwaltungsstruktur, als eine *eigenständige »Erfindung«* der deutschen (und österreichischen) Kommunalgeschichte gelten. Von hier aus fand sie im letzten Drittel des vorigen Jahrhunderts Eingang in die mittel-osteuropäische und skandinavische Kommunalentwicklung.[95]

Im Gegensatz zum Trennmodell der englischen *local self-government*-Tradition, aber auch im Unterschied zum französischen *staats*administrativen *Integrationsmodell*, ist das deutsche Kommunalmodell wesentlich durch die gleichzeitige Erledigung der Selbstverwaltungsaufgaben *und* übertragener staatlicher Aufgaben durch die Kommunen charakterisiert. Dieses Modell wird hier als *kommunal*administratives Integrationsmodell bezeichnet.[96] Die weitere Entwicklung der kommunalen Institutionen sei an dieser Stelle mit Siebenmeilenstiefeln durchmessen.[97]

– Die politische Teilhabe der Bürger wurde bis in die jüngste Zeit vorwiegend über die von ihnen (bis 1918 weithin nach einem plutokratischen Dreiklassen-Wahlrecht[98], seit 1918 aufgrund eines allgemeinen, auch die Frauen einbeziehenden Wahlrechts) gewählten kommunalen Vertretungen, also *repräsentativ-(mittelbar) demokratisch* verwirklicht. Die politischen Teilhaberechte wurden nach 1945 zunächst in einzelnen Bundesländern, seit 1990 inzwischen in allen Bundesländern (»Flächenländern«) durch die direkte Wahl der Bürgermeister, vereinzelt (insbesondere in den ostdeutschen Ländern) durch Bürgermeisterabwahlverfahren sowie (inzwischen verbreitet) durch Bürgerbegehren und -entscheide *plebiszitär-direktdemokratisch* ergänzt.[99]

– In den Gemeindeordnungen der deutschen Länder blieb es nach 1919 teilweise noch bei dem die Zuständigkeit der Gemeindevertretungen beschränkenden Zweikammersystem. Endgültig wurde die Alleinzuständigkeit der Gemeindevertretungen nach 1945 in allen Ländern der neuen Bundesrepublik eingeführt.

– Für die Landkreise hielten die Länder nach 1919 überwiegend an der Ernennung der Landräte durch die Landesregierung fest. Nach 1945 wurde in den Ländern der Bundesrepublik überwiegend die Wahl des Landrats durch die Kommunalvertretung (bei teilweise fortbestehenden Bestätigungsrechten der Landesregierung) vorgeschrieben; nach der jüngsten Novellierungsrunde der Kreisordnungen wird in den meisten Ländern nunmehr auch der Landrat von der Bevölkerung direkt gewählt. Damit hat sich eine weitgehende Angleichung zwischen den Gemeinde- und den Kreisverfassungen vollzogen.[100]

– Die Gebietsstruktur der Städte und Gemeinden, die weitgehend auf das letzte Jahrhundert zurückging, durchlief in den 1920er Jahren erste Veränderungen dadurch,

---

95 Vgl. Gérard Marcou/Imre Verebelyi (Anm. 19), S. 79 f. Für die Entwicklung in Polen und Ungarn vgl. Hellmut Wollmann (Anm. 2), S. 116, 134 mit Nachweisen.

96 Vgl. Harald Baldersheim u. a. (Anm. 2), S. 40 f., die diesen Typus als »administrative-integrated model« bezeichnen. Das von uns beigefügte Adjektiv »*kommunal*administrativ« hebt darauf ab, daß die »Integration« der beiden Aufgabenbereiche durch die *Kommunal*verwaltung und nicht, wie im französischen *staats*administrativen Integrationsmodell, durch die *Staats*verwaltung erfolgt.

97 Vgl. die Beiträge von Adelheid von Saldern und Franz-Ludwig Knemeyer in diesem Band.

98 Vgl. Christian Engeli/Wolfgang Haus (Anm. 85), S. 607.

99 Vgl. Dian Schefold/Maja Neumann, Entwicklungstendenzen der Kommunalverfassungen in Deutschland: Demokratisierung und Dezentralisierung? Basel u. a. 1996. Zu den Kommunalverfassungen der ostdeutschen Bundesländer vgl. Hellmut Wollmann, Regelung zwischen »exogener Pfadabhängigkeit« und endogenen Entscheidungsfaktoren, in: Berliner Journal für Soziologie, (1995) 4, S. 505 ff. mit Nachweisen.

100 Vgl. Hans-Günter Hennecke in diesem Band.

daß im Umfeld der rasch wachsenden Großstädte Eingemeindungen vorgenommen worden sind; das spektakulärste Beispiel war die in Preußen gesetzlich statuierte Bildung der Einheitsgemeinde Groß-Berlin.[101] Teilweise einschneidende Kreis- und Gemeindegebietsreformen wurden in den Bundesländern zwischen den späten 60er und mittleren 70er Jahren durchgeführt[102]; bundesweit wurde die Zahl der Kreise von 425 auf 237 und die der Gemeinden von ca. 24 000 auf 8 500 reduziert. Während einige Länder (z. B. Nordrhein-Westfalen) in der Gemeindegebietsreform die Strategie der Bildung neuer »Einheitsgemeinden« im Wege der Gemeindezusammenschlüsse verfolgten und hierbei eher dem nordeuropäischen Typus[103] der Gemeindegebietsreform (z. B. Nordrhein-Westfalen mit einer Durchschnittsgröße der neuen Gemeinden von 43 000 Einwohnern) zuzurechnen sind, zogen es andere Bundesländer (z. B. Bayern und Baden-Württemberg) vor, die überkommenen kleinen Gemeinden als Trägerinnen der politischen Selbstverwaltung in erheblichem Umfang zu erhalten und für die Erledigung der administrativen Aufgaben eine neue institutionelle Schicht gemeinsamer Verwaltungseinheiten (Ämter bzw. Verwaltungsgemeinschaften) zu schaffen[104]; sie sind damit eher dem südeuropäischen Typus[105] der Gemeindegebietsreform (z. B. Bayern mit einer neuen Gemeindedurchschnittsgröße von 5 800) zuzuordnen. Bei den in den neuen Ländern zwischen 1992 und 1994 durchgeführten Gebietsreformen[106] machte sich in der weitgehenden Erhaltung der bisherigen (sehr kleinteiligen) Gemeindestruktur die landespolitische Sensibilität gegenüber dem basisdemokratischen Erbe der Wendezeit geltend.[107]

– Erstmals in der Weimarer Reichsverfassung von 1919 (Art. 172 WRV) anerkannt und im Grundgesetz von 1949 (Art. 28 Abs. 2 GG) sowie in den Landesverfassungen verankert, genießt die kommunale Selbstverwaltung eine verfassungskräftige »institutionelle Garantie«, deren Verletzung die Kommunen vor das Bundes- bzw. Landesverfassungsgericht bringen können.[108]

– Die Verteilung der Erledigung der öffentlichen Aufgaben zwischen dem Staat und den Kommunen bleibt weiterhin von der traditionellen Doppelfunktion bestimmt, in der die Kreise und Gemeinden zum einen Selbstverwaltungsaufgaben und zum andern übertragene staatliche Aufgaben erfüllen. Institutionenpolitisch birgt die Doppelfunktion einen Widerspruch oder ein »Paradoxon«[109], jedenfalls eine Ambivalenz[110] in sich: *Einerseits* laufen die Kommunen infolge ihrer Inanspruchnahme

---

101 Vgl. Dieter Rebentisch, Die Selbstverwaltung in der Weimarer Zeit, in: Günter Püttner (Hrsg.), Handbuch der kommunalen Wissenschaft und Praxis, Bd. 1, 2. Aufl., Berlin usw. 1981, S. 95 ff., Christian Engeli/Wolfgang Haus (Anm. 85), S. 579 ff.
102 Vgl. Eberhard Laux in diesem Band mit Nachweisen.
103 Vgl. Allen Norton (Anm. 2), S. 40 f.
104 Vgl. Eberhard Laux in diesem Band.
105 Vgl. Allen Norton (Anm. 2), S. 40 f.
106 Vgl. Eberhard Laux und Hellmut Wollmann, Kommunalpolitik und -verwaltung in Ostdeutschland, beide in diesem Band; vgl. ferner Hellmut Wollmann, Transformation der ostdeutschen Kommunalstrukturen, in: Hellmut Wollmann u. a. (Hrsg.), Transformation der politisch-administrativen Strukturen in Ostdeutschland, Opladen 1997, S. 289 ff. mit Nachweisen.
107 Vgl. Hellmut Wollmann, Transformation . . . (Anm. 106), S. 292 ff.
108 Vgl. Art. 93 Abs. 1 Nr. 4b GG (»kommunale Verfassungsbeschwerde«).
109 So Carl Böhret/Rainer Frey, Staatspolitik und Kommunalpolitik, in: Günter Püttner (Hrsg.), Handbuch der kommunalen Wissenschaft und Praxis, Bd. 2, 2. Aufl., Berlin usw. 1982, S. 12.
110 Vgl. Hellmut Wollmann, Verwaltungsmodernisierung: Ausgangsbedingungen, Reforman-

für die Erfüllung staatlicher Aufgaben und unter der insoweit bestehenden Fachaufsicht durch den Staat Gefahr, in ihrem gesamten Handeln, einschließlich ihrer
Selbstverwaltungsaufgaben, in den Bann staatlicher Bestimmungsmacht zu geraten und gewissermaßen *verstaatlicht* zu werden. *Andererseits* erweist sich der
Vollzug der übertragenen (staatlichen) Aufgaben als in den kommunalpolitischen
Kontext eingebettet und macht sich – etwa in der faktischen Einebnung des
(rechtsdogmatisch tiefen) Grabens zwischen Fach- und Rechtsaufsicht, zumal
im Falle der Großstädte[111] – eine *Kommunalisierung* der staatlichen Aufgaben
bemerkbar.
In jüngster Zeit ist in der Gesetzgebung und Verwaltungspolitik einiger Bundesländer,
insbesondere im Zusammenhang mit der sog. Funktionalreform[112], in das überkommene Integrationsmodell in mehrfacher Hinsicht Bewegung gekommen. Diese ist
insbesondere darauf gerichtet, die Ausführungszuständigkeit für übertragene staatliche Aufgaben vollends zu »kommunalisieren« und die traditionelle Fachaufsicht den
Formen einer bloßen Rechtsaufsicht anzunähern. In der Tendenz zeichnet sich ein
neues Kommunalmodell ab, das, die bisherige Unterscheidung zwischen kommunalen
Selbstverwaltungsaufgaben und übertragenen staatlichen Aufgaben und die hieraus
folgende Unterscheidung von Fach- und Rechtsaufsicht überwindend, auf einem einheitlichen Begriff der öffentlichen Aufgaben beruht.[113] In dem Maße, wie die Auf-
gabenzuständigkeiten zwischen der staatlichen und kommunalen Ebene voneinander
abgeschichtet werden, bilden sich die Konturen eines an das klassische britische
Kommunalmodell (*dual polity*) erinnernden (vertikalen) Trennmodells ab.

3. Zusammenfassende Bemerkungen

1. Unter sehr unterschiedlichen verfassungsgeschichtlichen, machtpolitischen und
   politikkulturellen Ausgangs- und Rahmenbedingungen sind in den hier diskutierten drei Ländern zu Beginn des letzten Jahrhunderts bemerkenswert unterschiedliche institutionelle Regelungen zur dezentral-lokalen Politik- und Verwaltungsebene zu beobachten, die sich als Pfadabhängigkeiten für den weiteren Institutionalisierungsprozeß, jedenfalls in seinen Grundstrukturen, bis in die jüngere
   Zeit erwiesen. Das in England im letzten Jahrhundert entwickelte *local self-government* sicherte den dezentral-lokalen Ebenen einen im zeitgenössischen Europa
   beispiellosen (im Trennmodell oder *separationist model* abgebildeten) Grad lokaler
   Demokratie, Autonomie und Aufgabenfülle. In den deutschen Einzelstaaten war

      läufe und aktuelle Modernisierungsdiskurse, in: Christoph Reichard/Hellmut Wollmann
      (Hrsg.), Kommunalverwaltung im Modernisierungsschub? Basel usw. 1996, S. 5 mit Nach-
      weisen.
111   Vgl. Werner Thieme, Die Gliederung der deutschen Verwaltung, in: Günter Püttner (Hrsg.),
      Handbuch der kommunalen Wissenschaft und Praxis, Bd. 1, 2. Aufl., Berlin usw. 1981,
      S. 142 f.
112   Vgl. Eberhard Laux in diesem Band. Zur Entwicklung in den ostdeutschen Ländern vgl.
      Hellmut Wollmann, Transformation . . . (Anm. 106), S. 294 ff. mit Nachweisen.
113   Vgl. Hellmut Wollmann, »Echte Kommunalisierung« der Verwaltungsaufgaben: Innova-
      tives Leitbild für umfassende Funktionalreform? In: Landes- und Kommunalverwaltung,
      (1997) 4, S.105 ff.

die Entwicklung und das wachsende Gewicht der kommunalen Ebene als Politik- und Handlungsebene wesentlich, jedenfalls in Kreisen und größeren Städten, durch die Doppelfunktion und *kommunaladministrative Integration* mit den übertragenen staatlichen Aufgaben bestimmt. In Frankreich hingegen blieben die kommunale Autonomie im Typus *staatsadministrativer Integration* aller Vollzugsaufgaben, in dem die staatliche Verwaltung als eigenständiger Verwaltungsstrang bis in die lokale Ebene reichte, weitgehend randständig.

2. In der jüngsten Entwicklung ist eine Annäherung (Konvergenz) der Kommunalsysteme dieser Länder zu beobachten:
   - in England als Reduzierung und Einschränkung der Stellung und Autonomie eines *local self-government*, hinter dessen »klassischer« Ausprägung im letzten Jahrhundert bis in die 1930er Jahre die Entwicklung der kommunalen Selbstverwaltung in anderen europäischen Ländern, zumal in Frankreich, aber auch in Deutschland, weit zurückgeblieben war;
   - in Frankreich als wesentliche Erweiterung der Autonomie der dezentral-lokalen Ebenen als Ergebnis der Großen Reform von 1982 und einer hierdurch ausgelösten dezentral-lokalen Dynamik;
   - in der Bundesrepublik als Konsolidierung des politisch-administrativen Bedeutungsgewinns, den die kommunale Ebene über die Jahre im Politik- und Verwaltungssystem der Bundesrepublik verzeichnen konnte. Hierbei verdient Hervorhebung, daß fachkundige ausländische Beobachter den Handlungsspielraum und das Gewicht der Kommunen und der kommunalen Selbstverwaltung in der Bundesrepublik als deutlich höher als in Frankreich (auch nach der Reform von 1982)[114], aber auch als in England (insbesondere nach den von den Thatcher-Regierungen durchgesetzten Veränderungen)[115] einschätzen.

3. Wurde die politische Teilhabe der Bürger an den lokalen Entscheidungen kommunalgeschichtlich im wesentlichen über die Kommunalvertretungen, also in Formen der mittelbaren (repräsentativen) Demokratie verwirklicht, so zeigt sich in der jüngeren Phase auch auf der lokalen Ebene ein Vordringen neuer Formen unmittelbarer Demokratie und »partizipativer« Teilhabe. Während sich diese in England bislang auf die Anhörung bei Planungsverfahren und auf die Festlegung von »Kundenrechten« in citizen charters[116] konzentrieren und in Frankreich neue »partizipative« Teilhabeformen auf der lokalen Ebene bislang schwach ausgeprägt sind[117], haben sich in Deutschland – zumal als Ergebnis der jüngsten Runde der Kommunalgesetzgebung in den Bundesländern – für die Bürgermeister (und Landräte) unmittelbare Wahlverfahren, teilweise auch Abwahlverfahren und Bürgerbegehren und Bürgerentscheide, also zusätzliche direkt-demokratische Verfahren in den letzten Jahren kräftig verbreitet.[118]

4. In der Frage der gebietlichen und organisatorischen Reform der lokalen Ebene bilden England (mit den Distrikten, deren durchschnittliche Einwohnerzahl rund

---

114 Vgl. Vincent Hoffmann-Martinot, Zentralisierung und Dezentralisierung, in: Robert Picht u. a. (Hrsg.), Fremde Freunde, München 1997, S. 173.

115 Vgl. Neville Johnson (Anm 6), S. 21: »viel weniger Autonomie . . . als die deutschen Gemeinden«.

116 Vgl. David Mitchell-Gears (Anm. 12), S. 235; Gérard Marcou/Vladimir Lysenko, Local Democracy, in: Gérard Marcou/Imre Verebelyi (Anm. 2), p. 120 f.

117 Vgl. Jeanne Becquart-Leclercq (Anm. 51), S. 215; Gérard Marcou/Vladimir Lysenko (Anm. 116), S. 122.

118 Für Nachweise vgl. oben Anm. 99.

115 000 beträgt und die hierdurch im sog. »nordeuropäischen« Gebietsreformtyp an der Spitze stehen[119]) und Frankreich (deren rund 37 000 Kommunen durchschnittlich 1 300 Einwohner zählen und damit die kleinteiligste Gemeindestruktur des »südeuropäischen« Kommunaltypus besitzen) geradezu zwei entgegengesetzte Pole. Die Länder der Bundesrepublik liegen dazwischen, teils eher dem »nordeuropäischen« Typus (so Nordrhein-Westfalen mit 396 »Einheitsgemeinden« mit durchschnittlich rund 43 000 Einwohnern), teils eher dem »südeuropäischen« zuzurechnen (so Bayern mit rund 2 000 Gemeinden mit durchschnittlich 5 800 Einwohnern).[120] Der verwaltungs- und institutionenpolitische Preis für die Beibehaltung der kleinteiligen Kommunalstruktur ist in deren geringer administrativer Leistungsfähigkeit und in der Notwendigkeit zu sehen, diese durch die Schaffung einer neuen institutionellen Ebene (seien es Ämter und Verwaltungsgemeinschaften in den betreffenden bundesdeutschen Ländern, sei es die Legion von Zweckverbänden usw. in Frankreich) wettzumachen zu versuchen. Dies aber führt auf der dezentral-lokalen Ebene zu einer verwaltungspolitisch problematischen *Überinstitutionalisierung* (in Frankreich mit insgesamt vier dezentral-lokalen Ebenen, in Deutschland innerhalb einzelner kleiner Bundesländer sogar mit fünf institutionelle Ebenen).[121]

5. Auch wenn das Trennmodell mit seiner Abschichtung von zentralstaatlichen (Regierungs-)Aufgaben und dezentral-lokalen Aufgaben in England einen Rückschlag erlitten hat, scheint es im Vordringen zu sein. Die Ausbildung eines neuen Parallelsystems, in dem die dezentralen Gebietskörperschaften nunmehr einen selbständigen Verwaltungsstrang darstellen, kann sich in dem Maße zu einem Trennmodell weiterentwickeln, wie weitere staatliche Aufgaben auf die Gebietskörperschaften übertragen werden und der Zuständigkeitskorridor der staatlichen Sonderverwaltung schmaler wird. Besonders ausprägt wird diese Entwicklung in einigen Ländern der Bundesrepublik sichtbar, wo im Zuge der Funktionalreform die Übertragung staatlicher Aufgaben auf die Kreise und Gemeinden als »Kommunalisierung« vorgenommen wird, in der eine Funktionsteilung und -abschichtung zwischen den *Regierungs*aufgaben der (obersten) Landesebene und den Leistungs- und *Vollzugs*aufgaben der kommunalen Ebene – mit gewissen Anklängen an das »klassische« Trennmodell des englischen *local self-government* – zu erkennen ist.[122]

---

119 Vgl. Allen Norton (Anm. 2), S. 40 f., Harald Baldersheim et al. (Anm. 2), S. 24 f.
120 Berechnet nach den Angaben bei Eberhard Laux in diesem Band.
121 Ein besonders krasses Beispiel bietet z. B. das Land Sachsen-Anhalt, das (bei 2,9 Mio. Einwohnern) insgesamt über fünf institutionelle Ebenen verfügt: Landesregierung, 3 Regierungspräsidien, 21 Kreise, 1 250 (kreisangehörige) Gemeinden sowie – als Zwischenebene zwischen den Kreisen und Gemeinden – 194 Verwaltungsgemeinschaften.
122 Vgl. Hellmut Wollmann (Anm. 113), S. 105 ff.

Kapitel 3:
Lokale Akteure

EVERHARD HOLTMANN

Parteien in der lokalen Politik

1. Parteipolitik im kommunalpolitischen Entscheidungsprozeß

a. Kommunalpolitik – eine Politikqualität eigener Art?

Wer die »Politisierung« der Kommunalpolitik thematisiert, begibt sich wissentlich in das Feld eines altbekannten Grundsatzkonflikts, der um »Natur« und »Wesen« von kommunaler Selbstverwaltung geführt wird.[1] Dieser Disput nimmt mitunter Züge eines verfassungspolitischen Bekenntnisstreits an. Bedenkt man, daß die kommunale Selbstverwaltung wichtige Funktionen einer dritten Ebene im Bundesstaat mit eigenen und übertragenen Aufgaben erfüllt, daß kommunale Körperschaften beispielsweise rund zwei Drittel aller jährlichen öffentlichen Investitionen tätigen und etwa 80 Prozent der Bundes- und Landesgesetze ausführen, daß ferner Gemeindepolitik immer noch als eine Grundschule der Demokratie gilt, dann wird deutlich, daß es für eine stabile Fundamentierung demokratischer politischer Kultur nicht unerheblich ist, ob die parteienstaatliche Konkurrenzdemokratie auch für die kommunale Ebene akzeptiert wird. Denn wenn der Kommunalpolitik im öffentlichen Bewußtsein eine politische Qualität eigener Art zugewiesen würde, müßte der Anspruch, das für die nationale Politik anerkannte regulative Prinzip des Parteienstaats auf kommunale Angelegenheiten zu übertragen, beinahe systemwidrig erscheinen.

Gewiß wird heute kaum mehr ernstlich behauptet, die Erledigung gemeindlicher Angelegenheiten durch Gemeinderat und -verwaltung sei gänzlich »unpolitisch«. Daß auch Kommunalwahlen politische Wahlen sind, und zwar unabhängig davon, ob man die ebenenabhängigen Bestimmungsgründe des Wahlverhaltens stärker oder schwächer gewichtet[2], daß des weiteren die Kommunalpolitik de facto maßgeblich von politischen Parteien gestaltet wird und hierbei wiederum die großen Parteien eine – wenngleich in den 90er Jahren tendenziell abnehmende – Führungsrolle innehaben[3], ist als ein Kennzeichen kommunaler Verfassungswirklichkeit inzwischen weithin bekannt, wenn auch nicht vorbehaltlos anerkannt.

---

1 Vgl. Ralf Kleinfeld, Kommunalpolitik. Eine problemorientierte Einführung, Opladen 1996.
2 Vgl. Paul Kevenhörster, Parallelen und Divergenzen zwischen gesamtsystemarem und kommunalem Wahlverhalten, in: Konrad-Adenauer-Stiftung (Hrsg.), Kommunales Wahlverhalten, Bonn 1976, S. 241 ff.; Dieter Hermann/Raymund Werle, Kommunalwahlen im Kontext der Systemebenen, in: Politische Vierteljahresschrift, (1983) 24, S. 385 ff.; Konrad Schacht, Wahlentscheidung im Dienstleistungszentrum, Frankfurt a. M. 1986.
3 So das Bundesverfassungsgericht in einer Entscheidung vom 23. Januar 1957, vgl. BVerfGE 6 S. 114.

b. Parteipolitisierung wächst mit den Ortsgrößen

Die empirisch angeleitete lokale Politikforschung hat herausgearbeitet, daß der Faktor Parteipolitik für kommunale Entscheidungsprozesse insgesamt an Bedeutung gewinnt. Eine Definition Hans-Georg Wehlings übernehmend, läßt sich Parteipolitisierung als das Ausmaß bestimmen, in dem es örtlichen Parteiorganisationen und Parteivertretern gelingt, »die Kommunalpolitik personell, inhaltlich und prozedural zu monopolisieren«.[4] Als Maßstab für eine parteipolitische Durchdringung der Rathauspolitik können demnach die formelle Parteizugehörigkeit und – ungleich schwieriger nachweisbar – virtuelle Parteibindungen der Mitglieder von Rat und Verwaltungsstab herangezogen werden. Aufschlußreich sind ferner die inhaltliche Ausrichtung von Beschlußvorlagen an parteipolitischen Zielsetzungen sowie der Grad der Parlamentarisierung kommunaler Entscheidungsprozesse. Diese ist u. a. am arbeitsteiligen Zusammenwirken von Ratsausschüssen und Ratsplenum[5] sowie an beider Abstimmungsverhalten ablesbar.[6]

Je nach Ortsgröße, Typus der Gemeindeordnung und regionaler politischer Kultur wird der erreichte Stand der Parteipolitisierung schwanken.[7] Auch bei Anwendung dieser Variablen ist es dennoch schwierig, eine im Lauf der Zeit *zunehmende* Parteipolitisierung exakt nachzuweisen. Unter Berücksichtigung solcher Unsicherheiten resümiert Wehling: »Alle verfügbaren Befunde sprechen dafür, daß das Ausmaß von Parteipolitisierung . . . mit der Gemeindegröße zunimmt. Mit zunehmender Gemeindegröße verringert sich der Anteil der Freien Wähler an den Gemeinderatsmandaten, gehören die Hauptverwaltungsbeamten und die Beigeordneten einer politischen Partei an – auch bei der Direktwahl des Bürgermeisters in Baden-Württemberg und Bayern –, finden allgemeinpolitische Debatten in Gemeinderäten statt, tendiert die Ratsarbeit zunehmend in Richtung Parlamentarisierung: mit entsprechendem Debattenstil, Vorentscheidungen in Fraktionen, Abstimmungen nach Mehrheit und Minderheit . . . Mit zunehmender Größe der Räte werden schließlich parlamentarische Prozesse zunehmend funktional, deren Handhabung erleichtert wird durch ein mit Ortsgröße zunehmendes parlamentarisches, kompetitives Selbstverständnis der Ratsmitglieder«.[8]

Diesem Befund widerspricht nur auf den ersten Blick, daß Freie Wählergemeinschaften (FWG) bei Gemeinderatswahlen in Süddeutschland ihre dort traditionell starke Position in kreisangehörigen Gemeinden, punktuell auch in größeren Städten, in den letzten Jahren ausbauen konnten. (In Baden-Württemberg haben sie ihren Stimmenanteil, der im Jahr 1980 bei 24,3 Prozent lag, bis 1989 auf 40,7 Prozent erhöht und 1994 abermals ausbauen können; die Zahl der FWG-Mandate stieg hier von 7 958 [1989] auf 8 483 [1994] In Bayern steigerten die »Freien« ihren landesweiten Wähler-

---

4 Hans-Georg Wehling, »Parteipolitisierung« von lokaler Politik und Verwaltung? Zur Rolle der Parteien in der Kommunalpolitik, in: Hubert Heinelt/Hellmut Wollmann (Hrsg.), Brennpunkt Stadt. Stadtpolitik und lokale Politikforschung in den 80er und 90er Jahren, Basel u. a. 1991, S. 150.

5 Vgl. Hans-Ulrich Derlien/Christoph Gürtler/Wolfgang Holler/Hermann-Josef Schreiner, Kommunalverfassung und kommunales Entscheidungssystem, Meisenheim 1976, S. 72 ff., 116; Uwe Winkler-Haupt, Gemeindeordnung und Politikfolgen, München 1988, S. 173 f., 197.

6 Vgl. Hans-Georg Wehling (Anm. 4), S. 150 f.

7 Vgl. ebd. Zum Einfluß vergleichbarer Kontextvariablen auf kommunale Wahlentscheidungen vgl. Dieter Hermann/Raymund Werle (Anm. 2), S. 404.

8 Hans-Georg Wehling (Anm. 4), S. 158 f.

anteil, der bei den Kommunalwahlen 1990 bei 11,9 % lag, 1996 auf 15,3 %).[9] Zwar sind die konsolidierten FWG-Stimmanteile ein Indiz für eine auch lokal wirksame Parteiverdrossenheit. Bei näherem Hinsehen erweist sich jedoch andererseits, daß ein Großteil der nicht parteigebundenen Mandatsträger der FWG in Baden-Württemberg ihre »freien« Listen sehr wohl als einer der Parteien nahestehend ansieht.[10] Auch dürften »freie« Fraktionen die o. a. quasiparlamentarischen, politisierten Handlungsmuster für sich ebenso übernehmen.

Daß politische Parteien im Feld der Kommunalpolitik eine institutionell abgesicherte Vormachtstellung innehaben, wird durch Fallstudien in der Tendenz bestätigt. So hat Doris Gau am Beispiel von Kölner Stadtverordneten typische Verlaufsmuster kommunalpolitischer Karrieren ermittelt und gezeigt, daß die Chancen für den Aufstieg zum Mandatsträger in der Großstadt primär über politische Parteien vermittelt werden.[11] Diese für mittlere und größere Städte wohl generell nachweisbare Auswahlfunktion politischer Parteien bei der Kandidatenaufstellung für Ratswahlen hat allerdings nicht automatisch zur Folge, daß sich die gewählten Repräsentanten hinfort als Notare eines Mehrheitswillens verstünden, der in Parteigremien vorab gebildet und bei Abstimmungen im Gemeinderat nurmehr ratifiziert würde.

c. Kommunalpolitiker als »Treuhänder« und »Delegierte«

Anhand einer vergleichenden Untersuchung in nordhessischen Kreisparteiorganisationen von CDU, SPD und FDP wies Andreas Engel bei lokalen Parteiakteuren, die großteils gleichzeitig Ämter in kommunalen Vertretungsorganen innehatten, einen »flexiblen Repräsentationsstil« nach, der zwischen den Rollen des am Wohl der Gesamtgemeinde orientierten »Treuhänders« und des Parteibeschlüssen verpflichteten »Delegierten« beweglich bleibt.[12] Das geteilte Rollenverständnis erklärt sich daraus, daß die mit einem Ratsmandat ausgestatteten Lokalpolitiker an der Schnittstelle zwischen kommunalpolitischen und parteibezogenen Beziehungsfeldern agieren: »Kommunalpolitiker betonen die politische Verantwortung gegenüber der Gesamtbürgerschaft, ebenso präferieren Akteure mit intensiven Kontakten im kommunalpolitischen Handlungsfeld das Handlungsmodell des Treuhänders, während solche mit intensiven innerparteilichen Kontakten eine Affinität zur Delegiertenrolle zeigen«.[13] Das Ziel der Stimmenmaximierung gibt auch auf kommunaler Ebene die Bedingungen des politischen Wettbewerbs und der Neuverteilung von Machtchancen vor. Daher müssen sich kommunal aktive Parteipolitiker in einem »Spagat« üben zwischen entschiedener Interessenvertretung ihrer Stammwähler einerseits und erfolgreicher Ansprache parteiungebundener Wählerschichten andererseits. Nach Engel ist es diese gleichsam gespaltene Dynamik des Wählerverhaltens, welche die Lokalpolitiker zum fortgesetzten Rollenwechsel nötigt.[14]

---

9 Angaben nach H.-G.Wehling (Anm. 4), S. 158 f.; Statistik von Baden-Württemberg, Gemeindestatistik, Bd. 480 (1994) 2, Teil A, S. 15 ff.; Südd. Ztg. vom 14. 3. 1996.

10 Vgl. Hans-Georg Wehling (Anm. 4), S. 152.

11 Vgl. Doris Gau, Politische Führungsgruppen auf kommunaler Ebene, München 1983.

12 Vgl. Andreas Engel, Wählerkontext und Handlungsdispositionen lokaler Parteiakteure, in: Karl Schmitt (Hrsg.), Wahlen, Parteieliten, politische Einstellungen, Frankfurt a. M. u. a. 1990, S. 136 ff., insbes. S. 140, 162 ff.

13 Ebd., S. 166.

14 Vgl. ebd., S. 173.

Auch die Art und Weise, wie kommunalpolitische Interessengegensätze reguliert werden, stellt sich janusköpfig dar. In einer vergleichenden Studie konnte Oscar Gabriel aufzeigen, daß sich im kommunalen Geschehen herkömmliche konkordanzdemokratische und parteienstaatlich-konkurrenzdemokratische Handlungsmuster offenbar miteinander verbinden. Erstere leiten die Praxis einer partei- und konfliktfreien Verhandlungslösung, letztere sind durch eine deutliche Scheidung zwischen Regierungs- und Oppositionsrolle sowie die Durchsetzung von Mehrheitsentscheidungen charakterisiert.[15] Aus Sicht dieser in Rheinland-Pfalz durchgeführten Untersuchung ergibt sich folgendes Bild: Parteifreie Wählergemeinschaften halten mancherorts erhebliche Wähleranteile, in verbandsfreien Gemeinden hingegen besitzen die national etablierten Parteien die weitaus meisten Ratssitze. »Trotz einer gewissen Auflockerung des lokalen Parteiensystems verloren die beiden großen Volksparteien nicht ihre führende Position in der Kommunalpolitik; denn selbst im ungünstigsten Falle kontrollierten CDU und SPD gemeinsam zwei Drittel der Ratsmandate«.[16] Allerdings ist in den Städten dieser Region seit Ende der 70er Jahre eine Tendenz zur stärkeren Fraktionalisierung des lokalen Parteiensystems erkennbar. Legt man die Parteientheorie Lijpharts als Maßstab an, so müßte diese Entwicklung auf eine Stärkung konkordanzdemokratischer Verhaltensmuster hinauslaufen. Besser wohl deutet man diese Veränderung im lokalen Parteiensystem als Anzeichen aktueller Politisierung, denn es sind die Grünen, die durch ihren Einzug in Ratsvertretungen die kommunalpolitischen Konfliktlinien neu markiert haben.[17]

Was parteipolitische Einflußnahmen auf Personalentscheidungen betrifft, werden die von Wehling vorgetragenen Befunde von Gabriel im wesentlichen bestätigt. »Zwischen 1974 und 1984 nahm die Tendenz der Mehrheitspartei des Rates, die Verwaltungsspitze exklusiv zu kontrollieren, deutlich zu . . . Besonders nahm die Neigung zu, die Verwaltungsspitze ausschließlich durch Vertreter der Mehrheitspartei zu beschicken«.[18] In den untersuchten rheinland-pfälzischen Städten gehörten Mitte der 80er Jahre zwei von drei Bürgermeistern der jeweiligen Mehrheitsfraktion des Rates an (nur eine einzige Stadtverwaltung wurde von einem parteilosen Amtsinhaber geführt). Die Bürgermeisterwahl war überwiegend Gegenstand parteipolitischer Kampfabstimmungen geworden. Ausgeprägter als bei der Beratung und Verabschiedung der kommunalen Etats, wo sich kontroverse und einstimmige Voten in etwa die Waage hielten, ist demzufolge die Bestellung der leitenden Verwaltungsbeamten abhängig von parteipolitischen Mehrheitsverhältnissen.[19] Die in der Bundesrepublik inzwischen flächendeckend eingeführte Direktwahl der (Ober-)Bürgermeister wird hier künftig andere Akzente setzen, wobei zunächst offen bleiben mag, ob der von Befürwortern dieser kommunalverfassungsrechtlichen Revision erhoffte Zuwachs an Verwaltungseffizienz und »Zähmung« parteipolitischer Sonderinteressen die damit einhergehende Beschneidung kommunalparlamentarischer Einflußmöglichkeiten aufwiegen kann.[20]

15 Vgl. Oscar W. Gabriel, Das lokale Parteiensystem zwischen Wettbewerbs- und Konsensdemokratie: Eine empirische Analyse am Beispiel von 49 Städten in Rheinland-Pfalz, in: Dieter Oberndörfer/Karl Schmitt (Hrsg.), Parteien und regionale politische Traditionen in der Bundesrepublik Deutschland, Berlin 1991, S. 371 ff.
16 Ebd., S. 382.
17 Vgl. ebd., S. 383.
18 Ebd., S. 386.
19 Vgl. ebd., S. 390.
20 Vgl. Andreas Bovenschulte/Annette Buß, Plebiszitäre Bürgermeisterverfassungen. Der Umbruch im Kommunalverfassungsrecht, Baden-Baden 1996, S. 97 f.

d. »Do Parties matter?« Oder: Variieren kommunale Sachentscheidungen entsprechend den parteipolitisch unterschiedlichen Rathausmehrheiten?

Während der Parteieneinfluß auf Personalentscheidungen zumindest auf der kommunalen Leitungsebene – wenn er nicht bereits durch die formelle Parteimitgliedschaft der Amtsinhaber evident ist – als Ergebnis eines von Parteiabsprachen getragenen Rekrutierungsvorgangs relativ eindeutig identifiziert werden kann, erschließen sich die Zusammenhänge zwischen Parteipolitik und kommunalen Sachentscheidungen schwerer. Die Frage, ob sich unterschiedliche Mehrheitsverhältnisse in kommunalen Vertretungskörperschaften auf die produzierten Politikinhalte unterschiedlich auswirken (»Do Parties matter?«), ist von der deutschen politikwissenschaftlichen Forschung seit den 80er Jahren vereinzelt aufgenommen worden.[21] Dabei werden grosso modo drei Untersuchungsansätze erkennbar: Welche kommunalen Aufgaben möchten Gemeindebürger vorrangig erfüllt wissen? Welche Ausgabenpräferenzen bei der Haushaltsplanung werden von welchen kommunalpolitischen Akteuren (Ratsmitgliedern, Ratsfraktionen) gesetzt, und wirken hierbei unterschiedliche Partei- bzw. Wertüberzeugungen handlungsleitend? Schließlich: Welchen Einfluß haben lokal unterschiedliche parteipolitische Mehrheitskonstellationen auf materielle Entscheidungen kommunaler Organe?

Letztere Frage thematisiert den Ansatz der Policy-Output-Forschung, also das Interesse an nachweisbaren parteipolitischen Einflüssen auf Politikinhalte, im engeren Sinne. Der Forschungsstand läßt sich knapp so darlegen: Die vorliegenden, empirisch vergleichenden Fallstudien stimmen dahingehend überein, daß kommunale Sachbeschlüsse in nur geringem Maße die programmatischen Optionen jeweils vorhandener bzw. wechselnder Ratsmehrheiten widerspiegeln. Weitaus stärker wirksam sind lokale und überlokale Kontextvariablen, wie z. B. Investitionsförderprogramme des Landes, örtlicher Problemdruck, örtliche Kontinuität im Ausgabeverhalten u. a. m. So fanden Jaedicke u. a. Anfang der 90er Jahre ihre Hypothese, daß SPD-regierte Städte bei aufbrechenden sozialen Problemlagen sozialpolitisch stärker intervenieren, nicht bestätigt.[22] Zuvor hatten bereits Grüner/Jaedicke/Ruhland in westdeutschen Großstädten die Budgetansätze für sozialen Mietwohnungsbau im Zeitraum 1975–82 daraufhin untersucht, inwieweit parteipolitische Optionen dabei unterschiedlich ausgeprägt sind. Ihr Fazit: Die Parteiendominanz hatte den geringsten Einfluß (sie wurde nur dann schwach bestätigt, wenn die fünf Städte der Fallgruppe mit den höchsten wohnungspolitischen Ausgaben bei der Auswertung unberücksichtigt blieben). Wichtigste Bestimmungsgrößen waren vielmehr »die Wirtschafts- und Finanzkraft der Städte und ihre Ausgabentradition«.[23] Zu einem in der Grundtendenz ähnlichen Befund gelangten Gabriel/Kunz/Zapf-Schramm, die in verbandsfreien Städten und

---

21 Siehe hierzu Hans Grüner/Wolfgang Jaedicke/Kurt Ruhland, Rote Politik im schwarzen Rathaus? Bestimmungsfaktoren der wohnungspolitischen Ausgaben bundesdeutscher Großstädte, in: PVS (1988) 1, S. 42 ff.; Oscar W. Gabriel/Volker Kunz/Thomas Zapf-Schramm, Parteiideologien und Problemverarbeitung in der kommunalen Infrastrukturpolitik, in: Aus Politik und Zeitgeschichte, B 30–31/1989, S. 14 ff.; Wolfgang Jaedicke u. a., Lokale Politik im Wohlfahrtsstaat. Zur Sozialpolitik der Gemeinden und ihrer Verbände in der Beschäftigungskrise, Opladen 1991; Oscar W. Gabriel/Katja Ahlstich/Frank Brettschneider/Volker Kunz/Stefan Löwenhaupt, Neue Prioritäten für die kommunale Finanzpolitik? Ergebnisse einer vergleichenden Städtestudie, in: Aus Politik und Zeitgeschichte, B 22–23/1992, S. 23 ff.
22 Wolfgang Jaedicke u. a. 1991 (Anm. 21), S. 206.
23 Hans Grüner/Wolfgang Jaedicke/Kurt Ruhland (Anm. 21), S. 50, 54.

Gemeinden von Rheinland-Pfalz für ausgewählte Felder der kommunalen Infrastrukturpolitik die Höhe der öffentlichen Ausgaben pro Einwohner ermittelt hatten. Hier erwiesen sich staatliche Investitionszuweisungen als wichtigster Stimulus für Investitionsentscheidungen der Kommunen, »und zwar weitgehend unabhängig von deren Bedarfs- und Ressourcenlage und der in ihr bestehenden parteipolitischen Konstellation«. Die parteipolitische Konstellation in den kommunalen Beschlußorganen war »allenfalls graduell« von Einfluß, ehestens noch bei Verkehrsinvestitionen.[24]

Als Gründe für die nachrangige Wirkkraft des parteipolitischen Faktors auf kommunale Sachentscheidungen führen Gabriel u. a. einmal die externe Steuerung durch staatliche Anreizprogramme und gesetzlich festgelegte Leistungsverpflichtungen an, zum anderen die »Fraktionalisierung« des lokalen Parteiensystems sowie das eine parteipolitische Aufladung von kommunalpolitischen Entscheidungen zusätzlich hemmende Interesse der Volksparteien, schichtübergreifend Wähler anzusprechen.[25] Diese Begründung überzeugt. Die damit angedeutete *Dynamik* der lokalen Bestimmungsfaktoren läßt es indes geboten erscheinen, die aus den 80er Jahrenden stammenden Befunde der kommunalen Policy-Output-Forschung anhand von Folge-Studien neuerlich zu überpüfen. Für die Replikation des Untersuchungsansatzes sprechen nicht zuletzt auch jüngste Forschungsergebnisse, die der Parteizugehörigkeit bei den Themen- und Ausgabepräferenzen der Ratsmitglieder in einer südwestdeutschen Großstadt wesentliche Erklärungskraft zumessen.[26] Daraus läßt sich nun gerade nicht die Annahme ableiten, daß »rote« und »schwarze« Kommunalpolitiken inhaltlich doch klarer unterscheidbar geworden sind. Eher dürfte, infolge des breiter gewordenen Vertretungsspektrums in den gewählten Vertretungen, wo die Großparteien sich zunehmend mit Klein- und Randparteien auseinandersetzen müssen, die Varianz kommunaler Sachentscheidungen, die auf ausgehandelten Arrangements zwischen konkurrierenden parteipolitischen Optionen beruhen, größer geworden sein.

e. Parteipolitisierung – nicht primär ein Problem politischer Hygiene

Der kommunale Parteienstaat als das örtlich verkleinerte und auf gemeindliche Themen und Interessenlagen hin ausgerichtete Formprinzip einer Politik, die sich durch Parteipolitik(er) und Parteienwettbewerb vermittelt, hat offenbar – diesen Schluß lassen die empirischen Ergebnisse zu – auf kommunalem Boden seine Position festigen können. Auch in den neuen Bundesländern werden die Gemeinderats- und Kreistagsmandate seit den ersten freien Wahlen 1990 ganz überwiegend von VertreterInnen politischer Parteien eingenommen. Andererseits weckt die parteipolitische Steuerung kommunaler Angelegenheiten im Meinungsbild der Bevölkerung eher ablehnende Assoziationen. Auch Funktionsträger in lokaler Politik und Verwaltung ordnen auf Befragen ihre parteipolitische Bindung einer Verpflichtung gegenüber gesamtstädtischen Belangen meist unter. Fast scheint es, als nehme mit fortschreitender kommunaler Parteipolitisierung der öffentliche Widerstand gegen diese proportional zu.

Die Motive und die politische Stoßrichtung, die Träger und der sachliche Gehalt der Gegenströmungen sind naturgemäß unterschiedlich. Teils werden bestimmte

24 Oscar W. Gabriel/Volker Kunz/Thomas Zapf-Schramm (Anm. 21), S. 25 f.
25 Ebd., S. 26.
26 Vgl. Oscar W. Gabriel/Frank Brettschneider/Angelika Vetter, Politische Kultur und Wahlverhalten in einer Großstadt, Opladen, 1997, S. 244, 246 f., 255.

»Auswüchse« kommunaler Parteipolitik (personeller Filz bei Besetzung kommunaler Ämter, überzogene Ausgabewünsche bei der Haushaltsplanung) kritisiert[27], teils wird die Ablehnung, so sie der traditionellen Vorstellung einer ideologie- und parteifreien, rein sachbezogen arbeitenden Gemeinde-Selbstverwaltung verhaftet bleibt, grundsätzlicher vorgetragen. Geht es, wie häufig behauptet, bei der Erledigung gemeindlicher Angelegenheiten allein darum, die *eine* dem Problem sachlich angemessene Lösung zu beschließen, dann erscheint das Geltendmachen konkurrierender, zumal richtungspolitisch profilierter Lösungsalternativen in der Tat sachfremd und destruktiv. Inwieweit dieses im Kern vordemokratische Denkmuster durch eine zunehmende Anwendung plebiszitärer Instrumente, wie kommunale Bürgerentscheide, die komplexe Sachverhalte ja gerade auf eine polarisierte Entscheidungslage hin zuspitzen, aufgelockert werden kann, ist eine offene Frage.[28]

Die Forderung, dieses Spannungsverhältnis durch das Eindämmen parteipolitischer Einflußmöglichkeiten zu beheben, ist demokratietheoretisch jedenfalls nicht hinreichend reflektiert. Kommunale Parteipolitisierung sollte nicht vorrangig normativ als ein Problem politischer Hygiene bzw. politischen Machtmißbrauches beurteilt werden – als ginge es *nur* darum, illegitimer Pfründenwirtschaft und verbissener Parteidogmatik Einhalt zu gebieten. Es sind vielmehr wesentlich strukturelle, aus der Eigendynamik kommunaler Sachlagen und Institutionen kommende Impulse, welche die Parteipolitisierung – jedenfalls in großen Städten – fördern. Diese These bedarf freilich der Begründung.

f. Ideologiefrei, harmonisch, rein sachlich – ein verbreitetes Idealbild kommunaler Politik

Die Gegenposition zum Vorhergehenden ist seit jeher das Standardargument insbesondere Freier Wählergemeinschaften, daß eine möglichst parteifreie Zusammensetzung der kommunalen Wahlkörper einem sachpolitisch definierten ideellen Gesamtwillen der Gemeindebürgerschaft am besten Ausdruck gäbe. Die bei Wahlen gefestigten Stimmen- und Mandatsanteile für Parteifreie bezeugen, daß die Forderung, die Rathäuser nicht der Parteipolitik zu überlassen, bei Teilen der Wählerschaft immer noch – und neuerdings vermehrt – Zustimmung findet. Sobald Gemeindebürger befragt werden, sprechen sie sich mehrheitlich für eine kommunalpolitische Praxis aus, die konsensgeleitet sein soll, ideologiefreie Lösungen sucht und nicht durch Parteistreitigkeiten polarisiert wird.

Einer ungebremsten Parteipolitisierung kommunaler Organe wirkt diese Grundeinstellung wirksam entgegen. Das zeigen nicht zuletzt die relativen Wahlerfolge Freier Wählergruppen. Wehling berichtet, daß in Baden-Württemberg (Stand 1984) fast jedes zweite Gemeindeoberhaupt einer politischen Partei angehört. Zugleich vertraten aber drei Viertel der befragten Bürgermeister die Meinung: »Parteien haben auf

27 Vgl. Hans-Ulrich Erichsen (Hrsg.), Kommunalverfassung heute und morgen. Bilanz und Ausblick, Köln u. a. 1989, S. 26 (Statement Erwin Schleeberger); Gerhard Banner, Kommunale Steuerung zwischen Gemeindeordnung und Parteipolitik am Beispiel der Haushaltspolitik, in: Die Öffentliche Verwaltung, (1984) 9, S. 364 ff.
28 Hierzu jetzt Oscar W. Gabriel/Franz-Ludwig Knemeyer/Klaus Peter Strohmeier, Neue Formen politischer Partizipation – Bürgerbegehren und Bürgerentscheid (KAS- Interne Studie Nr. 136/1997), St.Augustin 1997.

dem Rathaus nichts zu suchen. Hier geht es um Sachfragen«.[29] Dieses Selbstverständnis wird gewiß gefördert durch den besonderen Wahlmodus, der die Besetzung des kommunalen Spitzenamtes durch Direktwahl vorsieht und überdies politischen Parteien kein Vorschlagsrecht einräumt. Der von Engel herausgearbeitete
Rollenkonflikt wird auf der Bürgermeisterebene offenbar überwiegend zugunsten des
überparteilichen Treuhänders gesamtstädtischer Belange entschieden.

2. Problemgeleitete und systembedingte Politisierung

a. Politikverflechtung fördert Politisierung

Die Abneigung gegen eine Parteipolitisierung der Kommunalpolitik erweist sich nicht
zuletzt deshalb als so zählebig, weil sich ein latentes Einstellungsmuster in der Bevölkerung und ein entsprechendes Politikverständnis von Wählergruppen sowie nicht
weniger Bürgermeister wechselseitig reproduzieren. Zwar demontiert kommunale
Parteipolitik ihr schwaches Ansehen immer wieder beharrlich selbst, indem etwa bei
der Besetzung städtischer Verwaltungsposten die Herrschafts- und Versorgungspatronage allzu ungeniert betrieben wird oder die symbolische Dramatisierung örtlicher Probleme allzu durchsichtig ist. Entgegen einer verbreiteten Annahme existiert
jedoch kein quasinatürlicher Gegensatz zwischen »sachlicher« Kommunalpolitik und
»ideologischer« Parteipolitik. Einmal deshalb, weil sich nicht genau ausloten läßt, ob die
lokale Anti-Parteien-Haltung hauptsächlich ein Reflex *genereller* Parteiverdrossenheit
ist oder ob sie primär aus der größeren Anschaulichkeit und Übersichtlichkeit örtlicher
Aufgabenstellungen resultiert, was einen »rein sachlichen« Lösungsbedarf subjektiv
einleuchtend machen würde. Zum anderen steht eine eigene Qualität kommunaler Politik, die aus der *klaren Absetzung* gegen (parteien-)staatliche Politik abgeleitet ist, auch
objektiv in Frage.[30]
    Die Unterscheidung zwischen – lokaltypischen – Einzelfall-Entscheidungslagen
und programmgeleiteten Richtungsentscheidungen, die der »großen« Politik vorbehalten sind, ist als Begründung für die Sondernatur kommunaler Politik längst brüchig
geworden. In dem Maße nämlich, wie konkrete Probleme, die im örtlichen Wirkungskreis anfallen, unter den Bedingungen einer fortgeschrittenen Politikverflechtung
zwischen Bund, Ländern und Gemeinden immer schon ebenenübergreifenden rich-
tungspolitischen Vorentscheidungen – auch: Nicht-Entscheidungen – unterliegen, sind
diese Probleme nicht mehr in »lokalistischen« Alleingängen entscheidbar.
    Der Tatbestand, daß Gemeindepolitik mit Landes- und Bundespolitik zunehmend
häufiger in »Verbundlösungen« eingebettet ist, erweist sich für die Einschätzung der
Politisierung kommunaler Entscheidungsprozesse als bedeutsam. Es ist nicht sehr
sinnvoll, aus dem nachweisbaren Spannungsverhältnis zwischen den kommunalen
Gestaltungsansprüchen politischer Parteien einerseits und typischen Erwartungs-
haltungen der Gemeindebürger andererseits, die primär an einer leistungsfähigen Ge-

29 Hans-Georg Wehling, Bürgermeister in Baden-Württemberg. Stellung und Sozialprofil, in:
    Die Öffentliche Verwaltung, (1986) 24, S. 1051.
30 So jetzt Oscar W. Gabriel/Frank Brettschneider/Angelika Vetter (Anm. 26), S. 42.

meindeverwaltung und örtlichen Infrastrukturversorgung interessiert sind und Parteipolitik hier auszuklammern wünschen, immer wieder die Forderung abzuleiten, parteipolitische »Fehlentwicklungen« der Selbstverwaltung seien aufzuhalten.[31] Vielmehr stellt sich die Frage: Gibt es Faktoren, welche die Politisierung der Kommunalpolitik vorantreiben, gerade *weil* sie die besonderen lokalen Problemlagen und Politikbedingungen abbilden?

b. Steigender Problemdruck verstärkt Handlungszwang für lokale Akteure

Diese Frage leitet die nachfolgenden Ausführungen. Aufgenommen werden damit analytische Überlegungen, die Joachim Jens Hesse schon Anfang der 80er Jahre skizziert hat.[32] Unbestritten bleibt dabei eine spezifische Qualität von Gemeindepolitik; deren Besonderheit wird in den Handlungsbedingungen kommunaler Selbstverwaltung gesehen, wie sie durch lokale Problemlagen und den institutionellen Rahmen der Selbstverwaltung vorgegeben sind. Daran knüpft die Annahme an, daß die aktuelle Entwicklung in klassischen kommunalen Aufgabenbereichen wie Wohnen, Verkehr, Energie, Soziale Dienste und Abfallentsorgung inzwischen ein Stadium erreicht hat, das diese Bereiche als kritische Politikfelder ausweist. Die Problemverschärfung erzeugt einen steigenden Belastungs- und Erwartungsdruck für kommunale Akteure, der, so meine These, Politisierungsschübe freisetzt.

Der Handlungsrahmen kommunaler Politik wird dadurch doppelt verändert. Einmal wird die Vorbereitung örtlicher Entscheidungen vermehrt Gegenstand kommunaler »Außenpolitik«. Zum anderen verschieben sich die Machtgewichte innerhalb der kommunalen Verfassungsorgane und zwischen diesen: Weil die rechtliche Konstruktion der Gemeindeordnungen kein echtes parlamentarisches System in dem Sinne vorsieht, daß Rat und Verwaltungsspitze sich wie Parlament und eine von diesem gewählte und zugleich abhängige Stadtregierung gegenüberstehen, verstärken die Ratsparteien auf anderem Wege ihre sachlichen und personellen Einflußnahmen auf die Kommunalverwaltung. Um nach außen hin Kompetenz zur Lösung örtlich drängender Probleme nachzuweisen, versucht die lokale Parteipolitik, sich der flankierenden Hilfe der Fachreferate und -ämter zu versichern. Die dem Muster der Süddeutschen Ratsverfassung folgende institutionelle Neuordnung kommunaler Gewaltenteilung, die aus der bundesweiten Einführung der Volkswahl der Bürgermeister resultiert, dürfte bewirken, daß dieser Politisierungspfad eher noch reger begangen wird.

Die *problemgeleitete* Politisierung wird somit um eine *systembedingte* bzw. institutionelle Komponente ergänzt. Letztere ist ein bevorzugter Ansatzpunkt für die parteipolitische Durchdringung kommunaler Funktionsstellen, kennzeichnend insbe-

---

31 So z. B. Manfred Güllner: Die nachlassende Wahlbeteiligung bei Kommunalwahlen sei »eine folgerichtige Reaktion der Bürger auf Versuche der Politik, die Eigenständigkeit und die besondere Qualität der kommunalen Politikobene zu mißachten«, Der Zustand des lokalen Parteiensystems: Chance oder Ende der Kommunalpolitik? In: Joachim Jens Hesse (Hrsg.), Erneuerung der Politik »von unten«?, Opladen 1986, S. 35.

32 Vgl. Joachim Jens Hesse, Bürger und Parteien auf lokaler Ebene: Die Kommune als Ort der gesellschaftlichen und politischen Integration? In: Joachim Raschke (Hrsg.), Bürger und Parteien. Ansichten und Analysen einer schwierigen Beziehung, Opladen 1982, S. 235 ff.

sondere für die Situation in Städten, die über eine ressortmäßig ausdifferenzierte Administration verfügen. Jedoch sind die politischen Parteien nicht ausschließlich Gewinner der Politisierung des kommunalen Sektors. Vermehrt lokal präsent und bei Kommunalwahlen erfolgreich sind nämlich parteifreie Gruppierungen eines neuen Typs, die sich in ihrer sozialen Basis und ihren Zielpräferenzen von »alten« Freien Wählergemeinschaften sichtlich unterscheiden. Infolge dieses Politisierungseffekts hat sich das lokale Parteiensystem vor allem auf der Ebene kreisangehöriger Gemeinden häufig zu Lasten des Mandatsanteils der etablierten Parteien verändert. Nachfolgend wird sowohl die »ländliche« wie auch die »städtische« Variante kommunaler Politisierung vorgestellt und exemplarisch beschrieben.

Die »Problemüberbürdung« (Thomas Ellwein) des kommunalen Entscheidungssystems ist nicht ausschließlich ein Kennzeichen großstädtischer Verdichtungsräume, wenngleich in diesen besonders ausgeprägt. Im örtlichen Lebenskreis werden Beeinträchtigungen und Mängel in Bereichen der Grundversorgung – Wohnraum, Umweltschutz, Müllbeseitigung, Sozialhilfe, Verkehrswegeplanung und Verkehrsberuhigung – individuell immer stärker spürbar. Die gravierenden Umweltbelastungen – allein für Baden-Württemberg wird der Besatz mit Altlastenverdachtsflächen auf 17 000 bis 26 000 geschätzt[33] – beeinträchtigen die örtlichen Lebens- und Arbeitsbedingungen. Zudem kumulieren sich die Belastungen bei bestimmten Problemgruppen: Beispielsweise sind die städtischen sozialen Dienste angesichts der fortlaufenden Verknappung an billigem Wohnraum zunehmend weniger in der Lage, die Lebensumstände bedürftiger Personengruppen oberhalb der Armutsgrenze zu halten.

Kürzungen im Bereich kommunaler Hilfs- und Serviceangebote rühren auch daher, daß die finanzielle Ausstattung der Gemeinden mit den steigenden Leistungsanforderungen nicht Schritt hält. Beispielsweise hat sich der Ausgaben-Anteil für Sozialleistungen in den kommunalen Haushalten überproportional in den alten Bundesländern zwischen 1980 und 1996 von 11,8 % auf 21,7 % fast verdoppelt, in den neuen Ländern zwischen 1991 und 1996 von 4,5 % auf 14,9 % mehr als verdreifacht.[34] Im Vergleichszeitraum 1980–96 sind andererseits in westdeutschen Kommunen die Steuerdeckungsquote um 3,1 % (auf 33,3 %) und der Haushaltsanteil der Zahlungen von Bund und Land um 2,1 % (auf 28,7 %) zurückgegangen.[35]

Steigender Problemdruck und anhaltende Ressourcenknappheit verstärken sich also in den Kommunen gegenseitig. Die kommunalen Akteure geraten durch die krisenhafte Entwicklung in zentralen Politikfeldern unter verstärkten Handlungsdruck. Jene Felder, in denen ein öffentlicher Vorsorge- und Regelungsbedarf besonders dringlich ist, gehören zum klassischen gemeindlichen Aufgabenspektrum. Dies begründet die formelle Zuständigkeit der kommunalen Ebene. Indes empfinden Städte und Gemeinden diese Zuständigkeit zunehmend als Belastung. Mit den Leistungserwartungen betroffener Bürger vor Ort direkt konfrontiert, sind sie nur unzureichend imstande, die z. T. gesetzlich festgelegten Ansprüche zu erfüllen. Der Gesetzgeber hat kostenträchtige Bereiche lokaler Leistungsverwaltungen zu pflichtigen Aufgaben der Kommunen erklärt, ohne diesen jedoch immer eine angemessene Finanzausstattung (etwa durch Bezuschussung der Sozialhilfeausgaben) mitzugeben.

In anderen städtischen Problemfeldern, deren Regelung von ordnungspolitischen Entscheidungen der Bundesgesetzgebung abhängt, fehlen den Kommunen bislang wirksam greifende Steuerungsmittel. Beispielsweise sind langjährige kommunale For-

---

33   Vgl. Raumordnungsbericht 1991, Deutscher Bundestag, 12. WP, Drs. 12/1098, S. 116.
34   ZS. für Kommunalfinanzen (ZKF), (1996) 10, S. 236.
35   Ebd., S. 237.

derungen, in städtischen Quartieren mit erhaltungswerter Wohnstruktur befristete Umwandlungsverbote verhängen zu können, erst zum 1. Januar 1998 im Rahmen einer Länder-Öffnungsklausel des Bundesbau- und Raumordnungsgesetzes berücksichtigt worden. Für betroffene Bürger ist schwer erkennbar, daß die politische Verantwortlichkeit über mehrere Systemebenen verteilt ist. Dies hat zur Folge, daß den kommunal Verantwortlichen auch staatliche Steuerungsdefizite anderer Politikebenen ungefiltert angelastet werden. Protest und Unzufriedenheit regen sich zusätzlich dort, wo die Kommunen zu Kürzungen freiwilliger Leistungen gezwungen sind, um die Kostenunterdeckung bei Aufgaben auszugleichen, die ihnen von Staats wegen übertragen sind. Hinzu kommt, daß gesamtstädtische und partikulare Interessen besonders in kritischen Aufgabenfeldern zusehends schwieriger ausbalanciert werden können. Bürger wehren sich beispielsweise gegen Neubaumaßnahmen, weil sie aufgrund der damit einhergehenden höheren Wohn- und Verkehrsdichte eine Beeinträchtigung ihrer Lebensqualität befürchten. Bei der Planung von Abfalldeponien, Kraftwerken und Müllverbrennungsanlagen sind Standortkonflikte mittlerweile vorprogrammiert. Wo Anliegerproteste aufbrechen, werden lokale Probleme in den Bereich öffentlicher Kontroversen gerückt und dadurch automatisch als *Sache* politisiert.

c. Kritische kommunale Aufgabenfelder werden parteipolitisch besetzt

Für eine lokale Parteipolitik bedeutet diese Politisierung städtischer Lebenswelt eine neue Herausforderung. Die ohnedies bestehenden strukturellen Schwierigkeiten (nicht nur) des lokalen Parteiensystems – die sich mit Stichworten wie nachlassende Parteibindung, Erosion von Traditionsmilieus und sinkende Wahlbeteiligung benennen lassen – werden zusätzlich verschärft. Als kommunale Akteure stehen Parteipolitiker vor dem Dilemma, daß sie im mühsamer gewordenen Wettbewerb um Wählerstimmen ihre Lösungsfähigkeit für spezifisch örtliche Probleme nachweisen müssen, dabei aber mit wechselnden Teilen ihrer Wählerklientel in Zielkonflikte geraten. Maßnahmen zur innerstädtischen Verkehrsberuhigung etwa finden zwar den Beifall der Anwohner, vergraulen jedoch regelmäßig Einkaufs- und Berufseinpendler und den Handel. Für örtliche Parteiorganisationen ist es sichtlich schwieriger geworden, ihre klassische Funktion zu erfüllen, ein Konzept flächendeckender Stadtpolitik anzubieten, das in einer nach Lebensstilen und Interessenlagen zunehmend zergliederten Stadtgesellschaft mehrheitsfähig bleibt.

In dieser Situation entwickeln örtliche Parteiakteure Strategien, welche die Politisierung der kommunalen Arena verstärken. Geradezu zwangsläufig werden kritische Politikfelder zum Gegenstand parteipolitischer Kontroversen. In solchen Feldern finden Aktionsprogramme und Dringlichkeitsanträge am ehesten öffentliche Aufmerksamkeit. Parteiverbände und ihre örtlichen Mandatsträger, die sich mit themenbezogenem Engagement als Sachwalter zahlenmäßig großer Bevölkerungsgruppen profilieren, dürfen sich bessere Wahlchancen ausrechnen – kann doch als gesichert gelten, daß die Issue-Orientierung, also die subjektive Einschätzung der Wichtigkeit politischer Themen und der Problemlösungskompetenz der Wahlbewerber, auch die kommunale Wahlentscheidung wesentlich leitet.[36] So erklärt sich, daß der öffentlich

---

36 Vgl. Dieter Hermann/Raymund Werle (Anm. 2); Konrad Schacht (Anm. 2).

inszenierte, verbale Schlagabtausch zwischen lokal konkurrierenden Parteien härter geworden ist. Das Bemühen um die erfolgreiche Besetzung von Themenfeldern, die für die Wähler wichtig sind, zwingt die Konkurrenten aber auch zu höherer Professionalität in der Sache: Wenn Parteien örtliche Probleme aufgreifen und Lösungen vorschlagen, müssen sie bei Betroffenen und bei einer kritischen lokalen Öffentlichkeit den Verdacht ausräumen, primär parteitaktisch vorzugehen. Um überhaupt Gehör und Unterstützung zu finden, müssen parteipolitische Lokalinitiativen sachlich fundiert sein. Da ist es von erheblichem Vorteil, wenn eine Partei auf das Expertenwissen und die fachliche Reputation der kommunalen Fachverwaltung zurückgreifen kann.

d. Parteipolitik sucht Assistenz der kommunalen Fachverwaltung

Aus dieser Sicht erscheint die so häufig und heftig als lokale »Selbstbedienung« und »Parteibuchwirtschaft« kritisierte kommunale Personalpolitik in etwas anderem Licht, denn das Bestreben politischer Parteien, auf Stellenbesetzungen in der Stadtverwaltung (auch unterhalb der Leitungsebene) Einfluß zu nehmen, ist durch die Dynamik kommunaler Problemlagen und die Logik des kommunalen Entscheidungssystems mitbegründet. Vergleichend angelegte empirische Fallstudien haben herausgearbeitet, daß die Stadtverwaltung in der Regel über einen Wissensvorsprung verfügt, der sie den Ratsmitgliedern »bei der Initiierung und Vorbereitung von Beschlüssen der Stadtvertretung generell überlegen«[37] macht. Zwar kann von einer eindeutig »exekutiven Führerschaft« der Kommunalpolitik nicht gesprochen werden. Aber es ist eben doch die fachlich spezialisierte und kontinuierlich tätige Verwaltung, die einen örtlichen Regelungsbedarf aufgreift und anmeldet, Vorschläge ausarbeitet und dabei häufig über denkbare Alternativen de facto eine Vorentscheidung trifft.[38] Um so mehr kommt es für die im Rat vertretenen Parteien darauf an, schon in die amtsinterne und informelle Vorbereitung kommunalpolitischer Entscheidungen, die in die Zuständigkeit der Verwaltung fällt, über Personen ihres Vertrauens einbezogen zu werden.[39] Auf diesem Wege kann in Planungsprozesse und in die Entwicklung der kommunalen Leistungsangebote ein richtungspolitischer Gestaltungsanspruch eingebracht werden, der aufgrund des Wählerauftrags legitim ist. Indes: Nicht nur verfassungsrechtlicher Bedenken wegen, die auf möglichen Durchbrechungen des Prinzips gleicher Zugangschancen zu öffentlichen Ämtern gründen, sind einer einseitig parteipolitisch gesteuerten Personalauslese Grenzen gesteckt. Die Amtszeit kommunaler Wahlbeamter endet nicht mit der Legislaturperiode der gewählten Stadtvertretungen. Daher sind, zumal bei wiederholtem Wechsel der Mehrheitsverhältnisse, Rat und Dezernenten kollegium häufig parteipolitisch nicht gleich zusammengesetzt. Auch sind absolute Ratsmehrheiten in der Bundesrepublik in letzter Zeit seltener geworden, so daß die Zahl der Städte mit Besetzungsmonopol der SPD oder der Unionsparteien sinkt.[40]

---

37 Uwe Winkler-Haupt/Christoph Gürtler/Wolfgang Holler/Hermann-Josef Schreiner (Anm. 5), S. 116.
38 Vgl. Gerd Schmidt-Eichstaedt, Die Machtverteilung zwischen der Gemeindevertretung und dem Hauptverwaltungsbeamten im Vergleich der deutschen Kommunalverfassungssysteme, in: Archiv für Kommunalwissenschaft, (1985) 1, S. 21 ff.
39 Vgl. zur Scharnier-Funktion der Fachausschüsse des Rates Gerhard Banner (Anm. 27), S. 370 f.
40 Vgl. Oscar W. Gabriel/Frank Brettschneider/Angelika Vetter (Anm. 26), S. 105.

3. Strukturwandel parteifreier Wählergruppen

Die Politisierung hat auch die Kommunalpolitik kleinerer, kreisangehöriger Städte und Gemeinden erfaßt. Diesen Politisierungsprozeß in Gemeinden mittlerer und kleinerer Größenklasse in Verbindung mit der dort relativ starken Position parteifreier Gruppierungen zu sehen, mag zunächst widersinnig anmuten, da doch gerade Freie Wählergemeinschaften als erklärte Verfechter einer kommunalen Sachpolitik auftreten, die harmoniebetont ist und Parteipolitik ausgrenzt. »Auf kommunaler Ebene werden keine Gesetze erlassen, die den Stempel der sie beschließenden politischen Parteien tragen. Gemeindepolitik ist Sachpolitik und sollte als solche auch erhalten bleiben. Eine Gewähr dafür bieten die Freien Wähler, die auf Gemeindeebene wie auf Landkreisebene sachlich mit Erfolg arbeiten ... Für das Wohl einer Gemeinde ist es unabdingbar, daß in den Gemeinderat Persönlichkeiten mit Sachverstand und dem Willen zur Zusammenarbeit gewählt werden«.[41] Diese Aussage, zitiert aus einem Bürgermeister-Wahlbrief der FWG einer fränkischen Marktgemeinde aus dem Jahr 1990, gibt das typische traditionelle Selbstverständnis Freier Wähler beispielhaft wieder. Jedoch mehren sich in der letzten Zeit Anzeichen, daß im Spektrum parteifreier örtlicher Wählergruppen ein Strukturwandel sich vollzieht. Der Wandel ist Ausdruck einer Politisierung, deren gesellschaftliche und sachliche Bestimmungsgründe denen der Großstädte ähnlich sind, die sich hier jedoch nicht primär als verstärkte Parteipolitisierung auswirkt. Die überwiegend großstadtzentrierte lokale Politikforschung hat diesen Vorgang bisher vernachlässigt. Doch drängt sich als Hypothese geradezu auf, daß gesamtgesellschaftliche Entwicklungen, die zu einer Politisierung lokaler Themen und Politikverfahren in Ballungszentren beitragen, zumindest auch in Gemeinden wirksam sind, die im Einzugsbereich städtischer Verdichtungsräume liegen. Auch Umlandgemeinden sind von Umweltbelastungen, Zersiedelung und Planungskonflikten um Verkehrswege, Deponien oder Industrieansiedlungen inzwischen eingeholt worden. Gleichzeitig haben sich hier durch Zuzug aus innerstädtischen Wohngebieten in wachsender Zahl Einwohner angesiedelt, die auf Beeinträchtigungen der Wohnstandortqualität mit vergleichsweise hoher Konfliktbereitschaft reagieren.

Unter den Neubürgern stadtnaher kleiner Gemeinden ist der Anteil der Beschäftigten des Dienstleistungssektors, also der neuen Mittelschichten mit gehobener Bildungs- und Berufsqualifikation sowie urbanem Lebensstil, hoch. Diese Sozialgruppe gilt soziologischen Erkenntnissen zufolge als besonders aufgeschlossen für postmaterialistische Wertvorstellungen (ökologische Sensibilität, Mitbestimmung, persönliche Selbstentfaltung) und für Formen einer »neuen Politik«, welche sich außerhalb der Politikvermittlungsschiene organisiert, die an Parteien und Großverbände angebunden ist.[42] Solche politische Selbstaktivierung bleibt zeitlich befristet und problembezogen, selten gibt sie den Anstoß zum Engagement in einer Partei. Dieses Verhaltensmuster spiegelt die geringe Parteiidentifikation und eine Issue-Orientierung wider, die, wie erwähnt, für das Wahlverhalten und die politische Einstellung dieser Schicht allgemein charakteristisch sind.

Für die Entwicklung der Kommunalpolitik in kleinen Städten und Gemeinden läßt sich daraus die Vermutung ableiten, daß kommunale Wachstums- und Infrastrukturprobleme bei den betroffenen Bewohnern Politisierungsprozesse auslösen, wobei sich dieses Politisierungspotential jedoch vorzugsweise neben etablierten Parteien formiert

---

41 Wahlbrief im Besitz des Verfassers.
42 Dazu auch allgemein Hinweise bei Konrad Schacht (Anm. 2), S. 2 ff., 18 ff.

(die in dieser Ortsgrößenklasse ohnehin schwächer vertreten sind). Es tritt eine neue Variante parteifreier Bürgerlisten auf. Diese unterscheiden sich von dem altmittelständisch-konservativen Programm- und Sozialprofil der traditionellen FWG[43] deutlich und haben zu lokaler Parteipolitik ein wesentlich pragmatischeres Verhältnis. Ein flächendeckender Nachweis für diese Umgruppierung im lokalen Parteiensystem steht bislang aus. Immerhin liegen zwei Fallstudien vor, die der Frage nach einem Strukturwandel von Wählergemeinschaften in einer Umlandgemeinde (knapp 3 000 Einwohner) der nordbayerischen Universitätsstadt Erlangen und in einer Kleinstadt im Taunus (rund 15 000 Einwohner), die im Einzugsbereich des hessischen Rhein-Main-Gebietes liegt, nachgegangen sind.[44] Beide Orte sind in ihrer Bevölkerungsstruktur durch hohe Anteile an mittlerer und oberer Mittelschicht geprägt. In beiden Fällen konkurrieren zwei parteifreie Gruppierungen untereinander und mit lokalen Parteien.

Im Ergebnis dieser Lokalstudien wird die Politisierungsthese in der Tendenz bestätigt. In der Erlanger Umlandgemeinde gab das Votum der Gemeinderatsmehrheit für eine umstrittene Umgehungsstraße im Jahr 1982 den Anstoß zur Gründung einer zweiten parteiunabhängigen Gruppierung. Intendiert war eine »bürgerliche Konkurrenz« zur älteren FWG, »die Umweltthemen und eine humanere Ortsplanung thematisiert«.[45] Unter den Gemeinderatskandidaten der »Unabhängigen Bürger« dominierten 1984 die Altersgruppen unter 40 Jahren, etwa jede(r) zweite hatte eine Universitätsausbildung. Für die parteilose Organisationsform waren weniger prinzipielle Anti-Partei-Affekte als vielmehr pragmatische Gründe ausschlaggebend; man hoffte, als überparteiliche Gruppierung auch konservative Wähler anzusprechen. Mit ihrem Auftreten übernimmt die neue Wählergruppe, so die Autorin der Studie, zwei Funktionen: Sie bündelt Unzufriedenheit mit der »autokratischen Amtsführung« des langjährigen (von der FWG gestellten) Bürgermeisters und artikuliert damit Forderungen nach mehr Partizipation und Pluralität im Gemeinderat. In ihrem Programm betont sie typische postmaterialistische Zielsetzungen (verträgliche Lebenswelt, Umweltschutz), die hier ihren lokalen Festpunkt im Widerstand gegen ein umstrittenes Verkehrsprojekt finden.[46]

Von einer vergleichbaren Fragestellung ausgehend, hat die hessische Fallstudie für die Jahre 1972 bis Mitte 1991 mit einem Schwerpunkt auf der Phase vor den Kommunalwahlen 1989 aufzeigen können, daß die untersuchten, in den 80er Jahren gegründeten lokalen politischen Gruppierungen den Wertewandel in ihre Programmatik aufgenommen haben und auf diese Weise ein postmaterialistisch orientiertes lokales Protestpotential binden.[47]

---

43 So für die Wählerebene neuerlich bestätigt bei Oscar W. Gabriel/Frank Brettschneider/Angelika Vetter (Anm. 26), S. 105.

44 Vgl. Claudine Stauber, Freie Wählergemeinschaften und ihre Funktion in der Gemeinde, unveröff. Magisterarbeit an der Universität Erlangen – Nürnberg 1988, Ronald Biesten, Der Prozeß der Bildung einer Wählergemeinschaft am Beispiel der Wählergruppe »Königstein 2000«, unveröff. Magisterarbeit der Universität Konstanz 1991.

45 Aussage eines Gründungsmitglieds, zit. in Claudine Stauber (Anm. 44), S. 76.

46 Vgl. ebd., S. 120. Bei den Kommunalwahlen 1984 erzielte die Wählergruppe »Unabhängige Bürger« rd. 10 Prozent der Stimmen und ein Mandat. Das Ergebnis für 1990: 14,7 Prozent und zwei Mandate (CSU drei Sitze, SPD vier, FWG fünf).

47 Bei den Kommunalwahlen 1981 errang die »Arbeitsgemeinschaft lebenswertes Königstein« (AIK) 22 Prozent und acht Sitze (1985: neun Sitze, 1989: acht Sitze). Die »Wählergruppe Königstein 2000« (WK 2000) erhielt 1989 9,8 Prozent und vier Sitze. Angaben lt. Ronald Biesten (Anm. 44), S. 126, ferner ebd., S. 56 f., 115 ff.

Der hier beispielhaft beschriebene Strukturumbruch im Aktionsbereich parteifreier kommunaler Wählergemeinschaften ist eine ländlich-kleinstädtische Erschei-
nungsform der konstatierten Tendenz zur »Auswanderung« der Wähler aus dem lokalen Parteiensystem. Nicht nur die etablierten Parteien (einschließlich der Grünen)
sind durch die neue Politisierung von unten herausgefordert. Auch Freie Wählergemeinschaften alten Typs, die mancherorts schon als ein von »echten« Parteien kaum
noch unterscheidbares Teilelement des lokalen Parteiensystems wahrgenommen werden[48], geraten unter Konkurrenzdruck. Sie reagieren darauf, indem sie sich für ökologische Zielvorstellungen stärker öffnen. Die großen Parteien ihrerseits versuchen,
beispielsweise in Bayern, durch Aufnahme parteiloser Bewerber auf Kandidatenlisten
oder Neugründung von Ortsvereinen ihre Wähleranteile zu festigen. Eine weitere
Variante ist die Gründung sogenannter »Tarnlisten«, die allerdings Fragen nach der
Übereinstimmung mit geltendem Wahlrecht aufwirft.[49] Organisationsreformen und
wahltaktische Maßnahmen allein werden, so viel scheint sicher, die lokalen Akzep-
tanzverluste der politischen Parteien nicht ausgleichen zu können. Mit dem im Frühjahr 1997 gefaßten, innerverbandlich umstrittenen Beschluß des bayerischen Landesverbandes der Freien Wähler, sich an den nächsten Landtagswahlen zu beteiligen, hat
der Wettbewerb zwischen Parteien und »Nichtparteien« eine neue Qualität erreicht.
Das Ausgreifen auf die Ebene der Landespolitik wird nicht nur dazu führen, daß ein
bisher unsichtbares parteipolitisches Übergewand der parteiunabhängigen Gruppierung deutlicher sichtbar wird, sondern ist auch ein Indikator für die tatsächliche Politisierung der kommunale Arena, die mit den staatlichen Ebenen eng verflochten ist.

4. Innovation und verzögerte Angleichung –
Kommunale Politik in den neuen Bundesländern
seit der deutschen Einigung

Mit der Demokratisierung der DDR-Kommunalverfassung durch Beschluß der
Volkskammer und den Kommunalwahlen vom 6. Mai 1990 wurden noch vor der
deutschen Einigung wesentliche Voraussetzungen dafür geschaffen, daß an Stelle der
zentralistisch gelenkten Lokalverwaltungskörper des SED-Staates eine kommunale
Selbstverwaltung nach westdeutschem Muster treten konnte (vgl. hierzu den Beitrag
von Hellmut Wollmann zum Um- und Neubau der Kommunalstrukturen in Ostdeutschland, in diesem Band. Gleichwohl lassen sich die oben beschriebenen, typisch
westdeutschen Tendenzen der Politisierung des kommunalen Lebens sowie der
Wandlungen im lokalen Parteiensystem auf die neuen Bundesländer nicht unbesehen
übertragen. Der hier vollzogene Umbruch kommunaler Institutionen, Personalbestände und Handlungsorientierungen hat vielmehr in wesentlichen Erscheinungsformen den Weg einer Sonderentwicklung genommen. Dieser ostdeutsche kommunale
Sonderweg trägt gewiß die Züge einer Übergangserscheinung im Prozeß längerfri-

---

48 So Dieter Hermann/Raymund Werle (Anm. 2), S. 398.
49 Lt. Pressemeldungen sind wegen der Kandidatur von »Tarnlisten« mehr als 20 Verfahren vor
    Verwaltungsgerichten angestrengt worden. Der bayerische Verfassungsgerichtshof hat in
    mehreren Entscheidungen das Verbot sog. Zweitlisten bei Kommunalwahlen für unzulässig
    erklärt und die Fälle an die Verwaltungsgerichte zurückgewiesen.

stiger Angleichung an westdeutsch geprägte Systembedingungen, hat aber andererseits ein durchaus eigenständiges Profil ausgeformt, in dem sich, um die von Hellmut Wollmann eingeführten Begriffe zu benutzen, »exogene« und »endogene Pfadabhängigkeiten« miteinander verbinden.[50] Dies läßt sich beispielhaft an den im Vollzug der Kommunalen Gebietsreformen praktizierten »sanften« Lösungen des Zentralitätsproblems veranschaulichen, oder auch an der Elitenzirkulation im Bereich des kommunalen Verwaltungskörpers, die altgedientes und neuberufenes Personal, alte Diensterfahrungen und ein neues Amtsverständnis in unterschiedlichen Formen zusammengeführt hat.[51] Die politische Generation, welche die Wende in der DDR mit herbeiführte, wird der neuen kommunalen Funktionselite zumindest zum Teil weiterhin angehören, und somit werden die von ihr verkörperten Erfahrungswerte und politischen Maßstäbe die kommunale Praxis noch auf absehbare Zeit prägen. Hier deuten sich Parallelen an zur historischen Herausbildung des westdeutschen Parteiensystems, dessen formative Phase während der frühen Nachkriegsjahre 1945 bis 1949 zeitlich einherging mit der erfolgreichen Einübung lokaler administrativer Kompetenz.[52]

Die ersten, Anfang der 90er Jahre erscheinenden Pionierstudien über Strukturen und handelnde Personen der kommunalen politischen Neuordnung in den neuen Bundesländern gaben erste Aufschlüsse über Verlauf und Größenordnung des kommunalen Umformungsprozesses seit Herbst 1989. In der Stadt Jena z. B. waren rund 35 % der heutigen kommunalen Mandatsträger bis Ende 1989 einer der neuen politischen Gruppierungen beigetreten.[53] Diese formierten sich aus lokalen Oppositionskernen, mit bleibenden vielfältigen persönlichen (Ver-)Bindungen untereinander, die ursprünglich aus gemeinsamer Gegnerschaft zum SED-Regime geboren, als eine informelle Zwischenebene für partei- und gruppenübergreifende politische Verständigung in die erneuerten Institutionen überführt werden konnten. Umgekehrt waren die weltanschanlichen Trennlinien und »Moralgrenzen« (Rainer M. Lepsius) weniger scharf zwischen den um Ämter und Machtanteile konkurrierenden Gruppierungen markiert als z. T. innerhalb dieser, wo Spannungen zwischen Blockpartei-Altkadern und Erneuerern aufbrachen.

Nach den ersten freien Kommunalwahlen 1990 kam es in den größeren Städten überwiegend zur Bildung Großer Rathauskoalitionen, zumeist ohne Einschluß der

---

50 Für diesen Erklärungsansatz siehe Hellmut Wollmann, Institutionenbildung in Ostdeutschland: Neubau, Umbau und »schöpferische Zerstörung«, in: Max Kaase/Andreas Eisen/Oscar W. Gabriel/Oscar Niedermayer/Hellmut Wollmann, Politisches System, Opladen 1996, S. 47 ff.; empirische Ergebnisse zusammenfassend Hellmut Wollmann, Transformation der ostdeutschen Kommunalstrukturen: Rezeption, Eigenentwicklung, Innovation, in: ders. u. a., Transformation der politisch-administrativen Strukturen in Ostdeutschland, Opladen 1997, S. 259 ff.

51 Vgl. Frank Berg/Martin Nagelschmidt/Hellmut Wollmann, Kommunaler Institutionenwandel. Regionale Fallstudien zum ostdeutschen Transformationsprozeß, Opladen 1996; ferner Hans Ulrich Derlien, Elitenzirkulation zwischen Implosion und Integration. Abgang, Rekrutierung und Zusammensetzung ostdeutscher Funktionseliten 1989–1994, in: Hellmut Wollmann u. a. 1997 (Anm. 50), S. 329 ff.

52 Vgl. Everhard Holtmann, Politik und Nichtpolitik. Lokale Erscheinungsformen politischer Kultur im frühen Nachkriegsdeutschland, Opladen 1989.

53 Vgl. Helmuth Berking/Sighard Neckel, Außenseiter als Politiker: Rekrutierung und Identitäten neuer lokaler Eliten in einer ostdeutschen Gemeinde, in: Soziale Welt, 42 (1991) 3, S. 283–299; Dirk Meisel, Kommunale Selbstverwaltung im Umbruch, Entscheidungsprozesse in einer ostdeutschen Stadt nach der Wende, Bornheim, 1995; Frank Berg/Bärbel Möller, Transformationsprobleme kommunaler Verwaltungsinstitutionen und kommunaler Parteienentwicklung (Biss-Forschungshefte, H.3), Berlin 1993.

Flügelparteien PDS und DSU. In Jena etwa war schon vor dem Wahltermin eine »Wahlpartnerschaft«, bestehend aus SPD, Demokratischem Aufbruch, Neuem Forum und Grünen, gegründet worden.[54] Solche breiten Allianzen wurden von dem Bedürfnis getragen, möglichst alle neuerungswilligen Kräfte zusammenzufassen, um die immensen Erblasten des abgedankten alten Regimes bewältigen zu können. Kennzeichnend für den weiteren Verlauf der Kommunalpolitik im Osten Deutschlands wurde, daß die Großen Koalitionen auseinandergefallen sind, zum Teil noch während der 1. Wahlperiode (so z. B. in Halle). Die – in westdeutschen Kommunen strukturtypischen – Eigengesetzlichkeiten einer nach parlamentarischen Regeln ablaufenden, zunehmend am Primat der Ratsfraktionen orientierten Gemeindepolitik haben zwar nach den zweiten Kommunalwahlen von 1993/94 an Bedeutung gewonnen. Dennoch hat sich, auch in den größeren Städten, das konkurrenzdemokratische Muster der Machtverteilung zwischen einer mehrheitsfähigen Stadtregierung und einer Ratsopposition nicht eindeutig durchgesetzt. Die – direkt gewählten – Bürgermeister müssen sich, angesichts der starken parteipolitischen Fraktionierung der Ratsplenen, in denen in der Regel drei in etwa gleich starke größere Fraktionen und mehr als eine kleinere Gruppierung vertreten sind, ihre beschließenden Mehrheiten von Fall zu Fall suchen.

Was die Politisierung kommunaler Sach- und Personalentscheidungen betrifft, so lassen sich bestimmte übergangstypische Ausprägungen wenigstens andeuten. Das basis- bzw. direktdemokratische Politikverständnis vieler ostdeutscher lokaler Mandatsträger der ersten Generation ist hinlänglich bekannt. Andere Erscheinungsformen der kommunalen Politisierung erschließen sich erst über vorliegende Fallstudien: Die übliche Trennung nach den Sphären der örtlichen und der »großen«, nationalen Politik wurde vergleichsweise zögernd nachvollzogen, denn im Bewußtsein der lokal politisch Aktiven waren konkrete kommunale Problemlagen und gesamtpolitische Gestaltungsansprüche eng miteinander verknüpft. In Jena arbeiteten beispielsweise seit Herbst 1989 »themenbezogene Arbeitsgruppen« in allen Bewegungen und Parteien, wobei zwischen lokalen und überlokalen politischen Anliegen gewöhnlich nicht unterschieden worden ist.[55] Als dann demokratische Selbstverwaltungsorgane ihre Arbeit aufnahmen, wurde dieser vordem systemoppositionelle Vorsatz einer umfassenden politischen Neugestaltung »von Grund auf« in die Ratsgeschäfte überführt.

Die Politisierung machte vor Personalentscheidungen zwangsläufig nicht halt. Aber auch auf diesem Feld haben die besonderen Umstände und Erfahrungen des Umbruchs einen eigenen Stil und eigene Verfahrensweisen hervorgebracht. So sind etwa die hauptamtlichen Dezernenten bzw. Beigeordneten der Stadtverwaltungen zwischen 1990 und 1993/94 oftmals zugleich weiterhin gewählte Mitglieder der Stadtvertretungen geblieben. Diese Praxis des Doppelmandats ist, weil gegen das Inkompatibilitätsgebot verstoßend, nach den Maßstäben bundesdeutschen Kommunalrechts systemwidrig, und sie hat denn auch die Reform der ostdeutschen Kommunalverfassungen nicht überlebt. Indes erfuhr, was nach westdeutschen Normen bedenklich erscheint, aus ostdeutscher Sicht eine eigenständige Begründung: Wenn gewählte Vertreter der Bürgerschaft in die Verwaltungsleitung wechselten, nahmen sie ein Stück direkter demokratischer Legitimation in ihre neue Tätigkeit als kommunale Wahlbeamte mit.[56]

Der Einfluß der gewählten Ratsvertreter – und damit der im Rat vertretenen Parteien – auf Personalentscheidungen reichte von Beginn an bis auf die mittlere Lei-

---

54 So Dirk Meisel (Anm. 53), S. 66.
55 Ebd., S. 60 ff.
56 Ebd., S. 83.

tungsebene hinunter. Um nochmals die Jenenser Fallstudie anzuführen: Hier übte der Hauptausschuß, indem er über die Besetzungsvorschläge der Dezernenten für Amtsleiterstellen beriet, eine faktische personalpolitische Vorentscheiderfunktion aus.[57] Welchen Empörungsgestus ein solches Verfahren in westdeutschen Städten bei der jeweiligen Rathausopposition auslösen würde, ist unschwer vorstellbar. In Ostdeutschland hingegen rechnete dieser Auswahlmodus offenbar zum nicht-kontroversen Sektor kommunaler Politik, ging es doch seinerzeit – noch – nicht primär um eine gezielte parteipolitische Macht- und Versorgungspatronage, sondern darum, mittels eines kollektiven Prüfvorgangs jene Bewerber auszuschließen, die aus SED-Zeiten politisch belastet sind.

Inzwischen, rund sieben Jahre nach der Einigung, ist der Forschungsstand so weit fortgeschritten, daß nicht nur die »Transaktionskosten« und Konsolidierungserfolge der kommunalen Erneuerung sich insgesamt schärfer abbilden lassen, sondern auch speziell die Stellung und Bedeutung des Parteienfaktors in der Kommunalpolitik, fokussiert auf den Akteursaspekt, besser erhellt werden kann. So treten die Dimensionen des Elitenaustausches deutlicher hervor: Nach den Wahlen 1990 sind in Städten und Landkreisen in die Positionen der Bürgermeister und Landräte durchwegs »Neupolitiker« eingerückt.[58] In kleineren bzw. kreisangehörigen Gemeinden wurden hingegen ein Viertel bis ein Drittel der Alt-Bürgermeister wiedergewählt.[59] Im sachsen-anhaltischen Saalkreis zum Beispiel hatten 41 % der im Mai 1990 gewählten 56 Bürgermeister als Parteienbewerber kandidiert; jene 18, die bereits vor der Wende amtiert hatten, traten häufig als parteiunabhängige Kandidaten oder für Bürgerinitiativen an, seltener für aus Blockparteien hervorgegangene Listen und lediglich zweimal für die PDS.[60]

Auf der Ebene der gewählten Ratsvertreter war die Elitenfluktuation recht hoch. Im erwähnten Saalkreis hatte nur knapp jede(r) vierte der 1990 Gewählten schon vor der Wende ein kommunales Mandat innegehabt. Bei den zweiten Kommunalwahlen im Juni 1994 wurden 50 % der Mandatsträger erstmals gewählt; dies entsprach in etwa den Gesamtwerten für die neuen Länder (57,6 % in kreisfreien Städten, 58,8 % in Kreistagen).[61] Darüber hinaus legten im Laufe der 1. Wahlperiode gegen ein Drittel aller Stadtvertreter in ostdeutschen Großstadtparlamenten ihr Mandat nieder.[62] Die Quoten schwanken zwischen 15,0 % (für Gera) und 46,9 % (für Rostock). Im ländlichen Raum lag die Fluktuationsrate möglicherweise niedriger. Im Saalkreis sind bis Mai 1994 nur 18 % der Gemeindevertreter ausgeschieden. Auch die Austrittsgründe variieren evtl. nach Ortsgrößenklassen: Im Saalkreis gaben die Betroffenen sowohl den Zeitaufwand als auch politische und persönliche Konflikte an.[63] In Leipzig andererseits wurden berufliche Veränderungen als häufigstes Motiv genannt (71 %). Für die Hälfte dieser Perso-

57 Vgl. ebd., S. 85 ff.
58 Hellmut Wollmann, in: Wollmann u. a. (Anm. 50), S. 277.
59 Ebd., S. 283; neuestens Roland Däumer, Vom demokratischen Zentralismus zur Selbstverwaltung: Verwaltungen und Vertretungen kleiner kreisangehöriger Gemeinden Ostdeutschlands im Transformationsprozeß (Raum Halle: Saalkreis), phil. Diss. Halle-Wittenberg 1997.
60 Ebd., S. 23 f.
61 Ebd., S. 247 ff.
62 Vgl. Kathrin S. Becher, Mandatsniederlegung auf kommunaler Ebene. Untersuchung von Austrittsursachen am Beispiel der Stadtparlamente Leipzig und Frankfurt/Main, phil. Diss. Mannheim 1996.
63 Roland Däumer (Anm. 59), S. 247.

nen hatte sich die Chance eröffnet, leitende Positionen in der Stadtverwaltung oder in anderen kommunalen Einrichtungen zu übernehmen.[64]

Der Parteieneinfluß fällt, nimmt man die eingangs verwandten Kriterien für Parteipolitisierung nochmals auf, unterschiedlich aus. Unmittelbar wirksam und ehestens nachweisbar ist ein solcher Einfluß auf der Ebene der Personalpolitik. Die Besetzung von Leitungspositionen in den ostdeutschen Kommunalverwaltungen war, so Wollmann, von Anfang an »maßgeblich von den politischen und auch Karriereinteressen insbesondere der jeweils lokal regierenden Koalition gesteuert«.[65] Auch in einer Großstadt wie Leipzig war etwa der Wechsel von einem Ratsmandat in eine leitende Verwaltungsstelle durch die im Stadtparlament gegebenen Fraktionsmehrheiten erkennbar gesteuert.[66] Im Ergebnis wurden dabei verschiedene »Umbruchpfade« (Berg/Nagelschmidt/Wollmann) begangen, die zu örtlich und kreislich unterschiedlichen Kombinationen alten und neuen Verwaltungspersonals, alter und neuer Parteibindungen sowie »altinstitutionell« und »neuinstitutionell« geprägter administrativer Handlungsmuster führten.[67] Andererseits spielt Parteipolitik als ein das Selbstverständnis der Vertretungsorgane bestimmender Faktor zumindest in kreisangehörigen Kleingemeinden Ostdeutschlands offenbar eine untergeordnete Rolle (im Saalkreis, zum Beispiel, sind Ortsvereine von Parteien überhaupt erst in Gemeinden mit mehr als 3 000 Einwohnern existent[68]). Die von Däumer kürzlich vorgelegte Saalkreis-Fallstudie belegt schließlich auch, daß das erfolgreiche Einwerben zweckgebundener Investitionsfördermittel zwischen 1990 und 1996 nur in geringem Maße davon abhängig war, ob ein Alt- oder ein Neupolitiker das Bürgermeisteramt bekleidete.[69] Dieser (freilich singuläre lokale) Befund läßt sich als ein zumindest indirekter Hinweis darauf deuten, daß auch in den neuen Ländern der kommunale Policy-Output nur bedingt parteipolitisch klar identifizierbaren Vorgaben folgt.

---

64 Kathrin S. Becher (Anm. 62), S. 238.
65 Hellmut Wollmann (Anm. 50), S. 279.
66 Kathrin S. Becher (Anm. 62), S. 238.
67 Berg/Nagelschmidt/Wollmann (Anm. 51), S. 212 f.
68 Roland Däumer (Anm. 59), S. 211.
69 Ebd., S. 38, 242.

Rolf G. Heinze/Helmut Voelzkow

Verbände und »Neokorporatismus«

1. Einführung

Die Struktur des Systems organisierter Interessen entspricht in aller Regel der Struktur des politisch-administrativen Systems. Organisierte Interessen formieren sich so, weil sie Einfluß auf jene Instanzen gewinnen wollen, die über sie betreffende Fragen entscheiden. Sind diese Entscheidungsinstanzen wie im deutschen Föderalismus mehrstufig (Kommune, Land und Bund) aufgebaut, ist davon auszugehen, daß das System organisierter Interessen ebenfalls eine solche Mehrebenenstruktur entwickelt.[1]

Auch auf der Ebene der Kommunen sind organisierte Interessen allgegenwärtig. Mehr oder weniger traditionsreiche Verbände (beispielsweise der ansässigen Industrie oder des Einzelhandels), öffentlich-rechtliche Institutionen (beispielsweise die Kammern), Gewerkschaften, Bürgerinitiativen und Selbsthilfegruppen etc. melden sich zu Wort und »mischen« in der Kommunalpolitik (beispielsweise über die bestehenden Ausschüsse) mit. Vielfach beteiligen sie sich auch aktiv an der Erfüllung kommunaler Aufgaben (beispielsweise die Wohlfahrtsverbände an der Versorgung mit sozialen Infrastrukturen).

Das auf der kommunalen Ebene verankerte Prinzip der »territorialen Repräsentation« (die Bürger wählen ihren Gemeinde- oder Stadtrat, diese treffen im Rahmen ihrer Zuständigkeiten die relevanten Entscheidungen, und die Kommunalverwaltung setzt die Beschlüsse der »demokratisch legitimierten« Instanzen um) wird in der Praxis durch weitere Formen der Politikvermittlung überlagert. Auch auf der kommunalen Ebene können die realen Macht- und Einflußverteilungen recht unterschiedlich aussehen, sind Prozesse beobachtbar, die in der Politikwissenschaft mit Begriffen wie »Pressure«, »Klientelismus« oder »Capture« belegt wurden. Auch hier finden sich Formen der Einbindung oder »Konzertierung« verschiedener Interessengruppen, die in der Praxis dann dem Rat die Entscheidungsvorlagen vorformulieren bzw. die faktische Entscheidungszuständigkeit »am Rat vorbei« übernehmen. Aber ist es deshalb gerechtfertigt, von einem »Neokorporatismus in den Kommunen« zu sprechen?

2. Kontroversen über den Neokorporatismus-Begriff

Folgt man der Argumention und dem Begriffsverständnis von Klaus von Beyme, dann macht es wenig Sinn, alle Verflechtungsformen von staatlichen Instanzen und organi-

---

1 Vgl. dazu Renate Mayntz, Organisierte Interessenvertretung und Föderalismus: zur Verbändestruktur in der Bundesrepublik Deutschland, in: Jahrbuch zur Staats- und Verwaltungswissenschaft, Bd. 4, Baden-Baden 1990, S. 145–156.

sierten Interessen mit dem Begriff des »Neokorporatismus« zu belegen. »Die Fülle der Kooperationsebenen zwischen Staat und Verbänden, die sich aufzeigen lassen, machen ... noch keinen Korporatismus aus«.[2] Nach seiner Einschätzung ist der »Korporatismus als deus ex machina zur Erklärung fast aller Prozesse in westlichen Demokratien strapaziert«[3] bzw. überstrapaziert worden. Er plädiert demgegenüber für eine restriktive Verwendung des Begriffs und schlägt vor, von »Korporatismus« nur dort zu sprechen, »wo Interessengruppen untereinander in einen andauernden Konflikt geraten, so daß der Staat vermittelnd eingreift.«[4] »Das Dreiecksverhältnis von Staat und zwei konfliktorisch zueinander stehenden mächtigen Interessengruppen« wird bei ihm zum zentralen Definitionskriterium (»Tripartismus«). Diese Beschränkung des Korporatismus-Begriffs auf den »Versuch, mit staatlicher Hilfe konfliktorisch einander gegenüberstehende Interessen zu versöhnen«[5] wird jedoch u. E. der Begriffsgeschichte, dem Stand der Diskussion und den vorliegenden Forschungsbefunden nicht (mehr) gerecht.[6] Ungeachtet der Frage, ob sich im Einzelfall ein »Dreiecksverhältnis« von Staat und zwei »Konfliktpartnern« nachweisen läßt oder ob nur eine Interessenorganisation (oder mehr als zwei) mit staatlichen Stellen kooperieren (oder sogar an Stelle des Staates »Politik machen«), läßt sich u. E. der Korporatismusbegriff anwenden, sofern organisierte Interessen an der Formulierung und Ausführung von politischen Entscheidungen teilhaben. Diese Teilhabe kann das Ergebnis einer staatlichen Politik der »Einbindung« organisierter Interessen (»Inkorporierung«) oder das Ergebnis einer (staatlich zumindest geduldeten, wenn nicht gar – bspw. mit Verweis auf das Subsidiaritätsprinzip – als »äquifunktional« zur staatlichen Intervention ausgewiesenen) Selbstregulierung organisierter Interessen »am Staat vorbei«[7] sein.

Ein solches Verständnis des Neokorporatismus-Begriffes knüpft an den älteren Begriff des »Korporativismus« an, der sich auf eine nach Ständen gegliederte Gesellschaft bzw. eine ständestaatliche Ordnung der Gesellschaft bezog und die Übertragung öffentlicher Gewalt auf gesellschaftliche Organisationen (»Korporationen«) bezeichnete. In der Bundesrepublik wurde der Begriff in den 70er Jahren in Anlehnung an den

---

2 Vgl. Klaus von Beyme, Theorie der Politik im 20. Jahrhundert. Von der Moderne zur Postmoderne, Frankfurt a. M. 1991, S. 129 ff. (hier: S. 134).
3 Ebd., S. 132.
4 Ebd., S. 132.
5 Ebd., S. 135.
6 Ein Überblick über die Korporatismus-Debatte findet sich in folgenden Sammelbänden: Ulrich von Alemann (Hrsg.), Neokorporatismus, Frankfurt a. M./New York 1981; Suzanne Berger (Hrsg.), Organizing Interests in Western Europe: Pluralism, Corporatism and the Transformation of Politics, Cambridge 1981; Manfred Glagow (Hrsg.), Gesellschaftssteuerung zwischen Korporatismus und Subsidiarität, Bielefeld 1984; Manfred Glagow/Helmut Willke (Hrsg.), Dezentrale Gesellschaftssteuerung. Probleme der Integration polyzentrischer Gesellschaft, Pfaffenweiler 1987; Gerhard Lehmbruch/Philippe C. Schmitter (Hrsg.), Patterns of Corporatist Policy-Making, Beverly Hills/London 1982; Philippe C. Schmitter/Gerhard Lehmbruch (Hrsg.), Trends Toward Corporatist Intermediation, Beverly Hills/London 1979; Wolfgang Streeck/Philippe C. Schmitter (Hrsg.), Private Interest Government: Beyond Market and State, London/Beverly Hills/New Dehli 1985; als Einführung besonders geeignet: Peter J. Williamson, Corporatism in Perspective. An Introductory Guide to Corporatist Theory, London/Newbury Park/New Delhi 1989; vgl. auch den zusammenfassenden Überblick von Roland Czada, Konjunkturen des Korporatismus: zur Geschichte eines Paradigmenwechsels in der Verbändeforschung, in: Wolfgang Streeck (Hrsg.), Staat und Verbände, PVS-Sonderheft 25, Opladen 1994, S. 37–64.
7 Vgl. Volker Ronge (Hrsg.), Am Staat vorbei. Politik der Selbstregulierung von Kapital und Arbeit, Frankfurt a. M./New York 1980.

angelsächsischen Begriff »Corporatism« als Neokorporatismus wieder aufgegriffen. Die begriffliche Anbindung wurde damit begründet, daß ungeachtet der vielfältigen Unterschiede in der Gesellschaftsordnung (die selbstverständlich nicht negiert werden sollten) den vorstaatlichen Organisationen bzw. den organisierten Interessen in der vorbürgerlichen Gesellschaft ebenso wie in den entwickelten demokratischen Wohlfahrtsstaaten eine »intermediäre« Stellung zwischen Individuum und Staat zukomme, in der sie einerseits die Interessen ihrer Mitglieder gegenüber dem Staat repräsentieren, andererseits aber auch politische Vereinbarungen und Zugeständnisse gegenüber ihren Mitgliedern zu vertreten und durchzusetzen haben.

Die Reichweite dessen, was mit dem Neokorporatismus-Begriff erfaßt wird, hat sich im Zuge der Korporatismusforschung ständig erweitert. Während der Begriff zunächst nur für die Bezeichnung einer »tripartistischen« Kooperation von Staat, Unternehmerorganisationen und Gewerkschaften (vgl. den Beitrag von Nikolaus Simon zu Gewerkschaften und Kommunen in diesem Band) verwendet wurde, werden heute verschiedene Formen der politischen Kooperation von organisierten Interessen untereinander oder mit staatlichen Instanzen unter den Begriff »Neokorporatismus« subsumiert, sofern sie mit einer faktischen »Regierungsbeteiligung« organisierter Interessen einhergehen. In der analytisch-deskriptiven Neokorporatismus-Forschung sind zahlreiche empirische Belege für solche öffentlichen Funktionen privater Interessenorganisationen zusammengetragen worden; beispielhaft genannt sei der Beitrag organisierter Interessen in der Wirtschafts- und Einkommenspolitik[8] (z. B. »Konzertierte Aktion«), in der Berufsbildung (Steuerung und Regulierung der beruflichen Bildung durch die Sozialpartner[9]), in der Gesundheitspolitik (»Konzertierte Aktion im Gesundheitswesen«[10]) oder im Arbeits-, Verbraucher- und Umweltschutz[11] (verbandliche Festlegung technischer Regeln). Auch in vertikaler Hinsicht hat sich die Forschung ausgefächert und nicht mehr nur auf der zentralstaatlichen Ebene, sondern auch auf den mittleren Ebenen (Mesokorporatismus[12]) und auf der kommunalen Ebene (lokaler Korporatismus[13])

---

8 Vgl. Gerhard Lehmbruch, Wandlungen der Interessenpolitik im liberalen Korporatismus. In: Ulrich von Alemann/Rolf G. Heinze (Hrsg.), Verbände und Staat. Vom Pluralismus zum Korporatismus, Opladen 1979, S. 50–71.

9 Vgl. Wolfgang Streeck/Josef Hilbert/Frederike Maier/Karl-Heinz van Kevelaer/Hajo Weber, Die Rolle der Sozialpartner in der Berufsausbildung und beruflichen Weiterbildung: Bundesrepublik Deutschland, Berlin 1987.

10 Vgl. Helmut Wiesenthal, Die Konzertierte Aktion im Gesundheitswesen – Ein Beispiel für Theorie und Politik des modernen Korporatismus, Frankfurt a. M./New York 1981; die Beiträge in Gerard Gäfgen (Hrsg.), Neokorporatismus im Gesundheitswesen, Baden-Baden 1988; Marian Döhler/Philip Manow-Borgwardt, Korporatisierung als gesundheitspolitische Strategie, in: Staatswissenschaften und Staatspraxis, (1992) 2, S. 64–106.

11 Vgl. Helmut Voelzkow, Private Regierungen in der Techniksteuerung. Eine sozialwissenschaftliche Analyse der technischen Normung, Frankfurt a. M./New York 1996.

12 Vgl. dazu bspw. Rolf G. Heinze/Josef Schmid, Mesokorporatistische Strategien im Vergleich: Industrieller Strukturwandel und Kontingenz politischer Steuerung in drei Bundesländern, in: Wolfgang Streeck (Hrsg.), Staat und Verbände, Opladen 1994, S. 65–99.

13 Zum Begriff des »lokalen Korporatismus« vgl. ausführlich Dietrich Thränhardt, Kommunaler Korporatismus. Deutsche Traditionen und moderne Tendenzen, in: Ders./Herbert Uppendahl (Hrsg.), Alternativen lokaler Demokratie, Königstein/Ts. 1981, S. 5-33; in diesem Aufsatz wird u. W. der Begriff »lokaler Korporatismus« in die politikwissenschaftliche Diskussion eingeführt; gleichzeitig formuliert Thränhardt normative Vorbehalte gegen die von ihm aufgezeigten korporatistischen Arrangements, auf die wir am Ende dieses Beitrages zurückkommen. Vgl. zum »lokalen Korporatismus« auch den Beitrag von Allen Cawson, Cor-

die Teilhabe organisierter Interessen an der Formulierung und Umsetzung von Politik nachgewiesen.

3. Korporatistische Politikformulierung und -implementation in den Kommunen in ausgewählten Politikfeldern[14]

In verschiedenen Feldern lokaler Politik lassen sich korporatistische Arrangements ausmachen. Dies sei anhand einiger Beispiele verdeutlicht.

a. Sozialpolitik

In der lokalen Sozialpolitik (vgl. den Beitrag von Holger Backhaus-Maul in diesem Band) haben korporatistische Formen der Einbeziehung von gesellschaftlichen Organisationen eine lange Tradition.[15] Bereits Ende des 19. Jahrhunderts entstand eine enge Verflechtung zwischen privater und öffentlicher Wohlfahrtspflege. Die Wohlfahrtsverbände, insbesondere die konfessionellen Organisationen, wurden dabei mit ihrem Leistungspotential, vor allem im Hinblick auf die ehrenamtliche Arbeit, immer stärker in die kommunale Sozialpolitik einbezogen. Die herausragende Stellung der »freien« Träger, z. B. in der Jugendhilfe, im Kindergartenbereich, bei der Altenbetreuung etc., ist ein charakteristisches Merkmal der Sozial- und Jugendpolitik in der Bundesrepublik Deutschland, die durch das Bundessozialhilfegesetz und das Jugendwohlfahrtsgesetz formell abgesichert ist. Die zentrale Bedeutung der Wohlfahrtsverbände ergibt sich nicht nur aus ihren Möglichkeiten, zusätzliche Ressourcen zu mobilisieren, sondern bereits daraus, daß sie bedingt durch historische Vorentscheidungen eine entwickelte Implementationsstruktur und damit verbunden auch detaillierte Sachinformationen bereitstellen.

In den letzten Jahren ist jedoch trotz der über lange Zeit »ausgereiften« Arbeitsteilung Bewegung in die lokale Sozialpolitik gekommen. Im Zuge der Ausformung und Stabilisierung der symbiotischen Verklammerung der privaten und öffentlichen Träger lokaler Sozialpolitik war es zu einer weitgehenden Angleichung der Organi-

---

poratism and Lokal Politics, in: Wyn Grant (Hrsg.), The Political Economy of Corporatism, London 1985.

14 Dieser und der nachfolgende Abschnitt stellen überarbeitete Passagen aus einem früheren Beitrag dar; vgl. Rolf G. Heinze/Helmut Voelzkow, »Kommunalpolitik und Verbände. Inszenierter Korporatismus auf lokaler und regionaler Ebene?«, in: Hubert Heinelt/Hellmut Wollmann (Hrsg.), Brennpunkt Stadt. Stadtpolitik und lokale Politikforschung in den 80er und 90er Jahren, Basel/Boston/Berlin 1991, S. 187–206.

15 Vgl. z. B. Rolf G. Heinze/Thomas Olk, Die Wohlfahrtsverbände im System sozialer Dienstleistungsproduktion, in: Kölner Zeitschrift für Soziologie und Sozialpsychologie, 33 (1981) 1, S. 94–114; Adrienne Windhoff-Heritier, Institutionelle Interessenvermittlung im Sozialsektor. Strukturmuster verbandlicher Beteiligung und deren Folgen, in: Hans-Hermann Hartwich (Hrsg.), Macht und Ohnmacht politischer Institutionen, Opladen 1989, S. 158–176; Josef Schmid, Wohlfahrtsverbände in modernen Wohlfahrtsstaaten, Opladen 1996.

sationsstrukturen gekommen; dieser Prozeß fortschreitender Bürokratisierung und die Einschränkungen bei den Mitwirkungsmöglichkeiten für die Mitarbeiter und das Klientel führten zu einem Verlust an Flexibilität und Sensibilität gegenüber neuen Problemlagen und -gruppen.[16] Die vielfältigen Selbsthilfegruppen, soziokulturellen Clubs, Frauenhäuser, autonomen Jugendzentren etc., die in den 70er und 80er Jahren vor allem in den größeren Städten wie die Pilze aus dem Boden schossen, zeigen deutlich, daß zahlreiche soziale Gruppen kein entsprechendes Angebot finden konnten bzw. vorhandene Angebote wegen ihrer abweichenden Ansprüche nicht annehmen wollten.

Als Gegenreaktion zum »Wohlfahrtskartell« der etablierten Organisationen haben sich damit im lokalen Sozialsektor »alternative« Organisationsformen gebildet, die teilweise den neuen sozialen Bewegungen zugerechnet werden können[17], obgleich auch bei vielen dieser Organisationsformen offen ist, ob sie tatsächlich jene sozial benachteiligten Bevölkerungsgruppen erreichen, die zu vertreten sie beanspruchen (vgl. den Beitrag von Roland Roth zur lokalen Demokratie »von unten« in diesem Band). Jedenfalls ist der lokale Raum zu einem Experimentierfeld für verschiedene gesellschaftliche Gruppen geworden. Mit den selbstorganisierten Projekten im Bereich sozialer Dienste und den Stadtteilinitiativen sind in aller Regel auch Forderungen an die Adresse der kommunalen Verwaltung verbunden, die Hilfen zur Unterstützung des an den Tag gelegten Engagements einklagen wollen.

Es wäre aber voreilig zu vermuten, daß derartige Selbsthilfeinstitutionen die Stabilität neokorporatistischer Politik im Sozialbereich ernsthaft bedrohen würden. Zwar ist nicht zu verleugnen, daß zumindest vorübergehend »immer neue Gruppen die Beratungskartelle in Frage (stellten). Wurden sie aufgenommen, so schwächte sich ihre Einigungsfähigkeit und Verpflichtungsleistung ab. Wurden neue Kräfte ausgegrenzt, so schufen sie neue Konfliktarenen, die nicht mehr korporativ bearbeitet werden konnten«.[18] Jedoch befinden sich die diversen Initiativen der Selbsthilfebewegung zumeist in einer prekären organisatorischen Situation. Um staatliche Unterstützungsleistungen zu erhalten, sucht deshalb ein Teil der selbstinitiierten Projekte Anschluß an die etablierten Wohlfahrtsverbände, um deren räumliche, personelle, finanzielle, rechtliche und politische Ressourcen nutzen zu können. Was vielfach zunächst wie ein Konkurrenzverhältnis aussah, entwickelt sich daher oft in eine Komplementarität, die von staatlicher und kommunaler Seite unter dem Stichwort »Neue Subsidiarität«

---

16 Vgl. die Beiträge in Wolfgang Gernert u. a. (Hrsg.), Wohlfahrtsverbände zwischen Selbsthilfe und Sozialstaat, Freiburg 1986; Rolf G. Heinze (Hrsg.), Neue Subsidiarität: Leitidee für eine zukünftige Sozialpolitik?, Opladen 1986 und Thomas Rauschenbach/Christoph Sachße/Thomas Olk (Hrsg.), Von der Wertgemeinschaft zum Dienstleistungsunternehmen, Frankfurt a. M. 1992.

17 Vgl. Rolf G. Heinze/Thomas Olk, Rückzug des Staates – Aufwertung der Wohlfahrtsverbände? Verbandliche Wohlfahrtspflege und »neue Subsidiarität«, in: Rudolph Bauer/Hartmut Dießenbacher (Hrsg.), Organisierte Nächstenliebe. Wohlfahrtsverbände und Selbsthilfe in der Krise des Sozialstaats, Opladen 1984; Thomas Olk, Zwischen Verbandsmacht und Selbstorganisation, in: Fritz Boll/Thomas Olk (Hrsg.), Selbsthilfe und Wohlfahrtsverbände, Freiburg 1987, S. 144–174; Adalbert Evers, Pluralismus, Fragmentierung und Vermittlungsfähigkeit. Zur Aktualität intermediärer Aufgaben und Instanzen im Bereich der Sozial- und Gesundheitspolitik, in: Hubert Heinelt/Hellmut Wollmann (Hrsg.), Brennpunkt Stadt, Basel/Boston/Berlin 1991, S. 221–240; sowie die Beiträge in Ulf Fink (Hrsg.), Der neue Generationenvertrag. Die Zukunft der sozialen Dienste, München 1988 und Adalbert Evers/Thomas Olk (Hrsg.), Wohlfahrtspluralismus, Opladen 1996.

18 Klaus von Beyme (Anm. 2), S. 138.

gezielt gefördert wird.[19] Der Korporatismus im Sozialsektor wird also unter Einbeziehung neuer Akteure reorganisiert und erweist sich als durchaus flexibel gegenüber neuen sozialen Problemlagen und Werthaltungen, die sich u. a. in der größeren Attraktivität nicht so stark bürokratisierter und formalisierter Institutionen manifestieren.

b. Arbeitsmarktpolitik

Angesichts der sozialpolitischen Probleme, die aus einem hohen Bestand von Arbeitslosigkeit erwachsen, und nicht zuletzt auch wegen der hohen Kosten, die infolge des Anstiegs der Zahl von Sozialhilfefällen von den kommunalen Kassen getragen werden müssen, sind zahlreiche (vor allem größere) Kommunen dazu übergegangen, sich auch arbeitsmarktpolitisch zu engagieren.[20] Mit dem gezielten Einsatz der Mittel für Arbeitsbeschaffungsmaßnahmen nach dem Arbeitsförderungsgesetz bietet sich den Kommunen dafür ein (begrenzter) Ansatzpunkt (vgl. den Beitrag von Hubert Heinelt zur kommunalen Arbeitsmarktpolitik in diesem Band). Zum einen lassen sich experimentelle Projekte der kommunalen Sozialpolitik mit Hilfe der Arbeitsbeschaffungsmaßnahmen realisieren. Zum anderen läßt sich mit diesem Instrument der Kostenanstieg für die arbeitssuchenden Sozialhilfeempfänger etwas abbremsen.[21]

Gleichzeitig intensivieren die Kommunen auch ihr Engagement in Fragen der beruflichen Aus- und Weiterbildung. Um ein höheres Maß an Transparenz zu schaffen und einen effizienten Einsatz der Ressourcen zu ermöglichen, wird in zahlreichen Städten und Kreisen über die Gründung von Weiterbildungsverbünden nachgedacht. Erste Kooperationsmodelle werden bereits praktiziert. So wurde beispielsweise im nordrhein-westfälischen Kreis Lippe das »Lippische Institut für Fortbildung und Technologie« an der Berufsschule in Detmold aufgebaut. Dieses Institut wird von Industrie- und Handelskammer, Handwerkskammer, Gewerkschaften, Stadt und Kreis sowie von der Berufsschule getragen und bietet u. a. auch Maßnahmen für Arbeitslose. Solche neuen Kooperationsformen werden von Seiten der Bundes- und Landesregierungen bei der Vergabe von Mitteln für die technische Ausstattung häufig bevorzugt behandelt, wodurch sich ein weiterer Anreiz zur Zusammenarbeit ergibt.[22]

---

19 Vgl. Rolf G. Heinze/Thomas Olk/Josef Hilbert, Der neue Sozialstaat. Analyse und Reformperspektiven, Freiburg 1988, insb. S. 151 ff.; sowie die Beiträge in Johannes Münder/ Dieter Kreft (Hrsg.), Subsidiarität heute, Münster 1990; zur Institutionalisierung neuer sozialer Bewegungen im Sozialbereich vgl. die Beiträge in Forschungsjournal Neue Soziale Bewegungen, Themenheft »Institutionalisierungs-tendenzen der Neuen Sozialen Bewegungen«, 2 (1989) 3–4.

20 Vgl. die Beiträge in Hans E. Maier/Hellmut Wollmann (Hrsg.), Lokale Beschäftigungspolitik, Basel 1986.

21 Vgl. Hubert Heinelt, Chancen und Bedingungen arbeitsmarktpolitischer Regulierungen am Beispiel ausgewählter Arbeitsamtsbezirke, in: MittAB 1989, Heft 2, S. 294–311; oder Bernhard Blanke/Hubert Heinelt/Carl W. Macke, Großstadt und Arbeitslosigkeit, Opladen 1987; sowie Wolfgang Jaedicke/Kurt Ruhland/Ute Wachendorfer/Hellmut Wollmann/Holger Wonneberg, Lokale Politik im Wohlfahrtsstaat, Opladen 1991.

22 Vgl. Helmut Voelzkow, Mehr Technik in die Region. Neue Ansätze zur regionalen Technikförderung in Nordrhein-Westfalen, Wiesbaden 1990; Sybille Stöbe, Kooperation in der lokalen Arbeitsmarktpolitik, Opladen 1992.

Um die Potentiale einer kommunalen Arbeitsmarkt- und Beschäftigungspolitik zu erschließen und die auf verschiedene Verwaltungseinheiten verteilten Ressourcen zusammenzuführen, müssen jedoch zunächst die allzu fragmentierten Organisationsstrukturen (des Sozial- und Jugendamtes der kommunalen Verwaltung und des zuständigen Arbeitsamtes der Bundesanstalt für Arbeit) aufgebrochen werden. Was für die interne Organisation der Verwaltungseinrichtungen gilt, gilt jedoch mindestens ebenso für die Kooperationsstrukturen mit »gesellschaftlichen« Handlungsträgern. Vor allem die von überdurchschnittlich hohen Arbeitslosenraten gezeichneten Städte haben deshalb verschiedene Initiativen ergriffen, die darauf gerichtet sind, die relevanten gesellschaftlichen Akteure für die lokale Arbeitsmarkt- und Beschäftigungspolitik zu gewinnen und zu einem konzertierten Vorgehen zu bewegen. Angesprochen sind dabei neben den zuständigen Einheiten der Kommunalverwaltung und dem Arbeitsamt die Industrie- und Handelskammer und die Handwerkskammer, die Gewerkschaften, Arbeitgeberverbände und Berufsverbände. Darüber hinaus werden in einzelnen Fällen auch die kommunalen Eigenbetriebe oder deren Tochtergesellschaften und die Sparkassen einbezogen. Als Maßnahmeträger werden schließlich auch Kirchen, Wohlfahrtsverbände und Bürgerinitiativen beteiligt. Unter besonderen Umständen sind auch Hochschulen, Forschungsinstitute und private Bildungsträger aufgerufen, sich an der »konzertierten Aktion« in der lokalen Arbeitsmarktpolitik zu beteiligen.[23]

Das Ziel der neuen Moderatorenrolle der Kommune liegt in der Aktivierung und Abstimmung der verschiedenen Maßnahmeträger, um »Fragmentierung ihrer Problemwahrnehmungen, Handlungslogiken und Handlungsressourcen zu überwinden, sie zu einem ›konzertierten‹ konzeptionellen und operativen Vorgehen zu bringen und damit auch die Chancen für ›ganzheitliche‹ Handlungsansätze zu verbessern. Um den politischen und handlungsstrategischen Konsens zu stiften und zusammenzuhalten, sind in einer Reihe von Großstädten die Oberbürgermeister dazu übergegangen, periodisch sogenannte ›Arbeitsmarktkonferenzen‹ einzuberufen, die maßgebliche Akteure innerhalb und außerhalb der Gemeindeverwaltung ... an einen Tisch zu bringen«.[24]

Die Kooperation wird in mehr oder weniger formalisierten Formen bis hin zu den neuen, speziell für diese Aufgabe zugeschnittenen Einrichtungen abgewickelt.[25] Der Korporatismus hält damit nun auch in der lokalen Arbeitsmarktpolitik Einzug bzw. er bekommt über die traditionelle Mitwirkung der Gewerkschaften und Ar-

---

23 Vgl. Susanne Benzler/Bernhard Blanke/Hubert Heinelt, Arbeitslosigkeit im Kreislauf der Politik. Eine konzeptionell erweiterte Policy-Analyse zur Erklärung unterschiedlicher Aktivitäten gegen Arbeitslosigkeit auf lokaler Ebene. Diskussionspapiere und Materialien Nr. 31 aus dem Forschungsschwerpunkt Sozialpolitik des Instituts für Politische Wissenschaft der Universität Hannover 1989.

24 Vgl. z. B. Stephan von Bandemer/Josef Hilbert/Sybille Stöbe, Lokale Arbeitsmarktpolitik – Stochern im Nebel oder Steinbruch für Ideen arbeitsmarkt- und beschäftigungspolitischer Innovationen?, in: Helmut Breitkopf/Norbert Wohlfahrt (Hrsg.), Sozialpolitik jenseits von Markt und Staat?, Bielefeld 1990; Klaus Gretschmann/Klaus Mackscheidt, Beschäftigungsselbsthilfe bei Jugendlichen. Eine ökonomische und finanzwissenschaftliche Wirkungsanalyse, Baden-Baden 1990.

25 Hellmut Wollmann, Stadtpolitik – Erosion oder Erneuerung des Sozialstaats »von unten«?, in: Bernhard Blanke/Adalbert Evers/Hellmut Wollmann (Hrsg.), Die Zweite Stadt. Leviathan-Sonderheft 7, Opladen 1986, S. 79–101 (Zitat S. 93); vgl. auch Frederike Maier, Beschäftigungspolitik vor Ort, Berlin 1988; oder Michael Huebner/Alexander Krafft/Günther Ulrich, Das Spektrum kommunaler Arbeitsmarktpolitik, Berlin 1992.

beitgeberverbände in den Selbstverwaltungsgremien der Arbeitsämter hinaus eine neue Qualität.

c. Wirtschaftsförderung

Die seit Mitte der 70er Jahre in der Raumordnungs- und Regionalpolitik geführte Diskussion über die Grenzen der mobilitätsorientierten Strategien regionaler und lokaler Wirtschaftsförderung und die möglichen Vorzüge eines innovations- und qualifikationsorientierten Ansatzes in diesem Politikfeld schlagen mittlerweile auch auf die Praxis der kommunalen Wirtschaftsförderung durch (vgl. den Beitrag von Busso Grabow/Dietrich Henckel zur kommunalen Wirtschaftspolitik in diesem Band). Hier verschieben sich die Prioritäten von der Ansiedlungskonkurrenz zur »dynamischen« Bestandspflege und zur Förderung von (technologieintensiven) Unternehmensneugründungen.[26] Angesichts des Rückganges der räumlich disponiblen Investitionsmittel der Privatwirtschaft setzt die lokale Wirtschaftsförderung damit, zumindest was ihre konzeptionellen Grundlagen und erste Projekte anbelangt, weniger auf die klassischen Formen der Ansiedlungskonkurrenz, als vielmehr auf die Förderung der bereits ansässigen (Klein- und Mittel-)Betriebe und auf Unternehmensneugründungen.

Mit dieser Gewichtsverlagerung steigt der Stellenwert einer »weichen Wirtschaftspolitik«, die »nicht auf regulative und/oder finanzielle Interventionen abstellt, sondern mit den Mitteln von Information, Kommunikation, Vermittlung und Koordination versucht, im privaten und öffentlichen Sektor wirtschaftliche Lösungspotentiale für Innovations-, Anpassungs- und Entwicklungsprobleme innerhalb der vorhandenen Wirtschaftsstrukturen zu mobilisieren und solche marktkonformen Lösungen durch flankierende staatliche und kommunale Maßnahmen zu unterstützen«.[27] Diese konzeptionelle und instrumentelle Ausrichtung erfordert ein neues Verhältnis von kommunalen Institutionen und den öffentlich-rechtlichen und privaten Organisationen lokaler Politik. Viele Kommunen sehen sich daher veranlaßt, die Aufgaben und Zuständigkeitsbereiche der Wirtschaftsförderung den veränderten Rahmenbedingungen anzupassen und deren Organisation entsprechend zu ändern. Dazu gehört auch der Aufbau neuer korporatistischer Strukturen.

Für die Entwicklung solcher Strukturen in der lokalen Wirtschaftsförderung spricht vor allem die Überlegung, daß innovations- und qualifikationsbezogene Maßnahmen aufgrund der Heterogenität der betroffenen Interessen und der Komplexität der Materie auf die aktive Beteiligung der lokalen Kollektivakteure angewiesen sind. Sie erhöht den Informations-, Koordinations-, Entscheidungs- und Legitimationsbedarf erheblich. Deshalb sind – so wird auch in den Rathäusern unterstellt – neue Formen der Konzertierung der Verwaltung mit den betroffenen gesellschaftlichen Kräften erforderlich. Modelle einer funktionalen Repräsentation der involvierten Interessen scheinen in besonderer Weise geeignet zu sein, den Steuerungsbedarf in der Wirtschaftsförderung abzudecken. Ausländische Beispiele einer »public-private-partner-

---

26 Vgl. H. Voelzkow (Anm. 22); Hans Heuer, Instrumente kommunaler Gewerbepolitik. Ergebnisse empirischer Erhebungen. Schriften des DIFU, Bd. 73, Stuttgart/Berlin/Köln/Mainz 1985; oder die Beiträge in: Jochen Hucke/Hellmut Wollmann (Hrsg.), Dezentrale Technologiepolitik? Technikförderung durch Bundesländer und Kommunen, Basel 1989.

27 Franz Lehner/Birgit Geile/Jürgen Nordhause-Janz, Wirtschaftsförderung als kommunale Aufgabe, in: Uwe Andersen (Hrsg.), Kommunale Selbstverwaltung und Kommunalpolitik in Nordrhein-Westfalen, Köln/Stuttgart/Berlin/Mainz 1987, S. 175–187 (Zitat S. 186).

ship« (vgl. den Beitrag von Werner Heinz in diesem Band), mit deren Hilfe vergleichsweise erfolgreich sogenannte »alte Industrieregionen« erneuert werden, bestärken diese Annahme.[28]

Der »runde Tisch« wird so zu einem wichtigen Instrument lokaler Wirtschaftsförderung. Wie sich anhand zahlreicher Beispiele zeigen ließe, werden wegweisende Projekte, beispielsweise die Errichtung von Technologie- und Gründerzentren[29], als »konzertierte Aktionen« geplant und realisiert, an denen neben den Gebietskörperschaften zumindest transferrelevante regionale Forschungseinrichtungen (insbesondere die Hochschulen) und die Industrie- und Handelskammer sowie die Handwerkskammer, mitunter auch die Gewerkschaften, beteiligt sind.

Diese Gremien arbeiten zumeist weitgehend »informell« und sind nicht an starre Gesetze oder andere Vorgaben gebunden. Sie sind eine Form der Organisation und Koordination lokaler Wirtschaftsförderung, die weder als Teil der Gebietskörperschaften noch als eine Interessenorganisation im engeren, partikularen Sinne angesehen werden kann. Vielmehr agieren in diesen parakonstitutionellen Gremien verschiedene Interessen für einen gewissen Zeitraum, um ihre divergierenden Positionen auszugleichen, um konsensfähige Handlungsstrategien zu entwerfen und zu verabschieden und um die Implementation der formulierten Wirtschaftsförderungsprogramme in die Wege zu leiten und zu kontrollieren.

4. Endogen gewachsener und exogen »inszenierter« Korporatismus in der lokalen und regionalen Politik

Auf den ersten Blick spricht vieles dafür, daß die aufgeführten Beispiele für korporatistische Arrangements in der lokalen Politik so etwas wie eine »Erneuerung der Politik von unten«[30] darstellen, die »endogen« als Reaktion auf neue Anforderungen erwachsen sind. Bei der Analyse von neuen korporatistischen Formen in der Kommunalpolitik darf jedoch nicht übersehen werden, daß die Kooperation vielfach von übergeordneten Ebenen (Land, Bund, Europäische Union) vorstrukturiert und damit gewissermaßen »exogen« vorgegeben wird.

So werden korporatistische Arrangements in den Gemeinden und auf der regionalen Ebene (also unter Einbeziehung mehrerer Gemeinden) beispielsweise von der nordrhein-westfälischen Landesregierung gezielt gefördert. Am Beispiel der (mittlerweile abgeschlossenen) »Zukunftsinitiative Montanregionen« (ZIM)[31] wird dieser Versuch, die lokalen und regionalen Akteure für eine konzertierte Aktion zur Förde-

28 Vgl. dazu die Beiträge in Joachim Jens Hesse (Hrsg.), Die Erneuerung alter Industrieregionen. Ökonomischer Strukturwandel und Regionalpolitik im internationalen Vergleich, Baden-Baden 1987.

29 Vgl. Helmut Voelzkow, Gründer- und Technologiezentren in Nordrhein-Westfalen, in: Volker Eichener/Manfred Mai (Hrsg.), Arbeitsorientierte Technikgestaltung. Gesellschaftliche Grundlagen, innovative Modelle, Praxisbeispiele, Wiesbaden 1991, S. 285–323.

30 Vgl. die Beiträge Joachim Jens Hesse (Hrsg.), Erneuerung der Politik »von unten«? Stadtpolitik und kommunale Selbstverwaltung im Umbruch, Opladen 1986.

31 Vgl. dazu die Evaluation der ZIM von Joachim Jens Hesse/Arthur Benz/Angelika Benz/ Holger Backhaus-Maul, Regionalisierte Wirtschaftspolitik. Das Beispiel der »Zukunftsinitiative Montanregionen«, Baden-Baden 1991.

rung des Strukturwandels zu mobilisieren, besonders deutlich. Die Landesregierung bevorzugte bei der Vergabe von Fördermitteln jene Projektanträge, über die auf der örtlichen und regionalen Ebene in einem Dialog der verschiedenen Akteure »Konsens« erzielt worden war. Im Jahr 1989 wurde diese »Politikform« mit der »Zukunftsinitiative für die Regionen Nordrhein-Westfalens« (ZIN) auf das gesamte Bundesland ausgedehnt. Damit wurden die Kommunen (Politik und Verwaltung) mit anderen regionalen Akteuren (bspw. Kammern, Gewerkschaften, Hochschulen, Umweltverbände etc.) an einen Tisch gebracht, um konkrete Projekte vorzubereiten, die dann in sogenannten »Regionalkonferenzen«, die ebenfalls organisierte Interessen einbezogen, diskutiert, in eine mehrheitsfähige Prioritätenliste eingereiht und der Landesregierung vorgelegt wurden.[32] Nach Abschluß der ZIN wurden die (im Zuge von ZIN) gebildeten Regionen aufgefordert, mittelfristige regionale Entwicklungskonzepte zu formulieren, in Regionalkonferenzen zu beraten und (möglichst) im Konsens zu verabschieden.[33]

Nicht nur in der regionalen Wirtschaftspolitik, sondern auch in der lokalen Arbeitsmarkt- und Sozialpolitik werden die neuen Formen der Verflechtung von privaten und kommunalen Organisationspotentialen von übergeordneten Institutionen vorangetrieben. So fordern beispielsweise die Vergabemodalitäten der Europäischen Strukturfonds, also auch des Sozialfonds, eine enge Kooperation der verschiedenen lokalen und regionalen Akteure.[34] Innerhalb der Implementationsnetzwerke europäischer Strukturpolitik finden sich auf der lokalen und regionalen Ebene zahlreiche neokorporatistische Arrangements, die – entsprechend den Vorgaben der Europäischen Union – die Gemeinden und die relevanten organisierten Interessen (insbesondere die Sozialpartner) in die Umsetzung der europäischen Förderung einbeziehen.[35]

Die vorfindbaren Varianten des »lokalen und regionalen Korporatismus« wären damit zumindest teilweise das Ergebnis übergeordneter politischer Konzepte, die das Handlungs- und Kreativitätspotential der regionalen und lokalen Akteure erhöhen und zu einer Intensivierung der Kommunikation und Kooperation »vor Ort« anstiften wollen. Eine »von oben« ausgehende Politik der dezentralen Entwicklung »von unten« versucht neue Kooperationsformen in der Kommunalpolitik zu erzeugen und zu stabilisieren; diese vertikale Einbindung legt die Vermutung nahe, daß es sich zumindest in Teilbereichen des lokalen oder regionalen Korporatismus um einen »inszenierten Korporatismus« handelt, der in den 80er und 90er Jahren in der politischen Praxis an Bedeutung gewonnen hat und auch in Zukunft aktuell bleiben dürfte.

---

32 Vgl. dazu den Beitrag von Roland Waniek, Die Zukunftsinitiative für die Regionen Nordrhein-Westfalens. Ruhr-Forschungsinstitut für Innovations- und Strukturpolitik e.V. Nr. 5, Bochum 1990.

33 Vgl. dazu den Forschungsbericht von Rolf G. Heinze/Helmut Voelzkow (Hrsg.), Regionalisierung der Strukturpolitik in Nordrhein-Westfalen, Opladen 1997.

34 Vgl. dazu Rolf G. Heinze/Helmut Voelzkow, Subsidiarität und EG-Binnenmarktintegration – Konzeptionelle Überlegungen zur europäischen Regionalpolitik, in: Ulrich von Alemann/Rolf G. Heinze/Bodo Hombach (Hrsg.), Die Kraft der Region: Nordrhein-Westfalen in Europa, Bonn 1990, S. 252–268; Hans Gabriel/Wolfgang Menzel, Neuordnung der EG-Strukturfonds – Anstöße, Probleme und Chancen für die Regionalpolitik, in: WSI-Mitteilungen, 42 (1989) 10, S. 584–595.

35 Vgl. die Beiträge in Udo Bullmann (Hrsg.), Die Politik der dritten Ebene. Regionen im Europa der Union, Baden-Baden 1994 sowie den Band von Hubert Heinelt (Hrsg.), Politiknetzwerke und Europäische Strukturfondsförderung. Ein Vergleich zwischen EU-Mitgliedstaaten, Opladen 1996.

5. Demokratietheoretische Fragen

Man mag darüber streiten, ob die aufgeführten Kooperationsformen von kommunalen Instanzen und organisierten Interessen nun korporatistische Arrangements darstellen oder nicht – dies ist offensichtlich nur eine Frage der Definition dessen, welche Formen der Teilhabe organisierter Interessen an Politikformulierung und -implementation unter den Korporatismus-Begriff gefaßt werden sollen. Sofern man sich – wie von Beyme (s.o.) vorschlägt – darauf verständigt, daß »Korporatismus« nur bei einem antagonistischen Gegensatz von zwei Interessengruppen (bzw. »Klassen«) und einer zurückhaltend-moderierenden Rolle des Staates gegeben ist (»Tripartismus«), lassen sich unsere Beispiele wohl kaum unter diesen Begriff fassen. Sofern aber bereits die de facto-Teilhabe organisierter Interessen an der Produktion verbindlicher Entscheidungen als hinreichendes Kriterium akzeptiert wird, macht es durchaus Sinn, auch von einem »lokalen Korporatismus« zu sprechen und die genannten Verflechtungsformen analytisch-deskriptiv im Rahmen der Korporatismusforschung näher zu durchleuchten.

Eine andere Frage ist, wie solche korporatistischen Arrangements in der lokalen Politik politisch-normativ zu bewerten sind. Die Befürworter korporatistischer Arrangements argumentieren in aller Regel funktionalistisch. Sie gehen davon aus, daß sich durch die Zusammenführung von kommunalen Instanzen (Politik und Verwaltung) und organisierten Interessen in Gremien funktionaler Repräsentation mehrere Vorteile realisieren lassen; so z. B.:
- Zugewinn an Partizipation der relevanten Kräfte und Interessen;
- Zusammenführung von Ressourcen und Detailinformationen;
- bessere Konzertierung und Abstimmung der einzelnen Maßnahmen;
- dadurch höhere Effektivität und Effizienz (Bündelungseffekte);
- verbesserte Transparenz;
- erhöhte Legitimation der einzelnen Maßnahmen;
- Einbindung der beteiligten Akteure in konsensfähige gemeinsame Perspektiven.

Der »lokale Korporatismus« könnte sich demnach all jene Vorzüge zugute halten, die korporatistischen Arrangements auch auf anderen politischen Ebenen zugeschrieben werden. Durch die gezielte Instrumentalisierung der »intermediären Organisationspotentiale« für öffentliche Politik soll nach dem Modell des politisch-normativen Korporatismus, das sich ohne weiteres auch auf die Kommune übertragen ließe, erreicht werden können, daß die Verbände die heterogenen Interessen ihrer Mitglieder zu einem überschaubaren und handhabbaren Bündel zusammenführen. Die an der Entscheidungsfindung beteiligten Interessenorganisationen übernehmen zugleich Verantwortung für die Durchsetzung der getroffenen Vereinbarungen, d. h. der Vollzug liegt auch in ihrer Hand und nicht nur in der Hand der Kommune. Weil die Verbände ihrer Klientel »näher stehen« als die kommunalen Vollzugsorgane, haben sie es vielfach leichter, die in Verhandlungen erzielten Vereinbarungen intern umzusetzen. Und weil die Selbstregulierung innerhalb des Kollektivs als Wahrung wohlverstandener Eigeninteressen »verkauft« werden kann, erübrigt sich eine Legitimation der Maßnahmen unter Rückgriff auf allgemein verbindliche Werte.

Ausgehend von dem vielfach bestätigten Befund, daß sich die Städte und Gemeinden in der Bewältigung zahlreicher Probleme als überfordert erweisen, und Bezug nehmend auf die inzwischen zahlreich vorliegenden Forschungsergebnisse, die das problemlösende Potential der (verbandlichen) Selbstregulierung als eine (bereits in der Praxis vorfindbare oder zumindest denkbare) Alternative zur kommunalen Regulierung herausstellen, soll die Stadt oder Gemeinde nach dieser Argumentationsfigur tunlichst nicht versuchen, den in gesellschaftlichen Teilbereichen bestehenden Problemstand umfassend durch Intervention und Regulierung, also gewissermaßen im »etatistischen Alleingang«, abzutragen, sondern die vorfindbaren (oder erzeugbaren) Selbststeuerungskapazitäten außenstehender Sozialsysteme nutzen und durch entsprechende Strukturvorgaben in die Lage versetzen, gesellschaftlich angemessene, adäquate Lösungen für den lokalen Problemstand zu finden.

Es bleibt bei solchen theoretisch denkbaren Vorzügen korporatistischer Arrangements freilich eine empirisch offene Frage, ob auch die Realitäten lokaler Politik mit ihren jeweiligen Verhandlungsstrukturen zwischen den Kommunen und den Verbänden einer solchen funktionalistischen Interpretation entsprechen. Es kann nicht überraschen, daß die empirischen Analysen in dieser Hinsicht ein eher ambivalentes Bild liefern: Was in der einen Sicht der Dinge als eine Instrumentalisierung organisierter Interessen für öffentliche Politik erscheint, ist in der anderen Perspektive eine bedenkliche Manifestation der Herrschaft der Verbände. Zudem kann sich in empirischen Analysen zeigen, daß die organisationsinternen Voraussetzungen oder das institutionelle Umfeld einer Problemlösung durch korporatistische Arrangements entgegenstehen. So wird bspw. die Frage diskutiert, ob korporatistische Arrangements, die sich in Westdeutschland bislang zumindest halbwegs bewährt haben, trotz aller Übereinstimmungen, die sich im Zuge des Institutionentransfers in Ostdeutschland auch im Verhältnis von staatlichen und kommunalen Einrichtungen einerseits und den Verbänden andererseits ergeben haben, spezifische Funktionsdefizite aufweisen.[36]

Solche Argumentationsfiguren und kontroversen Diskussionen beziehen sich freilich auf die Praktikabilität und weniger auf die normative Fundierung von Verhandlungssystemen und »privaten Interessenregierungen«. Trotz aller denkbaren funktionalen Vorzüge, die mit korporatistischen Arrangements verbunden sein mögen, ist in einer demokratietheoretischen Perspektive einzuwenden, daß korporatistische Arrangements aus verfassungsrechtlicher und ordnungspolitischer Perspektive eine Reihe von Problemen aufwerfen. Schon Thränhardt[37] hatte, als er den Begriff des »lokalen Korporatismus« in die Diskussion einführte, darauf hingewiesen, daß durch solche Arrangements »das Prinzip demokratischer Wahlen relativiert« werden kann: »Für die Kommunen ... bedeuten derlei Verbändeprivilegierungen und Verbändepräsenzen starke Einschränkungen ihrer Gestaltungsmöglichkeiten, insbesondere der realen Entscheidungsmöglichkeiten ihrer gewählten Gremien«. Mit den informellen Absprachen zwischen der kommunalen Politik und Verwaltung einerseits und den (verhandlungsstarken) organisierten Interessen andererseits ist zudem häufig ein Verlust an kritischer Öffentlichkeit verbunden; die Verhandlungen finden »hinter geschlossen Türen« statt. Ferner ist das Spektrum dessen, was sich als mögliche kommunalpolitische Initiative thematisieren läßt, in korporatistischen Arrangements zumeist enger gefaßt als in den eigentlich zuständigen Entscheidungsinstanzen, da gesellschaftliche Machtverhältnisse in Verhandlungen nicht zur Disposition gestellt werden können, ohne die erforderliche Konsensbereitschaft der in ihrer Stellung in Frage gestellten Akteure zu verlieren. Das korporatistische Ordnungsmodell kommt deshalb vielfach einem Verzicht auf Politikziele gleich, die eine Umverteilung zwi-

---

36 Vgl. Josef Schmid/Helmut Voelzkow, Funktionsprobleme des westdeutschen Korporatismus in Ostdeutschland, in: Oskar Niedermeyer (Hrsg.), Intermediäre Strukturen in Ostdeutschland, Opladen 1996, S. 421–440.

37 Dietrich Thränhardt, (Anm. 13), S. 16 f.

schen den Beteiligten zur Folge hätten, und läuft dadurch auf eine »Bestätigung und Weiterentwicklung der Status-quo-Verteilungen«[38] hinaus. Aus solchen kritischen Überlegungen allerdings den Schluß zu ziehen, die Gemeinde solle verlorengegangenes Terrain (wenn sie es je gehabt haben sollte) zurückerobern und die gesellschaftlichen und politischen Strukturen wieder den Idealen einer Demokratietheorie angleichen, die Formulierung und Umsetzung von Politik (und den damit verbundenen Gebrauch von Macht) allein den vertrauten Institutionen territorialer Repräsentation und ihren nachgeordneten Exekutiven zuschreibt, wäre wohl ebenso realitätsfern wie in politisch-normativer Hinsicht irreführend. Auch für die Kommunen gilt, daß ein Rückfall in eine dualistische Ordnungstheorie, die nur »Hierarchie« und »Markt« kennt, kein gangbarer Weg ist.

Damit wird auch im Hinblick auf den »Neokorporatismus in den Kommunen« ein Defizit deutlich, das die allgemeine politische Diskussion und die politikwissenschaftliche Demokratietheorie betrifft: Sie »haben sich . . . auf die Realität der vielfach vernetzten und durch Verhandlungen handelnden Politik noch nicht einstellen können. Sie schreiben den politisch verantwortlichen Funktionsträgern weit mehr Ereignisbeherrschung zu, als diese auch unter günstigsten Umständen haben könnten – und sie tendieren umgekehrt dazu, alle Verhandlungszwänge der Politikverflechtung wie selbstverständlich als Demokratiedefizit zu registrieren. Eine der verflochtenen Politik angemessene normative Theorie der politischen Verantwortlichkeit und der demokratischen Partizipation, an der die öffentliche Diskussion sich orientieren könnte, ist heute nirgendwo in Sicht . . . Sie kann auch hier nicht geboten werden«.[39]

38 Ebd., S. 17.
39 Fritz W. Scharpf, Die Handlungsfähigkeit des Staates am Ende des zwanzigsten Jahrhunderts, in: Politische Vierteljahresschrift 32 (1991) 4, S. 630. Vgl. zu dieser demokratietheoretischen Problematik des Neokorporatismus auch Fritz W. Scharpf, Versuch über Demokratie im verhandelnden Staat, in: Roland Czada/Manfred G. Schmidt (Hrsg.), Verhandlungsdemokratie, Interessenvermittlung, Regierbarkeit. Festschrift für Gerhard Lehmbruch, Opladen 1993. Vgl. ferner die entsprechenden Abschnitte in Voelzkow (Anm. 11), S. 73 ff. und S. 319 ff.

NIKOLAUS SIMON

Gewerkschaften und Kommunen

»Im föderativen Staatsaufbau kommt den Städten und Gemeinden eine besondere Bedeutung zu. Die koordinierende steuernde öffentliche Hand ist unentbehrlich, damit das Leben in unseren Kommunen und Regionen lebenswert bleibt. Die kommunale Selbstverwaltung ist eine der Grundlagen des demokratischen Staates. Stadt- und Gemeindeverwaltungen müssen die Gewähr dafür bieten, daß allen Bürgerinnen und Bürgern die Teilnahme am gesellschaftlichen Leben möglich ist. Ökologische und Sozialaufgaben sind immer stärker miteinander verwoben. Es gehört für uns zum Sozialstaat, daß Erhalt und Ausbau der Infrastruktur, die Raumplanung, die Weiterentwicklung des öffentlichen Nah- und Fernverkehrs, die Gewährleistung der inneren Sicherheit, der Kommunikation, der Ver- und Entsorgung, in parlamentarischer Verantwortung sozial- und umweltverträglich garantiert bleiben«.[1]

Diese Passage aus dem Grundsatzprogramm des Deutschen Gewerkschaftsbundes (DGB) betont den besonderen Stellenwert, den die Gewerkschaften kommunaler Selbstverwaltung und kommunalen Diensten für einen aktiven Wirtschafts- und Sozialstaat beimessen. Gewerkschafterinnen und Gewerkschafter haben sich auch, seit die demokratischen Voraussetzungen dafür existierten, kommunalpolitisch betätigt.

Damit auch Gewerkschaften Akteure in der lokalen Politik werden konnten, bedurfte es eines langen Kampfes um Anerkennung als Tarifpartei und als demokratische Interessenorganisationen.

1. Die historischen Voraussetzungen für eine Akteursrolle in der lokalen Politik

Die Gewerkschaft Öffentliche Dienste, Transport und Verkehr (ÖTV), als die größte Gewerkschaft, die in Städten, Kreisen und Gemeinden Arbeitnehmerinnen und Arbeitnehmer organisiert, feierte 1996 ihr 100jähriges Bestehen. Innerhalb von nur drei Monaten entstanden 1896 als bedeutendste Vorläuferorganisationen der »Zentralverband der Handels-, Transport- und Verkehrsarbeiter« sowie der zentrale »Verband der Arbeiter in Gasanstalten, auf Holz- und Kohlenplätzen und sonstiger Arbeitsleute«, der sein Aktionsfeld dann rasch auf alle städtischen Arbeiter ausdehnte.[2]

---

1 Die Zukunft gestalten, Grundsatzprogramm des Deutschen Gewerkschaftsbundes, beschlossen auf dem 5. Außerordentlichen Bundeskongreß 1996, Düsseldorf 1997, S. 24.

2 Vgl. 100 Jahre ÖTV-Geschichte, Die Geschichte einer Gewerkschaft und ihrer Vorläuferorganisationen (Autor: Walter Nachtmann), hrsg. von der Gewerkschaft Öffentliche Dienste, Transport und Verkehr, Stuttgart/Frankfurt a. M. 1996, S. 9.

Seit 1906 trug diese mittlerweile wichtigste Kommunalgewerkschaft den Namen »Verband der Gemeinde- und Staatsarbeiter (VGS)«. Im Verlauf einer rasanten Geschichte von Zusammenschlüssen ging er am 1. Januar 1930 auf im »Gesamtverband der Arbeiter der öffentlichen Betriebe und des Personen- und Warenverkehrs (GV)«, der dank seiner knapp 700 000 Mitglieder die zweitgrößte Gewerkschaft im Allgemeinen Deutschen Gewerkschaftsbund (ADGB) war.

In einem Rückblick aus dem Jahre 1930 wurde die Lage der Menschen und die Entwicklung der Städte, in denen sie arbeiteten, folgendermaßen beschrieben: »Die Zusammenballung großer Menschenmassen im 19. Jahrhundert stellte den Städten neue Aufgaben. Der Verkehr, die Versorgung der Bevölkerung mit Gas, Wasser und später mit Elektrizität, die Errichtung von Schlacht- und Viehhöfen, von Markthallen, die Anlagen von Parks und Gärten, die Errichtung kommunaler Friedhöfe, dann vor allen Dingen die großen Aufgaben auf den umfangreichen Gebieten der Städtehygiene, wie sie neben der Kanalisation (Stadtentwässerung) ihren Ausdruck finden in den Straßenreinigungsbetrieben, Fuhrparks, Desinfektionsanstalten und vor allen Dingen in dem Riesengebiet des Gesundheitswesens mit seinen Krankenhäusern, Heilanstalten, Genesungsheimen, Waisenhäusern, Altersheimen usw., ließen die Gemeinden als Arbeitgeber größeren Stils in Erscheinung treten. Die Zahl der Arbeitnehmer ohne Berücksichtigung der Beamten und der wenigen Angestellten ging zur Zeit der 48er Revolution in Deutschland in die Tausende. Bei dem Erlaß der Gewerbeordnung im Jahre 1867, die den deutschen Arbeitern die Vereinigungsfreiheit brachte, zählten die Arbeitnehmer der deutschen Städte nach Zehntausenden. Im Jahre 1890, beim Fall des Sozialistengesetzes, bei Gründung der Generalkommission der Gewerkschaften Deutschlands, der Spitzenorganisation der freien Gewerkschaften, waren neben den Beamten und Angestellten schon über hunderttausend Arbeiter und Arbeiterinnen in den kommunalen Verwaltungen beschäftigt«.[3]

2. Die Verteidigung des Gemeindesozialismus in der Weimarer Republik

Die staatliche Anerkennung als Tarifpartei wurde den Gewerkschaften durch das »Gesetz über den vaterländischen Hilfsdienst« vom 5. Dezember 1916 zuteil. Die Möglichkeit, als eigenständiger politischer Akteur in den Gemeinden tätig werden zu können, war erst mit der Weimarer Republik und dem Untergang des Zensus- und preußischen Dreiklassenwahlrechts gegeben.

Rudolf Lengersdorff[4], »Ökonomischer Theoretiker« des VGS, beschrieb in seiner Schrift »Gemeinwirtschaft, Rationalisierung und Arbeiterschaft« von 1927 die veränderte Lage: »Die aus dem Zusammenbruch im November 1918 entstandene politische Umwälzung hat uns in den Ländern und Gemeinden das allgemeine gleiche und geheime Wahlrecht gebracht. Durch das neue Wahlrecht wurde der bis dahin in den Länder- und Gemeindeparlamenten herrschende liberale und konservative Einfluß

---

3 Handbuch der öffentlichen Wirtschaft, hrsg. vom Vorstand des Gesamtverbandes der Arbeitnehmer der öffentlichen Betriebe und des Personen- und Warenverkehrs, bearbeitet von Walter Pahl und Kurt Mendelsohn, Berlin 1930, S. 574 f.
4 Vgl. 100 Jahre ÖTV-Geschichte (Anm. 2), Biographien-Band, S. 138 f.

fast ausschließlich gebrochen. Zum ersten Male kam dadurch auf der ganzen Linie in den öffentlich-rechtlichen Selbstverwaltungen der Wille der breiten arbeitenden Massen durch zum Teil starke parlamentarische Vertretungen zum Ausdruck. Diese Umstellung der politischen Verhältnisse hat mit dem Zustand der alten Gemeindeparlamente, in welchen durch das schreiende Unrecht der Dreiklassenwahlen in den meisten Fällen die Vertreter der Industrie die absolute Majorität besaßen, gebrochen. Kein Wunder, daß durch diese Umstellung die gemeinwirtschaftlichen Gesichtspunkte bei allen Maßnahmen jetzt eine viel stärkere Betonung und Berücksichtigung finden als früher«.[5]

Diese neuen, demokratischen Strukturen mußten sich sogleich vor den sozialen und ökonomischen Folgen des Krieges bewähren. Die Haushaltspläne der deutschen Großstädte aus dieser Zeit ergeben, daß im Durchschnitt annähernd die Hälfte ihres Finanzbedarfs von den Wohlfahrtsaufgaben verschlungen wurde. Aber auch der Blick auf die rasche Modernisierung und die damit einhergehenden Herausforderungen für die Städte machten aus den Gewerkschaften Kämpfer für den Erhalt und Ausbau einer starken kommunalen Wirtschaft. Damit standen sie in vollem Einklang mit dem Deutschen Städtetag, der ebenso dafür eintrat, daß Gas-, Elektrizitäts- und Verkehrsbetriebe in die Hand der Gemeinden gehören. Auf der Gegenseite standen industrielle Kreise, die gegen diese aus ihrer Sicht »kalte Sozialisierung« und für Privatisierung kämpften.

Bei der Verteidigung kommunaler Betriebe (und anderer Staatsbetriebe) ging es den Gewerkschaften selbstverständlich auch um tarifpolitischen Einfluß. Nach dem Geschäftsbericht des VGS waren 1929 in Gemeindebetrieben 268 913, in Kreisbetrieben 16 501 und in Provinzialbetrieben 14 946 Menschen beschäftigt.[6]

Eine besondere Rolle spielte aber auch die allgemeine Orientierung der deutschen Arbeiterbewegung auf Wirtschaftsdemokratie, deren Konzept auf dem Hamburger ADGB-Kongreß 1928 wie folgt zusammengefaßt wurde: ». . . die Ausgestaltung des kollektiven Arbeitsrechts, der Ausbau und die Selbstverwaltung der Sozialversicherung, die Erweiterung des Mitbestimmungsrechts der Arbeitnehmer im Betrieb, die paritätische Vertretung der Arbeiterschaft in allen wirtschaftspolitischen Körperschaften, die Kontrolle der Monopole und Kartelle unter voller Mitwirkung der Gewerkschaften, die Zusammenfassung von Industrien zu Selbstverwaltungskörpern, die Ausgestaltung der Wirtschaftsbetriebe in öffentlicher Hand, die Produktionsförderung in der Landwirtschaft durch genossenschaftliche Zusammenfassung und Fachschulung, die Entwicklung der gewerkschaftlichen Eigenbetriebe, die Förderung der Konsumgenossenschaften, die Durchbrechung des Bildungsmonopols«.[7]

In Wirtschaft und Gesellschaft sollte der Ausbau öffentlicher Wirtschaft und die gewerkschaftliche Vertretung der Arbeitnehmer in paritätischen Organen dem öffentlichen Interesse gegenüber dem privatkapitalistischen Interesse zum Durchbruch verhelfen.

Für die lokale Alltagsarbeit verweisen die Stichworte »Selbstverwaltung der Sozialversicherung«, »Gewerkschaftliche Eigenbetriebe« und »Konsumgenossenschaften« auf Tätigkeitsfelder, in denen sich Gewerkschaften auch deshalb ganz besonders engagierten, weil sie, wie die Ortskrankenkassen, aus den Hilfskassen der Ar-

---

5 Rudolf Lengersdorff, Gemeinwirtschaft, Rationalisierung und Arbeiterschaft, Schriften zur Aufklärung und Weiterbildung, Berlin, (1927) 29/30, S. 10 f.

6 Vgl. Verband der Gemeinde- und Staatsarbeiter, Geschäftsbericht für das Jahr 1929, Berlin 1930, S. 44.

7 Zitat in: Gerhard Leminsky/Bernd Otto, Politik und Programmatik des DGB, Köln 1984, S. 4.

beiter hervorgegangen waren, die sich wiederum auf die genossenschaftliche Selbsthilfe gründeten (vgl. auch den Beitrag von Adelheid von Saldern zur Geschichte der kommunalen Selbstverwaltung, in diesem Band).

Dank ihrer Wahlmandate haben ungezählte Gewerkschafterinnen und Gewerkschafter direkten Einfluß auf lokale Politik genommen. Aber auch der Beitrag, den gewerkschaftliche Mitglieder durch ihre Mitwirkung an lokalen Einrichtungen der sozialen Selbstverwaltung sowie an Konsum- und Wohnungsbaugenossenschaften zur Verbesserung der Lebensqualität in Kommunen geleistet haben, kann nicht hoch genug eingeschätzt werden.[8]

Dennoch, am Ende der Weimarer Republik fehlte letztlich die demokratische Mehrheit, um Republik und kommunale Selbstverwaltung gegen Volksgemeinschaftstümelei, Antisemitismus, Führerprinzip und all die anderen antizivilisatorischen Elemente des Nationalsozialismus zu verteidigen. Auch für die Gewerkschaften muß festgehalten werden, daß ihrem Verbot am 2. Mai 1933 die Preisgabe demokratischer und republikanischer Überzeugungen zugunsten der Anbiederung an Volksgemeinschaftsvorstellungen vorausging.[9]

3. Von den Anfängen der Bundesrepublik bis zum Reformstau der 80er Jahre

Erst der Sieg der Alliierten und damit die Chance für einen demokratischen Neuanfang auch in den Kommunen der Westzonen, gaben den Gewerkschaften ihre Rolle als Akteure in der lokalen Politik zurück. Die Gewerkschaften brachten nach 1945 vor Ort nicht nur die Betriebe wieder mit in Gang, sondern häufig auch das politische Leben in den Städten und Gemeinden. Theo Pirker schreibt:»Besonders muß auf die bedeutende Rolle der kommunalen Betriebe im Aufbau der Wirtschaft hingewiesen werden. ... Im Aufbau der kommunalen Ordnung haben die Gewerkschaften eine noch bedeutendere Rolle gespielt, als es bei den privaten Betrieben der Fall war. Die Aufgabe der Gewerkschaften in den Kommunen bestand darin, das Leben der Kommune selbst in Gang zu bringen. ... Die Aufgaben der Aufräumung, der Versorgung und der Sicherheit, wie sie in den Kommunen nach 1945 vorlagen, konnte nur mit Hilfe der Arbeitsdisziplin der Arbeitnehmer und der Gewerkschaften erfüllt werden«.[10] Als politische Orientierung diente zunächst erneut der Gemeindesozialismus aus der Weimarer Zeit.[11] Die Vitalität dieser Tradition zeigte sich nicht nur in den unbestrittenen Leistungen der gewerkschaftlichen Bauunternehmen bis zum Versiegen des Neubaubedarfs, sondern auch im Aufstieg der Bank für Gemeinwirtschaft als gewerkschaftlichem Finanzierungsinstitut für gemeinwirtschaftliche Betätigung. Der später selbstverschuldete, katastrophale

---

8 Vgl. Christian von Ferber, Wird der sozialpolitische Handlungsspielraum der Sozialen Selbstverwaltung ausgeschöpft? In: Gewerkschaftliche Politik: Reform aus Solidarität, Zum 60. Geburtstag von Heinz O. Vetter, Herausgegeben von Ulrich Borsdorf/Hans O. Hemmer/ Gerhard Leminsky/Heinz Markmann, Köln 1977, S. 381; vgl. auch Arno Mersmann/ Klaus Novy, Gewerkschaften, Genossenschaften, Gemeinwirtschaft, Köln 1991.

9 Vgl. Gerhard Beier, Das Lehrstück vom 1. und 2. Mai 1933, Frankfurt a. M./Köln 1975.

10 Theo Pirker, Die blinde Macht, Teil 1, Berlin 1979, S. 119 f.

11 Vgl. z. B. Stellung und Aufgaben der Gemeinden im Demokratischen Deutschland, in: Ernst Reuter, Ein Leben für Freiheit und Sozialismus, Berlin 1949, S. 43–64.

Niedergang der Neuen Heimat und der gesamten Gemeinwirtschaft markierte aber letztlich doch das endgültige Ende solcher Traditionslinien.

Ins Hintertreffen gerieten vorwärtsgerichtete Reformvorstellungen für die Kommunen und den Staat spätestens wieder seit den Entscheidungen der ersten Bundesregierung und des ersten Bundestages, alle Anregungen und Initiativen zur grundlegenden Reform des öffentlichen Dienstes zurückzuweisen und mit Art. 131 GG »alle Gebietskörperschaften zu verpflichten, mindestens 20 Prozent ihres Personals aus dem Kreis derjenigen zu rekrutieren, die ihre Stellungen im Öffentlichen Dienst aufgrund von Kriegsfolgen oder der Entnazifizierung verloren hatten. . . . Städte, die sich gegen die Einstellung politisch belasteter Kräfte sträubten, konnten es sich buchstäblich nicht leisten, diesen Kurs lange durchzuhalten. In fünf Fällen mußten Großstädte innerhalb eines Jahres mehr als eine Million DM (an Ausgleichsbeträgen für nichterfüllte Quoten, N. S.) abführen, in einem dieser Fälle belief sich die Summe auf 2,7 Millionen«.[12]

Eine Restauration bewirkten allerdings auch die hergebrachten Grundsätze des Berufsbeamtentums, die mit Art. 33 (5) verfassungsmäßigen Schutz und Rang erlangten. Damit wurde die Personalrekrutierung des Staates nach westlichen Demokratievorstellungen auf Dauer erschwert. Dennoch beteiligten sich die Gewerkschaften in den folgenden Jahrzehnten am langwierigen Weg des Abbaues von Resten des Obrigkeitsstaates, beim Ausbau lokaler Demokratie und an den mehr oder weniger geglückten Verwaltungsreformen (Rechtsbereinigung, Gebietsreform, Funktionalreform) bzw. an der Reform des öffentlichen Dienstrechts, die aber aus Sicht der DGB-Gewerkschaften völlig scheiterte.

Im Januar 1967 trafen sich beispielsweise in Köln Mitglieder des Präsidiums des Deutschen Städtetags und Mitglieder des Hauptvorstands der Gewerkschaft ÖTV zu einer Aussprache über die kommunale Finanznot und über Möglichkeiten, die Gemeinden »in ihren Anstrengungen um eine Verbesserung der kommunalen Verhältnisse zu unterstützen«.[13] Die Gewerkschaft ÖTV hat seither immer wieder gewerkschaftliche Forderungen und Verbesserungsvorschläge angesichts der Strukturkrise des kommunalen Finanzsystems unterbreitet.[14]

Das gleiche gilt für viele andere kommunale Probleme, wobei sich die Gewerkschaft ÖTV stets als verantwortliche Partnerin der Städte, Kreise und Gemeinden sieht: Sei es durch ein »Aktionsprogramm für den öffentlichen Personennahverkehr« oder einen »Diskussionsvorschlag – Neustrukturierung der sozialen Dienste«, sei es mit Vorschlägen zur Verbesserung kommunaler Krankenhäuser oder der Sparkassen, sei es durch die frühe Beteiligung an der Diskussion zum kommunalen Umweltschutz durch Vorschläge zur Wasser- und Energieeinsparung. Angesichts einer wachsenden Unzufriedenheit der Nutzerinnen und Nutzer mit öffentlichen Diensten, die mit einem anhaltenden Reformstau im öffentlichen Sektor in den 80er Jahren einherging, beschloß der 11. Gewerkschaftstag in Hamburg 1988, eine eigene gewerkschaftliche Reforminitiative für öffentliche Dienste auf den Weg zu bringen. Organisations- und

---

12 Vgl. Curt Garner, Der öffentliche Dienst in den 50er Jahren: Politische Weichenstellungen und ihre sozialgeschichtlichen Folgen, in: Axel Schildt/Arnold Sywottek (Hrsg.), Modernisierung im Wiederaufbau, Bonn 1993, S. 760 und S. 777.

13 Vgl. Heinz Kluncker, Mehr Geld für Gemeinschaftsaufgaben, in: Die Quelle, Funktionärszeitschrift des DGB, Düsseldorf, 18 (1967) März.

14 Vgl. Für eine Reform des Gemeindefinanzsystems, Stuttgart 1987 und Diskussionspapier: Weiterentwicklung der Gemeindefinanzen in Ost- und Westdeutschland, Stuttgart 1993 – beide hrsg. von der Gewerkschaft ÖTV.

Personalentwicklung sollten gemeinsam optimiert werden, damit mehr Effizienz, Effektivität und Produktivität der Dienstleistungen im öffentlichen Interesse mit Bürgerorientierung, Kundenzufriedenheit, verbesserten Arbeitsbedingungen und leistungsgerechter Bezahlung Hand in Hand gehen.

4. »Zukunft durch öffentliche Dienste (ZöD)« – Eine gewerkschaftliche Reforminitiative für lokale Politik

Selbstverständlich nehmen auch heute noch Gewerkschafterinnen und Gewerkschafter in großer Zahl Aufgaben in der Kommunalpolitik oder in der sozialen Selbstverwaltung wahr. Dank der gewerkschaftlichen Reforminitiative ZöD wurde die Gewerkschaft ÖTV, unterstützt von den Gewerkschaften im DGB und im Einklang mit der Deutschen Angestellten-Gewerkschaft (DAG), darüber hinaus zu einer eigenständigen Reformkraft in den Kommunen.[15] Besonderes Interesse finden lokale Gestaltungsprojekte, die die Gewerkschaft ÖTV gemeinsam mit Personal- und Betriebsräten, Amtsleitungen, Verwaltungsspitzen und Kommunalpolitikern zur Verbesserung des öffentlichen Dienstleistungsangebots und der Arbeitsbedingungen im öffentlichen Dienst auf den Weg brachte. Mit Unterstützung der Hans-Böckler-Stiftung konnten etliche davon wissenschaftlich begleitet werden. Die Gewerkschaft ÖTV hat damit bewiesen, daß sie ihre Ideen vor Ort auch umsetzen kann. Stellvertretend für viele Projekte sollen hier zwei genannt werden, weil weiterführende Literatur leicht zugänglich ist. Der »Bürgerladen Hagen« zeigt, daß die Modernisierungsziele Verwaltungsqualität, Arbeitsqualität und Produktivitätssteigerung gemeinsam optimiert werden können. Kundenorientiertes Verwalten ist eben keineswegs teurer als traditionelle Verwaltung, die den Beschäftigten wenig Raum für Gestaltung und Verantwortung läßt.[16]

Das Projekt »Einwohnerservice in den Stadtbezirken« in der Stadt Kassel erbrachte wesentliche Erkenntnisse darüber, wie die Partizipation der Beschäftigten an kommunalen Modernisierungsprojekten durch Qualitätszirkel verbessert werden kann.[17]

Ein Überblick über weitere Innovationsinitiativen im Bereich lokaler Sozial- und Gesundheitsdienste oder zum kommunalen Umweltschutz findet sich im Band 7 der ÖTV Buchreihe »Zukunft durch öffentliche Dienste«[18] Es existieren weiterhin etwa vierzig Kooperations- und Tarifverträge zur Verwaltungsreform sowie weitere ca. vierzig Dienstvereinbarungen, mit denen kommunale Arbeitgeber und die Ge-

---

15 Vgl. Nikolaus Simon, Die Gewerkschaft ÖTV als Reformkraft in Kommunen, in: Christoph Reichard/Hellmut Wollmann (Hrsg.), Kommunalverwaltung im Modernisierungsschub? Basel 1996, S. 195–201.
16 Vgl. Leo Kißler/Jörg Bogumil/Elke Wiechmann, Das kleine Rathaus – Kundenorientierung und Produktivitätssteigerung durch den Bürgerladen Hagen, Baden-Baden 1994.
17 Vgl. Petra Abele/Hans Brinckmann/Klaus Grimmer (Hrsg.), Einwohnerservice in den Stadtbezirken, Baden-Baden 1995.
18 Vgl. Monika Wulf-Mathies (Hrsg.), Vernetzung lokaler Initiativen – Eine Zwischenbilanz, Köln 1993.

werkschaft ÖTV versuchen, gemeinsam die Modernisierung öffentlicher Dienste vor-
anzubringen. Zu Beginn des Jahres 1997 konnte zwischen der Vereinigung kommunaler Arbeitgeberverbände (VKA) und der Gewerkschaft ÖTV ein Rahmentarif-
vertrag über Grundsätze zur Gewährung von Leistungszulagen und Leistungsprämien
abgeschlossen werden.

Auf die kommenden Jahre haben sich die Gewerkschaften programmatisch und
organisatorisch vorbereitet. Kontinuität und die sicher noch weiter steigende Zahl
der kommunalen Reformprozesse machen es notwendig, Beratung und Hilfe für
Beschäftigte und ihre Personal- und Betriebsräte auszubauen. Dazu hat die Gewerkschaft ÖTV die »zweite Phase« ihrer Zukunftsinitiative bereits auf den Weg gebracht.[19]

Die Gewerkschaften setzen dem Leitbild vom »Schlanken Staat« und einer forcierten Privatisierung wie Deregulierung ihr positives Leitbild vom aktiven Wirt-
schafts- und Sozialstaat entgegen. Als Akteure in der lokalen Politik wollen sie auch in
Zukunft Verantwortung übernehmen und die sozial- und ökologisch-nachhaltige Bür-
gerkommune mitgestalten.

---

19 Vgl. Herbert Mai (Hrsg.), Dienstleistungen gestalten: Für einen aktiven Wirtschafts- und
Sozialstaat, Stuttgart 1997.

ANNETTE ZIMMER

Vereine und lokale Politik

>»In mein' Verein werd ich erst richtig munter.
>Auf die, wo nicht drin sind, seh ich hinunter.
>Hier leb ich. Und will auch einst begraben sein
>in mein' Verein«. Kurt Tucholsky

1. Der wiederentdeckte Verein

Der Verein wurde in den letzten Jahren sowohl in seiner Rolle als Dienstleister auf der lokalen Ebene als auch in seiner Bedeutung als Rechtsform für Selbstorganisation, freiwillige Tätigkeit und gesellschaftliches Engagement kaum beachtet. Abgedrängt in die Freizeit- und Hobbyecke und spätestens seit Tucholsky behaftet mit dem Image kleinbürgerlicher Spießigkeit, standen die lokalen Vereine einerseits im Schatten der großen überregional tätigen Verbände und Interessengruppen, andererseits schienen ihnen vor Ort in puncto Attraktivität und politischer Relevanz Bürgerinitiativen und neue soziale Bewegungen den Rang abzulaufen. Mittlerweile sind jedoch Bürgerinitiativen wie auch die neuen sozialen Bewegungen »in die Jahre gekommen«. Institutionalisiert und professionalisiert haben sie sich vor Ort ebenfalls als Vereine etabliert, wodurch das lokale Vereinswesen noch bunter, vielfältiger und facettenreicher geworden ist.

Dies ist als ein Grund anzusehen, warum die lokale Vereinsszene nicht mehr nahtlos gleichgesetzt wird mit den Freizeitvergnügen von »Biedermännern«. Des weiteren ist die Debatte der Kommunitaristen über die Potentiale der »Zivilgesellschaft« zu nennen sowie der Diskurs über die gesellschaftliche Ressource des »sozialen Kapitals«.[1] Der Verein als »Schule der Demokratie« erhält im neuen Gewand des »sozialen Kapitals« einen aktuellen Stellenwert; und das Vereinswesen insgesamt gewinnt als Teil der Zivilgesellschaft, die beispielsweise von Michael Walzer als »Beziehungsnetzwerk« sowie als »Raum von (zwischen)menschlichen Vereinigungen, die nicht erzwungen sind«[2], charakterisiert wird, erneut an demokratietheoretischer Relevanz.

Doch nicht nur von der Demokratietheorie wird der Verein neu entdeckt. Entsprechendes gilt auch für die Verwaltungswissenschaft und Policy Analyse. Hier ist die neue Attraktivität des Vereins in engem Zusammenhang mit der Krise des Wohlfahrtsstaates zu sehen, dessen traditionelle Gestaltungsformen unisono als zu teuer, zu schwerfällig und zu bürokratisch eingeschätzt werden. Unter dem Leitmotiv des New Public Management wird für eine Neubestimmung des Verhältnisses zwischen Staat

---

1 Vgl. Walter Reese-Schäfer, Was ist Kommunitarismus, Frankfurt a. M. 1994 sowie Robert D. Putnam, Making Democracy Work. Civic Traditions in Modern Italy, Princeton 1993.
2 Michael Walzer, Zivile Gesellschaft und amerikanische Demokratie, Berlin 1992, S. 65.

und Gesellschaft und ganz konkret für eine Vergesellschaftung öffentlicher Aufgaben plädiert.[3] Auf dem Weg zu neuen, weniger hierarchischen und bürokratischen wohlfahrtsstaatlichen Gestaltungsformen rücken die Vereine als nicht-staatliche Ersteller öffentlicher Güter und als nicht-kommerzielle Dienstleistungsproduzenten verstärkt ins Blickfeld der kommunalpolitischen Reformer.

Doch wie steht es um die Vitalität unseres Vereinswesens? Wie attraktiv sind unsere Vereine für Mitgliedschaft und aktives Engagement? Und welchen Stellenwert haben die Vereine tatsächlich auf der lokalpolitischen Bühne? Diesen Leitfragen wird im folgenden nachgegangen, wobei zunächst ein quantitativer Überblick über Mitgliedschaftsentwicklung, Vereinsdichte sowie ehrenamtliches Engagement gegeben wird. Daran schließt sich ein kurzer Rückblick auf die historischen Wurzeln des Vereinswesens an. Abschließend wird die Bedeutung des Vereins als politischer Akteur behandelt und aus einer policy-analytischen Perspektive sein Stellenwert als Dienstleister und Partner der öffentlichen Hand sowie als Korrektiv von Politik und Verwaltung angesprochen.

2. Vereine in Zahlen

a. Mitgliedschaft

Vereine sind so attraktiv wie nie zuvor. Nach den Ergebnissen repräsentativer Bevölkerungsumfragen ist jeder zweite erwachsene Bundesbürger Mitglied in mindestens einem Verein.[4] Damit rangieren Vereine in der Gunst der Bevölkerung weit vor Parteien und Gewerkschaften. Nach den Ergebnissen des Wohlfahrtssurvey von 1993 waren in den alten Länder lediglich 5 % der Befragten Mitglied in einer Partei und 17 % Mitglied in einer Gewerkschaft. Demgegenüber waren 28 % der Befragten in einem Sportverein organisiert und immerhin noch 13 % Mitglied in einem Gesang- oder kirchlichen Verein.

Wie sieht ein typisches Vereinsmitglied aus? In den USA kamen in den 1950er Jahren durchgeführte Untersuchungen bereits zu dem Ergebnis, daß es sich hierbei um einen Mann »in den besten Jahren« handelt, der verheiratet ist und über eine gute Schulausbildung verfügt, einer eher gehobenen Einkommensklasse zuzurechnen ist und somit dem Mittelstand angehört.[5] Eine sekundärstatistische Analyse von Bevölkerungsumfragen aus den Ländern USA, Österreich und der Bundesrepublik zeigt, daß diese Charakterisierung weltweit sowie auch bei uns zutrifft.[6]

Im Telegrammstil lassen sich die Ergebnisse der Vereinsuntersuchungen etwa so zusammenfassen: In Vereinen sind eindeutig mehr Männer als Frauen engagiert; die

---

3 Hellmut Wollmann, Verwaltungsmodernisierung: Ausgangsbedingungen, Reformanläufe und aktuelle Modernisierungsdiskurse, in: Christoph Reichard/Hellmut Wollmann (Hrsg.), Kommunalverwaltung im Modernisierungsschub, Basel 1996, S. 29.

4 Die Zahlenangaben stammen, wenn nicht anders angegeben, aus dem Datenreport, hrsg. vom Statistischen Bundesamt. Vgl. Statistisches Bundesamt (Hrsg.), Datenreport, Bonn 1985, 1989, 1994, 1997.

5 John C. Smith, Membership and Participation in Voluntary Associations, in: American Sociological Review, Vol. 22 (1957), S. 325.

6 Rudolf Richter, Soziokulturelle Dimensionen freiwilliger Vereinigungen, München 1985.

Mitgliedschaftsquote ist auf dem Land wesentlich höher als in der Stadt; Nicht-Berufs-tätige sind weniger vertreten als Berufstätige, und unter diesen findet man wiederum mehr Beamte, Selbständige und Angestellte als Arbeiter. Mit zunehmendem Alter nimmt die Vereinsmitgliedschaft deutlich ab. Die meisten Vereinsmitglieder gehören der »mittleren Generation« an und sind im Alter von 30 bis 55 Jahren.[7] Abweichungen vom statistischen Durchschnitt lassen sich bei den Musik- und Gesangvereinen fest-stellen, in denen die ältere Generation wesentlich stärker vertreten ist. Hinsichtlich der Dominanz der Männer im Vereinswesen weichen die kirchlichen sowie die karitativen Vereine vom statistischen Durchschnitt ab, in denen vorrangig Frauen engagiert sind. Insgesamt setzt sich die Mitgliedschaft eines statistisch durchschnittlichen Vereins zu 62 % aus Männern und zu 38 % aus Frauen zusammen. Bei einer Geschlechtervertei-lung von circa 52 % Frauen und 48 % Männern in der Bevölkerung der Bundesrepublik sind Frauen im Vereinswesen deutlich unterrepräsentiert.[8] Vereine sind somit nach wie vor Männerdomänen. Besonders trifft dies für die Leitungsebene zu. So wurde in einer bundesweiten Untersuchung zu den Sportvereinen festgestellt, daß auf 100 Vereins-vorsitzende nur lediglich vier Frauen kommen.[9]

b. Vereine in Ostdeutschland

Leider ziehen sich auch in den neuen Bundesländern Frauen zunehmend aus dem Vereinsalltag zurück. Noch sind Frauen in Ostdeutschland in etwas stärkerem Maße als in den alten Ländern in das gesellschaftliche und öffentliche Leben integriert. Al-lerdings geht die Bereitschaft, einem Verein beizutreten, aktuell in den neuen Län-dern insgesamt eher zurück.[10] Unter den Frauen in Ostdeutschland ist dieser Trend besonders stark ausgeprägt. Von der Transformationsforschung wird diese Entwick-lung mit Besorgnis beobachtet, da der Organisationsgrad der Bevölkerung als einer der zentralen Indikatoren der Verankerung und Akzeptanz der Demokratie betrach-tet wird.[11]

Direkt nach der Wende war es nicht verwunderlich, daß nach zwei diktatorischen Regimen der Organisationsgrad der Bevölkerung unter dem Niveau der alten Länder lag. Allerdings ging man damals angesichts der Montagsdemonstrationen und des Vereinsgründungsbooms nach 1990[12] von einer raschen Angleichung an westdeutsche Verhältnisse aus, zumal mittels eines aus Bonn gesteuerten Institutionen- sowie um-fangreichen Ressourcentransfers der Aufbau der lokalen Vereine in Sport und Kultur,

7 Statistisches Bundesamt (Hrsg.), Datenreport, Bonn 1994, S. 559.
8 Annette Zimmer, Vereine – Basiselement der Demokratie. Eine Analyse aus der Dritte-Sektor-Perspektive, Opladen 1996, S. 103.
9 Klaus Heinemann/Manfred Schubert, Der Sportverein. Ergebnisse einer repräsentativen Untersuchung, Schorndorf 1994, S. 221.
10 Eckhard Priller, Demokratieentwicklung und gesellschaftliche Mitwirkung, in: Sozial-wissenschaftliches Forschungszentrum Berlin-Brandenburg (Hrsg.), Sozialreport 1995. Daten und Fakten zur sozialen Lage in den neuen Bundesländern, Berlin 1995, S. 351.
11 Vgl. Christiane Lemke, Protestverhalten in Transformationsgesellschaften, in: Politische Vierteljahresschrift, 38 (1997), S. 50–78.
12 Eckhard Priller, Veränderungen in der politischen und sozialen Beteiligung in Ostdeutsch-land, in: Wolfgang Zapf/Roland Habich (Hrsg.), Wohlfahrtsentwicklung im vereinten Deutschland. Sozialstruktur, sozialer Wandel und Lebensqualität, Berlin 1996, S. 293.

im sozialen Bereich und im Gesundheitswesen massiv unterstützt wurde.[13] Das Kalkül des umfassenden Institutionentransfers, inklusive der zivilgesellschaftlichen Infrastruktur des Vereinswesens, ist jedoch nicht aufgegangen. Nach wie vor sind deutliche Unterschiede sowohl hinsichtlich des Partizipationsverhaltens der Bevölkerung als auch der Strukturierung des Vereinswesens zwischen den alten und den neuen Ländern festzustellen.

So beträgt der Anteil der Bevölkerung, der Mitglied in mindestens einem Verein ist, rund 50 % in den alten, doch nur lediglich 26 % in den neuen Bundesländern. Auch hinsichtlich des aktiven Engagements und der Bereitschaft zur Übernahme ehrenamtlicher Aufgaben im Verein bestehen nach wie vor Unterschiede. In einer aktuellen Bevölkerungsumfrage gaben 15 % der Erwachsenen in Westdeutschland an, in den letzten Monaten ehrenamtlich tätig gewesen zu sein, während das Engagement mit 10 % in den neuen Ländern um ein Drittel niedriger lag.[14] Allerdings sind diese Zahlen mit großer Vorsicht zu interpretieren und lassen keine generellen Rückschlüsse auf mangelndes »soziales Kapital« und ein Desinteresse am gesellschaftlichen Leben in den neuen Ländern zu. Das ehrenamtliche Engagement fällt in Ostdeutschland zwar niedriger aus als im Westen, allerdings investiert in den neuen Ländern ein Ehrenamtlicher im Durchschnitt vier Stunden pro Monat mehr in seinen Verein als ein Ehrenamtlicher in den alten Ländern.[15]

Abweichend vom Modell der alten Länder ist auch die regionale Verteilung der Vereinsmitgliedschaft. Im Gegensatz zu den alten Ländern werden Vereine in den neuen Ländern nicht am stärksten auf dem Land, sondern in Mittelstädten mit 30 000 bis 100 000 Einwohnern frequentiert. Nach den Ergebnissen des Wohlfahrtssurvey von 1993 liegt auf dem Land mit 21 % die Mitgliedschaftsquote in den neuen Ländern nicht nur weit unter dem westdeutschen Niveau von 53 %, sondern gleichzeitig haben die Vereine auf dem Dorf auch mit einem massiven Mitgliederschwund zu kämpfen.

Hinsichtlich der Strukturierung des Vereinswesen sind die Unterschiede im Sport besonders deutlich. Während Sportvereine im Westen sich in den letzten Jahren zunehmend dem Breitensport geöffnet haben, ist der Sportverein im Osten vorrangig Wettkampf- und insbesondere leistungssportorientiert. In Ostdeutschland dominieren im Sport kleine und Kleinstvereine, deren Angebote vorrangig von jungen männlichen Erwachsenen genutzt werden.[16] Unterschiede lassen sich ebenfalls bei den karitativen Vereinen feststellen. Über den größten Rückhalt in der Bevölkerung verfügt mit 92 000[17] Mitgliedern die einstige DDR-Massenorganisation »Volkssolidarität«, die sich inzwischen dem Deutschen Paritätischen Wohlfahrtsverband (DPWV) angeschlossen hat und vorrangig in der Altenarbeit und Seniorenbetreuung tätig ist. Die Mitglieder der Volkssolidarität sind mittlerweile vor Ort überwiegend in Vereinen organisiert. Hier liegt auch der Schwerpunkt der nahezu rein ehrenamtlich geleisteten Betreuungsarbeit der mehrheitlich zur älteren Generation zählenden MitgliederInnen. Dem

---

13 Annette Zimmer/Eckhard Priller/Helmut K. Anheier, Der Nonprofit-Sektor in den neuen Bundesländern: Kontinuität, Neuanfang oder Kopie, in: Zeitschrift für öffentliche und gemeinwirtschaftliche Unternehmen, 20 (1997), S. 58–75.

14 Helmut K. Anheier/Eckhard Priller/Annette Zimmer, Ehrenamtliches Engagement und Spendenverhalten in Deutschland. Ergebnisse einer repräsentativen Umfrage, Berlin 1997 (WZB Arbeitspapier) (i.E.).

15 Vgl. Klaus Heinemann/Manfred Schubert (Anm. 9), S. 226.

16 Jürgen Baur/Uwe Koch/Stephan Telschow, Sportvereine im Übergang: Die Vereinslandschaft in Ostdeutschland, Aachen 1995, S. 70.

17 Angaben basieren auf der Auskunft des Landesverbandes Brandenburg.

ehrenamtlichen Moment kommt bei der Volkssolidarität insofern ein ganz zentraler Stellenwert zu, als den 6 900 ehrenamtlichen HelferInnen lediglich 1 000 hauptamtlich Beschäftigte gegenüberstehen.[18]

c. Vereinsdichte

Hierzu lassen sich keine ganz exakten Angaben machen, da die Gesamtzahl der Vereine in Deutschland aufgrund von Erhebungsproblemen nicht bekannt ist.[19] Die Angaben in der Literatur beruhen auf Hochrechnungen und Schätzungen und sind daher als Annäherungswerte zu verstehen. Nicht zuletzt sind hierdurch die doch erheblichen Unterschiede zu erklären. So kommt die Deutsche Gesellschaft für Freizeit auf eine Gesamtzahl von 240 000 Vereine für das Gebiet der neuen und alten Bundesländer[20], während der Vereinsexperte Sahner allein für die alten Länder eine Zahl von 300 000 Vereinen angibt.[21] Entsprechend unterschiedliche Angaben finden sich zur Vereinsdichte, die von 200 Bewohnern pro Verein bis zu 300 oder 350 variieren.[22]

In historischer Perspektive läßt sich hinsichtlich der Vereinsdichte eine Umkehr des Stadt-Land-Verhältnisses feststellen. In seinen Anfängen war der Verein eine eher städtische Erscheinung.[23] Doch heute findet man, zumindest in den alten Bundesländern, Vereine vor allem in Kleinstädten und insbesondere auf dem Land. Die Schwerpunktverlagerung der Vereinstätigkeit von der Großstadt auf kleinere Kommunen sowie in den ländlichen Raum darf jedoch nicht als Attraktivitätsverlust des Vereins mißverstanden werden. Vereinsanalysen auf lokaler Ebene kommen übereinstimmend zu dem Ergebnis, daß es sich bei Vereinen mehrheitlich um recht junge Organisationen handelt, die überwiegend erst nach dem Zweiten Weltkrieg entstanden sind, wobei ein regelrechter Vereinsgründungsboom seit etwa Mitte der 1970er Jahre festzustellen ist, der, wenn auch mit leicht abgeschwächter Dynamik, unvermindert

---

18 Susanne Angerhausen/Holger Backhaus-Maul/Martina Schniebel, Nachwirkende Traditionen und besondere Herausforderungen: Strukturentwicklung und Leistungsverständnis von Wohlfahrtsverbänden in den neuen Bundesländern, in: Thomas Rauschenbach/Christoph Sachße/Thomas Olk (Hrsg.), Von der Wertgemeinschaft zum Dienstleistungsunternehmen. Jugend- und Wohlfahrtsverbände im Umbruch, Frankfurt a. M. 1995, S. 393.

19 Diese sind zum einen darin begründet, daß der nicht-eingetragene Verein keinerlei behördlicher Meldepflicht unterliegt; zum anderen werden die eingetragenen Vereine zwar bei den Amtsgerichten geführt, die Listen sind in der Regel aber nicht auf dem aktuellen Stand. Die »Karteileichen« sind insofern zahlreich, als keine Verpflichtung zur Austragung aus dem Vereinsregister besteht.

20 Bundesministerium für Familie und Senioren (Hrsg.), Vereinswesen in Deutschland, Bonn 1993, S. 12.

21 Heinz Sahner, Vereine und Verbände in der modernen Gesellschaft, in: Heinrich Best (Hrsg.), Vereine in Deutschland. Vom Geheimbund zur freien gesellschaftlichen Organisation, Bonn 1993, S. 63.

22 Helmut K. Anheier/Eckhard Priller, Der Nonprofit-Sektor in Deutschland. Eine sozialökonomische Strukturbeschreibung, Berlin 1995 (Maschinenschrift), Tabelle 19 sowie Ilona Kroll, Vereine und Bürgerinitiativen heute, Pfaffenweiler 1991, S. 123.

23 Vgl. Thomas Nipperdey, Verein als soziale Struktur in Deutschland im späten 18. und frühen 19. Jahrhundert, in: Hartmut Bookmann/Arnold Esch/Hermann Heimpel/Thomas Nipperdey/Heinrich Schmidt (Hrsg.), Geschichtswissenschaft und Vereinswesen im 19. Jahrhundert, Göttingen 1972, S. 1-44.

anhält.[24] Es sind daher nicht die mitgliederstarken Großvereine, die heute die lokale Vereinslandschaft prägen, sondern vielmehr die Vielzahl der relativ jungen kleinen und mittleren Vereine mit einem meist spezifischen Angebot von und für Mitglieder sowie gerade auch für Dritte.

d. Zukunft der Vereine

Ergebnisse neuerer Untersuchungen weisen auf eine leichte Tendenz zur Entkoppelung von Mitgliedschaft und aktivem Engagement hin.[25] Danach ist die freiwillige Mitarbeit nicht mehr unbedingt vereinsmäßig organisiert und an eine feste Vereinsmitgliedschaft gebunden, sondern wird eher informell, etwa als »Nachbarschaftshilfe«, oder aber als zeitlich befristetes Engagement mit bestimmter Zielsetzung geleistet. Im besonderen trifft dies für Ostdeutschland zu, was möglicherweise durch die langjährige Erfahrung der Bevölkerung mit einer zentral gelenkten und insofern überorganisierten Gesellschaft zu erklären ist. Des weiteren scheint in den deutlich kleineren Kommunen Ostdeutschlands die »Nachbarschaftshilfe« einfach noch zum Alltag dazu zu gehören und nicht eigens als gesellschaftliche Arbeit verbucht zu werden.

Es weist jedoch einiges darauf hin, daß es sich bei der Entkoppelung von Mitgliedschaft und ehrenamtlichem bzw. gesellschaftlichem Engagement nicht um eine Übergangserscheinung handelt, sondern dieser Trend vielmehr richtungsweisend für eine langfristige Entwicklung sein könnte. Diese läuft auf eine Abkehr von unserer Organisationsgesellschaft mit der Dominanz von mitgliedschaftlich basierten, vertikal integrierten und bestimmten sozialen Milieus zuzurechnenden Großorganisationen – angefangen bei den Gewerkschaften und Parteien bis hin zu den Wohlfahrtsverbänden – hinaus.

Die weitverbreitete Vorstellung des idealtypischen Vereins als Produzenten-Konsumenten-Gemeinschaft[26] trifft heute in erster Linie für Selbsthilfegruppen und Betroffenenorganisationen sowie für sehr kleine Vereine zu. Demgegenüber haben viele der klassischen Vereine gerade im Sport, aber auch in der Kultur ihren Clubcharakter inzwischen weitgehend verloren; sie verstehen sich heute mehr als professionell gemanagte Dienstleistungsersteller. Entsprechendes gilt auch für die vielen Projekte, Initiativen und Vereine, die zusammen mit den neuen sozialen Bewegungen entstanden sind und die heute die Infrastruktur eines institutionalisierten Bewegungsmilieus bilden. Auch bei ihnen überwiegt die professionelle und zum Teil auch kommerzielle Orientierung.[27] Schließlich wurden in den letzten Jahren auf lokaler Ebene

---

24 Vgl. Annette Zimmer/Andrea Bugari/Traude Krötz, Vereinslandschaften im Vergleich – Kassel/München/Zürich, in: Annette Zimmer (Hrsg.), Vereine heute – zwischen Tradition und Innovation, Basel 1992, S. 170–205; Dieter Jütting (Hrsg.), Sportvereine in Münster. Ergebnisse einer empirischen Bestandsaufnahme, Münster/Hamburg 1994.

25 Vgl. Helmut K. Anheier/Eckhard Priller/Annette Zimmer (Anm. 14).

26 Heinz-Dieter Horch, Strukturbesonderheiten freiwilliger Vereinigungen. Analyse und Untersuchung einer alternativen Form menschlichen Zusammenarbeitens, Frankfurt a. M./ New York 1983.

27 Dieter Rucht/Barbara Blattert/Dieter Rink, Soziale Bewegungen auf dem Weg zur Institutionalisierung. Zum Strukturwandel »alternativer« Gruppen in beiden Teilen Deutschlands, Frankfurt a. M. 1997, S. 47.

auch eine Vielzahl von Vereinen gegründet, die als »Fördergesellschaften« meist öffentliche Einrichtungen, von Museen bis hin zu Universitäten, unterstützen. Ähnlich wie etwa bei Greenpeace liegt der Schwerpunkt ihrer Vereinsarbeit auf dem »Event-Marketing«, der öffentlichkeitswirksamen Inszenierung von Ereignissen im Dienst der Anwerbung von freiwilligen MitarbeiterInnen oder des Fundraisings.

Auch die Fördervereine sind, ähnlich wie die zusammen mit den neuen sozialen Bewegungen entstandenen Initiativen und Projekte, in spezifische Sozialmilieus eingebettet und dienen jeweils als Kristallisationspunkte von Kommunikation und Interaktion »Gleichgesinnter«, ohne daß dazu eine feste Mitgliedschaft eingegangen werden muß. So werden in Zukunft Vereine vielleicht in noch stärkerem Maße als bisher einen »Agenturcharakter« aufweisen und in erster Linie zur Organisation gesellschaftlichen und sozialen Engagements in unterschiedlichen Tätigkeitsfeldern dienen. Solche Vereine werden sich als Netzwerkorganisationen etablieren, die mit einem kleinen, vermutlich professionellen Stab arbeiten, aber eingebettet sind in ein Umfeld, eine »Szene« von Interessierten und Sympathieträgern, die die Ziele des Vereins, zwar nicht von »Amts wegen« – als Schriftführer, Kassierer oder Vorsitzender –, sondern eher auf Ad-hoc-Basis im Rahmen von Spendenleistungen und zeitlich-befristeter aktiver Mitarbeit unterstützen. Dieses Zukunftsszenario ist insofern realistisch, als Vereine durchaus Seismographen gesellschaftlicher Veränderungen darstellen und immer schon auch als Motor gesellschaftlichen Wandels gewirkt haben.

3. Vereine im historischen Rückblick

a. Vereine und bürgerliche Öffentlichkeit

Sozialgeschichtliche Arbeiten zeigen, daß der Verein als Prototyp des »kollektiven Akteurs« zu Beginn der frühen Neuzeit zum entscheidenden Träger gesellschaftlicher Modernisierung wurde.[28] Das revolutionär Neuartige am Verein war damals seine moderne Form der Vergesellschaftung, die nicht mehr auf gemeinschaftlichen Bindungen, wie etwa der Familie, des Clans oder der Zunft- und Standesgemeinschaft, sondern auf der individuellen und freiwilligen Entscheidung des einzelnen Bürgers beruhte. Die erste große Gründungswelle der Vereine verlief daher auch zeitlich parallel zur Entstehung der bürgerlichen Gesellschaft. Gegründet wurden damals Lesegesellschaften, die sog. Casinos, sowie Logen und Geheimbünde, wie etwa die »Illuminaten« oder der »Tugendbund«, in denen sowohl tagespolitische als auch verfassungsrechtliche Fragen diskutiert wurden. Auch entstanden erste Vereine, »Patriotische Gesellschaften« genannt, die sich für die Förderung des Gewerbes und die Verbesserung der allgemeinen Wohlfahrt einsetzten. Insgesamt waren die Vereine des 18. Jahrhunderts Protagonisten einer entstehenden bürgerlichen Öffentlichkeit.

---

28 Annette Zimmer (Anm. 8), S. 37.

b. Vereinsboom und Lagerbildung

Im Laufe des 19. Jahrhunderts entwickelte sich das Vereinswesen in Deutschland mit ungeheurer Dynamik. Nicht von ungefähr verglich August Bebel damals Vereine mit Pilzen, die »aus der Erde hervorschießen«.[29] Charakteristisch für die Zeit der Industrialisierung und Urbanisierung waren insbesondere solche Vereine, die als Reaktion auf die »soziale Frage« entstanden. Initiiert und getragen wurden die sozialen und karitativen Vereine – die Vorläufer der heutigen Wohlfahrtsverbände – vom wohlhabenden Bürgertum, das versuchte, mit Hilfe einer patriarchalisch orientierten »Wohlfahrtskultur« die Arbeiterschaft zu disziplinieren und ihr bürgerliche Ideale nahezubringen.[30] Zeitlich parallel zur privaten Fürsorge durch lokale bürgerliche Hilfsvereine entwickelte sich die Arbeiterbewegung mit ihrem Vereinsmilieu. In der Retroperspektive wird die Bedeutung der Vereine im Hinblick auf die Integration der Arbeiterschaft in die sich entfaltende Industriemoderne besonders deutlich. Gleichzeitig zeigt sich jedoch auch ihr Stellenwert als »Lagerorganisationen« für die Stabilisierung sozialer Milieus sowie für die Festigung von Subkulturen.[31]

Denn die integrativen Funktionen der Vereine darf man nicht überbewerten. Abgesehen von den frühen Anfängen im aufgeklärten Absolutismus integrieren Vereine vor allem vertikal: D. h. sie dienen vorrangig zur Strukturierung der Lebenswelt neu entstehender gesellschaftlicher Gruppen und damit jeweils zu deren Integration in die Gesamtgesellschaft. Dagegen wird eine horizontale Integration über Gruppen- und Klassengegensätze hinweg durch Vereine eher verhindert, und zwar weil sie sich in der Regel durch soziale Homogenität auszeichnen. Und dies gilt nicht nur für das 19. Jahrhundert. Soziodemographische Untersuchungen der MitgliederInnen und MitarbeiterInnen der im Umfeld der neuen sozialen Bewegungen entstandenen Projekte, Initiativen und Vereine zeigen deutlich die soziale Homogenität des Bewegungsmilieus.[32] Die Milieuorientierung der Vereine ist auch dafür anzuführen, warum zum einen in Groß- und Mittelstädten ein Gründungsboom von sog. Ausländervereinen festzustellen ist, und zum anderen der Anteil ausländischer MitbürgerInnen in den meisten Vereinen mit Ausnahme des Sports deutlich unter dem an der allgemeinen Bevölkerung liegt.[33]

---

29 Klaus Tenfelde, Die Entfaltung des Vereinswesens während der industriellen Revolution in Deutschland (1850–1873), in: Historische Zeitschrift (Neue Folge), Beiheft 9, (1984), S. 70, Anm. 66.

30 Christoph Sachße, Verein, Verband und Wohlfahrtsstaat: Entstehung und Entwicklung der »dualen« Wohlfahrtspflege, in: Thomas Rauschenbach/Christoph Sachße/Thomas Olk (Hrsg.), (Anm. 18), S. 129.

31 Der Terminus »Lager« sowie der synonym verwandte Begriff der »Säule« stammen aus der Vergleichenden Politikwissenschaft. Die Bildung von Lagern oder Säulen stellt das Ergebnis von Abgrenzungsprozessen zwischen gesellschaftlichen Gruppen dar, die sich aufgrund ihrer konfessionellen, weltanschaulichen Überzeugungen oder aber ihrer ethnischen Zugehörigkeit unterscheiden. Vgl. Gerhard Lehmbruch, Konkordanzdemokratie, in: Dieter Nohlen (Hrsg.), Wörterbuch Staat und Politik, München 1991, S. 311–314.

32 Vgl. Joachim Raschke, Soziale Bewegungen. Ein historisch-systematischer Grundriß (Erste Ausgabe 1985), Frankfurt a. M./New York 1988 oder Herbert Effinger, Von der politischen zur professionellen Identität. Professionalisierung personenbezogener Dienstleistungen in Kooperativen des intermediären Sektors als biographisch gesteuerter Prozeß, in: Journal für Sozialforschung 1, (1993), S. 31–48.

33 Ulla-Kristina Schuleri-Hartje/Paul von Kondolitsch, Ausländische Arbeitnehmer und ihre Familien. Teil 5: Ethnische Vereine, Berlin 1989 (Deutsches Institut für Urbanistik).

Doch zurück zur Periodisierung der Vereinsentwicklung und zur Lagerbildung. Prägend waren für Deutschland vor allem das sozialdemokratische und das katholische Lager oder Milieu. Die Anhänger dieser Lager waren nicht nur in eigenen Parteien – Zentrum und Sozialdemokratie –, sondern gleichzeitig auch in getrennten Gewerkschaften, Berufsorganisationen und insbesondere in milieu- und lagerspezifischen Kultur- und Freizeitvereinen organisiert. Bekanntlich scheiterte die Weimarer Republik unter anderem auch an der Kompromißunfähigkeit ihrer politischen Eliten.[34] In der schwierigen Situation von Weltwirtschaftskrise und wachsender Radikalisierung zerbrach der lagerübergreifende Kompromiß zwischen Christen und Sozialdemokraten, der jedoch nach 1945 zur Basis des »Modells Deutschland« bzw. des konsensdemokratischen Politikstils der Bundesrepublik werden sollte.[35]

Es war die »Paritätsformel«, die in der Bundesrepublik unter Berücksichtigung der Kirchen, Gewerkschaften und Parteien zum lagergemäßen Modus der Besetzung öffentlicher Ämter avancierte. Gleichwohl läßt sich für die Adenauer-Zeit auch eine gewisse Disparität feststellen. Die Nachkriegszeit wurde, wenn auch regional differenziert und mit sozialdemokratischen Enklaven, insbesondere vom kirchlich-konfessionellen Milieu geprägt, so daß sich Ralf Dahrendorf noch Mitte der 1960er Jahre kritisch zur »Konfessionalisierung«[36] von Gesellschaft und Politik in der Bundesrepublik äußerte. Für die lokale Ebene war dies insofern von Bedeutung, als sich das Vereinswesen in der Nachkriegszeit in seinen Zielvorstellungen, Angeboten und seiner internen Strukturierung an einem Gesellschaftsmodell orientierte, das in seinen Wert- und Normenvorstellungen sowie in seinen Aktionsformen noch aus dem 19. Jahrhundert stammte.

c. Von der Emphase zum »grün-alternativen Biedermeier«

In den Vereinen der Adenauer-Zeit dominierte eine Orientierung, die dem Erhalt des Bestehenden sowie »Ruhe und Ordnung« absolute Priorität einräumte. Gegen diese experimentierfeindliche Grundeinstellung machten Bürgerinitiativen und neue soziale Bewegungen mobil. Mit ihren vielfältigen Initiativen und Projekten, die anfänglich nicht als Verein formalrechtlich organisiert waren, versuchten die »Bewegungsunternehmer«, sich von den Zwängen der Industriemoderne zu befreien und sich konsequent von der »nivellierten Mittelstandsgesellschaft« der Bundesrepublik mit ihrer ausschließlichen Konsumorientierung abzugrenzen. Die neuen alternativen Vereine verstanden sich als Ausdruck und gleichzeitig Motor einer Reformbewegung und verän-

---

34 1928 waren die Sozialdemokraten im Reichstag nicht mehr bereit, den rigiden Sparkurs des Reichskanzlers der katholischen Zentrumspartei weiterhin zu akzeptieren.

35 Erfolgreich etabliert worden war der Modus Vivendi der konsensualen Kooperation über Lagergrenzen hinweg zunächst auf dem zentralen Gebiet der Sozialpolitik, wo sich bereits 1923 Katholiken bzw. das Zentrum, Sozialdemokraten und Bürgerliche mit ihren Vorfeldorganisationen der lokalen Vereine auf eine »paritätische« Zusammenarbeit unter Anerkennung ihrer Unterschiede geeinigt hatten. Zu diesem Zeitpunkt hatten sich die lagerspezifisch differenzierten lokalen sozialen und karitativen Vereine schon zu den Wohlfahrtsverbänden zusammengeschlossen. Vgl. Christoph Sachße (Anm. 30) und Gerhard Lehmbruch, Die korporative Verhandlungsdemokratie in Westmitteleuropa, in: Schweizerische Zeitschrift für Politische Wissenschaft, 2, (1996) S. 19–41.

36 Ralf Dahrendorf, Gesellschaft und Demokratie in Deutschland, München 1965, S. 141.

derten politischen Kultur, die eine Gegenöffentlichkeit zum Status-quo und zur herrschenden Meinung in Politik und Medienwelt darstellte.

Mittlerweile hat unter den BewegungsunternehmerInnen jedoch die Emphase der ersten Jahre deutlich nachgelassen. Nostalgische »Alt-Spontis« charakterisieren mit spitzer Zunge den Status-quo des Bewegungsmilieus schon als »grün-alternatives Biedermeier«.[37] Die Mehrheit der Initiativen und Projekte arbeitet heute hoch professionell und ist entweder als privatwirtschaftlicher Betrieb oder eben als e.V. organisiert. Die sog. »Staatsknetediskussion«, in der kritisch die Gefahr der Kooptation durch den Staat infolge der Akzeptanz öffentlicher Mittel von den Vereinen thematisiert worden war, gehört längst der Vergangenheit an. Auch hat sich die Szene inzwischen intern ausdifferenziert, und der Diffusionsprozeß in die unterschiedlichen Politikfelder ist längst im vollen Gange. Die mittlerweile von Politik, Verwaltung und allgemeiner Bevölkerung sehr geschätzten Einrichtungen arbeiten heute als akzeptierte Konkurrenten mehr oder weniger eng mit den anderen, meist traditionellen Anbietern des betreffenden Bereichs zusammen. Es ist daher auf der lokalen Ebene nicht ganz einfach, die neuen Dienstleister der »Alternativszene« klar von den traditionellen abzugrenzen. So wie es auch insgesamt problematisch ist, Bedeutung und Funktionen der Vereine genau zu bestimmen. Im besonderen gilt dies für die Bedeutung des Vereins als politischer Akteur.

4. Vereine als politische Akteure

a. Macht und Einfluß der Vereine

Legt man einen engen Politikbegriff zugrunde, der im Sinne von Schumpeter das »politische Geschäft« auf die Konkurrenz um die Besetzung politischer Ämter reduziert, so geraten die Vereine als politische Akteure überhaupt nicht ins Blickfeld. Wirft man jedoch einen Blick hinter die Kulissen und fragt nach den machtvollen Zirkeln und den einflußreichen Persönlichkeiten in der Stadt, dann können Vereine durchaus zu den eigentlichen Machthabern auf der lokalpolitischen Bühne avancieren, die abgeschirmt von den kritischen Augen der Öffentlichkeit als sog. Vorentscheider die Kommunalpolitik maßgeblich bestimmen.

Die Einschätzung der Vereine als die eigentlich Machtvollen auf lokalem Terrain war insbesondere in den 1970er Jahren weit verbreitet. Mindestens zwei Gründe lassen sich hierfür anführen: Zunächst ist der Zeitgeist zu nennen, der das rein output-orientierte Demokratieverständnis der damals noch vorherrschenden elitentheoretischen Schule nachhaltig in Frage stellte. Die programmatische Ankündigung Willy Brandts – »Wir wollen mehr Demokratie wagen« – wurde beim Wort genommen und nachgefragt, »wie demokratisch ist die Kommunalpolitik«.[38] Infolge der Rezeption der amerikanischen Community Power Forschung, die seit den 1950er Jahren auf der lokalen Ebene nachhaltig die Machtfrage thematisierte, wurde die Sensibilisierung in Sachen lokale Demokratie noch verstärkt.

37 Zitiert nach Dieter Rucht/Barbara Blattert/Dieter Rink (Anm. 27), S. 19.
38 Prodosh Aich (Hrsg.), Wie demokratisch ist die Kommunalpolitik? Gemeindeverwaltung zwischen Bürgerinteressen und Mauschelei, München 1977.

Analog zu den frühen amerikanischen Arbeiten, die mit dem sog. Reputationsansatz arbeiteten, wobei gefragt wird, wer jeweils in der Gemeinde als macht- und einflußreich eingeschätzt wird, wurde auch in den ersten bundesdeutschen Gemeindestudien eine eher monolithische Macht- und Einflußstruktur festgestellt. Danach waren die Gemeinden alles andere als demokratisch regiert, sondern vielmehr von einem elitären »oligarchischen Klüngel«[39] beherrscht, wobei die Vereine »zentrale Schnittstellen im Netzwerk der herrschenden Eliten« darstellten.[40] In der »Wertheim-Studie« von Ellwein und Zoll wurde nicht nur die enge Verflechtung zwischen Stadtrat und Vereinsvorständen aufgedeckt[41], sondern gleichzeitig festgestellt, daß es im Vergleich zum aufwendigen Geschäft der Parteipolitik einfacher war, mit und durch den Verein Einfluß auf die Kommunalpolitik zu nehmen.[42]

Lehmbruch ging damals sogar noch einen Schritt weiter, indem er auf der lokalen Ebene ein Verwischen der Grenzen zwischen Lokalpartei und Verein feststellte. Nach seiner Einschätzung war lokalpolitischer Einfluß nicht an die Parteien gekoppelt, sondern »mit der Führungsrolle im Gesangverein, in der Raiffeisengenossenschaft, in Sport- und Wandervereinen oder Vereinigungen zur lokalen Traditionspflege«[43] verbunden. Aufgrund der unparteilichen Ausrichtung der Kommunalpolitik, die in den 1970er Jahren noch vorrangig als effizienter Verwaltungsvollzug thematisiert wurde, verschleierten die Lokalparteien, so Lehmbruch, ihren politischen Charakter und waren »gewissermaßen ein Verein unter anderen, der Familienausflüge und Sommerfeste für die Mitglieder organisiert und allenfalls periodisch einen von den oberen Parteigliederungen vermittelten Wahlredner präsentiert, so wie andere Vereine für die Außendarstellung beispielsweise ihre jährliche Kleintierschau veranstalten«.[44]

Die starke These vom latenten wie auch manifesten politischen Einfluß der Vereine wurde damals mit viel Rhetorik, aber wenig Empirie gestützt. In einer jüngeren Studie wurde zwar die Verankerung der politischen Eliten im vorpolitischen Raum aufgrund von Mitgliedschaften in Vereinen und Verbänden auch für die lokale Ebene in der Großstadt Köln bestätigt, dies kann jedoch nicht im Umkehrschluß als Indiz für den direkten politischen Einfluß der Vereine angeführt werden. Vielmehr wird durch die Köln-Studie die Bindekraft der beiden traditionellen Milieus – Kirche und Sozialdemokratie – in der Bundesrepublik noch für die 1980er Jahre nachhaltig bestätigt. So waren damals drei Viertel der SPD-Mandatsträger in Köln Gewerkschaftsmitglieder und sogar 95 % Mitglied bei der Arbeiterwohlfahrt (AWO). Während bei den SPD-Mandatsträgern eine Mitgliedschaft in kirchlichen Vereinen kaum eine Rolle spielte, waren 66 % der CDU-Ratsmitglieder im kirchlichen Milieu engagiert.[45]

39 Horst Zipfel, Gemeindeklüngel oder lokale Demokratie? In: Helmut Köser (Hrsg.), Der Bürger in der Gemeinde, Hamburg 1979, S. 143.
40 Hans-Jörg Siewert, Verein und Kommunalpolitik, in: Kölner Zeitschrift für Soziologie und Sozialpsychologie, 29 (1977), S. 503.
41 Thomas Ellwein/Ralf Zoll, Politisches Verhalten. Untersuchungen und Materialien zu den Bedingungen und Formen politischer Teilnahme, München 1982, S. 78.
42 Ralf Zoll, Wertheim III. Kommunalpolitik und Machtstruktur, München 1974, S. 200.
43 Gerhard Lehmbruch, Der Januskopf der Ortsparteien. Kommunalpolitik und das lokale Parteiensystem, in: Helmut Köser (Hrsg.), (Anm. 39), S. 324 (Erstabdruck in: Der Bürger im Staat 1975, Heft 1).
44 Gerhard Lehmbruch (Anm. 43), S. 330.
45 Doris Gau, Politische Führungsgruppen auf kommunaler Ebene. Eine empirische Untersuchung zum Sozialprofil und den politischen Karrieren der Mitglieder des Rates der Stadt Köln, München 1983, S. 88 f. Leider liegen keine neueren empirischen Studien zu den Mitgliedschaften der politischen Eliten vor. Insofern ist nicht zu beantworten, ob die traditio-

Im Vergleich zu den 1970er Jahren wird heute die Bedeutung der Vereine als Machtpotential in der Kommunalpolitik ungleich differenzierter beurteilt. So wird ein direkter Zusammenhang zwischen dem Engagement im Verein und einer Führungsposition in der Lokalpolitik, wenn überhaupt, dann nur für eher kleine Gemeinden und bei hoher parteipolitischer Kontinuität, wie etwa bei der CSU in Süd-Bayern oder der SPD in Nordhessen, konstatiert.[46] Die Gemeindegebietsreform der 1970er Jahre hat hier vermutlich zum Verlust an politischem Einfluß der Vereine und zur Professionalisierung der Lokalparteien beigetragen. Ferner sind inzwischen analog zur berühmten New Haven-Studie von Robert Dahl auch in Deutschland die Machtpotentiale und Einflußmöglichkeiten der lokalen Akteure nach dem entscheidungstheoretischen Ansatz und insofern eher issue-spezifisch, entlang kommunalpolitischer Streitfragen untersucht worden. Hierbei zeigte sich, daß es ganz vom Thema und dem jeweiligen Politikfeld abhängt, ob ein Verein bei der kommunalpolitischen Entscheidungsfindung Einfluß geltend machen kann oder nicht.[47] Insofern sind Vereine in der Kommunalpolitik weder omnipotent, noch sind sie einfluß- und machtlos. Nicht von ungefähr wird in manchen Städten die »Sportmafia« um ihren Einfluß auf Rat und Verwaltung von der »Kulturlobby« nachhaltig beneidet.

b. Vereine und Politikimplementation

Die Bedeutung der Vereine als Akteure der Kommunalpolitik erschließt sich vor allem unter einer policy-analytischen Perspektive. Hierbei zeigt sich, daß Vereinen, angefangen bei der kommunalen Arbeitsmarkt- bis hin zur Stadterneuerung und Wohnungspolitik, eine zwar je nach Kommune unterschiedliche, aber insgesamt jedoch sehr bedeutende Rolle in der Politikimplementation zukommt. Dabei kann die Leistungstiefe der Vereine als Indikator ihrer lokalpolitischen Bedeutung herangezogen werden.

Dies gilt insbesondere für den Sport. Mit 80 000 Vereinen und rund 24 Millionen Mitgliedern ist der Sport überwiegend vereinsmäßig organisiert. Sportpolitik ist in Deutschland weitgehend gleichzusetzen mit Vereinspolitik. Zahlenmäßig schlagen auch die Hobby- und Kulturvereine zu Buche. Chöre und Gesangvereine, Amateur- und Laienspielgruppen, Karnevals- und Heimatvereine sowie Blas- und Volksmusikvereine verfügen zusammengenommen über mehr als 10 Millionen Mitglieder. Unter einem weitgefaßten Kulturbegriff zählen diese Vereine ganz maßgeblich zur kulturellen Infrastruktur der Gemeinden und sind gleichzeitig Adressat und Akteur der

---

nellen Milieubindungen nach wir vor greifen und inwiefern aufgrund der »silent revolution« des postmaterialistischen Wertewandels auch unter Ratsmitgliedern ein neues sozio-kulturelles Milieu der Mitgliedschaft in Öko-Initiativen, alternativen Betrieben sowie sozialen und kulturellen Projekten festzustellen ist. Die aktuelle Verankerung der Lokalpolitiker im vorpolitischen Raum wäre sicherlich eine interessante Forschungsfrage insbesondere im Vergleich zwischen Ost- und Westdeutschland, zumal in den neuen Ländern hierbei vor allem auf die Schwäche der bundesdeutschen Parteien und die ungleich bessere Verankerung der PDS in der lokalen Gemeinschaft verwiesen wird.

46 Annette Zimmer (Anm. 8), S. 67.
47 Vgl. Franz Urban Pappi/Christian Melbeck, Das Machtpotential von Organisationen in der Gemeindepolitik, in: Kölner Zeitschrift für Soziologie und Sozialpsychologie, 36 (1984), S. 557–584.

Kulturpolitik.[48] Einen arbeitsmarktpolitischen Faktor von herausragender Bedeutung stellen schließlich die im sozialen und Gesundheitsbereich tätigen Vereine dar. Die mehrheitlich den Wohlfahrtsverbänden angeschlossenen Dienstleister sind bisher überwiegend noch als eingetragene Vereine organisiert, obgleich ein Wechsel der Rechts- und Organisationsform zur gGmbH inzwischen als vorteilhaft erachtet wird. Zusammengenommen arbeiten in diesen e.V.s des Gesundheits- und Sozialbereichs weit mehr als eine Million Beschäftigte.[49] Als Zwischenfazit läßt sich daher festhalten: In den bürgernahen Bereichen wäre ohne die Vereine und ihre «Public Private Partnership« mit der Kommune das heutige Niveau an sozialen, kulturellen und sportlichen Angeboten nicht zu halten.

c. Korporatismus zwischen »Filz« und Erneuerung

Waren die Vereine in den Community-Power-Studien unter dem Leitmotiv des Pluralismus betrachtet worden, so rückten in den 1980er Jahren aufgrund der Konjunktur der Korporatismusforschung ihre Dachorganisationen, die Verbände, als Partner von Politik und Verwaltung ins Zentrum des Forschungsinteresses.[50] Hierbei wurde die enge Zusammenarbeit zwischen Vereinen/Verbänden und der Verwaltung als »administrative Interessenvermittlung« oder auch als neo-korporatistisches institutionelles Arrangement charakterisiert.

Anstelle dieser »vornehmen« Fachtermini bezeichnen Journalisten die enge Verflechtung zwischen Politik, Verwaltung und Vereinen häufig schlicht und einfach als »Filz«. Während in den Bereichen Gesundheit und Soziales eine Einflußschiene eher von den Vereinen und Verbänden auf die Politik konstatiert wird, ist im Sport sowie in der Kultur eine Einflußnahme bis hin zur Kooptation in umgekehrter Richtung von der Politik auf die Vereine festzustellen. Echte Sumpfblüten scheint die Verflechtung zwischen Politikern und Vereinen insbesondere in Berlin, der »Hauptstadt von Filz und Korruption«, so der Titel einer aktuellen Veröffentlichung, zu treiben.[51] Nach den Recherchen des Autors werden Vereine hier von den Politikern zur Verfolgung höchst eigennütziger Interessen benutzt, wobei in der Regel Steuergelder über den »Umweg« eines Vereins meist mehr oder weniger direkt in die privaten Taschen des Politikers fließen. Zum Glück sind dies eher Ausnahmen und nicht die Regel, außerdem ist nicht jeder Versuch des Rentseeking eines Politikers von Erfolg gekrönt.

Der Korporatismus ist tot – hoch lebe der Korporatismus, so etwa könnte das Fazit der fachinternen Diskussion der letzten Jahre lauten. In der Einschätzung der Akteure überwiegen, trotz einiger Skandale, die positiven Seiten einer engen und konsensualen Partnerschaft zwischen Politik, Verwaltung, Verbänden und Vereinen. Von einem radikalen Wechsel der Kooperationsformen und Beziehungsmuster wird, nachdem die überspannten Erwartungen an die Verwaltungsmodernisierung und das New Public Management sich auf ein realistisches Maß reduziert haben, nicht mehr ausgegangen. Der »Konzern Stadt« wird vermutlich auch in Zukunft von einer eher konsensorien-

---

48 Vgl. den Beitrag von Hermann Glaser in diesem Band.
49 Thomas Rauschenbach/Matthias Schilling, Die Dienstleistenden: Wachstum, Wandel und wirtschaftliche Bedeutung des Personals in Wohlfahrts- und Jugendverbänden, in: Thomas Rauschenbach/Christoph Sachße/Thomas Olk (Hrsg.), (Anm. 18), S. 336.
50 Vgl. den Beitrag von Rolf G. Heinze und Helmut Voelzkow in diesem Band.
51 Mathew D. Rose, Berlin. Hauptstadt von Filz und Korruption, München 1997.

tierten Unternehmenskultur geprägt sein. Gleichwohl erhofft man sich auf seiten der Verwaltung durch die Einführung von Leistungsverträgen und Kontraktmanagement gerade in den Bereichen Soziales und Gesundheit mehr Transparenz und vielleicht auch ein Stück weit die Rückgewinnung von Kontroll- und Verhandlungsmacht.[52] Scheinen in diesen Bereichen Zugewinne an staatlicher Steuerungsfähigkeit in Aussicht zu stehen, so geht die Entwicklung in den Bereichen Sport und Kultur noch stärker als bisher in die Richtung einer Kompetenzverlagerung von der Verwaltung hin zu den Vereinen. Perspektivisch scheint sich hier eine Form von »private interest government« auf der lokalen Ebene, allerdings unter Einbeziehung von Vertretern aus Politik und Verwaltung, abzuzeichnen. Dabei kommt der Politik die Funktion der Rahmensetzung und konkret die Einstellung der Fördermittel in den Haushalt zu, die Verwaltung wächst dagegen zunehmend in eine Moderatorenrolle hinein.

d. Fallbeispiele für Public Private Partnership mit Vereinen

Beispielsweise sind auch in Münster die Sportvereine dem lokalen Dach des »Stadtsportbundes e.V«. (SSB) angeschlossen. In einem Kontrakt mit der Verwaltung wurde dem SSB vor drei Jahren die Ressourcenverantwortung über die Mittel – pro Jahr knapp 700 000 DM – zur institutionellen und Projektförderung übertragen. Sowohl Rat (Sportausschuß) als auch Verwaltung (Sportamt) haben damit einen erheblichen Teil ihrer politischen Macht- und Einflußmöglichkeiten an die Vereine abgegeben. Diese entscheiden jetzt autonom über Schwerpunktsetzung (Breiten- versus Leistungssport) und Ressourcenallokation. Rat und Verwaltung sind zwar nach wie vor für die Infrastruktur bzw. die Sportstätten verantwortlich, allerdings haben sie auch hier insofern bereits ein Stück weit Verantwortung auf die Vereine übertragen, als diese Sportstätten auf der Grundlage von Unterhaltungverträgen jetzt in Eigenregie verwalten. Denkt man diese Entwicklung weiter, so könnte das Sportamt in Zukunft überflüssig werden. Interessanterweise wird eine Abschaffung des Amtes von den Vereinen aber gerade nicht gewünscht, und zwar weil das Amt zum einen als Schlichter bei internen Zwistigkeiten des SSB auftritt und zum anderen die Lobby der Sportvereine gegenüber der Kämmerei darstellt.[53]

Ein ähnliches Modell wird in Potsdam im Kulturbereich umgesetzt.[54] In Absprache zwischen Politik, Verwaltung und freier Kulturszene wurde ein sog. Beirat eingerichtet, in dem Mitglieder des Kulturausschusses und Mitarbeiter des Kulturamtes vertreten sind, Repräsentanten der freien Gruppen, Soziokultur-Zentren und Initiativen jedoch die Mehrheit haben. Wie in Münster soll dem Beirat demnächst die volle Ressourcenverantwortung – 2,3 Mio DM pro Jahr – übertragen werden. Bislang erarbeiten die Beiratsmitglieder Vorschläge für den Kulturausschuß. Potsdam verfügt über eine vielfältige »freie Szene«. Aufgrund der Größe der Kommune (140 000 Einwohner) und der Nähe zur Konkurrenz in Berlin sind viele Veranstaltungen nicht ausgebucht; darüber hinaus war das Angebot gerade im Bereich Soziokultur bisher wenig

---

52 Vgl. den Beitrag von Holger Backhaus-Maul in diesem Band.
53 Unter dem Leitmotiv »Nonprofit-Organisationen im gesellschaftlichen Wandel« wird derzeit am Institut für Politikwissenschaft der Universität Münster die Kooperation zwischen Politik, Verwaltung und Vereinen vergleichend in Münster sowie in Jena untersucht.
54 Interview mit dem Leiter des Kulturamtes sowie einem Beiratsmitglied am 13. und 14. Juni 1997.

koordiniert. Angesichts der anstehenden Kürzungen im Kulturetat der Stadt dient der Beirat auch zur Politikentlastung. Entscheidungen über Kürzungen, Umverteilungen und Schwerpunktsetzungen werden demnächst nicht mehr im Stadtrat, sondern im Beirat getroffen. Durch bessere Kooperation und Koordination der Kulturvereine untereinander hofft man, eine bessere Auslastung zu erreichen, um Schließungen vermeiden zu können, gleichzeitig will man Potsdam als Kulturstadt stärker profilieren. Auch in Potsdam spricht sich die freie Kulturszene gegen die Abschaffung des Kulturamtes aus und setzt vielmehr auf dessen Moderatorenrolle. Konkret sieht die überwiegend vereinsmäßig organisierte »freie Szene« in der Verwaltung einen Anwalt ihrer Interessen und Anliegen gegenüber den klassischen bzw. der Hochkultur zuzurechnenden Einrichtungen, die sich, wie etwa die Museen oder Bibliotheken, in der Regel noch überwiegend in öffentlicher Trägerschaft befinden.

Mit diesen beiden Beispielen soll nicht ausgesagt werden, daß Vereine nur auf Konsens und Kooperation mit der Verwaltung ausgelegt sind, vielmehr läßt sich hieran deutlich das Phänomen der »blurring boundaries«, der Grenzverwischung zwischen öffentlichem und privatem Bereich, zwischen Verwaltung und Vereinen erkennen. Daß Vereine keineswegs immer konform mit den Anweisungen »von oben« gehen, soll abschließend ebenfalls an einem Fallbeispiel verdeutlicht werden. Hierbei geht es um den Förderverein eines kleineren Krankenhauses in einer ehemals selbständigen, aber in den 1970er Jahren eingemeindeten Kommune.[55] »Alles zu tun, damit sich die Patienten wohl fühlen und eine optimale Versorgung gewährleistet ist«, hat sich der Förderverein des »Marienhospitals« zum Ziel gesetzt. Mit seinem Engagement versucht der Verein das Hospital, das für die ehemals selbständige Kommune auch ein Stück lokale Identität symbolisiert, gegenüber der Konkurrenz der anderen Krankenhäuser in der Stadt besser zu positionieren. Ausschließlich mit Spendengeldern wurden unter anderem eine Cafeteria für Patienten und Besucher gebaut, vier PKWs für den Aufbau eines ambulanten Pflegedienstes sowie ein Notarztwagen angeschafft. Gemanagt wird der Förderverein von einigen engagierten Bürgern, die sich als äußerst effiziente Fundraiser erweisen.

Dieser in Zielen und Arbeitsweise wenig spektakuläre Verein wandelte sich über Nacht zu einer schlagfertigen Bürgerinitiative, als nämlich durch Beschluß von Verwaltung und Krankenkassen das Hospital geschlossen werden sollte. Der Förderverein mobilisierte Bürgerprotest im großen Stil. Unter anderem wurden 4 000 Baseball-Kappen und 5 000 Buttons jeweils mit der Aufschrift »Hände weg vom Marienhospital« unter die BürgerInnen gebracht. Unter Beteiligung der Vereine vor Ort, vom Sport bis zum Skat und den Schützen, wurde eine Protest- und Informationsveranstaltung als Straßenfest mit Musik, Info-Ständen sowie Redebeiträgen von Repräsentanten aus Politik und Kirchen organisiert. Schließlich wurden 40 000 Unterschriften gesammelt und diese im Rahmen einer Protestdelegation dem Landesgesundheitsministerium übergeben. Nach einem Jahr hatten die Akteure des Fördervereins und der konzentrierte Bürgerprotest Erfolg, das Krankenhaus wurde nicht geschlossen. Vor dem Hintergrund der Gesundheitsreform wird dennoch im Verein verstärkt über die Zukunft des Hospitals nachgedacht, das man einer orts- und situationsadäquaten Nutzung zuführen will. Im Zentrum der Überlegungen steht eine stärkere Orientierung auf das angrenzende Alters- und Pflegeheim durch die Erweiterung der Pflegestation sowie durch den Aufbau eines Hospizes mit ehrenamtlichen BetreuernInnen im Marienhospital.

---

55 Interview mit dem Vereinsvorsitzenden am 2. Juni 1997.

5. Zusammenfassung

Der Verein ist ein zu Unrecht vergessener Akteur der lokalen Politik. Die Mehrheit der Bundesbürger ist Mitglied in Vereinen. Vereine bilden ein wesentliches Element der lokalen Infrastruktur. Gerade in den bürgernahen Politikfeldern, wie etwa Kultur, Sport oder auch den sozialen Diensten, sind Politik und Verwaltung nachhaltig auf die Zusammenarbeit mit Vereinen angewiesen. Allerdings könnte das Potential der Vereine noch wesentlich besser genutzt und gezielter für die Vergesellschaftung öffentlicher Aufgaben sowie insbesondere für die Aktivierung der Zivilgesellschaft eingesetzt werden. Daß dies bisher nicht passiert, liegt zum einen an den Beharrungskräften der traditionellen Vereine, die sich erst allmählich auf neue Formen der Ehrenamtlichkeit und des Vereinsengagements einstellen. Zum anderen verhalten sich auch Politik und Verwaltung in der Regel eher zögerlich, wenn es darum geht, Macht und Einfluß abzugeben und an Vereine zu übertragen. Darüber hinaus ist Kreatives und Innovatives nicht vorrangig von den großen Vereinen oder gar von den Spitzenverbänden angeschlossenen Vereinen des Gesundheits- und Sozialbereichs zu erwarten. Es waren immer schon die kleinen, neuen Vereine, die mit neuartigen Strategien und Lösungen auf gesellschaftliche Problemlagen reagiert haben. In den Kommunen findet man viele »Best Practice« Beispiele einer neuen und anderen Form der Vereinstätigkeit. Entsprechendes gilt für das aktive Bürgerengagement, entweder im Verein oder aber durch einen Verein organisiert, was sich möglicherweise als ein Schwerpunkt von Vereinstätigkeit in der Zukunft erweisen wird. Selbstverständlich lassen sich auch Fälle einer allzu engen Verflechtung politischer und Vereinsinteressen und somit Beispiele für »Filzokratie« finden. Dennoch überwiegt auf der lokalen Ebene eine am Gemeinwohl orientierte sowie konsensuale, wenn auch nicht immer konfliktfreie Zusammenarbeit im Dreieck zwischen Politik, Verwaltung und Vereinen. Insgesamt betrachtet, vermitteln die Vereine vor Ort ein sehr differenziertes Bild, das weder in die Schablone des elitären oligarchischen Klüngels noch in die der spießigen Miefigkeit der 1950er Jahre paßt.

WOLFGANG THIEL

Selbsthilfe und »informeller Sektor« auf der lokalen Ebene

Als Ergänzung zum Versorgungssystem und als soziale und demokratische Ressource genießen Selbsthilfegruppen – ganz im Gegensatz zu den frühen Entwicklungsjahren – inzwischen hohe Wertschätzung bei Versorgungseinrichtungen, Verwaltungen, Krankenkassen und in der Politik.[1] Die Kooperation zwischen Versorgung und Selbsthilfe und die Förderrealität bleiben allerdings dahinter zurück. In einer Gesamteinschätzung der zehn- bis fünfzehnjährigen Entwicklung der Selbsthilfeförderung muß konstatiert werden, daß sich eine nachhaltige Konsolidierung und Einheitlichkeit nicht und die von vielen Selbsthilfepromotoren postulierte integrierte Selbsthilfeinfrastrukturförderung[2] kaum hergestellt haben. Ursachen sind der Status der Förderung als freiwillige soziale Leistung, grundsätzliche institutionelle Barrieren zur Umsetzung unbürokratischer Verfahren, Schwierigkeiten der Integration von Förderstrategien (der öffentlichen Hand und der gesetzlichen Krankenversicherungen) und schließlich die prekäre Haushaltslage der Kommunen und Länder.

Charakteristische Bestandteile einer solchen integrierten Förderstrategie sind die Förderung von themenübergreifenden Selbsthilfekontaktstellen und die Einrichtung ressortunspezifischer, richtliniengebundener Selbsthilfeförderfonds. Bei beiden Förderelementen kann man in den letzten Jahren von einer Stagnation sprechen: Nach-

---

1 Für den Ärztebereich siehe z. B. Brendan-Schmittmann-Stiftung des NAV (Hrsg.)/Peter Röhrig/Karin Niederbühl (Mitarb.), Kooperation von Ärzten mit Selbsthilfegruppen. Zwischenergebnisse eines Forschungsprojektes zur Effektivitätsverbesserung der ambulanten Versorgung. Schriftenreihe zur Gesundheitsforschung, Köln 1989 und Peter Röhrig (Hrsg.)/Abtt-Schmitt, Helga (Mitarb.), Gesundheitsselbsthilfe. Praxishandbuch für die Unterstützung von Selbsthilfezusammenschlüssen, Stuttgart/New York 1991; für weitere Fachleute und Verwaltungen vgl. Petra Kammerer/Anne Kuckartz, Professionelle und Selbsthilfe. Eine Studie im Auftrag des BMFSFJ, ISAB-Berichte aus Forschung und Praxis Nr. 35, Leipzig 1994 und Bundesministerium für Familie, Senioren, Frauen und Jugend (Hrsg.)/Joachim Braun, Selbsthilfe- und Selbsthilfeunterstützung in der Bundesrepublik Deutschland. Aufgaben und Leistungen der Selbsthilfekontaktstellen in den neuen und alten Bundesländern, Abschlußbericht der wissenschaftlichen Begleitung des Modellprogramms »Förderung sozialer Selbsthilfe in den neuen Bundesländern« durch das Institut für Sozialwissenschaftliche Analysen und Beratung (ISAB) Köln, Schriftenreihe des BMFSFJ, Bd. 136 (1997), Stuttgart/Berlin/Köln.

2 In der Förderpraxis ist das Politikmuster der additiven Infrastrukturförderung (= zusätzliche finanzielle Zuwendungen im Rahmen bestehender Zuständigkeits- und Ressortverteilungen) bislang nirgendwo wirklich überwunden worden. Eine integrierte Infrastrukturförderung meint eine ressortübergreifende Kooperation von Versorgung, Verwaltung und Bürgern für einen umfassenden Prozeß zu einem selbsthilfefreundlichen Gemeinwesen, vgl. Alf Trojan/Edith Halves/Hans-Wilhelm Wetendorf, Entwicklungsprozesse und Förderbedarf von Selbsthilfegruppen. Konsequenzen für eine Selbsthilfe unterstützende Sozial- und Gesundheitspolitik, in: Wolfgang Thiel (Hrsg.), Selbsthilfegruppen-Förderung, Gießen 1989, S. 51.

dem sich durch die Deutsche Einheit zunächst ein gewisser Boom einstellte, verharrt die Zahl der Selbsthilfeunterstützungsstellen seit 1995 bei 260 (154 Selbsthilfekontaktstellen und 105 Nebenaufgaben-Stellen). Die Fluktuation der Einrichtungen, die diese Aufgaben realisieren, ist erheblich. Über die Zahl der richtliniengebundenen Fonds zur finanziellen Gruppenförderung liegen keine aktuellen Erkenntnisse vor. 1991 bestanden in den alten Bundesländern 25 solcher Fonds.[3] Obwohl auch in einigen Städten und Landkreisen in den neuen Ländern inzwischen solche Fonds eingerichtet wurden, gibt es keine Anhaltspunkte für eine erhebliche Steigerung der Anzahl im Sinne einer breiten Etablierung im Bundesgebiet.

Die große Verbreitung von Selbsthilfegruppen und ihre Bedeutung für die lokale Lebenswelt machen allerdings deutlich, daß in der Selbsthilfeförderung weiter ein zentrales kommunales Politikfeld besteht, in dem Aktivitäts-, Mitwirkungs- und Gemeinschaftspotentiale entstehen. Eine stabilisierte und weiterentwickelte Selbsthilfeförderung, die die direkte finanzielle Förderung einzelner Gruppen und die Förderung von Infrastruktur und Beratung durch Selbsthilfekontaktstellen enthält, bedeutet eine soziale Zukunftsinvestition.

Um dies deutlich zu machen, werden im weiteren nach einer kurzen Darstellung der zahlenmäßigen Entwicklung der Selbsthilfe ihre Bedeutung und ihr Nutzen, die Entwicklung und der Stand der Selbsthilfeförderung und die aktuellen Herausforderungen für die Kommunen skizziert.

1. Anzahl von Selbsthilfegruppen und Mitwirkenden

Die Anzahl der Selbsthilfegruppen in Deutschland hat sich innerhalb der letzten zehn Jahre verdoppelt. Nach jüngsten Berechnungen bestehen 67 500 Gruppen, davon 7 500 in den neuen Bundesländern.[4] Die Zahl der Selbsthilfeaktiven beträgt 2,65 Mio Menschen, wobei 800 000 den aktiven Kern der Gruppen bilden. In den letzten zehn bis fünfzehn Jahren ist auch der bevölkerungsbezogene Anteil (der Achtzehn- bis Achtzigjährigen) der Selbsthilfegruppenmitglieder von ca. 1 % auf über 4 % gestiegen. Damit hat die Zahl der Selbsthilfeaktiven die Größenordnung der im sozialen oder karitativen Bereich ehrenamtlich Tätigen erreicht, ggfs. sogar überschritten. Eine Studie der Prognos-AG hatte bereits in den achtziger Jahren eine solche Zunahme der Selbsthilfeorientierung und eine Stagnation bzw. einen Rückgang des ehrenamtlichen sozialen Engagements festgestellt und in diesem Zusammenhang von einer Wanderungsbewegung gesprochen.[5]

---

3   Helga Burkert, Richtlinien der öffentlichen Hand zur finanziellen Förderung von Selbsthilfe-Zusammenschlüssen in den alten Bundesländern. Analyse und Empfehlungen, NAKOS-EXTRA 13, Berlin 1991, S. 6.
4   Vgl. Bundesministerium für Familie, Senioren, Frauen und Jugend (Hrsg.) (Anm. 1), S. 73.
5   Vgl. Prognos AG, Entwicklung der freien Wohlfahrtspflege bis zum Jahr 2000, Basel 1984. Der Bestand ehrenamtlicher Mitarbeiter bei institutionalisierten sozialen Diensten, speziell bei den Trägern der freien Wohlfahrtspflege betrug nach dieser Untersuchung im Jahr 1981 ca. 1,5 Millionen (S. 94). Festgestellt wurde, daß ehrenamtliche Arbeit in den vergangenen 10–15 Jahren quantitativ und qualitativ einen Bedeutungsverlust erlitten habe, der als problematisch für die Zukunft angesehen werden müsse. Engagement »wandere« heute oft in andere Bereiche ab (nämlich in Selbsthilfegruppen und Bürgerinitiativen (siehe S. 91 und 96).

2. Inhaltliches und organisatorisches Spektrum der Selbsthilfe

Eine Vielzahl gesundheitlicher, sozialer und psychosozialer Probleme werden in Selbsthilfegruppen thematisiert und angegangen. In der NAKOS-Datenbank GRÜNE ADRESSEN (Stand: Juli 1997) sind mehr als 300 Bundesselbsthilfevereinigungen und 40 Dachorganisationen der Selbsthilfe auf Bundesebene aufgeführt, die zusammen mehr als 600 verschiedene Problemstellungen bearbeiten (dabei sind die vielfältigen psychosozialen Themen örtlich bestehender Selbsthilfegruppen nicht einbezogen).[6] Eine lokale Präsenz der meisten dieser Bundesvereinigungen ist gegeben (vgl. auch den Beitrag von Alf Trojan zur kommunalen Gesundheitspolitik in diesem Band).

Zwischen neuen und alten Bundesländern hat inzwischen eine weitgehende inhaltliche und organisatorische Angleichung stattgefunden.[7] Das inhaltliche Spektrum reicht von Adoption, Agoraphobie, Aids und Arbeitslosigkeit bis zu Zwangserkrankungen, Zwillingselternschaft und Zystische Fibrose.

Annähernd zwei Drittel aller Selbsthilfegruppen befassen sich mit Gesundheits- bzw. Krankheitsproblemen.[8]

Das organisatorische Spektrum der Selbsthilfe umfaßt neben Selbsthilfegruppen auch Selbsthilfeorganisationen, Selbsthilfeprojekte und Selbsthilfeinitiativen.[9] Unterschiede[10] ergeben sich

- durch die Nähe (oder Ferne) zum Versorgungssystem,
- durch eine Orientierung auch auf andere Betroffene, die nicht Gruppenmitglieder sind,
- durch die Entwicklung eigener professioneller Angebote
- und in der Ausprägung der sozialpolitischen Initiative bzw. der Interessenvertretung.

---

6   Vgl. auch NAKOS (Hrsg.), Bundesweite Selbsthilfevereinigungen und relevante Institutionen – GRÜNE ADRESSEN 1997/98, Berlin 1997.

7   1991 ermittelte eine Untersuchung im Rahmen einer Expertise in den neuen Bundesländern bereits 176 unterschiedliche Inhaltsbereich der Selbsthilfe (vgl. Bundesministerium für Familie und Senioren [Hrsg.], Selbsthilfe in den neuen Bundesländern. Stand und Förderungsmöglichkeiten, Expertise des Instituts für soziale Arbeit e.V., Münster/Schriftenreihe des BMFuS Bd. 11, Stuttgart/Berlin/Köln 1992, S. 6, 7). Inzwischen gibt es zwischen alten und neuen Bundesländern keine Unterschiede mehr. Organisatorisch haben sich zumeist bundeseinheitliche Vereinigungen herausgebildet. Einige Organisationen sind aber nur oder fast nur in den neuen Bundesländern aktiv wie z. B. Jahresringe – Verband für Vorruhestand und aktives Alter e.V., der Allgemeine Behindertenverband in Deutschland – Für Selbstbestimmung und Würde – e.V., der Arbeitslosenverband Deutschland e.V. und die Krebsliga e.V. Magdeburg.

8   Vgl. Joachim Braun, Empfehlungen zur Selbsthilfeförderung in Städten Kreisen und Gemeinden, ISAB-Berichte aus Forschung und Praxis, Köln, (1991) 12, S. 5, S. 19.

9   Vgl. Bundesministerium für Familie und Senioren (Hrsg.)/Joachim Braun/Michael Opielka, Selbsthilfeförderung durch Selbsthilfekontaktstellen. Abschlußbericht der Begleitforschung zum Modellprogramm »Informations- und Unterstützungsstellen für Selbsthilfegruppen« im Auftrag des BMFuS, Schriftenreihe des BMFuS Bd. 14, Stuttgart/Berlin/Köln 1992, S. 41 f.

10 Ein wichtiges und interessantes Unterscheidungskriterium ist auch die Art der Ressourcengewinnung der verschiedenen Gruppen und Zusammenschlüsse: durch Mitgliederbeiträge, Spenden, Social Sponsoring, Förderung der öffentlichen Hand, durch Abrechnung mit Kostenträgern, durch Stiftungen, durch den Verkauf von Broschüren, durch Kursangebote usw.

3. Bedeutung und Nutzen der Selbsthilfegruppen für den informellen Sektor und die lokale Lebenswelt

Selbsthilfegruppen haben eine hohe Bedeutung und einen großen Nutzen für das Zusammenleben der Menschen in ihrer Lebenswelt und für ihre Gemeinden. Ihre vielfältigen Funktionen und Wirkungen bestehen in folgendem:
– Sie sind Wegbereiter einer verbesserten Versorgung.
– Sie streiten um Rechte, Ressourcen und um gesellschaftliche Anerkennung für ihre Problemstellung. Sie informieren, klären auf und enttabuisieren soziale und gesundheitliche Problemlagen. Damit haben sie eine sozialintegrative Funktion.
– Indem sie wechselseitige Hilfe organisieren, sind sie Dienstleistungserbringer in einer ganz spezifischen Form: Die Konsumenten der Dienstleistung sind zugleich auch ihre Produzenten.
– Selbsthilfegruppen sind eine neue Sozialform jenseits traditioneller Normen und Sozialbeziehungen und neben dem Institutionengeflecht des Sozialstaats bzw. der gesundheitlichen Versorgung. Sie ermöglichen Selbstentfaltung und Selbstbestimmung ebenso wie Gemeinschaft und Solidarität. Sie dienen der Problembewältigung und Rehabilitation, fördern die Gesundheit und befähigen zum solidarischen Einsatz für eine Verbesserung der gemeinschaftlichen Lebens-, Arbeits- und Versorgungsbedingungen in der Gemeinde. Sie eröffnen als »Nachbarschafts- bzw. Verwandtschaftsersatz« neue Beziehungen und einen neuen sozialen Raum – unabhängig von Experten, durchaus aber nicht grundsätzlich expertenfeindlich.[11] In ihrem neuartigen Hilfeverständnis verbinden sie eigene Belange mit der Solidarität anderer Gleich- oder Ähnlichbetroffenen gegenüber. Ihre sozialethische Grundhaltung bringt Eigennutz und Gemeinwohl zusammen.[12] Selbsthilfegruppen sind daher über ihre unmittelbare Funktion zur Krankheits- und Problembewältigung für sich und andere hinaus gleichsam ein neuer »Träger« der Problembearbeitung und damit des Gemeinwohls.
– Schließlich stellen Selbsthilfegruppen ein partizipatives Element in einer demokratischen Kultur und in einem demokratischen Gemeinwesen dar. Im Sozial- und Gesundheitswesen können und wollen sie Funktionen der Patienten- bzw. Konsumentenvertretung übernehmen. Neue politische Beteiligungsformen entstehen. Indem Selbsthilfegruppen ein stärkeres Selbstvertrauen und mehr Selbstverantwortung hervorbringen, stellen sie eine wesentliche Voraussetzung für das Funktionieren von Bürgerbeteiligung dar (vgl. auch den Beitrag von Roland Roth, Lokale Demokratie »von unten«, in diesem Band). Selbsthilfegruppen, Umwelt- und Gesundheitsinitiativen erstreiten sich eine aktive Einwirkung auf Umwelt, Lebens- und Arbeitsbedingungen. Sie mischen sich in konkrete Planungen und Aktivitäten der öffentlichen Hand oder der Wirtschaft ein, machen Probleme öffentlich und entwickeln oder fordern Wege zu mehr Einfluß.

---

11 Alf Trojan (Hrsg.), Wissen ist Macht. Eigenständig durch Selbsthilfe in Gruppen, Frankfurt a. M. 1986, S. 211.
12 Wolfgang Thiel, Brauchen wir eine neue Sozialethik? In: Eduard Zwierlein (Hrsg.), Handbuch Integration und Ausgrenzung. Behinderte Mitmenschen in der Gesellschaft, Neuwied/Kriftel/Berlin 1996, S. 455–468.

4. Entwicklung und Stand der Selbsthilfeförderung

Die Förderung von Selbsthilfegruppen wurde zu Beginn der achtziger Jahre zu einem sozial- und gesundheitspolitischen Thema[13], wobei von Anfang an zu bedenken bleibt,
- daß diese Diskussion jenseits fachlicher Innovation auch immer von Impulsen geprägt war, durch eine Förderung von Selbsthilfe die angespannten Sozial- und Gesundheitsetats der öffentlichen Haushalte zu entlasten,
- und daß es sich bei der Förderung von Selbsthilfegruppen durch die Kommune um einen schwierigen und ungewöhnlichen Prozeß handelt: Im Unterschied etwa zur Konzipierung gesundheitsfördernder Maßnahmen, z. B. im Rahmen des Gesunde-Städte-Kontextes, wo es um eine innovative Gestaltung aus der Perspektive der planerischen Gesamtverantwortung der Gemeinde geht, setzt eine angemessene und erfolgversprechende Selbsthilfeförderung eine Orientierung der Verwaltungen an der Perspektive von selbsttätigen Basisinitiativen Betroffener voraus. Das heißt: Selbsthilfeförderung kann nicht von »oben« geplant werden, sondern impliziert eine weitgehende Offenheit nach »unten« für die Bedürfnisse und Handlungsformen der Selbsthilfegruppen.

Nachhaltige Bedeutung für die politische und fachliche Akzeptanz und für die Förderdiskussion hatte eine Resolution der 50. Gesundheitsministerkonferenz 1982, in der an alle im Gesundheitswesen Verantwortlichen appelliert wurde, den Gedanken der Selbsthilfe und die Arbeit von Selbsthilfegruppen zu unterstützen.

Der erste Durchbruch gelang mit dem Berliner Selbsthilfefördermodell[14] ab 1983 (Startvolumen: 7,5 Mio DM, Volumen 1995: 12,3 Mio DM, 1997: 4,4 Mio DM). Mit eigenen Modellen folgten die Stadtstaaten Hamburg[15] (Start: 1984 KISS-Förderung und 1987 Gruppenförderung von 90 000 DM; Volumen 1995: 1,1 Mio DM; 1997: 1,2 Mio DM) und Bremen (Start 1985 mit 1,5 Mio DM; Volumen 1995: 2,9 Mio DM; 1997: 2,2 Mio DM).[16]

Ab Mitte der achtziger Jahre wandten sich weitere größere Kommunen, aber auch kleinere Städte und Landkreise und die Bundesländer der Selbsthilfeförderung zu.[17]

---

13 Wegbereitend war die Politik der Weltgesundheitsorganisation (WHO), die bereits Ende der siebziger Jahre Selbsthilfegruppen und deren fachliche Unterstützung befürwortete und 1982 die Empfehlung aussprach, lokale, nationale und internationale Kontaktstellen für Selbsthilfegruppen einzurichten, vgl. WHO-Regionalbüro Europa (Hrsg.), Mutual Aid: From Research to supportive Policy, ICP/HED 022,0464F 1982.

14 Senator für Gesundheit und Soziales Berlin (Hrsg.), Das Berliner Modell zur Förderung von Selbsthilfegruppen, Berlin 1988; Joseph Huber, Die neuen Helfer. Das »Berliner Modell« und die Zukunft der Selbsthilfebewegung, München/Zürich 1987

15 Interessant ist, daß sich seit 1984 die gesetzlichen Krankenkassen mit vertraglicher Vereinbarung an dem Hamburger Gruppenförderungsmodell beteiligen: Die Krankenkassen tragen die Differenz zwischen Antragsvolumen der Gruppen und den Mitteln der Gesundheitsbehörde – in 1994 bspw. 150 000 DM Gesundheitsbehörde und ca. 46 000 DM gesetzliche Krankenkassen, vgl. Astrid Estorff-Klee, Das Fördermodell Hamburg. Was ist der Selbsthilfegruppen-Topf? – Das Hamburger Modell, in: NAKOS/Wolfgang Thiel (Hrsg.), Die Rolle von Selbsthilfekontaktstellen bei der finanziellen Förderung von Selbsthilfegruppen auf kommunaler Ebene, NAKOS-EXTRA 26, Berlin 1995, S. 19 f.

16 Vgl. NAKOS (Hrsg.), Selbsthilfeförderung durch die Länder der Bundesrepublik Deutschland 1995, NAKOSPaper 5, Berlin 1995 und Selbsthilfeförderung durch die Länder der Bundesrepublik Deutschland 1997, NAKOSPaper 5, Berlin 1997.

17 Zur Diskussion der achtziger Jahre vgl. Wolfgang Thiel (Hrsg.) (Anm. 2) und der neunziger Jahre Joachim Braun (Anm. 8). Zur Selbsthilfeförderung durch Kommunen, Bund und

Die fachliche und die sozial- und gesundheitspolitische Diskussion haben mehrere Elemente und Strategien für die Förderung von Selbsthilfezusammenschlüssen herausgearbeitet:

1. Die Förderung durch Infrastruktur und Beratung durch die Einrichtung von lokalen Kontakt- und Informationsstellen für Selbsthilfegruppen (Selbsthilfekontaktstellen).[18] Bei Selbsthilfekontaktstellen handelt es sich um einen qualitativ neuartigen Einrichtungstypus, der ausschließlich zur Unterstützung des gesamten Spektrums von Selbsthilfegruppen dient. Der Arbeitsansatz dieser Kontaktstellen ist problemübergreifend, also nicht auf spezielle Krankheiten, Behinderungen oder Problemlagen bezogen. Kontaktstellen stellen Räume und Ressourcen zur Verfügung und bieten fachliche Hilfen an (Information, Verknüpfung von Betroffenen, Gründungs- und Organisationshilfen, Gruppenbegleitung, Hilfen bei Gruppenkrisen, Organisation von Erfahrungsaustauschtreffen, Vermittlung von Fachleuten, Öffentlichkeitsarbeit und Fortbildung für Selbsthilfegruppen wie für interessierte Professionelle). Sie stellen eine Drehscheibe zwischen dem informellen Sektor und dem System der professionellen Versorgung dar.[19]

Länder vgl. systematisch Norbert Wohlfahrt/Helmut Breitkopf/Wolfgang Thiel (Mitarb.), Selbsthilfegruppen und Soziale Arbeit. Eine Einführung für soziale Berufe, Freiburg i. Br. 1995.

18 Hamburg war die erste Stadt, die (seit 1981) mit öffentlichen Mitteln anteilig eine Selbsthilfekontaktstelle förderte, und zwar die Kontakt- und Informationsstelle für Selbsthilfegruppen – KISS Hamburg, die im Rahmen eines Forschungsprojektes zu Gesundheitsselbsthilfegruppen an der Universität Hamburg (1979–1983) entstanden war. Ab 1984 wurde die Förderung dieser Einrichtung voll vom Land übernommen. Berlin folgte 1983 mit der Einrichtung der Selbsthilfe Kontakt- und Informationsstelle – SEKIS.

19 Zu den vielfältigen Aufgaben der Kontaktstellenarbeit und der neuen Fachlichkeit »Selbsthilfegruppen-Unterstützung« siehe Klaus Balke/Wolfgang Thiel (Hrsg.), Jenseits des Helfens. Professionelle unterstützen Selbsthilfegruppen, Freiburg i. Br. 1991; Wolfgang Thiel, Fachliche Grundlagen der Selbsthilfegruppen-Unterstützungsarbeit. Ein Leitfaden für Mitarbeiterinnen und Mitarbeiter in Kontakt- und Informationsstellen für Selbsthilfegruppen und für berufliche Helfer in anderen Arbeitsfeldern der gesundheitlichen und (psycho)sozialen Versorgung, NAKOS-EXTRA 18, Berlin 1993.
Zu Leistungsprofil, Akzeptanz und Wirkung von Selbsthilfekontaktstellen vgl. Bundesministerium für Familie und Senioren (Hrsg.) (Anm. 9) und Bundesministerium für Familie, Senioren, Frauen und Jugend (Hrsg.) (Anm. 1).
Zur institutionellen Entwicklung von Selbsthilfekontaktstellen vgl. Wolfgang Thiel, Erfahrungen beim Aufbau und der Entwicklung lokaler Selbsthilfegruppen-Kontaktstellen, in: Helmut Breitkopf/Norbert Wohlfahrt (Hrsg.), Sozialpolitik jenseits von Markt und Staat? Bielefeld 1990, S. 188–220 und Wolfgang Thiel, Selbsthilfe-Unterstützungsstellen in der Bundesrepublik Deutschland 1994. Verbreitung, institutioneller Stellenwert, Trägerschaft und Personal – Daten und Trends, in: Deutsche Arbeitsgemeinschaft Selbsthilfegruppen e. V. (Hrsg.), selbsthilfegruppen nachrichten 1995, Gießen 1995, S. 56–63.
Empfehlungen zur Förderung von Selbsthilfekontaktstellen siehe Bundesministerium für Familie und Senioren (Hrsg.)/Joachim Braun,/Elke Kasmann/Ulrich Kettler, Selbsthilfeförderung durch Länder, Kommunen und Krankenkassen. Förderpraxis in den neuen Bundesländern und Empfehlungen zur Förderung von Selbsthilfegruppen und Selbsthilfekontaktstellen, erstellt im Rahmen des Modellprogramms »Förderung sozialer Selbsthilfe in den neuen Bundesländern«, Schriftenreihe des BMFuS Bd. 42, Stuttgart/Berlin/Köln 1994.
Zu besonderen Bedingungen und Ansätzen der Selbsthilfe-Unterstützung durch Selbsthilfekontaktstellen in ländlichen Gebieten siehe NAKOS/Wolfgang Thiel (Hrsg.), Selbsthilfegruppen-Förderung auf dem Land, NAKOS-EXTRA 2, Berlin 1989 und NAKOS/Wolfgang Thiel (Hrsg.), Selbsthilfe-Unterstützung in ländlichen Gebieten, NAKOS-EXTRA 19, Berlin 1993.

2. Die Selbsthilfeförderung als Nebenaufgabe bestehender Einrichtungen der gesundheitlichen und sozialen Versorgung, die Selbsthilfegruppen z. B. durch Information, Organisationshilfe, Räume oder Sachmittel unterstützen und auf eine positive Ergänzung von Selbsthilfe und professioneller Hilfe hinwirken.
3. Die finanzielle Einzelgruppenförderung/Einrichtung von Selbsthilfefonds auf kommunaler Ebene.[20] Beispiele sind München (Start: 1985 inkl. Selbsthilfezentrum, Volumen: 1,75 Mio DM; Volumen 1994: Selbsthilfetopf 2,5 Mio DM, Regelförderung: Sozialreferat ca. 7,5 Mio DM, Gesundheitsreferat ca. 1 Mio DM) und Münster[21] (Start: 1985, Volumen: 200 000 DM später 250 000 DM, ab 1987 auch Münsteraner Kontakt- und Informationsstelle für Selbsthilfe – MIKS). Dokumentiert sind auch die Städte Würzburg, Jena und Kassel sowie der Landkreis Limburg-Weilburg[22]
4. Die Institutionalisierung von Selbsthilfe(förder)beiräten, d. h. die Einrichtung lokaler Gremien zur Beteiligung an der Selbsthilfeförderpolitik und zur fachlichen Beratung bei Förderkriterien, Antragsverfahren, Mittelvergabe und Verwendungsnachweis.

Auf politischer Ebene wurden weitere wesentliche Impulse für die Verbreitung des Selbsthilfegedankens und für die Entwicklung einer Infrastruktur zur Unterstützung und Beratung der Selbsthilfe (Selbsthilfekontaktstellen) gesetzt. So z. B. durch zwei Modellprogramme des Bundes: das Programm »Informations- und Unterstützungsstellen für Selbsthilfegruppen« von 1987–1991 für die alten und das Programm »Förderung der sozialen Selbsthilfe in den neuen Bundesländern« von 1992–1996.[23]

Impulse setzten die Bundesländer, deren Selbsthilfefördervolumen 1995 immerhin bei über 31 Mio DM (ca. 21,6 Mio DM für Selbsthilfegruppen, -organisationen und

20 Einen ersten quantitativen und qualitativen Überblick bietet NAKOS (Hrsg.), Wilhelm Fehse, Lothar Beutin, Die Förderung von Selbsthilfegruppen durch die öffentliche Hand in der Bundesrepublik Deutschland und Berlin (West) – Eine Bestandsaufnahme, Berlin 1987. Anfang der neunziger Jahre wurde kommunale Selbsthilfe-Förderansätze analysiert von Helga Burkert (Anm. 3). Bei der Befragung zu dieser Untersuchung gaben 50 kreisfreie Städte und Landkreise an, Selbsthilfe zu fördern. Eine richtliniengebundene Förderung konnte allerdings nur bei 25 festgestellt werden. Eine exemplarische Einzeldarstellung erfolgte für die Stadtstaaten Berlin, Bremen und Hamburg, für die Stadt Nürnberg und den Landkreis Hameln-Pyrmont.
Zur Diskussion in den neuen Bundesländern siehe neben den Veröffentlichungen zu dem Bundesmodellprogramm zur Förderung der sozialen Selbsthilfe in den neuen Bundesländern auch NAKOS/Klaus Balke (Hrsg.), Selbsthilfe-Förderung: Wege und Aufgaben, NAKOS-EXTRA 16, Berlin 1992. Exemplarisch vorgestellt sind die Förderbeispiele Rostock, Halle, Berlin und der Landkreis Fürstenwalde.
Umfassend zur kommunalen Förderung siehe Wilhelm Fehse, Selbsthilfe-Förderung – »Mode« einer Zeit? Eine Prozeß- und Strukturanalyse von Programmen zur Unterstützung von Selbsthilfeaktivitäten, Europäische Hochschulschriften, Reihe XXXI Politikwissenschaft, Bd. 273 (1995), Frankfurt a. M. Fehse analysiert detailliert die Fördermodelle von Berlin, Munster und Bremen.
21 Bemerkenswert ist am Münsteraner Modell der Selbsthilfeförderung, daß eine in städtischer Verwaltung stehende Kapitalstiftung (Stiftung SIVERDES) zwischengeschaltet ist.
22 Vgl. die Beiträge in NAKOS/Wolfgang Thiel (Hrsg.) (Anm. 15).
23 Siehe Bundesministerium für Familie und Senioren (Hrsg.) (Anm. 9) und Bundesministerium für Familie, Senioren, Frauen und Jugend (Hrsg.)/(Anm. 1).
An den Modellstandorten ergab sich durch die Arbeit der Kontaktstellen eine Zunahme der Selbsthilfegruppen um mehr als ein Drittel, vgl. Bundesministerium für Familie und Senioren (Hrsg.) (Anm. 19), S. XV. Insgesamt stieg die Zahl der Selbsthilfeunterstützungsstellen von gut 80 in den alten Bundesländern im Jahr 1987 auf fast 260 bundesweit (alte Länder: 186; neue Länder: 73; NAKOS-Datenbank ROTE ADRESSEN, Stand: 7/97).

Landesvereinigungen und ca. 10,5 Mio DM für Selbsthilfekontaktstellen) und 1997 bei ca. 24,4 Mio DM liegt (ca. 14,9 Mio für Selbsthilfegruppen, -organisationen und Landesvereinigungen und ca. 9,5 Mio DM für Selbsthilfekontaktstellen).[24]

Ein weiterer Impuls zur Verankerung der Selbsthilfeförderung erfolgte vom Gesetzgeber, der durch das Gesundheitsstrukturgesetz von 1992 den gesetzlichen Krankenkassen im SGB V (§ 20, 3a) im Rahmen der Gesundheitsförderung auch die Förderung von Selbsthilfegruppen und -kontaktstellen ermöglichte (»Kann-Bestimmung«). Alle großen Verbände der gesetzlichen Krankenkassen haben daraufhin Förderrichtlinien bzw. -empfehlungen erarbeitet.[25] Das Fördervolumen von Selbsthilfegruppen und -organisationen lag 1995 nach Angaben aus dem Kassenbereich bei ca. 10 Mio DM, das Volumen der Kontaktstellenförderung nach einer NAKOS-Untersuchung aber nur bei 360 000 DM.[26] Die wesentliche Begründung für die Zurückhaltung bei der Kontaktstellenförderung ergibt sich aus der dominierenden Sicht der Kassenverbände, daß die Einrichtung und der Betrieb von Selbsthilfekontaktstellen primär eine Aufgabe der öffentlichen Hand, also der Länder und der Kommunen sei. Die Fördermöglichkeit nach § 20 SGB V blieb auch nach Inkrafttreten des Beitragsentlastungsgesetzes (Jan. 1997), in dem die Gesundheitsförderung ersatzlos gestrichen worden war, nach vehementen Protesten von der Selbsthilfeseite erhalten – wenn auch mit stärkerer medizinischer und präventiver Ausrichtung.

Zuletzt rückten Fragen praktikabler Fördermodelle für die überwiegend ungesicherten Selbsthilfekontaktstellen ins Zentrum. Mischfinanzierungsmodelle von öffentlicher Hand (z. B. je ein Drittel Land und Kommune) und gesetzlichen Krankenkassen (ebenfalls ein Drittel) wurden diskutiert.[27] Bedeutsam wurden auch volkswirtschaftliche Kosten-Nutzen-Analysen der Selbsthilfeförderung.[28]

Die aktuelle Diskussion in Deutschland ist stark von der schlechten Haushaltslage der öffentlichen Hand und von einer großen Unsicherheit im Hinblick auf die Zukunftsfähigkeit des Sozialstaats geprägt. In diesem Zusammenhang wird die Bedeutung der Selbsthilfe von politischer Seite zwar bekräftigt. Eine stärkere Aufmerksamkeit und Betonung erhalten aber Strategien zur Ermutigung von Ehrenamtlichkeit und freiwilligem bürgerschaftlichem Engagement und das Votum für die Entwicklung entsprechender Förderstrukturen und Rahmenbedingungen (z. B. die Einrichtung von Freiwilligenagenturen).[29] Angesichts der Knappheit von Fördermitteln der öffent-

---

24 Vgl. NAKOS (Hrsg.), Selbsthilfeförderung durch die Länder der Bundesrepublik Deutschland 1995, NAKOSPaper 5, Berlin 1995 und Selbsthilfeförderung durch die Länder der Bundesrepublik Deutschland 1997, NAKOSPaper 5, Berlin 1997. Die Zahlen aus 1997 bewegen sich in einer vergleichbaren Dimension, da sich die Verringerung des Fördervolumens fast ausschließlich aus einschneidenden Kürzungen des Landes Berlin ergibt.

25 NAKOS (Hrsg.), Selbsthilfe-Förderrichtlinien der Krankenkassenverbände (Stand, Dezember 1997), NAKOSPaper 7⁵ (5. Aufl.), Berlin 1997.

26 Klaus Balke/Monika Brune (Mitarb.), Förderung der Selbsthilfe-Kontaktstellen durch die Krankenkassenverbände. Ergebnisse einer Befragung der NAKOS vom Herbst 1995, NAKOS-EXTRA 27, Berlin 1996. Ein nachhaltiger Fördereinstieg der Krankenkassen fand auch im Jahr 1996 nicht statt, wie eine Folgebefragung ergab.

27 Vgl. Bundesministerium für Familie und Senioren (Hrsg.) (Anm. 19), Prognos AG/BMFSFJ, Modell einer Mischfinanzierung von Selbsthilfekontaktstellen durch Länder, Kommunen und Krankenkassen, Köln 1994.

28 Joseph Huber (Anm. 14), Hans-Dietrich Engelhardt u. a., Was Selbsthilfe leistet ... Ökonomische Wirkungen und sozialpolitische Bewertung, Freiburg i. Br. 1995.

29 Deutscher Bundestag, 13. Wahlperiode, Antrag der Abgeordneten Andrea Fischer (Berlin), Dr. Antje Vollmer, Matthias Beringer, weiterer Abgeordneter und der Fraktion BÜNDNIS 90/DIE GRÜNEN »Freiwilliges soziales Engagement fördern und zur Selbständigkeit er-

lichen Hand entsteht dadurch allerdings die Gefahr einer Konzepte- und Ressourcen-konkurrenz.[30]

5. Herausforderungen für die Kommunen

Die Selbsthilfe ist eine moderne, ganzheitliche soziale Ressource.

Selbsthilfegruppen als Netzwerke und professionelle Einrichtungen zur Förderung von Netzwerken – wie die Selbsthilfekontaktstellen – betrachten das Individuum als Ganzes und darüber hinaus in seinem sozialen Zusammenhang. Das Problem- und Handlungsverständnis überschreitet einzelne Versorgungsstränge und Zuständigkeiten und zielt auf ganzheitliche Bezüge im sozialen Umfeld und auf eine kooperative Beziehung von »Betroffenen« und professionellen Helfern in den Versorgungseinrichtungen. Dies ist ein wesentlicher Beitrag zu mehr Bürgernähe von Versorgung und Verwaltung, zur Entstehung neuer sozialer (Hilfe-)Netze und Mitmenschlichkeit und zu einer verbesserten Partizipation auf der Ebene der Gemeinden. Dieser Beitrag der Selbsthilfe zum Gemeinwesen kann nicht als selbstverständlich oder naturwüchsig vorausgesetzt werden. Die Selbsthilfe sollte vielmehr als ein Engagement wertgeschätzt werden, das den gegenwärtigen persönlichen und gesellschaftlichen Problemen und den modernen Lebensbedingungen besonders angemessen ist. Daraus ergibt sich die Notwendigkeit zu einer gezielten Unterstützung und Förderung.

Die Selbsthilfe ist eine ökonomische Ressource.

Hoffnungen auf der einen wie Befürchtungen auf der anderen Seite, daß die Förderung von Selbsthilfegruppen der Entlastung der angespannten Gesundheits- und Sozialetats diene, sind unmittelbar nicht begründet. Als ein Nebeneffekt der Selbsthilfegruppenteilnahme wird das Expertensystem eher vermehrt, vor allem deutlich gezielter genutzt.[31] Vermittelt über einen rationelleren, passenden Mitteleinsatz und über präventive und rehabilitative Effekte sind durchaus aber auch kurzfristige Einsparungen zu erwarten. Im weiteren ist es ökonomisch bedeutsam, die Förderung der Selbsthilfegruppen in Relation zu ihren Aktivitäten und ihrer Arbeit zu setzen. Eine Münchener Studie zur ökonomischen Wirkung und sozialpolitischen Bewertung der Selbsthilfeförderung kommt so zum

---

mutigen«, Drucksache 13/3232 (5.12.95), Bonn 1995; Deutscher Bundestag, 13. Wahlperiode, Große Anfrage der Abgeordneten Klaus Riegert, Wolfgang Börnsen, Heinz Dieter Eßmann, weiterer Abgeordneter und der Fraktion der CDU/CSU sowie der Abgeordneten Dr. Gisela Babel, Dr. Olaf Feldmann, Heinz Lanfermann, weiterer Abgeordneter und der Fraktion der F.D.P. »Bedeutung ehrenamtlicher Tätigkeit für unsere Gesellschaft«, Drucksache 13/2652 (11.10.95), Bonn 1995; Deutscher Bundestag, 13. Wahlperiode, Antwort der Bundesregierung auf die Große Anfrage »Bedeutung ehrenamtlicher Tätigkeit für unsere Gesellschaft«, Drucksache 13/2652 (1.10.96), Bonn 1996.

30 Zum Aufbau von Freiwilligenagenturen und zum Verhältnis von Selbsthilfe und (neuer) Ehrenamtlichkeit siehe Wolfgang Thiel, Ehrenamt oder Selbsthilfe? Ein einheitliches Selbstverständnis ist nötig und möglich, in: Stiftung MITARBEIT u. a., 1997, S. 117–125.

31 Alf Trojan (Hrsg.) (Anm. 11), S.163 f.

Beispiel zu dem Ergebnis, daß unter Berücksichtigung der ökonomischen Rückfluß-effekte und der von Selbsthilfegruppen geleisteten Arbeit pro 100,– DM Fördersumme unentgeltliche soziale Arbeit im Wert von 330,– DM geleistet werde; zusätzlich mobilisierten die Gruppen auf 100,– DM Förderung noch 50,– DM Eigenmittel und Spenden. Im Jahre 1992 leisteten 199 von der Stadt München geförderte Selbsthilfeinitiativen 850 000 Stunden ehrenamtlicher Arbeit und Hilfe für andere. Der Wert dieser Arbeit für die soziale Versorgung Münchens betrug 36,4 Mio DM.[32]

Auch muß man nach den Auswirkungen fragen, wenn Selbsthilfegruppen nicht gefördert würden. So hat Huber[33] zur sozioökonomischen Gesamtwirkung der Selbsthilfegruppen festgestellt, daß deren wichtigste Wirkung darin liege, von drohenden Kosten zu entlasten. Er stellte aber auch fest:»Jede in die Selbsthilfe investierte Mark mobilisiert zusätzliche Arbeit im Wert von zwei bis zweieinhalb Mark«.[34]

Selbsthilfeförderung hat somit auch eine volkswirtschaftliche Dimension. Diese deutlicher wahrzunehmen, könnte die Kommunen bewegen, nicht nur eingesetzte Fördermittel nicht wegfallen zu lassen, sondern sie vielmehr zu konsolidieren oder aufzustocken.

Die Selbsthilfeförderung ist ein sozialpolitisches Konzept.

Für eine durchgreifende Wegbereitung muß die Selbsthilfeförderung in ein gesamtpolitisches Konzept (»Neue Subsidiarität«, »Erneuerung des Sozialstaates«) eingebettet werden. Selbsthilfefreundliche Versorgung und Politik dürfen keine leeren Schlagworte bleiben. Es muß vermieden werden, daß Selbsthilfegruppen zum »Abschiebebahnhof«, zum bloßen »Lückenbüßer« oder zum »billigen Jakob« der Sozial- und Gesundheitspolitik werden. Ein konzeptioneller Weitblick muß daher die Erhaltung bestehender und die Einrichtung weiterer kommunaler unbürokratisch gestalteter Selbsthilfeförderfonds im Auge behalten. Von besonderer Bedeutung wird dabei die Verzahnung mit anderen Selbsthilfeförderern – wie z. B. den gesetzlichen Krankenkassen, aber auch Sozialversicherungsträgern – im Sinne einer Gemeinschaftsaufgabe sein (vgl. auch den Beitrag von Holger Backhaus-Maul zur kommunalen Sozialpolitik in diesem Band).

Zu den wesentlichen Aufgaben der Kommunen gehört auch die Bereitstellung selbsthilfeförderlicher Rahmenbedingungen durch die Einrichtung von Selbsthilfekontaktstellen, die Infrastruktur und Beratung bieten. Bei einer gleichfalls anzustrebenden gemeinschaftlichen Finanzierungssicherung mit den Ländern und Sozialversicherungen kommt den Kommunen als den Standorten solcher Einrichtungen eine besondere Initiativ-, Gestaltungs- und Koordinierungsfunktion zu.

Selbsthilfeförderung heißt Partizipation ermöglichen.

Beteiligungs- und Partizipationsfragen sind nicht pauschal zu beantworten. Wesentlich spielt der Organisationsgrad der Selbsthilfezusammenschlüsse eine Rolle. Kleine Selbsthilfegruppen haben hinsichtlich formaldemokratischer Gremien strukturelle und konzeptionelle Nachteile. Es müssen also auch basisdemokratische Mitwirkungs-

---

32 Hans-Dietrich Engelhardt u. a. (Anm. 28), S. 81, 83.
33 Joseph Huber (Anm. 14), S. 121 f.
34 Joseph Huber (Anm. 14), S. 121.

und Mitbestimmungsmodelle entwickelt werden, die nicht auf die Herausbildung von Funktionseliten (= Funktionäre) angewiesen sind. Eine Form der Mitwirkung und Mitbestimmung sind örtliche Selbsthilfebeiräte. Bei dessen Zusammensetzung sollten Selbsthilfegruppen in besonderer Weise berücksichtigt werden. Ob sie als Forum der Interessenvertretung konzipiert oder mit Kompetenzen bei der Mittelvergabe ausgestattet sind oder nicht, die zentrale Funktion solcher Beiräte ist es, für eine generellen Förderung des Selbsthilfegedankens zu arbeiten und der Selbsthilfeförderung breitere öffentliche und politische Akzeptanz zu verschaffen.

Für die berechtigte Interessenvertretung von Selbsthilfezusammenschlüssen und die Einbeziehung ihrer Kompetenz z. B. in der Sozial- und Gesundheitsplanung ist es nötig, weitere Formen der Beteiligung zu ermöglichen z. B. bei der lokalen Gesundheitsberichterstattung, bei den Sitzungen von Sozial- und Gesundheitsausschüssen oder im Rahmen der Selbstverwaltung der gesetzlichen Krankenkassen. Selbsthilfevertreter sollten Mitwirkungs- und Anhörungsrechte bei Gremien erhalten.

6. Schlußbemerkung

Ein erfolgversprechendes Selbsthilfeförderkonzept baut auf einer gesicherten finanziellen Grundlage, auf kenntnisreichen und differenzierten Förderbestimmungen und auf einem institutionell stabilen Angebot der fachlichen Beratung und praktischen Unterstützung durch Selbsthilfekontaktstellen auf. Ein gleichberechtigtes Zusammenwirken von Selbsthilfezusammenschlüssen, Selbsthilfekontaktstellen, Beirat, fördernder Verwaltung, etablierten Verbänden und Versorgungseinrichtungen führt zu einer selbsthilfefreundlichen Gemeinde.

Selbsthilfeförderung ist innovative, gestaltende Gesellschaftspolitik, eine soziale Investition für die Zukunft des Gemeinwesens und keine Sparpolitik.

OTFRIED JARREN

Lokale Medien und kommunale Politik

1. Lokale Medien und Lokalpolitik in der Entwicklung

Die wissenschaftliche Beschäftigung mit Kommunikationsstrukturen und Medien auf der lokalen Ebene ist in der Bundesrepublik Deutschland seit Mitte der 80er Jahre – nach einer »Boom-Phase« in den 70er Jahren – rückläufig.[1] In den späten 70er und in den frühen 80er Jahren wurde der Entwicklung der lokalen Demokratie unter dem Aspekt des Einsatzes partizipationsfördernder Informations- und Kommunikationstechnologien[2] in vielfältiger Weise Aufmerksamkeit geschenkt.[3] Auch die Konzentrationsentwicklung im Bereich lokaler Printmedien war unter dem Stichwort »publizistische Vielfalt« in diesen Jahren Gegenstand zahlreicher wissenschaftlicher Analysen und kommunikationspolitischer Kontroversen. Die Pressekonzentration wurde als problematisch für die Entwicklung in lokalen Räumen angesehen, so daß sich von neuen Technologien ein Ansatz zur Revitalisierung lokaler Kommunikation und Politik erhofft wurde. Im Zusammenhang mit der Entstehung und Entwicklung von Bürgerin-

---

1 Vgl. Norbert Jonscher, Lokale Publizistik, Opladen 1995; Matthias Kurp, Lokale Medien und kommunale Eliten, Opladen 1994; zur Situation in ländlichen Räumen vgl. Carolin Herrmann, Im Dienste der örtlichen Lebenswelt. Lokale Presse im ländlichen Raum, Opladen 1993; vgl. auch die Literatur- und Forschungsübersichten in: Otfried Jarren/Dieter Storll/Rüdiger Bendlin, Lokale Medien und politische Kultur in Dortmund, Düsseldorf 1989; Peter Schwiderowski, Entscheidungsprozesse und Öffentlichkeit auf der kommunalen Ebene, München 1989; Otfried Jarren/Rüdiger Bendlin/Thorsten Grothe/Dieter Storll, Die Einführung des lokalen Hörfunks in Nordrhein-Westfalen, Opladen 1993.

2 Vgl. dazu Henning Dunckelmann, Kabelfernsehen im Modellversuch. Konzept für eine sozialwissenschaftliche Begleitforschung, Berlin 1977; Claus Eurich (Hrsg.), Lokales Bürgerfernsehen und die Erforschung seiner Wirkungen, München 1980; Karsten Renckstorf/Will Teichert, Lokaler Rundfunk im Test, Hamburg 1981; Hans W. Rolli, Der »Offene Kanal« als Bürgermedium, Frankfurt a. M. 1981; Deutscher Städtetag (Hrsg.), Die Städte und die Neuen Medien, Stuttgart/Berlin/Köln/Mainz 1981; ders. (Hrsg.), Städte und Kabelkommunikation, Stuttgart-Berlin-Köln-Mainz 1982; Dietrich Thränhardt/Herbert Uppendahl (Hrsg.), Kommunikationstechnologien und kommunale Entscheidungsprozesse, München 1982; Peter M. Mombaur/Hans-Joachim Reck/Magnus G. W. Staak, Chancen für den Lokalfunk, Göttingen 1984; Dietrich Henckel/Erwin Nopper/Nizan Rauch, Informationstechnologie und Stadtentwicklung, Stuttgart 1984; vgl. zur Politik der Kommunen Rolf Schlenther, Kommunale Interessen in der Medienpolitik. Zur Interessenvermittlung zwischen dem Deutschen Städtetag und den Kommunen am Beispiel des Kabelfernsehens, Frankfurt a. M./Bern/New York/Paris 1988.

3 Vgl. dazu Otfried Jarren, Kommunale Kommunikation, München 1984 und die Beiträge in ders./Peter Widlok (Hrsg.), Lokalradio für die Bundesrepublik Deutschland, Berlin 1985; Otfried Jarren, Neue Politik durch Neue Medien? In: Bernhard Blanke (Hrsg.), Stadt und Staat. Systematische, vergleichende und problemorientierte Analysen »dezentraler« Politik (Sonderheft »Politische Vierteljahresschrift«), Opladen 1991, S. 422–439.

itiativen und »Neuen Sozialen Bewegungen« (vgl. den Beitrag von Roland Roth in diesem Band) fanden auch die Medien der »Alternativpresse« wissenschaftliche Aufmerksamkeit.[4] Nach der Vereinigung Deutschlands fand die Pressesituation in den neuen Bundesländern aufgrund des dort hohen Konzentrationsgrades zumindest für kurze Zeit wissenschaftliche Beachtung[5] ; doch derzeit wird weder über die »alten« noch über die »neuen« Medien auf der lokalen Ebene viel geforscht. Die öffentliche und wissenschaftliche Aufmerksamkeit konzentriert sich derzeit auf nationale und internationale Medienangebote (bspw. Fernsehprogramme; digitales Fernsehen; Internet).

Die Erwartungen an die neuen lokalen und sublokalen Printmedien und an die neuen elektronischen Lokalmedien waren zunächst hoch: Sie sollten dazu beitragen, bestehende publizistische Mängel, insbesondere Defizite bei den Lokalzeitungen, auszugleichen. Diese hohen Erwartungen haben sich durchgängig nicht erfüllt. Die lokale Medienentwicklung weist die folgenden Trends auf:

- Der Konzentrationsprozeß im Bereich der Lokalpresse ist auch in den letzten Jahren stetig vorangeschritten. Dieser Prozeß vollzieht sich vor allem zu Lasten der ohnehin publizistisch schlechter versorgten ländlichen Räume und auch zu Lasten der ostdeutschen Bundesländer, in denen nur ein sehr eingeschränkter Wettbewerb zwischen Zeitungen stattfindet.[6]
- Medien wie Anzeigenblätter, die vielfach mehrmals in der Woche und teils sogar am Sonntag verbreitet werden, füllen zwar in vielen Bereichen Informationslücken, allerdings vorrangig in »nicht-politischen« Bereichen.
- Die Medien der »Neuen Sozialen Bewegungen«[7] existieren nur phasenweise und vor allem in den publizistisch relativ gut versorgten Großstädten. Sie können auf Dauer publizistische Defizite der herkömmlichen Massenmedien nicht ausgleichen und damit keine beständig wirksame »Gegenöffentlichkeit« konstituieren.[8]

---

4 Vgl. zu den »Neuen Sozialen Bewegungen« Joachim Raschke, Soziale Bewegungen. Ein historisch-systematischer Grundriß, Frankfurt a. M./New York 1985; vgl. ferner Beiträge in Roland Roth/Dieter Rucht (Hrsg.), Neue soziale Bewegungen in der Bundesrepublik Deutschland, Bonn 1991 (2. überarbeitete Auflage); Roland Roth, Lokale Bewegungsnetzwerke und die Institutionalisierung von neuen sozialen Bewegungen, in: Friedhelm Neidhardt (Hrsg.), Öffentlichkeit, öffentliche Meinung, soziale Bewegungen (Sonderheft »Kölner Zeitschrift für Soziologie und Sozialpsychologie«), Opladen 1994, S. 413–436; Dieter Rucht, Öffentlichkeit als Mobilisierungsfaktor für soziale Bewegungen, in: ebd., S. 337–358. Vgl. ferner die empirische Analyse von Nadja Büteführ, Zwischen Anspruch und Kommerz: Lokale Alternativpresse 1970–1993, Münster/New York 1995.

5 Vgl. dazu die Arbeiten von Beate Schneider u. a., u. a. auch dokumentiert in Walter A. Mahle (Hrsg.), Pressemarkt Ost, München 1992 und die Übersicht bei Horst Röper, Die Entwicklung des Tageszeitungsmarktes in Deutschland nach der Wende in der ehemaligen DDR, in: Media Perspektiven, (1991) 7, S. 421–430.

6 Vgl. dazu Walter J. Schütz zuletzt: ders., Deutsche Tagespresse 1995, in: Media Perspektiven, (1996) 6, S. 324–350.

7 Vgl. dazu Rüdiger Schmitt-Beck, Über die Bedeutung der Massenmedien für soziale Bewegungen, in: Kölner Zeitschrift für Soziologie und Sozialpsychologie, (1990) 4, S. 642–662; Rainer Mathes/Barbara Pfetsch, The Role of the Alternative Press in the Agenda-building Process. Spill-over Effects and Media Opinion Leadership, in: European Journal of Communication, (1991) 6, S. 33–62.

8 Vgl. dazu Otfried Jarren, Publizistische Vielfalt durch lokale und sublokale Medien? In Günther Rager/Bernd Weber,(Hrsg.), Publizistische Vielfalt zwischen Markt und Politik, Düsseldorf/Wien/New York/Moskau 1992, S. 65–84. Zur Entwicklung der sog. »Alternativpresse« vgl. Kurt Weichler, Die anderen Medien. Theorie und Praxis der alternativen Kommunikation,

- Die in den 70er Jahren in vielen Großstädten entstandenen Stadtmagazine haben im Laufe der Zeit an (lokal-)politischer Bedeutung eingebüßt. Heute wenden sie sich vorrangig an ein junges, konsum- und erlebnisorientiertes Publikum.

- Die elektronischen Lokalmedien sind aufgrund ihrer privatwirtschaftlichen Organisationsform und Werbeabhängigkeit allenfalls partiell in der Lage, spezifische politische Informationsleistungen zu erbringen[9]; sie sind im Kern »unpolitische« Unterhaltungsmedien, die in dieser Funktion vom Publikum wahrgenommen und genutzt werden.[10]

Die nicht erfüllten Erwartungen sind zweifellos ein wesentlicher Grund dafür, daß dem Themenfeld kommunaler Kommunikation in den einschlägigen wissenschaftlichen Disziplinen heute nur noch im geringen Umfang Aufmerksamkeit geschenkt wird.[11] Dies überrascht, denn die Debatte um eine »Erneuerung der Politik von unten«[12] kann ebensowenig geführt werden wie die Frage nach den Perspektiven der Kommunalpolitik im anhaltenden wirtschaftlichen und soziokulturellen Strukturwandel beantwortet werden kann, wenn die kommunikative Dimension von lokaler Politik und die Notwendigkeit der (Wieder-)Herstellung lokaler Öffentlichkeiten nicht thematisiert wird.

Gerade in den neuen deutschen Bundesländern ist die Entwicklung der lokalen Demokratie und die Herausbildung kommunaler Identitäten eine Aufgabe von großer Bedeutung, und der Lösung dieser Aufgabe kommt aufgrund des weitgehend monopolistisch strukturierten Printmedienmarktes dort sogar eine besondere Funktion zu: Die durch Entscheidungen der »Treuhandanstalt« bewirkte publizistische Machtkonzentration ist für deutsche Verhältnisse ohne Vorbild, und sie birgt ohne Zweifel Risiken für die Ausbildung und Entwicklung gerade der lokalen Demokratie.[13] Dies ist vor allem dann der Fall, wenn andere intermediäre Organisationen wie politische Parteien nur eingeschränkt »vor Ort« zur Verfügung stehen. In vielen ostdeutschen Gebieten ist die Entwicklung der Printmedien zudem problematisch, weil hier die Verbreitungsgebiete der Zeitungen vielfach nicht mit den Grenzen von Gebietskörperschaften übereinstimmen. Die politischen Verwaltungsräume decken sich also nicht mit den medialen Verbreitungsräumen.[14] Aber auch in den alten Bundesländern

---

Berlin 1987; Günther Denzler, Der Einfluß alternativer Zeitungen auf die Kommunalpolitik (phil. Diss.), Bamberg 1988; Wolfgang Flieger, Die TAZ. Vom Alternativblatt zur linken Tageszeitung, München 1992; Karl-Heinz Stamm, Alternative Öffentlichkeit. Die Erfahrungsproduktion neuer sozialer Bewegungen, Frankfurt a. M. 1988.

9   Vgl. dazu die empirischen Befunde in der Studie von Otfried Jarren u. a. (Anm. 1).

10 Vgl. Ralph Weiß/Werner Rudolph, Die lokale Welt im Radio. Information und Unterhaltung im Lokalradio als Beitrag zur kommunalen Kommunikation, Opladen 1993; Klaus Weiss, Publizistischer Zugewinn durch Lokalfunk? Bochum 1993; Joachim Trebbe, Der Beitrag privater Lokalradio- und Lokalfernsehprogramme zur publizistischen Vielfalt, München 1996.

11 Dies zeigt bspw. der Blick in den Band von Blanke (Anm. 3).

12 Joachim Jens Hesse (Hrsg.), Erneuerung der Politik »von unten«? Stadtpolitik und kommunale Selbstverwaltung im Umbruch, Opladen 1986.

13 Vgl. Jürgen Grubitsch, Presselandschaft der DDR im Umbruch. Ausgangspunkte, erste Ergebnisse und Perspektiven, in: Media Perspektiven, (1990) 3, S. 140–155; Horst Röper, Die Entwicklung des Tageszeitungsmarktes in Deutschland nach der Wende in der ehemaligen DDR, in: Media Perspektiven, (1991) 7, S. 421–430; Beate Schneider, Verpaßte Chance. Pressekonzentration statt neuer Vielfalt in Ostdeutschland, in: medium, (1994) 2, S. 38–39.

14 Zum Begriff des »Kommunikationsraumes« vgl. Otfried Jarren, Kommunikationsraumanalyse – ein Beitrag zur empirischen Kommunikationsraumforschung? In: Rundfunk und

können der Strukturwandel und die drängenden sozialen, ökonomischen und ökologischen Probleme vor Ort nur bewältigt werden, wenn eine Aktivierung der Potentiale auf der kommunalen Ebene gelingt. Insbesondere das Konzept einer »Erneuerung der Politik von unten« bedingt und erfordert die lokalspezifische Definition
von unterschiedlichen Aufgabenfeldern für eine gestaltend wirkende Kommunalpolitik.

Die Festlegung von politischen Zielen und die Umsetzung einer aktiven Politik in
einer Kommune setzt angemessene Informations- und Kommunikationsprozesse voraus, an denen die Bürger in hinreichender Weise beteiligt sein müssen – oder zumindest informatorisch teilhaben können. Diese Forderung ist nun nicht nur aus normativen und demokratietheoretischen Überlegungen heraus zu erheben, sondern sie ist
zugleich funktional begründet, weil die Notwendigkeit zur Identifikation der Kommunalpolitik als eigenständig und als anerkannte relevante Handlungsebene durch die
Bürger besteht. Trotz wachsender Bedeutung der kommunalen Selbstverwaltung für
die Gestaltung der unmittelbaren Lebenswelt der Bürger und trotz steigender und
»vor Ort« erkennbarer ökonomischer, ökologischer, sozialer und soziokultureller
Konflikte ist eine abnehmende Beteiligung an kommunalen Wahlen und eine zunehmende Distanz zwischen den Bürgern, den lokalen Parteiorganisationen und der
kommunalen Verwaltung festzustellen.[15] Diese Entwicklung kann auch auf
- die »Entörtlichung der Berichterstattung in den zentralisierten Medien«[16],
- die unzureichende Darstellung unterschiedlicher Formen von ökonomischer und
  administrativer Politikverflechtung[17],
- die Eliten-Orientierung in der Politikberichterstattung (Personalisierung vs. Sach-
  problem-Thematisierung)[18] sowie
- die zunehmende Entpolitisierung der publizistischen Inhalte zurückgeführt werden.[19]

Lokale Demokratie aber ist vom Vorhandensein einer kommunalen Identität und
somit zugleich von der Existenz einer kommunikativen Infrastruktur (»Kommunale
Öffentlichkeit«)[20] abhängig.

Fernsehen, (1986) 3, S. 310–330; Franz Ronneberger, Wandel von Raumvorstellungen durch
Medienkommunikation, in: Publizistik, (1990) 3, S. 257–266; Ursula Maier-Rabler, In Sence
of Space. Überlegungen zur Operationalisierung des Raumbegriffes für die Kommunika-
tionswissenschaft, in: Walter Hömberg/Michael Schmolke (Hrsg.), Zeit, Raum, Kommunikation, München 1992, S. 357–370.

15 Vgl. dazu die Beiträge in Joachim Raschke (Hrsg.), Bürger und Parteien. Ansichten und
Analysen einer schwierigen Beziehung, Bonn 1982.

16 Arthur Benz, Probleme und Perspektiven der Kommunalpolitik im Strukturwandel, in:
Joachim Jens Hesse (Hrsg.), Zur Situation der kommunalen Selbstverwaltung heute. Stadtpolitik und kommunale Selbstverwaltung im Umbruch, Baden-Baden 1987, S. 169.

17 Vgl. Klaus Schönbach, Die isolierte Welt des Lokalen, in: Rundfunk und Fernsehen, (1978) 3,
S. 260–277.

18 Vgl. Günther Rager, Publizistische Vielfalt im Lokalen, Tübingen 1982; Wolfgang A. Fuchs,
Presse und Organisationen im lokalen Kommunikationsraum, Augsburg 1984.

19 Zur Politikberichterstattung vgl. Marianne Begemann, Auf der Suche nach der Leserschaft.
Die Tageszeitung vor der Herausforderung eines veränderten Leseverhaltens, in: Aus Politik
und Zeitgeschichte, B 26/90, S. 20–28.

20 Zum Modell »Kommunale Öffentlichkeit« vgl. Werner Helmke/Karl-Heinz Naßmacher,
Organisierte und nicht-organisierte Öffentlichkeit in der Kommunalpolitik, in: Rainer Frey
(Hrsg.), Kommunale Demokratie, Bonn 1976, S. 182–240.

2. Kommunale Kommunikation in den Gemeinden

Ein einheitliches Verständnis darüber, was unter lokaler Öffentlichkeit oder kommunaler Kommunikation subsumiert werden soll, existiert nicht. Je nach wissenschaftlicher Disziplin, Erkenntnisinteresse und methodischem Konzept werden höchst unterschiedliche Definitionen und Eingrenzungen vorgenommen.[21] Unstrittig ist jedoch, daß der lokale Kommunikationsraum nicht mit der Verwaltungseinheit Kommune und auch nicht mit dem Verbreitungsgebiet einer Zeitung gleichgesetzt werden kann. Unter lokaler Kommunikation soll hier die Überbrückung von unterschiedlichen Distanzen zwischen Menschen mittels materieller und symbolischer Interaktion verstanden werden. Sie findet innerhalb eines bestimmbaren geographischen Raumes statt und konstituiert diesen als Handlungs- und Erlebnisraum. Lokalkommunikation weist somit einen Raumbezug und ebenso einen spezifischen – für soziale Gruppen unterschiedlichen – Sozialbezug auf. Lokale Kommunikation ist von unvermittelter, nicht-medialer und vermittelter, medialer Kommunikation gleichermaßen geprägt.

Der lokale Kommunikationsraum ist als ein offenes soziales System aufzufassen, das vielfältige territoriale Bezüge aufweist.[22] So wird die Vorstellung vom lokalen Kommunikationsraum durch verwaltungsmäßige Grenzen und durch mediale Angebote mitbestimmt, und die Formen, die Inhalte und die Intensität der personalen Kommunikation sind in Abhängigkeit von diesen Rahmenbedingungen zu sehen. Die genannten Rahmenbedingungen sind natürlich je nach Gemeinde höchst unterschiedlich. So wenig in der Bundesrepublik Deutschland von einer »Einheitsgemeinde« ausgegangen werden kann, so wenig kann von der Lokalkommunikation in den Gemeinden der Bundesrepublik gesprochen werden. Die Unterschiede zwischen Stadt und Land sind, trotz aller Angleichungstendenzen, nach wie vor existent. Das trifft vor allem auf die Formen und die Intensität der unvermittelten Kommunikation zu.

Mit Blick auf die politische Kommunikation ist allerdings generell der dominante Einfluß der Medien von Bedeutung, insbesondere bei der Festlegung der Themen für die öffentliche Kommunikation (»Thematisierungsfunktion«) und hinsichtlich der Strukturierung lokalpolitischer Meinungs- und Willensbildungsprozesse. Auch auf der lokalen Politikebene ist von relativ komplexen und nur z. T. in ihrer Gesamtheit von allen Bürgern gleichermaßen noch zu überschauenden politischen Situationen auszugehen. Zum Kernproblem der lokalpolitischen Kommunikation gehört, daß selbst in kleineren Kommunen die meisten Vorgänge den eigenen Erfahrungen und unmittelbaren Wahrnehmungen der Bürger weitgehend entzogen sind.[23] Politikdifferenzierung

---

21 Grundlegend Ulrich Saxer, Lokale Kommunikation – Anspruch und Realität. Bilanz der Forschung, in: Media Perspektiven, (1987) 5, S. 367–379.

22 Vgl. die frühe Arbeit von Franz Ronneberger/Heinz-Werner Stuiber, Lokale Kommunikation und Pressemonopol, in: Elisabeth Noelle-Neumann/dies., Streitpunkt lokales Pressemonopol, Düsseldorf 1976, S. 59–168; vgl. ferner Heinz-Werner Stuiber, Der Leser in der Provinz. Kommunikationsstrukturelle Bedingungen im Beziehungszusammenhang Leser – Tagespresse, in: Wolfgang R. Langenbucher (Hrsg.), Lokalkommunikation, München 1978, S. 145–153 sowie Will Teichert, Die Region als publizistische Aufgabe. Ursachen, Fallstudien, Befunde, Hamburg 1982 und Otfried Jarren, Ländlicher Lokalismus durch Massenkommunikation? Daten und Anmerkungen über ländliche Kommunikationsverhältnisse, in: Klaus M. Schmals/Rüdiger Voigt (Hrsg.), Krise ländlicher Lebenswelten. Analysen, Erklärungsansätze und Lösungsperspektiven, Frankfurt a. M./New York 1986, S. 297–319.

23 Vgl. Herbert Schneider, Kommunalpolitik auf dem Lande, München 1991.

und soziokulturelle Ausdifferenzierung auf der lokalen Ebene bedingen, daß es heute weniger als früher politische Themen gibt, die von der Mehrzahl der Bürger zur gleichen Zeit und im gleichen Umfang als zentrale Themen angesehen und akzeptiert werden. Eine wachsende Zahl lokaler Probleme oder Entscheidungen berührt die Bürgerschaft eben nicht mehr in ihrer Gesamtheit, sondern allenfalls bestimmte Gruppen.

Die auch auf lokalpolitischer Ebene relativ große Zahl der an politischen Prozessen beteiligten Akteure oder von politischen Entscheidungen betroffenen Bürger und deren räumliche, zeitliche und soziale Trennung machen es erforderlich, politische Kommunikationsprozesse zu organisieren. So erleichtert zwar die räumliche Nähe die unvermittelte Kommunikation bei der Formulierung von Interessen oder bei der Vermittlung von politischen Entscheidungen, doch sind die Chancen zu einer »all-channel-communication« begrenzt. Auch die lokalen Institutionen – also Parteiorganisationen, Verbände, Vereine oder Bürgerinitiativen – können allenfalls punktuell und bezogen auf Partialziele politische Kommunikationsprozesse in Gang setzen. Lokalkommunikation als die Beteiligung aller an den öffentlichen Angelegenheiten wird zwar vielfach noch in »Sonntagsreden« beschworen, ist als Form der politischen Kommunikation jedoch als ein Mythos anzusehen.

Lokalpolitische Kommunikation wird durch lokale Organisationen ermöglicht und wesentlich strukturiert. Die lokalen Organisationen wirken auf der kommunalen Ebene als Vermittler und Faktoren in der politischen Kommunikation zusammen mit den lokalen Medien an der Herstellung von themen- und sachspezifischen Öffentlichkeiten mit. Sie organisieren und ermöglichen zum einen themenspezifische Formen von Öffentlichkeit, so beispielsweise durch öffentliche Veranstaltungen. Sie wirken zum anderen an der Festlegung von Themen in den Massenmedien mit, indem sie entsprechendes Material zur Verfügung stellen. Da die meisten Organisationen wie politische Parteien jedoch an Bindungsfähigkeit in der Gesellschaft eingebüßt haben, gelingt es ihnen immer weniger, durch eigene Leistungen politische Kommunikationsprozesse auf Dauer zu sichern. Den Medien kommt daher in der modernen Gesellschaft eine ständig steigende Bedeutung zu, weil sie Kontinuität und eine relative Universalität in politischen Prozessen ermöglichen. Ihnen kommt überdies eine dominante Rolle in der lokalpolitischen Kommunikation zu, da ihnen die Vermittlung in politischen Kommunikationsprozessen qua normativer Funktionszuweisung obliegt; und diese Vermittlungsaufgabe wird ihnen von den lokalen Akteuren auch zugeschrieben. Das lokale Massenkommunikationssystem, die lokalen Medien in einer Kommune, können somit als ein Subsystem des lokalen Gesamtsystems Gemeinde begriffen werden. Die lokalen Organisationen orientieren sich in ihren sozialen und kommunikativen Aktivitäten auf die Medien, und die Bürger beziehen ihre Informationen über das lokale Geschehen weitgehend aus den Medien. Zumindest in der politischen Kommunikation kommt daher den Medien eine Schlüsselstellung zu. Die Leistungen der lokalen Medien können nicht abstrakt, sondern nur bezogen auf die real vorhandenen Umwelterwartungen in ihren jeweiligen Kommunikationsräumen empirisch analysiert werden.[24]

---

24   Vgl. dazu: Werner Stofer, Auswirkungen der Alleinstellung auf die publizistische Aussage der Wilhelmshavener Zeitung, Nürnberg 1975; Ulla Meister u. a., Probleme publizistischer Einseitigkeit. Analyse der politischen Berichterstattung der Frankenpost/Hof, Nürnberg 1980; Barbara Koller, Lokalredaktion und Autonomie. Eine Untersuchung in Außenredaktionen regionaler Tageszeitungen, Nürnberg 1981.

3. Lokale Publizistik: Zwischen Anbieterkonzentration und soziokultureller Differenziertheit

a. Strukturen der Lokalzeitungen

Die lokalen Medienmärkte sind zum einen durch ein hohes Maß an Konzentration und zum anderen durch eine publizistische Differenzierung, insbesondere in sublokalen Räumen, gekennzeichnet. Neben den Lokalzeitungen existieren in den meisten Räumen lokale Anzeigenblätter sowie andere Printmedien, in denen auch über lokalpolitische Vorgänge und Ereignisse berichtet wird. Hier ist jedoch ein deutlicher Unterschied zwischen Stadt und Land auszumachen: Vor allem in Großstädten existiert neben den Tageszeitungen ein breites Angebot, während in ländlichen Regionen eine geringere Vielfalt auszumachen ist.

Bei der Beschäftigung mit der Entwicklung der Lokalpresse ist vor allem auf zwei Aspekte besonders hinzuweisen: Auf die Existenz von »Ein-Zeitungs-Kreisen« (Monopolgebiete) und auf die Angebotsstruktur (Zahl der lokalen Zeitungsausgaben, Formen des Angebots in Städten und Gemeinden). Unter demokratietheoretischen Aspekten ist zudem bedeutsam, daß der Lokalzeitungsmarkt stark vermachtet ist, so daß ein Marktzutritt von neuen Wettbewerbern bislang nur in einem einzigen Fall gelang (»die tageszeitung«). Dabei handelt es sich zudem um einen Marktzutritt auf dem überregionalen Tageszeitungsmarkt. Bei allen anderen neuen Tageszeitungen handelt es sich um Gründungen von etablierten Verlagen.[25] Seit den 50er Jahren hat sich die Zahl der »Publizistischen Einheiten« (Redaktionen, die einen kompletten Zeitungsmantel erstellen) wie auch die Zahl der Verlage als Herausgeber von Tageszeitungen fast halbiert. Zugleich ist die Zahl der Monopolgebiete immer größer geworden: Allein in den letzten Jahren ist die Zahl der »Ein-Zeitungs-Kreise« sowie der Zeitungen in Erstanbieterposition wieder gestiegen. Ökonomischer Wettbewerb zwischen Tageszeitungen findet damit immer weniger statt, und die Leser können vielfach zur lokalen Information nur auf eine Zeitung zurückgreifen.

Wie in den alten Bundesländern sind auch in den ostdeutschen Bundesländern wenige Jahre nach der Vereinigung fast alle Neugründungsversuche gescheitert (Einstellung der nach der Wende entstandenen neuen Zeitungen). Dies kann im Ergebnis auf die Verkaufspraxis der Treuhand zurückgeführt werden: Durch den Verkauf der ehemaligen (SED-)Monopolzeitungen an Unternehmen (zumeist: westdeutsche Verlage) wurden zukünftige Wettbewerbsmöglichkeiten von Beginn an beschränkt. Die Politik der Treuhand hatte damit zur Folge, daß die ehemaligen (SED-)Bezirkszeitungen in ihrer Struktur erhalten blieben. Durch die Verkaufspraxis wurden Gebietsmonopole aufrechterhalten, Wettbewerbsmöglichkeiten eingeschränkt und vor allem Marktzutrittschancen für andere Anbieter unmöglich gemacht. Im Ergebnis wurden damit auch die Möglichkeiten für die Realisierung einer relativen publizistischen Angebotsvielfalt vor allem auf der regionalen und lokalen Ebene eingeschränkt.[26] Nicht nur bei den Lokal-, sondern auch bei den Kaufzeitungen ist in Ostdeutschland eine erhebliche Angebotsverringerung auszumachen. Zugleich ist festzustellen, daß es auch nach erfolgten Kommunalreformen in einigen ostdeutschen Bundesländern nicht überall zu Veränderungen in der Angebotsstruktur bei den Ta-

---

25 Vgl. Beiträge in Gerd G. Kopper (Hrsg.), Marktzutritt bei Tageszeitungen – zur Sicherung von Meinungsvielfalt durch Wettbewerb, München/New York/London/Paris 1984.

26 Walter J. Schütz (Anm. 6), S. 325.

geszeitungen kam. Die Verbreitungsgebiete der ostdeutschen Zeitungen sind relativ groß. Für die Herausbildung einer kommunalen Identität bedarf es aber spezifischer medialer Angebotsstrukturen und einer entsprechend differenzierten Berichterstattungspraxis.

Zählten zu Beginn der 70er Jahre nur knapp ein Drittel aller Kreise und kreisfreien Städte zu jenen Gebieten, in denen sich die Bürger nur aus einer Zeitung über das lokale Geschehen informieren konnten, so ist heute bereits über die Hälfte dieser Gebiete zu den von dieser Form der Pressekonzentration betroffenen Räumen zu rechnen. Die Entwicklung betrifft nun nicht nur wirtschaftlich schwächere ländliche Räume, sondern es sind mehr und mehr auch die bundesdeutschen Ballungsgebiete betroffen: So stand 1995 der Bevölkerung in 29 von insgesamt 84 deutschen Großstädten nur eine einzige lokale Abonnementzeitung zur Verfügung. Die Konzentrationstendenz läßt sich auch daran ablesen, daß es zwar in 15 Großstädten zwei lokale Abonnementzeitungen gab, die jedoch aus dem gleichen Verlag stammten. Diese Entwicklung ist deshalb bedenklich, weil die davon betroffene Bevölkerung keine der Tageszeitung vergleichbare alternative mediale Informationsmöglichkeit besitzt. Diese Defizite können durch lokale Anzeigenblätter oder lokale Hörfunkangebote nicht ausgeglichen werden.

In den alten Bundesländern versorgen immer weniger Tageszeitungen mit einer steigenden Auflage immer mehr Leserinnen und Leser. Größere Verbreitungsgebiete führen zu immer höheren Auflagen und – bedingt durch den damit verbundenen Anstieg des Anzeigenaufkommens – zu erhöhten Zeitungsumfängen bei den lokalen Abonnementzeitungen, wobei der Anzeigenteil stärker zunimmt als der redaktionelle Teil. Kleinere Räume finden immer weniger eine hinreichende Berücksichtigung in den Zeitungen, die größere Verbreitungsgebiete abdecken. Dies hat qualitative Folgen: Da viele »Lokal«-Zeitungen mehrere Städte oder Gemeinden zugleich oder sogar ein ganzes Kreisgebiet (Typ »Kreiszeitung« als lokale Angebotsform) versorgen, kann eine hinreichende publizistische Versorgung in kleineren Räumen nicht immer sichergestellt werden.[27] Viele der dortigen Ereignisse können nur noch summarisch journalistisch aufbereitet werden. Der daraus resultierende Zwang zur Abstraktion – verbunden mit einem Darstellungs- und Sprachstil, der wenig Variationsbreite besitzt und formelartige Versatzstücke ständig reproduziert – führt dazu, daß die Bezüge zum politischen Alltag in den Kommunen aus zwei Gründen verlorengehen: Zum einen werden Ereignisse und politische Meinungs- und Willensbildungsprozesse nicht in ihrer Bedingtheit und in ihrem Zusammenhang dargestellt, und weder die chronologischen noch die sachlichen Zusammenhänge in einem hinreichenden Maß hergestellt. Zum anderen kann diese Berichterstattungspraxis den Bürgern keine Handlungsempfehlungen geben.[28] Andererseits ist, zumindest in wirtschaftsstarken Großstädten, ein gegenläufiger Trend auszumachen: So bieten Verlage zunehmend Orts- und Stadtteilausgaben zumindest dort an, wo ein hinreichendes Anzeigenaufkommen zur Verfügung steht.

In den neuen Bundesländern hat sich ein den westdeutschen Verhältnissen vergleichbarer lokal ausdifferenzierter Zeitungsmarkt noch nicht entwickelt. Es ist wohl davon auszugehen, daß die vormalige »Bezirkspresse« zumindest in ihrer Angebotsstruktur erhalten bleibt, denn auch die kommunalen Gebietsreformen haben bislang

---

27 Vgl. dazu Petra E. Dorsch, Lokalkommunikation. Ergebnisse und Defizite der Forschung, in: Publizistik, (1978) 3, S. 189–201.

28 Vgl. Thomas Wilking, Strukturen lokaler Nachrichten. Eine empirische Untersuchung von Text- und Bildberichterstattung, München/New York/London/Paris 1990.

nur marginale Veränderungen in der Angebotsstruktur nach sich gezogen. Diese Entwicklung kann für die Herausbildung einer lokalen Demokratie und kommunalen Identität problematisch sein, weil eben zu wenig auf kleinere Gemeinden publizistisch eingegangen werden kann. Der Konzentrationsprozeß in den ostdeutschen Bundesländern könnte zudem Rückwirkungen auf die westdeutsche Situation haben. »Zum einen erschien es weder akzeptabel noch unvermeidlich, daß die willkürliche Festlegung von Bezirksgrenzen für Monopolorgane der Staatspartei SED durch die neuen Besitzverhältnisse nachträglich bestätigt wird – und die Entstehung der Pressevielfalt verhindert. Die neuen Besitzer haben ihre marktbeherrschende Stellung ja nicht durch Wettbewerb erlangt, sondern profitieren von einer künstlich herbeigeführten Pressekonzentration und vom Zentralismus der Meinungsbildung in der früheren DDR. Zum anderen erscheinen die Strukturen des Pressemarktes in den neuen Bundesländern als unvereinbar mit den Strukturen in den alten Bundesländern. Hier gibt es 350 Zeitungsverlage in den unterschiedlichsten Größen, dort wohl bald nur 20–25 Zeitungsverlage, fast ausschließlich mit sehr hohen Auflagen. Unvereinbarkeit aber bedeutet eine Belastung des inneren Einigungsprozesses, bedeutet auch die Gefahr eines Wiederauflebens des Konzentrationsprozesses in den alten Bundesländern«.[29] Ansätze für presse- oder medienpolitische Korrekturentscheidungen sind in keiner Weise auszumachen.

b. Inhalte der Lokalzeitungen

Durch die sichtbar vorangeschrittene Pressekonzentration in der Bundesrepublik Deutschland mit den Folgen
- Zunahme von »Ein-Zeitungs-Kreisen« (Monopolgebieten);
- Zunahme von Räumen mit eingeschränktem ökonomischem und publizistischem Zeitungswettbewerb (Dominanz einer Zeitung);
- Rückgang an lokalen Teilausgaben;
- relative Vergrößerung von Verbreitungsgebieten, verbunden mit einem Auflagenanstieg von Lokalausgaben, die aber lokale und sublokale Räume weniger berücksichtigen,

besteht an den meisten Orten für die Bürger nicht mehr die Möglichkeit, sich aus verschiedenen, unabhängigen Quellen oder aus einem differenzierten Angebot über lokale Vorgänge zu informieren. Dieser Befund ist vor allem für die lokalpolitischen Informations- und Kommunikationsmöglichkeiten von zentraler Bedeutung. Selbst dort, wo eine Auswahlmöglichkeit zwischen zwei publizistisch konkurrierenden Medien vorhanden ist, bedeutet dies keineswegs, daß eine »alternative« Berichterstattung erfolgt. Beim ökonomischen Wettbewerb kann sich eine Zeitung in Zweitanbieterposition, also eine Zeitung, die sich in einer nachrangigen Wettbewerbsposition befindet, nur insoweit eine »alternative« Berichterstattung leisten, wie die Interessen der potentiellen Anzeigenkunden nicht berührt werden.[30] Die bundesdeutschen Lokalzeitungen finanzieren sich heute bereits zu zwei Dritteln aus den Anzeigenerlösen.

---

29 So Wolfgang Bergsdorf, Einleitung, in: Walter A. Mahle (Hrsg.), Pressemarkt Ost, München 1992, S. 32 f.

30 Grundlegend: Manfred Knoche, Einführung in die Pressekonzentrationsforschung. Theoretische und empirische Grundlagen – Kommunikationspolitische Voraussetzungen, Berlin 1978.

Die aufgezeigte Entwicklung weist somit nicht nur auf eingeschränkte Informationsmöglichkeiten hin und läßt es als fraglich erscheinen, ob insbesondere über die vielfältigen lokalpolitischen Vorgänge umfassend, hinreichend differenziert und kontinuierlich berichtet werden kann, sondern sie ist auch Ursache für eingeschränkte Zugangsmöglichkeiten von politischen und sozialen Gruppen zur Lokalzeitung – und somit zur »kommunalen Öffentlichkeit«. Die Aufrechterhaltung von Zweitzeitungen, die in den 70er Jahren medienpolitisch zumindest diskutiert wurde, beinhaltet also nicht gleichsam automatisch eine größere publizistische Vielfalt. Allerdings ist das Vorhandensein unterschiedlicher Anbieter im Markt zumindest eine notwendige Voraussetzung dafür, daß die Journalisten sich durch die Konkurrenzbeobachtung aufeinander beziehen. Die Möglichkeiten einer wechselseitigen Konkurrenzbeobachtung und eines beruflich-professionellen Austausches mit Kollegen anderer Medien vor Ort sind Tatbestände, die für die Entwicklung und Ausbildung berufskultureller Verständnisse und Normen sowie für die Bildung von professionellen Regeln im Lokaljournalismus nicht ohne Bedeutung sein dürften.

Die vorliegenden empirischen Studien zur Rolle und Funktion der Lokalpresse im Hinblick auf die Qualität der lokalpolitischen Berichterstattung belegen insbesondere:
– eine weitgehend von ökonomischen und politischen Eliten dominierte Lokalberichterstattung[31];
– eine weitgehend oberflächliche, kaum Hintergrund und übergeordnete Zusammenhänge (wie z. B. Formen der Politikverflechtung) berücksichtigende Berichterstattung[32];
– starke Personalisierung in der lokalen Berichterstattung und Vernachlässigung von politischen Strukturfragen[33];
– das Vorherrschen einer in der Tendenz eher kritiklosen und konfliktscheuen Berichterstattung[34];
– keine zur Partizipation anregende Informationsaufbereitung und Informationspräsentation (Darstellungsformen)[35];
– geringe Bereitschaft zur lokalpolitischen Kritik in Form von Kommentaren, Glossen etc.[36];
– Übernahme von Presseinformationen – insbesondere von organisations- und konfliktstarken – lokalen Institutionen ohne Recherche (»Verlautbarungsjournalismus«).[37]

Die lokalen Tageszeitungen haben aufgrund ihrer außerordentlich starken ökonomischen Stellung in den lokalen Märkten und ihrer dominanten Stellung als intermediäre Institution in der »kommunalen Öffentlichkeit« auf den ökonomischen und sozialen Wandel bislang kaum reagieren müssen. Erst in jüngster Zeit zeigen sich Modernisierungsaktivitäten, da die Regional- und Lokalzeitungen bei jüngeren Personen

31 Vgl. Manfred Murck, Macht und Medien in den Kommunen, in: Rundfunk und Fernsehen, (1983) 3/4, S. 370–380; Dieter Wolz, Die Presse und die lokalen Mächte, Düsseldorf 1979, Horst Pöttker, Lokalpresse und demokratische Kultur. Zum Beispiel die Berichterstattung der »Badischen Zeitung« über Hausbesetzungen in Freiburg, in: Medium, (1991) 6, S. 5–10.
32 Vgl. Klaus Arzberger, Bürger und Eliten in der Kommunalpolitik, Stuttgart/Berlin/Köln/ Mainz 1980.
33 Vgl. Befunde in Günther Rager (Anm. 18).
34 Vgl. dazu Josef-Paul Benzinger, Lokalpresse und Macht in der Gemeinde, Nürnberg 1980.
35 Vgl. Theo Rombach, Lokalzeitung und Partizipation am Gemeindeleben, Berlin 1983.
36 Vgl. Norbert Jonscher (Anm. 1), insbes. Kap. 9.
37 Vgl. dazu zusammenfassend Eduard W. P. Grimme, Zwischen Routine und Recherche. Eine Studie über Lokaljournalisten und ihre Informanten, Opladen 1991.

weniger Aufmerksamkeit finden und an Bedeutung verlieren. Zugleich nimmt der intra- und intermediäre Wettbewerb zu: In den lokalen Märkten haben sich im letzten Jahrzehnt zahlreiche Anzeigen- und Offertenblätter etabliert, die ökonomisch und publizistisch zumindest in Teilkonkurrenz zu den Tageszeitungen stehen. Stadtmagazine in Großstädten finden vor allem bei jüngeren Personen Beachtung. Zugleich konkurrieren die Lokalzeitungen als Druckmedien mit zahllosen lokalen wie auch nicht-lokalen elektronischen Medien und deren Angeboten – vom (lokalen) Hörfunk, über das (lokale) Ballungsraumfernsehen bis hin zu Online-Angeboten. Aufgrund der größer werdenden Konkurrenz versuchen sich Regional- und Lokalzeitungen neu im Medienmarkt zu placieren: Dazu gehören Veränderungen im Layout genau so wie die Einführung neuer Themenseiten und Bemühungen zur Verbesserung der Leser-Blatt-Beziehungen durch unterschiedliche Maßnahmen im Rahmen redaktioneller Marketingkonzepte. Zweifellos stehen den regionalen und lokalen Printmedien erhebliche Veränderungen bevor, denn nicht nur die ökonomische Konkurrenz verschärft sich, sondern die Zeitung als Lesemedium insgesamt muß sich behaupten: Bei immer mehr Medienangeboten und neuen interaktiven Möglichkeiten zur gezielten Informationsbeschaffung bei weitgehend gleichbleibender täglicher Mediennutzungszeit auf seiten der Rezipienten wird sich die Konkurrenz um diese Zeitanteile verschärfen.

c. Strukturen und Inhalte anderer lokaler Printmedien

Die Pressekonzentration in den lokalen Märkten hinterließ Lücken und publizistische Defizite. Diese werden, allerdings nur im begrenzten Umfang, von den seit den späten 70er Jahren verstärkt erscheinenden neuen Printmedien ausgeglichen. Bei diesen Medien handelt es sich um Amts- und Gemeindeblätter[38], Anzeigenblätter, Offertenzeitungen, Stadtmagazine, »Alternativzeitungen« und lokale Partei-, Vereins- und Kirchenzeitungen. Dank der Kleinoffset- und Kopiertechnik sowie neuer Satzsysteme (PC) besteht die Möglichkeit, kleinauflagige Printmedien kostengünstig herzustellen. Auf dem lokalen Markt haben sich drei unterschiedliche Medientypen herausgebildet:

c.1 Anzeigen- und werbemarktorientierte Lokalpublizistik

Mit Amts- und Gemeindeblättern, Anzeigenblättern und Offertenzeitungen stehen in vielen Orten regelmäßig erscheinende Publikationen zur Verfügung, die vorrangig aus ökonomischen Gründen verlegt werden. Der lokale Berichterstattungsanteil ist in Amts- und Gemeindeblättern und Anzeigenblättern höchst unterschiedlich. Umfassende empirische Studien über die Inhaltsstruktur dieser Medien liegen nicht vor.[39] Ihr Beitrag zur lokalpolitischen Kommunikation kann, da es an Untersuchungen mangelt, nicht abgeschätzt werden. In den neuen Bundesländern werden zahlreiche, zum Teil journalistisch sehr ambitionierte, Anzeigenblätter herausgegeben. Wie dem

---

38 Vgl. Angaben in Andreas Endres, Strategien kommunaler Öffentlichkeitsarbeit. Mit Bürger und Presse im Kontakt, Stuttgart/München/Hannover 1984.
39 Vgl. dazu Gerd G. Kopper, Anzeigenblätter als Wettbewerbsmedien, München/London/New York/Paris 1991; vgl. Otfried Jarren/Peter Leudts, Tageszeitungen und ihre lokalen Konkurrenten, in: Medium, (1984) 1, S. 19–25; Marlene Wöste, Anzeigenblätter. Überlegungen zu ihrer Expansion und Rolle im Bereich der lokalen Kommunikation, in: Media Perspektiven, (1982) 6, S. 373–383.

auch sei: Anzeigenblätter haben sich ökonomisch und publizistisch zu einem »Riesen« auf den lokalen Märkten entwickelt, was an zwei Vergleichsdaten gezeigt werden soll: Weit über 1 000 Anzeigenblätter erscheinen zur Zeit in Deutschland, und sie erzielen jährlich Netto-Werbeeinnahmen von gut 3 Milliarden DM. Die Netto-Werbeeinnahmen aller deutschen Tageszeitungen betragen gut 10 Milliarden und die Einnahmen aller Fernsehsender liegen derzeit bei 6 Milliarden DM.[40] Vor allem der Titelanstieg sowie die Umsätze im Bereich der Anzeigenblätter sind beeindruckend. Abzuwarten bleibt allerdings, in welchem Umfang Anzeigenblätter zur lokalen Information und Kommunikation beitragen. Ihr Beitrag dürfte jedoch dann steigen, wenn die regionalen und lokalen Tageszeitungen auf den Anzeigen- und Lesermärkten verlieren.

c.2 Lokalpublizistik »alter Gesinnungsgruppen«

Die neuen Produktionstechniken im Printbereich werden von Organisationen wie Kirchengemeinden, Parteiorganisationen, Vereinen oder lokalen Verbänden genutzt, um publizistische Produkte für Mitglieder, Sympathisanten und interessierte Bürger herzustellen (Pfarr- und Gemeindebriefe, lokale Partei-, Verbands- und Vereinszeitungen). Diese Medien dienen zwar vorrangig der Binnenkommunikation der Mitglieder, aber auch der Information und Kommunikation mit der weiteren Klientel. Sie haben damit einen deutlich werbenden Charakter zugunsten der Herausgeberorganisationen. Die organisationsgebundene Publizistik ist ein relativ stabiler Faktor in der lokalen Kommunikation. In der Regel erscheinen diese Zeitungen mindestens vierteljährlich; doch ist ihr Inhaltsspektrum auf bestimmte Themen aus dem lokalen Nahbereich sowie auf Organisationsziele beschränkt.

c.3 Lokalpublizistik »neuer Gesinnungsgruppen«

In den 70er Jahren entstanden zahlreiche – zunächst für bestimmte Räume (z. B. Stadtteile) herausgegebene – Zeitungen und Zeitschriften von Initiativgruppen. Sie bedienten und bedienen sich der Druckmedien, um auf ihre politischen Anliegen aufmerksam zu machen und damit eine Thematisierung in der Lokalpresse und in der Öffentlichkeit zu erreichen. Politisch ambitionierte Gruppen wollen zumeist »Gegenöffentlichkeit« herstellen. Zugleich dienen diese Medien auch der Gewinnung von Sympathisanten. Aus den vielen Initiativ- und Stadtteilgruppen und deren Medien entwickelten sich, und zwar im Zusammenhang mit dem Entstehen übergreifender politischer Organisationsformen wie der Partei der GRÜNEN, neue Formen einer eher überlokalen Publizistik.[41] Im Zuge der Entwicklung und Differenzierung der »Neuen Sozialen Bewegungen« bildeten sich sowohl spezifische Themenmedien als auch allgemeine Publikumsmedien heraus.

Stadtmagazine und lokale Wochenzeitungen entstammen den Initiativgruppen der 70er Jahre, wenden sich heute jedoch – als Neugründungen von kommerziell orientierten Verlagen – an ein allgemeines jugendliches Publikum, das sich weniger konkreten politischen Zielsetzungen, sondern eher generell neuen Wertvorstellungen oder bestimmten kulturellen Zielen verbunden weiß. Lokale Wochenzeitungen existieren heute allerdings kaum noch. Die Medien des politischen oder sozialen Konflikts haben

---

40 Vgl. Zentralausschuß der Werbewirtschaft (Hrsg.), Werbung in Deutschland 1996, Frankfurt a. M. 1996, S. 15.
41 Vgl. Wolfgang Beywl/Hartmut Brombach, Kritische Anmerkungen zur Theorie der Alternativpresse, in: Publizistik, (1982) 4, S. 551–569.

an Bedeutung verloren, während sich ein kleiner »alternativer« Medienmarkt mit zunehmender Konsumorientierung etablieren konnte. Offene Kanäle schließlich sind für politische Kommunikationszwecke nur sehr begrenzt relevant:[42] Zum einen werden in Offenen Kanälen hauptsächlich Unterhaltungssendungen aus dem Musikbereich geboten, nur ein geringer Teil der Beiträge beschäftigt sich mit politischen Themen. Zum anderen sind Offene Kanäle durch die fehlende Strukturierung des Angebotes und qualitative Mängel in der Berichterstattung für die an lokaler politischer Kommunikation interessierten Rezipienten kaum von Interesse. Das einstmals mit den Offenen Kanälen verbundene Ziel, ein Forum für vernachlässigte Gruppen in der politischen Kommunikation zu sein, wurde verfehlt.

Die Medien der »alten« und die der »neuen« Gesinnungsgruppen weisen im Vergleich zur Lokalpresse Gemeinsamkeiten auf, die zur Beurteilung ihrer publizistischen Relevanz von Bedeutung sind: Sie erscheinen unregelmäßig, verfügen zumeist über einen geringen Umfang, und sie sind thematisch häufig beschränkt. Ihre binnenkommunikative Funktion ist höher zu bewerten als ihre Orientierung auf die allgemeine Öffentlichkeit. Die Existenz und Form dieser Lokalpublizistik ist in hohem Maße von den sie tragenden Gruppen oder sogar dem Engagement von Einzelpersonen abhängig. Sie erscheinen zudem überwiegend in Großstädten, weil sie dort ihre soziale Klientel finden – unter Ausnutzung publizistischer Lücken zur Finanzierung der Produkte.[43]

d. Lokalradio: Strukturen und Inhalte

Im Zusammenhang mit der Einführung privaten Rundfunks in Deutschland wurden in einzelnen Bundesländern auch regionale und lokale Hörfunkstationen zugelassen (Baden-Württemberg, Bayern, Nordrhein-Westfalen, Hamburg). Derzeit finden Betriebsversuche mit lokalen nicht-kommerziellen Radios in Niedersachsen statt. Die Rahmenbedingungen für diese Sender sind allerdings, und dies ist für ihre publizistische Leistung relevant, höchst unterschiedlich. So stehen in Baden-Württemberg und Bayern private Radios in ökonomischer und publizistischer Konkurrenz zueinander, während in Nordrhein-Westfalen für Kreise und Städte nur jeweils ein lokales Radio (Monopol) zugelassen wurde. Dort wurde den lokalen Tageszeitungsverlagen vom Gesetzgeber auch ein privilegierter Zugang zur Beteiligung an den Lokalradios ermöglicht. Durch ein anspruchsvolles Regelungsmodell, das die publizistische und ökonomische Aufgabenwahrnehmung des Lokalfunks organisatorisch trennt, wurde in Nordrhein-Westfalen versucht, publizistische und ökonomische Funktionen einerseits zu trennen, andererseits durch einen institutionalisierten Aushandlungsprozeß zu optimieren. Publizistisch ambitionierte Kommunalradios gibt es jedoch kaum; im lokalen Hörfunk dominieren Sender, die den Typen »Boulevard-Radio« oder »Service-Radio« zugeordnet werden können. Hinsichtlich der publizistischen Bedeutung dieser Medien liegen Fallstudien vor.[44]

---

42 Vgl. Otfried Jarren/Thorsten Grothe/Roy Müller, Bürgermedium Offener Kanal, Berlin 1994.

43 Vgl. Heinz Starkulla jr., »Alternativmedien« in der Bundesrepublik Deutschland, in: Hans Wagner (Hrsg.), Idee und Wirklichkeit des Journalismus, München 1988, S. 217–256.

44 Vgl. Ralph Weiß, Zur publizistischen Leistung des Lokalradios, in: Rundfunk und Fernsehen, (1992) 1, S. 40–56; vgl. exemplarisch Uwe Hasebrink/Norbert Waldmann, Inhalte lokaler

Die Lokalradioredaktionen sind zumeist sehr klein. Dies hat im wesentlichen ökonomische Gründe. Es kommen aber auch journalistisch-professionelle Probleme hinzu (u. a. Mangel an journalistischer Professionalität aufgrund unzureichender Ausbildung von Redakteuren; Probleme bei der Informationsbeschaffung), so daß die weitere Entwicklung abzuwarten bleibt, um hinreichend gesicherte Aussagen über die zukünftige Stellung des Lokalfunks in der »kommunalen Öffentlichkeit« und in der lokalpolitischen Kommunikation machen zu können.[45] Einige Studien machen jedoch auf den erheblichen Einfluß von Werbung und PR insbesondere auf die lokalen Hörfunkanbieter aufmerksam.[46]

Um die Möglichkeiten ambitionierter lokaler Hörfunkprogramme dürfte es eher schlecht bestellt sein: Eine Studie über den »Zwei-Säulen-Lokalfunk« in Nordrhein-Westfalen, für den relativ gute ökonomische und publizistische Voraussetzungen gegeben sind, weist auf gravierende journalistische Qualitätsmängel, insbesondere hinsichtlich der Recherche, hin.[47] Und Analysen über das inhaltliche Angebot der Lokalradios zeigen: Die lokalen Berichterstattungsanteile im Lokalfunk sind nur sehr gering. In Nordrhein-Westfalen sank der Anteil des lokalen redaktionellen Wortprogramms am Gesamtprogramm seit 1991 kontinuierlich ab. 1994 bestanden nur rund 18 Prozent des Gesamtprogramms bzw. 49 Prozent des Wortprogramms aus lokal produzierten redaktionellen Wortbeiträgen.[48]

Bei den Themensetzungen orientieren sich Redaktionen im Kern auf das Spektrum der lokalen Tageszeitungen.[49] Sie sind zudem im Prozeß der Meinungsbildung weniger relevant: Meinungstendenzen kommen in den Radiosendungen im deutlich schwächeren Ausmaß als bei Lokalzeitungen zum Tragen. Inhaltsanalytische Untersuchungen zeigen, daß selbst unter optimalen Bedingungen (z. B. bei einer Monopolsituation eines lokalen Radios) der Unterhaltungsanteil im gesamten Wortbereich sehr hoch ist: »Die Unterhaltsamkeit ist demnach eine relevante, teils sogar vorherrschende Thematisierungsweise, wenn es um das lokale Leben geht«.[50]

Fallstudien belegen, daß lokalpolitische Themen beim Lokalfunk, zumindest unter Konkurrenzbedingungen, vielfach einen hinteren Rang belegen. Darüber hinaus kommen in den wenigen lokalpolitischen Beiträgen überwiegend Angehörige der Elite zu Wort. Der Hörfunk zeichnet lokalpolitische Prozesse nicht nach: Die Berichterstattungspraxis ist an aktuellen Vorgängen orientiert, und sie trägt nicht zur Einordnung von Entscheidungen bei. Langfristige Themen, Strukturfragen (z. B.

Medien, Düsseldorf 1988; Winfried Schulz/Helmut Scherer, Die Programme der Lokalradios im Raum Nürnberg, München 1989; Rainer Mathes, Programmstruktur und Informationsangebote privater Hörfunksender in Baden-Württemberg, Stuttgart 1990; Günther Rager/ Petra Werner/Bernd Weber, Arbeitsplatz Lokalradio. Journalisten im lokalen Hörfunk in Nordrhein-Westfalen, Opladen 1992.

45 Vgl. Otfried Jarren/Patrick Donges, Keine Zeit für Politik? Berlin 1996.
46 Vgl. Marlene Wöste, Programmquellen privater Radios in Deutschland. Rahmenprogramme, Beitragsanbieter und PR-Audioagenturen, in: Media Perspektiven, (1991) 9, S. 561–569.
47 Vgl. Sigrun Müller-Gerbes/Günther Rager/Petra Werner, Keine Zeit – und was noch nicht? Untersuchungen zur Recherche beim Rundfunk in Nordrhein-Westfalen, in: Medium, (1992) 2, S. 46–48.
48 Vgl. Landesanstalt für Rundfunk Nordrhein-Westfalen (Hrsg.), Lokalfunk 2000 in Nordrhein-Westfalen. Düsseldorf 1996, S. 17–21.
49 Vgl. dazu Kurt R. Hesse, Das politische Informationsangebot im Hörfunk: Ergebnisse von Programm-Inhaltsanalysen, in: Otfried Jarren (Hrsg.), Politische Kommunikation in Hörfunk und Fernsehen, Opladen 1994, S. 149–156.
50 Ralph Weiß/Werner Rudolph (Anm. 10), S. 263.

kommunale Haushaltsentwicklung) oder Probleme der Politikverflechtung werden in den Printmedien differenzierter dargestellt und analysiert. Eine Rezeptionsstudie zeigte für den Lokalfunk in Nordrhein-Westfalen, daß das lokale Radio für die meisten seiner Hörer hinsichtlich lokaler Information und Orientierung nur eine ergänzende Funktion besitzt. Sieht man von Meldungen aus dem Servicebereich ab, so sind den Lokalfunkrezipienten andere Quellen, vor allem die regionale oder lokale Tageszeitung, bedeutsamer.[51]

e. Ballungsraumfernsehen

Seit einigen Jahren sind in einigen bundesdeutschen Großstädten regionale Fernsehsender in Betrieb. Über diese Sender liegen, bezogen auf die publizistische Leistung, bislang nur wenige Fallstudien vor. Es ist allerdings davon auszugehen, daß Ballungsraumfernsehen nur in ausgewählten Regionen in Deutschland allein aufgrund der hohen Kosten und relativ geringen Möglichkeiten zur Werbefinanzierung möglich ist. Und ob diese Fernsehangebote einen nennenswerten Beitrag zur lokalen Information und Kommunikation zu leisten vermögen, das ist zu bezweifeln.[52] So kommt Trebbe in seiner Studie, bezogen auf das lokale Fernsehen, zu dem Ergebnis, daß die Nachrichten vom Sendeformat geprägt und besonders kurz und faktenorientiert sind. »Unter der begrenzten Sendezeit leidet vor allem die Informationsbreite der behandelten Themen. Die Vermittlung singulärer Information steht im Mittelpunkt«.[53]

In den neuen Bundesländern entstanden kleine Lokalfernsehstationen, die ihre Programme in lokale Kabelnetze einspeisen. Während in Thüringen, Sachsen-Anhalt und Mecklenburg-Vorpommern nur Kabeltextangebote zugelassen sind, werden in Brandenburg und Sachsen auch Bewegtbilder angeboten. Zumeist werden von vorwiegend ehrenamtlichen Mitarbeitern kurze aktuelle Programmbeiträge produziert, die dann in einer Schleife wiederholt werden. Über die Angebotsstruktur dieses ostdeutschen Stadtfernsehens liegen bislang nur wenig Erkenntnisse vor, über Akzeptanz und Nutzung keine.[54]

Die bislang vorliegenden Studien zeigen, daß die elektronischen Medien im lokalen Raum vor allem von den lokalen Institutionen und den Angehörigen der lokalen Elite genutzt werden, um eine gezielte Öffentlichkeitsarbeit zu betreiben. Die Existenz elektronischer Medien im lokalen Raum leistet somit unter Umständen einerseits einer Mediatisierung der Politik auf der lokalen Ebene Vorschub und verstärkt damit die Möglichkeiten für Formen der »symbolischen Politik« (Ulrich Sarcinelli). Andererseits erzwingen Hörfunk und Fernsehen – zumindest unter bestimmten Voraussetzungen – partiell eine offenere Informationspolitik der lokalen Institutionen und erhöhen damit den Begründungszwang für einzelne Maßnahmen oder für einzelne Akteure. Diese

51 Vgl. Tibor Kliment, Mein Radio, meine Heimat? Rezeptionsansprüche der Hörerschaften des Lokalradios und des öffentlich-rechtlichen Hörfunks in Nordrhein-Westfalen, in: Rundfunk und Fernsehen, (1996) 4, S. 499–530, hier S. 521.

52 Vgl. Marlene Wöste, Ballungsraumfernsehen – Rentabilität und publizistische Leistungsfähigkeit fraglich, in: Media Perspektiven, (1996) 5, S. 266–281.

53 Joachim Trebbe (Anm. 10), S. 253.

54 Vgl. Edith Spielhagen, Statt Fernsehen – Stadtfernsehen. Lokale TV-Kanäle in Brandenburg – eine Untersuchung von 15 in Brandenburger Kabelnetzen veranstalteten Stadtkanalprogrammen, Berlin 1996.

Entwicklung sollte empirisch weiter untersucht werden, und zwar vorrangig unter dem demokratietheoretischen Aspekt, ob die lokale Elite mit Hilfe der elektronischen Medien bestehende Informations- und Kommunikationsvorteile (weiter) ausbauen kann.[55] Für diese – problematische – Entwicklung spricht vieles.

4. Elektronisierung der »kommunalen Öffentlichkeit«? – Schlußbemerkung

Die »kommunale Öffentlichkeit«, das intermediäre Vermittlungssystem in den Kommunen, befindet sich im Wandel: Traditionelle Medien und Vermittlungswege und -formen, weitgehend von den lokalen Tageszeitungen geprägt, verlieren offenkundig an Bedeutung. Neue Printmedien, in Form von Zielgruppen-Medien und neue elektronische (Massen-)Medien erweitern potentiell die Informations- und Kommunikationsmöglichkeiten im lokalen Raum. Weitere Medien schaffen nicht nur neue Zugänge bzw. Artikulationsmöglichkeiten für bestimmte Eliten oder Bevölkerungsgruppen, sondern sie können prinzipiell auch neue Kommunikationsforen realisieren und abbilden. Das vor allem dann, wenn interaktive Medien stärker als bislang zur Verfügung stehen und genutzt werden. Zerfällt die »kommunale Öffentlichkeit« dann noch weiter oder ergeben sich neue Formen der Beteiligung wie auch der Integration durch elektronische Kommunikationsformen? Über diese Veränderungen wissen wir wenig, da es sowohl an konzeptionellen Überlegungen als auch an entsprechenden empirischen Studien mangelt. Vor allem der Mangel an kommunikationspolitischen Konzeptionen für die Entwicklung auf kommunaler Ebene ist auffällig, denn erst jetzt wird technisch das Realität, was in den 70er und 80er Jahren vielfach unter dem Stichwort »Neue Medien und Kommunen« – zumeist spekulativ – angedacht wurde. Es scheint an der Zeit, diese Diskussion wieder zu eröffnen.

---

55 Vgl. Otfried Jarren, Lokaler Rundfunk und »Politische Kultur«. Auswirkungen lokaler elektronischer Medienangebote auf Institutionen und institutionelles Handeln, in: Publizistik, (1989) 4, S. 424–436.

Kapitel 4:
Kommunen, Staat und Europa

JOCHEN DIECKMANN

Die Städte im Bundesstaat

»Die Gemeinden sind die Grundlage des demokratischen Staatsaufbaus.« So heißt es in fast allen Gemeindeordnungen der Bundesländer. Mit gespielter Bescheidenheit und leicht kokett sprechen manche in der Kommunalpolitik von den »höheren politischen Ebenen«, wenn sie Bund und Land meinen. Eine solche Formulierung verstellt die Erinnerung daran, daß Wahlen auf der kommunalen Ebene den allgemeinen Wahlgrundsätzen im gleichen Maße folgen wie dies bei Bundes- und Landtagswahlen der Fall ist. Mandatsträger in den Städten, Gemeinden und Kreisen sind durch diese Wahlen in gleichem Maße demokratisch legitimiert wie ihre Kolleginnen und Kollegen auf den vermeintlich »höheren« Ebenen. Selbstbewußt heißt es deshalb gelegentlich auch: »Wir haben doch die gleiche Wählerschaft . . .«

Und dennoch: In dem Kräftespiel zwischen Bund und Ländern, das der Bundesrepublik Deutschland als Bundesstaat eigen ist, haben die Städte, Gemeinden und Kreise eine eigenartige Stellung, wie im folgenden gezeigt werden soll. Die Darstellung konzentriert sich zunächst auf die rechtliche Stellung der Kommunen (1.), geht dann auf ihre politische Rolle ein (2.) und wendet sich schließlich der Frage zu, welche Verbindungen es zwischen Bundes-, Landes- und Kommunalpolitik in personeller Hinsicht gibt (3.).

1. Rechtliche Stellung der Städte

Die Kommunen sind Teil der staatlichen Ordnung, an der sie teilhaben, der sie aber auch unterworfen sind.

a. Dualistischer Staatsaufbau

Nach dem Grundgesetz ist die Bundesrepublik Deutschland ein zweigliedriger Staat, der aus dem Bund und den Ländern gebildet wird. Dieser dualistische Staatsaufbau liegt der Regelung in Art. 30 GG zugrunde, wonach Hoheitsrechte und staatliche Befugnisse für den Regelfall den Ländern zugesprochen werden, es sei denn, das Grundgesetz weist sie ausdrücklich dem Bund zu. Dieses Regel-Ausnahme-Verhältnis wird durch eine Vielzahl von grundgesetzlichen Bestimmungen konkretisiert, die allerdings für Gesetzgebung und Verwaltung voneinander abweichen:

292

Die Gesetzgebungskompetenz ist nach Art. 72 GG ebenfalls in einem Regel-Ausnahme-Verhältnis verteilt; sie liegt bei den Ländern, sofern nicht ein Bedürfnis für eine bundeseinheitliche Regelung besteht oder eine Bundeszuständigkeit ausdrücklich begründet ist (Art. 74). Demgegenüber ist die Verwaltung nach Art. 83 f. GG in anderer Form geordnet: Bundesgesetze werden von den Ländern als eigene Angelegenheit vollzogen, es sei denn, das Grundgesetz bestimmt etwas anderes; das Grundgesetz kann bestimmen, daß die Länder Bundesgesetze im Auftrag des Bundes durchführen (Art. 85 GG) oder der Bund die Gesetze mit seiner eigenen Verwaltung ausführt (Art. 86 GG). Landesgesetze werden immer von der Verwaltung der Länder ausgeführt; dazu zählen auch die Kommunen.

Zusammengefaßt heißt das: Die Bundesrepublik hat einen zweistufigen Staatsaufbau und einen dreistufigen Verwaltungsaufbau.[1] Dabei klaffen Gesetzgebungs- und Ausführungszuständigkeit auseinander. Der Bund kann also Gesetze machen, ohne deren Folgen zu spüren, da er an der Ausführung nicht beteiligt ist.[2]

Die Städte, Gemeinden und Kreise werden dabei als Trägerinnen der Selbstverwaltung stets den Ländern zugeordnet.[3] Unmittelbare Rechtsbeziehungen zwischen Bund und Kommunen gibt es grundsätzlich nicht. Dem Bund ist es auch grundsätzlich versagt, Organisationsentscheidungen innerhalb der Länder zu treffen. Ob und welche Aufgaben auf die Kommunen übertragen werden, entscheiden die Länder. Ausnahmen hat das Bundesverfassungsgericht nur dort zugelassen, wo sich aus dem Sachzusammenhang ergibt, daß eine gleichzeitige Regelung der Zuständigkeit sachgerecht ist. Für zulässig hält das Bundesverfassungsgericht[4] z. B. die vom Bund im Städtebaurecht getroffene Entscheidung, die Flächennutzungsplanung der Gemeinde zu übertragen (§ 2 BauGB).

b. Art. 28 GG: Garantie der Kommunalen Selbstverwaltung

Der Grundsatz der kommunalen Selbstverwaltung ergänzt und durchbricht die beschriebene Zweiteilung. Gelegentlich ist im kommunalen Raum gefordert worden, für eine Entwicklung zu einem dreistufigen Staatsaufbau (Bund-Länder-Kommunen) einzutreten. Wenn diese Überlegung gegenwärtig nicht mehr so nachdrücklich verfolgt wird, wie dies gegenüber der Enquetekommission Verfassungsreform des Deutschen Bundestages 1973–1977 geschah (in deren Abschlußbericht diese Forderung dann klar abgelehnt wurde[5]), so hat dies verschiedene Gründe:

Ebensowenig wie vor zwanzig Jahren hat diese Forderung heute Chancen auf Verwirklichung. Sie würde, wenn ihr denn gefolgt würde, eine umfassende verfassungs-

---

1 Friedrich Schoch/Jürgen Wieland, Finanzierungsverantwortung für gesetzgeberisch veranlaßte kommunale Aufgaben, Baden-Baden, 1995, S. 93/94 mit weiteren Nachweisen
2 Friedrich Schoch/Jürgen Wieland, Anm. 1, S. 57; siehe dazu auch unten unter 1.b.4: Konnexität.
3 BVerfGE 39, 96 (109).
4 BVerfGE 77, 288.
5 Die darin liegende »Vollföderalisierung« würde die bundesstaatliche Ordnung »substantiell umgestalten«. Abschlußbericht Beratungen und Empfehlungen zur Verfassungsreform, hrsg. vom Presse- und Informationszentrum des Bundestages, Band II (Zur Sache 2/77), S. 215 ff., 223; s. auch Hellmut Wollmann: Kommunalvertretungen: Verwaltungsorgane oder Parlamente? In diesem Band.

rechtliche und -politische Prüfung zur Folge haben müssen, was wegen der damit verbundenen Auseinandersetzungen (es geht ja um einiges an Einfluß) nicht nur die Atmosphäre zwischen Kommunen einerseits und Bund und Ländern andererseits massiv belasten würde, sondern auch erhebliche Zeit in Anspruch nehmen würde, eine Zeit, die besser für andere inhaltliche und damit drängendere kommunale Anliegen und Sorgen investiert wird. Im übrigen gilt nach wie vor: die Interessen der Kommunen können auch im zweistufigen Staatsaufbau angemessen berücksichtigt werden, wenn die bestehenden Regeln beachtet werden!

b.1 Inhalt des Art. 28 GG

Kommunale Selbstverwaltung umfaßt das Recht, alle Angelegenheiten der örtlichen Gemeinschaft[6] im Rahmen der Gesetze in eigener Verantwortung zu regeln. Rechtlich handelt es sich dabei um eine institutionelle Garantie: geschützt ist also nicht der Bestand der einzelnen Stadt, der Gemeinde oder des Kreises, sondern das Prinzip, daß Parlamente und Regierungen in Bund und Ländern nicht in Entscheidungen der Kommunen eingreifen dürfen.

Die Garantie verhindert, daß den Kommunen Aufgaben entzogen werden; sie schützt auch nach neuerer Auffassung davor, daß sie mit Aufgaben derart belastet werden, daß sie ihnen nicht mehr hinreichend nachkommen können.

Die Gewährleistung der kommunalen Selbstverwaltung umfaßt auch die finanzielle Eigenverantwortung (Art. 28 Abs. 3 Satz 3 GG).[7] Damit wird klargestellt, daß die Finanzausstattung sich an den örtlichen Aufgaben zu orientieren hat – und nicht umgekehrt.[8] Hinzugetreten ist vor kurzem die Garantie einer wirtschaftsbezogenen Realsteuer (Gewerbesteuer).[9]

b.2 Rechtsschutz der Kommunen

Mit der verfassungsrechtlichen Gewährleistung haben die Städte, Gemeinden und Kreise eine eigene unentziehbare, wenn auch nicht uneingeschränkte (»im Rahmen der Gesetze«) Rechtsposition. Kommunale Selbstverwaltung ist – anders als in der Weimarer Reichsverfassung – nicht als Grundrecht ausgestaltet, sondern eine institutionelle Garantie. Dennoch kann eine einzelne Kommune ein Grundrechtsträger Verfassungsbeschwerde einlegen (Art. 93 Abs. 1 Nr. 4a GG), anders als der einzelne Bürger kann sie sich auch gegen ein Gesetz wenden. Sie ist dabei nicht auf die Rüge beschränkt, Art. 28 GG sei verletzt, sondern kann auch andere verfassungsrechtliche Mängel geltend machen: gerügt werden kann in diesem Zusammenhang, daß der Bund keine Gesetzgebungskompetenz habe, wie dies z. B. beim Rechtsanspruch auf Kindergartenplatz (§ 24 KJHG) oder beim Ausschluß des Wegerechts im Telekommunikationsgesetz (§ 49 TKG) von einigen vertreten wird.[10]

---

6 Anschauliche Aufzählung in der Verfassung des Freistaates Bayern, Art. 83.
7 Zu den Grenzen dieser Ergänzung Jochen Dieckmann in: NwVwBl. 1996, S. 409 ff., 413; Friedhelm Hufen, Aufgabenentzug durch Aufgabenüberlastung, in: Christof Wolff/Gunnar Schwarting, Festschrift 50 Jahre Städtetag Rheinland-Pfalz (1997), S. 149.
8 Friedhelm Hufen, Anm. 6, S. 149; noch offen gelassen in BVerfGE 83, 363 (386).
9 In Art. 28 Abs. 2 Satz 3 GG wurde ergänzt: »...zu diesen Grundlagen gehört eine den Gemeinden zustehende wirtschaftskraftbezogene und mit Hebesatzrecht ausgestattete Steuerquelle«; BT-Drs. 13/8340).
10 Püttner, Günter: Telekommunikation und gemeinschaftliches Wegerecht, Archiv für Post und Telekommunikation, 4/1996, S. 307–317; Isensee, Joseph: Der Rechtsanspruch auf einen

b.3 Teilhabe an der Staatsgewalt

Die Kommunen üben auch Staatsgewalt aus. In ihrem Gebiet ist die Kommune, soweit die Gesetze nicht ausdrücklich etwas anderes bestimmen, ausschließliche und eigenverantwortliche Trägerin der öffentlichen Verwaltung; dort stehen ihr insbesondere die Satzungs-, Finanz- und Planungshoheit zu. Neben Aufgaben des eigenen Wirkungskreises (Selbstverwaltungsaufgaben sind z. B. Jugendhilfe, Straßenbau, Abfallbeseitigung, Kultureinrichtungen) führen die Städte, Gemeinden und Kreise die ihnen zunehmend von Bund und Ländern übertragenen Aufgaben (z. B. Meldewesen, Ausländerrecht) aus. Der Staat, der sie an der Ausübung der Staatsgewalt beteiligt, behält sich dafür eine gewisse Kontrolle über die Aufgabenerfüllung vor (Staatsaufsicht). Da die Kommunen öffentliche, vom Staat abgeleitete Hoheitsgewalt ausüben, müssen sie sich jedenfalls grundsätzlich dieser Staatsaufsicht stellen. Aus der staatsrechtlichen Zuordnung der Städte zu den Ländern ergibt sich, daß die Staatsaufsicht ganz überwiegend durch die Länder wahrgenommen wird. Der Bund ist nur insoweit zur Aufsicht berufen, als er verpflichtet ist, die verfassungsgemäße Staatsaufsicht durch die Länder zu gewährleisten (Art. 28 Abs. 3 GG). Die Aufsicht der Länder beschränkt sich bei den Selbstverwaltungsangelegenheiten – wenigstens in der Theorie – auf eine reine Rechtmäßigkeitskontrolle, sonst ist auch eine Zweckmäßigkeitsprüfung zulässig.

Im Bereich der raumstrukturellen Planung hat der Ordnungsanspruch des Staates eine besondere Ausgestaltung gefunden: der Anspruch der Raumordnung des Bundes und der Landesplanung gegenüber der kommunalen Bauleitplanung wird dadurch eingeschränkt, daß die »höheren« Planungsebenen gehalten sind, die Ergebnisse der kommunalen Bauleitplanung bei der Ordnung der Gesamträume zu berücksichtigen. Diese wechselseitige Beeinflussung, die durch Organisation und Verfahren der verschiedenen Planungsstufen gesichert wird, kennt kein Entweder-Oder, sondern zielt auf einen Ausgleich der Ordnung »von oben« und »von unten« (sog. Gegenstromprinzip).

b.4 Finanzverfassungsrecht

Zweistufigkeit

Auch für die Finanzverfassung (vgl hierzu die Beiträge von Hanns Karrenberg/Engelbert Münstermann, Monika Kuban und Hubert Meyer in diesem Band) gilt: die Bundesrepublik ist zweigliedrig aufgebaut; die Kommunen werden den Ländern zugerechnet. Die Finanzkraft einer Kommune muß sich das jeweilige Land zurechnen lassen (Art. 106 Abs. 9 GG, s. auch Art. 106 Abs. 7).

Der Bund beeinflußt durch seine Gesetzgebung die kommunale Finanzausstattung erheblich. Den Kommunen stehen u. a. Anteile an der Einkommen (Lohn-)Steuer und demnächst der Umsatzsteuer zu. Unmittelbare Finanzbeziehungen zwischen den Kommunen und dem Bund gibt es aber nicht.[11] Das bedeutet in der Praxis, daß z. B. der Einkommen-(und Lohnsteuer-)anteil, der den Kommunen nach Art. 106 Abs. 5 GG zusteht, von den Ländern an sie »weitergeleitet« wird. Gleiches gilt in Zukunft, wenn den Kommunen der Anteil von 2,2 % an der Umsatzsteuer weitergegeben wird.

Kindergartenplatz. Ein Verfassungsproblem des Bundesstaates und der kommunalen Selbstverwaltung, DVBl 1995, S. 1–9.

11 Eine Ausnahme macht Art. 106 Abs. 8 GG für Leistungen des Bundes an Städte mit Bundeseinrichtungen wie Garnisonen und – in analoger Anwendung – die Bundeshauptstadt.

Eine weitere finanzielle Einbeziehung der kommunalen Ebene findet sich in einigen Tatbeständen der sog. Mischfinanzierung. Dazu zählen im wesentlichen die Stadterneuerung und die Gemeindeverkehrsfinanzierung.

Ausnahmen hat es auch im Zusammenhang mit dem Einigungsprozeß gegeben: Im Rahmen des Einigungsprozesses war der Bund gefordert, stärker Verantwortung zu übernehmen, als dies nach der bisherigen Verfassungsrechtslage und -wirklichkeit der Fall war. In einzelnen Jahren hat der Bund mit einer Investitionspauschale unmittelbar die ostdeutschen Städte, Gemeinden und Kreise gefördert.

Seinerzeit wurde auch durch Bundesrecht die finanzielle Beteiligung der westdeutschen Kommunen an der Finanzierung des Fonds Deutsche Einheit geregelt. Zugleich wurden Bestimmungen über die finanzielle Beteiligung der ostdeutschen Kommunen am Aufkommen dieses Fonds getroffen. Der Nutzen dieser unmittelbar geregelten Beteiligung erwies sich in vollem Umfang erst nach den Neuregelungen im Solidarpakt 1993, da seither kein direkter Anspruch der ostdeutschen Kommunen gegen ihren jeweiligen Landesfinanzminister auf eine konkrete Summe besteht; ohne Erfolg beklagen die ostdeutschen Kommunen seither, daß ihnen namhafte Summen dabei vorenthalten werden.[12]

Garantenstellung der Länder

Aus der Zweigliedrigkeit auch der Finanzverfassung folgt, daß ein Anspruch der Städte, Gemeinden und Kreise auf angemessene Finanzausstattung sich nur gegen die Länder richtet. Diesen wird insoweit eine Garantenstellung zugesprochen. Mit diesem Rückgriff auf einen strafrechtlichen Begriff soll die Verpflichtung beschrieben werden, für die Kommunen des Landes »einzustehen«.

Diese Garantenstellung umfaßt aber – rechtlich gesehen – nur die Verpflichtung, die angemessene Finanzausstattung der Städte, Gemeiden und Kreise ihres Landes zu sichern. Dies ist Aufgabe des kommunalen Finanzausgleichs, wie er in jedem Land jährlich in Gesetzesform ausgestaltet wird. Diese »vertikale« Funktion der kommunalen Finanzausgleiche tritt neben ihre »horizontale« Funktion des Ausgleichs zwischen den Kommunen des Landes; auch die »vertikale« Funktion« ist bei der Dotierung des Finanzausgleichs zu berücksichtigen.[13] Dem kommt gerade in den neuen Ländern hohe Bedeutung zu. Denn dort haben die Kommunen erst etwa ein Drittel der Steuerkraft erreicht, über die die westdeutschen Kommunen verfügen. Mindestens auf mittlere Sicht werden die ostdeutschen Kommunen deshalb noch »am Tropf« der Zuweisungen vor allem der Länder hängen.[14]

Der wichtigen Aufgabe, die vertikale Funktion des Finanzausgleichs abzusichern, werden die Landesverfassungen nur sehr unterschiedlich gerecht. Formulierungen wie »angemessen« (Brandenburg, Saarland, Sachsen-Anhalt), »Anteil an Steuereinnahmen« (Brandenburg), »Berücksichtigung der Aufgaben des Landes« oder »im Rahmen seiner Leistungsfähigkeit« (Niedersachsen, Nordrhein-Westfalen) zeigen mit

---

12 Zur Problematik ausführlich Hanns Karrenberg/Engelbert Münstermann, Gemeindefinanzbericht 1995, in: der städtetag, (1995), S. 115 ff., 191.

13 Zur vertikalen Funktion der kommunalen Finanzausgleiche Engelbert Münstermann, Kommunaler Finanzausgleich in den Bundesländern, in ZKF 1988, S. 74, S. 102 f.; Hubert Meyer, Kommunaler Finanzausgleich – Verfassungsrechtliche Determinanten und gesetzgeberische Handlungsspielräume, in: ZG 1996, S. 165 ff.; Raimund Wimmer, Wieviel Geld schulden die Länder den Kommunen? In: der städtetag, (1996), S. 678 ff.

14 Hanns Karrenberg/Engelbert Münstermann, Gemeindefinanzbericht des DST 1996, S. 162 ff.

296

ihren Relativierungen, daß die Länder sich hier Freiräume erhalten. Aus der Natur der Sache ergibt sich aber ein gewichtiger Vorbehalt gegen nur rechtliche Annäherungen. Es geht hier um zentrale Fragen der Finanzpolitik des jeweiligen Landes. Wer sich nicht dem Vorwurf aussetzen will, einer gewissen Scheinrationalität das Wort zu reden, muß akzeptieren, daß es dabei einen deutlichen Primat der Politik gibt. Die rechtlichen Möglichkeiten dürfen deshalb nicht überschätzt werden.

Für die politische Debatte auf Bundesebene erwächst daraus das Argument, der Bundesrat als Vertretung der Länder müsse gegenüber einer kommunalunfreundlichen oder -fernen Gesetzgebung des Bundestages für die Interessen der Kommunen einstehen. Ein über das Politische hinausgehender Anspruch rechtlicher Art – etwa gegen den Bundesrat und damit auf die Beeinflussung von Bundesgesetzgebung gerichtet – läßt sich daraus nicht ableiten. Die politischen Erwartungen der Städte, Gemeinden und Kreise richten sich indes naturgemäß vor allem an den Bundesrat. Dieser hat in der Vergangenheit wiederholt ausdrücklich die kommunalen Auswirkungen zum Anlaß genommen, einem Gesetzentwurf die Zustimmung zu versagen. So konnte zunächst einmal die Befristung der Arbeitslosenhilfe (1993) verhindert und noch einmal Zeit für die Prüfung des kommunalen Wegerechtes und der entsprechenden Entgeltmöglichkeiten im Zusammenhang mit dem Telekommunikationsgesetz (1996) geschaffen werden.

Ein neueres Beispiel ist die Ablehnung, die der Regierungsentwurf eines Energiewirtschaftsgesetzes erfuhr, oder der Widerstand, den die Länder den Plänen des Bundesbauministers für eine Reform des Wohnungsbaurechts entgegenbringen.

Der Bundesrat hat sich zudem in seiner »Entschließung zur Stärkung der kommunalen Selbstverwaltung« im Herbst 1995 ausdrücklich zum Anwalt der Kommunen gemacht.[15] Ob diese Entschließung eine nennenswerte Wirkung entfaltet, wird sich in der Zukunft erweisen. Die Entschließung kann auch nicht darüber hinwegtäuschen, daß die Länder selber im Bundesrat wiederholt die Interessen der Städte, Gemeinden und Kreise vernachlässigt haben, so u. a. bei der Neufassung des Familienleistungsausgleichs (1995), als die Länder statt der vom Bund vorgesehenen und von den Kommunen geforderten Erhöhung des kommunalen Anteils an der Einkommensteuer eine Erhöhung ihres Anteils an der Umsatzsteuer durchsetzten.[16] Auch im Zusammenhang mit dem Pflegeversicherungsgesetz (§ 9) wurde bei den Investitionsregelungen diejenige gewählt, die für die Kommunen deutlich ungünstiger ist. Das zeigt, daß die Selbstbindungswirkung einer solchen Entschließung beim Eigeninteresse der Länder aufhört. Zu Recht wird die Entschließung inzwischen mit der Bewertung »Beschlußlyrik« versehen.

Forderungen nach Erstreckung des Konnexitätsprinzips

Es war schon davon die Rede, daß der Bund Gesetze machen kann, ohne die Auswirkungen zu spüren: zieht er sich z. B. aus der Unterstützung der Arbeitslosen zurück, muß die kommunale Sozialhilfe eintreten. Deshalb fordern die Kommunen eine Zusammenführung von Gesetzgebungskompetenz und Ausgabenlast. Nur so kann der Bund wirksam daran gehindert werden, daß er durch Gesetzgebung, aber auch durch Nichtregelung finanzielle Lasten den Kommunen auferlegt, die er als Verursacher zu tragen hätte. Erster Schritt dazu ist die Erstreckung des sog. Konnexitätsprinzips

---

15 Entschließung vom 03. 11. 1995, BR-Drs. 625/95 (Beschluß).
16 Vgl. im einzelnen Hanns Karrenberg/Engelbert Münstermann, Gemeindefinanzbericht 1996, Anm. 3, S. 138.

(zwischen Bund und Ländern gilt es schon) auf das Verhältnis zwischen Bund und Kommunen für Maßnahmen des Bundes, die sich negativ auf die kommunalen Finanzen auswirken.[17] Zwischen Bund und Ländern gilt schon jetzt, daß sie gesondert jeweils die Ausgaben tragen, die sich aus der Wahrnehmung ihrer Aufgaben ergeben (Art. 104a GG).

Eine solche Vorschrift würde es dem Bund schwerer machen, die Sanierung seines Haushaltes durch eine direkte Abwälzung auf die Sozialkassen der Kommunen zu erreichen. Es träte das ein, was die Kommunen seit langem fordern: bei der Sanierung der öffentlichen Finanzen muß sich jede der öffentlichen Ebenen zunächst und vor allem auf der eigenen Ebene konsolidieren.

Verlagerungen gibt es auch bei den Ländern. Immer noch verlagern sie Aufgaben ohne hinreichende finanzielle Regelung – sei es im Rahmen von Haushaltskonsolidierung, sei es im Zeichen von Funktionalreformen; mitunter überlagern sich beide Prozesse. Die verfassungsrechtliche Ausgestaltung des sog. Konnexitätsprinzips im Verfassungsrecht der Länder ist durchweg unbefriedigend: einige Verfassungen fordern die Erstattung der verursachten Kosten, andere verlangen nur, daß eine Regelung getroffen wird, ohne daß sie daran Anforderungen stellen. In zwei Bundesländern fehlt ein Konnexitätsprinzip völlig.

Die verfassungs- und verwaltungsgerichtliche Rechtsprechung in den Ländern hat den Kommunen bislang nicht geholfen. Sie hat selbst dort, wo es ein Konnexitätsprinzip gibt, keinen wesentlichen Beitrag zu seiner Stärkung geleistet. Die Erwartung der Kommunen geht dahin, daß in allen Ländern das Konnexitätsprinzip angemessen und juristisch belastbar ausgestaltet, aber auch gehandhabt wird. Sofern die Rechtsprechung einer verfassungsrechtlichen Bestimmung nicht die gebührende Wirkung verschafft, sind Verfassungskorrekturen erforderlich. Bundesweit einheitlicher Regelungen bedarf es dabei allerdings nicht.

2. Politische Stellung der Städte

a. Selbstverwaltung als Ordnungsprinzip

Selbstverwaltung findet nicht nur in den Städten, Gemeinden und Kreisen statt. Sie gibt es vor allem in der Sozialversicherung, aber auch in der Arbeitsverwaltung (Bundesanstalt für Arbeit) und in den Kammerorganisationen des Wirtschaft (IHK), des Handwerks oder der medizinischen Berufe. Selbstverwaltung als Ordnungsprinzip soll nicht nur den Staatsaufbau »von unten nach oben« sichern, sie läßt den Bürger sich für die

---

17 Bei dieser Forderung werden die Kommunen nicht nur von Bundespräsident Roman Herzog unterstützt, der die landläufige Interpretation des Konnexitätsprinzips – »wer bestellt, bezahlt« – als alte Juristenweisheit bezeichnete (Roman Herzog, in: Die Städte als Chance, Dokumentation der Hauptversammlung 1995 des Deutschen Städtetags in Magdeburg, Köln 1995, S. 19 f.). Auch der 61. Deutsche Juristentag hat sich mit überwältigender Mehrheit für eine Erstreckung des Konnexitätsprinzips in dem oben dargelegten Sinne ausgesprochen (Ergebnisse in: Verhandlungen des 61. DJT Karlsruhe 1996, Band II/1, Sitzungsberichte, München 1996, M 75).

örtliche Gemeinschaft engagieren und entspricht damit modernen Tendenzen, den Staat zu entlasten. Ihre Aktivierung dezentraler Kräfte macht sie zu einem politischen Instrument, das insbesondere in den jungen Demokratien Mittel- und Osteuropas als Gegenmacht zur Überwindung starker zentralistischer Kräfte großes Interesse findet und in den weltweiten Bemühungen um Dezentralisierung viel zitiert wird. Dabei handelt es sich genau genommen in Deutschland nicht um einen Prozeß der »Dezentralisierung«, da Zuständigkeiten nicht erst auf die örtliche Ebene gebracht werden müssen, sondern sich in über hundertjähriger Tradition dort bereits befinden. Eine größere Ähnlichkeit hat kommunale Selbstverwaltung mit dem Subsidiaritätsprinzip, wie es nach dem Maastrichter Vertragswerk (Art. 3b) das Zusammenwirken der Europäischen Union und der Unionsmitgliedsstaaten kennzeichnet: Das, was von den unteren Ebenen selbständig erledigt werden kann, soll diesen auch zur Erledigung übertragen bzw. belassen werden. Nur die Dinge, die die unteren Ebenen überfordern bzw. von ihnen wegen der überregionalen Bedeutung nicht zufriedenstellend behandelt werden können, sollen auf der »höheren« Ebene behandelt und entschieden werden.

b. Stellenwert der kommunalen Selbstverwaltung

Der Zustand der kommunalen Selbstverwaltung in Deutschland ist – jedenfalls auf dem Papier – gut. Den Anforderungen, die der Europarat mit seiner »Charta der kommunalen Selbstverwaltung« (1988)[18] formuliert hat, wird Deutschland von den gesetzlichen Grundlagen her ohne Mühen gerecht. Im Alltag ist das Bild nicht so rosig. Es ist paradox: Während sich in der Europäischen Union und weltweit eine stärkere Einbeziehung der Kommunen in den Politikprozeß abzeichnet, ist es in Deutschland gerade umgekehrt. Die wichtigsten Entscheidungen – auch über kommunale Fragen – treffen Bund und Länder alleine. Daß die Städte, Gemeinden und Kreise dabei »am Katzentisch« sitzen, ist noch eine höfliche Umschreibung. Der Vorwurf richtet sich in erster Linie an die Regierungen, gilt aber auch für die Parlamente. Besonders deutlich wird dies bei der Arbeit des Vermittlungsausschusses, dem stets dann große Bedeutung zukommt, wenn die politischen Mehrheiten in Bundestag und Bundesrat verschieden sind. Wiederholt sind bei den Verhandlungen und Einigungen des Vermittlungsausschusses die Interessen der Kommunen »unter die Räder gekommen«. Deshalb fordern die kommunalen Spitzenverbände auf Bundesebene wenigstens einen Gaststatus bei den Beratungen des Vermittlungsausschusses.

Unangemessen ist das nicht, solange der Hinweis in § 24 Abs. 1 des Stabilitätsgesetzes[19] auf die »Gleichrangigkeit der Aufgaben von Bund, Ländern und Gemeinden« (!) geltendes Recht ist; in der Rechtsprechung gibt es jetzt Stimmen, die von »Gleichwertigkeit« sprechen.[20]

---

18 Dazu Walter Leitermann, in: der städtetag, (1988), S. 678 ff.
19 Gesetz zur Förderung der Stabilität und des Wachstums der Wirtschaft vom 8. Juni 1997 (BGBl. I S. 582).
20 So zum Verhältnis von Landes- und Kommunalaufgaben der Niedersächsische Staatsgerichtshof in seinem Urteil zum kommunalen Finanzausgleich vom 25. 11. 1997 – StGH 14/95 u. a., in Nds.VBl. 1998, S. 43.

c. Begrenzter Entscheidungs- und Gestaltungsspielraum der Städte

Der Grundsatz der kommunalen Selbstverwaltung sichert den Städten, Gemeinden und Kreisen einen gewissen Entscheidungsspielraum. Dieser ist heute aber gefährdet: Beklagenswert ist, daß und in welchem Maße die kommunalen Entscheidungsspielräume gesunken sind. Dies liegt an der Vielzahl von Vorgaben, seien es Gesetze, Verordnungen oder Verwaltungsvorschriften, deren Zahl während der vergangenen Jahrzehnte durch die zunehmende Verrechtlichung aller Lebenssachverhalte erheblich gestiegen ist. Dazu kommen die unzähligen sonstigen Standards, wie sie von dem Deutschen Institut für Normung, den Unfallversicherern und anderen Stellen – nicht zuletzt aufgrund einer anspruchsvoller werdenden Haftungsrechtsprechung – geschaffen werden.[21]

Die Finanznot tut ein Übriges: In vielen Städten, Gemeinden und Kreisen ist nichts mehr übrig, wenn alle Pflichtaufgaben erfüllt sind. Die für die freiwilligen Aufgaben, vor allem im Bereich Sport, Kultur, Soziales und Jugend, unerläßliche sog. »freie Spitze« im Haushalt fehlt mehr und mehr. Es gibt gute Gründe, in dieser finanziellen Enge die kommunale Selbstverwaltung bedroht zu sehen: Selbstverwaltung ohne freie Spitze im städtischen Haushalt ist keine Selbstverwaltung mehr. Dabei wird der kommunale Gestaltungsraum ja nicht nur durch die Erhöhung von Ausgaben (Beispiel: steigende Zahl von Sozialhilfeempfängern durch mehr und längere Arbeitslosigkeit), sondern auch durch die Minderung von Einnahmen (Beispiel: Anhebung der Freibeträge bei der Einkommensteuer) eingeschränkt. Für Kommunen mit Haushaltssicherungskonzept tritt die Entscheidung der Aufsichtsbehörde an die Stelle der Entscheidung des gewählten Stadtrates, eine für die kommunale Selbstverwaltung kaum akzeptable Situation.

d. Ansatzpunkte für Gegenstrategien

Argumentativ stützen sich die Städte, Gemeinden und Kreise gegenüber Bund und Ländern zunächst einmal auf die beschriebenen rechtlichen Verpflichtungen, die Bund und Länder sowohl hinsichtlich der finanziellen Ausstattung der Kommunen als auch hinsichtlich ihrer Handlungs- und Gestaltungsspielräume haben. Zunehmende Bedeutung hat auch die wirtschaftliche Rolle der Kommunen (sie tätigen zwei Drittel der öffentlichen Investitionen) und ihre Verantwortung für wichtige Faktoren des »Standortes Deutschland«.

Gegenüber den Ländern kommt eine weitere Überlegung dazu. Eine Stärkung der Kommunen ist auch im Eigeninteresse des Landes: Die Wirksamkeit und die Qualität der Landesverwaltung hängt ganz entscheidend von der Leistungskraft der gemeindlichen und städtischen Verwaltungen ab. Ganz allgemein gilt: Wenn das Land seine Aufgaben sachgerecht erfüllen will, muß es auf die Kommunen zurückgreifen. Die Bürgerinnen und Bürger erleben Staat in erster Linie in den Kommunen. Dort wird eigentlich jede Landesgesetzgebung umgesetzt. Diese enge Verknüpfung macht es erforderlich, Wege zu finden, die Detail- und Verfahrenskenntnisse der Städte, Ge-

---

21 Grundlegend dazu bereits Albert von Mutius, Gutachten für den 53. DJT, 1980, E 57 ff.;
    Hans-Günther Henneke, Kommunale Eigenverantwortung bei zunehmender Normdichte,
    ZG 1994, S. 212 ff.

meinden und Kreise so früh wie möglich in die Gesetzgebung einzubeziehen. Anders formuliert: Will das Land seine Landesaufgaben nicht von einer x-beliebigen Stelle in x-beliebiger Qualität erledigt haben, so muß es sich – im eigenen Interesse! – darum sorgen, daß seine Kommunen hinreichend leistungsfähig bleiben und werden, um diese vielfältigen Landesaufgaben erfüllen zu können. Wer Bürgerfreundlichkeit z. B. in der Ordnungsverwaltung, in der Bauaufsicht oder anderen Ordnungsbehörden auf kommunaler Ebene will, muß die Sicherstellung dieser Qualitätsziele durch entsprechende Finanzausstattung und die Wahrung von Gestaltungsspielräumen unterstützen.

Nun sollte man meinen, in Gestalt der politischen Parteien, die ebenfalls auf allen Ebenen vertreten sind und dort Politik gestalten, gebe es eine Plattform, die beschriebenen Mängel zu beheben. Die langjährige Erfahrung geht jedoch dahin, daß sich quer durch alle Parteien die skizzierte Dominanz von Bundes- und Landespolitik zieht; die kommunalpolitischen Organisationen kämpfen überall parteiintern einen schweren und wenig ergiebigen Kampf. Hat sich auf Bundes- und Landesebene einmal ein politischer Wechsel vollzogen, beschließen die Vorstände der unterlegenen Partei, den Weg zurück zur Macht »über die Rathäuser« zu gewinnen; langfristig geholfen hat dies den Städten, Gemeinden und Kreisen sowie der Berücksichtigung ihrer Interessen indes noch nicht.

e. Verfassungsgerichtliche Initiativen

Angesichts der zögerlichen Haltung auf Bundes- und Länderebene, wirksame Maßnahmen gegen die zunehmende Aushöhlung der kommunalen Selbstverwaltung zu ergreifen, steigt die Bereitschaft, sich gegen die von Bund und Land übertragenen Belastungen mit einer Verfassungsbeschwerde zu wehren. Von der früheren sprichwörtlichen Zurückhaltung der Kommunen, gegen staatliche Stellen den Rechtsweg zu beschreiten, ist keine Rede mehr. Eine große Zahl von Städten, Gemeinden und Kreisen hat in der jüngeren Vergangenheit mit Resolutionen ihre Bereitschaft bekundet, gegen Landesrecht (insbesondere den jeweiligen Finanzausgleich, aber auch Durchführungsgesetze zum Asylbewerberleistungsgesetz oder Flüchtlingsaufnahmegesetze) Verfassungsbeschwerde zu erheben. Dabei muß aber klar sein, daß eine gerichtliche, erst recht eine verfassungsgerichtliche Initiative stets das letzte Mittel (ultima ratio) sein kann. Lösungen, die durch politische Verständigungen erreicht werden, ist der Vorzug zu geben.

f. Kommunale Interessenvertretung

Seit der Jahrhundertwende haben sich die Städte, Gemeinden und Kreise auf Reichsbzw. auf Bundesebene organisiert. Über den Deutschen Städtetag und die anderen kommunalen Spitzenverbände haben sie auf die Gesetzgebung und die jeweiligen Regierungen Einfluß genommen. Der föderalen Struktur entsprechend haben die Landesverbände entsprechende Aufgaben in ihrem Land übernommen. Neben ihren Aufgaben als »Anwälte der Städte« bieten die kommunalen Spitzenverbände ihren Mitgliedern Erfahrungsaustausch und Information (vgl. zu den kommunalen Spitzenverbänden ausführlich Wolfgang Jädicke/Hellmut Wollmann in diesem Band).

Im Kreis der Interessenvertreter spielen kommunale Spitzenverbände eine besondere Rolle, da sie nicht irgendwelche Interessen, sondern mit den Städten eine Ebene vertreten, die ihrerseits ebenso demokratisch legitimiert ist wie dies bei Bund und Ländern der Fall ist. Deutlich wird dies durch eine hervorgehobene Beteiligung im Gesetzgebungsverfahren, aber auch die Mitwirkung im Finanzplanungsrat und das – hart erkämpfte – Vorschlagsrecht für kommunale Vertreter im Ausschuß der regionalen und lokalen Gebietskörperschaften (AdR) bei der Europäischen Union.

Bei der Einflußnahme auf bundespolitische Themen und Vorhaben ist zu beobachten, was im Volksmund »von Pontius zu Pilatus laufen« genannt wird. Der Bund verweist auf die Bedeutung der Länder, diese verweisen auf den Bund. Insbesondere die Länder achten sorgfältig darauf, daß sie gegenüber dem Bund die Kommunen vertreten und die Kommunen an diesen Verhandlungen nicht teilnehmen. So gibt es zwar Begegnungen der kommunalen Spitzenverbände mit Bundesministern und – seltener – dem Bundeskanzler, es gibt – seit 1993 – gelegentlich Gespräche mit der Konferenz der Ministerpräsidenten und vereinzelt mit Fachministerkonferenzen. Dreiseitige Konferenzen hat es bislang – mit wenigen Ausnahmen – nicht gegeben. Zu den Ausnahmen gehören der Finanzplanungsrat und der Konjunkturrat; auch die Verhandlungen über die sog. Altschulden auf gesellschaftlichen Einrichtungen der ehemaligen DDR sind zwischen Bund, Ländern und Kommunen geführt worden.

Wenn derzeit eine Entwicklung zu beobachten ist, einzelne Gesetzgebungsbereiche vom Bund auf die Länder zu übertragen[22], so erschwert dies die kommunale Interessenvertretung, ist doch die Position der Städte, Gemeinden und Kreise innerhalb der einzelnen Bundesländer ungleich schwerer zu verteidigen als dies bei einer bundesweiten Interessenvertretung der Fall ist. Den kommunalen Spitzenverbänden auf Bundesebene erwächst hieraus eine zusätzliche, z. T. neue Koordinierungsaufgabe und Bündelungsfunktion.

3. Politikverflechtungen

Die beschriebene Aufteilung in Bundes-, Landes- und kommunale Ebenen wird allerdings in der Verfassungswirklichkeit nicht annähernd so scharf praktiziert, wie dies beim Studium der Verfassungsvorschriften erscheinen mag. Dies liegt an den vielfältigen Politikverflechtungen, von denen im Folgenden nur auf die personellen Verflechtungen eingegangen werden soll.[23]

a. Rechtlicher Rahmen

Ob und wieweit jemand Funktionen zugleich auf mehreren Ebenen wahrnehmen darf, ist bundes- und landesrechtlich geregelt. Bundestags- und Landtagsmandat sind man-

---

22 So neben der Umsetzung des Pflegeversicherung auch die Regionalisierung des Schienenpersonennahverkehrs sowie nun auch die Umsetzung des Dienstrechtsreformgesetzes.

23 Zur Gesamtthematik der Verflechtung: Arthur Benz, Verflechtung der Verwaltungsebenen, in: Klaus König/Heinrich Siedentopf: öffentliche Verwaltung in Deutschland, Baden-Baden, 1997, S. 165 f.

gels ausdrücklicher Regelung im Grundgesetz nicht generell unvereinbar. Bei den kommunalen Mandaten ist dies unterschiedlich: So ist es durchaus zulässig, neben dem Bundestagsmandat auch ein kommunales Mandat zu halten und Mitglied eines Stadtrates oder eines Kreistages zu sein. Bei den (Ober-)Bürgermeistern und -innen geht dies nur, wenn sie nicht zugleich Verwaltungschefs und damit Beamte sind. Das Rechtsstellungsgesetz des Bundes[24] normiert für Beamte des Bundes, der Länder und der Kommunen ausnahmslos eine Unvereinbarkeit von Amt und Mandat (Inkompatibilität). Damit sind die Ober-/Bürgermeister und Landräte in den meisten Bundesländern nicht in der Lage, zugleich ein Bundestagsmandat auszuüben; eine Ausnahme bilden (noch) Nordrhein-Westfalen und Niedersachsen, wo der Ober-/Bürgermeister oder Landrat nur ehrenamtlich als Repräsentant der Stadt oder des Kreises tätig sein kann. Nach der Änderung der Kommunalverfassungen in Nordrhein-Westfalen und in Niedersachsen, wo nun schrittweise (in NRW schon bis 1999) auch die Ämter des Verwaltungschefs und des Ratsvorsitzenden zusammengeführt werden, wird die Zahl dieser Mandatsträger im Bundestag bald gegen Null gehen.

Die Unvereinbarkeit von Amt und Mandat gilt auch für die meisten Landtage. Eine Ausnahme bilden Baden-Württemberg und (noch) Sachsen-Anhalt, wo die Unvereinbarkeit nicht besteht, mit der Folge, daß in beiden Landtagen eine gewisse Anzahl von (Ober-)Bürgermeistern zu finden ist. Dazu ist aktuell zu ergänzen, daß in Sachsen-Anhalt im Frühjahr 1997 das schon beschlossene Gesetz zur Einführung der Inkompatibilität vom dortigen Staatsgerichtshof aufgehoben wurde, da die Kandidaturen einiger (Ober-)Bürgermeister für die Landtagswahl bereits zu weit vorbereitet waren.[25]

b. Bewertung

Die Verbindung von kommunalen Mandaten mit Mandaten auf Bundes- und Landesebene hat sich, jedenfalls aus kommunaler Sicht, überwiegend als nützlich erwiesen. Durch die so entstehenden personellen Verbindungen war sichergestellt, daß stets in den Sitzungen des jeweiligen Parlaments und seiner Ausschüsse, aber auch schon im Vorfeld bei der Willensbildung der Fraktionen, im richtigen Augenblick kommunaler Sachverstand präsent war. Zeitweise soll es im Landtag von Nordrhein-Westfalen fast eine »Kommunalfraktion« gegeben haben, die, bestehend aus Kommunalpolitikern aller Fraktionen, in guter Koordination dafür sorgte, daß die kommunalen Fragen bei der Willensbildung nicht außen vor blieben. Dies wäre heute, da die politischen Karrieren von Bundes- und Landespolitikern seltener mit einem kommunalen Mandat beginnen, durchaus wünschenswert. Da die kommunalpolitischen Mandatsträger in Bundestag und Landtagen an Zahl abnehmen, sind sie entsprechend stärker dem Druck ihrer jeweiligen Fraktionsführung ausgesetzt, im Sinne der bundes- oder landespolitischen Entscheidungen – und damit auch gegen die kommunalen Interessen – zu entscheiden. In einzelnen Fällen haben sich die Betroffenen dann mit dem parlamentarischen Mittel der Persönlichen Erklärung helfen können, ihre kommunale

---

24 § 1 Rechtsstellungsgesetz, BGBl. I, S. 777.
25 Vgl. Siebtes Gesetz zur Änderung des Abgeordnetengesetzes Sachsen-Anhalt vom 30. 5. 1997, abgedruckt im Gesetz- und Verordnungsblatt für das Land Sachsen-Anhalt, 6/1997, Nr. 23, S. 546 und § 6 der Bekanntmachung der Neufassung des Wahlgesetzes des Landes Sachsen-Anhalt, abgedruckt im Gesetz- und Verordnungsblatt 7/1997, Nr. 28, S. 596.

Sichtweise zu dokumentieren.[26] Solche Konflikte ergeben sich naturgemäß zahlreicher und härter bei Mitgliedern von Regierungsfraktionen.

Andererseits stößt die gleichzeitige Wahrnehmung von Aufgaben in Kommunalpolitik einerseits und Bundes- oder Landespolitik andererseits in den politischen Parteien auf zunehmende Skepsis, ja grundsätzliche Ablehnung, gegenüber jeder Art von Doppelmandat wegen der sich daraus ergebenden Einflußmehrung. Schließlich ist auch die Arbeitsbelastung zu berücksichtigen, die mit dem zusätzlichen Mandat verbunden ist; Stadt- oder Kreispolitik in hervorgehobener Verantwortung ist schon fast nicht mehr ehrenamtlich möglich, und ein Bundes- und Landtagsmandat fordert ebenfalls den größten Teil der Arbeitskraft.

Zusammenfassend ist festzustellen, daß die Trennung der Mandate wohl nicht aufzuhalten sein wird; der damit verbundenen Aufgabe kommunaler Verbundenheit in Bundes- und Landespolitik muß man sich allerdings auch bewußt bleiben.

c. Karrieren

Ein besonderes Wort verdienen die Möglichkeiten, zwischen Ämtern und Mandaten der drei Ebenen zu wechseln.

In den Anfangsjahren der Bundesrepublik haben die kommunalen Vertretungskörperschaften noch ganz überwiegend eine vorbereitende Rolle für die Karriere von Bundespolitikern gehabt.[27] Dies hat sich seit den siebziger Jahren zunehmend geändert, seitdem in den großen Parteien auch Nachwuchspolitiker in den Bundestag einrückten, die zuvor keine kommunale Erfahrung gesammelt hatten. Dazu kommen die gelegentlichen »Quereinsteiger«, die es in allen Fraktionen, wenn auch nur in geringer Zahl gibt; auch sie haben durchweg nur wenig Verbindung zur kommunalen Praxis.

Während es in Westdeutschland nach wie vor als »klassische« Entwicklung gilt, daß eine kommunale Tätigkeit den Einstieg in politische Arbeit darstellt und als Qualifikation für Landtag und Bundestag dient, entstand bei der Wiedererrichtung der neuen Länder eine Sondersituation, da für Landtag und Bundestag keine Kandidaten zur Verfügung standen, die über Erfahrungen in der kommunalen Selbstverwaltung verfügt hätten. Daraus erklärt sich, daß es im Kreis der Kommunalpolitiker in den neuen Ländern zahlreiche und berechtigte Klagen über eine beachtliche »Kommunalferne« der Landtagsmitglieder gibt; deren Vertretung von Landesinteressen wird als Politik »mit Ausschließlichkeitsanspruch« empfunden. Daran wird sich naturgemäß wenn überhaupt, dann nur nur mittelfristig etwas ändern.

Mit ganz seltenen Ausnahmen ist indes zu beobachten, daß beim »Aufstieg« aus der kommunalen in die Bundes-, Landes- oder Europaebene die kommunale Orientierung in den Hintergrund tritt; die Geschwindigkeit dieser Veränderung ist allerdings von Person zu Person verschieden.

Ein Überwechseln auf die Bundes- oder Landesebene gibt es auch für kommunale Beschäftigte. Treten sie in den Bundes- oder Landesdienst, kommt erschwerend

---

26 So nordrhein-westfälische Bundestagsabgeordnete der SPD bei der abschließenden Lesung des Telekommunikationsgesetzes am 13. 6. 1996 (BT-Protokolle 13/110).

27 Für die Weimarer Republik vgl. die Beispiele Konrad Adenauer (OB Köln, 1917–1933, 1920 und 1926 als Reichskanzler im Gespräch, 1949–1963 Bundeskanzler), Hans Luther (Stadtrat in Magdeburg 1907, OB Essen 1918–1924, Reichsminister 1923); nach Hans Tigges, Das Stadtoberhaupt, 1988, S. 97 (Adenauer), S. 111 (Luther).

hinzu, daß sie in ihre neue Aufgabe eine recht präzise Kenntnis der kommunalen »Schwachstellen« einbringen; das macht sie zu schwierigen Partnern der Kommunen und der kommunalen Spitzenverbände.

Natürlich gibt es auch den umgekehrten Prozeß: Bundes- bzw. Landespolitiker übernehmen eine Aufgabe, sei es ein Amt, sei es ein hervorgehobenes Mandat, in ihrer Stadt. Die Anlässe und Beweggründe sind unterschiedlich. Für die einen ist es die Entscheidung für eine attraktivere Alternative: Kommunalpolitik gibt vor allem für diejenigen, die im Landes- oder Bundes-parlament in der Oppositionsrolle sind, größere Erfüllung, da sie sach- und bürgernäher ist; sie erlaubt es zudem, Erfolg und auch Mißerfolg unmittelbarer zu erleben.

Bekannt sind auch Fälle, in denen ein prominenter Landes- oder Bundespolitiker in Schlüsselfunktionen einer Stadt »aushelfen« muß. Beide Varianten sind für die Bedeutung und das Selbstwertgefühl kommunaler Selbstverwaltung wichtig. Dabei ist nicht selten zu beobachten, daß zuvor engagierte Bundes- und Landespolitiker sich nach einer gewissen Zeit durchaus (selbst-)kritisch gegenüber früheren Einstellungen zum kommunalpolitischen Geschehen zeigen.

4. Resümee

Zu den gängigen Aussagen in Festreden von Bundes- und Landespolitikern gehört es, Kommunalpolitik als »Schule der Demokratie« zu würdigen. Dies ist zutreffend und ehrenvoll; Kommunalpolitik ist aber mehr, nämlich die bürgernächste und damit leistungsfähigste Politikebene. Wenn es schon nicht möglich ist, diesem Umstand im rechtlichen Rahmen für Städte, Gemeinden und Kreise Rechnung zu tragen, so sollte er doch wenigstens die politische Praxis auf Bundes- und Landesebene mehr als bisher bestimmen.

WOLFGANG JAEDICKE/HELLMUT WOLLMANN

Kommunale Spitzenverbände

Auf der Bundesebene agieren drei kommunale Spitzenverbände (im weiteren abgekürzt: *kSp*): der Deutsche Städtetag (DST), der Deutsche Landkreistag (DLT) und der Deutsche Städte- und Gemeindebund (DStGB), auf der Ebene der Länder entsprechende Landesverbände. Im folgenden soll ein Überblick über ihre Geschichte (Abschnitt 1), ihre Organisation und ihre institutionelle Einbindung in Bundes- und Landespolitik (Abschnitt 2) sowie ihre Einbindung in die EU-Politik und internationale Organisationen (Abschnitt 3) gegeben werden.

1. Geschichte

a. Reichs- bzw. Bundesebene

Die Geschichte der Kommunalverbände ist von zwei Interessenlagen bestimmt – einer *vertikalen*, indem sich die Kommunen mit dem Aufbau von Spitzenverbänden kollektive Interessenvertretungen gegenüber der staatlichen Ebene zu schaffen suchten, und von einer *horizontalen*, in der durchaus unterschiedliche Interessen zwischen ihnen – in der Bandbreite zwischen Großstädten, Mittel- und Kleinstädten, ländlichen Gemeinden und Landkreisen – hervortraten.

Die ersten kommunalen Zusammenschlüsse wurden von Städten um die Mitte des letzten Jahrhunderts im Bestreben gegründet, die städtisch-bürgerliche Selbstverwaltung gegen monarchisch-konservativen Zentralismus der deutschen Einzelstaaten zu vertreten.[1] Ein bereits kurz nach dem Revolutionsjahr 1848 unternommener erster Versuch, einen gesamtpreußischen Städtetag zu konstituieren, scheiterte zwar im Jahr 1855 an der Intervention des Berliner Polizeipräsidenten. Jedoch bildeten sich in den nachfolgenden 1860er Jahren erste Städteverbände in anderen Einzelstaaten (Schlesien, Sachsen, Hannover) und auf Provinzebene auch in Preußen. Ein wichtiges verbandsgeschichtliches Ereignis war 1896 die Bildung des *Allgemeinen Preußischen Städtetages*, in dem nicht nur einzelne Städte, sondern auch auf Provinzebene gegründete Städtetage Mitglieder wurden.[2] Der erste reichsweite verbandliche Zusam-

---

1 Vgl. Otto Ziebill, Geschichte des Deutschen Städtetages, Stuttgart/Köln 1956; Hans Albert Berkenhoff, Der Deutsche Städtebund, Bonn 1970, S. 16 ff.; Wolfgang Jaedicke/Kurt Ruhland/Ute Wachendorfer/Hellmut Wollmann/Holger Wonneberg, Lokale Politik im Wohlfahrtsstaat. Zur Sozialpolitik der Gemeinden und ihrer Verbände in der Beschäftigungskrise, Opladen 1991.
2 Vgl. Bruno Weinberger, Der Deutsche Städtetag, in: Günter Püttner (Hrsg.), Handbuch der kommunalen Wissenschaft und Praxis, Bd. 2, 2. Aufl., Berlin usw. 1982, S. 474.

menschluß der Städte wurde schließlich 1905 mit der Gründung des *Deutschen Städtetags* vollzogen.

Wenig darauf spaltete sich auf Reichsebene jedoch die kommunale Verbandsbildung, als 40 Städte, die bislang als mittelbare Mitglieder dem Deutschen Städtetag angehört hatten, 1910 den *Reichsverband Deutscher Städte* als Vereinigung der (kreisangehörigen) mittleren und kleineren Städte gründeten. Dieser Schritt war von der Sorge getrieben, ihre Interessen, vor allem in ihren Auseinandersetzungen mit den Landkreisen, könnten beim »großstadtlastigen« Deutschen Städtetag schlecht aufgehoben sein.[3] 1918 wurde der Reichsverband (zur Vermeidung der »verbandlichen« Assoziation) in *Reichsstädtebund* umbenannt.

Aufgrund der institutionellen Entwicklung der *Landkreise*, die in ihrer modernen Form in Preußen erst mit dem Inkrafttreten der Preußischen Kreisordnung von 1872 zu einem Abschluß kam, und auch wegen der stärkeren Kontrolle, die die deutschen Einzelstaaten bzw. Länder über die Kreise ausübten, kam es erst während des 1. Weltkriegs – unter dem Eindruck der Versorgungskrise – in einigen Ländern zu Verbandsgründungen der Landkreise.[4] 1920 wurde schließlich auf Reichsebene der Verband Deutscher Landkreise gebildet, der ab 1924 den Namen *Deutscher Landkreistag* führte. Wie die anderen kSp des Reiches hatte er seinen Sitz in Berlin.

1922 vollzog sich in der Verbandsentwicklung der Städte und Gemeinden eine weitere Spaltung, als sich der *Reichsverband der Deutschen Landgemeinden* konstituierte, der mehr als 50 000 Landgemeinden repräsentierte.[5] Zusammen mit den Landesverbänden der Landgemeinden bildete sich dieser 1924 zum *Deutschen Landgemeindetag* um. Damit zerfiel die Interessenvertretung des städtisch-gemeindlichen Bereichs in drei Verbände, die jeweils die (kreisfreien) Großstädte, die (überwiegend kreisangehörigen) mittleren Städte und die (kreisangehörigen) Landgemeinden repräsentierten.

Aufgrund der heterogenen Interessen der vier *kSp* kam nur in einzelnen Bereichen eine Zusammenarbeit zustande. Auch die Gründung einer Arbeitsgemeinschaft als institutionalisierte Kooperationsform im Jahr 1931 änderte hieran kaum etwas.

1933 wurden die kSp zwangsweise zum *Deutschen Gemeindetag* vereinigt. Die Nationalsozialisten sicherten ihren Einfluß im Verband dadurch ab, daß sie die Leitungsebene durchweg mit Parteimitgliedern besetzten. Die meisten Beigeordneten und Referenten wurden allerdings aus den alten Verbänden übernommen. Trotz der Gleichschaltung bemühte sich der Deutsche Gemeindetag in den folgenden Jahren immer wieder, die Interessen der Kommunen gegen die Vorstellungen der NSDAP und Hilfsorganisationen durchzusetzen.[6]

Der Deutsche Gemeindetag wurde als nationalsozialistisches Geschöpf nach der Befreiung vom NS-Regime in Gesetz Nr. 4 der Alliierten Militärregierung aufgelöst Zwar strebten Mitarbeiter des Deutschen Gemeindetages für die Neugründung eine gemeinsame Spitzenorganisation der Städte und Gemeinden an. Jedoch vollzog sich die Neubildung der Kommunalverbände dann rasch in den getrennten institutionellen Pfaden, wie sie sich bis 1993 ausgeformt hatten.

---

3 Vgl. Peter Michael Mombaur, Der Deutsche Städte- und Gemeindebund, in: Günter Püttner (Hrsg.), (Anm. 2), S. 493; Hans Albert Berkenhoff (Anm 1), S. 15 ff.
4 Vgl. Hans Tiedeken, Der Deutsche Landkreistag, in: Günter Püttner (Hrsg.), (Anm. 2), S. 485.
5 Vgl. Peter Michael Mombaur (Anm 3), S. 495.
6 Vgl. Horst Matzerath, Nationalsozialismus und kommunale Selbstverwaltung, Stuttgart 1970, S. 98 ff., 165 ff.

- Den Auftakt gab die Rheinisch-Westfälische Oberbürgermeisterkonferenz, die sich
  - unter maßgeblicher Mitwirkung von Konrad Adenauer, erneut Oberbürgermeister von Köln – bereits am 23. 8. 1945 mit einem Aufruf an die Städte mit mehr
  als 80 000 Einwohnern wandte, die Arbeit des alten Deutschen Städtetages wie-
  deraufzunehmen.[7]
- Am 28. 11. 1945 rief Bürgermeister Breuer (Essen-Werden), letzter Vizepräsident
  des Reichsstädtebundes, auch zur Neugründung des früheren Städtebundes auf.[8]
- Als Nachfolger des Deutschen Landgemeindetages konstituierte sich der Deutsche
  Gemeindeverband 1947 zunächst nur als Arbeitsgemeinschaft einzelner Landesverbände. Erst 1950 nahm dieser Verband eine festere Form an und nannte sich
  fortan *Deutscher Gemeindetag.*
- Desgleichen bildete sich der *Deutsche Landkreistag* neu.

Damit zeigte sich die Verbandsbildung in der Nachkriegszeit zunächst »pfadabhängig«
von ihrer viergliedrigen Institutionengeschichte bis 1933. Seit der Fusion des Städtebundes und des Gemeindetages zum Deutschen Städte- und Gemeindebund im Jahre
1973 agieren die kommunalen Spitzenverbände als Trio.

Zwischen den drei Verbänden besteht ein teils historisch begründetes, teils auf
realen Interessendivergenzen und Prestigeproblemen fußendes Konkurrenzverhältnis.
Der Städtetag nahm in der hundertjährigen Geschichte der kommunalen Organisa-
tionen stets eine beherrschende Stellung ein, die, auch wenn sie von den anderen
Verbänden eifersüchtig registriert wurde, niemals in Gefahr war. Schon bald nach dem
Zweiten Weltkrieg beanspruchte der Städtetag die Interessenvertretung nicht nur der
großen, sondern auch der kleinen Städte. Damit trat er in Konkurrenz zum Deutschen
Städtebund und – nach 1973 – zum Deutschen Städte- und Gemeindetag, der durch die
Fusion dadurch Gewicht zulegte, daß nunmehr die Gemeinden des kreisangehörigen
Raums mit einer Verbandsstimme sprechen konnten.[9]

Noch ausgeprägtere Interessenkonflikte zeigten das Verhältnis des DStGB und des
DLT, vor allem in der Definition dessen, was als überörtliche Aufgabe (der Kreise)
und als örtliche (der Gemeinden) zu verstehen und wahrzunehmen sei und ob übertragene staatliche Aufgaben auf der Kreis- oder der Gemeindeebene zu übernehmen
seien. Nach der Kreis- und Gemeindegebietsreform der 60er und 70er Jahre, durch die
einerseits bislang kreisfreie Städte »eingekreist« und andererseits administrativ lei-
stungsfähigere kreisangehörige Städte geschaffen wurden, hat das Bestreben von
(kreisangehörigen) Städten, Kreisaufgaben zu behalten bzw. zu übernehmen, und haben damit die Konfliktzonen noch zugenommen.[10]

b. Landesebene

Parallel zur Entwicklung auf der Bundesebene, teilweise ihr vorauseilend, vollzog sich
nach 1945 die Verbandsbildung in den Ländern zunächst ebenfalls vier-, ab 1973 drei-
gliedrig.[11]

---

7 Vgl. Bruno Weinberger (Anm. 2), S. 476.
8 Vgl. Peter Michael Mombaur (Anm. 3), S. 494.
9 Vgl. Friedrich Geißelmann, Die kommunalen Spitzenverbände, Berlin 1975, S. 157 f.
10 Vgl. Peter Michael Mombaur (Anm. 3), S. 500.
11 Für eine detaillierte Darstellung von Entstehung und Verfassung der kSp in Bayern vgl.
    Manfred W. Riederle, Kommunale Spitzenverbände im Gesetzgebungsverfahren. Ihre

Nach der Deutschen Vereinigung am 3. 10. 1990 wurden beim Aufbau der kommunalen Spitzenverbände in den neuen Ländern darin ein verbandsgeschichtlich nachgerade revolutionärer Weg eingeschlagen, daß anstatt des »westdeutschen Modells« der organisatorischen Trennung von Städtetag und Städte- und Gemeindebund in den ostdeutschen Ländern *Städte- und Gemeindetage* als Einheits- und »Doppelverband von Städten und Gemeinden«[12] geschaffen wurden, die nunmehr alle Gemeinden, ob kreisfreie Großstadt oder kreisangehörige Kleingemeinde, umfassen.

In der Debatte, die damit auch über die Fusion der auf Bundesebene agierenden kSp eröffnet worden ist, machen deren Befürworter geltend, daß angesichts der Gefährdung der kommunalen Autonomie, nicht zuletzt durch die wachsende Regelungskompetenz der Euorpäischen Union, ein »schlagkräftiger kommunaler Spitzenverband für alle Kommunen in Deutschland« anzustreben sei.[13] Demgegenüber lehnt die Mehrheit im Hauptausschuß des DStGB eine Fusion mit dem DST nach wie vor mit der Begründung ab, daß angesichts der Interessenunterschiede und -konflikte eigene Verbandsstrukturen der kreisangehörigen Gemeinden weiterhin unerläßlich seien.

Bundesverband der kommunalen Spitzenverbände

Aller Neugründungsquerelen und Interessenkonflikte zum Trotz haben sich die kommunalen Verbände am 19. Mai 1953 in der Bundesvereinigung der kommunalen Spitzenverbände zusammengefunden, mit der sie an eine 1947 geschlossene Vereinbarung zwischen Deutschem Städtetag und Deutschem Landkreistag auf dem Gebiet der US-amerikanischen und britischen Zone und darüber hinaus an die 1927 institutionalisierte Zusammenarbeit zwischen den Spitzenverbänden anknüpften.[14] Die Federführung liegt beim Deutschen Städtetag.

Die Stellungnahmen der Bundesvereinigung nach außen werden vom Gesamtvorstand abgegeben, der sich aus den Präsidenten und Vizepräsidenten sowie weiteren Präsidialmitgliedern zusammensetzt.[15] Wichtiger für das Funktionieren der Zusammenarbeit sind jedoch die drei- bis viermal im Jahr stattfindenden Geschäftsstellenbesprechungen, an denen die Hauptgeschäftsführer, alle Beigeordneten und bei Bedarf auch Referenten teilnehmen.

2. Interne Organisation und Verfassung

a. Organisationsform

Die auf Bundes- und Landesebene institutionalisierten Kommunalverbände sind freiwillige Zusammenschlüsse. Sie sind als *nicht-eingetragene Vereine* verfaßt. Bei der

---

rechtliche Stellung am Beispiel des Freistaats Bayern, Heidelberg 1995; ferner Wolfgang Czerny, Die Partizipation der bayerischen kommunalen Spitzenverbände an Entscheidungen öffentlich-rechtlicher Institutionen, Frankfurt a. M. usw. 1996.
12 So Sächsischer Städte- und Gemeindetag, Geschäftsbericht 1995–1996, S. 21.
13 Deutscher Städte- und Gemeindebund, Geschäftsbericht 1991–1995, S. 18.
14 Vgl. Bruno Weinberger, Die Bundesvereinigung der kommunalen Spitzenverbände, in: Günter Püttner (Hrsg.), (Anm. 2), S. 503.
15 Vgl. F. Geißelmann, (Anm. 9), S. 50.

Gründung des Städtetages 1905 wurde, um seine Unabhängigkeit von staatlicher Einmischung zu sichern, der öffentlich-rechtliche Status vermieden und der eines eingetragenen Vereins angestrebt. Schließlich wurden der Städtetag (und die weiteren Kommunalverbände) als nicht-eingetragener Verein gegründet. Dabei blieb es bis heute, obwohl gelegentlich öffentlich-rechtliche Organisationsformen diskutiert wurden.[16]

b. Mitgliedschaft

Deutscher Städtetag (DSt): Die Mitgliedschaft im DSt gliedert sich satzungsrechtlich in unmittelbare Mitgliedsstädte, mittelbare Mitglieder und außerordentliche Mitglieder. Unmittelbares Mitglied kann grundsätzlich jede deutsche Stadt werden, unabhängig von ihrem Rechtstatus – ob Stadtstaat, kreisfrei oder kreisangehörig – und von der Größe. Bei der Gründung war an Städte mit mindestens 25 000 Einwohnern gedacht worden; schon 1921 wurde diese Grenze auf 10 000 Einwohner herabgesetzt, nach der jetzigen Satzung gibt es überhaupt keine feste Einwohnergrenze mehr.[17] Derzeit (1997) gehören dem DSt 256 Städte (115 kreisfreie und 148 kreisangehörige Städte sowie die drei Stadtstaaten) als unmittelbare Mitglieder an. Außerdem besitzen 5 404 weitere Städte und Gemeinden (über die Landesverbände) die mittelbare Mitgliedschaft beim DSt[18]; hierbei ist daran zu erinnern, daß die ostdeutschen Städte- und Gemeindetage als »Doppelverbände« ebenfalls dem Deutschen Städtetag angehören und damit eine Vielzahl kleiner kreisangehörigen Gemeinden als mittelbare Mitglieder in den DSt einbringen. Insgesamt rechnen gegenwärtig 5 667 Städte und Gemeinden (mit 51,2 Mio. Einwohnern oder 63,2% der bundesdeutschen Bevölkerung) zum DSt als dessen unmittelbare oder mittelbare Mitglieder.

Deutscher Städte- und Gemeindebund (DStGB): Anders als der DSt kennt der DStGB satzungsmäßig als unmittelbare Mitglieder nur die Landesverbände und – über diese vermittelt – die Städte und Gemeinden als mittelbare Mitglieder. Waren im DStGB und in seinen (westdeutschen) Landesverbänden bis 1990 praktisch nur kreisangehörige Gemeinden zusammengeschlossen, so gehören ihm über die Mitgliedschaft der ostdeutschen Städte- und Gemeindetage als »Doppelverbände« nunmehr mittelbar auch (ostdeutsche) kreisfreie Städte an.

Deutscher Landkreistag (DLT): Auch er hat die in den Ländern bestehenden Landkreistage als unmittelbare Mitglieder, über die ihm alle 323 bundesdeutschen Landkreise (mit 96 % der Fläche der Bundesrepublik und rund 66 % der bundesdeutschen Bevölkerung) als mittelbare Mitglieder angehören.

c. Organe und organisatorische Gliederungen

Organe der Spitzenverbände sind die Mitgliederversammlung, der Hauptausschuß und das Präsidium.

---

16 Vgl. Bruno Weinberger (Anm. 2), S. 477.
17 Vgl. Bruno Weinberger (Anm. 2), S. 478.
18 Vgl. Deutscher Städtetag, Geschäftsbericht ›97‹, Köln 1997.

In seiner internen Verfassung unterscheidet sich der DSt von den beiden anderen kommunalen Spitzenverbänden dadurch, daß er sich satzungsrechtlich als eine Mischkonstruktion aus unmittelbarer Mitgliedschaft (also als Vertretung der Städte als unmittelbare Mitglieder) und Dachverband (also als Vertretung der Mitgliedsverbände) darstellt[19], während die beiden anderen Verbände als reine Dachverbände ihrer Mitgliedsverbände, also »föderal« verfaßt sind.

– *Mitgliederversammlung*: Dieser satzungsrechtliche »Doppelcharakter« des DSt kommt zum einen in der Zusammensetzung der alle zwei Jahre zusammentretenden Mitgliederversammlung (»Hauptversammlung«; jede unmittelbare Mitgliedsstadt und jeder Mitgliedsverband entsendet eine von ihrer bzw. seiner Größe abhängige Zahl von Abgeordneten) und darin zum Ausdruck, daß die Hauptversammlung nicht nur das Beschlußrecht über Angelegenheiten von besonderer Bedeutung besitzt, sondern auch den Präsidenten, den Vizepräsidenten und die weiteren Stellvertreter wählt. – Demgegenüber setzen sich die Mitgliederversammlungen des DStGB und des DLT, ihrer Konstruktion als »föderale« Dachverbände entsprechend, allein aus Vertretern der Landesverbände zusammen und haben keine Beschluß- oder Wahlbefugnisse.

– Der *Hauptausschuß* legt die Grundlinien der Verbandspolitik fest. Dem »Doppelcharakter« des DSt folgend ist dessen Hauptausschuß ebenfalls »unmittelbar und föderal geprägt«.[20] Er besteht aus dem Präsidenten und dem Hauptgeschäftsführer, den von den Mitgliedsverbänden zu entsendenden und weiteren vom Hauptausschuß zu kooptierenden Personen. Beim DStGB und DLK – ihrer Konstruktion als »föderale« Dachverbände folgend – werden die Hauptausschüsse von Delegierten gebildet, die von den Landesverbänden benannt werden.[21]

– Das *Präsidium* ist das verbandspolitische Führungsorgan. Im DSt werden der Präsident, der Vizepräsident und weitere Vertreter von der Hauptversammlung, im DStGB und DLK vom Hauptausschuß gewählt. Die politische Bedeutung der Präsidien liegt wesentlich darin begründet, daß sie sich aus »politischen Schwergewichten« zusammensetzen. Dies gilt besonders für den DSt, dessen Präsidium fast gänzlich aus den Oberbürgermeistern großer Städte besteht. Die Bedeutung des DSt gründet nicht zuletzt auf dieser geballten Prominenz, zumal viele Oberbürgermeister, wie in der Vergangenheit Adenauer, Brandt, Koschnick, Vogel, Dregger oder Wallmann, auch bundespolitische Aufgaben übernahmen und innerparteilich großen Einfluß hatten. Über die Mitgliedschaft der drei Stadtstaaten hat der DSt außerdem direkten Zugang zum Bundesrat.[22] Der DStGB versuchte in der Vergangenheit, den Mangel an prominenten Kommunalpolitikern dadurch auszugleichen, daß er in sein Präsidium zusätzlich zu den Vertretern der Landesverbände Bundestagsabgeordnete aufnahm, aus deren Reihen er auch seinen Präsidenten und dessen Stellvertreter wählte. Besonders mit dem Bundestagsvizepräsidenten Schmitt-Vockenhausen konnte der DStGB in den siebziger Jahren sein Ansehen steigern.[23] Seit 1990 trägt der DStGB der Tatsache, daß ihm durch die

---

19 Vgl. Bruno Weinberger (Anm. 2), S. 478.
20 Bruno Weinberger (Anm. 2), S. 478.
21 Zum DStGB vgl. Peter Michael Mombaur (Anm. 3), S. 496; zum DLT vgl. Hans Tiedeken (Anm. 4), S. 488.
22 Vgl. Hans Jürgen von der Heide, Die kommunalen Spitzenverbände, in: Praxis der Gemeindeverwaltung, Ausgabe NordrheinWestfalen, Loseblattsammlung, Stand September 1989, A5, S. 25; Friedrich Geißelmann (Anm. 9), S. 251.
23 Vgl. Friedrich Geißelmann (Anm. 9), S. 218 f.

Mitgliedschaft der ostdeutschen Städte- und Gemeindetage als »Doppelverbände« nunmehr mittelbar auch deren kreisfreie Städte angehören, durch die Wahl von Oberbürgermeistern in sein Präsidium Rechnung.[24] Der LKT besetzt – als Ausdruck seiner besonders ausgeprägten »föderalen« Struktur[25] – sein Präsidium fast ausschließlich mit den Vorsitzenden seiner Landesverbände, die in der Regel einflußreiche Landräte sind.

Fachausschüsse

Die *kSp* bilden Fachausschüsse[26], in die die Landesverbände Fachleute aus ihren Mitgliedskommunen entsenden und die die Mitwirkung der Landesverbände und ihrer Mitgliedskommunen an der innerverbandlichen Meinungsbildung sichern sollen.

Verbandspolitische Willensbildung

Für die Willensbildung in den Führungsorganen der *kSp* ist hervorzuheben:
- Dadurch, daß die Mitglieder des Hauptausschusses und des Präsidiums im Falle des DStGB und des DLT durchweg, im Falle des DSt zum erheblichen Teil von den Landesverbänden bestimmt werden, ist ihre verbandspolitische Willensbildung stark »föderal«, also durch die starke Stellung der Landesverbände, geprägt.
- Die großen politischen Parteien spielen für das Verbandsleben aller drei kommunalen Spitzenverbände eine erhebliche Rolle.[27] Dies wird beim DSt und beim DStGB besonders deutlich. Die sozialdemokratischen und christdemokratischen Mitglieder der Präsidien und Hauptausschüsse dieser beiden Verbände haben sich nach dem Vorbild parlamentarischer Fraktionen zu parteipolitischen Gruppen zusammengeschlossen; diese werden in ihrer Arbeit durch die kommunalpolitischen Fachorganisationen ihrer Parteien (KPV, SGK usw.) unterstützt.
- Aufgrund des Bestellungsmodus der Führungsgremien der Bundesverbände spielen diese im Falle des DSt die parteipolitischen Mehrheitsverhältnisse in dem ihm als unmittelbare Mitglieder angehörenden Großstädten sowie in den Landesverbänden und im Falle von DStGB und DLK die parteipolitischen Mehrheitsverhältnisse in den Landesverbänden wider, die die parteipolitischen Mehrheitsverhältnisse in ihren Mitgliedskommunen abbilden.[28]

---

24 So derzeit (1997) die Oberbürgermeister von Cottbus und Schwerin.
25 Vgl. Klaus von der Groeben/Hans-Jürgen von der Heide, Geschichte des Deutschen Landkreistages, Köln/Berlin 1981, S. 258 f.
26 Z. B. Verfassungs- und Europa-, Finanz-, Sozial-, Umwelt- und Planungsausschuß. Während die CDU/CSU bereits 1947 eine Kommunalpolitische Vereinigung (KPV) gründete (vgl. Joachim Wilbers, Die Kommunalpolitische Vereinigung der CDU und CSU, Frankfurt a. M. usw., 1986), entstand die Sozialdemokratische Gemeinschaft für Kommunalpolitik (SGK) erst 1978. Auch die FDP legte sich erst 1982 eine Bundesvereinigung Liberaler Kommunalpolitiker (VLK) zu. Diese parteinahen Fachverbände sind darüber hinaus auf Landesebene organisiert. Hingegen verfügen DIE GRÜNEN über keinen bundesweiten Fachverband, sondern – ihre »dezentrale« Entstehungsgeschichte widerspiegelnd – über kommunalpolitische Organisationen auf Landesebene.
27 Hierzu ausführlich Wolfgang Jaedicke u. a. (Anm. 1), S. 32 ff.
28 Detaillierte Zeitreihenangaben zur Zusammensetzung des Präsidiums des DSt nach Parteizugehörigkeit zwischen 1953 und 1989, vgl. Wolfgang Jaedicke u. a. (Anm. 1), S. 20 Tabelle 1;

Den parteipolitischen Mehrheitsverhältnissen in den Großstädten entsprechend, stellten denn die Sozialdemokraten im Präsidium des DSt in den 50er und 60er Jahren deutlich mehr Mitglieder als CDU/CSU; in den 70er Jahren holten CDU/CSU auf und lagen dann bis 1985 vor der SPD, um dann gegenüber der SPD wieder zurückzufallen. Vor dem Hintergrund dessen, daß die SDP in den ländlichen Gebieten von der CDU/CSU seit je überrundet wird und damit die Landkreistage und die Landratspositionen mehrheitlich in der Hand der CDU/CSU sind, setzen sich die Führungsorgane des DLT denn auch überwiegend aus CDU/CSU-Kommunalpolitikern zusammen.[29]

- Ungeachtet dieser parteipolitischen Profilierung sind die kommunalen Spitzenverbände für ihre praktische Verbandsarbeit auf parteiübergreifende Konsensfindung angelegt. So fand sich der DLT – allerdings erst nach mehrjährigem Drängen von sozialdemokratischer Seite – 1982 bereit, seine Satzung so zu ändern, daß seitdem einige SPD-Mitglieder durch Zuwahl in das Präsidium gelangen; die Positionen des Hauptgeschäftsführers blieben aber auch danach in den Händen der CDU/CSU. Im DSt hat man sich – in diesem Fall erst nach energischer Intervention der CDU/CSU – seit den mittleren 60er Jahren auf eine (im Grundsatz zweijährige) Rotation der Position des Präsidenten zwischen SPD und CDU/CSU verständigt. Auch die Leitungspositionen in den Geschäftsstellen, insbesondere die des Hauptgeschäftsführers und des Ersten Beigeordneten als eines ersten Stellvertreters, werden im DSt und DStGB von den beiden großen Parteien paritätisch besetzt.

- Insgesamt ist in der Verbandsarbeit der *kSp* ein *Zwang zum Konsens* zu beobachten. In sachlichen (besonders finanzpolitischen) Fragen ist die Politik der Verbände auf einen Interessenausgleich zwischen den Mitgliedern ausgerichtet.[30] Der DSt hat ihn sogar in seine Satzung aufgenommen: Sie verlangt für Beschlüsse der Gremien eine Dreiviertelmehrheit. Offene Konflikte, in denen diese Bestimmung auch wirklich angewandt werden müßte, werden allerdings im DSt ohnehin vermieden. Kampfabstimmungen im Präsidium und im Hauptausschuß gibt es nicht, die Geschäftsstellen legen nur Vorlagen vor, die mit der Zustimmung beider großer Gruppen rechnen können.

(Haupt-)Geschäftsstelle

Die *kSp* auf Bundes- und auf Landesebene verfügen über eigene *Geschäftsstellen*. Der DSt hat seine Geschäftsstelle in Köln, der DStGB in Düsseldorf und der DLT in Bonn; die Geschäftsstellen des DSt und des DStGB nahmen bislang gleichzeitig die Geschäftsstellenfunktion für ihre nordrhein-westfälischen Landesverbände wahr. Im Rahmen des Umzugs von Bundestag und Bundesregierung nach Berlin werden auch die *kSp* ihren Sitz an die Spree verlegen. Im Zusammenhang mit dem Umzug der Geschäftsstellen des DSt und des DStGB nach Berlin werden deren nordrhein-west-

---

zu den Führungspositionen im DSt (Präsident, Vizepräsident, Hauptgeschäftsführer) zwischen 1948 und 1989 vgl. ebda., S. 35, Übersicht 1; zu den Führungspositionen im DStGB zwischen 1973 und 1989 vgl. ebda., S. 37, Übersicht 2; zu den Führungspositionen im DLK zwischen 1979 und 1988 vgl. ebda., S. 38, Übersicht 3.

29 Vgl. Friedrich Geißelmann (Anm. 9), S. 41.
30 Vgl. Friedrich Geißelmann (Anm. 9), S. 41.

fälische Landesverbände eigene Geschäftsstellen in Köln bzw. Düsseldorf bilden, so im Falle des DStGB ab 1. 1. 1998.

In ihren Organisationsaufbau lehnen sich diese Geschäftsstellen an das Organisationsschema von Kommunalverwaltungen (und damit an das »KGSt-Schema«) an, in dem die Aufgaben in der oberen Ebene in von »Beigeordneten« geleitete »Dezernate« (im Falle des DSt sieben) gegliedert und innerhalb dieser von »Hauptreferenten« bzw. »Referenten« geleitete Organisationseinheiten gebildet werden.[31]

Die *kSp* auf der Bundesebene werden von einem *Hauptgeschäftsführer* geleitet, der zugleich Mitglied des Präsidiums ist (*Geschäftsführendes Präsidialmitglied*). Als seine Stellvertreter werden ein Erster Beigeordneter (der ebenfalls Mitglied des Präsidiums ist) und weitere Beigeordnete bestellt, von denen jeder ein Dezernat leitet.

Die Mitarbeiterzahl der Geschäftsstellen weist auf das unterschiedliche Gewicht, aber auch die unterschiedliche Finanzkraft der *kSp* hin. Weit an der Spitze steht der DSt mit bislang rund 140 Mitarbeitern, mit deutlichem Abstand gefolgt vom DStGB mit bisher rund 50 und dem DLT mit 25 Mitarbeitern.[32]

Zwar werden die Beschlüsse der kommunalen Spitzenverbände von den offiziellen Entscheidungsgremien (Hauptversammlung, Hauptausschuß und Präsidium) verabschiedet. Die wesentlichen Weichen aber stellen die hauptamtlichen Verbandsvertreter, insbesondere die Hauptgeschäftsführer und die jeweils ein oder zwei Sachgebiete leitenden Beigeordneten mit ihren Referenten. Sie halten Kontakt zu den Mitarbeitern der Ministerien, nehmen für ihre Verbände in der Regel an den Anhörungen im Bundestag teil, informieren die Mitglieder über das Geschehen auf Bundesebene und bereiten die Sitzungen der Fachausschüsse, Hauptausschüsse und Präsidien vor.

Die Geschäftsstellen und ihre Mitarbeiter spielen für die kSp bei der Erfüllung von deren Schlüsselfunktionen insgesamt eine maßgebliche Rolle.

– Seit in den 70er Jahren den kSp auf der Bundes- und Landesebene Anhörungsrechte im Verfahren der Bundes- bzw. Landesgesetzgebung eingeräumt worden sind (hierauf ist unten zurückzukommen), besteht eine wesentliche Aufgabe (und Arbeitslast) der Geschäftsstellen und ihrer Fachleute darin, die Stellungnahmen des Verbandes zu den Gesetzgebungsentwürfen auszuarbeiten und diese gegebenenfalls im entsprechenden Rahmen (»Anhörungen« durch Parlamentsausschüsse oder Ministerien) mündlich zu vertreten.

– Die herkömmliche Aufgabe, ihre Mitgliedskommunen fachlich zu beraten und zu informieren, hat nach wie vor erhebliches Gewicht. Zur Information ihrer Mitglieder geben die Verbände regelmäßige Informationsdienste (»Schnelldienste«) heraus.

– Eine weitere zentrale Funktion der kSp liegt darin, publizistisch in die politische wie fachwissenschaftliche Öffentlichkeit zu wirken. Dem dient wesentlich die Herausgabe und Redaktion von (monatlichen) *Fachzeitschriften*[33], deren Aufsätze,

---

31 Für das Beispiel des DSt vgl. Deutscher Städtetag (Anm. 18), Anlage F.

32 Eigene Erhebung, vgl. auch Klaus von der Groeben/Hans-Jürgen von der Heide (Anm. 25), S. 258 f. Als Ergebnis dessen, daß der DSt und der DStGB im Zusammenhang mit ihrem Umzug nach Berlin aufhören, zugleich die Geschäfte ihrer nordrhein-westfälischen Landesverbände zu besorgen, und diese eigene Geschäftsstellen einrichten, wird die Beschäftigtenzahl des DSt und des DStGB deutlich reduziert sein, im Falle des DStGB auf 32 Mitarbeiter (ab 1. 1. 1998, eigene Erhebung).

33 Auf Bundesebene: DSt: Der Städtetag; DStGB: Städte- und Gemeindebund; DLT: Der Landkreis; außerdem werden von einer ganzen Reihe von Landesverbänden eigene (monatliche) Zeitschriften herausgegeben.

denkt man etwa an die jährlichen »Gemeindefinanzberichte«[34], oft weithin Beachtung finden. Die führenden Mitarbeiter der Verbände tragen ferner vielfach als Herausgeber oder Autoren zu (zumal kommunalrechtlichen) Kommentaren, einschlägigen Sammelbänden, Monographien und Zeitschriften bei[35] und wirken damit in die auch verbandspolitisch relevante Öffentlichkeit und deren Netzwerke hinein.

Finanzierung: Die Tätigkeit der *kSp* wird im wesentlichen durch Beiträge ihrer Mitglieder finanziert. Die finanzielle Stärke des DSt dürfte nicht zuletzt daher rühren, daß er nicht allein auf die Beiträge seiner Mitgliedsverbände angewiesen ist, sondern über unmittelbare Mitgliedsstädte, darunter vor allem die Großstädte, verfügt.

3. Beteiligungsrechte und Mitgliedschaften der kommunalen Spitzenverbände in bundespolitischen bzw. landespolitischen Entscheidungsprozessen

a. Gesetzgebung

In der Weimarer Republik forderten die kommunalen Verbände, die Berücksichtigung kommunaler Interessen in Parlament und Regierung institutionell zu verbessern. Zustande kam freilich nur der 1929 eingerichtete Reichstagsausschuß »für kommunalpolitische Angelegenheiten«; weitere kommunale Vorschläge, wie die Einrichtung von Kommunalreferaten im Reichsinnenministerium und eine Beteiligung am Reichswirtschaftsrat, blieben unerfüllt.[36]

In der Frühphase der Bundesrepublik wurden – in offensichtlicher Anknüpfung an diese Ansätze der Weimarer Jahre – 1950 zwei Kommunalreferate im Bundesinnenministerium und 1951 ein Bundestagsausschuß für kommunale Angelegenheiten eingerichtet. Indessen wurde der letztere – ohnedies praktisch eine Totgeburt[37] – 1969 begraben; seitdem werden kommunale Angelegenheiten im Innenausschuß mitbehandelt, sofern sie nicht in die Zuständigkeit anderer Ausschüsse fallen.[38] Die Kommunalreferate im Bundesinnenministerium existieren zwar noch, führen aber eher ein Schattendasein.

Seit den 60er Jahren drängten die kSp vermehrt darauf, dem faktischen Bedeutungszuwachs, den die Kommunen in der Weiterentwicklung des bundesdeutschen Föderalismus und der »Politikverflechtung« der Bundes-, Landes- und kommunalen

---

34 Jeweils im März- (bis 1993 im Februar-)Heft der Zeitschrift Der Städtetag.

35 Als Beispiel diene die rege Publikationstätigkeit einiger an diesem Bande mitwirkender Funktionsträger kommunaler Spitzenverbände, so Hans-Georg Henneke (Deutscher Landkreistag), Jochen Dieckmann (Deutscher Städtetag), Hans-Jürgen von de Heide (Deutscher Landkreistag), um nur diese zu nennen.

36 Jürgen Bertram, Staatspolitik und Kommunalpolitik, Stuttgart 1967, S. 156 ff.; Wolfgang Hofmann, Städtetag und Verfassungsordnung, Stuttgart 1966, S. 69 ff.; Dieter Rebentisch, Die Selbstverwaltung in der Weimarer Zeit, in: Günter Püttner (Hrsg.), Handbuch der kommunalen Wissenschaft und Praxis, Bd. 1, 2. Aufl., Berlin usw. 1981, S. 92.

37 Vgl. Jürgen Bertram (Anm. 36), S. 149 ff.

38 Vgl. Klaus von der Groeben/Hans-Jürgen von der Heide (Anm. 25) S. 311.

Ebene erfuhren, dadurch Rechnung zu tragen, daß die Kommunen (über ihre Spitzenverbände) an bundesstaatlichen Entscheidungsverfahren beteiligt werden.[39] Hauptgegner einer institutionellen Aufwertung der Kommunen im bundesstaatlichen System und in der Bundespolitik waren die Länder, die darauf beharren, daß die Bundesrepublik staatsrechtlich als aus Bund und Ländern bestehender zweistufiger Bundesstaat – mit einer eigenen gewissen Eigenstaatlichkeit der Länder – verfaßt sei, die Kommunen auch hinsichtlich ihrer kommunalen Selbstverwaltung als Teil der Länder(exekutive) zu gelten haben und ihnen deshalb ein direkter Einfluß auf die Bundespolitik zu verwehren sei.[40]

Angesichts dieser verfassungsrechtlichen und föderativ-machtpolitischen Gegebenheiten verzichteten die *kSp* augenscheinlich von vornherein weitgehend darauf, die staatsrechtliche Zweistufigkeit der Bundesstaatlichkeit in Frage zu stellen und auf die verfassungsrechtliche Anerkennung der Kommunen als »dritter Ebene« zu drängen. Ihre Forderungen bezogen sich vielmehr in erster Linie auf die bundesstaatlichen Planungsverbünde, die in den 60er Jahren immer stärkere Bedeutung gewannen, und auf die Gesetzgebungsverfahren auf der Bundes- und Landesebene. Die Mitwirkung der kommunalen Spitzenverbände an den letzteren war in der Gesetzgebungspraxis von Bund und Ländern in der Nachkriegszeit dadurch gekennzeichnet, daß die frühzeitige Anhörung der kommunalen Verbände in einer frühen Phase des Gesetzgebungsprozesses im Belieben der Ministerien und Parlamente stand und die kommunalen Verbände zudem jedwedem anderen Interessen- und Lobbyverband gleichgestellt waren. Insofern zielten die Forderungen der kommunalen Spitzenverbände darauf, Anhörungsrechte zu erhalten, die, den besonderen verfassungspolitischen Status der Kommunen anerkennend, gegenüber den »normalen« Interessenverbänden verstärkt und hervorgehoben seien und prozedural sicherstellen, daß die Beteiligung der kommunalen Verbände frühzeitig im Gesetzgebungsverfahren erfolge, im Falle der – die Regel bildenden – Gesetzentwürfe der Regierung in einer frühen Phase der Ausarbeitung in den Ministerien (»Referentenentwurf«). Für ihre »privilegierten« Anhörungsrechte forderten die Kommunen eine Regelung in der Verfassung.[41]

Einen ersten Höhepunkt erlebte diese Auseinandersetzung im Zusammenhang mit der vom Bundestag am 22. 2. 1973 eingesetzten *Enquete-Kommission Verfassungsreform*. Die Enquetekommission, in der die Länder einflußmächtig vertreten waren[42], reduzierte die Reformempfehlungen darauf, daß den *kSp* Anhörungsrechte in den Geschäftsordnungen von Bundestag, Bundesrat und Bundesregierung einzuräumen seien. Der Forderung, diese Rechte in der Verfassung zu verankern, erteilte die Enquetekommission in ihrem Schlußbericht[43] vom 9. 12. 1976 eine Ab-

---

39 Vgl. hierzu auch Jochen Dieckmann in diesem Band.

40 Vgl. Jürgen Bertram (Anm. 36), S. 70 ff., 156 ff.; Rüdiger Voigt, Kommunale Partizipation am staatlichen Entscheidungsprozeß, Würzburg 1976, S. 35 ff.; vgl. auch Hellmut Wollmann, Kommunalvertretungen . . ., in diesem Band.

41 Vgl. Forderungen der Städte und Kreise zum Standort des kommunalen Bereichs nach dem Grundgesetz, in: Der Städtetag, (1973) 9, S. 469 f. Dieser – von den Präsidien des DSt und des DKT beschlossene – Forderungskatalog wurde der Enquetekommission vorgelegt. Teilweise »radikalere« Forderungen erhob der DStGB (der an dieser Beschlußfassung auffälligerweise nicht beteiligt war), insbesondere darin, daß den kSp eine (beratende) Mitgliedschaft im Bundesrat eingeräumt werden sollte.

42 Vgl. Wolfgang Zeh, Spätföderalismus, in: Zeitschrift für Parlamentsfragen, (1977) 4, S. 475 ff.

43 Zum Schlußbericht vgl. BT-Drs. 7/5924, zum Zwischenbericht vom 21. 9. 1972 vgl. BT-Drs. 6/3829.

sage[44] ebenso wie dem Verlangen, den *kSp* eine (auch nur beratende) Mitgliedschaft im Bundesrat einzuräumen.[45] Im Vorgriff auf den Schlußbericht und die Empfehlungen der Enquetekommission erhielten die kommunalen Spitzenverbände die gewünschten privilegierten Anhörungsrechte, abgesichert allerdings nicht im Grundgesetz, sondern in den Geschäftsordnungen von Bundestag und Bundesregierung. So regelte die Gemeinsame Geschäftsordnung der Bundesministerien (GGO II in der Fassung vom 15. 10. 1976), daß vorbereitende Entwürfe zu Gesetzen, durch die Belange der Gemeinden und Gemeindeverbände berührt werden, den auf Bundesebene bestehenden kommunalen Spitzenverbänden möglichst frühzeitig zugeleitet werden« sollen.[46] Ähnlich sollen die Ausschüsse des Bundestages bei Vorlagen, die wesentliche Belange von Gemeinden und Gemeindeverbänden berühren, den kommunalen Spitzenverbänden Gelegenheit zur Stellungnahme geben.[47] Zudem sind die kommunalen Spitzenverbände der Kommunen nunmehr auch hinsichtlich der Berichtspflicht der Ausschüsse an das Plenum des Bundestags gegenüber den »normalen« Interessenverbänden bessergestellt: Die Äußerungen der kommunalen Spitzenverbände müssen, die Aussagen der anderen angehörten Interessenverbände hingegen sollen im Ausschußbericht wiedergegeben werden.[48]

Der Bundesrat fand sich nicht bereit, der Empfehlung der Enquetekommission zu folgen und auch in seiner Geschäftsordnung den kommunalen Spitzenverbänden Anhörungsrechte zu geben – wohl als Ausdruck des Beharrens der Länder, daß ein solches Mitwirkungsrecht der Kommunen in der Bundespolitik nichts zu suchen habe und die Vertretung der kommunalen Interessen bei den Ländern in den besten Händen sei. Gegenüber dem Drängen der *kSp*, sich dem Beispiel des Bundestages anzuschließen und ihnen Beteiligungsrechte an seiner Gesetzgebungs- und Verordnungsgebungsarbeit zu geben, zeigt sich der Bundesrat nach wie vor harthörig.[49]

Im Zusammenhang mit den Beratungen der Gemeinsamen Verfassungskommission von Bundestag und Bundesrat, die am 16. 1. 1992 mit der Aufgabe konstituiert

---

44 Mit der Begründung: »Eine Verankerung in der Verfassung empfiehlt sich nicht, da die Rechtsstellung des kommunalen Bereichs im Grundgesetz ausreichend abgesichert ist.« (BT-Drs. 7/5924, S. 225).

45 Die Enquetekommission begründete ihre Ablehnung insbesondere damit, es sei »grundsätzlich Sache der Länder, die Belange und Interessen ihrer Städte, Gemeinden und Kreise im bundesstaatlichen Raum wahrzunehmen. Diese Mittlerfunktion würde erheblichen Belastungen ausgesetzt werden, wenn die kommunale Selbstverwaltung von Verfassungswegen im Bundesrat über originäre Artikulationsmöglichkeiten im Bundesstaat verfügte« (BT-Drs. 7/5924, S. 223). Überdies stellte sie die Kommunen mit den »anderen Selbstverwaltungsträgern wie etwa Kirchen, Universitäten« staatsrechtlich in eine Reihe und war von der Vorstellung geängstigt, daß diese, würden erst einmal die Kommunen solche Teilnahmerechte besitzen, demnächst »ebenfalls beratende Mitgliedschaften im Bundesrat (verlangen) könnten«.

46 § 25 Abs. 1 der Gemeinsamen Geschäftsordnung der Bundesministerien, Besonderer Teil (GGO II) in der Fassung der Bekanntmachung vom 15. 10. 1976 (GMBI. S. 550). Bevor ein Ministerium Gesetzentwürfe zuleitet, soll es feststellen, ob eine der beteiligten obersten Bundesbehörden, mit deren abweichender Meinung in wesentlichen Punkten zu rechnen ist, Widerpruch gegen die Unterrichtung der kommunalen Spitzenverbände erhebt. §§ 67 und 78 regeln entsprechende Möglichkeiten zur Stellungnahme bei Entwürfen von Rechtsverordnungen und allgemeinen Verwaltungsvorschriften.

47 § 69 Abs. 5 GO BT.

48 § 66 Abs. 2 S. 2 GO BT.

49 Vgl. Deutscher Städtetag (Anm. 18), S. 37.

wurde, Empfehlungen für durch die Deutsche Vereinigung (sowie durch den Maastrichter Vertrag) gebotene Verfassungsänderungen zu erarbeiten, unternahmen die *kSp* einen Vorstoß, für sich Anhörungsrechte zu Gesetzesvorlagen, Entwürfen von Rechtsverordnungen und Stellungnahmen der Bundesregierung zu Entwürfen von EU-Veordnungen und EU-Richtlinien im Grundgesetz zu verankern. Diese Forderung wurden mit der Begründung abgelehnt, ein solches Anhörungsrecht sei bereits ausreichend in der Gemeinsamen Geschäftsordnung der Bundesministerien (§§ 25, 67 GGO II) und in der Geschäftsordnung des Bundestages (§ 69 Abs. 5) gesichert.[50] Auch wenn den *kSp* mithin eine verfassungskräftige Absicherung ihrer Mitwirkungsrechte mißlang, konnten sie im Mai 1995 eine Aufnahme einer neuen Bestimmung in der Gemeinsamen Geschäftsordnung der Bundesministerien (§ 85d GGO II) durchsetzen, wonach nunmehr Vorschläge für Rechtsakte der Europäischen Union, durch die unmittelbar Belange der Gemeinden und Gemeindeverbände berührt werden, von dem in der Sache federführenden Ministerium den auf Bundesebene bestehenden *kSp* zuzuleiten sind. Zudem sind die *kSp* zuversichtlich, »auch eine entsprechende Änderung der Geschäftsordnung des Bundestages zu erreichen«.[51]

Jüngst haben die *kSp* erstmals die Forderung erhoben, ihnen eine beratende Mitwirkung im Vermittlungsausschuß als maßgeblichem gesetzgeberischen Kompromißfindungsgremium zwischen Bundestag und Bundesrat einzuräumen[52]; allerdings bislang ohne Erfolg.

Anders als Bundestag und Bundesregierung sperrten sich die *Länder* in den 70er Jahren gegen die Empfehlung der Enquetekommission, den *kSp* Anhörungsrechte in Gesetz- und Verordnungsgebungsverfahren des *Bundesrates* zu geben, mit dem Argument, daß die Kommunen als staatsrechtlicher Bestandteil der Länder in dieser von den Landesregierungen wahrzunehmenden *bundes*politischen Zuständigkeit nichts zu suchen hätten. An dieser Ablehnung haben die Länder bislang festgehalten.

Immerhin ist es den *kSp* zudem in der letzten Zeit gelungen, für die Diskussion wichtiger kommunalrelevanter Fragen den Zugang zur Ministerpräsidentenkonferenz der Länder zu öffnen.[53]

Während die Länder mithin auf ihrem bundespolitischen »Alleinvertretungsanspruch« gegenüber den auf Bundesebene agierenden *kSp* bislang eifersüchtig beharrt haben, räumen sie deren Landesverbänden seit den 70er Jahren – in den Geschäftsordnungen der Landtage und Landesregierungen – ebenfalls privilegierte Anhörungs- und Mitwirkungsrechte an den landespolitischen Gesetz- und Verordnungsgebungs- und anderen Entscheidungsverfahren ein.[54]

Die wirksame Wahrnehmung der Anhörungsrechte, die sich gegenständlich auf die Entwürfen von Gesetzen, aber auch von Rechtsverordnungen (und neuerdings einer wachsenden Zahl von Gesetzesgebungsakten zur nationalen Umsetzung von EU-Richtlinien) beziehen, bildet für die Geschäftsstellen der *kSp* und ihre Mitarbeiter eine

---

50 Vgl. Deutscher Städte- und Gemeindebund, Geschäftsbericht 1991–1995, S. 27.
51 Deutscher Städtetag (Anm. 18), S. 37.
52 Vgl. Deutscher Städtetag (Anm. 18), S. 36: »In diesem Gremium, das an Bedeutung gewonnen hat und bei anhaltendem Konsolidierungsdruck auf den Bundeshaushalt noch an Bedeutung zunehmen wird, sollten die kommunalen Spitzenverbände auf Aufforderung zu anstehenden, den kommunalen Aufgabenvollzug und die kommunalen Finanzen belastenden Entscheidungen Stellung nehmen können«.
53 Vgl. Deutscher Städtetag (Anm. 18), S. 37.
54 Vgl. Rüdiger Voigt (Anm. 40), S. 80 ff.; für detaillierte neuere Darstellungen zu den Beteiligungsrechten der kSp vgl. – am Beispiel Bayerns – die beiden (überwiegend juristisch orientierten) Arbeiten von Manfred W. Riederle (Anm. 11) und Wolfgang Czerny (Anm. 11).

beträchtliche fachliche und zeitliche Herausforderung, zumal sie sich meist nicht nur auf die Ausarbeitung schriftlicher Stellungnahmen, sondern deren mündlicher Vertretung in den entsprechenden parlamentarischen oder sonstigen Gremien erstreckt. Dabei ist daran zu erinnern, daß innerhalb der Geschäftsstellen die (ohnedies für breite Themenfelder zuständigen) Referenten (als die operative Arbeitsebene) über eigene Mit- und Zuarbeiter nicht verfügen.

b. Weitere »föderale« und innerstaatliche Mitgliedschaften

Ferner sei – als Frucht der Reformphase der späten 60er Jahre – auf die Mitgliedsrechte der *kSp* erinnert in dem:
– (1967 gebildeten, seit 1990 22-köpfigen) *Konjunkturrat*, dem neben zwei Vertretern des Bundes (Finanz- und Wirtschaftsminister) und je einem Landesvertreter vier Vertreter der Gemeinden und Gemeindeverbänden angehören, die – unter Wahrung der bundesstaatlichen »Kleiderordnung« – vom Bundesrat (sic! HW) auf Vorschlag der kommunalen Spitzenverbände bestimmt werden[55];
– (1969 gebildeten, seit 1990 ebenfalls 22-köpfigen und ansonsten gleichermaßen zusammengesetzten) *Finanzplanungsrat*.[56]
Abgesehen von der numerischen Minderheitsposition der *kSp* ist daran zu erinnern, daß der Konjunktur- und der Finanzplanungsrat nie die ihnen zugedachte Bedeutung als Instrumente staatlicher Planung erreicht haben.[57]

Für einzelne kommunale Aufgabenbereiche bestehen Spezialeinrichtungen, etwa der *Verband kommunaler Unternehmen*, der *Verband öffentlicher Verkehrsbetriebe*, die *Kommunale Gemeinschaftsstelle für Verwaltungsvereinfachung* (KGSt), die *Vereinigung kommunaler Arbeitgeberverbände* und der *Deutsche Sparkassen- und Giroverband*. Sie arbeiten eng mit den *kSp* zusammen und werden von diesen nach Bedarf auch in die Ausarbeitung von Stellungnahmen eingeschaltet.[58]

4. Beteiligungsrechte und Mitgliedschaften der *kSp* im europäischen und internationalen Kontext[59]

In dem Maße, wie die Europäische Union als neue supra-nationale Handlungsebene etabliert wird, deren Politik über Rechtsetzung und finanziellen Ressourceneinsatz für die Kommunen als untere subnationale Ebene Bedeutung gewinnt, wächst das Interesse der Kommunen und ihrer Spitzenverbände daran, eigene – also weder

---

55 § 18 Stabilitäts- und Wachstumsgesetz vom 8. 6. 1967.
56 § 51 Haushaltsgrundsätzegesetz vom 19. 8. 1969.
57 Vgl. hierzu Horst Matzerath, Konjunkturrat und Finanzplanungsrat, in: Archiv für Kommunalwissenschaften, (1972) 2, S. 243 ff.
58 Für eine Auflistung der vielfältigen Mitgliedschaften und Mitwirkungen der kSp in Gremien und Organisationen vgl. für den DSt: Deutscher Städtetag (Anm. 18), S. 255 ff.
59 Vgl. den instruktiven Überblick in: Deutscher Städtetag (Anm. 18), S. 23 ff.

durch Bundes- noch Landesebene vermittelte – Mitwirkungsrechte an den Entscheidungsprozessen der EU und unmittelbare Kontakte mit den EU-Institutionen aufzubauen.[60]

Ausschuß der Regionen

Um die Frage der Mitgliedschaft im *Ausschuß der Regionen* (AdR), der sich gemäß Art. 198a des Maastrichter Vertrags als konsultatives Gremium von »Vertretern der regionalen und lokalen Körperschaften« im Frühjahr 1994 konstituierte und in dem der Bundesrepublik (ebenso wie Italien, Frankreich und Großbritannien – als den bevölkerungsstärksten EU-Mitgliedsländern) 24 Vertreter zustehen, wurde zwischen den Ländern und den Kommunen heftig gestritten. Angesichts der Absicht der Länder, alle 24 Sitze im Ausschuß der Regionen für sich zu reklamieren und Vertreter der Kommunen aus diesem ganz fernzuhalten, bedurfte es schließlich der Intervention von Bundeskanzler[61] und Bundestag, um den kommunalen Spitzenverbänden wenigstens je einen Sitz zu sichern; mit Ausnahme Belgiens, wo es ebenfalls eine starke föderative Ebene gibt, wurden in den anderen Ländern die Kommunen anteilsmäßig stärker berücksichtigt.[62]

Büro der deutschen kommunalen Selbstverwaltung in Brüssel

Seit dem 1. 1. 1991 besteht in Brüssel *ein Europabüro der deutschen kommunalen Selbstverwaltung*, das von den drei *kSp* gemeinsam getragen wird. Damit tun es die *kSp* den vielen privaten und halböffentlichen Interessengruppen, nicht zuletzt den Bundesländern, gleich, die sich von eigenen Vertretungen in Brüssel einen besseren Zugang zu relevanten Informationen und frühzeitige Einflußnahmen versprechen.

Mitgliedschaft in internationalen Vereinigungen

Von den weiteren Mitgliedschaften der kommunalen Spitzenverbände in internationalen Organisationen seien – ausschnitthaft – vor allem genannt[63]:
– Internationaler Gemeindeverband, Den Haag;
– Internationaler Gemeindeverband, Deutsche Sektion;

---

60 Vgl. Dietrich Thränhardt in diesem Band.
61 Zum »Hilferuf« des Deutschen Städtetages vgl. Jochen Dieckmann, Kommunen dürfen nicht ausgebootet werden. Deutscher Städtetag bittet Bundeskanzler um Hilfe, in: Kommunalpolitische Blätter, (1992) 5, S. 386 f. Vgl. Dietrich Thränhardt in diesem Band, Fußnote 20 mit weiteren Nachweisen.
62 Vgl. Dietrich Thränhardt in diesem Band. Zur Mitwirkung der kSp im AdR vgl. Deutscher Städtetag (Anm. 18), S. 23, dort auch die besänftigende Einschätzung: »Die Zusammenarbeit zwischen den kommunalen Vertretern im AdR und den Vertretern der Bundesländer hat sich wesentlich verbessert. Dazu trug u. a. auch ein Beschluß des Bundesrates bei, in dem sich die Länderkammer mehrheitlich gegen den von einigen Bundesländern immer wieder erhobenen Ausschluß der Kommunen aus dem AdR (sic! HW) ausgesprochen hat.«
63 Vgl. die Übersicht bei Bruno Weinberger, Internationale Gemeindeverbände und Städtepartnerschaften, in: Günter Püttner (Hrsg.), Handbuch der kommunalen Wissenschaft und Praxis, 2. Aufl., Bd. 2, Berlin usw. 1982, S. 506 ff.

- Rat der Gemeinden und Regionen Europas, Europäische Sektion des Internationalen Gemeindeverbandes, Paris;
- Rat der Gemeinden und Regionen Europas, Deutsche Sektion;
- Kongreß der Gemeinden und Regionen Europas, Straßburg.

5. Zusammenfassende Bemerkungen

Die Entwicklung und Handlungslogik der *kSp* ist durch ihren eigentümlich widersprüchlichen und spannungsvollen Status der Kommunen in der Politik- und Verwaltungswelt der Bundesrepublik geprägt: Ist doch dieser Status auf der einen Seite durch die überkommene staatsrechtliche Tradition und Doktrin der Zweistufigkeit des Bundesstaates bestimmt, die sich in den Bund und die Bundesländer gliedert und die Kommunen als Teil der Länder(verwaltung) ausweist.[64] Auf der anderen Seite üben die Kommunen traditionell eine bedeutende Politik- und Verwaltungsfunktion aus, die nicht nur in der verfassungskräftig gesicherten kommunalen Selbstverwaltung, sondern auch – innerhalb der traditionellen (»janusköpfigen«) Doppelfunktion – in der Erledigung »übertragener« staatlicher Aufgaben begründet liegt und der kommunalen Ebene eine – im internationalen Vergleich sichtbar werdende[65] – beachtliche Stellung verleiht.

Vor diesem Hintergrunde ist die Entwicklung der *kSp* – von der Reichsgründung von 1871 über die Weimarer Republik bis zur Bundesrepublik – als der Anspruch und die Bemühung der Kommunen zu verstehen, die überkommene »Zweistufigkeit« des föderativen Systems wenn schon nicht außer Kraft zu setzen, so doch zumindest dadurch abzuschwächen und durchlässiger zu machen, daß die Kommunen über ihre Verbände als »kollektive Akteure« Zugang und Stimme in den Politik- und Entscheidungsarenen auf Bundes- und Landesebene, also auf der nationalen wie sub-nationalen Ebene, zur Geltendmachung ihrer Interessen gewinnen. Im Zuge der Europäischen Integration sehen sich die Kommunen einer neuen und zusätzlichen »dritten« (supra-nationalen) Entscheidungsarena gegenüber, zu deren sie den Zugang suchen.[66] Hinsichtlich beider Arenen, der bundes- wie der europapolitischen, finden sich die Kommunen und ihre Verbände mit dem eifersüchtigen Bestreben der Bundesländer konfrontiert, im Verhältnis zu »ihren« Kommunen auf einem bundespolitischen, aber auch europapolitischen »Alleinvertretungsanspruch« ungeschmälert zu beharren und die Kommunen von nationalen wie supra-nationalen Entscheidungsverfahren auszuschließen.

Offenkundig in realistischer Einschätzung dessen, daß die bundesstaatliche »Zweistufigkeit« sowohl verfassungsrechtlich in der überkommenen deutschen Verfassungslehre als auch verfassungspolitisch im Eigeninteresse der Länder bis auf weiteres kaum verrückbar verankert scheint, haben denn die Kommunen und ihre Verbände – in den sich in den frühen 70er und in den frühen 90er Jahren zuspitzenden

---

64 Vgl. hierzu (kritisch) Hellmut Wollmann, Kommunalvertretungen . . . sowie Jochen Dieckmann, beide in diesem Band.

65 Vgl. Hellmut Wollmann, Entwicklungslinien lokaler Demokratie . . . im internationalen Vergleich, in diesem Band.

66 Vgl. Dietrich Thränhardt in diesem Band.

Verfassungsdiskussionen – praktisch völlig darauf verzichtet, die Vorstellung und Forderung eines »dreistufigen« Bundesstaates in die Diskussion zu bringen.[67] Statt dessen haben sie sich darauf beschränkt und konzentriert, den Einfluß der Kommunen auf die Bundespolitik, aber auch Landespolitik, in jüngster Zeit vermehrt auch auf die Europapolitik vor allem dadurch zu stärken und zu sichern, daß Anhörungs- und Beteiligungsrechte der *kSp* an (gesetzgeberischen usw.) Entscheidungsverfahren des Bundes, der Bundesländer und auch der EG/EU vorgesehen werden; hinsichtlich der letzteren ist daran zu erinnern, daß die *kSp* im Falle des Ausschusses der Regionen der Hilfestellung des Bundes bedurften, um die von den Bundesländern hartnäckig verteidigte Hürde zu überklettern.

Angesichts der verfassungsrechtlichen und -politischen Barrieren, die die Kommunen und ihre Verbände für den angestrebten Zugang zu diesen Entscheidungsarenen zu überwinden hatten und haben, ist der von ihnen inzwischen erreichte Landgewinn an Beteiligungs- und Mitwirkungsrechten in Bundes-, Landes- und Europapolitik durchaus beachtlich. Im föderativ und pluralistisch-neokorporatistisch geprägten Entscheidungssystem der Bundesrepublik verfügen die *kSp* über ein Netz von Beteiligungsrechten und Mitgliedschaften, die ihnen ein erhebliches – im Vergleich zur Stellung ähnlicher kommunaler Verbände als kollektiver kommunaler Akteure in anderen europäischen Ländern vermutlich sogar ungewöhnliches – Einflußpotential eröffnen.

Darüber, welchen Einfluß die *kSp* auf bundes-, landes- und neuerdings auch europapolitischen Entscheidungsverfahren *tatsächlich* ausüben, liegen bislang allerdings nur wenige systematische empirische Untersuchungen und Erkenntnisse vor.[68] Vieles spricht dafür, daß der reale Einfluß der *kSp* zwar ingesamt durchaus beachtlich ist, jedoch insbesondere dort seine Grenzen findet, wo sich die Kommunen einer Koalition von Bund und Ländern, etwa in der Überbürdung von sozialen Lasten auf die Kommunen (»cost shifting«), gegenübersehen und die dann im Ergebnis schmalen Anhörungs- und Beteiligungs- und letztlich marginalen Mitgliedschaftsrechte der *kSp* nicht ausreichen, um einer solchen Koalition erfolgreich Paroli zu bieten. Hinzu kommt, daß die fortbestehende Dreiteilung der *kSp* ihre Fähigkeit, ihr Gewicht in die Waagschale der Entscheidungsfindung zu werfen, schwächt und überdies die verhältnismäßig karge Personalausstattung ihrer Geschäftsstellen kaum genügt, um die erforderliche zeitliche Präsenz und inhaltlich-argumentative Schlagkraft in die vielfältigen Entscheidungsverfahren und -runden einzubringen.

---

67 Vgl. Jochen Dieckmann in diesem Band.
68 Vgl. insbesondere Dietrich Fürst/Joachim Jens Hesse/Hartmut Richter, Stadt und Staat, Baden-Baden 1984 (mit Fallstudien u. a. zur Abschaffung der Lohnsummensteuer), Wolfgang Jaedicke u. a. (Anm. 1), mit Fallstudien u. a. zur Verabschiedung und Novellierung des Bundessozialhilfegesetzes, zur Bestimmung des »Warenkorbs« sowie zum Arbeitsförderungsgesetz), vgl. ferner Rüdiger Voigt (Anm. 40), S. 61 ff.

GERD SCHMIDT-EICHSTAEDT

Autonomie und Regelung von oben

Zum Verhältnis von kommunaler Eigenverantwortung und fremdbestimmter Eingrenzung durch Bundes- und Landesrecht sowie durch Normen der Europäischen Union

1. Die Unterworfenheit der Kommunen unter das für alle geltende Gesetz

Die Kommunen sind wie jedermann eingebunden in das Gefüge der Rechtsregeln, mittels derer das Miteinander der Staatsbürger untereinander geregelt ist, mit denen aber auch die Eingriffsrechte des Staates in die Privatsphäre sowie die Leistungspflichten des Staates gegenüber den Mitgliedern der Rechtsgemeinschaft festgeschrieben sind. Für die Kommunen bedeutet dies folgendes:

Wenn die Kommunen als juristische Personen wie ein »normaler Staatsbürger« etwas einkaufen, z. B. Heizöl für das Rathaus, wenn sie wie ein normaler Hauseigentümer Räume vermieten, dann müssen sie sich wie jedermann an die einschlägigen Gesetze halten: Sie müssen den Kaufpreis für das Heizöl inklusive der Mehrwertsteuer pünktlich bezahlen; sie müssen vermietete Wohnungen wie jeder Vermieter ordnungsgemäß instandhalten. Diese »normale« Unterworfenheit der Kommunen unter Gesetz und Recht ist jedoch nur selten Gegenstand des politikwissenschaftlichen und juristischen Interesses. Von gesteigertem Interesse sind allenfalls die Fälle, in denen die Kommunen – obwohl privatrechtlich handelnd – öffentlichrechtlichen Bindungen unterworfen sind. Durch Publizität bekannt sind hier die Fälle, in denen Kommunen gegen ihren (privatrechtlichen) Eigentümer-Willen durch die Gerichte verpflichtet wurden, ihre Stadthalle an eine unliebsame (politische) Organisation zu vermieten, weil dies mit Rücksicht auf die verfassungsrechtlich gebotene Chancengleichheit für alle zugelassenen politischen Parteien im Wahlkampf öffentlich-rechtlich gefordert werden konnte.[1] Im übrigen und auch hier – in diesem Beitrag – ist der Blick jedoch nicht auf die allgemeine Gesetzesunterworfenheit der Kommunen gerichtet; vielmehr gilt das Interesse den Vorschriften, die die Kommunen und ihren Status in besonderer, herausgehobener Weise betreffen.

Eine solche »besondere Betroffenheit« liegt vor allem in folgenden Bereichen vor: Erstens im Bereich der Vorschriften, die den besonderen Status der Kommunen im

---

1 Vgl. Jörn Ipsen/Thorsten Koch, Öffentliches und privates Recht – Abgrenzungsprobleme bei der Benutzung kommunaler Einrichtungen, JuS 1992, S. 809; Silke Vollmer, Inhalt und Umfang des Zulassungsanspruchs politischer Parteien zu den kommunalen öffentlichen Einrichtungen, DVBl. 1989, S. 1087.

Staatsaufbau regeln; zweitens im Bereich der Regeln für die Erfüllung von öffentlichen Aufgaben durch die Kommunen.

Auch außerhalb dieser besonders für die Kommunen geltenden Vorschriften ist zwar nicht auszuschließen, daß sich einige, grundsätzlich für jedermann geltende Bundesgesetze intensiv, z. B. kostensteigernd oder kostenmindernd, auf die kommunale Aufgabenerfüllung auswirken. Das kann z. B. bei Steuergesetzen, wie dem Umsatzsteuergesetz, der Fall sein, durch die die Steuerlasten für die Kommunen erhöht oder vermindert werden. Eine besondere Belastung der Kommunen durch ein allgemeines Gesetz kann sich auch ergeben, wenn als Folge daraus neue Pflichten für die Kommunen entstehen. Dies war z. B. bei der (ersten) Reform des § 218 des Strafgesetzbuches (1974/76) der Fall; infolge der Neuregelung des § 218 StGB wurden den Kommunen in Verbindung mit dem Bundessozialhilfegesetz zusätzliche Beratungspflichten beim Schwangerschaftsabbruch auferlegt.[2]

Weiterhin kann es auch die kommunale Aufgabenerfüllung besonders belastende oder begünstigende »allgemeine« Gesetz geben, wenn sich formal allgemein gültige Regeln materiell in besonderer Weise auf die Kommunen als die Hauptträger der örtlichen Verwaltung auswirken. Beispiele dafür sind das Kreislaufwirtschaftsgesetz[3] und das Wasserhaushaltsgesetz[4]. Diese Gesetze sprechen zwar jedermann an, die Kommunen aber sind als die Hauptpflichtigen der Abfallbeseitigung und die Hauptträger der Wasserver- und -entsorgung besonders betroffen.

Für das Verständnis der Rolle der Kommunen in der Politik der Bundesrepublik Deutschland sind jedoch die Vorschriften am wichtigsten, die allein oder in Verbindung mit weiteren Gesetzen die Kommunen in ihrem besonderen Status als Glieder des Verwaltungsaufbaus der Bundesrepublik Deutschland treffen und in die Pflicht nehmen, indem der kommunale Status und/oder die Wahrnehmung vorhandener Aufgaben geregelt oder modifiziert wird, neue Verwaltungsaufgaben auferlegt oder überholte gestrichen werden.

2. Status und rechtliche Gebundenheit der Kommunen als Körperschaften des öffentlichen Rechts: Eigenverantwortung im Rahmen der Gesetze

Der Status der Kommunen im Staats- und Verwaltungsaufbau der Bundesrepublik Deutschland ist im Grundgesetz, in den Landesverfassungen und – vor allem – in den Gemeinde- und Kreisordnungen der Bundesländer[5] geregelt. Unter Einlösung der

---

2 Vgl. § 37b BSHG, eingefügt durch das Strafrechtsreformergänzungsgesetz vom 28. 8. 1975 (BGBl. I 2289); Wolfgang Franz, Kosten der Beratung nach der Reform des § 218 StGB, in: NJW 1977, S. 1085.
3 Vgl. dazu: Auswirkungen des Kreislaufwirtschaft- und Abfallgesetzes auf die öffentlich-rechtlichen Entsorgungsträger, hrsg. von Werner Hoppe u. a., Köln 1996.
4 Gesetz zur Ordnung des Wasserhaushalts vom 27. 7. 1957 (BGBl. I 1110) mit nachfolgenden Änderungen.
5 Sämtlich abgedruckt in: Die Gemeindeordnungen und die Kreisordnungen in der Bundesrepublik Deutschland, bearb. von Gerd Schmidt-Eichstaedt/Isabell Stade/Michael Borchmann, Stuttgart u. a. 1979 ff. (Schriften des Deutschen Instituts für Urbanistik, Bd. 47).

Selbstverwaltungsgarantie des Art. 28 des Grundgesetzes werden den Kommunen in den Landesverfassungen und Gemeindeordnungen ihre Aufgaben als »Grundlagen des Staates und des demokratischen Lebens« (Art. 1 der Gemeindeordung für den Freistaat Bayern), als »ausschließliche Träger der gesamten örtlichen öffentlichen Verwaltung« (Art. 137 der Verfassung des Landes Hessen) zugeschrieben. Das Wesen ihrer Autonomie besteht darin, daß sie alle Angelegenheiten der örtlichen Verwaltung im Rahmen der Gesetze eigenverantwortlich regeln dürfen.

Während die Gemeinde- und Kreisordnungen den Kommunen generalklauselartig das Gesamtfeld der örtlichen öffentlichen Aufgaben eröffnen, werden die Einzelheiten der Aufgabenerfüllung dann durch weitere besondere Gesetze, nämlich durch Landes- und Bundesgesetze, geregelt. Diese Gesetze treffen die Kommunen nicht in ihrer Eigenschaft als Teilnehmer am allgemeinen Rechtsverkehr, sondern in ihrer Funktion als Glieder des Staatsaufbaus. Die Kommunen sind die wichtigsten Instanzen bei der Ausführung der Bundes- und Landesgesetze, denn in aller Regel sind es die Kommunen, die dem Bürger als Ordnungsgewalt und Leistungsträger, immer mehr auch als Serviceeinrichtung, gegenübertreten. Aufgrund des Prinzips der Gesetzmäßigkeit der öffentlichen Verwaltung bedeutet dies, daß hinter all diesen Tätigkeiten und Funktionen jeweils ein Gesetz als Eingriffs- oder Leistungsermächtigung stehen muß, wobei es hier nicht um Unterworfenheit, sondern um rechtsstaatliche Bindung geht. Eine solche Bindung kann nicht nur durch nationales Recht, sondern auch durch Rechtsetzung der Europäischen Union herbeigeführt werden.

3. Die Kommunen als Ausführungsinstanzen für Bundes- und Landesrecht

a. Die Rechtsgrundlagen kommunalen Handelns

Als Verwaltungsinstanz genießen die Kommunen keine Privatautonomie. Auch wenn sie sich im Einzelfall privatrechtlicher Handlungs- und Organisationsformen bedienen dürfen (besonders im Bereich ihrer Einrichtungen)[6], sind sie doch Bestandteile des gestuften Aufbaus der öffentlichen Verwaltung. Damit unterliegt ihr Handeln dem Prinzip der Gesetzmäßigkeit der Verwaltung. Autonom sind die Kommunen nur insoweit, als sie über ihre Satzungshoheit die Rechtsgrundlagen ihres Handelns selbst setzen können – z. B. durch eine Gebührensatzung. Alle örtlichen Satzungen dürfen aber wiederum nur »im Rahmen der Gesetze« ergehen. Insofern unterliegt nahezu sämtliches Handeln der Kommunen gesetzlichem Einfluß, weil sie entweder im Rahmen oder direkt nach Maßgabe von Gesetzen handeln. Die durch das Prinzip der Gesetzmäßigkeit der Verwaltung herbeigeführten Bindungen werden besonders deutlich, wenn man einen Gang durch die Zuständigkeitsbereiche einer (großen) Kommunalverwaltung unternimmt. Bei einem solchen Gang durch das Rathaus wird man

---

6 Vgl. dazu Dirk Ehlers, Die Entscheidung, der Kommunen für eine öffentlich-rechtliche oder privatrechtliche Organisation ihrer Einrichtungen und Unternehmen, in: Die Öffentliche Verwaltung 1986, S. 897.

auf folgende Ämter[7] stoßen, deren Handeln dann nahezu flächendeckend von Landes- oder Bundesgesetzen, aber nur selten allein von eigenverantwortlicher Regelung determiniert wird:

Tabelle: *Zuständigkeitsbereiche von Kommunalverwaltungen*

AMT	RECHTSGRUNDLAGEN DES HANDELNS
Allgemeine Verwaltung	
10 Hauptamt	*Kommunale Hauptsatzung*, Wahlgesetzgebung
11 Personalamt	Beamtengesetze, StellenplanVO
12 Statistisches Amt	Gesetze über die Erhebung von Statistiken
13 Presseamt	*Eigenverantwortliche Regelung*
14 Rechnungsprüfungsamt	Gemeinde- und Kreisordnungen
Finanzverwaltung	
20 Kämmerei	Haushaltsrecht, FinanzausgleichsG
21 Kasse	GemeindekassenVO
22 Steueramt	GrundsteuerG, GewerbesteuerG, weitere SteuerG
23 Liegenschaftsamt	Bürgerliches Gesetzbuch, GemO
Rechts-, Sicherheits- und Ordnungsverwaltung	
30 Rechtsamt	Ordnungsbehördengesetze der Länder (ehemals: Polizeirecht)
32 Rechtsamt	Prozeßordnungen (ZPO, VwGO)
33 Einwohner- u. Meldeamt	Melderecht
34 Standesamt	Personenstandsgesetz
35 Versicherungsamt	Reichsversicherungsordnung
37 Feuerwehr	Feuerwehrgesetze der Länder
38 Zivilschutzamt	ZivilschutzG
Schul- und Kulturverwaltung	
40 Schulverwaltungsamt	Landesschulgesetze
41 Kulturamt	*Eigenverantwortliche Regelung*
42 Bibliothek	Bibliotheksgesetze der Länder
43 Volkshochschule	Volkshochschulgesetze
44 Musikschule	
45 Museum	*Eigenverantwortliche*
46 Theater	*Regelung*
47 Archiv	

---

7 Ämtergliederung nach: Kommunale Gemeinschaftsstelle für Verwaltungsvereinfachung (KGSt), Verwaltungsorganisation der Gemeinden – Aufgabengliederungsplan, Verwaltungsgliederungsplan, Köln 1979, S. 233.

Sozial-, Jugend- und Gesundheitsverwaltung	
50 Sozialamt	Bundessozialhilfegesetz
51 Jugendamt	Jugendhilfegesetz
52 Sportamt	*Eigenverantwortliche Regelung*
53 Gesundheitsamt	Bundesseuchengesetz
54 Krankenhäuser	Krankenhausgesetz
Bauverwaltung	
60 Bauverwaltungsamt	
61 Stadtplanungsamt	Baugesetzbuch, BauNVO
62 Vermessungs- und Katasteramt	Landesgesetz über das Vermessungs- wesen
63 Bauordnungsamt	Landesbauordnungen
64 Wohnungsförderungsamt	Wohngeldgesetz, WohnungsbauG
65 Hochbauamt	Technische Regelwerke, BauO
66 Tiefbauamt	Verdingungsordnung für das Bauwesen
67 Grünflächenamt	Naturschutzrecht
68 Umweltschutzamt	BundesimmissionsschutzG, Umweltrecht
Verwaltung für öffentliche Einrichtungen	
70 Stadtreinigungsamt	Kreislaufwirtschaftsgesetz
71 Schlacht- und Viehhof	Veterinärrecht
72 Marktamt	Lebensmittelrecht
Verwaltung für Wirtschaft und Verkehr	
80 Amt für Wirtschafts- und Verkehrsförderung	*Eigenverantwortliche Regelung* unter Be- achtung der europarechtlichen Beschrän- kungen[8]
81 Eigenbetriebe	Eigenbetriebsverordnungen
82 Forstamt	Waldgesetze, Naturschutzrecht

Diese (in bezug auf die beeinflussenden Gesetze nur beispielhafte) Auflistung zeigt, daß nur wenige Bereiche kommunalen Handelns nicht von Bundes- oder Landesgesetzen vorgezeichnet sind. Relativ gesetzesfrei ist noch der Kultur- und Sportbereich. Auch hierzu ergehen jedoch Regeln und Vorschriften. Es ist daher durchaus gerechtfertigt, die Frage umzukehren und zu fragen, welche staatlichen Gesetze denn nicht von den Kommunen als den untersten, orts- und bürgernächsten Instanzen der öffentlichen Verwaltung, ausgeführt werden.

---

8   Vgl. Angelika Faber, Europarechtliche Grenzen kommunaler Wirtschaftsförderung, Münster 1992; T. Trautwein, Kommunale Wirtschaftsförderung und kommunales Beihilfenrecht, in: BayVBl. 1996, S. 230.

b. Der Anteil der Kommunen an der Ausführung von Gesetzen

Nicht jedes Gesetz muß »ausgeführt« werden. Viele Regeln (z. B. das Bürgerliche Recht und das Handelsrecht) richten sich unmittelbar an die Staatsbürger; sie gelten ohne weiteres Zutun des Staates. Manche Normen entfalten ihre Wirkung jedoch erst dann, wenn sie von der öffentlichen Verwaltung »ausgeführt« werden. Das sind solche Normen, bei deren Anwendung auf die tatbestandsmäßigen Lebenssachverhalte ein zielgerichtetes Tun oder Unterlassen mindestens einer Dienststelle der öffentlichen Verwaltung hinzutreten muß, damit die Norm ihren Regelungsgehalt nach außen entfalten, ihre Wirkung »nach außen geführt werden« kann. Das Wohngeldgesetz z. B. »wirkt« erst dann, wenn das Wohngeld von der kommunalen Wohngeldstelle auch wirklich ausgezahlt wird. Die Bauaufsicht muß tätig werden, damit die bauordnungsrechtlichen Vorschriften wirksam werden. Der Grad der Bindung der Kommunen bei der Ausführung solcher Gesetze richtet sich danach, ob es sich um freiwillige oder pflichtige Selbstverwaltungsaufgaben oder um Weisungsaufgaben handelt, bei denen die Kommunen mehr oder weniger im Auftrag des weisungsberechtigten Staates handeln.[9]

Als Kernbereich von ausführungsbedürftigen Gesetzen, bei denen auch und besonders die Kommunen als ausführende Instanzen mit einbezogen sind, sind zu nennen:

– das Recht der öffentlichen Sicherheit und Ordnung (Eingriffsverwaltung/ordnende Verwaltung), z. B. das Bauaufsichts- und Gewerberecht, Normen des Rettungswesens, Recht der Lebensmittelüberwachung, des Umweltschutzes;
– das Planungsrecht auf örtlicher Ebene (Bauleitplanung);
– das Recht der Leistungsverwaltung, speziell der Sozialleistungen im engeren (Sozialhilfe, Jugendhilfe) und im weiteren Sinne (Wohngeld);
– das Sanktionsrecht im Bereich der Ordnungswidrigkeiten;
– das Recht über die Durchführung von Statistiken;
– das Verwaltungsverfahrensrecht und das Recht des öffentlichen Dienstes.

Bereits ein erster Überblick über die Rechtsentwicklung auf diesen Gebieten bestätigt, daß der gesetzliche Einfluß auf die Kommunen gerade hier von Jahr zu Jahr gewachsen ist. Nur beispielhaft seien genannt:

– Die Umweltschutzgesetzgebung[10], die nach Bedeutung und Umfang auch für die Kommunen[11] stetig wächst; nach Normierungen zu den Medien »Luft« (Bundesimmissionsschutzgesetz), »Wasser« (Wasserhaushaltsgesetz und Landeswassergesetze) sowie zu Fauna und Flora (Naturschutzgesetzgebung) sind nunmehr auch Gesetze zum Schutz des Bodens vorhanden oder auf dem Weg zur Verabschiedung;
– der Wandel der Armenfürsorge von einer freiwillig übernommenen Aufgabe, innerhalb derer den Gemeinden z. B. vom Preußischen Allgemeinen Landrecht[12] nur die Bereithaltung von Einrichtungen, wie Armenhäusern, Hospitälern, Waisen-,

---

9   Zu den Aufgabentypen vgl. Hans Vietmeier, Die staatlichen Aufgaben der Kommunen und ihrer Organe, 1992; Joachim Kronisch, Aufgabenverlagerung und gemeindliche Aufgabengarantie, Baden-Baden 1993.
10 Zum Kompetenzzuwachs des Staates in dieser Hinsicht vgl. Michael Kloepfer, Umweltrecht, 2. Aufl. München 1994.
11 Vgl. Martin Dippel, Die Kommunen im Recht des Umweltschutzes, Köln 1994.
12 Vgl. Theil II, Titel 19, § 1 und § 32 Allgemeines Landrecht für die preußischen Staaten von 1794, zit. nach der Textausgabe mit einer Einführung von Hans Hattenhauer, Frankfurt a. M. 1970.

Findel-, Werk- und Arbeitshäusern, abgefordert wurde, hin zur Gesetzesausführung aufgrund individueller Ansprüche nach dem Sozialgesetzbuch, speziell dem Bundessozialhilfegesetz. Diese im Sozialrecht schon seit einem Vierteljahrhundert abgeschlossene Entwicklung[13] hat sich im Jugendhilferecht durch die Ablösung des Jugendwohlfahrtsgesetzes, das die »Einrichtungen und Veranstaltungen« noch der Initiative der Gemeinde überließ[14], durch ein neues Jugendhilferecht[15] erst Ende der 1980er Jahre vollzogen;

- im Jugendhilferecht ist der Bund inzwischen bis zu der Regelung vorgedrungen, die Gemeinden bundesrechtlich zur Bereithaltung von Kindergartenplätzen für alle Kinder ab dem dritten Lebensjahr zu verpflichten[16];
- das Krankenhauswesen, innerhalb dessen sich die Kommunen noch 1955 gegen eine Verpflichtung zum Bau und zur Unterhaltung von Krankenhäusern außerhalb seuchenpolizeilicher Gesichtspunkte wehrten[17], heute sind die kommunalen Krankenhäuser der personalintensivste kommunale Tätigkeitsbereich;
- die Erweiterung des Rechts der Ordnungswidrigkeiten[18], zurückzuführen auf die Vermehrung der Schutznormen gegenüber den Gefahren der Technik (Automobil, Chemie, Industrie). Verstößen gegen diese Normen soll durch Maßnahmen unterhalb des Strafrechts entgegengetreten werden. Die Ordnungsämter erhalten dadurch immer neue Aufgaben;
- die immer enger werdende Kodifizierung des Verwaltungsverfahrens. Hierzu finden sich nicht nur in den Verwaltungsverfahrensgesetzen[19], sondern auch in vielen Gesetzen einschlägige Normen, von denen zumindest auch die Gemeinden betroffen sind, wie z. B. die Regeln über die Bürgerbeteiligung im Bauleitverfahren, in der Straßenplanfeststellung usw.;
- das Öffentliche Dienstrecht, das nicht zu Unrecht im schlechten Ruf der permanenten Novellierung steht.

Abgesehen von dieser augenscheinlichen Anhäufung neuerer Gesetze, von denen die Aufgabenerfüllung der Kommunen konkret betroffen ist, spricht auch ein abstrakter Beweis des ersten Anscheins dafür, daß ein hoher Prozentsatz der Landes- und Bundesgesetze von den Kommunen ausgeführt werden muß: Die Kommunen sind staatsrechtlich, unbeschadet ihrer Rechtsstellung als Selbstverwaltungskörperschaften, Bestandteile der Länder und als solche deren unterste und auf der Ortsebene wichtigste Verwaltungsinstanz. In dieser Eigenschaft führen die Kommunen die Mehrzahl der (ausführungsbedürftigen) Landesgesetze aus. Nach Art. 83 des GG sind darüber hinaus auch alle Bundesgesetze von den Ländern als eigene auszuführen, soweit das Grundgesetz nichts anderes bestimmt oder zuläßt. Auch diese Aufgabe trifft in aller

---

13 Vgl. BVerwGE, Bd. 1, S. 159 ff.
14 Vgl. § 5 Abs. 3 JWG.
15 Zum Stand der Diskussion vor der Verabschiedung des neuen Kinder- und Jugendhilfegesetzes (BGBl. 1990 I 1163) vgl. Materialien zur Jugendhilferechtsreform, hrsg. vom Deutschen Städtetag, (1979) 8, Reihe D-DST-Beiträge zur Sozialpolitik, Köln.
16 § 24 i. V. m. §§ 3 Abs. 2, 69 Abs. 1 und 2 SGB VIII; die Zulässigkeit der bundesrechtlichen Regelung ist umstritten, vgl. dazu Josef Isensee, in: Festschrift Remmers, 1995, S. 173 ff.
17 Vgl. Karl-Theodor Marx, Die Städte zur Neuordnung der sozialen Leistungen, Neue Schriften des Deutschen Städtetages, (1956) 3, S. 81 ff., Köln.
18 Vgl. das Ordnungswidrigkeitengesetz vom 24. 5. 1968 (BGBl. I 481) mit nachfolgenden Änderungen.
19 Vgl. die Sammlung von Friedrich Eichler, Verwaltungsverfahrensgesetze. Kommentar mit einer Sammlung verwaltungsverfahrensrechtlicher Vorschriften des Bundes und der Länder, Percha 1979 ff. (Loseblatt).

Regel die Kommunen. Von daher erscheint es durchaus einleuchtend, daß ein Großteil, nämlich schätzungsweise zwischen 70 und 85 % der überhaupt ausführungsbedürftigen Gesetze, von den Kommunalverwaltungen auszuführen ist.[20]

Die Verantwortung für diesen Tatbestand ist vom Grundgesetz gleichmäßig auf die Schultern von Bund und Ländern verteilt:

Während Art. 83 GG die Grundnorm ist, in der die dem deutschen Bundesrecht eigentümliche Trennung der Kompetenz zum Erlaß und zur Ausführung der Bundesgesetze zum Ausdruck kommt[21], darf der Bund gemäß Art. 84 Abs. 1 und Art. 85 Abs. 1 des GG die Einrichtung der Behörden und das Verwaltungsverfahren bei der Ausführung seiner Gesetze selbst regeln, soweit ein Bundesgesetz mit Zustimmung des Bundesrates dies bestimmt. Bundesrechtliche Direktansprachen der Kommunen, sowie sie z. B. im Baugesetzbuch[22], im Bundessozialhilfegesetz[23], im Kinder- und Jugendhilfegesetz[24] und im Bundesfernstraßengesetz[25] zu finden sind, sind danach zwar von Rechts wegen die Ausnahme, in praxi jedoch häufig. Für den Regelfall bedarf es eines zusätzlichen Landesgesetzes, wenn die Kommunen für die Ausführung eines Bundesgesetzes in Anspruch genommen werden sollen.[26] Eben dies ist der maßgebliche Inhalt der Ausführungsgesetze der Länder zu Bundesgesetzen, wobei allerdings, um es mit den Worten von Arnold Köttgen zu sagen, »die überwiegende Mehrzahl der landesrechtlichen Ausführungsgesetze . . . gegenüber den Gemeinden nur ein bundesrechtliches fait accompli zu verifizieren hat«.[27]

Der Grad der Einbindung der Kommunen in dieses Netzwerk von Regelungen hängt im Einzelfall von der Regelungsdichte ab. Hier lockert sich die Bindung. So ist der Bundesgesetzgeber schon vom Grundgesetz her dazu verpflichtet, für die in Art. 75 GG aufgeführten Gebiete lediglich einen Rahmen zu normieren, der dann von den Landesgesetzgebern auszufüllen ist. Auch wenn der Bund oder die Länder ihre konkurrierende Kompetenz oder die Vollkompetenz zur Regelung einer bestimmten Materie ausnutzen, können sie dies auf verschiedene Weise tun: Sie können entweder nur generalisierende Regelungen erlassen und die Einzelheiten einer Rechtsverordnung oder dem pflichtgemäßen Ausführungsermessen der Verwaltung (und damit den Kommunen) überlassen oder einzelfallorientierte Totalregelungen formulieren, die der Verwaltung nur noch den prompten, exakten Gesetzesvollzug überlassen. Zwischen diesen Extremen sind alle nur denkbaren Abstufungen möglich.

Was bedeutet dies alles für den Umfang der Gesetzesbindung der Kommunen? Es bedeutet, daß zwar fast überall mit gesetzlicher Beeinflussung und Bindung zu rechnen ist, daß aber eine vollständige rechtliche Bindung gemeindlichen Verwaltungshandelns durch perfekte Bundes- und Landesgesetze doch eher die Ausnahme als die Regel ist. Die Regel ist eine Gemengelage von bundes- und landesrechtlicher Beeinflussung, verbunden mit der Möglichkeit gemeindlicher Eigeninitiativen und mit Ermessensspielräumen, deren Umfang insgesamt abhängig ist von der »Lage der Dinge«, d. h.

---

20 Vgl. dazu Gerd Schmidt-Eichstaedt, Bundesgesetze und Gemeinden, Stuttgart 1981, S. 28.

21 So wörtlich das Bundesverfassungsgericht im BVerfGE, Bd. 12, S. 205 (246).

22 §§ 1, 2 BauGB vom 8. 12. 1986 (BGBl. I 2191).

23 § 96 BSHG i. d. F. der Bek. vom 13. 2. 1976 (BGBl. I 289).

24 Art. 14 Abs. 1 Kinder- und Jugendhilfegesetz vom 26. 6. 1990 (BGBl. I 1163).

25 § 22 FStrG i. d. F. vom 1. 10. 1974 (BGBl. I 2413).

26 Vgl. dazu Hans Niemeier, Bund und Gemeinden, Berlin 1972, S. 19 ff.; zur begrenzten Befugnis des Bundes zur unmittelbaren Aufgabenzuweisung an die Kommunen siehe BVerfG, Bd. 22, 180; Bd. 77, 288 (298 ff.): Zulässig sind allein »punktuelle Annexregelungen zu einer zur Zuständigkeit des Bundesgesetzgebers gehörenden materiellen Regelung«.

27 So Arnold Köttgen, Gemeinden und Bundesgesetzgeber, Stuttgart 1957, S. 18.

vom einzelnen Lebenssachverhalt, von den Gegebenheiten der konkreten Gemeinde, ihrer Initiative, auch von der Eingriffsfreude der Kommunalaufsicht. Dies ist kein neuer Befund. Die Politikwissenschaft hat die sich aus dieser Gemengelage ergebenden Probleme unter dem Thema »Politikverflechtung zwischen Bund, Ländern und Gemeinden« schon seit längerer Zeit zum Gegenstand ihrer Forschung gemacht.[28] Dabei ist festgestellt worden, daß verschiedene, in rechtlich geschützter Weise voneinander unabhängige Träger politischer Macht (und dazu gehören Bund, Länder und Kommunen) nur begrenzt koordinierbar sind.

Die durchaus noch vorhandene Freiheit der Kommunen »im Rahmen der Gesetze« beruht also zu gewissen Anteilen auf der schlichten Unmöglichkeit der durchgängigen Lenkung und effektiven Koordination. Daran kann auch eine funktionierende Kommunalaufsicht nichts ändern. Daneben gibt es aber auch einen Bereich der garantierten Freiheit – und dies ist der institutionell wertvollere.

4. Die Kommunen als Ebene verfassungsrechtlich garantierter lokaler Autonomie

a. Die Position der Kommunen als dritte Ebene in der föderalistischen Ordnung

Durch die Selbstverwaltungsgarantie ist abgesichert, daß die Einbindung der Kommunen in die staatliche Rechtsordnung (vgl. hierzu auch die Beiträge von Jochen Dieckmann und Franz-Ludwig Knemeyer in diesem Band) nicht dazu führen darf, daß ihr Status als Selbstverwaltungskörperschaften mit der Befugnis zur eigenverantwortlichen Regelung der Angelegenheiten der örtlichen Gemeinschaft im Kernbereich ausgehöhlt wird. Die Garantie der Eigenverantwortung umfaßt nach allgemeiner Ansicht[29] nicht nur die Art und Weise der Aufgabenerledigung vor Ort, sondern auch die grundsätzliche Zuständigkeit für die Angelegenheiten der örtlichen Gemeinschaft.

Das Kompetenzgefüge des Grundgesetzes ist insofern dreigestuft: Die Kommunen sind zur Regelung und Wahrnehmung aller Angelegenheiten der örtlichen Gemeinschaft im Rahmen der Gesetze befugt und beauftragt. Die Länder führen (unter vielfältiger Einschaltung der Kommunen) dem Grundsatz nach das gesamte Bundes- und Landesrecht aus; sie sind darüber hinaus zur Rechtsetzung überall dort befugt, wo das Grundgesetz die Gesetzgebungskompetenz nicht ausdrücklich dem Bund zugewiesen hat. Der Bund übt seine Gesetzgebungskompetenzen nach Maßgabe

28 Vgl. insbesondere Fritz Wilhelm Scharpf/Bernd Reissert/Friedrich Schnabel (Hrsg.), Politikverflechtung. Theorie und Empirie des kooperativen Föderalismus in der Bundesrepublik, Kronberg 1976; dies., Politikverflechtung, II. Kritik und Berichte aus der Praxis, Kronberg 1977 sowie auch den Sammelband Politikverflechtung im föderativen Staat, hrsg. von Joachim Jens Hesse, Baden-Baden 1978.
29 Vgl. Rolf Stober, Kommunalrecht in der Bundesrepublik Deutschland, 3. Aufl. Stuttgart 1996, S. 63 ff.; Alfons Gern, Kommunalrecht, Baden-Baden 1995, S. 76 ff.

der Art. 73 (ausschließliche Kompetenz), Art. 74 (konkurrierende Kompetenz) und Art. 75 (Rahmenkompetenz) aus.

Zum unantastbaren Wesensgehalt der gemeindlichen Selbstverwaltung gehört allerdings kein gegenständlich bestimmter oder nach feststehenden Merkmalen bestimmbarer Aufgabenkatalog, wohl aber die Befugnis, sich aller Angelegenheiten der örtlichen Gemeinschaft, die nicht durch Gesetz bereits anderen Trägern öffentlicher Verwaltung übertragen sind, ohne eines besonderen Kompetenztitels anzunehmen.

Angelegenheiten der örtlichen Gemeinschaft sind – nach einem Beschluß des Bundesverfassungsgerichts vom 23. November 1988[30] – »diejenigen Bedürfnisse und Interessen, die in der örtlichen Gemeinschaft wurzeln oder auf sie einen spezifischen Bezug haben, die also den Gemeindeeinwohnern gerade als solchen gemeinsam sind, indem sie das Zusammenleben und -wohnen der Menschen in der Gemeinde betreffen; auf die Verwaltungskraft der Gemeinde kommt es hierfür nicht an.«

Aus diesen von der Rechtsprechung entwickelten Grundsätzen läßt sich entnehmen, daß eine »Zuständigkeitsvermutung« und eine »Freiheitsvermutung« zugunsten der Kommunen spricht.

Die »Zuständigkeitsvermutung« hat folgenden Inhalt: Wenn der Gesetzgeber es nicht anders geregelt hat, sind die Gemeinden dazu aufgerufen, sich der örtlichen Angelegenheiten anzunehmen. Dabei enthält Art. 28 Abs. 2 Satz 1 GG auch außerhalb des Kernbereichs der örtlichen, unentziehbaren Aufgaben ein verfassungsrechtliches Aufgabenverteilungsprinzip zugunsten der Gemeinden. Dieses Prinzip hat der zuständigkeitsverteilende Gesetzgeber zu berücksichtigen. Er darf den Gemeinden danach eine Aufgabe mit relevantem örtlichen Charakter nur aus Gründen des Gemeininteresses, vor allem also etwa dann entziehen, wenn anders die ordnungsgemäße Aufgabenerfüllung nicht sicherzustellen wäre und wenn die den Aufgabenentzug tragenden Gründe gegenüber dem verfassungsrechtlichen Aufgabenverteilungsprinzip des Art. 28 Abs. 2 Satz 1 GG überwiegen.

Die »Freiheitsvermutung« hat folgende Bedeutung: Sofern und soweit keine Vorschriften über die Art und Weise der Aufgabenerfüllung bestehen, entscheidet die Gemeinde in eigener Regelungsverantwortung über das Ob und das Wie der Aufgabenerfüllung. Dazu kann sie sich vor allem ihrer Satzungshoheit bedienen.

b. Die Kommunen als örtliche Gesetzgeber im Rahmen ihrer Satzungshoheit

Die Kommunen haben die Befugnis zur örtlichen Rechtsetzung. Diese »Satzungshoheit« ist unmittelbarer Bestandteil ihres von Art. 28 GG garantierten Status als Selbstverwaltungskörperschaften. Eine darüber hinausgehende Ermächtigung, so wie sie gemäß Art. 80 GG für den Erlaß von Rechtsverordnungen erforderlich ist, brauchen die Kommunen nicht. Das Bundesverfassungsgericht hat bereits mehrfach entschieden,[31] daß die für die Übertragung rechtsetzender Gewalt an die Exekutive bei deren Ermächtigung zum Erlaß von Rechtsverordnungen geltenden Grundsätze sich

---

30 BVerfGE, Bd. 79, S. 128 ff.
31 Vgl. BVerfGE Bd. 12, S. 319 (325); Bd.19, S. 253 (266); Bd. 21, S. 24 (62); Bd. 32, 346 (360).

nicht auf die Verleihung autonomer Satzungsgewalt an kommunale Gebietskörperschaften anwenden lassen. Es hat zur Begründung wörtlich ausgeführt:
»Art. 80 Abs. 1 Satz 2 GG betrifft nur das herkömmliche Verordnungsrecht der Exekutive, nicht dagegen das auf dem Gedanken der Selbstverwaltung beruhende Satzungsrecht von Gebietskörperschaften. Es gilt schon nach seinem Wortlaut nur für Rechtsverordnungen und nicht für andere unter dem Gesetz stehende Rechtsquellen. Auch sein Sinn zwingt nicht dazu, die dort ausnormierten Anforderungen auf Satzungen von Gemeinden auszudehnen. Bei solchen Satzungen wird der Gewaltenteilungsgrundsatz nicht durchbrochen. Sie werden von den Gemeindevertretungen im Rahmen der Gemeindeautonomie beschlossen. Auch wenn es sich bei dem Gemeinderat nicht um ein echtes Parlament handelt, ist er doch als demokratisch gewähltes Beschlußorgan insoweit dem Bereich der Legislative zuzuordnen. Es wird also durch Gesetze, die zum Erlaß von Satzungen ermächtigen, die Rechtsetzungsbefugnis innerhalb der Legislative nur auf andere demokratische Gremien und nicht auf die Exekutive verlagert. Dieser Sachverhalt unterscheidet sich wesentlich von dem, der dem Verfassungsgeber Anlaß zur Einführung des Art. 80 Abs. 1 Satz 2 GG gegeben hat.«[32]

Üblicherweise werden in einer Gemeinde folgende Bereiche durch Ortsgesetz – d. h. durch Satzung – geregelt:

- die innere Organisation durch die Hauptsatzung;
- die finanziellen Angelegenheiten durch jährliche Haushaltssatzung, deren Bestandteil der Haushaltsplan ist;
- die Gebühren für die Benutzung kommunaler Einrichtungen (Schwimmbäder, Festsäle, Schlachthöfe);
- die Beiträge zur Finanzierung kommunaler Leistungen, insbesondere zur Erschließung von Baugebieten;
- die Hebesätze für die örtlichen Steuern: Gewerbesteuer, Grundsteuer, Vergnügungssteuer, Hundesteuer und andere »Bagatellsteuern«;
- die örtliche Bodennutzung durch Bebauungspläne, Gestaltungs- und Erhaltungssatzungen.

Für fast alle diese Regelungsbereiche gibt es rahmensetzende Vorschriften des Landes und Bundesrechts[33]; in neuerer Zeit treten in steigendem Umfang auch Normen der Europäischen Union hinzu.

c. Die Kommunen als Adressaten der Rechtsetzung der Europäischen Union

Die Rechtsetzung der Europäischen Union beruht auf der Übertragung nationaler Regelungsgewalt auf die Organe der Europäischen Union durch die Römischen Verträge von 1957.[34] Trotz der Einschaltung des Europäischen Parlaments in Straßburg in

---

32 BVerfGE Bd. 32, S. 346 (360).
33 Die zunehmende Einengung der kommunalen Satzungshoheit gab dem 58. Deutschen Juristentag im Jahr 1990 Anlaß zu der Fragestellung:»Soll das kommunale Satzungsrecht gegenüber staatlicher und gerichtlicher Kontrolle gestärkt werden?«; vgl. dazu das gleichnamige Gutachten von Hermann Hill, Gutachten D zum DJT 1990, München 1990.
34 Gesetz zu den Verträgen vom 25. März 1957 zur Gründung der Europäischen Wirtschaftsgemeinschaft und der Europäischen Atomgemeinschaft, BGBl. I S. 753.

den Gang der Gesetzgebung handelt es sich juristisch um eine Rechtsetzung der Exekutive, nämlich um Verordnungsgewalt des Ministerrats, der aus je einem Minister der Mitgliedstaaten besteht. In den Römischen Verträgen ist definiert, in welchen Formen der Ministerrat der EU rechtsetzend mit Wirkung für die Mitgliedstaaten tätig werden darf. Als EU-Recht dürfen erlassen werden:

- Verordnungen (mit unmittelbarer Verbindlichkeit in den Mitgliedstaaten);
- Richtlinien (die von der nationalen Gesetzgebung in verbindliche Gesetzgebung umgesetzt werden müssen);
- Entscheidungen, mit denen Einzelfälle verbindlich geregelt werden.[35]

Daneben darf der Ministerrat noch rechtlich unverbindliche Empfehlungen und Stellungnahmen abgeben. Entsprechend dem ursprünglichen Ziel der Römischen Verträge, nämlich eine Wirtschaftsgemeinschaft herbeizuführen, betrafen die verbindlichen Verordnungen zunächst in ihrer großen Mehrzahl bestimmte Wirtschaftsbereiche, vor allem den Agrarbereich, aber nicht das hoheitliche Handeln der Kommunen. Die Kommunen waren und sind von diesen Vorschriften nur insoweit betroffen, wie sie am allgemeinen Wirtschaftsverkehr teilnehmen. Seit den 1980er Jahren betreibt die EU jedoch immmer deutlicher eine eigene Politik in vielen genuinen Politikbereichen, von denen die Kommunen durchaus und direkt betroffen sind[36]; ein Beispiel unter vielen ist die Umweltpolitik.[37] Wichtig ist außerdem, daß die Kommunen als öffentliche Auftraggeber ihre Bauaufträge von einer bestimmten Größenordnung an (ab 10 Millionen DM) öffentlich – und das heißt dann: EU-weit – ausschreiben müssen. Die Vergabeentscheidung muß nachträglich gegenüber den Bietern begründet werden (vgl. auch den Beitrag von Dietrich Thränhardt »Die Kommunen und die Europäische Union« in diesem Band).

Diese Anforderung, mit der eine gewisse Transparenz im Vergabewesen für öffentliche Großaufträge erreicht werden soll, ist nicht in einer Verordnung, sondern in einer Richtlinie – der sogenannten Baukoordinierungs-Richtlinie[38] – geregelt. Die »Lieferkoordinierungsrichtlinie«[39] soll die gleichen Vorkehrungen auch im Bereich der Lieferung von Gütern, die nicht Gegenstand von Bauaufträgen sind, zur Geltung bringen. Der Haupteinsatzbereich dürfte der Kauf von Investitionsgütern durch die öffentliche Hand – also auch durch die Kommunen – sein. Der Schwellenwert ist mit ca. 400 000 DM pro Einzelgut jedoch so hoch, daß die Vorgaben praktisch nicht sehr häufig zum Zuge kommen. Mit seiner »Überwachungsrichtlinie«[40] will der EU-Ministerrat schließlich dafür Sorge tragen, daß die Vergabe- und Liefervorschriften tat-

---

35 Art. 189 des Vertrags.

36 Vgl. Hans-Werner Rengeling, Rechtsetzung der Europäischen Gemeinschaft und Kommunen, in: ZG 1994, S. 277.

37 Vgl. Jochen Schroer, Kommunaler Umweltschutz in Europa, 1992; für die Kommunen sind besonders wichtig die Richtlinien zur Trinkwasserversorgung (Richtlinie 80/778/EWG v. 15. 7. 1980, ABl. EG Nr. L 229, S.11); zur Abfallentsorgung (RL 91/156 EWG v. 18. 9. 1991 ABl. EG Nr. L 78, S. 32 und 94/31 EG v. 27. 6. 1994, ABl. EG Nr. L 168, S. 28) und zur Abwasserentsorgung (RL 21. 5. 1991, ABl. EG Nr. 135, S. 40).

38 Der Text der Richtlinie ist abgedruckt in: EG-Harmonisierung im Bauwesen, hrsg. von Franz Schuster, Köln 1990, S. 80 f.; zur Problematik vgl. Rolf Stober, Der Einfluß des europäischen Rechts auf die Vergabe öffentlicher Aufträge, in: Kommunale Selbstverwaltung und europäische Integration, hrsg. von Werner Hoppe/Alexander Schink, Köln 1990, S. 116 ff.; Dirk Johannes Elverfeldt, Europäisches Recht und kommunales öffentliches Auftragswesen, Köln u. a. 1992.

39 Abgedruckt in: EG-Harmonisierung im Bauwesen, ebd., S. 52 ff.

40 Ebd., S. 120 ff.

sächlich eingehalten werden. Die Mitgliedstaaten müssen insoweit für eine funktionierende Rechtsaufsicht sorgen und sich bei Verstößen Hinweise aus Brüssel gefallen lassen.

Im übrigen und im Grundsatz sind jedoch nicht die Kommunen die direkten Adressaten von Richtlinien, weil sich die Pflicht zur Umsetzung von Richtlinien immer an den nationalen Gesetzgeber richtet. Aus diesem Grund wird der EU manchmal »Landesblindheit« und »Kommunalblindheit« vorgeworfen[41]; diese »Blindheit« liegt aber wohl in der Natur der supranationalen Verträge; im übrigen sind die »lokalen Gebietskörperschaften« in einigen Artikeln der Verträge zur Europäischen Wirtschaftsgemeinschaft sogar ausdrücklich erwähnt.[42]

Eine Bindung der Kommunen an Richtlinien der EU kann nur als Reflex des nationalen Rechts zustandekommen. Als Beispiel kann die EG-Richtlinie zur Umweltverträglichkeitsprüfung (UVP)[43] von 1985 dienen, die vom Bundesgesetzgeber mittels des UVP-Gesetzes[44] von 1990 in das Recht der Bundesrepublik übersetzt worden ist. Nach diesem Gesetz muß z. B. im Rahmen bestimmter Bebauungspläne als Bestandteil der Abwägung eine UVP durchgeführt werden; von dieser Pflicht sind dann die Kommunen betroffen. Zum Umweltschutzbereich gehört auch die Fauna-Flora-Habitat-Richtlinie, mit der die Mitgliedstaaten zur Ausweisung großräumiger Schutzgebiete verpflichtet werden sollen. Anordnungen mit direkter Wirkung gegenüber einer Kommune sind denkbar, aber die seltene Ausnahme.

Insgesamt hat sich die Mehrzahl der Mitgliedstaaten der Europäischen Union durch Unterzeichnung und Ratifikation der vom Europarat 1985 verabschiedeten »Charta der kommunalen Selbstverwaltung« dazu verpflichtet, den Grundsatz der kommunalen Selbstverwaltung in den innerstaatlichen Rechtsvorschriften und nach Möglichkeit in der Verfassung anzuerkennen. Diese Charta ist vom deutschen Bundesgesetzgeber durch Gesetz vom 22. Januar 1987[45] ratifiziert worden. Die grundgesetzliche Selbstverwaltungsgarantie entspricht den Anforderungen der Charta. Die Europäische Union als Vertragsgemeinschaft ist jedoch als solche nicht an die Charta der kommunalen Selbstverwaltung gebunden; einige Mitgliedstaaten stehen der Charta auch skeptisch gegenüber, so z. B. Großbritannien.[46] Das Prinzip der kommunalen Selbstverwaltung ist daher nicht in dem Sinn »europafest«, daß alle Mitgliedstaaten der EU innerstaatlich auf dieses Prinzip festgelegt wären. Davon zu unterscheiden ist die Frage, ob das Prinzip der kommunalen Selbstverwaltung durch EU-Normsetzung für die Bundesrepublik Deutschland auf formal legitime Weise ausgehöhlt werden dürfte; das ist aus mehreren Gründen zu verneinen: Zum einen ist die

---

41 Vgl. Angelika Faber, Europarechtliche Grenzen kommunaler Wirtschaftsförderung, Köln 1992, S. 50; anders Rolf Stober, Kommunalrecht in der BR Deutschland, 3. Aufl. 1996, S. 19.

42 Art. 8b, 104a, 104b, 129b und 198a EGV.

43 Richtlinie des Rates vom 23. Juni 1985 über die Umweltverträglichkeitsprüfung bei bestimmten öffentlichen und privaten Projekten (85/337/EWG), Amtsblatt der Europäischen Gemeinschaften Nr. L 175/40 vom 5. 7. 1985, geändert durch Richtlinie 97/11/EG des Rates vom 3. 3. 1997, Amtsblatt der Europäischen Gemeinschaften Nr. L 73/5 vom 14. 3. 1997.

44 Gesetz zur Umsetzung der Richtlinie des Rates vom 25. 6. 1985 über die Umweltverträglichkeitsprüfung bei bestimmten öffentlichen und privaten Projekten vom 20. 2. 1990, BGBl. I, S. 205.

45 BGBl. II. S. 66.

46 Vgl. den Beitrag, von Nevil Johnson, in: Franz-Ludwig Knemeyer, Die Europäische Charta der kommunalen Selbstverwaltung, Baden-Baden 1989, S. 121 ff.

kommunale Selbstverwaltung Ausdruck und Bestandteil des Subsidiaritätsprinzips, das von den EU-Mitgliedern durch den Maastricht II-Vertrag als verbindliche Maxime anerkannt wurde[47]; zum anderen gehört das Prinzip der kommunalen Selbstverwaltung zu jenem Kernbestand der verfassungsrechtlichen Ordnung der Bundesrepublik Deutschland, der auch durch Einbindung in völkerrechtliche Verträge nicht preisgegeben werden darf.[48]

5. Zusammenfassung

Zusammenfassend läßt sich folgendes festhalten:
1. Die Kommunen sind als juristische Personen des öffentlichen Rechts wie jedermann eingebunden in den Rechtsstaat. Darüber hinaus sind sie Adressaten besonderer Vorschriften, die ihren Status im Verwaltungsaufbau der Bundesrepublik Deutschland betreffen und ihre Mitwirkung an der Ausführung der Gesetze regeln. Diese Vorschriften werden durch Bund und Länder erlassen, in gewissem Umfang auch durch die Europäische Union.
2. Mit Rücksicht auf das Prinzip der Gesetzmäßigkeit der Verwaltung gibt es für nahezu alle Tätigkeitsbereiche der Kommunen mindestens rahmensetzende Vorschriften, häufig genaue Handlungsanweisungen. Nur wenige Bereiche sind noch ganz frei für die Regelungsautonomie der kommunalen Selbstverwaltung, die sich vor allem in der Satzungsautonomie und in Ermessensfreiräumen verwirklicht. Jenseits aller Regelungsversuche gibt es jedoch Freiräume auch deshalb, weil eine vollständige Lenkung der Kommunen rein verwaltungsorganisatorisch nicht möglich ist.
3. Die Kommunen sind die wichtigsten Träger der örtlichen öffentlichen Verwaltung. Man schätzt, daß sie 70 bis 80 % aller ausführungsbedürftigen Gesetze ausführen. Die Zuständigkeit zur eigenverantwortlichen Regelung aller Angelegenheiten der örtlichen Gemeinschaft ist ihnen garantiert. In die herkömmlichen Zuständigkeitsbereiche dürfen die Gesetzgeber in Bund und Land nicht ohne Rechtfertigung durch Gründe des Gemeininteresses eingreifen.
4. Die kommunalen Einnahmen bestehen nur zu etwa einem Drittel aus eigenen Steuereinnahmen[49] (in den neuen Ländern ist dieser altbundesrepublikanische Anteil längst noch nicht erreicht – im Jahr 1992 betrugen die Steuereinnahmen

---

47 Vgl. Horst Heberlein, Maastricht II – Einstieg in das »Europa der Kommunen«? In: BayVBl. 1996, S. 1 ff.
48 Die Einzelheiten sind strittig; vgl. Alexander Martini, Gemeinden in Europa, Köln 1992, S. 134 ff; Horst Heberlein, Der Schutz der kommunalen Selbstverwaltung in der Europäischen Integration, in: BayVBl. 1993, S. 676; Peter Michael Mombaur, Kommunalpolitik und Europäische Union, 3. Aufl. Göttingen 1994, S. 27 ff.; Hans L. Uhlenküken, Die kommunale Selbstverwaltung im europäischen Gemeinschaftsrecht nach Maastricht I, in: NWVBl. 1995, S. 421; Martin Thies, Die Situation der gemeindlichen Selbstverwaltung im europäischen Einigungsprozeß, Frankfurt a. M. 1995.
49 Vgl. Städte, Kreise und Gemeinden, bearb. von Wolfgang Haus/Gerd Schmidt-Eichstaedt/ Rudolf Schäfer, Mannheim 1986, S. 152, 154; Reimer Steenbock, Kommunales Haushaltswesen, in: Lehrbuch des öffentlichen Finanzrechts, hrsg. von Franz Klein, 2. Aufl. Darmstadt 1993.

der Gemeinden in den neuen Ländern 37 % der vergleichbaren Steuereinnahmen in den alten Ländern). Neben weiteren 20 % Einnahmen aus Gebühren,
Beiträgen und sonstigen Einnahmen sind die Gemeinden etwa zur Hälfte auf
staatliche Zuschüsse angewiesen. Diese Zuschüsse werden zwar zu erheblichen
Anteilen in pauschalierter Form angewiesen. Der Rest reicht aber immer noch
aus, um die Kommunen an den »goldenen Zügel« zu nehmen. Neben der Gesetzesbindung muß daher immer auch die finanzielle Abhängigkeit in das Blickfeld
genommen werden, wenn man sich über den Grad der Einbindung der Kommunen in die staatliche Ordnung und die übergeordneten Politikfelder Klarheit
verschaffen will.

Martin Gornig/Hartmut Häussermann

Städte und Regionen
im Süd/Nord- und West/Ost-Gefälle

1. Einleitung

Die Regionalstruktur des heutigen deutschen Staatsgebietes war im Laufe der letzten 50 Jahre zwei tiefgreifenden Veränderungen unterworfen: zunächst schuf die Teilung des Deutschen Reichs nach 1945 zwei getrennte wirtschaftliche und soziale Räume, in denen sich jeweils eigenständige Raumstrukturen herausbildeten, und durch die Wieder-Vereinigung im Jahre 1990 haben sich Lage und Entwicklungsbedingungen von Städten und Regionen erneut verändert. Hinsichtlich wirtschaftsgeographischer Beziehungen war die Teilung ein tiefer Einschnitt, und die internen wie die externen Verflechtungen der beiden Teilgebiete haben sich extrem unterschiedlich entwickelt.

Im ehemaligen Deutschen Reich hatte sich eine *regionale Arbeitsteilung* der Industrie herausgebildet, die durch die Teilung zerbrochen wurde und die beiden Teilstaaten zwang, neue regionale Muster der Wirtschaftsstruktur und der internationalen Verflechtung zu entwickeln. Bedingt durch die Teilung haben sich daher die Regionalstrukturen innerhalb von Ost- und Westdeutschland zwischen 1945 und 1989 erheblich gewandelt. Nach der Vereinigung gibt es erneute Verschiebungen. Werden sich hierbei wieder die alten Muster der wirtschaftlichen Arbeitsteilung der Vorkriegszeit herausbilden, oder entsteht unter den heutigen Bedingungen eine gänzlich neue gesamtdeutschen Regionalstruktur?

Die ehemalige Reichshauptstadt war zwischen 1870 und 1945 zu einem dominanten Zentrum von Politik, Kultur und Verwaltung geworden; im Westteil wurden diese Funktionen nach der Teilung dezentralisiert und auf verschiedene Städte verteilt, während im Ostteil die Zentralisierung durch die »Hauptstadt«-Politik der DDR sogar wieder verstärkt wurde. Verschiedene *Städte* in *Westdeutschland* haben produzierende und Dienstleistungsfunktionen von Berlin und aus den alten Industrieregionen im ehemaligen Mitteldeutschland übernommen und in einem arbeitsteiligen dezentralen Netz weiter entwickelt. In *Ostdeutschland* wurden nach der Teilung aus wirtschaftlichen Gründen neue Städte gegründet und neue Industrieregionen entwickelt, die wirtschaftlichen und politischen Leitungsfunktionen wurden stark in der »Hauptstadt« konzentriert. Welche Dauerhaftigkeit wird diese neue Realität haben?

Die politische und wirtschaftliche Grenze ist im Jahre 1990 wieder weggefallen. Für die zukünftige Entwicklung im vereinigten Deutschland ist daher nach den Perspektiven des Wandels sowohl der *Regionalstruktur* als auch des *Städtesystems* zu fragen.

2. Regionalstruktur und Städtesystem während der politischen Teilung

Die Volkswirtschaften Ost- und Westdeutschlands hatten sich in der Zeit der politischen Teilung in verschiedene Wirtschaftsblöcke und -systeme integriert. Dadurch entstanden verschiedene Außenbeziehungen und – beeinflußt durch die Rolle innerhalb der jeweiligen internationalen Arbeitsteilung – auch verschiedene regionale Binnenstrukturen.

Für die Regionalstruktur auf dem Gebiet des Deutschen Reichs war ein *West-Ost-Gefälle* die prägende Grundstruktur gewesen. Dieses Gefälle war schon seit Anfang des 19. Jahrhunderts zu beobachten und hat tiefgreifende historische Wurzeln.[1] Das *Süd-Nord-Gefälle in der alten Bundesrepublik* ist nur durch die Abtrennung der mittleren und östlichen Regionen vom ehemaligen Deutschen Reich zum dominanten Muster geworden – ebenso das *Nord-Süd-Gefälle in der ehemaligen DDR*.

Da die gegenläufigen Entwicklungen in West und Ost sehr unterschiedliche Ursachen hatten, werden wir sie hier auch getrennt nach West- und Ostdeutschland darstellen. Auch wenn sich unsere Interpretationen auf die Zeit der Teilung Deutschlands beschränken, geben wir in den Tabellen Daten zur Entwicklung seit 1939 wieder, um die Langfristigkeit von Entwicklungen deutlich zu machen, die sich im vereinigten Deutschland wieder stärker durchsetzen könnten.

a. Regionalentwicklung in Westdeutschland nach 1945

Die Regionalentwicklung in Westdeutschland war seit dem 2. Weltkrieg durch ein »Süd-Nord-Gefälle« geprägt, d. h. daß die wirtschaftlichen Wachstumsraten der nördlichen Regionen (hier: Bundesländer) insgesamt erheblich niedriger waren als diejenigen der südlichen. Insgesamt haben sich im Laufe von 45 Jahren die wirtschaftlichen Gewichte von »Süd« und »Nord« erheblich verschoben. Diese Entwicklung wurde – als sie auch mit absoluten Rückgängen verbunden war – häufig beschrieben und analysiert[2] und kann so zusammengefaßt werden: »Es gibt ein nachweisbares und durchgängiges Gefälle zwischen südlichen und nördlichen Agglomerationsräumen in erster Linie hinsichtlich der Arbeitsmarktsituation und der Beschäftigungsentwicklung, aber auch bei der Wirtschaftskraft, beim Wachstum, bei der Forschungsaktivitäten und beim Technologieeinsatz ebenso wie bei der Erwerbsbeteiligung, beim Einkommensniveau, bei den Hochqualifizierten und nicht zuletzt bei der Bevölkerungsentwicklung, den Wanderungsverlusten bzw. -gewinnen sowie den Baulandpreisen als allgemeinste Indikatoren der Standortattraktivität.«[3]

Im Süden nahm also auch die Bevölkerung zu, während sie im Norden abnahm; Ursache dafür waren sowohl Binnenwanderungen als auch eine überwiegend in den

---

1 Vgl. dazu Knut Borchardt, Regionale Wachstumsdifferenzen in Deutschland im 19. Jahrhundert unter besonderer Berücksichtigung des West-Ost-Gefälles, in: Wilhelm Abel u. a. (Hrsg.), Wirtschaft, Geschichte und Wirtschaftsgeschichte, Stuttgart 1966, S. 325–339.
2 Vgl. die Überblicke in Jürgen Friedrichs/Hartmut Häußermann/Walter Siebel (Hrsg.), Süd-Nord-Gefälle in der Bundesrepublik? Opladen 1986.
3 Manfred Sinz, Nord-Süd-Kontraste der Stadtentwicklung, in: Stadtbauwelt 98, 79 (1988), S. 1000–1003.

Süden gerichtete Wanderung aus dem Ausland. Diese Tendenz ist kaum überraschend, da sich die Arbeitsmärkte der südlichen Regionen weit aufnahmefähiger als diejenigen der nördlichen entwickelten: die Arbeitslosigkeit war immer niedriger, und die Zahl der Beschäftigten nahm durchgängig zu, während sie im Norden über längere Perioden abnahm. Daher zog der Süden Arbeitskräfte aus den nördlichen Bundesländern und aus dem Ausland an.

Fragt man nach den Ursachen, dann spielen die mit den Himmelsrichtungen verbundenen Eigenschaften der Regionen (Klima, Landschaftsbild) tatsächlich eine allenfalls marginale Rolle, und bei genauerer Betrachtung lösen sich die Kategorien »Süd« und »Nord« auch zunehmend auf: die Regionen mit den größten wirtschaftlichen Problemen (das Ruhrgebiet und das Saarland), liegen in der Nord-Süd-Dimension mittig oder sogar südlich, und auch im sogenannten Norden gibt es Regionen, die seit 1945 stabil gewachsen sind (etwa die Agglomeration von Bonn bis Düsseldorf). Der Begriff »Süd-Nord-Gefälle« hat sich jedoch eingebürgert, weil die Regionen mit dem stärksten und stabilsten Wachstum im Süden liegen.

Eindeutige Befunde für den strukturellen Wandel zwischen etwa 1960 und 1989 sind: Nach dem Abschluß der Phase des Wiederaufbaus der westdeutschen Wirtschaft haben vor allem die großen Städte (mit mehr als 200 000 Einwohnern) Arbeitsplätze und Bevölkerung verloren. Dies war das Ergebnis der *Suburbanisierung* von Gewerbe und Bevölkerung, die zunächst noch als ein unvermeidlich erscheinendes Resultat von Wachstumsprozessen betrachtet wurde: zusätzliche Flächennachfrage konnte nur im Umland der Städte befriedigt werden. Das überregionale »Süd-Nord-Gefälle« wurde erst deutlich sichtbar und zum Problem, als in einigen Regionen dieses Wachstum nachließ und sich vor allem in den *Kernstädten* der *Agglomerationen* des »Nordens« sogar in Schrumpfungsprozesse verkehrte, während sich in den südlichen Regionen die bekannte Entwicklung unverändert fortsetzte. Dies führte zu unterschiedlichen Mustern der wirtschaftlichen und räumlichen Entwicklung, und hatte vor allem folgende Ursachen: Mit der Intensivierung der weltwirtschaftlichen Verflechtungen seit der ersten Hälfte der 70er Jahre und dem Wegfall der festen Wechselkurse der D-Mark wurde die industrielle Produktion einem Konkurrenzdruck ausgesetzt, den die unterbewertete westdeutsche Währung zuvor vom deutschen Binnenmarkt ferngehalten hatte. Für die Schwerindustrie und die standardisierte Massenproduktion erwuchsen nun an Standorten in anderen Ländern (insbesondere im fernen Osten) Konkurrenten, die im Preiswettbewerb überlegen waren. Dies führte in Westdeutschland (und in anderen entwickelten kapitalistischen Ländern) zu zwei Reaktionen:

– einerseits zum Abbau von Produktionskapazitäten in der (»fordistischen«) Serienproduktion in der Form von Betriebsschließungen, Produktionsverlagerungen, oder mindestens zur Reduktion der Beschäftigtenzahlen durch Rationalisierung und Automatisierung,

– und andererseits zu einer Restrukturierung der ökonomischen Aktivitäten in Richtung der Entwicklung neuer Produkte bzw. Diversifizierung der Serienfertigung.

Im Zuge dieses Wandels, der eingebettet ist in eine Internationalisierung der Produktions-, Liefer- und Unternehmensverflechtungen, wurden die ökonomischen Spezialisierungen und internen Strukturen von Regionen neu bewertet[4], und dies führte in den traditionellen Industrieregionen zu einem radikalen Strukturwandel, der z. T. in

---

4 Vgl. Renate Borst/Stefan Krätke/Margit Mayer/Roland Roth/Fritz Schmoll (Hrsg.), Das neue Gesicht der Städte, Stadtforschung aktuell, Bd. 29 (1990), Basel u. a.

Deindustrialisierungsprozessen mündete.[5] Gleichzeitig erlebten diejenigen Regionen, in denen die Industrialisierung später stattgefunden hatte, einen neuen Wachstumsschub auf der Basis neuer Produktlinien und innovativer Produktionsverflechtungen. Für die unterschiedliche Entwicklung der Regionen sind daher nicht die Branchenstrukturen, nicht die Exportanteile und nicht die Lohnstrukturen verantwortlich.[6] »Alte« Industrieregionen sind nicht deshalb »alt«, weil sie »alte« Materialien herstellen oder verarbeiten, oder weil sie »alte« Produkte fertigen, sondern weil sie offensichtlich nicht genügend Flexibilität zur Anpassung an die neuen Produktionsbedingungen entwickeln. Flexibilität ist dabei kein einmaliger Kraftakt, sondern Bedingung für die Überlebensfähigkeit der Regionen im historischen Entwicklungsprozeß.[7]

Eine noch zentralere Rolle kommt der regionalen Anpassungsfähigkeit zu, wenn der weltweite Wandel der Wirtschaftsbeziehungen in den 70er und 80er Jahren verstanden wird als Übergang von einem »fordistischen« zu einem »flexiblen« Akkumulationsmodell.[8]

Charakteristisch angesehen für das neue Akkumulationsmodell werden weniger technische oder stoffliche Veränderungen als vielmehr organisatorische und unternehmensstrategische Veränderungen, die für die Verbesserung der Möglichkeiten einer raschen Reaktion auf sich verändernde Märkte und für die Produktinnovation entscheidend sind. Neben der Expansion von marktbeherrschenden, weltweit operierenden multinationalen Konzernen, die sich Standorte und regionale Kapazitäten einverleiben und auch wieder fallenlassen, ist für eine stabile regionale ökonomische Entwicklung unter veränderten Marktbedingungen die interne Verflechtung[9], die Entwicklung von »innovativen Milieus« entscheidend.[10] Und solche Milieus haben sich unter den spezifischen Bedingungen einer »verspäteten« Industrialisierung in den südlichen Bundesländern eher erhalten und entwickeln können als in den Regionen, die von den fordistischen Großkonzernen der Hochindustrialisierung dominiert worden waren (wie z. B. das Ruhrgebiet).

In diesem Beitrag soll zunächst die Frage nach den Verschiebungen der Gewichte zwischen verschiedenen geographischen Regionen im Vordergrund stehen. Daher wird der folgenden Analyse nicht eine wirtschaftsstrukturelle Abgrenzung, sondern eine geographische Untergliederung, in der Bundesländer zu den Großregionen

---

5 Vgl. zu den verschiedenen Regionen der westlich-kapitalistischen Welt: Barry Bluestone/Bennett Harrison, The Deindustrialisation of Amerika, New York 1982; R. Martin/B. Rowthorn, The Geography of Deindustrialization, London 1986; Hartmut Häußermann/Walter Siebel, Neue Urbanität, Frankfurt a. M. 1987.

6 Vgl. Manfred Sinz, Anm. 3.

7 Vgl. Hans-Jürgen Ewers/Martin Gornig, Openess of Urban Systems as Prerequisite for urban Sustainability, in: Peter Nijkamp (Hrsg.), Sustainability of Urban Systems, Aldershot 1990; Helmut Wienert, Was macht Industrieregionen »alt«? - ausgewählte sektorale und regionale Ansätze zur Erklärung regionaler Niedergangsprozesse, in: RWI-Mitteilungen, (1990) 4.

8 Vgl. J. Hirsch/Roland Roth, Das neue Gesicht des Kapitalismus, Hamburg 1986; Dieter Läpple, »Süd-Nord-Gefälle. Metapher für die räumlichen Folgen einer Transformationsphase. Auf dem Weg zu einem post-tayloristischen Entwicklungsmodell? In: Jürgen Friedrichs/Hartmut Häußermann/Walter Siebel (Anm. 2), S. 97–116.

9 Vgl. Dieter Läpple, Thesen zum Zusammenhang von ökonomisch-technologischem Strukturwandel und regionaler Entwicklung, in: S. Bukold/P. Thinnes (Hrsg.), Boomtown oder Gloomtown? Berlin 1991, S. 15–27.

10 Vgl. Hartmut Häußermann (Hrsg.), Ökonomie und Politik in alten Industrienationen Europas, Basel 1992; Gernot Grabher, The Embedded Firm, London 1992.

»Süden«, »Mitte« und »Norden« zusammengefaßt sind, zugrundegelegt. Wir wollen skizzieren, wie sich verschiedene Landesteile seit 1945 entwickelt haben, und wie die Perspektiven der weiteren Entwicklung aussehen. Da sich im Westen insbesondere die Bundesländer Bayern und Baden-Württemberg durch ein überdurchschnittliches Wachstum auszeichneten, fassen wir diese zur Region »Süden« zusammen, der die Bundesländer Schleswig-Holstein, Hamburg, Bremen und Niedersachsen als »Norden« gegenübergestellt werden. Die restlichen Bundesländer Nordrhein-Westfalen, Rheinland-Pfalz, Saarland und Hessen werden zur Region »Mitte« zusammengefaßt, die in sich sehr heterogen ist, weil sie so dynamische Dienstleistungsregionen wie das Rhein-Main-Gebiet und industrielle Krisenregionen wie das Saarland und das Ruhrgebiet umfaßt. Für eine regionalwirtschaftliche Analyse wäre eine solche Gebietsabgrenzung wenig sinnvoll, aber um die Gewichts-Verschiebungen innerhalb des Wirtschaftsraumes sichtbar zu machen, ist dies ein durchaus geeigneter Zugriff.

Bis 1989 nahm im Vergleich zur Vorkriegszeit die Bevölkerung auf dem Gebiet Westdeutschlands um etwa die Hälfte zu (vgl. Tabelle 1). Bis 1970 nahm dabei noch in allen drei Regionen die Bevölkerung stark zu. Zwischen 1970 und 1989 dagegen bleibt die Bevölkerungszahl in den Regionen Nord und Mitte praktisch konstant. Nur in den südlichen Bundesländern nahm die Bevölkerung nochmals um fast 1,5 Millionen Menschen zu. Insgesamt verschoben sich damit die regionalen Bevölkerungsanteile des Südens deutlich zu Lasten vor allem der Region Mitte.

Tab. 1: Entwicklung der Bevölkerung in westdeutschen Regionen 1939 bis 1989

Jahr	Region Nord[1]	Region Mitte[2]	Region Süd[3]	Westdeutschland[4]
	Bevölkerung in 1 000 Personen			
1939	8 368	19 149	12 477	39 994
1970	12 093	27 061	19 374	58 528
1989	12 069	27 283	20 619	59 971
	Anteil an Westdeutschland in %			
1939	20,9	47,9	31,2	100,0
1970	20,7	46,2	33,1	100,0
1989	20,1	45,5	34,4	100,0

Ähnliche Wachstumsunterschiede sind bei der Veränderung der Zahl der Beschäftigten zu beobachten gewesen (vgl. Tabelle 2). 1970 lag in allen westdeutschen Regionen die Beschäftigungszahl im Vergleich zu 1939 deutlich höher, wobei die südlichen Bundesländer bei fast einer Verdoppelung der Beschäftigung deutlich höhere Zuwächse erzielen konnten. Stärker wahrgenommen werden diese Entwicklungsdifferenzen allerdings erst zwischen 1970 und 1989, als die Beschäftigung im Norden ab-, in der Region Mitte nur noch leicht zunahm und in den südlichen Bundesländern mit etwa 20 % weiter kräftig anstieg. Der Wachstumsvorsprung des Südens fällt dabei hinsichtlich der Beschäftigung noch größer aus als bei der Bevölkerung. War 1939 die Zahl der Erwerbstätigen je 1 000 Einwohner noch in der Region Mitte leicht höher als in der Region West, so kehrte sich dieses bereits bis 1970 um, und 1989 lag diese Quote in den südlichen Bundesländern um fast 10 % höher.

342

Tab. 2: Entwicklung der Erwerbstätigkeit in Westdeutschland
1939 bis 1989

	Region Nord[1]	Region Mitte[2]	Region Süd[3]	Westdeutschland[4]
	Erwerbstätige in 1 000 Personen			
1939 Produzierendes Gewerbe	1 461	4 270	2 654	8 385
Dienstleistungen	1 064	1 847	1 189	4 100
Staat	245	483	377	1 105
Gesamtwirtschaft[5]	2 770	6 600	4 220	13 590
1970 Produzierendes Gewerbe	2 155	5 728	4 564	12 447
Dienstleistungen	1 882	3 634	2 441	7 957
Staat	682	1 339	938	2 959
Gesamtwirtschaft[5]	4 718	10 700	7 943	23 361
1989 Produzierendes Gewerbe	1 629	4 479	4 209	10 317
Dienstleistungen	2 326	4 893	3 684	10 903
Staat	1 009	2 062	1 567	4 638
Gesamtwirtschaft[5]	4 964	11 434	9 459	25 857
	Anteil an Westdeutschland in %			
1939 Produzierendes Gewerbe	17,4	50,9	31,7	100,0
Dienstleistungen	26,0	45,0	29,0	100,0
Staat	22,2	43,7	34,1	100,0
Gesamtwirtschaft[5]	20,4	48,6	31,1	100,0
1970 Produzierendes Gewerbe	17,3	46,0	36,7	100,0
Dienstleistungen	23,7	45,7	30,7	100,0
Staat	23,0	45,3	31,7	100,0
Gesamtwirtschaft[5]	20,2	45,8	34,0	100,0
1989 Produzierendes Gewerbe	15,8	43,4	40,8	100,0
Dienstleistungen	21,3	44,9	33,8	100,0
Staat	21,8	44,5	33,8	100,0
Gesamtwirtschaft[5]	19,2	44,2	36,6	100,0
	Erwerbstätige je 1 000 Einwohner			
1939 Produzierendes Gewerbe	175	223	213	210
Gesamtwirtschaft[5]	331	345	338	340
1970 Produzierendes Gewerbe	178	212	236	213
Gesamtwirtschaft[5]	390	395	410	399
1989 Produzierendes Gewerbe	135	164	204	172
Gesamtwirtschaft[5]	411	419	459	431

1 Schleswig-Holstein, Hamburg, Niedersachsen, Bremen.
2 Nordrhein-Westfalen, Hessen, Rheinland-Pfalz, Saarland.
3 Bayern, Baden-Württemberg.
4 Ohne Westteil Berlins.
5 Ohne Landwirtschaft.

Quelle: Arbeitsstättenzählungen 1939, 1970 und 1987; Beschäftigtenstatistik 1987 und 1989; Berechnungen des DIW.

Die überdurchschnittliche Entwicklung des Südens, die sowohl von einer vergleichsweise hohen Stabilität des Produzierenden Sektors wie einem starken Wachstum des Dienstleistungssektors getragen wurde, ist zu einem guten Teil durch die Übernahme industrieller Funktionen aus solchen Regionen zu erklären, die nach der Teilung zur DDR gehörten bzw. in der Insel-Lage West-Berlins isoliert waren, und für die die Unternehmensleitungen dort keine ausreichenden Sicherheiten und keine Expansionsmöglichkeiten sahen. Die Verlagerung der Elektro-Großkonzerne Siemens und IBM nach Bayern bzw. Baden-Württemberg sind dafür Beispiele. Gerade diese Unternehmen wirkten an ihren neuen Standorten als Pole für eine dynamische Entwicklung auf höchstem technologischem Niveau. Auch Teile des Maschinen- und Apparatebaus aus Sachsen und Thüringen wurden entweder verlagert oder aber bestehende Teilbetriebe konzentrierten ihr Wachstum auf den süddeutschen Standort (z. B. Zeiss).

Daß die *Betriebsverlagerungen* in den Süden der damaligen Bundesrepublik wanderten und nicht in die Gebiete der Montanindustrie, hat viele Ursachen. Ein wesentlicher Grund aber dürfte gewesen sein, daß in den Wiederaufbaujahren der westdeutschen Wirtschaft die »alten« Industrieregionen noch keinerlei Zeichen von Krise erkennen ließen. Einerseits die damalige Knappheit von Arbeitskräften, die Verfügbarkeit von Flächen und die Ausrichtung der Infrastruktur, andererseits die Abwesenheit eines dominanten, traditionellen *Industriemilieus* stellten vergleichsweise günstige Voraussetzungen für den Aufbau neuer Industrien dar.

Nicht unwichtig war außerdem der Aufbau der elektronischen Rüstungs- und der Flugzeugindustrie, die mit Hilfe staatlicher Aufträge und Bürgschaften insbesondere von der bayerischen Industriepolitik in den Süden gezogen wurde. Gerade diese Industriebereiche sind zu Kristallisationspunkten für die Entwicklung der produktions- und unternehmensorientierten Dienstleistungen geworden, die Kernelemente jener innovativen Milieus bilden, die für das wirtschaftliche Wachstum eine immer höhere Bedeutung haben.[11]

Regional unterschiedliche Schrumpfungs- und Wachstumsprozesse – insbesondere zwischen 1970 und 1989 – haben dazu geführt, daß der *Süden* im Jahre 1989 sowohl beim Produzierenden Gewerbe wie in der Gesamtwirtschaft die höchste Beschäftigungsdichte aller drei westdeutschen Großregionen hatte. Die *Beschäftigungsdichte* in der Industrie ist seit 1939 nahezu stabil geblieben, und das starke Wachstum der Dienstleistungen hat zu einem prozentualen Wachstum der gesamten Erwerbsdichte von über 40 % geführt – während dies bei den anderen beiden Regionen lediglich bei 25 % lag.

b. Regionalentwicklung in Ostdeutschland nach 1945

In Ostdeutschland verliefen Bevölkerungsentwicklung und geographische Strukturveränderungen konträr zu Westdeutschland.

Das Gebiet der ehemaligen DDR war vor dem II. Weltkrieg eine der wirtschaftlich am stärksten entwickelten Regionen Deutschlands. Dies gilt vor allem für die großen sächsischen Ballungsräume, die einen deutlich höheren Industriebesatz je

---

11 Vgl. Franz-Josef Bade, Regionale Beschäftigungsentwicklung und produktionsorientierte Dienstleistungen, Sonderheft des DIW, (1987) 143.

Einwohner aufwiesen als die Regionen Westdeutschlands. Im nördlichen Teil war es die Metropole Berlin, die wirtschaftlich großes Gewicht hatte. Die übrigen Regionen in Mecklenburg und der Mark Brandenburg waren dagegen stark ländlich geprägt und wiesen wie die Gebiete östlich der Oder eher Anzeichen einer wirtschaftlichen Rückständigkeit auf.

Nach der deutschen Teilung war der Zwang, die Wirtschaftsstruktur an die neuen regionalen Verhältnisse anzupassen, in der DDR sehr viel größer als in Westdeutschland – nicht nur, weil der Umfang der Demontage und Kriegszerstörung größer war, sondern vor allem auch, weil das Gebiet sehr viel kleiner war und somit aufgrund der gegebenen regionalen Spezialisierung nur Teilkapazitäten des notwendigen Gesamtproduktionsprozesses zur Verfügung standen.[12] Stark vertreten waren letztlich nur der Maschinenbau und Elektrotechnik sowie die Chemie. Kaum vorhanden waren dagegen Kapazitäten in den Bereichen Energie, Eisen und Stahl sowie im Schwermaschinen- und Großanlagenbau. Bedingt durch die Teilung Europas und die großen wirtschaftlichen Probleme in den damaligen Ostblockstaaten war eine Möglichkeit zur Substitution durch Importe nicht gegeben. Deshalb war der Aufbau eigener Industrien in den genannten Bereichen notwendig, der erhebliche Veränderungen der regionalen Struktur zur Folge hatte.[13]

Die Standorte der neuen Industrien lagen zumeist außerhalb der traditionellen Industriereviere im Süden. Massiv ausgebaut wurde der Schwermaschinenbau in den Regionen Magdeburg und Berlin. Die Kapazitäten in der Metallerzeugung wurden vor allem mit dem Aus- bzw. Aufbau der Standorte Brandenburg, Hennigsdorf und Eisenhüttenstadt erweitert. Im Brennstoff- und Energiebereich waren die räumlichen Schwerpunkte durch die Lagerstätten der Braunkohle in der Lausitz und dem mitteldeutschen Revier weitgehend vorgegeben. Die Industrialisierung des Nordens wurde durch die Produktionsabsprachen im Rahmen des RGW zusätzlich vorangetrieben. Beispiele dafür sind der Aufbau eines großen Werftenkomplexes in den Ostseestädten und des Raffineriestandorts Schwedt nordöstlich von Berlin.

Die Gewichtsverschiebung zugunsten der nördlichen Regionen wurde aber auch vom Dienstleistungssektor getragen. Ganz zentrale Bedeutung hatte hierbei die zentralistische Struktur von Staat und Wirtschaft in der ehemaligen DDR. Sie bedingte eine hohe Konzentration von Dienstleistungen in Ostberlin, die sogar – gemessen in Beschäftigten – zu einer Überkompensation des Funktionsverlustes als Reichshauptstadt im Vergleich zur Vorkriegszeit führte. Aber auch in den anderen nördlichen Bezirksstädten wie Schwerin, Neubrandenburg und Rostock wuchs der Dienstleistungsbereich überproportional stark. Dies gilt vor allem für Rostock, das nach dem Verlust des direkten Zuganges zu den ehemals für dieses Gebiet wichtigen Häfen Hamburg und Stettin zum Überseehafen der DDR ausgebaut wurde.

Am Ende der DDR hatten sich damit insgesamt die regionalen Gewichte deutlich verschoben. Der Norden mit den heutigen Bundesländern Mecklenburg-Vorpommern und Brandenburg einschließlich des Ostteils Berlins konnte seinen Anteil an der Gesamtbeschäftigung in der ehemaligen DDR um über 20 % im Vergleich zur Vorkriegszeit ausweiten. Außerhalb Berlins wurde eine industrielle Wirtschaftsstruktur in diesen Regionen weitgehend erst in den letzten 40 Jahren aufgebaut.

Während die Bevölkerungszahl in Westdeutschland 1989 deutlich höher lag als vor dem Zweiten Weltkrieg, blieb sie im gleichen Zeitraum auf dem Gebiet der ehe-

---

12 Vgl. Politische Ökonomie des Sozialismus und ihre Anwendung in der DDR, (Autorengemeinschaft), Berlin 1969.
13 Vgl. Konrad Scherf u. a., Ökonomische und soziale Geographie der DDR, Gotha 1990.

maligen DDR fast unverändert (vgl. Tabelle 3). Deutlich zurück ging im Vergleich zur Vorkriegszeit zunächst die Bevölkerungszahl des Ostteils Berlins. Während der DDR-Ära nahm die Bevölkerung in der Hauptstadt aber wieder deutlich zu, allein zwischen 1970 und 1989 um fast 2 %. Im südlichen Teil der ehemaligen DDR blieb die Bevölkerungszahl dagegen zunächst relativ konstant. Erst zwischen 1970 und 1989 nahm hier die Einwohnerzahl deutlich ab. Der nördliche Teil hingegen konnte permanent seine Bevölkerungszahl und seinen Anteil an der Bevölkerung Ostdeutschlands ausweiten.

Tab. 3: Entwicklung der Bevölkerung in ostdeutschen Regionen
1939 bis 1989

Jahr	Berlin[1]	Region Nord[2]	Region Süd[3]	Ostdeutschland[4]
	Bevölkerung in 1 000 Personen			
1939	1 589	3 819	11 366	16 774
1970	1 080	4 580	11 398	17 058
1989	1 287	4 640	10 687	16 614
	Anteil an Ostdeutschland in %			
1939	9,5	22,8	67,8	100,0
1970	6,3	26,8	66,8	100,0
1989	7,7	27,9	64,3	100,0

1 Ostteil Berlins.
2 Mecklenburg-Vorpommern, Brandenburg.
3 Sachsen-Anhalt, Thüringen, Sachsen.
Quelle: Statistisches Jahrbuch der Bundesrepublik 1992.

Die Veränderung in der regionalen Verteilung der Bevölkerung in der ehemaligen DDR war auch mit einer Verschiebung der Beschäftigung verbunden (vgl. Tabelle 4). In den nördlichen Regionen hatte sie sich bis 1989 im Vergleich zur Vorkriegszeit fast verdoppelt. Der Anteil der südlichen Landesteile verringerte sich dagegen von 75 % 1939 auf knapp 65 % 1989. Die starken regionalen Differenzen im Beschäftigtenbesatz je 1 000 Einwohner außerhalb der Landwirtschaft hatte sich damit in der DDR-Ära sehr stark verringert. Lag dieser 1939 noch im Süden um 40 % höher als im Norden, so betrug der Vorsprung 1989 nur noch etwa 5 %.

Der Aufholprozeß des Nordens der DDR ging dabei einher mit einem Bedeutungsgewinn der Städte (vgl. Tabelle 5). Die kreisfreien Städte ohne Berlin-Ost konnten hier in der Zeit zwischen 1939 und 1989 gegenüber den Landkreisen deutlich höhere Beschäftigungsgewinne erzielen. Während sich in den nördlichen Städten die Zahl der Beschäftigten im Produzierenden Gewerbe mehr als verdoppelte und bei den Dienstleistungen sogar gut verdreifachte, lagen die Zuwächse in den nördlichen Landkreisen bei rund 40 % bzw. 110 %.

Der Bedeutungsverlust des Südens der DDR dagegen war in erster Linie eine Folge des Zurückbleibens der Städte. Im Produzierenden Gewerbe der kreisfreien Städte lag

Tab. 4: Entwicklung der Erwerbstätigkeit in Ostdeutschland
1939 bis 1989

	Berlin[1]	Region Nord[2]	Region Süd[3]	Ostdeutschland[4]
	Erwerbstätige in 1 000 Personen			
1939 Produzierendes Gewerbe	395	609	3 007	4 011
Dienstleistungen, Staat	421	449	1 452	2 322
Gesamtwirtschaft[5]	816	1 059	4 459	6 334
1970 Produzierendes Gewerbe	243	763	2 792	3 798
Dienstleistungen, Staat	334	816	1 827	2 977
Gesamtwirtschaft[5]	577	1 579	4 619	6 775
1989 Produzierendes Gewerbe	240	941	2 773	3 954
Dienstleistungen, Staat	444	1 048	2 106	3 598
Gesamtwirtschaft[5]	685	1 990	4 879	7 554
	Anteil an Ostdeutschland in %			
1939 Produzierendes Gewerbe	9,8	15,2	75,0	100,0
Dienstleistungen, Staat	18,1	19,3	62,5	100,0
Gesamtwirtschaft[5]	12,9	16,7	70,4	100,0
1970 Produzierendes Gewerbe	6,4	20,1	73,5	100,0
Dienstleistungen, Staat	11,2	27,4	61,4	100,0
Gesamtwirtschaft[5]	8,5	23,3	68,2	100,0
1989 Produzierendes Gewerbe	6,1	23,8	70,1	100,0
Dienstleistungen, Staat	12,3	29,1	58,5	100,0
Gesamtwirtschaft[5]	9,1	26,3	64,6	100,0
	Erwerbstätige je 1 000 Einwohner			
1939 Produzierendes Gewerbe	249	159	265	239
Gesamtwirtschaft[5]	514	277	392	378
1970 Produzierendes Gewerbe	225	167	245	223
Gesamtwirtschaft[5]	534	345	405	397
1989 Produzierendes Gewerbe	186	203	259	238
Gesamtwirtschaft[5]	532	429	457	455

1 Ostteil Berlins.
2 Mecklenburg-Vorpommern, Brandenburg.
3 Sachsen-Anhalt, Thüringen, Sachsen.
4 Ohne Westteil Berlins.
5 Ohne Landwirtschaft, ohne sog. X Bereich (Polizei, Militär, usw.).
Quelle: Arbeitsstättenzählungen 1939; Berufstätigenerhebung der DDR; Schätzungen des DIW.

1989 die Zahl der Beschäftigten um mehr als 10 % unter der von 1939. Im Dienstleistungsbereich lag der Zuwachs nur bei 25 %. In den großen Städten Leipzig und Dresden war sogar auch hier die Beschäftigungsentwicklung rückläufig. Die südlichen Landkreise hingegen konnten ein weit besseres Ergebnis erzielen. Die Zuwächse lagen mit insgesamt rund 12 % jedoch deutlich niedriger als bei den Landkreisen des Nordens der DDR.

Tab. 5: Entwicklung der Erwerbstätigkeit
in den Stadt- und Landkreisen Ostdeutschlands
1939 bis 1989

	Region Nord[1]		Region Süd[2]	
	Stadtkreise	Landkreise	Stadtkreis	Landkreise
	Erwerbstätige in 1 000 Personen			
1939 Produzierendes Gewerbe	142	467	876	2 131
Dienstleistungen, Staat	133	316	660	792
Gesamtwirtschaft[3]	816	1 059	1 536	2 923
1989 Produzierendes Gewerbe	287	654	777	1 996
Dienstleistungen, Staat	388	660	825	1 281
Gesamtwirtschaft[3]	675	1 314	1 601	3 278
	Veränderung in %			
Produzierendes Gewerbe	102,3	40,0	– 11,3	– 6,3
Dienstleistungen, Staat	191,1	109,0	24,9	61,8
Gesamtwirtschaft[3]	145,3	67,8	4,2	12,1

1 Mecklenburg-Vorpommern, Brandenburg.
2 Sachsen-Anhalt, Thüringen, Sachsen.
3 Ohne Landwirtschaft, ohne sog. X-Bereich (Polizei, Militär, usw.).
Quelle: Arbeitsstättenzählungen 1939; Berufstätigenerhebung der DDR; Schätzungen des DIW.

c. Ost-West-Vergleich

Die wirtschaftliche und demographische Entwicklung verlief in den beiden deutschen Teilstaaten nicht nur im Niveau, sondern auch in der regionalen Verteilung konträr: Während im Westen eine Verschiebung der wirtschaftlichen Gewichte vom Norden und von der Mitte nach Süden zu beobachten war, verschoben sich in Ostdeutschland die Gewichte vom Süden in den Norden. Dies ist das Ergebnis unterschiedlicher Prozesse: Die Ergänzung der Industriestruktur in der DDR, d. h. der Neuaufbau ganzer Industriezweige, wurde vor allem im bis dahin weitgehend agrarisch strukturierten Norden vorgenommen. Der Anschluß an die Seetransportwege nach der Teilung führt zum Ausbau der Stadt Rostock als einem wichtigen wirtschaftlichen Zentrum in der ehemaligen DDR. Neben (Ost-)Berlin war Rostock bis 1989 die einzige Stadt der ehemaligen DDR mit wachsenden Einwohnerzahlen. In Westdeutschland lagen die Wachstumszentren in den südlichen Bundesländern, während die mittleren und nördlichen im Rahmen eines die gesamte Republik umfassenden Wachstumsprozesses an Gewicht verloren. Die geographische Struktur dieser Verschiebungen ist teilweise auf die teilungsbedingten Industrieverlagerungen zurückzuführen, die ein wirtschaftsgeographisches Muster etablierten, dem der wirtschaftliche Strukturwandel dann folgte.

Das Wachstum des Nordens war in der DDR vor allem ein Wachstum der Städte, und die Gewichtsverluste des Südens gingen vor allem auf Bevölkerungs- und Arbeitsplatzverluste der Städte zurück. Bei der Betrachtung der regionalen Entwicklung seit der Vereinigung werden wir uns daher der Entwicklung der Städte zuwenden, denn dort werden eintretende Veränderungen zuerst sichtbar werden.

3. Vorstellungen zu den künftigen regionalen Trends[14]

Bis zum Jahre 1989 lag die (alte) Bundesrepublik am östlichen Rand eines hinsichtlich seiner politischen und ökonomischen Ordnung weitgehend homogenen Raumes. Die weitere Homogenisierung, die Binnenintegration der Europäischen Gemeinschaft war schon beschlossene Sache, als die kommunistischen Systeme zusammenbrachen und die osteuropäischen Staaten begannen, die ökonomischen Ordnungen des Westens zu übernehmen. Mit diesen Entwicklungen rückte Deutschland in eine zentrale Lage innerhalb eines großen Wirtschaftsraumes mit freiem Waren- und Kapitalverkehr innerhalb der (sich vergrößernden) Europäischen Gemeinschaft und neuen Konkurrenten und Märkten im Osten Europas.

Sowohl die Ausgangsbedingungen als auch der Unsicherheitsgrad der künftigen Entwicklungen sind zudem zwischen West- und Ostdeutschland sehr unterschiedlich. Die längerfristigen Perspektiven beider Landesteile werden daher getrennt dargestellt, ohne jedoch wichtige Interdependenzen zu vernachlässigen. Während im Teil über Westdeutschland dabei vornehmlich versucht wird, die Wahrscheinlichkeit für die Veränderung der *bisherigen* raumstrukturellen Entwicklungstrends zu identifizieren, ist es für Ostdeutschland, wo sich die wirtschaftlichen Strukturen grundlegend ändern, erforderlich, überhaupt Vorstellungen zur möglichen gesamträumlichen und regionalen Entwicklung zu entwerfen. Entwicklungen, die sich sieben Jahre nach der Vereinigung abzeichnen, werden wir dann vor allem anhand der Arbeitsplatzdaten skizzieren.

Bei der Abschätzung künftiger Regionalentwicklung kann man von folgenden theoretischen Einschätzungen ausgehen: Die wirtschaftliche Entwicklung einer Region wird bestimmt durch *exogene und endogene* Faktoren. Die endogenen Faktoren Infrastruktur, Kapitalausstattung, wirtschaftliche Spezialisierung, lokale Kooperationsbeziehungen und Traditionen sowie Qualifikationen bilden ein Potential, das sich unter Bedingungen entfalten kann, die nur teilweise von regionalen Aktivitäten kontrolliert oder beeinflußt werden können, d. h. daß auch exogene Einflüsse für die Entfaltung dieser endogenen Potentiale entscheidend sind. Weder die ausschließliche Betrachtung endogener Potentiale (»bottom-up« Perspektive) noch die exklusive Analyse nationalökonomischer Entwicklungspotentiale (»Bottom-down«-Perspektive) geben also Auskunft über die Chancen einer Region. Erst die Kombination beider Perspektiven erlaubt eine Einschätzung langfristiger Entwicklungsaussichten.

---

14 Der folgende Abschnitt greift teilweise Ergebnisse eines Forschungsprojekts auf, an dem die Autoren dieses Aufsatzes und Gerhard Becher, Eberhard von Einem, Erika Schulz sowie Wolfgang Weibert mitgearbeitet haben. Martin Gornig u. a., Entwicklungsperspektiven für Stadtregionen. Materialien zur Raumentwicklung der BfLR. (1993) 58, Bonn.

a. Entwicklungstrends in Westdeutschland

Trotz weitreichender Veränderungen wichtiger exogener Rahmenbedingungen kann hinsichtlich der Außenwirtschaftsbeziehungen für die zukünftige regionale Entwicklung in Westdeutschland insgesamt eher die Fortsetzung eines kontinuierlichen Prozesses angenommen werden. Von der Veränderung der politischen Rahmenbedingungen in Europa können kurz- und mittelfristig kaum erhebliche Auswirkungen auf die räumlichen Entwicklungsmuster erwartet werden. Denn auf der einen Seite sind der EG-Binnenmarkt und die Annäherung der Efta-Staaten Elemente eines seit langem sich vollziehenden Entwicklungsprozesses der westeuropäischen Integration und sind insoweit als eine Fortsetzung der bisherigen ökonomischen und demographischen Entwicklung zu sehen; auf der anderen Seite wird auf absehbare Zeit die Umstrukturierung in Mittel- und Osteuropa von relativ geringer Bedeutung für die wirtschaftlichen Beziehungen bleiben, so daß einschneidende Veränderungen für die Wirtschaft Westdeutschlands nur in Teilbereichen zu erwarten sind.

Mit der Integration Ostdeutschlands in das ökonomische und politische System des Westens hat sich für die westdeutsche Wirtschaft einerseits ein neuer kaufkräftiger Absatzmarkt eröffnet, andererseits entstanden Potentiale für alternative Produktionsstandorte und neue Verflechtungsbeziehungen im eigenen Land. Im Zusammenhang mit der Abschätzung des gesamtwirtschaftlichen Wachstumstempos werden diese Potentiale aber nur teilweise genutzt. Die wichtigsten außenwirtschaftlichen Einflüsse gehen daher weiterhin von Westeuropa und den USA aus, die schon in den achtziger Jahren die regionalen Disparitäten in Westdeutschland wesentlich beeinflußt haben. Deshalb ergeben sich auch nur geringe Auswirkungen auf die regionalen Entwicklungsmuster, zumal sich die endogenen Potentiale der Regionen und regionale Produktionsverflechtungen nur langsam ändern und damit stabilisierend auf die Raumstrukturen wirken.

Eine *Verringerung* der regionalen Wachstumsdifferenzen in Westdeutschland wäre nur zu erwarten, wenn zusätzliche Nachfrageimpulse aus Ostdeutschland und Osteuropa sowie entsprechende Produktionsverflechtungen ein starkes Wachstum verursachen. Hierfür sprechen vor allem folgende Überlegungen:

a) In Verbindung mit Akzelerator- und Multiplikatoreffekten würden von einem starken Wachstum sehr viele Wirtschaftsbereiche erfaßt. Die Wahrscheinlichkeit, daß daran viele Regionen mit unterschiedlichen Spezialisierungsfeldern teilhaben, ist relativ hoch.

b) Bei hoher allgemeiner wirtschaftlicher Dynamik eröffnen sich auch weitere finanzielle Spielräume für die Verbesserung der qualitativen Standortbedingungen in bislang eher wachstumsschwachen Regionen. Insbesondere Ansätze für eine Verbesserung des regionalen Innovationspotentials könnten verstärkt werden.

c) Mit der Einbindung Osteuropas und Ostdeutschlands entstehen *neue* räumliche Verflechtungen auf der Absatz- und Bezugsseite, die nicht schon von den bislang dominierenden Zentren besetzt sind.

d) Eine Modernisierung Osteuropas und Ostdeutschlands ließe eine Wiederbelebung der Nachfrage in klassischen Sektoren wie Schwermaschinenbau oder Infrastrukturgüter erwarten, die ihre Produktionsstandorte vornehmlich in älteren Industrierevieren besitzen.

e) Nach der deutschen Teilung hatten insbesondere die heute wachstumsstarken Regionen Funktionen in der westdeutschen Arbeitsteilung übernommen, die vormals im ehemaligen Mitteldeutschland angesiedelt waren. Bei allgemein günstigen Bedingungen in Ostdeutschland könnten diese Städte in ihren traditionellen Funktionsbereichen zu neuen Konkurrenten für die westdeutschen Städte heranwachsen.

f) Bei einem hohen gesamtwirtschaftlichen Wachstumstempo könnten zudem in den bislang prosperierenden Verdichtungsregionen Überlastungen auftreten, die ein Auslagerungspotential (spill-over-Effekte) begründen würden. Zwar müßte dies nicht unbedingt anderen westdeutschen Verdichtungsräumen zugute kommen, sondern eher dem weiteren Umland und möglicherweise auch alternativen Standorten im Ausland und in Ostdeutschland, dennoch könnte in einigen Regionen eine Abschwächung des Wachstums eintreten.

Für Westdeutschland münden die Überlegungen insgesamt in der Annahme, daß auf absehbare Zeit die Veränderungen exogener Rahmenbedingungen nicht solche Wirkungen hervorbringen, die ein neues räumliches Entwicklungsmuster prägen. Insbesondere eine Veränderung des Süd-Nord-Gefälles in Westdeutschland ist nicht zu erwarten. Lediglich bei wieder zunehmendem Wachstumstempo wäre eine längerfristige Abschwächung des Gefälles wahrscheinlich, und vereinzelt bieten sich für einige Stadtregionen, die durch die Teilung in eine Randposition geraten waren (wie Hamburg) wieder deutlich bessere Perspektiven.

Verschärfen dürften sich unter den neuen Bedingungen dagegen die Gegensätze zwischen Zentrum und Peripherie. Während die Zentren im Zuge der Tertiarisierung sich immer stärker in Steuerungszentralen einer globalisierten Wirtschaft entwickeln, geraten die einfachen Industrien vieler ländlicher Regionen noch stärker unter den Druck vermehrt auch osteuropäischer Konkurrenten.[15]

b. Entwicklungsperspektiven in Ostdeutschland

In Ostdeutschland haben sich sowohl die gesamtwirtschaftlichen als auch die regionalen Entwicklungsbedingungen völlig verändert. Auch sieben Jahre nach der politischen Eingliederung der ehemaligen DDR in die Bundesrepublik Deutschland sind die zukünftigen Perspektiven der ökonomischen Entwicklung in Ostdeutschland noch nicht klar zu übersehen. Auch die vorliegenden quantitativen Szenarien und Projektionen[16] weisen erhebliche Unterschiede auf, wenngleich alle Varianten eine Verringerung des ökonomischen Rückstandes zu Westdeutschland ausweisen. Die folgenden Ausführungen können daher auch lediglich das Ziel verfolgen, wichtige Weichenstellungen für unterschiedliche ökonomische Entwicklungsverläufe in Ostdeutschland herauszuarbeiten und mögliche Konsequenzen für die künftigen Regionalstrukturen in Ostdeutschland zu benennen.

Praktisch über Nacht haben sich in der ehemaligen DDR sowohl die binnenwirtschaftlichen als auch die außenwirtschaftlichen Bedingungen völlig gewandelt. Im In-

---

15 Vgl. Paul Klemmer, Entwicklungsrisiken peripherer ländlicher Räume, Sprockhövel 1995; Martin Gornig/Bernhard Seidel/Dieter Vesper/Christian Weise, Regionale Strukturpolitik unter den veränderten Rahmenbedingungen der neunziger Jahre, Sonderheft des DIW, (1996) 157.

16 Vgl. Deutsches Institut für Wirtschaftsforschung, Perspektiven der längerfristigen Wirtschaftsentwicklung in Deutschland, in: DIW-Wochenbericht, (1996) 36; European Research and Advisoring Consortium (ERECO), European Regional Prospects. Analysis and Forecasts to 2010, 1997.

neren lösten marktwirtschaftliche Steuerungsmechanismen das planwirtschaftliche System ab, nach außen wurden die Märkte vorbehaltlos geöffnet, und gleichzeitig kam es durch die Währungsumstellung im Kurs 1:1 zu einer extremen Aufwertung. Damit ergab sich in Ostdeutschland eine Umbruchsituation, die in dieser Form ohne wirtschaftshistorische Beispiele ist.

Seither ist der ökonomische Entwicklungsprozeß in Ostdeutschland durch exogene Impulse bestimmt. Art und Tempo der Erneuerung bzw. Modernisierung des staatlichen und privaten Kapitalstocks in Ostdeutschland waren eng verbunden mit Finanz- und Wissenstransfer westdeutscher Gebietskörperschaften und westlicher Unternehmen. Auch auf mittlere Frist werden die Entwicklungen stark von exogenen Impulsen zur Modernisierung abhängen. Ob dabei das zweifelsfrei hohe Investitionsniveau[17] gehalten werden kann, ist jedoch genauso offen, wie die Frage, ob die Ökonomie Ostdeutschland dauerhaft vom Westen abhängig sein wird.

Ein großer Unsicherheitsfaktor ist darüber hinaus, wie die westlichen Direktinvestitionen vom ökonomischen System Ostdeutschlands aufgenommen und verwertet werden. Ebenso bedeutend wie die Quantität der Direktinvestitionen ist nämlich, ob diese externen Impulse weitere Modernisierungsprozesse in den Regionen in Gang setzen können. Entscheidend für die ökonomischen Perspektiven sind demnach auch Einschätzungen zum endogenen Entwicklungspotential in den Regionen. Erst im Zusammenwirken von exogenen Impulsen und ihrer Einbindung in die regionalen Wirtschafts- und Gesellschaftsstrukturen lassen sich Vorstellungen über Niveau und Art der künftigen wirtschaftlichen Aktivitäten in den ostdeutschen Regionen ableiten.

Hinsichtlich der endogenen Potentiale befinden sich die Regionen Ostdeutschlands in einem Umbruch. Die wirtschaftlichen und gesellschaftlichen Verflechtungsstrukturen bzw. Netzwerke in der ehemaligen DDR waren nachhaltig durch die groß dimensionierten Kombinate und die kommunistische Partei geprägt. Durch die rigorose Verstaatlichung und die Integration von einzelnen Betrieben wurden regionale Produktionsbeziehungen konsequent zugunsten einer internationalisierten Arbeitsteilung und Kooperation im Kombinatsverbund ersetzt.[18] Zwar wurden bei der Kombinatsbildung auch räumliche Aspekte berücksichtigt, sie dienten aber vornehmlich der Transportkostenminimierung und nicht der zwischenbetrieblichen Koordination. Entscheidend für die Veränderung regionaler Verflechtungsbeziehungen war die Kompetenzverlagerung von den Betrieben zu den Kombinatsleitungen bzw. bei allen wichtigen Entscheidungen zu den Industrieministerien nach Berlin. Die ehemals horizontale Integration auf regionaler Ebene wurde also abgelöst von der vertikalen Integration in den Kombinaten. Mit der Auflösung der Kombinate und der Industrieministerien bestehen damit gegenwärtig weder horizontale noch vertikale Verflechtungsstrukturen.

Von der Entflechtung der Kombinate besonders betroffen ist das regionale Innovationspotential. Sowohl die ausgegründeten Forschungsabteilungen der Kombinate als auch die auf die industrielle Forschung ausgerichteten universitären Ein-

17 Vgl. Wolfgang Gerstenberger/Frank Neumann, Der Um- und Neubau der ostdeutschen Wirtschaft im Spiegel der Investitionstätigkeit, in: ifo-Schnelldienst, (1996) 13.
18 Vgl. U. Voskamp/V. Wittke, Aus Modernisierungsblockaden werden Abwärtsspiralen – zur Reorganisation von Betrieben und Kombinaten in der ehemaligen DDR, in: SOFI-Mitteilungen, 18 (1990), S. 12–30; Gernot Grabher, Instant-Capitalism. Western Investment in East German Regions. Paper prepared for the meeting of the sub-group »Transrational Corporations and the European Periphery« of the RURE programme, Kopenhagen 1992.

richtungen besitzen zur Zeit kaum noch Verbindung zur industriellen Produktion. Die bereits privatisierten Industriebetriebe stellen rasch ihre Produktion auf westliche Technologien und westliche Produkte um. Andere Betriebe fertigen in Lizenz oder Kopie westliche Produkte. Beide Typen beziehen ihr notwendiges Know-how überwiegend aus Westdeutschland. Bei Fertigungen, die spezifisch eigene ostdeutsche Profile besitzen, wie ehemals Exportgüter für Osteuropa, bestehen zur Zeit kaum finanzielle Spielräume für die Erarbeitung neuer technologischer Lösungen.

Auf der anderen Seite hat die Auflösung der Kombinatsstrukturen aber auch die Voraussetzung und Chance geschaffen, eine Rückentwicklung von der vertikalen kombinatsinternen Verflechtung zur horizontalen regionalen Integration einzuleiten. Das Flexibilitätspotential hierzu ist angesichts enormer ökonomischer Anreize und fehlender institutioneller Hemmnisse extrem hoch. Anzeichen für den Aufbau einer mittelständischen Wirtschaft sind möglicherweise die hohe Zahl von Unternehmensgründungen (Gewerbeanmeldungen) und der beträchtliche Umfang der Ausgründung von ehemaligen Treuhandbetrieben (sog. management-buy-out).

Dieses neue regionale Verflechtungspotential hat sich bislang allerdings noch nicht konkretisiert. Vielmehr schwebt es quasi als ein mögliches neues regionales Netzwerk über den Regionen Ostdeutschlands. Was fehlt, sind Beziehungen zu großen, dynamischen Unternehmen in der Region, die dieses Potential für den Aufbau neuer industrieller Strukturen nutzen und umsetzen. Die neuen Betriebe selbst besitzen weder die finanziellen Mittel noch personellen Ressourcen, um überregional neue große Absatzmärkte zu erschließen (vgl. hierzu den Beitrag von Busso Grabow/Dietrich Henckel in diesem Band).

Die Realisierung des vorhandenen Verflechtungspotentials in einem neuen regionalen Produktionsnetzwerk hängt selbst von exogenen Impulsen ab. Nur durch die Neugründung bzw. Umstrukturierung überregional orientierter industrieller Betriebe durch westliche Unternehmen kann das fehlende Glied zum Aufbau eines regionalen Produktionsclusters ersetzt werden. Die Möglichkeit der Entwicklung endogener regionaler Verflechtungen wird also bis zu einem gewissen Grad auch durch die westlichen Direktinvestitionen bestimmt. Von Bedeutung sind hierbei sowohl Umfang als auch Art der Engagements.

– Der Umfang, weil bei einem hohen Niveau der Direktinvestitionen eine Reihe von Betrieben aufgebaut werden, die bereits in westdeutschen Regionen eng verflochten sind. Sie stellen damit erste Kristallisationspunkte einer regional verflochtenen Wirtschaft dar. Darüber hinaus können diese Betriebe mit westlichen Technologien und Organisationskonzepten eine Incubator-Funktion übernehmen. Dort beschäftigte und qualifizierte Mitarbeiter bilden ein erhebliches Potential für den Aufbau selbständiger Existenzen durch Ausgliederung.

– Die Art, da die Unternehmensstrategie wesentlich die Eingliederungsfähigkeit in die regionale Wirtschaft Ostdeutschlands bestimmt. Bei stark extern kontrollierten und geführten Betrieben werden die Entscheidungen über Lieferverflechtungen in anderen Regionen getroffen. Die Eingliederung in die lokalen Netzwerke wird gering und höchst selektiv bleiben. Bei Unternehmen, die weitgehend die Kompetenz für Produktweiterentwicklung und Lieferbeziehungen den östlichen Betrieben überlassen, bestehen dagegen gute Chancen für eine Verschmelzung der externen Aktivitäten mit den regionalen Entwicklungspotentialen Ostdeutschlands.

Geht man von unterschiedlichen Niveaus westlicher Direktinvestitionen aus und verbindet sie mit Überlegungen zu deren Chancen für eine Einbindung in die regionale Wirtschaft der neuen Bundesländer, lassen sich idealtypisch vier Entwicklungstypen konstruieren (wobei wir jeweils ein konkretes westdeutsches Beispiel nennen, um entsprechende Assoziationen anzustoßen):

Typ 1: Integriertes Produktionsmilieu

Hohe, viele Branchen umfassende Direktinvestitionen treffen auf ein breites flexibles Potential endogener Entwicklungsfaktoren. Es entsteht ein sowohl quantitativ als auch qualitativ breites regionales Produktionscluster. Die Forschungs- und Entwicklungskapazitäten werden in ein eigenständiges regionales Innovationspotential eingebunden (Beispiel: Region Stuttgart mit einer eng verflochtenen Mischung aus Groß- und Kleinbetrieben).

Typ 2: Schwache horizontale Integration

Durchaus umfangreiche Direktinvestitionen entwickeln nur begrenzte horizontale Verflechtungsbeziehungen mit der regionalen Wirtschaft. Die Kooperationen bleiben auf absehbare Zeit räumlich eng begrenzt und konzentrieren sich auf eher qualitativ geringwertige Aktivitäten. Forschungs- und Entwicklungsimpulse sind weitgehend extern durch die Verbindung mit extraregionalen (westlichen) Partnern bestimmt (Beispiel: Region Bremen mit modernen Großbetrieben, aber nur geringer regionaler Verflechtung).

Typ 3: Desintegrierte Struktur (»Kathedralen in der Wüste«)

Selektiv getätigte Direktinvestitionen bleiben ein Fremdkörper in der regionalen Wirtschaft. Die Austauschbeziehungen mit den Stammwerken und traditionellen Kooperationspartnern sind weit größer als mit der Region, in der der Betrieb liegt. Die privatisierten und sanierten Betriebe besitzen kaum spill-over-Effekte und stellen eher Inseln technologischer Kompetenz dar (Beispiel: Emsland mit einer Großinvestition im Straßenfahrzeugbau, aber ohne regionale Sekundäreffekte).

Typ 4: Deindustrialisierung

Große Direktinvestitionen bleiben aus. Das endogene Entwicklungspotential schrumpft weiter zusammen. Die Bedeutung der Industrie nimmt extrem ab. Die verbleibende industrielle Produktion ist weitgehend auf den regionalen Absatz konzentriert und zeichnet sich durch ein vergleichsweise geringes technologisches Niveau aus (Beispiel: Oberfranken mit einer Reduktion der industriellen Produktion auf eine regional orientierte mittelständische Verbrauchsgüterindustrie).

Der generelle Entwicklungsprozeß in Ostdeutschland wird auch bei sehr unterschiedlichen Annahmen zu Art und Umfang der Direktinvestitionen nicht allein durch einen der genannten Entwicklungstypen allein beschrieben werden können. Selbst bei einem insgesamt hohen gesamtwirtschaftlichen Wachstum in Ostdeutschland werden – anders als in den Jahren des Wiederaufbaus in Westdeutschland – hohe regionale Entwicklungsdifferenzen entstehen. Umgekehrt ist auch bei geringem Tempo des Modernisierungsprozesses zu erwarten, daß sich die wenigen Direktinvestitionen an wenigen Orten mit den besten endogenen Potentialen konzentrieren werden und einige wenige Regionen relativ hohe wirtschaftliche Zuwächse erzielen können. Fragt man nach der generellen Einordnung der Regionen in dieses Muster unterschiedlicher Regionalentwicklung, ist zunächst davon auszugehen, daß die Verdichtungszentren und größeren Städte sehr viel schneller als ländlich periphere Gebiete die infrastrukturellen Grundvoraussetzungen für den Aufbau einer modernen Wirtschaft besitzen werden.

Sowohl das bisher vorhandene und ausgebaute Verkehrsnetz als auch die noch geplanten Modernisierungen und Erweiterung in diesem Bereich konzentrieren sich auf die großen Verdichtungsräume und Städte. Auch bei der Umstrukturierung des Hochschulbereichs und der Förderung von Forschungseinrichtungen bestehen starke regionale Unterschiede. In fast allen größeren Städten ist der Aufbau von Fachhochschulen erfolgt, und eine vielfältige Forschungslandschaft entsteht insbesondere in Berlin mit seinen drei Universitäten und den sächsischen Großstädten.

Auch die stark wachsende Bedeutung des Dienstleistungsbereichs weist auf eine günstigere Stellung der wenigen großen Städte hin. Die Affinität dieser Bereiche zu einem städtischen Umfeld sowie die hohe Erreichbarkeit und Zentralität der Stadtregionen lassen erwarten, daß diese im besonderen vom Tertiärisierungsprozeß profitieren.

Im ländlichen Raum werden dagegen die infrastrukturellen Voraussetzungen für die Entwicklung von Industrie und Dienstleistungen auf absehbare Zeit fehlen. Berücksichtigt man darüber hinaus, daß die Landwirtschaft unter den neuen Rahmenbedingungen kaum Entwicklungsspielräume besitzt und hier in den ländlichen Gebieten 1989 teilweise noch über 25 % der Menschen beschäftigt waren, erscheint die Herausbildung eines scharfen Stadt-Land-Gefälles als sehr wahrscheinlich.

Aber auch innerhalb der Gruppe der Stadtregionen kann man längerfristig erhebliche Unterschiede erwarten. Die Schrumpfungsprozesse könnten in vielen Fällen *gerade in denjenigen Regionen hoch ausfallen, die unter den spezifischen Bedingungen in der ehemaligen DDR ein starkes Wachstum zu verzeichnen hatten.* Hierzu zählen vor allem Regionen, in denen aufgrund von Produktionsabsprachen im RGW oder wegen der Autarkiebemühungen der ehemaligen DDR neue Industrien aufgebaut wurden. Mit der Neuordnung des Osthandels und der Einbindung in die nationale und internationale Arbeitsteilung dürften zum einen erhebliche Funktionsverluste verbunden sein, zum anderen dürfte in solchen Regionen die Umstrukturierung durch die einseitige Sektorausrichtung und die Dominanz von Großbetrieben erschwert werden. In der ehemaligen DDR trifft dies vor allem auf die nördlichen Stadtregionen wie Rostock (Werften) und Magdeburg (Anlagenbau), aber auch z. B. auf die Lausitz (Energie, Bergbau) zu.

Eher eine Vorreiterfunktion im Anpassungsprozeß wird Regionen mit einer traditionell vielfältigen Industriestruktur zukommen. Hier bestehen über die ganze Breite des industriellen Spektrums Anknüpfungspunkte für neue Impulse durch Direktinvestitionen und ergeben sich günstigere Voraussetzungen für die Entstehung neuer regionaler Verflechtungsstrukturen.

In der ehemaligen DDR ist diese Vielfalt fast nur in den großen industriellen Zentren Sachsens und Thüringens sowie im Großraum Berlin – insbesondere aufgrund eines zwar mittlerweile kleinen, aber differenzierten Investitionsgüterbereichs – anzutreffen. Für eine überdurchschnittliche Entwicklungsdynamik der südlichen Zentren der ehemaligen DDR – wie den Stadtregionen Leipzig und Dresden – sprechen aber auch ihre »vor-sozialistischen Traditionen«. Die noch vorhandenen handwerklichen und kleinbetrieblichen Strukturen könnten eine erhebliche Erleichterung beim Aufbau mittelständischer Wirtschaftsstrukturen darstellen. Für Berlin lassen darüber hinaus die spezifische Ausgangssituation mit der Übertragung der Hauptstadtfunktion und der stabilisierende Einfluß des Westteils der Stadt vergleichsweise günstige Prognosen zu. Im Vergleich mit westdeutschen Stadtregionen wie Frankfurt, Stuttgart oder München dürften mittelfristig die Wachstumspotentiale aber auch hier bescheiden bleiben.

War die Regionalentwicklung in der ehemaligen DDR durch ein Nord-Süd-Gefälle bei der Entwicklung geprägt, so ist zu erwarten, daß sich dies unter den veränderten Bedingungen ins Gegenteil verwandelt: Dauerhafte *Schrumpfungsprozesse* sind eher im Norden zu erwarten, im Zentrum und im Süden sind die Aussichten für einen langfristig erfolgreichen Anpassungsprozeß dagegen günstiger.

Für eine Umkehrung des Entwicklungstrends zugunsten des Südens sprechen auch Prozesse, die nicht unmittelbar dem ökonomischen System zuzurechnen sind. Dies gilt vor allem dann, wenn man die regionalen Entwicklungen primär als Veränderungen der Städtehierarchie versteht. Wesentlich verantwortlich für die regionalen Verschiebungen, die wir für die DDR skizziert haben, war eine zentral gelenkte Politik der Stadtentwicklung. So ergaben sich schroffe Gegensätze zwischen verschiedenen Städten: Städte, die weder als Bezirkshauptstadt noch als Schwerpunkt der Industrieentwicklung Bedeutung für die »Territorialentwicklung« hatten, hatten nur sehr wenige Mittel, ihren Wohnungsbestand instandzuhalten, neue Wohnungen zu bauen oder die Infrastruktur zu ergänzen; eine lokal bestimmte Entwicklungspolitik war unmöglich. An den zentral bestimmten Entwicklungsschwerpunkten hingegen wurde kräftig investiert. Das historische Städtesystem wurde so teilweise umgebaut.

Die Verfügung über den Stadtraum, über die verschiedenen Nutzungen sowie über Zeitpunkt und Ausmaß von Investitionen lag in staatlicher Hand. In der DDR hatten die Kommunen als eigenständige politische Instanzen faktisch keine Bedeutung.[19] Die Gemeindeverwaltungen waren den von der Partei bestimmten »Volksvertretungen« und den »Räten der Bezirke« unterstellt, alle kommunalen Angelegenheiten wurden dadurch unmittelbar zu Staatsangelegenheiten. Wichtige Bereiche einer Stadt kamen überhaupt nicht in die Entscheidungskompetenz der kommunalen Organe: Wohnungsbau wurde staatlich geplant und durchgeführt, die Gemeinden hatten sogar weniger Einfluß auf das örtliche Baugeschehen als die großen Baukombinate.[20] Eine langfristige Stadtplanung durch die Gemeinde selbst war daher weder sinnvoll noch möglich. (Vgl. hierzu auch den Beitrag von Hellmut Wollmann zum Um- und Neubau der Kommunalstrukturen in Ostdeutschland).

Die Gemeinden hatten kaum eigenständige Einnahmen, vielmehr war ihre Finanzwirtschaft Teil des einheitlichen Staatshaushaltes, dessen Ausgaben zentral festgelegt wurden. Eigenständige Investitionen waren nur möglich, wenn dafür Ressourcen der lokalen Betriebe mobilisiert werden konnten. Im gesellschaftlichen System der DDR wurde *der Betrieb* zum zentralen Ort der Lebensorganisation und der »Daseinsvorsorge«. Um Straßen, Sportanlagen oder Versorgungseinrichtungen zu bauen, unterhalten oder reparieren zu können, mußten die Gemeindeverwaltungen die Betriebe um Hilfe bitten. Kinderkrippen, medizinische Einrichtungen, Sportstätten, Bildungs- und Kultureinrichtungen wurden von den Betrieben organisiert und finanziert.

---

19 Vgl. Sieghard Neckel, Das lokale Staatsorgan. Kommunale Herrschaft im Staatssozialismus der DDR, in: Zeitschrift für Soziologie, 21 (1992) 4, S. 252–286.
20 Vgl. Bernd Einenkel/Thomas Thierbach, Das schwere Erbe des Zentralismus, DDR-Städte im Rückblick, Köln: Deutscher Städtetag, Reihe A, DST-Beiträge zur Kommunalpolitik, (1990) 11.

Die großen Betriebe verfügten auch über Wohnungseigentum und Ferienanlagen, die sie selbständig unterhielten und verteilten, sie waren zentrale Verteilstellen von Ressourcen sowie sozialen und kulturellen Dienstleistungen. Daneben blieb die Bedeutung der kommunal organisierten Vorsorge blaß, Umfang und Niveau der lokal verfügbaren Dienste hingen von der Leistungsfähigkeit und Bedeutung der örtlichen Betriebe ab, so daß sich Ungleichheiten bei der Zugänglichkeit zu Sozial- und Wohlfahrtsdiensten je nach Betriebsgröße und nach Branche ergaben.

Diese Austrocknung *lokaler Selbstverwaltung* wurde verstärkt die Kontrolle der Partei über die formellen Repräsentanten und das Verwaltungspersonal. Der Mittelstand und das Bildungsbürgertum, die traditionell den Kern der kommunalen Selbstverwaltung bildeten, wurden in der DDR systematisch bekämpft, destruiert und von den politischen Entscheidungen ferngehalten. Da in den Städten außerdem die private Bautätigkeit rechtlich und ökonomisch vollständig lahmgelegt worden war, waren die dynamischen Elemente einer kommunalen Selbstverwaltung neutralisiert. Die »Bürgerschaft« als soziales Subjekt der lokalen Selbstverwaltung wurde in den Städten der DDR sozialstrukturell aufgelöst – ein Prozeß, der eingebettet war in den gesamtgesellschaftlichen Umbau, und der durch die Abschaffung der Institution »kommunale Selbstverwaltung« unterstützt und beschleunigt wurde.

Aufgrund dieser Bedingungen konnten für die Zeit nach der Wende erhebliche Veränderungen in der Stadtentwicklung erwartet werden. Da die Bevölkerungsentwicklung an die zentral gelenkten Industriebetriebe und den dazugehörigen Wohnungsbau gebunden waren, und weil die *Infrastrukturversorgung* sehr stark an diese Betriebe gebunden war, mußte der wirtschaftliche Wandel, der mit der Öffnung gegenüber der internationalen Konkurrenz einsetzte, aus erhebliche Konsequenzen für die Stadtentwicklung haben. Insbesondere die monostrukturellen Industriestandorte hatten mit erheblichen Schwierigkeiten zu rechnen, wenn sich die Arbeitsplatzzahlen am Ort dramatisch verringerten. Die Wiedereinrichtung der Bundesländer hatte eine Neudefinition von Landeshauptstädten zur Folge, und die Kreisreform die Neubestimmung von Kreisstädten. Viele ehemalige Bezirkshauptstädte verloren ihre zentralörtlichen Versorgungsfunktionen und die staatlichen Transfers, die damit verbunden waren.

Welche Nachwirkungen die zentralstaatliche Gängelung der Lokal- und insbesondere der Stadtpolitik im neuen politischen und ökonomischen System langfristig haben wird, ist schwer vorauszusehen: Einerseits könnten sich die Disparitäten bei Erneuerungsinvestitionen und Modernisierung der Infrastruktur dahingehend auswirken, daß die Veränderungen in der Städtehierarchie, die das DDR-Regime durchgesetzt hat, sich jetzt in unterschiedlichen infrastrukturellen Startchancen niederschlagen; andererseits könnte man erwarten, daß die Städte, die im Windschatten der DDR-Politik gelegen hatten, noch am ehesten Kulturen und Strukturen bewahrt haben, die günstige Startvoraussetzungen für eine Entwicklung bieten, die wieder mehr auf lokales Engagement setzt. Bezogen auf unsere Fragen heißt das: Sollte sich nach der Wende eine Umkehrung der regionalen Trends derart durchsetzen, daß die stark gewachsenen Städte des Nordens nun die großen Verlierer werden, und daß die eher vernachlässigten Städte des Südens nun rasch wieder in die Entwicklungspfade eintreten könnten, die schon vor 1945 für sie kennzeichnend waren.[21]

---

21 Vgl. zu solchen Überlegungen auch Dietrich Henkel/Busso Grabow/Beate Hollbach/Hartmut Usbeck/Heinz Niemann, Entwicklungschancen deutscher Städte – Folgen der Vereinigung, Schriften des DifU, Band 86 (1993).

4. Gegenwärtige Veränderungen der Regionalstrukturen

Betrachtet man die regionalen Strukturen und Probleme im vereinten Deutschland, so werden diese weiterhin von einem starken Ost-West-Kontrast dominiert.[22] Das Produktionsniveau je Einwohner liegt in Ostdeutschland 40 % hinter dem in Westdeutschland zurück. Im verarbeitenden Gewerbe beträgt der Rückstand Ostdeutschlands sogar fast 70 %. Gleichzeitig ist der starke *Aufholprozeß* der Jahre 1991 bis 1995 zum Erliegen gekommen. 1997 dürften sich die Wachstumsraten zwischen West- und Ostdeutschland kaum noch unterscheiden. Allerdings werden auch in diesem Jahr die Investitionen je Einwohner in Ostdeutschland noch um rund 25 % höher liegen als im Westen.

Innerhalb Westdeutschlands war – wie erwähnt – die regionale Entwicklung vor 1989 durch einen eindeutigen Wachstumsvorsprung der südlichen Bundesländer geprägt. Seit der Wiedervereinigung jedoch ist in den aktuellen Beschäftigungszahlen ein solch klares Bild der großräumigen Entwicklungsmuster nicht mehr zu erkennen (vgl. Tabelle 6). Im Vereinigungsboom konnte der Norden mit 6 vH noch höhere Beschäftigungszuwächse als der Süden mit 5 vH erzielen, und in der Rezession seit 1993 mußten die südlichen Bundesländer sogar die stärksten Beschäftigungseinbußen hinnehmen.

Tab. 6: Entwicklung der Erwerbstätigkeit in Westdeutschland
1939 bis 1989

	Region Nord[1]	Region Mitte[2]	Region Süd[3]	Westdeutschland
	Erwerbstätige in 1 000 Personen			
1989	5 243	11 633	9 846	26 722
1993	5 555	12 047	10 344	27 946
1996	5 428	11 721	10 023	27 172
	Veränderung in %			
1989–1993	6,0	3,6	5,1	4,6
1989–1996	– 2,3	– 2,7	– 3,1	– 2,8
1989–1996	3,5	0,8	1,8	1,7

1 Schleswig-Holstein, Hamburg, Niedersachsen, Bremen.
2 Nordrhein-Westfalen, Hessen, Rheinland-Pfalz, Saarland.
3 Bayern, Baden-Württemberg.
4 Ohne Westteil Berlins.
Quelle: Volkswirtschaftliche Gesamtrechnungen der Länder.

Die aktuellen Entwicklungen in Westdeutschland stehen somit der These von der Konstanz des Süd-Nord-Gefälles über die Vereinigung hinweg eindeutig entgegen. Allerdings ist auch nicht zu übersehen, daß mit dem Vereinigungsboom und der

---

22 Vgl. Martin Gornig/Claudius Schmidt-Faber, Strukturwandel von Nachfrage und Produktion in Ostdeutschland, in: Vierteljahreshefte zur Wirtschaftsforschung, (1995) 3.

Rezession Sondereinflüsse auf die regionalen Entwicklungsmuster ausgegangen sind. So könnte sich bereits mit der neuen nach Westen orientierten Exportkonjunktur schon rasch wieder das alte regionale Wachstumsmuster des Süd-Nord-Gefälles herauskristallisieren.

In den gegenwärtigen Entwicklungen bestätigen sich auch die Thesen zur Umkehrung des Nord-Süd-Gefälles der ehemaligen DDR nicht (vgl. Tabelle 7). Sowohl beim Beschäftigungseinbruch bis 1993 als auch beim zögerlichen Beschäftigungsaufbau seither schneidet nicht der Süden, sondern der Norden besser ab. Lediglich Sachsen erreicht ähnliche Werte wie die nördlichen Bundesländer. Der Ostteil Berlins dagegen hat mit Abstand die höchsten Einbußen zu verkraften. Zwischen 1989 und 1996 sind hier unter Einschluß des sogenannten X-Bereichs (Polizei, Parteiorganisation etc.) nahezu 45 % der Arbeitsplätze verloren gegangen. Inwieweit auch hier die gegenwärtigen Entwicklungen Ausdruck von Sondereinflüssen sind – wie der Rückbau des Staatsapparates in Berlin oder die Erhaltungssubventionen für die Werften an der Küste und den Montansektor in Brandenburg – und damit die längerfristigen Entwicklungen überlagern, kann zur Zeit kaum eingeschätzt werden.

Tab. 7: Entwicklung der Erwerbstätigkeit in Ostdeutschland
1989 bis 1996

	Berlin[1]	Region Nord[2]	Region Süd[3]	Ostdeutschland[4]
	Erwerbstätige in 1 000 Personen			
1989	857	2 700	6 190	9 747
1993	520	1 737	3 951	6 208
1996	476	1 802	4 011	6 289
	Veränderung in %			
1989–1993	– 39,3	– 35,7	– 36,2	– 36,3
1993–1996	– 8,5	3,7	1,5	1,3
1989–1996	– 44, 5	– 33,3	– 35,2	– 35,5

1 Ostteil Berlins.
2 Mecklenburg-Vorpommern, Brandenburg.
3 Sachsen-Anhalt, Thüringen, Sachsen.
4 Ohne Westteil Berlins.
Quelle: Volkswirtschaftliche Gesamtrechnungen der Länder.

Dies gilt letztlich auch für den Bereich, in dem sich aus dem aktuellen Zahlenmaterial am ehesten unsere Vermutungen zum Wandel der Regionalstrukturen bestätigen lassen: die Zunahme des Zentrum-Peripherie-Gefälles in Ostdeutschland (vgl. Tabelle 8). Begründet durch die nachholende Tertiärisierung insbesondere im Finanzsektor und den unternehmensbezogenen Diensten sowie dem Aufbau dezentraler Verwaltungsstrukturen konnten sowohl im Norden als auch im Süden die kreisfreien Städte die Arbeitsplatzverluste insgesamt deutlich geringer halten als die Landkreise. Von den Zuwächsen im Dienstleistungssektor profitierten dabei vor allem die Landeshauptstädte Potsdam und Schwerin und die traditionellen Zentren Leipzig und Dresden.

Tab. 8: Entwicklung der Erwerbstätigkeit
in den Stadt- und Landkreisen Ostdeutschlands
1989 bis 1996

		Region Nord[1]		Region Süd[2]	
		Stadtkreise[3]	Landkreise[4]	Stadtkreise	Landkreise
		Erwerbstätige in 1 000 Personen			
1989	Produzierendes Gewerbe	252	689	777	1 996
	Dienstleistungen, Staat	366	682	825	1 281
	Gesamtwirtschaft[5]	619	1 370	1 601	3 278
1996	Produzierendes Gewerbe	129	446	369	1 088
	Dienstleistungen, Staat	427	715	1 012	1 420
	Gesamtwirtschaft[5]	557	1 161	1 381	2 509
		Veränderung in %			
	Produzierendes Gewerbe	− 48,8	− 35,2	− 52,5	− 45,5
	Dienstleistungen, Staat	16,6	4,9	22,7	10,8
	Gesamtwirtschaft[5]	− 10,0	− 15,3	− 13,7	− 23,5

1 Mecklenburg-Vorpommern, Brandenburg.
2 Sachsen-Anhalt, Thüringen, Sachsen.
3 Ohne die Städte Eisenhüttenstadt und Schwedt.
4 Einschließlich der Städte Eisenhüttenstadt und Schwedt.
3 Ohne Landwirtschaft, ohne sog. X-Bereich (Polizei, Militär, usw.).
Quelle: Berufstätigenerhebung 1989; Beschäftigtenstatistik 1996; Schätzungen des DIW.

Zusammengenommen spricht allerdings gegenwärtig wenig für unsere These, daß von der Wachstumsdynamik in den südlichen Großstädten Ostdeutschlands und in den Zentren Süddeutschlands Entwicklungsimpulse ausgehen, die längerfristig in Deutschland insgesamt zu einer Ablösung des West-Ost-Gefälles durch ein Süd-Nord-Gefälle führen.

DIETRICH THRÄNHARDT

Die Kommunen und die Europäische Union*

1. Europäische Herausforderungen für die Kommunen

a. Neue europäische Bürger der Kommunen

Mit dem Maastrichter Vertrag haben alle EU-Bürger das aktive und passive Wahlrecht in ihren Kommunen erhalten. Für sie ist damit Realität geworden, was jahrelang Gegenstand heftiger Auseinandersetzungen war und noch 1990 aufgrund versteinerter juristischer Kriterien aus dem nationalistischen Zeitalter vom Bundesverfassungsgericht als verfassungswidrig erklärt worden war. Dieses Recht ist der wichtigste Bestandteil des nach den Art. 8–8e in den EU-Vertrag eingeführten EU-Bürgerrechts. »Jeder Unionsbürger . . . hat in dem Mitgliedstaat, in dem er seinen Wohnsitz hat, das aktive und passive Wahlrecht, wobei für ihn dieselben Bedingungen gelten wie für die Angehörigen des betreffenden Mitgliedstaats« (Art. 8b)[1].

In vielen Gemeinden sind die nichtdeutschen Neubürger quantitativ von großer Bedeutung. Noch wichtiger ist die qualitative Dimension. Schon vor 1990 haben sich einige Städte, beispielsweise Stuttgart, als »europäische Stadt« bezeichnet. Sie konnten die nichtdeutschen Bürger (vgl. auch den Beitrag von Thomas Scheffer zur Ausländerpolitik in der Kommune, in diesem Band) aber in die Willensbildung nur mit viel

---

* Für vielfältige Unterstützung danke ich Jörg Ernst und Atussa Sarvestani.

1 Europäische Gemeinschaft. Europäische Union. Die Vertragstexte von Maastricht, hrsg. und eingeleitet von Thomas Läufer, Bonn 1992 (Bundeszentrale für politische Bildung). Entwurf des Vertrags von Amsterdam, Brüssel 1997.
Zum kommunalen Ausländerwahlrecht vgl. BVerfGE vom 31. 10. 1990 mit den herrschenden juristischen Argumenten. Ein Kommentar dazu bei Fritz Franz, Wahlrecht, in: ZAR (1991) 1, S. 40–43. Die Gegenmeinung vgl. bei dem früheren EGH-Richter Manfred Zuleeg, Die Vereinbarkeit des Kommunalwahlrechts für Ausländer mit dem deutschen Verfassungsrecht, in: Ders., Ausländerrecht und Ausländerpolitik in Europa, Baden-Baden 1987. Zur politik wissenschaftlichen Einschätzung Dietrich Thränhardt, Das Eigeninteresse der Deutschen am Wahlrecht für Ausländer, in: Ulrich O. Sievering (Hrsg.), Integration ohne Partizipation? Ausländerwahlrecht in der Bundesrepublik Deutschland zwischen (verfassungs-)rechtlicher Möglichkeit und politischer Notwendigkeit, Frankfurt a. M. 1981, S. 61–95. In den USA hatten um 1875 in mindestens 22 Einzelstaaten und Territorien Ausländer das Wahlrecht, anschließend wurde dieses Recht im Zuge des aufkommenden Nationalismus bis 1926 schrittweise beseitigt. Vgl. Leon E. Aylsworth, The Passing of Alien Suffrage, in: American Political Science Review, 25 (1931), S. 114.

Tab. 1: Ausländische Wohnbevölkerung nach ausgewählten Staatsangehörigkeiten

Staatsangehörigkeit	Gesamtzahl	Aufenthaltsdauer	
		10 Jahre	mehr als 20 Jahre
Österreich	184 470	139 381	104 596
Italien	586 089	417 009	279 270
Griechenland	359 556	239 648	187 957
Spanien	132 283	108 669	91 629
Portugal	125 131	66 295	47 995
EU-Staaten	1 595 704	1 044 922	740 171
Türkei	2 014 311	1 260 065	654 387
Bosnien, Kroatien, Jugoslawien, Mazedonien, Slowenien	1 350 212	510 810	376 076
Polen	276 753	59 044	15 608
Europa*	5 920 324	3 102 278	1 940 447
Insgesamt	12 644 833	6 948 121	4 429 136

Quelle: Statistisches Bundesamt. Stand: 31. 12. 1995. *Einschließlich der GUS-Staaten. Die Daten für die einzelnen Nachfolgestaaten des ehemaligen Jugoslawien sind noch nicht exakt ermittelbar. Die Angaben zur Aufenthaltsdauer enthalten eine systematische Verzerrung, da die Aufenthaltdauer von Kindern, auch wenn ihre Familien seit Jahrzehnten in Deutschland leben, vom Tag ihrer Geburt an berechnet wird.

gutem Willen und mittels komplizierter Konstruktionen einbeziehen, in diesem Fall durch einen paritätisch besetzten Ausländerausschuß, über dessen Anregungen der Rat beschloß.[2]

Mit ihren neuen politischen Rechten nehmen Italiener, Griechen, Österreicher, Niederländer und andere EU-Europäer gleichberechtigt ihren Platz in den Kommunen ein. Auf diese Weise wird ein Prozeß eingeleitet, wie er zwischen den deutschen Staaten 1871 zustande kam, als die Reichsverfassung gleiche Rechte für die Staatsangehörigen Bayerns, Preußens, Sachsens etc. in den jeweils anderen deutschen Staaten festsetzte. Es wird nicht mehr angestrengte Übung, sondern Normalität werden, daß Europäer verschiedener Nationalität sich in allen Funktionen am kommunalen Prozeß beteiligen, wie dies heute schon in der Praxis der Betriebsräte selbstverständlich geworden ist.

Für die Kommunalpolitik bedeutet dies eine schrittweise Öffnung und politisches Lernen. Schon 1996 wurde das sichtbar, als sich in der Frankfurter CDU eine erbitterte Kontroverse um die Aufstellung dreier nichtdeutscher Kandidaten für die Kommunalwahl 1997 entspann. Noch 1989 hatte die Frankfurter CDU im Kommunalwahlkampf mit Plakaten gegen das kommunale Ausländerwahlrecht Stellung bezogen, was stimmenmäßig allerdings nicht ihr, sondern einer rechtsradikalen Splitterpartei zugute kam.

---

2 Dietrich Thränhardt, Welche institutionellen Formen von Ausländerbeiräten gibt es? In: Herbert Even/Lutz Hoffmann (Hrsg.), Politische Beteiligung unerwünscht? Bielefeld 1985, S. 27–41.

Inzwischen haben alle Bundesländer ihr Kommunalwahlrecht an den Maastrichter Vertrag angepaßt, allerdings mit unterschiedlicher Reichweite. Während beispielsweise Baden-Württemberg EU-Bürgern alle Rechte einräumt, einschließlich der Wahl zum Bürgermeister, schließt Bayern (ebenso wie Frankreich) dies aus. Auch bei der Implementation gibt es Defizite. So beteiligten sich beispielsweise nur etwa drei Prozent der wahlberechtigten nichtdeutschen EU-Bürger an den bayerischen Kommunalwahlen. Ein Grund für dieses schwache Ergebnis war das Erfordernis eines speziellen Antrags auf Wahlberechtigung, im Unterschied zur automatischen Zusendung der Wahlbenachrichtigung für die deutschen Staatsangehörigen. Die Stadt München hat dann versucht, dies durch die Versendung von Anforderungskarten auszugleichen.[3] Wieweit die bayrische Regelung dem EU-Recht widerspricht, das Gleichbehandlung aller EU-Bürger vorsieht, wird von den Gerichten abzuklären sein.

In Hessen betrug die Wahlbeteiligung 20–25 Prozent[4], bei den Berliner Bezirkswahlen 23,5 Prozent.[5] All diese Zahlen sind allerdings Schätzungen, da eine genaue statistische Erfassung nicht erfolgt ist – ganz im Gegenteil zur sonstigen Akkuratesse der deutschen Wahlstatistik seit mehr als hundert Jahren. Matthias Jung von der Forschungsgruppe Wahlen hat diese Vernachlässigung einen Skandal genannt.[6]

Für die übrigen Einwanderer-Gruppen, vor allem die beiden größten aus der Türkei und aus dem ehemaligen Jugoslawien, ist die Lage allerdings weniger günstig. Sie bleiben nach wie vor weitgehend von den Integrationsfortschritten ausgeschlossen, die zwischen den EU-Ländern stattfinden. Die skandinavischen Staaten und die Niederlande haben zwar das Kommunalwahlrecht für Ausländer eingeführt und in einigen Kantonen der Schweiz ist es aus der vornationalistischen Zeit überkommen, aber in den letzten Jahren sind in diesen Ländern keine weiteren Fortschritte gemacht worden. Bemerkenswert bleibt immerhin, daß das Kommunalwahlrecht für EU-Ausländer in Deutschland mit dem Maastricht-Prozeß fast unbemerkt über die Bühne ging, während es in Frankreich 1992 im Zentrum der Kontroversen stand. In der Bundestagsdebatte zu den Maastricht-Verträgen wurde das Kommunalwahlrecht nur zweimal en passant angesprochen und auch von der Hauptrednerin der CDU/CSU, Rita Süssmuth, positiv beurteilt.

Die seit vielen Jahren durchgeführten Untersuchungen zu den parteipolitischen Präferenzen der Einwanderergruppen zeigen, daß sie den politischen Prozeß in Deutschland verfolgen und sich Meinungen bilden. Die Sympathiewerte für die verschiedenen Parteien haben sich über die Jahre entsprechend deren Optionen und Aktionen in bezug auf die eingewanderten Minderheiten entwickelt und verändert. Zugleich kann man feststellen, daß die Anteilnahme an der Meinungsbildung mit der Sprachkenntnis wächst und die üblichen sozioökonomischen Abstufungen zwischen Selbständigen und Arbeitnehmern auch bei den Ausländern wirksam sind. Wenn die

3   Zeitschrift des Bayerischen Landesamts für Statistik und Datenverarbeitung. Bayern in Zahlen, (1996) 11, S. 435–436.
4   Hessisches Statistisches Landesamt (Hrsg.), Statistische Berichte. Die Kommunalwahlen in Hessen am 2. März 1997. Vorläufige Ergebnisse. Gemeindewahlen, Kreiswahlen, Wahl des Verbandstags des Umlandverbands Frankfurt, 3. März 1997.
5   Statistisches Landesamt Berlin. Der Landeswahlleiter, Tabelle 2, Teilnahme der Unionsbürger an den Wahlen zu den Bezirksverordnetenversammlungen in Berlin am 22. Oktober 1995. Unveröffentlichtes Manuskript.
6   Süddeutsche Zeitung (1997) 52 vom 4. 3. 1997.

Tab. 2: **Welche von den verschiedenen Parteien in der Bundesrepublik Deutschland ist Ihnen am sympathischsten?**

in Prozent

	Ge-samt	Nationalität					Deutschkenntnisse			Berufstätigkeit			Alter		
		Spanier	Italie-ner	Jugo-slawen	Grie-chen	Türken	perfekt	gut	ausrei-chend/wenig	selb-ständig	Arbeit-nehmer	Nicht-Erwerbs-tätige	25 Jahre	26–45 Jahre	46+ Jahre
CDU/CSU	8,4	10,9	9,6	11,4	11,1	5,9	9,6	9,9	5,9	31,8	7,9	6,6	3,7	9,3	11,6
SPD	27,8	26,3	35,2	27,1	26,1	26,2	29,8	34,2	19,9	19,6	30,5	23,6	24,4	27,2	31,9
FDP	2,1	0,7	1,7	1,7	3,2	2,3	2,4	3,0	0,9	7,8	2,0	1,7	1,7	2,8	1,4
Bündnis 90/Grüne	9,9	9,2	10,8	9,3	9,5	10,0	20,0	6,1	5,3	3,5	8,4	13,2	18,5	9,3	2,1
PDS	0,5	–	0,9	0,3	0,5	0,4	0,7	0,1	0,6	–	0,4	0,7	0,5	0,4	0,6
Republikaner	0,6	–	1,0	1,0	1,0	0,2	0,7	0,6	0,5	–	0,6	0,7	0,1	0,9	0,6
Andere	–	–	0,3	–	–	–	0,2	–	–	–	–	0,2	0,2	–	–
Keine davon sympathisch	15,4	16,1	11,8	13,3	16,5	17,3	12,6	13,6	19,6	9,4	16,5	14,2	15,8	14,4	16,4
Weiß nicht	22,6	23,8	17,8	21,0	20,2	25,2	13,9	19,2	32,8	17,1	20,7	26,8	24,6	22,4	21.1
Keine Angabe	12,7	13,0	10,9	14,8	11,9	12,4	9,9	13,2	14,5	10,8	13,1	12,2	10,4	13,2	14,3

Quelle: Marplan-Befragung 1996.

parteipolitische Konkurrenz um Wähler voll einsetzt, werden die Differenzierungen weiter zunehmen.

b. Die EU als institutionelle Realität und der Binnenmarkt

Auch in anderer Hinsicht wird der europäische Integrationsprozeß für die Kommunen immer mehr tägliche Realität. Mit dem Gemeinsamen Binnenmarkt, dem Maastricht-Vertrag, dem Vertrag von Amsterdam 1997 und der Währungsunion sind weitere wichtige Schritte in einem langfristigen Integrationsprozeß erfolgt (vgl. auch den Beitrag von Stefan Krätke zum Internationalen Städtesystem in diesem Band).

Die europäischen Regelungen sind direkt von den Kommunen zu beachten, selbst wenn sie von den nationalen Institutionen in den entsprechenden Fristen nicht umgesetzt worden sind. Bei den Kommunen besteht eine große Regelungsintensität. Die *vier Freiheiten* des EU-Vertrages gelten für alle Lebensbereiche und überlagern auch traditionell gewachsene kommunale Regelungen in Deutschland. So waren 120 von 280 EU-Richtlinien zum Gemeinsamen Binnenmarkt von den Kommunen umzusetzen.[7] Dies geschieht aber auf dem Umweg über Bundes- und Landesgesetze und wird von den kommunalen Praktikern wenig wahrgenommen.

Insbesondere gilt EU-Recht für die Wirtschaftsförderung einschließlich kommunaler Bauausschreibungen und Grundstücksverkäufe, die nach Art. 92 des EU-Vertrages der europäischen Wettbewerbskontrolle unterliegt. Bei Unternehmen mit weniger als 150 Beschäftigten oder weniger als 15 Millionen Euro Jahresumsatz gilt allerdings die *de minimis* Regelung mit einem vereinfachten Prüfungsverfahren.[8] Insofern wird sich die Kontrolle der EU-Behörden weiterhin vor allem auf große und prominente Fälle beziehen, wie es beim Einschreiten gegen die Grundstücksverkäufe an Daimler-Benz am Potsdamer Platz in Berlin der Fall gewesen ist. Mit der Rechtsprechung des EuGH (Europäischer Gerichtshof) über eine Beihilfegrenze von 2 Prozent, jenseits derer Beihilfen verboten werden können[9], ist allerdings eine Grenzmarke im Subventionswettbewerb der Kommunen gesetzt, wie sie nationale Organe nie zustandegebracht haben. Die EU hat damit erste Erfolge bei der Unterbrechung der »perversen Logik« des Subventionswettlaufes erzielt, wie dies EU-Kommissar Karel van Miert ausgedrückt hat.[10]

Europäische Regelungen gelten auch für die Stadtwerke, die Wasserreinhaltung, die Abfallpolitik und die Konkurrenzfreiheit für Architekten, Rechtsanwälte, Steuerberater und Apotheker, alles Gruppen von freien Berufen, die traditionell in der Kommunalpolitik besondere Bedeutung haben. Die öffentlich-rechtlichen Sparkassen in Deutschland und die Landesbanken sind in Artikel 8k des Vertrages von Amsterdam hingegen weitgehend abgesichert worden.[11] Sollte die Gemeinschaft sich

---

7   Michael Storks, Mitwirkung gefordert, in: Kommunalpolitische Blätter (1991) 4, S. 314, basierend auf Angaben des EG-Vertreters der deutschen Kommunen, Ralf von Ameln.

8   Kommunale Beihilfen, in: EU Kommunal. Handbuch zu europäischen Themen für Kommunalpolitik und lokale Medien, hrsg.v. Axel Bunz, Bonn 1995, S. 211 f.

9   EU Kommunal, S. 211.

10   Interview in Die Zeit, Nr. (1996) 52 vom 24. 12. 1996. Mit der Aufforderung »Wir müssen diese alten Gießkannen endlich verschrotten«, regte er weitere Schritte an.

11   Die Korrekturen aufgrund europäischen Rechts, hauptsächlich wegen des Diskriminierungsverbots in der EU, werden sich erst mit der Zeit ergeben, wenn entsprechende Kla-

entschließen, ein Durchleitungsrecht für Strom zu dekretieren, so ergäben sich einschneidende Auswirkungen auf die Kommunalwirtschaft. Zur Zeit droht den Kommunen diese dramatische Einschränkung ihrer ökonomischen und ökologischen Handlungsmöglichkeiten allerdings weniger von Seiten der EU als vom deutschen Wirtschaftsminister, der ein entsprechendes Gesetz vorgelegt hat, das allerdings Ende 1996 durch den Bundesrat blockiert wurde. Es wäre insbesondere deswegen prekär gewesen, weil es das weiterbestehende Monopol der Electricité de France mit einem Durchleitungsrecht in Deutschland verbunden hätte.[12] Bisher sind die Wegerechte für Energieleitungen auch ein wesentlicher Teil der kommunalen Finanzausstattung[13], mit Gewinnen der Stadtwerke wird vielfach der öffentliche Nahverkehr querfinanziert.

Die Kommunen haben es in Zukunft nicht mehr mit zwei, sondern mit drei übergeordneten Politik- und Administrationsebenen zu tun. Zählt man die Regierungspräsidien mit, so sind es sogar vier. In den meisten Bereichen sind die Zuständigkeiten auf mehrere Ebenen verteilt und es kommt zu komplexen Politikformulierungsprozessen. Die Vertretung kommunaler Interessen wird dadurch komplizierter und muß differenzierter wahrgenommen werden. Es entstehen »neue Handlungszwänge«[14], aber auch neue Handlungschancen. Die europäische Charta der kommunalen Selbstverwaltung des Europarates hat demgegenüber kaum operative Bedeutung.[15] Ähnliches gilt für die Subsidiaritätsregelungen in Kapitel 9 des Vertrages von Amsterdam, die voll von Formalkompromissen sind.

Seit die EU-Kommission von der Strategie zentraler Regelungen durch Harmonisierungsbeschlüsse zur gegenseitigen Anerkennung nationaler Normen[16] übergegangen ist und die Binnengrenzen geöffnet wurden, sind die Kontrollvorgänge von den Grenzen ins Binnenland verlagert worden. Dänische, spanische oder italienische Normen haben direkten Einfluß auf die Lebensrealität in Deutschland.

c. Kommunen in einem offenen Weltmarkt

Nach vierzig Jahren immer offener werdender Handelsbeziehungen, vor allem innerhalb der Triade Europa-Amerika-Ostasien, sind die wirtschaftlichen Verflechtungen enorm intensiviert worden. Vom Marsriegel bis zum Automobil, vom einfachen Werkzeug bis zur hochkomplexen Werkzeugmaschine konkurrieren heute standardisierte Produkte auf dem Weltmarkt. Alle großen Unternehmen versuchen, auf den

gen erhoben werden. Für eine Teilproblematik vgl. »Apotheken. Betulicher Alltag«, in: Wirtschaftswoche (1992) 43 vom 16. 10. 1992, S. 260. Vgl. auch Hans-Georg Lange, Europäische Gemeinschaft und kommunale Selbstverwaltung in Gefahr. Sondernummer der »Demokratischen Gemeinde, Mai 1992, Bonn, S. 12 f.

12 EU Kommunal, S. 113.

13 So der Deutsche Städtetag 1994, zitiert nach EU Kommunal, S. 113; dort auch der Richtlinienentwurf der Kommission.

14 Peter Michael Mombaur/Hans Gerd von Lennep, Die deutsche kommunale Selbstverwaltung und das Europarecht, Die Öffentliche Verwaltung, (1988), S. 988.

15 Dazu Franz-Ludwig Knemeyer, Die Europäische Charta der kommunalen Selbstverwaltung, in: Die Öffentliche Verwaltung, (1988), S. 997–1002.

16 Roland Bieber/Renaud Dehousse/John Pinder/Joseph Weiler (Hrsg.), 1992: One European Market? A Critical Analysis of the Commissions's Internal Market Strategy, Baden-Baden 1988.

drei großen Märkten der Welt auch produktiv vertreten zu sein. Für die Konsumenten ist es ganz selbstverständlich geworden, Waren aus der ganzen Welt zu kaufen. *»Du schöne, starke D-Mark«*, schrieb die Bild- Zeitung während der Währungskrise 1992 in eigentümlicher Lyrik. *»Machst unser Leben billiger: Handtaschen aus Florenz, Versicherungen aus London, Lederjacken aus Sevilla.«*[17]

Jedes in einer Gemeinde erzeugte Produkt, jeder Steuern zahlende und Arbeitsplätze sichernde Betrieb muß sich der internationalen Konkurrenz stellen. Er kann von ihr profitieren, unter ihr leiden oder ihr auch zum Opfer fallen. Den Gemeinden stehen dabei nur begrenzte Einwirkungsmöglichkeiten zur Verfügung. Obwohl es über die beschränkte Wirksamkeit kommunaler Finanzanreize für Firmen-Investitionen einen weitgehenden Konsens in der Forschung gibt[18], verwenden Kommunen unter dem Eindruck und den Zwängen der Konkurrenz einen großen Teil ihrer Energie darauf, sie zu subventionieren und richten ihre Planungsentscheidungen entsprechend aus.

Mit der Öffnung der Grenzen verändert sich die räumliche Situation von Kommunen. Wer früher wie die Stadt Aachen von einer EU-Innengrenze beschnitten wurde, lebt nun in einem offenen Raum. Wer früher in seinem nationalen Umfeld zentral war, hat sich in seiner räumlichen Position eventuell verschlechtert. Weiter bestehende Außengrenzen werden zu EU-Außengrenzen, an denen die Überwachungsaufgaben wegen der inneren Öffnung steigen. Für Deutschland betrifft dies die Grenzen zu Polen und der Tschechischen Republik.

Zugleich bildet die EU neue administrative Zentren aus. Für die Raumwirkungen dabei ist es typisch, daß bei den Wanderungsbewegungen zwischen Deutschland und den anderen EU-Staaten nur die beiden wichtigsten Sitzländer der EU-Organe, Belgien und Luxemburg, einen deutschen Zuwanderungsüberschuß haben.[19] Die deutschen Wanderungsüberschüsse sind im Gegensatz dazu von der Dynamik der Unternehmen ausgelöst. Nur das Europäische Patentamt in München, die Meteorologie-Organisation Eumetsat in Darmstadt und die Karlsruher Forschungseinrichtungen haben heute eine größere Zahl von hochqualifizierten Europa-Beschäftigten in Deutschland angestellt.

2. Mitwirkung, Einfluß und Verbindungen

Ihrer Natur nach und wegen ihrer großen Zahl sind Kommunen als solche nicht geeignet, an einer Willensbildung von unten nach oben teilzunehmen, wie sie den Ländern im Bundesrat möglich ist. Alle derartigen Illusionen, wie sie gelegentlich auf nationaler und europäischer Ebene kultiviert werden, wären ein Irrweg. Möglich und sinnvoll sind allerdings Beratungs-, Kontakt- und Lobbygremien unterschiedlicher

---

17 Zitiert nach: Metall 20/44, Oktober 1992.
18 Dennis R. Judd, The Politics of American Cities. Private Power and Public Policy, Glenview etc. 1988, S. 407, mit weiteren Verweisen; vgl. generell zu diesem Thema Dietrich Thränhardt, Die »eine Welt« und die Kommunen. Die Universalisierung von Wirtschaft und Gesellschaft als Herausforderung lokalen Handelns, in: Hubert Heinelt/Helmut Wollmann (Hrsg.), Brennpunkt Stadt. Stadtpolitik und lokale Politikforschung in den achtziger und neunziger Jahren, Basel etc. 1991, S. 343–352.
19 Eurostat, Bevölkerungsstatistik 1992, S. 152.

Art, und zwar im Kontakt zwischen Kommunen und EU, in der Abstimmung der Kommunen auf europäischer Ebene und auf dem Weg über die zuständigen Organe der Länder und des Bundes. Mit dem Maastrichter Vertrag ist ein Ausschuß der Regionen (AdR) gebildet worden, der seit März 1994 arbeitet. Nach Art. 198a setzt er sich aus »Vertretern der regionalen und lokalen Körperschaften« zusammen. Deutschland hat in diesem konsultativen Gremium 24 Vertreter, ebensoviele wie Italien, Frankreich und Großbritannien. 21 von ihnen werden von den Bundesländern gestellt, für die Kommunen sind nur drei Vertreter übrig geblieben. Je einer von ihnen wird durch die drei Spitzenorganisationen, den Städtetag, den Landkreistag und den Städte- und Gemeindebund gestellt. Der Streit um diese Sitze ist mit einiger Erbitterung geführt worden, ebenso wie in den Niederlanden, in Belgien, Spanien und Frankreich.[20] Nur mit Hilfe des Bundestages konnten die Kommunen wenigstens drei Sitze erhalten. Mit Ausnahme von Belgien, wo es ebenfalls eine starke intermediäre Ebene gibt, haben alle anderen Länder die Kommunen stärker berücksichtigt. Insgesamt sind im AdR 85 Vertreter der Regionen, 96 Vertreter der Kommunen und 41 Vertreter von Provinzen und Kreisen vertreten.[21]

Die Länder fürchten bei der Überlagerung des deutschen Föderalismus durch den schrittweise entstehenden europäischen Föderalismus eine Aushöhlung ihrer Position wegen der »Länderblindheit« der EU-Verträge. Eine Warnung war dabei die institutionelle Aushebelung des Bundesrates bei der Erhöhung der Mehrwertsteuer 1992, die über die europäische Ebene erfolgte. Deswegen haben die Länder bei der Beschlußfassung über den Maastricht-Vertrag mit einem gewissen Erfolg ihre eigene institutionelle Stellung gestärkt (Art. 23 GG). Sie besetzen dabei Positionen, die in anderen Mitgliedsstaaten entweder der zentralen oder der lokalen Ebene zustehen. Im Extremfall kann dies dazu führen, daß sie im Europäischen Ministerrat in Fragen ihrer Zuständigkeit an Stelle des Bundes mitwirken und dabei über Anregungen des Regionalausschusses entscheiden, in dem sie ebenfalls vertreten sind.[22] Insgesamt sind all

---

20 Vgl. Klaus Simon, Politikblockade oder dynamischer Föderalismus? Die regionale und kommunale Ebene in der Politik der Europäischen Gemeinschaft, in: Politische Bildung, 24 (1991), S. 24.
    Für die Debatte in den Kommunalzeitschriften im Jahr 1992 vgl. u. a. Ralf von Ameln, Gibt es keinen Platz für die Kommunen? In: Europäische Zeitung 43 vom 6. Juni 1992; Rolf Derenbach, Der Beratende Beirat der regionalen und lokalen Gebietskörperschaften bei der EG, in: Der Landkreis. Sonderdruck: Kommunalverwaltung in Europa, hrsg. v. Deutschen Landkreistag, Bonn o.J. (1992), S. 41–42; Europa nicht ohne die deutschen Städte, in: der städtetag (1992) 3, S. 219 f.; Lokale Vertreter in den EG-Ausschuß, in: Demokratische Gemeinde, 44 (1992) 7, S. 52; Länder gebärden sich wie Feudalherren, in: Kommunalpolitische Blätter, (1992), S. 338; Länderegoismus gegen 16 000 Kommunen? In: Kommunalpolitische Blätter, (1992) 6, S. 458 ff. Jochen Dieckmann: Kommunen dürfen nicht ausgebootet werden. Deutscher Städtetag bittet Bundeskanzler um Hilfe, in: Kommunalpolitische Blätter, (1992) 5, S. 386 f.
21 Ulla Kalbfleisch-Kottsieper, Kompromiß ohne Konsens? In: EU Magazin (1995) 6, S. 13.
22 Vgl. Dietrich Thränhardt, Länder, Regionen und die Europäische Union, erscheint in: Festschrift für G. W. Wittkämper (Opladen 1998) – den Kommentar »Föderalismus und Größenwahn« in Süddeutsche Zeitung vom 17.–18. 10. 1992; Franz H. U. Borkenhagen, Vom kooperativen Föderalismus zum »Europa der Regionen«, in: Aus Politik und Zeitgeschichte B 42 vom 9. 10. 1992; zu den Veränderungen im Zusammenhang mit dem Binnenmarkt vgl. Georg-Bernd Oschatz/Horst Risse, Europäische Integration und deutscher Föderalismus, in: Europa-Archiv 43 (1988), S. 9-16. Zur Problematik generell Rudolf Hrbek/Uwe Thaysen (Hrsg.), Die deutschen Länder und die Europäische Gemeinschaft, Baden-Baden 1986.

diese im Maastricht-Prozeß gewonnenen Rechte politisch eher marginal. Für die Kommunen jedoch wirkt sich diese Art Profilneurose der Länder so aus, daß die Länder direkte Kontakte zwischen EU und Kommunen kritisch betrachten und diese selbst wahrnehmen wollen. Institutionell bleiben die Kommunen in dieser erweiterten und verfestigten Form der *doppelten Politikverflechtung* vor der Tür. Zugang können sie nur über ihre Länder finden. Trotz aller Klagen über die Ineffektivität der Politikverflechtung[23] und trotz aller parteipolitischen Kontroversen scheint diese Zusammenarbeit ziemlich reibungslos zu funktionieren, sobald gemeinsame materielle Interessen etwa in bezug auf den Infrastrukturausbau ins Spiel kommen. Darauf weisen sowohl wissenschaftliche Analysen als auch Presseberichte hin – man denke etwa an die Bewerbung Hannovers um die Weltausstellung, die von Finanzministerin Birgit Breuel und OB Schmalstieg gemeinsam vertreten wurde, oder an die EU-Reise einer Münchner Delegation, bei der auf Brüsseler Parkett eitel Harmonie zwischen Landeshauptstadt und Staatsregierung herrschte, während gleichzeitig zu Hause herkulische Schaukämpfe ausgetragen wurden.[24]

Außer dem institutionell vorgegebenen Weg über Land und Bund stehen den Kommunen verschiedene Lobby-Möglichkeiten zur Verfügung, und zwar sowohl durch eigene Repräsentanten in Brüssel als auch über das Europa-Parlament und durch *inside lobbying* in der europäischen Bürokratie. Dies gilt für die einzelnen Kommunen oder regionale Zusammenschlüsse ebenso wie für die Interessen der deutschen bzw. der europäischen Kommunen als solche. Das Bedürfnis der zentralen Organe, ihr in den letzten Jahren akkumuliertes Negativimage des »Brüsseler Zentralismus« und der von Regelungswut befallenen »Eurokraten« durch Basiskontakte zu mildern und sich dadurch neu von den *grass roots* her zu legitimieren, stellt dabei eine Hilfe dar.

Die europäischen Kommunen sind durch ihren Gesamtverband in Brüssel präsent. Es ist der 1951 von deutschen und französischen Bürgermeistern in Genf zur Vertiefung der Verständigung gegründete *Rat der Gemeinden und Regionen Europas*, der auch eine maßgebende Rolle bei der Vorbereitung des »Europäischen Rahmenübereinkommens über die grenzüberschreitende Zusammenarbeit zwischen kommunalen Gebietskörperschaften« spielte. Angesichts der Unterschiedlichkeit der Organisatio-

---

23 Zur Verwischung der Verantwortlichkeiten Fritz Scharpf/Bernd Reissert/Fritz Schnabel, Politikverflechtung. Theorie und Empirie des kooperativen Föderalismus, Kronberg 1976. Die Entflechtung wurde in den folgenden Jahren von wichtigen Politikern des Bundes und der Länder gefordert, u. a. Schmidt, Strauß, Späth und Eppler, ohne daß etwas geschehen wäre. Zur europäischen doppelten Politikverflechtung auf dem Stand der Diskussion um den Gemeinsamen Binnenmarkt Fritz W. Scharpf, Regionalisierung des europäischen Raums. Die Zukunft der Bundesländer im Spannungsfeld zwischen EG, Bund und Kommunen, in: Ulrich von Alemann, Rolf G. Heinze/Bodo Hombach (Hrsg.), Die Kraft der Region. Nordrhein-Westfalen in Europa, Bonn 1990, S. 32–46. Kritisch zum theoretischen Ansatz der Politikverflechtung Simon (Anm. 20), S. 33 ff., optimistisch zur »dezentral-kontextorientierten Problembearbeitung« Adrienne Windhoff-Heritier, Die Internationalisierung innerstaatlicher Politik: ein Motor binnenstaatlicher Dezentralisierung? Beitrag zum DVPW-Kongreß in Hannover 1992, Typoskript.

24 Heinrich Pehle, Kommunale Entscheidungsstrukturen in Schweden und Deutschland. Vier Fallstudien zum Stellenwert kommunale Außenpolitik bei Verkehrsinvestitionen, München 1985; Norbert Sturm, Wenn jeder sein eigener Außenminister ist. Die Stadt München schließt in Brüssel »Funktionslücken der traditionellen Politik«, in: Süddeutsche Zeitung 236 vom 13. 10. 1992.

nen und Interessen scheint dieser Verband aber weit weniger Schlagkraft zu haben als klar definierte Interessenverbände wie etwa der Landwirteverband COPA. Ähnliches gilt für den Zusammenschluß der kommunal- und regionalpolitisch tätigen EU-Parlamentarier im Europäischen Parlament[25]. Ein Teil der Problematik liegt dabei in der in Frankreich als *cumul* bezeichneten Ämterhäufung über verschiedene Ebenen, die einerseits Verbindungen schafft, andererseits zur Verwirklichung von verantwortlichen Kosten führen kann.

Spezifischere Dienste leistet den Kommunen das seit dem 1. 1. 1991 in Brüssel bestehende »Europabüro der deutschen kommunalen Selbstverwaltung«, das von den drei Spitzenverbänden gemeinsam getragen wird. Damit folgen die Kommunen einem Trend, der Interessengruppen aller Art nach Brüssel gebracht hat, nicht nur privater, sondern auch gemeinnütziger Art, etwa die fast gleichzeitig gegründete Vertretung der deutschen Wohlfahrtsorganisationen.

Auch auf der Ebene der größeren Einzelkommunen bestehen immer mehr organisierte Kontakte, wie dies vorher die Länder und viele Regionen und Kommunen praktiziert hatten, beispielsweise britische *counties*. Die schon erwähnte Reise einer Münchner Delegation mit 56 Mitgliedern macht deutlich, wie umfangreich Kontakt- und Lobbytätigkeiten sein können. Nach dem Motto »Wer zuerst kommt, erhält am meisten« konnte für die bayerische Landeshauptstadt eine stolze Erfolgsbilanz gezogen werden: vier Millionen für das »kooperative Verkehrsmanagement«, über 100 000 DM für einen »Wirtschaftsraum« München-Rostock-Budapest-Straßburg, Unterstützung für die Münchner Messegesellschaft bei Auslandsmessen. Selbst von den Münchner Vertretern wurde die Gesamtrationalität dieses Verfahrens mit einigen Fragezeichen versehen, die Bemühung um die zur Verfügung stehenden »Töpfe« aber als notwendig bezeichnet.

3. Kommunen als Programmadressaten

Betrachtet man die Kommunen als Programmadressaten der EU, so lassen sich drei Föderungsformen unterscheiden[26]:

a. Die EU-Strukturprogramme

Die EU-Strukturprogramme haben fünf vorrangige Ziele, die sich an der Behebung relativer Rückständigkeit von Gebieten oder Branchen orientieren. Wie dies bei derartigen Förderungsprogrammen – dies gilt auch für die deutsche Ebene – üblich ist, werden auch Bereiche gefördert, die nach den feststellbaren Kriterien wohlhabend

---

25 Vgl. dazu Simon 1991 (Anm. 20), S. 24, mit weiterführender Literatur.
26 Insgesamt vgl. das aufschlußreiche Planungshandbuch: Europa 2000. Perspektiven der künftigen Raumordnung der Gemeinschaft, Mitteilung der Kommission an den Rat und das Europäische Parlament, Brüssel/Luxemburg 1991. Alle einzelnen kommunalrelevanten Programme sind übersichtlich dargestellt, in: EU Kommunal.

sind. Eine derartige Spezialität stellt beispielsweise die Förderung der niederländischen Provinz Flevoland dar, in der die Einkommen weit über dem Durchschnitt der EU liegen.[27]

Die fünf Ziele der Strukturförderung sind:

1. »Förderung und Anpassung der Regionen mit Entwicklungsrückstand . . .«;
2. »Förderung der Regionen mit rückläufiger industrieller Entwicklung . . .«;
3. »Bekämpfung der Arbeitslosigkeit«;
4. »Eingliederung der Jugendlichen in das Erwerbsleben . . .«;
5. »Anpassung der Agrarstrukturen«;
5b. »Entwicklung des ländlichen Raums im Hinblick auf die Reform der Gemeinsamen Agrarpolitik . . .«[28]

Für die westdeutschen Bundesländer, die im EU-Vergleich relativ wohlhabend sind, kommt nur eine Förderung nach den Zielen 2, 3 und 5b in Frage. Als altindustrielle Gebiete werden weite Teile des Ruhrgebiets, des Saarlands, die Räume Salzgitter, Kassel, Kaiserslautern/Pirmasens und Schweinfurt und die Städte Hof, Bremerhaven, Wilhelmshaven, Kiel, Emden und Bentheim gefördert. Mit Ziel-3-Mitteln werden vor allem Qualifizierungsmaßnahmen finanziert, darunter auch die berufliche Bildung. Mit 5b-Mitteln werden in allen Bundesländern Neuausrichtungsmaßnahmen im Agrarbereich gefördert. Insgesamt aber bleibt die EU-Förderung für Westdeutschland marginal, sie machte 1994 nur 0,22 Prozent des Bruttosozialproduktes aus.[29]

Für die ostdeutschen Bundesländer ist am 13. März 1991 ein Sonderprogramm für die Jahre 1991–93 eingerichtet worden.[30] Seitdem wird Ostdeutschland kontinuierlich gefördert, da sein Pro-Kopf-Einkommen um mehr als 25 % unter dem EU-Durchschnitt liegt. Für die Jahre 1994–1999 beträgt die Gesamtförderung 13,56 Mrd. Euro, pro Einwohner also 880 Euro der 1 694 DM. Hinzu kommen 83,5 Millionen Euro für den Fischereisektor. Die Hälfte dieser Mittel fließt in die »von der rückläufigen industriellen Entwicklung sehr betroffenen Regionen« (EFRE-Programm), 30 % werden zur Bekämpfung der Langzeitarbeitslosigkeit verwendet (ESF-Programm), die restlichen 20 % für die Anpassung der Agrarstrukturen (EAGFL-Programm).[31] Inzwischen ist das gesamte Gebiet der neuen Länder einschließlich ganz Berlins für die Förderung nach Ziel 1 und den anderen Kriterien definiert worden. Die EU-Förderung machte 1994 1,154 Prozent des Bruttoinlandprodukts aus.[32] Andererseits setzte die EU-Kommission durch, daß die Ausdehnung der nationalen Fördergebiete in Westdeutschland etwas eingeschränkt wurde.

---

27 Regionalpolitik. Die Kommission genehmigt die zweite Serie gemeinschaftlicher Förderkonzepte für die Ziel-2-Regionen, Presseinformation der EG-Kommission, 19. 12. 1991, S. 2. Kommission der Europäischen Gemeinschaften. Die Regionen in den neunziger Jahren. Vierter periodischer Bericht über die sozioökonomische Lage und Entwicklung der Regionen der Gemeinschaft, Brüssel/Luxemburg 1991, Tabelle A 23, S. 105.

28 Kommission der Europäischen Gemeinschaften, Leitfaden für Gemeinschaftsinitiativen, 2. Ausgabe, Brüssel/Luxemburg 1991, S. 9 f.

29 Hellmut Wollmann/Jochen Lang/Oliver Schwab: Partnership Arrangements within Structural Fund Programmes, Berlin 1996, S. 7 (Manuskript).

30 EG-Kommunal. Handbuch zu europäischen Themen für Kommunalpraktiker und lokale Medien, hrsg.v. Axel R. Bunz, Bonn 1991, S. 243–244, 248–250.

31 Eine praxisorientierte Übersicht bei Rolf Derenbach, Europäische Strukturpolitik und die Kommunen. Handlungsfelder und Aktionsprogramme im Überblick, in: EU Kommunal, S. 390–444.

32 Wollmann/Lang/Schwab (Anm. 29), S. 5.

Schwerpunkte der Regionalpolitik (Ziel-2-Regionen)

Maßnahmen zur Förderung von Ausrüstungen, die die Schaffung und Entwicklung produktiver Tätigkeiten begünstigen (z. B. Bereitstellung von Grundstücken und Gebäuden für Industrie und Handel, möglichst an ehemaligen Industriestandorten).

Maßnahmen zur Förderung neuer wirtschaftlicher Tätigkeiten, besonders durch kleine und mittlere Unternehmen (geeignete Ausbildung und Einstellungssysteme, Zentren für Unternehmensberatung, Einführung neuer Technologien, gemeinsame Dienste). Ziel all dieser Maßnahmen ist die Diversifizierung der Industrie, die bisher einseitig auf Großbetriebe in Sektoren mit rückläufiger Entwicklung ausgerichtet war (Stahlindustrie, Kohlenbergbau, Schiffbau).

Maßnahmen zur Verbesserung der Umwelt und zur Imagepflege von Industriestädten, damit diese neue Unternehmen anziehen und neue wirtschaftliche Tätigkeiten entwickeln können. Zu diesen Maßnahmen gehören die Wiederherrichtung brachliegender Grundstücke zu nichtproduktiven Zwecken sowie die Sanierung der Innenstädte und der verfallenen Stadtviertel.

Maßnahmen zur Mobilisierung des Fremdenverkehrspotentials von Industriegebieten, die häufig über ein reiches kulturelles und architektonisches Erbe verfügen und die durch eine Verbesserung der Unterkunftsmöglichkeiten, durch Werbung und Ausbildungsmaßnahmen aufgewertet werden können.

Maßnahmen zur Unterstützung von Forschung und Entwicklung, um das kreative Potential dieser Gebiete zu stärken. So sollen zum Beispiel die Verbindungen zwischen Hochschulen und Industrie enger geknüpft, die Ausbildung in den wichtigsten expandierenden Sektoren gefördert und Einrichtungen für die berufliche Bildung unterstützt werden.

Maßnahmen zur Förderung der grenzübergreifenden Zusammenarbeit.

Quelle: Kommission der Europäischen Gemeinschaften, Mitteilung an die Presse, Brüssel 1991.

b. Spezielle Anreizprogramme

Neben diesen generellen Strukturprogrammen hat die EU eine große Zahl von Anreiz- und Modellprogrammen geschaffen, die nach unterschiedlichen Kriterien, aber nicht flächendeckend vergeben werden. Schwerpunkt sind Maßnahmen der Industriepolitik, mit denen bestimmte Branchen entwickelt oder international konkurrenzfähig gemacht werden sollen. Die an Gebietskörperschaften oder gemeinnützige Träger gerichteten Programme sind demgegenüber weniger umfangreich. Gleichwohl kann hier, wie das Münchner Beispiel exemplarisch zeigt, der Effekt eintreten, daß aktionsfähige und gut verwaltete Städte weitere Mittel erhalten, weniger dynamische Kommunen aber leer ausgehen. Ein Teil der Programme soll Modellprojekte für spezifische politische Ziele fördern, andere sollen vor allem die Verbindungen zwischen Kommunen in verschiedenen Mitgliedstaaten verbessern, wobei mittelosteuropäische Staaten bereits einbezogen werden. Auch dem Transfer von Erfahrungen wird hoher Wert beigemessen.

c. Die Grenzregionen

Seit 1989 fördert die EU über die Gemeinschaftsinitiave INTERREG direkt die Grenzregionen zwischen den Mitgliedstaaten[33], einbezogen werden können dabei auch die Grenzgebiete zu Polen und Böhmen. Für die Zeit von 1994 bis 1999 ist die Förderung in dem Programm INTERREG II organisiert. Seit der Verfassungsreform können die Bundesländer solchen grenznachbarschaftlichen Einrichtungen Hoheitsrechte übertragen, davon ist bisher allerdings kein Gebrauch gemacht worden. Die deutsch-niederländische Zusammenarbeit in diesem Bereich ist in einem speziellen Vertrag geregelt.

Es kann sich sowohl um Zusammenschlüsse zwischen Regionen bzw. Bundesländern wie Saar-Lor-Lux als auch um Zusammenschlüsse von Kommunen handeln. Ihre Organisationen, die zum Teil unter dem Namen »Euregio«, zum Teil unter regionalen Begriffen firmieren, haben sich zu einem Verband zusammengeschlossen, der seinen Sitz in Gronau direkt an der deutsch-niederländischen Grenze hat. Die Grenzregionen, die in der Zeit der Konflikte zwischen den Nationalstaaten vielfach eher unter militärischen Gesichtspunkten betrachtet worden waren und wegen der rigiden Abschottung und der Undurchdringlichkeit der Grenzen große wirtschaftliche Nachteile hinnehmen mußten, können als die eigentlichen Gewinner der europäischen Integration bezeichnet werden.

Die positiven Wirkungen entstehen allerdings nicht automatisch. Vielmehr haben die großen nationalen Systeme auch nach der Abschaffung der Grenzen die eingebaute Neigung, von ihren Zentralen her zu denken und zu handeln – eine Tendenz, die in der Psychologie als *kindlicher Autozentrismus* bekannt ist. Ähnliches läßt sich auch an innerstaatlichen Verwaltungsgrenzen feststellen. Ein markantes Beispiel solcher Tendenzen ist die Unterbrechung der Bahnverbindung zwischen Münster und Amsterdam auf sieben Kilometern zwischen Gronau und Enschede, die 1980 von den nationalen Eisenbahnverwaltungen vorgenommen und bis heute nicht rückgängig gemacht worden ist. Die Euregio konnte 1991 eine Wirtschaftlichkeits-Untersuchung durchsetzen, die zu einem positiven Resultat gekommen ist, aber keine Konsequenzen hatte.[34] Auch an der neuen Ostgrenze Deutschlands sind inzwischen drei »EU-Regionen« mit den angrenzenden polnischen bzw. tschechischen Gebietskörperschaften gegründet worden.[35]

4. Das Legitimationsdefizit der EU und die Kommunen

Die EU leidet in den letzten Jahren zunehmend unter einem Legitimationsdefizit. Die Kritik richtet sich nicht gegen die europäische Verständigung und Zusammenarbeit als

---

33 Programm Interreg mit 800 Mill. ECU, vgl. Leitfaden für Gemeinschaftsinitiativen (Anm. 28), S. 14.

34 Telefonische Auskünfte der Euregio, Gronau.

35 Vgl. Gerhard Watterott, Grenzüberschreitende Zusammenarbeit am Dreiländereck CS-D-PL, in: Europa Kommunal, 16 (1992), S. 192–194.

solche. Ganz im Gegenteil: es lassen sich heute die Umrisse eines Europäismus der Reichen feststellen, der die inneren Gemeinsamkeiten hervorhebt und auf Abschirmung gegenüber der Außenwelt bedacht ist (»Festung Europa«). Dies geht soweit, daß auch bei den Rechtsradikalen nicht mehr innereuropäische, sondern außereuropäische Feinde im Vordergrund stehen.[36]

Das verbreitete monströs-negative Bild der EU in der Öffentlichkeit läßt sich auf drei Gründe zurückführen:

- Nach dem Ende des Kalten Krieges hat sich das Schutz- und Anlehnungsbedürfnis vermindert. Dies führte zu einer Reorientierung an nationalen Normen, in Deutschland etwa beobachtbar in den Kolumnen Rudolf Augsteins im »Spiegel« oder an der erstaunlichen Feststellung eines veritablen Verfassungsrichters ebenfalls in diesem Organ, »ohne ein europäisches Staatsvolk und einen europäischen politischen Diskurs«, die »nicht in Sicht« seien, könne »sich das Europäische Parlament aber nicht in eine Volksvertretung verwandeln.«[37]

- Die EU dient den nationalen Politikern als immer zur Verfügung stehender *punching ball*, der bei Schwierigkeiten getreten werden kann, ohne daß er sich wehrt. Sie ist das beliebteste Alibi für Politiker auf der nationalen Ebene. Die Medien, die national organisiert sind und für ihre Leser verkaufsfördernde nationale Stereotypen kultivieren, übernehmen und verstärken derartige Tendenzen. In Deutschland, das sich nach dem Krieg zunächst als europäischer Musterschüler zu verhalten versuchte, wuchsen solche Neigungen mit dem Wiedererstehen nationalen Selbstbewußtseins. Den Anfang machte der bekannte Ausspruch des damaligen Finanzministers Apel von den Deutschen als »Zahlmeister Europas«. Seitdem läßt sich eine Kette solcher Aussagen nachzeichnen. Als ein gravierendes Beispiel kann der Angriff Bundeskanzler Kohls auf den Europäischen Gerichtshof als »demokratie- und kontrollfreien Raum« gelten.[38] Ganz in dieser Tendenz gibt die Abteilung Internationale Sozialpolitik des Bundesarbeitsministeriums in den letzten Jahren immer wieder in polemischer Weise EuGH-kritische Informationen an die deutsche Öffentlichkeit. Journale wie die *Spiegel* walzen sie aus.[39]

- Die nichtöffentliche Verhandlungsweise des Europäischen Ministerrats und der Kommission sowie die Machtlosigkeit des Europäischen Parlaments, das in den Medien meist nur bei repräsentativen Anlässen erscheint, erleichtern die Durch-

---

36 Die Ausnahmen sind die inneren Spannungen in Italien, Belgien und Irland. Vgl. Dietrich Thränhardt, Die europäische Dimension der allgemeinen Ausländerpolitik in den Mitgliedstaaten der EG, in: Zuleeg 1987, S. 25–31.

37 Dieter Grimm, Der Mangel an europäischer Demokratie, in: Der Spiegel (1992) 43 vom 19. 10. 1992, S. 59. Grimm vergleicht die europäische Einigung mit der deutschen im 19. Jahrhundert und geht implizit und unhistorisch von der schmittianischen Fiktion einer homogenen Nation aus; vgl. auch die in Anm. 1 erwähnte Rechtsprechung des BVerfG zum kommunalen Wahlrecht für Inländer mit europäischer Staatsangehörigkeit.

38 Die Europa-Richter stellen das deutsche Betriebsverfassungsgesetz auf den Kopf, in: Handelsblatt 198, 13. 10. 1992. Es geht bei dieser Kontroverse um die Diskriminierung von Halbtagskräften, die in Betriebsräten arbeiten und nach der deutschen Rechtslage auch bei ganztägiger Tätigkeit nur halbtags bezahlt werden (EGH, 6. Kammer, Urteil vom 4. 6. 1992 – Rs. C 360/90; LAG Berlin, 30. 10. 1990; Der Betriebsrat [1992] 1, S. 18 ff. und [1992] 5, S. 107 f.).

39 Der Spiegel bedient sich allerdings manchmal auch noch einfacherer Mittel. In jeder der drei Folgen seiner Dokumentation zum Maastricht-Vertrag heißt es einleitend: »Außer einem überdimensionierten Konferenzzentrum hat das südholländische Maastricht nichts aufzuweisen...«.

setzung solcher Tendenzen.[40] Bei europäischen Kontroversen stimmen die Darstellungen auch in den seriösen Medien der einzelnen Länder meist mit den Regierungsstandpunkten überein. Auf diese Weise bilden sich Meinungsfronten entlang nationaler Grenzen, und die einfachste Einigungsmöglichkeit ist die Kritik an der Kommission, obwohl gerade der oft kritisierte Perfektionismus einzelner Regelungen meist von Ministerratsinitiativen ausgegangen ist, gerade auch von deutschen.

In den USA besteht ein ähnliches Unbehagen über den Washingtoner Zentralismus und die dortige Bürokratie, auf Kosten derer in der Vergangenheit sogar Präsidenten Wahlkampf geführt haben. Auch die Kritik an der Weltbank, der Bundesbank oder die englische Kritik an den »Gnomen von Zürich« in den sechziger Jahren hatte eine ähnliche ablenkende Qualität. Von Politikern werden derartige Stereotypen gezielt eingesetzt. Inzwischen haben sie sich in den nationalen Diskursen angereichert, sie haben mit der Zeit Eigengewicht bekommen und sind ein Bestandteil der öffentlichen Psyche geworden.

Die EU-Kommission reagierte auf die Kritik mit einem größeren Interesse für regionale und kommunale Probleme. Noch 1986 war die EG-Kommission an Regionalstrukturen desinteressiert[41], dies hat sich inzwischen geändert. Für die Länderebene ist dies mit dem Besuch des Kommisionspräsidenten Delors in Bayern und dem Zusammentreffen mit allen deutschen Ministerpräsidenten deutlich geworden, für die kommunale Ebene mit neuen Strukturen und Programmen.[42]

Für unsere Fragestellung bedeutet dies, daß die EU der Legitimation von unten, der Unterstützung aus den *grass roots*, in besonderer Weise bedürftig ist, um ihr Negativimage zu relativieren. Dies gilt in symbolischer, aber auch in sachlicher Weise. Der Tausch finanzieller Ressourcen gegen lokalen good will kann der EU ebenso wie den Kommunen dienen. Zugleich kann die lokale Ebene ein Ort sein, an dem die europäische Regelungsebene gestützt wird, indem das nationale mit dem europäischen Recht konfrontiert wird. Das gegenwärtige Unbehagen an der EU mit der Konsequenz des allseits geäußerten Wunsches nach mehr »Subsidiarität«, das zu einer schwindelerregenden Karriere dieses »S-Word« geführt hat, ohne daß damit Klarheit über eine zukünftige Abgrenzung erreichert würde, kann es Kommunen und Kommunalverbänden erleichtern, neue politische Initiativen im Zusammenhang mit der EU in Angriff zu nehmen. In diesem Zusammenhang können die kommunalen Partnerschaften innerhalb Europas in ihrer Bedeutung erweitert werden. Sie hatten und haben hohe symbolische Bedeutung.[43] Stärker als bisher können sie in Zukunft auch für den kommunalen Erfahrungsaustausch nutzbar gemacht werden, insbesondere auch für Kommunen in Ländern, die neu beigetreten sind oder beitreten werden.

40 Günther Einert, Europa auf dem Weg zur politische Union? Politische Entwicklungsaspekte aus nordrhein-westfälischer Sicht, in: Alemann et al. (Anm. 23), S. 54 ff.
41 So noch Claus-Dieter Ehlermann, Die Einflußnahme der deutschen Länder auf den Entscheidungsprozeß in der europäischen Gemeinschaft aus Brüsseler Sicht, in: Hrbek/Thaysen (Anm. 22), S. 140 ff.
42 Simon 1991 (Anm. 20), S. 31.
43 Vgl. dazu eindrucksvoll diverse Beiträge von Rolf-Richard Grauhan. In: Carl Joachim Friedrich: Politische Dimensionen der europäischen Gemeinschaftsbildung, Köln u. a. 1968.

5. Europäische Konsequenzen für die Kommunen

Mit der europäischen Dimension und der Öffnung zur Welt insgesamt ist die Umwelt der Kommunen insgesamt komplexer geworden. Dies bedeutet neue Chancen ebenso wie neue Risiken, und zwar in mehrfacher Hinsicht:

a. Implementationsspielraum

Der Implementationsspielraum für die Kommunen wird größer, weil die Steuerungs- und Kontrollfähigkeiten der Bundes- und Landesebene ebenso wie der EU-Ebene begrenzt sind.[44] In Zukunft wird europäisches Recht immer stärker Einfluß auf die tägliche Verwaltungsrealität haben. Da es *finales Recht* ist, gerichtet auf die Durchsetzung der *vier Freiheiten* aus dem EU-Vertrag – freier Waren- und Dienstleistungsaustausch, Personenfreizügigkeit, freier Kapitalverkehr – kann es grundsätzlich alle Rechtsbereiche betreffen. Die Kommunen können den Spielraum zwischen Bundes- und Landesrecht einerseits und europäischem Recht allerdings nur wahrnehmen, wenn sie über entsprechenden rechts- und politikwissenschaftlichen Sachverstand verfügen. Insofern ergibt sich eine Annäherung an die Position amerikanischer Kommunen, die schon immer mit einem komplexen Rechts- und Politiksystem konfrontiert gewesen sind, in diesem Fall zwischen nationaler und einzelstaatlicher Ebene.

b. »Kommunale Außenpolitik«

Die Kommunen sollten sich in Zukunft weniger als vollziehende Organe einer einheitlichen staatlichen Politik verstehen und mehr als lokale Unternehmen. Für das politische System der Kommunen ergibt sich als Konsequenz, daß die »Außenpolitik« wichtiger wird. Nutzung europäischer Fonds und Kommunikation mit Kommission, Parlament, Verbänden und Meinungsbildnern auch über den nationalen Rahmen hinaus, Pflege der Beziehungen zu anderen Kommunen, auch mit ökonomischen Implikationen, Beobachtung weltweiter ökonomischer Entwicklungen sind Desiderate der Kommunalpolitik. Auch für die Diskussion um die Kommunalverfassung hat das Konsequenzen: statt *infighting* wird *management* wichtiger, wobei politische Phantasie allerdings nicht notwendigerweise aus monokratischer Struktur folgt.[45]

c. Regionale Kooperation

Die regionale Kooperation in Wirtschaftsräumen wird wichtiger. Dies gilt insbesondere für die Euregios, es gilt aber auch für die anderen Regionen. Nicht nur eine

---

44 Simon 1991 (Anm. 20), S. 22 f.; vgl. zur Implementation europäischer Programme Heinrich Siedentopf/Jacques Ziller (Hrsg.), Making European Policies Work – the Implementation of Community Legislation in the Member States, 2 Bde., London etc. 1988.
45 Vgl. Dieter Schimanke (Hrsg.), Stadtdirektor oder Bürgermeister. Beiträge zu einer aktuellen Kontroverse, Basel 1989.

intensivere Zusammenarbeit der Unternehmen ist gefordert, sondern auch eine verstärkte Kooperation zwischen Kommunen und Unternehmen, unter Einschluß der Arbeitnehmer-Vertretungen sowie der Kommunen untereinander. Dies kann je nach räumlicher Struktur und Gegenstand in rein kommunaler Zusammenarbeit erreicht werden, es kann auch die Zusammenarbeit mit dem Land oder besondere Gremien wie die *Zukunftsinitiative Ruhr* erfordern. Wichtig scheint insbesondere, an die Stelle der Konkurrenz zwischen den Kernstädten und ihrem Umland Kooperation zu setzen. Auch hier schließt sich wieder die Frage nach der richtigen funktionalen Struktur an. Entscheidender als diese ist jedoch der *esprit du corps* und die Problemoffenheit, mit der neue Aufgaben in Angriff genommen werden.

STEFAN KRÄTKE

Internationales Städtesystem
im Zeitalter der Globalisierung

Das internationale Städtesystem ist in der Gegenwart vor allem durch die Debatten um »Globalisierung und Regionalisierung« der Wirtschaft sowie »Standortkonkurrenz« auf wachsendes Interesse gestoßen. Die wirtschaftliche Entwicklung von Städten und Stadtregionen wird heute von erheblich ausgeweiteten Aktionsräumen der Produktion, der Finanzwirtschaft und der Dienstleistungen bestimmt. Städte müssen angesichts ihrer zunehmend grenzüberschreitenden Verflechtungsbeziehungen als Teile eines Systems konkurrierender Standortzentren betrachtet werden. Infolge der Einbettung städtischer Ökonomien in die großräumige internationale Arbeitsteilung, des Bedeutungszuwachses multi-regionaler Unternehmen und der mit neuen Kommunikations- und Transportsystemen erweiterten funktionsräumlichen Verflechtungen ist die isolierte Betrachtung einer Stadt nicht mehr gerechtfertigt. »Insbesondere Großstädte stehen teilweise in weltweiter Stadtkonkurrenz und werden von internationalen wirtschaftlichen Entwicklungsprozessen massiv beeinflußt. (...) Von der relativen Position der Stadt in diesem großräumigen Konkurrenzsystem hängt ihre weitere Entwicklung entscheidend mit ab.«[1] Globalisierung ist zu einem Schlüsselbegriff in Politik, Wirtschaft und Wissenschaft avanciert und stellt die Erweiterung des Organisationsraumes der Wirtschaft zu einem tendenziell weltumspannenden räumlichen Beziehungsgefüge heraus. Globalisierung verstärkt die Konkurrenz zwischen den Wirtschaftsregionen, insbesondere zwischen Städten (bzw. Stadtregionen), die sich als »Motoren« der regionalen Entwicklung darstellen. Das Städtesystem ist als ein Netz von wirtschaftlichen Aktivitätszentren zu verstehen, die über Lieferverflechtungen, Kapitalverflechtungen und Kontrollbeziehungen, Transportbeziehungen und Informationsflüsse miteinander verbunden sind.

Die Position und Entwicklung einer Stadtregion hängt von ihrer Wettbewerbsfähigkeit im Kontext raumübergreifender wirtschaftlicher Konkurrenzbeziehungen ab, so daß eine »Hierarchie« der Städte heute sinnvollerweise an ökonomisch-funktionalen Kriterien festzumachen ist. Es macht wenig Sinn, eine Städtehierarchie nach Einwohnerzahlen zu bilden, und ebenso ist das klassische Modell der Zentralen Orte, bei dem das Städtesystem auf Basis der Versorgungsfunktionen einer Stadt für ein mehr oder weniger ausgedehntes Umland strukturiert wird, von geringer Aussagekraft im Kontext von zunehmend weiträumigen internationalen Konkurrenzbeziehungen zwischen Städten. Städte von »hoher Zentralität« können auch wenig konkurrenzfähige Produktionsstrukturen und Organisationsformen ihrer regionalen Ökonomie aufweisen und daher in ihrer wirtschaftlichen Entwicklung zurückfallen. Die Wett-

---

1 Dietrich Fürst, Zum Stand der Stadtökonomie in der Bundesrepublik Deutschland, in: Jens-Joachim Hesse (Hrsg.), Kommunalwissenschaften in der Bundesrepublik Deutschland, Baden-Baden 1989, S. 217.

bewerbsfähigkeit einer Stadtregion ist nicht nur von ihrer Raumlage und Raumausstattung (mit Infrastrukturen usw.) bestimmt, sondern von ihrem Produktions- und Regulationssystem, das auf die spezifischen Strukturen und Qualitäten der Industrie-, Finanz- und Dienstleistungsaktivitäten und die institutionellen Ressourcen der Wirtschaft einer Stadtregion verweist. Hier kommt es auf die Produktionsmodelle und Organisationsformen der Stadtökonomie an, auf die institutionelle Differenzierung des Unternehmenssektors und das Vorhandensein von kooperativen Beziehungen und Verhandlungsstrukturen innerhalb der regionalen Wirtschaft sowie auf ein dichtes Netz an unterstützenden Einrichtungen zur Förderung von Innovation, Wissenstransfer und Kooperation. Solche »internen« Qualitäten sind für die Produktivität und Innovationsfähigkeit einer städtischen Ökonomie von größter Bedeutung.

In diesem Beitrag werden Strukturmerkmale des internationalen Städtesystems skizziert, die sich im Spannungsfeld von Prozessen der Globalisierung und Regionalisierung entwickeln. Dabei werden zwei für die wirtschaftliche Rangstellung und Wettbewerbsfähigkeit der Städte zentrale Sektoren unterschieden – Finanz- und Dienstleistungssektor auf der einen Seite, Produktionssektor auf der anderen – und die nach der »Öffnung des Ostens« absehbare Restrukturierung der internationalen Städtehierarchie im europäischen Wirtschaftsraum erörtert.

1. Internationales Städtesystem aus der Sicht des »Global City«-Konzepts

Die Gestalt des gegenwärtigen internationalen Städtesystems wird vom sog. »Global City«-Ansatz thematisiert, der davon ausgeht, daß die Art und Weise der Integration einer Stadt in das weltwirtschaftliche System ihre ökonomisch-soziale und baulich-räumliche Entwicklung bestimmt. Das Erkenntnisinteresse konzentriert sich auf die Herausbildung von »Global Cities« wie New York, Tokyo, London, Paris, Los Angeles, die die räumlichen Knotenpunkte der Produktions-, Finanz- und Kontrollbeziehungen des internationalisierten Kapitals bilden.[2] Mitunter wird die internationale Städte-Hierarchie vorrangig nach dem Kriterium der Reichweite der Direktions- und Kontrollpotentiale des städtischen Unternehmenssektors strukturiert: auf dem einen Extrem finden sich Städte mit »weltweiten Kommandofunktionen«, von denen aus global verteilte Wirtschaftsaktivitäten gesteuert werden; im Mittelfeld liegen Städte, deren unternehmerische Entscheidungszentralen eher internationale (z. B. europäische) und nationale Kontrollkapazitäten aufweisen; und auf dem anderen Extrem liegen Städte mit extern gesteuerten spezialisierten Produktionsfunktionen – »Ausführungsstädte«. Die Einbindung einer Stadt in das globale ökonomische System läßt sich auch nach dem Grad der Internationalisierung des städtischen Unternehmens- und Bankensektors klassifizieren.[3] In der Stadtforschung wird zugleich betont, daß eine Hierarchie

2 Vgl. Joe R. Feagin/Michael Peter Smith, Cities and the New International Division of Labor: An Overview, in: Michael Peter Smith/Joe R. Feagin (Hrsg.), The Capitalist City, Oxford 1987; Saskia Sassen, The Global City: New York, London, Tokyo. Princeton 1991; S. Sassen, Metropolen des Weltmarkts, Die neue Rolle der Global Cities, Frankfurt a. M./New York 1996.
3 Vgl. Robert B. Cohen, The New International Division of Labour, Multinational Corporations and Urban Hierarchy, in: Michael Dear/Allen J. Scott (Hrsg.), Urbanization and Urban Planning in Capitalist Society, New York 1981.

der Städte *nicht eindimensional* an der Verteilung von Unternehmens-Hauptquartieren festgemacht werden kann. Die Rangstellung einer Stadt als unternehmerisches Entscheidungs- und Kontroll-Zentrum beruht nämlich nicht allein auf der bloßen Anzahl der ansässigen Unternehmens-Hauptquartiere, sondern auf der Agglomeration von Unternehmensverwaltungen, Finanzinstitutionen und hochrangigen unternehmensbezogenen Dienstleistungsfirmen sowie ihrer funktionalen Verflechtung. Die Hierarchisierung des Städtesystems im Bereich strategischer Funktionen sollte daher auf »metropolitane *Komplexe* strategischer Unternehmensaktivitäten«, d. h. das Netzwerk von Hauptquartieren des Unternehmens- und Finanzsektors *und* der vielfältigen unterstützenden Dienstleistungsfirmen bezogen werden.

Das »Global City«-Konzept stellt den Zusammenhang von Stadtentwicklung und weltwirtschaftlicher Entwicklung heraus, insbesondere mit der These, daß sich das mit der Globalisierung umschriebene weltweite System von Produktion und Märkten *räumlich* in Form eines globalen Netzwerks von Städten artikuliert: Die fortgeschrittene Internationalisierung des Kapitals benötigt »Knotenpunkte« zur Koordination und Kontrolle der weltweiten ökonomischen Aktivitäten. »Global cities« sind die greifbaren räumlichen Verankerungspunkte von globalen Kontrollkapazitäten und damit die führenden Zentren innerhalb des Städtesystems.

Jenseits der weltweiten formellen Beschränkungen der Arbeitskräftemobilität entwickelt sich in den metropolitanen Zentren der Weltwirtschaft eine Globalisierung des Arbeitsmarktes, wobei »illegale« Immigranten das Reservoir für die Ausbreitung *informeller* Beschäftigungssektoren im Produktions- und Dienstleistungsbereich mit Niedrigstlöhnen und ungeschützten Beschäftigungsverhältnissen bilden. Diese Arbeitsmarktstrukturen sind speziell in den Global Cities der USA und Europas zu finden. Die Global City (wie London und Paris) wird nicht nur durch ihre transnationalen wirtschaftlichen Verflechtungen und Kontrollbeziehungen charakterisiert, sondern auch durch ihr »multikulturelles« Sozialgefüge bzw. den hohen Anteil sog. ethnischer Minoritäten an der Einwohnerschaft. In diesem Kontext wird heute die vertraute Geographie von Armut und Reichtum, die auf den großen geopolitischen Maßstab bezogen schien, neu dimensioniert. Es entstehen auch *innerhalb* der »wirtschaftsstarken« Metropolen marginalisierte Räume, die als Abschiebe-Container für Arbeitslose und Verarmte sowie für Immigranten und Flüchtlinge fungieren. Die an den benachteiligten Gebieten und dem Umfang benachteiligter Bevölkerungsgruppen einer Stadt empirisch festzumachende Spaltung des sozial-räumlichen Gefüges läßt sich u. a. auf vervielfältigte Spaltungen des städtischen Arbeitsmarktes beziehen.

Die *vielschichtigen* ökonomisch-funktionalen Zusammenhänge des internationalen Städtesystems mit der weltwirtschaftlichen Entwicklung erschließen sich erst auf Basis einer Übersicht über die wichtigsten Phänomene der »Globalisierung«.

2. Globalisierungstendenzen und internationale Standortkonkurrenz

Globalisierung vollzieht sich *ungleichmäßig* auf verschiedenen Märkten und weist daher gerade in der wirtschaftlichen Sphäre eine Variation der Phänomene auf[4]: (a) Die

---

4 Vgl. Peter Dicken, Global Shift. The Internationalization of Economic Activity, 2. Aufl., London 1992; Elmar Altvater/Birgit Mahnkopf, Grenzen der Globalisierung, Münster 1996;

Globalisierung der *Finanzmärkte* ist am weitesten vorangeschritten. Das Volumen der Transaktionen auf den internationalen Finanzmärkten hat sprunghaft zugenommen, darunter insbesondere die spekulativen Zwecken dienenden Finanztransaktionen und sog. derivativen Finanzgeschäfte. Internationale Kapitalanlagen und der spekulative Handel mit Währungen, Termingeschäfte sowie die sogenannten derivativen Finanzgeschäfte gewinnen gegenüber dem Warenhandel ein zunehmendes Gewicht. Mit der Globalisierung der Finanzmärkte hat sich die Mobilität des Geldkapitals zwischen den Anlagesphären nachhaltig erhöht. Der industrielle, realwirtschaftliche Unternehmenssektor hat sich diesen Verwertungsstrukturen angepaßt, indem ein relativ großer Anteil der nicht ausgeschütteten Gewinne in Finanzanlagen gesteckt wird. Die Globalisierung der Finanzmärkte gibt somit Anlaß für Befürchtungen, daß sich finanzwirtschaftliche von der realwirtschaftlichen Sphäre verselbständigt.[5] (b) Die Globalisierung des *Warenhandels* hat seit langem zugenommen und sich ab Mitte der 80er Jahre beschleunigt. Das Volumen des Welthandels wächst schneller als die weltweite Warenproduktion, was die *internationale* Konkurrenz auf vielen Warenmärkten verstärkt. (c) Die Globalisierung des *Realkapitals* (in Produktionsstätten angelegtes Kapital) ist im Vergleich zu den Finanz- und Warenmärkten wesentlich schwächer ausgeprägt. Die transnationalen Unternehmen, denen meist eine maßgebende Rolle im Globalisierungsprozeß zugeschrieben wird, haben weltweit im Unternehmenssektor an Bedeutung gewonnen. Die industriellen Auslandsgesellschaften deutscher Unternehmen hatten im Jahre 1993 rund 1,7 Mio Beschäftigte – diese Zahl entsprach fast 25 % der in Deutschland arbeitenden Industriebeschäftigten. Die transnationalen Unternehmen sind weiterhin jeweils in einem bestimmten Land »national verankert« – nur ein kleiner Teil der großen multinationalen Konzerne hat mehr als die Hälfte der Beschäftigten im Ausland lokalisiert. An ausländische Produktionsstandorte werden vorzugsweise Teilfertigungen oder Montagetätigkeiten verlagert; nur selten werden im Ausland »komplette« funktional integrierte Produktionslinien angesiedelt, die auch »vor Ort« ein Zulieferernetz aufbauen. Globalisierung setzt sich auch über räumlich erweiterte *Kontroll*-Verflechtungen des Unternehmenssektors durch. In den Ländern der Europäischen Union hat sich die Kapital-Konzentration seit Beginn der 80er Jahre beschleunigt, wobei insbesondere die Zahl der europaweiten Unternehmenszusammenschlüsse und Firmenaufkäufe stark angewachsen ist. Die Tochter- und Partnergesellschaften der deutschen transnationalen Konzerne sind zum größten Teil in *europäischen* Ländern lokalisiert, was bedeutet, daß die sog. Global Players weniger global agieren als gemeinhin vermutet wird.

Globalisierung wird als Herausforderung für die *internationale Wettbewerbsfähigkeit* eines Landes betrachtet, für welche verschiedene Maßstäbe in der Diskussion sind: Dazu gehören Direktinvestitionen im Ausland oder die mit mehr oder weniger ausgedehnten Katalogen von »Standortfaktoren« gemessene Standortattraktivität eines Landes. Bei den Direktinvestitionen handelt es sich meist um die »Fortsetzung einer Warenexportstrategie mit anderen Mitteln«: Im Mittelpunkt steht das Bemühen, einen direkten Zugang zum ausländischen Markt durch Eigenproduktion vor Ort zu eröffnen, d. h. Importbeschränkungen und Zölle zu umgehen, Transportkosten zu sparen

---

Michael Bruch/Hans-Peter Krebs (Hrsg.), Unternehmen Globus, Facetten nachfordistischer Regulation, Münster 1996; Hans Hagen Härtel/Rainer Jungnickel, Grenzüberschreitende Produktion und Strukturwandel – Globalisierung der deutschen Wirtschaft, Baden-Baden 1996; Robert O'Brian, Global financial integration: The end of Geography, London 1992.
5   Vgl. Kurt Hübner, Flexibilisierung und die Verselbständigung des monetären Weltmarkts. Hindernisse für einen neuen langen Aufschwung ? In: Prokla, 18 (1988) 71.

und Wechselkursrisiken zu reduzieren. Im Jahre 1994 verteilte sich der Bestand an Direktinvestitionen deutscher Unternehmen im Ausland in Höhe von 348 Mrd. DM zu rund 78 % auf die Industrieländer der EU und die Schweiz sowie Japan und die USA; auf die sog. Entwicklungsländer entfielen 11 %, auf Länder Ostmitteleuropas und Osteuropas ca. 2,6 % der deutschen Direktinvestitionen.[6] Die geographische Verteilung der Direktinvestitionen zeigt, daß die sog. Niedriglohnländer oder die Transformationsländer im Osten keineswegs das bevorzugte Ziel deutscher Unternehmensinvestitionen sind.

Die Standortattraktivität eines Wirtschaftsgebietes auf Basis von *Standortfaktoren-Katalogen* zu bestimmen und zu vergleichen, ist ein verbreiteter Ansatz nicht nur beim Vergleich zwischen Nationalökonomien, sondern auch beim Vergleich der Wettbewerbsfähigkeit von Städten und Regionen innerhalb des nationalen oder z. B. des europäischen Wirtschaftsraumes. Die Lohnkosten bzw. *Arbeitskosten* sind ein politisch hoch bewerteter Faktor des internationalen Standortvergleichs. Angesichts der »Öffnung des Ostens« wird eine Restrukturierung der räumlichen Arbeitsteilung in Europa erwartet[7], wobei häufig eine Spezialisierung der Länder bzw. Regionen auf jene Wirtschaftsaktivitäten vermutet wird, welche die vergleichsweise »billigen« Produktionsfaktoren der jeweiligen Region ausnutzen. Aus dieser Perspektive würden sich die Industrieregionen Ostmitteleuropas auf *arbeitsintensive* Produktionen spezialisieren, während die westeuropäischen Industrieregionen eher wissens- und technologie-intensive Produktionen auf sich konzentrieren. Dieses Muster räumlicher Arbeitsteilung wird mitunter euphorisch als das für Regionen in West und Ost gleichermaßen vorteilhafte Konzept »dualer Restrukturierung« propagiert.[8] Die geographische Verteilung von ausländischen Direktinvestitionen deutscher Unternehmen zeigt aber, daß »die« Investoren zum größten Teil ihre Direktinvestitionen in Länder mit vergleichsweise hohem Arbeitskostenniveau lenken. Die Höhe der Arbeitskosten im Gastland ist für die Entscheidungen der Gesamtheit jener deutschen Unternehmen, die Direktinvestitionen im Ausland vornehmen, von untergeordneter Bedeutung (»Mitnahmeeffekt«). Unternehmensentscheidungen über die Wahl ausländischer Produktionsstandorte sind in erster Linie von Gesichtspunkten wie der Größe von Absatzmärkten, der institutionellen Strukturen und Stabilität nationaler Politik sowie der Währungsstabilität bestimmt. Produktionsstandorte *innerhalb* des Ziellandes der Markterschließung können dazu dienen, Transport- und Kommunikationskosten zu reduzieren, Produkte auf die Marktbesonderheiten des Ziellandes zuzuschneiden, Wechselkursrisiken zu verringern und Handelsschranken zu umgehen. Auf diesem Hintergrund sind Produktionsverlagerungen deutscher Unternehmen nicht als Ausdruck mangelnder internationaler Wettbewerbsfähigkeit des »Standorts Deutschland« infolge hoher Arbeitskosten zu interpretieren.[9]

Die *regionale* Verteilung ausländischer Direktinvestitionen in *Ostmitteleuropa* deutet darauf hin, daß selbst die Investitionen in den Niedriglohnländern des Ostens *nicht* oder nur in geringem Maße einer Strategie der Nutzung von Niedriglöhnen fol-

6 Vgl. Deutsche Bundesbank (Hrsg.), Kapitalverflechtung mit dem Ausland, Statistische Sonderveröffentlichung Nr. 10, Frankfurt a. M. 1996.

7 Vgl. Walter Hirn/Andreas Nölting, Flucht nach Osten, in: Manager-Magazin, (1994) 3; Ifo (Hrsg.), Großräumige Entwicklungstrends in Europa und wirtschaftspolitischer Handlungsbedarf, in: Ifo-Schnelldienst, (1992) 17/18.

8 Vgl. Fritz Kröger et al (Hrsg.), Duale Restrukturierung, Wettbewerbsfähig durch west-östliche Arbeitsteilung. Stuttgart 1994.

9 Vgl. Rolf Simons/Klaus Westermann, Industriestandort Deutschland. Zur Wettbewerbsfähigkeit der deutschen Wirtschaft, Marburg 1995.

gen, sondern vorwiegend einer Strategie der Markterschließung. Gegenüber dem als »duale Restrukturierung« bezeichneten Modell räumlicher Arbeitsteilung ist zu betonen, daß die *Unternehmen* bei der Reorganisation der räumlichen Arbeitsteilung durchaus *verschiedene strategische Optionen* verfolgen: Jene Unternehmen, die primär auf Kostenminimierung und den Einsatz »billiger« Produktionsfaktoren setzen, werden ostmitteleuropäische Regionen mittels Zuliefer-Beziehungen, Joint Ventures oder Verlagerung eigener Produktionsstätten als Billiglohnstandorte nutzen; jene Unternehmen, die vor allem auf Qualitätsproduktion, fortgeschrittenste Technologien und beständige Innovationsaktivitäten setzen, werden die Wirtschaftsregionen Ostmitteleuropas eher unter dem Aspekt der Erschließung neuer Märkte in ihre Standortpolitik einbeziehen. Darüber hinaus gibt es die (eher seltene) Variante, daß transnationale Unternehmen ausgewählte Produktionsstandorte Ostmitteleuropas *strategisch privilegieren* bzw. funktional aufwerten, d. h. innerhalb ihres europäischen Standortnetzes zu spezialisierten Zentren für bestimmte technologie-intensive Produktionen ausbauen (Beispiel ABB in Elblag/Polen). Soweit den ausländischen Direktinvestitionen transnationaler Unternehmen primär eine Strategie der *Markterschließung* zugrundeliegt, ist u. a. das Marktpotential des Ziellandes und der Zielregion von Einfluß, soweit die Strategie der *Kostenreduzierung* im Vordergrund steht, sind neben der Verfügbarkeit von Arbeitskräften und niedrigen Lohnkosten auch bestimmte Aspekte wirtschaftspolitischer Regulation von Belang: dazu gehören insbesondere fiskalische und finanzielle Investitionsanreize sowie Zollvergünstigungen (oder die Einrichtung von Sonderwirtschaftszonen für Exportproduktion) und nicht zuletzt »schwache« Umweltschutz-Standards.

Durch die vom privaten Unternehmenssektor ausgehenden Globalisierungsprozesse sehen sich die Nationalstaaten in einen anhaltenden Wettbewerb um Standortvorteile gezwungen mit der Folge, daß sich die Konkurrenz nationaler Ökonomien zunehmend in eine globale Konkurrenz zwischen »Wettbewerbsstaaten« um Weltmarktanteile und Anteile an mobilem Kapital übersetzt. Im Rahmen der sog. Standortdebatte in der Bundesrepublik dient Globalisierung dann als *Legitimationsformel* für Versuche zur Demontage des Sozialstaats und die Durchsetzung eines neuen Gesellschaftsmodells in der Bundesrepublik. Dabei werden Erscheinungsformen der Globalisierung von Produktionsnetzen als Indikator einer gefährdeten Wettbewerbsfähigkeit der nationalen Ökonomie interpretiert, um eine Politik der Senkung von Lohn- und Arbeitskosten, der Deregulierung und Flexibilisierung von Beschäftigungsverhältnissen sowie der Reduzierung von Sozialleistungen zu propagieren. Die Bundesrepublik habe (so heißt es) gegenüber anderen Ländern, die geringere Lohn- und Arbeitskosten aufweisen, in der globalen Konkurrenz einen Wettbewerbsnachteil. Daß sich der Zusammenhang von Lohnhöhe/Arbeitskosten und Direktinvestitionen ganz anders darstellt, wurde bereits skizziert (s.o.). Wo »globalisierungsbedingte« Zwänge zur Demontage des Sozialstaats angeführt werden, geraten regelmäßig die *Produktivitätseffekte* eines hochentwickelten Sozialstaates und der damit korrespondierenden Qualität industrieller Arbeitsbeziehungen aus dem Blick.

Mit der Globalisierung (bzw. dem Glauben an ihre Sachzwänge) verbunden ist eine Intensivierung der Konkurrenz zwischen Städten und Regionen um »mobiles Kapital« (Investitionen und Ansiedlungen). Ganz ähnlich wie bei der Konkurrenz zwischen nationalen »Wettbewerbsstaaten« übersetzt sich auf der Ebene des Stadt- und Regionalsystems die Globalisierung in eine erweiterte Standortkonkurrenz zwischen Städten und Regionen, deren neue Qualität darin liegt, daß Städte und Regionen als *Initiatoren* wirtschaftlicher Entwicklung gefordert sind bzw. als aktive Partei in der nationalen und internationalen Städtekonkurrenz agieren, was oft in der Formel vom »Unternehmen Stadt« auf den Punkt gebracht wird. Auf der Ebene städtischer oder regionaler Politik dient Globalisierung dann häufig als Legitimationsformel für die Durchsetzung von Großprojekten aller Art – d. h. ungeachtet ihrer »Stadtverträglichkeit« oder des Subventionsaufwandes (z. B. für Steuersparer-»Investoren« im Bereich der Bauprojekte). Die Standortkonkurrenz zwischen Städten und Regionen wird heute zur universellen Legitimationsformel für die Durchsetzung umstrittener Projekte.

Generell entfaltet sich die regionale Standortkonkurrenz heute vorwiegend *innerhalb* von Großräumen der sog. Triade (Europa, Nordamerika, Asien-Pazifik)[10]: die Standortkonkurrenz spielt sich (aus europäischer Perspektive) z. B. primär zwischen den Finanzplätzen London und Frankfurt a. M. ab, nicht zwischen Frankfurt a. M. und Singapur; oder sie spielt sich zwischen Billiglohnstandorten in Spanien/Portugal und Polen/Tschechien ab, und nur in sehr bescheidenem Umfang zwischen Produktionsstandorten in Portugal und Malaysia (Ausnahme ist die Software-Branche, wo aufgrund spezifischer Produktionsbedingungen europäische Standorte direkt mit Bangalore konkurrieren). Statt Globalisierung im strengen Sinne von *weltweiten* Vernetzungen findet überwiegend eine *Internationalisierung* innerhalb weniger Großregionen statt. Doch scheint es im Sinne einer »Konvention der Begriffsverwendung« vertretbar, von Globalisierung auch mit Bezug auf Prozesse der weiträumigen Vernetzung im gesamt-europäischen Wirtschaftsraum (supra-national organisierte Produktionsnetze) zu sprechen.

3. Regionalisierung und internationale Standortkonkurrenz

Internationale Wettbewerbsfähigkeit ist in den Industrieländern *räumlich selektiv* verortet[11]: Abgesehen von regionsübergreifenden nationalen Rahmenbedingungen wie politische Stabilität und Rechtssystem sowie Wechselkursregime können bedeutende und auf regionaler Ebene beeinflußbare Komponenten der Wettbewerbsfähigkeit als »Produktivitäts- und Innovationsregime« umschrieben werden[12], die innerhalb nationaler Wirtschaftsräume eine deutliche regionale Differenzierung aufweisen. Das Produktivitäts- und Innovationsregime basiert weithin auf *institutionellen* Ressourcen und verweist auf die Produktionsmodelle, Organisationsformen und industriellen Beziehungen der *regionalen* Ökonomien eines Landes. Die internationale Wettbewerbsfähigkeit eines Landes ist in erster Linie von der Produktivität und Innovationsstärke seiner wirtschaftlichen *Agglomerationsräume* bestimmt, wobei die Großstadtregionen als wirtschaftliche Leistungszentren und zugleich als Kontrollzentren über weiträumig ausgedehnte Produktionsnetze fungieren.

10 Vgl. Charles Oman, Globalisation and Regionalisation: The challenge for developing countries, Paris 1994.
11 Vgl. Michael E. Porter, Nationale Wettbewerbsvorteile. Erfolgreich konkurrieren auf dem Weltmarkt, München 1991.
12 Vgl. Kurt Hübner/Andreas Bley, Lohnstückkosten und internationale Wettbewerbsfähigkeit, eine ökonomisch-theoretische Analyse, Marburg 1996.

Globalisierung ist daher *nicht*, wie man vermuten könnte, mit einem korrespondierenden Bedeutungsverlust des Lokalen, des Regionalen verbunden. Das Pendant der Globalisierung ist die *Regionalisierung* (ein Prozeß der territorialen Integration von Aktivitäten) – beide gehen Hand in Hand. Die in neueren Ansätzen der Regionalforschung zentralen Begriffe – wie regionale Netzwerke, innovative Milieus und industrielle Distrikte – behandeln z. B. die institutionelle Dichte oder Differenzierung der regionalen Wirtschaft, die Qualität regionaler Unternehmensbeziehungen und industrieller Arbeitsbeziehungen, die Verhandlungsstrukturen und Kommunikationsbeziehungen zwischen regionalen Akteuren (Unternehmen, Gewerkschaften, Verbände, regionalstaatliche Instanzen) und betonen den Einfluß eines solchen regional differenzierten sozioökonomischen Institutionengefüges auf die Produktivität, Innovationskraft, und Wettbewerbsfähigkeit von Regionen.[13] Auch im Zeitalter der Globalisierung sind regions-spezifische Strukturen für die Raumentwicklung höchst bedeutsam.

Generell erscheint Regionalisierung in der ökonomischen Sphäre heute als ein Trend zur territorialen Integration von Produktionsstandorten und zur Bildung *regionaler* Netzwerke von spezialisierten Firmen und Zulieferern. In vielen Bereichen der Industrie haben »flexible« Produktionssysteme, die auf industrie-*organisatorische* Innovationen setzen, den Faktor räumlicher Nähe zwischen Produzenten, Zulieferern und Dienstleistern aufgewertet. Angesichts der Globalisierung im Sinne einer verstärkten internationalen Konkurrenz auf vielen Warenmärkten, der Verkürzung von Produktzyklen und verstärkter Qualitätskonkurrenz sind in den führenden Industrieländern gerade solche Unternehmen erfolgreich, die sich auf die Nachfrage nach qualitativ hochwertigen oder auch »maßgeschneiderten« Produkten orientieren, und hierfür u. a. flexible industrielle Organisationsformen entwickelt haben. Eine der wichtigsten Tendenzen ist dabei die Formierung von netzwerkartigen Produktionskomplexen. Solche industriellen Organisationsformen haben in wirtschafts-*räumlicher* Perspektive die Agglomeration, d. h. territoriale Integration und regionsinterne Vernetzung von Produktionsaktivitäten befördert.

Jene international wettbewerbsfähigen Stadt-Regionen, die ihre Wirtschaftskraft auf industrielle Produktionsaktivitäten gründen, beziehen ihre Produktivität und Innovationsfähigkeit nicht nur aus den Agglomerationsvorteilen einer hochentwickelten Infrastruktur und eines hochdifferenzierten Arbeitskräfteangebots, sondern auch aus dem Vorhandensein einer Vielzahl und Vielfalt an spezialisierten Unternehmen, die eine regionsinterne Vernetzung ermöglichen. Der Produktionssektor einer Stadtregion besteht aus *verschiedenen Teilökonomien*[14], die verschiedene Wirtschafts-

---

13 Vgl. Edward Bergman/Gunther Maier/Franz Tödling (Hrsg.), Regions reconsidered: economic networks, innovation and local development in industrialised countries, London 1991; Ash Amin/Nigel Thrift (Hrsg.), Globalization, Institutions, and Regional Development in Europe, Oxford 1994; Charles Sabel, Flexible Specialisation and the Re-emergence of Regional Economies, in: Ash Amin (Hrsg.): Post-Fordism, Oxford 1994; Michael Storper, The resurgence of regional economies, ten years later: The region as a nexus of untraded interdependencies, in: European Urban and Regional Studies, (1995) 2; Michael Storper/Allen J. Scott, The wealth of regions: Market forces and policy imperatives in local and global context, in: Futures, (1995) 5; Stefan Krätke/Susanne Heeg/Rolf Stein, Regionen im Umbruch, Frankfurt a. M./New York 1997.

14 Vgl. Dieter Läpple, Städte im Umbruch, Zu den Auswirkungen des gegenwärtigen Strukturwandels auf die städtischen Ökonomien – das Beispiel Hamburg, in: Akademie für Raumforschung und Landesplanung (Hrsg.): Agglomerationsräume in Deutschland, Ansichten – Einsichten – Aussichten. Hannover 1996.

branchen umfassen und sehr unterschiedliche Organisationsformen aufweisen können[15]: Die exportorientierten Teilökonomien der Stadt können auf dem einen Extrem spezielle Produktionsfunktionen im Rahmen weiträumiger Produktionsnetze auf sich konzentrieren (»traditionelle Produktionsstrukturen« der funktional-räumlichen Arbeitsteilung) oder auf dem anderen Extrem funktional integrierte netzwerkartige lokale Produktions-Cluster bilden (»innovative Produktionsstrukturen«). Die *Vernetzung* städtischer Teilökonomien – z. B. von technologie- oder design-intensiven Produktionsunternehmen mit spezialisierten Dienstleistungsunternehmen – ist für die internationale Wettbewerbsfähigkeit einer Stadtregion von größerer Bedeutung als die Branchenzusammensetzung der lokalen Ökonomie. Metropolregionen, in deren Gebiet sich eine ganze Reihe von verschiedenen lokalen Produktions-Clustern lokalisieren, können als ein »Distrikt von Netzwerken«[16] charakterisiert werden. Die Teilökonomien der Stadt können aber auch voneinander verselbständigt sein, so daß sich eine fragmentierte lokale Ökonomie mit geringer »Kohärenz« ausbildet. Über die internationale Wettbewerbsfähigkeit des Produktionssektors einer Stadtregion entscheiden die institutionellen Strukturen und Organisationsformen der Stadtökonomie.

4. Strukturwandel im europäischen Städtesystem

Das europäische Städtesystem unterliegt einer Ausdifferenzierung in zweierlei Dimensionen: erstens kommt es zu einer Restrukturierung von Produktionsräumen, bei der sowohl Tendenzen der Globalisierung als auch der Regionalisierung wirksam sind; zweitens kommt es zu einer Re-Hierarchisierung der »metropolitanen Regionen« und Stadtregionen Europas, bei der vor allem Tendenzen der Globalisierung wirtschaftlicher Verflechtungen und Kontrollbeziehungen durchschlagen. Die Veränderungen des Städtesystems sind im Kontext der Globalisierung bzw. Internationalisierung bestimmt von der selektiven räumlichen Konzentration (a) der in ihrer geographischen Reichweite zunehmend über nationale Grenzen hinausreichenden wirtschaftlichen Kontrollkapazitäten sowie unternehmensbezogenen Dienstleistungsaktivitäten (die häufig metropolitane *Komplexe* strategischer Unternehmensaktivitäten formieren), (b) der wettbewerbsfähigen »innovativen« Produktionsstrukturen in städtischen Wirtschaftsgebieten. In Stadt-Regionen sind stets beide Aspekte überlagert, so daß wirtschaftliche Prosperität hier sowohl auf starken raumübergreifenden Kontrollkapazitäten als auch auf wettbewerbsstarken regionalen Industriestrukturen basieren kann – und beide Aspekte können auch *gegenläufig* ausgeprägt sein. So wäre es irreführend, Städte *vereinseitigt* in ihrer Rolle als »Dienstleistungszentren« oder als »Industriezentren« zu betrachten. Gerade jene Städte (und Regionen), die eine positive Entwicklung im Industriesektor aufweisen, haben auch starke Beschäftigungsgewinne im Dienstleistungssektor, wohingegen Städte mit einem »strukturschwachen« Produktionssektor kaum eine nachhaltige Expansion ihres Dienstleistungssektors erwarten können.

---

15 Vgl. Stefan Krätke, Stadt – Raum – Ökonomie, Einführung in aktuelle Problemfelder der Stadtökonomie und Wirtschaftsgeographie. Basel/Boston/Berlin 1995.

16 Vgl. Alain Lipietz, The local and the global: regional individuality or interregionalism? In: Transactions of the Institute of British Geographers, New Series, Vol. 18, (1993) 1.

Im gesamt-europäischen Wirtschaftsraum wird sich aufgrund der zunehmenden Internationalisierung des Unternehmenssektors und der erweiterten Kontrollverflechtung zwischen den Stadtregionen die *Hierarchisierung* des Städtesystems stärker akzentuieren. Im Prozeß der Integration des europäischen Wirtschaftsraumes kommt es zu einer verstärkten standörtlichen Orientierung der Direktions- und Finanzfunktionen führender Firmen auf die entwickelten Stadtregionen der wirtschaftlich führenden Länder Europas. In diesem Kontext wächst die Bedeutung von »integrativen« Managementfunktionen: von Großunternehmen werden heute bei der Durchsetzung neuer Produktionskonzepte meist *firmen-übergreifende* Systeme für die Steuerung von Produktionsaktivitäten und Lieferungen entwickelt, und zweitens wird zunehmend auch eine firmen-übergreifende Integration von Funktionen der Forschung, Entwicklung, Produktion und Vermarktung betrieben. Diese Entwicklungen begünstigen eine standörtliche Orientierung von *strategischen* Unternehmensfunktionen großer Unternehmen an den Knotenpunkten von Netzwerken der Information und Kommunikation und von bedeutenden Straßen-, Schienen- und Luftverkehrs-Infrastrukturen, zweitens die Orientierung an der Verfügbarkeit eines hochqualifizierten und differenzierten Angebots von Arbeitskräften und Dienstleistungsfirmen, das die erweiterten Kontroll- und Managementaufgaben erfüllen kann. So werden sich die strategischen und integrativen Managementfunktionen vorzugsweise in metropolitanen Stadtregionen Europas konzentrieren und damit die Hierarchie des europäischen Städtesystems akzentuieren.[17]

Ein ebenso bedeutender Faktor, der die metropolitanen Zentren des Städtesystems prägt und das Auseinanderdriften zwischen den Stadtregionen befördert, ist die Expansion der sog. produktionsorientierten Dienstleistungen. Sie beruht zum einen auf der »Tertiärisierung der Produktion«, d. h. auf dem Bedeutungszuwachs von Forschung und Entwicklung, Produktionsplanung und Logistik, Design und Marketing, Service und Kundendienst innerhalb des Industriebereichs (auf Kosten des Anteils direkter Fertigungstätigkeiten), zum anderen auf der Strategie vieler Industrieunternehmen, eine Reihe von früher unternehmens-intern erbrachten Dienstleistungsfunktionen über den Markt zu beziehen. Die Auslagerung von Funktionen an selbständige Dienstleistungsunternehmen (die dann dem Dienstleistungs-»Sektor« zugerechnet werden) umfaßt häufig Unternehmens- und Steuerberatung, EDV-Beratung und Service, Buchhaltung, Werbung, Logistik. So expandieren die produktionsorientierten Dienstleistungsfunktionen auf der Basis von Veränderungen im Industriebereich. Im Zuge dieser Entwicklung sind wiederum die Industrieunternehmen mehr und mehr darauf orientiert, ein vielfältiges und leistungsfähiges Angebot hochwertiger Dienstleistungen nutzen zu können.

Globalisierung korrespondiert auf der Ebene des Städtesystems mit der räumlich selektiven Ausbildung internationaler Finanz- und Direktionszentren, die von den Produktionsbeziehungen der traditionellen Stadtökonomie abgehoben und verselbständigt sein können. Mit dieser Tendenz verknüpft sich zudem eine *Internationalisierung* von Immobilienkapital und Grundstücksverwertung: Grundstücke für Bürokomplexe, Geschäftszentren und Luxus-Wohnanlagen werden in Metropolregionen zunehmend durch internationale Immobilien-Unternehmen transnational gehandelt und verwertet. Im Zuge des »globalen« Bedeutungszuwachses finanzökonomischer Verwertungsstrategien legen sich Großunternehmen und Banken *auch* international gestreuten Immobilienbesitz als Finanzanlage oder »portfolio investment« zu. Heute

---

17 Vgl. Michael Dunford, Winners and losers: the new map of economic inequality in the European Union, in: European Urban and Regional Studies, (1994) 2.

stärkt die erhöhte Mobilität des Kapitals zwischen den Anlageformen eine Verselbständigung der Finanzanlagesphäre, und die städtische Grundstücksverwertung bildet darin einen wichtigen Bestandteil. Die Expansion des Immobiliengeschäfts wird zudem durch die modernen Steuersysteme befördert, in denen die »Steuervermeidung« mit vielfältigen Abschreibungsmöglichkeiten fest eingebaut ist. Auf dieser Basis hat sich ein ganzer Zweig von Unternehmen ausgebreitet, die ständig mit anderer Leute Geld Bauten errichten, für die kein Bedarf besteht, um Steuergeschenke zu realisieren. Die Bürohalden, mit denen sich viele europäische Großstädte schmücken, bleiben den Stadtbewohnern als herausragender Verwendungsnachweis öffentlicher Mittel.

Im Städtesystem der Bundesrepublik Deutschland läßt sich der Bedeutungszuwachs finanzökonomischer Verwertungsstrategien *aktuell* besonders in der ostdeutschen Stadtentwicklung nachzeichnen: Vor allem in Städten wie Berlin, Leipzig und Dresden ist die Stadtentwicklung durch einen von steuerlichen Vergünstigungen angeheizten Immobilien-Boom bestimmt.[18] Resultat ist der Umbau von Städten zu Spiel-Baukästen der professionellen Steuersparer (sog. Investoren), sowie im Bereich innenstadtnaher Grundstücke mit industriell-gewerblicher Nutzung die Produktionsverlagerung zwecks Höherverwertung der Immobilien.

Bei der Restrukturierung europäischer *Produktions*-Räume sind heute wie gesagt zwei konkurrierende Tendenzen wirksam – auf der einen Seite steht die relativ weiträumige Streuung von Produktionsstandorten im Kontext der Globalisierung von Produktionsnetzen, auf der anderen Seite die relativ kleinräumige regionale Integration von Produktionsaktivitäten im Kontext der Regionalisierung im Sinne einer Formierung von regionalen Unternehmens-Clustern und -Netzwerken. Der Wandel von Produktionsstrukturen im Kontext einer wachsenden internationalen Konkurrenz betrifft die Teilökonomien europäischer Städte in unterschiedlicher Weise: hier gibt es sowohl Globalisierungs-Gewinner als auch -Verlierer: Globalisierungs-Gewinner sind exportstarke wissens- und technologie- *oder* design-intensive Teilökonomien bzw. Produktions-Cluster mit »innovativen« Organisationsformen, hochentwickelten industriellen Kompetenzen und qualitativ guten industriellen Arbeitsbeziehungen. Globalisierungs-Gewinner sind daneben städtische Agglomerationsräume mit wachstumsträchtigen Marktpotentialen und guten institutionellen Ressourcen, die auf Basis von Strategien der Markterschließung seitens ausländischer Unternehmen Neuansiedlungen auf sich ziehen. Die Teilökonomien europäischer Städte können aber auch Globalisierungs-Verlierer umfassen – dies betrifft vor allem Sektoren der standardisierten Massenproduktion, die infolge Produktionsverlagerungen Betriebe und/ oder Arbeitsplätze verlieren; zu den Globalisierungs-Verlierern gehören darüber hinaus städtische Teilökonomien, die infolge einer verschlechterten Weltmarktkonkurrenz-Position in lokal bedeutenden Wirtschaftsbranchen von Betriebsschließungen/ Arbeitsplatzverlusten betroffen sind. Eine verschlechterte Konkurrenz-Position ist aber *nicht* einfach an der Art der Branche (z. B. »High-Tech«/»Low Tech«) festzumachen, sondern kann mit einer mangelnden Innovationsfähigkeit hinsichtlich der Produktionskonzepte oder mangelhaften institutionellen Ressourcen der betreffenden städtischen Teilökonomie zusammenhängen. Die internationale Wettbewerbsfähigkeit des Produktionssektors einer Stadt hängt nicht von ihren industriellen Branchenschwerpunkten, sondern davon ab, wieweit sich in ihren Teilökonomien »innovative« Produktionsstrukturen durchsetzen.

---

18 Vgl. Hartmut Häußermann/Rainer Neef (Hrsg.): Stadtentwicklung in Ostdeutschland, Soziale und räumliche Tendenzen, Opladen 1996.

Traditionelle Ansätze der vergleichenden Stadtforschung stellen hinsichtlich der Wettbewerbsfähigkeit europäischer Städte sog. harte und weiche Standortfaktoren, d. h. die Bedeutung regionaler Ausstattungs-Merkmale wie Branchenstruktur der ansässigen Betriebe, Anzahl an Unternehmenszentralen, Angebot unternehmensorientierter Dienstleistungen, Existenz hochrangiger Forschungseinrichtungen, Qualität der Verkehrsanbindungen, Wohn- und Freizeitqualitäten u. ä. in den Mittelpunkt. In solchen Analysen gelten dann z. B. hochrangige Forschungseinrichtungen und Hochtechnologie-Aktivitäten als Ausstattungsmerkmale wettbewerbsfähiger Städte.[19] Allerdings können in jenen Städten, die sich bereits wegen ihrer Ausstattung mit Forschungseinrichtungen als »Technologiemetropolen« betrachten, möglichen Stärken in der Forschung und Entwicklung gravierende Schwächen auf der Anwendungsseite gegenüberstehen – das Fehlen von Unternehmen in der Stadtregion, welche die Forschungs- und Entwicklungsergebnisse verwenden. Der *Transfer* zwischen Forschungseinrichtungen und städtischer Wirtschaft ist von Bedeutung, und dafür ist das Vorhandensein eines »Innovations-Netzwerkes« im Sinne funktionsfähiger Kommunikations- und Kooperationsstrukturen in der Stadtregion erforderlich.

Die ERECO-Studien[20] zur Rehierarchisierung der Stadtregionen Europas prognostizieren mögliche Positionsveränderungen innerhalb des west-europäischen Städtesystems auf Basis von Meßgrößen, die neben Infrastrukturausstattungen im Verkehrs- sowie Forschungsbereich auch »strategische« Unternehmensaktivitäten (Headquarter-Funktionen und das Potential marktorientierter Dienstleistungen) und Aktivitäten zur Schaffung von »High-Tech«-Komplexen einbeziehen. Nach diesen Studien ist die Dynamik der Positionsverschiebungen im europäischen Städtesystem speziell bei den *mittelgroßen* Städten besonders ausgeprägt; zu den »Verlierern« gehören viele britische Städte, während sich die »Gewinner«-Städte häufig außerhalb des mit der sog. »Banane« umschriebenen zentralen Entwicklungskorridors der EU befinden. Unter den *Großstadtregionen* Westeuropas werden vor allem britische Großstädte wie Manchester und Birmingham sowie südeuropäische Städte wie Turin und Marseille den »Verlierern« zugerechnet. Die meisten der im Korridor der »Banane« etablierten Großstadtregionen (wie Amsterdam, Düsseldorf, Frankfurt a. M., Stuttgart, Mailand) werden als stabile Zentren eingestuft; zu den »Gewinnern« unter den westeuropäischen Großstadtregionen gehören (mit Paris, Barcelona, Hamburg, Berlin, und Wien) viele Zentren, die außerhalb der »Banane« lokalisiert sind.

Die Problematik dieser Studien liegt darin, daß sie die Wettbewerbsfähigkeit europäischer Städte vorwiegend auf der Basis von Ausstattungsmerkmalen (Standortfaktoren-Konzept) bestimmen, und nicht die jeweiligen internen *Entwicklungsfaktoren* – insbesondere das institutionelle Gefüge und die Produktionsstrukturen der Stadtregionen – einbeziehen. Der Besatz mit Forschungseinrichtungen, Produktionsdiensten und High-Tech-Aktivitäten ist ein höchst zweifelhafter Hilfsindikator, wenn die Qualität des Produktions- und Regulationssystems einer Stadtregion zur Debatte steht. So sind Prognosen auf der Basis von Standortfaktoren-Katalogen von zweifelhaftem Wert, da sie z. B. die Wachstums- und Entwicklungspotentiale europäischer Städte mit *innovativen* Produktionsstrukturen (darunter solche mit flexibel vernetzten Produktionen in design-intensiven »Low Tech«-Industrien und vielfältigen unterstützenden Einrichtungen der Regionalwirtschaft) systematisch unterschätzen, und die Chancen

---

19 Vgl. Ifo (Hrsg.), Wettbewerbsfähigkeit ausgewählter EG-Regionen, in: Ifo-Schnelldienst, (1990) 9; ERECO, European Regional Prospects, Cambridge 1993; Ifo/ERECO (Hrsg.), European Regional Prospects '96, München 1996.

20 Vgl. ERECO 1993 (Anm. 19) und Ifo/ERECO 1996 (Anm. 19).

von »Ausführungs-Städten« mit standardisierten Fertigungsaktivitäten im Hochtechnologiesektor tendenziell überschätzen. Auch die Gefährdung der Rangposition von metropolitanen Wirtschaftszentren, die trotz guter Ausstattung mit Infrastrukturen keine »innovativen« Produktionsstrukturen entwickeln oder keine »Kohärenz« von städtischem Dienstleistungs- und Industriesektor erreichen, gerät in den traditionellen Ansätzen vergleichender Stadtforschung nicht in den Blick.

5. Das internationale Städtesystem nach der »Öffnung des Ostens«

Die Tendenzen des wirtschaftlichen Strukturwandels in den Städten und Regionen Europas legen die These nahe, daß im erweiterten gesamt-europäischen Raumgefüge mit einer zunehmenden *Ausdifferenzierung* städtischer Entwicklungstypen nach ihren Produktions- und Regulationssystemen zu rechnen ist. Mit einem »dualen« Zentrum-Peripherie-Schema kann die Struktur des europäischen Städtesystems nicht mehr zureichend erfaßt werden. Das Städtesystem im neuen Europa wird z. B. prosperierende metropolitane Regionen mit innovativen Produktionsstrukturen, aber auch solche mit eher traditionellen Produktionssystemen umfassen; es wird »Aufsteiger« außerhalb der überkommenen Industriezentren geben, die sich auf wettbewerbsfähige innovative Produktions- und Regulationssysteme gründen; es wird alte und neue Wachstums-Peripherien unter Kontrolle der metropolitanen Regionen geben, die sich als »Ausführungs-Städte« (bzw. verlängerte Werkbänke) der führenden Wirtschaftszentren darstellen, und schließlich wird es im neuen Europa marginalisierte Stadtregionen geben, die vom europäischen Wirtschaftszusammenhang abgekoppelt sind. Unter den »Absteigern« werden sich eine Reihe von niedergehenden alten Industriezentren befinden, die einer massiven Deindustrialisierung ausgesetzt sind. Zahlreiche regionalwissenschaftliche Befunde deuten auf eine polarisierte Entwicklung von Städten und Regionen im neuen Europa hin[21], und es ist zu erwarten, daß sich dieses Entwicklungsmuster im Zuge der Integration ostmitteleuropäischer und osteuropäischer Länder noch stärker akzentuieren wird. In diesem Kontext ist die Frage nach der *Art und Weise der Integration* ostmitteleuropäischer Städte in das neue gesamteuropäische Städtesystem von großem Interesse: welchen dieser Städte kann eine Eingliederung in das Netz der wettbewerbsfähigen metropolitanen Regionen Europas gelingen, in welchen Städten können lokale Produktionsnetze revitalisiert und »innovative« Industriestrukturen etabliert werden, in welchen Städten wird sich eher eine Spezialisierung auf geringqualifizierte Produktionsfunktionen durchsetzen (»Ausführungsstädte«), und welchen Städten droht eine Marginalisierung im erweiterten europäischen Wirtschaftsraum?

Ein Indikator für die Integration der Stadtregionen Ostmitteleuropas in den gesamteuropäischen Wirtschaftsraum sind die ausländischen Direktinvestitionen – sie zeigen vor allem neue Kapitalverflechtungen zwischen west- und ostmitteleuropäischen Gebieten und die Einbindung ostmitteleuropäischer Stadtregionen in europa-

---

21 Vgl. Michael Dunford/Grigoris Kafkalas (Hrsg.), Cities and Regions in the New Europe, London 1992; Panos Getimis/Grigoris Kafkalas (Hrsg.), Urban and Regional Development in the new Europe, Athen 1993; Heinz Arnold, Disparitäten in Europa: Die Regionalpolitik der Europäischen Union, Basel/Boston/Berlin 1995; Michael Dunford 1994 (Anm. 17).

weite (bzw. globale) Produktionsnetze an. Die von 1990 bis 1995 verzeichneten Direkt-investitionen in Höhe von ca. 24,8 Mrd. US $, die auf die vier Visegrad-Staaten ent-fielen, verteilten sich zu 45 % auf Ungarn, 29 % auf Polen, 23 % auf die Tschechi-sche Republik und 3 % auf die Slowakei.[22] Die *regionale* Verteilung der ausländischen Direktinvestitionen korrespondiert mit der siedlungsstrukturellen Charakteristik und Wirtschaftsstruktur der Regionen Ostmitteleuropas: es sind die metropolitanen Zen-tren (insbesondere die Hauptstädte) und großen städtischen Agglomerationsgebiete, die eine stark überdurchschnittliche Konzentration von Direktinvestitionen auf-weisen.[23] Allein in den Regionen Budapest und Prag sind jeweils mehr als 50 % aller in Ungarn bzw. der Tschechischen Republik entstandenen Joint Ventures lokalisiert, in der Region Warschau sind es mehr als 35 %, wobei sich aufgrund der polyzentrischen Struktur des polnischen Städtesystems die in Polen geschaffenen Joint Ventures auf *eine Reihe* bedeutender Agglomerationen konzentrieren. Die Standorte von Firmen mit ausländischer Kapitalbeteiligung konzentrieren sich auf mehrere Großstadt-regionen Polens, die auch die »Headquarter-Cities« der polnischen Wirtschaft reprä-sentieren – insbesondere Warschau, Gdansk, Poznan, Katowice, Wroclaw und Scze-cin.[24] Nach einer Umfrage der Deutsch-Polnischen Wirtschaftsförderungsgesellschaft im Jahre 1996 unter deutschen Unternehmen, die in Polen über Kapitalbeteiligungen oder Tochtergesellschaften investiert haben, stellten 44 % den polnischen *Absatz-markt* als Grund für ihr Engagement im Nachbarland heraus und weitere 15 % die EU-Assoziierung, jedoch nur 21 % die Lohnkosten – wobei viele jener Firmen, die bislang in Polen zu Niedriglöhnen nur für den deutschen Markt produzieren lassen, angaben, daß sie ihre Produkte künftig auch auf dem polnischen Markt anbieten wollen.

Die Stadtregionen Ostmitteleuropas verfügen über unterschiedliche »Kapazitä-ten« zur Bewältigung der mit der Systemtransformation verbundenen regionalwirt-schaftlichen Restrukturierung. Vor allem Stadtregionen mit einer diversifizierten industriellen Struktur und einer hochentwickelten Infrastruktur haben die besseren Chancen hinsichtlich der Neugründung von Unternehmen und der Anziehung von ausländischen Investitionen. Gorzelak[25] entwickelte eine Typologie der Regionen Ostmitteleuropas nach ihrem »Potential zur Transformation«. Auf dem einen Extrem liegen *die führenden Zentren* der Transformation (im Falle Polens die Agglomera-tionsgebiete Warschau, Poznan, Wroclaw, Krakow, Gdansk), die sich durch eine di-versifizierte regionalökonomische Struktur, ein hohes Entwicklungsniveau und eine gute Lagequalität auszeichnen. Auf dem anderen Extrem der Typologie stehen *Pro-blemregionen* mit großen Anpassungsschwierigkeiten im Transformationsprozeß: dazu gehören eine Reihe von Industriezentren, die zwar über ein hohes wirtschaftliches Entwicklungsniveau verfügen, aber hinsichtlich ihres mono-strukturierten Industrie-

---

22 Vgl. Elmar Altvater/Birgit Mahnkopf 1996 (Anm. 4).
23 Vgl. Grzegorz Gorzelak, The Regional Dimension of Transformation in Central Europe, London 1996.
24 Vgl. Grzegorz Gorzelak 1996 (Anm. 23); John Bachtler/Ruth Downes, Regional socio-eco-nomic development in Poland, Hungary, the Czech Republic and Slovakia. University of Strathclyde, European Policies Research Centre, Glasgow 1993; Andrzej Szromnik, Aus-ländische Investitionen in Polen, Stand und Bedingungen für deutsche Investitionen im ost-europäischen Vergleich, Gleiwitz 1995; Antoni Kuklinski/Agnieszka Mync/Roman Szul, The Regional Impact of the Transformation Processes in Poland after 1989 against the back-ground of the General Trends, in: Annette Becker (Hrsg.), Regionale Strukturen im Wandel, Opladen 1997.
25 Vgl. Grzegorz Gorzelak 1996 (Anm. 23).

sektors im Transformationsprozeß mit großen Schwierigkeiten konfrontiert sind (Beispiele in Polen sind Katowice und Lodz). Im Prozeß der regionalökonomischen Restrukturierung zeigt sich in den Ländern Ostmitteleuropas insgesamt ein deutlicher Vorsprung der großen städtischen Ballungsgebiete: bei der Neuformierung privatwirtschaftlicher Unternehmen nehmen die Hauptstädte der jeweiligen Länder eine führende Rolle ein – die metropolitanen Zentren weisen stark überdurchschnittliche Konzentrationen von privatisierten und neuen Unternehmen auf. In diesen Ballungszentren hat sich der Privatsektor im Bereich Handel und unternehmensbezogene Dienstleistungen ebenso wie im Bereich industrieller Produktion am schnellsten entwickelt, wobei die wirtschaftliche Restrukturierung auch eine erhöhte Konzentration industrieller Produktionsaktivitäten in den führenden Stadtregionen mit sich brachte. Im Prozeß der gesellschaftlichen Systemtransformation und der Einbindung in globale (bzw. gesamt-europäische) Wirtschaftsnetze werden in den Zentren des ostmitteleuropäischen Städtesystems auch die *internen* Nutzungsgefüge den Strukturen einer »Stadt im Kapitalismus« angepaßt – dazu gehört das Übergreifen des internationalen Immobiliengeschäfts auf die Innenstädte, die Entfaltung eines Bürobau-Booms in den Zentren, und in Verbindung mit der Privatisierung und marktförmigen Regulation der Wohnungsversorgung ein in den Großstädten Ostmitteleuropas bisher nicht gekanntes Ausmaß sozialräumlicher Segregation[26] (Polarisierung zwischen Transformations-»Gewinnern« und »-Verlierern«).

6. Neugruppierung der Zentren und Peripherien des Städtesystems

Das internationale Städtesystem des europäischen Wirtschaftsraumes wird künftig von einzelnen »Global Cities« wie London und Paris, und einer Reihe damit eng verbundener »europäischer metropolitaner Stadtregionen« (wie Brüssel, Mailand, Zürich, Frankfurt a. M., München, Hamburg, Barcelona, Wien u. a.) dominiert. Einzelne Stadtregionen Ostmitteleuropas können diese Position einnehmen, soweit sie in der »globalen Marktökonomie« zum Standort von Komplexen strategischer Unternehmensaktivitäten für die Einbindung der Märkte Ostmitteleuropas und Osteuropas ausgebaut werden (z. B. Prag, Warschau, Budapest). Im Stadt- und Regionalsystem des erweiterten gesamt-europäischen Wirtschaftsraumes findet darüber hinaus eine *Neugruppierung* von »Zentren« und »Peripherien« statt: Zu den Zentren mit hohem Entwicklungspotential gehören nicht nur die bereits etablierten »führenden« metropolitanen Regionen Europas, sondern in neuerer Zeit auch die »Aufsteiger«-Städte (darunter viele mittelgroße Städte), in denen sich innovative Produktions- und Regulationssysteme formieren – sie zusammen bilden die Entwicklungs-Zentren im europäischen Raumgefüge.

In einer instabilen »Übergangs«-Position befinden sich heute jene Städte, die zuvor primär im Regionalsystem eines bestimmten nationalen Wirtschaftsraumes be-

---

26 Vgl. Elisabeth Lichtenberger, Die Zukunft der europäischen Stadt in West und Ost, in: Dieter Barsch/Heinz Karrasch (Hrsg.), 49. Deutscher Geographentag Bochum 1993, Bd. 4, Stuttgart 1995; Heinz Fassmann/Elisabeth Lichtenberger (Hrsg.), Märkte in Bewegung. Wien 1995; Heinz Fassmann (Hrsg.), Immobilien-, Wohnungs- und Kapitalmärkte in Ostmitteleuropa, Beiträge zur regionalen Transformationsforschung, Wien 1995.

deutende Standortzentren darstellten. Im Rahmen des erweiterten gesamt-europäischen Wirtschaftsraumes wird es zu einer verstärkten Konkurrenz zwischen diesen bislang eher regional bedeutsamen Städten kommen, die jetzt darum kämpfen, in das *europäische* Netz metropolitaner Zentren integriert zu werden, und nicht etwa auf den Rang einer wirtschaftlich abhängigen Stadtregion mit spezialisierten Produktionsfunktionen abzusinken. Unter den Stadtregionen der Länder Ostmitteleuropas können vor allem jene ihre Konkurrenzposition verbessern und evtl. Anschluß an das Netz der europäischen metropolitanen Zentren finden, die strategische Unternehmensaktivitäten an sich ziehen und sich mit innovativen Produktionsstrukturen in das Netz europäischer Industriestandorte einbinden.

Auf den unteren Etagen der ökonomisch-funktionalen Städtehierarchie liegen erstens die vom Netz der europäischen metropolitanen Zentren abhängigen, auf gering qualifizierte Produktionsfunktionen spezialisierten Städte, und zweitens die vom europäischen Produktionszusammenhang abgekoppelten (marginalisierten) Städte. Diese beiden Kategorien werden die ökonomisch-funktionale »Peripherie« des europäischen Städtesystems bilden, die sich *geographisch* bisher vor allem in einzelnen Regionen Nordwesteuropas und im südeuropäischen Raum lokalisieren ließ. Durch die Einbeziehung der ostmitteleuropäischen Länder in den erweiterten gesamteuropäischen Wirtschaftsraum wird sich diese »Peripherie« des europäischen Städtesystems nach Osten hin ausweiten: im erweiterten europäischen Wirtschaftsraum intensiviert sich die Konkurrenz unter den ökonomisch schwachen Stadt-Regionen, die meist auf die Anpassungsstrategie der Profilierung als Anbieter von Niedriglohn-Standorten setzen. Um die Ansiedlung oder Übernahme von industriellen Produktionsstätten von seiten investitionsstarker West-Firmen konkurrieren heute z. B. Städte in Portugal und Spanien mit Städten in Polen und der Tschechischen Republik. Die funktionale Fragmentierung von Unternehmensaktivitäten und standörtliche Verlagerung von standardisierten Fertigungsfunktionen in periphere Regionen stellt ein klassisches Muster der Globalisierung von Produktionsnetzen dar, welches nun auch auf Stadtregionen Ostmitteleuropas ausgedehnt wird. Dies wird teilweise zu Lasten von Produktionsstandorten im nordwest- und südeuropäischen Raum gehen: Für den Produktionsstandort von Opel in Eisenach z. B. sollen in Zukunft wichtige Zulieferbetriebe vor allem in der Tschechischen Republik aufgebaut oder »rekrutiert« werden, da die Zulieferungen von spanischen Teileproduzenten während der großen französischen Streiks im Dezember 1995 nicht mehr durchkamen. Weiter oben wurde allerdings herausgearbeitet, daß die Verlagerung von Produktionsaktivitäten an neue »Niedriglohn«-Standorte keineswegs die bestimmende Tendenz bei der ökonomischen Restrukturierung des gesamt-europäischen Städtesystems darstellt. Vielmehr werden eine ganze Reihe von Stadtregionen Ostmitteleuropas heute auf der Basis von Strategien der Markterschließung in europaweite Produktionsnetze eingebunden, wobei sie zum Teil auch in Richtung auf »innovative« Produktionssysteme umgestaltet und aufgewertet werden.

7. Fazit

In der Debatte um die Zukunft des internationalen Städtesystems werden häufig zwei diametral entgegengesetzte Positionen eingenommen: Die eine Position sieht die Stadtregionen zunehmend von Globalisierungsprozessen bestimmt – hiernach ist die ökonomische Entwicklung einer Stadtregion primär von ihrer Position innerhalb der globalen räumlichen Arbeitsteilung determiniert und dabei von Aktivitäten der Global Players abhängig. Die andere Position stellt Tendenzen der Regionalisierung in den Vordergrund und betont die Spezifik des Regionalen und Lokalen, vor allem die besonderen wirtschaftlichen und institutionellen Ressourcen einer Stadtregion – nach diesem Ansatz ist die Entwicklung einer Stadtregion primär von ihren internen sozioökonomischen Ressourcen determiniert. Keine dieser Positionen ist in jeweils vereinseitigter Fassung haltbar. Während auf der einen Seite die Globalisierung von Kapitalverflechtungen einige Metropolen Europas relativ abgehoben von ihren Produktionskapazitäten prosperieren läßt, und die Globalisierung von Produktionsnetzen nach wie vor weiträumig verstreute »Ausführungs-Städte« unter Kontrolle einiger führender Wirtschaftszentren schafft, sind wir auf der anderen Seite mit einer teilweisen Regionalisierung der Produktion konfrontiert, die bei der Entwicklung wettbewerbsfähiger städtischer (Teil-)Ökonomien ausschlaggebend sein kann. Stadtregionen mit innovativen lokalen Produktions- und Regulationssystemen können eine hohe Produktivität entwickeln und auf dieser Basis wettbewerbsfähige lokale *Knotenpunkte* in einem globalen Marktzusammenhang[27] bilden. So ist die Entwicklung des internationalen Städtesystems durch ein *Zusammenspiel* von Tendenzen der Globalisierung und Regionalisierung geprägt: »Glokalisierung«.[28]

27 Ash Amin/Nigel Thrift, Neo-Marshallian Nodes in Global Networks, in: Werner Krumbein, (Hrsg.): Ökonomische und politische Netzwerke in der Region: Beiträge aus der internationalen Debatte, Münster 1994.
28 Erik Swyngedouw, The Mammon quest. »Glocalisation«, interspatial competition and the monetary order: the construction of new scales, in: Michael Dunford/Grigoris Kafkalas (Hrsg.), Cities and Regions in the New Europe, London 1992.

Kapitel 5:
Kommunale
Handlungsressourcen

DIETER GRUNOW

Leistungsverwaltung: Bürgernähe und Effizienz

1. Einleitung: Die Kommune als Träger von Verwaltungsleistungen

Im Rahmen des kooperativen Föderalismus der Bundesrepublik Deutschland werden den einzelnen Gebietskörperschaften (Bund, Ländern, Kreisen/Gemeinden) spezifische Funktionen zugeordnet. Die lokale Ebene (seien es Kreise, kreisangehörige Gemeinden oder kreisfreie Städte) wird dabei primär als Durchführungsebene für öffentliche Aufgaben angesehen. Während diese Funktionszuschreibung weitgehend unbestritten ist, bleibt die praktisch-politische ebenso wie die wissenschaftliche Diskussion um die verfassungsrechtliche Autonomie, die politischen Steuerungsmöglichkeiten und die exekutiven Gestaltungsspielräume der örtlichen Ebene kontrovers und unabgeschlossen.[1]

Gleichwohl läßt sich folgendes feststellen: Ob politisch gewollt oder nicht, ob (verfassungs)rechtlich gesichert oder nicht, im Zuge funktionaler Differenzierung moderner Gesellschaften, durch den Ausbau des Wohlfahrtsstaates mit seinen Aufgaben der Daseinsvorsorge für die Bevölkerung sowie im Kontext des kooperativen Föderalismus der Bundesrepublik Deutschland gewinnt die örtliche Ebene als Träger von gebündelten Verwaltungsleistungen eine erhebliche Verantwortung für den Output des politisch-administrativen Systems. Dies beinhaltet nicht nur eine sachgerechte Aufgabenerledigung sondern auch einen Beitrag zur Legitimation öffentlicher Institutionen und Entscheidungsverfahren. Es ist deshalb beachtenswert, daß die kommunalen Leistungsstrukturen (Ämter, Einrichtungen) von der Bevölkerung durchweg besser bewertet werden als die Parlamente, die Landes- oder Bundesinstitutionen und vor allem als die politischen Parteien.[2] Einen zusätzlichen Schub erhält die Bedeutung der kommunalen Ebene durch die Entwicklung in den neuen Bundesländern einerseits und durch die Doppelgleisigkeit von Globalisierung und Regionalisierung – u. a. im europäischen Kontext – andererseits.[3]

---

1 Vgl. Udo Bullmann, Zur »Identität« der lokalen Ebene, in: PVS-Sonderheft, (1992) 22, S. 72–92; Georg Ch. v. Unruh, Die kommunale Selbstverwaltung, Recht und Realität, in: Aus Politik u. Zeitgeschichte, B 31/89, S. 3–13. Dies schließt auch die neuere Diskussion um die Gemeindeverfassungen ein: Rüdiger Voigt, Kommunalpolitik zwischen exekutiver Führerschaft und legislatorischer Programmsteuerung, in: Aus Politik u. Zeitgeschichte, B 22/92, S. 2–12.

2 Vgl. Emnid-Informationen (lfd.Erhebungen); knapp zusammengefaßt bei Dieter Grunow, Verwaltung im Alltag: Über das schwierige Verhältnis von Bürger und Bürokratie, in: Politische Bildung, (1988) 2, Stuttgart.

3 Bei ersterem geht es um die Tatsache, daß in den neuen Bundesländern die Kommunen zusätzliche (i. d. R. einigungsbedingte) Leistungen erbringen (z. B. bei der Bekämpfung der

2. Kommunale Verwaltungsleistungen: Anforderungen und Maßstäbe

Die Arbeitsteilung im politisch-administrativen System der Bundesrepublik hat der örtlichen Ebene eine Vielzahl von Leistungsaufgaben zugeschrieben. Bei der Formulierung neuer Gesetze oder von Gesetzesnovellierungen auf Bundes- oder Landesebene wird die Verarbeitungskapazität und -geschwindigkeit der lokalen Verwaltung jedoch oft nicht hinreichend berücksichtigt. Dies führt sowohl zu einer allgemeinen Überlastung als auch zu einer überproportionalen Zunahme von »fremddefinierten« pflichtigen gegenüber den freiwilligen Selbstverwaltungsangelegenheiten[4] – falls trotz Finanzkrise überhaupt noch Mittel für freiwillige Leistungen verfügbar sind. Diese »Fremdsteuerung« wird v. a. dann verstärkt, wenn den so formulierten Aufgaben detaillierte Finanzzuweisungen (mit Zweckbindung) folgen. Gleichwohl bleiben die vorgegebenen Aufgaben und Regelungen zunächst nichts anderes als bedrucktes Papier. Zur praktischen Ausfüllung und Durchführung bedarf es vielfältiger zusätzlicher Gestaltungsentscheidungen der örtlichen Politik und Verwaltung; die Grundlage dafür bildet die Organisations-, Personal- und Finanzhoheit der Kommunen.

Dies soll im folgenden primär mit Blick auf die örtliche Leistungsverwaltung näher beschrieben werden. Als zur Leistungsverwaltung gehörig lassen sich all jene Aufgaben zählen, die die Ansprüche und Rechte von BürgerInnen erweitern (Erteilung von Genehmigungen, Bewilligungen u. ä.) oder materielle Leistungen (Transferzahlungen) und immaterielle (Dienst-)Leistungen an einzelne Personen, große Bevölkerungsgruppen oder gesellschaftliche Einrichtungen übermitteln. Davon abzugrenzen sind jene Verwaltungshandlungen und -entscheidungen, die Einschränkungen der Handlungsmöglichkeiten von BürgerInnen sowie belastende Eingriffe in ihren Lebenszusammenhang beinhalten (Eingriffsverwaltung).[5] Mit dem qualitativen und quantitativen Anwachsen von Verwaltungsleistungen nimmt auch die Wahrscheinlichkeit von »einschränkenden« oder »belastenden« Leistungsrückstufungen zu. Andererseits finden sich auch bei der Eingriffsverwaltung (Ordnungsverwaltung, Polizei, Umweltschutz) Dienstleistungsfunktionen (z. B. Beratung), so daß auch hier eine Kombination beider Formen des Verwaltungshandelns[6] möglich ist.

Die Kombination von Leistungsaufgaben und anderen Aufgaben ergibt sich nicht zuletzt durch die jeweiligen Rechtsgrundlagen, die dem örtlichen Verwaltungshandeln zugrunde liegen. Sie sind nach sachlich und fachlich zusammengehörigen Aufgaben

---

Arbeitslosigkeit und der Verwaltung »übernommener« Infrastruktur). Zum Stichwort »Globalisierung« vgl. auch den Beitrag von Stefan Krätke in diesem Band. Bei letzterem geht es um die Idee der Subsidiarität und des »Europa der Regionen« (vgl. hierzu auch den Beitrag von Dietrich Thränhardt zur Europäischen Union in diesem Band). Vgl. allgemein: Rüdiger Voigt, Des Staates neue Kleider. Entwicklungslinien moderner Staatlichkeit, Baden-Baden 1996.

4 Werner Blümel/Herrmann Hill (Hrsg.), Die Zukunft der kommunalen Selbstverwaltung, Berlin 1991.

5 Die Einschränkungen bisheriger Leistungen und die Rückforderung schon gewährter Leistungen sowie die Versäumniszuschläge für überzogene Nutzungszeiten usw. belegen allerdings, daß auch Elemente der Eingriffsverwaltung Bestandteil der Leistungsverwaltung sein können bzw. Eingriffselemente als Kehrseite von Leistungsentscheidungen angesehen werden können.

6 Problematisch ist die Kombination vor allem bei Dienstleistungsaufgaben (z. B. Hilfegewährung und Kontrolle durch Sozialarbeiter; psychiatrische Beratung und Zwangseinweisung durch dasselbe Personal des Gesundheitsamts u. ä.).

bzw. nach Fachgebieten geordnet, in denen sich die Unterscheidung zwischen Leistungsgesetzen und Eingriffsgesetzen – und den dazugehörigen Durchführungsstrukturen der öffentlichen Verwaltung – nicht immer durchgehend widerspiegeln.[7]

Bei diesen Gliederungsvorschlägen handelt es sich allerdings nur um einen Orientierungsrahmen, der nicht unbedingt in der Realität kommunaler Verwaltungsstrukturen wiederzufinden ist: Sowohl im Hinblick auf unterschiedliche Größenklassen der Gemeinden als auch im Hinblick auf regionale und lokale Besonderheiten, politische Interessenkonfigurationen usw. werden die Aufgaben in unterschiedlicher Weise strukturiert und gebündelt. Dies gilt in den letzten fünf Jahren vor allem für die Kommunen, die mit einer Modernisierung der Verwaltung begonnen haben. Zu beachten ist darüber hinaus, daß wesentliche Teile sowohl der Leistungsverwaltung als auch der Eingriffsverwaltung nicht zum Aufgabenkreis der kommunalen Selbstverwaltung gehören.[8] Schließlich ist zu berücksichtigen, daß viele Leistungsaufgaben von der Kommune auf Dritte (Wohlfahrtsverbände, Genossenschaften, privatwirtschaftliche Organisationen) zur Durchführung übertragen werden. Insofern ergeben sich bereits bei einer solch groben Gesamtbetrachtung vier typische Grenz- und Reibungsflächen bei der örtlichen Leistungserbringung für Bürgerinnen und Bürger:

– die Grenzen und Übergänge zwischen Leistungselementen und Eingriffselementen (z. T. auch Planungselementen) im Hinblick auf je spezifische Aufgabenfelder und Adressatengruppen;

– die Abgrenzung und Verknüpfung zwischen verschiedenen Fachgebieten (Fachverwaltungen) im Spektrum der (Dienst-)Leistungsangebote;

– die Abgrenzung und Kooperationserfordernisse im Hinblick auf beauftragte Träger von Infrastruktur und Dienstleistungen;

– die Grenzziehungen und Kooperationserfordernisse zwischen kommunaler Leistungsverwaltung und anderen (insbesondere staatlichen) Behörden auf örtlicher Ebene.

Daran wird deutlich, daß die Qualität der Verwaltungsleistung nicht allein in der praktischen Verwirklichung einzelner Gesetze, einzelner Verwaltungsvorschriften, in einzelnen Behörden und Dienststellen mit einzelnen Aufgaben und Klientengruppen besteht. Es geht um die Frage, inwieweit es der Leistungsverwaltung gelingt, Lebensbedingungen und Entwicklungsmöglichkeiten der Bevölkerung insgesamt gemäß den politischen Zielvorstellungen und den Interessen der Bürgerschaft sowie unter Beachtung der rechtlichen Rahmenbedingungen und administrativen Durchführungsinstrumente zu fördern.

---

7 Legt man die von der KGSt vorgeschlagene Grobgruppierung öffentlicher Aufgaben auf der örtlichen Ebene zugrunde, so lassen sich die Aufgabenhauptgruppen »Schul- und Kulturverwaltung« sowie »Sozial-, Jugend- und Gesundheitsverwaltung«, »Verwaltung für öffentliche Einrichtungen« sowie »Verwaltung für Wirtschaft und Verkehr« am deutlichsten dem Bereich der Leistungsverwaltung zuordnen. Die Aufgabenhauptgruppen »Rechts-, Sicherheits- und Ordnungsverwaltung« sowie »Bauverwaltung« weisen unterschiedliche Aufgabentypen im Sinne von Leistung und Eingriffskomponenten auf; die Aufgabenhauptgruppen »Allgemeine Verwaltung« und »Finanzverwaltung« sind ebenfalls durch Mischformen gekennzeichnet, wobei hier allerdings auch noch wichtige interne Querschnittfunktionen für die Verwaltung selbst berücksichtigt werden (u. a. bei Personaleinsatz und Organisationsgestaltung). Vgl. KGST (Hrsg.), Verwaltungsorganisation der Gemeinden, Köln 1979.

8 Dies betrifft u. a. die Polizei, die Zollverwaltung, die Finanzverwaltung, die Arbeitsverwaltung sowie Post und Fernmeldedienste. Die Durchführung der ihnen durch Gesetze übertragenen Aufgaben erfolgt hier in Bundesunterbehörden, in Landesunter- oder Mittelbehörden oder in der mittelbaren Verwaltung bzw. in privatisierten Strukturen.

a. Verwaltungsleistungen: Inhalte und Formen

Die Analyse der kommunalen Leistungsverwaltung muß die Verwaltungsoutputs bzw. die Verwaltungsprodukte erfassen. Im juristisch-orientierten Sprachgebrauch[9] geht es dabei nicht um »generelle Verwaltungsentscheidungen« sondern um »schlichte« Handlungen der Verwaltung, die Entscheidungen tatsächlich »umsetzen«. Im folgenden wird auf *Dienst*leistungen, auf die Bereitstellung von Infrastruktur und auf Transferzahlungen eingegangen.

Einen besonderen Kristallisationspunkt für die Erfordernisse der kommunalen Leistungsverwaltung stellen die Dienstleistungen dar. Ihre Herstellung und Wirksamkeit weisen in besonderem Maße Akzeptanz- und Mitwirkungsvoraussetzungen auf Seiten der Adressaten, der örtlichen Bevölkerung auf.[10] Besonders hervorzuheben ist dabei das Prinzip der »Ko-Produktion«, d. h. die aktive Mitarbeit der NutzerInnen bei der Dienstleistungserstellung; ohne diese ist die gewünschte Qualität und Wirksamkeit nicht zu erreichen. Wie noch zu zeigen sein wird, sind hierbei also Bürgernähe und Effizienz der Leistung eng verbunden. Dazu trägt auch das vor allem für persönliche Dienstleistungen zutreffende »uno actu«-Prinzip bei: die Leistung wird im gleichen Moment konsumiert, in dem sie hergestellt wird.

In diesem Aufgabenfeld haben *örtliche* Verwaltungsinstanzen ihre besondere Domäne: während sich die Produktion und Verteilung von Sachgütern, Informationsgütern und Transferzahlungen ggf. auch in zentralisierter und konzentrierter Form (durch eine staatliche Superbehörde) organisieren ließen, stehen die Merkmale der *Dienst*leistungserbringung (keine oder geringe Konservierbarkeit, keine oder geringe Transportierbarkeit u. ä.) einer solchen Organisationsform entgegen. Dienstleistungen sind Dienste und Hilfen von Personen für Personen; sie haben immaterielle Ergebnisse, sind keine greifbaren Güter oder sonstigen Sachleistungen, wenngleich sie zur Herstellung materieller Güter beitragen können. Dienstleistungen lassen sich u. a. danach unterscheiden, wie personalintensiv sie sind und wie unmittelbar sie auf die Nutzer der Leistung einwirken. Darüber hinaus ist zu berücksichtigen, daß Dienstleistungen innerhalb von Institutionen (People Processing Organizations) oder außerhalb erbracht werden können. Öffentliche Dienstleistungen werden in Reinform (z. B. bei der Krankenpflege)[11] und als flankierende Maßnahmen neben anderen öffentli-

9 Bernd Becker, Öffentliche Verwaltung, Percha 1989, S. 112.
10 Vgl. Bernhard Badura/Peter Gross, Sozialpolitische Perspektiven, München 1976, bes. S. 365 ff.; siehe auch: Wolfgang Dunkel, Wenn Gefühle zum Arbeitsgegenstand werden, in: Soziale Welt (1988) 39, S. 66–85. Allgemein dazu: Horst Albach, Dienstleistungen in der modernen Industriegesellschaft, München 1989; Hartmut Häußermann/Walter Siebel (Hrsg.), Dienstleistungsgesellschaften, Frankfurt a. M. 1995; Jan Kooiman (Hrsg.), Modern Governance. New Government-Society Interactions, London 1993.
11 Hierzu zählen neben den schon erwähnten persönlichen Dienstleistungen von Person zu Person (Therapie, Pflege, Beratung, Training, Schulung) diejenigen Dienstleistungen, »die an mehr oder weniger großen Gruppen (Schulklassen, Straßenbahnfahrer usw.) und/oder an von der Person (als Individuum) distanzierten Problemen (Genehmigung, Bescheinigung, Telefonanschluß, Prüfung der Baustatik) ausgerichtet sind. Diese Dienstleistungen sind also auf die äußeren Lebensumstände der Personen gerichtet und/oder adressieren große Gruppen von (potentiellen) Nutzern. Diese Dienstleistungen lassen sich auch im Hinblick auf die wichtigsten Aufgabenfelder kennzeichnen: Erziehung, Bildung, Transport, Information und Kommunikation, Entsorgung, Freizeit und anderes.« (Dieter Grunow, Öffentliche Dienstleistungen, in: Klaus König/Heinrich Siedentopf (Hrsg.), Öffentliche Verwaltung in Deutschland, Baden-Baden 1997, S. 331.)

chen Leistungen (z. B. Beratung im Zusammenhang mit Geld- und Sachleistungen) bzw. als vorbereitende Tätigkeit (z. B. Aufklärung und Information) bereitgestellt. Öffentliche Dienstleistungen bedürfen häufig einer räumlich-technischen und organisatorischen Infrastruktur; ihre Bereitstellung ist ebenfalls eine wichtige Leistungskomponente der Kommunen: Schulen, Kindergärten, Pflegeheime, Frauenhäuser sind dabei direkt mit personellen Diensten verknüpft; Straßen, Parks, Freizeitanlagen, (selbstverwaltete) Jugendzentren dienen der Selbstnutzung (und ggf. -organisation). An der Infrastrukturgestaltung läßt sich die häufig sehr komplexe Arbeitsteilung der Leistungsorganisation beschreiben: die Planung, Erstellung, Finanzierung, Trägerschaft und Betrieb sowie Qualitätskontrollen bezüglich der Einrichtungen können auf verschiedene örtliche Instanzen verteilt werden, wobei häufig nur die Planungs-, Finanzierungs- und Kontrollfunktionen in der Kommunalverwaltung angesiedelt sind.

Eine solche Arbeitsteilung ist bei der Auszahlung von Transferleistungen dagegen selten. Gleichwohl gibt es ein breites Spektrum (z. B.) von steuerfinanzierten Transfers, die von verschiedenen Ämtern an die (z. T. gleichen) Klientengruppen gezahlt werden: Sozialhilfe, Wohngeld, Bafög, finanzielle Hilfen nach dem KJHG usw. Teilweise werden alternativ oder ergänzend auch Sachleistungen gewährt. Nicht selten sind diese Formen der Leistungsübermittlung mit beratenden Dienstleistungen verknüpft.

Die unterschiedlichen Herstellungsbedingungen für die erwähnten Leistungsformen sind oft schon an der Form ihrer rechtlichen Formulierung erkennbar. Dienstleistungen (und hier insbesondere persönliche Dienstleistungen von Personen für Personen) lassen sich nur in begrenztem Maße standardisieren und schematisieren. Dementsprechend offen sind die normativen (rechtlichen) Vorgaben für die Ausgestaltung dieser Leistungen. Im Extremfall sind Erfolgsbedingungen der Dienstleistungsübermittlung nicht bekannt, müssen neuentwickelt oder immer wieder neu angepaßt werden: als Extrembeispiel mag hier die vorbeugende Beratung hinsichtlich der Drogengefährdung von Jugendlichen gelten. Die zugrundegelegten Vorschriften lassen sich mit den Begriffen Konditionalprogramm und Zweckprogramm typisieren.[12]

---

12 Vgl. hierzu Niklas Luhmann, Politische Planung, in: ders., Politische Planung, Opladen 1971, S. 66–89. Konditionalprogramme sind Schematisierungen eines Leistungsgewährungsprozesses, der durch bestimmte Vorgaben (überprüfte Anspruchsberechtigungen) festgelegt ist und in seinen wesentlichen Komponenten eindeutig bestimmt ist. Dies gilt in besonderem Maße für finanzielle Sozialleistungen, die nach dem Versicherungsprinzip, d. h. aufgrund einer bestimmten Vorleistung der Versicherten (Einkommen; Dauer der Beschäftigung; Lebensalter) nach einem festen Schema errechnet werden können. Es gilt aber auch für steuerfinanzierte Transferzahlungen wie Sozialhilfe, denen eine Bedürftigkeitsprüfung und -feststellung vorausgeht. Zweckprogramme (z. B. für personenbezogene Dienstleistungen) lassen dem örtlichen Verwaltungshandeln für die Durchführung der Aufgabe bzw. für den Weg zur Zielerreichung größere Freiheiten; zudem können Ziele so allgemein oder diffus formuliert sein, daß bereits bei ihrer Interpretation (Auslegung) Spielräume entstehen. Nicht selten werden offene Zielvorgaben und Detailfestlegungen im Rahmen eines einzelnen Gesetzes (z. B. Bundessozialhilfegesetz) kombiniert, was im Zeitverlauf oder in spezifischen sozialen Situationen zu Widersprüchen führen kann: einerseits wird das Ziel eines »menschenwürdigen Lebens trotz einer sozialen Notlage« formuliert, zugleich aber eine bestimmte Kalkulationsgrundlage (Warenkorb; Regelsätze) festgelegt, die diesem Ziel entsprechen soll. Dies kann, muß aber nicht zutreffen, da die Rahmenbedingungen der Leistungsgewährung sehr unterschiedlich sein können. Zusammenfassend läßt sich deshalb feststellen, daß mit der Durchführung von Zweckprogrammen für die örtliche Leistungsverwaltung größere Herausforderungen verbunden sind, da sie selber in stärkerem Maße die

b. Reichweite und Wirkungen von Verwaltungsleistungen

Unabhängig davon, ob in den normativen Vorgaben des örtlichen Verwaltungshandelns stärker die Ziele und Wirksamkeiten (»menschenwürdiges Leben gewährleisten«) oder spezifische Mechanismen der Leistungsberechnung oder der Infrastrukturförderung festgelegt werden (konditionale Programmierung; Festlegung von
Einzelaufgaben) – die örtliche Leistungsverwaltung muß entscheiden, in welchem
Maße sie *die Reichweite der von ihr abgegebenen Leistungen* im Sinne von Wirkungen
und Wirksamkeit zur Kenntnis nehmen bzw. bestimmen will.[13] Diesbezügliche Entscheidungen sind schwierig, prekär und ambivalent: je weiter die Zielvorgabe sich vom
engeren Verwaltungshandeln (den Einzelaufgaben, der Disposition über Ressourcen
und Personal auf der Grundlage von Vorschriften und Gesetzen) entfernt, desto weniger sicher ist die Zielerreichung. Viele Ungewißheiten und Quereinflüsse bestimmen
das zu erreichende oder das verfehlte Ergebnis.[14]

Insofern liegt es nahe, daß Politik und Verwaltung die Ziele des Verwaltungshandelns und damit die Erfolgskriterien eng im Bereich kontrollierbarer Dispositionen und Entscheidungen (z. B. bei Einzelaufgaben) ansiedeln möchten: So
werden kurzerhand die Verwaltungsoutputs – verteilte Informationsbroschüren, abgegebene Informationen in Massenmedien, überwiesene Transferzahlungen an Hilfe-
empfänger, Zuschüsse zu Bauvorhaben im Infrastrukturbereich, Erwerb zusätzlicher
Fahrzeuge für die Müllabfuhr usw. – *zum abschließenden Ziel- und Erfolgsmaßstab* der
Verwaltungsleistung stilisiert. Damit wird in Kauf genommen, daß u. U. die verteilten
Informationen ihre Adressaten nicht erreichen, die verteilten Finanzzuwendungen
»versacken«, ohne die Situation der Nutznießer zu verändern usw.[15]

Ambivalent ist die »einfache Lösung« der Zielfestlegung, weil die Folgen unwirk-
samer Verwaltungsleistungen wiederum als Anforderung an Politik und Verwaltung
vor allem auf örtlicher Ebene zurückwirken.[16]

Soweit die Verwaltung mit übriggebliebenen, schwer oder gar nicht lösbaren Problemen belastet wird, ist auch ihre Chance gering(er), im Hinblick auf einzelne Aufgabenfelder der Leistungsverwaltung *erfolgreich* zu arbeiten. Insofern läßt sich z. T.

---

richtigen Wege finden und Mittel auswählen muß, um die gesetzlich vorgegebenen Aufgaben
durchzuführen bzw. die definierten Ziele zu erreichen.

13 In der Policy- und Implementationsanalyse haben sich die Amerikanismen Output – Impact –
Outcome für die Kennzeichnung der verschiedenen Effektqualitäten durchgesetzt – vgl. im
Überblick Adrienne Windhoff-Héritier, Policy Analyse, Frankfurt a. M. 1987, S. 17 ff.

14 Siehe dazu die Erfahrungen und Perspektiven der Evaluationsforschung: Gerd M. Hellstern/
Hellmut Wollmann (Hrsg.), Evaluierung und Erfolgskontrolle in Kommunalpolitik und
-verwaltung, Basel 1984; Uwe Koch/Werner W. Wittmann (Hrsg.), Evaluationsforschung,
München 1990.

15 Im schlimmsten Fall führt die Nichterreichung weitgesteckter Ziele sogar zu nachfolgenden
Mehrbelastungen – wenn z. B. die nicht entschieden begrenzte und bekämpfte Obdachlosigkeit zu Kriminalität, Vandalismus, Drogenkonsum und rechtsradikalem Aufruhr führt.
Die im Rahmen gegenwärtiger Verwaltungsmodernisierung angestrebten und z. T. schon
ausformulierten »Produktbeschreibungen« stehen vor eben diesen Schwierigkeiten und
bleiben m. E. weitgehend der traditionellen Vorgehensweise verhaftet – zumindest solange
sie die Wirkungsdimensionen nicht mit einbeziehen.

16 Dies unterscheidet in maßgeblicher Weise den öffentlichen Sektor von der Privatwirtschaft:
Die bei privatwirtschaftlichen Dienstleistungsangeboten zu kurz gekommenen oder nicht
berücksichtigten Bevölkerungsgruppen können bei den privaten Dienstleistungsanbietern
keine Interessenberücksichtigung reklamieren oder gar durchsetzen.

die Typisierung als »erfolgreich scheiternde Organisationen«[17] anwenden, die vor allem den (verbandlichen) Trägern der Dienstleistungen zugeschrieben werden. Will man ein »menschenwürdiges Leben« garantieren, will man eine Reduktion der Arbeitslosenquote im Ort, will man eine Verbesserung des Personennahverkehrs, will man eine altengerechte Gesundheitsberatung usw., so ist man zudem häufig auf andere (z. B. staatliche) Verwaltungsakteure, auf Einrichtungen des dritten Sektors (Wohlfahrtsverbände) sowie auf die Mitwirkung der beteiligten und betroffenen Personen (Familie, Freundeskreis, Nachbarschaft, Arbeitskollegen usw.) angewiesen. Mit anderen Worten: Eine weitgreifende Zielvorgabe im Hinblick auf die Wirkung von Verwaltungsleistungen erfordert die Übernahme von Verantwortung durch die örtliche Verwaltung auch für Bereiche, die sie nicht vollumfänglich steuern oder kontrollieren kann.[18]

c) Bürgernähe und Effizienz als Bewertungsmaßstäbe der Verwaltungsleistungen

Sind die Aufgaben für die örtliche Verwaltung überwiegend durch Zweckprogramme formuliert und/oder will man die vorschriftengemäße Bearbeitungsroutine nicht zum Selbst- und Endzweck des Verwaltungshandelns erklären (im Rahmen von Konditionalprogrammen), so müssen ergänzende inhaltliche Zielstellungen und Qualitätsmaßstäbe formuliert werden, die als Orientierungspunkt für das Verwaltungshandeln gelten können und sollen. Im folgenden wird nun nicht auf konkrete Einzelziele aus anzuwendenden Gesetzen eingegangen, sondern es werden zwei allgemeine, die Aufgabenfelder übergreifende Bewertungsmaßstäbe des Verwaltungshandelns erörtert: Bürgernähe und Effizienz der Leistungsverwaltung bzw. von Verwaltungsleistungen.

Bürgernähe[19]

Mit der Einführung des Bewertungsmaßstabes »Bürgernähe« hat man seit Beginn der 70er Jahre die Konsequenz aus den zuvor beschriebenen Entwicklungen gezogen:

---

17 Wolfgang Seibel, in: Politische Vierteljahresschrift (PVS) 32 (1991), S. 479–496.
18 Dieses Dilemma führt häufig genug zu einem Phänomen, das man »interorganisatorische Verantwortungslosigkeit« nennen kann, da hier die beteiligten Leistungsträger jeweils anderen Beteiligten die Schuld für das Nichterreichen der weit gesteckten Ziele zuschieben. Alle Beteiligten haben in diesem Fall ihren Output oder ihre »Produkte« (ihre Personalstunden, ihr Geld, ihre Transportleistungen) »abgegeben«, ohne daß jedoch das Gesamtergebnis den weitergehenden Zielvorstellungen entspricht: Drogenkonsum von Jugendlichen wurde nicht eingedämmt; Wartezeiten bei Beratungen wurden nicht verringert; die Verspätungen im Personennahverkehr wurden nicht reduziert; erneut wurden ältere Menschen verwahrlost in ihrer Wohnung aufgefunden; die neueröffnete Bibliothek wurde nicht in Anspruch genommen; die Parkanlagen wurden mangels Fußballplätzen von Jugendlichen zum Fußballspielen benutzt; die Sozialhilfeempfänger-Karriere setzt sich in den neuen Generationen weiter fort u. a. m.
19 Eine ausführliche Zusammenfassung der Diskussion und der vorliegenden Studien zum Thema Bürgernähe findet sich bei Dieter Grunow, Bürgernahe Verwaltung, Frankfurt 1988; vgl. auch OECD (Hrsg.), Administration as service. The public as client, Paris 1987.

Weder die »wohlüberlegten« Gesetzesformulierungen und Ratsbeschlüsse noch ihre regelkonforme Umsetzung garantieren quantativ und qualitativ durchgängig wirksame Verwaltungsleistungen; die Implementation muß örtlichen Gegebenheiten ebenso angepaßt sein wie den Erwartungen und Bedürfnissen der Bevölkerung (als Adressaten und Nutzern). Das Kriterium »Bürgernähe des Verwaltungshandelns« schließt – bei aller vorhandenen Variation der Interpretationen – stets die BürgerInnen oder VerwaltungsklientInnen als »Bewertungsinstanzen« mit ein. Dadurch wird zumindest erschwert, wenn nicht gar verhindert, daß sich die Bewertung von Verwaltungsleistungen ausschließlich auf den Output bzw. die »Produkte« im oben beschriebenen Sinne bezieht.[20]

Gleichwohl wurde das Konzept »Bürgernähe« zunächst überwiegend in einem engen Verständnis eingeführt: in der simpelsten Form als räumliche Distanz zwischen BürgerInnen und Verwaltung, die quasi automatisch bei kommunalen Behörden geringer ist als im Hinblick auf Landes- oder Bundesbehörden. Im nächsten Schritt wurde dieses Verständnis dadurch ausgeweitet, daß die Qualität der Beziehungen in die Überlegungen einbezogen wurde: Unter dem Stichwort der »Bürgerfreundlichkeit« ging es um zurückhaltendes Auftreten, freundliche Bedienung, verständnisvolles Lächeln, freundliches Erscheinungsbild, gutes Image der Verwaltung und ihres Personals.[21] Empirische Untersuchungen (Befragungen) der Bevölkerung zeigten, daß diese Beziehungsebene des Verhältnisses zur Verwaltung – im Sinne von Umgangsformen, Interaktionsformen, Bereitschaft zur Informationsübermittlung usw. – durchaus für wichtig gehalten wird. Mindestens ebenso wichtig ist die sachliche, inhaltliche Leistung, die auf diese Weise, durch diese Kommunikations- und Transferprozesse übermittelt wird. Entscheidend ist dabei die Frage, inwieweit der substantielle Gehalt der Leistung den Bedürfnissen, d. h. der tatsächlich benötigten Hilfe, Information, Beratung, Dienstleistung der BürgerInnen entspricht.[22]

Gegenwärtig werden diese Gestaltungsaspekte kommunaler Leistungsverwaltung unter dem Stichwort »Kundenorientierung«[23] erörtert, was nur für den Fall eine angemessene Begriffs-Übernahme aus der Privatwirtschaft darstellt, wo die BürgerInnen direkt und kostendeckend für die Leistungen zahlen und wo zudem alternative Angebote zur Auswahl stehen. Als Ersatz für die Begriffe Bürger (mit ihren Rechten und Pflichten), Klient (in ihrer ko-produktiven Dienstleistungsnutzung), Nutzer/Konsument etc. stellt der Kundenbegriff eine ungeeignete, weil zu enge Kennzeichnung der multiplen Rollen der Bevölkerung gegenüber ihrer kommunalen Leistungsverwaltung dar.

Leistungsinhalte und Übermittlungsformen lassen sich nicht oder nur in sehr begrenztem Maße gegeneinander aufrechnen: Weder wird eine unzureichende Leistung durch eine »schöne Verpackung« aufgewertet, noch ist eine sachgerechte Leistung, die in einer diskriminierenden Weise übermittelt wird, für die betroffenen Verwaltungsklienten akzeptabel. Bürgernah ist eine von der Verwaltung produzierte und

---

20 Vgl. Dieter Grunow, Bürgernähe der Verwaltung als Qualitätsmaßstab und Zielbezug alltäglichen Verwaltungshandelns, in: PVS Sonderheft (1982) 13, S. 237–253; KGST (Hrsg.), Qualitätsmanagement, Köln 1995.

21 So z. B.: Hamburg (Hrsg.), Beitrag zur Bürgerfreundlichkeit in der Verwaltung (Kommissionsbericht) Hamburg 1980; Werner Istel, Bürgerfreundliche Verwaltung, Herford 1981.

22 Vgl.: Joachim Feick/Renate Mayntz, Bürger im bürokratischen Staat, in: Die Verwaltung 1982 (4), S. 409–434; Gerhard Pipping, Bürger und Verwaltung, in: Verwaltung und Politik (Kohlhammer Tb 1075), Stuttgart 1986, S. 133–146.

23 Eine differenzierte Analyse dazu findet sich bei Jörg Bogumil/Leo Kißler, Vom Untertan zum Kunden? Berlin 1995.

weitergegebene Leistung also nur dann, wenn sie beiden Kriterien Rechnung trägt und genügt.

Aus umfassender (nicht nur individueller) Sicht ist diesen beiden Bewertungsaspekten eine zweite Unterscheidung hinzuzufügen: Bei genauer Beobachtung zeigt sich nämlich, daß diese »subjektiven« Bewertungen durch die betroffenen BürgerInnen insofern »verzerrt« sein können, als sie keine oder falsche Vergleiche mit anderen Personen oder Bevölkerungsgruppen zugrundelegen. So ergeben sich nicht selten Diskrepanzen zwischen der subjektiven Bewertung der Verwaltungsleistungen (z. B. als unzureichend) und der vergleichenden Betrachtung verschiedener Klientengruppen dieser Verwaltung (wobei sich zeigen kann, daß im Vergleich die abgegebene Leistung relativ besser als für andere Personengruppen ausgefallen ist). Mit anderen Worten: Neben der subjektiven Zufriedenheit der Betroffenen sollten vergleichende Beurteilungen der Leistungsqualität einbezogen werden.[24]

Effizienz[25]

Als Qualitätsmaßstab läßt sich hierfür die *Effizienz* des Verwaltungshandelns heranziehen. Darunter versteht man das Verhältnis von Verwaltungsleistung zu dem dafür erforderlichen Aufwand (den Kosten, den Ressourcen/Haushaltmitteln). Entsprechend den o. a. Kennzeichnungen der Verwaltungsleistung kann man die Relationen »Output-Kosten«, »Leistung(Nutzen)-Kosten« oder »Wirksamkeit-Kosten« bilden. Eine Verbesserung der Relation (= Effizienz) kann in drei Formen erfolgen: durch a) Verringerung der Kosten bei gleichbleibenden Leistungen sowie durch Steigerung der Leistungen, b) bei gleichem Ressourceneinsatz oder c) bei gleichzeitiger Kostenreduktion. Das kameralistische Rechnungswesen macht es schwierig, die Kosten von Outputs, Leistungen oder Wirksamkeiten präzise zu bestimmen und damit das erreichte Ausmaß der Effizienz festzustellen: *verschiedene* Kostenelemente (Haushaltskapitel und -titel) tragen zu einzelnen Aufgaben und der Qualitätssicherung (im Sinne der Bürgernähe) bei; die gleichen Titel und Kapitel werden i. d. R. auch für andere Aufgaben bzw. Verwaltungsleistungen herangezogen. Eine gegenseitige Abgrenzung der jeweils aufgewendeten Mittel für *einzelne* bürgernahe Leistungskomponenten ist nur in wenigen Fällen möglich und meist mit großem Aufwand verbunden.[26]

---

24 Z. B. Bedürfnisgerechtigkeit (Leistungsbezug – subjektiv); Sachgerechtigkeit (Leistungsbezug – vergleichend); Anliegensgerechtigkeit (Übermittlungsformen – subjektiv bewertet); Situationsgerechtigkeit (Übermittlungsformen – vergleichend bewertet), vgl. Dieter Grunow a. a. O. 1982.

25 Vgl. z. B: Peter Eichhorn, Verwaltungshandeln und Verwaltungskosten, Baden-Baden 1979; eine sehr gute Erörterung der methodischen Probleme bei der Untersuchung von Organisationseffizenz bei: Paul Goodman u. a. (Hrsg.), New perspectives on organizational effectiveness, San Francisco 1977; vgl. auch: Hans-Ulrich Derlien, Theoretische Probleme der Beurteilung organisatorischer Effizienz der öffentlichen Verwaltung, in: Andreas Remer (Hrsg.), Verwaltungsführung, Berlin 1982, S. 89–105.

26 Dafür gibt es zwar Bewertungs- und Schätzverfahren (Kosten-Nutzen-Analyse [KNA], Kostenwirksamkeitsanalyse [KWA], Nutzwertanalyse, Schattenpreis-Schätzung u. a.), die aber meist nur bei Einzelaspekten und im internen Arbeitsprozeß der Verwaltung (z. B. bei Gerätebeschaffung oder gut abgrenzbaren Einzelaufgaben – wie Gebäudereinigung, Drucken und Vervielfältigung etc.) angewendet werden. Inwiefern die mit den Modernisierungskonzepten verbundene Zielvorstellung, den Produkt(Leistungs-)beschreibungen Kosten (Bud-

Wegen dieser Schwierigkeiten kann man in der Verwaltungspraxis immer wieder ein Ausweichen auf den Bewertungsmaßstab der *Sparsamkeit* beobachten, der kein Verhältnis zur Bürgernähe der Verwaltungsleistung definiert, sondern sich ausschließlich auf die Kosten- bzw. Ressourcenseite konzentriert. Dies kann zur Effizienz beitragen, wenn der Output und die Wirksamkeit nachweislich nicht tangiert werden – z. B. die Einführung einer »kostengünstigeren Schreibdienstorganisation«. Sparsamkeit kann aber auch zur Ineffizienz führen; Sparen an der falschen Stelle vermindert die Effektivität (Wirksamkeit) der Verwaltungsleistung: es reduziert u. U. nicht nur Bürgernähe, sondern kann auch erhebliche Folgekosten an anderer Stelle verursachen.

Die Beurteilung von Effizienz zeigt – wie der Maßstab Bürgernähe – eine große Reichweitenabhängigkeit. Auch hier ist zu prüfen, auf welche Wirkungszusammenhänge sich die Aufwands- und Leistungsdimensionen beziehen: Welche Wirkungsetappen werden einbezogen, welche Quer- und Folgekosten werden mit ins Kalkül gezogen?[27] Für die Entscheidungsträger liegt es wiederum nahe, die Aufgaben und vor allem die Zielvorgaben eng zu definieren, Folge- und Begleitwirkungen (einschl. ihrer Kosten) möglichst auszublenden:[28] Bezieht man jedoch wiederum die grundsätzlich knappen Ressourcen und die Konkurrenz um diese Ressourcen zwischen verschiedenen Aufgabenbereichen und Leistungserfordernissen der Verwaltung mit ein, so ergibt sich teilweise die Notwendigkeit zur Bewertung der Alternativen, die durch die vorgenommene Ressourcenverwendung nicht oder nur in geringerem Maße zum Zuge kommen (Analyse der Opportunitätskosten). Dabei sind zusätzlich die Erfolgschancen (Wirkungswahrscheinlichkeit) für die Handlungsoptionen einzubeziehen – was häufig zur schwierigen Prioritätensetzung zwischen dem hohen Aufwand für wenige KlientInnen und einem geringen Aufwand für möglichst viele BürgerInnen führt.

Zusammenfassend läßt sich feststellen, daß für die Ausgestaltung der kommunalen Leistungsverwaltung beide Qualitätsmaßstäbe – Bürgernähe und Effizienz – herangezogen werden müssen: sie sind komplementär zueinander. Zugleich konnte gezeigt werden, daß sie sich nur dann zu einem anspruchsvollen Maßstab entwickeln lassen, wenn sie die Effekte bzw. Wirkungen der Leistungen systematisch einbeziehen; nur so läßt sich ein Rückgriff auf »blinde« Normerfüllung und Sparsamkeit verhindern. Die Anforderungen sind hoch, weil sie die Leistungsverwaltung »zwingen«, sich mit

---

gets) zuzuordnen, erreicht wird, bleibt abzuwarten. Als Haupthindernis könnte sich der damit verbundene bürokratische Aufwand erweisen, der u. U. in keinem angemessenen Verhältnis zur erhöhten Kostentransparenz und Entscheidungsqualität steht. Als Zusammenfassung siehe: Christoph Reichard, Betriebswirtschaftslehre der Öffentlichen Verwaltung, Berlin 1987, bes. Kap. 6; Frieder Naschold u. a., Leistungstiefe im öffentlichen Sektor, Berlin 1996.

27 Einen Eindruck von den Möglichkeiten einer komplexen Bewertung selbst begrenzter Innovationen vermittelt die Studie von Hans Boden u. a., Kommunikationstechnik und Wirtschaftlichkeit, Minden 1984. Dabei werden vier Wirtschaftlichkeitsebenen berücksichtigt: isolierte technikbezogene Wirtschaftlichkeit, subsystembezogene W., gesamtorganisatorische W., gesellschaftsbezogene W.

28 Die Einweisung von obdachlos gewordenen Familien in Obdachlosenasyle der Stadt, die ausgelastet werden müssen, erscheint dann als besonders effizient (vor allem im Vergleich zur »Entschuldung« dieser Familien, die ein weiteres Verbleiben in der durch Wohngeldzahlung subventionierten Mietwohnung ermöglichen würde). Berücksichtigt man dagegen die üblichen Folgewirkungen einer solchen Unterbringung (Verlust sozialer Netze; gesellschaftliche Diskriminierung; Erschwerung von Wiederaufnahme der Berufstätigkeit; Verwahrlosung der Kinder; Konfrontation mit Kriminalität und Drogenhandel usw.), so zeigt sich u. U. die »Entschuldungs«-Lösung als die effizientere Methode.

den Folgen ihres Handelns stärker auseinanderzusetzen als dies vielen Beteiligen wünschenswert erscheint.

Obwohl die gegenwärtige Modernisierungs-Rhetorik dies oft anders erscheinen läßt: die Themen Bürgernähe und Effizienz der Leistungsverwaltung stehen schon seit Jahrzehnten auf der Tagesordnung der Verwaltungsänderungen, der Personalausbildung und der Gestaltung der Leistungsgesetze. Der Erfolg ist i. d. R. begrenzt und fordert zu immer neuen Anstrengungen heraus. Dies gilt gegenwärtig für die Kommunen in den neuen Bundesländern, die in verschiedener Hinsicht eine Neuausrichtung ihres Handelns erreichen müssen: im Hinblick auf die rechtsstaatliche Basis trotz kommunaler Selbstverwaltung; im Hinblick auf die Kostenkontrolle und Effizienz trotz kapitalistischer Wirtschaftsleistung sowie im Hinblick auf die Bürgernähe trotz begrenzter Zuständigkeiten und Handlungspielräume.

3. Strategien zur Sicherung von Bürgernähe und Effizienz in der kommunalen Leistungsverwaltung

Die beschriebenen Rahmenbedingungen für bürgernahes und effizientes Verwaltungshandeln kommunaler Leistungsträger lassen weniger eine zielgerichtete Optimierung der dafür beeinflußbaren Gestaltungselemente (Organisation, Personal, Technikeinsatz) erwarten als ein »Kreisen und Herumprobieren« bei sich verändernden Ausgangsbedingungen. Stark beeinflußt wird dieses generell »labile Arrangement« durch Restriktionen von außen (z. B. andere Gebietskörperschaften) und Veränderungen bei allen Komponenten der Leistungserbringung: Die Bedürfnisse der Bevölkerung verlagern sich aufgrund ökonomischer, sozialer, demographischer oder sonstiger Faktoren. Es ergeben sich Anforderungen aus anderen Verwaltungsbereichen und ihren Entwicklungsdynamiken (z. B. technologische Entwicklungen); neue Generationen von Verwaltungspersonal bringen neue Orientierungen und Fähigkeiten ein; andere Beteiligte (z. B. Leistungsträger aus dem dritten Sektor) verändern ihr Profil, ihre Zusammensetzung und Organisationsform oder werden durch neue Formen sozialen Engagements (Selbsthilfegruppen, Bürgerinitiativen usw.) ersetzt.

All das erfordert – wenn auch in kleinen Schritten oder Dimensionen – eine kontinuierliche Anpassung des Verwaltungshandelns, um das gewünschte Niveau bürgernaher und effizienter Leistungserbringung zu erhalten oder gar fortzuentwickeln und zu steigern. Da es also eine zeit-unabhängige »perfekte Lösung« für dieses Gestaltungsproblem der kommunalen Leistungsverwaltung nicht gibt, ist eine zirkuläre Veränderung (ein wiederholtes Aufgreifen schon einmal diskutierter oder gar probierter Varianten) oft nicht zu umgehen.

a. Strategien zur Entwicklung der Bürgernähe in der kommunalen Leistungsverwaltung

Angesichts der besseren örtlichen Wahrnehmung von Problementwicklungen ist es kein Zufall, daß die Anfang der 70er Jahre beginnenden Bemühungen um eine verbesserte Bürgernähe zunächst in der kommunalen Leistungsverwaltung einsetzten. Im Verlauf der weiteren Entwicklung hat sich das Thema dann auf Landes-, Bundes- und sogar internationaler (OECD-)Ebene etabliert. Diese Ausdehnung der Überlegungen und Gestaltungsmuster auf die anderen Gebietskörperschaften ist insofern konsequent und wichtig, weil die Implementation lokaler bürgernaher Verwaltungsleistungen durch entsprechende Maßnahmen auf anderen Entscheidungsebenen erhebliche Entlastungen und Erleichterungen erfährt (erfahren kann).[29]

Neuere Beispiele belegen, daß die Berücksichtigung dieser komplexen Gestaltungsfaktoren eine erfolgversprechende Konzeption ist. So werden Modernisierungsprozesse im Zuge der Techniknutzung gleichzeitig zur Überprüfung (ggf. Verbesserung) der Bürgernähe der Verwaltungsleistungen genutzt.[30] Intensiv werden auch organisatorische Bündelungen der Dienstleistungen für die BürgerInnen diskutiert und erprobt – gewissermaßen als »bürgernahen Kern« des Verwaltungshandelns (z. B.: »Bürgeramt«, Servicezentren unter Einbeziehung nicht-öffentlicher Leistungsanbieter).[31]

Vor allem der Dienstleistungscharakter der kommunalen Aufgabenerledigung macht es jedoch durchweg wahrscheinlich, daß abgegebene Leistungen unter zeitlichen, sozialen oder situativen Umständen unterschiedlich wirken und daß auch ein (nachgeschobenes) »Mehr« derselben Leistung keineswegs immer eine Wirkungsverbesserung erzielt. Unter diesen Voraussetzungen sind die im Verlauf von praktischen Erprobungen angehäuften Gestaltungs- bzw. Maßnahmeoptionen für die bürgernahe Ausgestaltung der Verwaltungsleistungen nur von jeweils begrenztem Nutzen: ihre Anwendung *entbindet i. d. R. nicht* von der Überprüfung der Angemessenheit und Wirksamkeit der Leistungsgewährung.

---

29 Eine rückblickende Bilanz zeigt, daß im Verlaufe der Bemühungen um die bürgernahe Gestaltung der kommunalen Leistungsverwaltung alle wesentlichen Elemente der Aufbau- und Ablauforganisation der Verwaltung im Prinzip einbezogen wurden – allerdings meist nicht in umfassender und abgestimmter Form, sondern eher in Einzelaktionen. Nachdem zunächst die Aspekte des direkten Kontaktes und des Austausches – Interaktions- und Beratungsfähigkeit des Personals, Öffnungszeiten, Gestaltung der Gesprächs- und Warteräume, Qualität von Formularen und Informationsschriften, Telefonanschlüsse und Telefondienste – im Mittelpunkt standen, wurden zunehmend auch die organisatorischen, prozeduralen und qualifikatorischen Einflußfaktoren einbezogen. Schließlich wurden auch der inter-organisatorischen Kooperation und Abstimmung sowie der Bedeutung der Gesetzes-Gestaltung Rechnung getragen. Dies entspricht der Komplexität der Problemzusammenhänge, auf die die kommunale Leistungsverwaltung reagieren muß: dem Qualitätsmaßstab »Bürgernähe« (in dem oben beschriebenen anspruchsvollen Sinne!) läßt sich meist erst dann entsprechen, wenn der gesamte »Produktionsprozeß« von Verwaltungsleistungen an diesem Bezugspunkt ausgerichtet ist.

30 Z. B. im Rahmen der Sozialhilfegewährung – die PROSOZ-Programme (in Bremen, Herten usw.) – vgl. zur kommunalen Sozialpolitik auch den Beitrag von Holger Backhaus-Maul in diesem Band. Allerdings muß auch gerade bei der DV-Einführung die kritische Wirkungsprüfung erfolgen, damit die Bürgernähe nicht nur zu einer »Schönfärberei« der Technisierung von Verwaltungsabläufen führt; ähnliches gilt auch für die behauptete »Humanisierung des Arbeitsumfeldes«; als internationale Übersicht siehe Klaus Lenk, Erfahrungen mit technikunterstützter Bürgerinformation aus vier europäischen Ländern, Verwaltungswissenschaftliche Diskussionsbeiträge, 1988 (12), Oldenburg.

31 Frühes Beispiel: das Bürgeramt in Unna; mit erweiterten Konzepten: Maria Brüggemeier, Kommunale Bürgerberatung: Eindrücke und Perspektiven, in: Verwaltungsarchiv (1990) 81, S. 87–112; vgl. auch Leo Kißler/Jörg Bogumil/Elke Wiechmann, Das kleine Rathaus. Kundenorientierung und Produktivitätssteigerung durch den Bürgerladen Hagen, Baden-Baden 1994.

b. Maßnahmen zur Effizienzsteigerung der Verwaltungsleistungen

Das Ziel einer effizienten Leistungsverwaltung ist neben allen für die Bürgernähe zutreffenden Gestaltungs- und Überprüfungserfordernissen zusätzlich mit der Frage befrachtet, welchen Aufwand, welche Kosten die Verwaltungsleistungen verursachen. Der Ressourcenaufwand für einzelne Leistungen läßt sich meist nur mit großem Aufwand und nur grob (ggf. auch gar nicht) erfassen.

Maßnahmen zur Effizienzsteigerung sind daher noch schwieriger zu entwickeln und zu begründen als Maßnahmen zur Bürgernähe. Die Kostenimplikationen von Verwaltungsleistungen sind für das Verwaltungspersonal meist weniger sichtbar als die Wirksamkeit/Nichtwirksamkeit (Nutzen; Grad der Bedürfnisbefriedigung) der Leistungen. Daher gehört die Forderung nach mehr »Kostenbewußtsein«[32] zu den ebenso selbstverständlichen wie praktisch kaum einlösbaren Forderungen an das Verwaltungspersonal. Die Schwierigkeiten der Kostenabschätzung sind jedoch nicht für alle Arten von (Dienst-)Leistungen gleich groß. Allgemein gilt, daß standardisierte, routinisierte und massenhaft anfallende Aufgaben (z. B. Bearbeitung von Anträgen für Transferzahlungen) leichter kalkulierbar (u. a. weil abzählbar) sind als intensive qualitätsorientierte Aufgaben (persönliche Beratung, Pflegeleistungen); einfache Aufgaben ohne komplexe Mitwirkungsstrukturen (anderer Behörden, anderer Organisationen und Institutionen außerhalb des öffentichen Sektors) sind leichter zu kalkulieren als komplexe, aufwendig vernetzte Formen der Leistungserbringung und -übermittlung. Es ist deshalb nicht verwunderlich, daß die Bemühungen um mehr Effizienz des Verwaltungshandelns primär an ersteren, kostenmäßig einfacher zu bewertenden Leistungen ansetzen.[33]

Oft gelangen die notwendigen Leistungs-Kosten-Relationen als »Richtwerte«[34] in die Diskussion: z. B. als Fallzahlen pro Sachbearbeiter, als Pflegeheimbetten pro 100 Personen über 65 Jahre u. ä. Sie sind i. d. R. nicht explizit begründet, sondern meist nur eine nachträgliche »Berechnung der gegebenen Verhältnisse«. Gleichwohl kann man bei Richtwerten, denen auf kommunaler Ebene viele vergleichbare Erfahrungen zugrundeliegen, von hinreichender »praktischer Bewährung« sprechen. Solange keine offensichtlichen, gravierenden Mängel an Bürgernähe damit verbunden sind, lassen sie

---

32 Wichtiger wäre m. E. zudem ein generelles Folgenbewußtsein, wobei Kosten nur ein Element darstellen; vgl. Carl Böhret, Neuartige Folgen – eine »andere« Verwaltung? In: Verwaltungsarchiv, (1989) 1, S. 13–43.

33 Dies ist u. a. an der immer wieder diskutierten Privatisierungs-Option erkennbar: die Aufgabenübertragung auf Private erfolgt primär bei den Aufgaben, die sich berechnen lassen und »sich rechnen«. Vgl. Klaus König, Entwicklung der Privatisierung in der Bundesrepublik Deutschland, in: Verwaltungsarchiv (1988) 79, S. 241–271; Otto Franz (Hrsg.), Privatisierung öffentlicher Aufgaben, Eschborn 1996. Dabei wird zusätzlich die Leistungsqualität auf den Output (meist nur die Outputmenge) reduziert: Wie viele Broschüren wurden verschickt? Wie viele Mülltonnen wurden geleert? Welche Gesamtbeträge sind für laufende Hilfe zum Lebensunterhalt (gem. BSHG) abgeflossen? Wie viele Hausbesuche sind in den Akten des Sozialdienstes vermerkt? Die oft nur vermittelt auf Effekte und Problemlösungen hinweisenden Verwaltungsoutputs werden im Rahmen der Effizienzsteigerung zu den Kosten (ggf. geschätzten Preisen) ins Verhältnis gesetzt und ggf. hinterfragt: Können die Broschüren billiger produziert und verteilt werden? Sind die gleichen Mülltonnen mit weniger Müllfahrzeugen und weniger Personal »zu bewältigen«? Lassen sich die Sozialhilfesummen nicht ohne personal- und damit kostenaufwendige Gespräche im Amt transferieren?

34 Eine knappe (und kritische) Übersicht zur Entstehung von »Richtwerten« gibt bereits Dietrich Kühn, Richtwerte in der kommunalen Sozialplanung, in: Archiv f. Wissenschaft und Praxis der sozialen Arbeit (1975) 6, S. 73–92.

sich auch als Empfehlungen für Neugestaltungen (z. B. in den neuen Bundesländern) verwenden. Zu beachten bleibt aber, daß die in einem Richtwert verknüpften Komponenten des Outputs und des Aufwandes fast beliebig »manipuliert« werden können: der beobachtete Ausschnitt des Leistungs-/Aufwandsverhältnisses ist u. U. auf die wenigen meßbaren Elemente des gesamten Herstellungs-, Vermittlungs- und Nutzungs(Wirkungs-)Prozeß reduziert.[35]

Der größte Teil von Maßnahmen zur Steigerung der »Leistungskraft« der kommunalen Verwaltung während der letzten zwei Jahrzehnte läßt sich aber nicht einmal unter dieser sehr eingeschränkten Effizienz-Konzeption fassen. Meist wird (einseitig) entweder nur die Leistungsdimension oder nur die Aufwands-/Kostendimension zu beeinflussen versucht. Die Vielzahl diesbezüglicher Inititiativen – ob sie »Verwaltungsvereinfachung«, »Verwaltungsrationalisierung«, »Haushaltskonsolidierung«, »Aufgabenkritik«, »Privatisierung«, »Contracting out« oder »Schlanke Verwaltung«[36], heißen – sie alle konzentrieren sich letztlich auf die Kostenseite des Effizienzziels und lassen die Frage nach den Effektivitätsfolgen (Zielerreichung, Wirksamkeit, Folgelasten) weitgehend ungeprüft (dies gilt i. d. R. auch für die nachträgliche Rechnungsprüfung).

Die praktische Gestaltung von Verwaltungseffizienz gilt deshalb als ein »Organisationsdilemma«[37]: nicht alle wünschenswerten Bewertungsmaßstäbe können gleichzeitig maximiert werden. Allenfalls eine »optimierende Balance« zwischen verschiedenen Anforderungen ist erreichbar: zwischen der technischen Effizienz großer Organisationseinheiten und der notwendigen räumlichen Nähe (Dekonzentration); zwischen der fachlich-professionellen Autonomie des Personals und der Sicherung möglichst einheitlicher (gerechter) Leistungsverteilung; zwischen übertriebener Hierarchie und unzweckmäßiger Kontrollspanne (Zahl der nachgeordneten Stellen) u. a. m. Wie für die bürgernahe Verwaltungsleistung gilt also auch für die effiziente Leistungsverwaltung: es handelt sich *nicht* um ein für Experten der Privatwirtschaft oder bei vergleichbaren Verwaltungen (z. B. Ämter gleichen Typs) abrufbares Optimal-Modell, sondern um einen Qualitätsanspruch, der – wiewohl nie komplett erfüllbar – als kontinuierlicher Referenzpunkt für ständiges Überprüfen aktueller Leistungsfähigkeit und weiterer Entwicklungsmöglichkeiten dient.

4. Zusammenfassung und Ausblick

Bürgernähe und Effizienz sind zwei allgemeine Orientierungspunkte und Qualitätsmerkmale für die kommunale Leistungsverwaltung, die eine notwendige Ergänzung

---

35 Nachzuweisen ist dies u. a. mit den erfindungsreichen »Dehnungen«, denen die Richtwerte fast beliebig ausgesetzt werden: Es wird dann u. a. von »Entbelichungsfaktoren«, von »Überlastquoten« oder »Untertunnelung« gesprochen. Neueste Beispiele für solche Manipulationen liefert die praktische Handhabung des Pflegeversicherungsgesetzes.

36 Der Wandel der Bezeichnungen bei weitgehend ähnlichen Problemen und meist wenig innovativen Ansätzen läßt sich u. a. an der »Geschichte der KGSt-Veröffentlichungen« ablesen. Eine Zusammenfassung der Themen gibt Christoph Reichard, Kommunales Management im internationalen Vergleich, in: Der Städtetag (1992) 12, S. 843–848.

37 Siehe Friedhart Hegner, Das Bürokratische Dilemma, Frankfurt 1976; Helmut Klages, Grenzen der Organisierbarkeit von Verwaltungsorganisationen, in: Andreas Remer (Hrsg.), Verwaltungsführung, Berlin 1982, S. 197–218.

zur korrekten Anwendung von Rechtsvorschriften darstellen. Sie betonen die Bedeutung der (im Bürokratiemodell nicht berücksichtigten) Umweltbezogenheit vor allem derjenigen Verwaltungsorganisationen, die Leistungen herstellen und an BürgerInnen übermitteln. Sie werden als Bewertungsmaßstäbe benötigt, weil die Vielfalt der Aufgaben und vor allem die Dienstleistungen ein einheitliches Vorgehen bei der Aufgabenerledigung nicht mehr zulassen: Aufgabenvarianten, verschiedene Klientengruppen, Veränderungen der Rahmenbedingungen führen z. T. zu neuen Wirksamkeits- und Erfolgsbedingungen des örtlichen Verwaltungshandelns.

Spätestens seit der zweiten Hälfte der 60er Jahre hat die Leistungsfähigkeit der Verwaltung in der öffentlichen Diskussion und auch in der wissenschaftlichen Bearbeitung an Bedeutung gewonnen; zuletzt ist durch die Erfordernisse des Umbaus in der ehemaligen DDR die Bedeutung von Verwaltungs-(Vor-)Leistungen sichtbar geworden. Dementsprechend gibt es eine lange, mit vielen Themen und praktischen Modellen verbundene Erprobungs-Geschichte von Bürgernähe und Effizienz. Gleichwohl ist eine Steigerung der Leistungsfähigkeit immer nur in Einzelbereichen nachweisbar (z. B. Interaktionsfähigkeit des Personals; aufgabenbezogene dezentrale Organisationsstrukturen; Einsatz leistungsfähiger Technik). Eine erfolgreiche Implementation garantiert jedoch nicht automatisch eine dauerhafte Wirkung solcher Maßnahmen. Sie kann zudem durch Mängel in anderen notwendigen Voraussetzungen der Leistungserbringung nivelliert werden. Die vorgeschlagenen Konzepte zur Leistungssteigerung der Verwaltung betreffen fast alle Komponenten der Aufbau- und Ablauforganisation – insbesondere aber die Personalqualifikation, den Technikeinsatz und die partielle Verlagerung von Aufgaben auf andere Leistungsträger (in der Privatwirtschaft oder im sogenannten Dritten Sektor) sowie die damit einhergehenden Koordinationsmaßnahmen.

Die kontinuierliche Entdeckung und Wiederentdeckung von Strategien und Instrumenten belegt die Fortdauer des Anspruchs bei vielfach unbefriedigenden Resultaten. Dies wird sich auch in Zukunft nicht ändern, da völlig neuartige Konzepte zur Leistungssteigerung der örtlichen Verwaltung *nicht* erkennbar sind und viele Optionen an die Grenzen der rechtlichen Programmierung des Verwaltungshandelns stoßen.

NICLAS STUCKE/MICHAEL SCHÖNEICH

Organisation der Stadtverwaltung und deren Reform/Modernisierung

1. Grundlagen

a. Kommunale Organisationshoheit

In Art. 28 des Grundgesetzes für die Bundesrepublik Deutschland ist festgelegt, daß den Gemeinden das Recht gewährleistet sein muß, alle Angelegenheiten der örtlichen Gemeinschaft im Rahmen der Gesetze in eigener Verantwortung zu regeln. Art. 28 GG enthält nicht nur diese institutionelle Garantie der Selbstverwaltung, sondern sagt auch, daß das Volk in den Ländern, Kreisen und Gemeinden eine Vertretung haben muß, die aus allgemeinen, unmittelbaren, freien, gleichen und geheimen Wahlen hervorgegangen ist. Die Volksvertretung ist das oberste Organ jeder Gemeinde. Ihre grundgesetzlich garantierte Kompetenz besteht darin, die Angelegenheiten der örtlichen Gemeinschaft in eigener Verantwortung zu regeln.

Neben der Gebiets-, Satzungs-, Personal- und Finanzhoheit gehört insbesondere die Organisationshoheit zu den klassischen Hoheitsrechten der kommunalen Selbstverwaltung. Dies ist das Recht auf eigenverantwortliche Gestaltung ihrer internen Organisation. Danach können die Gemeinden – unterhalb der von den Gemeindeordnungen der Länder vorgegebenen kommunalverfassungsrechtlichen Rahmenbedingungen –, die von ihnen wahrzunehmenden Aufgaben grundsätzlich nach örtlichen Zweckmäßigkeitserwägungen zusammenfassen und den Aufgabenvollzug bestimmten Organisationseinheiten übertragen.

Eine abschließende Aufzählung der »örtlichen Angelegenheiten«, die die Gemeinden in eigener Verantwortung regeln dürfen und müssen, ist nicht möglich. Grundsätzlich sind die Gemeinden »für alles« zuständig, was einen örtlichen Bezug aufweist (Grundsatz der Allzuständigkeit).

Im einzelnen sehen diese Aufgaben in jeder Gemeinde anders aus. Bundesgesetzgeber und Landesgesetzgeber greifen in die Art und Weise der Aufgabenerfüllung vielfältig ein, und zwar nicht nur in das »Wie«, sondern häufig auch in das »Ob«. Wegen der Selbstverwaltungsgarantie des Grundgesetzes, die in den Verfassungen der Länder der Bundesrepublik Deutschland wiederholt wird, sind die Gesetzgeber jedoch daran gehindert, den Kommunen solche Aufgaben wegzunehmen, die zum Kernbestand des örtlichen Wirkungskreises gehören oder ihnen keinerlei Eigenverantwortung bei der Ausführung mehr zu belassen. Der garantierte Kernbereich der Selbstverwaltung ist so lange nicht verletzt, wie den Gemeinden die Erledigung der Masse der Aufgaben belassen wird, die ihrem Wesen nach Angelegenheiten der örtlichen Gemeinschaft sind.

b. Grundstruktur der kommunalen Aufgabenwahrnehmung

Die Organisation der Stadtverwaltung hat die möglichst rationale Verknüpfung von Aufgaben, Personal und Sachmitteln (Finanzen, Gebäude usw.) zum Ziel. Dabei wird zwischen der institutionellen Organisation (Aufbau der Verwaltung) und der funktionellen Organisation (Ablauf des Verwaltungshandeln) unterschieden. Ein Instrument der kommunalen Aufgabenerfüllung ist die zweckmäßige und ökonomische Gestaltung ihrer Verwaltungs- und Arbeitsabläufe.

Damit arbeitsteilige Organisationen funktionieren, muß Klarheit darüber herrschen, was diese zu tun haben (Aufgaben) und wer es zu tun hat (Aufgabenträger). Die Ergebnisse dieser organisatorischen Überlegungen bei Städten und Gemeinden machen den Kernbereich der »institutionellen« Organisation (»Aufbauorganisation«) aus. Dies sind der Aufgabengliederungsplan sowie der Verwaltungsgliederungsplan.[1]

Diese werden von den Verwaltungen im Rahmen ihrer Organisationshoheit aufgestellt. Hierzu bedienen sich die Städte überwiegend der Orientierungshilfe des Modells der KGSt.[2]

Bereits in den 50er Jahren hat die Kommunale Gemeinschaftsstelle für Verwaltungsvereinfachung (KGSt) ein grundlegendes Modell der Aufgaben- und Verwaltungsgliederung entwickelt und den neueren Entwicklungen ständig angepaßt. Dieses Modell hat in der Praxis eine im wesentlichen einheitliche Ausrichtung der Organisationsgrundlagen in Gemeinden aller Größenklassen und aller Länder der Bundesrepublik bewirkt. Die Darstellung der typischen Ämterorganisation der Gemeinden kann sich daher am KGSt-Modell orientieren. In den Städten sind und waren die Hauptämter für Fragen der organisatorischen Gliederung und Abläufe die fachlich zuständigen Ämter (s. Abb. 1).

c. Aufgabendurchführung

Die öffentlichen Aufgaben innerhalb der gesamtstaatlichen Organisation werden entsprechend der verfassungsrechtlichen Grundfunktionen der kommunalen Selbstverwaltung gemäß Art. 28 Abs. 2 GG bzw. den Länderverfassungen weitgehend auf die örtliche Ebene verteilt, soweit nicht Sonderbehörden des Bundes und des Landes zuständig sind. Dabei haben sich die Länder unterschiedliche Einflußmöglichkeiten bis in die organisatorische Gliederung vorbehalten (z. B. Kreise als untere staatliche Verwaltungsbehörden) bzw. die Rechtsqualität der Aufgaben im einzelnen festgelegt. Aufgaben, bei denen die räumliche Zuordnung hinter dem Bezug zu Zielgruppen der Bevölkerung oder zu bestimmten Objekten sekundäre Bedeutung hat (z. B. Aufgaben der Bundesanstalt für Arbeit) bleiben außerhalb der kommunalen Organisation.

---

1 Ausführliche Erläuterungen in: Hans Hack, Die Organisation der Kommunalverwaltung – Die institutionelle Organisation/Aufbauorganisation, in: Günter Püttner (Hrsg.), Handbuch der kommunalen Wissenschaft und Praxis, Bd. 3: »Kommunale Aufgaben und Aufgabenerfüllung«, 2. Aufl., Berlin/Heidelberg/New York, 1983, S. 113 ff.
2 Kommunale Gemeinschaftsstelle für Verwaltungsvereinfachung (KGSt), »Gutachten Verwaltungsorganisation der Gemeinden«, Köln 1979.

Abbildung 1

Verwaltungsgliederungsplan der KGSt

1 Allgemeine Verwaltung	2 Finanzverwaltung	3 Rechts-, Sicherheits- und Ordnungsverwaltung	4 Schul- und Kulturverwaltung	5 Sozial-, Jugend- u. Gesundheitsverwaltung	6 Bauverwaltung	7 Verwaltung für öffentliche Einrichtungen	8 Verwaltung für Wirtschaft und Verkehr
10 Hauptamt	20 Kämmerei	30 Rechtsamt	40 Schulverwaltungsamt	50 Sozialamt	60 Bauverwaltungsamt	70 Stadtreinigungsamt	80 Amt für Wirtschafts- u. Verkehrsförderung
11 Personalamt	21 Kasse	31 [1]	41 Kulturamt	51 Jugendamt	61 Stadtplanungsamt	71 Schlacht- und Viehhof	81 Eigenbetriebe
12 Statistisches Amt	22 Steueramt	32 Ordnungsamt	42 Bibliothek	52 Sportamt	62 Vermessungs- u. Katasteramt	72 Marktamt	82 Forstamt
13 Presseamt	23 Liegenschaftsamt	33 Einwohner- u. Meldeamt	43 Volkshochschule	53 Gesundheitsamt	63 Bauordnungsamt		
14 Rechnungsprüfungsamt	24 Amt für Verteidigungslasten	34 Standesamt	44 Musikschule	54 Krankenhäuser	64 Wohnungsförderungsamt		
		35 Versicherungsamt	45 Museum	55 Ausgleichsamt	65 Hochbauamt		
		36 [1]	46 Theater		66 Tiefbauamt		
		37 Feuerwehr	47 Archiv		67 Grünflächenamt		
		38 Zivilschutz					

[1] nicht besetzt.

413

Wegen der unterschiedlichen Größe und Leistungskraft einzelner Kommunalverwaltungen bestehen erhebliche Unterschiede für die Aufgabenfindung und -durchführung.[3]

Zur Bildung von örtlichen Organisationseinheiten (Stellen, Ämter) werden die Aufgaben nach Menge und Art gebündelt (sog. »Aufgabenbündelung«). Bei großen Kommunalverwaltungen ist die Kongruenz zwischen Aufgabengliederung und Bildung von Organisationseinheiten weitgehend durchgehalten. Bei kleineren läßt sich die Bündelung von heterogenen Einzelaufgaben auf eine Stelle bzw. Organisationseinheit nicht immer vermeiden.

Querschnittsaufgaben werden als zentrale Verwaltungsaufgaben zu erheblichen Teilen in zentralen Organisationseinheiten zusammengefaßt. Teile der Aufgaben werden also nach organisatorischen Kriterien in den zentralen Ämtern gebündelt, andere Teile bleiben mit der Organisation der Fachaufgaben verbunden. Solche organisatorischen Kriterien können sein: Vermeidung von Doppelarbeit, Bündelung von Fachwissen (Spezialisierung), leichtere Koordinierung, Einheitlichkeit des Verwaltungshandelns, bessere Unterstützung der leitenden Organe. Ein Beispiel hierfür ist das zentrale Personalamt: Hier werden die Ausschreibungen, die Mitwirkung bei der Personalauswahl, die Regelungen der dienstrechtlichen Fragen der Einstellung, die Einschaltung des Personalrats und die laufende Bearbeitung aller personalrechtlich bedeutsamen Vorgänge für die Mitarbeiter erledigt. So bildet das Personalwesen, zentral und dezentral zugeordnet, in sich wiederum einen Funktionsbereich, in dem die beteiligten Dienststellen zusammenwirken und der im Ablauf der wichtigsten Vorgänge vom zentralen Personalamt gesteuert wird. In ihnen sind die Zuständigkeiten und Kompetenzen der einzelnen Beteiligten geregelt bzw. miteinander abgestimmt.[4]

d. Aufgabenstruktur

Mit der KGSt lassen sich nach dem Umfang der Aufgabenerfüllung (von unten nach oben) folgende organisatorische Arbeitseinheiten unterscheiden: Stelle, Sachgebiet, Abteilung, Amt, Dezernat (Referat), Gesamtverwaltung. Als zentrale organisatorische Gliederungsgröße hat die KGSt das Amt festgelegt, weil es am ehesten eine für einen längeren Zeitraum unverändert bleibende Festlegung der Zuständigkeit ermöglicht. Oberhalb der Ämterebene gibt es noch das Dezernat (Referat) als den Geschäftskreis eines Beigeordneten sowie den Verwaltungschef (Bürgermeister, Stadtdirektor). Dieser dreistufige Verwaltungsaufbau ist Ausfluß des sog. Minimalprinzips, d. h. der Beschränkung auf möglichst wenige organisatorisch selbständige Verwaltungsebenen. Die Ämter sind die im Vollzug der kommunalen Aufgaben tragenden untersten Organisationseinheiten, die nach außen im Rahmen ihrer Befugnisse als Teileinheiten der Gemeindeverwaltung selbständig in Erscheinung treten. Die Amtsleiter haben die Fach- und Dienstaufsicht gegenüber ihren Mitarbeitern. Die innere Organisation der Ämter ist unterschiedlich und hängt wesentlich von der Gesamtzahl der Mitarbeiter eines Amtes und der sog. Leitungsspanne ab. Die Leitungsspanne gibt

---

3   Eberhard Laux, Aufgaben und kommunale Organisation, in: Günter Püttner (Hrsg.; Anm. 1), S. 33.
4   Eberhard Laux (Anm. 3), S. 35.

das zahlenmäßige Verhältnis zwischen Vorgesetzen und ihren Mitarbeitern an. Eine allgemein gültige Leitungsspanne gibt es nicht; sie kann zwischen 1:4 und 1:12 liegen. Je nach Größe des Amtes und der Leitungsspannen sind die einzelnen Stellen in Sachbearbeitungsgruppen, diese in Sachgebieten und diese wiederum in Abteilungen zusammengefaßt. In kleineren Ämtern ist die Bildung von Sachgebieten und Abteilungen regelmäßig nicht erforderlich.[5]

Ämter, deren Aufgaben eng miteinander korrespondieren, werden im KGSt-Modell zu Einzelverwaltungen zusammengefaßt. In der kommunalen Praxis werden diese als Dezernate bezeichneten Geschäftskreise der Beigeordneten jedoch häufig nicht allein durch diesen fachlichen, sondern auch nach politischen und/oder persönlichen Gesichtspunkten gebildet (s. als Beispiel das Organigramm der Stadt Köln, Abb. 2).

Die beschriebene und durch die Ämter bestimmte Organisationsstruktur der Gemeinden wird je nach örtlichen Erfordernissen ergänzt durch besondere organisatorische Einheiten wie Stäbe, Arbeits- und Projektgruppen sowie Beauftragte.

Die sog. funktionelle Organisation, d. h. die Organisation der Verwaltungsabläufe wird in den meisten Gemeinden im Grundsatz durch eine zentrale Geschäftsordnung (GO) oder allgemeine Geschäftsanweisung (AGA) geregelt. Kern dieser Regelungen sind die Fragen der Zusammenarbeit zwischen den kommunalen Ämtern und Dienststellen, der Verkehr mit der Bevölkerung und die Organisation des Geschäftsgangs (z. B. Dienstpost, Bearbeitung der Eingänge, Schriftverkehr, Zeichnungsbefugnis, Aktenführung).

Nicht alle kommunalen Aufgaben können innerhalb der traditionellen Organisationsstrukturen wahrgenommen werden. Als weitere Organisationsformen sind zu nennen: Zweckverbände in gemeinsamer Trägerschaft, öffentlich-rechtliche Vereinbarungen, autonome rechtlich selbständige Träger, einfache Regiebetriebe oder Regiebetriebe mit erweiterter Delegation und erweitertem Instrumentarium, kommunale Eigenbetriebe sowie schließlich eine Reihe von Sonderformen.

2. Erste Reformschritte

a. Veränderungen in den 70er und 80er Jahren

Mit der Festlegung auf das KGSt-Modell von 1979 konnte allerdings nur ein Status quo erfaßt werden. Vielfältige gesellschaftspolitische Veränderungen zwangen die Städte und Gemeinden, auch in der Organisation ihrer Arbeit die neuen Herausforderungen zu berücksichtigen. In erster Linie war dies einer Ausweitung des Aufgabenbestandes zu verdanken, der sich verkürzt auf folgende Ursachen zurückführen läßt:

– Zunahme der Ansprüche der Bürger an den Staat;
– Konkurrenz der politischen Parteien um noch nicht vom Staat abgedeckte Aufgabenfelder;

---

5 Wolfgang Haus et. al., Städte, Kreise und Gemeinden – Wie funktioniert das? Mannheim/Wien/Zürich 1986, S. 134.

Abbildung 2

Geschäfts- und Dezernatsverteilungsplan der

Oberstadtdirektor Lothar Ruschmeier	Stadtdirektor Burkhard von der Mühlen	Beigeordneter Gerhard Kappius	Stadtkämmerer Werner Böllinger	Beigeordneter Dr. Ulrich Schröder	Beigeordneter Andreas Henseler
Dezernat OI	**Dezernat OII**	**Dezernat I -** Allgemeine Verwaltung und öffentliche Ordnung	**Dezernat II -** Finanzen	**Dezernat III -** Umweltschutz	**Dezernat IV -** Schule, Weiterbildung und Sport

01 Büro des Oberstadtdirektors 01/1 Stabsstelle Medienwirtschaft **03 Frauenamt** **13 Presse- und Informationsamt**	**23 Liegenschaftsamt** 230 Grundstücksabteilung 231 Grundwertabteilung 234 Abteilung für Bodenordnung 235 Abteilung für Liegenschaftsverwaltung **25 Vermessungs- und Katasteramt** 251 Vermessungsabteilung 252 Katasterabteilung 253 Abteilung für Automation, Kartographie und Ortsbaurecht ⊙ **26 Gebäudewirtschaft der Stadt Köln** 261 Qualitätsmanagement 262 Finanzwesen 263 Gebäudemanagement 264 Flächenbewirtschaftung 265 Energiewirtschaft 266 Objektservice ○ **30 Rechts- und Versicherungsamt** 300 Zivilrechtliche Angelegenheiten 301 Öffentlich-rechtliche Angelegenheiten 302 Versicherungs- und Schadensangelegenheiten ⊙ **3500 Eigenunfallversicherung** **91 Bezirksamt Innenstadt**	**I/1 Organisationsentwicklung und -beratung** **02 Büros der Stadtvertretung** **10 Hauptamt** ● **1000 Zentrale Dienste** 101 Zentrale Verwaltungs- und Organisationsaufgaben 102 DV-Entwicklung ○ 1020 Rechenzentrum 103 Informations- und Kommunikationsgrundlagen **11 Personalamt** 110 Zentrale Personalangelegenheiten ● ○1100 Zusatzversorgung 111 Abt. für Personalangelegenheiten der Beamten und Angestellten 112 Abt. für Personalangelegenheiten der Arbeiter 115 Abt. für soziale Personalangelegenheiten **14 Rechnungsprüfungsamt** **32 Amt für öffentliche Ordnung** 320 Verwaltungs- und allgemeine Ordnungsangelegenheiten 321 Gewerbeangelegenheiten 322 Straßenverkehrsangelegenheiten 323 Ausländerangelegenheiten ○ 324 Verkehrsüberwachung, Verwarnungs- und Bußgelder, ruhender Verkehr 325 Bußgeldangelegenheiten 326 Zentrale Ausländerbehörde **94 Bezirksamt Ehrenfeld** ⊙ **Gemeinsame Betriebskrankenkasse (GBK)**	● **200 Zentrales Controlling** **20 Kämmerei** 201 Allgemeine Haushalts- und Finanzangelegenheiten, Beteiligungsverwaltung und Steuerberatung 202 Verwaltungs- und Vermögenshaushalt, Vermögens- und Schuldenverwaltung ⊙ **Veranstaltungszentrum Köln** **21 Kassen- und Steueramt** 210 Stadthauptkasse 211 Gemeindesteuern 212 Zentrale Angelegenheiten **24 Amt für Verteidigungslasten** **73 Pfandkreditanstalt** **98 Bezirksamt Kalk**	**37 Berufsfeuerwehr, Amt für Feuerschutz, Rettungsdienst und Bevölkerungsschutz** 370 Verwaltung und Bevölkerungsschutz 371 Brandschutz, Hilfeleistungen und Rettungsdienst 372 Fahrzeug- und Gerätetechnik 373 Kommunikationstechnik 374 Einsatzdienst, Stadtbezirke 3, 4, 5, 6 u 9 375 Einsatzdienst, Stadtbezirke 1, 2, 7 u 8 376 Vorbeugender Brandschutz ○ **57 Amt für Umweltschutz** 570 Verwaltungsabteilung 571 Untere Landschaftsbehörde 572 Untere Wasser- und Abfallwirtschaftsbehörde 573 Boden- und Grundwasserschutz 574 Umweltplanung und Umweltvorsorge **59 Amt für Lebensmittelüberwachung, Veterinärwesen und Verbraucherschutz** 590 Allg. Verwaltungs- und ordnungsbeh. Angel.; Überwachung der Lebensmittel und Bedarfsgegenstände 591 Tierärztliche Angelegenh. - Veterinäramt 592 Institut für Lebensmittel und Wasseruntersuch 593 Institut für Umweltuntersuchungen **67 Amt für Landschaftspflege und Grünflächen** 670 Verwaltung und Betrieb 671 Planung, Entwurf, Neubau und Forst ○ **70 Amt für Abfallwirtschaft, Stadtreinigung und Fuhrwesen** 700 Verwaltungsabteilung 701 Abteilung Betrieb und Technik 702 Anlagenbau und Bautechnik, Bauunterhaltung 703 Abfallwirtschaft	**40 Schulverwaltungsamt** 400 Abt. Schulerganzende Einrichtungen 4002 Media-Center 4003 Schulpsychologischer Dienst 4004 Rheinische Musikschule 401 Schulamt für die Stadt Köln 402 Schulplanung, Schulbau und Einrichtung, Schulsport 403 Abteilung Verwaltungs- und Haushaltsangelegenheiten 404 Abteilung Realschulen, Gymnasien, berufsbildende Schulen und Gesamtschulen **42 Amt für Weiterbildung** 420 Verwaltungsabteilung 421 Bildungsberatung und Bildungswerbung 422 Qualifizierung und Fortbildung 423 Sprachliche Weiterbildung 424 Gesellschaftliche Weiterbildung **52 Sport- und Bäderamt** 521 Bäder 522 Sportförderung 523 Stadion **97 Bezirksamt Porz**

Anmerkung:
Die mit ● gekennzeichneten Dienststellen sind dem Dezernenten bzw. dem Dezernenten unmittelbar unterstellt.
Bei den mit ○ gekennzeichneten Dienststellen handelt es sich um eigenverantwortliche Leistungszentren.
⊙ = Eigenbetrieb/eigenbetriebsähnliche Einrichtung bzw. Sondervermögen und GBK

Stand: 01.05.1997

Stadt Köln, Der Oberstadtdirektor, Hauptamt, Zentrale Verwaltungs- und Organisationsaufgaben, Laurenzplatz 1-3,
50667 Köln, Tel. 0221/221-6342, Fax 0221/221-6565

Stadtverwaltung

Stadt ⚜ Köln, Der Oberstadtdirektor

Beigeordnete Dr. Ursula Christiansen	Beigeordneter Dr. Franz-Josef Schulte	Beigeordnete Dr. Kathinka Dittrich van Weringh	Beigeordneter Klaus-Otto Fruhner	Beigeordneter Prof. Béla Dören	Beigeordneter Hubertus Oelmann
Dezernat V - Soziales und Gesundheit	**Dezernat VI -** Kinder, Jugend und Familie	**Dezernat VII -** Kultur	**Dezernat VIII -** Wirtschaft und Stadtentwicklung	**Dezernat IX -** Hochbau und Stadterneuerung	**Dezernat X -** Tiefbau und Verkehr

V/2 Arbeitssicherheitstechnischer Dienst
V/3 Interkulturelles Referat

50 Sozialamt
500 Allgem Verwaltungsangelegenheiten, Hilfen für Personen in besonderen Schwierigkeiten, Hilfe zur Arbeit
501 Abteilung Sozialhilfe
502 Abteilung für Kriegsopfer, Schwerbehinderte, Spätaussiedler und Flüchtlinge
503 Abteilung für Sozialplanung, Alte, Behinderte und Kranke

⊙ **5003 Zentren für Senioren und Behinderte der Stadt Köln**

53 Gesundheitsamt
530 Verwaltungsabteilung
531 Medizinalwesen/Amtsärztlicher Dienst
532 Umwelt- und Seuchenhygiene
533 Jugendärztl. Dienst/ Gesundheitl. Beratungsdienste
534 Soziale Psychiatrie

⊙ **54 Kliniken**
540 Organisation/Datenverarbeitung
541 Personalabteilung
542 Einkauf
543 Finanz- und Rechnungswesen. Sonderk
544 Bauabteilung
5400 Krankenhaus Merheim
5402 Kinderkrankenhaus Amsterdamer Straße
5404 Waldkrankenhaus Rosbach/Sieg
5407 Krankenhaus Holweide

56 Amt für Wohnungswesen
560 Verwaltungsabt. und Wohnungspflege
561 Wohnungsbauförderungsabteilung
562 Wohnversorgung

● **5800 Arbeitsmedizinischer Dienst**

92 Bezirksamt Rodenkirchen

---

34 Amt für Personenstandswesen
340 Standesamtsaufsicht. Namens- und Staatsangehörigkeitsangelegenheiten
341 Standesamt

51 Jugendamt
510 Allgemeine Verwaltungsangelegenheiten
511 Pädagogische und Soziale Dienste
●○ **5110 Familienberatungsstelle**
●○ **5111 Kinderheime**
513 Tagesbetreuung für Kinder
514 Jugendförderung

55 Ausgleichsamt

58 Amt für Kinderinteressen

93 Bezirksamt Lindenthal

VII/3 Referat für übergreifende Museumsangelegenheiten

41 Kulturamt
4100 Bühnen
4101 Orchester
4102 Puppenspiele
4104 NS-Dokumentationszentrum
4105 Historisches Archiv
● **4110 Wallraf-Richartz-Museum**
● **4111 Museum Ludwig**
● **4112 Römisch-Germanisches Museum**
● **4113 Rautenstrauch-Joest-Museum**
● **4114 Museum für Angewandte Kunst**
● **4115 Museum für Ostasiatische Kunst**
● **4116 Schnütgen-Museum**
● **4118 Kölnisches Stadtmuseum**
● **4119 Josef-Haubrich-Kunsthalle**
● **4122 Museumsdienst**
● **4123 Kunst- und Museumsbibliothek**
● **412 Konservator**

○ **43 Stadtbibliothek**
43/1 Beratung und Elektronische Dienste
43/2 Bibliothekarische Systemanalyse. EDV
430 Zentrale Bibliotheksverwaltung
431 Bestandsaufbau und -erschließung
432 Zentrales Bibliothekssystem
433 Dezentralisiertes Betriebssystem
434 Schulbibliothekarische Arbeitsstelle
435 Heinrich-Böll-Archiv
436 Literaturarchiv in Köln

---

12 Amt für Statistik, Einwohnerwesen und Europaangelegenheiten
12/1 Europaburo
120 Zentrale Dienste. Wahlen, Einwohnerwesen
121 Stadtforschung. Statistisches Informationssystem und Datenverarbeitung

15 Amt für Stadtentwicklungsplanung

61 Stadtplanungsamt
610 Zentrale Planungsangelegenheiten
611 Planungsteam 1
612 Planungsteam 2
613 Planungsteam 3
614 Verkehrsplanung

○ **72 Marktamt**

80 Amt für Wirtschafts- und Beschäftigungsförderung
801 Standortmarketing
803 Betriebsservice
804 Beschäftigungsförderung. Kommunalstelle Frau und Wirtschaft

81 Köln-Tourismus Office

95 Bezirksamt Nippes

---

60 Amt für Stadtsanierung und Baukoordination
600 Zentrale Aufgaben
601 Abteilung für Bauwirtschaft
602 Bau- und Sanierungsleitstelle

○ **63 Bauaufsichtsamt**
630 Bauaufsichtsabteilung
631 Statische Abteilung
632 Verwaltungsabteilung

65 Hochbauamt
650 Zentrale Dienste
651 Gebäudeplanung
652 Tragwerksplanung
653 Gebäudetechnik
654 Technisches Gebäudemanagement

99 Bezirksamt Mülheim

---

62 Tiefbauverwaltungsamt
620 Allgem Verwaltungsschließungsangelegenheiten
621 Beitragsangelegenheiten nach BauGB und KAG

66 Amt für Straßen und Verkehrstechnik
660 Regionalabt. links rheinisch-Süd
661 Regionalabt. links rheinisch-Nord
662 Regionalabt. rechtsrheinisch
663 Verkehrstechnik
664 Zentrale Aufgaben
665 Verkehrsmanagement

○ **68 Amt für Stadtentwässerung**
680 Entwurf
681 Neubau
682 Betrieb und Unterhaltung
683 Klärwerke
684 Abwasserinstitut
685 Zentrale Angelegenheiten

69 Amt für Brücken und Stadtbahnbau
690 Entwurf
691 Neubau
692 Unterhaltung
693 Zentrale Aufgaben

96 Bezirksamt Chorweiler

Vertretungsregelung

<table>
<tr><th>Dezernat</th><th>1. Vertreter</th><th>2. Vertreter</th></tr>
<tr><td>Oberstadtdirektor Ruschmeier, OI</td><td>Stadtdirektor von der Mühlen, OII</td><td>Stadtkämmerer Bollinger, II</td></tr>
<tr><td>Stadtdirektor von der Mühlen, OII</td><td>Stadtkämmerer Bollinger, II</td><td>Beigeordneter Kappius, I</td></tr>
<tr><td>Beigeordneter Kappius, I</td><td>Beigeordneter Dr. Schröder, III</td><td>Stadtkämmerer Bollinger, II</td></tr>
<tr><td>Stadtkämmerer Bollinger, II</td><td>Beigeordneter Fruhner, VIII</td><td>Stadtdirektor von der Mühlen, OII</td></tr>
<tr><td>Beigeordneter Dr. Schröder, III</td><td>Beigeordneter Dr. Dittrich van Weringh, VII</td><td>Beigeordneter Oelmann, X</td></tr>
<tr><td>Beigeordnete Dr. Christiansen, V</td><td>Beigeordneter Dr. Schulte, VI</td><td>Beigeordneter Dr. Schulte, VI</td></tr>
<tr><td>Beigeordneter Dr. Schulte, VI</td><td>Beigeordnete Dr. Christiansen, V</td><td>Stadtkämmerer Bollinger, II</td></tr>
<tr><td>Beigeordnete Dr. Dittrich van Weringh, VII</td><td>Beigeordneter Henseler, IV</td><td>Beigeordnete Dr. Christiansen, V</td></tr>
<tr><td>Beigeordneter Fruhner, VIII</td><td>Beigeordneter Oelmann, X</td><td>Beigeordneter Fruhner, VIII</td></tr>
<tr><td>Beigeordneter Prof. Dören, IX</td><td>Beigeordneter Prof. Dören, IX</td><td>Beigeordneter Dr. Schröder, III</td></tr>
<tr><td>Beigeordneter Oelmann, X</td><td></td><td></td></tr>
</table>

- Erhöhung der Standards in den einzelnen öffentlichen Aufgabenbereichen bis zur Perfektion;
- Auseinanderfallen von Normsetzungen auf Bundes- und Landesebene und Durchführung bei den Kommunen;
- zu geringe Überprüfung neuer oder erweiterter Aufgaben auf finanzielle, organisatorische, personelle und sonstige Auswirkungen.[6]

Weder in der Politik noch in der Verwaltung wurde diesem Aufgabenzuwachs mit einer systematischen Durchforstung des vorhandenen Aufgabenbestandes begegnet. Die Übernahme neuer oder die Erweiterung bestehender Aufgaben wurde vielmehr als Ausdruck gesellschaftlichen Fortschrittes betrachtet und als »Ewigkeitswert« festgeschrieben. Schlagwortartig wurden dadurch auftretende Schwächen im politisch administrativen System als »Vollzugsdefizit«, »Regelungsüberlastung«, »Bürgerferne«, »Unregierbarkeit« bezeichnet, blieben aber grundsätzlich unangetastet.

In dieser Zeit der 70er/80er Jahre gab es Aufgabenkritik in der Kommunalverwaltung nur in Ansätzen. Entwickelt in der Wirtschafts- und Finanzkrise ab 1974, wurde nach Einsparungsmöglichkeiten in den öffentlichen Haushalten gesucht. Bemühungen, den Personalkostenanteil an öffentlichen Haushalten zu senken, waren vielfach Anlaß, die von den Gebietskörperschaften geplanten zukünftigen und vorhandenen Aufgaben kritisch daraufhin zu überprüfen, ob und in welchem Umfang
- neue Aufgaben übernommen werden sollten,
- vorhandene Aufgaben abgebaut oder eingeschränkt werden konnten,
- Aufgaben auf andere Träger – insbesondere private – übertragbar seien.

Ebenso paßten in das starre KGSt-Schema nicht die seit den 70er Jahren hinzugekommenen Herausforderungen durch neue Querschnittsfunktionen in der Verwaltung. Zu nennen sind hier die Rolle der Stadtentwicklungspolitik, die Umweltpolitik sowie die Gleichstellungsstellen. Alle diese Querschnittsfunktionen brachten neue Organisationsansätze mit sich. Diese äußerten sich in völlig verschiedenen Herangehensweisen (Stadtentwicklungsplanung oder der Umweltschutz als untergeordnete Einheiten im Baudezernat, hervorgehoben als Stabsstelle beim Hauptverwaltungsbeamten, als eigenes Amt oder gar als eigenes Dezernat). Dabei ist z. B. im Bereich des Umweltschutzes eine durchaus wechselvolle Organisationszuordnung im Laufe der Jahre zu verzeichnen, die gleichzeitig ein Spiegelbild der Bedeutung dieses Politikfeldes ist. Begann die Arbeit in den frühen 80er Jahren als verwaltungsinterner Arbeitskreis (betreut vom Tiefbauamt als »Untere Wasserbehörde«), erfolgte mit der Zeit eine Aufwertung als Stabstelle beim Baubeigeordneten, danach wurde eine Geschäftsstelle Umweltschutz eingerichtet, im folgenden kam es zur Gründung eines Umweltamtes und – bedingt durch politische Konstellationen – Einrichtung eines ganzen Umweltdezernates. In den 90ern ging im Zuge der Verwaltungsmodernisierung das Dezernat in einen größeren Geschäftsbereich auf, der Umweltschutz wurde als allgemeine Querschnittsaufgabe aller Bediensteten definiert, und damit einher ging die Streichung des Umweltamtes und die Einrichtung einer Querschnittsmanagementgruppe. Der Kreis hatte sich geschlossen.

In vielen Städten ist immer noch nicht die Zuordnung der Gleichstellungsstellen – bei Fachdezernaten oder bei der Verwaltungsspitze – geklärt; das gleiche gilt für die Beteiligungs- und Anhörungsrechte dieser Einrichtung.

---

6 Rudolf Dieckmann, Aufgabenkritik und Privatisierungsproblem, in: Günter Püttner (Hrsg.; Anm. 1), S. 97 ff.

b. Einzelne ausgewählte Reformvorhaben

Beispiele: PROSOZ und Bürgeramt

Ohne daß dies eine breite Reformbewegung wurde, begannen in einzelnen Kommunen Mitte der 80er Jahre Reformvorhaben, die Teilprojekte der heutigen Verwaltungsmodernisierung bereits vorwegnahmen. Neben zahlreichen Ansätzen, die sich insbesondere mit verbesserten Formen der Aufgabenkritik[7] und der Organisationsreform[8] beschäftigten, wurden in Pilotprojekten insbesondere partizipative Modernisierungsansätze gewählt. Als Beispiel für viele andere können die Projekte PROSOZ und Bürgeramt Unna gelten.

An dem im Rahmen des Programms »Humanisierung des Arbeitslebens« vom BMFT geförderten Verbundprojekt »Technikunterstützte Informationsverarbeitung in der Sozialhilfe – PROSOZ« beteiligten sich die Städte Bremen, Dreieich und Herten sowie die Verbandsgemeinde Untermosel und der Kreis Mayen-Koblenz. Dieses Projekt setzte insbesondere auf der Ebene der Partizipation und Qualifizierung im Rahmen technikbedingter Reorganisationsprozesse an. Der Einsatz dezentraler Technik sollte sowohl Humanisierungspotentiale eröffnen als auch die Qualität des Verwaltungshandelns durch mehr Bürgernähe erhöhen. Hier ging es, im Unterschied zu anderen auf Bürgerservice bezogenen Projekten, um einen Ansatz für eine spezifische Fachaufgabe (Sozialhilfe) und um eine bestimmte Ziel-Klientelgruppe.

PROSOZ kann als ernsthafter und weitgehend gelungener Versuch der Partizipation der Beschäftigten gewertet werden. Bezogen auf Qualifizierungschancen der Beschäftigten läßt sich feststellen, daß der prozeßbezogene Qualifizierungserfolg eingetreten ist. Als nicht partizipationsfördernd erwies sich allerdings die Form der Technikentwicklung; Schwierigkeiten bei der Angleichung von Hardware und Software wirkten hinderlich.

Eines der bekanntesten und wissenschaftlich am gründlichsten ausgewerteten Modelle für eine technikunterstützte Integration von bürgerbezogenen Aufgabenbereichen stellte das Bürgeramt Unna dar. Dieses wurde als Modellvorhaben seit Herbst 1980 von der Stadt Unna in Kooperation mit der Gesellschaft für Mathematik und Datenverarbeitung durchgeführt und bis Mitte der 80er Jahre durch das BMFT gefördert. 1984 wurde der Betrieb aufgenommen; er umfaßte die publikumsrelevanten Bereiche des Einwohnerwesens und des Wahlamtes. Ziel des weiteren Ausbaus war es, einfache und sofort zu erledigende Aufgaben aller Ämter in das Bürgeramt einzubeziehen. In einer zweiten Ausbaustufe kamen 1985 weitere Aufgaben (Fundsachen, Anträge für Fischereischeine, Sperrstundenverkürzung, Hilfe für DDR-Besucher etc.) hinzu. Die ursprünglichen, sehr weitgehenden Integrationspläne, in die u. a. auch Aufgaben des Sozialamtes einbezogen sollten, erschienen allerdings wegen der Handhabung sensibler Daten ohne informationelle Abgrenzung zwischen den verschiedenen Verwaltungsaufgaben bedenklich.[9]

---

7   Weitere Nachweise bei: Rudolf Dieckmann, Aufgabenkritik und Privatisierungsproblem, in: Günter Püttner (Hrsg.; Anm. 1), S. 96.

8   Eberhard Laux, »Änderung von Organisation und Verfahren: Praxis der Organisationsentwicklung« und Ernst Pappermann, »Chancen für Organisationsreformen in der Kommunalverwaltung?« In: Carl Böhret/Heinrich Siedentopf (Hrsg.), Verwaltung und Verwaltungspolitik, Schriftenreihe der Hochschule Speyer, Bd. 90, Berlin 1983, S. 309 (Laux) und 313 (Pappermann).

9   Weitere ausführliche Nachweise in: Lothar Bayer/Hans Brinckmann, Kommunalverwaltung im Umbruch, Köln 1990, S. 102 ff.

3. Die »neue« Stadtverwaltung

a. Die Reformbewegung der 90er Jahre: Anlaß und Ziele

Gekennzeichnet durch Ämterorganisation und hierarchische Linienverantwortung boten die Stadtverwaltungen in den vergangenen Jahrzehnten ein durchaus einheitliches und klares Bild. Unterschiede ergaben sich meist nur aus den örtlich abweichend geregelten Dezernatsgliederungen, d. h. dem Zuschnitt des Aufgabengebietes des Bürgermeisters und des Geschäftskreises der Beigeordneten sowie durch die variantenreich in die Organisation eingefügten »Beauftragten«. Diese relative Homogenität der Organisationsstrukturen veränderte sich teilweise abrupt durch die Anfang der 90er Jahre einsetzende Verwaltungsmodernisierung. Diese erreichte vor allem auf kommunaler Ebene bald eine solche Breite und ein solches Ausmaß, daß durchaus von einer Reformbewegung gesprochen werden kann.

Unter Leitbegriffen wie »Konzern Stadt« (Duisburg) oder »Unternehmen Verwaltung« (Berlin) lösten viele Städte in ihren Administrationen erhebliche Veränderungsprozesse aus, mit dem Ziel, den Wandel von der Bürokratie zum wirtschaftlich und ergebnisorientiert arbeitenden bürgernahen Dienstleistungsbetrieb zu schaffen (vgl. auch den Beitrag von Monika Kuban, Stadt Duisburg, zur kommunalen Haushaltspolitik, in diesem Band). Für den Modernisierungsdruck sorgten dabei vor allem drei Gründe:
– Durch ständige Übertragung von Landes- und Bundesaufgaben auf die Kommunen ohne die entsprechende finanzielle Ausstattung, durch wachsende Soziallasten infolge erheblich gestiegener Arbeitslosenzahlen, durch instabile Gewerbesteuereinnahmen und schließlich durch die kommunale Beteiligung an der Solidarpaktfinanzierung waren die Kommunen, ähnlich wie Anfang der 80er Jahre in eine dramatische Finanzkrise geraten, die im Jahre 1995 zu einem kommunalen Gesamtdefizit von über 14 Mrd. DM führte. Dazu trug auch bei, daß sich vor allem die Städte zu »Rundumversorgern« mit hohen Standards bei der Leistungserfüllung entwickelt hatten.
– Durch unzeitgemäße Organisationsstrukturen und Verhaltensweisen, die sich vornehmlich an der Einhaltung von Regeln und Normen, nicht jedoch auch an Kosten orientierten, entstanden zunehmend nicht mehr zu verantwortende Wirtschaftlichkeits- und Effizienzdefizite.
– Durch Schwerpunktverlagerungen weg von der Eingriffs- und Ordnungsverwaltung hin zu einer Leistungsverwaltung sowie durch mehr individuelle Souveränität der Bürgerinnen und Bürger, verbunden mit veränderten Erwartungen und gestiegenen Ansprüchen gegenüber allen öffentlichen Händen und speziell gegenüber kommunalem Handeln, war ein Mißverhältnis zwischen Anforderungen und Möglichkeiten entstanden, das sich zu einer kommunalen Vertrauenskrise ausweitete. Diese verschärfte sich durch drastisch ansteigende Gebühren. Generell verbreiteten sich immer mehr Zweifel daran, daß die Kommunen sparsam mit Geld umgehen können, so daß sich in vielen Köpfen das Bild einer unbeweglichen und leistungsschwachen Bürokratie der Kommunalverwaltung verfestigte.

Vor diesem Hintergrund geht es also bei der Verwaltungsmodernisierung im kommunalen Bereich darum, bürokratische und zu teure, gleichzeitig aber auch starre und langsame Stadtverwaltungen zu effizient arbeitenden bürger- und kundenfreundlich handelnden Verwaltungsbetrieben umzugestalten, oder kurz gesagt: Neben die klassischen Verwaltungsprinzipien Rechtmäßigkeit und formale Korrektheit soll gleichrangig auch die Wirtschaftlichkeit sowie die »Kundenorientierung« gestellt werden.

Befördert und inhaltlich gespeist werden diese Modernisierungsbestrebungen aus folgenden Quellen:

– Von einer weltweiten »New Public Management«-Diskussion, die aus einer Reihe ausländischer Staaten, insbesondere USA, Neuseeland, Großbritannien, Schweden, Dänemark und Niederlanden interessante Ansätze aufgenommen und ein international verändertes Verständnis von Administration entwickelt hat. Der verblüffende »Gleichklang der Themen«[10] läßt sich mit folgenden zwei Stichworten kennzeichnen: Staatsrückbau sowie Besinnung auf »Kernfunktionen«. Die Kommunalverwaltung wird dabei neben ihren verbliebenen hoheitlichen Funktionen immer mehr als Gewährleister für eine örtliche Dienstleistungsinfrastruktur gesehen. Sie nimmt das operative Geschäft nur wahr, wenn anderweitige Angebote die öffentlichen Bedürfnisse nicht abdecken. Die Bewertung administrativer Leistungen und Verteilung von Mitteln richtet sich nach Output-Kriterien, d. h. das Verwaltungsprodukt rückt in den Mittelpunkt. Die Klienten der Verwaltung sollen als Kunden betrachtet werden, deren Interessen, Werthaltungen und Ansprüche mit einer entsprechenden Qualifikation des Verwaltungspersonals begegnet werden muß. Zentralisierte Institutionen sollen dezentralisiert werden, wobei die hierarchische Kontrolle durch partizipatives Management ersetzt wird. Zwischen einzelnen Verwaltungseinheiten soll Wettbewerb eingeführt werden, wo dies nicht unmittelbar möglich ist, soll der Wettbewerb über Surrogate simuliert werden.

– Insgesamt lassen sich diese internationalen Trends auch als »Ökonomisierung der öffentlichen Verwaltung«[11] bezeichnen. Auf nationaler Ebene prägt sich diese Ökonomisierung allerdings höchst unterschiedlich aus, weil zum einen die kommunalverfassungsrechtlichen Rahmenbedingungen sehr voneinander abweichen und zum anderen Auffassungsunterschiede darüber bestehen, wie weit in den Rathäusern die betriebswirtschaftliche Rationalität Einzug halten kann und das spezifisch Öffentliche, z. B. die Solidar- und Ausgleichsfunktionen dem entgegenstehen.

– Bei seiner Konzipierung stand das Reformmodell der holländischen Stadt Tilburg Pate.[12]

– Das »Neue Steuerungsmodell« der KGSt: Die kommunale Gemeinschaftsstelle für Verwaltungsvereinfachung in Köln kann sich zugute halten, mit ihrem Grundsatzbericht Nr. 5/1993 »Das Neue Steuerungsmodell«[13] ein Gesamtkonzept für die Modernisierung deutscher Kommunalverwaltungen vorgelegt zu haben. Im einzelnen strebt dieses Konzept den Aufbau einer unternehmensähnlichen, dezentralen Führungs- und Organisationsstruktur an. Deren Kernelemente sollen sein: Klare Verantwortungsabgrenzung zwischen Politik und Verwaltung, Führung durch Leistungsabsprache statt durch Einzeleingriff, dezentrale Gesamtverantwortung im Fachbereich, zentrale Steuerung neuer Art, insbesondere Instrumente zur Steue-

---

10 Christoph Reichard/Hellmut Wollmann (Hrsg.), Kommunalverwaltung im Modernisierungsschub? Stadtforschung aktuell, Bd. 58, Basel/Boston/Berlin, 1996, S. 293.

11 Klaus König, »Neue« Verwaltung oder Verwaltungsmodernisierung: Verwaltungspolitik in den 90er Jahren, in: Die Öffentliche Verwaltung, (1995) 9, S. 350.

12 Vgl. Rolf Krähmer, Das Tilburger Modell der Verwaltungsorganisation und Verwaltungsführung, Sozialdemokratische Gemeinschaft für Kommunalpolitik NW e.V. (Hrsg.), Düsseldorf 1992.

13 Kommunale Gemeinschaftsstelle für Verwaltungsvereinfachung, KGSt-Bericht 5/1993, Das Neue Steuerungsmodell, Köln 1993.

rung der Verwaltung von der Leistungsseite her (Outputsteuerung) sowie der ergänzende Vorschlag, die neue Struktur durch Wettbewerb bzw. Wettbewerbssurrogate zu aktivieren. Die etwas technokratisch-instrumentell wirkende Bezeichnung »Neues Steuerungsmodell« hat gleichwohl viel Zugkraft und Popularität in der Bundesrepublik Deutschland erlangt. Bedenkt man, daß die KGSt mit ihren Gutachten und Vorschlägen nicht den Anspruch erheben kann, einen verbindlichen Gestaltungsrahmen für alle Städte, Gemeinden und Kreise anzubieten, so ist die große Verbreitung ihres Konzeptes um so eindrucksvoller. In der Praxis gibt es inzwischen allerdings viele Varianten neuer Steuerungsmodelle. Entsprechend der Individualität ihrer Verwaltungen haben zahlreiche Städte damit begonnen, einzelne Elemente des KGSt-Modells auf ihre Verwaltungen zu übertragen, und sie sind dabei meist mit der Einführung der dezentralen Ressourcenverwaltung nebst einer strikten Budgetierung gestartet.[14]

– Schließlich der Beitrag des Deutschen Städtetages: Aufbauend auf die Beratungen der Hauptversammlung in Karlsruhe (1993) markierte er mit seinen 10 Thesen zur Verwaltungsmodernisierung vom 7. November 1994 in Leipzig nicht nur das Problem, sondern bezeichnete auch knapp und prägnant die Modernisierungsziele (mehr Flexibilität, Effektivität und Wirtschaftlichkeit des Verwaltungshandelns, ferner Beiträge zur Haushaltskonsolidierung sowie stärkere Orientierung an den Erwartungen und Ansprüchen der Bürgerinnen und Bürger) und strukturierte schließlich das weite Feld der möglichen Aktivitäten mit der Betonung von vier besonders wichtigen Modernisierungsbereichen: Veränderungen im Haushalts- und Rechnungswesen, im Personal- und Organisationsbereich, im Bereich der kommunalen Beteiligungen sowie schließlich im Verhältnis zwischen Rat und Verwaltung. Bereits in diesen Thesen wurde Verwaltungsmodernisierung als zeitaufwendiger Umgestaltungsprozeß erkannt, der keine Augenblickserfolge und insbesondere keine kurzfristigen Einsparungen verspricht. Im übrigen wurde darauf hingewiesen, daß er der nachhaltigen Unterstützung durch Rat und Verwaltungsführung sowie der breiten Verankerung bei den Beschäftigten der Stadt bedarf.

Nur scheinbar paradox ist es, daß – nicht zuletzt auch durch die zahlreichen Berater aus westdeutschen Städten – beim Aufbau der kommunalen Selbstverwaltung in Ostdeutschland erst einmal auf das »bewährte« KGSt-Modell von 1979 zurückgegriffen wurde, obwohl quasi zeitgleich in den westdeutschen Städten Modernisierungsansätze in vielfältiger Art und Weise begonnen wurden.[15]

b. Vielfalt als Kennzeichen

Der Umfang, ja sogar die Dynamik der Verwaltungsmodernisierung in den Städten wird deutlich anhand einer Umfrage des Deutschen Städtetages von Anfang 1996. Zu diesem Zeitpunkt waren 191, d. h. 71 % und damit die ganz überwiegende Mehrzahl,

---

14 S. z. B.: Aufgaben- und Verwaltungsreform, Das Neue Steuerungsmodell für die Stadtverwaltung der Landeshauptstadt München, Grundsatzbeschluß des Stadtrates vom 2. 3. 1994, München 1994.

15 Hellmut Wollmann, Der institutionelle Umbruch in den ostdeutschen Städten – zwischen Rezeption, Eigenentwicklung und Innovation, in: Gerhard Seiler (Hrsg.), Gelebte Demokratie, Festschrift für Manfred Rommel, Köln 1997, S. 121–123 und dortige Anm. 52.

Abbildung 3

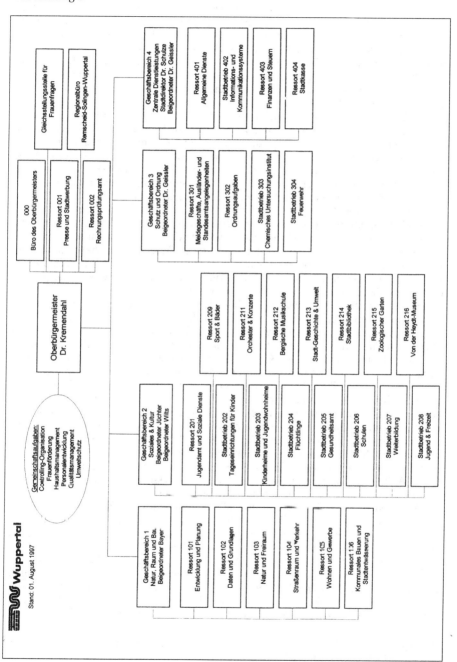

der 270 Mitgliedstädte mit Modernisierungsmaßnahmen befaßt. Ein Jahr zuvor waren es erst 140 »Reformstädte« gewesen. Die Modernisierungsstatistik läßt darüber hinaus erkennen, daß die Städte den Modernisierungsbereichen ganz unterschiedliche Prioritäten einräumen. Danach stellt sich die Reihenfolge der Modernisierungsansätze und -instrumente etwa wie folgt dar: Einführung von Kosten- und Leistungsrechnung, Budgetierung, Optimierung von Verwaltungsabläufen, dezentrale Ressourcenverantwortung, Controlling und Berichtswesen, Beschreibung und Einführung von Produkten, Personalentwicklungsmaßnahmen, Abbau von Hierarchieebenen sowie schließlich Bürgerbefragungen.[16]

Die Stichworte belegen nicht nur viele Veränderungen in den Rathäusern, sondern hinsichtlich der konkreten Aktivitäten zeichnen sie auch ein überaus buntes Bild. Die Beschreibungen der städtischen Modernisierungsprojekte belegen auch folgende naheliegende Annahme: Selten wird das Tilburger Beispiel kopiert oder das »Neue Steuerungsmodell« der KGSt in Reinkultur angestrebt bzw. verwirklicht. Jede Stadt gestaltet vielmehr ihr eigenes individuelles Reformmodell, fertigt sich quasi einen Maßanzug, der ihren Leitvorstellungen, ihrer Organisationsgröße und ihrer Verwaltungskultur entspricht.

Ähnlich unterschiedlich ist das Bild, wenn man auf die praktischen Herangehensweisen der Städte abhebt: Mehrheitliche Praxis ist die Erprobung der Reform in Pilotprojekten bzw. in Teilbereichen der Verwaltung. Durchaus eine beachtliche Zahl von Städten, wie z. B. Bergisch Gladbach, Berlin, Castrop-Rauxel, Gelsenkirchen, Herford, Oberhausen, Passau, Trier oder Wuppertal planen bzw. wagen aber bereits den ganzheitlichen Einsatz einer Reform der gesamten Verwaltung.

Sieht man noch genauer hin, so ist schließlich feststellbar, daß Städte wie Herford, Oberhausen oder Wuppertal sich von der herkömmlichen Ämterorganisation ganz abgewendet und die Verantwortung für fast alle Ressourcen von den bisherigen Querschnittsämtern auf dezentrale Fach- oder Geschäftsbereiche sowie Ressorts/Stadtbetriebe übertragen haben (s. Abb. 3). Solche neuen Gliederungen und Bezeichnungen mindern zunächst den »Wiedererkennungswert« von Stadtverwaltungen und die Orientierung in ihnen, erwecken im Gesamtüberblick sogar den Eindruck von Unübersichtlichkeit. Ein solcher negativer Eindruck wäre jedoch falsch. Zunächst ist eine solche Heterogenität generell bei starken Veränderungsprozessen der Ausdruck einer Umbruchsituation. Außerdem unterstreicht diese Vielfalt, daß zahlreiche Stadtverwaltungen zur Zeit bestrebt sind, kreativ neue Aufbau- und Ablauforganisationen zu schaffen und diese auch ohne bürokratischen Beigeschmack neu zu bezeichnen (Oberhausen: »Rathaus ohne Ämter«). Letztlich soll die Verwaltungsorganisation in ihrem Aufbau und in ihrer Funktionsweise im Interesse von effizienter und »kundenorientierter« Aufgabenwahrnehmung verbessert werden.

Die Frage, ob das alles zulässig ist, läßt sich anhand einer Konstante des Kommunalverfassungsrechts, hier des Grundsatzes der Organisationsfreiheit, eindeutig bejahen. Im übrigen sei ergänzt: Ebenso wie die deutschen Gemeindeordnungen grundsätzlich den Rat jeweils zum obersten Organ bestimmen, geben sie doch generell dem Bürgermeister das ausdrückliche Organisationsrecht. Dazu gehört es auch, selbständig einen Organisations- und Geschäftsverteilungsplan zu erlassen und durch Einzelanweisungen die Geschäfte auf die Verwaltungsmitarbeiter zu verteilen (vgl. § 62 GO NW). Von daher läßt sich die geschilderte Vielfalt auch so erklären: Der umfangreiche Aufgabenbestand der Städte ist weitgehend fremdbestimmt, nämlich

---

16 Helmut Klages, Zwischenbilanz der Verwaltungsmodernisierung in Deutschland, in: Verwaltung und Management, (1997) 5/6, S. 134.

durch Bundes- und Landesgesetze festgelegt. Die Organisation der Aufgabenerfüllung hingegen ist grundsätzlich selbstbestimmt und hier haben die Organe der Stadt, namentlich der Bürgermeister, erhebliche Gestaltungsspielräume.

c. Kernelemente der Reform

Die Vielfalt der städtischen Reformmodelle mag verwirren, die dominierenden Kernelemente lassen sich jedoch relativ leicht identifizieren und geben Orientierung. Als erstes fällt im Gesamtüberblick der Budgetierung eine Schlüsselrolle zu, an die sich mit einer gewissen Zwangsläufigkeit die dezentrale Ressourcenverantwortung anschließt. Dies hat folgenden Hintergrund: Die klassische Aufgabenverteilung in den Stadtverwaltungen war gekennzeichnet durch eine Trennung zwischen Fach- und Ressourcenverantwortung. Den Ämtern/Dezernaten/Referaten wurden die Aufgaben, z. B. Vollzug der Sozialhilfevorschriften, zur eigenverantwortlichen Erfüllung übertragen. Die dafür benötigten Ressourcen (z. B. Sachmittel und Personal) wurden ihnen jedoch von den Querschnittsämtern zugeteilt, wobei die Verwendung weitgehend durch organisatorische Vorgaben vorherbestimmt war. Die Bildung von starken Querschnittsbereichen (Hauptamt, Personal- und Organisationsamt sowie Kämmerei) hat sich grundsätzlich auch bewährt. Innerhalb einer Stadt kann so auf der Grundlage eines hohen Standes an dort versammeltem Spezialwissen eine haushaltsrechtliche, organisatorische und personalpolitische Gleichbehandlung gewährleistet werden. Gleichwohl haben sich aus dieser geteilten Verantwortung zunehmend Unzulänglichkeiten ergeben, die vor allem die wirtschaftliche Mittelverwendung und das Kostenbewußtsein sowie die Motivation generell beeinträchtigten. Abhilfe verspricht man sich dadurch, daß man den Fachreferaten bzw. Ämtern oder Dezernaten mit Zuweisung der Fachaufgaben – also dem »Ob« der Aufgabenerfüllung – auch die möglichst umfassende Ressourcenverantwortung überträgt. Dieses Mehr an Selbstverantwortung durch weitgehende »Ressourcenhoheit« wird in der Praxis an eine Gegenleistung geknüpft, die sich auf die Formel bringen läßt: »Freiheit gegen Geldersparnis«. Generell ist es nämlich üblich, die Budgets der eigenverantwortlichen Fachbereiche pauschal um 10 %–15 % gegenüber den bisherigen Etatposten zu kürzen. Dieser Einschnitt rechtfertigt sich auch durch die mit der Budgetierung einhergehende Flexibilisierung der Mittelverwendung, d. h. es besteht nun die Möglichkeit, nicht verwendete Mittel in das nächste Haushaltsjahr zu übertragen bzw. Budgetüberschreitungen im Folgejahr wieder auszugleichen.

Es ist erkennbar, daß diese Ausgabenbudgetierung erst eine Station auf dem Weg zu einer echten Ergebnissteuerung ist. Diese setzt eigentlich Kostenkenntnis auf der Grundlage monetär bewerteter Leistungen (»Produkte«) voraus. Städte wie Köln und Duisburg haben sich deshalb dafür entschieden, ohne große Änderungen in der Dezernats- und Ämterstruktur produktorientierte Verwaltungshaushalte einzuführen (s. auch Abb. 2). Damit haben sie ein zweites Kernelement realisiert. In einem »Haushaltsbuch« als Anlage zum Verwaltungshaushalt erfolgt die Darstellung aller Einnahmen und Ausgaben produktbezogen. Als Produkte werden Leistungen oder Gruppen von Leistungen bezeichnet, die von Stellen außerhalb des jeweils betrachteten Fachbereiches benötigt werden. Damit sind Produkte zukünftig der Bezugspunkt und die entscheidende Informationsbasis für die Steuerung und den Ressourceneinsatz. Die Zuordnung von Kosten und Erlösen, von personellen und sächlichen Ressourcen zu den Produkten in Verbindung mit Kennziffern zu Art und

Umfang der Leistungen ermöglicht letztlich eine Beurteilung der Qualität und Wirtschaftlichkeit von Verwaltungsleistungen. Schließlich geht damit ein neues Haushalts- und Rechnungswesen einher, das Abschied nimmt von der traditionellen Kameralistik und – ergänzt durch eine Kostenrechnung – sich der Doppik annähert.

d. Weitere Reform-Bausteine

Die skizzierten Kernelemente der Reform markieren deutlich den Übergang zu einem neuen, nämlich betriebswirtschaftlichen, Verwaltungsverständnis. Diese Sicht kommt auch zum Ausdruck im Streben nach unternehmensgleichen Führungs- und Organisationsstrukturen, insbesondere durch Schaffung von »Produktbereichen« nach dem privatwirtschaftlichem Prinzip des Profit-Centers sowie durch Einrichtung von Controllingstellen und Führungsinformationssystemen. Die Qualität des Verwaltungshandelns zu erhöhen, gehört aber ebenso zu den großen Anliegen der Verwaltungsmodernisierung, wie auch die Steigerung der »Kundenorientierung«. Bisweilen hat es angesichts der Dominanz der vielen binnenorientierten Reformelemente den Anschein, als käme diesen beiden Zielen geringere Bedeutung zu. Dies wäre verfehlt. Ebenso wie die Stadtverwaltung vornehmlich für die Bürgerinnen und Bürger dazusein hat, muß auch die Verwaltungsreform diesen dienen. Zwingend ist also, daß im Zuge der Verwaltungsreform jeweils schnell deutlich wird, daß die Bürgerinnen und Bürger davon praktisch direkte Vorteile haben und sich die Veränderungen im Rathaus nicht in In-sich-Geschäften erschöpfen. Diese wichtige Außenwirkung läßt sich vor allem durch die Neugestaltung des kommunalen Leistungsspektrums im Sinne nachhaltiger Qualitätssicherung sowie durch gezielte »Kundenorientierung« erreichen.

d.1 »Kundenorientierung« als Organisationsprinzip

»Kundenorientierung« als Organisationsprinzip wird zu Recht als weiterer und unverzichtbarer Reformbaustein angesehen. Dem steht nicht entgegen, daß es gelegentlich Kritik an der Begrifflichkeit gibt. Die »Umwidmung des Bürgers zum Kunden«[17] schafft in der Tat ein schiefes Bild, weil der Bürger mehr ist als bloß »Kunde«. Gleichwohl ist es richtig, mit der Forderung nach »Kundenorientierung« der Stadtverwaltung einen wichtigen Anspruch deutlich zu machen.

Mit der Einrichtung von »Bürgerämtern«, »Bürgerläden« oder ähnlichen Einrichtungen wird das Prinzip »Kundenorientierung« inzwischen schon in vielen Rathäusern praktiziert. Hier wird der Ansatz des Bürgeramtes Unna aus der Mitte der 80er Jahre wieder aufgegriffen. Im Kern geht es dabei um eine Umgestaltung der Verwaltungsorganisation, die die Anforderungen der Bürgerinnen und Bürger in den Mittelpunkt stellt. Praktisch läßt sich das am Beispiel der zehn Bürgerämter der Stadt Heidelberg demonstrieren: Mit diesen sollen die Ziele umfassende Leistungen aus einer Hand, individuelle Beratung ohne Wartezeiten, Verringerung von Schwellenängsten, kurze Wege zur Verwaltung, Vermeidung von Pkw-Fahrten in die Innenstadt, freundliche und fachkundige Beratung in angenehmer Atmosphäre und

---

17 Klaus König, »Neue« Verwaltung oder Verwaltungsmodernisierung: Verwaltungspolitik in den 90er Jahren, in: Die Öffentliche Verwaltung, (1995) 9, S.356.

interessante und abwechslungsreiche Arbeitsplätze für Mitarbeiterinnen und Mitarbeiter verfolgt werden.

Es liegt auf der Hand, daß es für eine solche Bündelung zahlreicher Dienstleistungen an einem »Schalter« besonders vielseitig qualifizierten Verwaltungspersonals bedarf. Der Vorteil für die Bürgerinnen und Bürger, denen aufwendige Wege und die Suche nach der zuständigen Stelle erspart werden soll, sind aber evident. Im übrigen ist diese Form der Serviceorganisation am besten geeignet, den Anspruch, der in der Bezeichnung »Dienstleistungsunternehmen Stadt« zum Ausdruck kommt, mit praktischer Bedeutung zu erfüllen.

d.2 Gezielte Qualitätssicherung

Dies soll auch mit einer gezielten Qualitätssicherung erreicht werden. Auch wenn Stadtverwaltungen untereinander nicht in direktem Wettbewerb stehen, gibt es doch viele gute Gründe, neue positive Beziehungen zu den Bürgerinnen und Bürgern aufzubauen und ihnen als Dienstleister möglichst hohe Qualität für ihr Geld zu gewährleisten. Deshalb haben Städte wie Wuppertal und Saarbrücken den Qualitätsaspekt sehr stark in den Vordergrund ihrer Reformbemühungen gerückt oder ihn sogar wie die Landeshauptstadt an der Saar unter dem Schlagwort »Total-Quality-Management« (TQM) zu ihrem Markenzeichen erklärt. Der Grundgedanke von Total-Quality-Management ist, daß nur durch das Einbeziehen von Qualität in die Prozesse der Leistungserstellung die Kundenanforderungen und -erwartungen optimal erfüllt werden können. Hierzu gehören nicht nur qualitätsfähige Prozesse, sondern insgesamt ein kundenorientiertes Qualitätsbewußtsein jedes Mitarbeiters des Unternehmens. Dabei setzt TQM voraus, »daß sich die gesamte Organisation und alle Ebenen des Unternehmens der Zielsetzung Kundenzufriedenheit unterordnen. TQM ist demnach nicht bloß eine erweiterte Qualitätssicherung, sondern eine Unternehmensphilosophie und eine Führungsstrategie, mit dem Qualitätsziele als oberste Ziele des Unternehmens verfolgt werden.«[18]

Auch die KGSt wirbt inzwischen mit zwei Berichten für den Ansatz »Qualitäts-Management« und zeigt den Kommunen praktische Wege zur Selbstbewertung auf.

e. Einheit Stadt

Die auf breiter Front mit vielen guten Ansätzen sichtbaren Bestrebungen, »neue« Stadtverwaltungen zu schaffen, um so das intelligente – weil auf Ortsnähe und Gewaltenteilung setzende – System kommunaler Selbstverwaltung zu stärken, verursachen schließlich ein Problem, das noch gelöst werden muß. Reorganisation nach dem Prinzip der dezentralen Ressourcenverantwortung führt zur Segmentierung der Verwaltung und bedroht die Einheit der Stadt. Diese Gefahr wird durch die umfangreichen Privatisierungen sowie Ausgliederungen kommunaler Aufgaben, z. B. in Eigenbetriebe und Eigengesellschaften, noch verstärkt.

Das Gebot, die Einheit der Stadt zu wahren, ergibt sich aus den Grundbestimmungen der Gemeindeordnungen, die durchweg die jeweilige Kommune zum

---

18 Hajo Hoffmann, Total-Quality-Management in der Landeshauptstadt Saarbrücken; Arbeitspapier Stadt Saarbrücken, 1994.

»ausschließlichen« und eigenverantwortlichen Träger der öffentlichen Verwaltung bestimmen (vgl. z. B. § 2 GO NW), die Verwaltung »ausschließlich« dem Willen der Bürgerschaft unterwerfen (vgl. z. B. § 40 GO NW) und die Leitung der Verwaltung dem Bürgermeister übertragen, der für die Einheitlichkeit des Verwaltungshandelns verantwortlich ist (vgl. z. B. § 62 GO NW). Vor diesem Hintergrund muß an der Einheit der Stadt festgehalten und die ungeteilte Verantwortung aller Gemeindeorgane für das gesamte kommunale Aufgabenspektrum gesichert werden. Dazu bedarf es wirksamer Instrumente, um diese Einheitlichkeit zu gewährleisten.[19]

Ganz erheblich verändern sich derzeit die Aufgabenerfüllung und die Verwaltungsstrukturen durch Ausgliederungen. Dies vollzieht sich gelegentlich über materielle, meist aber über formale Privatisierungen, und zwar mit großer Dynamik: Allein im Jahr 1995 haben beispielsweise 83 Mitgliedstädte des Deutschen Städtetages 215 Bereiche aus dem städtischen Haushalt ausgegliedert. Für das Jahr 1996 waren dies weitere 56 Städte mit 113 Ausgliederungen. Jahr für Jahr »wandern« derzeit etwa 1 % des gesamten kommunalen Haushaltsvolumens in ausgegliederte Bereiche. Kennzeichen dieser ausgegliederten Bereiche ist, daß dort weiterhin kommunale Aufgaben erfüllt werden, dies allerdings in anderer Rechtsform erfolgt (meist als Eigenbetrieb, GmbH oder AG). Diese Umstellung bedingt eine größere Entfernung zum »Souverän« der Stadt; sie entfaltet erhebliche Zentrifugalkräfte.

Ähnlich sind auch die Auswirkungen der dezentralen Ressourcenverantwortung zu bewerten. Insgesamt fordert dies Konsequenzen, nämlich hinsichtlich der ausgelagerten Bereiche eine wirksame Beteiligungssteuerung sowohl administrativ als auch politisch (siehe hierzu den neuen § 112 GO NW) sowie innerhalb des Rathauses (»Kernverwaltung«) mit Blick auf die selbständigeren Fach- bzw. Produktbereiche, eine neue Form der Führung, die den zwangsläufigen Spagat zwischen zentraler Steuerung und dezentraler Verantwortung überbrückt. Deshalb wird vielerorts über zentrale Controllingstellen, Führungsstäbe und Koordinierungsfunktionen für die verbleibenden Querschnitts-»Ämter« nachgedacht. Letztlich ist es aber auch notwendig, mit Hilfe eines städtischen Leitbildes deutlich zu machen, daß die Fachbereiche und die Beteiligungen gemeinsam Bestandteile der »Einheit Stadt« sind und gleichermaßen der politischen Steuerung des Rates als oberstem Gemeindeorgan unterliegen.

f. Schlußbemerkungen

Angesichts von Privatisierungseuphorie und anhaltender Ausgliederungsflut in den Rathäusern sei angemerkt: Privatisierungen und Ausgliederungen sind kein Selbstzweck. Entscheidend ist vielmehr, welche Organisationsform am besten geeignet ist, die jeweilige Aufgabe effektiv und effizient zu erfüllen. Dazu bedarf es jeweils einer sehr sorgfältigen Einzelfallüberprüfung.

Im Bereich der Privatwirtschaft heißt es oft, »Im Vorteil ist, wer sich besser organisiert«. Auch dieser Grundsatz sollte von Stadtverwaltungen, selbst wenn sie nicht in hartem Wettbewerb miteinander stehen, beherzigt werden. Nur, was eine »bessere Organisation« ist, steht nicht immer fest. Auch eine Evaluierung der neuen In-

---

19 Jochen Dieckmann, Konzern Kommunalverwaltung, in: Verwaltung und Management, (1996) 6, S. 341.

strumente, Prinzipien und Strukturen der Verwaltungsmodernisierung hat noch nicht stattgefunden. Von daher kann der gegebene Überblick nur ein Zwischenbericht aus einem Umbauprozeß sein, dessen Ziele allerdings viel Plausibilität und Überzeugungskraft aufweisen, so daß von einem Gelingen der Reform ausgegangen werden kann und eine Stärkung des gesamten Systems kommunaler Selbstverwaltung erwartet werden darf. Erfolgsgarantien bieten die neuen Rezepte und Organisationsmodelle allerdings nicht. Außerdem haben organisatorische Veränderungen immer nur dienende Funktionen oder instrumentellen Charakter, der zentrale Erfolgsfaktor ist hingegen der Mensch. Ohne Veränderungen im Denken und Handeln aller in den Stadtverwaltungen Tätigen wird es auch hier keine gelungene Reform geben.

WERNER SCHNAPPAUF

Die Organisation der Kreisverwaltung und deren Reform/Modernisierung

In den letzten Jahren ist die Verwaltung der Landkreise, um die es zuvor vergleichsweise ruhig geworden war, wieder ins Rampenlicht gerückt:»Modernisierungszug der deutschen Kreise nicht zu bremsen«[1] vermeldet der Deutsche Landkreistag als Ergebnis einer Umfrage unter den 323 deutschen Landkreisen. Und ein unlängst neu aufgelegtes Lehrbuch zur Verwaltungsorganisation hält schon im Vorwort fest:»Ohne Übertreibung läßt sich heute feststellen: Es gibt in der Verwaltung so etwas wie eine Aufbruchstimmung, es gibt zahlreiche Ansätze zu einer Reform der Verwaltung.«[2]

Diese Aussagen lassen aufhorchen und die Frage stellen, ob die Verantwortlichen derzeit, wenige Jahre vor der Jahrtausendwende, wirklich dabei sind, eine ganz neue Kreisverwaltung zu schaffen.

1. Die überkommene Organisation der Kreisverwaltung

a. Grundlagen der Organisation einer Kreisverwaltung

Ganz allgemein gesprochen, müssen bei der Organisation einer Kreisverwaltung die Voraussetzungen dafür geschaffen werden, daß die zur Aufgabenerfüllung notwendigen Leistungen erbracht werden und dabei die festgelegten Anforderungen an Qualität und Wirtschaftlichkeit beachtet werden.[3]

Instrumente dafür sind der Aufgabengliederungsplan und der Verwaltungsgliederungsplan, den man auch als Geschäftsverteilungsplan bezeichnen kann.

b. Der Modellgliederungsplan der Kommunalen Gemeinschaftsstelle

Im Austausch, vor allem mit Praktikern der Verwaltung, aber auch Wissenschaftlern, hat die Kommunale Gemeinschaftsstelle für Verwaltungsvereinfachung (KGSt) in

---

1 Manfred Willhöft, Modernisierungszug der deutschen Kreise nicht mehr zu bremsen – oder: Wenn einer eine Reise tut . . ., in: Der Landkreis 1996, S. 455–460/455.
2 Heinrich Siepmann/Ursula Siepmann, Verwaltungsorganisation, Köln 1996; dieses in der Schriftenreihe Verwaltung in Praxis und Wissenschaft erschienene Lehrbuch verschafft im übrigen einen hervorragenden ersten Einblick in die Organisation von Verwaltungen und in die laufenden Reformen.
3 Heinrich Siepmann/Ursula Siepmann (Anm. 2), S. 29.

Köln einen Modellgliederungsplan für Landkreise entwickelt, der mehrfach fortgeschrieben wurde.[4] Er wurde von den Landkreisen in Niedersachsen, in Nordrhein-Westfalen und in Schleswig-Holstein übernommen. Außerdem beeinflußte er u. a. auch die Organisation der Verwaltung in den übrigen Kreisen in den Bundesländern, in denen die zuständigen Ministerien, wie etwa das Bayerische Innenministerium, Mustergeschäftsverteilungspläne erlassen haben.

Der Aufgabengliederungsplan der KGSt bündelt die Aufgaben nach einheitlichen Gesichtspunkten zu Aufgabengruppen, die zu folgenden acht Hauptaufgabengruppen zusammengefaßt werden:
1. Allgemeine Verwaltung;
2. Finanzen;
3. Recht, Sicherheit und Ordnung;
4. Schule und Kultur;
5. Soziales, Jugend und Gesundheit;
6. Bauwesen;
7. Öffentliche Einrichtungen;
8. Wirtschaft und Verkehr.

Der Verwaltungsgliederungsplan greift die Aufgabengruppen auf und ordnet sie jeweils einem Amt zu. Das Amt ist die die ganze Organisation einer Kreisverwaltung tragende Organisationseinheit. Nach den Vorstellungen des Modellgliederungsplans sollen so wenig Ämter wie möglich gebildet werden, um arbeitsfähige Einheiten zu schaffen, die auch in der Lage sind, z. B. den Ausfall einzelner Mitarbeiter durch Krankheit oder Urlaub intern auszugleichen (sog. horizontales Minimalprinzip).

Die einzelnen Ämter sind aber nicht alle unmittelbar der Amtsführung unterstellt. Vielmehr sind die einzelnen Ämter, angelehnt an die Hauptaufgabengruppen, zu insgesamt acht Dezernaten, auch Abteilungen genannt, zusammengefaßt. Der Modellgliederungsplan führt damit den Dezernenten oder Abteilungsleiter als weitere Hierarchieebene zwischen den Leitern der einzelnen Ämtern und dem Behördenchef ein. Damit ergibt sich ein dreistufiger Verwaltungsaufbau.

In allen Ämtern fallen auch Personal-, Haushalts- und Organisationsfragen an. Nach dem Modellgliederungsplan sind dafür zentral für die ganze Kreisverwaltung die sog. Querschnittsämter zuständig, d. h. die Kämmerei für die Finanzen und die Hauptverwaltung für Organisations- und Personalfragen.[5]

c. Schwachstellen der überkommenen Organisation der Kreisverwaltung

Die überkommene Organisation der Kreisverwaltung weist verschiedene Schwachpunkte auf.[6]

---

4 KGSt, Verwaltungsorganisation der Kreise, Köln 1982; vgl. dazu erläuternd Hans Hack, Die Organisation der Kommunalverwaltung. A. Die institutionelle Organisation/Aufbauorganisation. In: Günter Püttner, Handbuch der kommunalen Wissenschaft und Praxis, Band 3: Kommunale Aufgaben und Aufgabenerfüllung, Berlin/Heidelberg/New York 1983, S. 109–120/111–120; Heinrich Siepmann/Ursula Siepmann (Anm. 2), S. 39–44.

5 Zu den einzelnen Strukturprinzipien vgl. Hans Hack (Anm. 4), S. 111 f., S. 116–119.

6 Zu den Schwachstellen der überkommenen Organisation vgl. KGSt, Das Neue Steuerungsmodell. Begründung. Konturen. Umsetzung, Bericht 5/1993, Köln 1993, S. 7–13.

1. Fehlende Ressourcenverantwortung der Fachämter

Vehement kritisiert wird zunächst, daß die einzelnen Ämter und Dezernate zwar dafür in die Pflicht genommen werden, welche Leistungen sie fachlich erbringen, etwa ob die erteilten Baugenehmigungen rechtmäßig sind. Sie sind aber nicht dafür verantwortlich, welche Ressourcen, d. h. welcher Aufwand z. B. an Personal und Finanzen, dafür erforderlich sind.

Im Verwaltungsalltag führt dies dazu, daß die einzelnen Fachämter im Laufe des Jahres von den Querschnittsämtern, wenn nötig, Material anfordern oder dort ggf. darauf dringen, zusätzliches Personal zur Verfügung gestellt zu bekommen. Darüber hinaus melden die Fachämter alljährlich vor Aufstellung des Kreishaushaltes die von ihnen benötigten Haushaltsmittel an.

Dieses System läßt die Querschnittsämter eine wesentliche Rolle im Landratsamt spielen. Darüber hinaus neigen die Fachämter dazu, die ihnen zur Verfügung gestellten Haushaltsmittel auf jeden Fall zum Ende des Haushaltsjahres auszugeben, um nicht Gefahr zu laufen, im nächsten Jahr weniger Mittel zugewiesen zu bekommen.

2. Fehlende Verantwortung der Mitarbeiter für die Ergebnisse ihrer Tätigkeit

Der dreistufige Verwaltungsaufbau, der einem strengen Hierarchieprinzip folgt, hat dazu geführt, daß die Mitarbeiter verpflichtet sind, ihre Vorgesetzten einzuschalten, bevor zum Beispiel ein von ihm erarbeiteter Bescheid die Behörde verläßt. Dadurch wird oft genug die Eigeninitiative gelähmt.

3. Fehlende Bürgerorientierung

Nicht nur auf persönliches Fehlverhalten einzelner Mitarbeiter im Umgang mit dem Bürger, sondern auch auf die traditionelle Organisation eines Landratsamtes, ist es zurückzuführen, wenn sich die Bürger nicht selten, sei es nun im Einzelfall berechtigt oder nicht, auch über Kreisverwaltungen beschweren. Denn die überkommene Organisation hat sich oft als so schwerfällig erwiesen, daß eine schnelle Reaktion auf veränderte Bedürfnisse der Bürger nicht möglich ist.

2. Traditionelle Ansätze zur Reform und Modernisierung der Organisation der Kreisverwaltung

Um bürgernäher zu sein, bemühten sich deshalb viele Kreisverwaltungen schon in den 70er und 80er Jahren, insbesondere nach dem großen Umbruch durch die Gebietsreformen in einzelnen Bundesländern, ihre Organisation zu verbessern.

Dabei verzichtete man freilich darauf, die Organisation der Kreisverwaltung im ganzen umzugestalten.[7]

---

7 Zu den traditionellen Reformansätzen vgl. zusammenfassend Christoph Reichard, Neue Ansätze der Führung und Leitung, in: Klaus König/Heinrich Siedentopf (Hrsg.), Öffentliche

In nicht wenigen Landratsämtern wurden sog. Bürgerämter als Anlaufstellen für rat- und hilfesuchende Kreisbewohner eingerichtet. Darüber hinaus wurde die Ansiedlung von Wirtschaftsbetrieben durch Bündelung aller Aktivitäten im Bereich der Wirtschaftsförderung in einem über alle notwendigen Informationen verfügenden Fachamt erleichtert.

In vielen Landratsämtern faßte man die Sozialarbeit, die vorher auf verschiedene Fachämter verteilt war, zu einem »Allgemeinen Sozialdienst« zusammen und verbesserte damit nachhaltig das Beratungsangebot für die Bürger. Inzwischen wurde in manchen Ämtern der Allgemeine Sozialdienst zu einem Kommunalen Sozialdienst weiterentwickelt, der vor Ort die psychosoziale Grundversorgung sicherstellt.[8]

Organisatorische Änderungen im Verwaltungsaufbau trugen weiter dazu bei, aufwendigere Genehmigungsverfahren zeitlich zu straffen: Mehrere zu beteiligende Fachämter wurden gleichzeitig im Wege eines sog. Sternverfahrens eingeschaltet. Bewährt hat sich auch der Einsatz von sog. Projektmanagern. Ein Projektmanager hat bei Verfahren, an denen mehrere Fachstellen und Behörden beteiligt sind, den Einsatz der verschiedenen Stellen zu koordinieren und nach außen als Ansprechpartner vor allem für die regionale Wirtschaft, aber auch für den Bürger, zu fungieren.[9]

3. Die grundlegende Reform und Modernisierung der Kreisverwaltungen seit Anfang der 90er Jahre

Vor allem die Kommunale Gemeinschaftsstelle hat, aufbauend auf den Erfahrungen in der niederländischen Stadt Tilburg[10], als Teil der umfassenden Reformbewegung des New Public Management[11] das umfassende Reformkonzept des sog. Neuen Steuerungsmodells entwickelt und bekanntgemacht.

Im Mittelpunkt steht der Übergang von einer Steuerung der Verwaltung, die vorrangig durch zentrale Ressourcenbewirtschaftung erfolgt (sog. inputorientierte Steuerung), zu einer wesentlich durch Leistungsvorgaben bestimmten Steuerung (sog. outputorientierte Steuerung). Als grundlegende Veränderung des Steuerungssystems wird der Reformansatz deshalb als »Neues Steuerungsmodell« bezeichnet.[12]

Die Leitgedanken des neuen Steuerungsmodells verdeutlicht folgende Graphik:

Verwaltung in Deutschland, Baden-Baden 1997, S. 641–660/644 f. und Wolfgang Seibel, Verwaltungsreformen, in· Klaus König/Heinrich Siedentopf (Hrsg.), Öffentliche Verwaltung in Deutschland, Baden-Baden 1997, S. 87–106, vor allem S. 91–99.

8 Vgl. dazu Strukturmerkmale für die Organisation kommunalsozialer Dienste, NDV 1995, S. 307–311.

9 Zum Einsatz von Projektmanagern vgl. Bekanntmachung des Bayerischen Staatsministeriums des Innern vom 11. 11. 1994, Projektmanagement bei den Regierungen und den Kreisverwaltungsbehörden, AllMBl 1994, S. 975; für eine erste positive Bilanz vgl. Einsatz von Projektmanagern soll verstärkt werden, in: Kommunalpraxis 1996, S. 430 f.

10 Einen zusammenfassenden Überblick bietet Eva Lang, Das Tilburger Modell, apf 1996, S. 21–23, 41–44.

11 Zum new public management, vgl. statt aller zusammenfassend Christoph Reichard (Anm. 7), S. 46 f. Zum Neuen Steuerungsmodell vgl. neben dem entsprechenden KGSt-Bericht (Anm. 6), S. 15–24, insbesondere Reichard (Anm. 7) S. 647–659.

12 Heinrich Siepmann/Ursula Siepmann (Anm. 2), S. 249.

Strategische Steuerung durch Politik und Verwaltungsführung	
Personalentwicklung (Fortbildung, Job Rotation, Anreize)	
Kontraktmanagement	Controlling
Produktorientierte Budgetierung	Zusammenführung von Fach- und Resourcenverantwortung
Outputorientierte Steuerung auf der Grundlage von Produktplänen und Produktbeschreibungen	

4. Der aktuelle Stand der Reform und Modernisierung der Organisation der Kreisverwaltung

In den meisten Kreisverwaltungen wurde inzwischen in der einen oder anderen Form mit Reformmaßnahmen begonnen. Deshalb ist es sehr schwierig, wenn nicht gar unmöglich, eine Bilanz zu ziehen, ohne ungewollt die Bemühungen um Modernisierung in dem einen oder anderen Kreis zu übergehen.

Deshalb soll hier zunächst nur auf zwei Zusammenschlüsse von Landkreisen hingewiesen werden, die sich ganz besonders um Reformmaßnahmen bemühen: Schon im Jahre 1993 gründete der Deutsche Landkreistag in Verbindung mit der Hochschule für Verwaltungswissenschaften in Speyer den Innovationsring »Kreisverwaltung der Zukunft«. Zwölf ganz unterschiedlich strukturierte Kreise aus zehn ostdeutschen und westdeutschen Bundesländern beteiligten sich daran: Aachen, Ahrweiler, Barnim, Kronach, Ludwigsburg, Main-Kinzig, Meißen, Miltenberg, Osnabrück, Pinneberg, Soest und Waldshut. Vertreter dieser Landkreise treffen sich regelmäßig und pflegen den Austausch über die jeweiligen Modernisierungsmaßnahmen.[14]

Vor wenigen Monaten haben sich darüber hinaus 15 bayerische Landkreise, nämlich Bad Tölz-Wolfratshausen, Erding, Passau, Rottal/Inn, Neumarkt i. d. Oberpfalz, Neustadt a. d. Waldnaab, Schwandorf, Bamberg, Kronach, Nürnberger Land, Roth, Haßberge, Miltenberg, Oberallgäu und Neu-Ulm im Rahmen eines Pilotprojekts des Bayerischen Landkreistages zum Bayerischen Innovationsring zusammengeschlossen, um im gemeinsamen Meinungs-, Erfahrungs- und Informationsaustausch Handlungsempfehlungen für die Modernisierung der Kreisverwaltungen zu erarbeiten.[15]

---

13 Heinrich Siepmann/Ursula Siepmann (Anm. 2), S. 260.
14 Einen Überblick über die Modernisierungsansätze bei den Mitgliedslandkreisen des Innovationsrings Kreisverwaltung der Zukunft bietet die Untersuchung von H. Hill und H. Klages in Verbindung mit dem Deutschen Landkreistag (Hrsg.), Kreisverwaltung der Zukunft. Vergleichende Untersuchung aktueller Modernisierungsansätze in ausgewählten Kreisverwaltungen (im Rahmen des Innovationsring Kreisverwaltung der Zukunft), Stuttgart/Berlin/Bonn/Budapest/Düsseldorf/Heidelberg/Wien, 1995.
15 Den Bayerischen Innovationsring stellt anschaulich sein Projektleiter vor, der Miltenberger Landrat Roland Schwing, vgl. Pilotprojekt »Verwaltungsreform« des Bayerischen Land-

Die erwähnte Umfrage des Deutschen Landkreistages hat im übrigen alles in allem ergeben, daß die Kreise mit ihren vielfältigen Reformaktivitäten bei der Verwaltungsreform »gut im Rennen liegen«.[16]

Der Deutsche Landkreistag hatte dabei selbstverständlich auch die ostdeutschen Kreise einbezogen.

Dabei bestätigte sich, daß mit einiger zeitlicher Verzögerung auch in vielen Kreisverwaltungen der neuen Bundesländer ein Reformkurs Einzug gehalten hat. Als die Kreisverwaltungen, die in der ehemaligen DDR eine ganz andere Funktion als heute hatten, vollkommen umgestaltet wurden, hatte man allerdings noch auf in den westdeutschen Bundesländern bewährte, traditionelle Organisationsformen zurückgegriffen. Erst jetzt, nachdem die ostdeutschen Kreise eine funktionierende Kommunalverwaltung aufgebaut haben (vgl. hierzu den Beitrag von Hellmut Wollmann zum Um- und Neubau der Kommunalstrukturen in Ostdeutschland, in diesem Band), gehen auch sie daran, das Neue Steuerungsmodell umzusetzen. Es bleibt abzuwarten, ob nicht gerade die ostdeutschen Landkreise, deren Mitarbeiter es gewohnt sind, mit grundlegenden Veränderungen fertig zu werden, schon bald eine führende Rolle bei der Innovation der Kreisverwaltung spielen werden.[17]

5. Zukunftsperspektiven der Reform und Modernisierung der Organisation der Kreisverwaltung

Wie Umfragen unter den Landkreisen und Einzelbeispiele aus einzelnen Gebietskörperschaften deutlich machen, ist inzwischen auf breiter Front ein Modernisierungsprozeß in Gang gekommen.

Doch kann auch die Verwaltungsreform auf Kreisebene nicht ohne Schwierigkeiten durchgeführt werden. Oft erhoffte man sich zu schnelle Erfolge und ist jetzt enttäuscht, wenn sie ausbleiben. Darüber hinaus wurden vielfach unkritisch scheinbar vorbildliche Lösungen aus anderen Kreisverwaltungen übernommen, die sich dann als im eigenen Haus nicht durchführbar erwiesen. Nicht selten mußte man auch erfahren, wie schwierig es ist, den richtigen Weg zu finden zwischen den gebotenen Einsparungen in einer Zeit knapper Kassen und den notwendigen und erwünschten Modernisierungsmaßnahmen, die zunächst einmal kostenträchtig sind. Schließlich hat es sich oft herausgestellt, daß viele Mitarbeiter Reformen eher reserviert gegenüberstehen.[18]

---

kreistags zur Verwaltungsmodernisierung gestartet. Landkreise bilden Bayerischen Innovationsring, in: Der Bayerische Bürgermeister 1997, S. 53–55.

16 Die Ergebnisse der Umfrage faßt zusammen Manfred Willhöft (Anm. 1). Im übrigen werden seit dem Heft 1/1996 in jedem Heft der Zeitschrift »Der Landkreis« unter der Rubrik »Modernisierungsansätze in der Kreisverwaltung« die Reformmaßnahmen in einem Landkreis vorgestellt.

17 Zu den Reformmaßnahmen in den ostdeutschen Landkreisen vgl. Hellmut Wollmann, Transformation der ostdeutschen Kommunalstrukturen: Rezeption, Eigenentwicklung, Innovation, in: Hellmut Wollmann/Hans-Ulrich Derlin/Klaus König/Wolfgang Renzsch/ Wolfgang Seibel (Hrsg.), Transformation der politisch-administrativen Strukturen in Ostdeutschland, Opladen 1997, S. 258–327, insbesondere S. 306–312 und 318 f.

18 Zu den Gefahren für den Reformprozeß vgl. Christoph Reichard (Anm. 7), S. 654 f. und Reinhart Richter, Gefahren für die Verwaltungsreform, in: Die innovative Verwaltung,

Damit bestätigt sich auch heute: »Stets gilt es zu bedenken, daß nichts schwieriger durchzuführen, nichts von zweifelhafteren Erfolgsaussichten begleitet und nichts gefährlicher zu handhaben ist, als eine Neuordnung der Dinge« (Niccolo Macchiavelli). Sicher gibt auch es keinen »Königsweg« zu einer Kreisverwaltung der Zukunft. Vielmehr hat jeder Kreis/Landkreis seinen eigenen Weg zu finden. Was für einen bayerischen Landkreis gilt, muß nicht für einen hessischen Kreis, was für einen westdeutschen Kreis, nicht für einen ostdeutschen, was für einen kleinen Landkreis mit einer überschaubaren Verwaltung nicht für einen großen Landkreis mit vielen Mitarbeitern gelten.[19]

Wenn aber erst einmal erkannt ist, welche konkreten Ziele im Rahmen der Verwaltungsreform im eigenen Landkreis verwirklich werden sollen und können, braucht es nur den Mut, die Kreativität und die Phantasie, die notwendigen Maßnahmen auch durchzuführen. Anders ausgedrückt: Wer nicht bereit ist, neue Wege zu gehen, wird nicht in der Lage sein, neue Ziele zu erreichen.

(1996) 2, S. 35–40. Kommunalverfassungsrechtliche Probleme bei den Reformen behandelt Albert von Mutius, Neues Steuerungsmodell in der Kommunalverwaltung. Kommunalverfassungsrechtliche und verwaltungswissenschaftliche Determinanten aktueller Ansätze zur grundlegenden Organisationsreform in Gemeinden und Kreisen, in: Joachim Burmeister (Hrsg.), Verfassungsstaatlichkeit. Festschrift Klaus Stern zum 65. Geburtstag, München 1997, S. 685–716.

19 Zu den nicht zu vernachlässigenden Unterschieden zwischen den einzelnen Kreisen vgl. H. Hill und H. Klages in Verbindung mit dem Deutschen Landkreistag (Hrsg.) (Anm. 14), S. 4.

HANNS KARRENBERG/ENGELBERT MÜNSTERMANN

Kommunale Finanzen[1]

Wachsende gesamtwirtschaftliche und wirtschaftsstrukturelle Probleme in weiten Teilen des Bundesgebietes, Veränderungen der Alters- und Sozialstruktur der Bevölkerung, die finanziellen Konsequenzen der deutschen Einheit, Fehlentwicklungen im Gemeindefinanzsystem sowie zunehmende Eingriffe des Bundes und der Länder in die kommunalen Einnahmen sowie die kommunalen Aufgaben und die Art Ihrer Erfüllung haben vielfach in den Kommunen trotz eines harten Konsolidierungskurses zu einer Zuspitzung der kommunalen Finanzlage geführt, die bisher bekannte Größenordnungen defizitärer Verwaltungshaushalte weit übertrifft und einer wachsenden Zahl von Städten kaum noch die Chance gibt, ihre Finanzprobleme aus eigener Kraft zu lösen. Dies gilt insbesondere für viele große Kernstädte und vor allem Städte in Regionen mit wirtschaftsstrukturellen Problemen. Es gibt aber nach wie vor auch Kommunen, die über »freie Spitzen« in ihren Haushalten verfügen und denen das Phänomen des defizitären Verwaltungshaushaltes fremd ist. Das gilt besonders für viele der vom geltenden Gemeindefinanzsystem begünstigten Umlandgemeinden der Kernstädte.

1. Der Kommunalhaushalt:
Verwaltungs- und Vermögenshaushalt

Zu den wichtigsten Rechten und Pflichten von Rat und Verwaltung gehören Aufstellung, Beratung, Beschlußfassung und Vollzug des Haushalts. Der Haushalt gibt die Ausgaben zur Erfüllung der Aufgaben einer Stadt und die für ihre Finanzierung zur Verfügung stehenden Einnahmen wieder. Er spiegelt vor allem mit seinen Einnahmen die wirtschaftliche Leistungskraft der ortsansässigen Wirtschaft und der Bürger einer Stadt sowie des jeweiligen Bundeslandes wider. Da der Haushaltsplan auf einem Entwurf der Verwaltung beruht und nach Beratung vom Rat beschlossen wird, ist er in den von Bund und Ländern gesteckten Grenzen – Ausdruck der politischen Prioritäten

---

1 Die jährlichen Gemeindefinanzberichte des Deutschen Städtetages (Autoren: Hanns Karrenberg, Engelbert Münstermann) behandeln in jedem Jahr alle aktuellen Entwicklungen und Probleme der Kommunalfinanzen und speziell der städtischen Finanzen. In den Gemeindefinanzberichten, denen jeweils eine Kurzfassung vorangestellt ist, finden sich zur Veranschaulichung auch Grafiken und Tabellen sowie in einem Tabellenanhang Daten für die langfristige Entwicklung der Kommunalfinanzen in den alten und den neuen Ländern, die jährlich aktualisiert werden. Veröffentlicht werden die Gemeindefinanzberichte in jedem Jahr im März (bis 1993 im Februar) als Sonderdruck und in der Zeitschrift «Der Städtetag», Kohlhammer-Verlag, Stuttgart.

hinsichtlich Art und Umfang der Aufgabenerfüllung in der einzelnen Stadt. In zunehmendem Maß schlagen sich in den Kommunalhaushalten aber auch politische Entscheidungen der Bundes- und der Landesebene nieder.

Der Gemeindehaushalt ist – im Gegensatz zu den Haushalten von Bund und Ländern – in zwei Teilhaushalte unterteilt, den Verwaltungs- und den Vermögenshaushalt. Der Verwaltungshaushalt erfaßt alle laufenden im Rahmen der Verwaltung bzw. der Erfüllung kommunaler Aufgaben anfallenden Ausgaben, zu denen vor allem die Personalausgaben, der laufende Sachaufwand, die sozialen Leistungen und die Zinsen gehören sowie die zu ihrer Finanzierung dienenden Einnahmen, insbesondere die Steuern, die Gebühren und die allgemeinen Zuweisungen vom Land. Der Vermögenshaushalt umfaßt die vermögenswirksamen Ausgaben und Einnahmen, insbesondere die Sachinvestitionen (Ausgaben für Baumaßnahmen und den Erwerb von Sachvermögen) und die Investitionszuweisungen von Bund und Land, Veräußerungserlöse, Beiträge sowie besondere Finanzierungsvorgänge, z. B. Aufnahme und Tilgung von Krediten, Rücklagenzuführungen und -entnahmen.

Um eine die finanzielle Leistungsfähigkeit einer Gemeinde übersteigende Verschuldung zu verhindern, muß im Verwaltungshaushalt zumindest ein – als Pflichtzuführung bezeichneter – Überschuß der Einnahmen über die Ausgaben erwirtschaftet werden, der dem Vermögenshaushalt vor allem zur Gewährleistung der ordentlichen Schuldentilgung zuzuführen ist. Diese Schuldendienstleistungsfähigkeit aus den laufenden Einnahmen des Verwaltungshaushalts muß i. d. R. dauerhaft gewährleistet sein und in den Planungen für das aktuelle Haushaltsjahr und den mittelfristigen Finanzplanungszeitraum (die auf das aktuelle Haushaltsplanjahr folgenden 3 Jahre) ausgewiesen werden. In dem Maß wie dies nicht erreicht werden kann, entsteht ein Fehlbetrag im Verwaltungshaushalt, dessen Deckung spätestens im übernächsten Jahr im Verwaltungshaushalt veranschlagt werden muß und insoweit laufende Einnahmen der folgenden Haushaltsjahre bindet. Über die Pflichtzuführungen hinausgehende Finanzierungsbeiträge der Verwaltungs- für die Vermögenshaushalte, die auch als »freie Spitzen« bezeichnet werden, sind als Eigenmittel für die Investitionsfinanzierung oder als Spielraum für zusätzliche Verschuldung von Bedeutung. Ob und inwieweit eine Stadt in der Lage ist, diese Pflichtzuführung oder gar darüber hinaus gehende Mittel in ihrem Verwaltungshaushalt für den Vermögenshaushalt zu erwirtschaften, ist deshalb ein zentraler Indikator für die Finanzkraft einer Stadt.

Diese Verschuldungsgrenze des kommunalen Haushaltsrechts hat auch spezifische Auswirkungen auf die Entwicklung des kommunalen Finanzierungsdefizits, des Saldos zwischen den gesamten Einnahmen und Ausgaben der Kommunen. Sie zwingt die Kommunen stärker als Bund und Länder, auf eine schlechte Entwicklung der laufenden Einnahmen mit Ausgabekürzungen zu reagieren (s. u. 2. d). Die Konsequenz ist, daß die Ausgaben der Kommunen in den Konsolidierungsphasen über Jahre hinweg nicht oder kaum wachsen oder gar rückläufig sind und damit auch eine Reduzierung des kommunalen Finanzierungsdefizits und der Neuverschuldung der Kommunen ermöglichen. So haben die Kommunen in West und Ost ihr Finanzierungsdefizit, das bis 1995 auf 14 Mrd. DM angestiegen war, im Jahr 1996 trotz annähernd stagnierender Einnahmen auf 6,6 Mrd. DM zurückgeführt. Möglich wurde dieses Ergebnis durch eine weitere Reduzierung der kommunalen Ausgaben, die 1996 sogar unter das Niveau des Jahres 1993, dem Jahr der einsetzenden kommunalen Finanzkrise, abgesenkt worden sind. Deshalb darf das relativ geringe Finanzierungsdefizit der Kommunen im Vergleich zu Bund und Ländern ebenso wie das relativ moderate Wachstum des Schuldenstandes aber nicht als Indiz für gesunde Kommunalfinanzen fehlinterpretiert werden.

Einen Überblick über die durchschnittliche quantitative Bedeutung der wichtigsten Einnahme- und Ausgabearten in den Haushalten aller Städte, Gemeinden, Kreise und anderen Gemeindeverbänden (z. B. Landschaftsverbände, Landeswohlfahrtsverbände u. ä.) geben die Tabellen 1 und 2, in denen wegen der nach wie vor bestehenden Unterschiede zwischen alten und neuen Ländern unterschieden wird.[2] Die Darstellung der langfristigen Entwicklungen der kommunalen Einnahmen und Ausgaben seit 1980 in Tabelle 1 und den Abbildungen 1 und 2 beschränkt sich dagegen zwangsläufig auf die alten Länder.

2. Die Einnahmen der Kommunen

Während sich Bund und Länder weit überwiegend aus Steuern finanzieren, zeigen die prozentualen Deckungsquoten in den Tabellen 1 und 2, daß die Kommunalhaushalte durch ein breites Spektrum verschiedenartiger Einnahmen gedeckt werden.

a. Steuern

Die Steuern sind allerdings auch bei den Kommunen – zumindest in den alten Ländern – die quantitativ bedeutsamste Finanzierungsquelle. Sie tragen im Durchschnitt rd. ein Drittel zur Finanzierung der westdeutschen Kommunalhaushalte bei. Insbesondere in Städten und Gemeinden mit starker Wirtschaftsstruktur ist die Steuerfinanzierungsquote noch deutlich höher. In den neuen Ländern werden die Kommunalhaushalte dagegen bisher nur zu durchschnittlichen 11 % durch Steuereinnahmen finanziert, vor allem wegen der Schwäche der Gewerbesteuer. Insgesamt verfügen die ostdeutschen Städte und Gemeinden bisher je Einwohner erst über gut ein Drittel der gemeindlichen Steuereinnahmen in den alten Ländern. Die Einnahmen der ostdeutschen Städte und Gemeinden aus der Gewerbesteuer erreichen insbesondere aufgrund der Ertragsschwäche der ostdeutschen Wirtschaft und der von Anfang an ausgesetzten Erhebung der Gewerbekapitalsteuer bisher je Einwohner sogar nur rd. ein Viertel des Einnahmeniveaus der westdeutschen Städte und Gemeinden aus dieser Steuer. Aber auch die Einnahmen aus dem Gemeindeanteil an der Einkommensteuer liegen in den neuen Ländern erst bei rd. einem Drittel des Westniveaus. Dagegen erbringen die Grundsteuern in den neuen Ländern je Einwohner inzwischen über 60 % des Westniveaus (vgl. Tabelle 2)

Bis zur Gemeindefinanzreform von 1969 war die Gewerbesteuer die Hauptsteuerquelle der Städte und Gemeinden. Die Einseitigkeit des damaligen Gemeindesteuersystems mit der hohen Abhängigkeit von der örtlichen Wirtschaft und das Fehlen eines steuerlichen Äquivalents für die Belastungen der Gemeinden durch ihre Wohnbevölkerung waren Hauptgründe für die grundlegende Umstrukturierung der gemeind-

---

2 Diese Tabellen stellen die Einnahmen- und Ausgabenstrukturen der aggregierten Kommunalhaushalte in West und Ost für das Jahr 1996 (Abschluß des Manuskripts: September 1997) dar, ergänzt für die westdeutschen Kommunen durch einen Niveau- und Strukturvergleich mit 1980 sowie für die ostdeutschen Kommunen durch Ost-West-Relationen, berechnet auf der Basis der einzelnen Einnahmen und Ausgaben je Einwohner.

Tab. 1: Einnahmen und Ausgaben der Gemeinden und Gemeindeverbände
in den alten Ländern 1980 und 1996

Art der Einnahmen und Ausgaben	Alte Länder			
	1980		1996	
	Mrd. DM	Anteil in v. H.[1]	Mrd. DM	Anteil in v. H.[1]
Einnahmen[2]	**125,08**	**96,1**	**227,51**	**98,2**
darunter: Verwaltungshaushalt				
Steuern	47,34	36,4	79,50	34,3
darunter:				
Gewerbesteuer[3]	19,70	15,1	31,53	13,6
Gemeindeanteil a. d. Einkommensteuer	20,66	15,9	35,24	15,2
Grundsteuer	5,29	4,1	11,49	5,0
Gebühren	13,14	10,1	32,01	13,8
Laufende Zahlungen von Land/Bund	28,23	21,7	51,37	22,2
Vermögenshaushalt Investitonszuweisungen von Land/Bund	11,92	9,2	11,73	5,1
Beiträge	4,08	3,1	5,14	2,2
Veräußerungserlöse	3,96	3,0	10,67	4,6
Ausgaben[2]	**130,20**	**100,0**	**231,58**	**100,0**
darunter: Verwaltungshaushalt				
Personalausgaben	33,47	25,7	60,83	26,3
Laufender Sachaufwand	22,10	17,0	41,27	17,8
Soziale Leistungen	15,36	11,8	48,53	21,0
Zinsen	6,37	4,9	9,73	4,2
Vermögenshaushalt Sachinvestitionen	39,54	30,4	37,39	16,1
davon: Baumaßnahmen	31,38	24,1	28,91	12,5
Erwerb von Sachvermögen	8,15	6,3	8,48	3,7
Finanzinvestitionen[4]	5,77	4,4	8,34	3,6
Finanzierungssaldo	**– 5,12**	**3,9**	**– 4,07**	**1,8**
Nachrichtlich: Nettokreditaufnahme	4,36	3,3	4,54	2,0
Finanzierungsbeitrag des Verwaltungs- zum Vermögenshaushalt	16,03	12,3	7,18	3,1

1 Gemessen an den Ausgaben.
2 Ohne besondere Finanzierungsvorgänge (z. B. Schuldenaufnahmen u. -tilgungen, Rücklagenentnahmen u. -zuführungen).
3 Nach Abzug der an Bund u. Länder abzuführenden Gewerbesteuerumlage.
4 Gewährung v. Darlehen, Erwerb v. Beteiligungen, Zuweisungen u. Zuschüsse für Investitionen.
Eigene Zusammenstellung und Berechungen nach Angaben des Statistischen Bundesamtes.

440

Tab. 2: Einnahmen und Ausgaben der Gemeinden und Gemeindeverbände in den neuen Ländern 1996

Art der Einnahmen und Ausgaben	Neue Länder		
	Mrd. DM	Anteil in v. H.[1]	in v. H. des Westniveaus[2]
Einnahmen[3]	**54,90**	**95,6**	**105,2**
darunter: Verwaltungshaushalt Steuern	6,31	11,0	34,6
darunter: Gewerbesteuer[4]	2,00	3,5	27,6
Gemeindeanteil a. d. Einkommensteuer	2,57	4,5	31,8
Grundsteuer	1,63	2,8	62,0
Gebühren	4,94	8,6	67,3
Laufende Zahlungen von Land/Bund	23,01	40,1	195,3
Vermögenshaushalt Investitonszuweisungen von Land/Bund	7,86	13,7	292,3
Beiträge	0,58	1,0	49,5
Veräußerungserlöse	2,94	5,1	120,2
Ausgaben[3]	**57,42**	**100,0**	**108,1**
darunter: Verwaltungshaushalt Personalausgaben	16,97	29,6	121,6
Laufender Sachaufwand	10,21	17,8	107,8
Soziale Leistungen	7,91	13,8	71,0
Zinsen	1,71	3,0	76,4
Vermögenshaushalt Sachinvestitionen	14,38	25,0	167,6
davon: Baumaßnahmen	12,44	21,7	187,5
Erwerb von Sachvermögen	1,94	3,4	99,7
Finanzinvestitionen[5]	2,46	4,3	128,7
Finanzierungssaldo	**– 2,53**	**4,4**	**270,5**
Nachrichtlich: Nettokreditaufnahme	1,47	2,6	141,3
Finanzierungsbeitrag des Verwaltungs- zum Vermögenshaushalt	1,90	3,3	115,4

1 Gemessen an den Ausgaben.
2 Berechnet für die jeweiligen Einnahmen u. Ausgaben in DM je Einwohner.
3 Ohne besondere Finanzierungsvorgänge (z. B. Schuldenaufnahmen u. -tilgungen, Rücklagenentnahmen u. -zuführungen).
4 Nach Abzug der an Bund u. Länder abzuführenden Gewerbesteuerumlage.
5 Gewährung v. Darlehen, Erwerb v. Beteiligungen, Zuweisungen u. Zuschüsse für Investitionen.
Eigene Zusammenstellung und Berechungen nach Angaben des Statistischen Bundesamtes.

441

Abbildung 1

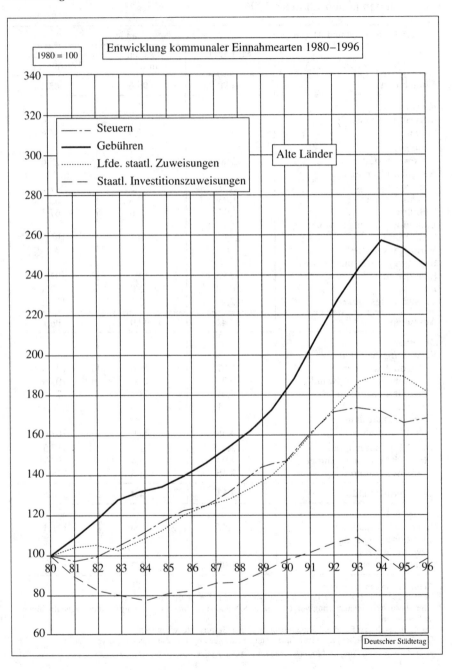

Abbildung 2

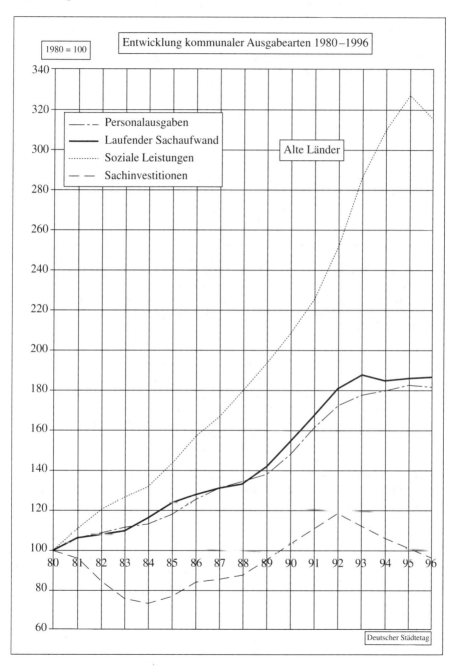

Entwicklung kommunaler Ausgabearten 1980–1996

1980 = 100

Personalausgaben
Laufender Sachaufwand
Soziale Leistungen
Sachinvestitionen

Alte Länder

Deutscher Städtetag

443

lichen Steuern durch diese Gemeindefinanzreform. So verfügen die Städte und Gemeinden seit 1970 über einen eigenen Anteil an der Einkommensteuer (15 % der Lohn- und Einkommensteuer, 12 % des Zinsabschlages) und damit über eine zweite große, lange Zeit etwa gleichgewichtige Steuerquelle neben der Gewerbesteuer. Dieses wohnsitzbezogene Element im Gemeindesteuersystem hat jedoch bei den westdeutschen Städten und Gemeinden seit Anfang der 90er Jahre ein deutliches Übergewicht gegenüber den Einnahmen aus dem wirtschaftsbezogenen Element, der Gewerbesteuer, gewonnen, obwohl auch der Gemeindeanteil an der Einkommensteuer seit 1993 seine Dynamik verloren und sich vor allem aufgrund des Verfalls der veranlagten Einkommensteuer sogar rückläufig entwickelt hat.

Nach wie vor ist die Gewerbesteuer aber die Hauptsteuerquelle der großen und größeren Städte, in denen sich die Wirtschaftstätigkeit konzentriert. Dagegen resultiert die Steuerfinanzierung der kleineren Gemeinden, in denen die Wohnsitzfunktion überwiegt, vor allem aus dem Gemeindeanteil an der Einkommensteuer.

Die übrigen Gemeindesteuereinnahmen, die nicht aus der Gewerbesteuer und dem Gemeindeanteil an der Einkommensteuer resultieren, entfallen überwiegend auf die Grundsteuer, die durchschnittlich rd. 14½ % in den alten Ländern und rd. 26 % in den neuen Ländern zu den gesamten gemeindlichen Steuereinnahmen beiträgt. Dabei spielt die Grundsteuer A (Betriebe der Land- und Forstwirtschaft) eine untergeordnete Rolle, während die Grundsteuer B nach verstärkten Hebesatzanhebungen seit Ende der 80er Jahre inzwischen ein Aufkommen von rd. +15 Mrd. DM aufweist (einschließlich Stadtstaaten). Dagegen ist der Finanzierungsbeitrag der sonstigen Gemeindesteuern (Hundesteuer, Vergnügungssteuer insbesondere auf Spielautomaten, Getränkeverpackungssteuer u. a.) mit zusammen lediglich rd. 1½ % aller gemeindlichen Steuereinnahmen gering; sie haben mehr ordnungspolitische als fiskalische Funktionen.

a.1 Die sog. Realsteuern: Gewerbesteuer und Grundsteuer

Nach Artikel 106 Abs. 6 GG steht das Aufkommen der Gewerbesteuer und der Grundsteuern sowie das Aufkommen der örtlichen Verbrauch- und Aufwandsteuern den Gemeinden zu. Bei der Gewerbesteuer führen allerdings die Städte und Gemeinden seit der Einführung des Gemeindeanteils an der Einkommensteuer durch die im Jahr 1970 in Kraft getretene Gemeindefinanzreform im Gegenzug einen Teil des Aufkommens an Bund und Länder ab. Diese Gewerbesteuerumlage wird von Bund und Ländern immer häufiger als Ausgleichsinstrument für Auswirkungen von Steuerrechtsänderungen und in den 90er Jahren in den alten Ländern zur Heranziehung der Städte und Gemeinden für die Mitfinanzierung der Belastungen durch die deutsche Einheit (Fonds Deutsche Einheit und Solidarpakt) eingesetzt. Auch im Zusammenhang mit der Abschaffung der Gewerbekapitalsteuer ab 1998 wird diese Umlage erneut zugunsten der Länder erhöht, so daß die westdeutschen Städte und Gemeinden nun durchschnittlich 22 % ihres Gewerbesteueraufkommens an Bund und Länder abzuführen haben. Ohne die Erhöhungen durch den Fonds Deutsche Einheit und den Solidarpakt ist in den neuen Ländern der Umlageanteil im Durchschnitt etwa 10 % geringer als in den alten Ländern.[3] Die häufigen Veränderungen der Gewerbesteuer-

---

3 In den einzelnen Städten und Gemeinden berechnet sich die Gewerbesteuerumlage nach folgender Formel: Örtliches Gewerbesteueraufkommen dividiert durch örtlichen Hebesatz multipliziert mit dem bundesgesetzlich geregelten Vervielfältiger (1998 in den alten Ländern 87, in den neuen Ländern – ab 1999 – 45 Hebesatzpunkte).

umlage tragen zusätzlich zu den starken Aufkommensschwankungen und den zahlreichen Eingriffen des Bundesgesetzgebers dazu bei, daß die Gewerbesteuereinnahmen für die einzelnen Städte und Gemeinden außerordentlich schwer kalkulierbar sind. Art. 106 Abs. 6 GG räumt den Gemeinden auch das Recht ein, durch eigenverantwortliche Festsetzung von Hebesätzen für die Gewerbesteuer und die Grundsteuern das Aufkommen aus diesen Steuern mit zu beeinflussen. Dieses Hebesatzrecht ist ein wesentliches Element der für die kommunale Selbstverwaltung unverzichtbaren Finanzautonomie, auch wenn die Spielräume für Hebesatzanhebungen in der Praxis durch die Rücksichtnahme auf die Belastbarkeit der örtlichen Steuerzahler und durch das Hebesatzgefälle zu anderen Gemeinden – insbesondere in der unmittelbaren Nachbarschaft – begrenzt sind. Der durchschnittliche Gewerbesteuerhebesatz lag 1996 in den alten Ländern bei 381 und in den neuen Ländern bei 353 v. H. Zwischen den Städten und Gemeinden gibt es ein deutliches Hebesatzgefälle. So sind vor allem die großen Städte in der Regel gezwungen, ihre Hebesätze bei der Gewerbesteuer, aber auch bei der Grundsteuer wesentlich höher anzusetzen als ihre Umlandgemeinden.

Bemessungsgrundlagen der Gewerbesteuer sind bis Ende 1997 der Gewerbeertrag und das Gewerbekapital (durchschnittliche Aufkommensanteile der beiden Teilsteuern 85 % : 15 %). Darüber hinaus konnte in einem Teil der Länder bis 1979 auch die Lohnsumme als Besteuerungsgrundlage der Gewerbesteuer herangezogen werden. In den neuen Ländern war die Erhebung der Gewerbekapitalsteuer jedoch von Anfang an ausgesetzt. Ab 1998 wird die Gewerbekapitalsteuer, die im Gegensatz zur Gewerbeertragsteuer keine starken Aufkommensschwankungen aufwies und insbesondere für Städte mit schwacher Gewerbeertragsteuer von überdurchschnittlicher Bedeutung war, in ganz Deutschland abgeschafft. Nach langem Ringen haben die Städte dafür einen unmittelbaren Anteil am Umsatzsteueraufkommen von 2,2 % erhalten, der nach wirtschaftsbezogenen Kriterien auf die Städte und Gemeinden verteilt wird (s. u. 2.12), und eine substanzielle Absicherung der verbleibenden Gewerbesteuer oder einer anderen wirtschaftskraftbezogenen Gemeindesteuer mit Hebesatzrecht durch Ergänzung von Art. 28 Abs. 2 GG erreicht.

Schon in den vergangenen Jahrzehnten hat der Bundesgesetzgeber durch wiederholte Eingriffe in die gewinnunabhängigen Bestandteile der Gewerbesteuer sowie durch wiederholte Freibetragsanhebungen und andere Entlastungen für mittelständische Gewerbebetriebe die Qualität der Gewerbesteuer als Steuerquelle der Städte und Gemeinden zunehmend beeinträchtigt. Die Gewerbesteuer in ihrer heutigen Form ist sehr stark abhängig von der Gewinnentwicklung einer relativ kleinen Zahl von Großbetrieben. Dadurch kommt es zu großen Steuerkraftunterschieden zwischen Städten und Gemeinden vergleichbarer Funktion und Größe sowie zu starken Aufkommensschwankungen von Jahr zu Jahr. Vor allem auf die Korrektur dieser Fehlentwicklungen richten sich die Forderungen und Vorschläge der Städte und Gemeinden zur Reform des Gemeindesteuersystems.

Seit vielen Jahren wird über eine Reform des Gemeindesteuersystems und dabei insbesondere über die Zukunft seines wirtschaftsbezogenen Elements, der Gewerbesteuer, diskutiert. Seit dem Vorschlag des wissenschaftlichen Beirats beim Bundesfinanzministerium aus dem Jahr 1982, die Gewerbesteuer durch eine Wertschöpfungsteuer mit den Bemessungsgrundlagen gezahlte Löhne, Mieten/Pachten, Zinsen und Gewinne (Bestandteile der Wertschöpfung) zu ersetzen, hat es eine Reihe weiterer Vorschläge gegeben, denen aus städtischer Sicht überwiegend gravierende Mängel attestiert werden mußten. Der Deutsche Städtetag hat sich an der Suche nach einem Reformansatz, der den Anforderungen der Hauptbetroffenen – der Städte – gerecht wird, aktiv beteiligt, vor allem mit einem Vorschlag zur Umgestaltung der Gewerbesteuer aus dem Jahr 1986 und einem Kompromißvorschlag aus dem Jahr 1992, den kleineren Teil der Gewerbesteuer durch eine unmittelbare gemeindlichen Umsatzsteuerbeteiligung zu ersetzen.

Kein Reformmodell hat jedoch bisher den wünschenswerten und im Fall einer Grundgesetzänderung notwendigen breiten politischen Konsens gefunden. Die starken Schwankungen der Gewerbesteuereinnahmen und insbesondere die völlig unzureichende Gewerbesteuerkraft strukturschwacher Städte, zu denen noch auf Jahre hinaus auch die meisten Städte in den neuen Ländern gehören, unterstreichen die Notwendigkeit einer Reform. Angesichts der bestehenden Mängel muß die Reform des Gemeindesteuersystems vor allem folgende Ziele verfolgen:

– Eine deutlich stetigere und besser kalkulierbare Entwicklung der städtischen Steuereinnahmen,
– eine erhebliche Stärkung der Steuerkraft strukturschwacher Städte, die allerdings nicht zu Lasten anderer Städte gehen darf,
– die Erhaltung des finanziellen Interessenbandes zwischen der Wirtschaft und ihren Hauptstandorten, den Städten,
– auch weiterhin die Gewährleistung unverzichtbarer finanzieller Handlungsspielräume durch das Hebesatzrecht bei der Gewerbesteuer.

Die Politik hat es aber in den 80er und frühen 90er Jahren versäumt, Phasen größeren finanziellen Handlungsspielraums für eine Reform des Gemeindesteuersystems zu nutzen.

a.2 Gemeindeanteile an der Einkommensteuer und an der Umsatzsteuer

Durch die 1970 eingeführte Beteiligung am Lohn- und Einkommensteueraufkommen waren die Städte und Gemeinden über viele Jahre an der progressionsbedingten Dynamik dieser Steuer beteiligt. Allerdings waren und sind viele große und größere Städte von der Gesamtentwicklung dieser Steuerquelle weitgehend abgekoppelt. Hinzu kommt, daß die Städte und Gemeinden auch die Mindereinnahmen durch Einkommensteuerentlastungsmaßnahmen und den Einsatz der Einkommensteuer für nichtfiskalische Zwecke anteilig mitzutragen haben. So beruht die stagnierende bzw. rückläufige Entwicklung seit 1992 nicht zuletzt auf der Häufung von Steuerrechtsänderungen in den letzten Jahren, die wesentlich zu dem Verfall der veranlagten Einkommensteuer seit 1992 von 41,5 Mrd. DM bis auf unter 10 Mrd. DM im Jahr 1996 beigetragen haben.

Die Verteilung des Gemeindeanteils an der Einkommensteuer auf die einzelnen Städte und Gemeinden erfolgt in den einzelnen Ländern gemäß Art. 106 Abs. 5 GG nach Maßgabe der Einkommensteuerleistungen der Einwohner, die allerdings nur bis zu bestimmten, im Gemeindefinanzreformgesetz festgelegten Höchstbeträgen berücksichtigt werden. Steuerzahler mit darüber hinaus gehendem Einkommen kommen ihrer Wohnsitzgemeinde damit nur bis zu diesen Höchstbeträgen zugute. In dreijährigen Abständen wird diese Steuerquelle zwischen den Städten und Gemeinden eines Landes auf der Basis einer neuen Einkommensteuerstatistik neu verteilt. Dadurch erleiden regelmäßig die großen und größeren Städte zugunsten der kleineren Gemeinden Verluste, die sich inzwischen zu massiven Dauerverlusten kumulieren (vgl. Abbildung 3). Diese Umverteilungen gehen vor allem durch Stadtumlandwanderungen besser verdienender Bevölkerungsschichten und den wachsenden Anteil von Transfereinkommensbeziehern in den Kernstädten zu Lasten der großen Kernstädte und begünstigen ihre unmittelbaren Umlandgemeinden, sind aber nicht mit entsprechenden Entlastungen bei den Aufgaben und Ausgaben der Kernstädte verbunden.

Abbildung 3

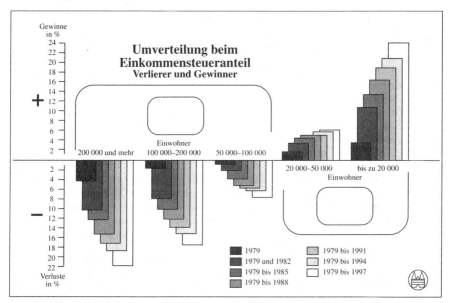

Gemeinschaftsbericht 1997 des Deutschen Städtetages

Ab 1998 sind die Städte und Gemeinden – als Ersatz für die Gewerbekapitalsteuer – auch am Aufkommen der Steuern vom Umsatz beteiligt. Der Gemeindeanteil von 2,2 % wird in den Jahren 1998 und 1999 im Verhältnis 85 : 15 in einen West- und einen Ostanteil aufgeteilt und in dieser Übergangsphase nach Schlüsseln auf die einzelnen Städte und Gemeinden verteilt, die in den alten Ländern aus dem Gewerbesteueraufkommen der Jahre 1990 bis 1996 und der Zahl der sozialversicherungspflichtig Beschäftigten 1990 bis 1995 (im Verhältnis 70 : 30 gewichtet) sowie in den neuen Ländern aus dem Gewerbesteueraufkommen 1992 bis 1996 berechnet werden. Danach – also voraussichtlich ab dem Jahr 2000 – soll die Verteilung bundesweit auf einen fortschreibungsfähigen Schlüssel mit den Schlüsselelementen Lohnsumme und Betriebsvermögen umgestellt werden. Vor den Entscheidungen über Abgrenzung und Gewichtung dieser Schlüsselelemente müssen aber noch die benötigten Daten erhoben und – als Entscheidungsgrundlage – darauf basierende gemeindescharfe Modellberechnungen durchgeführt werden.

b. Finanzzuweisungen

b.1 Der kommunale Finanzausgleich in den westdeutschen Ländern

Die Zuweisungen vom Land (Bund) an die westdeutschen Städte, Gemeinden und Kreise stellen mit einer Quote von rd. 27 % die quantitativ zweitwichtigste Einnahmequelle dar (s. Tabelle 1). Diese Finanztransfers erfolgen primär im Rahmen des kommunalen Finanzausgleichs, d. h. in den zumeist jährlichen Finanzausgleichsgesetzen, in denen die Länder ihre Zuweisungen an die Kommunen regeln. Der Bund kann sich gemäß Art. 104 a Abs. 4 GG über die Länder an besonders bedeutsamen Investitionen der Städte, Gemeinden und Kreise beteiligen, die zur Abwehr einer Störung des gesamtwirtschaftlichen Gleichgewichts oder die zum Ausgleich unterschiedlicher Wirtschaftskraft im Bundesgebiet bzw. zur Förderung des wirtschaftlichen Wachstums erforderlich sind. Auf dieser Basis gab es in der Vergangenheit Konjunkturprogramme. Auch diese Programme des Bundes werden über die Finanzausgleichsgesetze der Länder abgewickelt.

Der kommunale Finanzausgleich zielt darauf ab, die kommunale Finanzmasse insgesamt aufzustocken (fiskalische Funktion), Einnahmedifferenzen innerhalb vergleichbarer Gemeindegruppen zu mildern (redistributive Funktion) sowie bestimmte Sonderbedarfe z. B. von zentralen Orten finanzierbar zu machen (raumordnungspolitische Funktion).

Die Übersicht über die Struktur des kommunalen Finanzausgleichs (siehe Abbildung 4) zeigt am Beispiel des Jahres 1994, aus welchen Quellen die Finanzzuweisungen gespeist werden, mit welchem Freiheitsgrad und zu welchen Aufgabenbereichen die Finanzausgleichsmittel an die Kommunen verteilt werden. Zentrale Finanzquelle dieses Zuweisungssystems sind die Beteiligungen der Kommunen an den Steuern und Steueranteilen der Länder. Nach Art. 106 Abs. 7 Satz 1 GG steht den Gemeinden (Gemeindeverbänden) vom Länderanteil am Gesamtaufkommen der sogenannten Gemeinschaftssteuern, d. h. der Einkommen-, Körperschaft- und Umsatzsteuer, ein von der Landesgesetzgebung zu bestimmender Hundertsatz zu. Fakultativ, d. h. auf freiwilliger Basis, können zu diesem obligatorischen allgemeinen Steuerverbund auch der Landesanteil an der Gewerbesteuerumlage sowie Zahlungen bzw. Einnahmen im Rahmen des Länderfinanzausgleichs (Umverteilung von Finanzmitteln unter den Ländern) hinzugezogen werden. Die Verbundquoten an den Gemeinschaftssteuern reichten von 11,54 v. H. (Bayern) bis zu 23 v. H. (Baden-Württemberg/Nordrhein-Westfalen), wobei insbesondere wegen der unterschiedlichen Aufgabenverteilung zwischen den Ländern und ihren Kommunen die Verbundquoten allein einen Leistungsvergleich zwischen den Ländern nicht zulassen.

Die Abbildung 4 zeigt, daß etwa 70 % der Finanzausgleichsmasse des Jahres 1994 aus den verschiedenen Steuerverbünden stammen, wobei die obligatorische Beteiligung der Kommunen an den Länderanteilen bei den Gemeinschaftssteuern deutlich ergiebiger als die fakultativen Beteiligungen an Landessteuern wie der Grunderwerbsteuer, der Vermögensteuer und der Kraftfahrzeugsteuer sind. Die restlichen 30 % des Finanzausgleichsvolumens werden darüber hinaus aus Deckungsmitteln des Landes finanziert. Die Höhe dieser Mittel wird von den Ländern im Rahmen der jeweiligen Etatberatungen festgelegt.

Zur Zweckbestimmung der Finanzausgleichsmittel und zum Freiheitsgrad, mit dem diese Mittel hinsichtlich ihrer Verwendung für die Kommunen ausgestattet sind, zeigt die Abbildung folgendes: Etwa 56 % der Finanzausgleichsmittel werden den Städten, Gemeinden und Gemeindeverbänden 1994 als allgemeine Zuweisungen (ohne Zweckbindung) zur (freien) Verfügung gestellt. Der größte Teil dieser für die Kommunen disponiblen Mittel wird als Schlüsselzuweisung verteilt, wobei als Verteilungskriterien die nach der Gemeindegröße veredelten (d. h. erhöhten) Einwohnerzahlen – als Indiz für den Finanzbedarf – sowie eine normierte Steuerkraft – als Indiz für die Finanzkraft – verwendet werden. Zum Ausgleich besonderer Härtefälle, die von dem schematisierenden System der Schlüsselzuweisungen nicht erfaßt werden, gewähren viele Länder einzelnen Gemeinden sogenannte Bedarfszuweisungen aus

Abbildung 4

Struktur des kommunalen Finanzausgleichs*

Mittelherkunft	**Freiheitsgrad**	**Verwendung**

Steuerverbund

obligtorisch

– Einkommensteuer
– Körperschaftsteuer
– Umsatzsteuer

fakultativ

– Länderfinanzausgleich
– Gewerbesteuerumlage
– Grunderwerbsteuer
– Vermögensteuer
–andere Landessteuern

70,9 %

Sonstige Landes- und Bundesmittel

29,1 %

Allgemeine Zuweisungen

disponibel

55,8 %

Spezielle Zuweisunge

zweckgebunden

44,2 %

Schlüssel- zuweisung

43,3 %

Bedarfszuweisung	0,7 %
Investitionspauschale	2,3 %
Sonstige allgem. Zuweisungen	9,5 %
Schulen, Wissenschaften	6,7 %
Soziales, Gesundheit	22,1 %
Öff. Einrichtungen, Wirt. Unternehmen	6,8 %
Bauwesen/Straßen, ÖPNV	8.6 %

* nach den Finanzausgleichsgesetzen der alten Länder 1994

Gemeindefinanzbericht 1997 des Deutschen Städtetages

einem besonderen Fonds (Ausgleichsstock). Länder wie Niedersachsen und Rheinland-Pfalz finanzieren über besondere pauschale Zuwendungen zumindest einen Teil der Ausgaben, die den Kommunen durch die pflichtgemäße Wahrnehmung staatlicher Aufgaben (Auftragsverwaltung) entstehen. Zu den allgemeinen Zuweisungen gehören weiterhin auch pauschale Zuweisungen für investive Maßnahmen wie z. B. die Investitionspauschale in Nordrhein-Westfalen.

Während bei den vorgenannten allgemeinen Finanzzuweisungen, insbesondere bei den Schlüsselzuweisungen, die direkte Beziehung zu den einzelnen kommunalen Aufgaben- und Verwaltungszweigen von nachrangiger Bedeutung ist, tritt diese bei den speziellen Zuweisungen, auf die 1994 rund 44 % der Finanzausgleichsmasse entfallen, in den Vordergrund. Es handelt sich also um zweckgebundene Zuweisungen des Landes an die Gemeinden zur Finanzierung der bei diesen in speziellen Tätigkeitsbereichen anfallenden Ausgaben.

Diese Zweckzuweisungen sind das inzwischen schon klassische Instrument des Landes, über den goldenen Zügel auf das Ausgabeverhalten und insbesondere auf die Investitionspolitik der Städte, Gemeinden und Kreise Einfluß zu nehmen. Das Land rechtfertigt den Einsatz dieser Steuerungsinstrumente mit der Notwendigkeit, örtliche und überörtliche (landespolitische) Planungen zu koordinieren. Die Möglichkeiten und Grenzen dieser landespolitischen Einflußnahme auf kommunales Handeln müssen nach der Zuweisungspraxis differenziert betrachtet werden. Bei den (regelgebundenen) Zuweisungen, bei denen Gesamtvolumen und/oder Verteilungsschlüssel durch den Gesetzgeber fixiert sind, müssen die Möglichkeiten der Steuerung und Einflußnahme der Landesregierung bei der Vergabe dieser Mittel relativ gering eingeschätzt werden. Bei der Mehrzahl der Landeszuweisungen hat der Landesgesetzgeber aber für bestimmte Zwecke lediglich Globalbeträge ausgewiesen, die weitere Verteilung der einzelnen Zuschüsse liegt nach entsprechendem Antrag der Kommunen im Ermessen der zuständigen Landesbehörden (Ministerien/Regierungspräsidien). Dementsprechend kann die Exekutive schon über Bewilligung bzw. Versagung von Zuschüssen sowie über die Feinstruktur der angebotenen Zweckdotationen das Ausgabeverhalten der Kommunen beeinflussen.

b.2 Der kommunale Finanzausgleich in den ostdeutschen Ländern

Der kommunale Finanzausgleich ist also nicht nur wegen seiner quantitativen Dimension eine der bedeutsamsten Säulen der Kommunalfinanzen. Für die Kommunen in den westdeutschen Ländern war der kommunale Finanzausgleich mit seinen vielschichtigen Steuerungsfunktionen stets ein Politikum ersten Ranges. Dies gilt in noch stärkerem Maße für die Kommunen der ostdeutschen Länder, die wegen ihrer eklatanten Steuerschwäche über 50 % ihrer Ausgaben aus staatlichen Finanzausgleichsleistungen bestreiten. Tabelle 2 zeigt, daß die ostdeutschen Kommunen im Jahr 1996 mit insgesamt rd. 23 Mrd. DM je Einwohner fast doppelt so viel laufende Zuweisungen wie die westdeutschen Kommunen erhalten haben. Mit insgesamt fast 8 Mrd. DM konnten die ostdeutschen Kämmerer wiederum auf den Einwohner bezogen bei den Investitionszuweisungen gegenüber dem Westniveau sogar das dreifache Transfervolumen verbuchen.

Mit der grundsätzlichen Übernahme der Regelung des Grundgesetzes für die Verteilung des Steueraufkommens auf den Bund sowie auf die Länder und Gemeinden war Anfang der 90er Jahre eine zentrale Ursache für die dramatische Zuspitzung der kommunalen Finanzprobleme in den neuen Ländern geschaffen worden. Zwar konnte sich der Bund mit der Übernahme der Regelung des Grundgesetzes für die Steuerverteilung auch im Beitrittsgebiet den größten Teil des Aufkommens aus den zunächst ergiebigsten Steuerquellen, den Umsatz- und Verbrauchsteuern, sichern. Die Entscheidung für die unveränderte Übernahme der Steuerverteilung des ehemaligen Bundesgebietes hatte aber andererseits zur Folge, daß die Steuereinnahmen der Städte und Gemeinden, aber auch der Länder in der ehemaligen DDR noch auf Jahre hinaus außerordentlich gering sein werden.

450

Abbildung 5

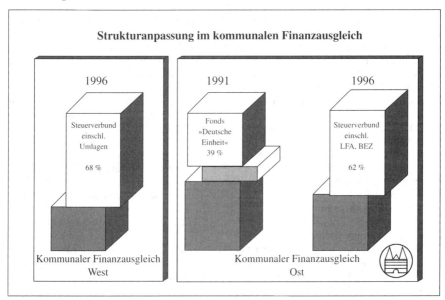

Strukturanpassung im kommunalen Finanzausgleich

1996	1991	1996
Steuerverbund einschl. Umlagen 68 %	Fonds »Deutsche Einheit« 39 %	Steuerverbund einschl. LFA, BEZ 62 %
Kommunaler Finanzausgleich West	Kommunaler Finanzausgleich Ost	

Gemeindefinanzbericht 1997 des Deutschen Städtetages

Wegen der geringen Steuerkraft der Städte und der Gemeinden in den neuen Ländern sowie wegen ihrer kurzfristig unüberbrückbaren Probleme bei der Durchsetzung höherer und kostengerechter Gebühren kam den Zuweisungen der neuen Länder an ihre Kommunen eine zentrale finanzpolitische Bedeutung zu. Der kommunale Finanzausgleich war von Anfang an die Haupteinnahmequelle der Städte, Gemeinden und Landkreise in den neuen Ländern – und wird dies auch noch auf Jahre bleiben.

Die Finanzierung der verschiedenen ostdeutschen Finanzausgleichssysteme zeigt im Vergleich zur westdeutschen Finanzausgleichspraxis besondere, von der originären Steuerschwäche der neuen Länder selbst geprägte Strukturen (s. Abbildung 5). Während in den Westländern etwa zwei Drittel aller Finanzausgleichsleistungen durch die gemeinsame Steuerverbundwirtschaft von Ländern und ihren Kommunen finanziert werden, leistet die Steuerverbundwirtschaft der ostdeutschen Länder und Kommunen zur Finanzierung der kommunalen Finanzausgleichssysteme deutlich geringere Beiträge.

Nach dem Einigungsvertrag fließt den ostdeutschen Städten, Gemeinden und Kreisen – abweichend von der finanzverfassungsrechtlichen Regelung des Artikels 106 Abs. 7 GG – vom Länderanteil am Gesamtaufkommen der Gemeinschaftssteuern und dem gesamten Aufkommen der Landessteuern ein Anteil von mindestens 20 % zu. Im Gegensatz zur westdeutschen Praxis werden also generell sämtliche Landessteuern in den Steuerverbund einbezogen. Wenn dennoch aus dieser Finanzquelle 1991 zunächst nur ein Deckungsbeitrag von nicht einmal 12 % der Finanzausgleichsleistungen erzielt werden konnte, so lag dies nicht nur an der gravierenden Steuerschwäche der Länder, sondern auch daran, daß sich zunächst nur drei Länder dazu durchringen konnten, über die im Einigungsvertrag fixierte Mindestverbundquote von 20 % hinauszugehen. Le-

451

diglich Thüringen (23 %), Sachsen (21 %) und Sachsen-Anhalt (23 %) hatten seinerzeit ihre Verbundquoten marginal erhöht.

Zum Ausgleich der unzureichenden Steuerverbundgrundlagen, insbesondere wegen des Ausschlusses der neuen Länder von dem bundesstaatlichen Länderfinanzausgleich, stand den Kommunen in den neuen Ländern bis 1994 – wiederum nach dem Einigungsvertrag – als zentrale Finanzquelle des kommunalen Finanzausgleichs eine 40prozentige Beteiligung an den Mitteln des Fonds »Deutsche Einheit« zur Verfügung. Den Fonds »Deutsche Einheit« hatten Bund und Länder im Mai 1990 in Erwartung einer schon bald sehr positiven wirtschaftlichen Entwicklung in den neuen Ländern ursprünglich degressiv gestaltet. Da sich diese Erwartung nicht bestätigt hatte, mußte das Fondsvolumen mehrfach aufgestockt und konnte nur dadurch auf eine Jahresleistung von rd. 35 Mrd. DM stabilisiert werden. Aus Fondsmitteln konnten 1991 fast 40 % des kommunalen Finanzausgleichs finanziert werden.

Die Provisorien zur Finanzierung des Einigungsprozesses bzw. zur Dotierung des kommunalen Finanzausgleichs – dies war insbesondere der Fonds »Deutsche Einheit« – liefen Ende 1994 aus. Im Rahmen des Solidarpaktes hatten Bund und Länder die Neuordnung des bundesstaatlichen Finanzausgleichs geregelt. Aus dem Solidarpakt konnten die Finanzminister der neuen Länder gleich in mehreren Einnahmesektoren Mehreinnahmen verbuchen:

- *Länderfinanzausgleich und Umsatzsteuerverteilung:* Allein durch die Einbeziehung in den Länderfinanzausgleich und in den Umsatzsteuerausgleich zwischen den Ländern erhielten die ostdeutschen Flächenländer insgesamt Zuweisungen in Höhe von rd. 20 Mrd. DM.
- *Bundesergänzungszuweisungen:* Zusätzlich gewährte der Bund vor allem den neuen Ländern in erheblichem Umfang unterschiedliche Bundesergänzungszuweisungen (BEZ). Aus sog. Fehlbetrags-BEZ, den BEZ wegen überdurchschnittlicher Kosten der politischen Führung, den Sonderbedarfs-BEZ zum Abbau teilungsbedingter Sonderbelastungen erhielten die neuen Länder 1995 Zuweisungen in Höhe von fast 15 Mrd. DM.
- *Finanzhilfen des Bundes:* Außerhalb des eigentlichen Finanzausgleichs gewährte der Bund den neuen Ländern im Rahmen des Investitionsförderungsgesetzes Aufbau Ost (IFG) zusätzlich Finanzhilfen für Investitionen der Länder und Gemeinden in Höhe von 5,3 Mrd. DM.

Zum Aufbau Ost standen mit dem Jahr 1995 umfangreiche zusätzliche Finanzmittel zur Verfügung, die über die bis einschließlich 1994 gezahlten jährlichen Fondsleistungen weit hinausgingen. Trotz dieser strukturellen und deshalb auch nachhaltigen Aufbesserung ihrer Transfereinnahmen zeigten sich die ostdeutschen Länder bei den Finanzausgleichsverhandlungen für 1995 gegenüber ihren Kommunen eher egoistisch als solidarisch. Ganz so, als hätte es niemals den Fonds Deutsche Einheit mit einer obligatorischen 40prozentigen Beteiligung der Kommunen gegeben, ganz so, als hätte der Solidarpakt niemals den Fonds – einschließlich der Beteiligungsnorm – ersetzen und fortschreiben sollen, behandelten die neuen Länder bei der Dotierung ihrer Finanzausgleichssysteme ihre Kommunen eher wie Stiefkinder statt als gleichwertige Partner, mit denen solidarisch umzugehen ist.

Die »neuen« Ländereinnahmen aus dem Länderfinanzausgleich und den Bundesergänzungszuweisungen würden mit von Land zu Land unterschiedlichen, durchgängig aber völlig unzureichenden Beteiligungsquoten in den jeweiligen Steuerverbund einbezogen. Die Steuerverbünde nahmen dadurch zwar deutlich an Gewicht zu (s. Abbildung 4), alles in allem konnten die ostdeutschen Kommunen trotz der erheblichen Zugewinne ihrer Länder nur eine vergleichsweise marginale Aufbesserung ihrer Finanzausgleichskassen registrieren. Trotz eindringlicher Appelle der Kommunen in Ost und West räumten die ostdeutschen Länder ihren eigenen Finanzproblemen einen höheren Stellenwert ein, als dem Aufbau einer funktionierenden Kommunalverwaltung und einer leistungsfähigen kommunalen Infrastruktur.

c. Gebühren und Beiträge

Die Kommunen sollen ihre Aufgaben möglichst weitgehend durch Erhebung von Leistungsentgelten, insbesondere durch Gebühren und Beiträge, finanzieren. Beispielsweise verpflichtet die nordrhein-westfälische Gemeindeordnung in § 63 Abs. 2 die Gemeinden, die zur Erfüllung ihrer Aufgaben erforderlichen Einnahmen
1. soweit vertretbar und geboten, aus speziellen Entgelten für die von ihr erbrachten Leistungen,
2. im übrigen aus Steuern zu beschaffen, soweit die sonstigen Einnahmen nicht ausreichen.
Gebühren und Beiträge knüpfen an öffentliche Einzelleistungen an. Sie sind Abgaben mit Anspruch auf Gegenleistung und unterscheiden sich insofern von den Steuern, bei denen ein Anspruch des Zahlenden auf eine konkrete Gegenleistung des Staates oder der Gemeinde nicht gegeben ist. Eine Gebühr kann nur dann gefordert werden, wenn der Bürger eine bestimmte öffentliche Leistung wie z. B. ein Hallenbad tatsächlich in Anspruch genommen hat. Beiträge können demgegenüber schon dann eingefordert werden, wenn der Betroffene nur die Möglichkeit hat, eine öffentliche Leistung in Anspruch zu nehmen (z. B. Beiträge für die Erschließung einer Straße).

Rechtsgrundlagen für die Erhebung von Gebühren und Beiträgen sind die Kommunalabgabengesetze der Länder, spezielle Gesetze (wie z. B. das Bundesbaugesetz für die Erschließungsbeiträge) sowie die örtlichen Gebühren- und Beitragssatzungen.

Die quantitative Bedeutung der Gebühren als Finanzierungsinstrument der Städte hat besonders im letzten Jahrzehnt zugenommen. In den frühen 80er Jahren mußten viele Städte wegen knappster Steuereinnahmen und fehlender Finanzzuweisungen zur Konsolidierung ihrer Etats die Gebühren bis an die Grenze des politisch Machbaren und rechtlich Zulässigen erhöhen. Durch Mobilisierung aller erkennbaren Gebührenerhöhungsspielräume konnten die Städte ihre Gebühreneinnahmen pro Jahr um jeweils 8 bis 9 % erhöhen. Nach Jahren forcierter Gebührenpolitik werden inzwischen über die Gebührenkasse statt gut 10 % (1980) rund 14 % der kommunalen Gesamtausgaben finanziert (s. Tabelle 1).

Einer derart expansiven Gebührenpolitik sind indessen administrative, rechtliche, ökonomische und auch politische Grenzen gesetzt. Insbesondere durch die in zwischen realisierten Kostendeckungsgrade bei den einzelnen Gebührenhaushalten werden zukünftige Handlungsspielräume der Gebührenpolitik entscheidend eingeengt. Die in Abbildung 6 wiedergegebenen Ergebnisse einer empirischen Analyse des Deutschen Städtetages zeigen beispielsweise für das Jahr 1994, daß bei den quantitativ bedeutsamsten Gebührenhaushalten (Einrichtung zur Abwasser- und Abfallbeseitigung) eine Vollkostendeckung weitgehend erreicht ist. Gebührenüberschüsse dürfen aber grundsätzlich nicht erwirtschaftet werden.

Während also in den meisten klassischen Gebührenhaushalten das Gebot der Kostendeckung realisiert ist, Gebührenerhöhungen hier also nur noch im Rahmen der Kostensteigerungen in den einzelnen Haushalten zu erwarten sind, zeigt sich bei Bä-

Abbildung 6

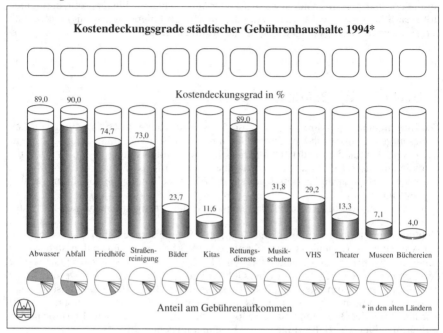

Kostendeckungsgrade städtischer Gebührenhaushalte 1994*

Kostendeckungsgrad in %

Abwasser	Abfall	Friedhöfe	Straßen-reinigung	Bäder	Kitas	Rettungs-dienste	Musik-schulen	VHS	Theater	Museen	Büchereien
89,0	90,0	74,7	73,0	23,7	11,6	89,0	31,8	29,2	13,3	7,1	4,0

Anteil am Gebührenaufkommen   * in den alten Ländern

Gemeindefinanzbericht 1997 des Deutschen Städtetages

dern, Volkshochschulen, Musikschulen, Theatern und Konzerten sowie Museen ein völlig anderes Bild. Bei diesen Einrichtungen werden die Ausgaben lediglich zwischen knapp 32 % (Musikschulen) und sogar etwa 4 % (Büchereien) gedeckt. Ganz offensichtlich sind bei der Kalkulation dieser Gebühren das Äquivalenzprinzip, d. h. das Prinzip der Angemessenheit zwischen Leistung und Gegenleistung im Sinne annähernder Gleichwertigkeit, und das Kostendeckungsgebot aufgehoben bzw. abgeschwächt worden. Die Nutzung dieser Einrichtungen entspricht einem starken öffentlichen Interesse. Mithin hat die Gebühr bei diesen Einrichtungen weniger den Charakter eines speziellen Entgeltes als vielmehr den eines Instrumentes zur Nachfragelenkung. Die Höhe der von den Benutzern zu entrichtenden Abgabe orientiert sich primär an sozial-, gesundheits- und kulturpolitischen Zielsetzungen (vgl. die Beiträge von Holger Backhaus-Maul zur Sozial- und von Hermann Glaser zur Kulturpolitik; in diesem Band) unter Berücksichtigung individueller Nachfragestrukturen. Der niedrige Kostendekkungsgrad und die damit verbundenen hohen Finanzierungsdefizite sind also das Ergebnis der politischen Willensbildung in der einzelnen Gemeinde. Den Bürgern sollen über betont niedrige Gebühren die Benutzungen bestimmter Einrichtungen geradezu schmackhaft gemacht werden.

Die ostdeutschen Kommunen können derzeit bei ihren Gebühreneinnahmen je Einwohner nur etwa zwei Drittel des Westniveaus realisieren. Die Gebühreneinnahmen und damit auch die Gebührenpolitik können zwischen Ost und West jedoch nur stark eingeschränkt verglichen werden. Nach wie vor bleiben den ostdeutschen Kommunen wichtige Gebühreneinrichtungen aus dem kommunalen Gesamthaushalt ausgegliedert. Dies gilt insbesondere für die Abwasserbeseitigung und die Straßenreinigung, deren Kostendeckungsgrade im alten Bundesgebiet pflichtgemäß besonders hoch sind. Mit dem Kommunalvermögengesetz hatte die Treuhand zwar die Pflicht, auch die ehemaligen VEB Wasserversorgung und Abwasserbehandlung (WAB) zu kommunalisieren und ihren Aufgaben den Gemeinden als Pflichtaufgabe zu übertragen. Die komplizierten Kommunalisierungsprozesse – nach der Übernahme der Geschäftsanteile der WAB's durch die sog. Eigentümervereine erfolgte die Zerlegung der ehemaligen Kombinate in die ursprünglichen Betriebsstrukturen und die Aufteilung auf die jeweiligen Städte und Kreise – endeten in den meisten Fällen bei Organisationsmodellen, deren Gebühreneinnahmen für die kommunalen Haushalte irrelevant bleiben. Auch bei der Straßenreinigung dominieren als Organisationsformen Eigenbetriebe und Eigengesellschaften (vgl. den Beitrag von Günter Püttner zu kommunalen Betrieben in diesem Band). In der kommunalen Gebührenbilanz spielen deshalb diese Bereiche bei den ostdeutschen Kommunen ebenfalls eine kaum meßbare Rolle. Hauptsächlich resultieren bei den ostdeutschen Kommunen die Gebühreneinnahmen zu etwa einem Drittel aus den Kindertagesstätten und zu jeweils 20 % aus Pflegeheimen und der Abfallwirtschaft. Die auffallend hohen Gebührenanteile der Kindertagesstätten und Altenpflegeheime beruhen darauf, daß sich in den neuen Ländern – anders als in den Westländern – diese Einrichtungen zum größten Teil in kommunaler Trägerschaft befinden.

d. Verschuldung

Kreditaufnahmen läßt das kommunale Haushaltsrecht nicht zur Finanzierung laufender Ausgaben des Verwaltungshaushalts, sondern nur für Investitionen und Investitionsförderungsmaßnahmen zu. Kredite werden nicht für einzelne Investitionsvorhaben aufgenommen; sie sind vielmehr Teil der Gesamtdeckung der Ausgaben des Haushalts.

Aufgrund einer besonders stringenten Verschuldungsgrenze im kommunalen Haushaltsrecht spielt die Kreditfinanzierung in den Kommunalhaushalten insgesamt eine wesentlich geringere Rolle als bei Bund und Ländern. Netto, d. h. nach Abzug der Tilgungen, tragen Kredite nur einen relativ geringen Teil zur Finanzierung der Kommunalhaushalte bei (vgl. die in den Tabellen 1 und 2 nachrichtlich ausgewiesenen Nettokreditaufnahmen). Die Haushalte der einzelnen Städte und Gemeinden sind jedoch in sehr unterschiedlichem Maß kreditfinanziert.

Diese starken örtlichen Unterschiede und das zumindest für die Gesamtheit aller Kommunen relativ geringe Maß der Neuverschuldung sind vor allem auf die spezifische Verschuldungsgrenze des kommunalen Haushaltsrechts zurückzuführen, die Bund und Länder so nicht kennen. Kommunen dürfen sich nur soweit verschulden, daß sie dauerhaft den gesamten Schuldendienst (Zinsen und Tilgungen) aus laufenden Einnahmen des Verwaltungshaushalts leisten können. Daß nicht nur die Zinsen – als Ausgaben des Verwaltungshaushalts – sondern auch die im Vermögenshaushalt veranschlagten Tilgungen aus laufenden Einnahmen gedeckt werden, soll die sog. Pflichtzuführung vom Verwaltungs- zum Vermögenshaushalt gewährleisten, zu der die Kommunen haushaltsrechtlich verpflichtet sind (s. o. 1.).

Diese spezifische kommunale Verschuldungsgrenze bewirkt u. a., daß strukturschwache Städte mit schwacher Steuerkraft und hohen Sozialhilfebelastungen in

der Regel wesentlich geringere Verschuldungsmöglichkeiten besitzen als vergleichbare Städte in wirtschaftlich florierenden Regionen. Das Erreichen der Pflichtzuführung und darüber hinausgehender freier Spitzen sollte der finanzielle Normalfall
sein. In der Finanzkrise der 90er Jahre, noch stärker als in den frühen 80er Jahren, sind
allerdings Defizite in den Haushalten zumindest der großen Städte eher die Regel als
die Ausnahme geworden. Dabei muß auch berücksichtigt werden, daß Defizite in den
Verwaltungshaushalten z. T. dadurch verdeckt werden, daß temporär zur Finanzierung
laufender Ausgaben auch auf Mittel des Vermögenshaushaltes – z. B. Rücklagenmittel
(soweit noch vorhanden), Erlöse aus Vermögensveräußerungen u. ä. – zurückgegriffen
werden muß. Die Finanzierung laufender Ausgaben aus der Substanz des Vermögenshaushalts kann naturgemäß nur eine begrenzt einsetzbare Notmaßnahme in Zeiten äußerst angespannter Finanzsituation sein.

Im Gegensatz zur langfristigen Schuldenstandentwicklung der westdeutschen
Kommunen haben sich die Kommunen in den neuen Ländern schon in den ersten
Jahren nach der deutschen Einheit so stark verschuldet, daß sie bereits innerhalb eines
halben Jahrzehnts je Einwohner annähernd so hoch verschuldet sind wie die westdeutschen Kommunen nach 4 ½ Jahrzehnten. Diese Entwicklung muß dringend auf-
gehalten werden, um zu verhindern, daß in Kürze der Schuldendienst die Haushalts-
spielräume in den ostdeutschen Kommunalhaushalten in unvertretbarer Weise ein-
schränkt. Dies erfordert insbesondere eine Stärkung der eigenen Steuerkraft der
ostdeutschen Städte und Gemeinden.

Kassenkredite sind keine Kreditaufnahmen zur Finanzierung des Vermögenshaushalts. Sie dienen vielmehr zur Sicherung der Zahlungsfähigkeit, der Liquidität der
Kommune. Faktum ist jedoch, daß Städte mit defizitären Verwaltungshaushalten zum
Teil über mehrere Jahre zur Finanzierung laufender Ausgaben auf Kassenkredite zurückgreifen müssen.

3. Die Ausgaben

Die großen Ausgabenblöcke in den Kommunalhaushalten sind die Personalausgaben,
der laufende Sachaufwand, die sozialen Leistungen und die Investitionen.

a. Die sozialen Leistungen

Das herausragende Kennzeichen der Ausgabenentwicklung der Kommunen ist die
außerordentlich starke Zusatzbelastung durch soziale Leistungen. Während die gesamten kommunalen Ausgaben in den alten Ländern von 1980 bis 1996 um fast 80 %
gewachsen sind, mußten die Ausgaben für soziale Leistungen insgesamt mehr als verdreifacht werden (vgl. Tabelle 1 und Abbildung 2). Damit hat sich der Anteil dieses
Ausgabenblocks in den westdeutschen Kommunalhaushalten von rd. 12 % im Jahr
1980 inzwischen auf durchschnittlich 21 % erhöht; in vielen, insbesondere in strukturschwachen Städten liegt er noch deutlich darüber.

Unter diesen sozialen Leistungen überwiegen die Sozialhilfeleistungen außerhalb
und innerhalb von Einrichtungen bei weitem. Hinzu kommen die ebenfalls in den

90er Jahren relativ stark gewachsenen Leistungen der Jugendhilfe, Leistungen für Asylbewerber und Flüchtlinge sowie andere soziale Transferleistungen der Kommunen an private Haushalte (z. B. Kriegsopferfürsorge). Diese Leistungen der Kommunen sind also in hohem Maß durch Entscheidungen von Bund und Ländern bestimmt.

Verantwortlich für die Entwicklung der sozialen Leistungen zum Sprengsatz in den Kommunalhaushalten waren und sind vor allem die Sozialhilfeaufwendungen für die Pflege alter Menschen und für Arbeitslose. Bei der Sozialhilfe für Pflegebedürftige führt die Pflegeversicherung, insbesondere durch die Mitte 1996 wirksam gewordenen stationären Hilfen, zwar 1996 und 1997 zur Reduzierung des Sozialhilfeaufwands für die Pflege in Einrichtungen; wegen der Höhe der Pflegesätze im Vergleich zu den Pflegeversicherungsleistungen und aufgrund der restriktiven Einstufung der Pflegebedürftigen in die Pflegeklassen durch die medizinischen Dienste der Pflegeversicherung bleiben die meisten Pflegebedürftigen in Einrichtungen aber weiterhin Sozialhilfefälle. Ab 1998 wird auch der Sozialhilfeaufwand für die Pflege alter Menschen deshalb wieder wachsen.

In den neuen Ländern liegen die kommunalen Aufwendungen für die sozialen Leistungen je Einwohner noch deutlich unter Westniveau (vgl. Tabelle 2). Dies ist insbesondere darauf zurückzuführen, daß die Arbeitslosigkeit in den neuen Ländern zunächst in hohem Maß eine verdeckte Arbeitslosigkeit war, d. h. daß durch vielfältige andere Fördermaßnahmen das unterste soziale Netz, die Sozialhilfe, in den neuen Ländern noch nicht in dem Maß die Arbeitslosigkeit mitfinanzieren mußte, wie in den alten Ländern.

b. Die Investitionen

Die Investitionsquote in den Kommunalhaushalten ist dagegen stark rückläufig. Die zunehmenden Soziallasten und die schlechte Einnahmeentwicklung in den frühen 80er Jahren und erneut seit 1993 haben die Kommunen zu einer so starken Reduzierung ihrer Investitionsausgaben gezwungen, daß Mitte der 90er Jahre selbst nominal nicht einmal das Investitionsniveau von 1980 erreicht wird (vgl. Tabelle 1). Real, also um Preissteigerungen bereinigt, waren die Einbrüche der kommunalen Investitionen noch erheblich ausgeprägter.

Das ist nicht nur wegen des großen Investitionsbedarfs – in den alten Ländern vor allem für Ersatz und Erneuerung der kommunalen Infrastruktur –, sondern auch wegen der gesamtwirtschaftlichen Bedeutung kommunaler Investitionen von Nachteil. Rund zwei Drittel aller öffentlichen Investitionen entfallen auf kommunale Aufgaben und große Teile der kommunalen Investitionen – insbesondere in die Verkehrsinfrastruktur, die Ver- und Entsorgung – sind Voraussetzung für das Wirtschaften privater und öffentlicher Unternehmen. Bedauerlich, aber für die Kommunen unausweichlich, war und ist dabei, daß die Kommunen vor allem in finanziell schlechten Zeiten gezwungen sind, ihre Investitionsausgaben massiv zurückzufahren und sich damit unter konjunkturellen Gesichtspunkten noch prozyklisch verstärkend zu verhalten. Der Vergleich mit der ebenso prozyklischen Entwicklung der Investitionszuweisungen von Bund und Ländern macht jedoch deutlich, daß Bund und Ländern die Hauptverantwortung für diese prozyklische kommunale Investitionsentwicklung tragen (vgl. Abbildungen 1 und 2).

Auch in den ostdeutschen Kommunalhaushalten ist das Investitionsniveau vor allem von der Mitfinanzierung durch Investitionszuweisungen von Bund und Ländern abhängig. Hier zeigen die Gegenüberstellungen der kommunalen Einnahmen und Ausgaben in West und Ost 1995, daß je Einwohner sowohl die Investitionsausgaben, als auch die staatlichen Investitionszuweisungen bei den ostdeutschen Kommunen weit über Westniveau liegen (vgl. Tabelle 2). Hierin spiegelt sich der noch lange Zeit fortbestehende hohe Investitionsbedarf in den Auf- und Ausbau der kommunalen Infrastruktur in den neuen Ländern wider.

c. Die Personalausgaben

Da die kommunalen Aufgaben überwiegend Dienstleistungscharakter haben, nehmen die Personalausgaben heute wie vor eineinhalb Jahrzehnten gut ein Viertel der westdeutschen Kommunalhaushalte in Anspruch (vgl. Tabelle 1). In den ostdeutschen Kommunalhaushalten ist die Personalausgabenquote zwar von rd. 35 % auf inzwischen knapp 30 % reduziert worden, liegt aber ebenso wie die Personalausgaben je Einwohner immer noch deutlich über Westniveau (vgl. Tabelle 2).

Daß die Kommunen in den neuen Ländern trotz Tariferhöhungen und schrittweisen Anpassungen der Ost- an die Westtarife ihre Personalausgaben Jahr für Jahr reduzieren konnten, ist auf einen massiven Personalabbau zurückzuführen. Er hat sich vor allem bei den sozialen Einrichtungen und hier insbesondere bei den Kindertageseinrichtungen vollzogen (vgl. Abbildung 7). Hier ist insbesondere bei Ost-West-Vergleichen zu beachten, daß die Kommunen in den neuen Ländern nach der deutschen Einheit praktisch die gesamten Kindertageseinrichtungen, die zu DDR-Zeiten sehr stark mit Personal ausgestattet waren, übernehmen mußten. Gerade bei den Kindertageseinrichtungen war und ist der Ost-West-Vergleich nicht nur durch den traditionell hohen Versorgungsgrad in Kindergärten, aber auch in Krippen und Horten, sondern auch durch den noch geringen Anteil der freien Träger bei den Kindertageseinrichtungen in den neuen Ländern verzerrt.

d. Der laufende Sachaufwand

Annähernd konstant geblieben ist in den westdeutschen Kommunalhaushalten auch der Anteil des laufenden Sachaufwandes. Hier deckt sich der Anteil dieser Ausgabeart mit durchschnittlich rd. 17 bis 18 % bereits mit dem entsprechenden Anteil in den ostdeutschen Kommunalhaushalten (vgl. Tabellen 1 und 2). Bei dem laufenden Sachaufwand handelt es sich um Sachausgaben, die im Rahmen der Verwaltung und des Betriebs von Einrichtungen meist regelmäßig anfallen und nicht – wie z. B. Investitionsausgaben – vermögenswirksam sind. Hierzu gehören insbesondere der Aufwand für die Unterhaltung von Hoch- und Tiefbauten und die Kosten der Bewirtschaftung von Grundstücken und baulichen Anlagen sowie Ausgaben für Geräte, Ausstattungs- und Ausrüstungsgegenstände – soweit sie nicht als Investitionen im Vermögenshaushalt gelten –, Geschäftsausgaben (Bürobedarf, Post und Fernmeldegebühren u. ä.), Kosten der Fahrzeugunterhaltung, gezahlte Mieten und Pachten, gezahlte Steuern und Versicherungsbeiträge, Schülerbeförderungskosten u. a. m.

Abbildung 7

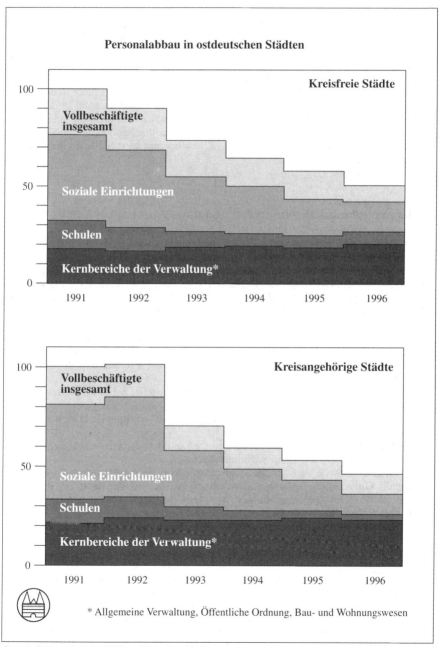

Personalabbau in ostdeutschen Städten

Kreisfreie Städte

Vollbeschäftigte insgesamt

Soziale Einrichtungen

Schulen

Kernbereiche der Verwaltung*

100

50

0

1991 1992 1993 1994 1995 1996

Kreisangehörige Städte

Vollbeschäftigte insgesamt

Soziale Einrichtungen

Schulen

Kernbereiche der Verwaltung*

100

50

0

1991 1992 1993 1994 1995 1996

* Allgemeine Verwaltung, Öffentliche Ordnung, Bau- und Wohnungswesen

Gemeindefinanzbericht 1997 des Deutschen Städtetages

459

e. Die Zinsausgaben

Auch die Zinsausgabenquote in den Kommunalhaushalten weist in der langfristigen Entwicklung keine großen Veränderungen auf, sie liegt in den alten Ländern heute wie Anfang der 80er Jahre zwischen 4 und 5 % (vgl. Tabelle 1). Auch in dieser im Vergleich zu Bund und Ländern relativ geringen Zinsausgabenquote schlägt sich die Begrenzung der kommunalen Kreditaufnahmen durch die spezifische Verschuldungsgrenze des kommunalen Haushaltsrechts nieder (s. o. 2. d). Die Zinsausgabenquote in den neuen Ländern liegt noch unter Westniveau, u. a. weil die Kreditaufnahmen in den ersten Jahren weitgehend aus Kreditprogrammen mit subventionierten Konditionen stammten. Die Dynamik des Verschuldungstempos der ostdeutschen Kommunen läßt aber auch hier eine baldige Anpassung an die Zinsbelastung westdeutscher Kommunalhaushalte erwarten.

f. Die Problematik des interkommunalen Ausgabenvergleichs

Die Störungen im Ost-West-Vergleich der Personalausgaben (s. o. 3. c) machen schon die grundsätzliche Problematik des Vergleichs von Pro-Kopf-Zahlen der Personal- und anderer Ausgaben deutlich, und zwar insbesondere auch im Vergleich zwischen einzelnen Kommunen. Derartige Vergleiche sind erheblich gestört durch die hinter ihnen stehenden unterschiedlichen Aufgaben und Arten der Aufgabenerfüllung in den einzelnen Kommunen. Die in den letzten Jahren zunehmenden Verselbständigungen von Einrichtungen mit der Folge der Ausgliederung ihrer Einnahmen und Ausgaben aus den kommunalen Haushalten, die in den einzelnen Kommunen unterschiedlich ausgeprägt sind, beeinträchtigen nicht nur die Aussagefähigkeit aggregierter Daten der Kommunalfinanzstatistik, sondern verschärfen noch die Problematik des interkommunalen Vergleichs von Haushaltsdaten.[4]

Ein sinnvoller Vergleich von Ausgaben zwischen einzelnen Kommunen müßte folgendes beachten:

- den unterschiedlichen Kommunalisierungsgrad im Verhältnis Land zu Kommunen in den einzelnen Ländern;
- die Aufgabenverteilung zwischen Kommunen und Landschaftsverbänden/Landeswohlfahrtsverbänden u. ä. im Sozialhilfebereich;
- die unterschiedliche Aufgabenerfüllung durch kommunale Zweckverbände, kommunale Unternehmen, insbesondere angesichts der in den letzten Jahren verstärkten Verselbständigung von Einrichtungen mit der Folge ihrer Ausgliederung aus den Kommunalhaushalten;
- die unterschiedliche Erfüllung kommunaler Aufgaben durch nichtkommunale, freie Träger, insbesondere bei Kindertageseinrichtungen und sonstigen sozialen Einrichtungen.

---

4 Nach Umfragen des Deutschen Städtetages bei seinen unmittelbaren Mitgliedstädten entfallen jährlich etwa 1 % des aggregierten Haushaltsvolumens der Kommunen auf ausgegliederte Einrichtungen. Da bisher vorrangig Einrichtungen der Abwasser- und Abfallbeseitigung und andere gebührenfinanzierte Einrichtungen ausgegliedert werden, sind vor allem die Haushaltsdaten für die Gebühreneinnahmen verzerrt. Aber auch einige Ausgabearten (Personal-, lfd. Sach-, Investitionsausgaben) sind dadurch in ihrer Aussagefähigkeit beeinträchtigt.

HUBERT MEYER

Kreisfinanzen

1. Problemaufriß

Die 323 Landkreise in der Bundesrepublik Deutschland erwarteten 1997 Einnahmen allein im sog. Verwaltungshaushalt in Höhe von 67,1 Milliarden DM. Dies entspricht immerhin in etwa dem addierten Haushaltsvolumen der Bundesländer Schleswig-Holstein, Rheinland-Pfalz, Sachsen-Anhalt und Mecklenburg-Vorpommern. Wie die Gemeinden und Städte verfügen die Landkreise mit den Kreistagen über Vertretungskörperschaften, die ihre Legitimation aus allgemeinen, unmittelbaren, freien, gleichen und geheimen Wahlen ableiten. Bestandteil der verfassungsrechtlich in Art. 28 Abs. 2 S. 2 GG und den entsprechenden landesverfassungsrechtlichen Bestimmungen verbürgten Selbstverwaltungsgarantie der Kreise ist die Finanzhoheit. Ohne auf den im einzelnen äußerst umstrittenen Schutzbereich eingehen zu können, ist als gesicherte Mindestaussage der Finanzhoheit die Befugnis zu einer eigenverantwortlichen Einnahmen- und Ausgabenwirtschaft im Rahmen eines gesetzlich geordneten Haushaltswesens festzuhalten.[1]

Wenn gleichwohl Kreistagsmitglieder ihre Tätigkeit im Rahmen der Haushaltsberatungen zunehmend als »unbefriedigend«, »nutzlos« oder »frustrierend« charakterisieren, wird damit ein Ohnmachts-Gefühl zum Ausdruck gebracht, das seine Ursachen nicht nur in der sich zuspitzenden Einnahmenkrise der öffentlichen Hand insgesamt hat, die selbstverständlich die Kreisebene nicht ausspart. Vielmehr spiegelt der subjektive Befund insbesondere strukturelle Probleme der Finanzausstattung der Kreise wider, die sich jedenfalls in gleicher Intensität auf gemeindlicher Ebene nicht stellen. Die politisch Verantwortlichen in den Kreistagen und den Kreisverwaltungen leiden in besonderer Weise darunter, einerseits kaum Einfluß auf die Entwicklung der kostenintensivsten Ausgabenbereiche zu haben, andererseits auch bei den Einnahmen letztlich weitgehend aus fremden Kassen zu leben. Als Stichworte des Dilemmas lassen sich anführen:
- praktisch keine originären Steuereinnahmen;
- hoher Anteil fremdbestimmter Aufgaben ohne effektive Einflußmöglichkeit auf die Ausgabenentwicklung;
- weitgehende Negierung der verfassungsrechtlichen Pflicht zur gesonderten Abgeltung der auf Kreisebene besonders ausgeprägten Aufgaben des übertragenen Wirkungskreises durch die Bundesländer;
- unzureichende Berücksichtigung der aus der Flächenausdehnung resultierenden strukturellen Lastenverteilung in den kommunalen Finanzausgleichsgesetzen;

---

1 Bundesverfassungsgericht, BVerfGE 26, 228 (244).

– kommunalpolitische Dauerkonflikte mit den kreisangehörigen Gemeinden durch Inanspruchnahme der Kreisumlage als einzig nennenswerte eigenverantwortlich gestaltbare Finanzierungsquelle.

Zu wahren »Sprengsätzen« der Haushalte der Kommunen entwickeln sich die Ausgaben für die soziale Sicherung. Im besonderen Maße gilt dies für die Belastungen aus der Sozialhilfe sowie der Kinder- und Jugendhilfe. Die Ausgaben für diese Bereiche erweisen sich spätestens seit Anfang der 90er Jahre als »Kuckucksei« in den Kreishaushalten, die die tatsächlichen Selbstverwaltungsaufgaben nach und nach aus dem Nest werfen.[2] Die Sozialhilfe war ursprünglich konzipiert als ein Hilfsmittel für einzelne Bürger in besonders schwieriger Situation. Zwischenzeitlich ist die Inanspruchnahme insbesondere von Hilfe zum Lebensunterhalt ein Massenphänomen mit steigender Tendenz. Häufigste Gründe bilden heute das unzureichende Einkommen alleinerziehender Elternteile und länger dauernde Arbeitslosigkeit. Die Sozialhilfe bildet das letzte soziale Auffangnetz und sichert einen gewissen Lebensstandard. Wer unter welchen Voraussetzungen und in welcher Höhe Hilfe zum Lebensunterhalt bezieht, bestimmt weitgehend der Bundesgesetzgeber durch das Bundessozialhilfegesetz (BSHG). Kostenträger der Sozialhilfeleistungen sind aber die Landkreise und kreisfreien Städte, ein Umstand der oft übersehen wird, wenn allgemein von den Belastungen der Kommunen (Gemeinden, Städte und Landkreise) oder gar der Gemeinden durch die Sozialhilfe gesprochen wird. Gerade in wirtschaftlich schwierigen Zeiten wachsen die Belastungen aus der Sozialhilfe an, weil die Zahl der Anspruchsberechtigten in die Höhe schnellt. Für den Bund und teilweise auch für die Länder ist zudem die Versuchung groß, die vorgeschalteten anderen »sozialen Netze« weitmaschiger zu knüpfen, um sich von eigenen Kosten zu entlasten. Eine Verkürzung der Bezugsdauer für die Arbeitslosenhilfe beispielsweise führt zwangsläufig zu einem weiteren Ansteigen der Zahl der Anspruchsberechtigten auf Hilfe zum Lebensunterhalt und schlägt damit unmittelbar auf die Kreishaushalte durch. Die zusätzlichen Ausgaben gehen nicht mit Mehreinnahmen einher und wirken sich daher zu Lasten anderer Haushaltspositionen aus.

Dieses Beispiel wirft die Frage nach (verfassungs)rechtlichen Rahmenbedindungen der Finanzausstattung der Kreise auf. Ferner ist der tatsächlichen Ausgestaltung der Kreisfinanzen in den Ländern, insbesondere im Rahmen des kommunalen Finanzausgleichs, nachzugehen. Ein besonderes Augenmerk ist der Schnittstelle zur Finanzsituation der Gemeinden, der Kreisumlage, zu widmen. Schließlich sind rechtspolitische Notwendigkeiten zur Fortentwicklung des Rechts der Kreisfinanzen zu beleuchten.

2. Finanzhoheit und Aufgabenkategorien der Landkreise

Die notwendige Finanzausstattung der Kommunen richtet sich nach den Aufgaben, die wahrzunehmen sind. Dies ist der Grundgedanke des für den staatlichen Bereich in Art. 104 a GG normierten sog. Konnexitätsprinzips. Danach folgt die Ausgabenverantwortung der Aufgabenverantwortung. Diejenige Ebene der öffentlichen Hand, die für

---

2 Treffend Gerrit Manssen, in: Ferdinand Kirchhof/Hubert Meyer (Hrsg), Kommunaler Finanzausgleich im Flächenbundesland, Baden-Baden 1996, S. 83 (84).

die Durchführung einer Aufgabe verantwortlich ist, muß die notwendigen Ausgaben dafür tragen. Damit geht die Notwendigkeit einher, die erforderlichen Mittel zur Aufgabenwahrnehmung eigenverantwortlich zur Verfügung zu haben.

Auch die Aufgabenwahrnehmung der Landkreise kennt die Unterscheidung zwischen eigenem und übertragenem Wirkungskreis[3] (auch genannt Aufgaben zur Erfüllung nach Weisung, Auftragsangelegenheiten)[4], wobei sich im Vergleich zur Gemeindeebene der Akzent vom Umfang her verschiebt zu den Aufgaben des übertragenen Wirkungskreises. Daneben sind einige Besonderheiten zu beachten, die sich aus dem Doppelcharakter der Landkreise ergeben, die nicht nur wie die Gemeinden Gebietskörperschaften sind, sondern auch Gemeindeverbände.

Im eigenen Wirkungskreis ordnen die Kommunalverfassungen den Landkreisen in Form einer Generalklausel die ausschließliche Zuständigkeit für alle gemeindeübergreifenden Angelegenheiten zu, soweit nicht gesetzlich etwas anderes bestimmt ist. Dies sind diejenigen Aufgaben, die sich notwendig auf den Verwaltungsraum des Landkreises und die gemeinsamen Bedürfnisse der Kreiseinwohner insgesamt beziehen, z. B. die Unterhaltung von Kreisstraßen.[5] Ferner erfüllen die Landkreise nach einer Generalklausel, die in den Kreisordnungen aller Flächenbundesländer mit Ausnahme Bayerns, Nordrhein-Westfalens und Thüringens enthalten ist, in ihrem Gebiet in eigener Verantwortung alle die Leistungsfähigkeit der kreisangehörigen Gemeinden und Ämter übersteigenden öffentlichen Aufgaben, soweit die Gesetze nichts anderes bestimmen. Ziel einer solchen Wahrnehmung von Ergänzungs- und Ausgleichsaufgaben ist es, die Gemeinden bei der Erfüllung ihrer Aufgaben zu unterstützen und zum Ausgleich von deren Lasten beizutragen.[6]

Den Landkreisen kann durch Gesetz die Erfüllung einzelner Aufgaben im eigenen Wirkungskreis zur Pflicht gemacht werden. Durch eine solch spezialgesetzliche Aufgabenzuweisung wird die Aufgabe den Gemeinden entzogen. Beispiele sind die Abfallentsorgung und die Sicherstellung der Krankenhausversorgung. Da die Universalität des gemeindlichen Wirkungskreises von der Selbstverwaltungsgarantie der Gemeinden umfaßt ist und dieses Prinzip zugunsten kreisangehöriger Gemeinden auch gegenüber den Landkreisen gilt, darf der Gesetzgeber den Gemeinden eine Aufgabe nur dann entziehen, wenn anders die ordnungsgemäße Aufgabenerfüllung nicht sicherzustellen wäre und wenn die den Aufgabenentzug tragenden Gründe gegenüber dem verfassungsrechtlichen Aufgabenverteilungsprinzip überwiegen.[7]

Durchweg ermöglichen die Landkreisordnungen der Länder die Übertragung von öffentlichen Aufgaben zur Erfüllung nach Weisung auf die Landkreise durch Gesetz. Der tatsächliche Umfang der Aufgabenzuweisung ist größer als auf der Gemeindeebene. Dies gilt im besonderen Maße, wenn ein Land auf die Schaffung staatlicher Mittelbehörden (Regierungspräsidien) verzichtet hat. Ein Teil der sonst dort wahr-

---

3 Vgl. hierzu auch Gerd Schmidt-Eichstaedt, Autonomie und Regelung von oben, in diesem Band.

4 Zu den rechtlich durchaus beachtlichen Folgerungen der unterschiedlichen Ausgestaltung im einzelnen vgl. Ludwig Knemeyer, Aufgabenkategorien im kommunalen Bereich, Die Öffentliche Verwaltung 1988, S. 397; Hans Vietmeier, Die Rechtsstellung der Kommunen im übertragenen Wirkungskreis, Deutsches Verwaltungsblatt 1993, S. 190.

5 Hans-Günter Henneke, Kreisrecht in den Ländern der Bundesrepublik Deutschland, Stuttgart 1994, S. 29.

6 Grundlegend vgl. Bundesverwaltungsgericht, Neue Zeitschrift für Verwaltungsrecht 1996, S. 1222 ff. sowie 1998, S. 63 ff.

7 Grundlegend Bundesverfassungsgericht, BVerfGE 79, S. 127 (ins. 152 ff.) – »Rastede-Entscheidung«.

genommenen Aufgaben wird in den Ministerien, ein anderer Teil aber durch die Landkreise (und kreisfreien Städte) umgesetzt. Beispiele für Aufgaben zur Erfüllung nach Weisung sind Aufgaben als untere Bauaufsichtsbehörde, untere Denkmalschutzbehörde, als Katastrophenschutzbehörde, im öffentlichen Gesundheitsdienst, als untere Naturschutzbehörde, die Aufnahmepflicht für ausländische Flüchtlinge.

Die Entscheidung, ob eine Aufgabe durch den Gesetzgeber als pflichtige Selbstverwaltungsaufgabe oder als Aufgabe des übertragenen Wirkungskreises deklariert wird, entzieht sich oftmals rationalen Kriterien. Dies wird deutlich am bereits erwähnten Beispiel der Sozialhilfe. Abgesehen von kompetenzrechtlich Problemen des Durchgriffs des Bundes auf Verwaltungseinheiten, die nach dem zweistufigen Staatsaufbau den Ländern zugehörig sind und den daraus resultierenden finanzverfassungsrechtlichen Fragen[8] enthält beispielsweise das BSHG so detaillierte Regelungen, daß nach empirischen Untersuchungen allenfalls 10 % der Sozialhilfeausgaben auf kommunalen Entscheidungen beruhen. Wenn die Ausführungsgesetze der Länder zum BSHG dennoch bestimmt, die Landkreise und kreisfreien Städte als örtliche Träger führten die Sozialhilfe als Selbstverwaltungsaufgabe durch, wird dies mit Recht mit einer Fiktion verglichen.[9] Sozialhilfeverwaltung kann allenfalls formell, nicht aber inhaltlich als Selbstverwaltungsaufgabe qualifiziert werden.[10]

Außer in Niedersachsen und Sachsen-Anhalt wird der Hauptverwaltungsbeamte des Landkreises auch als untere staatliche Verwaltungsbehörde in Anspruch genommen. Das Land bedient sich dabei im Wege einer sog. Organleihe des Ausführungsorgans einer anderen Gebietskörperschaft, nämlich des Landkreises, zur Erfüllung eigener, staatlicher Verwaltungsaufgaben.

3. Struktur der Kreiseinnahmen

Durchweg legen die Kommunalverfassungen Grundsätze der Einnahmenbeschaffung fest. Die erforderlichen Einnahmen sind danach in dieser Reihenfolge aus Entgelten für erbrachte Leistungen, aus Steuern und im übrigen aus einer Kreisumlage zu beschaffen, soweit die sonstigen Einnahmen nicht ausreichen. Damit wird zwar eine Rangordnung der Einnahmebeschaffung fixiert.[11] Die rechtliche Steuerungswirkung dieser gesetzlichen Rangordnung ist jedoch gering.[12] Weder läßt sich aus ihr eine quantitative Beschränkung bestimmter Einnahmequellen ableiten, noch müssen die vorrangigen Deckungsmittel bis zur Grenze des Möglichen ausgeschöpft werden.[13]

---

8 Grundlegend hierzu Friedrich Schoch/Joachim Wieland, Finanzierungsverantwortung für gesetzgeberisch veranlaßte kommunale Aufgaben, Baden- Baden 1995.
9 F. Schoch/J. Wieland (Anm. 8), S. 103.
10 Zutr. Hartmut Maurer, in: Hans-Günter Henneke/Hartmut Maurer/Friedrich Schoch, Die Kreise im Bundesstaat, Baden-Baden 1994, S. 139 (163); vgl. nunmehr aber auch Niedersächsischer Staatsgerichtshof, Niedersächsische Verwaltungsblätter 1998, 43 (44 f.) mit folgerichtigen Konsequenzen.
11 Vgl. Albert Günther, S. 374, in: Günter Püttner (Hrsg.), Handbuch der kommunalen Wissenschaft und Praxis, Bd. 6, 2. Aufl., 1985, S. 366 ff.
12 Zutr. Friedrich Schoch, Die aufsichtsbehördliche Genehmigung der Kreisumlage, Baden-Baden 1995, S. 85.
13 Albert von Mutius/Olaf Dreher, Reform der Kreisfinanzen, Baden-Baden 1990, S. 62 f. mit weiteren Nachweisen.

a. Originäre Einnahmequellen

a.1 Privatrechtliche Erträge und Entgelte

Die Kommunen nehmen innerhalb des kommunalverfassungsrechtlich abgesteckten Rahmens auch am »normalen« Wirtschaftsprozeß teil und erwirtschaften dabei Erträge und Entgelte. Die Einnahmen aus solchen Aktivitäten spielen auf der Kreisebene eine weit geringere Rolle denn bei den Gemeinden.

a.2 Gebühren und Beiträge

Beachtliche kommunale Einnahmequellen sind Gebühren und Beiträge. Die Gebührenfestsetzung wird von zwei Prinzipien bestimmt, die einer Einnahmeerzielung der Kommunen Grenzen ziehen. Die Höhe der Gebühr muß zunächst dem aus dem rechtsstaatlichen Verhältnismäßigkeitsgrundsatz folgenden[14] Äquivalenzprinzip entsprechen. Danach müssen Gebühr und tatsächlicher Wert der in Anspruch genommenen Leistung sich entsprechen. Das Kostendeckungsprinzip besagt zum einen als Kostendeckungsgebot, daß die zur Finanzierung der kostenrechnenden Einrichtungen erforderlichen Ausgaben durch Gebühren voll zu decken sind. Zum anderen enthält es ein Kostenüberschreitungsverbot, d. h. das Gesamtgebührenaufkommen eines Verwaltungszweiges darf die tatsächlichen Gesamtkosten dieses Sektors nicht überschreiten. Für die Beitragsbemessung gelten ähnliche Prinzipien wie für die Gebühren, insbesondere kommt auch insoweit das Kostendeckungsprinzip zum Tragen. Während die Kreise in den westdeutschen Bundesländern etwa 10 % ihres Verwaltungshaushaltes über Gebühreneinnahmen finanzieren, liegt diese Quote in den ostdeutschen Ländern noch deutlich niedriger. Dieser Umstand ist insbesondere durch den überproportional hohen Anteil staatlicher Zuweisungen an die dortigen Kreise bedingt.

a.3 Steuern

Zum Schutzbereich der Selbstverwaltungsgarantie gehört nach einhelliger Auffassung auch die Steuerhoheit (vgl. Hanns Karrenberg/Engelbert Münstermann zu kommunalen Finanzen, in diesem Band). Die Kommunen müssen aus eigenem Recht befugt sein, ihre Einwohner zu den durch die Aufgabenerfüllung entstehenden Lasten heranzuziehen.[15] Die Steuerhoheit gewährt den Kommunen aber kein Steuererfindungsrecht im Sinne einer Befugnis zum Erschließen eigener Steuerquellen.[16] Die Kompetenzen für die Steuergesetzgebung sind in Art. 105 GG abschließend zwischen Bund und Ländern verteilt. Zudem bedarf ein Eingriff in Eigentumspositionen der Bürger mittels einer Steuer einer hinreichend konkreten gesetzlichen Ermächtigung. Den Kommunen muß lediglich ein nennenswerter Teil ihrer Einnahmen aus Steuern zufließen, und es muß kommunalspezifische Anknüpfungspunkte und Gestaltungsmöglichkeiten geben.

---

14 Vgl. Bundesverfassungsgericht, BVerfGE 20, 257 (270); Bundesverwaltungsgericht, BVerwGE 26, 305 (306 ff.).

15 Vgl. Albert von Mutius/Hans-Günter Henneke, Kommunale Finanzausstattung und Verfassungsrecht, Siegburg 1985, S. 34 f., mit weiteren Nachweisen.

16 Rolf Grawert, S. 602 ff., in: Albert von Mutius (Hrsg.), Selbstverwaltung im Staat der Industriegesellschaft, Heidelberg 1983, S. 587 ff; A. von Mutius/H.-G. Henneke (Anm. 15), S. 42 f.

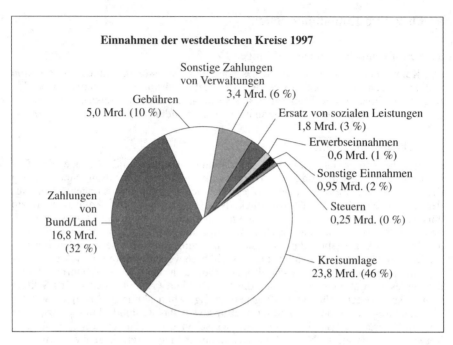

Einnahmen der westdeutschen Kreise 1997

Sonstige Zahlungen
von Verwaltungen
3,4 Mrd. (6 %)

Gebühren
5,0 Mrd. (10 %)

Ersatz von sozialen Leistungen
1,8 Mrd. (3 %)

Erwerbseinnahmen
0,6 Mrd. (1 %)

Sonstige Einnahmen
0,95 Mrd. (2 %)

Zahlungen
von
Bund/Land
16,8 Mrd.
(32 %)

Steuern
0,25 Mrd. (0 %)

Kreisumlage
23,8 Mrd. (46 %)

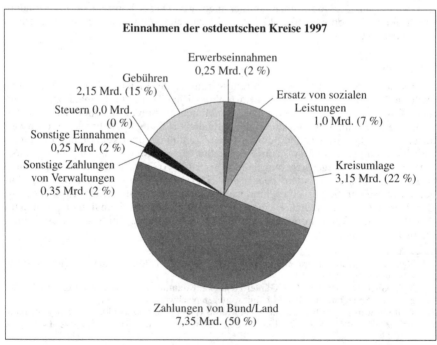

Einnahmen der ostdeutschen Kreise 1997

Erwerbseinnahmen
0,25 Mrd. (2 %)

Gebühren
2,15 Mrd. (15 %)

Ersatz von sozialen
Leistungen
1,0 Mrd. (7 %)

Steuern 0,0 Mrd.
(0 %)

Sonstige Einnahmen
0,25 Mrd. (2 %)

Sonstige Zahlungen
von Verwaltungen
0,35 Mrd. (2 %)

Kreisumlage
3,15 Mrd. (22 %)

Zahlungen von Bund/Land
7,35 Mrd. (50 %)

Die ertragreichsten gemeindlichen Steuereinnahmen bilden der Gemeindeanteil von derzeit 15 % an der Einkommenssteuer sowie das über gemeindliche Hebesätze zu beeinflußende Aufkommen aus den Grund- und Gewerbesteuern. Daneben ist nach landesrechtlicher Ausgestaltung das Recht zum Erheben von örtlichen Verbrauchs- und Aufwandsteuern verbürgt, beispielsweise der Zweitwohnungssteuer, der Vergnügungssteuer und der Hundesteuer. Die originären Steuereinnahmen bilden in den westlichen Bundesländer die wichtigste Säule gemeindlicher Finanzausstattung und decken über ein Drittel des Gesamtfinanzbedarfs. Aufgrund der instabilen Wirtschaftssituation und dem Aussetzen der Befugnis zum Erheben der Gewerbekapitalsteuer in den neuen Bundesländern liegt der Anteil aus Steuern an den Gesamteinnahmen bei den dortigen Gemeinden deutlich niedriger. 1996 hatte die gemeindliche Steuerkraft erst etwa 40 % des Niveaus der alten Länder erreicht.[17]

Völlig abweichend stellt sich die Situation auf Kreisebene dar. Als eigene originäre Steuer steht ihnen ausschließlich das Aufkommen der fakultativ zu erhebenden Jagdsteuer zu, deren Ertrag im Durchschnitt weniger als ein Promille der Einnahmen der Verwaltungshaushalte der Landkreise ausmacht.[18] In den Bundesländern Baden-Württemberg, Rheinland-Pfalz, Hessen, Niedersachsen, Saarland und Bayern werden die Landkreise in unterschiedlicher Intensität am Ertrag der Grunderwerbsteuer beteiligt. Die Chance, die Erhöhung der Grunderwerbsteuer von 2 auf 3,5 % im Zuge des Jahressteuergesetzes 1997 zur Verbreiterung der Steuerbasis der Landkreise zu nutzen, wurde von den Bundesländern durchweg mittels einer Verminderung der kommunalen Beteiligung vereitelt.[19] Die in der Wissenschaft anerkannte Forderung nach einer aufgaben- und autonomiestützenden Finanzausstattung der Landkreise durch Beteiligung an einer Wachstumssteuer, also entweder der Umsatz- oder der Einkommenssteuer[20] ist bisher rechtspolitisch nicht aufgegriffen worden.

Dies verwundert um so mehr, als etliche Landesverfassungen eine eigenständige, über Art. 28 Abs. 2 GG und die grundgesetzlichen Bestimmungen der Finanzverfassung hinausgehende landesverfassungsrechtliche Garantie enthalten. Beispielhaft sei Art. 73 Abs. 1 S. 2 LV M.-V. angeführt. Danach ist das Land verpflichtet, auch den Kreisen eigene Steuerquellen zu erschließen. Eine solche Vorschrift verdichtet die anerkannte und vorausgesetzte Möglichkeit der Kommunen zum Erschließen weiterer Einnahmequellen[21] zu einer verfassungsrechtlichen Pflicht für den Landesgesetzgeber. Er kann dieser Verpflichtung in zweierlei Hinsicht nachkommen. Zum einen hat er diejenigen Steuern zu schützen, deren Ertragshoheit den Kommunen zukommt. Zum anderen hat das Land mittels der Mitwirkung an der Gesetzgebung des Bundes über den Bundesrat zunächst einmal die Voraussetzungen dafür zu schaffen, daß auch den Landkreisen überhaupt nennenswerte eigene Steuerquellen zur Verfügung stehen. Es steht nicht ein quantitativer, sondern ein qualitativer Aspekt im Vordergrund: Durch das Einräumen eigener, nicht drittbeeinflußter Steuereinnahmequellen soll der Selbstverwaltungscharakter der kommunalen Gebietskörperschaften gestärkt

17 Vgl. Bundesminister der Finanzen (Hrsg.), Finanzbericht 1997, Bonn S. 147.
18 Zu der Entwicklung bundesweit vgl. Olaf Dreher, Steuereinnahmen für die Kreise, Kiel 1991, S. 155 ff.
19 Vgl. näher Hans-Günter Henneke, Der Landkreis 1997, S. 103 (111 f.)
20 Vgl. Hans-Henning Becker-Birck, Die Neue Verwaltung 1996, S. 6 ff.; Hans-Günter Henneke, der gemeindehaushalt 1994, S. 107 ff.; ders., Der Landkreis 1997, S. 109 ff.; Edzard Schmidt-Jortzig, Deutsches Verwaltungsblatt 1986, S. 1067 ff.; A. von Mutius/O. Dreher (Anm. 13), S. 111 f.
21 Vgl. Bundesverfassungsgericht, BVerfGE 86, 148 (216 ff.).

und deren Zuweisungsabhängigkeit von den Mitteln des kommunalen Finanzausgleichs gemildert werden.[22]

b. Zuweisungen für Aufgaben des übertragenen Wirkungskreises

Wegen der erhöhten Zahl von Aufgaben des übertragenen Wirkungskreises ist für die Kreise die Frage der Kostenabgeltung für diese (ursprünglich) fremden Aufgaben von besonderem Interesse. Leitgedanke des verfassungsrechtlichen Konnexitätsprinzips ist das Verantwortungsprinzip. Diejenige Gebietskörperschaft soll die Ausgaben tragen, die die Entscheidung über das Anfallen der Ausgaben getroffen hat und verantwortet.[23] Nach ebenfalls herrschender Auffassung gilt das Konnexitätsprinzip des Art. 104 a Abs. 1 GG allerdings nur im Verhältnis Bund-Länder und schützt als solches die Gemeinden und Landkreise nicht unmittelbar gegen Kostenüberwälzungen durch den Bund.[24]

Die Mehrzahl der Landesverfassungen enthält aber eine über die Mindestgarantie des Grundgesetzes hinausgehende eigenständige Ausgestaltung des Konnexitätsprinzips im Verhältnis zu den Kommunen.[25] Nur die Landesverfassungen in Hessen und Rheinland-Pfalz kennen eine solche qualitative Absicherung der kommunalen Finanzautonomie nicht und beschränken sich auf die quantitative Sicherung der kommunalen Finanzausstattung. Ein Beispiel für ein – relatives – Konnexitätsprinzip bietet Art. 57 Abs. 4 Niedersächsische Verfassung, wonach u. a. den Landkreisen durch Gesetz staatliche Aufgaben zur Erfüllung nach Weisung übertragen werden können, wenn gleichzeitig Bestimmungen über die Deckung der Kosten getroffen werden. Die Norm basiert auf der Annahme, daß bei Einhalten der übrigen verfassungsrechtlichen Vorgaben für den vorhandenen Aufgabenbestand eine angemessene kommunale Finanzausstattung vorhanden ist. Werden den Kommunen neue pflichtige Aufgaben zur Wahrnehmung übertragen, entstehen finanzielle Belastungen, die bei unveränderter Finanzausstattung den Selbstverwaltungsspielraum mindern.[26]

Die Landesverfassungsgerichte haben trotz dieses eindeutigen, wenn auch landesverfassungsrechtlich jeweils unterschiedlich ausgestalteten, Befundes lange Zeit die Auffassung vertreten, daß die Pflicht des Landesgesetzgebers sich ausschließlich darauf beschränke, für eine hinreichende Finanzausstattung der Kommunen insgesamt zu

---

22 Ebenso Albert von Mutius, Landes- und Kommunalverwaltung, 1996 S. 177 (183).

23 Vgl. Hans-Günter Henneke, Öffentliches Finanzwesen Finanzverfassung, Heidelberg 1990, Rz. 202 ff.

24 Vgl. Bundesverfassungsgericht, BVerfGE 86, 148 (215); Bundesverwaltungsgericht, BVerwGE 98, 18 (21 ff.); Staatsgerichtshof Baden-Württemberg, Deutsches Verwaltungsblatt 1994, S. 206 (207); zum damit zu konstatierenden Funktionsverlust und der Reformnotwendigkeit der Norm vgl. zutreffend Ferdinand Kirchhof, Veröffentlichungen der Vereinigung der Deutschen Staatsrechtslehrer, Bd. 52 (1993), S. 71 (110); Ders., Gutachten D zum 61. Deutschen Juristentag, 1996, passim.

25 Art. 71 Abs. 3 Verf. B.-W.; Art. 83 Abs. 3 BayVerf.; Art. 97 Abs. 3 S. 1 Bbg.Verf.; Art. 72 Abs. 3 Verf. M.-V.; Art. 57 Abs. 4 NdsVerf.; Art. 78 Abs. 3 Verf. N.-W.; Art. 120 Saarl.Verf.; Art. 85 Abs. 2 SächsVerf.; Art. 87 Abs. 3 Verf. S.-A.; Art. 49 Abs. 2 Verf. S.-H.; Art. 93 Abs. 1 S. 2 ThürVerf.; zur gebotenen Differenzierung vgl. F. Schoch/J. Wieland (Anm. 8), S. 156 ff.

26 Vgl. Verfassungsgerichtshof Nordrhein-Westfalen, Deutsches Verwaltungsblatt 1985, S. 685 f., mit Anm. Albert von Mutius/Hans-Günter Henneke, DVBl. 1985, S. 689 zur vergleichbaren Regelung in N.-W.

sorgen.[27] Dem ist nunmehr der Niedersächsische Staatsgerichtshof mit überzeugenden Erwägungen entgegengetreten: Der Bindung der Kommunen an staatliche Vorgaben entspreche es, den übertragenden Gesetzgeber zur Deckung der in diesem Aufgabenbereich entstehenden Kosten zu verpflichten. Es handele sich um eine besondere Finanzgarantie, deren Aufgabe darin liege zu verhindern, daß der Staat beliebig Aufgaben zu Lasten der Kommunen verschieben könne, ohne für deren Finanzierung zu sorgen. Die Norm habe eine eigenständige normative Bedeutung gegenüber der Vorschrift, wonach den Kommunen zur Erfüllung ihrer Aufgaben die erforderlichen Mittel durch Erschließen eigener Steuerquellen und durch übergemeindlichen Finanzausgleich zur Verfügung stehen müssen. Der Gesetzgeber müsse über die Deckung der Kosten für die Aufgaben zur Erfüllung nach Weisung Bestimmungen treffen, die erkennbar und nachprüfbar seien.[28]

Das Merkmal einer »gleichzeitigen« Entscheidung über die Kostendeckung bedeutet nicht, daß die Kostendeckungsregelung zwingend in der aufgabenübertragenden Norm selbst enthalten sein muß. Auch eine Regelung im Finanzausgleichsgesetz ist möglich. Erforderlich ist aber ein enger zeitlicher und sachlicher Zusammenhang zwischen Aufgabenübertragung und Kostenerstattungsregelung.[29] Erfolgt die Abgeltung im Finanzausgleichsgesetz, ist die Ausweisung eines gesonderten Ansatzes für die Kosten des übertragenen Wirkungskreises von Verfassungs wegen geboten. Die Verteilung der Mittel hat finanzkraftunabhängig zu erfolgen.[30] Der Niedersächsische Staatsgerichtshof hält eine Vollabdeckung der durch die Aufgaben des übertragenen Wirkungskreises verursachten Ausgaben nicht für geboten.[31] Dem kann nur insoweit zugestimmt werden, als Aufwendungen zur Aufgabenerfüllung unbeachtlich sind, die das Gebot sparsamer und wirtschaftlicher Haushaltsführung nicht beachten und eine typisierende Betrachtungsweise für zulässig erachtet wird. Soweit die Bückeburger Verfassungsrichter hingegen eine materielle Grenze für den aufgabenübertragenden Staat erst bei einer Aushöhlung der Kostendeckungsregelung ziehen, vermögen diese Ausführungen im Hinblick auf die selbst herausgearbeitete Zweckbestimmung der Norm nicht zu überzeugen. Soll der eigenständige Bedeutungsgehalt nicht doch wieder unterlaufen werden, ist eine Vollkostenabdeckung grundsätzlich geboten.[32]

Das landesverfassungsrechtliche Konnexitätsprinzip greift nach zutreffender Ansicht auch bei der Ausführung von Bundesgesetzen ein, deren Übernahme das Land

27 Vgl. Verfasssungsgerichtshof Nordrhein-Westfalen, Deutsches Verwaltungsblatt 1985, S. 685 f.; DVBl. 1989, 763 f.; Verfassungsgerichtshof Rheinland-Pfalz, DVBl. 1992, S. 981; Staatsgerichtshof Baden-Württemberg, Die Öffentliche Verwaltung 1994, S. 297 (298); Saarländischer Verfassungsgerichtshof, Neue Zeitschrift für Verwaltungsrecht – Rechtsprechungsreport 1995, S. 153 f.
28 Die Öffentliche Verwaltung, 1995, S. 994 (995 f.); zust. auch Hans-Günter Henneke, Deutsches Verwaltungsblatt 1995, S. 1179 (1181); A. von Mutius, LKV 1996, S. 177 (182 f.); Ferdinand Kirchhof, S. 126 (162), Bernhard Stüer, S. 47 (51); jeweils in: F. Kirchhof/H. Meyer (Anm. 2); bestätigend Niedersächsischer Staatsgerichtshof, Niedersächsische Verwaltungsblätter 1998, S. 43 (44); ebenso Brandenburgisches Verfassungsgericht, DÖV 1998, 336 (337).
29 Vgl. Hans-Günter Henneke, Die Kommunen in der Finanzverfassung des Bundes und der Länder, 2. Aufl., Wiesbaden 1998, S. 74.
30 Niedersächsischer Staatsgerichtshof, Die Öffentliche Verwaltung 1995, S. 994 (997).
31 Vgl. nur Die Öffentliche Verwaltung 1995, S. 994 (997 f.).
32 Vgl. auch Hans-Günter Henneke, Niedersächsische Verwaltungsblätter 1996, S. 9 (10); Kyrill-A. Schwarz, Stadt und Gemeinde 1996, S. 49 (51); Hans-Henning von Hoerner, in: F. Kirchhof/H. Meyer (Anm. 2), S. 36 (38).

den Kommunen zur Pflicht macht. Mit der Entscheidung, ob es Bundesgesetze durch unmittelbare Landesbehörden oder durch Kommunen ausführen läßt, befindet das Land zugleich über die Kostentragung. Entlastet sich das Land von seiner grundgesetzlichen Vollzugsaufgabe gemäß Art. 83 GG dadurch, daß es die Kommunen zur Übernahme und Durchführung der Aufgabe verpflichtet, muß es für die Kosten der Gesetzesausführung aufkommen. Das Konnexitätsprinzip nimmt insoweit eine materielle Sicherungsfunktion für die kommunale Selbstverwaltung wahr.[33] Durch die Ausgestaltung des Ausführungsgesetzes zum Bundessozialhilfegesetz hat das Land Niedersachsen beispielsweise den kostenintensiven Bereich der Hilfe zum Lebensunterhalt auf die Gebietskörperschaften der Kreisebene »weitergereicht« und sich damit nicht nur eigene Verwaltungsbehörden, sondern auch die Kosten für die Hilfegewährung an sich erspart.

Durch die Ausgestaltung des § 10 d FAG i. d. F. vom 18. 12. 1996 hat Mecklenburg-Vorpommern als eines der ersten Bundesländer die gebotenen Konsequenzen durch Ausweisen einer umfassenden Kostenerstattungsregelung gezogen. Sie enthält allerdings keine dynamischen Elemente für weitere Aufgabenübertragungen, Änderungen der Aufgabenintensität oder Kostensteigerungen. Die Verteilung auf die einzelnen Verwaltungsebenen ist anhand des in Musterstellenplänen ausgewiesenen Personalbedarfs für die Wahrnehmung von Aufgaben des übertragenen Wirkungskreises vorgenommen worden, ergänzt um einen gewissen Sachkostenzuschlag.[34] Kritikwürdig ist auch die Tatsache, daß die Gelder nicht zusätzlich zur Verfügung gestellt wurden, sondern der Ansatz aus der Finanzausgleichsmasse bedient wurde. Verfassungsrechtlich problematisch ist zudem die Regelung in § 1 Abs. 4 FAG in Verbindung mit der Regelung des § 10 d FAG. Nach der Gesetzesbegründung der Landesregierung[35] berücksichtigen die Zuweisungen an die Landkreise auch diejenigen Aufwendungen, die ihnen für die Wahrnehmung der Aufgaben des Landrates als untere staatliche Verwaltungsbehörde entstehen. Staatliche Aufgabenwahrnehmung ist nicht aus Mitteln des kommunalen Finanzausgleichs zu alimentieren.

Die Finanzgarantie der Landesverfassungen erstreckt sich nur auf Aufgaben des übertragenen Wirkungskreises. Für die Qualifizierung einer Aufgabe als Selbstverwaltungsaufgabe oder als solche der Landesverwaltung, die zur Erfüllung nach Weisung übertragen wird, ist nicht allein auf die gesetzliche Ausweisung, sondern letztlich auf materielle Gesichtspunkte abzustellen. Insbesondere kann der Staat sich nicht dadurch einer verfassungsrechtlich festgelegten Kostendeckungspflicht entziehen, in dem er eine staatliche Angelegenheit den Kommunen als Selbstverwaltungsangelegenheit zuweist.[36]

Angesichts der detaillierten Vorgaben und des eingeschränkten Gestaltungsspielraumes wird beispielsweise die Typisierung der Sozialhilfe als Selbstverwaltungsaufgabe in Frage gestellt.[37]

Bei den pflichtigen Selbstverwaltungsaufgaben ergibt sich die Pflicht zur Berücksichtigung der daraus resultierenden Lasten im Zuge des Finanzausgleichs durch das

---

33 Grundlegend vgl. F. Schoch/J. Wieland, (Anm. 8), insb. S. 165 ff.
34 Vgl. Thomas Darsow, in: F. Kirchhof/H. Meyer (Anm. 2), S. 45 f.
35 Landtagsdrucksache 2/1824, S. 34.
36 Zutr. Hartmut Maurer, S. 150 f., in: H.-G. Henneke/H. Maurer/F. Schoch (Anm. 10), S. 139 ff.
37 Hierzu und zu weiteren Beispielen vgl. F. Schoch/J.Wieland (Anm. 8), S. 99 ff.; a. A. allerdings Niedersächsischer Staatsgerichtshof, Niedersächsische Verwaltungsblätter 1998, 43 (44).

mittels der Zuweisung dokumentierte gesteigerte staatliche Interesse an der Aufgabenwahrnehmung.[38]

c. Kommunaler Finanzausgleich

Der kommunale Finanzausgleich dient als System zur Einnahmenverteilung nach den Erfordernissen der Aufgabenzuordnung.[39] Seine wichtigste, sog. fiskalische Funktion besteht darin, einen vertikalen Ausgleich zwischen der Landes- und der kommunalen Ebene durch Aufstockung der kommunalen Finanzmasse herbeizuführen. Die originäre kommunale Finanzausstattung ist strukturell unzureichend und bedarf daher der Erhöhung durch die verfassungsrechtlich verbürgte Beteiligung an staatlichen Einnahmen zur Gewährleistung kommunaler Handlungsfähigkeit. Die Aufstockung der kommunalen Finanzmasse dient gleichzeitig dazu, mittels dieser ursprünglich staatlichen Einnahmen zu einem interkommunalen Finanzausgleich zwischen den einzelnen Gemeinden und Landkreisen beizutragen (sog. redistributive Funktion). Neben die vertikale, quantitative Komponente tritt auf diese Weise also ein horizontal, qualitativ wirkender Aspekt. Es soll eine gemeinde- bzw. kreisindividuelle Angleichung der Finanzausstattung an die aus der Aufgabenbelastung folgende Ausgabennotwendigkeit vorgenommen werden.[40] Ausgleichsfähig sind nur vorgefundene, durch soziologische, geografische oder ökonomische Verschiedenheit kommunaler Gebietskörperschaften verursachte Unterschiede. Durch eigene politische Verhaltensweisen oder Entscheidungen geprägte Unterschiede, beispielsweise durch Ausgabefreudigkeit bzw Sparsamkeit, Folgekosten investiver Entscheidungen, Heranziehen oder Verschonen der Bürger im Steuer- und Gebührenbereich, dürfen hingegen keineswegs durch den Finanzausgleich verwischt werden, um die Eigenverantwortlichkeit der kommunalen Selbstverwaltung nicht zu untergraben.[41]

Zentrales Instrument jeden Finanzausgleichsgesetzes sind die Schlüsselzuweisungen, d. h. diejenigen Mittel, die den Kommunen aus der Finanzausgleichsmasse ohne Zweckbindung gewährt werden. Rechnerisch handelt es sich um den Betrag, der nach Abzug aller sog. Vorwegabzüge von der Finanzausgleichsmasse verbleibt. Die Finanzausgleichsgesetze aller Flächenbundesländer differenzieren bei der Aufteilung der Schlüsselzuweisungen zwischen den Landkreisen einerseits sowie zwischen den kreisfreien Städten und kreisangehörigen Gemeinden andererseits. In Hessen, Niedersachsen, dem Saarland, Sachsen, Sachsen-Anhalt und Schleswig-Holstein wird zudem bei der Teilmassenbildung zwischen den kreisfreien Städten und den kreisangehörigen Gemeinden unterschieden. Dies ist deswegen für die Landkreise von Bedeutung, weil in Zusammenwirken mit einer sog. Einwohnerveredlung die gemeinsame Schlüsselmasse für alle Gemeinden in den Bundesländern Baden-Württemberg, Bayern, Brandenburg, Nordrhein-Westfalen und Thüringen zu erheblichen Umverteilungswirkungen zugunsten der kreisfreien Städte führt. Hierunter leiden die Landkreise durch eine verringerte Bemessungsgrundlage für die Kreisumlage.

---

38 Vgl. hierzu Kyrill A. Schwarz (Anm. 32), S. 49 (55).
39 Albert von Mutius/Hans-Günter Henneke, Archiv für Kommunalwissenschaften 1985, S. 261 (263).
40 Zum Ganzen vgl. A. von Mutius/H.-G. Henneke (Anm. 15), S. 85 ff., mit weiteren Nachweisen.
41 Vgl. nur Paul Kirchhof, Deutsches Verwaltungsblatt 1980, S. 711 (714 f.).

Das Instrument der Einwohnerveredlung steht zunehmend in der Kritik. Grundsätzlich werden Einwohnerwerte zwar als taugliches Kriterium zur Ermittlung des allgemeinen Finanzbedarfes angesehen. Über Jahrzehnte wurde jedoch unreflektiert die sog. Brecht/Popitzsche Formel zu Grunde gelegt, wonach Gemeinden mit höherer Einwohnerzahl auch höhere Verwaltungsausgaben pro Kopf der Bevölkerung zu tragen hätten. Das Bundesverfassungsgericht hat die Gültigkeit der empirischen Voraussetzungen und die fortdauernde Gültigkeit der normativen Grundaussagen der Brecht/Popitzschen Formel mit Recht ausdrücklich in Frage gestellt und den Gesetzgeber zu einer Überprüfung und ggf. Korrektur angewiesen.[42]

Begründungspflichtig ist der Gesetzgeber auch für Zentralitätsansätze, die ebenfalls eine Verbesserung der Finanzausstattung der größeren Städte zu Lasten kleinerer Gemeinden und der Landkreise bewirken: Es ist der Nachweis zu führen, welche gesonderten Belastungen auf diese Weise abgefangen werden sollen, die nicht durch Vorteile aus dem Zusammenwirken mit den umliegenden Gemeinden des Einzugsbereiches aufgewogen werden.[43] Vielmehr gewinnt die Erkenntnis an Raum, daß im Gegensatz zum kreisfreien Raum die Verwaltungsorganisation im Kreis zwei selbständige Ebenen umfaßt, die tendenziell zu einem höheren Aufwand führen müßten. Zudem werden in den Kreisen zusätzliche Aufgaben wahrgenommen, die in den kreisfreien Städten nicht anfallen, beispielsweise die Rechtsaufsicht über die kreisangehörigen Gemeinden. Insbesondere aber führt die Wahrnehmung zahlreicher Aufgaben in dünnbesiedelten Räumen zu einem höheren Verwaltungsaufwand. Dies schlägt sich beispielsweise nieder bei den Aufgaben des Naturschutzes, der Wasserwirtschaft, der Abfallwirtschaft, des Jagdwesens, der Veterinär- und Lebensmittelüberwachung, der Straßenaufsicht, des öffentlichen Personennahverkehrs, der Schülerbeförderung, der Schulträgerschaft, des Rettungswesens und der Trägerschaft überörtlicher Einrichtungen.[44] Auch die Verfassungsrechtsprechung der Länder erkennt die höhere Kostenbelastung bei großräumigen Flächen und geringerer Einwohnerdichte zunehmend an.[45] Wirksamstes Mittel einer bedarfsgerechten Steuerung der Transfers im kommunalen Finanzausgleich unter Berücksichtigung der Belastungen aus der Fläche stellt die Berücksichtigung dieses Umstandes bei der Teilmassenbildung der Schlüsselzuweisungen dar. Indes beschreiten derzeit lediglich die Bundesländer Brandenburg, Mecklenburg-Vorpommern und Sachsen-Anhalt diesen Weg.

Während dem Gesetzgeber bei der Erfassung der Finanzkraft und des Finanzbedarfs nur eine begrenzte Einschätzungsbefugnis zusteht, ist ihm bei der Festsetzung des angemessenen Ausgleichs, also der Rechtsfolge, ein breiter Gestaltungsspielraum zuzubilligen.[46] Ebenso wie er die Ausgleichsintensität des Finanzausgleichs insgesamt

---

42 Vgl. BVerfGE 86, 148 (233 ff.); krit. auch M. Pechstein, Landes- und Kommunalverwaltung 1991, S. 289 (292); Werner Hoppe, Deutsches Verwaltungsblatt 1995, 179 (183).

43 Vgl. exemplarisch zur Rechtslage in Mecklenburg-Vorpommern Wilfried Erbguth, in: F. Kirchhof/H. Meyer (Anm. 2), S. 62 ff.; mit Recht kritisch Stefan Korioth, Der kommunale Finanzausgleich in Mecklenburg-Vorpommern – Angemessene Finanzverteilung zwischen Städten und ländlichem Raum? Landes- und Kommunalverwaltung 1997, S. 385 (389); vgl. auch Hubert Meyer (KV 1997, S. 390).

44 Ausführlich vgl. Hans-Günter Henneke, in: F. Kirchhof/H. Meyer (Anm. 2), S. 71 ff.

45 Vgl. Verfassungsgerichtshof Nordrhein-Westfalen, Deutsches Verwaltungsblatt 1993, S. 1205 (1207); Bayerischer Verfassungsgerichtshof, Neue Zeitschrift für Verwaltungs- und Rechtsprechungsreport 1997, S. 301.

46 Vgl. Bundesverfassungsgericht, BVerfGE 86, 148 (217 f., 230); Ferdinand Kirchhof, in: Ders./ H. Meyer (Anm. 2), S. 27 (30 f.), mit weiteren Nachweisen.

festsetzen kann, trifft dies auch für einzelne Ausgleichsansätze wie die Berücksichtigung der Flächenkomponente zu. Dabei ist zu berücksichtigen, daß für ein alleiniges Abstellen auf Einwohnerzahlen zunächst keine höhere Rationalität spricht als für andere als zulässig erkannte Bedarfsindikatoren. Wegen der Geltung des Gebots der interkommunalen Gleichbehandlung hat der Gesetzgeber die Schlüsselzuweisungen nach einheitlichen und sachlich vertretbaren Maßstäben auf die einzelnen Gruppen der Gebietskörperschaften aufzuteilen. Unter diesem Blickwinkel unterliegt auch die Ausgestaltung des kommunalen Finanzausgleichs in Mecklenburg-Vorpommern und Sachsen-Anhalt verfassungsrechtlichen Bedenken. Wenn es sachgerecht ist, die Belastungen der Fläche in Ansatz zu bringen, kann dies nicht nur im Verhältnis zwischen den Landkreisen geschehen. Vielmehr muß dann ein einheitlicher Berechnungsmodus aus Einwohner und Fläche sowohl für die kreisfreien Städte wie für die Landkreise gelten, soweit bei den kreisfreien Städten Aufgaben der Kreisebene erfaßt werden sollen. In seiner Ausprägung als Grundsatz der Systemgerechtigkeit bindet der Gleichheitssatz den Gesetzgeber an seine selbstgesetzten Maßstäbe.[47]

Die alleinige Ausrichtung an Einwohner- bzw. Flächenwerten wird oftmals typischen Aufgaben und daraus resultierenden besonderen Kostenlasten nicht gerecht. Ergänzend werden daher aufgabenbezogene Ansätze im Rahmen von Schlüsselzuweisungen gebildet oder Vorwegabzüge und Zweckzuweisungen für Sonderbedarfe in den Finanzausgleich aufgenommen. Bei Erheblichkeit der Kostenlast und Abgrenzbarkeit der Aufgabe von den sonstigen kommunalen Aufgaben ist die Bildung solcher Ansätze zur Feinsteuerung im Hinblick auf den Finanzbedarf als Ausdruck der redistributiven Funktion des Finanzausgleichs geboten. In der Praxis finden sich in den Bundesländern in unterschiedlicher Ausprägung beispielsweise Raumordnungs-, Schüler-, Grenzland-, Kurort-, Kinder-, Bevölkerungswachstums-, Gemeindezusammenschluß-, Straßen-, Stationierungs- und Sozialhilfeansätze.[48] Auch auf diesem Wege können spezifische Flächenbelastungen erfaßt werden. Insoweit finden sich in der Mehrzahl der Bundesländer Vorwegabzüge zur Berücksichtigung der Kosten aus der Straßenunterhaltung und der Schülerbeförderung, vereinzelt auch für die Aufrechterhaltung eines hinreichenden Angebotes im öffentlichen Personennahverkehr.[49]

d. Kreisumlage

Soweit andere Deckungsmittel nicht zur Verfügung stehen, können die Landkreise eine Umlage von den kreisangehörigen Gemeinden erheben. Es ist weder Aufgabe der Rechtsaufsicht, noch der Judikatur zu beurteilen, ob alle anderen Möglichkeiten zum Ausgleich des Kreishaushaltes erschöpft sind. Hierüber hat vielmehr der von den Bürgern gewählte Kreistag mit kommunalpolitischem Beurteilungsspielraum zu entscheiden. Ausgabendisziplin und Aufgabenkritik zu üben ist Aufgabe der Vertretungskörperschaft, die dabei auch die Finanzlage der kreisangehörigen Gemeinden im Blick haben muß.[50] Die Festsetzung der Kreisumlage kann beispielsweise nicht mit der

---

47 Bundesverfassungsgericht, BVerfGE 86, 148 (252); M. Pechstein, LkV 1991, S. 289 (292); F. Kirchhof, in: Ders./H. Meyer (Anm. 2), S. 133 ff.
48 Vgl. Paul Kirchhof, Deutsches Verwaltungsblatt 1980, S. 711 (716).
49 Im einzelnen vgl. Hans-Günter Henneke, Der Landkreis 1998, S. 150 (161 ff.).
50 Zutr. vgl. zuletzt Verfassungsgerichtshof Nordrhein-Westfalen, Nordrhein-Westfälische Verwaltungsblätter 1996, S. 426 (428).

Begründung angegriffen werden, der Landkreis habe es versäumt, das Gebäude des Kreisheimatmuseums zu veräußern oder unterhalte nach wie vor eine Kreismusik-schule, obwohl es sich um eine freiwillige Aufgabe handelt. Rechtsmißbräuchlich wäre es hingegen, auf die politisch unpopuläre, aber rechtlich gebotene Anpassung der Ge-bühren für die Abfallbeseitigung zu verzichten und stattdessen das Defizit über die Kreisumlageerhebung mit zu finanzieren.

Die anhaltende Diskussion um die Kreisumlage spiegelt das Dilemma der Struktur kreislicher Finanzausstattung wider. Auf der einen Seite führen gesetzlich begründete Ausgabeverpflichtungen zu einem Ansteigen der Kostenlast, dem mit Spar- und Kon-solidierungsbemühungen allein nicht wirksam entgegengewirkt werden kann. Auf der anderen Seite ist nach wie vor die Versuchung für die Länder ausgeprägt, den kom-munalen Finanzausgleich insgesamt gerade in Zeiten finanzieller Einnahmeengpässe als »Reservekasse« zu betrachten und die Zuweisungen zu kürzen. Im Vergleich zur »bürgernäheren« und zahlenmäßig über eine breite Lobby von Kommunalpolitikern verfügenden Gemeindeebene wecken insbesondere die Zuweisungen an die Kreis-ebene Begehrlichkeiten.

Um dem gesetzlichen Erfordernis zum Vorlegen eines ausgeglichenen Haushalts nachkommen zu können, sehen sich die Landkreise daher zunehmend zu einer Er-höhung der Kreisumlage gezwungen. Ursprünglich als subsidiäres Deckungsmittel konzipiert, hat sie sich zwischenzeitlich zur wichtigsten eigenverantwortlich gestalt-baren Einnahmequelle entwickelt. Sie dient im wesentlichen zwei Zielsetzungen. Einerseits führt sie zur notwendigen Aufstockung der Finanzmasse des Landkreises und setzt ihn dadurch in die Lage, seine Aufgaben überhaupt erfüllen zu können (fiskalische Funktion). Andererseits wird eine gewisse Umverteilungswirkung er-zielt (redistributive Funktion). Alle Gemeinden müssen zur Aufbringung der Kreis-umlage beitragen, ein Teil der Mittel wird im Rahmen der Ausgleichs- und Ergän-zungsfunktion des Landkreises gezielt zur Unterstützung von Aufgaben eingesetzt, die die finanzschwachen Gemeinden aus eigener Initiative nicht (allein) bewältigen können.[51]

Mit dem Gebrauchmachen des Landkreises vom Recht der Kreisumlageerhebung entzieht er gleichzeitig den umlagepflichtigen Gemeinden eigene Finanzmittel und schwächt damit deren Finanzkraft. Damit sind Interessenkonflikte vorgezeichnet. Diese werden politisch bei der Entscheidungsfindung im Kreistag ausgetragen. Dabei ist zu berücksichtigen, daß die Mehrzahl der Kreistagsmitglieder auch führende ehren-oder gar hauptamtliche Funktionen in den Gemeinden wahrnehmen. Dies führt zu ei-ner starken Stellung der Gemeindeebene, die sich bereits bei der Festsetzung der Kreisumlage niederschlägt. Daneben sind auch rechtliche Grenzen zu beachten. Bei Kreisumlagesätzen von durchschnittlich über 50 % der Umlagegrundlagen in einzel-nen Bundesländern (1996: 50, 5 % in Niedersachsen; 60, 5 % im Saarland[52]) ver-wundert es nicht, daß in den vergangenen Jahren vielfach eine gerichtliche Über-prüfung von Kreisumlagefestsetzungen vorgenommen worden ist. Dies hat zu einer weiteren Klärung beigetragen. Im Mittelpunkt stand in aller Regel die Abgrenzung der Aufgaben zwischen Gemeinde und Landkreis und wer für die Grenzziehung ver-antwortlich ist.

In seinem grundlegenden Beschluß vom 24. 04. 1996 hat der 7. Senat des Bundes-verwaltungsgerichts letztinstanzlich festgestellt, der Landesgesetzgeber sei durch die

---

51 Näher vgl. Hans-Günter Henneke, Aufgabenzuständigkeit im kreisangehörigen Raum, Hei-delberg 1992, S. 66 f.

52 Im einzelnen vgl. Hans-Günter Henneke, Der Landkreis 1997, S. 135 (142).

verfassungsrechtliche Garantie der gemeindlichen Selbstverwaltung nicht gehindert, den Kreisen mittels eine an die mangelnde Leistungsfähigkeit der kreisangehörigen Gemeinden anknüpfende Generalklausel Aufgaben zuzuweisen, die herkömmlich mit dem Begriff »Ergänzungs- und Ausgleichsaufgaben« umschrieben werden. Im Rahmen der Wahrnehmung dieser Aufgaben dürfen auch Zuschüsse an kreisangehörige Gemeinden oder an private Dritte gewährt werden, ohne daß es einer besonderen Förderungssatzung bedürfte. Zuschüsse an die Gemeinden dürfen allerdings nur für bestimmte Zwecke gewährt werden.[53] Der 8. Senat desselben Gerichts hat diese Rechtsauffassung wenig später nahezu gleichlautend bestätigt.[54] Jedenfalls für diejenigen Bundesländer, die eine ausdrückliche Absicherung der Ausgleichs- und Ergänzungsaufgaben der Landkreise kennen, ist der Umfang der zulässigen Aufgabenwahrnehmung damit geklärt. Entgegenstehende obergerichtliche Entscheidungen[55] sind insoweit nicht mehr haltbar.

Zur Finanzierung der Kreisaufgaben einschließlich finanzieller Unterstützungsleistungen durch den Landkreis für die Gemeinden führt das Bundesverwaltungsgericht aus:»Das Maß der gebotenen Förderung bestimmt der Kreis. Er legt den Umfang der von ihm zu erfüllenden Aufgaben und der Wahrnehmung dieser Aufgaben aufgrund des ihm zustehenden Selbstverwaltungsrechts (Art. 28 Abs. 2 S. 2 GG) in eigener Verantwortung fest, soweit er nicht gesetzlich zur Aufgabenwahrnehmung verpflichtet ist. Seine eigenverantwortliche Aufgabenbestimmung haben die kreisangehörigen Gemeinden im Grundsatz als rechtmäßig hinzunehmen. Von ihr hängt die Höhe der Kreisumlage ab, die auf der Grundlage des gesamten nicht anderweitig gedeckten Finanzbedarfs erhoben wird. ... Jedenfalls haben die Kreise bei der Wahrnehmung von Ausgleichs- und Ergänzungsaufgaben abzuwägen zwischen der Bedeutung dieser Aufgabe einerseits und der dadurch verursachten Einschränkung der kommunalen Finanzhoheit andererseits und darauf zu achten, daß den Gemeinden die zu Erfüllung ihrer Aufgaben erforderliche finanzielle Mindestausstattung verbleibt«.[56]

Die Finanzierungsmöglichkeit des Landkreises wird also (nur) begrenzt durch das ihm gesetzlich eingeräumte Aufgabenspektrum. Aber auch nicht jeder fehlerhafter Ausgabenansatz führt zur Rechtswidrigkeit des Umlagesolls und damit zur Nichtigkeit der Haushaltssatzung. Angesichts des großen Umfangs eines Kreishaushaltes wäre es unverhältnismäßig, wenn auch kleinste »Fehlveranschlagungen« diese stringente Rechtsfolge nach sich ziehen würden. Nach der Rechtsprechung bleiben daher jedenfalls etwaige fehlerhafte Ansätze außer Betracht, die die Höhe der Kreisumlage nicht beeinflussen.[57]

Umlagegrundlagen für die Kreisumlage sind mit landesrechtlich unterschiedlicher Ausgestaltung im einzelnen die gemeindlichen Einnahmen aus den Realsteuern (anhand fiktiver Durchschnittssätze), dem Einkommensteueranteil und die Schlüsselzuweisungen aus den Finanzausgleichen.[58]

53 Neue Zeitschrift für Verwaltungsrecht 1996, S. 1222 (1222 ff).
54 Neue Zeitschrift für Verwaltungsrecht 1998, S. 63 ff, S. 36 ff.; ausführlich vgl. auch bereits Thiem, S. 95 ff., in: F. Kirchhof/H. Meyer (Anm. 2).
55 Vgl. nur Oberverwaltungsgericht Koblenz, Deutsches Verwaltungsblatt 1993, S. 894 ff.
56 Bundesverwaltungsgericht (Anm 54); zur Zulässigkeit einzelner Aufgabenwahrnehmung insb. im kulturellen Bereich vgl. auch Oberverwaltungsgericht Frankfurt (Oder), Landesund Kommunalverwaltung 1998, S. 23 mit Anm. Henneke, LkV 1998, S. 1 ff.
57 Vgl. Oberverwaltungsgericht Schleswig, Deutsches Verwaltungsblatt 1995, S. 469 (475).
58 Ausführlich vgl. Hans-Günter Henneke, Der Landkreis 1998, S. 168 ff. (insb. Grafik S. 178).

4. Rechtspolitische Handlungsnotwendigkeiten

Die hier skizzierten Grundzüge verdeutlichen den rechtspolitischen Handlungsbedarf. Die Landkreise als homogenste Verwaltungsebene der Bundesrepublik bedürfen endlich eigener originärer Einnahmen, um nicht zwischen den Interessen fremder Kassenverwalter zerrieben zu werden. Ziel kann nicht in erster Linie eine quantitative Ausweitung der Finanzausstattung, sondern muß ihre qualitativ andere Zusammensetzung sein. Diese Bemühungen passen sich ein in die notwendige Strukturreform der kommunalen Finanzausstattung insgesamt (vgl. auch den Beitrag von Monika Kuban zur kommunalen Haushaltspolitik, in diesem Band). Aufgaben- und Ausgabenverantwortung müssen tatsächlich zusammengeführt und jede Verwaltungsebene in die Lage versetzt werden, die ihr obliegenden Aufgaben mit eigenverantwortlich zu bewirtschaftenden Mittel zu bewerkstelligen. Nur auf diese Weise ist eine Aufgabenkritik der öffentlichen Hand, Anreiz zu sparsamen Umgang mit Geldern des Steuerzahlers und letztlich eine Konsolidierung der öffentlichen Kassen zu gewährleisten. Ausformulierte Vorschläge zu den notwendigen Änderungen der Finanzverfassung des Grundgesetzes als erstem Schritt auf diesem Weg liegen auf dem Tisch.[59] Der Gesetzgeber ist aufgerufen, aus Eigeninteresse und zum Schutz der kommunalen Selbstverwaltung die Umsetzung in Angriff zu nehmen. Die Finanzausgleichsgesetze müssen zu einer realitätsgerechten Bedarfsabdeckung unter besonderer Berücksichtigung der Lasten aus der Fläche führen.

---

[59] Vgl. statt vieler nur die Beschlüsse der Abteilung Verfassungsrecht des 61. Deutschen Juristentages 1996.

MONIKA KUBAN

Kommunale Haushaltspolitik

1. Finanzkrise und Haushaltspolitik

Die 90er Jahre haben für viele Städte und Gemeinden die schwerste Finanzkrise der Nachkriegszeit gebracht. Allein in Nordrhein-Westfalen hatten im Jahre 1996 mehr als 100 Städte defizitäre Haushalte. Konjunkturkrise, Strukturkrisen, hohe Dauerarbeitslosigkeit, andauernde Lastenverschiebung von Bund und Ländern auf die Kommunen und ein völlig unzureichendes Gemeindefinanzsystem gefährden nunmehr nachhaltig die Leistungsfähigkeit und die Infrastruktur insbesondere der strukturschwachen Städte in West- und Ostdeutschland (vgl. auch den Beitrag von Hanns Karrenberg/ Engelbert Münstermann zu kommunalen Finanzen, in diesem Band).

Von 1980 bis 1996 ist der Anteil der kommunalen Ausgaben für soziale Leistungen von 11,8 % auf 21,7 % gestiegen, der Anteil der Sachinvestitionen an den kommunalen Ausgaben dagegen von 30,4 % auf 10,7 % gesunken.

Dieser Trend ist ungebrochen. Es drohen immer weitere Belastungen, während beispielsweise durch Änderung der Steuergesetze kommunale Einnahmen weiter schrumpfen.

Diese Finanzierungsdefizite können nicht abgebaut werden durch noch so raffiniertes kommunales Finanzmanagement, auch nicht durch ein kaufmännisches Rechnungswesen, sondern nur durch strukturelle Änderungen am Aufgabenbestand und am Gemeindefinanzierungssystem. Dennoch muß die Modernisierung des Haushalts- und Rechnungswesens stattfinden, um die dort liegenden Optimierungspotentiale zu erschließen.

2. Kommunales Finanzmanagement

a. Das Haushalts- und Rechnungswesen

a.1 Der Haushaltsplan

Der öffentliche Haushalt wird oft mit Ehrentiteln wie »Schicksalsbuch der Nation«, »Herzstück der Politik« belegt. Diese Bilder beschreiben die Bedeutung des Haushalts als Grundlage des Handelns von Politik und Verwaltung – quasi als »Lebensnerv« des öffentlichen Handelns. Die herausragende Rolle des Haushalts leitet sich aus folgenden grundsätzlichen Funktionen des öffentlichen Haushalts ab:

- politische Programmfunktion als monetäre Umsetzung des Handlungsprogramms von Politik und Verwaltung;
- politische Kontrollfunktion durch die regelmäßig wiederkehrende Beratung und Beeinflussung durch die Politik;
- finanzwirtschaftliche Ordnungsfunktion durch regelmäßiges, planmäßiges Gegenüberstellen von Einnahmen und Ausgaben;
- administrative Kontrollfunktion als gesetzliche Wirtschaftsgrundlage für die Verwaltung.

Über Art und Umfang der Erfüllung kommunaler Aufgaben entscheidet der Gemeinderat im Rahmen des geltenden Rechts. Er entscheidet infolgedessen auch darüber, welche Aufgaben zu leisten und welche Einnahmen zu ihrer Deckung herangezogen werden. Die Ausführung dieser Beschlüsse ist Sache der Verwaltung. Die Vorbereitung des Haushaltsplans ist Sache des Kämmerers (der Kämmerin).

Der Haushaltsplan wird in der Regel jährlich im Rahmen einer Satzung festgesetzt. In der Haushaltssatzung werden die Gesamtsummen des Haushaltsplans, die Steuersätze für die Realsteuern (Grundsteuer und Gewerbesteuer), der Höchstbetrag der Kassenkredite und der Gesamtbetrag der im Haushalt aufzunehmenden Kredite sowie die Verpflichtungsermächtigungen festgesetzt.

Entsprechend den allgemeinen Haushaltsgrundsätzen in den Gemeindeordnungen soll im Vordergrund die stetige Erfüllung der gemeindlichen Aufgaben stehen. Dabei ist den Erfordernissen des gesamtwirtschaftlichen Gleichgewichts Rechnung zu tragen. Die Haushaltswirtschaft ist sparsam und wirtschaftlich zu führen. Der Haushalt »muß« (nach der Gemeindeordnung NRW) ausgeglichen sein.

Zur Finanzierung ihrer Aufgaben hat die Gemeinde die erforderlichen Einnahmen zu beschaffen. Die Erhebung von Steuern ist gegenüber anderen Einnahmearten subsidiär. Die Möglichkeiten der Erhebung von Leistungsentgelten sollen ausgeschöpft werden. Das Haushaltsjahr ist das Kalenderjahr. Die Veranschlagung im Haushalt ist allein darauf abzustellen, ob die Einnahmen und Ausgaben im jeweiligen Haushaltsjahr »kassenwirksam« werden. Es gilt das Gesamtdeckungsprinzip für den Verwaltungs- und den Vermögenshaushalt, womit das objektgebundene Deckungsprinzip abgelöst und mehr Flexibilität erreicht wurde.

Als Gegengewicht zum strengen Grundsatz der Kassenwirksamkeit wurde die Verpflichtungsermächtigung geschaffen, damit langfristige Investitionsmaßnahmen über das Haushaltsjahr hinaus ohne Stocken fortgeführt werden können.

Der Entwurf der Haushaltssatzung ist mit Anlagen mindestens sieben Tage öffentlich auszulegen. Einwendungen können von Einwohnern und Abgabepflichtigen erhoben werden. Über die Einwendungen muß der Rat in öffentlicher Sitzung beschließen, ebenso über die Haushaltssatzung.

Die Haushaltssatzung muß der Aufsichtsbehörde zur Genehmigung vorgelegt werden. Zu genehmigen sind die Höchstbeträge der Kreditaufnahme, der Kassenkredite, der Verpflichtungsermächtigungen und die Hebesätze der Realsteuern. Die beschlossene Haushaltssatzung kann nur durch Nachtragssatzung geändert werden. Eine Nachtragssatzung ist nötig, wenn trotz Ausnutzens aller Sparmöglichkeiten ein Defizit droht oder wenn z. B. in erheblichem Umfang zusätzliche Ausgaben geleistet werden müssen.

Ist der Haushaltsplan zu Beginn des Haushaltsjahres noch nicht genehmigt, ist die Gemeinde in der satzungslosen Zeit zur vorläufigen Haushaltsführung berechtigt. In diesem Fall darf sie nur die absolut notwendigen Ausgaben tätigen. Der kommunale Haushaltsplan unterscheidet nach Verwaltungs- und Vermögenshaushalt. Entscheidend für die Zuordnung ist die Vermögenswirksamkeit von Ausgaben. Vermögenswirksame (konsumtive) Ausgaben sind beispielsweise Löhne und Gehälter, Sozialleistungen, Zinszahlungen sowie Unterhaltung von Gebäuden. Kredite dürfen nur zur Finanzierung von Maßnahmen des Vermögenshaushalts aufgenommen werden.

Die Verwaltung hat dem Rat nach Ablauf des Haushaltsjahres im ersten Vierteljahr des neuen Jahres Rechnung zu legen, d. h. Rechenschaft über die Ausführung des Haushaltsplanes abzulegen. Der Rat entscheidet bis 31. Dezember des gleichen Jahres, ob er der Verwaltung Entlastung erteilt. Vor der Entlastung steht die Rechnungsprüfung durch den Rechnungsprüfungsausschuß, der sich bei größeren Gemeinden zur Unterstützung eines Rechnungsprüfungsamtes bedient.

Das kommunale Haushaltsrecht zwingt die Gemeinden zum Haushaltsausgleich, d. h., daß Jahr für Jahr der Haushalt ausgeglichen werden muß. Hier hilft auch kein Verweis auf die externen, nicht auf kommunaler Ebene zu verantwortenden, Einflüsse auf die Ausgaben. Der Notausgang in höhere Verschuldung ist auf kommunaler Ebene sehr eng, da Kreditaufnahme nur für Investitionsmaßnahmen zulässig und außerdem genehmigungsbedürftig ist.

a.2 Finanzplanung

Der mehrjährige Finanzplan ist eine zukunftsbezogene umfassende Darstellung der voraussichtlichen Ausgaben nach Ausgabearten und der Einnahmen nach Einnahmearten einer Gebietskörperschaft. Ein zentraler pflichtiger Bestandteil der Finanzplanung ist das mehrjährige Investitionsprogramm, das begonnene und geplante Investitions- und Investitionsförderungsmaßnahmen einzeln und nach Aufgabenbereichen zusammenfaßt und mit den auf die Planjahre entfallenden Raten umfaßt.

Die Finanzplanung umfaßt fünf Jahre: das laufende Jahr, das Jahr des Haushaltsplans und drei weitere Jahre. Sie wird nach Jahren getrennt aufgestellt und als »rollierende Planung« jährlich fortgeschrieben.

Wie der Haushaltsplan soll sie alle Ausgaben und Einnahmen umfassen (Prinzip der Vollständigkeit), allerdings besitzt sie nicht unbedingt denselben Grad an Detailliertheit. Vor allem einzelne größere Städte sind aber dazu übergegangen, die Finanzplanung wie die Haushaltsplanung haushaltsstellengenau durchzuführen und über die EDV eine vollständige Integration von Investitionsprogramm und Vermögenshaushalt herbeizuführen.

Die Finanzplanung bindet die vollziehende Verwaltung nicht in demselben Maße wie der Haushaltsplan, der Satzungsqualität hat. Sie stellt eine formal unverbindliche, teils mehr prognostische (Einnahmen-), teils mehr politisch-planerische (Ausgaben-)Übersicht als Pflichtanlage zum Haushaltsplan dar. Die Literatur[1] weist der Finanzplanung vor allem drei spezifische Funktionen zu:

– Die finanzwirtschaftliche Ordnungsfunktion besteht darin, daß das Gesamtvolumen der vorgesehenen Ausgaben über einen mehrjährigen Zeitraum wechselseitig an das Gesamtvolumen der vorgesehenen Einnahmen angepaßt wird.
– Die politische Programmfunktion äußert sich darin, daß in diesem Prozeß Prioritätsentscheidungen über Handlungsalternativen fallen müssen.
– Die volkswirtschaftliche Lenkungsfunktion betrifft die Wechselbeziehung mit dem makroökonomischen Wirtschaftskreislauf, den Aspekt, daß unabhängig von den

---

1 Zur kommunalen Finanzplanung vgl. ausführlich Heinrich Mäding, Kommunale Finanzplanung, in: Roland Roth/Hellmut Wollmann (Hrsg.), Kommunalpolitik, 1. Aufl., Opladen 1994, S. 341 ff.

Fachaufgaben finanzwirksames Staatshandeln expansiv oder kontraktiv wirkt und somit konjunkturpolitische Ziele entweder finanziell stützt oder verletzt. Darüber hinaus bietet der kommunale Finanzplan für die Aufsichtsbehörde eine Beurteilungshilfe, ob die dauerhafte finanzielle Leistungskraft der Gemeinde gewährleistet sein dürfte, die bei der Genehmigung des Gesamtbetrages der Kreditaufnahme beachtet werden muß.

Im Vergleich zwischen Finanzplanung und Haushaltsplanung ist festzustellen, daß der Finanzplanung vor allem wegen ihrer geringeren Verbindlichkeit die (administrative) Kontrollfunktion insofern fehlt, als administratives Handeln sinnvollerweise nur am geltenden Haushaltsplan, nicht aber an früheren Finanzplänen gemessen werden kann.

a.3 Mängel des öffentlichen Rechnungswesens

Das Rechnungsziel des traditionellen Haushaltswesens besteht darin, Deckungserfolg und Deckungsverlauf darzustellen. Der Deckungserfolg ist dann erreicht, wenn ein ausgeglichener Haushalt erstellt werden kann. Der Deckungsverlauf zeigt das Ausmaß der endgültigen Deckung der Ausgaben durch Einnahmen. Im Mittelpunkt der Haushaltsrechnung steht damit der Nachweis über Herkunft und Verwendung der öffentlichen Finanzmittel und der Vergleich mit dem Planansatz. Die wichtigsten gesetzlichen Haushaltsregeln wie
- Haushaltsausgleich,
- Öffentlichkeit,
- Vorherigkeit und Jährlichkeit,
- Vollständigkeit, Bruttoverrechnung, Fälligkeit, Einzelveranschlagung,
- quantitative, qualitative, zeitliche Spezialität,
- Wirtschaftlichkeit, Sparsamkeit, Zweckmäßigkeit
stellen eindeutig die politische, rechtliche, finanzwirtschaftliche Funktion über ökonomische Funktionen, wie z. B. Wirtschaftlichkeit.

Daraus ergeben sich für den Prozeß der Haushaltsaufstellung die hinlänglich bekannten Mängel. Der Budgetansatz unterliegt keiner Aufgabenkritik, keiner mengen- und preismäßigen Berechnung, nicht einmal einer begründeten Schätzung, sondern wird in der Regel aus dem Vorjahr übernommen. Kürzungen können durch überhöhte Ansätze antizipiert, notwendige Ansätze ungerechtfertigt reduziert werden. So kann das Rechnungsziel durch vielfältige Manipulationen erreicht oder aber auch verfehlt werden.

Im Haushaltsvollzug sind folgende Mängel bekannt: Für einen sehr eng begrenzten Zweck werden Haushaltsmittel bereitgestellt, die nur für diesen Zweck verwendet werden dürfen. Eine andere Verwendung, die den Erfolg wirtschaftlicher oder sparsamer erreichen würde, ist nicht zulässig. Haushaltsmittel, die in der Haushaltsperiode nicht verbraucht werden, gelten als erspart und fließen dem Gesamthaushalt zu. Sie sind ein Zeichen dafür, daß auch ein geringerer Haushaltsansatz reicht, so daß im nächsten Haushaltsjahr ein geringerer Betrag zur Verfügung gestellt wird. Durch wirtschaftliche Betätigung erzielte Mehreinnahmen fließen dem Gesamthaushalt zu, der Fachbereich hat damit kein Interesse daran. Der Fachbereich weiß nicht, mit welchem Aufwand seine Leistungen erstellt werden. Dies muß er auch nicht wissen, weil er für den Haushalt sowieso keine Verantwortung trägt.

Selbstverständlich ist dies eine vergröbernde Darstellung, denn es gibt auch im traditionellen Haushaltswesen eine Vielzahl von flexiblen Instrumenten der Haushaltswirtschaft, die in einzelnen Kommunen in unterschiedlicher Intensität eingesetzt werden. Die holzschnittartige Darstellung soll die Strukturen und die daraus folgenden Prozesse im Verwaltungshandeln herausarbeiten, die Gerhard Banner treffend als »organisierte Unverantwortlichkeit« gekennzeichnet hat.

Das traditionelle Haushalts- und Rechnungswesen wird als Teil des kritisierten Gesamtsystems öffentliche Verwaltung sogar mit dafür verantwortlich gemacht, daß Handlungsunfähigkeit bis hin zur Zahlungsunfähigkeit auftritt, daß Steuerung kaum möglich ist und Finanzkrisen an der Tagesordnung sind.

b. Budgetierung

Die anhaltenden und sich weiter verschärfenden Haushaltskrisen in den Städten und Gemeinden haben in den letzten Jahren eine Vielzahl von Verwaltungen veranlaßt, das Verfahren der Haushaltsplanung umzustellen. Die neuen Ansätze und Verfahren laufen unter dem Begriff »Budgetierung«. Auslöser war bei vielen Städten die Erkenntnis, daß die aktuellen Finanzkrisen aufgrund ihrer Dramatik nicht mehr mit den herkömmlichen Mitteln gemeistert werden können. Es mußten Wege gefunden werden, die Gesamtverwaltung in die finanzielle Verantwortung mit einzubeziehen. Grundgedanke bei den verschiedenen Budgetierungsansätzen ist, stärker auf Kompetenz und Fachwissen der Fachbereiche zu setzen. Dazu werden den Fachbereichen für das Haushaltsjahr Budgets vorgegeben, innerhalb derer sie weitgehend frei planen können. Flexibilisierungen im Haushaltsvollzug sind der nächste Schritt.

Müssen die Budgets unter den Ansätzen des Vorjahres liegen, müssen die Kürzungsvorschläge aus den Fachbereichen kommen. Im ersten Schritt werden der Einfachheit halber oft nur die Ausgaben in die Budgetierung einbezogen. Sinnvoll ist es, so schnell wie möglich auch die Einnahmen zu berücksichtigen und so den Zuschuß bzw. Überschuß zu budgetieren.

Wegen der unterschiedlichen Gegebenheiten in den beiden Haushaltsteilen (Verwaltungshaushalt und Vermögenshaushalt) werden unterschiedliche Budgetierungsverfahren angewandt.

Die Budgetierung kann nur Ausgaben und Einnahmen umfassen, die dem Grunde und/oder der Höhe nach beeinflußt werden können. Bei genauer Prüfung wird sich herausstellen, daß dies bis auf wenige Ausnahmen für alle Ausgaben gilt. Das gilt auch für solche Ausgaben, die zwar Pflichtaufgaben sind, aber in der Höhe Ermessensspielräume haben. In den einzelnen Städten werden sehr unterschiedliche Methoden zur Feststellung der in die Budgetierung einzubeziehenden Finanzmasse angewandt. Es gibt sogenannte »Vorabdotierungen« aus sachlichen, aber auch aus politischen Gründen. Dies bedeutet, daß bestimmte Positionen als gesetzt gelten und nicht mehr zur Disposition stehen. Das Ziel muß aber sein, so wenig Positionen wie möglich aus der Budgetierung und damit der Beeinflußbarkeit durch die Fachbereiche herauszunehmen, damit die Budgetierung nicht doch wieder nur ein zentralistisches Konsolidierungsverfahren wird.

Nach Feststellung des zu verteilenden Gesamtvolumens ist ein besonders wichtiger und schwieriger Schritt die Bildung der Fachbereichsbudgets, vor allen Dingen, wenn Kürzungen vorgenommen werden müssen. Soll die Budgetierung nicht nach dem sachfremden Rasenmäherprinzip arbeiten, müssen Ansatzpunkte für Budgets gefunden werden, die den unterschiedlichen Aufgaben und Leistungsstrukturen in den Fachbereichen entsprechen.

Dies ist eine schwierige Aufgabe, wenn die Grundlage ein Haushalt ist, der gerade hierüber keine Auskunft gibt.

Die verschiedenen Wege zur Bildung der Teilbudgets sind sehr unterschiedlich. In Duisburg wurde im Rahmen einer systematisch-analytischen Variante so vorgegangen, daß alle Haushaltsstellen nach dem Grad der Beeinflußbarkeit klassifiziert und entsprechend in die Budgetierung einbezogen werden. Dies ist aufgrund einer seit 15 Jahren vorhandenen ständig erweiterten und aktualisierten systematischen Kennzeichnung der Ausgabearten nach Verpflichtungsgraden möglich.

Beispiel für die Klassifizierung der Haushaltsstellen:

- Gruppe 1: Alle Ausgaben und Einnahmen, die dem Grunde und der Höhe nach als unbeeinflußbar gelten: Auch von ihnen kann ein – allerdings geringer – Prozentsatz in die Budgets einbezogen werden (z. B. 10 %), weil auch hier in der Regel Spielräume in der Aufgabenerfüllung vorhanden sind.
- Gruppe 2: Alle Ausgaben und Einnahmen, die teilweise fix, teilweise veränderbar sind: Sie werden zu einem durchschnittlichen Prozentsatz (z. B. 50 %) in die Budgets einbezogen.
- Gruppe 3: Alle voll beeinflußbaren Ausgaben und Einnahmen (sog. »freiwillige Leistungen«): Sie werden zu 100 % bei der Bildung der Budgets berücksichtigt. Auf diese Weise ist es möglich, Teilbudgets auf der Grundlage der Aufgaben- und Leistungsstruktur zu bilden.

Dieses Vorgehen erfordert umfangreiche Vorbereitungen, Technikunterstützung, hohen Pflegeaufwand sowie laufende Abstimmungen zwischen Kämmerei und Fachverwaltung, da die Zuordnung einzelner Positionen aufgrund gesetzlicher, vertraglicher oder faktischer Veränderungen laufend überwacht werden muß.

Grundsätzlich alle Sammelnachweisausgaben, die durch den Fachbereich beeinflußt werden, können in die Budgets einbezogen werden – wobei Beeinflussung nicht gleichzusetzten ist mit Bewirtschaftung. Anzustreben ist eine Aufteilung der Sammelnachweise auf die Fachbereiche, um mehr Klarheit über die Entstehung von Kosten zu erhalten. Dies muß einer aus sachlichen Gründen in Einzelfällen weiterhin beibehaltenen Zentralbewirtschaftung durchaus nicht widersprechen. Für viele Sachausgaben in Sammelnachweisen läßt sich eine Zuordnung bis hin zur dezentralen Bewirtschaftung bei der kostenverursachenden Stelle relativ schnell und mit überschaubarem Aufwand erreichen.

Der Erfolg der Budgetierung steht und fällt aber mit der Einbeziehung der Personalkosten. Einbeziehung heißt, daß die Verantwortung für die Ressource Personal in die Fachbereiche verlagert wird (vgl. hierzu den Beitrag von Sabine Lorenz/Hellmut Wollmann zu kommunalem Dienstrecht und Personal, in diesem Band). Auch hier muß zwischen Beeinflussung bzw. Verantwortung und Bewirtschaftung unterschieden werden. Dezentrale Bewirtschaftung des Personals ist nur bei großen Einheiten denkbar. Wird auch die Bewirtschaftung dezentralisiert, muß dies unter vorgegebenen Rahmenrichtlinien geschehen.

Durch die Budgetierung im Vermögenshaushalt und im Investprogramm soll sichergestellt werden, daß auch hier vorgegebene Finanzziele, die aus dem Verwaltungshaushalt unter dem Gesichtspunkt der dauernden Leistungsfähigkeit der Gemeinde zu entwickeln sind, sichergestellt werden.

Ziel dieser Budgetierung kann z. B. sein:
- Rückführung der Schulden;

- keine Nettokreditaufnahme;
- Einhaltung eines vorgegebenen Kreditlimits.

Vorab kann dort, wo die Kommunalaufsicht eine besondere Betrachtungsweise anwendet, ein gesondertes Investitionsbudget z. B. für kostenrechnende Einrichtungen gebildet werden, weil hier die Refinanzierung über Gebühren sichergestellt ist.

Neben der allgemeinen Budgetierung für das folgende Haushaltsjahr gibt es eine Reihe von anderen Anwendungsmöglichkeiten für das Verfahren. Mehrere Städte haben z. B. für Einrichtungen mit Betriebscharakter ein Verfahren gewählt, Sonderbudgets aufzustellen oder mittelfristige Zuschußplafondierungen. Es ist auch durchaus üblich, im Rahmen einer Vorgabenentwicklung für alle Bereiche des Haushalts auch Vorgaben für Eigenbetriebe und, was besonders wichtig ist, für die städtischen Beteiligungen zu entwickeln. Diese müssen anderen Regeln folgen und stark auf die Besonderheiten der Beteiligungen eingehen. Es ist aber zur Durchsetzung und für die Akzeptanz eines solchen Verfahrens außerordentlich wichtig, keinen Bereich des »Konzerns Stadt«, also auch nicht die Beteiligungen, außen vor zu lassen.

Das neue Verfahren der Aufstellung des Haushaltsplans zwingt, wenn es tatsächlich mit dem Ziel, die Eigenverantwortlichkeit zu stärken, angelegt wurde, zu einer Reihe von Veränderungen auch im Haushaltsvollzug. Es geht dabei darum, die Eigenverantwortlichkeit auch bei den Bewirtschaftungen zu stärken, Verfahrensabläufe zu beschleunigen und die Dispositionsmöglichkeiten der Fachverwaltung zu verbessern. Hierfür sind eine Vielzahl von Maßnahmen möglich, z. B.:
- Kleinere Haushaltsansätze werden zusammengefaßt und verstärkt Vermerke der gegenseitigen Deckungsfähigkeit im Haushaltsplan ausgewiesen.
- Insbesondere im Vermögenshaushalt sind in vielen Städten für neue Maßnahmen umfangreiche Freigabeverfahren üblich. Auch hier empfiehlt es sich, bei Budgetierung von diesem aufwendigen Verfahren abzuweichen und z. B. die Steuerung auf Bereiche zu beschränken, die unter dem Gesichtspunkt der Liquidität absolut notwendig sind.
- Für die mit der Budgetierung angestrebte Anreiz- bzw. Sanktionswirkung ist es wichtig, die zeitliche Übertragbarkeit solcher Ergebnisverbesserungen bzw. -verschlechterungen zu verstärken, die auf gute bzw. schlechte Managementleistungen des Fachbereichs zurückzuführen sind.

Durch die Budgetierung wird nicht in die Kompetenzen der politischen Gremien eingegriffen. Einige Städte beteiligen die Räte im Stadium der Festlegung des Budgets und seiner Aufteilung auf die Fachbereiche an den Entscheidungen. In diesen Fällen faßt entweder der Gemeinderat einen sogenannten Eckwertebeschluß über den Budgetrahmen und die Aufteilung auf die Fachbereiche, oder er wird in Form einer Mitteilung informiert, was ihm die Möglichkeit gibt, initiativ zu werden. Doch selbst ohne vorherige Beteiligung des Rates bleibt sein Budgetrecht selbstverständlich unberührt.

Schwierigkeiten mit haushaltsrechtlichen Bedingungen ergeben sich erst bei der konsequenten Umsetzung des Budgetierungsgedankens im Haushaltsvollzug (z. B. gegenseitige Deckungsfähigkeit bei Personal- und Sachkosten).

Einerseits ist es durchaus denkbar, neben dem Haushalt ein Regelwerk für die Bewirtschaftung zu schaffen, das Flexibilisierung über das Haushaltsrecht hinaus zuläßt, andererseits sollten aber auch bei den entsprechenden Vermerken im Haushalt keine größeren Probleme mehr auftreten, da die Aufsichtsbehörden gegenüber Experimenten zum neuen Steuerungsmodell aufgeschlossen sind.

3. Notwendig: Ein neues öffentliches Rechnungswesen

a. Finanzkrise und Reform des öffentlichen Rechnungswesens

Die in der Bundesrepublik praktizierte Rechnungslegung der staatlichen Gebietskörperschaften birgt die Gefahr der Schaffung finanzieller Illusionen, sie gibt kein realistisches Bild der finanziellen Lage und der aufgrund von Entscheidungen in Gegenwart und Vergangenheit zu erwartenden künftigen finanziellen Belastungen. Diese finanzielle Illusion verführt z. B. dazu, durch Steuereinnahmen verfügbare Mittel sofort zu binden und künftige finanzielle Belastungen außer acht zu lassen. Ein Beispiel macht das deutlich: Im Unterschied zur privatwirtschaftlichen Vermögensrechnung (Bilanz) weisen die öffentlichen Rechnungen keine Rückstellungen aus, d. h. Verbindlichkeiten, deren Entstehungsgrund in der Vergangenheit liegt und in Zukunft mit hinreichender Sicherheit zu finanziellen Belastungen führen, deren Höhe und Eintrittszeitpunkt jedoch unbestimmt ist, tauchen in den Rechnungen nicht auf. Das Handelsrecht dagegen verpflichtet zu Rückstellungen für ungewisse Verbindlichkeiten (aufgrund rechtlicher oder wirtschaftlicher Verpflichtung) und zu sogenannten Aufwandsrückstellungen (ohne Verpflichtung in der Regel für von der Vergangenheit in die Zukunft verschobene Maßnahmen wie z. B. Instandhaltung).

Nach handelsrechtlichen Kriterien müßten Rückstellungen gebildet werden, z. B. für

- die Verpflichtung zur Altersversorgung der Beamten: Prognosen über Versorgungsbezüge für die Beamten des Bundes, der Länder und der Gemeinden aus den letzten Jahren kommen zu einer Grobschätzung der anzusetzenden Pensionsrückstellungen in der Größenordnung zwischen 500 Mrd. und 1 000 Mrd. DM. Das heißt, den derzeitigen Schulden sind diese Verpflichtungen hinzuzurechnen.
- Aufwendungen für unterlassene Instandhaltung oder Erneuerung von Infrastrukturvermögen: Ein Blick auf den Zustand der Infrastruktur in der Bundesrepublik, wie ihn z. B. das Institut der Deutschen Wirtschaft Ende der 80er Jahre getan hat, macht deutlich, daß die Infrastruktur zunehmend veraltet ist und deshalb ein enormer Nachholbedarf zur Sicherung der Qualität der öffentlichen Infrastruktureinrichtungen besteht.

Politik und Öffentlichkeit reagieren z. B. auf das Problem der fehlenden Pensionsrückstellungen mit völlig untauglichen Rezepten, meistens mit Schuldzuweisungen z. B. gegenüber den Beamten.

Beide Beispiele machen aber deutlich, daß eine Neugestaltung des Rechnungswesens der öffentlichen Hände, insbesondere eine Neugestaltung der Vermögensrechnung, endlich sicherstellen muß, daß ein möglichst objektives und zuverlässiges Bild der finanziellen Situation vermittelt wird. Das bedeutet den Ausweis der tatsächlichen Vorbelastungen künftiger Haushaltsjahre mit den finanziellen Folgen von Entscheidungen, die in der Vergangenheit getroffen wurden. Eine solche Rechnung hat die Aufgabe, als finanzielles Frühwarnsystem für Regierung und Parlament, für Rat und Verwaltung zu dienen und den berechtigten Ansprüchen einer interessierten Öffentlichkeit auf Offenlegung der finanziellen Situation des Staates nachzukommen.

Das öffentliche Rechnungswesen in der Bundesrepublik ist in der Bundeshaushaltsordnung und in den Länderhaushaltsordnungen weitgehend normiert und vereinheitlicht. Adressat von Haushaltsplan und Haushaltsrechnung ist das Parlament bzw. der Stadtrat. Informationsträger und Instrumente sind der Haushaltsplan, die Finanzplanung und die Jahresrechnung. Zur Verarbeitung des Rechnungsstoffs – Einnahmen und Ausgaben – wird die Kameralistik mit ihren verschiedenen Varianten benutzt. Die Haushaltsansätze und die korrespondierenden Zahlen der Rechnungsperiode werden auf Konten gebucht und ein Jahresabschluß ermittelt. Es werden lediglich Zahlungsvorgänge verbucht, d. h. es handelt sich um eine differenzierte Finanzrechnung, die Einblick in Haushaltsplanung, Haushaltsvollzug und die Liquiditätslage ermöglicht. Rechnungsziele sind die Einhaltung des Haushaltsrechts und des Haushaltsplans, insbesondere aber die Herstellung des Haushaltsausgleichs, d. h. die Deckung der Ausgaben durch die Einnahmen in der Periode.

Damit kann die Verwaltungskameralistik folgende Informationsziele uneingeschränkt erfüllen:

– Nachweis über den kurzfristigen Ausgleich von Einnahmen und Ausgaben (finanzwirtschaftliche Deckungsfunktion);
– Aussagen über den kurzfristigen finanziellen Status und die Liquidität der Kommunen (finanzwirtschaftliche Liquiditätsfunktion);
– rechnungsmäßiger Ausweis des Haushaltsvollzugs (politische Kontrollfunktion).

Folgende Informationen werden dagegen nicht geliefert bzw. sind nur durch aufwendige Nebenrechnungen darzustellen:

– Informationen über kommunale Leistungen/Produkte und daraus resultierender Ressourcenverbrauch;
– Substanzverzehr am Vermögen;
– Informationen zur Wirtschaftlichkeit des Verwaltungsgebarens;
– Informationen als Grundlage für die Kalkulation von Entgelten, Kostenerstattungen usw.

Das kamerale Rechnungswesen ist historisch entstanden in erster Linie aus dem Informations- und Kontrollbedürfnis des Parlamentes heraus. Seine primäre Aufgabe besteht in der Budgetkontrolle, d. h. im Nachweis eines rechtmäßigen Finanzgebarens der Exekutive gegenüber der Legislative. D. h., das öffentliche Rechnungswesen kann als parlamentsorientiert bezeichnet werden. Es ist nicht orientiert auf den Bürger, die Öffentlichkeit, im Sinne von Rechenschaftslegung. Das erweist sich mit dem enorm gestiegenen Anteil des Staatshaushalts am Bruttosozialprodukt zunehmend als Problem. Der Bürger, der in großem Umfang Zwangsabgaben leistet, beansprucht stärker Einblick in die Verwendung der Steuergelder – der Staat soll Rechenschaft ablegen.

Vorschläge zur Änderung des traditionellen öffentlichen Rechnungswesen fußen daher u. a. auf Überlegungen:

– Es in seiner Informationskraft für den ursprünglichen Adressatenkreis zu verbessern,
– Es ist aber auch der Adressatenkreis zu erweitern.

Zwei Aufgaben muß ein neues öffentliches Rechnungswesen damit erfüllen.

Die Parlamentsorientierung des öffentlichen Rechnungswesens muß ergänzt werden durch eine Öffentlichkeitsorientierung, d. h. das staatliche (externe) Rechnungswesen muß auch die Aufgabe erfüllen, einer interessierten Öffentlichkeit ein umfassendes und zuverlässiges Bild der finanziellen Lage des Staates zu vermitteln.

– Die Parlamentsorientierung des staatlichen Rechnungswesens muß ergänzt werden durch eine Managementorientierung, d. h. es ist erforderlich, ein internes Rechnungswesen zum Zweck der besseren Steuerung der finanziellen Ressourcen und der staatlichen Aktivitäten im Hinblick auf Kosten und Leistungen aufzubauen.

b. Der »ehrliche« Haushalt

Ziel einer Reform muß sein, den Informationsgehalt des öffentlichen Rechnungswesens zu erweitern und die Ergebnisse auch der Öffentlichkeit zugänglich zu machen. Was das bedeutet, wird an folgenden Beispielen deutlich:
- Die staatliche Vermögensrechnung, soweit sie überhaupt vorhanden ist, entspricht den Netto-Geldschulden, d. h. der Differenz zwischen Geldschulden und Geldvermögen. Die Vermögensrechnung umfaßt nur einen Teil des Vermögens und der Schulden. Wenn aber ein zuverlässiges und umfassendes Bild der finanziellen Gesamtsituation gegeben werden soll, dann sind mindestens alle Schulden einschließlich der Verbindlichkeiten aus Lieferungen und Leistungen, der einseitigen Verbindlichkeiten (z. B. Subventionsleistungen) und der Rückstellungen (mindestens für ungewisse Verbindlichkeiten, insbesondere für Pensionsverpflichtungen) in die Vermögensrechnung aufzunehmen. Der Vermögensausweis muß um Forderungen aus Lieferungen und Leistungen und einseitige Forderungen sowie um den Wert des gesamten Sachvermögens erweitert werden.
- Neben die Vermögensrechnung muß eine Ergebnisrechnung treten, die alle ergebniswirksamen Transaktionen eines Rechnungsjahres aufnimmt. Beide Rechnungen müssen im Verbund geführt werden, so daß der Saldo der Ergebnisrechnung gleich der Änderung des Saldos der Vermögensrechnung ist.
- In die Vermögens- und Ergebnisrechnung müssen auch Organisationseinheiten einbezogen werden, die sich außerhalb des Budgetkreises befinden, sofern sie entweder von dem Muttergemeinwesen kontrolliert werden oder sich in deren Eigentum befinden (Konsolidierung).
- Der Jahresabschluß muß in einer Form präsentiert werden, die ihn auch für den Leser außerhalb von Regierung und Verwaltung lesbar macht.

Ein öffentliches Rechnungswesen, das ein umfassendes und zuverlässiges Bild der finanziellen Lage und ihrer Veränderungen im Haushaltsjahr vermitteln soll, muß sich eindeutig stärker am kaufmännischen Rechnungswesen orientieren. Das bedeutet nicht den vollkommenen Verzicht auf die traditionelle Haushaltsrechnung als Gegenüberstellung von veranschlagten und tatsächlichen Einnahmen und Ausgaben in den Kategorien des Haushaltsplans und auch nicht eine bloße Kopie des kaufmännischen Rechnungswesens bzw. der kaufmännischen Rechnungslegung in seinen verschiedenen Varianten.

Ein öffentliches Rechnungswesen, das diesen Grundsätzen folgt, bietet die entscheidende Grundlage für eine nachhaltige Verwaltungsreform, versetzt den Staat in die Lage, seine Aufgaben entsprechend der finanziellen Situation zu definieren und zu erfüllen und kann dazu beitragen, den in einer Legitimationskrise befindlichen Staat dem Bürger gegenüber wieder glaubwürdiger zu machen.

Zwei Institutionen engagieren sich besonders stark für die Reform des öffentlichen Rechnungswesens in der Bundesrepublik und tragen durch Theorie und Praxis dazu bei. Die Hochschule für Verwaltungswissenschaften in Speyer hat ein Pilotprojekt in Baden-Württemberg, in der Stadt Wiesloch, durchgeführt, um im Praxisversuch die »Konzeptionellen Grundlagen des neuen kommunalen Rechnungswesens«[2] zu entwickeln. Die Kommunale Gemeinschaftsstelle für Verwaltungsvereinfachung (KGSt) widmet sich mit großem Aufwand und Einsatz im Rahmen des

---

2 Klaus Lüder: »Konzeptionelle Grundlagen des neuen Kommunalen Rechnungswesens«, Stuttgart 1996.

Prozesses zur Umsetzung des neuen Steuerungsmodells zum Thema »Neues kommunales Haushalts- und Rechnungsmodell: Vom Geldverbrauchs- zum Ressourcenverbrauchskonzept«.[3]

Beide Entwicklungen haben aufgrund ihrer Orientierung an einem kaufmännischen Rechnungswesen sehr viele Gemeinsamkeiten. Die Differenzen beziehen sich eher auf Details, wie etwa Bewertungsfragen.

Ein an den oben beschriebenen Zielen orientiertes neues kommunales Rechnungswesen muß aus folgenden Bestandteilen bestehen:

– Der Verwaltungshaushalt wird entsprechend den oben beschriebenen Anforderungen in Anlehnung an die handelsrechtliche Gewinn- und Verlustrechnung zu einem Verwaltungshaushalt neuer Art umgestaltet (Erfolgsplan, Wirtschaftsplan oder Leistungsplan).

– Der Vermögenshaushalt neuer Art (Vermögens- oder Investitionsplan) weist die geplanten Investitionen und deren Finanzierung aus.

– Neuer Bestandteil des Rechnungswesens ist die Bilanz. Entsprechend der Zielsetzung, den gesamten Ressourcenverbrauch abzubilden, ist sie als umfassender Nachweis von Vermögen und Kapital zu konzipieren.

– Als managementorientiertes internes Rechnungswesen ist die Kosten- und Leistungsrechnung einzuführen.

– Eine Finanzrechnung ist ergänzend zum Zwecke der Liquiditätsplanung und Liquiditätsrechnung auf der Basis von Einnahmen und Ausgaben zu erstellen.

Auf der Basis eines neuen Rechnungswesens müssen dann Budgetregeln entwickelt werden, die den Zielen der Verwaltungsreform entsprechen.

Ein zukunftsfähiges Haushalts- und Rechnungsmodell muß sämtliche relevanten Informationen innerhalb eines integrierten Ansatzes bereitstellen können.

4. Reform des Rechnungswesens und Verwaltungsreform

Öffentliches Rechnungswesen und seine Reformen sind in untrennbarem Verbund mit einer umfassenden Verwaltungsreform zu sehen. Ohne eine Reform des öffentlichen Rechnungswesens sind wesentliche Ziele der Verwaltungsreform nicht erreichbar, aber auch eine isolierte Reform des Rechnungswesens ist schwer vorstellbar (vgl. die Beiträge von Werner Schnappauf sowie von Michael Schöneich/ Niclas Stucke zur Reform bzw. Modernisierung der Kreis- und der Stadtverwaltungen, in diesem Band).

So wie zum Thema Verwaltungsreform in den letzten Jahren überraschend schnell der Nachholbedarf gegenüber dem Ausland erkannt wurde und in Theorie und Praxis versucht wird, den Rückstand aufzuholen, ist dies Phänomen auch zum Thema Rechnungswesen zu beobachten. Noch vor zehn Jahren fand z. B. die Hochschule für Verwaltungswissenschaften in Speyer für ihre Reformforderungen zum öffentlichen Rechnungswesen wenig Resonanz. Auch hier hat die Krise der Staatsfinanzen und das Diktat langfristig leerer Kassen zu einem Sinneswandel beigetragen. Der Sinneswandel ist aber graduell unterschiedlich auf der Kommunalebene, der Länderebene

---

3 »Vom Geldverbrauchs- zum Ressourcenverbrauchskonzept«, KGSt-Bericht, Köln (1995) 1.

und der Bundesebene. Die neuen Ideen kommen von unten und es ist zu hoffen, daß der Druck von unten stark genug ist, um auch die Länderebene und die Bundesebene in Bewegung zu bringen. Das geltende staatliche Haushaltsrecht ist Ende der 60er Jahre geprägt worden durch eine makroökonomische Sichtweise, die durch folgende Punkte gekennzeichnet wird:
- eine ausschließlich konjunkturbezogene Sicht der Staatsverschuldung;
- die geringe Bedeutung einer Vermögens- und Schuldenrechnung;
- die Überbetonung von Planungsrechnungen gegenüber Istrechnungen.

Im Gegensatz zu den übrigen staatlichen Ebenen hat, veranlaßt durch den extremen Finanzdruck bei den Kommunen, eine Hinwendung zu einer mehr mikroökonomischen Sichtweise stattgefunden.

Die dramatische Finanzlage führt dazu, daß das öffentliche Rechnungswesen zunehmend als Informations- und Steuerungsinstrument gesehen wird und daraus folgende Forderungen an das öffentliche Rechnungswesen formuliert werden:
- Es soll Informationen über Effizienz und Effektivität des Verwaltungshandelns liefern.
- Es soll ein Instrument für die effizienz- und effektivitätsfördernde Steuerung des Verwaltungshandelns sein.
- Es soll umfassende Informationen über die Höhe der Verschuldung (einschließlich der Nicht-Geldschulden) geben.
- Es soll umfassende Informationen über die finanzielle Entwicklung und die finanzielle Lage einschließlich der verdeckten Ausgaben und Schulden wie Altersversorgungspflichten, Leasingverpflichtungen, Verpflichtungen zur Aufrechterhaltung der Infrastruktur, aber auch Steuervergünstigungen und öffentliche Darlehensaktivitäten geben.

Nun ist offensichtlich, daß einem geänderten Zweck des öffentlichen Rechnungswesens nicht allein dadurch Rechnung getragen werden kann, daß Kameralistik durch Doppik ersetzt wird. Beide Begriffe sind nicht eindeutig und lassen viele Varianten zu. Die Anleihen beim kaufmännischen Rechnungswesen, die nunmehr genommen werden sollen, müssen den besonderen Erfahrungen und Erfordernissen des öffentlichen Bereiches angepaßt werden.

Erforderlich ist deshalb die Entwicklung von Grundsätzen für ein ordnungsmäßiges öffentliches Rechnungswesen und deren Normierung. Grundsätze müssen entwickelt werden für folgende Bereiche:
- Rechnungssystem und Rechnungslegung,
- Kosten- und Leistungsrechnung,
- Budgetierung.

Eine flächendeckende Einführung des neuen Haushalts- und Rechnungswesen setzt entsprechende Änderungen des Haushaltsrechts durch die Länder voraus. Vorher müssen die neuen Konzepte ausreichend diskutiert und erprobt werden. Bisher gibt es nur wenige Pilotprojekte mit einer umfassenden Neugestaltung des Haushalts- und Rechnungskonzeptes (Speyer-Modell).

Die Einführung des neuen Haushalts- und Rechnungsmodells erfordert insbesondere Investitionen in den Bereichen »technikunterstützte Informationsverarbeitung« und »Personal«.

Allerdings gibt es – wenn man die derzeitige Lage der Finanzen sieht – keine Alternative. Es gibt weder eine Alternative zur Verwaltungsreform noch eine Alternative zur Reform des Rechnungswesens. Der Legitimationskrise bzw. dem Glaubwürdigkeitskrise des Staates bzw. der Verwaltung bei den Bürgern ist nur durch umfassende Reformen entgegenzuwirken. Insbesondere die Reform des Rechnungswesens muß dem Anspruch des Bürgers genügen, Aufschluß über den Umgang mit Steuergeldern zu geben. Der Bürger stellt dem Staat überwiegend zwangsweise finanzielle Ressourcen zur Verfügung, deren Verwendung er nicht vorgeben, auf deren Bewirtschaftung er lediglich einen schwachen mittelbaren Einfluß ausüben kann.

Daraus muß ein Anspruch des Bürgers auf umfassende Offenlegung des staatlichen Finanzgebarens hergeleitet werden, so daß ihm ein Urteil über die finanzielle Gesamtsituation des Staates ermöglicht wird. Nur wenn der Staat seine Rechenschaftspflicht gegenüber dem Bürger ernst nimmt, kann er auch vom Bürger erwarten, daß dieser seine Pflicht zur Zahlung von Steuern und Abgaben ernst nimmt.

SABINE LORENZ/HELLMUT WOLLMANN

Kommunales Dienstrecht und Personal

0. Vorbemerkung

Der folgenden Darstellung, die zunächst kurz über Grundzüge des kommunalen Dienstrechts und dann hauptsächlich über die Entwicklung, den Umfang und die Zusammensetzung des kommunalen Personals informieren soll, sei eine definitorische Bemerkung vorausgeschickt. Wenn nachstehend von Kommunen gesprochen wird, so geschieht dies in dem üblichen begrifflichen Verständnis, das die kommunalen (Gebiets-)Körperschaften insgesamt, also die Gemeinden und Gemeindeverbände umfaßt. Zu den ersten rechnen die kreisfreien und die kreisangehörigen Städte, zu den letzteren insbesondere die Landkreise, aber auch Verwaltungsgemeinschaften, Ämter und Samtgemeinden. Wo es die Fragestellung nahelegt und die verfügbaren Daten erlauben, wird auf die unterschiedlichen Gruppen von Kommunen (Landkreise, Städte/Gemeinden usw.) gesondert eingegangen.[1]

1. Rechtlicher Rahmen des kommunalen Personalwesens

a. Kommunales Dienstrecht

Das kommunale Personalwesen ist einerseits dadurch bestimmt, daß die in der Kommunalverwaltung tätigen Personen durchweg Beschäftigte der Kommune sind, diese also insbesondere auch beschäftigungs- und dienstrechtlich ihre Arbeitgeberin und Dienstherrin ist. Demnach fallen die maßgeblichen personalpolitischen und -wirtschaftlichen Entscheidungen (Rekrutierung, Beförderung, u.U. auch Entlassung des Personals, Dienstaufsicht) in die Zuständigkeit der Kommunen.[2] Diese eigenverantwortlich auszuübende Personalhoheit der Kommunen wird (neben deren Haushalts-

---

1 Dr. Werner Breidenstein vom Statistischen Bundesamt in Wiesbaden ist an dieser Stelle dafür zu danken, daß er uns unveröffentlichtes Datenmaterial zur Verfügung stellte.
2 Vgl. Heinrich Siedentopf, Personalwirtschaft und die Instrumente des Personalwesens, in: Günter Püttner (Hrsg.), Handbuch der kommunalen Wissenschaft und Praxis, Band 3, Kommunale Aufgaben und Instrumente der Aufgabenerfüllung, Berlin u. a. 1983, S. 236 ff.

und Organisationshoheit) als wesentlicher Inhalt und Bestandteil des in Art. 28 Abs. 2 GG den Gemeinden – und abgeschwächt auch den Gemeindeverbänden – garantierten Rechts auf (kommunale) Selbstverwaltung angesehen.[3] Auf der anderen Seite sind die Kommunen in der Wahrnehmung ihrer Personalhoheit durch einen Kranz dienst- und arbeitsrechtlicher Rahmenbedingungen gebunden, für deren gesetzliche Regelung der Bund und die Länder zuständig sind. Da sich überdies nur wenige gesetzliche Vorschriften ausschließlich oder überwiegend auf kommunales Personal beziehen, werden die Beschäftigungsverhältnisse der Kommunalbediensteten größtenteils durch das allgemeine öffentliche Dienstrecht geregelt.[4] Damit bewegt sich auch das kommunale Personalwesen in jener für den Status der kommunalen Selbstverwaltung insgesamt eigentümlichen Zone zwischen eigener kommunaler Entscheidungsautonomie und von außen, d. h. von Bund, Ländern und neuerdings auch zunehmend von der Europäischen Union gesetzter rechtlicher (und finanzieller) Fremdbestimmung.[5]

Wie der öffentliche Dienst insgesamt gliedert sich das Kommunalpersonal in die Statusgruppen der Beamten, Angestellten und Arbeiter. Der Beamtenstatus wird durch ein öffentlich-rechtliches Dienstverhältnis zwischen öffentlichem Dienstherrn und Bediensteten begründet, ist durch dessen Ernennung auf Lebenszeit, seine Einweisung in eine bestimmte Laufbahn (höherer, gehobener, mittlerer, einfacher Dienst), die Modalität seiner Altersversorgung (Pension aus Steuermitteln) und ein besonderes Treueverhältnis zu seinem Dienstherrn charakterisiert, das das Streikrecht als Mittel des Arbeitskampfes herkömmlich ausschließt.[6] Demgegenüber stehen der Angestellte und Arbeiter in einem privatrechtlichen, durch Vertrag begründeten Beschäftigungsverhältnis, sind grundsätzlich kündbar, beziehen eine maßgeblich aus den von ihnen eingezahlten Sozialversicherungsbeiträgen gespeiste Altersversorgung (Rente) und können zur Durchsetzung ihrer beschäftigungsbezogenen Forderungen streiken. Allerdings haben sich der Beamten- und der Angestelltenstatus in wichtigen Fragen insbesondere dadurch rechtlich wie praktisch deutlich angenähert, daß der Bundesangestelltentarif (BAT) als rechtliche Grundformel des letzteren in wesentlichen Regelungen dem Beamtenrecht nachgebildet ist. So wird die beamtenrechtliche Laufbahngliederung (höherer, gehobener, mittlerer und einfacher Dienst) auch auf die Sortierung der im BAT unterschiedenen (weit über zehn) Beschäftigungsränge angewandt. Ferner sind auch BAT-Angestellte nach bestimmter Beschäftigungsdauer praktisch unkündbar.

Innerhalb der Statusgruppe der Beamten sind im kommunalen Bereich zwei Typen von Dienstverhältnissen zu nennen: die Laufbahnbeamten und die kommunalen Wahlbeamten. Die ersteren sind – als »normale« Beamten – auf Lebenszeit ernannt und werden für einzelne Laufbahnen (höherer, gehobener, mittlerer und einfacher Dienst) rekrutiert. Die Zulassungsbedingungen sowie die Dauer und Art der für die

3 »Den Gemeinden muß das Recht gewährleistet sein, alle Angelegenheiten der örtlichen Gemeinschaft im Rahmen der Gesetze in eigener Verantwortung zu regeln. Auch die Gemeindeverbände haben im Rahmen ihres gesetzlichen Aufgabenbereichs nach Maßgabe der Gesetze das Recht der Selbstverwaltung.« (Art. 28 Abs. 2 GG). Vgl. hierzu auch die Beiträge von Franz-Ludwig Knemeyer sowie Hans-Günter Henneke in diesem Band.
4 Johannes Hintzen, Das kommunale Dienstrecht, in: Günter Püttner (Hrsg.), Handbuch der kommunalen Wissenschaft und Praxis, Band 3, Kommunale Aufgaben und Instrumente der Aufgabenerfüllung, Berlin u. a. 1983, S. 217 ff.
5 Siehe hierzu den Beitrag von Gerd Schmidt-Eichstaedt in diesem Band.
6 Vgl. Renate Mayntz, Soziologie der öffentlichen Verwaltung, Heidelberg 1985, S. 138 ff.

jeweilige Laufbahn erforderlichen Ausbildung werden durch das Beamtenrechts-rahmengesetz (BRRG) und die auf seiner Grundlage erlassenen landesrechtlichen Vorschriften geregelt.

Demgegenüber stehen die kommunalen Wahlbeamten in einem von vornherein zeitlich befristeten Beamtenverhältnis, da sie als kommunale Exekutivpolitiker für eine bestimmte Amtsperiode, also auf Zeit, gewählt werden, sei es unmittelbar von der Bevölkerung, sei es von der Kommunalvertretung. Während – nach Maßgabe der in den letzten Jahren vielfach neugefaßten Länderkommunalverfassungen – die Bevölkerung den Oberbürgermeister und hauptamtlichen Bürgermeister inzwischen in den meisten Bundesländern und die Landräte in einigen Bundesländern unmittelbar wählt, werden die Beigeordneten sowie die Stadt- und Kreisdirektoren nach wie vor von der Kom-munalvertretung bestimmt. Der Status der Wahlbeamten als Beamte auf Zeit ist da-durch geprägt, daß auf der einen Seite dem Amtsinhaber ein beamtenrechtsähnlicher Status eingeräumt und auf der anderen Seite dessen Befristung – als Ausdruck des durch die Bevölkerung bzw. die Kommunalvertretung nur auf Zeit erteilten Mandats – si-chergestellt wird. Die Besoldung der hauptamtlichen kommunalen Wahlbeamten ist durch die Kommunalbesoldungsverordnung des Bundes (BKomBesV) vom 7. April 1978 geregelt, in welcher Höchstgrenzen für die Einstufung in Abhängigkeit von der Einwohnerzahl festgelegt werden. Aufgrund von § 21 Abs. 2 des Bundesbesol-dungsgesetzes (BBesG) haben die Länder Verordnungen über die Eingruppierung und Besoldung der kommunalen Wahlbeamten erlassen.[7]

In der Diskussion um eine Reform des öffentlichen Dienstrechts, die ihren ersten Anlauf in den frühen 70er Jahren hatte, wird zum einen grundsätzlich gefordert, die herkömmliche Dreiteilung des öffentlichen Dienstes (in Beamte, Angestellte und Ar-beiter) durch die Schaffung eines einheitliches öffentlichen Dienstrechts zu überwinden und damit das überkommene Berufsbeamtentum aufzulösen.[8] Zum anderen zielt die Diskussion darauf, Bezahlung und Beförderung der Bediensteten künftig stärker an der Leistung als am Dienstalter auszurichten. Darüber hinaus soll der öffentliche Dienst dadurch modernisiert und leistungsfähiger gemacht werden, daß das Laufbahnsystem flexibilisiert (Durchlässigkeit für Aufsteiger) und der Personalaustausch zwischen öf-fentlichem Dienst und anderen Beschäftigungsbereichen (Wissenschaft, Privatwirt-schaft) verstärkt werden.[9] Als umso überholter und untauglicher erweist sich das über-kommene öffentliche Dienstrecht mit seiner Unterscheidung von Statusgruppen, seiner starren Laufbahnordnung und mit Regelungen, die kaum Anreize und Belohnungen für Leistungsstärke und -steigerung bieten. Zwar sind diese Schwachpunkte des her-gebrachten öffentlichen Dienstrechts längst erkannt und bildeten vor allem in den 70er Jahren den Gegenstand lebhafter Reformdiskussionen und -vorschläge.[10] Jedoch blieben grundlegende Reformen bislang stecken.

---

7 Für eine ausführliche Darstellung der Rechtsgrundlagen vgl. J. Hintzen (Anm. 4), S. 232–234.

8 Wolfgang Seibel, Entbürokratisierung in der Bundesrepublik Deutschland, in: Die Verwal-tung 19 (1986) 2, S. 137–161 (145).

9 Vgl. Wilhelm Bleek/Stefan Machura, Öffentlicher Dienst, in: Uwe Andersen/Wichard Woyke (Hrsg.), Handwörterbuch des politischen Systems der Bundesrepublik Deutschland, Bundeszentrale für politische Bildung, Bonn 1992, S. 384–388 (385 f.).

10 Siehe insbesondere: Studienkommission für die Reform des öffentlichen Dienstrechts: Be-richt der Kommission. Baden-Baden 1973.

b. Kommunales Personalvertretungsrecht

Die Interessen der Beschäftigten gegenüber ihrem Arbeitgeber werden im Bereich des öffentlichen Dienstes von Personalvertretungen wahrgenommen. Die gesetzliche Regelung der Personalvertretung in den Kommunen zeigt ein uneinheitliches Bild.[11] Im Bundespersonalvertretungsgesetz (BPersVG) vom 15. 3. 1974 (zuletzt geändert am 24. 2. 1997)[12] sind neben den ausschließlich auf Bundesbedienstete bezogenen Vorschriften auch Rahmenvorschriften für die Landesgesetzgebung[13] sowie Bestimmungen über die Personalvertretungen in den Ländern, Gemeinden und Gemeindeverbänden enthalten.[14] Die zur Ausfüllung des vom Bund vorgegebenen Rahmens erlassenen Ländergesetze (LPersVG)[15] konkretisieren die Befugnisse, Aufgaben und Beteiligungsrechte der Personalvertretungen und enthalten organisatorische Vorschriften zur Personalratsarbeit, die jedoch keinen kommunalspezifischen Charakter tragen, sondern für Landes- und Kommunalbedienstete gleichermaßen gelten.[16] Abgesehen von einigen Sondervorschriften, in denen die Besonderheiten des kommunalen Bereichs – von Land zu Land variierend – berücksichtigt werden, sind die LPersVGe in den Flächenstaaten durchweg auf die organisatorischen Verhältnisse der Staatsverwaltung zugeschnitten.[17]

---

11 Für eine ausführliche Darstellung vgl. Lothar Altvater, Personalvertretung in den Kommunen, in: Günter Püttner (Hrsg.), Handbuch der kommunalen Wissenschaft und Praxis, Band 3: Kommunale Aufgaben und Instrumente der Aufgabenerfüllung, Berlin u. a. 1983, S. 282–313.

12 Vgl. die einschlägigen Kommentare von Lothar Altvater/Eberhard Bacher/Georg Hörter/Manfred Peiseler/Giovanni Sabottig/Wolfgang Schneider/Gerhard Vohs, Bundespersonalvertretungsgesetz, Basiskommentar, Köln 1996 sowie Uwe Lorenzen/Lothar Schmitt/Gerhard Etzel/Diethelm Gerhold/Hartmut Albers/Arne Schlatmann, Bundespersonalvertretungsgesetz, Kommentar, Heidelberg 1997.

13 Die als Rahmennormen für die Landesgesetzgebung erlassenen §§ 95–106 BPersVG sollen dazu führen, daß die Länderpersonalvertretungsgesetze (LPersVG) möglichst »konvergieren«, vgl. hierzu Gerhardt Pfohl, Der Unterschied zwischen Personalvertretung (BayPVG) und betrieblicher Mitbestimmung – und seine Konsequenzen (Diss.), Nürnberg 1995, S. 30 ff.

14 So bestimmt § 95 Abs. 1 Halbsatz 1 BPersVG, daß in den Verwaltungen und Betrieben der Länder, Gemeinden und Gemeindeverbände Personalvertretungen gebildet werden.

15 Zu Beginn der 90er Jahre haben die alten Bundesländer ihre LPersVG novelliert. Dem 1990 verabschiedeten Mitbestimmungsgesetz Schleswig-Holsteins (shMBG vom 11. 12. 1990), das rechtspolitisches Neuland darin betrat, daß es die Beteiligungsrechte der Personalvertretungen erheblich erweiterte (z. B. Stichwort:»Generalklausel«), folgten Novellierungen der LPersVG in den übrigen alten Bundesländern. Allerdings haben die Verfassungsgerichte in Schleswig-Holstein und Rheinland-Pfalz wichtige Teile der beiden Reformgesetze für verfassungswidrig erklärt und damit den rechtlichen Korridor sowohl für die Bundesgesetzgebung (BPersVG) als auch die Landesgesetzgebung (LPersVG) vorgezeichnet. Die neuen Länder haben im Jahre 1993 – der Vorgabe des Einigungsvertrages folgend – eigene Personalvertretungsgesetze erlassen, vgl. Ulrich Battis/Esther Caspary, Die neueren Entwicklungen im Personalvertretungsrecht der Länder im vergleichenden Überblick, in: Die Personalvertretung 38 (1995) 4, S. 145–157.

16 Vgl. exemplarisch BayPVG vom 29. April 1974, zuletzt geändert am 10. 8. 1994 (siehe: Peter Rappl/Thomas Scheidler, Bayerisches Personalvertretungsgesetz. Textausgabe mit Erläuterungen, München 1994); ferner SächsPersVG vom 21. Januar 1993 (siehe: Michael Eberhard/Michael Felser/Lore Seidel/Gerhard Vohs, Sächsisches Personalvertretungsgesetz, Basiskommentar, Köln 1994).

17 Diese Tatsache macht sich vor allem darin geltend, daß die LPersVG der Flächenstaaten grundsätzlich von einer Verwaltungsspitze ausgehen und die für die Kommunen typische

Für öffentliche Unternehmen stellt sich die Frage, ob im Bereich der Mitbestimmung das Betriebsverfassungsgesetz (BetrVerfG von 1972) gilt und damit anstelle eines Personalrates ein Betriebsrat als Interessenvertretung der Beschäftigten zu bilden ist oder ob das Personalvertretungsrecht zur Anwendung kommt. Die Beantwortung dieser Frage richtet sich ausschließlich nach der Rechtsform des Betriebsinhabers. So ist in Unternehmen, die in Form einer juristischen Person des Privatrechts als AG oder als GmbH (Eigengesellschaften) geführt werden, das BetrVerfG auch dann anzuwenden, wenn sich alle Anteile in der Hand der Kommune als öffentlicher Körperschaft befinden. Demgegenüber gilt in kommunalen Eigen- und Regiebetrieben, Sparkassen und anderen Anstalten des öffentlichen Rechts das jeweils maßgebliche LPersVG.[18]

Die Personalräte sind demokratisch legitimierte innerbetriebliche Repräsentationsorgane, die von den Beschäftigten der jeweiligen Dienststelle in geheimer und unmittelbarer Wahl und bei Vorliegen mehrerer Wahlvorschläge nach den Grundsätzen der Verhältniswahl gewählt werden.[19] Dabei muß jede in der Dienststelle vertretene Gruppe von Beschäftigten (Angestellte, Arbeiter und Beamte) entsprechend ihrer zahlenmäßigen Stärke im Personalrat repräsentiert sein. Außerdem sehen fast alle LPersVGe die Bildung von Gesamtpersonalräten dann vor, wenn kraft Gesetzes oder aufgrund von Verselbständigungsentscheidungen in einer Gemeinde oder einem Gemeindeverband verschiedene Einzel-Personalräte existieren und ein Bedürfnis für eine einheitliche, dienststellenübergreifende Form der Interessenvertretung besteht. Die Willensbildung im Personalrat erfolgt durch Beschlüsse, die in nicht öffentlichen Sitzungen in einfacher Mehrheit gefaßt werden.

Die LPersVGe weisen den Personalvertretungen allgemeine Aufgaben zu und regeln im einzelnen, in welchen Angelegenheiten sie an Entscheidungen des öffentlichen Arbeitgebers förmlich zu beteiligen sind. Die von Land zu Land erheblich variierenden Möglichkeiten der betrieblichen Interessenvertretung in den Kommunen liegen jedoch weniger in den kommunalspezifischen Normen zur Personalvertretung als vielmehr in den allgemeinen Regelungen der LPersVGe, insbesondere zur Reichweite und Stärke der förmlichen Beteiligung, zu Strukturen und Abläufen der Personalratsarbeit u. a., begründet. Sie lassen sich zudem auf den höheren oder geringeren Rang, den die Landesgesetzgeber der betrieblichen Interessenvertretung in den öffentlichen Verwaltungen zugestehen, zurückführen.

Im Rahmen ihrer allgemeinen Aufgaben haben die Personalvertretungen darauf hinzuwirken, daß die zugunsten der Beschäftigten geltenden Vorschriften und Bestimmungen, z. B. im Arbeitsschutz, eingehalten werden. Darüber hinaus obliegen ihnen Aufgaben der Fürsorge gegenüber schutzbedürftigen Personen, wie Schwerbehinderten, jugendlichen, älteren und ausländischen Personen. Die Intensität der Mitbestimmung hängt von der Art der förmlichen Beteiligung ab, wobei als wichtigste

---

Aufspaltung der Entscheidungsbefugnisse auf verschiedene Organe – insbesondere Verwaltungsleitung einerseits und Kommunalvertretung andererseits – insgesamt unzureichend berücksichtigen, vgl. L. Altvater (Anm. 11), S. 283.

18   Vgl. Reinhard Richardi, Betriebs- und Personalrat, in: Klaus Chmielewicz/Peter Eichhorn (Hrsg.), Handwörterbuch der öffentlichen Betriebswirtschaft, Enzyklopädie der Betriebswirtschaftslehre, Stuttgart 1989, S. 141–152, ferner Dian Schefold/Maja Neumann, Entwicklungstendenzen der Kommunalverfassungen in Deutschland: Demokratisierung und Dezentralisierung, Basel u. a. 1996, S. 161 ff. sowie auch G. Pfohl (Anm. 13).

19   Die Zahl der (ehren- und hauptamtlichen) Personalratsmitglieder ergibt sich aus einer in jedem LPersVG festgelegten Staffel und ist an der Zahl der in der Dienststelle Beschäftigten (teilweise auch der Wahlberechtigten) orientiert.

Arten von Beteiligungsrechten das Anhörungsrecht, das Beratungsrecht, das Mitwirkungsrecht und das eingeschränkte und uneingeschränkte Mitbestimmungsrecht[20] zu unterscheiden sind. Besonders weitreichend sind die Mitbestimmungsmöglichkeiten der Personalräte in personellen Fragen, wie Ein- und Anstellung, Beförderung, Versetzung usw., die die Angestellten und Arbeiter, aber auch – eingeschränkt – die Beamten betreffen. Soweit nicht schon gesetzliche oder tarifliche Regelungen vorhanden sind, kann der Personalrat auch auf die Gestaltung der Arbeitsbedingungen der Beschäftigten, wie z. B. auf Fragen der Lohngestaltung innerhalb der Dienststelle, Arbeitszeitregelungen, Urlaubsplanung usw. Einfluß nehmen. Lediglich begrenzte Mitwirkungsmöglichkeiten stehen den kommunalen Personalvertretungen im Bereich organisatorischer Entscheidungen, wie insbesondere Auflösung, Verlegung und Zusammenlegung von Dienststellen zu, so daß vom Arbeitgeber beabsichtigte Rationalisierungs- und Privatisierungsmaßnahmen durch die Personalräte grundsätzlich nicht verhindert, allerdings in ihren für die Beschäftigten u. U. negativen Folgen abgeschwächt werden können.

Der Personalrat hat seinen (entscheidungsbefugten) Gesprächs- und Verhandlungspartner auf Arbeitgeberseite in der Regel im Dienststellenleiter, also bei den Gemeinden im (ersten) Bürgermeister bzw. im Gemeindedirektor, bei den Landkreisen im Landrat bzw. Oberkreisdirektor. Soweit bestimmte Entscheidungen über beteiligungsbedürftige Angelegenheiten jedoch nicht dem Leiter der Dienststelle, sondern der Kommunalvertretung bzw. einem ihrer Ausschüsse vorbehalten sind (z. B. bedeutsame organisatorische oder personelle Maßnahmen), müssen Personalvertretung und Beschlußorgan bzw. beschließender Ausschuß die zur Entscheidung stehenden Fragen gemeinsam erörtern. Diesen Kontakt zwischen Vertretungsorgan und Personalrat haben einige Länder in ihren PersVG gesetzlich abgesichert (z. B. § 107 Abs. 2 und 3 NdsPersVG), während andere das Problem ungeregelt ließen und keine explizite Bestimmungen vorgesehen haben (z. B. Bayern).

In den neuen Ländern wurden im Sommer und Herbst 1990 auf der Basis des noch von der Volkskammer der DDR im Juli 1990 verabschiedeten »Gesetzes zur sinngemäßen Anwendung des Bundespersonalvertretungsgesetzes« (PersVG-DDR) die ersten Personalvertretungen gewählt. Mit dem Inkrafttreten des Einigungsvertrages wurde die Geltung des BPersVG auf das gesamte Gebiet der ehemaligen DDR erstreckt. Jedoch sollten die Landesregierungen spätestens bis zum 31. Mai 1993 eigene Personalvertretungsgesetze erlassen haben.[21] Die 1990 gewählten Personalräte agierten damit zum einen deshalb auf unsicherem Boden, weil das BPersVG lediglich übergangsweise einen Rechtsrahmen darstellte. Zum anderen mußten die Personalräte wie auch die Verwaltungsspitzen in den von tiefgreifenden personellen und organisatorischen Umbrüchen erfaßten Kommunalverwaltungen zunächst einmal Handlungsspiel-

---

20 Verweigert der Personalrat beispielsweise in einer mitbestimmungspflichtigen Angelegenheit die Zustimmung zu einer vom Dienststellenleiter beabsichtigten Maßnahme, so kann dieses Entscheidungshindernis ggf. nur durch die Einschaltung einer Einigungsstelle überwunden werden, vgl. L. Altvater (Anm. 11), S. 302.

21 Die im Jahre 1993 verabschiedeten Personalvertretungsgesetze der neuen Länder haben sich nur vereinzelt an den »Reformgesetzen« der Länder Schleswig-Holstein, Rheinland-Pfalz und Niedersachsen (vgl. Anm.15) orientiert. Mit Ausnahme des sächsischen PersVG, das das BPersVG von Aufbau und Inhalt her fast vollständig übernommen hat, erweitern alle LPersVG der neuen Länder im Vergleich zum BPersVG die Beteiligungsrechte des Personalrates. Dabei ist das brandenburgische PersVG sowohl im Verhältnis zum BPersGV als auch innerhalb der PersVGe der neuen Länder das mitbestimmungsfreudigste, vgl. U. Battis/ E. Caspary (Anm. 15), S. 148.

raum und -richtung der Personalratsarbeit definieren. Hinzu kommt, daß vielfach die Vertrauensbasis bei den Beschäftigten fehlte, die den Personalrat oft nicht als Organ ihrer Interessenvertretung wahrnahmen. Nicht zuletzt auch vor dem Hintergrund der starken Verrechtlichung des Personalbereichs im öffentlichen Dienst befanden sich die Personalräte in einer ausgesprochen unübersichtlichen Situation.[22]

Während die Personalräte innerbetriebliche Interessenvertretungen der in einer Dienststelle beschäftigten Personen sind, vertreten die Gewerkschaften des öffentlichen Dienstes die überbetrieblichen Interessen der im öffentlichen Dienst beschäftigten Arbeitnehmer, einschließlich der Beamten. Die Personalräte sind also keine innerbetrieblichen Organe der überörtlich organisierten Gewerkschaften, die sich zudem von den Personalräten durch ihre Tariffähigkeit und grundsätzliche Bereitschaft zum Arbeitskampf mit dem Ziel der Verbesserung der Tarif- und Arbeitsbedingungen im öffentlichen Dienst insgesamt unterscheiden. Im Kommunaldienst kommt vor allem der zweitgrößten DGB-Gewerkschaft Öffentliche Dienste, Transport und Verkehr (ÖTV) mit bundesweit 1,8 Mio Mitgliedern, darüber hinaus der Deutschen Angestellten Gewerkschaft (DAG) mit 500 000 Mitgliedern sowie dem Deutschen Beamtenbund (DBB) mit ca. 1,1 Mio Mitgliedern – insbesondere der ihm angehörenden KOMBA-Gewerkschaft, die die Interessen von Beamten (aber auch Angestellten und Arbeitern) im Kommunal- und Landesdienst vetritt – große Bedeutung zu.[23]

Einerseits ist die Zusammenarbeit zwischen Personalvertretungen und Gewerkschaften durch ihre institutionelle Trennung und ein nicht immer spannungsfreies Neben- bzw. Miteinander von betrieblicher Gewerkschaftsvertretung – dem sog. gewerkschaftlichen Vertrauenskörper (in den Verwaltungen von den Gewerkschaftsmitgliedern gewählte Vertrauensleute und gewerkschaftlich organisierte Personalratsmitglieder[24]) – und Personalräten gekennzeichnet. Da jedoch beide Institutionen die Interessen der abhängig Beschäftigten vertreten, spielt andererseits die Kooperation mit den in der Dienststelle vertretenen Gewerkschaften eine wichtige Rolle in der Arbeit der Personalräte. Bundes- und Landesgesetzgeber haben den Gewerkschaften eine Reihe von Befugnissen in der Personalvertretung sowie Unterstützungs- und Kontrollrechte eingeräumt, womit nicht zuletzt auch eine »betriebsegoistische« Personalratsarbeit, die mit den überbetrieblichen Interessen der Gewerkschaften in Konflikt geraten könnte, verhindert werden soll.[25]

---

22 Hierzu Gertrud Kühnlein, Verwaltungspersonal in den neuen Ländern. Fortbildung und Personalpolitik in ostdeutschen Kommunen, Berlin, 1997, S. 34–37.

23 Die Mitgliederzahlen beziehen sich auf 1995 und umfassen neben den Gewerkschaftsmitgliedern des Kommunaldienstes auch Mitglieder aus dem Landes- und Bundesdienst sowie – mit Ausnahme des DBB – Beschäftigte, die nicht dem öffentlichen Dienst angehören, vgl. Oeckl Taschenbuch des öffentlichen Lebens Deutschland 1996/97, herausgeben von Albert Oeckl, Bonn 1996. Von den Angehörigen des öffentlichen Dienstes sind etwa 50 % in den DGB-Gewerkschaften, in der DAG und im DBB organisiert, vgl. Ulrich Battis/Wilhelm Ilbertz, Personalvertretungsrecht, in: Die Öffentliche Verwaltung (1987) 1/2, S. 33.

24 Dieses zweite »Standbein« gewerkschaftlicher Vertretung in den Verwaltungen ist jedoch oft die stärkere Stütze der Gewerkschaften an der Basis. Die ÖTV hat für die unmittelbare Betreuung der Basis, also der Mitglieder und Funktionäre in den Verwaltungen und Betrieben, zudem 183 Kreisverwaltungen eingerichtet, deren Aktivitäten vor allem von den hauptamtlichen Gewerkschaftssekretären getragen werden, vgl. Walter Nickel, Taschenbuch der deutschen Gewerkschaften, Köln 1995, S. 203–219.

25 Dieser Tendenz wird grundsätzlich dadurch entgegengewirkt, daß der Tarifautonomie der Tarifvertragsparteien größeres Gewicht beigemessen wird als der Regelungsautonomie der

Dadurch, daß für die Beschäftigten in den neuen Ländern eine Interessenvertretung durch freie Gewerkschaften ebenso ungewohnt war wie durch innerbetriebliche Personalräte, ergab sich aus der raschen Übernahme der gewerkschaftlichen Organisationsstrukturen[26] und der personalvertretungsrechtlichen Regelungen nicht automatisch auch eine Aktivierung der Beschäftigten zur Durchsetzung ihrer Interessen. Vielmehr wurde gewerkschaftliche Interessenvertretung häufig als »Stellvertreterpolitik« und Abtretung der eigenen Interessen an gewählte Organe verstanden.[27] Diese Schwierigkeiten und Anpassungsprobleme zeigen, daß offenbar gerade in den ostdeutschen Kommunen »Partizipation in der öffentlichen Verwaltung nicht in eins fällt mit der formalen Beteiligung des Personalrates nach den Personalvertretungsgesetzen der Länder«.[28]

2. Das kommunale Personal – Entwicklung, Umfang, Zusammensetzung

a. Entwicklung des Kommunalpersonals in der alten Bundesrepublik

Entwicklung, Umfang und Zusammensetzung des Kommunalpersonals geben ein eindrucksvolles Bild vom Stellenwert der Kommunen im föderalistischen System der Bundesrepublik und Hinweise auf den Funktionswandel, den die Kommunen im Zeitverlauf durchgemacht haben. Um dies aufzuzeigen, soll die Personalentwicklung auf der kommunalen Ebene zur Bundes- und Landesebene in Bezug gesetzt und andeutungsweise in den internationalen Zusammenhang gerückt werden. Dabei sind zunächst die Entwicklungslinien in der alten Bundesrepublik zwischen 1950 und 1990 (vgl. Tabelle 1) und sodann im vereinigten Deutschland seit 1990 zu beleuchten.

Wenn im Jahr 1950 die Kommunalbediensteten rund zwei Fünftel aller im öffentlichen Dienst Beschäftigten ausmachten, während sich der Anteil der Landesbediensteten auf die Hälfte und der der Bundesbediensteten auf knapp 5 Prozent beliefen, so weist dies schlaglichtartig auf die Ausgangsbedingungen nach dem Ende des zweiten Weltkrieges hin: Zuerst waren neue demokratische und administrative Strukturen in den Städten und Kreisen geschaffen worden, dann wurden die Länder gebildet, schließlich mit Inkrafttreten des Grundgesetzes am 5. Mai 1949 die Bundes-

---

betrieblichen Arbeitnehmer- und Arbeitgeberrepräsentanten. Auch können die Personalräte im Bereich der sozialen Angelegenheiten nur insoweit mitbestimmen, als eine tarifliche Regelung nicht besteht.

26 Insgesamt stand die Transformation und Integration des Freien Deutschen Gewerkschaftsbundes (FDGB) der DDR stark unter der Anleitung der Apparate der Westgewerkschaften. Der Organisationsbereich der ÖTV wurde entsprechend der Satzung mit der staatlichen Einheit Deutschlands am 3. 10. 1990 auf die fünf neuen Bundesländer erweitert. Mehr als 800 000 Arbeitnehmer aus den neuen Bundesländern traten dann einzeln der ÖTV bei, vgl. Kurt Thomas Schmitz/Heinrich Tiemann/Klaus Löhrlein, Mitgliederentwicklung: Gewerkschaftseinheit und Gewerkschaftsaufbau in Deutschland, in: Michael Kittner (Hrsg.), Gewerkschaftsjahrbuch 1992, Köln 1992, S. 72–87; ferner W. Nickel (Anm. 24), S. 217.

27 Gertrud Kühnlein (Anm. 22), S. 118.

28 Gertrud Kühnlein (Anm. 22), S. 118.

republik. Den Kommunen und ihrem Personal kam bei dem Wiederaufbau des zerstörten Landes und der Bewältigung unerhörter sozialer Probleme von Anfang an eine Schlüsselrolle zu.

Im Verlauf der 50er Jahre spielten sich die Beschäftigtenanteile zwischen der kommunalen, der Länder- und der Bundesebene auf jene Größenordnung ein, die bis in die 90er Jahre kennzeichnend blieb: Die Kommunen stellten einen Personal-

Tab. 1: Personal der Gebietskörperschaften in der alten Bundesrepublik 1950–1990
in Tsd. (gerundet) und Personalanteile der einzelnen Ebenen am Gesamtpersonal in %*

Jahr	Bund		Länder		Kommunen		Gebiets-körper-schaften insgesamt
	absolut (in Tsd.)	*Personal-anteil in %*	absolut (in Tsd.)	*Personal-anteil in %*	absolut (in Tsd.)	*Personal-anteil in %*	absolut (in Tsd.)
1950**	62	*4,7*	722	*54,4*	543	*40,9*	1 328
1960	361	*18,5*	950	*48,6*	642	*32,9*	1 953
1970	537	*21,4*	1 210	*48,3*	758	*30,3*	2 504
1980	553	*18,2*	1 568	*51,5*	920	*30,2*	3 042
1990	554	*17,9*	1 536	*49,7*	1 002	*32,4*	3 092
*Zuwachs 1960–1990 in %***	*53,5*		*61,7*		*56,1*		*58,3*

* nur Vollzeitbeschäftigte; beachte: Abweichungen durch Rundungen.
** 1950: ohne das Saarland.
*** Der prozentuale Anstieg des Personalbestandes wird erst ab dem Jahr 1960 berechnet, um die Wiederbewaffnung in der zweiten Hälfte der 50er Jahre, die den Bereich des Bundespersonals betraf und die beachtlich auf die Gesamtentwicklung durchschlagen würde, aus der Betrachtung auszuklammern.

Quellen:
Statistisches Bundesamt, Fachserie 14, Reihe 6: »Personal des öffentlichen Dienstes« 1991, 1993.
Statistisches Bundesamt: Stand 14. 3. 1997 (endgültiges Ergebnis).
Statistisches Bundesamt 1991: Statistisches Jahrbuch der BRD 1991.
Statistisches Bundesamt 1996: Statistisches Jahrbuch der BRD 1996.
Statistisches Bundesamt 1996: Lange Reihen zur Wirtschaftsentwicklung 1996.
Eigene Zusammenstellung und Berechnung.

anteil von einem knappen Drittel der Gesamtzahl der öffentlich Bediensteten, die Länder etwa die Hälfte und der Bund ein Fünftel. Im steilen Anstieg von Zahl und Anteil der Bediensteten des Bundes zwischen 1950 und 1960 schlägt – neben dem Ausbau seiner Ministerial- und Oberverwaltung und von Bundesbahn und Bundespost – die Wiederaufrüstung (1955) mit Bundeswehr und Bundeswehrverwaltung zu Buche.[29]

---

29 Vgl. Eckart Sturm, Die Entwicklung des öffentlichen Dienstes in Deutschland, in: Carl Hermann Ule (Hrsg.), Die Entwicklung des öffentlichen Dienstes, Köln u. a. 1961, S. 11, 102 f. 1993 zählten 230,9 Tsd. Berufs- und Zeitsoldaten zum Bundesdienst, vgl. Werner Breidenstein, Personal im öffentlichen Dienst am 30. Juni 1993, in: Wirtschaft und Statistik (1995) 7, S. 567, Tabelle 2.

In absoluten Zahlen ausgedrückt, hat die Zahl der Kommunalbediensteten zwischen 1960 und 1990 um mehr als die Hälfte (56 Prozent) zugenommen. Hierin kommen der Aufgabenschub und Funktionswandel zum Ausdruck, dem sich die Kommunen im Verlauf dieser Jahre gegenüber gesehen haben. Galt dies zunächst – in Fortsetzung der Aufbauleistungen der Nachkriegsjahre – für eine zunehmend breite Skala kommunaler Infrastrukturleistungen (Stadtentwicklungsplanung, Stadterneuerung, öffentlicher Personennahverkehr, Wohnungsbau, Umweltschutz), so waren die Kommunen – mit dem Ausbruch der Beschäftigungskrise seit den mittleren 70er Jahren – zunehmend vor Aufgaben kommunaler Sozial- und Beschäftigungspolitik gestellt.

Wenn im Vergleich der drei Ebenen die Vermehrung der Landesbediensteten zwischen 1960 und 1990 mit 61 % noch etwas höher als in den Kommunen ausfiel, so ist dies vermutlich in erster Linie auf die massiven Schul- und Hochschulreformen zurückzuführen, die – in die Kulturhoheit der Länder fallend – von einer entsprechenden Expansion des Lehrpersonals begleitet war.

b. Personalentwicklung der Kommunen nach der Vereinigung

Nach 1990 verlief die Entwicklung des Kommunalpersonals zunächst sehr unterschiedlich. In den alten Bundesländern stieg die Zahl der Kommunalbediensteten anfangs (1991/1992) leicht an, um sich dann merklich (bis 1995 um insgesamt 2,7 %) zu verringern. In dieser Abnahme spiegelt sich wider, daß die westdeutschen Kommunen auf ihre wachsenden Haushaltsengpässe mit einem »Konsolidierungskurs« und mit Stellenreduzierungen, insbesondere durch Nichtbesetzung frei werdender Stellen, reagierten. Bezogen auf 1 000 Einwohner lag die Beschäftigtendichte in den westdeutschen Kommunen 1995 bei 19,6 (gegenüber 20,8 im Jahr 1991) (vgl. Tabelle 2).

Die Personalentwicklung in den ostdeutschen Kommunen bot im Kielwasser der Wende ein dramatisch anderes Gesicht. In der DDR hatten die Kommunen, einschließlich der kreisfreien Städte (»Stadtkreise«) und der Landkreise, verhältnismäßig wenig Personal.[30] Der größte Teil der sozialen und kulturellen Einrichtungen wurde von anderen staatlichen Organisationen (Ministerien, Bezirksverwaltungen) oder aber von Volkseigenen Betrieben getragen. Im Verlaufe des organisatorischen und personellen Umbruchs, insbesondere im Gefolge der (Rück-)Übertragung (Re-Kommunalisierung) einer Vielzahl sozialer und kultureller Einrichtungen auf die Kommunen schwoll deren Personalbestand oft um ein Vielfaches an – in einigen Großstädten auf 5 000 oder auch 10 000[31] – mit dem Ergebnis, daß die ostdeutschen Kommunen nach der Wende weit

---

30 In den kreisfreien Städten und Landkreisen umfaßte die sog. Kernverwaltung als die mit den eigentlichen Vollzugsaufgaben befaßte Verwaltung zwischen 250 und 350 Beschäftigte; dazu kamen etwa 600 weitere Bedienstete in sog. nachgeordneten (sozialen, kulturellen usw.) Einrichtungen. Vgl. Frank Berg/Martin Nagelschmidt/Hellmut Wollmann, Kommunaler Institutionenwandel, Opladen 1996; ferner Reinhard Stark, Zur Situation in den Kommunen in den neuen Bundesländern am Beispiel der Stadt Potsdam, in: Bundesvereinigung der kommunalen Spitzenverbände, Personalwirtschaft in kommunalen Verwaltungen, München 1995, S. 47.

31 Vgl. Hellmut Wollmann, Institutionenbildung in Ostdeutschland: Neubau, Umbau und schöpferische Zerstörung, in: Max Kaase/Andreas Eisen/Oscar W. Gabriel/Oskar Niedermayer/Hellmut Wollmann, Politisches System, Opladen 1996, S. 128, mit weiteren Nachweisen.

mehr Personal hatten als vergleichbare Kommunen in den alten Bundesländern. Diese größere Stellendichte kann daran abgelesen werden, daß 1991 in den ostdeutschen Kommunen 41,6 und damit doppelt so viele Kommunalbedienstete auf 1 000 Einwohner wie in den westdeutschen Kommunen kamen (vgl. Tabelle 2). Angesichts der Lawine von rückübertragenen (rekommunalisierten) sozialen und kulturellen Einrichtungen und Betrieben verwundert es nicht, daß die personelle Überbesetzung der Kommunen nach der Wende gerade in diesen Feldern besonders ausgeprägt war (siehe weiter unten).

In den folgenden Jahren war die Personalentwicklung in den Kommunen der neuen Länder dadurch gekennzeichnet, daß diese – mit wachsenden Sparzwängen konfrontiert, die insbesondere von den ostdeutschen Landesregierungen angemahnt und auf-

Tab. 2: Entwicklung des Personals der Kommunen
im alten und neuen Bundesgebiet 1991–1995 in Tsd. (gerundet)
und pro 1000 Einwohner*

Jahr	altes Bundesgebiet		neues Bundesgebiet	
	absolut in Tsd.	*pro 1 000 EW*	absolut in Tsd.	*pro 1000 EW*
1991	1 334	*20,8*	662	*41,6*
1992	1 360	*21,0*	655	*41,6*
1993	1 345	*20,5*	539	*34,5*
1994	1 330	*20,2*	476	*30,7*
1995	1 298	*19,6*	438	*28,3*
Veränderung *91–95 in %*	*– 2,7*		*– 33,84*	

* beachte: Abweichungen durch Rundungen.
Quellen: vgl. Tabelle 1.

erlegt wurden – ihre Stellenpläne einschneidend zu reduzieren suchten. Im Gegensatz zu den ostdeutschen Landesregierungen, denen im Einigungsvertrag mit der sog. Warteschleifenregelung[32] die Möglichkeit eingeräumt worden war, sich von als überzählig angesehenem Personal durch Abwicklung der betreffenden Einrichtungen arbeitsrechtlich problemlos zu trennen, konnten die Kommunen zur Personalreduzierung nur auf das (ebenfalls im Einigungsvertrag niedergelegte und bis Ende 1993 verlängerte) sog. ordentliche Sonderkündigungsrecht[33] zurückgreifen. Von diesem machten sie unterschiedlich, im Ergebnis eher zurückhaltend Gebrauch.[34] Statt dessen

---

32 Hierzu Peter Hauck-Scholz, Voraussetzungen und Folgen der »Warteschleife«, in: Landes- und Kommunalverwaltung (1991) 7, S. 225–228; ferner Fred Henneberger, Personalentwicklung in den öffentlichen Verwaltungen der neuen Bundesländer, in: Deutschland Archiv 1995, S. 393.

33 Nach dem ordentlichen Sonderkündigungsrecht konnten Kündigungen u. a. erfolgen »bei mangelnder fachlicher Qualifikation oder persönlicher Eignung des Bewerbers, bei überzähligem Personalbestand oder bei Auflösung von Verwaltungseinheiten.« (F. Henneberger (Anm. 32), S. 394; ferner Manfred Weiss/Thomas Kreuder, Das »Sonderkündigungsrecht« nach dem Einigungsvertrag, in: Arbeit und Recht, (1994) 42, S. 12–21).

34 Diese Tendenz erklärt sich daraus, daß die kommunalen Arbeitgeber häufig die kostenträchtigen arbeitsgerichtlichen Prozesse scheuten, die im Kündigungsfall von einer Vielzahl

verfolgten die Kommunen die Personalverminderung vor allem über Auflösungsverträge in Verbindung mit Abfindungsangeboten und Altersübergangsgeldern sowie durch die Vereinbarung von Teilzeitbeschäftigung.[35] Des weiteren wurden soziale und kulturelle Einrichtungen (z. B. Kindergärten) freien Trägern (z. B. Wohlfahrtsverbänden) übergeben, an kommunale Eigenbetriebe ausgegliedert oder privatisiert (z. B. Reinigungsleistungen, Kantinenbewirtschaftung), was zwar zu einer Reduzierung der kommunalen Stellenbestände, im Ergebnis jedoch nicht notwendigerweise zu einer Entlastung der kommunalen Haushalte führte.[36]

Das Tempo, der Umfang und der Nachdruck, mit dem die ostdeutschen Kommunen ihren im Verlauf der Wende gewaltig angeschwollenen Personalkörper zu reduzieren suchten, kommen darin zum Ausdruck, daß die Zahl der Kommunalbediensteten zwischen 1991 und 1995 um ein Drittel sank. Zwar lag die Beschäftigtendichte 1995 in den ostdeutschen Kommunen mit 28,3 Kommunalbediensteten pro 1 000 Einwohner noch immer merklich höher als in den alten Bundesländern (mit 19,6), jedoch ist die Diskrepanz zwischen den beiden kommunalen Beschäftigungswelten numerisch deutlich geringer geworden.

c. Personal der unterschiedlichen kommunalen Körperschaftstypen

Behandelte unser Text bislang die Personalentwicklung für die Kommunen insgesamt, ohne zwischen den unterschiedlichen Kategorien und Typen kommunaler Körperschaften, also zwischen Gemeinden und Gemeindeverbänden – innerhalb der ersteren wiederum zwischen kreisfreien und kreisangehörigen Gemeinden, innerhalb der letzteren zwischen Landkreisen und Samtgemeinden, Verwaltungsgemeinschaften, Ämtern usw. – zu unterscheiden, so soll im folgenden Abschnitt just diese Differenzierung vorgenommen werden, indem die Verteilung der Kommunalbediensteten auf die einzelnen Körperschaftstypen im Zeitverlauf betrachtet wird (vgl. Tabelle 3).

Zum einen liefern die Daten in Tabelle 3 Aufschluß darüber, wieviele der insgesamt bei den Kommunen beschäftigten Personen auf die einzelnen Typen kommunaler Körperschaften entfallen und – aus der Sicht des Bürgers als Klient der Verwaltung gefragt – welche kommunalen Körperschaften, ausweislich der Zahl ihrer Beschäftigten, für Verwaltungskontakte und -leistungen zur Verfügung stehen. Im Zeitablauf betrachtet, lassen sich zudem Informationen über relevante Veränderungen und Verschiebungen innerhalb der Körperschaftstypen gewinnen.

---

von Arbeitnehmern – häufig auf Anraten der Personalräte – initiiert wurden und die in der Regel zu Ungunsten der Kommunen entschieden wurden. Deutscher Städtetag, Personalwirtschaft der Städte in den neuen Bundesländern, Reihe A, DSt-Beiträge zur Kommunalpolitik (1992) 19, Köln, S. 241; ferner R. Stark (Anm. 30), S. 49.

35 So war der Personalrückgang in den ostdeutschen Kommunen mit einer Verdoppelung der Teilzeitquote von 13 % in 1991 auf fast 27 % in 1995 verbunden und lag damit 1995 sogar höher als in den westdeutschen Kommunen, die im gleichen Zeitraum nur eine leichte Zunahme (von 24 % auf 26 %) der Teilzeitbeschäftigung zu verzeichnen hatten. Bemerkenswert ist, daß in Ost- wie in Westdeutschland Teilzeitbeschäftigung in den Kommunen stärker betrieben wird als auf Landes- und Bundesebene und daß überdies mehrheitlich Frauen (mit einem Anteil am insgesamt teilzeitbeschäftigten Kommunalpersonal im Jahr 1995 von 87 % in den neuen Ländern bzw. 93 % in den alten Ländern) von Arbeitszeitverkürzungen Gebrauch machen.

36 Vgl. Hellmut Wollmann (Anm. 31).

Die Daten verdeutlichen den tiefen Einschnitt, der sich als Folge der in den späten 60er und frühen 70er Jahren in den Bundesländern durchgeführten Kreis- und Gemeindegebietsreformen in Entwicklung und Verteilung des Kommunalpersonals geltend machte.[37] Die Vor-Reform-Phase ist dadurch gekennzeichnet, daß deutlich über die Hälfte aller Kommunalbediensteten bei den kreisfreien Städten und ein weiteres Viertel bei den kreisangehörigen Gemeinden und Ämtern tätig waren, während lediglich etwas mehr als ein Zehntel bei den Landkreisen beschäftigt waren. Die für den Bürger relevante Kommunalverwaltung spielte sich also, gemessen an der Zahl der Kommunalbediensteten, vor allem in Stadtverwaltungen der kreisfreien Städte, außerdem in den Verwaltungen der kreisangehörigen Gemeinden und nur nachrangig in den Landratsämtern ab.

Tab. 3: **Kommunalbedienstete in der alten Bundesrepublik**
aufgegliedert nach kommunalen Körperschaftstypen 1950–1991 in absoluten Zahlen (Tsd., gerundet) und in % (bezogen auf die Gesamtzahl der Kommunalbediensteten)*

Jahr	Stadtkreise/kreisfreie Städte		Kreisangehörige Gemeinden, Ämter, Samt-, Verbandsgemeinden		Landkreise		Bezirksverbände		Kommunalbedienstete insgesamt
	in Tsd.	*Personalanteil in %*	in Tsd.	*Personalanteil in %*	in Tsd.	*Personalanteil in %*	in Tsd.	*Personalanteil in %*	in Tsd.
1950**	326	*59,2*	144	*26,1*	68	*12,3*	13	*2,4*	551
1960**	357	*56,0*	171	*26,8*	82	*12,9*	26	*4,1*	637
1970	376	*49,6*	223	*29,4*	122	*16,1*	36	*4,7*	758
1980	377	*41,0*	322	*35,0*	173	*18,8*	48	*5,2*	920
1990	400	*39,9*	356	*35,5*	192	*19,2*	54	*5,4*	1 002
1991	406	*39,9*	361	*35,5*	195	*19,2*	55	*5,4*	1 017
Veränderung 1950– 1991 in %	*24,5*		*150,7*		*186,8*		*323,1*		*84,6*

* nur Vollzeitbeschäftigte; 1950 ohne das Saarland; beachte: Abweichungen durch Rundungen.
** Gemeinden mit 1 000 und mehr Einwohnern.
Quellen: vgl. Tabelle 1.

Als offenkundiges Ergebnis der Kreis- und Gemeindegebietsreformen haben sich diese Relationen deutlich verschoben. Die bei den kreisfreien Städten tätigen Kommunalbediensteten kommen nunmehr auf einen Anteil von etwas mehr als einem Drittel, die bei kreisangehörigen Gemeinden sowie Ämtern und Verbandsgemeinden beschäftigten Personen auf ein Drittel und die Landratsämter auf etwa ein Fünftel.

---

37 Vgl. Eberhard Laux in diesem Band.

Diese Zahlen machen vor allem den Bedeutungsgewinn, den die Landkreise und ihre Landratsämter als maßgebliche untere Verwaltungsebene im Ergebnis der Kreisgebiets- und Gemeindegebietsreform vermutlich nicht zuletzt deshalb errangen, weil diese vielfach von der »Einkreisung« bislang kreisfreier Städte[38] begleitet war, deren bisherige Kreisfunktionen auf die neugebildeten Landkreise übergingen. Umgekehrt nimmt der Beschäftigtenanteil der kreisfreien Städte – als Folge der verminderten Zahl kreisfreier Städte – deutlich ab. Auch die Zunahme des Personalanteils bei den kreisangehörigen Gemeinden läßt sich zum Teil auf die erfolgte Einkreisung zurückführen, da das Personal ehemals kreisfreier Städte nun zum Personalbestand der kreisangehörigen Gemeinden rechnet. Darüber hinaus ist das Personalwachstum in diesem Bereich auch durch die Neubildung von Ämtern und Verbandsgemeinden zu erklären, die im Ergebnis der Gemeindegebietsreformen zahlenmäßig deutlich zunahmen.

Nach der Vereinigung der beiden deutschen Staaten zeigt die ostdeutsche kommunale Landschaft durchaus ähnliche Verteilungen – mit dem Unterschied, daß hier der Anteil der kreisfreien Städte geringer ausfällt, während jener der Landkreise etwas größer und der der Ämter und Verbandsgemeinden – bezogen auf das Jahr 1995 – deutlich ausgeprägter ist (vgl. Tabelle 4). Analog zu den im alten Bundesgebiet in den

Tab. 4: Anteile des Personals der einzelnen kommunalen Körperschaftstypen an der Gesamtzahl des Kommunalpersonals im neuen Bundesgebiet 1992 und 1995 in %*

Körperschaftstyp	1992	1995
Kreisfreie Städte	28,4	32,8
Kreisangehörige Gemeinden	49,3	37,2
Ämter und Verbandsgemeinden	0,7	4,7
Landkreise	21,6	25,6
Bezirksverbände	0,0	0,1
Gemeinden/Gv. insgesamt	100,0	100,0

* nur Vollzeitbeschäftigte; beachte: Abweichungen durch Rundungen.
Quellen: vgl. Tabelle 1.

60/70er Jahren durchgeführten Gebietsreformen haben auch die in den neuen Ländern zwischen 1993 und 1994 erfolgten Kreisgebiets- und Gemeindeorganisationsreformen deutliche Spuren in der Gliederung des Kommunalpersonals nach Körperschaftstypen hinterlassen. So zeigen die Zahlen in Tabelle 4 zum einen die enorme Zunahme des Beschäftigtenanteils der Ämter und Verbandsgemeinden, die als Ergebnis der Neugliederung im ländlichen Raum gebildet wurden. Zum anderen läßt die Abnahme des Beschäftigtenanteils bei den kreisangehörigen Gemeinden darauf schließen, daß das Personal der ehemals kreisangehörigen und nunmehr amtsangehörigen Gemeinden auf die neugebildeten Ämter und Verbandsgemeinden überging oder aus der Verwaltung ausschied. Da die Gebietsrefomen in vier der fünf neuen Bundesländer nicht – wie ehemals in den alten Bundesländern – mit einer Abnahme der Gesamtzahl kreis-

---

38 Die Zahl der kreisfreien Städte sank im Ergebnis der Gebietsreformen von 135 im Jahre 1968 auf 91 in 1980, vgl. E. Laux (Anm. 37).

freier Städte verbunden waren[39], reduzierte sich deren Personalanteil nicht, sondern stieg sogar leicht an. Eine Abnahme des Personalanteils der Kreise, die man als Ergebnis der Landkreisneugliederung erwarten könnte, ist allerdings – ausweislich untenstehender Daten – bis 1995 nicht festzustellen.

d. Exkurs: Kommunalpersonal im internationalen Vergleich

Wie sich oben zeigte, gibt der Anteil, den die Kommunalbediensteten an der Gesamtzahl des bei den Gebietskörperschaften beschäftigten Personals haben, aussagefähige Hinweise auf den Stellenwert, den die kommunale Ebene im föderativen Politik- und Verwaltungssystem insgesamt hat. Weitere Aufschlüsse vermittelt der Vergleich mit einigen OECD-Ländern (vgl.Tabelle 5).[40]

Bei der Interpretation der Daten ist von vornherein der Unterscheidung zwischen föderativen/regionalisierten und eher unitarisch verfaßten Ländern Rechnung zu tragen. Während in den ersteren ein wesentlicher Teil sub-nationaler Aufgaben (z. B. Bildung, Polizei) von der regionalen/Länder-Ebene übernommen und von deren Beschäftigten erledigt wird, werden solche sub-nationalen Aufgaben in den unitarisch regierten Ländern weitgehend der kommunalen Ebene übertragen.

So liegt der Anteil der Kommunalbediensteten in den unitarischen skandinavischen Ländern bei über zwei Dritteln des öffentlichen Dienstes. Demgegenüber ist in der (föderativen) Bundesrepublik ein Drittel der im öffentlichen Dienst Beschäftigten in der Kommunalverwaltung tätig und die Hälfte in der Landesverwaltung als regionaler/subnationaler Ebene.[41] Unter den in Tabelle 5 nachgewiesenen föderativen bzw. regionalisierten Staaten liegt der kommunale Anteil in der Bundesrepublik immerhin am höchsten, was den Stellenwert unterstreicht, den hier die kommunale Ebene als dezentrale Politik- und Verwaltungsebene hat.

Dieser kurze internationale Vergleich sei mit einem Blick auf den Anteil abgeschlossen, den die im öffentlichen Dienst Beschäftigten an der Gesamtzahl der Beschäftigten haben (vgl. Tabelle 6). Das Verhältnis zwischen öffentlicher Beschäftigung und Gesamterwerbstätigkeit wird oft als Indikator für den Umfang des öffentlichen Sektors im Vergleich zum privaten Sektor und für die Ausdehnung bzw. Schlankheit der öffentlichen Verwaltung herangezogen.[42] Zwar können aus den Zahlen, die für die im öffentlichen Dienst insgesamt Beschäftigten vorliegen, nicht unmittelbar Aussagen über den Kommunalen Sektor und seine »Schlankheit« gewonnen werden. Jedoch sind immerhin mittelbare Rückschlüsse möglich.

Gemessen an diesem Indikator, befindet sich die Bundesrepublik in der Gruppe jener OECD-Länder, deren öffentliche Verwaltung personell verhältnismäßig gering

---

39 Nur im Land Brandenburg ging die Zahl der kreisfreien Städte von sechs auf vier zurück, während sie in den anderen neuen Bundesländern konstant blieb oder sogar anstieg (von sechs auf sieben in Sachsen), vgl. Hellmut Wollmann (Anm. 31), S. 94.

40 OECD, PUMA, Trends in Public Sector Pay: A Study of Nine OECD-Countries 1985–1990, Occasional Papers 1994, Series No. 1, Paris 1994, S. 33–34.

41 Die hier aufgeführten international vergleichenden Zahlen weichen von den nur auf die Bundesrepublik bezogenen Daten (vgl Tabelle 1) aufgrund unterschiedlicher Berechnungsgrundlagen ab. Die identifizierten Entwicklungstrends sind jedoch hiervon nicht berührt.

42 Vgl. Frieder Naschold, Modernisierung des Staates. Zur Ordnungs- und Innovationspolitik des öffentlichen Sektors, Berlin 1993, S. 22, 14.

504

dimensioniert ist. Nimmt man die Zahlen für 1991, ist der Anteil in Deutschland (mit 14,8 Prozent) einerseits z. B. deutlich niedriger als in Großbritannien und sogar etwas niedriger als in den USA, ganz zu schweigen von den skandinavischen Ländern. Andererseits liegt der Personalanteil in Deutschland etwas höher als in den Niederlanden und eklatant höher als in Japan, das (mit um die 5 Prozent) innerhalb der OECD-Länder seit je eine Sonderrolle einnimmt.

Tab. 5: Öffentlich Beschäftigte nach Regierungs-/Verwaltungsebenen
in ausgewählten OECD-Ländern 1985, 1990

| | Anteile der einzelnen Ebenen am Gesamtbestand in % | | | | | |
| | Zentral-/Bundesebene | | Regional-/Provinz-/ Landesebene | | Kommunalebene | |
	1985	1990	1985	1990	1985	1990
	Föderale/Regionalisierte Länder					
Deutschland	9,9	9,6	55,6	54,6	34,5	35,4
Kanada	32,1	30,8	42,0	41,2	25,7	27,7
Spanien	58,7	50,8	23,2	29,6	18,1	19,6
	Unitarische Länder					
Finnland	33,3	24,3	-	-	66,7	75,7
Dänemark	31,3	29,3	-	-	68,7	70,8
Großbritannien	44,4	43,7	-	-	55,6	56,3
Frankreich	54,9	53,2	-	-	*45,1	*46,8

* Die in öffentlichen Krankenhäusern beschäftigten Personen wurden zum Zweck der Vereinheitlichung der Tabelle hier der kommunalen Ebene zugerechnet. Ihr Anteil an der Gesamtzahl der öffentlich Beschäftigten lag 1985 wie 1990 bei konstant 18 %.

Quelle: OECD 1994, PUMA, Occasional Papers 1994, Series No. 1, Trends in Public Sector Pay: A Study of Nine OECD-Countries 1985–1990, S. 34.
Eigene Zusammenstellung.

Tab. 6: Anteil der öffentlichen Beschäftigten an der Gesamtbeschäftigung
in ausgewählten OECD-Ländern (1974–1991) in %

Land	1974	1980	1985	1990	1991
Schweden	24,8	30,4	32,6	31,7	32,2
Dänemark	22,2	28,3	29,7	30,4	30,5
Norwegen	29,0	23,2	25,1	27,6	28,7
Finnland	13,8	17,8	20,1	21,9	23,3
Österreich	15,0	20,6	22,6	22,9	23,0
Großbritannien	19,6	21,1	21,8	19,9	19,9
USA	16,1	15,5	14,8	14,6	14,9
Deutschland	13,0	14,6	15,5	15,4	14,8
Niederlande	13,3	14,9	16,0	13,5	13,1
Japan	6,3	4,5	4,8	4,7	4,6

Quellen: OECD 1993; Statistics Ministry of Finance Finland, F. Naschold, WZB 1994.

e. Profil der Kommunalbeschäftigten

Nach Laufbahngruppen (höherer, gehobener, mittlerer und einfacher Dienst) gegliedert, gehören in den alten Bundesländern rund zwei Drittel des Kommunalpersonals dem mittleren, ein Fünftel dem gehobenen und 5 Prozent dem höheren Dienst an
(vgl. Tabelle 7). Der mittlere Dienst bildet als Ebene der Sachbearbeiter das oft zitierte
Rückgrat der Kommunalverwaltung und, da vor allem die Landkreise und kreisfreien
Städte im sog. übertragenen Wirkungskreis einen Gutteil der staatlichen Verwaltungsaufgaben erledigen, der öffentlichen Verwaltung insgesamt. Dem in der Kommunalverwaltung nach Zahl und Anteil schmalen höheren Dienst gehören in erster Linie
die Dezernenten als Verwaltungsspitzen und teilweise, vor allem in den größeren Städten, die Amtsleiter an.[43]

Tab. 7: Personal der Länder bzw. Kommunen nach Laufbahngruppen 1993*

Laufbahngruppe	Laufbahngruppenanteile in %			
	altes Bundesgebiet		neues Bundesgebiet	
	Länder	Kommunen	Länder	Kommunen
Höherer Dienst	22,50	6,52	10,36	4,64
Gehobener Dienst	32,78	20,62	38,06	15,36
Mittlerer Dienst	33,06	42,99	34,07	49,93
Einfacher Dienst	1,83	2,51	2,64	2,10
Arbeiter	9,83	27,36	14,86	27,97

* nur Vollzeitbeschäftigte.
Quellen: vgl. Tabelle 1.

Demgegenüber liegt in den ostdeutschen Kommunen der Anteil des mittleren Dienstes (mit der knappen Hälfte) merklich höher, während ein deutlich geringerer Teil des
Personals im höheren Dienst beschäftigt ist. Dies dürfte vor allem darauf zurückzuführen sein, daß die Ostdeutschen, die nach der Wende in der Kommunalverwaltung
tätig blieben oder wurden, über keine verwaltungsbezogene Ausbildung verfügten
(diese war in der DDR nicht vorgesehen)[44] und die BAT-Einstufung – ungeachtet der
nach der Wende durchgeführten vielfältigen Qualifizierungsmaßnahmen – entsprechend niedrig vorgenommen wurde.

In den alten Bundesländern liegt der Anteil der Beamten an der Gesamtzahl der
Kommunalbediensteten bei rund einem Sechstel – gegenüber ca. 60 Prozent in der
Landesverwaltung.[45] Der verhältnismäßig geringe Grad der Verbeamtung bei den

---

43 Dieses Profil der Kommunalbediensteten tritt noch schärfer im Vergleich mit der Landes-
    verwaltung hervor (vgl. Tabelle 7), wo ein Fünftel des Personals als höherer Dienst eingestuft
    ist. Hier schlagen vor allem die Leitungsfunktionen in der Landesministerialverwaltung, aber
    auch die Richter (in den unteren und mittleren Instanzen der Gerichtsbarkeit) sowie die
    Studienräte (an den höheren Schulen) zu Buche.
44 Vgl. Sabine Lorenz, Personalstrukturen und Personalentwicklung in den örtlichen Räten der
    DDR-Verwaltung: zwischen »Verfachlichung« und »Politisierung«, in: Landes- und Kom-
    munalverwaltung 7 (1997) 2, S. 45–49.
45 Vgl. Hellmut Wollmann (Anm. 31), S. 100.

506

kommunalen Beschäftigten dürfte mit der Eigentümlichkeit der Kommunalverwaltung zusammenhängen, daß die Aufgaben der sog. Leistungsverwaltung im Mittelpunkt und die nach herkömmlichen Verständnis den Beamtenstatus erfordernden Hoheitsaufgaben (beispielsweise die Vollzugspolizei im Landesdienst) am Rande stehen. In den ostdeutschen Kommunalverwaltungen ist der Beamtenanteil bislang minimal, da diese im personellen Umbruch bislang mit der Verbeamtung zögerten (vgl. Tabelle 8).

Tab. 8: Anteile der bei den Kommunen tätigen Beamten bzw. Angestellten
am Gesamtpersonal der jeweiligen Laufbahngruppe 1994*

Laufbahngruppe	Beamtenanteile in %		Angestelltenanteile in %	
	altes Bundesgebiet	neues Bundesgebiet	altes Bundesgebiet	neues Bundesgebiet
Höherer Dienst	35,5	10,6	64,5	89,4
Gehobener Dienst	39,3	4,8	60,7	95,2
Mittlerer Dienst	12,5	1,3	87,5	98,7
Einfacher Dienst	2,7	0,7	97,3	99,3
Gesamt	16,0	2,1	84,0	97,9

* nur Vollzeitbeschäftigte.
Quellen: vgl. Tabelle 1.

Der Anteil der Frauen beläuft sich in den westdeutschen Kommunalverwaltungen auf rund zwei Fünftel (vgl. Tabelle 9). Wenn er, nach Laufbahngruppen aufgeschlüsselt, im einfachen Dienst bei über zwei Dritteln und im höheren bei einem Fünftel liegt, so macht dieses Mißverhältnis deutlich, daß die Frauen im Kommunaldienst in erster Linie gering qualifizierte, untergeordnete Tätigkeiten (typischerweise Schreibarbeiten) verrichten. In den ostdeutschen Kommunen haben die Frauen mit mehr als zwei Dritteln einen auffallend höheren Beschäftigtenanteil, womit sie die für die DDR-Verwaltung kennzeichnende verhältnismäßg hohe Frauenquote fortsetzen.[46] Zwar liegt auch in Ostdeutschland der Anteil der Frauen am einfachen Dienst ebenfalls bei über zwei Dritteln, jedoch sind die Frauen auch am höheren Dienst (mit über einem Drittel) stärker beteiligt als in Westdeutschland.

Das Ausbildungsprofil der Kommunalbediensteten ist in den alten Bundesländern durch das bestehende Ausbildungs- und Rekrutierungssystem geprägt[47], das – in seiner typischen Verknüpfung von Laufbahnrang und Ausbildungsgang – für den höheren Dienst den Ausbildungsabschluß an einer Hochschule/Universität, für den gehobenen Dienst den einer Fachhochschule und für den mittleren Dienst den Abschluß an einem kommunalen Studieninstitut voraussetzt.

Die ostdeutschen Kommunalverwaltungen waren bei ihrem Um- und Neubau nach der Wende mit der Tatsache konfrontiert, daß in der DDR eine verwaltungsbezogene

---

46 Vgl. Werner Breidenstein (Anm. 29), S. 569; ferner Werner Breidenstein, Personal im öffentlichen Dienst am 30. Juni 1994, in: Wirtschaft und Statistik (1996) 3, S. 184.
47 Vgl. Christoph Reichard in diesem Band.

Ausbildung nicht existiert hatte und sowohl die bereits vor der Wende in der Verwaltung beschäftigten Personen als auch die aus anderen Bereichen (Wirtschaft, Wissenschaft usw.) kommenden Verwaltungsneulinge eine verwaltungsfremde Fachausbildung hatten (vgl. zum Thema Ausbildung/Fortbildung auch den Beitrag von Christoph Reichard in diesem Band). Hinsichtlich ihrer inhaltlichen Ausbildungsabschlüsse weisen damit die ost- und westdeutschen Kommunalbediensteten markante Unterschiede auf. Während beim kommunalen Verwaltungspersonal in Westdeutschland eher verwaltungsbezogen-juristische Abschlüsse im Vordergrund stehen, überwiegt in Ostdeutschland ein eher naturwissenschaftlich-technisches Ausbildungsprofil.[48] Zwar setzten in den neuen Ländern nach der Wende sogleich umfangreiche Programme und Maßnahmen zur Qualifizierung und berufsbegleitenden Fortbildung ein, die vielfach die Funktion einer

Tab. 9: Anteile der bei den Kommunen tätigen weiblichen Beschäftigten
nach Laufbahngruppen 1994 in %*

Laufbahngruppe	altes Bundesgebiet	neues Bundesgebiet
Höherer Dienst	20,02	36,03
Gehobener Dienst	34,01	64,63
Mittlerer Dienst	61,30	87,05
Einfacher Dienst	68,87	77,18
Arbeiter	17,56	44,82
Gesamt	41,26	70,48

* nur Vollzeitbeschäftigte.
Quellen: vgl. Tabelle 1.

nachholenden verwaltungsbezogenen Ausbildung hatten und auf eine Angleichung der formalen Qualifikationsstrukturen zielten. Jedoch vollzog sich dies vorrangig als Training am Arbeitsplatz (training on the job, learning by doing).

Gliedert man schließlich das kommunale Personal nach Tätigkeitsfeldern, so stehen im Alt-Bundesgebiet vor allem die Aufgabenbereiche Allgemeine Verwaltung (14 Prozent in 1993) und Soziale Sicherung (14 Prozent), hierunter insbesondere die Jugendhilfe, sowie Bau- Wohnungswesen, Verkehr (10 Prozent) im Vordergrund. Bei den westdeutschen Kommunen ist für den Tätigkeitsbereich Soziale Sicherung zu berücksichtigen, daß ein erheblicher Teil der sozialen Dienstleistungen (Kindergärten, Altenheime, Jugendheime usw.) nicht von den Kommunen und ihren Verwaltungen selbst, sondern – aufgrund des sog. Subsidiaritätsprinzips[49] – herkömmlich von den sog. freien Trägern der Wohlfahrtsverbände erbracht wird.

---

48   Vgl. hierzu die Nachweise und Tabellen bei Hellmut Wollmann (Anm. 31), S. 124 f. mit vergleichenden (repräsentativ erhobenen) Daten für die Dezernenten und Amtsleiter in west- und ostdeutschen Städten (zwischen 25 000 und 250 000 Einwohnern). Zu dem zugrunde liegenden Forschungsprojekt vgl. Thomas R. Cusack/Bernhard Weßels, Problemreich und konfliktgeladen: Lokale Demokratie in Deutschland fünf Jahre nach der Vereinigung, Wissenschaftszentrum Berlin für Sozialforschung, Berlin 1996, S. 5; ferner T. R. Cusack, Problem-Ridden an Conflict-Riven: Local Government an Germany Five Years after Unification. Some Preliminary Results from the Project on Democracy an Local Governance in Germany, unveröff. Ms., Berlin 1996.

49   Vgl. die Beiträge von Holger Backhaus-Maul sowie von Dieter Greese in diesem Band.

Demgegenüber zeigt die Verteilung der Kommunalbediensteten auf die Aufgabenfelder in den ostdeutschen Kommunen ein teilweise deutlich anderes Bild. Besonders
ausgeprägt gilt dies für den Tätigkeitsbereich Soziale Sicherung, in dem 22 Prozent

Tab. 10: Kommunalpersonal im alten und neuen Bundesgebiet 1993
nach Aufgabenbereichen in absoluten Zahlen (Tsd., gerundet) und Personalanteil der einzelnen Aufgabenbereiche in %

Aufgabenbereich	altes Bundesgebiet		neues Bundesgebiet	
	in Tsd.	*Anteil in %*	in Tsd.	*Anteil in %*
Allgemeine Verwaltung	195	*14,50*	59	*10,93*
Öffentliche Sicherheit und Ordnung	86	*6,39*	22	*4,07*
Schulen	122	*9,07*	40	*7,41*
Wissenschaft, Forschung, Kulturpflege	60	*4,46*	23	*4,26*
Soziale Sicherung, dar.:	187	*13,90*	118	*21,85*
Einrichtungen der Jugendhilfe	85	*6,32*	83	*15,37*
Gesundheit, Sport, Erholung, dar.:	78	*5,80*	29	*5,37*
Krankenhäuser	1	*0,07*	0,3	*0,06*
Bau- und Wohnungswesen, Verkehr	130	*9,67*	29	*5,37*
Öff. Einrichtungen, Wirtschaftsförderung	103	*7,66*	23	*4,26*
Nicht Zuordnenbar*	–	–	101	*18,70*
Wirtschaftliche Unter-nehmen	12	*0,89*	–	–
Sonderrechnungen**	372	*27,66*	96	*17,78*
Insgesamt	1 345	*100,00*	540	*100,00*

* Gemeinden unter 3 000 Einwohnern.
** mit kaufmännischem Rechnungswesen.
Quellen: vgl. Tabelle 1.

(1993) der Kommunalbediensteten eingesetzt sind.[50] Dies ist darauf zurückführen, daß
die ostdeutschen Kommunen im Zuge der (Rück-)Übertragung von Kommunal-
eigentum eine Vielzahl von sozialen Einrichtungen erbten und für deren Übernahme –

---

50 Der diesbezügliche Unterschied zwischen den ost- und westdeutschen Kommunen tritt noch
    schärfer hervor, wenn die Zahl der im Tätigkeitsfeld»Soziale Sicherung« hier wie dort tätigen
    Kommunalbediensteten auf die Einwohnerzahl bezogen wird. Danach waren 1991 in den
    ostdeutschen Kommunen 11 Kommunalbedienstete pro 1 000 Einwohner in diesem Tätig-
    keitsfeld gegenüber 2,9 in Westdeutschland beschäftigt. Als Ergebnis der von den ost-
    deutschen Kommunen in den vergangenen Jahren durchgeführten Stellenreduzierungen
    sank die Beschäftigtendichte im Feld der sozialen Sicherung bis 1995 auf 7 pro 1 000 Ein-
    wohner. Sie liegt damit aber noch immer erheblich höher als in Westdeutschland.
    Vgl. H. Wollmann (Anm. 31), S. 133, Tabelle 12.

anders als in den alten Bundesländern – freie Träger der Wohlfahrtspflege zunächst nicht bestanden, da diese selbst erst im Aufbau begriffen waren.

3. Schlußbemerkungen

Die Kommunen sehen sich einer Reihe von Herausforderungen gegenüber, die tiefgreifende Veränderungen ihrer Verwaltungen und ihres Personals absehbar machen.

Zum einen sind die Kommunen zunehmend in die Zange genommen zwischen der weiteren Personalreduzierung, die ihnen die Krise der kommunalen Finanzen[51] abnötigt, und der fortwährend wachsenden Aufgabenlast, die den Kommunen durch die sozialen Folgen der Beschäftigungskrise, aber auch durch die Zunahme infrastruktureller und ökologischer Probleme zufällt. Auch wenn, wie weiter vorn angedeutet, davon auszugehen ist, daß die deutsche Kommunalverwaltung ihrem personellen Umfang nach, im internationalen Vergleich betrachtet, zu jener Ländergruppe mit eher »schlanker« Personalausstattung gehört, geht im Rahmen der gegenwärtigen Modernisierungsdebatte zusätzlicher ideologischer, konzeptioneller und politischer Druck in Richtung auf eine weitere Verminderung des Kommunalpersonals aus. So haben denn die Kommunen in den alten Bundesländern ihren Personalbestand in den letzten Jahren, wie erwähnt, um immerhin knapp 3 Prozent verringert; unter den besonderen Bedingungen des Umbruchs der Kommunen in Ostdeutschland beliefen sich die von diesen zu Beginn der 90er Jahre durchgesetzten Personalreduzierungen sogar auf fast ein Drittel. Dadurch ist eine wachsende (und in den ostdeutschen Kommunen im Gefolge der Vereinigung besonders ausgeprägte) Aufgabenlast der Kommunen von immer weniger Kommunalbediensteten zu bewältigen.

Durch den quantitativen und qualitativen Wandel der kommunalen Aufgaben hat sich zum anderen das Spannungsverhältnis zwischen den Anforderungen an die Kommunalbediensteten und deren herkömmlichen Qualifikationsprofil verschärft. Mit den modernen Informations- und Kommunikationstechnologien, durch die die Verwaltungsabläufe in den kommunalen (wie allen anderen öffentlichen und privaten) Bürokratien grundlegend umgekrempelt wurden, sind Computer-bezogene Qualifikationen auch im kommunalen Dienst unerläßlich geworden. Ferner stellen die betriebswirtschaftlichen und Management-Konzepte, die mit der jüngsten Modernisierungsdebatte verstärkt in die Kommunalverwaltung eingedrungen sind, neue Anforderungen an die Kommunalbediensteten. Damit sind den Kommunalverwaltungen und ihrem Personal Einstellungs- und Qualifizierungsveränderungen und -anpassungen von radikaler Tiefe und Schnelligkeit abverlangt. Besonders ausgeprägt galt und gilt dies für die Kommunalverwaltungen und -bediensteten in Ostdeutschland, die einen schier beispiellosen Anpassungs- und Lernprozeß zu bewältigen hatten und haben.

Je mehr sich auch und gerade für das kommunale Personal ein neues Anforderungsprofil abzeichnet, das die Innovations-, Leistungs- und insgesamt die Fähigkeit verlangt, sich kreativ auf eine sich ständig verändernde Umwelt einzustellen, als um so überholter und untauglicher erweist sich das hergebrachte öffentliche Dienstrecht, das

---

51 Siehe hierzu die Beiträge von Hanns Karrenberg/Engelbert Münstermann sowie von Hubert Meyer in diesem Band.

in seinen Grundzügen (Unterscheidung zwischen Beamten, Angestellten und Arbeitern, starre Laufbahngliederung, Besoldungsanstieg nach Dienstalter usw.) die Kreativität, Innovations- und Leistungsfähigkeit der in der Verwaltung Tätigen eher entmutigt und abschreckt als anreizt und belohnt. Reformanläufe in der Vergangenheit blieben, wie erwähnt, stecken. Wenn die Diskussion um eine Dienstrechtsreform jüngst wieder in Gang gekommen ist, so bleibt daran zu erinnern, daß die Personalhoheit der Kommunen darin ihre Be- und Eingrenzung findet, daß die Regelung des Rechts des öffentlichen Dienstes, einschließlich des kommunalen Dienstes, in die Zuständigkeit des Bundes und der Länder fällt.

CHRISTOPH REICHARD

Aus- und Fortbildung
in der Kommunalverwaltung

1. Strukturen der Aus- und Fortbildung
in der Kommunalverwaltung

a. Das Beschäftigungssystem Kommunalverwaltung

Einige Strukturdaten vorab: Im öffentlichen Dienst der Bundesrepublik Deutschland waren 1995 etwa 5,37 Mio Personen – davon etwa 4,23 Mio in den alten und 1,14 Mio in den neuen Bundesländern – beschäftigt.[1] Damit sind 16 % der Erwerbstätigen in der Bundesrepublik im öffentlichen Dienst beschäftigt. Die deutsche Kommunalverwaltung ist der zweitgrößte staatliche Arbeitgeber: 1,73 Mio Personen (=32 % aller öffentlichen Bediensteten) sind in Gemeinden tätig, während 2,45 Mio Personen (=46 %) bei den Ländern und 550 000 Personen (=10 %) beim Bund arbeiten.[2] Gut 1 Mio der kommunalen Beschäftigten befinden sich im Status des Angestellten (=60,7 %), etwa 500 000 sind Arbeiter (=28,9 %) und lediglich 180 000 (=10,4 %) sind Beamte. Diese »Angestellten-Lastigkeit« weicht erheblich vom Gesamtdurchschnitt der öffentlichen Bediensteten ab, wonach nur 48,1 % aller Beschäftigten Angestellte und 16,5 % Arbeiter, dafür aber 35,3 % Beamte sind. Auch die Teilzeitquote liegt in der Kommunalverwaltung höher: 26,6 % der kommunalen Beschäftigten arbeiten – im Vergleich zu 19,9 % im Bundesdurchschnitt – auf einer Teilzeitbasis (vgl. auch den Beitrag zu kommunalen Dienstrecht und Personal, Sabine Lorenz/Hellmut Wollmann in diesem Band).

Zur Ergänzung sei noch ein Blick auf die prozentuale Verteilung der kommunalen Mitarbeiter nach Laufbahngruppen geworfen:

	Beamte	Angestellte
höherer Dienst	15,1 %	5,8 %
gehobener Dienst	50,8 %	20,7 %
mittlerer Dienst	33,7 %	69,5 %
einfacher Dienst	0,4 %	4,0 %

Auch diese Daten weichen nicht unerheblich vom Gesamtdurchschnitt ab, wonach 42,5 % dem gehobenen Dienst bzw. 33,4 % der Beamten dem mittleren Dienst und dafür 21,1 % dem höheren Dienst angehören. Die Feststellung, daß der gehobene

---

1   Quelle: Statistisches Bundesamt (Hrsg.), Finanzen und Steuern – Personal des öffentlichen Dienstes 1995. Fachserie 14, Reihe 6, Wiesbaden 1997 (Stand: 30. 6. 1995).
2   Ebenda. Die restlichen Personen beziehen sich auf Einrichtungen der mittelbaren Verwaltung. Die Daten der Kommunalverwaltung schließen auch Gemeindeverbände und kommunale Zweckverbände ein.

Dienst »das Rückgrat der Verwaltung« bildet, trifft also für den Beamtenbereich der Kommunalverwaltung durchaus zu.[3] Die Daten machen bereits von der Größenordnung her deutlich, daß die deutsche Kommunalverwaltung ein großes Beschäftigungssystem mit einer eigenständigen, vom Gesamtdurchschnitt der Bundesrepublik abweichenden Personalstruktur ist.

Die Beschäftigten in der Kommunalverwaltung sind in einem weiten fachlich-beruflichen Spektrum tätig: Neben dem »nichttechnischen« Verwaltungsdienst, d. h. den für Verwaltungsfragen der verschiedensten Art zuständigen Mitarbeitern, finden wir sehr unterschiedliche Fachrichtungen. Einige Beispiele:
- technischer Dienst (z. B. Bauwesen, Vermessungsdienst, Umweltschutz, Ver- und Entsorgung, Verkehr, Gewerbekontrolle);
- Sozialdienst (z. B. Sozialarbeiter, Sozialpädagogen);
- Gesundheitsdienst (z. B. Ärzte, Pflegepersonal);
- Erziehungsdienst (z. B. Erzieher in Heimen oder Kindertagesstätten, Pädagogen in Volkshochschulen)[4];
- Feuerwehrdienst;
- Gärtner, Gartenarbeiter;
- Schwimmeister;
- Bibliotheksdienst;
- Kulturdienst (Personal in Theatern, Orchestern, Museen u. ä.).

In nicht allen diesen Fachrichtungen wird Personal von den Kommunen selbst ausgebildet. In verschiedenen Berufen wird bereits ausgebildetes Personal vom Arbeitsmarkt rekrutiert; man überläßt die Qualifizierung also dem allgemeinen Bildungssystem resp. der Privatwirtschaft. Typische Ausbildungsberufe in der Kommunalverwaltung sind bspw.:
- Verwaltungsfachangestellter;
- gehobener nichttechnischer Dienst;
- mittlerer nichttechnischer Dienst;
- mittlerer feuerwehrtechnischer Dienst;
- Angestellter im Schreibdienst.

Die Zugangswege zum kommunalen Dienst entsprechen – mit einigen Besonderheiten des öffentlichen Dienstes – der üblichen bundesdeutschen Praxis. Abbildung 1 macht die grundsätzlichen Zugangs- und Verwendungswege zu bzw. in der Kommunalverwaltung deutlich. Der Zugang zur Ebene des mittleren Dienstes erfolgt im wesentlichen durch Berufsausbildung im dualen System (z. B. Absolvieren einer Verwaltungslehre mit integrierter Verwaltungsschule). In den gehobenen Dienst steigt man – nach Erwerb der (Fach-)Hochschulreife – durch Absolvieren eines Studiums an einer (Verwaltungs-)Fachhochschule oder durch Aufstieg vom mittleren Dienst ein. In den höheren Dienst gelangt man schließlich nach einem erfolgreichen Studium an einer wissenschaftlichen Hochschule sowie nach einem Vorbereitungsdienst, ggf. aber auch durch Aufstieg.

Bei der Rekrutierung des kommunalen Personals bedient man sich der üblichen Auswahlverfahren. Die zur Ausbildung einzustellenden Nachwuchskräfte werden

---

3 Nach einer Erhebung des Deutschen Städtetages gehören immerhin etwa 50 % der kommunalen Amtsleiter dem gehobenen nichttechnischen Verwaltungsdienst an; vgl. D. v. Richthofen, Verwaltungsmodernisierung in deutschen Städten durch Aus- und Weiterbildung, in: Zeitschrift für Beamtenrecht (1990), S. 73.

4 Lehrer sind dagegen als Landesbedienstete nicht zum kommunalen Beschäftigungssystem zu rechnen.

Abb. 1: Zugangswege in den öffentlichen Dienst

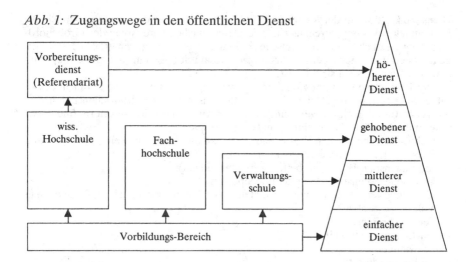

normalerweise mit Eignungstests sowie in Bewerbergesprächen ausgewählt; die Zeugnisnoten (z. B. Abiturzeugnis) spielen ebenfalls eine gewichtige Rolle. Wichtiger als Formalkriterien scheinen bei der Personalrekrutierung im öffentlichen Dienst allerdings informelle Selbst- und Fremdselektionsprozesse zu sein. Verschiedene Analysen zeigen, daß sich für Tätigkeiten im öffentlichen Dienst vorzugsweise Bewerber mit einer starken Sicherheitsorientierung bewerben und daß unter den Bewerbern überdurchschnittlich viele Personen aus dem »Beamtenmilieu« sind (Selbstselektion). Dieser Effekt wird durch die Auswahlpraktiken der Personalbearbeiter in der Verwaltung verstärkt, die bei ihrer Selektion auf verwaltungsadäquate Persönlichkeitseigenschaften achten und sich häufig für den eher angepaßten, »unauffälligen«, weniger kritischen Mitarbeitertyp entscheiden (Fremdselektion nach dem Motto: »Bürokraten rekrutieren Bürokraten«). Die solcherart ausgewählten Mitarbeiter werden während ihrer Ausbildung resp. ihrer beruflichen Tätigkeit im öffentlichen Dienst einem intensiven Prozeß der »bürokratischen Sozialisation« unterzogen, der dazu führt, daß ein größerer Teil der Verwaltungsangehörigen erwünschte Werthaltungen und Verhaltensweisen einübt und übernimmt und auf diese Weise – positiv ausgedrückt – über einen die Kommunikation und Zusammenarbeit erleichternden »Stallgeruch« verfügt.[5]

b. Ausbildung in der Kommunalverwaltung

Für die weitere Argumentation empfiehlt sich eine Klärung der Begriffe. Üblicherweise wird zwischen Vor-, Aus-, Fort- und Weiterbildung unterschieden:[6]
– Vorbildung vermittelt die für einen Beruf erforderliche allgemeine Grundbildung, die in der allgemeinbildenden Schule (in der Sprache der Bildungsplaner: Primar- und Sekundarstufe I) erworben wird.

---

5 Vgl. R. Koch, Berufliche Sozialisation öffentlicher Bediensteter, München 1984.
6 Vgl. bspw. H.-E. Meixner, Aus- und Fortbildung in der öffentlichen Verwaltung. Köln usw. 1984, S. 17 ff.

- Ausbildung vermittelt die für einen Beruf erforderliche spezifische Qualifikation, die in Schulen, Hochschulen und/oder betrieblichen Ausbildungsstätten erworben wird (Sekundarstufe II und Tertiärstufe).
- Fortbildung bezieht sich auf die während der Berufsausübung stattfindende berufsbezogene Qualifizierung, die entweder unmittelbar am Arbeitsplatz (»on-the-job«) oder in Veranstaltungen unterschiedlicher Fortbildungsträger (»off-the-job«) erfolgt.
- Weiterbildung schließlich meint die nicht berufsspezifische berufsbegleitende Bildungsarbeit, die auf Vermittlung von Allgemeinbildung, politischer Bildung u. ä. abzielt (zusammen mit der Fortbildung wird diese Bildungsform auch als quartiärer Bildungsbereich bezeichnet).

Aus- und Fortbildung richtet sich im deutschen öffentlichen Dienst nach relativ einheitlichen zentralen rechtlichen Vorgaben des Beamten- und Angestelltenrechts. Inhaltlich wie organisatorisch ist der Bereich Aus- und Fortbildung daher auf den verschiedenen Verwaltungsebenen relativ ähnlich ausgestaltet. In organisatorischer Hinsicht ist er ein Teilgebiet des Aufgabenbereichs »Personalwesen« (auch als »Personalwirtschaft« bezeichnet). Er wird in der öffentlichen Verwaltung durch ein differenziertes Institutionengeflecht vollzogen. In der Kommunalverwaltung finden wir – zumindest in Großstädten – üblicherweise die folgende Funktionsverteilung:
- Im Personalamt der Kommune gibt es eine Abteilung Aus- und Fortbildung (ggf. auch weiter organisatorisch aufgegliedert), die für die Planung, Steuerung und Kontrolle von Bildungsmaßnahmen sowie für die Betreuung und Verwaltung der Aus- und Fortzubildenden zuständig ist. Für den Vollzug der Bildungsmaßnahmen werden häufig externe Bildungsträger in Anspruch genommen; in Großkommunen führt diese Abteilung allerdings auch eigenständige Bildungsmaßnahmen durch.
- In den Fachämtern der Kommune kümmern sich Aus- und Fortbildungsbeauftragte um Bedarfsermittlung, Auswahl und Mobilisierung von Adressaten sowie Koordination der berufspraktischen Qualifikationsprozesse. Außerdem sind in den verschiedenen kommunalen Ämtern Ausbilder (auch »Praxisanleiter« o. ä. genannt) tätig, die auszubildende Nachwuchskräfte in die jeweiligen Tätigkeitsgebiete einführen und sie während ihrer praktischen Phase betreuen. Nicht vergessen darf man die Rolle von Vorgesetzten, die im Rahmen ihrer Leitungsaufgaben auch die Pflicht zur Anleitung, Unterweisung, Fortbildung und Mitarbeiterförderung haben und die durch ihr Führungsverhalten einen nicht unwesentlichen Einfluß auf die Qualifizierungsbereitschaft ihres Personals ausüben.
- Die eigentlichen Bildungsmaßnahmen werden von diversen Bildungsträgern durchgeführt. In erster Linie handelt es sich um verwaltungseigene Aus- und Fortbildungsinstitute (Studieninstitute, Verwaltungsschulen, Verwaltungsakademien oder Verwaltungs-Fachhochschulen). Auf der kommunalen Ebene erfolgt die Aus- und Fortbildung der Angestellten sowie des mittleren Beamtendienstes vorzugsweise in kommunalen Studieninstituten resp. Verwaltungsschulen, die häufig im Verbund (z. B. Zweckverband) von den Kommunen einer Region betrieben werden. Der gehobene nichttechnische (Beamten-)Dienst wird hingegen auf Verwaltungs-Fachhochschulen des betreffenden Bundeslandes qualifiziert (Näheres dazu s. u.). In verschiedenen Bundesländern gibt es darüber hinaus für die Aus- und Fortbildung der mittleren und oberen Führungsebene Verwaltungsakademien auf Landesebene. Großstädte verfügen häufig über eigene Bildungsstätten, die aber primär Fortbildung machen. Alle diese verwaltungseigenen Bildungseinrichtungen arbeiten – weitgehend abgekoppelt vom normalen bundesdeutschen Bildungssystem – nach tradierten Grundsätzen der Verwaltungsausbildung. Auf ihre Inhalte

und Leistungsfähigkeit wird noch genauer einzugehen sein. In geringem Umfang nimmt die Kommunalverwaltung auch nichtstaatliche Bildungseinrichtungen in Anspruch, bspw. die Verwaltungs- und Wirtschaftsakademien (VWA's) oder gemeinnützige (seltener: kommerzielle) private Fortbildungs- und Trainingsinstitute (Bsp.: gewerkschaftliche Bildungseinrichtungen).

Wenn im folgenden das kommunale Ausbildungssystem genauer unter die Lupe genommen wird, geschieht das mit primärem Blick auf den allgemeinen Verwaltungsdienst. Spezifische Berufsausbildungsgänge (s. obige Übersicht in 1.a) müssen vernachlässigt werden. Bereits auf den ersten Blick fällt die strikte Trennung zwischen Beamten und Angestellten auf: Angestellte werden im Vergleich zu den Beamten in Deutschland in ihrer Ausbildung vernachlässigt; ihre Ausbildung muß als minderwertig bezeichnet werden. Dies wird im allgemeinen damit begründet, daß für Beamte das Laufbahnprinzip, für Angestellte hingegen das Positionsprinzip gelte. Das heißt, daß Beamte umfassender qualifiziert werden müßten, weil sie eine ganze Laufbahn (bspw. diejenige des gehobenen Dienstes) durchlaufen sollen, während Angestellte lediglich für den Verbleib in einer bestimmten Position (z. B. die des Sachbearbeiters im Ordnungsamt) qualifiziert würden. Dieser Unterschied zwischen Beamten und Angestellten besteht zwar zweifellos in formalrechtlicher Hinsicht. Faktisch haben sich indes die Unterschiede zwischen Beamten und Angestellten – zumal in der Kommunalverwaltung – derartig verwischt und werden Angestellte – z. B. im Wege des sogen. »Bewährungsaufstiegs« – ebenfalls durch einen laufbahnähnlichen Verwendungspfad geschickt, daß die Ungleichbehandlung der beiden Dienstverhältnisse heutzutage als unangemessen und ungerecht bezeichnet werden muß. Dieser Umstand ist vor allem für die Kommunalverwaltung, die – wie wir gesehen haben – zu mehr als der Hälfte Angestellte beschäftigt, ein drückendes Problem.

Die folgende Übersicht (s. Abbildung 2) macht wichtige Ausbildungsgänge im kommunalen Bereich deutlich.[7] Beamte unterziehen sich nach Eintritt in den öffentlichen Dienst in der Regel einem Vorbereitungsdienst, der mit der betreffenden Laufbahnprüfung abgeschlossen wird. Während dieser Zeit wird der Mitarbeiter als Anwärter (Status: Beamter auf Widerruf) beschäftigt und erhält einen Unterhalts-

Abb. 2: Ausbildungsgänge in der Kommunalverwaltung

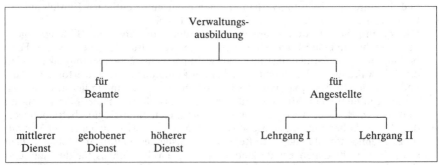

```
                        Verwaltungs-
                        ausbildung
         ┌──────────────────┴──────────────────┐
        für                                   für
      Beamte                             Angestellte
   ┌─────┼─────┐                      ┌──────┴──────┐
mittlerer gehobener höherer        Lehrgang I   Lehrgang II
Dienst    Dienst    Dienst
```

7 Vgl. dazu auch E. Pappermann, Ausbildung, in: K. Chmielewicz/P. Eichhorn (Hrsg.), Handwörterbuch der öffentlichen Betriebswirtschaftslehre (HWÖ), Stuttgart 1989, Sp. 32 ff. (mit weiteren Nachweisen), D. Johannsen, Ausbildung, in: P. Eichhorn u. a. (Hrsg.), Verwaltungslexikon, 2. Aufl. Baden-Baden 1991, S. 53ff (m. w. N.).

zuschuß. Nachwuchskräfte in besonderen Fachrichtungen absolvieren hingegen ihre Ausbildung an verwaltungsexternen Bildungsstätten und erhalten nach Eintritt in den öffentlichen Dienst lediglich eine »Einführung in die Laufbahn«. Hierzu einige Beispiele:

a) Mittlerer nichttechnischer Dienst: Vorbildungsvoraussetzung im Regelfall Realschule; 2 Jahre Ausbildung im dualen System (Berufspraxis in verschiedenen Bereichen einer Kommune sowie Ausbildung an einem Studieninstitut/einer Verwaltungsschule). Die Ausbildungsinhalte konzentrieren sich auf Rechtsanwendung, Haushalt, Personal, allgemeine Verwaltungstechnik. Die Absolventen werden in der Kommune als Sachbearbeiter für das alltägliche Dienstgeschäft eingesetzt.

b) Gehobener nichttechnischer Dienst: Vorbildungsvoraussetzung im Regelfall Fachhochschulreife; drei Jahre Studium an einer Verwaltungs-Fachhochschule mit zwischengeschalteten Verwaltungspraktika (Intervallsystem; 12 – 18 Monate Dauer); Ausbildungsabschluß als »Diplom-Verwaltungswirt«. Die Ausbildungsinhalte sollen – »auf wissenschaftlicher Grundlage« – die Lernenden im Gebiet des Rechts, der Wirtschafts- und Sozialwissenschaften sowie in verschiedenen verwaltungswissenschaftlichen und -praktischen Aspekten qualifizieren. Die Absolventen werden in der Kommune als qualifizierte Sachbearbeiter sowie als (mittlere) Leitungskräfte eingesetzt.

c) Höherer nichttechnischer Dienst: Ausbildung vor Eintritt in den öffentlichen Dienst: Absolvierung eines geeigneten Studiums (überwiegend Rechtswissenschaft, daneben auch Wirtschafts- oder Sozialwissenschaften) an einer wissenschaftlichen Hochschule. Nach Eintritt: mindestens zwei Jahre Rechts- oder Wirtschaftsreferendariat mit verschiedenen Praxisstationen und begleitenden Lehrveranstaltungen. Die Adressaten werden als Experten in besonders qualifizierten Sachbearbeiterpositionen (z. B. als Justitiar) oder als Leitungskräfte eingesetzt.

Angestellte werden nach den Grundsätzen des Berufsbildungsgesetzes und den dazu erlassenen Ausbildungsordnungen qualifiziert. Es gilt das Berufsbild des Verwaltungsfachangestellten, wonach der Hauptschulabschluß vorausgesetzt und eine dreijährige Ausbildung vorgesehen werden. Ausbildungsinhalte und -organisation sind im wesentlichen mit dem mittleren nichttechnischen Dienst (s. o.) vergleichbar, wobei die schulische Unterweisung in den Studieninstituten/Verwaltungsschulen und zusätzlich in Berufsschulen erfolgt. In einigen Ländern wird diese Ausbildung auch als Angestelltenlehrgang I bezeichnet. Angestellte, die sich über einen längeren Zeitpunkt in ihrer Arbeit bewährt haben, können in einigen Bundesländern zu einem Angestelltenlehrgang II zugelassen werden, der – als Fortbildungsmaßnahme (s. Abschnitt 1.c) – in einem dienstzeitbegleitenden Lernprozeß 900 Stunden Fachunterricht vorsieht und den Absolventen eine Einstufung auf der dem gehobenen Dienst vergleichbaren Ebene ermöglichen kann. Man ist sich allerdings weitgehend einig darüber, daß dieser Lehrgang nicht mit der Fachhochschulausbildung der gehobenen Beamten gleichwertig ist und daher kein wesentlicher Beitrag zum Abbau des oben beschriebenen Ungleichheitszustandes ist.[8]

Während sich die Ausbildung des Personals der Kernkommune, d. h. der eigentlichen Ämterverwaltung, – abgesehen von Spezialfachrichtungen wie Gesundheits- oder Baudienst – stark an den Standards des deutschen Staatsdienstes orientiert und demzufolge legalistisch ausgerichtet ist, weichen die Qualifikationsmuster der kommunalen Trabanten, also der verselbständigten kommunalen Einrichtungen – wie kommunale Unternehmungen, Kultureinrichtungen u. ä. – deutlich ab. Hier sind in stärkerem Maße ökonomische Qualifikationen zu finden, die außerhalb des closed

---

8 Vgl. Pappermann (Anm. 7), Sp. 44.

shop des öffentlichen Dienstes – z. B. an allgemeinen Hochschulen – erworben worden sind.[9] Dies zeigt u. a., daß eine organisatorische bzw. rechtliche Verselbständigung kommunaler Einrichtungen einen Qualifikationswandel beim Fach- und Führungspersonal zur Folge haben kann, der per Saldo auch zu anderen Rationalitäten und Entscheidungspraktiken in diesen Einrichtungen führen kann.

c. Fortbildung in der Kommunalverwaltung

Fortbildung hat im oben (s. Abschnitt 1.b) definierten Zusammenhang die Funktion, die Befähigungsstrukturen von in der Verwaltung tätigem Personal an gegebene Anforderungsstrukturen – aktueller oder auch künftiger Positionen – anzupassen.[10] Üblicherweise wird dabei nach verschiedenen Anlässen differenziert:
- Einführung (Qualifikationsaufbau);
- fachliche Anpassung und Änderung (Qualifikationsverbreiterung und -vertiefung, Sonderfall: Förderung von Managementkompetenz; ggf. auch: Umschulung);
- Stabilisierung und Aktualisierung der Fähigkeiten (Qualifikations-Konsolidierung).

Bei einer genaueren Betrachtung des Aufgabenbereichs »dienstliche Fortbildung« können folgende pädagogische Zielrichtungen unterschieden werden:
- berufsfeldbezogene Qualifizierung (z. B.: Angestelltenlehrgang II);
- tätigkeitsbezogene Qualifizierung (z. B.: Kostenrechnungswissen für einen Sachbearbeiter in einer kostenrechnenden Einrichtung; Sonderfall: Projektfortbildung, d. h. Lern- und Problemlösungsprozeß einer Funktionsgruppe im Hinblick auf eine gegebene praktische Problemlage; s.u.);
- problemorientierte Qualifizierung (querliegend und zum Teil sich mit dem vorgenannten Aspekt überlappend: z. B. Sensibilisierung von Führungskräften für neue Managementkonzepte);
- verhaltensbezogene Qualifizierung (z. B.: Führungs- und Kooperationsverhalten).

Fortbildung sollte auf die jeweils relevanten Zielgruppen zugeschnitten werden. In einer relativ groben Unterscheidung kann z. B. zwischen den Adressaten
- Führungskräfte,
- Personal zur Führungsunterstützung sowie zur Politikvorbereitung und
- Personal im Bereich der unmittelbaren kommunalen Leistungserstellung

differenziert werden.[11]

---

9 Vgl. M. Germer, Die berufliche Qualifikation der Führungskräfte kommunaler Unternehmen, in: Zeitschrift für öffentliche und gemeinnützige Unternehmen 1991, S. 16 ff. Germer hat eine empirische Erhebung über Führungskräftequalifikationen in der Bundesrepublik durchgeführt, die zeigt, daß immerhin 64 % der Führungskräfte in kommunalen Unternehmungen Akademiker sind, von denen wiederum knapp die Hälfte (42 %) BWL studiert haben.

10 Vgl. zur Fortbildung in der öffentlichen Verwaltung z. B. Meixner (Anm. 6), H. G. Lößl, Fortbildung, in: K. Chmielewicz, P. Eichhorn (Hrsg.), Handwörterbuch der öffentlichen Betriebswirtschaftslehre (HWÖ), Stuttgart 1989, Sp. 397 ff. (m. w. N.), Christoph Reichard, Inhalt und Strategie eines Konzepts der Personalentwicklung in der öffentlichen Verwaltung, in: A. Remer (Hrsg.), Verwaltungsführung, Berlin/New York 1982, S. 444 ff.

11 Vgl. H. Bals, Aus- und Fortbildung für Public Management – Herausforderungen angesichts knapper Kassen, in: K. Schedler, C. Reichard (Hrsg.), Die Ausbildung zum Public Manager. Bern usw. 1998.

Fortbildung wird in der Kommunalverwaltung – abgesehen von unmittelbarer arbeitsplatzbezogener Fortbildung[12] – vor allem von den oben genannten Aus- und Fortbildungsinstitutionen betrieben. Neben den die Hauptarbeit leistenden kommunalen Studieninstituten sind in diesem Zusammenhang nochmals die Verwaltungs- und Wirtschaftsakademien zu nennen, die u. a. von Kommunen sowie Industrie- und Handelskammern getragen werden und in zahlreichen bundesdeutschen Städten eine sechssemestrige berufsbegleitende Qualifizierung zum »Verwaltungs-Diplom« oder zum »Verwaltungs-Betriebswirt (VWA)« durchführen.[13] Als wichtige länderübergreifende, für die deutsche Kommunalverwaltung relevante Fortbildungseinrichtungen sind insbesondere die KGSt in Köln mit ihrem auf kommunale Managementthemen ausgerichteten Programm, das Deutsche Institut für Urbanistik in Berlin, ein vom Deutschen Städtetag sowie zahlreichen Kommunen getragenes Forschungs-, Beratungs- und Fortbildungszentrum mit kommunalwissenschaftlicher Aufgabenstellung sowie die Hochschule für Verwaltungswissenschaften in Speyer mit ihrem sich an den höheren Dienst (primär der Staats-, daneben auch der Kommunalverwaltung) richtenden Fortbildungsprogramm zu nennen.

2. Leistungsfähigkeit kommunaler Aus- und Fortbildungskonzepte

a. Anforderungen an die Kommunalverwaltung und Folgerungen für die kommunale Aus- und Fortbildung

Dem deutschen öffentlichen Dienst – und damit auch der deutschen Kommunalverwaltung – stehen turbulente Zeiten bevor. Neben zahlreichen anderen sich in der Zukunft ändernden Faktoren spielen vor allem die folgenden Entwicklungstrends eine wesentliche Rolle:

– Die Verwaltung steht vor einem nachdrücklichen Leistungs- und Aufgabenwandel, was sich u. a. in den Aufgabenbereichen Umweltschutz, Sozialwesen oder Infrastruktur niederschlagen wird. Allgemein ist mit einer kritischeren Einstellung gegenüber dem Stellenwert kommunaler Aufgabenerfüllung zu rechnen (zunehmende Auslagerungs- und Privatisierungsforderungen).

– Der vielbeschworene gesellschaftliche Wertewandel in Richtung postmaterieller Werthaltungen dürfte zusätzlich das künftige Leistungsprogramm der Kommune, aber auch die Einstellungen der Verwaltungsmitarbeiter prägen (Bedürfnis nach selbständiger, sinnstiftender Tätigkeit, aber auch nach vermehrter Freizeit). Die gegenwärtige bürokratische Verwaltungskultur mit rigider Arbeitsteilung, starker Entscheidungszentralisierung, geringen Leistungsanreizen und diffusen Karriereperspektiven wird für Nachwuchskräfte – zumal auf der Leitungsebene – zunehmend unattraktiver.

– Die rasante Technikentwicklung wird erhebliche Änderungen in den Arbeitsinhalten und -anforderungen mit sich bringen (Entlastung von Routineaufgaben,

---

12 Vgl. dazu die Anregungen der KGSt, Lernen am Arbeitsplatz, KGSt-Bericht 4/1984.
13 Vgl. Lößl (Anm. 10), Sp. 404 f.

elektronische Kommunikation, Bildschirmarbeit usw.), zumal es im kommunalen Bereich einen deutlichen Technikrückstand gibt.

– Die Finanzmittel des Staates werden aller Voraussicht nach auf längere Zeit extrem knapp sein, was politische Cutback-Bestrebungen fördern wird. Dies wirft die Frage nach der Finanzierbarkeit der kommunalen Aufgaben und des damit betrauten Personals auf (Spezialaspekt: Sind künftig die Kosten der internen Verwaltungsausbildung sowie der spezifischen Beamten-Altersversorgung noch tragbar?). Jedenfalls wird es künftig kaum noch möglich sein, auf neue Aufgaben mit Stellenexpansion zu antworten, sondern man wird mit interner Umverteilung reagieren müssen.

– Auch demographische Entwicklungen werden sich nachdrücklich auf die Verwaltung auswirken. Insbesondere ab dem Jahre 2010 kommt es voraussichtlich zu einem kräftigen Bevölkerungsrückgang, falls nicht umfangreiche Zuwanderungen zugelassen werden. Dies hat Auswirkungen auf die Aufgabenentwicklung (z. B. Umschichtung von Jugend- zu Altenbetreuung usw.), aber auch in bedrohlicher Weise auf die Rekrutierungsmöglichkeiten. Der öffentliche Dienst wird im zunehmenden Wettbewerb um knapper werdende Nachwuchskräfte voraussichtlich der Verlierer sein, wenn die Attraktivität der Verwaltungsarbeit nicht erheblich gesteigert wird (was nicht nur eine Frage der [Eingangs-]Bezahlung, sondern auch der Tätigkeitsbedingungen, Entfaltungschancen und Karriereperspektiven ist).[14]

– Auch die europäische Integration wird sich auf verschiedene Weise auf die Kommunen auswirken: Einerseits kommt es zu verstärkter Standortkonkurrenz und zu internationalem Leistungsaustausch, andererseits ist mit einer Zunahme der Personalfluktuation innerhalb Europas zu rechnen, was eine Angleichung der Ausbildungskonzepte nach sich ziehen dürfte. Zudem fragt es sich, ob das deutsche Berufsbeamtentum angesichts davon abweichender Regelungen im übrigen Europa nicht ein »Auslaufmodell« ist und dienstrechtliche Reformen auf längere Sicht zu verhindern sein werden. Gewisse Annäherungen der verschiedenen europäischen Verwaltungsmodelle und damit auch ein Wandel in der tradierten deutschen Verwaltungskultur sind im übrigen nicht auszuschließen.

In der Folge dieser und weiterer Entwicklungstrends werden wir es mit einer anspruchsvoller und komplexer strukturierten Verwaltung sowie mit geänderten Arbeitsinhalten und Anforderungstrukturen beim Verwaltungspersonal zu tun haben. Längerfristig dürfte eine grundlegende Neuorientierung des Systems der Aus- und Fortbildung im deutschen öffentlichen Dienst nicht zu vermeiden sein. Dabei wird man sich stärker auf die vielbeschworenen Schlüsselqualifikationen konzentrieren müssen, statt wie bisher primär auf »Stoffhuberei« zu setzen. Ferner wird es darauf ankommen, die permanente Lernfähigkeit der Mitarbeiter sowie deren Innovationsbereitschaft – u. a. für Verwaltungsreformen – zu fördern.

Eine besondere Anforderung für Aus- und Fortbildung geht schließlich von den seit Anfang der 90er Jahre in immer mehr deutschen Kommunalverwaltungen laufenden Modernisierungsmaßnahmen vom Typ »Neues Steuerungsmodell« aus (vgl. hierzu u. a. die Beiträge von Werner Schnappauf und von Michael Schöneich/Niclas Stucke zur Modernisierung der Kommunalverwaltungen, in diesem Band). Die damit ver-

---

14 Großstädte in Ballungsräumen sind mit dem Problem der Attraktivitätsmängel bereits seit längerem konfrontiert und versuchen Mitarbeiter durch zusätzliche Anreize (Wohnungsbereitstellung, Zulagen usw.) zu gewinnen. Von der Stadt München wird bspw. berichtet, daß sie seit Jahren nur die Hälfte ihres Bedarfs an Beamten im gehobenen nichttechnischen Dienst decken könne.

bundenen dezentralen Strukturen und betriebswirtschaftlichen Instrumente (Kostenrechnung, Budgetierung, Berichtswesen, Controlling usw.) verlangen ein entsprechend qualifiziertes Personal, das eigenständig und verantwortungsbewußt handeln und mit den neuen Steuerungsinstrumenten souverän umgehen kann.

b. Wirksamkeit der traditionellen Verwaltungsausbildung

Die Verwaltungsausbildung hat sich von der generellen Entwicklung in der Bundesrepublik isoliert und den Anschluß an neuere bildungspolitische Ansätze teilweise verpaßt. Das System der deutschen Verwaltungsausbildung ist – wie in 1.b bereits deutlich wurde – durch etliche Besonderheiten im Vergleich zum allgemeinen System der Berufsausbildung gekennzeichnet:[15]
– Verwaltungsspezifische Inhalte behindern die Mobilität in Richtung Privatwirtschaft.
– Die verwaltungsinterne Ausbildung führt zu (gewollt) starkem Einfluß des Dienstherrn auf die Ausbildung und zu enger bürokratischer Sozialisation.
– Die starke Differenzierung nach Dienstverhältnissen, Fachrichtungen und Laufbahngruppen führt zu zusätzlichem Hierarchiedenken, zur Erschwerung interner Kooperation, aber auch zu Ungerechtigkeiten (Bsp.: Beamte/Angestellte).
Das überkommene System der Verwaltungsausbildung ist heute nicht mehr zeitgemäß und leistungsfähig. Um den oben geschilderten Herausforderungen und Änderungen zu begegnen, wird man in der deutschen Kommunalverwaltung u. a. auch an Reformen am Ausbildungskonzept denken müssen. Zur Attraktivität des Kommunaldienstes für potentielle Bewerber gehört auch eine attraktive, konkurrenzfähige Ausbildung. Die derzeitige Lage am Arbeitsmarkt, die dem öffentlichen Dienst zumindest partiell befähigte und motivierte Bewerber beschert, verschleiert die insgesamt kritische Lage lediglich. Sowohl die Angestelltenausbildung als auch die Ausbildung zum mittleren und gehobenen Beamtendienst können mit Blick auf die künftigen Anforderungen nicht mehr als attraktiv angesehen werden. Die Ausbildungsinhalte, die sich in starkem Maße auf die Einübung von Recht sowie von bürokratischen Techniken konzentrieren, gelten als trocken und uninteressant. Die Lernorganisation ist überwiegend als verschult zu bezeichnen. Besonders negativ werden meist die Verwaltungspraktika bewertet, in denen bürokratisches Verhalten, hierarchische Unterordnung und enges Zuständigkeitsdenken dressiert werden.
Diese kritische Einschätzung gilt im wesentlichen auch für das »Reformpflänzchen« Verwaltungs-Fachhochschulen.[16] Die bei ihrer Gründung in sie gesetzten Erwartungen

---

15 Vgl. i.e. Meixner (s. Anm. 6), S. 48 f.
16 Man sagt, daß die Einrichtung der Verwaltungs-Fachhochschulen fast das einzige Ergebnis der Reformbemühungen der sogen. Studienkommission für die Reform des öffentlichen Dienstrechts sei, die Anfang der 70er Jahre einen umfassenden Reformbericht vorgelegt hat. Vgl. zur Diskussion um die Verwaltungs-Fachhochschulen u. a. U. Battis (Hrsg.), Die Fachhochschulen für öffentliche Verwaltung, Regensburg 1988; C. Böhret/M. Hofmann, Zur Zwischenbilanzierung der Fachhochschulausbildung des Bundes, in: T. Ellwein u. a. (Hrsg.), Jahrbuch zur Staats- und Verwaltungswissenschaft 1989, S. 411–440; W. Godehart (Hrsg.), Fachhochschule und öffentlicher Dienst, Köln usw. 1988; D. Bischoff/C. Reichard (Hrsg.), Vom Beamten zum Manager? Herausforderungen und Perspektiven der Verwaltungsausbildung, Berlin 1994; J. Volz (Hrsg.), Verwaltung 2000 – Herausforderung an die Fachhochschulen für den öffentlichen Dienst, Bad Soden 1991.

konnten sie bislang nur begrenzt erfüllen. Wie verschiedene Evaluierungen deutlich machen, bleiben sie unter den üblichen hochschulpolitischen Standards; der Qualitätsabstand zu den allgemeinen Fachhochschulen vergrößert sich. Beklagt werden vor allem eine Dominanz der juristischen Inhalte bei Vernachlässigung gesellschaftspolitischer Aspekte, eine verschulte, wenig hochschuladäquate Methodik, ein geringer Wissenschaftsbezug sowie unergiebige, unterfordernde und unkoordinierte Praktika.[17] Diese Diagnose hat vor kurzem auch der Wissenschaftsrat in seiner Evaluierung von Verwaltungs-Fachhochschulen bekräftigt.[18]

In jüngerer Zeit beginnt sich auch in Kreisen der kommunalen Führung eine Unzufriedenheit mit dem überkommenen Ausbildungssystem auszubreiten. Vor allem im Hinblick auf die Gruppe des gehobenen Verwaltungsdienstes wird vermehrt Klage geführt, daß die Nachwuchskräfte zwar als brave Sachbearbeiter zu Routinearbeiten befähigt seien, daß sie indes bei anspruchsvolleren und neuartigen Aufgaben, vor allem im Zusammenhang mit Steuerungsproblemen, überfordert seien.[19] In Zeiten knapper Kassen wird den Kommunen zudem immer klarer, daß die Alimentierung von Beamten-Anwärtern, die Kosten von knapp 100 000 DM verursacht, nicht sonderlich wirtschaftlich ist.[20] Folgerichtig geht man immer mehr dazu über, den kommunalen Führungsnachwuchs von den allgemeinen (Fach-)Hochschulen zu rekrutieren und eine immer geringere Zahl an – teuren – Beamtenanwärtern auf die qualitativ defizitären verwaltungsinternen Fachhochschulen zu schicken. Dies führt zur schleichenden Auszehrung der Verwaltungs-Fachhochschulen (s. dazu auch Abschnitt 2.d). Konsequenterweise haben zwei Bundesländer (Brandenburg, Sachsen-Anhalt) bereits beschlossen, ihre Verwaltungs-Fachhochschulen – zumindest für den Bereich allgemeine Verwaltung – zu schließen.[21]

---

17 Vgl. zur kritischen Diskussion über die Verwaltungs-Fachhochschulen z. B. D. Bischoff, Wider die Vorbehalte gegen eine externe Verwaltungsausbildung! In: Die innovative Verwaltung, (1997) 4, S. 25–29; B. Klümper/U. Löhr, Externalisierung der Fachhochschulen für Öffentliche Verwaltung? In: Die innovative Verwaltung, (1997) 1, S. 20–22; U. Löhr, Zur Entwicklung der Fachhochschulen für öffentliche Verwaltung, in: Verwaltung und Management 1997, S. 208–213; M. Miller, Zur Fortentwicklung des Verwaltungsstudiums an den Fachhochschulen, in: DVP 1995, S. 57–61; H.-W. Möller, Die Bildungsreform des öffentlichen Dienstes an den Fachhochschulen für öffentliche Verwaltung, in: Verwaltungsarchiv 1996, S. 115–141; Christoph Reichard, Public Management Ausbildung für die mittlere Ebene. Die Rolle der Fachhochschulen, in: K. Schedler, C. Reichard (Hrsg.), Die Ausbildung zum Public Manager, Bern usw. 1998; D. v. Richthofen, Die Fachhochschulen für öffentliche Verwaltung im Vergleich – Bestandsaufnahme, in: U. Battis (s. Anm. 16), S. 1 ff.

18 Vgl. Wissenschaftsrat, Empfehlungen zur weiteren Entwicklung der verwaltungsinternen Fachhochschulen (Drs. 2541/96), Cottbus, Mai 1996.

19 »Zunehmend bedürfen die Stadtverwaltungen eines (betriebs-)wirtschaftlich ausgebildeten Personals. Demgegenüber sind die an den Fachhochschulen vermittelten Fähigkeiten sogenannter »Schmalspur-Juristen« deutlich weniger gefragt« (Deutscher Städtetag in seiner Antwort vom 11. 8. 1992 an die Innenministerkonferenz zur Frage der Attraktivitätssteigerung des öffentlichen Dienstes).

20 Die Anwärterbezüge im gehobenen Dienst sind nicht nur eine finanzielle Belastung für die Gemeinden und anderen Ausbildungsträger, sondern auch ein gesellschaftspolitischer Skandal: die studierenden Beamtenanwärter, die 2,8 % aller deutschen Studierenden ausmachen, erhalten 42,5 % der in Deutschland insgesamt zur Verfügung stehenden Studienbeihilfen (ohne Darlehnsanteil beim Bafög), ohne daß dem ein augenfälliger bildungspolitischer Nutzen gegenüber stünde; vgl. dazu D. Bischoff, Zwanzig Jahre Fachhochschulen für den öffentlichen Dienst, in: D. Bischoff, C. Reichard (Hrsg.), Vom Beamten zum Manager? Berlin 1994, S. 11–27

21 Generell hat in den letzten Jahren ein drastischer Ausbildungsplatzabbau in der deutschen

Weitere Länder werden folgen; das zeigt: die Verwaltungs-Fachhochschulen sind ein »Auslaufmodell«.

Im Ergebnis kann man folgendes festhalten: Die tradierte Verwaltungsausbildung ist in ihrem Grundkonzept als veraltet und wenig wirksam anzusehen. Sie ist einseitig auf legalistische und bürokratische Aspekte ausgerichtet, vernachlässigt wichtige Anforderungskriterien, bedient sich wenig motivierender Lernmethoden und muß vor allem in ihrem berufspraktischen Teil als defizitär bezeichnet werden. Überdies isoliert man sich weitgehend vom allgemeinen Bildungssystem und behindert somit den erwünschten Austausch zwischen dem öffentlichen und dem privaten Sektor. Es ist erstaunlich, wie wenig die öffentliche Verwaltung in ihre Nachwuchskräfte investiert, insbesondere wenn man von den Ausbildungsausgaben noch die laufenden Unterhaltszuschüsse (z. B. Anwärterbezüge) für Auszubildende abzieht. Und dies, obwohl doch ein Verwaltungsmitarbeiter im Gegensatz zum Privatsektor über Jahrzehnte im gleichen Beschäftigungssystem verbleibt.

c. Wirksamkeit der traditionellen Fortbildungsarbeit

Im folgenden wird davon ausgegangen, daß Fortbildung dann wirksam ist, wenn sie nicht nur Wissen vermittelt, sondern wenn dieses Wissen auch von den Lernenden in der Praxis eingesetzt wird, d. h. wenn also Verwaltungsmitarbeiter durch Fortbildung handlungsfähiger werden. Durch diese Interpretation wird bereits der Bezug von Fortbildung zum übergreifenden Konzept der Personalentwicklung deutlich: Fortbildung ist nur dann erfolgreich, wenn die Lernenden motiviert und in der Lage sind, das Gelernte in ihrem Handeln umzusetzen, und wenn für sie Fortbildung bestimmte Konsequenzen hat (z. B. Anerkennung, veränderte Tätigkeiten, Aufstieg o. ä.). Fortbildung ist insofern Potentialpflege (englisch: »human resource development«).

Die heute praktizierte Verwaltungs-Fortbildung kann im großen und ganzen durch folgende Merkmale gekennzeichnet werden:[22]
– Mitarbeiter erfahren relativ zufällig von bestimmten Fortbildungsangeboten; ob sie sich fortbilden, hängt u. a. von der Rechtzeitigkeit der Information, von ihrer eigenen Motivation und von der Bereitschaft des Vorgesetzten ab. Systematische Fortbildungspläne gibt es selten.
– Konkrete Anreize für den Besuch von Fortbildungsveranstaltungen gibt es kaum; Fortbildung hat für den Beschäftigten nur in Ausnahmefällen eindeutige Konsequenzen, bspw. veränderte Aufgabenstellungen, erweitertes Ermessen, Beförderung.

Verwaltung stattgefunden; die Zahl der auszubildenden Beamten ist in der Kommunalverwaltung bspw. zwischen 1992 und 1995 um 60 % zurückgegangen; vgl. T. Breuch/U. Löhr, Ausbildung in den Städten, in: der städtetag (1996), S. 807–809.
22 Die kritische Bewertung der Fortbildungspraxis schließt keineswegs aus, daß es in einzelnen Kommunen durchaus beachtliche Fortbildungsleistungen gibt und daß sich einzelne Personalfachleute anerkennenswert für die Fortbildung ihrer Mitarbeiter engagieren; es handelt sich mehr um grundlegende strukturelle Probleme. Vgl. zur Fortbildungspraxis u. a. H. Hack, Wie die Kommunalverwaltung lernt – Tendenzen und Zukunftsaspekte der Fortbildung, in: G. Berndt (Hrsg.), Personalentwicklung, Köln usw. 1986, S. 169–188, G. Kühnlein/N. Wohlfahrt, Zwischen Mobilität und Modernisierung. Personalentwicklungs- und Qualifizierungsstrategien in der Kommunalverwaltung. Berlin 1994, Meixner (s. Anm. 6).

- Fortbildungsmaßnahmen werden kaum auf der Basis sorgfältiger Bedarfsanalysen, sondern allenfalls aufgrund relativ oberflächlicher subjektiver Umfragen geplant.
- Die unteren Beschäftigtengruppen sowie die Gruppe der Frauen werden nach wie vor bei der Fortbildung relativ vernachlässigt.
- Die Besucher von Fortbildungsveranstaltungen sind häufig ziemlich »zusammengewürfelt«; dementsprechend können sich die Inhalte auch nur auf den »kleinsten gemeinsamen Nenner« der Teilnehmer richten.
- Mitarbeiter werden nach erfolgter Fortbildung meist allein gelassen; eine systematische Sicherung und Unterstützung des Lerntransfers in die Arbeitssituation unterbleibt.
- Systematische Ansätze zur Evaluierung des Lernerfolgs sind selten; im allgemeinen begnügt man sich mit wenig aussagefähigen Seminarfragebögen.

Als Fazit muß man feststellen, daß staatliche und kommunale Personalabteilungen insgesamt nur wenig unternehmen, um den wertvollen und teuren »Faktor Arbeitsleistung« zu pflegen und sein Potential angemessen zu nutzen. Nahezu alle Kritiker der deutschen Verwaltungspraxis sind sich darin einig, daß die eklatante Ressourcenverschwendung, die im öffentlichen Sektor mit dem menschlichen Leistungspotential betrieben wird, einer der Hauptmängel des gegenwärtigen Verwaltungssystems ist. Zwar nimmt gerade auf der kommunalen Ebene die Einsicht zu, daß Reformen im Personalsystem dringend geboten seien und daß man sich vermehrt um ein aktives Personalmanagement kümmern müsse.[23] Als schwerwiegendes Reformhemmnis erweist sich allerdings auch hier wieder das starre und einheitliche deutsche öffentliche Dienstrecht, das trotz der 1997 erfolgten Minimalreform selbst zeitlich begrenzte Experimente in Richtung einer stärkeren Flexibilisierung und Leistungsorientierung – etwa auf der kommunalen Ebene – weitgehend verhindert.[24] Insofern haben die Kommunen nicht ganz unrecht, wenn sie im Zuge ihres Rufens nach Personalreformen in erster Linie auf die Bundesregierung und die zentralen Hüter des Dienstrechts zeigen.

Diese kritische Einschätzung gilt auch für die dienstliche Fortbildung. Während große Unternehmungen etwa 2–3 % ihres Personalbudgets für Mitarbeiterfortbildung ausgeben und sich für eine umfassende und systematische Planung und Evaluierung ihrer Fortbildungsmaßnahmen engagieren, ist Fortbildung in der öffentlichen Verwaltung – und damit im wesentlichen auch in der Kommunalverwaltung – eher ein ungeliebtes Stiefkind, für das – mit neuerdings leicht steigender Tendenz – im Schnitt allenfalls 0,1 % aufgewendet wird und das häufig für die Beteiligten ziemlich folgenlos bleibt.

Zumindest kurz ist an dieser Stelle auf eine gewaltige Herausforderung der dienstlichen Fortbildung in den letzten Jahren hinzuweisen: die Bewältigung des gigantischen Qualifizierungsbedarfs in Ostdeutschland. Seit 1990 sind Hunderttausende von Beschäftigten in den verschiedenen Verwaltungseinrichtungen der neuen Länder mit westdeutschem Verwaltungsrecht und mit Instrumenten der Verwaltungspraxis vertraut gemacht worden.[25] Dabei ist vor allem die Bundesakademie für öffentliche Ver-

---

23 Recht deutlich wird diese Tendenz durch die Stellungnahme des Deutschen Städtetages vom 11. 8. 1992 an die Innenministerkonferenz zur Frage der Attraktivitätssteigerung des deutschen öffentlichen Dienstes belegt.

24 Vgl. den relativ einheitlich kritischen Tenor der Kommentare zum Dienstrechtsreformgesetz vom 24. 2. 1997; etwa: W. A. Oechsler/S. Vaanholt, Dienstrechtsreform – klein, aber nicht fein, in: Die Betriebswirtschaft 1997. Man sollte indes nicht übersehen, daß das bestehende Dienstrecht viel mehr an personalpolitischen Spielräumen bietet, als in der Praxis genutzt werden.

25 Vgl. i. e. J. Fischer/P. Füssgen, Die Fortbildung im Rahmen der deutschen Einheit, in: Der öffentliche Dienst 1992, S. 54–60, J. Vollmuth, Vom Staatsfunktionär zum Beamten einer

waltung (Baköv) mit ihrem »Bopparder Modell« eines Kompaktlehrgangs hervorzuheben. Daneben haben die Landesverwaltungen sowie die Verwaltungs-Fachhochschulen, Studieninstitute und die zahlreichen privaten Fortbildungsträger einen beachtlichen Beitrag zur Qualifizierung geleistet.[26] Das rasch zu bewältigende Massengeschäft hat allerdings unter erheblichen Qualitätsdefiziten gelitten; die Standardprogramme waren nicht sonderlich wirksam und stellten zu einseitig auf Rechtswissen ab. Eine sorgsame Evaluierung hat es kaum gegeben.[27]

d. Reformansätze in der Aus- und Fortbildung

Das auf den ersten Blick ziemlich trübe Bild, das man von der Leistungsfähigkeit der Aus- und Fortbildung in der deutschen öffentlichen Verwaltung gewinnt, wird durch verschiedene Reformansätze ein wenig aufgehellt, die in den letzten Jahren in der Bundesrepublik diskutiert und erprobt wurden.

Als Beispiel für Reformansätze in der Verwaltungsausbildung wird auf Innovationen im Bereich der Verwaltungs-Fachhochschulen hingewiesen.[28] In einigen Bundesländern experimentiert man mit einer Diversifikation des Studiums, indem man verschiedene Studienschwerpunkte oder Studienvarianten (»Y-Modell«) anbietet, mit allgemeinen Fachhochschulen kooperiert, die Ausbildung auch für »Nicht-Beamte« öffnet oder eine stärker betriebswirtschaftlich ausgerichtete Studienvariante (»Verwaltungs-Betriebswirt«) anbietet. Das Ausbildungsmonopol der verwaltungsinternen Fachhochschulen bricht schrittweise weg. An zahlreichen allgemeinen Fachhochschulen entstehen neue Ausbildungsgänge für den öffentlichen Sektor, bspw. für Krankenhäuser, für öffentliche Betriebe, für Nonprofit-Organisationen, aber auch für Verwaltungsmanagement.[29]

rechtsstaatlichen Verwaltung – Zu den Anforderungen an Qualifizierungsprogramme in den neuen Bundesländern, in: Die Öffentliche Verwaltung (1992), S. 376–385. Vgl. zu einer Darstellung und Wertung der in Ostdeutschland bislang gelaufenen Qualifizierungsprozesse auch G. Leis, Personalgewinnung, Aus- und Fortbildung für den Bereich der öffentlichen Verwaltung, in: H.-J. v. Oertzen (Hrsg.), Rechtsstaatliche Verwaltung im Aufbau I, Bd 17 der Schriften der Deutschen Sektion des IIAS, Baden-Baden 1992.

26 Vgl. zum Überblick R. Ehrhardt, Fortbildung für den Verwaltungsaufbau. Erfahrungen mit innovativer Fortbildung für die öffentliche Verwaltung in den neuen Bundesländern, in: Rainer Pitschas (Hrsg.), Verwaltungsintegration in den neuen Bundesländern, Berlin 1993 , S. 237–247.

27 Vgl. aber die kritische Studie von G. Kühnlein, Verwaltungspersonal in den neuen Ländern. Fortbildung und Personalpolitik in ostdeutschen Kommunen, Berlin 1997.

28 Als Beispiele werden erwähnt: a) den seit 1994 laufende Studiengang »Verwaltungsbetriebswirtschaftslehre« der Fachhochschule für öffentliche Verwaltung in Nordrhein-Westfalen (vgl. dazu B. Klümper, Modellstudiengang »Verwaltungsbetriebswirtschaftslehre«, in: DVP (1997), S. 232–235), b) der ebenfalls seit 1994 stattfindende »Europäische Studiengang Wirtschaft und Verwaltung« der (Fach-)Hochschule für öffentliche Verwaltung Bremen (vgl. dazu U. Mix, Studienerfahrungen an der Hochschule für öffentliche Verwaltung Bremen, in: Verwaltungsrundschau 1997, S. 95–100); vgl. ferner als Überblick: E. Mundhenke, Zukunftsaspekte der Verwaltungsausbildung – Fachhochschulen für Öffentliche Verwaltung im Umbruch, in: VOP (1993), S. 82 ff.; Christoph Reichard, »Public Management« – ein neues Ausbildungskonzept für die deutsche Verwaltung, in: VOP (1994), S. 178–184.

29 Als Beispiele für letzteres sei verwiesen auf: a) den Studiengang »Öffentliches Dienstleistungsmanagement/Public Management«, der seit 1994 gemeinsam von den Fach-

Längerfristig ist zu erwarten, daß die verwaltungsinternen, bedarfsbezogenen Verwaltungs-Fachhochschulen entweder in »normale« allgemeine Fachhochschulen umgewandelt oder bereits existierenden Hochschulen angeschlossen werden. Das Ausbildungsprofil wird dann auch nicht mehr auf den engeren Verwaltungsbereich zugeschnitten sein, sondern wird Verwendungsperspektiven im gesamten öffentlichen sowie im sogen. »dritten« Sektor (gemeinnütziger Sektor) anbieten. Einen besonderen Stellenwert werden hier Management-orientierte Studiengänge haben, die die für das neue kommunale Management benötigten Qualifikationen (z. B. in der Organisationslehre, im Rechnungswesen, im Controlling oder im Marketing) vermitteln.[30]

Im Bereich der Fortbildung gibt es beim Bund sowie in einigen Ländern und Kommunen einige interessante neuere Ansätze, die sich allerdings meist auf die Ebene der Führungskräfte (höherer Dienst) beschränken. Diese Ansätze versuchen, ein systematisches Fortbildungskonzept auf der Basis eines umfassenderen Personalentwicklungssystems zu realisieren, in welchem Adressaten, Anreize, Voraussetzungen, Konsequenzen und methodische Aspekte von Fortbildung definiert werden. Beim Bund ist in erster Linie auf die jahrzehntelangen Bemühungen der Bundesakademie für öffentliche Verwaltung in Bonn um zeitgemäße und wirksame Lernformen und um einen systematischen Fortbildungsansatz hinzuweisen.[31] Auf Länderebene sind vor allem die Reformbemühungen von Baden-Württemberg, daneben auch von Bayern oder Rheinland-Pfalz zu nennen.[32] Baden-Württemberg hat 1986 eine Führungsakademie in Karlsruhe eingerichtet, an der eine kleinere Zahl von Führungskräften des höheren Dienstes, darunter auch einige wenige Kommunalbeamte, in einem anspruchsvollen, eliteprägenden, eineinhalbjährigen Programm mit Auslands- und Industrieaufenthalten die »höheren Weihen« erhält.[33] In Rheinland-Pfalz ist 1991 ein Führungskolleg Speyer ins Leben gerufen worden, an dem sich höhere Beamte mehrerer Länder in einem berufsbegleitenden, 16 Kurswochen umfassenden Lehrgang an der Verwaltungshochschule während zweieinhalb Jahren qualifizieren können.[34] Beiden Konzepten ist eigen, daß sie auf eine Einbettung in einen größeren Personal-

hochschulen für Technik und Wirtschaft sowie Verwaltung und Rechtspflege in Berlin betrieben wird (vgl. dazu B. Clemens-Ziegler, Public Management: Eine innovative Variante des BWL-Studiums und der Verwaltungsausbildung, in: D. Bischoff/C. Reichard (Hrsg.), Vom Beamten zum Manager? Berlin 1994, S. 177–186), b) dem seit 1996 angebotenen Studiengang »Wirtschaft und Recht« der TFH Wildau (Brandenburg), c) den Studiengang »Verwaltungsmanagement«, der seit 1996 an der FH Osnabrück läuft (vgl. dazu I. Wittenbecher/W. Volkert, Führungskräfte von morgen – eine neuer Studiengang Verwaltungsmanagement, in: Verwaltung und Management 1966, S. 112–115).

30 Vgl. die verschiedenen Beiträge in: K. Schedler (Hrsg.), Die Ausbildung zum Public Manager, Bern usw. 1998.

31 Vgl. zum Überblick Bundesakademie für Öffentliche Verwaltung (Hrsg.), Öffentliche Verwaltung von morgen. Baden-Baden 1995.

32 Vgl. als Überblick: C. Hauschild, Aus- und Fortbildung für den öffentlichen Dienst, in: K. König/H. Siedentopf (Hrsg.), Öffentliche Verwaltung in Deutschland, Baden-Baden 1997, S. 577–593, ferner verschiedene Beiträge in H. Siedentopf (Hrsg.), Führungskräfte in der öffentlichen Verwaltung, Baden-Baden 1989.

33 Vgl. im einzelnen z. B. G. Teufel, Die Führungsakademie des Landes Baden-Württemberg, In: Baden-Württembergische Verwaltungspraxis 1986, S. 125–129; T. Müller, Die Führungsakademie des Landes Baden-Württemberg, in: Baden-Württembergische Verwaltungspraxis 1989, S. 1-5.

34 Vgl. R. Göck, Führungskräftefortbildung, Konzept und Umsetzung am Beispiel der Führungskräfteakademie des Landes Baden-Württemberg und des Führungskollegs Speyer, in: Verwaltung und Fortbildung (1995), S. 181 ff.

entwicklungs-Kontext angelegt sind, d. h. daß vor der Fortbildung eine systematische Potentialanalyse sowie Verwendungsplanung und danach konkrete Mobilitätsmaßnahmen stattfinden sollen.

Stellvertretend für kommunale Reformbemühungen sei schließlich auf das Personalentwicklungskonzept der Stadt Duisburg hingewiesen.[35] Hier bemüht man sich um einen vernetzten Ansatz, der Personalauswahl, Ausbildung, praktische Einarbeitung, fachliche, fachübergreifende und Führungs-Fortbildung, Qualitätszirkel sowie Förderung der strategischen Verwaltungsführung umfaßt. Hier und auch in einigen weiteren Kommunalverwaltungen werden in jüngster Zeit durchaus fortschrittliche Fortbildungsansätze praktiziert, die überwiegend in engem Zusammenhang mit den laufenden Modernisierungsprogrammen stehen.[36] Beispielhaft seien erwähnt:

- modular aufgebaute Führungsnachwuchstrainings (z. B. Stadt Duisburg);
- Traineeprogramme für Nachwuchskräfte (z. B. Stadt Nürnberg);
- Coaching-Ansätze für Führungskräfte;
- arbeitsplatznahe Fortbildung, z. B. in Form von Mitarbeiter- oder Qualitätszirkeln;
- Einsatz von internen Multiplikatoren in Fortbildungsprogrammen (z. B. in Berlin);
- Schaffung von Stellenbörsen mit integrierten präventiven Umschulungsprogrammen (z. B. in Bremen oder Hannover).

4. Perspektiven einer zukunftsorientierten kommunalen Aus- und Fortbildung

Zieht man noch einmal die oben geschilderten künftigen Anforderungen an die Kommunalverwaltung in Betracht, muß man feststellen, daß der deutsche öffentliche Dienst und damit auch das Aus- und Fortbildungssystem kaum geeignet erscheinen, diesen Herausforderungen erfolgreich zu begegnen. Man hat zu lange im öffentlichen Dienst auf traditionelle Anreize des Berufsbeamtentums gesetzt und kaum etwas für die Sicherung und Modernisierung des Qualifikationssystems unternommen.

Ein erster wichtiger Ansatzpunkt sind Reformen im Ausbildungssystem: Man wird – ausgehend von einer Neuordnung der Laufbahngruppen resp. der schon lange geforderten Einrichtung eines Funktionsgruppensystems – die Ausbildung des mittleren Dienstes, die noch mehr als die übrigen Ebenen im Argen liegt, modernisieren und sie weitgehend mit der Angestelltenausbildung kompatibel machen müssen. Die Ausbildung des gehobenen allgemeinen Verwaltungsdienstes wird – wie oben beschrieben – »normalisiert«, d. h. an allgemeine Fachhochschulen angeglichen oder in solche überführt und für Lernende aller Art – einschließlich zukünftige öffentliche Angestellte – geöffnet werden müssen. Die Lerninhalte werden sich vom »Schmalspur-Juristen« in Richtung Management sowie verwaltungsrelevanter Poli-

35 Vgl. Stadt Duisburg, »Duisburg 2000« – Personalentwicklung. Duisburg 1992; W. Lappé, Personalentwicklung als strategischer Ansatz – Leitlinien und Zielrichtungen in Zeiten knapper Ressourcen, in: Bertelsmann Stiftung (Hrsg.), Demokratie und Effizienz in der Kommunalverwaltung, Band 2, Gütersloh 1994, S. 249–268.
36 Vgl. G. Kühnlein, Fortbildung als Modernisierungsinstrument? Personalpolitik und Qualifizierungsstrategien in Kommunalverwaltungen, in: Christoph Reichard/Hellmut Wollmann (Hrsg.), Kommunalverwaltung im Modernisierungsschub? Basel usw. 1996, S. 203–219.

tikfelder ändern müssen. Die Ausbildung des höheren Dienstes, die immer noch (zu) stark vom Leitbild des auf den Justizeinsatz geschulten Einheitsjuristen geprägt ist, wird sich ebenfalls in Richtung breiter verwaltungswissenschaftlicher Qualifikationen wandeln müssen.

Im Fortbildungsbereich sind Reformen in Richtung einer systematischeren und stärker auf Wirksamkeit bedachten Fortbildung angesagt. Das Zufalls- und Unverbindlichkeitsprinzip heutiger dienstlicher Fortbildung ist durch einen konsequenten Personalentwicklungsansatz abzulösen.[37] Jede Kommune wird sich künftig um die Formulierung (und vor allem: Realisierung!) einer tragfähigen Fortbildungskonzeption kümmern müssen, die u. a.

- Ziele und Adressaten,
- Einbettung in eine Verwendungsplanung,
- Verfahren der Bedarfsermittlung,
- Fortbildungsanreize,
- Rolle von Vorgesetzten,
- zeitlichen Umfang,
- Methodik,
- Transfersicherung,
- dienstliche Konsequenzen (primär: Mobilität)

von Fortbildung regelt. Dabei darf nicht einseitig auf seminaristische Fortbildung abgestellt werden, sondern es muß ganz besonders das »Lernen am Arbeitsplatz« gefördert werden.

Dem menschlichen Leistungspotential – dem knappsten und teuersten der kommunalen »Produktionsfaktoren« – wird künftig generell mehr Aufmerksamkeit zu schenken sein, auch in bezug auf Qualifizierungsaspekte. »Aus- und Fortbildung ist heute Chefsache«.[38] Die Güte der Aus- und Fortbildung ist nicht nur ausschlaggebend für die kommunale Leistungsfähigkeit, sondern erweist sich zunehmend auch als zentraler Attraktivitätsfaktor im öffentlichen Dienst. Arbeitsleistung wird angesichts der demographischen Entwicklung langfristig voraussichtlich sogar ein noch knapperes Gut als die Finanzmittel. Dementsprechend muß diese knappe Ressource – u. a. durch Aus- und Fortbildung – in ihrer Qualität entwickelt und gefördert werden, damit sie optimal genutzt werden kann.

Beim Zuschnitt neuer Aus- und Fortbildungsprogramme wird u. a. folgendes zu klären sein:
- Breite versus Tiefe der Qualifizierung (generalistische Verwendungsbreite im Vergleich zu notwendiger Spezialisierung);
- Verhältnis von Erst- und Weiterqualifizierung angesichts kürzer werdender »Wissenshalbwertzeiten«;
- Art der Vermittlung der »neuen« Werthaltungen und kulturellen Prägungen (Kundenorientierung, Qualitätsbewußtsein, Demokratiewerte, Effizienz- und Effektivitätsbezug usw.).

---

37 Vgl. zu neueren Ansätzen der Personalentwicklung in der öffentlichen Verwaltung z. B.: KGST, Personalentwicklung im Neuen Steuerungsmodell. Anforderungen an vorrangige Zielgruppen. KGST-Bericht 6/1996; R. Klimecki/W. Habelt, Führungskräfteentwicklung in öffentlichen Verwaltungen, in: Verwaltung und Fortbildung (1993), S. 55 ff., G. Kühnlein/N. Wohlfahrt, 1994 (Anm. 22); H.-E. Meixner, Personal- und Organisationsentwicklung. Eine strategische und operative Herausforderung, Bonn 1996; E. Müller, Personalentwicklung in der öffentlichen Verwaltung, Wien 1996.

38 v. Richthofen (Anm. 3), S. 73.

Aus- und Fortbildung muß auf zukünftige Aufgaben rechtzeitig vorbereiten: Im Zuge des Leistungs- und Aufgabenwandels im öffentlichen Sektor bilden sich neue Anforderungen heraus, bspw. im Zusammenhang mit Management-, Bürokommunikations- oder Bürgerberatungsfunktionen, die in Qualifikationsprozessen in entsprechende Befähigungen umzusetzen sind. Dabei wird es besonders darauf ankommen, die überkomme bürokratische Verwaltungskultur abzubauen und soweit wie möglich bürgerorientierte, effizienzbezogene Werthaltungen zu vermitteln. Aus- und Fortbildung hat ferner auch dem zunehmenden Interesse von Verwaltungsmitarbeitern an eigenverantwortlicher und sinnstiftender Tätigkeit sowie an zugkräftigen beruflichen Entwicklungsperspektiven, die auch entsprechende Fortbildungschancen beinhalten, Rechnung zu tragen. Verwaltungsmitarbeiter werden künftig – auch bei ihrer Berufswahlentscheidung – stärkeren Wert auf die durch Personalentwicklung und Fortbildung gebotenen Berufsperspektiven legen.

Künftig stehen dem öffentlichen Dienst – auch auf der kommunalen Ebene – einige »Turbulenzen« ins Haus, zu deren Beherrschung auch die Aus- und Fortbildung etwas beitragen kann. Aufgabenkritik, Aufgabenumschichtung und Cutback werden verstärkt zur Freisetzung von Mitarbeitern in ihren bisherigen Aufgabenbereichen führen, die im Wege der Umschulung auf neue Aufgaben im Verwaltungsdienst vorzubereiten sind. Unklar ist vor allem, ob der künftige Aufgaben- und Stellenabbau größer als die zu erwartenden »natürlichen Abgänge« infolge von Pensionierung oder Kündigung sein wird oder ob das Gegenteil der Fall ist. Im ersten Fall dürfte der Einstellungskorridor für Nachwuchskräfte in der Kommunalverwaltung eng sein; das Schwergewicht der Qualifizierungsanstrengungen dürfte sodann auf der Fortbildung liegen.[39] Angesichts zunehmender »Pensionierungswellen« wird – zumal im Leitungsbereich – im übrigen der Nachfolgeplanung ein stärkeres Gewicht zukommen. Das bedeutet, daß Führungskräfte frühzeitig durch entsprechende Förder- und Fortbildungsmaßnahmen heranzubilden sind. All dies macht deutlich, daß der Stellenwert von Aus- und Fortbildung in der staatlichen wie der kommunalen Verwaltung künftig zunehmen wird und daß wirksame Qualifizierung des Personals zu einem Schlüsselfaktor leistungsfähiger Kommunen werden wird.

---

39 Vgl. zu dieser Einschätzung Bals (Anm. 11).

HEINRICH MÄDING

Liegenschaftspolitik

1. Zur Geschichte

Im vormodernen Feudalstaat waren das Bodeneigentum und die Grundherrschaft nicht nur zentrale Machtquellen in einer durch und durch agrarisch orientierten Gesellschaft, Erträge aus dem Boden (landwirtschaftliche Produkte, Pacht, Zehnt etc.) waren auch die wichtigste Einnahmequelle des Staates. Dies galt auch für die Gemeinden und zwar bis weit ins 19. Jahrhundert hinein. »In der Entwicklung des staatlichen wie des gemeindlichen Liegenschaftswesens und der Funktion und Bedeutung des Grundbesitzes spiegeln sich die Wandlungen des Wesens, des Begriffs und der Aufgaben der öffentlichen Verwaltung vom Feudalstaat zum heutigen Sozialstaat wider ...«[1] Nach Lorenz von Stein ist alle Verwaltung aus der Domänenverwaltung entstanden.[2]

In neuerer Zeit führten Liegenschaftspolitik und -verwaltung eher ein Schattendasein, in der Literatur wie in der Praxis. Wer als Praktiker über eine Steigerung der staatlichen oder kommunalen Handlungskraft durch eine bessere Ressourcenausstattung oder -nutzung nachdachte, konzentrierte seine Aufmerksamkeit in der Regel auf das Geld, evtl. auf das Personal. Der Boden, seine Beschaffung, Nutzung und Veräußerung, fand durchweg noch wenig Beachtung.

Das beginnt sich erst jüngst zu ändern. Die allgemeine Finanznot der öffentlichen Hände rückt Grundstücke in den Aufmerksamkeitsbereich und Zugriffsbereich der Finanzpolitik, konkreter: der Haushaltskonsolidierung. Wie beim Thema der materiellen Privatisierung von wirtschaftlichen Betrieben die alte Debatte nichts an Feuer verloren hat – hie »veräußern!«, da »halten und besser nutzen!« – so stellen sich auch beim Boden in städtischem Eigentum dieselben Fragen, bilden sich ähnliche Fronten.

2. Funktionen des kommunalen Bodeneigentums

Fragt man nach den Funktionen des gemeindlichen Bodeneigentums, d. h. der »eigenen Liegenschaften«, lassen sich drei große Funktionsbereiche unterscheiden, deren Vorrangstellung auch historisch aufeinander folgte:
1. die fiskalische Funktion der Liegenschaften,

---

1 Günter Gaentzsch, Die Liegenschaftsverwaltung, in: Günter Püttner (Hrsg.), Handbuch der kommunalen Wissenschaft und Praxis, Bd. 6, Kommunale Finanzen, Berlin 1985, S. 590.
2 Ebenda.

2. die Funktion der öffentlichen Nutzung der Liegenschaften und
3. die stadtentwicklungspolitische Funktion der Liegenschaften.

a. Die fiskalische Funktion der Liegenschaften

Zwei Aspekte sind zu unterscheiden:
a) laufende Einnahmen aus der land- und forstwirtschaftlichen Bodennutzung teils
direkt, z. B. durch Holzeinschlag in den städtischen Wald, teils indirekt über Pachten, Erbbauzinsen; heute im Verwaltungshaushalt zu veranschlagen;
b) Nettoeinnahmen aus dem Bodenkauf und -verkauf; heute im Vermögenshaushalt
zu veranschlagen.
Besonders in der Zeit der Urbanisierung und großen Stadterweiterung vor dem ersten
Weltkrieg war die zweite Variante ertragreicher. Schwander (1918)[3] verweist auf das
Preisverhältnis zwischen An- und Verkaufspreisen pro qm (vgl. Tabelle 1), das etwa in
der Größenordnung 1 : 6 lag und auf das Beispiel von *Frankfurt a. M.*, wo allein 1 904
Grundstücke mit einem Buchwert von 2,4 Mio. M für 6,4 Mio. M, also mit einem
»Gewinn« von 4,0 Mio. M veräußert worden seien. Mit gewissem Recht wird die Stadt
von ihm damals in eine Reihe mit Bodenspekulanten gestellt und die Ursache ihres
relativen Erfolges wie folgt gesehen: »Sie kann dies erfolgreicher tun als Privatleute
und Terraingesellschaften. Denn sie kennt die zukünftigen Baufluchtlinien und
die Lage der Straßen, Plätze und der ganzen Stadtteile, die neu angelegt werden sollen
. . .«[4] Die politische, er selbst sagt »ethische«, Rechtfertigung dieser gewinnorientierten kommunalen Bodenpolitik sieht er in der Ausschaltung unverdienter Gewinne bei
privaten Spekulanten und in der gemeinnützigen Gewinnverwendung, sei es zur
Schaffung sozialer Einrichtungen, sei es zur Steuerentlastung.

Tabelle 1: Bodenpreise städtischen Grundbesitzes

Jahr	Ankauf	Verkauf
1902	4,01	29,96
1903	3,08	9,17
1904	1,79	15,12
1905	3,41	16,19
(Summe)	(12,29)	(70,44)
Durchschnitt	3,07	17,61

Quelle: Schwander (Anm. 3).

Diese fiskalische Funktion ist zwischenzeitlich schwächer geworden. Mitte der 80er
Jahre behauptete Gaentzsch[5] sogar, daß auch der Liegenschaftshaushalt im allgemeinen einen Zuschußbedarf habe. Seit Anfang der 90er Jahre hat aber die fiskalische
Bedeutung wieder zugenommen und ist in den neuen Ländern stärker als in den alten
(vgl. Tabelle 2).

---

3 Schwander, Bodenpolitik, in J. Brix u. a. (Hrsg.), Handwörterbuch der Kommunalwissenschaften Bd. 1, Jena 1918, S. 438.
4 Ebenda, S. 438.
5 Günter Gaentzsch (Anm. 1), S. 594.

Tabelle 2: Haushaltsbeitrag des kommunalen Grundbesitzes 1995
(in Mrd. DM)

	Ankauf	Verkauf	Saldo
alte Länder	5,9	9,1	3,2
neue Länder	1,0	3,0	2,0
Insgesamt	6,9	12,1	5,2

Quelle: Statistisches Bundesamt: Kommunale Rechnungsstatistik 1995.

b. Die Funktion der öffentlichen Nutzung der Liegenschaften

Sicher ist dieses eigentlich die älteste Funktion.»Bodenbesitz, der der Gemeinde in ihrer Gesamtheit gehört, ist für die deutsche Gemeinde seit den ältesten Zeiten etwas Natürliches.«[6] Die landwirtschaftliche Nutzung dieses kollektiven Bodenbesitzes als Allmende ist heute ohne Bedeutung. An ihre Stelle ist vor allem die öffentliche Nutzung durch kommunale Infrastruktur bzw. für»Verwaltungszwecke«[7] getreten, doch sollte nicht vergessen werden, daß die Nutzung des Bodens als Freifläche im Rahmen landschaftsplanerischer und ökologischer Zielsetzungen – teilweise mit einer (extensiven) Landwirtschaft – ebenfalls eine stadtentwicklungspolitisch relevante »öffentliche Nutzung« darstellt.

Über die quantitative Bedeutung infrastrukturell genutzter kommunaler Liegenschaften für das Deutsche Reich oder die Bundesrepublik Deutschland sind mir keine zusammenfassenden statistischen Daten bekannt. Allerdings finden sich in Stadtmonografien und -geschichten verstreute Hinweise: Schwander[8] verweist beispielhaft auf *Frankfurt am Main,* wo sich diese Flächen um die Jahrhundertwende binnen 15 Jahren mehr als verdoppelten (1891: 156 ha, 1907: 385 ha).

Sachlich ist auf den erheblichen Flächenbedarf der kommunalen Einrichtungen hinzuweisen für
– Verwaltungsgebäude
– Schulen
– Bäder und Sportanlagen
– Krankenhäuser
– Jugend- und Alteneinrichtungen
– Verkehrswege und Plätze
– Stadtwald, Parks und Friedhöfe
– Kulturelle Einrichtungen (Theater, Museen, Bibliotheken)
– Ver- und Entsorgungsinfrastruktur (vom Kraftwerk bis zur Kläranlage).
Schon diese Liste mit ihren oft flächenintensiven Nutzungen zeigt die große Bedeutung kommunal genutzten Bodens, sog. Verwaltungsvermögen, in jeder modernen Stadt, die ein breites Leistungsspektrum auf dem heutigen Anspruchsniveau für ihre Bürger bereithält. Ob dieser umfangreiche kommunal genutzte Boden aber in kommunalem Eigentum sein sollte, ist damit noch nicht entschieden.

---

6 Schwander (Anm. 3), S. 436.
7 Vgl. Günter Gaentzsch (Anm. 1), S. 598 f.
8 Schwander (Anm. 3), S. 437.

c. Die stadtentwicklungspolitische Funktion der Liegenschaften

Unter diesem Sammelbegriff sollen hier vier Teilfunktionen unterschieden werden, wobei Überschneidungen, auch zu den bisher schon angesprochenen Funktionen nicht ganz zu vermeiden sind. Natürlich sind auch die öffentlichen Nutzungen der Liegenschaften nicht irrelevant für die Stadtentwicklung, hier soll aber zunächst auf private Nutzungen abgestellt werden.

c.1 Wohnungspolitik

An der Spitze stand und steht eindeutig die Wohnungspolitik. Noch der Baulandbericht 1993 meldet »verengter Wohnbaulandmarkt, entspannter Gewerbeflächenmarkt«.[9] Der Zustrom vom Land in die Städte und die natürliche Bevölkerungsentwicklung führten zu einer raschen Urbanisierung und den bekannten Wohnungsproblemen mit ihren sozialen und auch gesundheitspolitischen Folgen. Schon früh übernahmen daher die Städte wohnungspolitische Mitverantwortung und betrachteten es als eines ihrer Ziele, den Einwohnern zu einer preiswerten, hygienischen und menschenwürdigen Unterkunft zu verhelfen. Dabei wurden oft Einheimische, Kinderreiche oder Familien mit niedrigem Einkommen besonders begünstigt.
Städtisches Bodeneigentum wurde für dieses Ziel eingesetzt über
– städtische Wohnungsbaugesellschaften,
– verbilligten Verkauf an Wohnungsbaugenossenschaften und private Investoren mit bestimmten Auflagen,
– Vergabe in Erbpacht mit Erbpachtzinsen unter dem Marktzins.
In allen diesen Fällen war das Ziel, den Investoren in verschiedenen finanzwirtschaftlichen und rechtlichen Konstruktionen die Kosten und den Einwohnern dadurch indirekt die Miete zu senken. Die gemeindlichen Verkaufspreise lagen dabei im allgemeinen um ein Viertel bis Drittel unter dem Marktpreis.[10] Selbstverständlich war und ist ein solches Ziel nur durch Verzichte bei der fiskalischen Funktion des Bodeneigentums zu realisieren. Da einerseits der Bedarf an preiswertem Wohnraum weiterhin groß ist und andererseits in den Ballungsräumen die Grundstückskosten bis zu 50 % der Gesamtkosten eines Bauvorhabens betragen[11] und schließlich auch aus finanzwirtschaftlichen Gründen Einwohner in der Stadt gehalten werden sollen, ist der wohnungspolitische Einsatz kommunaler Liegenschaften in vielen Kommunen eine politische Notwendigkeit bzw. Selbstverständlichkeit.

c.2 Gewerbepolitik

Ganz analog kann hinsichtlich der gewerblichen Nutzung des Bodens argumentiert und vorgegangen werden. Mit fortschreitender Industrialisierung wuchsen nicht nur die Zahl der Industriearbeitsplätze, sondern auch die Flächenbedarfe pro Arbeitsplatz

---

9   Vgl. auch Helmut Güttler, Zum Baulandbericht 1993, Stadt und Gemeinde (1994), S. 63.
10 Vgl. Günter Gaentzsch (Anm. 1), S. 597.
11 Vgl. Bundesministerium für Raumordnung, Bauwesen und Städtebau, Baulandbericht 1993, Bonn 1993, S. 8 ff.

und die Störungen aus gewerblicher Flächennutzung. Große zusammenhängende Gewerbeflächen mußten durch kommunale Liegenschaftspolitik meist an der Peripherie kostenintensiv entwickelt und vorgehalten werden, um Verlagerungsbedarf aus der Stadt und Ansiedlungswünsche befriedigen zu können.

Das fiskalische Ziel der Sicherung der Steuerbasis steht hier neben dem arbeitsmarktpolitischen der Beschäftigungssicherung für die Einwohner. Gewerbepolitik und Wirtschaftsförderung zählen unumstritten zu den kommunalen Pflichtaufgaben und »Handlungsspielräume zur Umsetzung ihrer Entwicklungsvorstellungen hat eine Kommune am ehesten auf ihren eigenen Liegenschaften; beispielsweise durch Auflagen in den Kaufverträgen über Fristen für die Baupflicht und über Nutzungsverpflichtungen, insbesondere auch über eine flächensparende Grundstücksausnutzung.«[12]

Wie bei der Wohnungspolitik hat das Subventionselement bei Verkauf, Tausch oder Vergabe langfristiger Nutzungsrechte in unterschiedlichen Zeiträumen und in unterschiedlichen regionalen Differenzierungen ein wechselndes Gewicht besessen. Da (nach Befragungen[13]) in der überwiegenden Mehrzahl der deutschen Großstädte (78 %) die Bereitstellung geeigneter Gewerbeflächen mit großen Schwierigkeiten verbunden ist (u. a. durch spekulative Zurückhaltung oder überhöhte Preiserwartungen der Eigentümer), ist eine gewerbepolitisch motivierte städtische Bodenpolitik von zentraler Bedeutung auch für die kommunale Wirtschaftsförderung.

Die Bereitstellung von Gewerbeflächen ist – laut einer Difu-Umfrage aus dem Jahr 1995 – nach dem zeitlichen Arbeitsanteil der führende Aufgabenschwerpunkt der kommunalen Wirtschaftsförderung.[14]

In 80 Prozent aller befragten Städte wird die Veräußerung gemeindeeigener Gewerbeflächen als Instrument der Liegenschaftspolitik »häufig« genutzt und führt die entsprechende Rangreihe an.[15] Trotzdem antworten 41 % der deutschen Großstädte, nach einer anderen Untersuchung, dieses Instrument sollte besser noch häufiger eingesetzt werden, damit steht es auch an der Spitze dieser Rangreihe.[16] Daß das nicht geschieht, dürfte vorrangig an der aktuellen Finanznot liegen, nur selten – z. B. in ostdeutschen Gemeinden im ländlichen Raum – an Überversorgung mit Gewerbeflächen. Diese Finanznot behindert auch den Einsatz städtebaurechtlicher Instrumente wie Vorkaufsrecht oder städtebauliche Entwicklungsmaßnahme.

c.3 Vorratspolitik

Für die eigene infrastrukturelle Nutzung und die wohnungs- und gewerbepolitischen Ziele war es stets vernünftig, Bodenkäufe nicht ad hoc, sondern auf Vorrat zu tätigen. »Bodenvorrat macht unabhängig.«[17] Mit dem Umfang der ungenutzten Vorratsflächen

12 Busso Grabow/Dietrich Henckel/Gerd Kühn, Städte ohne Produktion? Das Fallbeispiel Potsdam, Difu-Materialien, Berlin, (1997) 4, S. 86.
13 Vgl. Helga Jäger/Detlef Schobeß, Strategien zur Mobilisierung von Gewerbeflächen, HLT Report Nr. 362 im Auftrag des BMBau, Wiesbaden 1992, S. 9.
14 Beate Hollbach-Grömig, Kommunale Wirtschaftsförderung in den 90er Jahren, Difu-Beiträge zur Stadtforschung, Bd. 21, Berlin 1996, S. 40.
15 Ebenda, S. 42.
16 Vgl. Jäger/Schobeß (Anm. 13), S. 25.
17 Otto Pirkel, Bodenpolitik, Kommunale, in: Handwörterbuch des Städtebaus, Wohnungs- und Siedlungswesen, Stuttgart 1959, S. 403.

wächst die zinslose Kapitalbindung. Auch hier besteht ein Spannungsverhältnis zur fiskalischen Funktion. Durch Vergabe der Flächen für Zwischennutzungen kann eine finanzielle Entlastung eintreten, allerdings können sich diese Nutzungen auch so verfestigen – man denke etwa an Kleingartenareale –, daß es schwer wird, durch Umnutzung die Flächen erneut zu mobilisieren.

Bodenvorratsflächen wurden übrigens von allen Großstädten auch auf Nachbargemarkungen erworben:
- vor allem als Tauschflächen für einheimische Landwirte, deren Felder der Siedlungsexpansion im Wege lagen,
- früher aber auch zur Unterstützung von Eingemeindungsplänen.

Schließlich kann solch externer Bodenvorrat auch für infrastrukturelle Zwecke (früher z. B.: Rieselfelder) oder wohnungs- und gewerbepolitische Ziele (heute z. B.: für gemeinsame Gewerbeflächen oder für Siedlungszwecke) genutzt werden.

Kommunale Flächenvorratspolitik erhält vor dem Hintergrund der allgemeinen Beschleunigung ökonomischer Strukturwandlungen und Produktzyklen eine neue Bedeutung: die Stadt muß Nutzungsänderungen häufiger und schneller bewerkstelligen. Markante Beispiele sind Freizeiteinrichtungen und ihre Konjunkturen. Sie kann dies oft nur durch die generelle Vorhaltung von Vorratsflächen heute für ein Erlebnisbad, morgen für ein Musical-Theater.

Weiter verschärft werden diese Anforderungen durch zwei Tendenzen: erstens den zunehmenden Wettbewerb der Städte und Regionen und zweitens die wahrnehmbare Tendenz vor allem gewerblicher Betriebe, im Rahmen ihres eigenen verbesserten Liegenschaftsmanagements Reserveflächen abzustoßen und trotzdem bei Bedarf eine adäquate Versorgung – nun aber von der Stadt – zu erwarten. Heutiger Extrempunkt dieser Externalisierungstendenzen für Flächenkosten ist der Fall Wolfsburg, wo die Stadt sogar flexible Hallen errichtet und vorhält, um den wechselnden VW-Zulieferern eine rasche und kostengünstige Produktionsaufnahme zu ermöglichen.[18]

c.4 Preispolitik

Je nach dem quantitativen Gewicht der Kommune auf dem Bodenmarkt und nach der eingeschlagenen bodenpolitischen Grundausrichtung kann die Gemeinde natürlich versuchen, auf ihrem Territorium allgemein die Bodenpreise (mit wohnungs- und gewerbepolitischer Intention) zu beeinflussen, konkret: in ihrem Wachstum zu begrenzen.

Leider sind auch hier die empirischen Informationen sehr schlecht. Das »Statistische Jahrbuch deutscher Gemeinden« weist zuletzt im 64. Jahrgang von 1977 – also vor 20 Jahren! – entsprechende Zahlen aus. Der Baulandbericht 1983 enthält die folgende Tabelle 3. Deutlich wird hier, daß der Grundeigentumsanteil in Prozent der Gemeindefläche für alle Nutzungsarten bei den Städten über 50 000 Einwohner mit der Gemeindegröße kontinuierlich wächst, und zwar von 16 auf 32 Prozent, mit einer Ausnahme: den Waldflächen, die in kleineren Städten einen größeren Anteil haben als in größeren Städten. Einzelne Gemeinden weichen deutlich von den Durchschnittswerten ab. Der neueste Baulandbericht von 1993 enthält keine vergleichbare Tabelle mehr!

---

18   Vgl. Hollbach-Grömig (Anm. 14), S. 39.

Tabelle 3: Grundeigentum der Gemeinden nach Nutzungsarten 1977

Einwohner	Grundeigentumsanteil in % der Gemeindefläche in Gemeinden mit			
	50 000 bis 100 000	100 000 bis 200 000	200 000 bis 500 000	über 500 000 (o. Berlin)
Gebäude u. Freiflächen	1,0	1,7	2,4	3,4
Verkehrsflächen	3,8	4,6	5,4	8,1
Landwirt. Flächen	2,9	3,8	6,0	6,8
Waldflächen	6,9	6,6	5,4	5,8
Sonstige Flächen	1,9	3,0	3,8	7,7
insgesamt Grundeigentum innerhalb der Gemeinde	16,5	19,7	23,0	31,8

Quelle: Statistische Jahrbücher deutscher Gemeinden, zit. nach Baulandbericht 1983, Bonn 1983, 71.

Der Einfluß auf Preise geht allerdings nicht von inaktiven Beständen, sondern von Transaktionen aus, also dem Anteil der Kommunen an Käufen und Verkäufen auf bestimmten Marktsegmenten. In einer – auch schon 15 Jahre zurückliegenden – Studie über Großstädte haben Tiemann/Hüttenrauch (1982)[19] folgende Größenordnungen ermittelt:

Bei Bauerwartungsland waren die Kommunen im Zeitraum 1960–1980 mit 52 Prozent die stärkste Marktteilnehmergruppe (Private: 36 Prozent). Bei baureifem Land betrug ihr Anteil aber nur 22 Prozent. Hier sind die privaten Marktteilnehmer mit 68 Prozent die stärkste Gruppe. Güttler/Krautzberger schätzten damals kommunale Marktanteile bei Bauerwartungsland zwischen 30 und 50 Prozent, bei baureifem Land bei etwa 10 Prozent.[20] Kein Wunder, daß zwei Drittel aller Städte in einer BfLR-Umfrage die Möglichkeit einer Bodenpreisbeeinflussung negativ einschätzten.[21] Allerdings gibt es auch positive Beispiele.[22]

3. Überlegungen zur aktuellen Lage

a. Liegenschaften und Bauleitplanung

Im Laufe der vergangenen Jahrzehnte ist ein umfassendes, differenziertes städtebauliches Planungsrecht entwickelt worden, das es der Kommune heute im Rahmen der Bauleitplanung (Flächennutzungsplanung, Bebauungspläne) erlaubt, Festsetzungen

---

19 Vgl. Martin Tiemann/Christian Hüttenrauch, Baulandpreise, in: der städtetag, 1982 (1), S. 2 ff.
20 Vgl. Helmut Güttler/Michael Krautzberger, Kommunale Bodenpolitik als Beitrag zur Baulandbeschaffung und -sicherung, in: Stadtbauwelt, (1983) 79, S. 264, 1450.
21 Vgl. ebenda.
22 Vgl. Michael Krautzberger/Helmut Güttler (Hrsg.), Bodenvorratspolitik der Gemeinden, in: Städte- und Gemeindebund, (1983) 1, S. 9; Hans Wielens, Schaffung und Mobilisierung von Bauland. Notwendige Voraussetzung für angemessene Wohnungskosten, in: Baukultur, (1994) 4, S. 22.

über die Flächennutzung nach Art und Umfang zu treffen. Insofern stellt sich die Frage, inwieweit nicht einzelne stadtentwicklungspolitische Funktionen, die gestern privatrechtlich über das Grundeigentum verfolgt wurden, heute öffentlich-rechtlich über die Bauleitplanung verfolgt werden können.

Dies ist partiell sicher möglich, so bei der räumlichen Lage von Stadterweiterungsgebieten oder der Definition der Art der Nutzung. Die kommunale Planungshoheit betrifft aber nur eine Angebotsplanung, die Verwirklichung der Pläne, also die Auffüllung eines Gewerbegebietes oder die individuelle Wohnungsbauinvestition liegt weiterhin im Ermessen der privaten Grundeigentümer. Das grundgesetzlich garantierte private Eigentum an Grund und Boden ist eine wichtige Restriktion jeder Planrealisierung. Dort, wo spezifische Instrumente, wie das Baugebot, weitergehen, ist ihr Einsatz wegen der restriktiven rechtlichen und politischen Vorbedingungen äußerst selten. Insofern kann die Planrealisierung gefördert werden, wenn die Gemeinde Grundeigentümer ist. »In der Praxis hat sich immer wieder gezeigt, daß die privatrechtlichen Mittel – also die Aufnahme entsprechender Bedingungen in die Verkaufs- und Erbbaurechtsverträge – durchschlagskräftiger sind als die öffentlichrechtlichen ... Es ist deshalb verständlich, daß die Stadtplanung eine umfassende Verfügungsmöglichkeit über den Grund und Boden stets als eine wichtige Voraussetzung für die Verwirklichung ihrer Ziele angesehen hat.«[23]

Neben der Absicherung der Planrealisierung versetzt das kommunale Bodeneigentum die Gemeinden zudem in die Lage, Bauland erheblich wirtschaftlicher bereitzustellen als bei einer Angebotsplanung. Dies ergibt sich aus den spezifischen Finanzierungsmodalitäten nach dem Baugesetzbuch und nach dem Kommunalabgabenrecht der Länder.[24] Ohne den gemeindlichen Zwischenerwerb verbleibt der durch die Bauleitplanung bedingte Bodenwertzuwachs nämlich i. d. R. bei den Grundstückseigentümern und kann nicht zur Finanzierung der Maßnahme und der Folgeinvestitionen genutzt werden. Da der Grundstückswert sich in vielen Fällen von der Entwicklungsstufe »Bauerwartungsland« bis zum »Rohbauland« verdoppelt, ist es möglich, daß der planungsbedingte Bodenwertzuwachs sich in Innenstädten oft in einer Größenordnung bis zu 500,– DM pro m^2 bewegt.

Die Chancen, die sich aus einem gemeindlichen Zwischenerwerb im Rahmen der Baulandpolitik ergeben, zeigen sich besonders bei einer Analyse der städtebaulichen Entwicklungsmaßnahmen nach den §§ 165 bis 171 BauGB. Die städtebauliche Entwicklungsmaßnahme basiert nämlich auf dem Ankauf der Grundstücke in dem Entwicklungsbereich zu dem entwicklungsunbeeinflußten Bodenwert und ihrer Veräußerung zum Neuordnungswert nach Abschluß der Entwicklungsmaßnahme. Die Vorteile, die sich hieraus ergeben sind die gezielte Steuerung bei der Vergabe der Grundstücke hinsichtlich Nutzer und Nutzungen über das hinaus, was mit dem hoheitsrechtlichen Instrumentarium möglich wäre, die Nutzung als wohnungs- und wirtschaftsförderungspolitisches Instrument, die langfristige Bindung der Nutzer an die Ziele der Entwicklungsmaßnahme, die Abschöpfung der entwicklungsbedingten Bodenwertzuwächse zur Finanzierung der Maßnahme, sowie die Senkung des Bodenpreisniveaus durch Erhöhung des Angebots.[25]

23 Gerd Albers u. a., Die Verwirklichung städtebaulicher Planung, in: Akademie für Raumforschung und Landesplanung (Hrsg.), Grundriß der Stadtplanung, Hannover 1983, S. 412.
24 Vgl. Winrich Voß, Kosten und Finanzierung der Baulandbereitstellung, Grundstücksmarkt und Grundstückswert, (1996) 6, S. 344.
25 Vgl. hierzu Arno Bunzel/Jochem Lunebach, Die städtebauliche Entwicklungsmaßnahme – ein Instrument zur Mobilisierung von Bauland, Informationen zur Raumentwicklung, (1994) 1/2, S. 31.

b. Liegenschaften und Haushaltskonsolidierung

In den 80er und 90er Jahren sind zwei große Wellen der Haushaltskonsolidierung durch die deutschen Kommunen, vor allem die großen Städte, gegangen. Beide Male hat die wachsende Finanznot die Kaufmöglichkeiten für Boden gesenkt, den Reiz zum Verkauf gesteigert. Erst mit der zweiten Welle ist aber Bodenveräußerung wieder ein relevanter Netto-Einnahmeposten in vielen Gemeinden geworden und die sog. »Vermögensaktivierung« (nicht nur beim Boden, auch bei den wirtschaftlichen Betrieben, nicht nur durch Verkauf, auch durch neue Nutzung – oft in public private partnership) kann als charakteristische Neuerung der Haushaltskonsolidierungspolitik der 90er Jahre angesehen werden, ohne daß die Hoffnung auf eine Haushaltskonsolidierung nur durch Vermögensverwertung realistisch wäre[26] (vgl. Kurth 1996) und ohne daß die Verkäufe je die Häufigkeit von personalpolitischen Maßnahmen erreicht hätten (vgl. DST-Umfragen).

Durch die sparpolitisch induzierte Neubewertung des Haushaltsgrundsatzes der Wirtschaftlichkeit werden Flächen einer intensiveren Prüfung ihrer Nutzung und der Kosten- und Leistungsströme unterzogen als früher und teilweise lange verdeckte Zweckentfremdungen und Unwirtschaftlichkeiten aufgedeckt. Dies geht natürlich nur mit einer verläßlichen, nicht betriebswirtschaftlich verengten Methode und der notwendigen Manpower. Die EDV-Entwicklung hat jedenfalls wichtige technische Voraussetzungen beigesteuert. »Mit einmaligen Einnahmen aus Verkäufen, und das gilt auch für Grundstücksverkäufe, kann nur Zeit gekauft werden. Wichtiger ist es, dauerhafte Einnahmen aus Grundstücken zu erzielen und Ausgaben für Liegenschaften zu senken.«[27]

c. Liegenschaften und Verwaltungsmodernisierung

Bislang erhielten Verwaltungen Grundstücke und Gebäude »durch Ankreuzen«, wie Weinzen[28] sarkastisch formuliert. Die Trennung von Fachverantwortung (dezentral) und Ressourcenverantwortung (zentral) führte zu vielen Funktionsschwächen im Verwaltungsapparat. Vor allem gab es für die einzelnen Verwaltungen keinen Anreiz zur wirtschaftlichen Flächennutzung (nicht bei Büroräumen, Parkplätzen, Freiflächen oder den jeweiligen infrastrukturellen Nutzflächen). Das provozierte Flächenverschwendung.

Die als Neues Steuerungsmodell propagierten Veränderungen zielen darauf ab

- durch Kosten-Leistungs-Rechnung auch die Flächenkosten den »Produkten« zuzurechnen,
- in den dezentralen Einheiten Anreize für wirtschaftliches Handeln zu schaffen u. a. durch dezentrale Ressourcenverantwortung, Budgetierung und die Chance zur

---

26 Vgl. Peter Kurth, Haushaltskonsolidierung durch Immobilienverwertung, in: TGL Treuhand Liegenschaftsgesellschaft mbH, Immobilienmärkte im Umbruch: Perspektiven für die deutsche Immobilienwirtschaft, Liegenschaftskongreß Oktober 1996, Berlin 1996, S. 107–118.
27 Hans Willi Weinzen, Berlin und seine Grundstücke. Eine Einführung in das Grundstückswesen, Berlin 1997, S. 209.
28 Ebenda, S. 205.

Einbehaltung der sog. managementbedingten Erfolgsverbesserung (Mehreinnahmen, Minderausgaben),
– und schließlich den Handlungsspielraum der dezentralen Einheiten zu erweitern, z. B. durch Wahlmöglichkeit zwischen Gebäudeeigentum und Miete, Selbst- oder Fremdbewirtschaftung evtl. sogar Verkauf zur Aufstockung von Budgets.

Neue Methoden des Liegenschaftsmanagements, die zunächst für die Privatwirtschaft entwickelt wurden, streben eine ganzheitliche Betrachtung von rechtlichen, wirtschaftlichen und technischen Aspekten an und dringen auch in die öffentliche Verwaltung vor. Sie werden bei geschickter Anwendung auf der zentralen und dezentralen Ebene auch hier zu einer nennenswerten Flächenfreisetzung und Ausgabeneinsparung beitragen.

Ein besonderes Problem stellt die Flächenpolitik der Beteiligungsgesellschaften dar. Erstens handelt es sich regelmäßig um eine sehr relevante Größenordnung und zweitens ist bekanntlich die Steuerung der Geschäftspolitik dieser Gesellschaften und die Koordinierung mit der allgemeinen Stadtpolitik besonders schwierig, teils aus rechtlichen, teils aus praktisch-politischen Gründen. Im Rahmen der Controlling-Bemühungen in den laufenden Verwaltungsreformprozessen wird in vielen Großstädten ein eigenständiges Beteiligungscontrolling aufgebaut, das von seinem Anspruch her nicht nur Rentabilitätsziele verfolgt und insofern auch die flächenpolitische Dimension des Handelns dieser Gesellschaften an Ziele der allgemeinen Stadtpolitik binden sollte.

d. Liegenschaftspolitik

Die dargestellten Funktionen des kommunalen Bodeneigentums haften diesem nur potentiell an:
– Land kann brach liegen oder landwirtschaftlich untergenutzt bleiben, keiner kümmert sich, die Funktionen werden »verschenkt«.
– Andererseits stellt jede Nutzung Verzicht auf Alternativnutzungen dar. Ist die Gewerbenutzung realisiert, scheidet die Wohnnutzung aus.
– Drittens stehen die Funktionen in einem Spannungsverhältnis oder Zielkonflikt: Je mehr preisspezifische Intentionen umgesetzt werden, um so weniger fiskalische Effekte können realisiert werden. Hier bestehen Optimierungsaufgaben.

Daraus folgt: alle Funktionen nützen nichts ohne eine konsistente, konsequente und transparente Liegenschaftspolitik, mit der Kommunalpolitik und Verwaltung den ungehobenen »Schatz« Liegenschaften zu der bestmöglichen Entfaltung im gesamtgesellschaftlichen Interesse führen. Diese Liegenschaftspolitik muß heute mit einem breiteren Zielbündel hantieren als früher, da die Anforderungen umweltgerechter Stadtentwicklung (haushälterische Bodennutzung, vorsorgender Bodenschutz, Ausgleichs- und Ersatzmaßnahmen bei Eingriffen in Natur und Landschaft[29]) zu den alten

---

29 So ist darauf hinzuweisen, daß die Gemeinden nach der am 1. Januar 1998 in Kraft getretenen Rechtslage Flächen für den Ausgleich für Eingriffe in Natur und Landschaft im gesamten Gemeindegebiet und auch in Nachbargemeinden bereitstellen können. Kann die Gemeinde dabei auf eigene Flächen zurückgreifen, braucht sie hierfür keinen Bebauungsplan aufstellen. Die Gemeinde kann, wenn sie die Flächen frühzeitig erwirbt, die Kosten für die Bereitstellung der Flächen erheblich reduzieren. Daher ist auch hierfür eine Bodenbevorratung sinnvoll.

wohnungs- und gewerbepolitischen Zielen hinzugetreten sind und zum insgesamt »komplexen Anforderungsprofil«[30] der Bodenpolitik beitragen.

4. Zusammenfassung in Thesen

1. Basis jeder vernünftigen Politik ist ein hinreichendes Maß an Sachwissen über eine Liegenschaftsdatenbank. In vielen Städten bestehen noch erhebliche Mängel in der Datenverfügbarkeit, die mit vertretbarem Aufwand behebbar wären.
2. Nur wenn Stadtentwicklungspolitik selbst als eine übergreifende Aufgabe wahrgenommen wird und sektoral-gestaltende Einflußmacht besitzt, kann eine ihr zugeordnete Liegenschaftspolitik wirksam werden. Wenn die Fachressorts treiben, was sie wollen, oder Stadtpolitik reiner Erfüllungsgehilfe wechselnder wirtschaftlicher Teilinteressen ist, fehlen die Ansatzpunkte einer dienenden Rolle der Liegenschaftspolitik für die Stadtentwicklung.
3. Extremlösungen taugen nicht. Maximale Bodenbevorratung für alle Eventualitäten überfordert den Haushalt und ist marktwirtschaftlich kontraproduktiv. Minimierung des kommunalen Bodeneigentums führt in Abhängigkeiten bei der Infrastrukturpolitik, Wohnungspolitik und Gewerbepolitik. Es kommt also auf eine politisch gesteuerte Optimierung an.
4. Die Veränderungen in den Rahmendaten (Haushaltskonsolidierung, Verwaltungsmodernisierung) wirken heute in Richtung Bodenveräußerung. Dabei sind die Flächen zuvor nach Lage, heutiger Nutzung, erwartbaren Nutzungen, erzielbaren Preisen zu klassifizieren und zeitnah einzeln zu bewerten. Die Funktionenübersicht ergab, daß besonders die außerhalb der Gemeindegrenzen liegenden Flächen eine Beweislast tragen, sie sind andererseits im Durchschnitt konsolidierungspolitisch die unergiebigeren. Bei der Bodenveräußerung ist selbstverständlich neben strategischen Erwägungen auf taktisches Geschick (Informationspolitik, Tempo der Veräußerung etc.) zu achten.
5. Eine konzeptionelle Liegenschaftspolitik hat zeitlich einer konsolidierungspolitisch motivierten Veräußerungsaktivität vorauszulaufen. Sie ist organisatorisch mit der Stadtentwicklungspolitik zu verknüpfen, allerdings mit erheblicher Mitsprache von Gemeinderat, Verwaltungsspitze und Finanzverwaltung. Die Bewirtschaftung des Verwaltungsvermögens sollte i. d. R. dezentral bei den Fachverwaltungen, allerdings nach einheitlichen Verfahren und Richtlinien, liegen. Für die Bewirtschaftung (einschließlich Erwerb und Veräußerung) des Finanzvermögens sollten auch zentrale und private Lösungen geprüft werden.

---

30 Burkhard Hintzsche/Frank Steinfort, Boden und Kommunalfinanzen, in: Beate u. Hartmut Dieterich (Hrsg.), Boden – Wem nutzt er? Wen stützt er? Neue Perspektiven des Bodenrechts, in: deutscher städtetag, Stadtvermessung – Geoinformation – Liegenschaften, Reihe E, (1997) 25, Köln, S. 36.

Kommunale Betriebe und Mixed Economy

1. Geschichtliche Entwicklung

Die deutschen Städte haben sich immer stark in der Wirtschaft engagiert, sei es ordnend und lenkend, sei es fördernd oder auch durch Führung eigener Betriebe. Man braucht nur an die Hansestädte und die süddeutschen Handelsstädte zu denken. Dem Niedergang der Städte nach dem Dreißigjährigen Krieg folgte nach 1815 ein neuer Aufschwung städteeigenen Engagements.[1] Zuerst wurden Sparkassen gegründet, dann folgten die Wasserversorgung, ab 1850 die Gasversorgung, später Stromversorgung und der Nahverkehr. Größere Städte legten sich auch Häfen, Flughäfen, Kleinbahnen und Lagerbetriebe zu. Seit der Jahrhundertwende haben auch die Landkreise und viele Gemeinden ohne Stadtrecht zunehmend wirtschaftliche Aktivitäten entwickelt.

Die Weltkriege haben diese Entwicklung zwar gebremst, aber nicht unterbrochen. Die Weimarer Zeit war einerseits durch Tendenzen zur Kommunalisierung von Betrieben (»Munizipalsozialismus«) und andererseits durch Gegenaktivitäten der privaten Wirtschaft geprägt; faktisch aber änderte sich wenig. Im Dritten Reich gab es ebenfalls kaum Veränderungen.

Die Nachkriegszeit kann, was die klassische Kommunalwirtschaft angeht (also Sparkassen, Versorgung und Verkehr), als Konsolidierungsphase bezeichnet werden. Es sind kaum Zuwächse zu verzeichnen, aber auch kaum Abgänge durch Privatisierung oder »Hochzonung« auf die staatliche Ebene. Die kommunalen Betriebe sind ausgebaut und erweitert, vor allem modernisiert und weiterentwickelt worden. Erst in neuerer Zeit ist Bewegung in die kommunale Wirtschaft gekommen.

Eine besondere Entwicklung hat es in der sowjetischen Besatzungszone bzw. der späteren DDR gegeben. Dort wurde die kommunale Wirtschaft zunächst gefördert und eine eigene Rechtsform des kommunalen Wirtschaftsunternehmens erfunden. Diese Entwicklung endete aber schon bald. Für die Versorgungswirtschaft wurden große Kombinate gebildet, in die die Stadtwerke der Gemeinden eingebracht wurden. Die Sparkassen wurden der Staatsbank der DDR unterstellt und somit von den Kommunen abgelöst. Es blieben in den Gemeinden zwar noch kleinere Unternehmen der sogenannten Stadtwirtschaft erhalten, aber dies waren andere Betriebe als die früheren, nämlich z. B. Reinigungsbetriebe und kleinere andere Dienstleistungsbetriebe. Nach der Wende erhielten die Städte und Kreise die Wasserversorgung, die

---

1 Vgl. zur Geschichte: Klaus Stern/Günter Püttner, Die Gemeindewirtschaft, Stuttgart 1965, S. 11 ff.; ferner die Beiträge im Handbuch der kommunalen Wissenschaft und Praxis (HkWP), hrsg. von Günter Püttner, Bd. 5, Berlin 1984; Franz-Ludwig Knemeyer, Kommunales Wirtschaftsrecht, in: N. Achterberg/G. Püttner (Hrsg.), Besonderes Verwaltungsrecht, Bd. II, Heidelberg 1992, S. 53 ff.

Sparkassen sowie den Personennahverkehr ziemlich rasch wieder in ihre Hand, die Energieversorgung dagegen erst allmählich nach einem Verfahren vor dem Bundesverfassungsgericht, weil die großen deutschen Versorgungsunternehmen als Nachfolger der Energiekombinate das Wiedererstehen von Stadtwerken zunächst verhindern wollten.

Zur Terminologie ist anzumerken: Früher sprach man allgemein von öffentlichen bzw. kommunalen »Betrieben«. Inzwischen hat sich in der Wirtschafts- und Rechtssprache die Unterscheidung zwischen »Betrieben« als tatsächlichen Produktions- und Arbeitsstätten einerseits und »Unternehmen« als wirtschaftlichen Handlungseinheiten andererseits durchgesetzt. Korrekterweise muß deshalb heute von kommunalen Unternehmen gesprochen werden, aber die alte Tradition wirkt nach (z. B. im Begriff »Eigenbetriebe« – siehe Abschnitt 4 –, die eigentlich »Eigenunternehmen« heißen müßten).

2. Überblick über den Stand der kommunalen Wirtschaft im einzelnen

Als besonders wichtige Unternehmen der kommunalen Wirtschaft sind zunächst die Sparkassen[2] zu nennen. Es gibt in der alten und neuen Bundesrepublik ein flächendeckendes Netz von Sparkassen, die ganz überwiegend kommunale Sparkassen sind (es gibt nur einige freie Sparkassen). Die Sparkassen werden überwiegend von den Kreisen und den Großstädten betrieben, es gibt aber auch kreiszugehörige Städte und Gemeinden mit einer eigenen Sparkasse. Die Sparkassen sind normalerweise regional gegeneinander abgegrenzt; es gibt nur wenige Überlappungen (sogenannte Gemengelagen). Die Sparkassen sind regional in Sparkassen- und Giroverbänden organisiert, denen auch die Sparkassenträger, also die Kreise, Städte und Gemeinden angehören. Diese betreiben als Sparkassen-Zentralinstitute die Landesbanken, an denen allerdings z. T. die Länder beteiligt sind. Auf zentraler Ebene gibt es den Deutschen Sparkassen- und Giroverband, in den die gesamte deutsche Sparkassenaktivität zusammenläuft.

Die Sparkassen stellen eine der wichtigsten Gruppen im Kreditgewerbe dar. Dieses besteht aus drei Säulen, den privaten Geschäftsbanken, den Genossenschaftsbanken und den öffentlichen Banken und Sparkassen. Die öffentlichen Banken und Sparkassen repräsentieren insgesamt mehr als die Hälfte des Kreditgeschäfts. Innerhalb dieser Gruppe sind die Sparkassen wiederum der größte Faktor. Sie sind damit insgesamt am deutschen Kreditgewerbe mit gut einem Fünftel beteiligt. Sie konzentrieren sich vor allen Dingen auf die Unterhaltung eines flächendeckenden Filialnetzes. Es ist ihre Aufgabe, insbesondere breiten Schichten der Bevölkerung zu dienen und auch den sogenannten kleinen Mann zu erreichen. Diese Aufgabe wird von den Sparkassen durchaus effizient und auch wirtschaftlich wahrgenommen. Die Sparkassen erzielen zwar keine besonders hohen Gewinne, aber aus der Tatsache, daß sie prozentual mehr Steuern zahlen als die privaten Geschäftsbanken, kann man ersehen, daß sie mit Erfolg wirtschaften. Die Gewinne werden allerdings nur zum kleineren Teil

2 Helmut Schlierbach/Günter Püttner, Das Sparkassenrecht, Stuttgart 1998; A. v. Mutius, Die kommunalen Sparkassen, in: Günter Püttner (Hrsg.), HkWP (Anm. 1), S. 453–477.

ausgeschüttet, zum größeren Teil dienen sie dazu, die Eigenkapitalbasis der Sparkassen zu verbessern.

Der zweite große Zweig der Kommunalwirtschaft ist die kommunale Versorgungswirtschaft. Alle größeren Städte, z. T. auch die Landkreise und viele kreisangehörige Städte und Gemeinden betreiben eigene Energie- und Wasserversorgungsunternehmen (vgl. zur kommunalen Energiepolitik den Beitrag von Klaus Müschen, in diesem Band). Oft sind alle drei Sparten (Strom, Gas und Wasser) vorhanden, manchmal auch nur ein oder zwei dieser Sparten. Die kommunale Energiewirtschaft[3] ist hauptsächlich Verteilungswirtschaft, d. h. die Städte und Gemeinden verteilen Strom und Gas, das sie von regionalen oder überregionalen Unternehmen beziehen, sei es von großen Stromversorgungsunternehmen, sei es von Unternehmen, die Gas herstellen oder importieren. Allerdings unterhalten nicht alle Städte und Gemeinden eigene Stadtwerke zur Energieverteilung: viele haben auch ein größeres Unternehmen durch einen Konzessionsvertrag mit der Versorgung beauftragt. Sie erhalten dann aber von diesem Unternehmen die sogenannte Konzessionsabgabe als Abgeltung des Rechts, ausschließlich die Versorgung in der Gemeinde zu betreiben und die gemeindlichen Straßen und Wege zu benutzen. Aus steuertechnischen Gründen wird die Konzessionsabgabe auch von den eigenen Versorgungsunternehmen der Städte und Gemeinden erhoben, denn es handelt sich um eine Abgabe, die als Betriebsausgabe von den Steuern abgesetzt werden kann.

An diesem eingefahrenen System wird sich in nächster Zeit einiges ändern. § 103a GWB begrenzt schon jetzt die Laufzeit der Konzessionsverträge auf 20 Jahre, so daß viele Verträge jetzt auslaufen und Neuabschlüsse möglich werden. Im übrigen ist im Gefolge von EG-Vorgaben eine Reform des Energiewirtschaftsrechts im Gange, die das Ausschließlichkeitsrecht bei der örtlichen Versorgung beseitigen will.[4]

In neuerer Zeit gibt es ferner Weiterentwicklungen auf dem Gebiet der Versorgungswirtschaft, vor allem ausgelöst durch Umweltschutzüberlegungen. Es geht um kommunale Energieversorgungskonzepte, die auch den Gedanken des Energiesparens und der Umweltschonung einschließen. In diesem Zusammenhang ist insbesondere die Kraft-Wärme-Kopplung zu nennen. In Müllverbrennungsanlagen und anderen Anlagen wird gleichzeitig Wärme für die Fernwärmeversorgung und Strom für das Versorgungsnetz erzeugt. Das Stromeinspeisungsgesetz von 1990 gibt den Erzeugern von erneuerbaren Energien (insbesondere von Wind- und Solarenergie) das Recht, die Energie gegen angemessene Vergütung in das Netz des örtlich zuständigen Versorgungsunternehmens einzuspeisen, wovon zunehmend Gebrauch gemacht wird.

In den meisten Städten ist die Fernwärme als zusätzlicher Zweig der Versorgungswirtschaft auf- und ausgebaut worden. In dieser Hinsicht sind in den neuen Ländern sogar mehr Anlagen vorhanden als in den alten Ländern.

Als weiterer Teil der Versorgungswirtschaft ist die Wasserversorgung[5] zu nennen. Die meisten deutschen Gemeinden, insbesondere Städte, aber auch Landkreise, verfügen über eigene Wasserversorgungsunternehmen, die meistens im Querverbund zusammen mit den Energieversorgungsunternehmen geführt werden. Die Wasserbeschaffung ist allerdings teilweise überregional organisiert; dann arbeiten viele Kreise, Städte und Gemeinden in größeren Zweckverbänden zusammen. Es gibt aber

3 Günter Püttner, Das Recht der kommunalen Energieversorgung, Stuttgart 1967; W. Ludwig, Das System der kommunalen Energieversorgung, in: G. Püttner (HkWP, Anm. 1), S. 241–274.
4 Bei Redaktionsschluß im Bundesgesetzblatt noch nicht erschienen.
5 W. Ludwig/H. Schauwecker, Strukturen und Probleme der Wasserversorgung, in: G. Püttner (HkWP, Anm. 1), S. 275–302.

auch lokale Kooperationen, um das nötige Wasser bereitzustellen. Die Wasserverteilung liegt dagegen regelmäßig bei den Stadtwerken der einzelnen Städte, teilweise auch bei den Kreisen.

Zu beobachten sind heute Versuche, die Entsorgung, insbesondere also die Abwasserbeseitigung, mit der Wasserversorgung zu kombinieren. Diese Bemühungen stehen aber erst in den Anfängen, und es läßt sich noch nicht abschätzen, ob auf breiterer Front diese Form der Kombination von Ver- und Entsorgung ausgebaut werden wird.

Als dritte große Säule der kommunalen Wirtschaft ist die Verkehrswirtschaft[6] zu nennen. Alle größeren Städte, z. T. auch die Landkreise haben eigene Nahverkehrsunternehmen zur Bewältigung des öffentlichen (örtlichen oder nachbarörtlichen) Personennahverkehrs (ÖPNV). Gelegentlich wird auch der Güterverkehr mit einbezogen. Die Verkehrsunternehmen dienen heute weitgehend dazu, den Stadtverkehr in geordnete Bahnen zu lenken. Allerdings sind die Betriebe ganz überwiegend defizitär, weil die Konkurrenz mit dem privaten Individualverkehr kostendeckende Tarife nicht zuläßt. Bisher sind die meisten Versuche, den Individualverkehr mit Hilfe des ÖPNV zurückzudrängen, nicht von Erfolg gekrönt gewesen. In neuerer Zeit werden aber kombinierte, den ruhenden Verkehr (Parkhäuser) umfassende Verkehrskonzepte ausgearbeitet, die darauf abzielen, den ÖPNV gegenüber dem Individualverkehr zu fördern.

Im Zuge der Bahnstruktur-Reform hat es vor einigen Jahren die »Regionalisierung« des ÖPNV einschließlich des Schienenpersonennahverkehrs (SPNV) der DB gegeben. Die darin vorgesehene Nahverkehrsplanung beginnt sich erst zu entwickeln (vgl. den Beitrag von Dieter Apel zur kommunalen Verkehrspolitik, in diesem Band).

Die Verkehrswirtschaft umfaßt allerdings nicht nur den Personennahverkehr. Es gibt weitere Verkehrsunternehmen, insbesondere in Gestalt von Flughäfen, die allerdings nur in größeren Städten vorhanden sind, und in Gestalt von anderen Häfen, insbesondere Binnenhäfen. Dieser Zweig der Kommunalwirtschaft ist in den verschiedenen deutschen Regionen sehr unterschiedlich ausgebildet: So gibt es z. B. im Küstenbereich Seehäfen oder im Bergland Skilifte und Bergbahnen. Die Aktivitäten der Gemeinden im Verkehrswesen sind also sehr vielgestaltig.

Es lassen sich von Ort zu Ort verschieden auch noch weitere kommunale Aktivitäten wirtschaftlicher Art nennen. Nicht selten werden heute Freizeitbetriebe als kommunale Unternehmen geführt. In vielen Fällen gibt es große Messehallen, Stadthallen, aber auch Großmärkte, die den Charakter von wirtschaftlichen Unternehmen der Gemeinden besitzen. Stellenweise trifft man Reklamebetriebe, die als kommunale Unternehmen gestaltet sind. Nicht ganz zu vernachlässigen sind aber auch kommunale Gärtnereibetriebe, manchmal verbunden mit Friedhöfen, und auch landwirtschaftliche oder forstwirtschaftliche Versuchsbetriebe. Einige Städte besitzen eigene Weingüter, die allerdings mehr der Repräsentation als der originären wirtschaftlichen Betätigung dienen.

Etwas unklar ist, ob man die kommunale Wohnungswirtschaft als Zweig der Kommunalwirtschaft betrachten soll (vgl. den Beitrag von Burkhard Hintzsche zur kommunalen Wohnungspolitik, in diesem Band). Die Kommunen halten zwar viele Wohnungsgesellschaften, die bislang gemeinnützige Wohnungsunternehmen waren, die aber mit Abschaffung des Wohnungsgemeinnützigkeitsgesetzes nunmehr gewöhnliche Wohnungsunternehmen geworden sind. Sie dienen vor allem der Versorgung schwächerer Bevölkerungsschichten mit nötigem Wohnraum. Es bestehen deshalb Zweifel,

---

6 Vgl. die Beiträge im HkWP, §§ 101–104.

ob es sich hier um kommunalen Vermögensbesitz, um kommunales wirtschaftliches Engagement oder schlicht um gemeinnütziges Eigentum der Gemeinde handelt. Die Kommunalwirtschaft ist somit für Veränderungen offen. In den neuen Ländern sind den Städten, Gemeinden und Kreisen auf der Grundlage von Art. 21 Abs. 3 und Art. 22 Einigungsvertrag sowie des Vermögenszuordnungsgesetzes von 1991 beträchtliche Vermögenswerte besonders des kommunalwirtschaftlichen Bereichs wieder zugeflossen, aber nicht alle, so daß eher Nachholbedarf besteht.[7] Derzeit behindert die Finanznot die Neugründung kommunaler Unternehmen erheblich.

3. Rechtsgrundlage für die kommunale Wirtschaft

Den deutschen Gemeinden und Kreisen steht kraft der Verfassung das Recht auf Selbstverwaltung zu. Zum Recht auf Selbstverwaltung gehört auch das Recht, kommunale öffentliche Einrichtungen und der Bevölkerung dienende kommunale Unternehmen zu betreiben. Die Gemeindeordnungen bestimmen, daß die Gemeinden aufgerufen sind, die für die wirtschaftliche, kulturelle und soziale Betreuung der Einwohner erforderlichen öffentlichen Einrichtungen zu schaffen, und dazu gehören auch die kommunalen Versorgungsunternehmen. Für wirtschaftliche Unternehmen gibt es allerdings in den Gemeindeordnungen Sonderbestimmungen.[8] Wirtschaftliche Unternehmen dürfen nur dann errichtet und wesentlich erweitert werden, wenn ein besonderer öffentlicher Zweck dies rechtfertigt und wenn das Unternehmen der Leistungsfähigkeit der Gemeinde entspricht. Verschiedene Gemeindeordnungen fügen noch eine Subsidiaritätsklausel hinzu; gemeindliche Wirtschaftsunternehmen sollen hiernach nur zulässig sein, wenn der Zweck nicht ebenso gut durch einen Privaten erfüllt wird oder erfüllt werden kann. Diese Klauseln stellen allerdings nicht klar, wann dies der Fall ist und wie die Gleichwertigkeit zu beurteilen ist. In der Praxis wird deshalb in allen Bundesländern ähnlich verfahren. Die kommunalen Unternehmen der Ver- und Entsorgung sind durchweg anerkannt; neuerdings gibt es allerdings im Zusammenhang mit der Privatisierung Streit, auf den in Abschnitt 5 noch einzugehen ist.

Für die kommunalen Unternehmen gelten allerdings heute die vielen Wirtschaftsaufsichts- und sonstigen Fachgesetze. Sie richten sich nicht nur an private, sondern auch an öffentliche Unternehmen, die in der allgemeinen Rechtsordnung somit gleichgestellt sind. Genannt seien namentlich das Kreditwesengesetz, das auch für die Sparkassen gilt, das Energiewirtschaftsgesetz, das für die gemeindlichen Strom- und Gasversorgungsunternehmen gilt und das Personenbeförderungsgesetz, das für die gemeindlichen Nachverkehrsunternehmen maßgebend ist. Die kommunalen Unternehmen sind ebenso wie andere Unternehmen der Besteuerung unterworfen; es gibt keine Steuerprivilegien öffentlicher Unternehmen mehr.

Dieser Rechtszustand entspricht auch dem europäischen Wirtschaftsrecht, wie es von der EG gesetzt ist. Dieses Recht geht grundsätzlich von der Gleichbehandlung öffentlicher und privater Unternehmen aus, um protektionistische Praktiken der Mitgliedstaaten der Europäischen Gemeinschaft zu verhindern. Dieses Prinzip wird auch auf die kommunale Wirtschaft angewendet, obwohl die Möglichkeiten, dem EG-Ver-

---

7   Näheres in den Beiträgen des Bandes: Vermögenszuordnung (hrsg. von Klaus König u. a.), Baden-Baden 1994.
8   §§ 102 ff. GOBW, Art. 89 ff. BayGO usw.

trag zuwiderzuhandeln, bei kommunalen Unternehmen sehr begrenzt sind. Immerhin sind diese von einer bestimmten Größe an verpflichtet, so wie andere öffentliche Unternehmen und Verwaltungen größere öffentliche Aufträge europaweit auszuschreiben.

4. Rechtsformen für gemeindliche Unternehmen

Gemeindliche Unternehmen können grundsätzlich in zwei Rechtsformen geführt werden, nämlich in öffentlich-rechtlicher oder in privatrechtlicher.[9] Es gelten aber jeweils einige Besonderheiten, die einer kurzen Betrachtung bedürfen.

Bei den öffentlich-rechtlichen Rechtsformen kann man nach dem Grad der Verselbständigung der Unternehmen unterscheiden. Wenig Selbstständigkeit besitzen die sogenannten Regiebetriebe, die mit einer Verwaltungsabteilung vergleichbar sind. Sie können zwar einen eigenen Namen und ein eigenes Leitungsorgan besitzen, sind aber in den öffentlichen Haushalt eingegliedert und besitzen keine wirtschaftliche Eigenständigkeit. Sie werden deshalb auch als Brutto-Betriebe bezeichnet, weil ihre Einnahmen und Ausgaben ohne Saldobildung in den öffentlichen Haushalt eingestellt werden müssen.

Demgegenüber gibt es eine gewisse Verselbständigung gemeindlicher Unternehmen in Gestalt sogenannter Netto-Betriebe; das sind Unternehmen, bei denen nur das Endergebnis des Wirtschaftens als Ablieferung oder Zuführung in den Gemeindehaushalt eingestellt wird, während das Unternehmen ein eigenes Rechnungswesen besitzt. Diese Verselbständigung von Unternehmen als Netto-Betrieb hat sich in der Weimarer Zeit herausgebildet und ist dann während des Dritten Reiches unter dem Namen »Eigenbetriebe« sondergesetzlich anerkannt worden. Heute haben alle Bundesländer ein Eigenbetriebsgesetz oder eine Eigenbetriebsverordnung, in welcher diese Rechtsform »Eigenbetrieb« besonders ausgeformt und geregelt ist.[10] Eigenbetriebe haben eine eigene Leitung, die sogenannte Werkleitung; sie kann aus einem oder mehreren Werkleitern bestehen. Es gibt zusätzlich ein Aufsichtsorgan, den Werksausschuß, der in etwa mit dem Aufsichtsrat einer Aktiengesellschaft zu vergleichen ist. Dieser Werkausschuß ist aber ein Ausschuß des Gemeinderates und entsprechend zusammengesetzt. Allerdings gibt es inzwischen auch in diesem Ausschuß eine Mitbestimmung der Beschäftigten (nach Ländern verschieden).

Die Eigenbetriebe haben allerdings nicht den Status selbständiger juristischer Personen; sie sind rechtlich Teile der Gemeinde, auch wenn sie organisatorisch eine gewisse Eigenständigkeit aufweisen. Die Schulden des Eigenbetriebs sind somit Schulden der Gemeinden und müssen als solche behandelt werden, auch wenn sie in der besonderen Rechnung des Eigenbetriebs verbucht werden. Wichtige Leitentscheidungen für den Eigenbetrieb treffen weder die Werkleitung noch der Werkausschuß, sondern der Gemeinderat (bzw. Kreistag). Er ist für alle grundsätzlichen Entscheidungen zuständig, insbesondere auch für die Festlegung der Tarife und für die

---

9 Zu den Organisationsformen siehe Günter Püttner, Die Rechtsformen kommunaler Unternehmen, in: ders. (HkWP, Anm. 1), S. 119–127 und Franz-Ludwig Knemeyer (Anm. 1), S. 53 ff. (Rdnr. 171 ff.).

10 Vgl. Rupert Scholz/Rainer Pitschas, Gemeindewirtschaft zwischen Verwaltungs- und Unternehmensstruktur, Berlin 1982, S. 36 ff.

Bewilligung von Investitionen. Die Eigenbetriebe wirtschaften nämlich nach einem Wirtschaftsplan, der vom Gemeinderat als Anhang zum Haushaltsplan beschlossen wird. Die wirtschaftliche Beweglichkeit der Eigenbetriebe ist damit doch etwas eingeschränkt. Im übrigen gibt es auch je nach Landesrecht einige Zuständigkeiten des Hauptverwaltungsbeamten der Gemeinde insbesondere hinsichtlich der Beschäftigten des Eigenbetriebs, die zwar bei diesem angestellt sind, aber wegen dessen rechtlicher Unselbständigkeit doch Gemeindebeschäftigte sind.

Als Eigenbetriebe werden heute vor allem die Versorgungs- und Verkehrsbetriebe der mittleren und kleineren Städte geführt, die Großstädte dagegen haben ihre Betriebe überwiegend in Aktiengesellschaften oder Gesellschaften mit beschränkter Haftung umgewandelt (dazu anschließend eingehender). Je nach Landesrecht dürfen auch nicht-wirtschaftliche Einrichtungen (z. B. Entsorgungsbetriebe) als Eigenbetriebe geführt werden.

Als selbständige juristische Person des öffentlichen Rechts werden die Sparkassen geführt. Es gibt in allen Ländern besondere Sparkassengesetze, welche die Organisation der Sparkassen im einzelnen regeln. Die Verselbständigung der Sparkassen geht auf eine Notverordnung von 1931 zurück. Diese sollte sicherstellen, daß die von den Sparern aufgebrachten Gelder nicht von den Kämmerern der Städte für andere Zwecke verwendet und den Sparern somit entzogen werden. Man hat auch nach Abflauen der Weltwirtschaftskrise bis heute an dieser Verselbständigung festgehalten. Die Sparkassen sind deshalb kraft Gesetzes an diese Rechtsform gebunden. Sie können deshalb auch nicht mit anderen Unternehmen zusammengefaßt werden (kein Querverbund).

Die Verfassung der Sparkassen ist im einzelnen auch an das Schema der Aktiengesellschaft angelehnt. Es gibt einen Sparkassenvorstand, der die Geschäfte führt, und es gibt einen Verwaltungsrat, der Leitentscheidungen trifft. Auch im Verwaltungsrat der Sparkassen gibt es heute durchweg eine Mitbestimmung der Beschäftigten.

Den Gemeinden steht grundsätzlich die private Rechtsform der Aktiengesellschaft oder GmbH zur Verfügung (außer für die gerade behandelten Sparkassen). Allerdings sehen neuere Gesetze gewisse Einschränkungen in einigen Ländern vor, indem sie bestimmen, daß die private Rechtsform nur dann gewählt werden darf, wenn der Zweck des Unternehmens nicht ebenso mit einem Eigenbetrieb erfüllt werden kann.[11] Über die Auslegung dieser Vorschriften gibt es noch keine endgültige Klarheit. Tatsächlich haben fast alle größeren Städte inzwischen für ihre Versorgungs- und Verkehrsbetriebe die Rechtsform der Aktiengesellschaft oder GmbH gewählt und Gesellschaften errichtet. Die Vorteile der Gesellschaft sieht man vor allem in wirtschaftlicher Beweglichkeit und besseren Handlungsmöglichkeiten, z. T. auch in Steuerersparnissen. Dem steht allerdings der Nachteil gegenüber, daß der gemeindliche Einfluß schwinden kann und öffentliche Aufgaben möglicherweise in Gefahr geraten. Das ist auch der Grund, weshalb in einigen Ländern die genannten Vorschriften zur Bevorzugung des Eigenbetriebs geschaffen worden sind.[12]

Die Auswahl zwischen Aktiengesellschaft und GmbH richtet sich vor allem nach der Größe des Betriebes. Kleinere und mittlere Betriebe werden durchweg (und zwar mit Recht) als GmbH geführt, weil dies einen geringeren organisatorischen Aufwand

---

11 Vgl. § 103 Abs. Nr. 1 GemOBW (ähnlich in Bayern, Schleswig-Holstein, im Saarland und in einigen neuen Bundesländern).

12 Vgl. Dirk Ehlers, Die Entscheidung der Kommunen für eine öffentlich-rechtliche oder privatrechtliche Organisation ihrer Einrichtungen und Unternehmungen, Die Öffentliche Verwaltung, 1986, S. 897 ff.

erfordert und weil das Weisungsrecht gegenüber dem Geschäftsführer in diesem Fall praktische Vorteile und Einflußmöglichkeiten bietet (so daß die Argumente zugunsten des Eigenbetriebs bei der GmbH eigentlich gar nicht durchschlagen). Größere Betriebe werden dagegen häufig als Aktiengesellschaften geführt. Dies muß aber nicht so sein; auch hier eignet sich durchaus die GmbH-Form, wobei dann ein Aufsichtsrat obligatorisch ist. Bei der Aktiengesellschaft ist der Vorstand und als Überwachungsorgan der Aufsichtsrat zwingend vorgeschrieben, während dies bei der GmbH nur dann der Fall ist, wenn eine bestimmte Größe des Unternehmens, gerechnet nach Arbeitskräften, erreicht wird oder wenn die Mitbestimmung die Einrichtung des Aufsichtsrats erfordert. In gemeindlichen Gesellschaften mit beschränkter Haftung trifft man durchweg den Aufsichtsrat an, weil die entsprechenden Voraussetzungen so gut wie immer gegeben sind oder weil man von der Möglichkeit Gebrauch macht, freiwillig einen Aufsichtsrat einzurichten.

Als wichtiges Organisationsmerkmal gemeindlicher Unternehmen ist noch zu erwähnen, daß die Versorgungs- und Verkehrsunternehmen im sogenannten Querverbund geführt werden[13], d. h., daß sie organisatorisch zusammengefaßt sind und daß zwischen ihnen ein Gewinn- und Verlustausgleich stattfindet. In der Praxis bedeutet das vor allem, daß die Gewinne aus der Versorgungswirtschaft ohne Umweg über den Gemeindehaushalt dazu verwendet werden, den Nahverkehr zu subventionieren, eine Finanzhilfe, die heute unumgänglich ist. Dieser Querverbund ist auch steuerlich anerkannt und bedeutet, daß die Gewinne aus der Versorgungswirtschaft dem Nahverkehr unversteuert zugute kommen. Dieser steuerliche Effekt ist allerdings nur für Versorgung und Verkehr und einige Randbereiche ergänzender Art anerkannt. Andere Defizitunternehmen, insbesondere öffentliche Einrichtungen wie Schwimmbäder, kann die Gemeinde nicht mit steuermindernder Wirkung in den Querverbund einbringen.

5. Aktuelle Probleme der kommunalen Wirtschaft

Wie bereits erwähnt, ist inzwischen mehr Bewegung in die kommunale Wirtschaft gekommen, die lange Zeit in ungebrochener Kontinuität ihre Aufgaben erfüllte. Es geht heute vor allem um Probleme der Finanzierung, der Privatisierung und des Einsatzes der kommunalen Unternehmen für Zwecke des Umweltschutzes oder anderer öffentlicher Ziele.

a. Finanzierungsüberlegungen

Die meisten kommunalen Unternehmen benötigen heute wie auch andere öffentliche Unternehmen erhebliches Kapital, um die aufwendigen Investitionen zu tätigen, die in Versorgung, Verkehr und anderen Bereichen notwendig sind. Auch die Sparkassen benötigen neues Eigenkapital weil die geschäftliche Weiterentwicklung nach dem Kreditwesengesetz an bestimmte Kapitalvoraussetzungen gebunden ist. Die Gemein-

---

13 Vgl. die Beiträge im Sammelband: Der kommunale Querverbund (hrsg. von G. Püttner), Baden-Baden 1995.

den sind allerdings in der Regel nicht in der Lage, zusätzliches Eigenkapital aufzubringen, weil bereits die übrigen öffentlichen Ausgaben den Gemeindehaushalt voll belasten und keine Spielräume für die Aufbringung von Eigenkapital für öffentliche Unternehmen bestehen. Im Prinzip wäre es zwar möglich, Anleihen aufzunehmen, weil der entsprechende Kapitaldienst durch Erträge aus den Unternehmen gedeckt werden kann. Die Gemeinden sind aber an gewisse Schuldengrenzen gebunden und dürfen diese auch bei rentablen Vorhaben nicht überschreiten, so daß der Spielraum für die Aufbringung von Eigenkapital relativ gering ist. Deshalb gibt es auch, wie erwähnt, bei den Sparkassen und z. T. auch bei den Versorgungsbetrieben den Grundsatz, daß die Unternehmen ihre Gewinne nicht ausschütten müssen, sondern zur Stärkung ihres Eigenkapitals verwenden dürfen. Dies reicht aber häufig zur Finanzierung der gegebenen Aufgaben nicht aus.

Aus diesen Gründen wird heute viel über die Zuführung neuen Eigenkapitals nachgedacht. Zwar können sich die Unternehmen aus Anleihen finanzieren (Fremdkapital). Dies hat aber gewisse Grenzen und kann nicht vollständig als Ausgleich für fehlendes Eigenkapital dienen. Man muß deshalb nach haftendem Eigenkapital Ausschau halten, und hierfür bieten sich heute Möglichkeiten der stillen Beteiligung und der Ausgabe von Genußscheinkapital an (wie das im Kreditwesengesetz ausdrücklich vorgesehen ist). Man ist im Begriff, diese Möglichkeiten stärker auszuschöpfen.[14]

Wenn aber weiteres haftendes Eigenkapital benötigt wird, bleibt nur der Weg, Private am Kapital zu beteiligen, d. h. das Unternehmen aus der alleinigen gemeindlichen Regie zu entlassen und private Teilhaber in das Unternehmen aufzunehmen, seien es Kleinaktionäre, seien es auch größere Beteiligte oder private Teilhaber.

Wenn dieser Weg der Teilprivatisierung beschritten wird, spricht man von gemischt-wirtschaftlichen Unternehmen (mixed economy) und heute von »public-private-partnership« (vgl. hierzu den Beitrag von Werner Heinz in diesem Band).

In der Versorgungswirtschaft hat es schon immer gemischtwirtschaftliche Unternehmen gegeben, die erfolgreich gearbeitet haben. Dieser Erfolg hing aber ersichtlich damit zusammen, daß die Aufgaben der Versorgungswirtschaft nach dem Krieg ziemlich statisch festlagen und damit Konflikte zwischen den Gemeinden und privaten Teilhabern kaum aufgetreten sind.

Solche kann es aber im Spannungsfeld von gemeinnütziger Aufgabenerfüllung und dem Gewinnstreben immer wieder geben, und so birgt die mixed economy Chancen und Gefahren.[15]

b. Privatisierung

Mit dem Problem der Finanzierung hängt das der Privatisierung zusammen. Die Aufnahme privaten Kapitals in das Unternehmen bedeutet im Zweifel eine Teilprivatisierung, wie sie heute vielfach angestrebt wird. Nicht selten entschließt man sich aber auch zur völligen Privatisierung öffentlicher Unternehmen; der Bund hat in die-

---

14 Christian Woeste, Rahmenbedingungen für die Bildung von Eigenkapital bei den öffentlichen Sparkassen, Frankfurt a. M. 1989.

15 Vgl. Günter Püttner, Chancen und Gefahren gemischtwirtschaftlicher Zusammenarbeit, in: Gemischtwirtschaftlichkeit als öffentliche Aufgabe, Berlin 1988, S. 18 ff.; A. Adamska, Rechtsformen der Organisation kommunaler Interessen in gemischtwirtschaftlichen Unternehmen, Kiel 1992.

sem Sinne insbesondere die früheren industriellen Bundesunternehmen in private Hand überführt. Bei den gemeindlichen öffentlichen Unternehmen stellt sich allerdings die Frage, ob die Verantwortung für die Versorgung der Bürger eine Privatisierung zuläßt oder ratsam erscheinen läßt. Darüber wird derzeit viel gestritten.

Die Anhänger der Privatisierung, wie sie heute vor allem in Wirtschaftskreisen und in der Wissenschaft vorhanden sind, argumentieren meistens mit grundsätzlichen Überlegungen (sogenannte Ordnungspolitik). Danach soll privaten Unternehmen in der Wirtschaft prinzipiell der Vorrang gebühren, weil private Unternehmen, so wird behauptet, effizienter arbeiten und weil es grundsätzlich Sache der Privaten sei, Wirtschaft zu betreiben. Der Staat solle Schiedsrichter, nicht aber Teilnehmer am Wirtschaftsleben sein.

Diese Vorstellung findet allerdings im Grundgesetz und auch in den Landesverfassungen keine Stütze. Vielmehr ist, wie das Bundesverfassungsgericht auch festgestellt hat, die Frage der Wirtschaftsordnung im einzelnen offengelassen. Es kann zwar keine durchgängige Staatswirtschaft geben wie früher in der DDR. Ein hoher Anteil privater Unternehmen ist sicherlich erforderlich, um die freie Marktwirtschaft zu sichern, aber ein gewisser Anteil öffentlicher Wirtschaft ist durchaus denkbar und entspricht der Verfassung (wie Art. 15 GG ausdrücklich bestätigt). Die Frage, ob es öffentliche Unternehmen geben soll und in welchem Umfang und in welchen Sektoren, läßt sich nur im Zusammenhang mit der Erfüllung öffentlicher Aufgaben beantworten. Da, wo die öffentliche Hand die Verantwortung für die Erfüllung bestimmter öffentlicher Aufgaben tragen muß und wo sie deshalb einen gewissen Einfluß benötigt, bietet es sich an, öffentliche Unternehmen zu betreiben und aufrechtzuerhalten. Hier muß aber eine einzelfallorientierte Betrachtung stattfinden; Pauschalurteile sind in der Regel nicht angebracht.

Bei den gemeindlichen Unternehmen kann man aufgrund der geschichtlichen Entwicklung feststellen, daß sowohl für die Sparkassen als auch für die Versorgungs- und Verkehrsunternehmen doch wichtige Gründe gegen eine Privatisierung sprechen. Die Sparkassen beleben durch ihre örtliche Verankerung und ihre große Verbreitung den Wettbewerb im Kreditgewerbe ganz erheblich. Würden die Sparkassen (wie jetzt gefordert wird) privatisiert, so würden sie ohne Zweifel der üblichen Konzentrationstendenz in der Wirtschaft unterliegen und ihren besonderen Auftrag nicht mehr wahrnehmen können. Das würde auf eine Verarmung des Wettbewerbs und im Zweifel auch einer schlechteren Bedienung des Publikums hinauslaufen.

Bei der gemeindlichen Versorgungswirtschaft spielte bisher das örtliche Monopol eine Rolle (Monopole sollten nach traditioneller Vorstellung von der öffentlichen Hand geführt werden), sondern es ging auch um die sichere und preisgünstige Versorgung ganz allgemein, kombiniert mit Überlegungen der Umweltschonung. Zwar sind auch private Unternehmen nach den allgemeinen Gesetzen (Engergiewirtschaftsgesetz, Umweltgesetze) verpflichtet, öffentlichen Belangen Rechnung zu tragen, aber sie genießen dabei doch erhebliche Spielräume, die sie in der einen oder anderen Weise ausfüllen können. Öffentliche Regie, insbesondere gemeindliche Regie, ist damit nicht überflüssig geworden. Und man muß hinzufügen, daß diejenigen öffentlichen Unternehmen, die keine Gewinne versprechen (wie z. B. die Nahverkehrsbetriebe) nicht privatisiert werden können und von der Gemeinde auch dann weitergeführt werden müssen, wenn die Energieversorgung privatisiert wird. Es stehen dann aber nicht mehr die Gewinne zum Verlustausgleich zur Verfügung, so daß mit Haushaltsmitteln geholfen werden müßte. Die Gemeinde kann allerdings die ihr durch die Privatisierung zufließende Konzessionsabgabe für diesen Zweck einsetzen, es läßt sich allerdings nur dann im Einzelfall beurteilen, ob dies eine wirkliche Kompensation darstellt. Wenn man die Dinge genauer prüft, ist deshalb bei den Gemeinden der Privatisierungsspielraum wesentlich geringer, als er sich beim Bund darstellt.

c. Umweltschutz

Die kommunalen Unternehmen (außer den Sparkassen), können im Rahmen der gemeindlichen Umweltpolitik (vgl. hierzu den Beitrag von Jochen Hucke in diesem Band) einen nützlichen Beitrag zum Umweltschutz leisten. Dies gilt besonders für die Versorgungs- und Entsorgungsbetriebe.

6. Die Zukunft der kommunalen Wirtschaft

Wie sich die kommunale Wirtschaft in den nächsten Jahren und Jahrzehnten entwikkeln wird, ist ungewisser als in den vergangenen Zeiten. Den Umgestaltungen im Zuge der Vollendung des EG-Binnenmarktes und dem neuen Energiewirtschaftsrecht (1998), das die Netzmonopole aufhebt, kann die klassische kommunale Wirtschaft leicht teilweise oder auch ganz zum Opfer fallen. Über die Privatisierung der Sparkassen wird bereits diskutiert, auch die Versorgungswirtschaft soll vermehrt dem Wettbewerb unterworfen und deshalb in neue Strukturen überführt werden. Ob und inwieweit dabei Raum bleibt für eigenständige örtliche Unternehmen, ist nicht mit Sicherheit abzusehen.

Im übrigen gibt es aber auch Chancen für die Weiterentwicklung der kommunalen Wirtschaft. Nicht selten mausern sich früher defizitäre öffentliche Einrichtungen der Bereiche Sport, Kultur und Freizeit wegen Verstärkung der kaufkräftigen Nachfrage und entsprechendem Wachstum zu Unternehmen, die auf eigenen Füßen stehen können. Viele Stadthallen sind diesen Weg gegangen, andere Einrichtungen können folgen (z. B. Luxusbäder, Saunabetriebe). So entstehen ganz neue Zweige kommunaler Unternehmen.

Auch die Entsorgung (Abfallwirtschaft, Abwasserbeseitigung) ist auf dem Weg, aus der Verwaltung in den unternehmerischen Bereich überzuwechseln. Damit wird nicht nur die vielfach wünschenswerte Zusammenfassung von Versorgungs- und Entsorgungsbetrieben ermöglicht, sondern auch die Integration der Entsorgung in den Wirtschaftskreislauf gefördert. Ebenfalls sind Recycling-Unternehmen in kommunaler Regie in der Zukunft denkbar.

WERNER HEINZ

Public Private Partnership

1. Einführung

Public Private Partnership[1], Public-Private-Partnership[2], Private-Public-Partnership[3] –
diese verschiedenen Schreibweisen für einen Begriff sind kein Zufall, sondern vielmehr Ausdruck seiner inhaltlichen Unbestimmtheit. Public Private Partnership (PPP)[4]
ist kein spezifisches, gesetzlich definiertes Instrument, kein in bestimmte verbindliche
Schritte gegliedertes Verfahren, sondern Sammelbegriff für die »unterschiedlichsten
Formen eines Zusammenwirkens von Hoheitsträgern mit privaten Wirtschafts-
subjekten«.[5] In der kommunalpolitischen Diskussion ist PPP trotz oder vielleicht auch
gerade wegen dieser Unbestimmtheit bereits zu einem kaum mehr verzichtbaren Begriff geworden, der »Kooperationsbereitschaft signalisiert und Fortschrittlichkeit sug-
geriert, zugleich aber auch den Charme des rechtlich Unverbindlichen versprüht«.[6]

2. Ausgangsbedingungen und Auslöser

Öffentlich-private Partnerschaften sind, darauf weisen deutsche wie ausländische
Kommentatoren gleichermaßen hin, nichts Neues. Belege hierfür sind gemischtwirtschaftliche Unternehmen in der Versorgungswirtschaft[7], der Bereich des Städtebaus,
in dem es gleichfalls »traditionell eine Vielzahl von partnerschaftlichen Projekten

---

1 So z. B.: Michael Krautzberger, Public Private Partnership – Kooperationsmodell aus städtebaulicher Sicht, in: Städte- und Gemeinderat, (1993) 2, S. 44 ff.; Werner Heinz (Hrsg.), Public
Private Partnership – ein neuer Weg zur Stadtentwicklung? Stuttgart 1993.
2 So z. B.: Michael Kruzewicz/Wilgart Schuchardt, Public-Private-Partnership – neue Formen
lokaler Kooperation in industrialisierten Verdichtungsräumen, in: der städtetag, (1989) 12,
S. 761 ff.
3 So z. B.: Wolf Gottschalk, Private-Public-Partnership in der Versorgungswirtschaft, in: der
städtetag, (1996) 8, S. 553 ff.
4 Im folgenden wird nur diese, dem angloamerikanischen Vorbild entsprechende Schreibweise
verwandt.
5 Peter J. Tettinger, Die rechtliche Ausgestaltung von Public Private Partnership, in: Dietrich
Budäus/Peter Eichhorn (Hrsg.), Public Private Partnership: neue Formen öffentlicher Aufgabenerfüllung, Baden-Baden 1997, S. 125.
6 Ebenda.
7 Günter Püttner, Kommunale Betriebe und Mixed Economy, in: Roland Roth/Hellmut Wollmann (Hrsg.), Kommunalpolitik, Opladen 1994, S. 218.

(gibt)«[8] oder die Sociétés d'Économie Mixte (SEMs) in Frankreich, die bereits seit den 20er Jahren für die unterschiedlichsten Vorhaben bei der Stadt- und Infrastrukturentwicklung zuständig sind.[9] Neu ist allerdings die deutliche quantitative Zunahme derartiger Ansätze: seit der Mitte der 70er Jahre in den USA, seit den frühen 80er Jahren in westeuropäischen Industrienationen.

Hintergrund und Auslöser dieser verstärkten Zusammenarbeit von öffentlicher Hand und privaten Akteuren sind in Deutschland mehrere Faktoren:

- eine, sich als Folge des tiefgreifenden wirtschaftlichen Strukturwandels und veränderter Marktverhältnisse für (zunächst nur westdeutsche) Städte und Gemeinden deutlich verschärfende Wettbewerbssituation, eine daraus resultierende Fokussierung kommunaler Planungs- und Entwicklungsstrategien auf das strategische Ziel »Stärkung der kommunalen Wettbewerbsfähigkeit« und eine damit verbundene Suche nach neuen Wegen der Aufgabenbewältigung; Auslöser hierfür waren Umfang und Komplexität der zur Realisierung des o. g. Zieles erforderlichen Modernisierungs- und Erneuerungsmaßnahmen, Kompetenz- und Kapazitätsprobleme auf seiten vieler Kommunalverwaltungen sowie gleichzeitig knapper werdende kommunale Haushaltsmittel;
- eine zunehmende, der wettbewerbsbedingten Aufwertung der Städte und ihrer Zentren und der Priorisierung wirtschaftlicher Gesichtspunkte entsprechende Ablösung umfassender und multisektoraler Planungsansätze durch kommunale Marketingstrategien und/oder eine sich auf einzelne, ökonomisch bedeutsame Großvorhaben mit hohem Imagewert konzentrierende Projektplanung;[10]
- veränderte, mit einem tendenziellen Rückzug des Staates einhergehende Schwerpunktsetzungen in der Wirtschaftspolitik der Bundesregierung in Richtung Deregulierung und Privatisierung;[11] Priorität erhielt dabei das Ziel »Zukunftssicherung des Standortes Deutschland«[12], zu dessen Realisierung aus der Sicht der Bundesregierung weitergehende Privatisierungsmaßnahmen bei Bund, Ländern und Kommunen unabdingbar erschienen;
- umfangreiche, nach der deutschen Vereinigung in den neuen Bundesländern anstehende planungs- und infrastrukturelle Aufgaben und die Absicht der Bundesregierung, im Sinne ihrer beschleunigten Realisierung auch hier neue, in starkem Maße auf private Akteure, deren Kapital und Planungskapazitäten setzende Wege zu gehen;
- sowie ein tiefgreifender, Anfang der 90er Jahre beginnender Umbau- und Transformationsprozeß (zuerst vor allem) kommunaler Verwaltungen, bei dem die Privatwirtschaft und/oder ihre Prinzipien gleichfalls eine maßgebliche Rolle spielen. Zentrales Ziel dieses unter dem Begriff »Neues Steuerungsmodell«[13] realisierten

---

8 So z. B. Michael Krautzberger (Anm. 1), S. 45; Elizabeth A. Strom, Öffentlich-private Partnerschaften bei der Stadterneuerung und Stadtentwicklung in den USA – Fünf Fallbeispiele, in: Werner Heinz (Hrsg.), (Anm.1), S. 129,

9 François Ascher, Öffentlich-private Partnerschaften bei der Stadterneuerung und Stadtentwicklung in Frankreich, in: Werner Heinz (Hrsg.), (Anm. 1), S. 318 ff.

10 Werner Heinz, Stadtentwicklungsplanung – Kommunales Steuerungsinstrument oder beliebig ausfüllbare Leerformel? In: Martin Wentz (Hrsg.), Die Zukunft des Städtischen, Frankfurt a. M. 1996, S. 43.

11 Siehe auch Michael Krautzberger (Anm. 1), S. 48 ff.

12 Zitiert nach Friedrich Schoch, Privatisierung von Verwaltungsaufgaben, in: DVBl, September 1994, S. 965.

13 Gerhard Banner, Von der Behörde zum Dienstleistungsunternehmen. Die Kommunen brauchen ein neues Steuerungsmodell, in: Verwaltungsführung, Organisation und Personal-

Modernisierungsprozesses war zunächst die interne Effektivierung kommunaler Verwaltungen, die jedoch bald durch eine aus der zunehmend angespannten Situation kommunaler Haushalte wie auch der Deregulierungspolitik des Bundes resultierende strukturelle Veränderung – Ausgliederung und formelle oder auch materielle Privatisierung bisher kommunal erbrachter Leistungen und Aufgaben – überlagert und ergänzt wurde.

Public Private Partnerships im Rahmen der Stadterneuerung und Stadtentwicklung sind mithin politische Konsequenz eines umfangreichen Faktorenbündels: einer Verknüpfung von wirtschaftlichem Strukturwandel, räumlichen Umstrukturierungsnotwendigkeiten, veränderten, jedoch in starkem Maße konjunkturabhängigen wirtschaftlichen Investitionsinteressen und einem politisch-ideologischen Richtungswechsel auf gesamtstaatlicher Ebene.

3. Eingrenzungen und Definitionsversuche

Für den britischen Stadtforscher David Whitney ist Public Private Partnership ein »ungenau verwandter Sammelbegriff, der verschiedene Projekte und Programme, Bereiche und Interessen umfaßt und zu dem sowohl kurzfristige projektbezogene als auch räumlich und zeitlich umfangreiche Gemeinschaftsvorhaben gehören können«.[14] Auch in den USA[15] und Frankreich[16] wird der Partnerschaftsbegriff weit ausgelegt und zur Bezeichnung einer breiten Palette informeller wie formeller Kooperationsansätze zwischen öffentlichen und privaten Akteuren verwandt.

In Deutschland gibt es mehrere Definitionsansätze. Von den einen wird PPP auf gemischtwirtschaftliche, von öffentlichen und privaten Akteuren zur Realisierung gemeinsamer Vorhaben eingerichtete Gesellschaften beschränkt[17], bei denen »die Kapitalmehrheit . . . bei der Gebietskörperschaft bleibt«.[18]

Andere definieren PPP ähnlich breit wie ausländische Kommentatoren und setzen PPP weitgehend mit dem Begriff der Teilprivatisierung gleich.[19] Nach Tettinger »verbergen sich hinter ›Public Private Partnership‹ ganz unterschiedliche Kooperationsmodelle, die rechtssystematisch am ehesten als Vor- und Zwischenformen der Grundmuster . . . einerseits der materiellen Privatisierung . . . und andererseits der formellen Privatisierung . . . zu verorten sind . . . Als rechtliche Grundtypen fungieren . . . die auf Dauer angelegte gesellschaftsrechtliche Verbindung (Gründung eines ge-

---

wesen (VOP), (1991) 1, S. 6 ff.; Das neue Steuerungsmodell, Begründung, Konturen, Umsetzung, KGSt-Bericht, Nr. 5, 1993.

14 David Whitney, Öffentlich-private Partnerschaften bei der Stadterneuerung und Stadtentwicklung, in: Werner Heinz (Hrsg.), (Anm. 1), S. 249.

15 Norman I. Fainstein/Susan S. Fainstein, Öffentlich private Partnerschaften bei der Stadterneuerung und Stadtentwicklung in den USA, in: Werner Heinz (Hrsg.), (Anm. 1), S. 69.

16 François Ascher, (Anm. 9), S. 281 ff.

17 So z. B. Tilmann Schweisfurth, Privatwirtschaftliche Formen kommunaler Investitionsfinanzierung, in: DST-Beiträge zur Finanzpolitik, Reihe G, (1991) 11, S. 38, Köln.

18 Privatisierung »ohne Tabus«? Auseinandersetzung mit der Privatisierungsoffensive der Bundesregierung, in: DGB (Hrsg.), Informationen zur Wirtschaft und Strukturpolitik, (1994) 3, S. 4.

19 U. a. Wolf Gottschalk (Anm. 3), S. 553.

mischtwirtschaftlichen Unternehmens ...) und ... die kurz- oder langfristig ausgerichtete Leistungsaustauschbeziehung (Abschluß eines schuldrechtlichen Vertrags wie Kauf, Werkvertrag, Leasing, Factoring) ...«.[20]

Für Dritte verliert der Begriff mit einer derart weiten Auslegung jedoch »restlos an Schärfe«; sie plädieren deshalb für einen eingegrenzteren Partnerschaftsbegriff, bei dem der Grad der Institutionalisierung bzw. Formalisierung und die Frage der Zielkomplementarität von entscheidender Bedeutung sind.[21]

In der kommunalen Praxis hat sich ein breiter Definitionsansatz durchgesetzt: PPP dient hier zur Bezeichnung und oft auch positiven Umschreibung der unterschiedlichsten – mit der aktuellen Privatisierung von Verwaltungsaufgaben verbunden – Kooperationsansätze zwischen öffentlicher Hand und Privatwirtschaft.

4. Einige Charakteristika von Public Private Partnerships

a. Die Beteiligten, ihre Ziele und Erwartungen

Zahl und Zusammensetzung öffentlicher und privater Akteure bei Partnerschaftsvorhaben, dies lassen Untersuchungen über PPP-Vorhaben bei der Stadtentwicklung deutlich werden[22], unterliegen keinen festen Regeln und sind von Fall zu Fall verschieden. Es gibt aber auch – trotz aller Unterschiede zwischen den einzelnen Vorhaben – einige zentrale Gemeinsamkeiten. Beteiligte der öffentlichen Hand sind meist Vertreter der kommunalen Ebene (kommunale Verwaltungen oder von kommunaler Seite eingerichtete Gesellschaften mit Mittlerfunktion). Bundes- oder Zentralregierungen können gleichfalls an Partnerschaften beteiligt sein – meist aber nur in initiierender und stimulierender Form.

Partner der privaten Seite sind in der Regel kapitalkräftige Akteure wie Grundstücksentwickler (Developer) und Immobiliengesellschaften, große, in den verschiedensten Sektoren städtischer Entwicklung tätige Unternehmensgruppen, institutionelle Anleger wie Banken und Versicherungsgesellschaften oder auch Einzelunternehmen unterschiedlichster Herkunft sowie Abwasser- und Abfallentsorger (im Bereich der Entsorgungsinfrastruktur).

Von öffentlicher Seite erwartet man aus der Kooperation mit dem Privatsektor meist Zugang zu dessen fachlichen Kompetenzen und Kapazitäten und damit eine möglichst frühzeitige Einbeziehung privaten Know-hows und privatwirtschaftlicher Handlungslogiken in die Planung und Durchführung komplexer Projekte, eine Mobilisierung privaten Kapitals, eine Entlastung begrenzter Verwaltungskapazitäten und öffentlicher Haushalte sowie nicht zuletzt eine beschleunigte und professionelle Auf

20 Peter J. Tettinger (Anm. 5), S. 126; ähnlich auch: Ulrich Cronauge, Kommunale Unternehmen, Eigenbetriebe – Kapitalgesellschaften – Zweckverbände, Berlin 1995, 219 ff.
21 Dietrich Budäus/Gernot Grüning, Public Private Partnership, Konzeption und Probleme eines Instruments zur Verwaltungsreform aus Sicht der Public Choice Theorie, in: Dietrich Budäus, Public Management-Diskussionsbeiträge, (1996) 26, Hamburg, S. 31 ff.
22 Werner Heinz, Wesentliche Merkmale von Partnerschaftsansätzen bei der Stadtentwicklung und Stadterneuerung, in: Werner Heinz (Hrsg.), (Anm. 1), S. 498 f.; Werner Heinz/Carola Scholz, Public Private Partnership im Städtebau, Berlin 1996, S. 208 ff.

gabendurchführung.[23] Die privaten Akteure versprechen sich aus der Realisierung gemeinsamer Projekte mit der öffentlichen Hand Zugang zu lokalen Vollmachten und Befugnissen, eine stärkere Beeinflussung planerischer Verfahren und planungsrechtlicher Entscheidungen, Zugang auch zu kommunalen Informationskanälen und nicht zuletzt eine gesicherte Durchführung weitgehend risikoloser Projekte.[24]

Neben den unterschiedlichen Erwartungen der Partner spielen bei Public Private Partnerships jedoch auch spezifische, in der jeweiligen Funktion der beteiligten Akteure begründete, von seiten der öffentlichen Hand oft zu wenig beachtete Interessen eine Rolle: die Gemeinwohlinteressen der öffentlichen Hand einerseits und die Gewinninteressen der privaten Akteure andererseits.[25] Das mit diesen unterschiedlichen Interessen verbundene Konfliktpotential[26] bleibt in wirtschaftlichen Wachstumsphasen weitgehend unter einer »Decke des Konsenses« verborgen; in Zeiten, in denen die Gewinnmargen sinken, wird das latente Konfliktpotential jedoch zwangsläufig manifest (vgl. auch den Beitrag zur kommunalen Wirtschaftspolitik von Busso Grabow/Dietrich Henckel in diesem Band).

b. Aufgabenfelder, Vorhaben und räumliche Lagen

Public Private Partnerships gibt es in den unterschiedlichsten kommunalen Aufgaben- und Politikfeldern: im Verkehrsbereich, in der kommunalen Ver- und Entsorgung, in der Stadtentwicklung und Stadterneuerung, im Wohnungsbau, im Umweltschutz, in der Forschung, beim Betrieb von Kultureinrichtungen wie auch von Freizeit- und Sportstätten.[27] Potentiell können PPPs in allen öffentlichen (kommunalen) Aufgabenbereichen vorkommen, bei denen keine gesetzlichen Hinderungsgründe gegen eine (Teil-)Privatisierung sprechen (vgl. den Beitrag von Günter Püttner zur »Mixed Economy« in diesem Band).[28]

Auch in bezug auf den Umfang der Aktivitäten von Partnerschaften gibt es vielfältige Ausprägungen. Partnerschaften können sich auf eines der o. g. Aufgabenfelder bzw. einen Teilbereich konzentrieren, in mehreren Aufgabenbereichen tätig sein, ihre Aktivitäten auf spezifische Gebiete und Vorhaben beschränken oder aber auch auf gesamtstädtischer bzw. regionaler Ebene agieren.

In welchen Aufgabenfeldern, bei welchen Vorhaben und in welchen räumlichen Lagen es tatsächlich zu partnerschaftlichen Aktivitäten kommt, hängt jedoch davon ab, ob diese für den privaten Partner auch profitabel sind: infolge der Rentabilität des

---

23 Forschungsfeldpapier »Neue Wege der privaten Finanzierung von Stadterneuerungs- und Stadtentwicklungsaufgaben«, in: ExWoSt-Informationen, (1993) 1, S. 2.

24 »Kommunalverwaltungen fungieren für gewöhnlich als »risk-minimizers«, private Investoren hingegen als »profit-maximizers«, Graham Haughton/David Whitney, Equal urban partners? In: The Planner, Bd. 75 (1989) 34, S. 10.

25 Friedrich Schoch (Anm. 12), S. 974.

26 Vgl. auch Günter Püttner (Anm. 7), S. 218.

27 Dietrich Budäus/Gernot Grüning (Anm. 21), S. 21.

28 Vgl. Gertrud Witte, Privatisierung städtischer Aufgaben, in: der städtetag (1994) 8, S. 526 f.; Friedrich Schoch (Anm. 12), S. 974; für Boehm-Bezing, Mitglied des Vorstandes der Deutschen Bank AG, sind dies »80 % aller kommunalen Dienste«, vgl. Frankfurter Allgemeine Zeitung v. 14. 3. 1997.

Vorhabens oder aber als Folge umfangreicher öffentlicher Subventionsleistungen. Besonders deutlich wurde dieser Zusammenhang ab der zweiten Hälfte der 80er Jahre im Bereich des Städtebaus und der Stadtentwicklung. Partnerschaftliche Aktivitäten konzentrierten sich zunächst vor allem auf komplexe und oft spektakuläre Großprojekte, die unterschiedliche tertiäre Funktionen und Nutzungen kombinierten. Als Folge deutlich veränderter Rahmenbedingungen sind Partnerschaften bei solchen Großprojekten inzwischen jedoch eher zu Ausnahmeerscheinungen geworden. Einen deutlichen Relevanzgewinn haben dafür Kooperationen zwischen Kommunen und privaten Investoren seit 1993 in einem anderen Bereich des Städtebaus zu verzeichnen: bei ganz »normalen« Vorhaben und Erschließungsmaßnahmen. Auslöser hierfür waren das im Kontext des deutschen Einigungsprozesses mit dem Ziel der Verfahrensbeschleunigung geschaffene und zunächst nur für die neuen Bundesländer geltende Institut des Vorhaben- und Erschließungsplans und die Neuregelung städtebaulicher Verträge (in §§ 7 und 6 BauGB-MaßnahmenG)[29] (vgl. Abschnitt 4.c.2).

Zunehmendes Interesse zeigen private Akteure in der jüngeren Vergangenheit auch an den rentierlichen Einrichtungen der kommunalen Ver- und Entsorgungsinfrastruktur (so z. B. bei der Abfallentsorgung und Abwasserbeseitigung) wie auch bei Verkehrsprojekten. 1996 waren im Bereich der kommunalen Versorgungsunternehmen »ca. 170 Unternehmen bekannt, an denen sich private Dritte als Minderheitsgesellschafter beteiligten«.[30]

c. Formen und Beispiele

Legt man den in der kommunalen Praxis gebräuchlichen weitgefaßten Partnerschaftsbegriff zugrunde, ergibt sich für die Formen öffentlich-privater Zusammenarbeit zunächst ein verwirrendes, aus den unterschiedlichsten Aktivitäten zusammengesetztes Bild, deren verbindende Gemeinsamkeit die Kooperation der beteiligten Akteure zur Realisierung eines bestimmten Vorhabens ist. Unter Vernachlässigung einzelfallspezifischer Besonderheiten läßt sich diese Vielfalt jedoch auf drei, nach dem Grad ihrer Institutionalisierung differierende Typen von Partnerschaftsansätzen reduzieren:
– den Typus der eher informellen Kooperation lokaler Führungskräfte,
– die auf den unterschiedlichsten vertraglichen Vereinbarungen und Organisationsformen basierende Kooperation öffentlicher und privater Akteure sowie schließlich
– den Zusammenschluß dieser Akteure in gemeinsamen gemischtwirtschaftlichen Gesellschaften.[31]
In manchen Fällen beruhen Partnerschaften auch auf einer Kombination mehrerer dieser Kooperationstypen.

29 Arno Bunzel u. a., Städtebauliche Verträge, rechtliche Grundlagen, Hinweise zur Vertragsgestaltung, Regelungsbeispiele und Vertragsmuster, Berlin 1995.
30 Wolf Gottschalk (Anm. 3), S. 555; vgl. auch: Deutsche Wasserwerke sind begehrte Objekte privater Investoren, Wettstreit der Strategien: Totaler Erwerb oder Betreibermodell, in: Frankfurter Allgemeine Zeitung v. 18. 3. 1997.
31 Werner Heinz (Anm. 1), S. 10 f.

c.1 Informelle Kooperation lokaler Führungskräfte

Partnerschaften dieses Typs sind in der Regel nicht für die Realisierung spezifischer Vorhaben oder Leistungen zuständig, sondern fungieren eher als Initiatoren und Koordinatoren im Rahmen übergreifender Planungs- und Entwicklungsstrategien. Beteiligte sind meist einflußreiche Vertreter der Wirtschaft oder ihrer Verbände sowie die Spitzen aus kommunaler Politik und/oder Verwaltung. Ihre Zusammenarbeit kann auf Satzungen oder – wie das oft zitierte Beispiel der Stadt Pittsburgh zeigt – allein auf den persönlichen Beziehungen der Beteiligten beruhen. Die Durchführung der laufenden Geschäfte obliegt in der Regel der Steuerungs- oder Koordinierungsgruppen. Beispiele für diesen Typus von Partnerschaft sind u. a.:

- die bereits in den frühen 40er Jahren in der ehemaligen U.S.-amerikanischen Stahl-Stadt Pittsburgh einsetzende Kooperation zwischen maßgeblichen Vertretern der lokalen Wirtschaft – die sich mit dem Ziel, den weiteren Verfall der Stadt und ihres Umlands zu stoppen und eine Reaktivierung des Stadtzentrums einzuleiten, in der Allegheny Conference on Community Development (ACCD) zusammengeschlossen hatten – und der kommunalen Verwaltung. Grundlage dieser öffentlich-privaten Kooperation waren keine Verträge, sondern die persönlichen Beziehungen zwischen einem maßgeblichen Repräsentanten der Pittsburgher Stahlindustrie und dem politisch einflußreichen Bürgermeister der Stadt. »Die Lawrence-Mellon-Partnerschaft«, die auf die Entwicklung des PPP-Begriffs entscheidenden Einfluß hatte, »war eine lose strukturierte Verbindung, in der sich zwei Führungspersönlichkeiten der Stadt – angesichts einer Krisensituation – durch gemeinsame Zielsetzungen für Pittsburgh vereint sahen«.[32]
- die 1992 auf Initiative kommunaler Politiker für den Zentralbereich der Stadt Stockholm eingerichtete und »als erstes schwedisches Beispiel für eine Public-Private Partnership von Einzelhändlern, Eigentümern und der Stadt«[33] bezeichnete City-Lenkungsgruppe. Aufgaben dieses zwar »informellen«, aber festen Zusammenschlusses von Interessenvertretern der City waren zunächst die Erarbeitung eines Erneuerungsprogramms für den City-Bereich und die Festlegung der Erneuerungsträger. Inzwischen liegt die Hauptfunktion der Lenkungsgruppe »in der Vorbereitung und Koordination der Einzelmaßnahmen sowie der Information aller Beteiligten und der interessierten Öffentlichkeit«.[34]
- der Anfang der 90er Jahre in der früheren Montanstadt Bottrop zur Koordination und Steuerung eines großflächigen Entwicklungsvorhabens auf einem ehemaligen Zechengelände eingerichtete Kooperationsansatz, der von den beteiligten Akteuren als »Handschlag-PPP« bezeichnet wird.[35] Nukleus ist eine »operative Planungsgruppe« aus Vertretern der Stadt, der Montan-Grundstücksgesellschaft (MGG) und der Internationalen Bauausstellung-GmbH (IBA). Diese Akteure sind jeweils für spezifische Aufgabenbereiche zuständig; Grundlage ist jedoch ein gemeinsam erarbeitetes Strategiepapier, in dem Inhalte, notwendige Verfahrensschritte und organisatorischer Rahmen der Projektentwicklung festgelegt wurden.

---

32 Morton Coleman, Public/Private Cooperative Response Patterns to Regional Structural Change in the Pittsburgh Region, in: Joachim Jens Hesse (Hrsg.), Die Erneuerung alter Industrienationen, Baden-Baden 1988, S. 135.
33 Anke Matuschewski, Stockholm: City-Erneuerung durch Public-Private Partnership, in: Geographische Rundschau, (1997) 3, S. 160.
34 Ebenda.
35 Werner Heinz/Carola Scholz (Anm. 22), S. 35.

c.2 Vertraglich geregelte Kooperationsansätze

Die häufigste Form von PPP sind Kooperationsansätze, bei denen die Zusammenarbeit der öffentlichen und privaten Akteure durch Verträge geregelt ist. In diesen Verträgen werden die Rollen und Zuständigkeiten der Beteiligten, ihre jeweiligen Aufgaben- und Handlungsschwerpunkte, ihr personeller, finanzieller und sächlicher Einsatz sowie die Verteilung möglicher Risiken geregelt. Bei der Vertragsgestaltung spielen zum einen das konkrete Vorhaben und die damit verbundenen Ziele und Aufgabenschritte eine maßgebliche Rolle, zum anderen aber auch Kompetenz, Professionalität und Verhandlungsgeschick der beteiligten Akteure.

Partnerschaften bei größeren Vorhaben im Bereich des Städtebaus basieren häufig auf mehreren, sich gegenseitig ergänzenden Vertragswerken: so z. B. beim Vasa-Terminal Projekt in Stockholm, wo zwischen den beteiligten Akteuren acht verschiedene, vom Pachtvertrag bis zur Nießbrauchvereinbarung reichende Verträge abgeschlossen wurden[36] oder beim Bau einer Musical-Halle in Essen[37], für den nicht nur mehrere Verträge geschlossen, sondern auch eine gemeinsame Besitzgesellschaft zwischen zwei beteiligten Akteuren gegründet wurde.

Eine besondere Rolle bei der vertraglich geregelten Kooperation zwischen öffentlichen und privaten Akteuren spielen auch spezifische, für die Erbringung bestimmter Leistungen durch Private bei der Durchführung und/oder Finanzierung öffentlicher Aufgaben entwickelte Vertrags- und Verfahrensmodelle. Zentrale Aktionsbereiche dieser – zunächst vor allem für die neuen Bundesländer relevanten – Vertragsansätze waren und sind die Entsorgungs- und Verkehrsinfrastruktur sowie der Städtebau.

Die Zahl der Modellansätze ist inzwischen groß und variiert je nach Autor und Aufgabengebiet. Für den Städtebau in den neuen Bundesländern wurden beispielsweise 1992 zwölf verschiedene Kooperationsmodelle genannt[38], für den Bereich der kommunalen Abwasserbeseitigung 1994 sechszehn[39] und in einem aktuellen Papier der OECD für den Bereich der städtischen Infrastruktur dreizehn.[40] Die folgende Zusammenstellung ist daher selektiver Natur und beschränkt sich auf einige wenige Vertragsmodelle, die in der kommunalen Praxis eine besondere Rolle spielen.

Das Betreibermodell

Bei diesem Modell, das vor allem in den neuen Bundesländern im Bereich der Abwasserentsorgung eine besondere Rolle spielt, führt ein Privater, der Betreiber, »zunächst eigenverantwortlich, aber im einvernehmlichen Zusammenwirken mit der Kommune die für Planung und Bau neuer sowie Sanierung bestehender Anlagen[41] erforderlichen Leistungen . . . (durch) und übernimmt sodann auch den Betrieb dieser

---

36 Göran Cars u. a., Öffentlich-private Zusammenarbeit bei der Stadtplanung in Schweden – Ein Überblick, in: Werner Heinz (Hrsg.), (Anm. 1), S. 462 ff.

37 Vgl. Werner Heinz/Carola Scholz (Anm. 22), S. 101 ff.

38 Liegenschaftsgesellschaft der Treuhandanstalt mbH, Public Private Partnership in den neuen Bundesländern, Berlin 1992 (Manuskript).

39 ATV-Information (1994): Betriebsformen der kommunalen Abwasserbeseitigung, zit. nach: Turgut Pencereci, Vertragliche Gestaltung bei privaten Modellen, in: Henning Walcha/Klaus Hermanns (Hrsg.), Partnerschaftliche Stadtentwicklung – Privatisierung kommunaler Aufgaben und Leistungen, Köln 1995, S. 212.

40 Elina Berghäll, The Role of the Private Sector in Financing Urban Infrastructure, Stockholm 1997, Vortragsmanuskript, S. 13 f.

41 Peter J. Tettinger (Anm. 5), S. 127.

Anlagen«. Diese sind Eigentum des Betreibers, werden aber von der Gemeinde als öffentliche Einrichtung gewidmet. Betreibermodelle kommen in der Regel bei Aufgaben zum Zuge, die nicht privatisierbar sind (so z. B. bei der Abfallbeseitigung oder Abwasserentsorgung). Öffentlich-rechtliche Zuständigkeit und Pflichtigkeit der Gemeinde bleiben daher erhalten; diese ist auch für den Gebühreneinzug zuständig (oft genanntes Beispiel ist der Betreibervertrag zwischen der Hansestadt Rostock und dem Zweckverband Wasser-Abwasser Rostock-Land einerseits und der Eurawasser-Aufbereitungs- und Entsorgungs GmbH andererseits für die Wasserversorgung und Abwasserentsorgung).

Das Betriebsführungsmodell

Der wesentliche Unterschied zum Betreibermodell besteht bei diesem Ansatz darin, daß die Gemeinde Eigentümerin der jeweiligen Einrichtung bleibt. Der von ihr beauftragte Private hat »den Betrieb nach ihren Weisungen, in ihrem Namen und für ihre Rechnung zu führen«[42] und erbringt auch hier im Außenverhältnis Leistungen des Aufgabenträgers. Anders als beim Betreibermodell, bei dem der »Betreiber als Eigentümer der Anlage eine jahrzehntelange Monopolstellung innehat«[43], kann die Gemeinde beim Betriebsführungsansatz als Eigentümerin der Anlage den Betriebsführer wechseln.

Das Kooperationsmodell

Dieser Ansatz gilt als Modifikation des Betreibermodells und sieht die Gründung einer gemischtwirtschaftlichen Beteiligungsgesellschaft vor, in der die Kommune die Mehrheit hält (vgl. dazu auch Abschnitt c.3).

Facility-Management

Kern dieses aus der Privatwirtschaft übernommenen Ansatzes ist die Übertragung des Managements und der Bewirtschaftung von Gebäuden und Einrichtungen (facilities) an private Dritte. »Grundsätzlich besteht privatwirtschaftliches Facility-Management aus verschiedenen Modulen, die entsprechend dem Bedürfnis der Kommune oder des sonstigen Vertragspartners ganz oder teilweise eingesetzt werden können«.[44] Häufig zitiertes und bereits als Modell öffentlich-privater Partnerschaft bezeichnetes Beispiel ist die Übertragung der Instandhaltung und Bewirtschaftung kommunaler Immobilien an einen privaten Dienstleister (Veba Immobilien AG) in der Ruhr-Stadt Wetter. Zentrale Ziele dieses Vorgehens sind eine dauerhafte Entlastung des städtischen Haushalts und eine effizientere Bewirtschaftung öffentlicher Immobilien.[45]

---

42 Ulrich Cronauge (Anm. 20), S. 221.
43 Ebenda, S. 222.
44 Cord Diekmann, Instandhaltung und Bewirtschaftung kommunaler Gebäude durch private Dienstleister – Ein Modell, in: Stadt und Gemeinde, (1996) 2, S. 36.
45 Christoph Brüning, Public-Private-Partnership in der Gebäudeverwaltung, in: Stadt und Gemeinde, (1997) 2/3, S. 56.

Das Leasing-Modell

Für französische Kommentatoren gehört Leasing im kommunalen Bereich bereits zu den wichtigsten Formen öffentlich-privater Partnerschaft. In Deutschland sehen hingegen viele in Leasing-Projekten, aber auch in den o. g. Modellen eher eine »Auftragsvergabe an hochspezialisierte Dienstleister und weniger ... echte Partnerschaften zwischen privater und öffentlicher Hand«.[46] Bei kommunalen Leasingmodellen, die angesichts steigender Haushaltsdefizite zunehmend an Bedeutung gewinnen, werden Infrastruktureinrichtungen oder Gebäude von Privaten finanziert und gebaut und anschließend an die Kommune vermietet. Eine spätere Eigentumsübertragung ist möglich, aber nicht verbindlich. Mit dem Leasingvertrag erfolgt die steuerliche Zuordnung des Leasingobjekts beim Leasinggeber, das materielle Investitionsrisiko wird dagegen auf die Kommune als Leasingnehmer übertragen.[47]

Beispiele für kommunale Leasingprojekte finden sich in vielen Bereichen der öffentlichen Infrastruktur: bei Rathäusern, Finanzämtern, Bibliotheken usw. »Das neue Verwaltungsgebäude der Stadtwerke Bonn läuft auf Leasing-Basis, ebenso das Finanzamt in Neuwied und die Kreisverwaltung in Prenzlau«.[48] Auch die Stadt Frankfurt am Main hat inzwischen nicht nur ihr Technisches Rathaus, sondern auch eine Reihe von Kindertagesstätten an Leasing-Gesellschaften veräußert, um sie anschließend wieder anzumieten.

Der städtebauliche Vertrag

»Städtebauliche Verträge (zwischen Städten und Gemeinden und privaten Dritten, der Verf.) sind Handlungsformen der öffentlichen Verwaltung, die so alt sind wie der planmäßige Städtebau selbst«.[49] Im kodifizierten Städtebaurecht erfuhr der städtebauliche Vertrag bis Anfang der 90er Jahre vor allem in der Form des Erschließungsvertrags (§ 124 BauGB) besondere Berücksichtigung. Mit dem der Erleichterung und beschleunigten Durchführung städtebaulicher Maßnahmen in den neuen Bundesländern dienenden Maßnahmengesetz zum Baugesetzbuch haben die bisherigen Regelungen des städtebaulichen Vertrags ab Mitte 1993 eine Erweiterung erfahren (§ 6). Gemeinden können nun unter anderem auch in die Vorbereitung und Durchführung unterschiedlicher städtebaulicher Maßnahmen verstärkt private Dritte einbeziehen und somit »die Ausarbeitung städtebaulicher Planungen« auf Private übertragen. Die Gemeinde bleibt bei dieser Übertragung allerdings Trägerin der Planungshoheit und ist auch weiterhin für das Abwägungsergebnis zuständig.[50]

Der Vorhaben- und Erschließungsplan

Der Verfahrensbeschleunigung im Sinne einer zügigen städtebaulichen Entwicklung dient auch der gleichfalls über das Maßnahmengesetz zum Baugesetzbuch (§ 7) ein-

46 Rebecca Gop, Teamgeist nötig, in: Immobilien Manager, (1993) 4, S. 15.
47 Ulrich Cronauge (Anm. 20), S. 222; Martin Jungkernheinrich, Privatisierung der kommunalen Infrastrukturfinanzierung, in: Heinrich Mäding (Hrsg.), Stadtperspektiven, Berlin 1994, S. 168 ff.
48 Peter H. Niederelz, Trendsetter Leasing: Geschäft mit Risiken, in: Demokratische Gemeinde, (1996) 3, S. 22.
49 Michael Krautzberger (Anm. 1), S. 48.
50 Arno Bunzel u. a. (Anm. 29), S. 13.

geführte und zunächst nur in den neuen Bundesländern zulässige Vorhaben- und Erschließungsplan. Private Vorhabenträger mit einem konkreten Investitionsinteresse, für das es noch kein Baurecht gibt, erhalten mit diesem Instrument die Möglichkeit, die erforderlichen planungsrechtlichen Grundlagen für die Verwirklichung des von ihnen vorgesehenen Vorhabens selbst zu schaffen. Der damit in einem vereinfachten Planungsverfahren ermöglichte Vorhaben- und Erschließungsplan kann von der Gemeinde als Satzung beschlossen werden. In einem zwischen Kommune und Vorhabenträger geschlossenen Durchführungsvertrag muß sich dieser verpflichten, die vorgesehenen Vorhaben- und Erschließungsmaßnahmen innerhalb einer bestimmten Frist durchzuführen.[51]

c.3 Gemischtwirtschaftliche Unternehmen

Die Institutionalisierung öffentlich-privater Partnerschaften in Form gemischtwirtschaftlicher Unternehmen ist vor allem in Frankreich anzutreffen. Mehr als 1 000 Sociétés d'Économie Mixte (SEMs) sind hier in der Stadt- und Grundstücksentwicklung, bei Wohnungs- und Industrieprojekten wie auch bei der Erstellung und dem Management öffentlicher Einrichtungen tätig. Französische Kommunen sehen in diesen Gesellschaften eine Möglichkeit, Aufgaben aus dem kommunalen Haushalt auszugliedern, ohne jedoch ganz auf ihre Kontrolle verzichten zu müssen.

In Deutschland sind gemischtwirtschaftliche Unternehmen vor allem in der Versorgungswirtschaft bekannt. Auch das Kooperationsmodell, das die Gründung einer gemischtwirtschaftlichen Beteiligungsgesellschaft zwischen Kommune und privatem Betreiber vorsieht und der Kommune damit einen stärkeren Einfluß als beim Betreibermodell sichert, zählt zu diesem Typus von Partnerschaft (vgl. Abschnitt 4.c.2).

Eine deutliche Zunahme haben gemischtwirtschaftliche Unternehmen ab den späten 80er Jahren erfahren. Dies galt zunächst vor allem für den Bereich der Stadtentwicklung und des Städtebaus, aber auch in anderen kommunalen Aufgabenfeldern ist es – wie die folgende, erneut selektive Zusammenstellung einiger relevanter Beispiele zeigt – verstärkt zur Einrichtung solcher, nun zunehmend unter dem Begriff PPP auftretenden Gesellschaften gekommen:

- Bekanntestes Beispiel im Bereich der kommunalen Abfallwirtschaft ist die 1991 in Dortmund mit dem Ziel einer effizienteren und kompetenteren, den kommunalen Haushalt entlastenden, Abfallbeseitigung gegründete Entsorgung Dortmund GmbH (EDG). Gesellschafter sind die Stadt Dortmund (mit 51 % der Anteile), die Vereinigten Elektrizitätswerke Westfalen sowie die Dortmunder Stadtwerke und die Ruhrkohle Umwelt GmbH.[52] Die Beziehungen zwischen der Gesellschaft und der Stadt sind in einem Entsorgungsvertrag mit zwanzigjähriger Laufzeit sowie einem Gesellschafts- und einem Personalüberleitungsvertrag geregelt.
- Gleichfalls in einer Ruhrgebietsstadt ist die ähnlich wie das Dortmunder Beispiel konzipierte Stadtentwässerung Schwerte GmbH (SEG) tätig. Die Kommune ist auch bei dieser Gesellschaft mit 51 % mehrheitlich beteiligt. Mitgesellschafter sind drei große Bauunternehmen sowie Deutsche Bank und Westdeutsche Landesbank. Das Eigentum an den Entwässerungsanlagen bleibt als Sondervermögen bei der Stadt. Für die beteiligten Unternehmen ist das Schwerter Vorhaben eine »erste Stufe

---

51 Werner Heinz/Frank Steinfort, Public Private Partnership als Instrument der Stadtentwicklung, in: der städtetag, (1995) 4, S. 241.
52 Rolf Hahn, Public Private Partnership – Modell der Zukunft? In: Sondernummer der Demokratischen Gemeinde, 1992, S. 49 ff.

zur Privatisierung von öffentlichen Aufgaben«, ein »Vorläufermodell für eine breite Palette von Anwendungen«.[53]
- Wesentlich breiter angelegt ist die 1996 erfolgte »Bildung einer Public-Private-Partnership für die Wirtschaftsbetriebe Oberhausen GmbH (WBO)«.[54] Ein erster Schritt hierfür war die bereits 1993 erfolgte Zusammenfassung aller städtischen Reinigungs-, Müllabfuhr-, Abwasserentsorgungs-, Sport-, Grünflächen- und Badebetriebe in einem städtischen Eigenbetrieb, der WBO GmbH. Der zweite Schritt erfolgte auf der Grundlage eines, infolge überdurchschnittlich hoher Haushaltsdefizite in Auftrag gegegebenen Gutachtens »zur Optimierung der Leistungsfähigkeit der Wirtschaftsbetriebe Oberhausen unter besonderer Berücksichtigung erzielbarer Haushaltsentlastungen, des Verzichts auf betriebsbedingte Kündigungen und der Wahrung des kommunalen Einflusses auf die Entscheidungsprozesse«[55] und führte zur Bildung einer gemischtwirtschaftlichen Gesellschaft. Die Stadt Oberhausen hält 51 % der Gesellschaftsanteile, 49 % wurden an ein Konsortium aus privaten Unternehmen veräußert.
- Im Bereich des Städtebaus und der Stadtentwicklung wurden ab der zweiten Hälfte der 80er Jahre zunächst in westdeutschen, später auch in ostdeutschen Städten eine Reihe gemischtwirtschaftlicher (Projekt)entwicklungsgesellschaften eingerichtet. Auslöser dieser, an der Einführung des Begriffs Public Private Partnership in den deutschen Sprachraum maßgeblich beteiligten Gesellschaften war die wettbewerbsbedingte Notwendigkeit zur Erneuerung und Modernisierung wesentlicher, häufig zentral gelegener Teile der kommunalen Siedlungs- und Infrastruktur (d. h. Revitalisierung brachgefallener ehemaliger Industrieflächen, Wiedernutzung funktionslos gewordener Verkehrs- oder militärisch genutzter Flächen oder Um- und Ausbau der städtischen Zentren mit dem Ziel der Image- und Attraktivitätsverbesserung).
- Vorreiterfunktion hatte die lange Zeit als Synonym für PPP verstandene Media Park-Köln-Entwicklungsgesellschaft mbH (MPK), die 1988 zur Umstrukturierung und Aufwertung eines großen, innenstadtnah gelegenen und bis dahin als Güterbahnhof genutzten Areals eingerichtet wurde und deren Hauptgesellschafter zunächst die Stadt Köln, das Land Nordrhein-Westfalen sowie ein privater Medienkaufmann waren.[56]
- Ein Beispiel für die partnerschaftliche Reaktivierung eines ehemaligen Zechengeländes in einer Ruhrgebietsstadt ist die 1992 in Dortmund gegründete Projektgesellschaft »Minister Stein«. Anteilseigner sind mit jeweils 50 % die Stadt Dortmund und die Montan-Grundstücksgesellschaft (MGG).
- Bundesweite Beachtung erfuhren auch zwei Partnerschaftsvorhaben der Stadt Frankfurt: die für die Bebauung des zentrumsnah gelegenen Westhafens mit Wohnungen und gewerblichen Nutzungen gegründete Westhafen Projektentwicklungsgesellschaft mbH, die zu je 50 % von der Stadt und einem Konsortium privater Unternehmen gehalten wird, sowie die ähnlich strukturierte Rebstock-

53 Wolfhard Leichnitz, Mitglied des Hochtief-Vorstands, zit. nach: Abwasserbeseitigung mit drei Baufirmen, Private Public Partnership/Schwerter Modell, in: Handelsblatt vom 3. 8. 1993.
54 Vgl. dazu im einzelnen Burkhard Ulrich Drescher/Magnus Dellwig, Rathaus ohne Ämter, Verwaltungsreform, Public Private Partnership und das Projekt Neue Mitte in Oberhausen, Frankfurt/New York 1996, S. 128 ff.
55 Ebenda, S. 129.
56 Vgl. dazu u. a. Werner Heinz (Anm. 1), S. 42 f.; Münchner im Himmel, in: Wirtschaftswoche, (1991) 21, S. 27 f.

Projektgesellschaft (private Partner sind hier ein großes Bauunternehmen und eine Immobiliengesellschaft), die sich die Entwicklung eines neuen Stadtteils im Frankfurter Westen zum Ziel gesetzt hat.[57]

– Einen organisatorischen Sonderfall stellt die 1994 für die Erneuerung des Stadtzentrums der Stadt Selm eingerichtete »Projektentwicklungsgesellschaft Pro Zentrum Selm mbH« dar. Die Kommune hält hier nur 20 % der Anteile, die restlichen 80 % liegen bei zwei privaten Bauunternehmen. Der Gesellschaftsvertrag sieht jedoch die Einberufung eines Beirats vor, der mehrheitlich mit kommunalen Vertretern besetzt ist und Kontroll- und Entscheidungskompetenzen besitzt.[58]

– Öffentlich-private Partnerschaften in Form gemischtwirtschaftlicher Gesellschaften sind schließlich auch auf regionaler Ebene mit dem Ziel der regionalen Wirtschaftsentwicklung und der kooperativen Erarbeitung regional abgestimmter Entwicklungskonzepte eingerichtet worden. Beispiele hierfür sind die 1990 gegründete »Emscher-Lippe-Agentur, Gesellschaft zur Strukturverbesserung im nördlichen Ruhrgebiet mbH«[59] und die »Entwicklungsagentur Östliches Ruhrgebiet GmbH (Dortmund, Kreis Unna, Hamm, Aalen)«.[60] Gesellschafter sind in beiden Fällen mehrere kommunale Gebietskörperschaften, die 51 % am Stammkapital der jeweiligen Gesellschaft halten sowie die jeweils regional relevanten Wirtschaftsorganisationen und -unternehmen.

5. Vorliegende Ergebnisse und Konsequenzen

a. Ergebnisse und beabsichtigte Projektziele

Im Hinblick auf die Realisierung ihres zentralen Zieles – imagefördernde Umstrukturierung und Wiederbelebung häufig zentral gelegener städtischer Bereiche – waren öffentlich-private Partnerschaften in der Mehrzahl erfolgreich. Sie haben in der Regel dazu beigetragen, komplexe städtische Erneuerungsvorhaben unter gleichzeitiger Beschleunigung der jeweiligen Verfahrensabläufe zu realisieren. In vielen Ländern – von den USA bis Schweden und Deutschland – entstanden auf diese Weise zahlreiche Geschäfts- und Einkaufszentren, Büro- und Kongreßgebäude, touristische Einrichtungen sowie (meist teure) Wohnanlagen an ausgewählten Standorten.

Diese Partnerschaftsvorhaben waren und sind für private Partner jedoch nur interessant, solange ein generelles »Umfeld des Erfolges« gegeben ist[61], solange also

---

57 Vgl. u. a. Martin Wentz, Öffentlich-private Zusammenarbeit in der kommunalen Aufgabenerfüllung, Perspektiven der Stadtentwicklung durch Public-Private-Partnership, Frankfurt 1995, Manuskript, S. 9 f.
58 Werner Heinz/Carola Scholz (Anm. 22), S. 179 ff.
59 Gerd Fröhlich, Städteübergreifende Public-Private-Partnership im nördlichen Ruhrgebiet, in: ILS-Schriften, Bd. 56 (1991), S. 87 ff.
60 Hans-Peter Noll/Oliver Wittke, Die Entwicklungsagentur Östliches Ruhrgebiet als Beispiel für Public-Private-Partnership, in: Henning Walcha/Klaus Herrmanns (Hrsg.), (Anm. 39), S. 120 ff.
61 Vgl. Werner Heinz (Anm. 22), S. 490.

wirtschaftlicher Strukturwandel und siedlungs- wie auch infrastrukturelle Modernisierungsnotwendigkeiten mit wirtschaftlichem Wachstum und deutlichen Nachfragesteigerungen für bestimmte Nutzungen (insbesondere im Büro-, Gewerbe- und Einzelhandelssektor) einhergehen und die daraus resultierenden Bodenpreissteigerungen hohe Renditen versprechen. Ändern sich aber diese Voraussetzungen und ist damit die Profitabilität partnerschaftlicher Vorhaben in Frage gestellt, dann stehen die ursprünglichen Projektziele, bisweilen auch das ganze Vorhaben zur Disposition.

Bei Projekten in der Abfall- und Abwasserwirtschaft oder beim Immobilien-Leasing ist die Realisierung der Projektziele (Errichtung, Finanzierung, Management bestimmter Anlagen) insoweit meist unproblematisch, als diese Einrichtungen die besondere Chance einer kontinuierlichen Nachfrage und gesicherten Rendite bieten. Probleme bei der Zielerreichung können hier allerdings aus anderen Gründen entstehen: wegen der Inkompetenz privater Akteure oder als Folge unseriöser Finanzierungskonzepte.

b. Ergebnisse für die Projektbeteiligten

b.1 Öffentliche Hand (Kommunalverwaltungen)

Die Ergebnisse öffentlicher-privater Kooperationsvorhaben für die öffentlichen Akteure sind meist ambivalent.

Bei Projekten im Städtebau wird als positiv verbucht, daß öffentliche Verwaltungen und ihre Bediensteten über die Kooperation mit privaten Akteuren einen verbesserten Zugang zu den Kenntnissen und Prinzipien des Privatsektors erhalten haben: zu wirtschaftlichem Denken und unternehmerischer Handlungslogik, zu privaten Management- und Marketingstrategien wie auch zu Informationen über unterschiedliche Märkte und deren Regeln. Die Kooperation mit der Privatwirtschaft bedeutet für öffentliche Akteure damit auch eine Qualifizierung für künftige Kooperationsvorhaben: kommunale Verhandlungspartner sind dann besser in der Lage, die Angaben und Vorstellungen privater Akteure zu beurteilen.

Die mit der Einbeziehung privater Akteure erhoffte und meist auch realisierte Verfahrensbeschleunigung[62] macht sich vor allem bei Projekten der Entsorgungs- und Verkehrswirtschaft als wesentlicher Vorteil bemerkbar. Nicht unerwartet, zentrales Ziel vieler dieser Projekte war und ist es schließlich, »Zeit einzukaufen«.[63] Auch bei Projekten im Städtebau hat sich die Kooperation mit Privaten in der Regel verfahrensbeschleunigend ausgewirkt: durch die Verknüpfung privatwirtschaftlichen Know-hows mit öffentlichen Vollmachten, wegen der gewinnorientierten Zeitvorgaben Privater und auch wegen der Auslagerung projektbeteiligter Akteure bzw. Aufgabenbereiche aus der kommunalen Linienverwaltung. Diese Aufgabenbereiche wurden entweder in kommunale Eigenbetriebe überführt, um als Vertragspartner mit den Privaten zu fungieren oder wurden in gemischtwirtschaftliche Gesellschaften integriert.

---

62 Projektspezifische Qualifikationen und Erfahrungen des Privaten und günstige ökonomische Rahmenbedingungen sind allerdings notwendige Voraussetzungen.

63 Vgl. Michael Krautzberger (Anm. 1), S. 48.

Die mit diesen vorteilhaften Entwicklungen verbundenen potentiellen und nicht notwendigerweise wirksam werdenden Nachteile betreffen weniger die im Einzelfall beteiligten Akteure und Ressorts, sondern stärker spezifische Prinzipien und Funktionen kommunaler Gebietskörperschaften. Als mögliche Nachteile werden vor allem genannt[64]:

- Angleichung der von öffentlichen Bediensteten verfolgten Ziele und Absichten an die des Privatsektors als Folge der privatwirtschaftlich orientierten Erweiterung und Verbesserung ihrer Kompetenzen und Kenntnisse;
- verstärkte Beeinflussung kommunaler Planungen und Planungsziele durch die gewinnorientierten Vorstellungen privater Akteure und ein damit einhergehender Verzicht auf langfristige entwicklungspolitische Konzepte und Perspektiven zugunsten kurzfristiger betriebswirtschaftlicher Kalkulationen;
- Reduzierung lokaler Kompetenzen und Handlungsspielräume durch die Übertragung kommunaler Befugnisse und Zuständigkeiten auf Private[65];
- Rückgang an Verfahrenstransparenz sowie an Kontroll- und Steuerungsmöglichkeiten für demokratisch legitimierte Gemeindevertreter infolge der häufig gegebenen und im Sinne der Verfahrensbeschleunigung für notwendig erachteten Sonderstellung von Partnerschaftsansätzen (wie Ausgliederung aus dem normalen Verwaltungsvollzug und Reduzierung der städtischen Öffentlichkeit auf einige wenige Akteure der Privatwirtschaft) sowie
- politische Akzeptanzprobleme durch Vermischung öffentlicher Gemeinwohl- und privater Gewinninteressen (insbesondere im Falle gemischtwirtschaftlicher Gesellschaften).

Ambivalent werden auch der Grad der Mobilisierung privater Finanzmittel – ein weiteres Ziel der öffentlichen Akteure bei Partnerschaftsvorhaben – und die finanziellen Folgen von Partnerschaftsprojekten beurteilt. So werden z. B. bei städtebaulichen Großprojekten einerseits Kosteneinsparungen angeführt, die durch die Beschleunigung und verbesserte Koordination der Projekte und Projektverfahren eingetreten seien, andererseits wird jedoch darauf hingewiesen, daß diese Vorhaben sehr oft mit erheblichen Vorleistungen der öffentlichen Hand (für Grunderwerb und Infrastruktureinrichtungen oder in Form verbilligter Grundstücksvergaben) einhergingen.

Das für die kommunale Ebene vorteilhafte Engagement des privaten Partners kann aber auch – in Abhängigkeit des jeweiligen Vorhabens und seiner Lage – mit den unterschiedlichsten (Vor-)Leistungen anderer Gebietskörperschaften[66] verbunden sein: von zinsgünstigen Darlehen über steuerliche Vergünstigungen bis zu attraktiven Abschreibungsmöglichkeiten. Signifikante Beispiele für den Zusammenhang von Struktur und Problemintensität eines Standortes und dem notwendigen Umfang öffentlicher Subventionsleistungen bei städtebaulichen Partnerschaften sind Großprojekte auf altindustrialisierten Flächen in Städten des Ruhrgebiets. Ohne die Verfügbarkeit öffentlicher Fördermittel aus Programmen des Landes Nordrhein-Westfalen und/oder der Europäischen Union wären hier private Akteure kaum zu einer Kooperation bereit gewesen.

---

64 Vgl. Werner Heinz (Anm. 22), S. 527 f.
65 Vgl. dazu auch: Chancen und Grenzen der Privatisierung – 25 Thesen des Deutschen Städtetags, in: der städtetag, (1995) 5, S. 318.
66 »Vorläufig stellen die Public-Private-Partnerships nur eine neue Form der Verteilung von Subventionen dar«, in: Hartmut Häußermann, Ökonomie und Politik in alten Industrieregionen, in: Hartmut Häußermann, Ökonomie und Politik in alten Industrieregionen Europas, Basel 1992, S. 28.

Mit den o. g. Vertrags- und Verfahrensmodellen (vgl. Abschnitt 4.c.2) ist zunächst stets eine finanzielle Entlastung der kommunalen Akteure verbunden; schließlich ist dies auch eine ihrer maßgeblichen Funktionen. Von zentraler Bedeutung für die kommunale Seite ist jedoch die Frage, auf wessen Kosten diese Entlastung erfolgt und mit welchen potentiellen Folgen sie verbunden ist. Infolge der unterschiedlichen Schwerpunkte der einzelnen Modelle sind hier generalisierende Antworten kaum möglich.[67] Weitgehend unbestritten ist jedoch, daß auch für diese Modelle nur rentierliche Einrichtungen und Vorhaben in Frage kommen, die üblicherweise erforderliche öffentliche durch eine in der Regel teurere private Schuldenaufnahme ersetzt wird, die kommunale Finanzierungsentlastung meist nur kurzfristig wirksam und die Vertragsgestaltung oft kompliziert und damit auf kommunaler Seite eine hohes, keineswegs immer vorhandenes Maß an Know-how erforderlich ist.

Beim Betreibermodell beispielsweise verschaffen private Planung, Finanzierung, Einrichtung und Betrieb einer öffentlichen Anlage der Kommune zunächst eine finanzielle Entlastung und Liquiditätsvorteile, die für andere investive Maßnahmen genutzt werden können. Diesem Vorteil steht allerdings langfristig als Nachteil gegenüber, daß durch die Auslagerung der in der Regel lukrativen öffentlichen Einrichtung aus der kommunalen Verwaltung »der Querverbund, d. h. die Nutzung kommunaler Einnahmen aus kostendeckenden Einrichtungen zur Finanzierung defizitärer Aufgabenbereiche, erschwert (wird)«.[68] Darüber hinaus muß die Kommune infolge ihrer Aufgabenpflicht mit dem ständigen Risiko leben, den privaten Betreiber, sollte dieser ausfallen, sofort ersetzen zu müssen. Für die Verbraucher schließlich bedeutet die teurere Kapitalfinanzierung der Privaten in der Regel eine höhere (Gebühren-)belastung.[69]

Eine Finanzierungsentlastung durch Privatisierung der Erstellungskosten von Gebäuden und Einrichtungen bietet auch das Leasing-Modell an. Die Kommune als Leasingnehmer hat den Vorteil, daß in relativ kurzer Zeit ein Gebäude erstellt und ihr Haushalt zunächst vergleichsweise gering belastet wird. Diese Entlastung ist allerdings nur kurzfristiger Natur und oft mit langfristigen Mehrbelastungen erkauft. So zeigen »alle bisherigen Kostenvergleiche, daß die Leasingfinanzierung für Städte und Gemeinden infolge leasingspezifischer Zusatzkosten wie Gewinnaufschlag und Verwaltungskosten sowie relativ höherer Refinanzierungskosten des Leasingunternehmens in der Regel zu höheren Finanzierungskosten führt als die klassische Kreditfinanzierung«.[70] Die langfristig fälligen Leasingraten führen zu einer gleichfalls langfristigen Bindung kommunaler Haushaltsmittel und reduzieren damit den Spielraum für öffentliche Kreditaufnahmen.

Die Deutsche Anlagen-Leasing GmbH (DAL) hält diesen Argumenten Kostenvorteile für die öffentliche Hand in Höhe von 20 % entgegen: infolge hoher Zeit-

---

67 Vgl. dazu im einzelnen: Martin Jungkernheinrich (Anm. 47), S. 166 ff.; Ulrich Cronauge (Anm. 20), S. 219 ff. sowie Karl-Ulrich Rudolph/Eckehard Büscher, Privatisierung kommunaler Aufgaben und Leistungen im Abwasserbereich, in: Henning Walcha/Klaus Herrmanns (Anm. 39), S. 172 ff.

68 Martin Jungkernheinrich (Anm. 47), S. 175.

69 »Nach Übertragung der Entsorgungsaufgaben auf die EDG stiegen die Straßenreinigungsgebühren um 44 %, die Abfallbeseitigungsgebühren sogar um 97 %.« Deutscher Gewerkschaftsbund (Hrsg.), Informationen zur Wirtschafts- und Strukturpolitik, (1994) 3, S. 16.

70 Ulrich Cronauge (Anm. 20), S. 223.; vgl. dazu auch: Rudolf Odenwald, Privatfinanzierung staatlicher Bauaufgaben – eine Einschätzung aus der Sicht des Bayerischen Obersten Rechnungshofs, München 1996, Manuskript, S. 1 f.

ersparnisse bei privat finanzierten Projekten (im Durchschnitt 60 %) und damit vermiedener Baupreissteigerungen.[71]

b.2 Private Akteure

Bei der Diskussion der Ergebnisse von Partnerschaften für private Akteure wird auf eine Differenzierung nach unterschiedlichen Akteursgruppen (Kammern und Verbänden bei regionalen Partnerschaften, Immobiliengesellschaften und Baufirmen bei städtebaulichen Projekten, Anlagen- und Betreibergesellschaften bei Vorhaben im Bereich der technischen Infrastruktur etc.) weitgehend verzichtet. Im Vordergrund stehen Investoren und Developer und damit jene Gruppen privater Akteure, die bei vielen Partnerschaften eine zentrale Rolle spielen.

Kooperationsvorhaben mit der öffentlichen Hand bedeuten für diese Akteure in der Regel Zugang zu lokalen Befugnissen und Vollmachten (vor allem in der Entsorgungswirtschaft) sowie einen deutlichen Einfluß auf planungsrechtliche und/oder projektbezogene kommunale Entscheidungen. Wie dieser Einfluß im einzelnen aussieht und wie weit er geht – von der Nutzungsfestlegung über die Projektgestaltung bis zur Auswahl von Finanzierungsmodellen – hängt vom konkreten Vorhaben, vor allem aber von den fachlichen Kenntnissen und dem politischen Willen der jeweiligen kommunalen Partner ab. Positiv schlagen sich für private Akteure auch die meist kostengünstige Bereitstellung von Grundstücken und die kostensenkende Beschleunigung von Planungsverfahren und Projektdurchführung nieder. Ob das geplante Vorhaben auch die kalkulierte Rendite abwirft, hängt zwar häufig von externen, von den Projektpartnern nicht zu beeinflussenden Faktoren ab (Nachfrage nach bestimmten Flächen, Verbraucherverhalten bei Infrastruktureinrichtungen), in der Regel sind die Verträge jedoch so konzipiert, daß unvorhergesehene Risiken und damit auch finanzielle Defizite zu Lasten der öffentlichen Partner gehen.

Weitere positive Ergebnisse für private Beteiligte liegen bei Partnerschaftsprojekten vielfach auch darin, daß sie ihnen mittelbaren oder unmittelbaren – dies war zunächst in den neuen Bundesländern der Fall – Zugang zu den Fördermitteln von Ländern, Bund und Europäischer Union und den unterschiedlichsten, nach Projekten und Modellen differierenden, steuerlichen Vorteilen verschaffen.

Großen, in mehreren Regionen tätigen und an einer Ausweitung ihrer Angebotspalette interessierten Akteuren können öffentlich-private Kooperationsprojekte auch als Referenzprojekte und als Einstieg für weitere Aktivitäten dienen.[72] Für kleinere lokale Bauträger können Kooperationsprojekte hingegen eine ihr Renommee und ihren Bekanntheitsgrad vergrößernde Marketingfunktion bedeuten.

Ein, wenn nicht der maßgebliche Vorteil für private Akteure liegt bei öffentlich-privaten Partnerschaften jedoch in den für sie damit fast immer verbundenen Sicherheiten. Umfangreiche öffentliche Vorinvestitionen und eindeutige Planungsentscheidungen gewährleisten Investitionssicherheit; öffentliche Bürgschaften ermöglichen und sichern weitreichende Kreditaufnahmen; Verträge mit langen Laufzeiten sichern eine langfristige Rendite, und schließlich werden häufig auch – insbesondere bei riskanten Vorhaben – gewisse »Basis-Sicherungen« mit den öffentlichen Partnern vereinbart, die gegen Auswirkungen unvorhergesehener konjunktureller Entwicklungsverläufe und Risiken schützen sollen.

---

71 »Öffentliche Infrastruktur durch Privatfinanzierung sichern«, in: Frankfurter Allgemeine Zeitung vom 17. 2. 1995.
72 Werner Heinz/Carola Scholz (Anm. 22), S. 210.

6. Ausblick und offene Fragen

Wie die Erfahrungen der Praxis zeigen, sind die Ergebnisse öffentlich-privater Partnerschaften ambivalent. Für die Beschleunigung und Straffung komplexer Projektverfahren war und ist die Verknüpfung der spezifischen Stärken öffentlicher und privater Beteiligter infolge der damit möglichen Synergieeffekte in der Regel von Vorteil. Vorteilhaft sind Partnerschaften meist auch für die daran beteiligten privaten Akteure. Ob dies auch für die Partner der öffentlichen Hand und die Realisierung ihrer spezifischen Ziele und Interessen zutrifft, bleibt hingegen vielfach fraglich.

Öffentlich-private Partnerschaften werden auch in Zukunft, darüber besteht weitgehende Übereinstimmung, eine maßgebliche Rolle spielen; vermutlich werden sie noch an Relevanz gewinnen. Im Planungsrecht wird beispielsweise der zunächst auf die neuen Bundesländer beschränkte Geltungsbereich von Instrumenten wie Vorhaben- und Erschließungsplan und städtebaulichen Verträgen, die für den früheren Bundesbauminister Töpfer »Grundlage einer notwendigen Public-Private-Partnership (sind)«[73], auf das ganze Bundesgebiet ausgedehnt. Im Sinne einer verstärkten Berücksichtigung und Realisierung öffentlicher Ziele und Interessen sollten kommunale Akteure allerdings in Zukunft qualifizierter und informierter in die Kooperation mit der Privatwirtschaft eintreten als dies vielfach bisher der Fall war. Hierfür sollten sie vor allem:
- zunächst darauf verzichten, die Kooperation mit dem Privatsektor infolge des Partnerschaftsbegriffs zu idealisieren, sondern diese nüchtern als geschäftliche Beziehung zwischen prinzipiell unterschiedlichen Akteuren zur Realisierung einer bestimmten Aufgabe oder Leistung verstehen;
- die eigenen Stärken und Schwächen genauer analysieren und davon Abstand nehmen, die Fähigkeiten des Privaten zu überschätzen;
- klare eigene und eindeutige Zielvorstellungen als Grundlage partnerschaftlicher Aktivitäten entwickeln;
- ihre strategischen und fachlichen Kompetenzen wie auch ihre Verhandlungsstrategien und -taktiken verbessern, um als gleichrangige Partner agieren zu können;
- sich zur Gewährleistung der Einhaltung getroffener Absprachen und Vereinbarungen längerfristig wirksame Einfluß- und Sanktionsmöglichkeiten sichern und darauf achten, daß potentielle Risiken angemessen verteilt werden, und nicht zuletzt
- Kooperationsform, -verfahren und Zuständigkeitsverteilung am konkreten Einzelfall und nicht an abstrakten Modellen orientieren.

Weniger klar als ihr Fortbestand sind allerdings Richtung und Funktion, die Partnerschaften künftig einnehmen werden. Wird das Engagement privater Akteure bei imageträchtigen Prestigeprojekten weiter zurückgehen? Werden Partnerschaften daher verstärkt im Bereich der Entsorgungs- und Verkehrswirtschaft tätig sein? Werden Kooperationsansätze mit dem Umweg über die neuen Bundesländer nun auch bei westdeutschen Planungsvorhaben zur Regel werden? Machen die bei bisherigen Entwicklungsvorhaben in zentraler Lage dominanten Developer und Investoren als Folge veränderter Aufgabenschwerpunkte tendenziell lokalen Akteuren Platz? Werden Partnerschaften vor dem Hintergrund zunehmender Privatisierungsforderungen zur

---

73 Zit. nach: Planungsrecht aus einem Guß, die Grundlage für Public-Private Partnership, in: Süddeutsche Zeitung vom 31. 5. 1997.

Erhaltung der Garantenstellung der öffentlichen Hand[74] beitragen oder aber, wie von maßgeblichen Akteuren der Privatwirtschaft prognostiziert, nur eine Zwischenstufe zur Vollprivatisierung öffentlicher Aufgaben sein?

Die Beantwortung dieser Fragen wird vor allem davon abhängen, wie sich die eingangs genannten, für den Bedeutungsgewinn von Partnerschaften relevanten Faktoren in Zukunft entwickeln werden. Künftige wirtschaftliche Rahmenbedingungen, kommunale Handlungs- und Finanzierungsspielräume sowie Rolle und Selbstverständnis modernisierter (Kommunal-)Verwaltungen werden daher zusammen mit den relevanten politischen Akteuren und deren Schwerpunktsetzungen darüber entscheiden, welche Form und Funktion PPP in Zukunft einnehmen, ob sie zur Regel, zur Ausnahme oder aber zur Vorstufe einer fortschreitenden Privatisierung werden.

---

74 Friedrich Schoch (Anm. 12), S. 963.

Kapitel 6:
Kommunale Aufgaben und Politikfelder

GERD ALBERS

Stadtentwicklung/Bauleitplanung

1. Begriff und Wesen

Der Begriff der »Stadtentwicklung« hat sich in den letzten Jahrzehnten neben »Städtebau« und »Stadtplanung« als Bezeichnung für die politisch gelenkte räumliche Entwicklung der Städte durchgesetzt. Einen Anstoß dazu gab das Konzept der »Stadtentwicklungsplanung«, mit dem um 1970 ein umfassender kommunalpolitischer Steuerungsanspruch auch hinsichtlich der wirtschaftlichen und sozialen Entwicklung erhoben wurde. Die Erfahrungen führten jedoch bald zur Zurücknahme solcher Ambitionen und damit zur weitgehenden Einschränkung des Begriffs auf die Planung der räumlichen Entwicklung. Sie gilt auch für die nachstehenden Ausführungen, zumal im Rahmen des vorliegenden Bandes allen Hauptbereichen kommunalen Handelns jeweils eigene Abschnitte gewidmet sind.

Indessen haben fast alle diese Handlungsfelder einen räumlichen Bezug und kommen deshalb zwangsläufig ins Blickfeld und in den Aktionsbereich der kommunalen raumbezogenen Planung – also der Stadt- oder Ortsplanung – und ihres zentralen Instrumentariums, der Bauleitplanung. Zu einigen von ihnen gibt es sehr enge Beziehungen, so zur Stadterneuerung (vgl. hierzu den Beitrag von Michael Krautzberger in diesem Band) und zum Verkehr (vgl. hierzu den Beitrag von Dieter Apel in diesem Band) – deren »strategische« Planung häufig auch in die Kompetenz des Stadtplanungsamtes fällt – ebenso wie zur kommunalen Umweltpolitik. Aber auch die kommunale Wirtschaftspolitik (vgl. hierzu den Beitrag von Busso Grabow/Dietrich Henckel in diesem Band) ist genau so wie die Wohnungspolitik (vgl. hierzu den Beitrag von Burkhard Hintzsche in diesem Band) entscheidend auf die Verfügbarkeit geeigneter Flächen angewiesen, deren zweckmäßige Auswahl und deren rechtliche Sicherung Aufgabe der Stadtplanung ist. Ähnliches gilt für alle Einrichtungen, die im Zusammenhang mit der kommunalen Fürsorge für bestimmte Bevölkerungsgruppen erforderlich sind, wie Krankenhäuser, Altentagesstätten oder Jugendheime.

Nicht alle derartigen Raumansprüche lassen sich problemlos erfüllen. Es gibt Flächenbeschränkungen durch die Gemeindegrenzen oder durch Einengungen der Erschließungsmöglichkeit aufgrund natürlicher Gegebenheiten oder finanzieller Engpässe. Zudem treten oft konkurrierende Ansprüche an bestimmte Flächen oder Standorte im Stadtgebiet auf, zwischen denen die Planung entscheiden – und das heißt in der Regel: eine Entscheidung der Stadtvertretung herbeiführen – muß, die ihrerseits häufig vom Widerstreit unterschiedlicher politischer Prioritäten bestimmt ist. So wie die Kämmerei für alle kommunalen Bedarfsträger das Geld als »Querschnittsressource« verwalten muß, so verwaltet das Stadtplanungsamt die Querschnittsressource »Raum« – mit dem Unterschied allerdings, daß dieser Raum auf viele Eigentümer aufgeteilt ist und von vielen Interessenten außerhalb der Kommunalverwaltung beansprucht wird.

Es ist die Einsicht in diese wachsenden Verflechtungen der verschiedenen kommunalen Handlungsfelder, die zum Konzept einer Stadtentwicklungsplanung geführt hat, definiert erstmals 1960 als »die Gesamtheit der Tätigkeiten, mit denen die Schaffung, nachhaltige Sicherung und ständige Verbesserung der materiellen und immateriellen Voraussetzungen für das Wohl der Gemeindemitglieder und für die Funktionsfähigkeit des Gemeindeorganismus unter Berücksichtigung der Dynamik des sozialen Lebens angestrebt wird . . . (Sie ist) der Inbegriff aller Tätigkeiten zur bewußten Steuerung des Auf- und Ausbaus der dynamischen Gemeinde.«[1] Darüber wird im nachfolgenden geschichtlichen Überblick eingehender berichtet.

Wichtigstes Werkzeug einer räumlichen Entwicklungsplanung ist das Rechtsinstrumentarium der Bauleitplanung, deren Vorläufer ins 19. Jahrhundert zurückreichen. Ihr Kernstück bilden zwei Plantypen: der Flächennutzungsplan, der »für das ganze Gemeindegebiet die sich aus der beabsichtigten städtebaulichen Entwicklung ergebende Art der Bodennutzung nach den voraussehbaren Bedürfnissen der Gemeinde in den Grundzügen« darstellt, und der Bebauungsplan als rechtsverbindlicher Plan für Teilbereiche, durch den öffentliche Flächen abgegrenzt und die zulässigen Grundstücksnutzungen nach Art, Maß und Überbauungsgrad festgesetzt werden. Aufgaben, Inhalte und Darstellungsweisen sind im Baugesetzbuch von 1986–1997 novelliert – und in den auf dessen Grundlage erlassenen Rechtsverordnungen festgelegt. Daneben enthält das Baugesetzbuch noch eine Reihe weiterer Vorschriften über Satzungen, Baugebote, Maßnahmen zur Bodenordnung und zur Stadterneuerung, mit denen das Instrumentarium der Bauleitplanung erweitert wird. Zugleich fordert es die Anpassung der Bauleitplanung an die Ziele der Raumordnung, die sich konkret in der Regionalplanung niederschlagen – also die Einordnung der Stadt in einen größeren Zusammenhang.

2. Zur Entwicklung der kommunalen räumlichen Planung

Im 19. Jahrhundert zwang das Anwachsen der Städte, bedingt durch Bevölkerungszuwachs und Industrialisierung, zu Stadterweiterungen, deren geordnete Entwicklung bald zu einem wichtigen Anliegen der Verwaltung wurde und zugleich neuartige fachliche Ansprüche stellte. Zuständig für die Festsetzung von Baulinien und damit auch für die Straßenplanung größerer Bereiche war in dieser Zeit die (staatliche) Baupolizei, doch wurden um 1870 in den meisten deutschen Ländern die Gemeinden für die Aufstellung solcher Pläne zuständig. Hierfür Grundsätze zu erarbeiten, wurde bald zum Thema fachlicher Vereinigungen, insbesondere des 1873 gegründeten »Deutschen Vereins für öffentliche Gesundheitspflege«; ein Beleg für die große Bedeutung, die hygienischen Fragen in der Stadtplanung beigemessen wurde. In den 90er Jahren wurden im Rahmen der städtischen Bauverwaltungen die ersten »Stadterweiterungsbüros« oder »-ämter« gebildet; aus ihnen gingen später die »Stadtplanungsämter« hervor.

---

1 N. Lenort, Strukturforschung und Gemeindeentwicklung, Köln 1960, S. 31 f.

Neben den technisch-hygienischen Aspekten – Straßenbau, Abwasserableitung und Versorgung mit Wasser, Gas und Strom – erkannte man bald weitere Aufgaben für die Planung: in der Verbesserung der Wohnverhältnisse für die große Masse der Bevölkerung, deren Mängel durch die gültigen Bauordnungen eher gefördert als bekämpft wurden, und in der künstlerischen Gestaltung der Stadt, die man teils vernachlässigt, teils auf falschem Wege sah. So erwuchs die neue Disziplin des »Städtebaues«, gespeist aus den unterschiedlichen Quellen des Ingenieurwesens, der Wohnungsreformbestrebungen, des Baupolizeiwesens und der Architektur, im Grunde aus einer Gegenposition gegen die zeitgenössische Stadt. Im ersten Jahrzehnt des 20. Jahrhunderts prägte sich das Selbstverständnis dieses neuen Berufsstandes voll aus: die ersten städtebaulichen Zeitschriften, die ersten Kongresse und Ausstellungen zu ausschließlich städtebaulichen Themen, die ersten diesem Aufgabengebiet gewidmeten Lehrstühle und Hochschulkurse fielen alle in diesen Zeitraum, und im folgenden Jahrzehnt entstanden in Frankreich, Großbritannien und den USA die ersten Vereinigungen von Fachleuten, die sich als Stadtplaner verstanden. Deutschland folgte 1922 mit der Gründung der »Freien Deutschen Akademie des Städtebaues«, 1946 als »Deutsche Akademie für Städtebau und Landesplanung« neu begründet.

Neben die vielfachen Bestrebungen zur schrittweisen Reform des Städtebaues traten in den 20er Jahren die revolutionären Konzepte einer kompromißlosen Moderne. Man sah sich an einem Neubeginn, der ein Durchdenken der Stadt von zwei Seiten forderte: von ihrer kleinsten Einheit, der Wohnung, und von ihrem Gesamtgefüge her. So sind die großen Neubaugebiete dieser Zeit durch das Streben nach guter Belichtung und Besonnung der Wohnungen geprägt, die in parallelen Zeilen oder um große Grünhöfe angeordnet wurden. Zugleich erfuhren die Planung des Stadtganzen und seine Gliederung in Bereiche verschiedener Nutzung vermehrte Aufmerksamkeit; aus dem um die Jahrhundertwende eingeführten »Bauzonenplan« (in Süddeutschland »Staffelbauplan«) wurde über mehrere Zwischenstufen der heutige Flächennutzungsplan. Das Bedürfnis nach übergemeindlicher Planung in dichtbesiedelten, durch Verwaltungsgrenzen zerschnittenen Gebieten führte zu ersten Ansätzen der Landesplanung, die allerdings nach heutiger Terminologie eher als »Regionalplanung in Verdichtungsräumen« zu bezeichnen wären.

Unter nationalsozialistischer Herrschaft war das städtebauliche Geschehen heterogen – neben den offiziellen Monumentalplänen und der »Blut-und-Boden«-Siedlungsplanung gab es auch Beispiele unauffälliger Kontinuität. Der Neuaufbau nach den Kriegszerstörungen stützte sich in der Bundesrepublik einerseits auf Planungen der letzten Kriegsjahre, andererseits suchte er an die Grundsätze der Moderne vor 1933 anzuknüpfen. Er war vielerorts geprägt durch den Widerstreit zwischen dem Wunsch nach Wiederherstellung des vertrauten Stadtbildes und dem Bemühen um Nutzung der Chancen eines Neubeginns. Seine Rechtsgrundlage bildeten die Länder-Aufbaugesetze, die 1949 und 1950 in allen Ländern außer Bayern und Bremen in ähnlicher Form erlassen wurden. Ihnen gegenüber brachte das Bundesbaugesetz 1960 zwar eine Rechtsvereinheitlichung, aber sachlich kaum Neues – allerdings die politisch bedeutende Eröffnung der Rechtes für jedermann, gegen Pläne Bedenken und Anregungen geltend zu machen, während bis dahin dieses Recht in der Regel auf die betroffenen Grundeigentümer beschränkt war.

Das Jahr 1960 markiert zugleich einen Zeitpunkt, zu dem allenthalben der Neuaufbau in seinen Grundzügen festlag, ja bereits weitgehend abgeschlossen schien – und zu dem eine deutliche Kritik an den bisherigen Planungsgrundsätzen und -verfahren einsetzte. Sie ersetzte die bisherigen strukturelle Zielvorstellung – »Gliederung und Auflockerung« – durch »Verdichtung und Verflechtung« und forderte für das methodische

Vorgehen der Planung zum einen mehr Wissenschaftlichkeit im Sinne von Planungstheorie, zum anderen mehr Partizipation, also Beteiligung der von der Planung betroffenen Bürger. Die zweite Forderung hing auch damit zusammen, daß sich der Schwerpunkt der Stadtentwicklung von der Stadterweiterung zur Stadterneuerung zu verlagern begann – einer Tätigkeit also, die in weit höherem Maße in das Leben der Stadtbewohner eingriff als der Neubau von Stadtteilen »auf der grünen Wiese«. Diese Beteiligung – im Städtebauförderungsgesetz von 1971 verankert – hat zweifellos mit dazu beigetragen, daß die Stadterneuerung, die zunächst als weitgehende Veränderung der Bau- und Erschließungsstruktur gesehen und bald als »Kahlschlagsanierung« kritisiert wurde, in den siebziger Jahren immer deutlicher den Charakter einer »erhaltenden Erneuerung« annahm.

Zur gleichen Zeit setzte sich der Begriff der »Stadtentwicklungsplanung« im Sinne eines umfassenden, alle Bereiche kommunalen Handelns einbeziehenden Vorgehens durch. 1974 suchte die Bundesregierung diesen Plantyp im Zusammenhang mit einer Novellierung des Bundesbaugesetzes rechtlich zu verankern. Im Regierungsentwurf heißt es dazu: »Die städtebauliche Entwicklungsplanung als Teil einer umfassenden Entwicklungsplanung der Gemeinde, die als übergeordnete Planung für den Gesamtbereich Zielvorstellungen entwickelt und die gemeindlichen Tätigkeiten aufeinander abstimmt, setzt den Rahmen für eine, insbesondere den sozialen, kulturellen und wirtschaftlichen Erfordernissen dienende städtebauliche Entwicklung und Ordnung des Gemeindegebietes einschließlich der raumwirksamen Investitionen der Gemeinde und deren Zeit- und Rangfolgen.«

Hier wird also deutlich unterschieden zwischen einer »umfassenden Entwicklungsplanung der Gemeinde« und einer »städtebaulichen Entwicklungsplanung«, in der sich die räumlichen Auswirkungen jener umfassenden Planung niederschlagen und die in dieser Darstellung im Vordergrund steht.

Der zitierte Textentwurf fiel jedoch den Bedenken des Bundesrates zum Opfer und wurde durch eine eher beiläufige Erwähnung der Entwicklungsplanung ersetzt – die Ergebnisse einer von der Gemeinde beschlossenen Entwicklungsplanung seien bei der Aufstellung der Bauleitpläne zu berücksichtigen; mit dem BauGB von 1986 entfiel auch dieser Hinweis.

Zunächst aber führte das neue Denkmodell auch organisatorisch zu Konsequenzen in den Kommunalverwaltungen zumindest der Großstädte; verschiedene Ansätze wurden entwickelt, um dem erhöhten Koordinationsbedarf gerecht zu werden. So wurden in einigen Städten Entwicklungsstäbe bei der Verwaltungsspitze eingerichtet, in anderen Entwicklungsdezernate oder -ämter geschaffen oder auch dezernatsübergreifende Arbeitsgruppen gebildet, um die Hemmnisse einer Verwaltungsgliederung zu überwinden, die aus der »Eingriffsverwaltung« des 19. Jahrhunderts stammte, im Grunde schon der »Leistungsverwaltung« der ersten Jahrhunderthälfte nicht mehr ganz gerecht wurde, nun aber einer »planenden Verwaltung« mit ihrem Koordinationsbedarf vollends unangemessen war.

Indessen stellte sich bald heraus, daß man die Steuerbarkeit der Entwicklung, die Koordinierbarkeit des Verwaltungshandelns, die Gestaltbarkeit der Zukunft – keineswegs nur in Deutschland – überschätzt hatte. »Die von der Stadtentwicklungsplanung erwarteten umwälzenden Verbesserungen sind bisher weitgehend ausgeblieben.«[2] In mangelnden Kenntnissen über Zusammenhänge zwischen Problembereichen, Unterschätzung der Komplexität, Überschätzung des Handlungsspielraums und Kompetenzproblemen innerhalb der Verwaltungen sah er Hauptgründe dafür. Insgesamt kann

---

2 J. Eekhoff, Zu den Grundlagen der Entwicklungsplanung, Hannover 1981, S. 2.

man sagen, daß die »idealtypische« Stadtentwicklungsplanung von einem Rationalitätsmodell der kommunalpolitischen Entscheidung ausging, das der Wirklichkeit nicht standhielt.

Die Reaktionen waren vielfältig: eine Tendenz zur Deregulierung, zumindest zur Planung in kleinen Schritten anstelle eines »großen Wurfs«; eine nostalgische Rückwendung zur Vergangenheit, gepaart mit Veränderungsfeindlichkeit, die gewiß auch dem Denkmalschutz zugute kam, ihm aber andererseits mit einem Pseudo-Historismus Abbruch tat; und nicht zuletzt eine Tendenz zur Zurückdrängung der Technik – von der Verkehrsberuhigung bis zum »Rückbau« ehemals als zukunftsweisend, nunmehr aber als überdimensioniert geltender Verkehrsanlagen. Alles das wurde überlagert vom wachsenden Bewußtsein der Gefährdung unserer Umwelt und unserer natürlichen Hilfsquellen, aus der sich die Forderung nach einer »nachhaltigen« oder »zukunftsfähigen« Entwicklung ergab.

Damit ist die Grundstimmung der 80er Jahre in großen Zügen umrissen; inwieweit sich die heutige Situation von ihr unterscheidet, soll im Schlußabschnitt erörtert werden.

3. Planungsinstrumente

Um die Rolle der Planung im Rahmen der heutigen Kommunalpolitik deutlich zu machen, bedarf es zunächst eines Überblicks über das Instrumentarium, das auf der Ebene der Gemeinde zur Verwirklichung von Planungen zur Verfügung steht. Die wichtigste Grundlage bietet das 1997 novellierte Baugesetzbuch von 1986, das im wesentlichen eine Zusammenfassung des Bundesbaugesetzes von 1960 – umfangreich novelliert 1976 – und des Städtebauförderungsgesetzes von 1971 darstellt. Die Neufassung von 1997 bezieht zudem eine Reihe von Sonderregelungen ein, die ab 1990 – teils mit befristeter Gültigkeit – zur Erleichterung von Investitionen und als Übergangsvorschriften für die neuen Bundesländer erlassen worden waren.

Kernstück der Planungsinstrumente sind, wie eingangs dargelegt, die beiden rechtsförmlichen Plantypen des Flächennutzungsplanes und des Bebauungsplanes. Im Flächennutzungsplan schlägt sich eine strukturelle Zielvorstellung nieder, wenn auch mit dem Nachteil, daß der Plan einen künftigen Zustand darzustellen scheint, während er in Wahrheit nur zeigt, wie sich die Gemeinde die langfristige Nutzung ihrer räumlichen Ressourcen zum Zeitpunkt der Planaufstellung vorstellt. Ziele, Prioritäten und Alternativen, die gerade für langfristige Entwicklungen von erheblicher Bedeutung sind, lassen sich allenfalls im Erläuterungsbericht darstellen.

Aus diesem »vorbereitenden« Bauleitplan ist der »verbindliche«, der Bebauungsplan »zu entwickeln« – er muß also die Angaben des Flächennutzungsplanes nicht genau übernehmen, darf aber andererseits auch nicht grundsätzlich von ihnen abweichen. Der Bebauungsplan ist das Hauptinstrument zur Verwirklichung der Planung. Um als Grundlage für die Genehmigung von Vorhaben zu dienen, muß er mindestens Vorschriften über Art und Maß der baulichen Nutzung, über die überbaubaren Grundstücksteile und über die örtlichen Verkehrsflächen enthalten; das Gesetz zählt eine lange Reihe weiterer möglicher Festsetzungen auf. Der Bebauungsplan bietet ferner die Rechtsgrundlage für den Erwerb von Flächen für öffentliche Zwecke – notfalls durch Enteignung –, Maßnahmen der Bodenordnung, Bau- und Nutzungs-

gebote sowie Vorschriften für die Bepflanzung. In der Praxis gibt es für ihn drei Hauptanwendungsbereiche:
- die Schaffung der Rechtsgrundlage für die Verwirklichung eines bestimmten Projektes,
- die Bereitstellung eines baurechtlichen Rahmens für eine bekannte oder erwartete Nachfrage nach Baumöglichkeiten,
- die vorsorgliche Aufstellung zur Einflußnahme auf beobachtete oder erwartete Veränderungstendenzen im Bestand.

Im Maßstabsbereich des Bebauungsplanes geht es zwar auch noch um strukturelle Fragen, zumal erst durch ihn die Nutzungsbindungen rechtsverbindlich werden; zugleich aber wird durch die Anordnung von Baumassen und Freiräumen auch die städtebauliche Gestaltung weitgehend bestimmt. Sofern darüber hinaus eine Einflußnahme auf die Architekturform geboten erscheint, können auf das Bauordnungsrecht gestützte Gestaltungsvorschriften einbezogen oder unabhängige Gestaltungssatzungen erlassen werden.

Beide Arten von Bauleitplänen bilden gleichsam die »Planung« einer Stadt, wenn man den Begriff im Sinne rechtsförmlicher Beschlüsse und abgeschlossener Planungsverfahren versteht. Aber der Begriff der Planung steht zugleich für den Denkprozeß, durch den solche Pläne erarbeitet werden. Beim Einzelprojekt findet er mit der Verabschiedung des Planes immerhin einen gewissen Abschluß; für die Stadt als Ganzes kann es jedoch keine Unterbrechung dieses Prozesses geben, und der Flächennutzungsplan stellt gleichsam nur eine Momentaufnahme des Zustands dar, den das Denken bei der Beschlußfassung über den Plan – oder genauer: beim Beginn des Beschlußfassungsverfahrens – erreicht hat.

Unterscheidet man dementsprechend zwischen dem Prozeß der klärenden Auseinandersetzung mit den künftigen räumlichen Entwicklungsmöglichkeiten der Stadt und der Verfestigung seiner jeweiligen Ergebnisse in rechtsförmlichen Plänen, so wird klar, daß beide verschiedenartige Ansprüche stellen. Die – rechtsstaatlich bedingte – Kompliziertheit der Planaufstellung führt zur Schwerfälligkeit des Verfahrens und zu einem hohen Maß rechtlichen »Eigenlebens« der Pläne; deshalb schlagen sich die grundlegenden Planungsgedanken zunächst häufig in nicht rechtsförmlichen Plänen nieder, über die gegebenenfalls ein Ratsbeschluß im Sinne einer Selbstbindung herbeigeführt wird. Beispiele hierfür sind der städtebauliche Entwicklungsplan und der seit den 70er Jahren zunehmend üblich gewordene »städtebauliche Rahmenplan«, der zugleich die vom Gesetz geforderte »Entwicklung« des Bebauungsplanes aus dem Flächennutzungsplan erleichtern kann. Er wird in der Regel jeweils für sinnvoll abgegrenzte Teilgebiete einer Stadt aufgestellt und hält für diese eine planerische Zielvorstellung fest, die bei Bedarf in Bebauungspläne umgesetzt werden kann, aber zugleich für das tägliche Verwaltungshandeln – Grunderwerb, Baugenehmigungen, Wirtschaftsförderung – eine gewisse Leitlinie zu geben vermag. Auch für Teilaspekte der Gesamtplanung sind solche informellen Konzepte – etwa in Form eines »Verkehrsentwicklungsplanes« – nicht selten. Im weiteren Sinne kann man zur informellen Planung auch die Öffentlichkeitsarbeit zählen – Information, Meinungsbildung, Überzeugungsarbeit gegenüber Bürgern und Investoren; hier wächst dem Planer zunehmend die Aufgabe des Vermittlers, des »Mediators« zu.

Außer durch die Instrumente des öffentlich-rechtlichen Bereichs wie Bauleitpläne, Satzungen, Gebote, Bodenordnung, Entwicklungs- und Sanierungsmaßnahmen kann die Stadt auf zwei weitere Kategorien von Durchsetzungsinstrumenten zurückgreifen:

- auf Mittel zur realen Veränderung der Umwelt: Investitionen in technische und soziale Infrastruktur (Straßen und Leitungen; Schulen, Krankenhäuser usw.) oder auch in Wohnungen.
- auf die Schaffung von Anreizen (oder Abschreckungen) für die Raumnutzung durch den Bürger: Steuern und Hebesätze, Subventionen, Tarife und Gebühren.

Weitere Instumente liegen im Bereich privatrechtlichen Handelns: so lassen sich bei einer vorausschauenden städtischen Bodenpolitik Planungsziele durch privatrechtliche Bedingungen bei der Veräußerung sichern. Schließlich ist auch das Wirken privatrechtlicher Institutionen wie städtischer Bauträger, Stadterneuerungs- oder Entwicklungsgesellschaften zu nennen, die für die Ziele der Stadtentwicklung eingesetzt werden können.

4. Akteure und Konflikte in der Stadtplanung

Im bisherigen Überblick lag das Hauptgewicht auf den Rollen des Gesetzgebers und der kommunalen Verwaltung, aber diese setzen nur den rechtlichen und administrativen Rahmen, innerhalb dessen sehr viel mehr Akteure nebeneinander – und häufig auch gegeneinander – wirken. Im kommunalen Bereich kann schon die Abstimmung der innerhalb der Bauverwaltung beteiligten Ämter, mehr noch die der Dezernate, Schwierigkeiten machen; so können die Anliegen von Umweltschutz und Wirtschaftsförderung heftig kollidieren, wenn es etwa um die Ausweisung neuen Baulands geht.

Vor dem Ratsbeschluß sind jedoch noch die Bürger und die »Träger öffentlicher Belange« zu beteiligen – beides, um späteren berechtigten Einwänden gegen die vorgesehene Planung zuvorzukommen. Als Träger öffentlicher Belange gelten sowohl Behörden wie etwa das Wasserwirtschaftsamt oder das Straßenbauamt als auch Energieversorgungs- und Verkehrsunternehmen, ferner die Kirchen, die Industrie- und Handelskammern und die Gewerkschaften. Auch sonstige Institutionen, die im öffentlichen Interesse wirken, können einbezogen werden.

Die frühzeitige Bürgerbeteiligung wurde 1976 eingeführt; vorher hatten die Bürger erst nach vollständiger interner Abstimmung der Pläne und nach dem Ratsbeschluß Gelegenheit, »Anregungen und Bedenken« vorzubringen. Zu diesem Zeitpunkt waren die Verwaltungen meist wenig geneigt, auf Änderungswünsche einzugehen, auch wenn diese, wären sie früher bekannt gewesen, leicht hätten einbezogen werden können. Bei dem neuen Verfahren soll den Bürgern nicht nur ein Planentwurf vorgelegt, sondern auch die Möglichkeit alternativer Entwicklungen verdeutlicht werden.

Entscheidend ist letzten Endes der Ratsbeschluß, bei dessen Zustandekommen weitere widerstreitende Interessen mitzuspielen pflegen. Neben unterschiedlichen parteipolitischen Standpunkten oder Stadtteilinteressen kann sich dabei auch das strukturelle Problem jeder parlamentarischen Demokratie auswirken: Der Rhythmus der Wahlperioden, der auf längere Sicht angelegten (und zunächst unpopulären oder kostspieliegen) Maßnahmen entgegensteht. Hinzu kommt, daß viele solcher Maßnahmen, auch wenn sie unter dem Blickwinkel des Allgemeinwohls konzipiert sind, letztlich einer bestimmten Gruppe (z. B. den Autofahrern) nützen, einer anderen (z. B. den Anwohnern) Nachteile bringen; auch solche Gruppeninteressen fließen natürlich in die Ratsentscheidung ein.

In Erkenntnis der Vielfalt betroffener Interessen schreibt das Gesetz vor, bei der Bauleitplanung »öffentliche und private Belange gegeneinander und untereinander gerecht abzuwägen«; bei Gerichtsverfahren gegen Bauleitpläne steht die Prüfung im Mittelpunkt, ob alle berührten Belange erfaßt und mit dem ihnen zukommenden Gewicht in den Abwägungsprozeß eingestellt worden sind. Allerdings können sich die der Abwägung zugrunde liegenden Bewertungen im Zeitablauf verändern, wie etwa das in den letzten Jahrzehnten spürbar gewachsene Gewicht der Umweltbelange erkennen läßt.

In manchen Fällen kann auch die neue Institution des Bürgerbegehrens je nach den entsprechenden Länderregelungen starken Einfluß auf die Planung nehmen; so ist in München entgegen der Ratsabsicht der Bau mehrerer Straßentunnel durchgesetzt worden, während zwei auf Verringerung der Wohnungszahl in geplanten Neubaugebieten gerichtete Begehren keine Mehrheit gefunden haben. Diese Beispiele weisen auf typische Konflikte hin: Verkehrsauswirkungen gegen Wohnqualität; Erhaltung des Charakters bestimmter Wohnbereiche gegenüber Veränderung und Erweiterung – häufig nach dem bekannten »Floriansprinzip«: Verschon' mein Haus, zünd' and're an. Die Angelsachsen haben für diese Haltung die Abkürzung »NIMBY« erfunden – »not in my backyard«; sie wird besonders deutlich, wenn es um die Standortsuche für notwendige, aber lästige Einrichtungen geht – wie beispielsweise Müllverbrennungsanlagen.

Eine Schlüsselrolle der privaten Akteure muß man auch darin sehen, daß jeder städtebauliche Plan im Grunde nur ein Angebot an einen potentiellen Bauherrn darstellt; man kann es ihm durch diese oder jene Vergünstigung schmackhafter machen, aber wenn er es nicht annimmt, wenn er nicht investiert, bleibt der Plan Papier. So manches hoffnungsvoll von der Gemeinde ausgewiesene, aber wegen mangelnden Interesses der Wirtschaft nicht verwirklichte Gewerbegebiet zeugt davon. Zwar gibt es das Instument des Baugebotes, mit dem der Eigentümer zur Verwirklichung des Planes oder zur Veräußerung an einen Bauwilligen verpflichtet werden kann, aber seine Einsatzmöglichkeit hat – sachlich wie kommunalpolitisch – deutliche Grenzen.

5. Die Hauptaufgaben städtebaulicher Planung

Festlegen und Offenhalten

Im Begriff der Planung schwingen mehrere Bedeutungen mit: Es kann sich um die Planung eines künftigen Zustands handeln – wie bei einem Gebäudeentwurf – oder um die Planung des zweckmäßigen zeitlichen Ablaufs eines umfangreichen Projektes oder auch um die Planung einer sinnvollen Verwendung knapper Ressourcen. In der Stadtplanung treffen und vereinen sich diese unterschiedlichen Bedeutungen: um ein neues Baugebiet zu entwickeln, braucht man einerseits einen Plan, der dieses Gebiet in seinem ausgebauten Zustand zeigt – gleichsam ein Modell seiner künftigen Funktion, Struktur und Gestalt –, andererseits einen Ablaufplan, in dem Finanzierung, Grunderwerb, Erschließung mit Straßen und Leitungen, Anschluß an das öffentliche Verkehrsnetz und vieles andere vorab geklärt werden müssen. Gegenüber einer solchen »Projektplanung« muß die Planung für die Gesamtentwicklung einer Stadt anders vorgehen – vor allem wegen der Unüberschaubarkeit langfristiger Entwicklungen, in denen sich Erkenntnisse, Handlungsspielräume und Prioritäten wandeln können. So geht es für die Stadt insgesamt darum, Möglichkeiten für die Zukunft offenzuhalten, mit den räumlichen Ressourcen hauszuhalten, während die auf Bau oder Umbau gerichtete Planung zwangsläufig Ressourcen festlegt, Geld erfordert, Raum beansprucht. In der Überlagerung dieser beiden Arten von Planung – die eine mehr der großräumigen Landesplanung und Raumordnung verwandt, die andere der Architektur, dem Bauen – liegt ein kennzeichnender Wesenszug der städtebaulichen Planung.

Dem entspricht auch die Spannweite der zeitlichen und räumlichen Dimensionen, mit denen die Planung sich auseinandersetzen muß. Sie reicht von der langfristigen Disposition der räumlichen Ressourcen über mittelfristige Vorausplanung für künftige Erweiterungs-, Erneuerungs- oder Umbauaufgaben bis zur rechtsförmlichen Festsetzung des Rahmens für Bau- und Erschließungsmaßnahmen oder zur planerischen Vorbereitung eines konkreten Projektes. Insgesamt aber liegt eine zentrale Aufgabe darin, die Zukunft so wenig wie möglich zu binden, also bei Erfüllung aller planerischen Anforderungen der Gegenwart einen möglichst weiten Handlungsspielraum für spätere Entwicklungen zu erhalten.

Struktur und Gestalt

Auf der Ebene der Gesamtstadt geht es um eine strukturelle Ordnung, deren Hauptelemente einerseits Flächen für unterschiedliche ortsgebundene Nutzungen und andererseits Systeme für deren Verknüpfung – Straßen, Bahnen, Leitungen, also technische Infrastruktur – sind. Art und Maß der Flächennutzung sind bestimmend für Inanspruchnahme und Belastung der Verknüpfungssysteme. Inhaltlich gilt es also zu klären, welche Arten von Nutzungen für die verschiedenen Stadtgebiete vorzusehen sind, mit welcher Intensität, also mit welcher baulichen Dichte sie genutzt werden sollten und welche Infrastruktur für die Funktionsfähigkeit des Ganzen erforderlich ist.

Über den Grad der wünschenswerten Mischung und der zulässigen Ausnutzung hat es zu verschiedenen Zeiten durchaus unterschiedliche Zielvorstellungen gegeben. Während die überhohen Einwohnerdichten des späten 19. Jahrhunderts den Ruf nach Auflockerung auslösten, wurde seit den 60er Jahren – zunächst unter der Parole der »Urbanität« – wieder der Ruf nach höheren Dichten erhoben. Die in den letzten Jahrzehnten erkannten ökologischen Probleme geben heute der Forderung nach Verringerung des Flächenverbrauchs, also nach Erhöhung der Dichte, zusätzliche Impulse; auch von einer stärkeren Mischung erhoffen sich manche eine Verminderung des Verkehrs durch verkürzte Wege zum Arbeitsplatz.

Schon auf der Ebene der Gesamtstadt spielen aber auch Fragen der Stadtgestalt eine Rolle; für den Stadtteil und den kleineren Planungsraum gewinnen sie an Gewicht, weil sie hier für die Orientierung, den visuellen Eindruck und die Identifikation der Bewohner mit ihrem Lebensraum wesentlich sind. Die konkrete Gestaltung kann die Stadtplanung allerdings nur begrenzt lenken: Mit der Festlegung und wechselseitigen Zuordnung der Baumassen können Raumeindrücke und Raumfolgen vorgegeben werden, deren Ausprägung indessen letztlich bestimmt wird durch die Hand des Architekten. In bestimmten Situationen kann auch darauf Einfluß genommen werden, doch bleibt in jedem Falle der Stadtplanung eine generelle Verantwortung für die Stadtgestalt erhalten, zumal diese schon bei strukturellen Entscheidungen mitbedacht werden muß. Dies gilt in besonderem Maße für Bereiche, in denen es um die Erhaltung und Sicherung von historisch geprägten Gestaltwerten geht.

Stadterweiterung, Stadterneuerung, Innenentwicklung

Die konkreten Wirkungsfelder der Stadtplanung kann man in zwei große Aufgabenbereiche gliedern: die Erschließung bisher baulich nicht genutzten Bodens und die Veränderungen im Bestand. Lange lag der Schwerpunkt städtebaulicher Tätigkeit bei der Neuerschließung von Baugebieten für verschiedene Zwecke im Sinne der Stadterweiterung. Veränderungen im bebauten Bereich wurden eher als Folgeerscheinungen des Stadtwachstums angesehen, bedingt vor allem durch das verstärkte Verkehrsbedürfnis und durch Neubauten zur intensiveren Grundstücksnutzung.

Sanierungsmaßnahmen im alten Baubestand, durch bautechnische und hygienische Mängel begründet und schon im späten 19. und frühen 20. Jahrhundert vereinzelt vorgenommen, wurden nach dem Nachkriegsaufbau ab etwa 1960 unter dem Begriff der Stadterneuerung zu einem Hauptthema der städtebaulichen Diskussion; das Städtebauförderungsgesetz von 1971 schuf ein Sonderrecht für förmlich festgelegte Sanierungsgebiete, begrenzt auf die Dauer der Vorbereitung und Durchführung der Sanierung. Ursprünglich vor allem auf die Umgestaltung größerer Flächen durch Abbruch und Neubau gerichtet, verlagerten sich die Ziele der Sanierung bald auf eine »erhaltende Stadterneuerung«, die in erster Linie auf Bestandsverbesserung unter Bewahrung der städtebaulichen Struktur zielte. Eines ihrer Werkzeuge ist die Erhaltungssatzung, durch die der häufig anzutreffenden Tendenz zur Luxussanierung unter Verdrängung der ansässigen Bevölkerung entgegengewirkt werden kann. Die Stadterneuerung stellt eine so bedeutende und zugleich komplexe Teilaufgabe der Stadtentwicklungsplanung dar, daß ihr in diesem Band ein eigenes Kapitel gewidmet ist (vgl. hierzu Michael Krautzberger in diesem Band).

Bei weitgehender oder vollständiger Änderung der Nutzung im Stadterneuerungsgebiet spricht man auch von »Stadtumbau«; er ist vor allem in den altindustrialisierten Gebieten infolge des Brachfallens vieler Industrieflächen eine besonders aktuelle und bedeutende Aufgabe. Auch die Umnutzung, die »Konversion« ehemals militärisch genutzter Flächen im Stadtgebiet, fällt in diese Kategorie. Die Sorge um die Erhaltung der natürlichen Lebensgrundlagen hat zu der Zielvorstellung geführt, möglichst viele Veränderungstendenzen durch solche Erneuerungs- und Umbaumaßnahmen, also durch »Innenentwicklung« ohne Inanspruchnahme neuen Baulandes, aufzufangen. Die Forderung nach einer »nachhaltigen Entwicklung« mit einem Minimum an »Landschaftsverbrauch« und einer Reduzierung der Verkehrsbewegungen zur Verringerung der Umweltbelastungen hat in den 90er Jahren deutlich an Gewicht gewonnen.

6. Planungsmethodik

Erste Überlegungen zum methodischen Vorgehen bei der Stadtplanung entstammen dem späten 19. Jahrhundert; in der ersten Jahrhunderthälfte gibt es zahlreiche Ansätze zur Definition des neuen Gebietes, die in der Regel um die Begriffe der Wissenschaft und der Kunst kreisen und gelegentlich auch die Politik einbeziehen. In methodischer Hinsicht wurde meist eine Abfolge dreier Schritte gefordert: Bestandsaufnahme – Planentwurf – Ausführung, wobei der Wissenschaft der Bereich der Bestandsaufnahme und der Situationsanalyse, der Kunst der Vorgang der eigentlichen Planaufstellung zugewiesen wurde: ein schöpferischer Akt der Zusammenschau und der Synthese. Die Verwirklichung des Planes erschien dann – den politischen Konsens vorausgesetzt – im Grunde als technische Vollzugsaufgabe. Ziele wurden in der Regel nicht explizit genannt, sondern unter dem Oberbegriff des Allgemeinwohls als gleichsam selbstverständlich unterstellt.

Erst in der zweiten Jahrhunderthälfte wurde – mit dem Aufkommen einer eigenständigen Planungstheorie – der Zielbegriff kritisch erörtert, und damit wurde auch die städtebauliche Planung neu interpretiert: als ein Auswahlvorgang zwischen verschiedenen möglichen Wegen zu unterschiedlichen Kombinationen und Rangfolgen von Zielen. Zugleich trat die Vorstellung eines kontinuierlichen Planungsprozesses in den Vordergrund, dessen theoretische Durchleuchtung – ausgehend von den USA – in den 60er Jahren zu einem zentralen Thema wurde. Als im wesentlichen gemeinsamen Gehalt der zahlreichen Beiträge hierzu kann man eine Gliederung in bestimmte Planungsschritte ansehen:

– Erfassen und Analyse der sozialen, wirtschaftlichen und räumlichen Gegebenheiten im Planungsraum, um einen Überblick über die in ihm wirkenden Zusammenhänge und Veränderungstendenzen zu gewinnen. Zu ihm müssen viele an der Stadtforschung beteiligte Wissenschaften beitragen. Aus der Annahme des Fortwirkens solcher Zusammenhänge und Entwicklungskräfte läßt sich eine »Status-quo-Prognose« ableiten.

– Klärung der Wertmaßstäbe und Zielvorstellungen als Beurteilungsgrundlage für die aus Analyse und Prognose gewonnenen Erkenntnisse; aus ihr ergeben sich Folgerungen für den Handlungsbedarf zur Behebung von Mißständen oder zur Erreichung bestimmter Ziele. Ob es sinnvoll ist, solche Zielvorstellungen in der Form eines städtebaulichen Leitbilds zu verfestigen oder sich auf einen generellen Zielkatalog zu beschränken, ist umstritten; gegenwärtig herrscht offenkundig die zweite Auffassung vor.

– Abgrenzung des planerischen Handlungsspielraumes, der sich aus den Zielen und den Bindungen an Bestand, Rechtsrahmen, verfügbare Mittel und etwaige sonstige Rücksichten ergibt. Der abstrakt definierte Handlungsspielraum läßt sich konkret an verschiedenen planerischen Vorgehensweisen verdeutlichen, die sich auf ganz unterschiedliche planerische Aufgaben beziehen können – von Strategien zur langfristigen Steuerung der Siedlungsstruktur bis hin zu genauen dreidimensionalen Plänen für eine Baugruppe oder eine Platzanlage.

– Abwägung solcher »Alternativen« gegeneinander auf der Grundlage von geeigneten Kriterien, die natürlich in engem Zusammenhang mit den oben genannten Zielen und Wertmaßstäben stehen. Voraussetzung für eine sachgemäße Abwägung ist eine Vergegenwärtigung der voraussichtlichen Wirkung der ins Auge gefaßten Maßahmen – einschließlich ihrer unbeabsichtigten Nebenwirkungen. Auch hierfür sind die Ergebnisse der Stadtforschung von Bedeutung. Verfahren zur Formalisierung der Abwägung – so die Kosten-Nutzen-Analyse und die Nutzwertanalyse – tragen weniger zur »Objektivierung« der Entscheidung als zu ihrer »Nachvollziehbarkeit« bei. Die vergleichende Bewertung der Alternativen führt entweder zur Entscheidung für eine von ihnen oder zu dem Entschluß, zu einer früheren Phase des Verfahrens zurückzukehren und gegebenenfalls auch den Handlungsspielraum neu zu definieren.

– Umsetzung der getroffenen Entscheidung in einen Plan, der je nach der zu lösenden Aufgabe unterschiedlich ausgeformt sein mag – vom exakten räumlichen Entwurf bis zum langfristigen Handlungskonzept. Zu ihm gehört dann auch der Katalog der Maßnahmen, die zur Vorbereitung der Verwirklichung zu treffen sind:

von der Schaffung rechtlicher Voraussetzungen über die Bereitstellung notwendiger Haushaltsmittel bis zum Grunderwerb. Da die deutsche Sprache hierfür keinen präzisen Begriff bereitstellt, wird im Fachvokabular häufig der im Englischen übliche, aus dem Lateinischen abgeleitete Begriff der »Implementation« gebraucht.

– Verwirklichung des Planes mit den jeweils angemessenen rechtlichen, finanziellen und technischen Mitteln – die letzte Entwicklungsstufe, die man nur noch bedingt zur »Planung« wird zählen können. Eine daran anschließende Erfolgskontrolle wird oft gefordert, leidet aber unter der Schwierigkeit, die unmittelbaren Auswirkungen des planerischen Eingriffs gegen die Fülle anderer – unbekannter oder zumindest nicht steuerbarer – Einflüsse abzugrenzen. Sie schließt den Kreis insofern, als die daraus gewonnenen Erkenntnisse für die Analyse der Situation und für die Präzisierung der Wirkungsprognose fruchtbar gemacht werden können und damit zugleich einen Lerneffekt für künftige Planungen erbringen.

Bei einem solchen systematischen Ansatz liegt auch die Anwendung quantitativer Methoden nahe, und so fällt die hohe Zeit der Planungstheorie zusammen mit dem Bemühen, die Stadt als »System« zu verstehen und die Stadtentwicklung in mathematischen Modellen zu erfassen, um an ihnen die voraussichtlichen Wirkungen von Planungsmaßnahmen zu erkunden. Inzwischen ist das Vertrauen in solche »Globalmodelle« weitgehend geschwunden; üblich und nützlich dagegen sind mathematische Modelle weiterhin bei quantitativ klar erfaßbaren Sachverhalten wie etwa als Verkehrsbelastungs- oder Wohnungsmarktmodelle. Die dargelegte Systematisierung mit ihrem linearen Ablauf – wenn auch mit gewissen Rückkoppelungsmöglichkeiten – orientiert sich deutlich an dem Modell eines zeitlich und räumlich klar abgrenzbaren Planungsproblems. Ihm entspricht jedoch die Wirklichkeit der Stadtplanung nur selten. Die Vielfalt der beteiligten »Akteure« – von den anderen Ämtern der Stadtverwaltung über die »Träger öffentlicher Belange« bis zu den Privaten – mit jeweils verschiedenartigen Zielsetzungen und unterschiedlichen Zeithorizonten, die Wandelbarkeit politischer Prioritäten und die machmal schnelle Veränderung wirtschaftlicher Rahmenbedingungen sind nur einige der Faktoren, die einem idealtypischen Ablauf eines solchen Planungsprozesses im Wege stehen. Gleichwohl kann ein derartiges Denkmodell eine gute Orientierungshilfe bieten.

Insofern unterscheidet sich die typische Situation der Stadtplanung wesentlich von solchen Planungen, bei denen – wie etwa beim Ausbau von Infrastruktur oder bei bestimmten Sanierungsmaßnahmen – alle Mittel der Durchführung in der Verfügungsgewalt der Gemeinde stehen. In der Regel geht es vielmehr um die Steuerung von Planungs- und Investitionsabsichten anderer Institutionen und Privater, die nicht unbedingt den Planungszielen entsprechen. Trotz des dargestellten umfangreichen Instrumentariums bewegt sich die Stadtplanung hier in einem Bereich »unvollständiger Kontrolle« und hat zudem – wie dargelegt – den gesetzlichen Auftrag, bei der Planung »öffentliche und private Belange gegeneinander und untereinander gerecht abzuwägen«, darf also nicht nur auf das öffentliche Interesse sehen.

Das bedeutet zugleich, daß die Stadtplanung nur einen Teil der in der Stadt wirksamen Kräfte unmittelbar beeinflussen kann – die Maßnahmen der öffentlichen Hand, und unter ihnen die staatlichen auch nur bedingt. Im übrigen ist sie darauf angewiesen, daß die privaten Wirtschaftskräfte den von ihr gesetzten Rahmen ausfüllen. Solche Kräfte richtig einzuschätzen und ihnen mit den jeweiligen Planungen Rechnung zu tragen, ist in Zeiten der Expansion – wie im letzten Viertel des 19. Jahrhunderts oder im Nachkriegsaufbau der 50er Jahre – leichter als bei geringem wirtschaftlichen Wachstum. Die Stadtplanung muß also die in der Stadt wirksamen Veränderungskräfte ebenso erfassen wie die aus sozialen, wirtschaftlichen oder politischen Gründen sich ergebenden Veränderungsbedürfnisse. Aus dieser Zusammenschau ein tragfähiges Konzept zu entwickeln, das auf die Verbesserung der Lebensverhältnisse aller Bürger gerichtet ist und für absehbare Zeit eine Richtlinie für die Steuerung der Entwicklung bieten kann, ist die Hauptaufgabe heutiger Stadtplanung; sie ist mit der englischen Wortprägung »management of change« zutreffend umrissen. Ein solches Konzept der »Steuerung des Wandels« muß auf Veränderungen im Entwicklungsablauf reagieren können, deshalb in gewissen Grenzen flexibel sein, aber vor allem ständig an den gesellschaftlichen Zielen und Gegebenheiten gemessen und entsprechend fortgeschrieben werden.

7. Städtebauliche Entwicklungsplanung heute

Der ursprünglich mit dem Begriff »Stadtentwicklungsplanung« verknüpfte Gedanke eines lückenlos koordinierten, auf bestimmte Entwicklungsziele gerichteten gemeindlichen Handelns entsprach einer Grundstimmung der späten 60er und der 70er Jahre, einer Faszination durch das »Machbare«. Bereits erschüttert durch den »Ölschock« und den Bericht des Club of Rome über die »Grenzen des Wachstums«, ging diese mit der Zunahme des ökologischen Bewußtseins, dem neuen Blick auf die begrenzten Ressourcen des »Raumschiffs Erde« und der wachsenden Einsicht in unseren leichtfertigen Umgang mit ihnen zu Ende.

Dieser Wandel hat zu einem neuen Planungsstil geführt, der sich deutlich von dem der »klassischen« Entwicklungsplanung unterscheidet, ohne deren Bemühen um eine ganzheitliche Sicht vollständig aufzugeben. Ganser[3] hat ihn als »perspektivischen Inkrementalismus« bezeichnet – in Anlehnung an eine Auseinandersetzung in der amerikanischen Theoriediskussion der 60er Jahre zwischen den Verfechtern einer integrierten, umfassenden (»comprehensive«) Planung und den skeptischen Vertretern eines »disjointed incrementalism«, einer Planung also, die nicht mehr leisten könne als zusammenhanglose Teilverbesserungen. Der Begriff »perspektivisch« steht bei ihm für »eine Vielzahl von kleinen Schritten (. . .), die sich auf den perspektivischen Weg machen«, also insofern eben nicht ganz »zusammenhanglos« sind.

Ganser zählt eine Reihe von Wesenszügen auf, welche die heutige Situation des Planens von der typischen Entwicklungsplanung der 70er Jahre unterscheiden: Die Ziele werden lediglich auf dem Niveau gesellschaftlicher Grundwerte vorgegeben und nicht weiter differenziert; die Zieltreue wird vielmehr am einzelnen Planungsfall nachgewiesen. An die Stelle abstrakter Programme treten Projekte für Einzelaufgaben und überschaubare Zeiträume; das bedeutet zugleich Schwerpunktbildung anstelle flächendeckender Realisierung. Hierzu bemüht man sich um eine Integration von Rechts- und Finanzinstumenten, wobei eine stärkere Tendenz zur ökonomischen – gegenüber der rechtlichen – Intervention erkennbar ist.

Diese Aussagen kennzeichnen wesentliche Elemente des gegenwärtigen Planungsstils. Sie ließen sich durch eine Reihe von Beobachtungen ergänzen, aus denen gleichfalls erkennbar wird, wie sich die Situation gegenüber dem Zeitraum der »klassischen«

---

3 Vgl. K. Ganser, Instrumente von gestern für die Städte von morgen? In: K. Ganser/I. I. Hesse/ Chr. Zöpel (Hrsg.), Die Zukunft der Städte, Baden-Baden 1991, S. 59 f.

Entwicklungsplanung geändert hat. Zu ihnen gehört die Betonung der »informellen Planung« – insbesondere der städtebauliche Rahmenplanung – gegenüber dem Instrumentarium der Bauleitplanung; zu ihnen gehört auch die Verlagerung von öffentlichen Aufgaben aus der Stadtverwaltung auf eigens geschaffene, privatrechtlich organisierte »Entwicklungsgesellschaften« oder »Fördergesellschaften«, die ganz oder teilweise im öffentlichen Eigentum stehen, aber schneller und flexibler handeln können als die öffentlichen Körperschaften – wobei man allerdings nicht verkennen darf, daß zumindest ein Teil solcher Flexibilität durch Umgehung einer umfassenden Bürgerbeteiligung gewonnen wird. In die gleiche Richtung weist das Interesse an einer »public-private partnership« (vgl. hierzu den Beitrag von Werner Heinz in diesem Band), für die es einige positive, allerdings auch manche negative Beispiele gibt.

Schließlich ist die wachsende Bedeutung interkommunaler Zusammenarbeit innerhalb der Region und über sie hinaus zu betonen, die einerseits unter ökologischen Gesichtspunkten geboten ist und andererseits aus dem verstärkten wirtschaftlichen Konkurrenzkampf im Rahmen der »Globalisierung« erwächst.

Insgesamt also ist der gedankliche Ansatz der Stadtentwicklungsplanung – das Bemühen um ein integriertes Handeln auf sozialem, wirtschaftlichem und räumlichem Gebiet – keineswegs durch ein besseres oder wirksameres Grundkonzept überholt. Allerdings haben die Erfahrungen mit diesem Ansatz – und vielleicht auch allgemeinere Einsichten in die Begrenztheit menschlichen Handelns – gezeigt, daß sowohl die Erarbeitung als auch die Verwirklichung in sich schlüssiger, »widerspruchsfreier« Entwicklungskonzepte sehr schnell an Grenzen stößt. Es gilt also, den eigenen Handlungsspielraum realistisch einzuschätzen und sich auf begrenztere Ziele und kleinere Schritte einzurichten, ohne dabei auf eine Orientierung an einer übergeordneten, langfristigen Rahmenvorstellung für die Entwicklung der Stadt zu verzichten.

MICHAEL KRAUTZBERGER

Kommunale Stadterneuerung

1. Was bedeutet Stadterneuerung für die Bürger?

Unsere Städte und Gemeinden bilden gewissermaßen den äußeren, physischen Rahmen für die Entfaltung der menschlichen Aktivitäten: Die Städte bieten den baulichen Raum für das Leben, die Arbeit, die wirtschaftlichen Tätigkeiten – Gewerbe, Handwerk, Handel –, die vielfältigen Dienstleistungen menschlicher Gesellschaften, die ärztliche und medizinische Versorgung, die Kultur- und Bildungseinrichtungen – Schulen und Hochschulen, Theater und Kinos, Museen und Bibliotheken –, für Freizeit und Erholung. Deutschland gehört – gemeinsam mit der Mehrzahl der europäischen Staaten – zu den Staaten der Erde, in denen die Menschen ganz überwiegend in Städten oder verstädterten Siedlungsformen leben. An den europäischen Städten[1] lassen sich ganz unmittelbar die Situation, die Bedürfnisse, die Entwicklung der Gesellschaft ablesen: der wirtschaftliche und kulturelle Standard ebenso wie die Problemzonen der gesellschaftlichen Entwicklung – die Situation der Armen, der gesellschaftlich ausgegrenzten Personen, der sozialen Spannungen. Nirgendwo anders als in den Städten spiegelt sich der Umgang des Menschen mit den natürlichen Ressourcen so unmittelbar wider: Flächenverbrauch, Verbrauch von Energie und anderen Ressourcen, Emissionen.

Diese nur schlagwortartige Kennzeichnung des Phänomens Stadt für den deutschen und europäischen Raum stellt unmittelbar die Brücke zum Kernbereich der Stadterneuerungsaufgaben dar: Wenn sich die Wirklichkeit und Dynamik einer Gesellschaft in Städten ausdrückt oder widerspiegelt, so bedeutet dies einen ebenso unmittelbaren Anpassungs- und Veränderungsdruck auf die städtebaulichen Strukturen.

Die gebaute Umwelt soll sich neuen Nutzungsbedürfnissen öffnen. Veränderte Nutzungsbedürfnisse schlagen in andere städtebauliche Strukturen um – Nutzungen von Flächen und Gebäuden verändern sich, bisherige Nutzungen (Wohnungen, Gewerbe, Dienstleistungen usw.) können in Konkurrenz mit anderen geraten. Gebäude, Straßenführung, Erschließung können erforderlichen oder erwünschten Nutzungsänderungen im Wege stehen, bedürfen der Anpassung oder Veränderung. Konflikte zwischen den bisherigen und künftigen Nutzungsformen und Nutzern können eintreten.

Die Bewahrung bestehender baulicher oder infrastruktureller Gegebenheiten können wünschenswert sein, sie können aber auch einem notwendigen und angestrebten Wandel im Wege stehen.

---

1 Vgl. Gerd Albers, Zur Entwicklung der Stadtplanung in Europa, Braunschweig/Wiesbaden 1997.

2. Warum ist Stadterneuerung eine politische Aufgabe? Wen geht Stadterneuerung eigentlich an?

Hier setzt der politische Auftrag der kommunalen Stadterneuerungspolitik ein: Die bauliche und sonstige Nutzung der Stadtgebiete ist primär Angelegenheit der privaten und öffentlichen Akteure, also der Eigentümer, Pächter und Mieter, der öffentlichen und privaten Erschließungsträger und Bauherren. Wie sollen aber die vielfältigen und zum Teil kontroversen Interessen unter einen Hut eines gemeinsamen, aufeinander abgestimmten und sozialverträglichen Vorgehens gebracht werden? Wie kann die Erneuerung der Infrastruktur eines Stadtgebiets, die Sicherung oder Entwicklung von Arbeitsplätzen, von Handel oder von kultureller oder sozialer Infrastruktur in Einklang gebracht werden mit privaten Bau- und Nutzungsabsichten (vgl. hierzu auch den Beitrag von Gerd Albers zur Stadtentwicklung/Bauleitplanung, in diesem Band)? Das ist alles anders eine theoretische Fragestellung: Man kann das Problem – etwas vergröbernd – am Unterschied zwischen der europäischen Stadt und der Entwicklung des amerikanischen Städtesystems beobachten. Europäische und deutsche Städte zeichnen sich seit Jahrhunderten dadurch aus, daß bestehende Standorte fortentwickelt, umgenutzt, umgebaut, zum Teil auch erheblich erweitert, aber doch in ihrer Substanz bewahrt werden sollen. Im amerikanischen Städtesystem ist eine ganz andere Tendenz zu beobachten: Die Entwicklung der Siedlungsfläche wird in einem sehr stärkeren Maße dem freien Spiel der Kräfte überlassen mit der Folge einer dramatischen Zersiedelung der Fläche, einem Verlust von zentralen Funktionen, der Herausbildung von – nach europäischen Maßstäben – eher amorphen Siedlungsstrukturen. Will man dies in den wesentlich dichter besiedelten europäischen Staaten vermeiden, so bleibt nur der Weg einer planmäßigen Revitalisierung der vorhandenen Städte. Und damit ist der Kernbereich einer kommunalen Stadterneuerungspolitik umschrieben: Sie soll einen Rahmen schaffen für die Modernisierung der Stadtstrukturen, der Gebäude ebenso wie der Infrastruktur, der Sicherung und Entwicklung von Freiflächen der Umwidmung von städtischen Flächen für zeitgemäße Nutzungen, der Balance zwischen wirtschaftlichen, sozialen und ökologischen Anforderungen. Es ist Aufgabe der kommunalen Stadterneuerungspolitik, den Bedürfnissen und Veränderungen der städtischen Gesellschaft einen die unterschiedlichen Interessenlagen ausbalancierenden Gestaltungsraum zu geben.[2] Ihre Bedeutung als wichtiger kommunaler Politikauftrag setzte nach dem Wiederaufbau der im Krieg vielfach zerstörten Städte und am Höhepunkt ihrer Expansion in der Nachkriegszeit ein.

3. Welche Aufgaben stellen sich bei der Stadterneuerung? Zur Entwicklung der Stadterneuerung in Deutschland

a. Abbruch oder Erneuerung?

Die Stadterneuerung ist in den alten Bundesländern – als systematisch betriebener Politikbereich – seit Anfang der 70er Jahre eingeführt. Die Verabschiedung des Städ-

---

2 Zu den Stadterneuerungsaufgaben als Beitrag einer nachhaltigen Stadtentwicklung vgl. Bundesregierung, Städtebaulicher Bericht. Nachhaltige Stadtentwicklung vom 27. August 1996, BT-Drucksache Nr. 13/5490.

tebauförderungsgesetzes im Jahre 1971 markierte einen Wendepunkt in der Städtbau-
politik der Nachkriegszeit, die in den ersten Jahrzehnten durch die Aufgaben des
Wiederaufbaus und später vor allem auch durch den großen Neubaubedarf insbesondere für den Wohnungsbau gekennzeichnet war.[3]

Die Aufgaben der Stadterneuerung sind in der Folgezeit den sich verändernden
wirtschaftlichen und gesellschaftlichen Entwicklungen gefolgt:

Die Orientierung der Stadtentwicklungspolitik vom Wiederaufbau und von der
Errichtung neuer Siedlungen hin auf die gewachsenen Strukturen führte in den 70er
Jahren, teilweise bis weit in die 80er Jahre hinein, vielerorts zu Kontroversen auf lo-
kaler Ebene. Vor allem am Anfang der Sanierungspolitik wurden Konzepte verfolgt,
die grundlegende Erneuerung von innerstädtischen Bereichen durch eine weitgehende
Umgestaltung der betroffenen Stadtbereiche zu erreichen.

Die ersten Jahre der Stadterneuerung ließen sich daher vielerorts mit einer Strategie der »Flächensanierung« in Verbindung bringen: Durch Erwerb von Flächen mit
alter Bausubstanz, deren Abbruch, der Freilegung von Grundstücken und ihrer Neu-
überplanung erhoffte man sich eine durchgreifende Modernisierung alter Siedlungsstrukturen und eine grundlegende Verbesserung der Wohnungsstandards. Man setzte
weiterhin darauf, daß die Bodenwertsteigerungen, die infolge der neuen Überplanung
freigelegter Flächen erwartet wurden, maßgeblich zur Finanzierung der Städtebauförderungsmaßnahmen herangezogen werden konnten.

Schon sehr früh haben sich in vielen Sanierungsgebieten bürgerschaftliche Initiativen herausgebildet, die einem »von oben« geplanten Umstrukturierungsprozeß
nicht tatenlos zusehen wollten. Diese bürgerschaftlichen Initiativen fanden durch
Ausgestaltung des Städtebauförderungsgesetzes (heute des Baugesetzbuches) maßgebliche Unterstützung: Das Städtebauförderungsgesetz war das erste Gesetz in der
Bundesrepublik Deutschland, in dem die Einbeziehung der von öffentlichen Maßnahmen betroffenen Bürger in den kommunalen Entscheidungsprozeß gesetzlich ausdrücklich vorgeschrieben wurde. In Stadterneuerungsmaßnahmen konnte und kann
diese bürgerschaftliche Mitwirkung u. a. zum Gegenstand der Förderung gemacht
werden (z. B. durch Förderung von Stadtteilbüros, bürgerschaftlich besetzten Pla-
nungs- bzw. Sanierungsbeiräten, Bürgerinformationen).[4]

Die in der Folge vielerorts stattfindende Neuorientierung der Stadterneuerungspolitik – weg von der Flächensanierung hin zur erhaltenden Stadterneuerung – ging
einher mit einer sich in der Gesellschaft durchsetzenden Neubewertung des überkommenen Baubestandes.

Die zweite Hälfte der 70er Jahre war auch die Zeit, in der europaweit, auch in
Deutschland, der Denkmalschutzgedanke an Raum gewann. Damals wurden die ersten Denkmalschutzgesetze in deutschen Ländern verabschiedet. So setzen sich schon
in den 70er Jahren in vielen Stadterneuerungsgebieten die Strategien der Be-
standserhaltung und -verbesserung durch Modernisierung und Instandsetzung, Re-
staurierung und Ortsbildpflege durch.

3 Vgl. Gerd Albers (Anm. 1), S. 42 f., S. 314 ff.; Werner Durth/Niels Gutschow, Träume in Trüm-
   mern. Planungen zum Wiederaufbau zerstörter Städte im Westen Deutschlands 1940–1950,
   Braunschweig/Wiesbaden 1988; Klaus Müller-Ibold, Einführung in die Stadtplanung, Stuttgart
   u. a. 1996, Bd. 1, S. 174 ff.; Kurt Walter, Entstehung und Implementation der Städtebauförderung im bundesstaatlichen System, Frankfurt/M. 1997.
4 Walter Siebel, Vorbereitende Untersuchungen nach § 4 StBauFG, Erfahrungsbilanz und Perspektiven, in: Städtebauförderung, Erfahrungen und Perspektiven (GEWOS-Schriftenreihe
   37), Hamburg 1981.

Ganz maßgeblich hat diese Neuorientierung der Sanierungspolitik Unterstützung durch eine nicht zuletzt aus ökologischen Gründen stärkeres Gewicht erhaltende Orientierung der Stadtentwicklung hin zum Bestand gewonnen. Die auch außerhalb der Städtebauförderung – in den 70er Jahren auch vor dem Hintergrund der Erdölkrisen – geförderten Modernisierungs- und Energiesparprogramme haben insgesamt ebenso die technischen und handwerklichen Voraussetzungen zur Erhaltung und Verbesserung des Gebäudebestandes auf eine breitere Grundlage gestellt.

b. Autogerechte Stadt?

Neben der Frage »Abriß oder Erhaltung« war die der Stadtverkehrspolitik in den zurückliegenden 20 Jahren eine weitere Schlüsselfrage in der Stadterneuerungspolitik. Gerade das Konzept der Flächensanierung stand vielfach auch in einem engen Zusammenhang mit Vorstellungen einer »autogerechten Stadt«:[5]
Die Planung neuer Verkehrsstraßen z. B. durch gründerzeitliche Wohnviertel waren durchaus gängige Konzeptionen zum Zeitpunkt des Beginns einer breiten Stadterneuerungspolitik vor 20 Jahren. Es darf auch nicht übersehen werden, daß die Problematisierung des motorisierten Individualverkehrs damals in der Bevölkerung noch keine breite Resonanz fand. Die Stadt- und Verkehrsplaner schienen sich im Einklang mit Wünschen der Bevölkerung zu befinden, wenn sie entsprechende – aus heutiger Sicht zweifellos – »brutale« Schneisenlösungen, autoverkehrsgerechte Stadtlösungen usw. entwickelten und in einer Reihe von Städten auch tatsächlich umsetzen konnten. Heute weiß man, daß der Philosophie der »autogerechten Stadt« in manchen alten Städten mehr Gebäude zum Opfer fielen als durch Bombardierungen im Zweiten Weltkrieg. Die in den 80er Jahren in immer mehr Städten und Gemeinden entwickelten Strategien der flächenhaften Verkehrsberuhigung waren daher eng verbunden mit Maßnahmen der Stadterneuerung und wurden maßgeblich aus Mitteln der Stadterneuerung finanziert.

c. Wer sind die Gewinner, wer sind die Verlierer der Stadterneuerung?[6]

Bald zeigte sich, daß die Stadterneuerungspolitik sorgfältiger Erörterung mit den Betroffenen bedarf. Manche Stadterneuerung führt dazu, daß Handwerk und Gewerbe aus den Innenstädten in neue Gewerbegebiete an den Stadtrand verlagert wurden. Dies führte zwar oft zu einem Gewinn an »Wohnlichkeit« – aber es führte mitunter zu einer Monostruktur, zu einer Verödung von Innenstädten. Gerade die Entkernung von Hinterhofsituationen, die Verlagerung von kleinen Handwerksbetrieben aus bewohnten Quartieren, die Verdrängung von lokalem Einzelhandel – »Tante Emma Laden« – als Folge der Umgestaltung von Gebäuden und von öffentlichem Raum, von Aufwen-

5 Hans Bernhard Reichow, Die autogerechte Stadt, Ravensburg 1959.
6 H. Wollmann, Das Städtebauförderungsgesetz als Instrument städtebaulicher Interventionen wo und für wen? In: Leviathan, 1974, S. 199.

dungsdruck usw. führte zu Verlust an städtischer, urbaner Qualität. Diese Entwicklung kann man auch heute noch an manchen Fußgängerzonen in Stadtzentren sehen: Die lebendige Mischung von großen und kleinen Geschäften, von Angebot für jedermann hat – auch als Folge der starken Aufwertung der Innenstädte durch Stadterneuerungsmaßnahmen – zu einem Verdrängungswettbewerb geführt: Fast food, Kettenläden, Spielhallen, Videotheken usw. setzen sich durch. Ähnliche Entwicklungen können bei der Verbesserung von Wohnumfeld und Wohnungsbestand eintreten: preisgünstiger Wohnungsbestand geht verloren, Verdrängungsprozesse der Bevölkerung werden ausgelöst oder unterstützt, Luxusmodernisierungen, die zu Mieten oder Wohnungspreisen führen, die von breiten Schichten der Bevölkerung nicht bezahlt werden können (vgl. den Beitrag von Burkhard Hintzsche zur kommunalen Wohnungspolitik, in diesem Band).

Die Stadterneuerungspolitik sollte u. a. dazu beitragen, gewerbliche Unternehmen aus den Innenstädten in neue Gewerbegebiete an den Stadtrand zu verlagern. Eine – teilweise ungewollte – Parallelentwicklung vollzog sich im Bereich von Handel und Gewerbe: die Entkernung von Hinterhofsituationen, die Verlagerungen von störenden kleineren Handwerksbetrieben aus bewohnten Quartieren auf der einen Seite und die Verdrängung von lokalem Einzelhandel als Folge der Umgestaltungen von Gebäuden und vom öffentlichen Raum, vom Aufwertungsdruck usw. auf der anderen Seite.

Heutzutage werden in der Stadterneuerung vielerorts ganz andere Strategien verfolgt: Längst wurden die Nachteile einer Verdrängung sowohl von Einzelhandel als auch von Kleingewerbe aus den Stadterneuerungsgebieten erkannt. Auch die Verlagerung von Gewerbe insgesamt wird mit wesentlich größerer Zurückhaltung beurteilt. Vielfach wird daher versucht, bestehende Standorte durch differenzierte Verbesserungen zu erhalten und fortzuentwickeln.

Schließlich ist auf den hohen Stellenwert der Stadterneuerung für die Erhaltung, Verbesserung und Erhöhung des Wohnungsbestandes hinzuweisen: Die stärkere Konzentration auf innerstädtische und innerstadtnahe Gebiete ging einher mit verstärkten Maßnahmen im Wohnumfeld, der Erhaltung historischer Stadtkerne und Ensembles, der Verkehrsberuhigung sowie der Grün- und Freiflächengestaltung. Die an den Bewohnerbedürfnissen orientierte Wohnwertverbesserung mit dem Wunsch nach größeren Wohnungen konnte den sanierungsbedingten Bedarf an Ersatzwohnungsbau und behutsamer Ausweisung von Neubauten aber weiterhin nicht ausschließen: Auch die Strategie der behutsamen Erneuerung der Objektsanierung kann auf Teilabbrüche, Wohnungszusammenlegungen und Umsetzungen nicht ganz verzichten. Der Prozeß wurde von Bemühungen begleitet, kosten- und flächensparende Bauformen als Alternative zum freistehenden Einfamilienhaus, aber auch zum Geschoßwohnungsbau, zu entwickeln.

Neben Aufgaben der klassischen Sanierung und der sonstigen städtebaulichen Erneuerung in Gebieten mit städtebaulichen Mißständen sind seit Ende der 70er Jahre zunehmend vorbeugende Maßnahmen getreten, die das Entstehen von Sanierungstatbeständen verhindern sollen. Dabei geht es um die Gebiete, in denen problematische Entwicklungen absehbar bzw. schon im Entstehen sind, bei rechtzeitigem Eingreifen – und daher mit vergleichsweise geringem Aufwand – jedoch abgewendet werden können. Öffentliche Vorleistungen im Bereich des öffentlichen Raumes, des Wohnumfeldes und des Verkehrs sollen vorhandene Investitionspotentiale der Eigentümer und Investoren wecken.

4. Die neuen Länder – eine neue Dimension der Aufgabe

In der ehemaligen DDR gab es – vornehmlich als Folge der einseitigen Orientierung der Wohnungspolitik auf den Neubau in industrieller Bauweise – keine eigenständige Stadterneuerungspolitik und keine Städtebauförderung. Die städtebauliche Entwicklung im Gebiet der ehemaligen DDR war besonders in den letzten Jahren geprägt vom Wohnungsbauprogramm mit seinen häufig unmaßstäblichen Wohngebieten am Rande der Stadt und durch die Errichtung von großen, oft monostrukturierten Industriegebieten. Von einzelnen Vorhaben des komplexen innerstädtischen Bauens abgesehen, hat dies zu einer langjährigen Vernachlässigung der Stadtkerne und innerstadtnahen Altbaugebiete geführt.

Während die Innenbereiche und Zentren vieler Städte und Gemeinden in ihrem historischen Grundriß und Charakter noch gut ablesbar und geschlossen erhalten sind, war die Altbausubstanz in hohem Maße vom Verfall bedroht. Schlichte Wohnverhältnisse, besonders in den stadtbildprägenden Gebieten, oder Leerstand von Wohnungen waren die Folge. Die Netze und Anlagen der technischen Infrastruktur in den innerstädtischen Bereichen waren an ihre Kapazitätsgrenzen gelangt und fast durchweg erneuerungsbedürftig. Die Trinkwasserversorgung war besonders in ländlichen Gebieten unbefriedigend. Die Abwasserbeseitigung war unzureichend und belastete durch ihre Mängel ihre Umwelt.

Die ostdeutschen Städte und Regionen haben deutsche Geschichte und Kultur gleichermaßen über Jahrhunderte maßgeblich mit geprägt. Das spiegelt sich nicht zuletzt in den vielen altehrwürdigen und schönen Städten wider, deren baukünstlerische Substanz und städtebauliche Geschlossenheit trotz der Verfallserscheinungen noch deutlich sichtbar und noch zu retten ist. Allein 30 von ihnen haben geschlossene mittelalterliche Stadtkerne von internationalem Rang und etwa 200 haben zumindest städtebauliche Teilbereiche mit nationalem Denkmalwert. Dieses einmalige Kulturgut vor dem völligen Zerfall zu bewahren, schrittweise zu erneuern und gleichzeitig eine moderne städtische Infrastruktur zu entwickeln, die den heutigen Wirtschaftsanforderungen entspricht, wurde nach der Herstellung der Einheit Deutschlands i. J. 1990 als eine nationale Aufgabe von besonderem Range erkannt.[7]

5. Welche Stadterneuerungsaufgaben werden auf die Bürger zukommen?

Die Schwerpunkte in der Stadterneuerung in den vor uns liegenden Jahren werden maßgeblich von den wirtschaftlichen und gesellschaftlichen Veränderungen der Gesellschaft geprägt sein. Hieraus lassen sich mit aller Vorsicht eine Reihe von Aufgabenschwerpunkten bezeichnen.
– So wird immer deutlicher die Notwendigkeit gesehen, von einem Flächenverbrauch überzugehen in eine Kreislaufwirtschaft auch bei der Flächen-Inanspruchnahme. Dies ist nur möglich, wenn es eine gemeinsam finanzierte Mobilisierung von bereits besiedelten Flächen gibt.[8]

---

7   Peter Bote/Michael Krautzberger, Neue Bundesländer – Städtebauliche Erneuerung, in: Bundesbaublatt 1992, S. 396 ff., S. 577 ff.
8   Vgl. Bundesregierung, Städtebaulicher Bericht. Nachhaltige Stadtentwicklung (Anm. 2).

- Wichtige Voraussetzung für die nachhaltige Existenzfähigkeit unserer Städte ist ihre Multifunktionalität. Dies zeigt sich nirgendwo deutlicher als bei den Innenstädten: eine ausgewogene Mischung von attraktiven Wohnstandorten, öffentlichen Funktionen, Freizeitmöglichkeiten und einem blühenden Handel kennzeichnen die Funktionen der Stadt.
- Städtebauförderung muß mit einem integrierten Ansatz der Förderung problematischer städtischer Quartiere eine Scharnier- und Bündelungsfunktion wahrnehmen, eine Vielzahl von Programmen auf allen staatlichen Ebenen, die jeweils für die Verbesserung in baulich-wirtschaftlichen und sozialen Teilbereichen von städtischen Problemzonen geeignet sind, fachübergreifend, zugleich orts- und problemnah koordinieren und ihren Einsatz aufeinander abstimmen.
- Die Zersplitterung der öffentlichen Programme für Städte erschwert Handlungsansätze, die auf komplexe Probleme zugeschnitten sind. Dies führt zu Zeitverzögerungen im Ablauf von Projekten und verursacht hohe soziale und volkswirtschaftliche Kosten, ist insgesamt einer nachhaltigen Stadtentwicklung nicht förderlich.
- Auch bei knappen finanziellen Ressourcen gilt es, die Ziele einer Stadterneuerungspolitik durchzusetzen. Dies erfordert eine Begrenzung und Festlegung des Sanierungsaufwands und Sanierungsumfangs, Nutzung privater Unternehmensinitiative und Einsatz privaten Kapitals. Die Stadterneuerungspolitik dürfte sich auf folgende städtebauliche Bedarfsschwerpunkte konzentrieren:[9]
  - die Stärkung von Innenstädten und Ortsteilen;
  - die Belange der historischen Städte;
  - die Wiedernutzung von Flächen, vor allem der in Innenstädten brachliegenden Industrie-, Konversions- oder Eisenbahnflächen;
  - die Förderung von »Nutzungsmischung«;
  - die Umwelt von umeltschonenden, kosten- und flächensparenden Bauweisen;
  - städtebauliche Maßnahmen zur Behebung sozialer Mißstände.

Wenn heute auf allen politischen Ebenen – von den Vereinten Nationen bis hin zu den Städten und Gemeinden von der Notwendigkeit einer »nachhaltigen Entwicklung« gesprochen wird, dann muß der Stadterneuerung eine Schlüsselrolle zukommen. Hier muß Nachhaltigkeit praktisch durchgesetzt werden: Dem Wuchern der Städte in die Landschaft ist das Modell entgegenzustellen: Konzentration, Nutzungsmischung, höhere Dichten, Nachhaltigkeit und Stadterneuerung sind daher für die Siedlungspolitik weiterhin identische Ziele.

6. Wie läuft gemeindliche Stadterneuerungspolitik ab? Gesetzliche Regelungen, Instrumente, Akteure

a. Wie muß eine »alte Stadt« geplant werden? Die Grundsätze

Die Stadterneuerungspolitik hat die Städte und Gemeinden – gegenüber Wiederaufbau und Neubau – vor eine neue Aufgabe gestellt: Die Gemeinden konnten mit dem »klassischen« stadtplanerischen Instrumentarium den Aufgaben der Stadterneuerung,

---

9 Vgl. hierzu § 164 b Abs. 2 des Baugesetzbuches in der ab 1. 1. 1998 geltenden Fassung.

also der Erhaltung, der Verbesserung oder Umgestaltung bereits vorhandener Ortsquartiere kaum gerecht werden. So ist etwa das zentrale Städtebauinstrument der Bauleitplanung ein Instrument, das letztlich »angebotsorientiert« ist, d. h. die Gemeinde stellt Bebauungspläne auf und überläßt deren Verwirklichung jedenfalls im Regelfall den jeweiligen Investoren. Die Stadterneuerung erfordert dagegen eine andere Vorgehensweise: Konzepte der Stadterneuerung können nicht auf dem Reißbrett des Planers entwickelt und dann gewissermaßen eingefroren werden, bis sie von Investoren verwirklicht werden. Stadterneuerungskonzepte sind auf »lebende« Quartiere hin konzipiert, d. h. sie sind einer laufenden Veränderung unterworfen – so wie sich die Verhältnisse in den Quartieren verändern.

b. Die Menschen im »Kiez«

Die Bürger im Stadterneuerungsgebiet sind die eigentlichen Träger der Erneuerung: Sie wissen, wo die Probleme liegen. An ihnen liegt es, die Stadterneuerung mit Leben zu erfüllen. Deshalb sieht das Baugesetzbuch des Bundes auch vor, die Bürger in allen Phasen der städtebaulichen Erneuerung zu beteiligen.
– Wenn die Gemeinde Stadterneuerungsmaßnahmen ins Auge faßt, muß sie unverzüglich die Bürger informieren und ihre Meinung einholen.
– Sie muß die Vorschläge der Bürger erfragen: Wer kennt die Probleme besser als die betroffenen Bürger? Die Bürger im Stadterneuerungsgebiet haben daher eine ganz besondere Kompetenz zur Entwicklung von Antworten.
– Hierzu kann übrigens auch gehören, Stadterneuerungsmaßnahmen nicht, zu einem anderen Zeitpunkt oder in einem anderen »Tempo« durchzuführen.
– Hierzu gehört aber auch die Gemeinde, die Bürger in einen politischen Diskussionsprozeß in die Neugestaltungskonzepte der politischen Gemeinde einzubeziehen, sie zu überzeugen; Stadterneuerung geht nicht ohne »Streitkultur«.
– Immer wird es aber Bürger geben, die aus eigener Kraft nicht in der Lage sind, sich am Stadterneuerungsprozeß zu beteiligen. Auch wird die Stadterneuerung »Verlierer« haben – seien dies Mieter oder kleinere Betriebe. Hierzu sieht das Baugesetzbuch des Bundes vor, daß die Gemeinden verpflichtet sind, einen »Sozialplan« aufzustellen. Nicht nur der Städtebau muß geplant werden, auch die Sozialstruktur bedarf der planerischen Begleitung. Wie können sozial nachteilige Auswirkungen vermieden oder doch gemindert werden? Welche Maßnahmen können den Bürgern hierbei empfohlen, welche Hilfen können ihnen gewährt werden?

7. Wie kann ein sozialverträglicher Ablauf der Stadterneuerung erreicht werden? Das Instrumentarium und der Ablauf

Eine Stadterneuerungspolitik ist nur so erfolgreich, wie es gelingt, die Bürger konstruktiv für die Vorbereitung und Durchführung zu gewinnen. Gleichwohl wird die Gemeinde nicht umhin können, in einen Einzelfall »hoheitlich« einzugreifen. Beispiel: Wenn in einem Hinterhof während der Stadterneuerung ein langfristiger Pachtvertrag für eine Spedition vorgesehen ist, dann kann dies das Sanierungskonzept einer Stadt langfristig blockieren oder gar in Frage stellen. Deshalb gibt das Gesetz der Gemeinde für eine Vielzahl von Fällen Steuerungsmöglichkeiten, sanierungsschädliche Vorgänge zu unterbinden. Hierzu gehören überhöhte Preise bei Veräußerungen von Grundstücken ebenso wie Bauvorhaben, Abbrüche, Ablauf von Miet- oder Pachtverhältnissen.

Der Gemeinde steht auch an allen Grundstücken im Sanierungsgebiet ein gesetzliches Vorkaufsrecht zu, um ggf. rasch über Grundstücke verfügen zu können, die wiederum für die Verwirklichung der Sanierungsziele erforderlich sind.

Das Baugesetzbuch des Bundes verleiht der Gemeinde also weitreichende Möglichkeiten des Eingriffs. Gleichwohl: Hier handelt es sich um »ein Schwert im Schrank« – der Alltag ist von Konsens geprägt; die der Gemeinde zur Verfügung stehenden, tiefgreifenden Instrumente sind gleichwohl in Einzelfällen erforderlich und einzusetzen.

8. Wie läuft eigentlich eine Stadterneuerungsmaßnahme ab?

Die nachfolgende Abbildung gibt einen Überblick darüber, wie Vorbereitung, Durchführung und Abschluß einer Stadterneuerungsmaßnahme ablaufen.

9. Stadterneuerung geht nicht ohne finanzielle Hilfe

Maßnahmen der Stadterneuerung können zu Veränderungen in den Verhältnissen der in dem Quartier wohnenden oder arbeitenden Menschen führen. Dies kann mit Eingriffen in soziale und wirtschaftliche Gegebenheiten verbunden sein, was zu Entschädigungs- und Ausgleichsleistungen führen kann. Ein weiterer wichtiger kostenträchtiger Bereich sind Infrastrukturmaßnahmen im weiteren Sinn, also die Verbesserung des Wohnumfeldes, die Ausstattung eines Stadterneuerungsgebiets mit Gemeindebedarfseinrichtungen, d. h. mit lokaler Infrastruktur usw. Auch um gewachsene soziale Strukturen zu erhalten, können besondere Kosten entstehen (z. B. Wohnungen für Bevölkerungsgruppen mit niedrigem Einkommen, ältere Menschen u. a.), ebenso bei der Erhaltung eines historischen Gebäudebestandes oder der Wiederherstellung einer ursprünglichen Stadtstruktur (Straßen, Plätze, Wasserläufe). Die Stadterneuerungspolitik bedarf daher in aller Regel einer speziellen Finanzierung.

10. Wie werden Stadterneuerungsmaßnahmen finanziert?

Der Bund und die Länder stellen seit vielen Jahren den Gemeinden spezielle Förderungsmittel zur Verfügung. Diese Städtebauförderungsmittel dienen dazu, die Sanierungsmaßnahmen der Gemeinden als »Einheit« (Gesamtmaßnahme) zu fördern.

594

Abb. 1: Ablauf einer Sanierungsmaßnahme

Vorbereitung
(ist Aufgabe der Gemeinde)
– vorbereitende Untersuchungen
– förmliche Festlegung des Sanierungsgebiets
– Städtebauliche Planung: Bauleitplanung oder Rahmenplanung, soweit für die Sanierung erforderlich
– Erarbeitung und Forschreibung des Sozialplans
– Einzelne Ordnungs- und Baumaßnahmen, die vor einer förmlichen Festlegung des Anierungsgebiets durchgeführt werden

Durchführung
– Ordnungsmaßnahmen
– Baumaßnahmen
– fortlaufende Aufgaben aus der Vorbereitung

Ordnungsmaßnahmen	**Baumaßnahmen**
(sind Aufgaben der Gemeinde)	(sind grundsätzlich Aufgaben der Eigentümer, bei Gemeindebedarfs- und Folgeeinrichtungen der Gemeinde)
– Bodenordnung einschließlich des Erwerbs von Grundstücken	– Modernisierung und Instandsetzung
– Umzug von Bewohnern und Betrieben	– Neubebauung und Ersatzbauten
– Freilegung von Grundstücken	– Errichtung und Änderung von Gemeinbedarfs- und Folgeeinrichtungen
– Herstellung und Änderung von Erschließungsanlagen	– Verlagerung oder Änderung von Betrieben
– Maßnahmen, die notwendig sind, damit die Baumaßnahmen durchgeführt werden können	

Abschluß
– Aufhebung der Satzung zur Gebietsfestlegung
– Förderungs- und beitragsrechtliche Abrechnung; Erhebung von Ausgleichsbeträgen

Quelle: W. Bielenberg/K. Koopmann/M. Krautzberger: Städtebauförderungsrecht, Kommentar und Handbuch, Bd. I.C, München 1992.

Ziel dieser Städtebauförderung ist es somit, ein Erneuerungsbild der Stadt entsprechend dem städtebaulichen Erneuerungskonzept zu verbessern und fortzuentwickeln.

Für die Vorbereitung und Durchführung der Sanierungsmaßnahmen steht den Gemeinden ein umfangreicher Förderkatalog zur Verfügung. Dieser reicht von der Vorbereitung der Erneuerungsmaßnahmen, über die Durchführung von Ordnungs- und Baumaßnahmen bis hin zur Betreuung des Sanierungsvorhabens und hat sich in der Praxis durchaus flexibel und anpassungsfähig im Hinblick auf die unterschiedlichen Problemdarstellungen in den Städten und Dörfern gezeigt:
– Als Teil der Gesamtmaßnahme werden in Untersuchungsgebieten die Vorbereitung der Sanierung und in förmlich festgelegten Sanierungsgebieten die Vorbereitung und Durchführung der Sanierung gefördert. Die Fördermittel können sowohl

zur Entlastung der Gemeinde als auch der privaten Eigentümer eingesetzt werden, da beide durch die Sanierungsmaßnahmen belastet werden.

- Die Kosten der Vorbereitung, der Ordnungsmaßnahmen und der Schaffung von öffentlichen Einrichtungen haben die Gemeinden zu tragen.
- Alle anderen Kosten der Baumaßnahmen, wie die der Neubebauung, der Ersatzbebauung, der Modernisierung und Instandsetzung von Gebäuden sind dagegen von den Eigentümern zu tragen. Bei der Beschaffung von Finanzierungs- und Fördermitteln hat die Gemeinde die Eigentümer zu beraten und zu unterstützen. Um gemeindliche Sanierungsziele durchzusetzen, können auch Privatinvestitionen aus Städtebauförderungsmitteln finanziert werden. So können Sanierungsmittel beispielhaft für die Spitzenfinanzierung von Modernisierungs- und Instandsetzungsmaßnahmen eingesetzt werden; ebenso können Neubauvorhaben im sozialen Wohnungsbau gefördert werden.
- In den jeweiligen Förderrichtlinien der Länder sind die Voraussetzungen, die Art und der Umfang des Einsatzes der Städtebauförderungsmittel umfassend geregelt.

11. Stadterneuerung in der Europäischen Union

Die Stadterneuerung hat auch im Rahmen der Politik der Europäischen Union Bedeutung erlangt (vgl. hierzu den Beitrag von Dietrich Thränhardt zur Europäischen Union, in diesem Band). Auch wenn die Europäische Union keine ausdrückliche Aufgabe im Bereich der Städtebaupolitik zugewiesen erhielt, so bestehen doch vielfältige mittelbare Bezugspunkte zu den Aufgaben der Stadterneuerung. Hier sind insbesondere zu nennen:

- Strukturfonds: Ein wesentlicher Teil der Gesamtausgaben für die Ziel-1- und Ziel-2-Gebiete ist auf Infrastrukturmaßnahmen verschiedener Art, Hilfe für Investitionen und Ausbildung in Städten ausgerichtet.
- Initiativen der Gemeinschaft:
  - Auch im Rahmen von Gemeinschaftsinitiativen werden Maßnahmen in Stadtgebieten in Ziel-1- und Ziel-2-Regionen finanziert. Im Rahmen der RESIDER, RENAVAL und RECHAR fördert die Gemeinschaft die wirtschaftliche Umstellung von städtischen Gebieten, die besonders von dem rapiden Niedergang der Stahl-, Werft- oder Bergbauindustrie betroffen sind; die Initiative RETEX fördert die Umstellung von Städten, die in großem Maße von der Textil- und Bekleidungsindustrie abhängen. Sie gewährt auch Unterstützung für die Modernisierung von Textil- und Bekleidungsfirmen in den Fördergebieten. Außerdem werden im Rahmen der Initiative KONVER Mittel zur Unterstützung ehemaliger Militärstandorte oder von der Rüstungsindustrie abhängiger Gebiete bereitgestellt. Zwei weitere Initiativen, INTERREG und KMU, wirken ebenfalls wesentlich auf die Stadtgebiete ein.
  - Eine neue Gemeinschaftsinitiative (URBAN) ist gezielt auf die Probleme städtischer Gebiete zugeschnitten. Sie dient der Unterstützung ausgewählter Stadtgebiete zur Verbesserung der Infrastruktur und der Umwelt, um so wirtschaftliche Aktivitäten anzulocken, das Vertrauen der Bevölkerung in heruntergekommenen Stadtvierteln zu stärken und die soziale Ausgrenzung zu bekämpfen. Im Rahmen dieser Initiative werden integrierte und innovative

Programme gefördert, die geeignet sind, auf nationaler und vor allem auf europäischer Ebene ihre Ergebnisse an andere Großstädte zu verbreiten. Solche Programme sollten in möglichst großem Umfang Maßnahmen umfassen, die mit den Faktoren zusammenhängen, die das heutige Leben in den Städten prägen, wie wirtschaftliche Entwicklung, Technologieeinsatz, Umweltverbesserung, Verkehr, Berufs- und Schulbildung, Verbrechensbekämpfung und Sicherheit, effiziente Energienutzung, Infrastruktur und soziale Einrichtungen.

– Innovative Aktionen und Netze:
  – Neben den Hauptaktivitäten in den Gemeinschaftlichen Förderkonzepten unterstützt die Europäische Union innovative Ideen zur Behandlung von Städteproblemen und unterstützt gemäß Artikel 10 der EFRE-Verordnung städtische Modellvorhaben. Die Vorhaben betreffen Gebiete in den Innenstädten mit Wohnungsproblemen, ohne sich jedoch direkt mit der Wohnsituation selbst zu befassen, die Vereinbarung mit wirtschaftlichen und umweltpolitischen Zielen, die wirtschaftliche und kommerzielle Neubelebung von historischen Stadtzentren und die Nutzung technologischer Vorteile von Städten. Einer der wichtigsten Aspekte dieser Vorhaben sind der Erfahrungsaustausch und die Verbreitung von Ergebnissen. Städte sind auch um Hilfe für Aktivitäten bemüht, die in Bereichen, die die Stadtverwaltungen direkt betreffen (Verkehr, Umwelt, Verwaltung, Energie, soziale Fragen usw.), die auf Verbindungen, Informationsaustausch und Zusammenarbeit zwischen Städten abzielen. Die Kommission beteiligt sich ebenfalls nach Maßgabe des Artikel 10 an der Finanzierung von 15 Stadtnetzen im Rahmen der interregionalen Zusammenarbeit (RE-CITE). Außerdem kommt eine große Anzahl von Städten in den Genuß von Programmen zum Erfahrungsaustausch; über 700 Kommunen haben sich in den letzten Jahren an rund 150 Vorhaben zum Erfahrungsaustausch beteiligt.
  – Andere Erfahrungsaustauschnetze werden auch in den Bereichen Umwelt (Europäische Akademie für städtische Umwelt in Berlin), Energienutzung und fortschrittliche Straßenverkehrstechnologien gefördert.
– Hunderte von Städten in ganz Europa beteiligen sich an Städtepartnerschaften. Seit 1988 hat die Kommission auf einen Bericht des Europäischen Parlaments hin Mittel speziell zur Unterstützung von neuen Städtepartnerschaften zur Verfügung gestellt, besonders mit Städten, die durch ihre geographische Lage benachteiligt sind, sowie für Aktivitäten, die der europäischen Idee förderlich sind.

12. Stadterneuerung hat auch große Bedeutung für den Arbeitsmarkt

Stadterneuerungsmaßnahmen – das hat sich in Deutschland ebenso gezeigt wie in anderen europäischen Staaten, auch in Nordamerika – ist ein Bereich, der besonders positive Effekte für den Arbeitsmarkt und für die örtliche Wirtschaft hat:[10]

---

10 Vera Lessat unter Mitwirkung von Klaus-Peter Gaulke und Josef Rother, Expertise über die Anstoßwirkungen öffentlicher Mittel in der Städtebauförderung, Deutsches Institut für Wirtschaftsforschung (im Auftrag des Bundesministeriums für Raumordnung, Bauwesen und Städtebau), Berlin: Duncker und Humblot, 1996.

- Eines der wesentlichen Ziele der Stadterneuerungspolitik ist es nämlich, durch gezielte öffentliche Förderungen etwa im öffentlichen Raum oder durch gezielte Anreizförderungen im bebauten Bereich dem privaten Sektor die erforderlichen Anreize, vor allem aber die erforderliche Planungssicherheit für Investitionen in den Stadterneuerungsgebieten zu geben.
- Die Finanzierung von Stadterneuerungsmaßnahmen zielt also darauf, durch Verbesserung z. B. des Wohnumfelds in Verbindung mit der planerischen Absicherung von Stadterneuerungskonzepten der privaten Seite gewissermaßen das Signal für Folgeinvestitionen, für Modernisierung oder Neubau usw. zu geben.
- Es hat sich gezeigt, daß die öffentlichen Städtebauförderungsmittel in aller Regel ein Vielfaches an privaten Folgeinvestitionen binden bzw. auslösen. Vielfach wird daher – ökonomisch und technisch – von einem »Multiplikatoreffekt« der Städtebauförderung gesprochen.
- Auch aus diesem Grunde können Städtebauförderungsmaßnahmen gezielt als Instrument zur Sicherung und Schaffung von Arbeitsplätzen und zur fachlichen Qualifizierung von Arbeitskräften führen.

DIETER APEL

Kommunale Verkehrspolitik

1. Begriff, Einordnung, Querbezüge

Kommunale Verkehrspolitik umfaßt alle Maßnahmen einer Gemeinde, die geeignet sind, das Verkehrsgeschehen zielorientiert zu beeinflussen. Das Handlungsfeld reicht also von der Verkehrsplanung (der vorausschauenden, systematischen Vorbereitung von Entscheidungen) bis zur Aufstellung eines Verkehrsschilds oder der Programmierung einer Verkehrsampel.

Da zwischen Verkehrs- und Siedlungsentwicklung enge Wechselwirkungen bestehen, ist Verkehrsplanung/Verkehrspolitik als integraler Bestandteil der überfachlichen Gesamtplanung für das Gemeindegebiet (Stadtentwicklungsprogramm, Stadtentwicklungsplan, Flächennutzungsplan) zu betreiben. Auch kommt der Verkehrspolitik große umweltpolitische Bedeutung zu. Es sei daher auf die engen Beziehungen zu den Kapiteln »Stadtentwicklungsplanung« (vgl. hierzu Gerd Albers in diesem Band) und »Kommunale Umweltpolitik« (vgl. hierzu Jochen Hucke in diesem Band) hingewiesen.

2. Die Rolle des Verkehrssystems bei der Entwicklung der Städte

Die Stadtentwicklung wird durch das Verkehrssystem in starkem Maße mitbestimmt. Schon im Altertum waren die Lage und die Größe der Stadt vom Verkehrsmittel abhängig. Bis vor 160 Jahren waren die Wasserwege die einzigen leistungsfähigen Verkehrsträger. Daher lagen alle bedeutenden Städte der Römerzeit und des Mittelalters an den Küsten, Seen oder an schiffbaren Flüssen.[1] Erst die Eisenbahn schuf die Voraussetzung für die Entwicklung großer Städte im Binnenland im Zuge der Industrialisierung und des damit verbundenen Bevölkerungswachstums. Auch die Größe der Stadt wurde durch die Art des Verkehrsmittels begrenzt. Fußwege- und Pferdewagenverkehr ließen einen Radius der Stadt von maximal 2–3 km zu. Bei den aus heutiger Sicht unerträglichen Wohndichten waren in der »Fußgängerstadt« immerhin Einwohnerzahlen bis 800 000 möglich (Karthago um 200 v. Chr., Alexandria um 50 v. Chr., Rom um 200, Byzanz um 300, Peking um 1450, London und Paris um 1750). Erst die Eisenbahnen und Straßenbahnen erlaubten ein Wachstum der Städte, das diese hi-

---

1 Vgl. Kurt Leibbrand, Stadt und Verkehr, Basel u. a. 1980, S. 57 ff.

storischen Begrenzungen aufhob. Die ersten Millionenstädte entstanden. Aber die Stadtentwicklung verlief noch relativ geordnet, da sie sich nur entlang der Schienenstrecken vollziehen konnte. Die Entwicklung des Verkehrssystems und des Städtebaus stellten noch eine Einheit dar. Die Geschichte der Stadt erlebte in der Form der modernen Industriestadt Europas und Nordamerikas in den ersten drei Jahrzehnten dieses Jahrhunderts einen neuen Höhepunkt. Dank der leistungsfähigen Verkehrsmittel bei geringem Flächenbedarf (Eisenbahn, Straßenbahn, Fahrrad) wurden Städte und Zentren mit vorher nicht gekannter Konzentration von Menschen und Aktivitäten ermöglicht. Die »Schienenverkehrsstadt« schuf eine neue Stadtkultur, den bisherigen Höhepunkt an Dichte und Mannigfaltigkeit der Nutzungen (»Urbanität«).

Das private Automobil ermöglichte eine neue Mobilität, eine neue Standortfreiheit, losgelöst von den Bahnlinien. Als Massenverkehrsmittel in Nordamerika seit rund 70 und in Europa seit rund 40 Jahren erfordert das Auto aber auch ein Vielfaches an Verkehrsfläche und damit eine Auflösung der Stadt. Wer die nordamerikanischen autoorientierten Großstädte mit ihrer dispersen, flächenextensiven Siedlungsstruktur zumindest von Abbildungen her kennt, glaubt kaum, daß die meisten einmal – ganz in der Tradition der europäischen Stadt – kompakte urbane Städte mit einem starken, lebendigen Zentrum gewesen sind. Aber nicht alle nordamerikanischen Städte sind den gleichen totalen Entwicklungsweg zur flächenextensiven Autostadt gegangen. Einige Städte brachen diese Entwicklung auf halbem Wege ab und schlugen eine bahnorientierte Weiterentwicklung ein, wie z. B. San Francisco. Dadurch ist es San Francisco im Gegensatz zu der anderen Millionenstadt in Kalifornien – der Autostadt Los Angeles – gelungen, eine lebende Innenstadt zu erhalten.[2]

In Europa hat ein größerer Anteil der Städte – insbesondere Städte mit erhaltener historischer Bausubstanz – der Anpassung an Erfordernisse des Autoverkehrs weniger nachgegeben. Wo Städte den Schienenverkehr beibehalten, modernisiert und erweitert haben, befinden sie sich heute in einer relativ günstigen Position. Städte mit der am höchsten bewerteten Attraktivität des Stadtzentrums wie Paris, Amsterdam, München, Wien, Prag, Zürich gehören zu denjenigen mit der geringsten Autoorientierung und den höchsten Anteilen des öffentlichen Personennahverkehrs (ÖPNV).[3] Nur durch den flächensparsamen ÖPNV, Fahrrad- und Fußgängerverkehr wird die hohe Zahl von Beschäftigten, Kunden und Besuchern der Innenstädte überhaupt ermöglicht.

3. Zerstörung der Städte und der Umwelt durch Autoverkehr

Es ist eine weit verbreitete Meinung, daß die Verkehrsprobleme in den Städten vor allem auf das allgemein gestiegene Verkehrsaufkommen zurückzuführen sind. Tatsächlich hat das Verkehrsaufkommen, definiert als die Gesamtzahl aller zurückgelegten

---

2 Jakob Kandler, Wechselbeziehungen zwischen Verkehrsplanung und Stadtentwicklung, in: Archiv für Kommunalwissenschaften, 1987, S. 190 ff.
3 Vgl. J.-Michael Thompson, Great Cities and their traffic, Harmondsworth 1977 sowie Peter Newmann und Jeffrey Kenworthy, cities and automobile dependance, Aldershot u. a. 1989.

Wege (einschließlich der Fußwege), in den meisten Städten sowie in der ganzen Bundesrepublik während der letzten drei oder vier Jahrzehnte nicht wesentlich zugenommen, sondern nur in dem Maße, in dem die Bevökerungszahl zunahm. Bereits für Berlin im Jahre 1929 wurde von Martin Wagner, der bis 1933 Stadtbaurat in Berlin war, eine überschlägige Ermittlung des spezifischen Verkehrsaufkommens vorgenommen. Wagner kam auf rund 1 000 Wege pro Einwohner im Jahr. Das ist eine Größenordnung, die mit den Ergebnissen vieler neuer Untersuchungen ziemlich gut übereinstimmt.

Das heißt, die Wegehäufigkeit ist eine relativ konstante Größe. Was sich geändert hat, sind die Längen der Wege und die Anteile der verschiedenen Verkehrsmittel am Gesamtverkehr. Viele Wege, die in den 50er Jahren zu Fuß, mit dem Rad oder mit Bus und Bahn zurückgelegt wurden, werden heute mit dem Auto bewältigt. Noch 1960 wurden über 60 % aller Wege in der Bundesrepublik nichtmotorisiert durchgeführt, im Jahre 1990 waren es nur noch 36 %.[4]

Daß das Verkehrssystem einer der größten Flächenverbraucher geworden ist und gerade in den Städten aufgrund der relativ großen Platzansprüche städtebaulich und funktional sehr problematisch ist, liegt nicht in erster Linie an der starken Zunahme der »Verkehrsleistung« (Personenkilometer, Tonnenkilometer), sondern ist hauptsächlich bedingt durch den sehr großen spezifischen Flächenbedarf des Autoverkehrs im Vergleich mit den öffentlichen Verkehrsmitteln und mit dem nichtmotorisierten Verkehr. Autoverkehr benötigt pro beförderte Person bei den üblichen Fahrzeugbesetzungsziffern während der Spitzenstunden im Stadtverkehr im Durchschnitt rund zehnmal so viel Verkehrsfläche wie Bahn, Bus, Fahrrad und zu Fuß, außerdem zusätzlich Parkplätze. Das heißt, jeder Umsteiger von der Straßenbahn oder vom Fahrrad auf einen Pkw hat bei gleicher Wegelänge seinen Verkehrsflächenbedarf im Durchschnitt verzehnfacht. Dieser Effekt an Verkehrsflächeninanspruchnahme war für die Städte also viel gravierender als die Zunahme der »Verkehrsleistung«, zumal der größte Teil dieses Verkehrswachstums sich nicht in den Städten, sondern im Stadtumland, in den Feriengebieten und auf den Fernverkehrsstraßen vollzogen hat.

Allein schon aus Gründen des großen Flächenbedarfs ist das Auto für den Massenverkehr in der Stadt das am wenigsten geeignete Mittel. Der motorisierte Individualverkehr gefährdet in starkem Maße überkommene Qualitäten der europäischen Stadt, die wir u. a. mit Urbanität umschreiben: eine kompakte Stadtform, gestaltete Straßenräume mit Aufenthaltsvielfalt, mäßige Distanzen, hoher Anteil Fußgängerverkehr.[5]

Darüber hinaus belastet der Kfz-Verkehr die Umwelt und die Lebensbedingungen in den Städten und Gemeinden in gravierender Weise, wie z. B. durch Lärm und Erschütterungen, Luftschadstoffe und Energieumsatz, Gefährdungen und Unfälle, Behinderungen anderer Verkehrsteilnehmer, Trennung zusammengehöriger Quartiere u. a. Durch technische Maßnahmen an den Fahrzeugen allein sind keine hinreichenden Verbesserungen zu erwarten.

---

4 Dieter Apel, Stadtverträglicher Verkehr Hannover 2000, Landeshauptstadt Hannover 1990 (Beiträge zum Verkehrsentwicklungsplan 3); Hartmut H. Topp, Weniger Verkehr bei gleicher Mobilität? In: Internationales Verkehrswesen, (1994) 9, S. 486 f.
5 Dieter Garbrecht, Gehen. Plädoyer für das Leben in der Stadt, Weinheim und Basel 1981; Andreas Feldtkeller, Die Zweckentfremdete Stadt, Frankfurt a. M. 1994.

4. Stadtverkehrsplanung im Wandel

Verkehrsplanung war in der Vergangenheit häufig einseitig autoorientiert ausgerichtet.[6] Belange des öffentlichen Personennahverkehrs kamen dagegen zu kurz, die des Fußgänger- und Radverkehrs wurden fast gar nicht beachtet, obwohl der nichtmotorisierte Verkehr in den fünfziger und sechziger Jahren noch einen großen Anteil (rund 60 %) aller Ortsveränderungen in den Städten und Gemeinden übernahm. Die rasante Motorisierungsentwicklung ist daher nicht allein Ausdruck eines unvermeidbaren allgemeinen Trends, sondern auch durch kommunale Planung und staatliche Regelungen gefördert worden.[7]

Anfang der Siebziger Jahre, ausgelöst durch die erste Ölpreiskrise, setzte ein allmählicher Wandel ein. Ausgehend von den Niederlanden und den skandinavischen Ländern begannen die Kommunen, Maßnahmen zur Verkehrsberuhigung zu ergreifen, zuerst punktuell und nur in einzelnen, besonders belasteten Quartieren, später auch größere Bereiche der Stadt erfassend, nachdem sich zeigte, daß die Wirkungen auf Verkehrssicherheit, Lärmminderung und die gesamte Umfeldqualität der Straßen positiv verlaufen waren.[8] In einzelnen europäischen Städten wurde darüber hinaus seit etwa Mitte der siebziger Jahre eine andere Verkehrspolitik und Verkehrsplanung eingeleitet, die eine Veränderung der Verkehrsmittelwahl in der gesamten Stadt zum Ziel hat. Die Verkehrsteilnehmer sollen veranlaßt werden, die stadtverträglicheren Verkehrsmittel, wie die öffentlichen Verkehrsmittel und das Fahrrad, wieder stärker zu nutzen und auch wieder mehr Fußwege zu machen. Das eigene Auto soll nur selektiv genutzt werden, d. h. nur dann, wenn kein akzeptables alternatives Angebot vorliegt. In einzelnen europäischen Städten konnten auch beachtliche Erfolge erzielt werden. Das weitere Ansteigen des Autoverkehrs durch Abwanderung vom Fuß-, Rad- und öffentlichen Verkehr, wie es die normale Entwicklung war, konnte gebremst oder ganz gestoppt werden.[9]

5. Grundzüge eines stadt- und umweltverträglichen Verkehrskonzepts für die Städte und Gemeinden

Unter »stadt- und umweltverträglichem Verkehr« wird verstanden:
- Der Verkehr soll sozialverträglich sein, d. h. z. B. gleichwertige Mobilitätschancen für alle Bevölkerungsgruppen, erheblich weniger Gefährdungen und Unfälle.
- Der Verkehr soll ökologisch verträglich sein, d. h. Lärm- und Abgas-Immissionen noch innerhalb verträglicher Bereiche, erheblich reduzierter Energieumsatz, begrenzter Versiegelungsgrad der Straßen und Plätze u. a.

---

6 Heiner Monheim und Rita Monheim-Dandorfer, Straßen für alle, Analysen und Konzepte zum Stadtverkehr der Zukunft, Hamburg 1990.
7 Ebenda.
8 Forschungsvorhaben »Flächenhafte Verkehrsberuhigung«, Städtebauliche Auswirkungen, Bundesministerium für Raumordnung, Bauwesen und Städtebau, Bonn 1992; Auswirkungen auf die Umwelt, Umweltbundesamt Berlin 1991; Auswirkungen auf den Verkehr, Bundesminister für Verkehr, Forschung Stadtverkehr, (1992) 45, Bonn.
9 Dieter Apel, Verkehrskonzepte in europäischen Städten, Deutsches Institut für Urbanistik, Berlin 1992 (Difu-Beiträge zur Stadtforschung 4).

- Der Verkehr soll städtebaulich verträglich sein, d. h. begrenzte Flächenansprüche, reduzierte Trennwirkung, angepaßte Gestaltung von Verkehrsanlagen u. a.
- Der Verkehr muß auch die wirtschaftliche Funktionsfähigkeit der Stadt gewährleisten, d. h. z. B. die Bedingungen des wirtschaftlich notwendigen Kfz-Verkehrs zu verbessern.

In der Fachdiskussion besteht Konsens, daß nur durch eine umfassende Strategie, durch eine grundsätzliche Änderung der Verkehrsgestaltung eine Lösung der Verkehrs- und Umweltprobleme möglich ist. Entsprechend anerkannten Prinzipien in der Umweltpolitik sollte die Rangfolge gelten:
- an erster Stelle: Verkehr vermeiden, d. h. Entfernungswachstum vermeiden,
- an zweiter Stelle: Verkehr verlagern auf stadtverträglichere Verkehrsmittel,
- an dritter Stelle: Kfz-Verkehr verträglicher gestalten.

Da das »Vermeiden« eng mit der Siedlungsstrukturentwicklung, also mit Raumordnung und Stadtplanung zusammenhängt, sind keine kurzfristigen Wirkungen zu erwarten. Politik und Planung müssen daher in allen drei Bereichen mit gleicher Dringlichkeit tätig werden. Nur das »Zusammenspiel aller Maßnahmenbereiche integriert Verkehr in die Stadt.«[10] Die zentralen Maßnahmenbereiche heißen:

a. Integrierte Stadt- und Verkehrsplanung

Grundlage einer neuen Verkehrspolitik ist eine integrierte Stadt- und Verkehrsplanung, die darauf ausgerichtet ist, zusätzlichen Autoverkehrsbedarf zu vermeiden und langfristig die Abhängigkeit vom privaten Pkw zu verringern.[11] Diesem Ziel kommt das Strukturmodell der »Kompakten Stadt« mit geringen bis mäßigen Distanzen zwischen den verschiedenen Lebens- und Tätigkeitsbereichen bzw. ein Strukturmodell der Konzentration in einem polyzentralen Bahn-orientierten Netz entgegen.[12]

b. Geschwindigkeitsdämpfung und Straßenraumgestaltung

Die wirkungsvollste kurz- bis mittelfristige Maßnahme zur Verbesserung der Verträglichkeit des Kfz-Verkehrs in den Städten und Gemeinden sind eine Geschwindigkeitsdämpfung und die Verstetigung des Verkehrsflusses durch Kappung der Geschwindigkeits- und Beschleunigungsspitzen. Dies ergaben auch die Erfahrungen mit verkehrsberuhigten Stadtgebieten. Schon die Einhaltung des bestehenden Innerorts-Tempolimits von 50 km/h hätte beachtliche positive Wirkungen in einem breiten Bereich (Verkehrssicherheit, Lärm, Abgase, Energie). Z. B. würde die Zahl der bei Verkehrsunfällen Getöteten um rund ein Drittel abnehmen.[13] Noch stärker wären die

10 Forschungsvorhaben »Flächenhafte Verkehrsberuhigung« – Folgerungen für die Praxis, Bundesministerium für Raumordnung, Bauwesen und Städtebau, Bonn 1992, S. 11.
11 Folkert Kiepe, Grundlinien einer stadt- und umweltverträglichen Gesamtverkehrsplanung der Städte, in: Handbuch der kommunalen Verkehrsplanung, Bonn 1992, S. 3.3.8.1.
12 Zukunft Stadt 2000. Bericht der Kommission Zukunft Stadt 2000, Bundesministerium für Raumordnung, Bauwesen und Städtebau, Bonn 1993.
13 Hans-Henning von Winning und Michael Krüger, City-Paket und Geschwindigkeitsschalter. Verkehrsberuhigung am Auto, Dortmund 1989 (ILS-Schriften 35).

positiven Wirkungen, wenn das dreistufige Geschwindigkeitskonzept des Deutschen Städtetages eingeführt würde (generell Tempo 30 innerorts, Hauptverkehrsstraßen Tempo 50, in besonderen Situationen Verkehrsberuhigter Bereich), verbunden mit einer wirkungsvollen Verkehrsüberwachung und angemessenen Ahndung.

Straßenraumgestaltung soll die verschiedenen Ansprüche aus Verkehrsbedürfnissen, Wohnumfeld, Geschäftsumfeld, Aufenthalt, öffentlicher Raum, Orts- und Geschichtsbezug, Stadtgestaltung und Stadtökologie integrieren und gestalterisch umsetzen. Insbesondere viele Hauptverkehrsstraßen, die in der Vergangenheit meistens einseitig zugunsten des Autoverkehrs ausgebaut wurden, bedürfen mindestens langfristig einer Umgestaltung. In vielen Fällen heißt das Flächenumverteilung zugunsten von Gehwegen, Aufenthaltsflächen, Straßenbäumen, Radwegen, Stadtbild und zu Lasten von Fahrbahnen und Parkständen.

c. Förderung des »Umweltverbunds«

»Umweltverbund« ist eine übliche Kurzbezeichnung für die stadt- und umweltverträglicheren Verkehrsmittel öffentlicher Personennahverkehr (ÖPNV), Fahrrad- und Fußwegeverkehr sowie für deren sinnvolles Zusammenwirken geworden. Es sollte aber nicht vergessen werden, daß auch der ÖPNV die Umwelt belastet, aber erheblich geringer als der Pkw-Verkehr. Z. B. ist der Energieverbrauch pro Personen-Kilometer im Durchschnitt nur rund ein Drittel so groß wie beim Pkw-Verkehr. Die Stickoxid-Emission ist beim Pkw-Verkehr rund sechsmal so groß wie bei der Trambahn oder Stadtbahn (Strom aus Kohlekraftwerken unterstellt).[14]

Ein Ersatz von verlagerungsfähigen Anteilen des Pkw-Verkehrs durch den Umweltverbund ist über den Umweltschutz hinaus insbesondere aus Gründen des großen Flächenbedarfs unerläßlich, wenn den zunehmenden Verkehrsstauungen und dem zunehmenden Zuparken aller Straßen- und Platzflächen Einhalt geboten und die Funktionsfähigkeit der Stadt gesichert werden soll. Dazu muß der ÖPNV intensiviert, qualifiziert und erweitert werden. Der nicht-motorisierte Verkehr muß stärker gefördert werden, auch beim Verbund mit dem ÖPNV. Dazu ist eine breite Palette von Maßnahmen geeignet und erforderlich.

Beseitigung von Behinderungen

Unbedingte Voraussetzung einer Intensivierung und Leistungssteigerung des ÖPNV ist die konsequente Beseitigung der vielen großen und kleinen Behinderungen, die Bus und Tram durch Verkehrsstaus, Linksabbieger, illegale Parkierungen, ungünstige Ampelschaltungen und anderes erfahren. Das erforderliche Instrumentarium (ÖPNV-Spuren, Linksabbiegeverbote, Halteverbote, Kfz-verkehrsarme Straßen, Fußgängerbereich mit ÖPNV-Spur, Pförtneranlagen, Ampel-Vorrangschaltungen u. a.) wird seit 1–2 Jahrzehnten insbesondere in skandinavischen, niederländischen und schweizerischen Städten angewandt.[15] Dabei wurden eigene Gleiszonen für die Tram in Haupt-

---

14 Ulrich Höpfner u. a., Pkw, Bus oder Bahn? Schadstoffemissionen und Energieverbrauch im Stadtverkehr 1984 und 1995, Heidelberg 1988 (IFEU-Bericht Nr. 48).
15 Monheim und Monheim-Dandorfer 1990; Apel 1992.

verkehrsstraßen auch dann eingerichtet, wenn nur noch eine Spur für den übrigen Kfz-Verkehr je Richtung verblieb (z. B. in Amsterdam, Den Haag, Zürich, Basel). Z. B. wurde in der Stadt Zürich die Zahl öffentlicher Parkplätze im Straßenraum seit 1970 um 10 000 (von 61 000 auf 51 000) verringert, vornehmlich entlang von Straßen mit Tram- oder Busverkehr im Zuge des Abbaus von Behinderungen des ÖPNV.

Auch für die Förderung des Fußgänger- und Fahrradverkehrs in der Stadt ist die konsequente Beseitigung der vielen kleinen und großen Behinderungen (zugeparkte Gehwege, Radwege und Straßenecken, ungünstige Verkehrsregelungen und Ampel-schaltungen, fehlende Einrichtungen zum Überqueren von Fahrbahnen u. a.) Grund-voraussetzung.

Erhöhung der Angebotsdichte im ÖPNV

Streckennetz- und Fahrplandichte sind in Städten mit überdurchschnittlicher ÖPNV-Nutzung (z. B. in Zürich) auffällig höher als in den meisten westdeutschen Städten vergleichbarer Größe. Offenbar ist die räumliche und zeitliche Dichte des Verkehrs-angebots für die Nutzer entscheidender als bisher angenommen.

Neben der Netzdichte spielt auch die Netzvermaschung eine wichtige Rolle, wenn der ÖPNV Ziele in der gesamten Stadt erreichbar machen soll. Während die Bahnen in westdeutschen Städten fast nur zentrumsgerichtete Achsen bedienen, sind in den Schweizer Städten und z. B. in Amsterdam die Trambahnnetze stärker in der Fläche vermascht.

Daß auch in kleinen Städten der ÖPNV einen größeren Anteil am Gesamtverkehr übernehmen kann, läßt sich ebenfalls in der Schweiz beobachten. Z. B. fahren die Verkehrsbetriebe der Stadt Schaffhausen (44 000 Einwohner im Einflußgebiet) mit drei Trolleybus- und fünf Autobuslinien einen für Städte dieser Größe in Deutschland weit überdurchschnittlichen Grundtakt von 10 Minuten. Die Zahl der beförderten Personen stieg seit 1979 um mehr als 30 %. Die spezifische Fahrtenhäufigkeit hat mehr als 250 Fahrten pro Einwohner und Jahr erreicht.

In vergleichbaren deutschen Mittelstädten ist die Fahrtenhäufigkeit bestenfalls halb so hoch. Nur ostdeutsche Städte erreichten vor 1990 ähnlich hohe Beförderungs-ziffern. Inzwischen haben – dem Schweizer Vorbild folgend – auch Klein- und Mittel-städte in der Bundesrepublik (Sigmaringen, Emmendingen, Lindau, Bad Salzuflen, Lemgo u. a.) ein häufiger und im Takt verkehrendes Stadtbussystem mit beachtlichem Erfolg eingeführt.[16]

Renaissance des Schienenverkehrs

Die Erweiterung von Schienenverkehrsnetzen, ob als Trambahn, Stadtbahn oder S-Bahn, also die Umstellung von Bus- auf Schienenverkehr, erbrachte in der Regel eine beträchtliche Zunahme der Fahrgastzahlen. Die größere Attraktivität des Schienen-verkehrs gegenüber dem Bus liegt vor allem im höheren Fahrkomfort. Daneben spie-len die optische Präsenz der Verkehrslinie, das klarere Liniennetz, die größere

---

16 Arne Luers, Stadtbus-Systeme in kleinen Städten, in: Handbuch der Kommunalen Ver-kehrsplanung, Bonn 1994, S. 3.3.3.3; Mathias Schmechting, ÖPNV in einer Mittelstadt, in: Der Nahverkehr, (1995) 3, S. 24 f.

Schnelligkeit eine Rolle. Ferner sprechen auch Gründe des Allgemeinwohls für den Vorzug des Schienenverkehrs vor dem Busverkehr, wenn eine Mindestzahl von Fahrgästen garantiert ist: geringerer spezifischer Energieaufwand, weniger Luftschadstoffe, geringere Lärmimmission, weniger Unfallgefahren, höhere Kapazität, geringerer spezifischer Flächenbedarf.

Inzwischen haben weltweit viele Großstädte, die vor Jahrzehnten die alte Tram abgeschafft hatten, wieder eine neue Stadtbahn eingerichtet, meistens in der Innenstadt straßenbahnmäßig und im Außenbereich eher schnellbahnmäßig geführt. In Mitteleuropa haben viele Großstädte ihre Trambahnen modernisiert, vor dem Autoverkehr bevorrechtigt und die Schienennetze erweitert. Es zeigt sich, daß solche Städte wie z. B. die Schweizer Städte Zürich, Basel und Bern heute weit höhere spezifische Fahrtenzahlen im ÖPNV erreicht haben als die großen westdeutschen Städte, die Milliarden in den U-Bahnbau investiert haben. Daneben gibt es eine Reihe von weiteren Gesichtspunkten, die die moderne Trambahn für vorteilhafter als die U-Bahn ausweisen:

- Die Straßenbahn/Stadtbahn kann netzbezogen fast ebenso leistungsfähig wie die U-Bahn ausgelegt werden.
- Die Reisegeschwindigkeit einer modernen Tram mit eigenem Gleisbereich und Vorrangschaltung an Ampeln ist nur wenig niedriger als die einer U-Bahn, wenn gleiche Haltepunkte zugrunde gelegt werden.
- Die Tram ist wirtschaftlich günstiger. Die Kosten für einen Kilometer U-Bahn-Bau reichen für 10 bis 15 Kilometer Trambahn. Auch die Betriebskosten sind geringer.
- Ein Trambahnnetz kann schon aus Kostengründen engmaschiger als ein U-Bahn-Netz angelegt werden. Dadurch ist eine bessere Erschließung des Stadtgebiets möglich.
- Trambahnen können durch ihre sichtbare Spurführung relativ gefahrlos durch Fußgängerbereiche geführt werden. Die Gleise können aber auch in Rasenflächen eingebettet werden.
- Eine Trambahn kann mit Niederflurfahrzeugen behindertenfreundlich und für alle Nutzer bequem gestaltet werden. Bei der U-Bahn kann aus Kostengründen nur ein Teil der Zugänge mit Aufzügen ausgestattet werden.
- Die Trambahn ermöglicht das Erleben der Stadt und die Orientierung in der Stadt, was durch die U-Bahn erschwert wird. Die Trambahn zieht Menschen in die Straßenräume und zieht sie nicht in die unterirdischen Bahnhöfe ab. Sie liefert damit einen Beitrag zur Urbanität und zur Sicherheit auf den abendlichen Straßen und Plätzen.
- Der ÖPNV kann sich nur schwerlich als das Hauptverkehrsmittel darstellen und im Bewußtsein der Menschen einprägen, wenn er – wie bei der U-Bahn – in den Untergrund abgedrängt ist und in den Straßenräumen das Auto dominiert. Die Tram ist dagegen im öffentlichen Stadtraum präsent.

Tarifsystem und Kundeninformation

Als wichtiger Anreiz für eine Ausweitung der ÖPNV-Nutzung hat sich die Einführung eines einfachen, preiswerten Tarifsystems, des »Umweltabos«, einer rund um die Uhr gültigen und auf andere Personen übertragbaren Monatskarte zu einem attraktiven Preis, erwiesen. Das Prädikat »einfach« ist bewußt zuerst genannt. Es ist entscheidend für die Erleichterung des Zugangs zum ÖPNV (keine Abschreckung durch komplizierte Tarifzonen, fehlendes Kleingeld, Ärger mit Ticketautomaten usw.). Schließlich kann Kundeninformation um so eher erfolgreich sein, je einfacher die Botschaft ist, die es zu vermitteln gilt.[17]

Förderung des Fahrradverkehrs

Während Fußgängerverkehr die Basis des Stadtverkehrs darstellt (keine andere Verkehrsart hat einen größeren Anteil an der Gesamtzahl der Wege, wenn Zwischenwege und Wege zu den Haltestellen mitgezählt werden), ist das Fahrrad ein fast ideales Verkehrsmittel für alle mittleren Entfernungen in den Städten und Gemeinden. Der Anteil des Fahrrads an allen Ortsveränderungen beträgt bis 40 % (z. B. in Delft und Groningen, Niederlande).

Entscheidend für die Förderung des Radverkehrs ist nicht in erster Linie der Radwegebau, sondern die Schaffung eines angenehmen »Verkehrsklimas« durch weniger und langsameren Autoverkehr, mehr Rücksichtnahme und fahrradfreundlichere Verkehrsregelungen. Radwegebau ist daneben wichtig, wenn es um die Schaffung komfortabler Routen insbesondere außerhalb der Altstädte geht. Radfahrstreifen, die auf der Fahrbahn markiert werden, haben gegenüber Radwegen Nachteile, aber auch wichtige Vorteile. Sie sollten verstärkt zum Einsatz kommen. Während in der Vergangenheit häufig vertreten wurde, »ein schlechter Radweg ist besser als kein Radweg«, lautet der aktuelle Stand der Diskussion, daß »unzulängliche« Radverkehrsanlagen nicht gebaut und – in vielen Fällen – nicht einmal belassen werden sollten. Es ist häufig besser, statt dessen auf Radverkehrsanlagen zu verzichten und nach anderen Formen des Schutzes für Radfahrer zu suchen (z. B. Tempobegrenzung).[18]

Der Verbund von Bahn, Bus, Fahrrad und Gehen

Ein geeignetes Zusammenwirken der Verkehrsmittel des »Umweltverbunds« soll geschlossene Wegeketten ermöglichen, also annehmbare Alternativen zur Autonutzung bieten. In einzelnen Städten in den Niederlanden, in der Schweiz und in Norddeutschland ist der Verbund von Bahn und Fahrrad schon weit entwickelt. Gut organisierte und mit dem Rad direkt erreichbare Fahrradstationen an den Bahnhöfen (Aufbewahrung, Verleih, Reparatur) sind sehr erfolgreich. Z. B. kommt in den Niederlanden mehr als die Hälfte der Bahnreisenden mit dem Rad zum Bahnhof.

Größere Aufmerksamkeit wurde und wird in der Schweiz einer fußgängerfreundlichen Gestaltung der Bahnhöfe und der Führung der Wege zu den Bahnhöfen bzw. Haltestellen gewidmet. Dabei wird insbesondere auch der stadtstrukturelle Zusammenhang beachtet, namlich, daß Bahnhöfe und Haltestellen nicht nur Verkehrsknoten sind, sondern als Verkehrsknoten zwischen Schienen- und nicht motorisiertem Verkehr auch bevorzugte Standorte publikumsintensiven Gewerbes (Läden, Gaststätten und ähnliches). Gute Bahnhofszugänge für den Langsamverkehr (Fußgänger und Radfahrer) stärken also nicht nur den Umweltverbund, sondern auch die Siedlungsqualität.[19]

---

17 Vertiefung bei Monheim/Monheim-Dandorfer, S. 415 ff.
18 Dankmar Alrutz und Konrad Pfundt, Bemerkungen zum aktuellen Stand, in: Radverkehr, HUK-Verband, Beratungsstelle für Schadenverhütung, Köln 1991, S. 5.
19 Hans Boesch, Der Fußgänger als Passagier, Zürich 1989, Institut für Orts-, Regional- und Landesplanung ETH (ORL-Bericht 73/1989). Vgl. auch Andreas Schmitz, Grundlagen der Fußwegeplanung, in: Handbuch der Kommunalen Verkehrsplanung, Bonn 1992, S. 3.3.1.1.

d. Ordnung und Begrenzung des Autoverkehrs

Die Angebotspolitik im »Umweltverbund« muß ergänzt werden durch eine lenkende und begrenzende Ordnungspolitik. Dabei muß unterschieden werden zwischen dem grundsätzlich auf den Umweltverbund verlagerbar erscheinenden motorisierten Individualverkehr und dem kaum oder nicht verlagerbaren Kfz-Verkehr, wie dem Wirtschaftsverkehr, Fahrzeugen von Behinderten, Rettungsdiensten, Feuerwehr etc. Zum Kfz.-Wirtschaftsverkehr gehören der Güterverkehr und ein großer Teil der »Fahrten in Ausübung des Berufes«. Begrenzende Regelungen beziehen sich auf den verlagerbaren Anteil des MIV (Motorisierter Individualverkehr). Der wichtigste Bereich ist ein umfassendes und flächendeckendes Parkraumkonzept für die Innenstadt und die Ortsteilzentren. Dazu gehört eine Parkraumbewirtschaftung aller öffentlichen Parkflächen, die erstens den notwendigen Teil des Autoverkehrs, wie Güterverkehr, Lade-, Liefer- und Dienstleistungsverkehr gewährleistet, zweitens Anwohnerverkehr bevorrechtigt, drittens den Kunden- und Besucherverkehr mit Pkw über hohe Parkgebühren begrenzt und verringert sowie viertens den Pkw-Verkehr der Beschäftigten deutlich reduziert.[20]

Neben der Bewirtschaftung der öffentlichen Parkflächen muß in den Parkraumkonzepten auch der Zubau von privaten Stellplätzen geregelt werden. Dazu ist der Erlaß einer kommunalen Stellplatzbeschränkungssatzung erforderlich. Sie legt für ausgewählte Stadtgebiete mit überdurchschnittlicher ÖPNV-Erreichbarkeit Höchstzahlen für zulässige Stellplätze fest. In den Landesbauordnungen ist inzwischen eine entsprechende Ermächtigung der Kommunen in allen Bundesländern verankert. In mindestens 20 Städten der Bundesrepublik sind Satzungsgebiete mit reduziertem Stellplatzneubau festgelegt (u. a. Nürnberg, Dresden, Hamburg, Frankfurt, Stuttgart, Wiesbaden, Hanau), in zahlreichen weiteren Kommunen liegen Entwürfe vor.

Regelungen im fließenden Autoverkehr setzen auf Verkehrslenkung mit dem Ziel, Autoverkehr in Stadtgebieten und zu Zeiten besonderer Störempfindlichkeit zu reduzieren. Ansätze liegen in Konzepten der flächenhaften Verkehrsberuhigung, in Durchfahrsperren an strategischen Punkten der Innenstadt wie in Bremen, Groningen oder Salzburg, in flächenhaften Zufahrtsbeschränkungen wie in den Innenstädten von Bologna oder Lübeck und in Zufahrtsdosierungen für den Autoverkehr. So wird in Saarbrücken ansatzweise Staumanagement an außen liegenden Hauptzufahrtsstraßen in Kombination mit Busspuren (Pförtneranlagen) praktiziert – als Strategie zur Begrenzung der Autoverkehrsmengen im inneren Stadtgebiet.[21]

Computergesteuerte Leitsysteme und die beginnende Durchdringung mit Telematik könnten zur Stadtverträglichkeit beitragen, wenn die Ansätze nicht auf Mobilisierung von Kapazitätsreserven für den Kfz-Verkehr allgemein, sondern gezielt auf Förderung des »Umweltverbunds« und des Wirtschaftsverkehrs sowie auf gewollte umweltverträgliche Steuerung des Autoverkehrs nach Menge und Geschwindigkeit ausgerichtet würden (z. B. elektronische Durchsetzung der Geschwindigkeitsregeln).[22]

---

20 Dieter Apel, Michael Lehmbrock, Stadtverträgliche Verkehrsplanung, Deutsches Institut für Urbanistik, Berlin 1990.
21 Forschungsvorhaben flächenhafte Verkehrsberuhigung. Folgerungen für die Praxis, Bonn 1992, S. 15.
22 Ebenda.

e. Organisation des Wirtschaftsverkehrs

Der Kfz-Wirtschaftsverkehr gehört zu dem kaum oder nicht modal verlagerbaren Teil des Autoverkehrs. Er muß und kann bei differenzierenden Instrumenten wie der Parkraumbewirtschaftung und der Straßenraumgestaltung gezielt vorrangig vor dem übrigen Pkw-Verkehr behandelt werden (Liefer- und Ladezonen, Kurzzeitpark-plätze, hohe Parkgebühren, die den Lieferverkehr in der Regel nicht tangieren, bessere Verkehrsüberwachung zur Freihaltung der Lieferzonen). Je besser das Konzept der Verlagerung von Teilen des MIV auf den »Umweltverbund« gelingt, um so eher können Staus verhindert werden, um so besser für den notwendigen Wirtschaftsverkehr.

Beim Lkw-Verkehr sind wegen seiner besonderen Belastung für die Stadt weitere Schwerpunkte des Autoverkehrmanagements zu setzen: Güterverkehrszentren und City-Logistik, Lkw-Routen, Größen- und Gewichtsbeschränkungen, zeitweise und permanente Zufahrtsbeschränkungen in besonders störempfindlichen Gebieten, Nachtfahrverbot. Zur Förderung umweltschonender Techniken können schadstoff- und lärmarme Laster von Beschränkungen ausgenommen werden.[23]

f. Konzepte für die Innenstadt

Eine vielfältige Nutzungsmischung gehört neben Aufenthaltsqualität, Erscheinungs-bild und Erreichbarkeit zu den wichtigsten Merkmalen, die die Attraktivität der Innenstadt bestimmen. Eine vielfältige Nutzungsmischung ist aus verschiedenen Gründen gefährdet, u. a. auch durch die Einrichtung von Fußgängerstraßen, die in der Regel zur Zunahme des Passantenstromes (auch durch Verlagerung) geführt hat. Ist die Fußgängerzone eng begrenzt, beschränkt auf die Hauptgeschäftslage, ist es in der Regel zu unerwünschten Verschiebungen der Standortqualität gekommen: starke Aufwertung in den Fußgängerstraßen, Absinken in den nicht einbezogenen Randbereichen. Die Folgen sind bekannt: Stark gestiegene Miet- und Bodenpreise, Verdrängung wirtschaftlich schwächerer Nutzungen, Verlust an Nutzungsvielfalt, Verflachung der Angebotsvielfalt. Natürlich ist eine solche Entwicklung auch durch den Struktur-wandel des Handelns selbst (Filialisierung, Konzentration u. a.) mitbedingt.

Die Kommunen könnten aber wirkungsvoll gegensteuern, indem sie die Standort-aufwertung infolge Verkehrsberuhigung auf eine größere Fläche der Innenstadt verteilen, also Nebengeschäftslagen, kulturelle und Freizeitbereiche sowie auch zum Teil Wohnbereiche in die autoarm und fußgängerfreundlich gestaltete Innenstadt einbeziehen. Innenstädte mit großflächigem Fußgängerbereich haben nach den Untersuchungen von R. Monheim den größten Zuwachs an Besucheraufkommen erzielt.[24] Die Frage, ob solche großflächigen Innenstadtkonzepte als Fußgängerbereich mit zahlreichen Ausnahmegenehmigungen oder als Kombination von Fußgänger- und verkehrsberuhigten Bereichen mit selektiven Parkbeschränkungen geregelt werden, ist zweitrangig. Entscheidend ist die städtebauliche und fußgängerfreundliche Aufwertung der Straßenräume und die ausreichende Begrenzung nicht erwünschten Parksuchverkehrs.

---

23 Ebenda.
24 Rolf Monheim, Erschließung innerstädtischer Einzelhandels- und Dienstleistungsbereiche für Besucher, in: Handbuch der Kommunalen Verkehrsplanung, S. 2.4.3.1, Bonn 1992.

6. Institutionelle, rechtliche und finanzielle Grundlagen und Handlungsmöglichkeiten

Die Kompetenzen für den Straßenverkehr sind in den Straßengesetzen der Länder und im Bundesfernstraßengesetz (FStr.G) geregelt. Danach sind die Kommunen die »Träger der Straßenbaulast« für Gemeindestraßen. Die größeren Kommunen (im Land Hessen z. B. ab 30 000 Einwohner) sind darüber hinaus auch Straßenbaulastträger für Ortsdurchfahrten von Landes- und Kreisstraßen.[25] Städte über 80 000 Einwohner sind außerdem Träger der Baulast für Ortsdurchfahrten von Bundesstraßen (FStr.G). Die »Straßenbaulast« umfaßt Bau und Unterhaltung der Straßen einschl. der »Nebenanlagen« wie Bürgersteige, Radwege etc.

Weitere Handlungsmöglichkeiten der Kommunen, nämlich für verkehrsregelnde und -beschränkende Maßnahmen, sind durch die Straßenverkehrsordnung (STVO) geregelt. § 45 STVO ist die wichtigste Rechtsnorm für die Verkehrssteuerung. Sie erlaubt Verkehrsbeschränkungen und Verkehrsverbote sowohl für den fließenden Verkehr als auch für das Halten und Parken.[26] Im einzelnen kommen Fußgängerzonen, geschwindigkeitsbegrenzte Zonen, verkehrsberuhigte Bereiche, Anordnungen zum Schutz der Bevölkerung vor Lärm und Abgasen, verkehrsberuhigte Geschäftsbereiche und Anwohnerparken in Frage.

Die sachliche Zuständigkeit für Maßnahmen nach § 45 STVO liegt bei der »Straßenverkehrsbehörde«. Diese sind in den meisten Ländern die kreisfreien Städte und die Landkreise. Die Straßenverkehrsbehörde hat Maßnahmen »im Einvernehmen mit der Gemeinde« durchzuführen. Das bedeutet jedoch nicht, daß die Gemeinden, die nicht selbst Straßenverkehrsbehörde sind, nur reagieren können, aber nicht selbst gestaltend wirken können. Sie können durchaus eine aktive Rolle spielen und Anstöße geben. »Insbesondere verbessert sich die Verhandlungsposition der Kommunen, wenn sich ihre Anregungen und Forderungen auf ein plausibles und ausgereiftes Verkehrskonzept stützen können.«[27]

Weitere verkehrspolitische Maßnahmen werden den Gemeinden durch das Bundesimmissionsschutzgesetz (BImSchG) eröffnet. § 40 (2) BImSchG gestattet verkehrsregelnde Maßnahmen, um »Umwelteinwirkungen durch Luftverunreinigungen zu vermindern oder deren Entstehen zu vermeiden«. Eine entsprechende Rechtsverordnung, die Immissionsgrenzwerte angibt, ist am 1. 3. 1997 in Kraft getreten.

Der öffentliche Personennahverkehr (ÖPNV) ist im Zuge der Bahnstrukturreform und der Regionalisierung des Nahverkehrs der Bundesbahnen in den letzten Jahren auf eine neue rechtliche und finanzielle Basis gestellt worden.[28] Die Übertragung der Aufgaben- und Ausgabenverantwortung für den Schienenpersonennahverkehr (SPNV) vom Bund auf die Länder (Regionalisierungsgesetz des Bundes) ist zum 1. 1. 1996 in die Praxis umgesetzt worden. Die Länder haben ihrerseits ÖPNV-Gesetze erlassen, die sich erheblich voneinander unterscheiden. In den meisten Bundesländern ist das Land zunächst als Aufgabenträger für den SPNV zuständig. Der übrige – überwiegend kommunale – ÖPNV ist in allen Ländern (außer den

25 Ingo Happel, Handlungsmöglichkeiten und Erfolgsbedingungen kommunaler Verkehrspolitik, Diplomarbeit FU Berlin August 1996, S. 24.
26 Ulrich Smeddinck, Verkehrsbeschränkungen und Straßenverkehrsrecht, in: Handbuch der Kommunalen Verkehrsplanung, Bonn 1995, S. 3.4.13.1 ff.
27 Ebenda, S. 3.4.13.1.
28 Folkert Kiepe, Die Beschlüsse zur Regionalisierung des Nahverkehrs, in: der städtetag, (1994) 2, S. 78 f.

Stadtstaaten) den Kreisen und kreisfreien Städten als freiwillige Selbstverwaltungsaufgabe übertragen worden.[29]

Die Aufgabenträger des ÖPNV werden verpflichtet (Nahverkehrsgesetze, Personenbeförderungsgesetz), einen Nahverkehrsplan aufzustellen, der Rahmenvorgaben
für das betriebliche Leistungsangebot und eine Investitionsplanung u. a. enthalten
muß. Der Nahverkehrsplan ist ein rechtlich verbindlicher Fachplan und somit ein
wichtiges neues kommunalpolitisches Steuerungsinstrument, das die Chance bietet,
einen Schritt weiter zu einer einheitlichen Siedlungs- und Verkehrspolitik in der Region zu kommen.

Nahverkehrsinvestitionen in den Gemeinden werden seit 1971 vom Bund und z. T.
zusätzlich von den Ländern gefördert und zwar für »Maßnahmen zur Verbesserung der
Verkehrsverhältnisse der Gemeinden« nach dem »Gemeindeverkehrsfinanzierungs-
gesetz« (GVFG). Der Bundeszuschuß für Investitionen beträgt i. d. R. 60 %, der
Landeszuschuß variiert je nach Land und Projekt zwischen 0 und 30 %. In den 70er
und 80er Jahren wurden die GVFG-Mittel vorwiegend für den kommunalen Straßenbau verwandt. Seit Ende der 80er Jahre gilt ein Aufteilungsverhältnis von 50 : 50 für
den ÖPNV und für den kommunalen Straßenbau. Ab 1992 entscheiden die Länder
selbst über die verkehrspolitische Verteilung der GVFG-Mittel.[30]

Zuschüsse vom Bund oder Land zu den Betriebskosten des kommunalen
ÖPNV gibt es weiterhin nicht, außer den Sonderregelungen für den Schülerverkehr
und für Behinderte. Zwar fließen nach dem Regionalisierungsgesetz Bundesmittel für
den regionalisierten SPNV der Eisenbahnen, aber der kommunale ÖPNV geht leer
aus (Ausnahme Regionalisierungsgesetz Land Nordrhein-Westfalen von 1995). Die
Hoffnungen auf eine zukunftsfähige Finanzierungsbasis des ÖPNV, die mit Bahn-
form und Regionalisierung verbunden worden waren, haben sich nicht erfüllt. Die
Kommunen müssen für den Differenzbetrag zwischen Fahrgeldeinnahmen und den
Kosten des kommunalen ÖPNV allein aufkommen. Im Gegenteil hat sich die Finanzierungsbasis für den kommunalen ÖPNV noch verschlechtert, da die GVFG-
Mittel des Bundes ab 1. 1. 1997 auf rund die Hälfte gekürzt worden sind.

7. Akteure, Interessengruppen, Planungsbeteiligung, Konfliktlösungen

Verkehrspolitik ist ein äußerst konfliktreiches Politikfeld. Das liegt erstens an dem
starken Querschnittsbezug des Personen- und Güterverkehrs, der nahezu alle Lebensbereiche tangiert; zweitens an den immensen Einwirkungen des motorisierten
Verkehrs auf die Gesundheit und die alltägliche Lebensumwelt und drittens an der
Konkurrenz- und Konfliktsituation zwischen den unterschiedlichen Verkehrsmitteln
und deren Nutzern. Die Hauptursache aller Konflikte ist letztendlich die massenhafte
Motorisierung des Indiuvdalverkehrs, die Herausbildung eines für die städtische Form
des Zusammenlebens am wenigsten geeigneten Verkehrssystems.

---

29 Axel Welge, Regionalisierung des ÖPNV – Landesrechtliche Regelungen, in: der städtetag,
    (1996) 10, S. 681 f.
30 Thomas Muthesius, Zukünftige Finanzierung des öffentlichen Personennahverkehrs
    (ÖPNV), in: Ulrich Smeddinck (Hrsg), Umweltverkehr. Bausteine für eine zukunftsfähige
    Verkehrswelt, Taunusstein 1996, S. 92 f.

Nach einzelnen kritischen Stimmen zum Städtebau in den 60er Jahren waren und sind es zuerst Bürger- und Verkehrsinitiativen – vor allem junge Menschen – die seit den 70er Jahren aktiv werden und sich für einen stadt-, umwelt- und sozialverträglicheren Personen- und Güterverkehr einsetzen.

Zunächst geht es um Protestaktionen gegen Straßenbau- und städtebauliche Projekte, die als stadtzerstörend und gegen die Mobilität des Gehens und Radfahrens in der Stadt gerichtet, erkannt werden. Dann bilden sich zahlreiche Gruppen, die selbst analytisch und konzeptionell tätig werden und Entwürfe zur Gestaltung des Verkehrs in ihrer Gemeinde, ihrem Stadtteil, ihrer Stadt aufs Papier bringen und zur Diskussion stellen. Verkehrsgruppen finden sich in bereits bestehenden Organisationen wie dem Bund für Umwelt und Naturschutz (BUND) oder gründen neue Vereine, wie BiU (Bürgerinitiative Umweltschutz), ADFC (Allgemeiner Deutscher Fahrradclub), VCD (Verkehrsclub Deutschland), Grüne Radler, FUSS e.V., Arbeitskreis Verkehr und Umwelt, Fahrgastinitiativen etc.

Recht bald wird von den Gemeinde-, Stadt- und Kreisverwaltungen und den Kommunalpolitikern erkannt, daß es hier nicht nur um engagierte, politisch unbequeme Bürger(innen) geht, sondern daß oft fachlich fundierte Konzepte vorgelegt werden, die von einem ausgeprägten Problembewußtsein, von fachlicher Kompetenz und von einer zumeist besseren Ortskenntnis der Verfasser(innen) getragen werden als die Pläne der Behörden. Erinnert sei nur daran, daß auf dem jungen Gebiet der Fahrradverkehrsplanung in den 70er und 80er Jahren viele Behördenplaner auch von den Verkehrsinitiativen häufig gelernt haben.

Inzwischen wird der Sachverstand der Initiativen in den Bereichen Radverkehr und ÖPNV von vielen Stadtverwaltungen geschätzt. So ist die vom ADAC Hannover seit Ende der 70er Jahre entwickelte Mängeldatenbank für den Fahrradverkehr auch heute noch eine wertvolle Quelle für das Tiefbauamt.[31] Darüber hinaus haben Bürgerinitiativbewegung und allgemeines Erwachen des Bürgerbewußtseins zu einem grundlegenden Wandel beigetragen. Nicht nur engagierte Bürger(innen) treten auf den Plan, Interessengruppen verschiedener Herkunft – insbesondere die Wirtschaftsverbände – melden massiv Ansprüche an, Konfliktsituationen treten deutlich zutage und werden von den örtlichen Medien transportiert. Kommunale Verkehrsplanung und -politik hat sich vom administrativen zum mehr diskursiven und mediationsgestützten Politikstil gewandelt.[32] Mit verschiedenen Formen diskursiver Kommunalpolitik und kooperativer Planung liegen bereits Erfahrungen vor:

Gemeinsame Publikationen

Die Stadt Hannover z. B. richtete eine Publikationsreihe »Beiträge zum Verkehrsentwicklungsplan« ein, in der sie unterschiedlichen Organisationen und unabhängigen Fachleuten die Möglichkeit gab, ihre Konzeptionen darzustellen.

Planungszelle

Die Planungszelle (nach Dienel) besteht aus einer Gruppe von ca. 25 Bürger(innen), die nach dem Zufallsprinzip ausgewählt wurden, um in einer begrenzten Zeit – unter-

---

31 Detlef Gündel und Heinz Mazur, Fahrrad-Entwicklungsplan in Hannover. Verkehrsinitiativen legen eigenes Gutachten vor, in: Verkehrszeichen, (1996) 1, S. 19 f.
32 Jens Stachowitz, Wie kommen wir ins Gespräch? Kommunikation und Verkehrsplanung, in: Verkehrszeichen, (1996) 3, S. 6 f.

stützt von Fachleuten – Lösungsvorschläge für eine vorgegebene Aufgabe zu erarbeiten. Da es um Ganztagsarbeit geht, wird diese vergütet. Das Ergebnis mündet in ein Bürgergutachten.[33]

Volkshochschulkurse

Ähnlich der Planungszelle arbeitet eine begrenzte Zahl von Personen – i. d. R. sind es besonders interessierte Bürger(innen) – an der Erarbeitung von Ziel- und Maßnahmenkonzepten. Die Ergebnispapiere sind wie auch die Planungszellen zumeist von hoher Qualität. Beispiele sind Kurse zu Stadtteil- und Stadtteilverkehrsplanungen im Raum Hannover.

Verkehrsforum, Konfliktmoderation

Politische Auseinandersetzungen erfolgen selten auf sachbezogener Grundlage, mit inhaltlicher Offenheit und Dialogbereitschaft, sondern sind häufig geprägt von Vorurteilen, Verallgemeinerungen, und Schwarz-Weiß-Denken. In dieser Sackgassensituation versucht Konfliktmoderation unter neutraler Leitung, die Beteiligten an einen Tisch zu bekommen und auf der Grundlage von Verfahrensvereinbarungen und Spielregeln das Thema gemeinsam aufzuarbeiten – und soweit möglich – einem Konsens zuzuführen.[34]

Bekannt wurde dieses von Sellnow entwickelte Bürgermitwirkungsverfahren in der kommunalen Verkehrspolitik erstmalig durch das von der Stadt Heidelberg eingerichtete und von Sellnow moderierte Verkehrsforum Heidelberg. Das Verkehrsforum Heidelberg, in dem alle relevanten Verbände, Gruppen, Initiativen Sitz und Stimme hatten, entwickelte Ziele, Maßstäbe, Lösungen und Maßnahmen für einen Verkehrsentwicklungsplan als Empfehlung an den Gemeinderat.

Inzwischen ist das Heidelberger Modell von Sellnow in Salzburg und Tübingen weiterentwickelt werden, wo ebenfalls jeweils ein gesamtstädtisches Verkehrsleitbild mit beispielhaften Maßnahmen zu seiner Umsetzung erarbeitet wurde. Auch in anderen Städten sind mit diesem Bürgermitwirkungsverfahren in den letzten Jahren Erfahrungen gesammelt worden, so in Offenburg und Münster/Westfalen.[35]

8. Chancen einer nachhaltigen Verkehrsentwicklung – Reformbedarf bei Rahmenbedingungen kommunaler Verkehrspolitik

Eine umweltverträgliche Verkehrspolitik der Kommunen wird nur begrenzt möglich sein, wenn auf Bundes- und Landesebene nicht eine Reihe von technischen, finanziellen und rechtlichen Rahmendaten geändert werden.

---

33 Juliane Krause, Methoden und Ablauf der Betroffenenbeteiligung, in: Handbuch der Kommunalen Verkehrsplanung, 1994, S. 3.2.2.1.
34 Reinhard Sellnow, Konfliktmoderation, in: Verkehrszeichen, (1996) 3, S. 11 f.
35 Jens Stachowitz, Wie kommen wir ins Gespräch? Kommunikation und Verkehrsplanung, in: Verkehrszeichen, (1996) 3, S. 6 f.

Der Bundesverkehrswegeplan (BVWP) von 1992 sieht ein umfangreiches Investitionsprogramm für das Schienennetz und für die Bundesfernstraßen vor. Für die Schienenwege ist ein Nachholbedarf an Erneuerung und Modernisierung in Ost- und Westdeutschland unbestritten. Im Bereich Straßen trifft dies nur für Ostdeutschland zu. Gleichwohl fällt der größte Teil der im BVWP 92 vorgesehenen Investitionsmittel für Bundesfernstraßen auf die alten Bundesländer. Eine Erweiterung des schon hinreichend ausgebauten Bundesstraßennetzes in Westdeutschland würde alle kommunalen Bemühungen um eine Verkehrsverlagerung zum ÖPNV und Fahrrad vereiteln. Die knapperen Finanzmittel müssen auf die nachzuholende Modernisierung der Bahn und auf Ostdeutschland konzentriert werden.

Neben der Investitionspolitik kommt auch den Preisen eine große Bedeutung für die Verkehrsentwicklung zu. Wenn die Preise im Verkehr nicht den gesamtwirtschaftlichen Kosten entsprechen, sind insbesondere bei konkurrierenden Verkehrsträgern Fehlentwicklungen die Folge. Dies ist im Verkehrsbereich im starken Maße der Fall. Insbesondere der Lkw-, der Pkw- und der Flugverkehr sind Sektoren hoher externer Kosten.[36] Hier ist es also in zweifacher Hinsicht angebracht, mit einer Umweltabgabe oder einer Lenkungsabgabe die Entwicklung marktwirtschaftlich besser zu steuern: Erstens aus Gründen der Preiswahrheit (Verursacherprinzip) und zweitens als Anreiz zur stärkeren Nutzung der umweltverträglicheren Verkehrsträger (Schienenweg, Wasserweg, Fahrrad usw.).

Als geeignete Steuerungsinstrumente werden eine stufenförmige Erhöhung der Mineralölsteuer (dringend erforderlich ist es, den Flugverkehr endlich in die Mineralölbesteuerung einzubeziehen) und die Kfz-Steuer angesehen.[37] Im Sinne einer ökologischen Steuerreform könnten im Gegenzug andere Abgaben gesenkt werden, z. B. die Besteuerung der Arbeit und die Lohnnebenkosten.

Weitere Fehlentwicklungen im Umland der Städte durch autoorientierte, disperse Bebauungen geringer Dichte zu verhindern und statt dessen konzentrierte Ansiedlungen und die Innenentwicklung der Gemeinden zu fördern (insbesondere in Ostdeutschland), ist ein wesentlicher Beitrag zum Schutz der Landschaft, zur Revitalisierung der Altstädte und zur Vermeidung von Kfz-Verkehr. Eine Lösung wird erstens in der politischen und verwaltungsmäßigen Aufwertung der Region als Gebietskörperschaft und Planungsinstanz gesehen. Zweitens gehört dazu ein ökonomisches Lenkungsinstrument der Bodennutzung, das die Innenentwicklung der Städte und Dörfer vorteilhafter macht als flächenextensive Ansiedlungen im Außenbereich.[38]

Steuerliche Vergünstigungen von Autobesitz und Autonutzung sollten abgebaut werden. Die sogenannte Kilometerpauschale für Arbeitnehmer bei der Lohn- und Einkommensteuer (0,70 DM pro Entfernungskilometer), die Geschäfts- und Dienstreisepauschale (0,52 DM pro Fahrtkilometer), und die erhöhten Abschreibungsmöglichkeiten von Geschäftsfahrzeugen (20 Prozent pro Jahr, obwohl die Wagen im Mittel elf Jahre gefahren werden), stellen jeweils erhebliche Subventionen für die Nutzung des Automobils dar und sind damit Benachteiligungen für die Nutzer öffentlicher Verkehrsmittel und des Fahrrads, bei denen die steuerlichen Abschreibungsmöglichkeiten an den realen Ausgaben festgemacht werden.

---

36 Nicht vom Verursacher getragene Kosten, die auf andere (meistens die Allgemeinheit) abgewälzt werden.

37 Siehe z. B. Rudolf Petersen und Karl Otto Schallaböck, Mobilität für morgen. Chancen einer zukunftsfähigen Verkehrspolitik, Berlin, Basel und Boston 1995, S. 271 f.

38 Siehe Dieter Apel, Dietrich Henckel u. a., Flächen sparen, Verkehr reduzieren, Difu, Berlin 1995.

Für das Aufrechterhalten des kommunalen ÖPNV, für seine Verbesserung und Intensivierung ist eine verläßliche Grundfinanzierung, die von der Bahnreform erwartet, aber nicht erfüllt wurde, dringend erforderlich. Ein kleiner Teil der ohnehin aus Gründen des Verursacherprinzips anzuhebenden Mineralölsteuer – etwa 0,10 bis 0,20 DM/Liter für den kommunalen ÖPNV – könnte ausreichen, die Leistungsfähigkeit des ÖPNV beträchtlich anzuheben.

Busso Grabow/Dietrich Henckel

Kommunale Wirtschaftspolitik

1. Einführung

Die Wirtschaftspolitik gehört zu den zentralen Aufgaben der öffentlichen Hand in einem marktwirtschaftlichen System. Die verantwortliche Wahrnehmung dieser Aufgabe ist einerseits notwendig, um sozialen Zielsetzungen im Spiel der Marktkräfte das ihnen gebührende Gewicht zu verleihen, andererseits, um einen Ausgleich der Lebensbedingungen zwischen verschiedenen Lebensräumen zu fördern. Schließlich ist es ein Ziel der Wirtschaftspolitik, die private Wirtschaft des jeweiligen Staates, Landes oder Ortes in ihrer Konkurrenzfähigkeit zu stärken.

Lange Zeit war Wirtschaftspolitik vor allem Aufgabe des Staates und der Länder. Mittlerweile hat allerdings auch die kommunale Wirtschaftsförderung eine lange Tradition; sie hat sich in verschiedenen Stufen entwickelt:

- Zur Zeit der Industrialisierung dominierten wegen des plutokratischen Wahlrechts die Unternehmer und Grundstückseigentümer die städtischen Vertretungskörperschaften.[1] Stadtentwicklung war zu dieser Zeit zum wesentlichen Teil Wirtschaftsförderungspolitik für Industrie und industrieabhängiges Gewerbe und richtete sich an der Verkehrserschließung, Grunderwerbspolitik, Energieversorgung und Infrastrukturentwicklung nach deren Anforderungen aus.
- Im Übergang zum 20. Jahrhundert wurden Wachstum und technischer Fortschritt zunehmend zur Selbstdarstellung der Städte genutzt; Gewerbe- und Fachschulen, später dann Universitäten und Hochschulen wurden im Zusammenwirken von Wirtschaft und Stadtverwaltungen gegründet.
- Eine neue Phase begann nach dem Ersten Weltkrieg. Die Städte erkannten Wirtschaftsförderung trotz der nicht mehr nur von wirtschaftlichen Interessen bestimmten Mehrheitsverhältnisse als vorrangige kommunalpolitische Aufgabe an. Eingemeindungen, Verkehrserschließung, Wohnungsbau, Anlage von Sportstätten, Bau von Krankenhäusern und Berufsschulen wurden auch als Investitionen in wirtschaftsfördernde Rahmenbedingungen verstanden. Es begann die direkte Wirtschaftsförderung. Städte betrieben verstärkt aktive Grundstückspolitik und investierten in den Bau von Messehallen. Sie richteten Verkehrs- und Presseämter für die Stadtwerbung ein.
- In den Jahren nach dem Zweiten Weltkrieg, in der wirtschaftlichen Aufbauphase, ging es in den alten Bundesländern zunächst vor allem darum, die Rahmenbedingungen für das Wachstum zu schaffen, d. h. in erster Linie Flächen bereitzu-

---

1 Vgl. hierzu und zum folgenden Busso Grabow/Dietrich Henckel/Beate Hollbach-Grömig, Weiche Standortfaktoren, Stuttgart 1995, S. 84 ff.

stellen, die notwendige Infrastruktur zu schaffen und den privaten Unternehmen als Ansprechpartner in den Kommunalverwaltungen zur Verfügung zu stehen. Erst Ende der 60er, Anfang der 70er Jahre wurde mit den Strukturkrisen in der Montan-, Textil- oder Schiffbauindustrie kommunale Wirtschaftspolitik auch zum Krisenmanagement. Erstmals waren die Kommunen gefordert, Wirtschaftsförderung vor Ort konzeptionell zu gestalten, um die Wirtschafts- und Arbeitsmarktprobleme in den Städten und Gemeinden zumindest abzumildern, von öffentlicher Seite aktiv den Strukturwandel vor Ort zu fördern und zukunftsfähige Ansätze zu entwickeln. Außerdem entwickelte sich – und dieser Prozeß setzt sich heute noch fort – ein verändertes Verständnis der öffentlichen Aufgaben; »Dienstleistungsorientierung« und »unternehmerisches Denken«[2] sind hierfür Stichworte.[3]

– Vor unvergleichbar hohe Herausforderungen war die kommunale Wirtschaftspolitik in den neuen Ländern nach der Vereinigung gestellt. Die Auflösung der großbetrieblichen Strukturen, der Verlust der Ostmärkte, die starke De-Industrialisierung, die Infrastrukturdefizite und der notwendige Aufbau des Dienstleistungssektors waren und sind mit erheblichen wirtschaftlichen und sozialen Verwerfungen verbunden. Die kommunale Wirtschaftsförderung in Ostdeutschland hat sich aber vielfach schnell an die besonderen Anforderungen angepaßt und spezifische Handlungsfelder entwickelt.[4]

Inzwischen ist zu beobachten, daß wirtschaftspolitische Verantwortlichkeiten sowohl auf übergeordneten (EU) wie auch auf untergeordneten Ebenen (Gemeinden, Verbände, Regionen) zunehmen. Teilweise handelt es sich um Verlagerungen von Aufgaben, teilweise auch um Ergänzungen bisheriger Aktivitäten. Damit wächst die Verantwortung der kommunalen Akteure für die wirtschaftliche Entwicklung vor Ort weiter. Jede wirtschaftspolitische Zielsetzung muß sich dabei dem übergeordneten Ziel der Entwicklung und Förderung der Lebensbedingungen für die Bürger einer Gemeinde unterordnen. Die positiven Wirkungen der wirtschaftsorientierten Bemühungen im Hinblick auf dieses Leitziel werden in der Regel indirekt erreicht, über

– die Sicherung und Förderung von Arbeitsmöglichkeiten,
– die Sicherung und Schaffung kommunaler Einnahmen,
– die Erhaltung und den Ausbau der kommunalen Infrastruktur,
– die bessere Verfügbarkeit haushaltsorientierter Dienstleistungen.

Den positiven Wirkungen stehen Beeinträchtigungen der Lebensbedingungen durch Emissionen, Verkehr, Versiegelung von Boden, Veränderungen des Stadt- und Landschaftsbildes u. a. m. gegenüber. Kommunale Wirtschaftspolitik muß dafür Sorge tragen, daß im Sinne der Verbesserung von Lebensqualitäten der Nutzen aus den wirtschaftlichen Aktivitäten der Betriebe vor Ort im angemessenen Verhältnis zu den Schäden und Belastungen steht.

---

2 Vgl. Robert P. Duckworth/Robert H. McNulty/John M. Simmons, Die Stadt als Unternehmer, Stuttgart 1987.
3 Vgl. Deutscher Städte- und Gemeindebund, Neue Wege der kommunalen Wirtschaftspolitik, Düsseldorf, 1992 (vervielfältigt).
4 Vgl. Gerd Kühn/Holger Floeting, Kommunale Wirtschaftsförderung in Ostdeutschland, Berlin 1995.

2. Rahmenbedingungen

Die Rahmenbedingungen der kommunalen Wirtschaftspolitik in den 90er Jahren haben sich auf verschiedenen Ebenen deutlich verändert und werden sich weiter verändern. Dazu tragen vor allem der wirtschaftliche Strukturwandel und seine Beschleunigung bei. Ein wesentlicher Motor des Strukturwandels sind die technischen sowie die daraus resultierenden organisatorischen Veränderungen.

Zu den technischen und technisch bedingten Veränderungen zählen:

- Das Vordringen neuer Informations- und Kommunikationstechniken. Diese Techniken bewirken bei den Betrieben veränderte Anforderungen an die Arbeitsmärkte und Standorte (Standortbedingungen, Gebäude u. a.).[5] Sie führen zu einer Erhöhung des Informationsaustausches mit der Folge wachsenden Verkehrsaufkommens; denn mit steigendem Informationsniveau der Gesellschaft geht eine generelle Erhöhung des Aktivitätsniveaus einher. Sie wirken auf die Kommunen ein – durch Rationalisierungen, Enträumlichungspotentiale oder Veränderungen des Kommunikationsverhaltens – und erfordern gleichzeitig aktives Handeln, indem die Techniken und ihre Anwendungen beispielsweise zur Effizienzsteigerung, Rationalisierung oder als Instrument der Wirtschaftsförderung eingesetzt werden.
- Die Verbreitung neuer Produktionstechniken, Produktions- und Logistikkonzepte.[6] Sie haben im Kern ähnliche Wirkungen wie die Informations- und Kommunikationstechniken, indem sie zu einer Ausdifferenzierung der Arbeitsteilung und damit zu einer Steigerung des Verkehrsvolumens führen. »Lean-Konzepte« zielen auf eine Reduzierung des Kapitaleinsatzes, des Einsatzes an Arbeitskraft, an Flächen und auf eine Beschleunigung von Prozessen.
- Die Beschleunigung der Transporttechniken; zu nennen sind vor allem der Ausbau von Flughäfen und die dadurch ausgelöste Zunahme des Flugverkehrs sowie die Investitionen in die Hochgeschwindigkeitsverbindungen der Bahn. Die Folge ist eine Stärkung der Regionen mit großen Verdichtungskernen, die in diese Netze eingebunden sind. Gleichzeitig dehnen sich diese Regionen aus, weil durch die Verkehrsanbindungen auch bisher außerhalb der Agglomeration liegende Kommunen in den Sog und damit quasi in eine Vorortsituation geraten.

Neben den strukturwandelbedingten Veränderungen (Tertiärisierung, Erhöhung des Qualifikationsniveaus, know-how-intensive Produktion, Arbeitslosigkeit und selektive Arbeitskräfteknappheit u. a. m.) sind auch politische Umbrüche, internationale Veränderungen von Rahmenbedingungen (z. B. Deregulierung der Finanzmärkte), die ökologische Krise und Veränderungen von Leitbildern mit Bedeutung. Alle diese Veränderungen bedingen, daß die Städte ihre Politik anpassen müssen, u. a. durch veränderte Flächenpolitik, neue Formen von Standortkonzepten, neue Verkehrskonzepte und neue Formen der Vermarktung der Vorteile einer Stadt.

Zu den politischen Veränderungen, die auch die kommunale Wirtschaftspolitik nachhaltig beeinflussen, gehören:

---

5 Vgl. z. B. Busso Grabow/Holger Floeting, Städte in der Dienstleistungs- und Informationsgesellschaft, in: Jürgen Egeln, Helmut Seitz (Hrsg.), Städte in Europa, Band 9 der Reihe Wirtschaftsanalysen des Zentrum für Europäische Wirtschaftsforschung (ZEW), Nomos-Verlagsgesellschaft, Baden-Baden 1998; Dietrich Henckel/Erwin Nopper/Nizan Rauch, Informationstechnologie und Stadtentwicklung, Stuttgart 1984.

6 Diese stehen in engem Zusammenhang mit den neuen Informations- und Kommunikationstechniken.

- Die Integration Europas (vgl. hierzu den Beitrag von Dietrich Thränhardt in diesem Band). Schon die Etablierung des EG-Binnenmarktes verstärkte den Prozeß der Internationalisierung von Märkten und Unternehmen. Dieser Integrationsprozeß führt auch weiterhin zu einer Verschärfung der Konkurrenz vor allem in den Branchen, die bislang durch Regulierungen geschützt waren.[7] Für die nächsten Jahre werden auch die Fragen der Einführung des Euro als gemeinsamer Währung eine wichtige Rolle spielen.
- Die deutsche Vereinigung. Sie führt zu einer notwendigen und teilweise zwangsläufigen Umverteilung von Funktionen und Finanzen zwischen den Städten in den alten und den neuen Bundesländern. Durch eine veränderte Lage im vereinten Deutschland gewinnen einige Städte eine neue Zentralität, die zusätzliche Entwicklungsimpulse und -chancen eröffnet.[8] Gleichzeitig werden die neuen Bundesländer noch längere Zeit auf die Unterstützung aus den alten angewiesen bleiben, weil eine eigenständige, sich selbst tragende Wirtschaftsentwicklung nicht absehbar ist.
- Die Öffnung Osteuropas. Mit dieser Öffnung sind große Marktpotentiale verbunden, die für einige Regionen erhebliche Chancen bedeuten können. Die Rolle Deutschlands als Transitland wird verstärkt, was voraussichtlich für einige Regionen mit großem Wachstum des Verkehrsaufkommens und neuen Anforderungen an die Bereitstellung von Logistikstandorten und -dienstleistungen verbunden sein wird.
- Die Globalisierung. Die zunehmende weltwirtschaftliche Integration erhöht die Konkurrenz im Weltmaßstab mit erheblichen Rückwirkungen auf die Kommunen und die Wettbewerbsfähigkeit der ansässigen Unternehmen und Beschäftigten. Die lokale »Verarbeitung« der Folgen der Globalisierung wird immer mehr zu einer – schwierigen – kommunalen Aufgabe (vgl. hierzu den Beitrag von Stefan Krätke in diesem Band).

Die immer deutlicher sichtbar werdenden Grenzen der ökologischen Belastbarkeit sind Anlaß einer Umorientierung auch auf kommunaler Ebene. In der kommunalen Wirtschaftspolitik beginnt sich eine stärkere Berücksichtigung ökologischer Ziele durchzusetzen, um die Attraktivität und die Grundlagen der wirtschaftlichen Entwicklung einer Stadt auf Dauer zu sichern. Dies könnte auf kommunaler Ebene dazu beitragen, daß Politiken der Verteuerung und Reduzierung des automobilen Verkehrs betrieben werden. Damit würde ein Beitrag zur Verstärkung regionaler Ökonomien, Netzwerke und Standortagglomerationen geschaffen, wie sie auch in der technischen Entwicklung und in neuen Produktionskonzepten der flexiblen Spezialisierung angelegt sind.[9] Mit der Dauerhaftigkeit und Schwere der Arbeitsmarktprobleme treten andererseits auch die Konflikte zwischen Ökonomie und Ökologie wieder sehr viel schärfer hervor.

---

7 Vgl. z. B. Empirica (Hrsg.), Die wirtschaftlichen Auswirkungen des Binnenmarkts 1992 auf Sektoren und Regionen der Bundesrepublik Deutschland. Kurzfassung, Bonn 1989; Manfred Sinz/Wolfgang Steinle, Regionale Wettbewerbsfähigkeit und europäischer Binnenmarkt, in: Raumforschung und Raumordnung, (1989) 1, S. 10–21.
8 Vgl. Dietrich Henckel/Busso Grabow u. a. Entwicklungschancen deutscher Städte – die Folgen der Vereinigung, Stuttgart 1993, oder Martin Gornig u. a., Mittel- und langfristige Entwicklungsperspektiven für Stadtregionen angesichts veränderter Rahmenbedingungen, Bonn 1993 (Bundesforschungsanstalt für Landeskunde und Raumordnung, Materialien zur Raumentwicklung, Heft 58).
9 Vgl. Charles Sabel, The Reemergence of Regional Economies, Berlin 1989 (Wissenschaftszentrum Berlin discussion paper FS I 89–3).

3. Akteure und Organisation kommunaler Wirtschaftspolitik

Die Organisationsformen der Wirtschaftsförderung, die Beteiligung verschiedener Akteure und die Formen der Kooperation sind eine Reaktion auf die veränderten wirtschaftlichen und gesellschaftlichen Rahmenbedingungen. Sie sind gleichzeitig Ergebnis der Überlegungen, die die »marktgerechte Stadt« als Leitbild formulieren[10] und eine Reaktion auf die Einsicht, daß nur noch in der Kooperation verschiedener Akteure die Wirtschafts- und Arbeitsmarktprobleme zu bewältigen sind.

a. Akteure

Kommunale Wirtschaftsförderung gehört zum zentralen Bereich der kommunalen Selbstverwaltung.[11] Da es sich um eine kommunale Querschnittsaufgabe handelt, ist eine Vielzahl von Akteuren direkt und indirekt damit befaßt. Dies gilt innerhalb der kommunalen Verwaltung selbst, wo neben der in vielen wirtschaftspolitischen Fragestellungen federführenden Einheit für Wirtschaftsförderung unter anderen auch das Stadtplanungsamt, die Baurechts- und Baugenehmigungsbehörden, das Umweltamt, das Liegenschaftswesen oder die Kämmerei zur Wirtschaftspolitik einer Kommune beitragen. Aber auch über die engere Kommunalverwaltung hinaus sind eine Vielzahl von öffentlichen (Gewerbeaufsicht, Denkmalpflege, Arbeitsverwaltung), halböffentlichen (IHK, Arbeitgeberverbände, Arbeitnehmerorganisationen) oder privaten Akteuren (Unternehmergruppen o.ä.) mit Fragen der kommunalen Wirtschaftsentwicklung befaßt.

In der kommunalen Wirtschaftspolitik als Querschnittsaufgabe sind strukturelle Konkurrenzen und Konflikte angelegt. Solche Konflikte gibt es etwa durch Meinungsverschiedenheiten zwischen Stadtplanung und Wirtschaftsförderung über langfristige räumliche Entwicklungsziele, zwischen Wirtschaftsförderung und Umweltamt im Hinblick auf die vermutete oder tatsächliche Beeinträchtigung der Wettbewerbsfähigkeit durch Umweltauflagen oder zwischen Wirtschaftsförderung und Sozialverwaltung über Organisation und Ausrichtung der Arbeitsmarktpolitik (vgl. hierzu auch die Beiträge von Jochen Hucke zur kommunalen Umwelt- und von Holger Backhaus-Maul zur kommunalen Sozialpolitik).

Wirtschaftspolitik und -förderung müssen also dem Interessenpluralismus in der Kommunalpolitik und -verwaltung Rechnung tragen. Dies bedeutet auch, daß die häufig kurzfristigeren Ziele der Wirtschaftsförderung in eine langfristigere Stadtentwicklungsstrategie eingepaßt werden müssen, die die Leistungsfähigkeit und Attraktivität eines Wirtschaftsstandortes, zu der beispielsweise auch das Angebot auf dem Wohnungsmarkt, der soziale Friede, die architektonische Gestalt einer Stadt, die

---

10 Vgl. Werner Heinz, Stadtentwicklung und Strukturwandel, Stuttgart 1990.
11 Eine Literaturübersicht zur kommunalen Wirtschaftsförderung findet sich beispielsweise in: Informationszentrum Raum und Bau der Fraunhofer-Gesellschaft (IRB) (Hrsg.), Kommunale Wirtschaftsförderung in der Bundesrepublik Deutschland, 1. Auflage, Stuttgart 1988; vgl. auch Beate Hollbach-Grömig, Kommunale Wirtschaftsförderung in den 90er Jahren, Berlin 1996.

Lebensqualität gehören, auf lange Dauer sichert.[12] Damit wächst die Notwendigkeit der Konsensfindung bei unterschiedlichen Zielsetzungen. Generell werden kommunale Wirtschaftspolitik und Wirtschaftsförderung nur in dem Maße dauerhaft erfolgreich sein, wie eine Kooperation mit anderen Verwaltungsbereichen, der Interessenausgleich zwischen den verschiedenen Akteuren gesucht wird und gelingt.

b. Organisationsformen

Obwohl Wirtschaftspolitik im Rahmen verschiedener Zuständigkeiten in den Kommunen umgesetzt wird, gibt es doch in der Mehrzahl der Gemeinden eine zentrale Zuordnung wesentlicher Aufgaben in dem Verantwortungsbereich »Wirtschaftsförderung«: Mehr als ein Drittel der Städte und Gemeinden hat für die Aufgaben der Wirtschaftsförderung ein eigenes Amt eingerichtet.[13] In den anderen Fällen ist die Aufgabe in Stabsstellen außerhalb der Ämterhierarchie, in einer privatrechtlich organisierten Gesellschaft angesiedelt, teilweise anderen Ämtern, z. B. dem Liegenschafts- oder Hauptamt (häufig bei kleineren Gemeinden) zugeordnet.[14]

Die Frage, ob die verwaltungsinterne Lösung oder die Ausgliederung in eine privatrechtliche Gesellschaft (z. B. Wirtschaftsförderungs-GmbH) die bessere ist, läßt sich nicht eindeutig beantworten, beide Organisationsformen haben Vor- und Nachteile. Die Vorteile der Ausgliederung liegen in der Unabhängigkeit von Besoldungsrahmen und Stellenkegel der öffentlichen Verwaltung, in der größeren Wirtschaftsnähe und größeren Akzeptanz durch die Wirtschaftsunternehmen sowie in größerer Flexibilität. Die Nachteile – gleichzeitig die Vorteile der verwaltungsinternen Lösung – liegen in dem erschwerten Zugang zu kommunalen Informationen und sehr viel schwierigeren Abstimmungen mit der Verwaltung, mit der durch die Auslagerung teilweise ein Konkurrenzverhältnis entsteht. Daher muß die Entscheidung über die Organisationsform vor Ort in Abhängigkeit von den Voraussetzungen, den personellen Ressourcen, den Kooperations- und Konkurrenzbeziehungen sowie den strategischen Zielen getroffen werden.

Um die Effizienz der Wirtschaftsförderung zu steigern und der Dienstleistungsorientierung Rechnung zu tragen, werden in verschiedenen Städten Überlegungen angestellt, eine »one-stop agency« einzurichten, also eine Stelle, die ein Unternehmen mit allen seinen Belangen in der Zusammenarbeit mit der Kommune betreut.[15] Allerdings liegen noch keine umfangreichen Erfahrungen mit diesem Modell vor.

Die personelle Ausstattung der Wirtschaftsförderungsstellen variiert erheblich und reicht von 0,5 bis zu 80 Mitarbeitern.[16] Aufgrund der Strukturprobleme in den

---

12 Vgl. Wolfram Elsner, Kommunale Wirtschaftsförderung in den neunziger Jahren, Vortrag beim Deutschen Institut für Urbanistik, Berlin 20. 3. 1991 (vervielfältigt).
13 Auch für die Wirtschaftsförderung spielen die Verwaltungsreform und das neue Steuerungsmodell eine gewisse Rolle; dies wird aber auf die Aufgaben und Inhalte nur geringe Rückwirkungen haben, so daß hier nicht näher darauf eingegangen wird. Vgl. z. B. KGSt, Aufgaben und Produkte im Bereich Wirtschafts- und Beschäftigungsförderung, Bericht, Köln 1997 (in Vorbereitung).
14 Beate Hollbach-Grömig, a.a.O. (Anm. 11), S. 19 ff.
15 Vgl. z. B. Beate Weber, Zusammenarbeit Wissenschaft-Wirtschaft-Stadt, Wirtschaftsförderung der Stadt Heidelberg im Rhein-Neckar-Dreieck, in: Jochen Dieckmann und Eva Maria König, Kommunale Wirtschaftsförderung, Stuttgart 1994, S. 25–32.
16 Vgl. auch zum folgenden Beate Hollbach-Grömig (Anm. 11), S. 25 ff.

neuen Ländern liegt die Ausstattung durchweg deutlich höher. Ansonsten scheint kein Zusammenhang zwischen den Problemlagen der Stadt und der Ausstattung der Dienststellen zu bestehen. Es ist vielmehr umgekehrt so, daß das wahrgenommene Aufgabenspektrum um so größer ist, je besser die personelle Ausstattung sich darstellt.

c. Kooperation

Neue (oder der Ausbau bestehender) Kooperationsformen gewinnen im Zuge der Veränderung wirtschaftlicher Rahmenbedingungen an Bedeutung. Dies betrifft einerseits die Kooperation öffentlicher und privater Akteure; Konzepte zur Wirtschaftspolitik und -förderung sind vor allem dann erfolgreich, wenn die wichtigsten lokalen Akteure»an einem Strang ziehen« und abgestimmte Aktivitäten entwickeln. Auf der anderen Seite werden auch die regionalen und überregionalen Kooperationen immer wichtiger.

Bei der Notwendigkeit wachsender Kooperation vor Ort ist der Aspekt der »partnerschaftlichen« Entwicklungskonzeptionen genauso wichtig, wie das Bemühen der Wirtschaftspolitik, andere Akteure – mit jeweils spezifischen Aufgaben – in ihrer Verantwortung für die kommunale Wirtschaftsentwicklung einzubinden. Beispiele dafür sind:
- Unternehmen: Beteiligung an Wirtschaftsförderungsgesellschaften, an Einrichtungen zur Innovations- und Technologieförderung, an Flächenkonzepten, an Arbeitsmarkt- und Qualifizierungskonzepten, an Umweltverbesserungsmaßnahmen, als Sponsoren in den Bereichen Kultur, Sport und Freizeit.
- Einzelhandel: Mitwirkung an Maßnahmen zur Aufwertung der Innenstädte (Citymarketing), zur stadtverträglichen Zentrenentwicklung, bei Verkehrskonzepten.
- Kreditinstitute: Beteiligung an Konzepten zur finanziellen Unterstützung der örtlichen Wirtschaft u. a. durch Finanzierungsberatung, durch Existenzgründungshilfen oder durch Einrichtung von Wagniskapital-Fonds.
- Verbände, Kammern: Einbindung in die Überlegungen zu den jeweils relevanten Stadtentwicklungsmaßnahmen und Wirtschaftsförderungskonzepten. Bei den Kammern Beteiligung an wirtschafts- oder technologiefördernden Maßnahmen oder Einrichtungen.
- Arbeitsverwaltung: Mitwirkung an Weiterbildungs- und Qualifizierungskonzepten, an Beschäftigungsinitiativen, an der Konzeption von AB-Maßnahmen.
- Gewerkschaften: Beteiligung an Weiterbildungs- und Qualifizierungskonzepten, an Beschäftigungsinitiativen, an der Konzeption von AB-Maßnahmen, an Umweltkonzepten und bei Maßnahmen der Innovations- und Technologieförderung.
- Forschungseinrichtungen, Hoch- und Fachhochschulen: Beteiligung an Weiterbildungs- und Qualifizierungskonzepten, bei der Konzeptionierung und Umsetzung von Maßnahmen zum Technologie- und Know-How-Transfer sowie bei der Begleitforschung.

Beispiele aus verschiedenen Städten und Regionen zeigen große Entwicklungspotentiale, die in erweiterten Formen der Zusammenarbeit angelegt sind.[17]

---

17 Einzelne Beispiele aus verschiedenen Handlungsfeldern sind die Wirtschaftsförderungsgesellschaft Duisburg, die Technologieregion Aachen, der Siegerland-Fonds Siegen, die Ge-

Daneben gibt es zunehmend Kooperationen mit privaten Trägern zur Wahrnehmung von Aufgaben, bei denen die privaten Unternehmen bessere, billigere oder effizientere Leistungen anbieten können, oder bei denen sie, eher als öffentliche Akteure, bereit sind, Risiko zu tragen (Stichwort: Public-private-partnership – vgl. hierzu den Beitrag von Werner Heinz in diesem Band). Es gibt bereits eine Vielzahl von Beispielen aus dem Wirtschaftsbereich dafür[18], etwa bei Entwicklungsmaßnahmen für Flächen oder Standorte durch private Developer. Auch die Ausgliederung kommunaler Aufgaben gehört in diesen Zusammenhang.[19]

Neben den Kooperationsformen verschiedener Akteure vor Ort gewinnt auch die regionale und überregionale Kooperation an Bedeutung. Regionalpolitische Konzepte haben den Vorteil, daß die verteilten Stärken und Möglichkeiten in einer Region den spezifischen Bedarfen der Unternehmen besser gerecht werden können, als es durch isolierte kommunale »Kirchturmpolitiken« geschehen könnte. Nur einzelne Kooperationsfelder seien genannt:

- Gewerbeflächenressourcen und Erweiterungs- und Verlagerungsbedarfe der Betriebe lassen sich im regionalen Rahmen wesentlich besser abstimmen als auf Gemeindeebene, die Vorteile von gemeinsamen Erschließungen von Gewerbeflächen über Gemeindegrenzen hinweg liegen auf der Hand[20],
- Technologiezentren und -parks lassen sich gemeinsam planen und entwickeln (Beispiele liegen viele vor, z. B. mit dem Technologiezentrum Aachen),
- ein gemeinsames, abgestimmtes regionales Standortmarketing kann ganz andere Ressourcen einsetzen, als dies bei Werbemaßnahmen einzelner Gemeinden möglich wäre.

Die finanziellen Probleme, die häufig als gewichtigstes Argument gegen gemeinsame Konzepte vorgebracht werden, lassen sich bei gutem Willen der Beteiligten lösen; das zeigen neben den bestehenden Beispielen die funktionierenden Zweckverbandsmodelle in anderen kommunalen Handlungsfeldern.

Neben der regionalen kann auch die interregionale Kooperation zunehmend hilfreich sein, z. B. bei wirtschaftlichen Verflechtungen oder bei vergleichbaren wirtschaftsstrukturellen Problemlagen. Das Interesse an Städtenetzen – gerade auch auf europäischer Ebene – hat hier seine materielle Basis.[21] Im Zuge des Zusammenwachsens Europas gehen regionale Kooperationsformen auch immer häufiger über die Staatsgrenzen hinweg; Beispiele sind die verschiedenen schon bestehenden oder geplanten Euro-Regionen.[22]

sellschaft für neue Berufe Berlin oder die Technologiearbeitskreise Neuss, die Kooperation München, Augsburg, Ingolstadt (MAI) oder Energietische als kooperative Ansätze der Steigerung der Energieeffizienz.

18 Vgl. auch: Werner Heinz (Hrsg.), Public Private Partnership – ein neuer Weg zur Stadtentwicklung?, Stuttgart 1993.
19 Die Privatisierung der Wasserversorung in Rostock kann hier als ein herausgehobenes Beispiel gelten.
20 Vgl. Fritz Krieger, Interkommunale Kooperation – Gemeinsame Industrie- und Gewerbegebiete, Dortmund 1994 (ILS Schriften, Bd. 84).
21 Vgl. Gerhard Stiens, Städtevernetzung. Anknüpfungspunkte – Konzepte – Erfordernisse, Bonn 1995 (Bundesforschungsanstalt für Landeskunde und Raumordnung, Materialien zur Raumentwicklung Heft 72).
22 Vgl. Werner Heinz/Uwe Wiedemann, Europäische Städtenetzwerke. Ausgewählte Beispiele, Difu-Materialien, (1995) 15, Berlin.

4. Aufgaben und Instrumente der kommunalen Wirtschaftspolitik

Die Themenfelder der kommunalen Wirtschaftspolitik, die Aufgaben und Instrumente der Wirtschaftsförderung haben sich im Laufe der Zeit immer – mit gewissen Verzögerungen – an die veränderten wirtschaftlichen Rahmenbedingungen angepaßt. So bilden heute das Leitbild der »marktgerechten Stadt« und Zielsetzungen wie Entbürokratisierung, Dienstleistungsorientierung oder Effizienzsteigerung den Orientierungsrahmen für die Aufgabenschwerpunkte und Handlungsformen der Wirtschaftsförderung.[23]

Der Wandel ist heute durch eine Ergänzung der »harten« Wirtschaftsförderung durch »weiche« Aktivitäten gekennzeichnet. Aufgaben werden wichtiger, die auf Überzeugung, auf Anregung der vorhandenen Potentiale und auf Kooperation zielen. Die Kommune wird damit in immer stärkerem Maße zum Initiator, Unterstützer und Moderator von Entwicklungsprozessen und Projekten. Verbunden damit ist eine verstärkte Projektorientierung und Konzentration der Aktivitäten auf der Basis eines Leitbildes[24] der Wirtschaftsentwicklung – entstanden im Konsens der wichtigsten Akteure einer Stadt.

Drei Grundprinzipien spielen für die Wirtschaftsförderung eine zentrale Rolle:
- Es müssen eindeutige Schwerpunkte gesetzt werden, entsprechende Maßnahmen konsequent und kontinuierlich verfolgt werden,
- Schwachstellenanalysen müssen die erfolgversprechenden Ansatzpunkte im vernetzten System ausfindig machen[25],
- es dürfen wesentliche Aufgabenfelder nicht ausgelassen und vernachlässigt werden, da deutliche Defizite in einzelnen Bereichen auf das gesamte System negativ »durchschlagen« können.

Traditionell wird in der Wirtschaftspolitik zwischen Instrumenten und Aufgaben – für die diese Instrumente eingesetzt werden können – unterschieden. Diese Abgrenzung mag aus analytischen Gründen zwar sinnvoll sein, ist aber für eine kurze Darstellung der Schwerpunkte kommunaler Wirtschaftspolitik kaum noch hilfreich. So gehören Instrumente, wie beispielsweise die Steuer- und Abgabenpolitik, Finanzhilfen, die Liegenschaftspolitik, die Bauleitplanung und Baugenehmigungspraxis[26] seit jeher zum »Baukasten«, der für die Förderung und Entwicklung der privaten Wirtschaft in den Kommunen zur Verfügung steht und sind daher hier nicht ausführlich erläuterungsbedürftig. Die Aufgaben unterliegen dagegen – in Abhängigkeit der sich ändernden Rahmenbedingungen – einem wesentlich stärkeren Wandel. Die folgenden Ausführungen werden daher eher aufgabenorientiert sein, wobei die verschiedenen Instrumente der jeweiligen Aufgabenerfüllung zugeordnet werden. Einzig die Finanz-, Steuer- und Abgabenpolitik finden als wichtige »Querschnittsinstrumente« gesondert Beachtung.

---

23 Einen Überblick über die aktuellen Themen kommunaler Wirtschaftsförderung gibt Beate Hollbach-Grömig (Anm. 11).

24 Vgl. z. B. Walter Kahlenborn u. a., Berlin – Zukunft aus eigener Kraft. Ein Leitbild für den Wirtschaftsstandort Berlin, Berlin 1995, S. 16.

25 Ein einfaches, aber wirkungsvolles Hilfsmittel zur Identifikation von erfolgversprechenden Ansatzpunkten und Schwachstellen komplexer Systeme ist der sogenannte Papiercomputer; vgl. Frederic Vester, Ballungsräume in der Krise, München 1983, S. 130 ff.

26 Vgl. die Zusammenstellung bei Hans Heuer, Instrumente kommunaler Gewerbepolitik, Stuttgart 1985, S. 53 ff.

Finanz-, Steuer- und Abgabenpolitik

Die Gestaltung der finanziellen Rahmenbedingungen der Wirtschaftsunternehmen gehört zu den wichtigen Aufgaben der kommunalen Wirtschaftspolitik; Instrumente dafür sind Steuern, Gebühren und Finanzhilfen.

- Die Festlegung der Hebesätze bei der Grund- und Gewerbesteuer ist ein zentrales Element des kommunalpolitischen Gestaltungsspielraums. Die Hebesätze spielen für die meisten Betriebe und Unternehmen allerdings eine eher geringe finanzielle Rolle und werden in ihrer Bedeutung vielfach überschätzt.[27] Dennoch haben sie – meist im Vergleich mit den Sätzen anderer Gemeinden – hohen Symbolcharakter und werden bei Standortentscheidungen oder -verhandlungen häufig als gewichtiges Argument eingebracht.
- Die Gebühren für kommunale Leistungen, vor allem für die Ver- und Entsorgung, sind für manche Betriebe (vor allem mit »energie- oder wasserintensiven« Produktionen) ein wichtiger Kostenfaktor. Damit eröffnen sich für die Kommunen nicht unerhebliche Spielräume, beispielsweise Einfluß auf umweltbelastende Betriebe zu nehmen.
- Der Erlaß oder die Stundung von Gemeindesteuern sind vor allem als Hilfen zur Überwindung vorübergehender Liquiditätsschwierigkeiten gedacht. Dieses Instrument ist nur bei ortsansässigen Betrieben in besonders begründeten Fällen zulässig, wird aber von den Kommunen relativ häufig genutzt.[28]
- Finanzhilfen sind die umstrittenste Form kommunaler Wirtschaftsförderung; sie sind aber gleichzeitig weit verbreitet.[29] Dazu gehören offene und versteckte Subventionen, die Gewährung von Darlehen und die Übernahme von Bürgschaften. Direkte Subventionen und Darlehen sind rechtlich problematisch[30] und müssen ab einem bestimmten Betrag von der EU genehmigt werden. Versteckte Subventionen – z. B. in der Form der Subventionierung von Grundstücken – sind ebenfalls bedenklich, werden aber häufig eingesetzt. Unproblematisch sind solche Förderungsformen am ehesten dann, wenn die Kommune im Gegenzug beispielsweise zur verbilligten Grundstücksvergabe Leistungen der Unternehmen erhält, die im öffentlichen Interesse liegen.[31]

Bestandspflege

In den letzten zwei Jahrzehnten ist die Zahl der überregionalen Unternehmens- und Betriebsverlagerungen oder der größeren Neugründungen immer mehr zurückgegangen, so daß die eigentlichen wirtschaftlichen Entwicklungsmöglichkeiten in der Regel im Bestand (Stichwort· endogene Potentiale) und nicht in der Ansiedlung liegen. Mit verschiedenen Aktivitäten sollte die kommunale Wirtschaftspolitik und

27 Busso Grabow/Beate Hollbach-Grömig, Zur Bedeutung des Standortfaktors »Kommunale Steuern und Abgaben«, in: der gemeindehaushalt, (1994) 7.
28 Beate Hollbach-Grömig (Anm. 11), S. 50.
29 Vgl. Hans Heuer, a.a.O. (Anm. 26), S. 55 ff.
30 Die rechtliche Zulässigkeit von Subventionen muß jeweils im Einzelfall geprüft werden; vgl. z. B. Peter Maier, Handlungsfelder und Handlungsmöglichkeiten der gemeindlichen Wirtschaftsförderung aus heutiger Sicht, in: Deutsches Volksheimstättenwerk (Hrsg.), Material aus den Lehrgängen – Nr. 374, Bonn 1986 oder Klaus Lange, Möglichkeiten und Grenzen gemeindlicher Wirtschaftsförderung, Köln 1981.
31 Ein Beispiel dafür ist der Ausbau eines Filmhauses durch SONY im Zusammenhang mit der Grundstücksvergabe am Potsdamer Platz in Berlin.

-förderung ihre Handlungsmöglichkeiten ausschöpfen[32]: die Unterstützung in allen Aspekten der wirtschaftlichen Rahmenbedingungen (bei denen die Kommune Einfluß hat), die Förderung der Wettbewerbsfähigkeit, die Beseitigung oder Milderung von Innovationshemmnissen oder die Hilfe bei notwendigen Umstrukturierungen. Da die Bestandspflege in der Regel kaum direkte und sichtbare Ergebnisse bringt, wird sie, aus Sicht der Politiker, fälschlicherweise häufig unterbewertet.

In größeren Kommunen sind für eine erfolgreiche Bestandspflege verschiedene Instrumente und Maßnahmen unerläßlich. Aktuelle Betriebs- oder Standortinformationssysteme[33], Betriebsbefragungen und regelmäßige Gesprächsforen sind eine wichtige Informationsgrundlage für die gezielte Betreuung und helfen dabei, die Probleme und Entwicklungshemmnisse der ansässigen Wirtschaft kennenzulernen.[34]

Eine erweiterte Bestandspflege versucht, die Entwicklungsbedingungen der ansässigen Wirtschaft durch gezielte Akquisition und Existenzgründungsförderung zu stärken. Dabei konzentriert man sich auf Branchen, die Ergänzungsfunktionen zu den bestehenden Unternehmen wahrnehmen können.

Ansiedlung

Ansiedlungserfolge werden oft als bestimmendes Maß für die Leistungsfähigkeit der Wirtschaftsförderung angesehen – meist zu Unrecht, denn die durch die Wirtschaftsförderung unterstützten Betriebe hätten sich vielfach ohnehin angesiedelt. Dennoch hat die Ansiedlungswerbung eine wichtige Bedeutung. Die Standortdynamik in der Bundesrepublik ist zwar erheblich; findet aber zum großen Teil im Nahbereich statt und führt unter anderem zu einer seit Jahren beobachtbaren Suburbanisierung. In Zukunft muß aufgrund verschiedener Entwicklungstendenzen in der Wirtschaft mit noch wachsender Dynamik bei standortrelevanten Entscheidungen gerechnet werden.

Vor der Beratung und Unterstützung ansiedlungswilliger Firmen steht eine gute Standortwerbung. Im Hinblick auf Unternehmensansiedlungen sind breit gestreute Werbemaßnahmen jedoch meist nicht der auslösende Faktor. Viel wichtiger und erfolgreicher ist die direkte Wirtschaftswerbung durch gezielte Ansprache bestimmter Branchen und Unternehmen – bei Großstädten auch im internationalen Rahmen – und die gezielte Präsentation auf ausgewählten Messen.[35]

Ansiedlungen sollten immer im Hinblick auf das jeweilige Stadtentwicklungskonzept bewertet werden. Nicht selten »erkauft« man sich kurzfristige Entwicklungsvorteile (die in der Kommunalpolitik allerdings großes Gewicht haben) auf Kosten langfristig wirksamer Probleme.

Förderung von Existenzgründungen

Existenzgründungen sind in ihren quantitativen Arbeitsplatzwirkungen meist unerheblich. Dennoch gehört es zu den wichtigen Aufgaben der Wirtschaftsförderung,

---

32 Das breite Spektrum der kommunalen Möglichkeiten und die vielfältigen Wechselwirkungen mit anderen Bereichen zeigt eine sehr ausführliche Fallstudie der Großstadtregion Stuttgart; vgl. Heik Afheldt/Walter Siebel/Thomas Sieverts (Hrsg.), Gewerbeentwicklung und Gewerbepolitik in der Großstadtregion, Gerlingen 1987.

33 Vgl. Michael Stobornack/Gisela Gielow/Gerd Kühn, Grundregeln für den Aufbau EDV-gestützter Standortinformationssysteme (Arbeitshilfen des Deutschen Instituts für Urbanistik zur kommunalen Wirtschaftsförderung), Berlin 1992.

34 Vgl. Hans Heuer (Anm. 26), S. 34 ff.

35 Vgl. ders., S. 79 ff.

Gründern breite Unterstützung zu geben, da die indirekten Wirkungen von Existenz-gründungen erheblich sein können. Erfolgreiche Existenzgründungen bilden in lang-fristiger Perspektive den »Humus« für wirtschaftliches Wachstum. So werden z. B. qualifizierte Arbeitskräfte an den Ort gebunden, es ergeben sich Synergieeffekte, in-dem andere Betriebe vom Know-how der Gründer profitieren, und die Geschäftstä-tigkeit von Gründern ist in der Regel eine hervorragende Qualifizierung.

Die Formen der Unterstützung für Gründer sind vielfältig; einige Beispiele sind:
– betriebswirtschaftliche, produkt- oder marktbezogene Beratung,
– Informationen über Technologietransfermöglichkeiten oder Ansprechpartner,
– Schaffung von Infrastruktur beispielsweise durch den Bau von Gründerzentren,
– Bereitstellung von Finanzhilfen, z. B. in Form von Wagniskapital,
– Initiierung von Gesprächsforen oder Lokalmessen, an denen sich Gründer be-teiligen können.

Flächen und Infrastruktur

Eine ausreichende und angemessene Flächenvorsorge ist seit jeher eine der zentralen Aufgaben kommunaler Wirtschaftspolitik. Die Ziele einer vorsorgenden Flächen-politik sind, Flächen und Standorte zu sichern, zu entwickeln und bereitzustellen. Da-bei sollte die Flächennachfrage aus Erweiterungs- und Verlagerungsabsichten an-sässiger Betriebe und von Neugründern und Ansiedlungen befriedigt werden können. Auch wenn die Flächen- und Büroengpässe in den Städten heute nicht mehr so groß sind wie noch Anfang der 90er Jahre[36], gibt es dennoch erhebliche Handlungsnotwen-digkeiten. Flächen-, Standort- und Infrastrukturfragen sind eng miteinander ver-flochten, sollten aber analytisch getrennt gesehen werden.

Voraussetzung einer qualifizierten Flächen- und Standortpolitik ist eine Bestands-aufnahme vorhandener Flächen und Standorte. Besonderes Augenmerk sollte den Brach- und Altlastenflächen (mit der Prüfung der Wiederverwertbarkeit) und den Reserven für mögliche (Nach-)verdichtung gelten. Eine kontinuierliche Fortschrei-bung hält den Informationsstand aktuell.

Im Hinblick auf die Flächennutzung lassen sich daraus der Umfang reaktivierbarer Brachflächen[37], mögliche Nachverdichtungen sowie der Bedarf an Neuausweisungen und neu zu entwickelnden Gewerbe- und Industrieflächen ableiten. Wichtige Faktoren dabei sind die Kosten und Qualität der Flächen. Die Qualität der Flächen bemißt sich unter anderem nach der Standortlage; neben harten Faktoren (wie z. B. verkehrliche Erreichbarkeit) spielen häufig weiche Standortfaktoren und die räumliche Nähe zu anderen Unternehmen eine wichtige Rolle.[38] So gilt es, Standortkonzepte zu entwik-keln (z. B. für Büro, Produktion, Einzelhandel), die der Nachfrage der Unternehmen entsprechen und gleichzeitig die Ziele einer zukunftsfähigen Stadtentwicklung im Blick haben. Für Entwicklungs- und Erschließungsmaßnahmen ist es oft sinnvoll, sich das Know-how und die Investitionspotentiale privater Partner (z. B. Developer)

---

36 Es gibt eine Reihe von Ursachen für den Rückgang der Flächenengpässe; die wichtigsten sind die neu auf die Märkte gekommenen Konversionsflächen, die Abwanderungen und Schlie-ßungen flächenintensiver Betriebe vor allem aus der Industrie und die Umsetzung flächen-sparender und flächenreduzierender Konzepte in den Unternehmen (facility management, lean production usw.).
37 Vgl. Dietrich Henckel/Beate Hollbach, Neue Techniken auf alten Flächen. Der Beitrag technikintensiver Betriebe zur Revitalisierung des Ruhrgebiets, Berlin 1991.
38 Vgl. Busso Grabow/Dietrich Henckel/Beate Hollbach-Grömig (Anm. 1).

zu erschließen. Die finanziellen Spielräume und Handlungsspielräume der Kommunen lassen sich durch revolvierende Flächenfonds oder ähnliche Konstruktionen schaffen.[39]

Im Zusammenhang mit der Flächenbereitstellung steht die Konzeptionierung und Entwicklung unternehmensorientierter Infrastruktur. Dazu gehören z. B. Verkehrswege, ÖPNV, Energieversorgung, oder Telekommunikationsnetze und -dienste. Zur notwendigen Infrastruktur gehören auch spezielle Standortentwicklungen, wie z. B. Gewerbehöfe[40], Industrie- und Gewerbeparks[41] oder Güterverkehrszentren.[42]

Beratung und Information

Die Wirtschaftsförderung muß bei allen Dingen, in denen sich die private Wirtschaft an die Kommunen wendet, kompetenter Ansprechpartner sein. Dazu gehören beispielsweise auch Beratungen über Fördermöglichkeiten, Existenzgründungshilfen, Kooperations- und Transfermöglichkeiten, Patent- und Produktinformationen sowie Weiterbildungsprogramme. In vielen Fällen kann die Wirtschaftsförderung nur eine Mittlerin sein, die Hilfestellung und Hinweise über Ansprechpartner gibt, Kontakte anbahnt und Unterstützung bei der Informationsverarbeitung gewährt. Im weiteren muß die Wirtschaftsförderung Information und Beratung in allen Standortfragen, über Wirtschafts- und Strukturdaten, über Kooperationsmöglichkeiten in der Stadt oder Region geben können (vgl. auch die Abschnitte über Bestandspflege, Ansiedlung und Gründungen).

Technologie- und Innovationsförderung

Innovationen sind ein wesentliches Element der wirtschaftlichen Entwicklung und eine wichtige Grundlage zur Bewältigung wirtschaftlicher Wandlungsprozesse und Strukturkrisen. Lokale und regionale Initiativen zur Innovations- und Technologieförderung werden zunehmend in Ergänzung zu EU-, bundes- und länderbezogenen Förderprogrammen entwickelt. Bei den verschiedenen Maßnahmen geht es darum, die Entwicklung und Anwendung von neuen, zukunftsträchtigen Produkten, Produktionsweisen, Dienstleistungen, Organisationsformen oder Beschäftigungsmodellen zu fördern. Gleichzeitig ist es ein wichtiges Ziel, die Vernetzung der lokalen und regionalen Akteure zur Förderung von Innovationen zu unterstützen und damit ein gutes »Innovationsmilieu« zu schaffen. Dazu gibt es ganz verschiedene Maßnahmentypen: Technologie- und Innovationseinrichtungen, Transfereinrichtungen, Qualifizierungseinrichtungen, Existenzgründungshilfen, Finanzierungsangebote, Kooperationsformen und Beschäftigungsinitiativen. Die Maßnahmen haben inzwischen große Verbreitung gefunden, wobei in einzelnen Bereichen der Höhepunkt der »Gründungswelle« bereits Ende der 80er Jahre überschritten war.[43]

39 Vgl. z. B. Busso Grabow/Dietrich Henckel/Gerd Kühn, Städte ohne Produktion? Das Fallbeispiel Potsdam, Berlin 1997.
40 Vgl. Dietrich Henckel, Gewerbehöfe. Organisation und Finanzierung, Berlin 1981.
41 Martin Hennicke/Hermann Tengler, Industrie- und Gewerbeparks als Instrument der kommunalen Wirtschaftsförderung, Stuttgart 1986.
42 Vgl. z. B. Hans Boës/Markus Hesse (Hrsg.), Güterverkehr in der Region, Marburg 1996.
43 Vgl. Busso Grabow/Hans Heuer/Gerd Kühn, Lokale Innovations- und Technologiepolitik, Berlin 1985, S. 98.

Inzwischen gibt es eine Reihe von Evaluationen über die Wirksamkeit dieser Maßnahmen. Die Strategien der kommunalen Innovations- und Technologiepolitik der 80er und 90er Jahre haben nicht immer zu den Erfolgen geführt, die man sich ursprünglich von ihnen erhofft hat. Beispielsweise bieten die Technologie- und Gründerzentren zwar in aller Regel wertvolle Überlebens- und Entwicklungshilfe für ihre Mieter, haben aber nur geringe regionalwirtschaftliche Effekte.[44] In den neuen Ländern gilt diese skeptische Aussage allerdings nur eingeschränkt; dort haben diese Zentren sicher eine besondere Funktion gehabt, da ähnliche Einrichtungen noch fehlten.[45] Die direkten Arbeitsplatzwirkungen sind aber nicht sehr bedeutend; die ansässigen Unternehmen sind obendrein häufig wenig technologieorientiert. Allerdings gibt es – vor allem an Hochschulstandorten – auch eine Reihe von sehr erfolgreichen Zentren (z. B. Aachen, Berlin oder Dortmund).

Neue Technologie- und Gründerzentren sind nur noch in Ausnahmefällen sinnvoll. Einrichtungen und Transferleistungen sollten zukünftig stärker nachfrage- statt angebotsorientiert ausgestaltet werden; dabei sollte die Förderung des Kompetenzgewinns von Unternehmen im Hinblick auf ihr Innovationsmanagement im Mittelpunkt stehen.

Ökologisch orientierte Wirtschaftsförderung

Das gewachsene Umweltbewußtsein, die Einsicht in die volkswirtschaftlichen Kosten der Umweltzerstörung und im Zusammenhang damit die gestiegene Bedeutung der Umweltmärkte machen die ökologische Wirtschaftsförderung zukünftig zu einem notwendigen und selbstverständlichen Thema. Auch die Wirtschaftsförderung sollte sich in die kommunalen Aktivitäten im Rahmen der Lokalen Agenda 21 einbringen. Dies wäre nicht nur ein Beitrag zur nachhaltigen Stadt- und Regionalentwicklung; entsprechende Maßnahmen können auch ökonomisch sinnvoll sein. Aus der Vielzahl von Aktivitäten, bei denen die Wirtschaftsförderung initiierend oder beratend tätig werden kann, können nur in Stichworten die wichtigsten herausgegriffen werden[46]:
– Förderung (der Produktion) von Umwelttechnologien und damit von zukunftsorientierten Branchen,
– Umstrukturierung von Krisenbranchen/-betrieben in Richtung auf Umwelttechnologien, indem vorhandenes Know-how modifiziert eingesetzt wird (z. B. zum Recycling, in der Altlastenbeseitigung),
– Förderung der umweltorientierten Dienstleistungen,
Beratung und Informationsvermittlung über umweltschonende Produktion,
– Abfallvermeidung und Abfallverwertung, Erarbeitung integrierter Entsorgungskonzepte,
– Altlastenbeseitigung und Reaktivierung von Gewerbebrachen,
– ökologische Ausweisung von Gewerbegebieten[47],

44 Vgl. dazu ausführlich Rolf Sternberg u. a., Bilanz eines Booms. Wirkungsanalyse von Technologie- und Gründerzentren in Deutschland, Dortmund 1996.
45 Vgl. ebd., S. 204.
46 Vgl. z. B. Rainer Lucas (Hrsg.), Ziele und Handlungsfelder einer ökologischen Wirtschaftsförderung in Schleswig-Holstein, Berlin/Kiel/Wuppertal 1992.
47 Institut für Landeskunde und Stadtentwicklungsforschung des Landes Nordrhein-Westfalen (ILS) (Hrsg.), Ökologische Erschließungs- und Bebauungsplanung von Gewerbestandorten, Duisburg 1990 (ILS-Schriften Bd. 38).

- ökologische Arbeitsfelder und Projekte im Rahmen des Zweiten Arbeitsmarktes,
- ökologische Beschaffung; die Kommune als Vorreiterin im Rahmen ihrer eigenwirtschaftlichen Aktivitäten.

Weitere Handlungsfelder

Es gibt eine Reihe weiterer Handlungsfelder der kommunalen Wirtschaftspolitik und Wirtschaftsförderung, die hier nur kurz angerissen werden können.
- Beschäftigungs- und Qualifizierungspolitik.[48] Lokale Beschäftigungspolitik gehört mittlerweile zum Kern wirtschaftspolitischer Maßnahmen.[49] Dabei kann es allerdings in Zukunft nicht mehr nur darum gehen, die Nachfrage der Unternehmen zu befriedigen; die Zeiten der Vollbeschäftigung werden im Zuge fortschreitender Rationalisierung und gebremsten wirtschaftlichen Wachstums kaum wiederkommen. Vielmehr müssen die Kommunen dazu übergehen, die Möglichkeiten örtlicher oder »alternativer« Beschäftigungsinitiativen auszuloten und zu unterstützen oder Modelle des »Zweiten Arbeitsmarkts« zu entwickeln.
- Stadtmarketing. Stadtmarketing ist mehr als nur Standortwerbung. Es handelt sich um einen ganzheitlichen Ansatz, der das Feld der komplexen Beziehungen der Stadt(-Verwaltung) mit ihren »Marktpartnern«, also den Bürgern, der Wirtschaft, der Politik und vielen anderen, gestaltet.[50] Zentraler Aspekt des Stadtmarketing ist die Kommunikation und Kooperation der verschiedenen Akteure vor Ort, um Kompetenzen zu nutzen und Engagement für kommunale Belange zu aktivieren. Oft werden als erster Schritt des Stadtmarketingprozesses Leitlinien auch für die kommunale Wirtschaftspolitik formuliert. Stadtmarketing kann die kommunale Wirtschaftsförderung sinnvoll ergänzen, aber nicht ersetzen.
- »Weiche« Standortfaktoren. Auch wenn die Bedeutung dieser Faktoren heute vielfach überschätzt wird, spielen sie für bestimmte Branchen und Betriebe und für bestimmte Typen von Standortentscheidungen eine wichtige Rolle.[51] Die Attraktivität von Städten und Regionen ist für das Ausmaß der Standortbindung und der Standortwahl vor allem bei hochqualifizierten Arbeitnehmern ein wichtiger Faktor.
- Messe-, Kongreß- und Tagungsstandort. In Städten, in denen entsprechende Potentiale vorhanden sind, kann die Weiterentwicklung dieses Bereichs nicht nur erhebliche direkte wirtschaftliche Effekte haben, sondern eine Region auch als potentiellen Arbeits- oder Betriebsstandort attraktiver machen. Bei der großen Bedeutung überregionaler oder internationaler Messen und Veranstaltungen darf die Bedeutung von Regionalmessen und regionalen Veranstaltungen für die Entwicklung des endogenen Potentials einer Region, zur Entstehung von wirt-

---

48 Vgl. auch den Beitrag von Hubert Heinelt in diesem Band.
49 Vgl. z. B. Guido Freidinger/Matthias Schulze-Böing (Hrsg.), Handbuch der kommunalen Arbeitsmarktpolitik, Marburg 1995; Hans E. Maier/Hellmut Wollmann (Hrsg.), Lokale Beschäftigungspolitik, Basel/Boston/Stuttgart 1986.
50 Vgl. Ilse Helbrecht, Stadtmarketing. Konturen einer kommunikativen Stadtentwicklungspolitik, Basel u. a. 1994 (Stadtforschung aktuell, Bd. 44); Claudia Kaiser, Stadtmarketing – eine Bestandsaufnahme in deutschen Städten, Berlin 1996 (Aktuelle Information des Deutschen Instituts für Urbanistik); Busso Grabow/Beate Hollbach-Grömig, Stadtmarketing. Eine kritische Zwischenbilanz, Berlin 1998.
51 Vgl. Busso Grabow/Dietrich Henckel/Beate Hollbach-Grömig (Anm. 1); Busso Grabow u. a., Bedeutung weicher Standortfaktoren in ausgewählten Städten, Berlin 1995.

schaftlichen Netzwerken oder von positiven »Innovationsmilieus« nicht unterschätzt werden.

- Netzwerke. Regionen mit einem hohen Maß an Unternehmensverflechtungen sind in der Regel besonders innovativ und wettbewerbsfähig.[52] Um solche Verflechtungen zu fördern, müssen Verknüpfungspotentiale ermittelt und – wenn diese vorhanden sind – verschiedene Strategien zur stärkeren Netzwerkbildung entwickelt werden, wie z. B. regelmäßige wirtschaftspolitische Arbeitskreise mit hochrangigen Akteuren, Technologierunden oder die Schaffung elektronischer Marktplätze.

- Einzelhandel. Wie in anderen privatwirtschaftlichen Bereichen auch, bewegt sich die wirtschaftspolitische Einflußnahme auf die Einzelhandelsentwicklung im Spannungsfeld zwischen der Förderung von Unternehmen und der Verhinderung unerwünschter Entwicklungen. »Abwehrstrategien« können den rasanten Strukturwandel im Einzelhandel nicht aufhalten, höchstens verzögern. Daher ist es notwendig, die Entwicklungstendenzen mit Einzelhandelskonzepten stadtverträglich »aufzufangen«. Wesentliche Bausteine sind dabei Standortkonzepte (vor allem für den großflächigen Einzelhandel), Logistikkonzepte, Parkraumkonzepte, Verbesserung der Erreichbarkeit im Rahmen des »Umweltverbundes« (Bahn, Bus, Fahrrad, zu Fuß) und Aufwertungen der Cities und Nebenzentren.[53] In den neuen Ländern sind die Entwicklungschancen mancher Innenstädte durch die Einkaufscenter auf der grünen Wiese allerdings so nachhaltig beeinträchtigt, daß sie die volle Funktions- und Angebotsvielfalt funktionierender westdeutscher Zentren wohl nur noch schwer erreichen können.

- Zeitpolitik. Im Zuge der fortschreitenden Flexibilisierung der Arbeits- und Betriebszeiten, der Rolle der Zeit als Wettbewerbsfaktor wird der kommunalen Zeitpolitik in Zukunft eine wichtige Rolle zukommen.[54] Dies wird sehr unterschiedliche Aufgaben umfassen, die von der Beschleunigung von Genehmigungsverfahren, der zeitlichen Koordination von Investitions- und Erneuerungszyklen bis zur Koordination und Abstimmung von Arbeits- und Betriebszeiten sowie den Angebotszeiten öffentlicher Dienstleistungen reichen.

- Lokale Informations- und Kommunikationspolitik. In der Entwicklung zur Informationsgesellschaft müssen sich die Städte aktiv mit Themen wie Multimedia, Internet, Teleshopping oder dem neuen Wettbewerb im Telekommunikationsmarkt auseinandersetzen. Es stellt sich die Aufgabe einer konsistenten kommunalen Informations- und Kommunikations-Politik (IuK-Politik).[55] Im Rahmen der kommunalen Wirtschaftsförderung geht es um die Verbesserung der Standortfaktoren – wie z. B. Informationszugang, leistungsfähige Telekommunikationsnetze und -dienste –, um die Förderung von Telearbeit oder um die Förderung von IuK- oder medienbezogenen Branchen. Telematik kann auch zur Verbesserung der Kommunikation zwischen Wirtschaft und Verwaltung einen erheblichen Beitrag leisten.

---

52 Vgl. aus der mittlerweile sehr umfangreichen Literatur z. B. Gernot Grabher, Lob der Verschwendung, Berlin 1995; Annalee Saxenian, Regional Advantage, Cambridge, Mass. 1994.
53 Vgl. z. B. Busso Grabow/Rolf-Peter Löhr (Hrsg.), Einzelhandel und Stadtentwicklung, Berlin 1991.
54 Vgl. Matthias Eberling/Dietrich Henckel, Kommunale Zeitpolitik, Berlin 1998.
55 Vgl. z. B. Busso Grabow/Werner B. Korte, Telematik, Teledienstleistungen und Kommunalpolitik, Berlin 1996 (Aktuelle Information des Deutschen Instituts für Urbanistik).

5. Ausblick

Das Vordringen ökonomischer Sichtweisen in der Kommunalpolitik mit den Leitbildern der marktgerechten Stadt, der »Stadt als Unternehmen«, weist der Wirtschaftsförderung einen wachsenden Stellenwert zu. Viele wichtige Instrumente zur
wirtschaftspolitischen Gestaltung stehen der Wirtschaftsförderung allerdings nicht
direkt zur Verfügung, sondern liegen in der Verantwortung anderer Verwaltungsbereiche. Dies zwingt die städtischen Akteure in diesem Bereich – trotz aller unterschiedlicher Ziele und Vorstellungen – zur Kooperation, wenn sie dauerhaft erfolgreich sein wollen.

Die zunehmende Individualisierung und Ausdifferenzierung der Kommunalverwaltung im Hinblick auf die Aufgabenwahrnehmung, Organisation oder Ausgliederungen gehen auch an der Wirtschaftsförderung nicht vorbei. So wie das Spektrum
der Organisationsformen immer größer wird, das Ausmaß der Privatisierungen und
der Beteiligung von Akteuren außerhalb der Verwaltung und Politik zunimmt, so
werden auch die Überschneidungen mit neu definierten Handlungsfeldern immer
stärker. Beispielsweise nimmt Stadtmarketing in vielen Städten heute für sich in Anspruch, als umfassendes Konzept auch die Wirtschaftsförderung zumindest in Teilen
zu integrieren. Damit wird ein Problem sichtbar, das bisher noch durch die relativ
stark abgegrenzten Zuständigkeiten »unter der Decke« gehalten werden konnte: die
erheblichen Zielkonflikte zwischen kommunalen Aufgabenbereichen einerseits und
zwischen privaten und Gemeinwohlinteressen andererseits.

Im Zuge der Globalisierung der Wirtschaft und der Integration Europas verliert der
Nationalstaat als Regulierungsinstanz an Bedeutung. Neben den supranationalen Institutionen gewinnen auch die Kommunen und Regionen an Gewicht. Weil sich zudem
in den Städten und Gemeinden die wirtschaftlichen und gesellschaftlichen Probleme am
stärksten manifestieren, entsteht dort besonderer Handlungsdruck. Die Kommunen
sehen sich wachsenden Anforderungen von seiten der Unternehmen und der Bürger
gegenüber, ohne daß ihre Handlungsressourcen wachsen. Im Gegenteil: Sie stehen vor
schwindenden (finanziellen) Handlungsmöglichkeiten. Mit diesem Dilemma werden
die Kommunen auf absehbare Zeit leben müssen. Ideen und kreatives Handeln müssen
daher fehlende Investitions- und Fördermöglichkeiten ersetzen.

HUBERT HEINELT

Kommunale Arbeitsmarktpolitik

Kommunen haben als arbeitsmarktpolitische Akteure in der »alten« Bundesrepublik Deutschland seit der Mitte der 70er Jahre einsetzenden »Beschäftigungskrise« eine wachsende politische und wissenschaftliche Aufmerksamkeit auf sich gezogen. Diese Aufmerksamkeit ist nach der Vereinigung noch stärker geworden, weil der Arbeitsmarktpolitik in Ostdeutschland die Funktion zugekommem ist, sozialpolitisch die Transformation der DDR-Gesellschaft zu flankieren: Angesichts der für arbeitsmarktpolitische Aktivitäten in den neuen Bundesländern (besonders bis Ende 1992) bereitgestellten beträchtlichen Finanzmittel stellt sich nämlich die Frage, von welchen Akteuren eine möglichst effiziente und problemangemessene örtliche Umsetzung von Arbeitsmarktpolitik abhängt. Dabei rücken nicht zuletzt die Kommunen ins Blickfeld.

1. Historische Aspekte

Kommunale Beschäftigungspolitik hat zwar aktuell eine besondere Aufmerksamkeit erlangt, sie kann jedoch unter dem Gesichtspunkt von Arbeitsbeschaffung auf eine lange Geschichte zurückblicken.

Unter Arbeitsbeschaffung ist ein öffentlich finanziertes Ersatzangebot an Arbeitsplätzen zu verstehen. Arbeitsbeschaffung wurde in Deutschland seit dem 19. Jahrhundert vornehmlich in Krisenzeiten praktiziert und zwar unter den Begriffen »Notstandsarbeiten« und später »wertschaffende Arbeitslosenfürsorge« und »wertschaffende Arbeitslosenhilfe«. Als Vorform kann die Beschäftigung von Armen in Arbeitshäusern gelten, wie sie seit Beginn der frühen Neuzeit als Teil öffentlicher Armutspolitik anzutreffen war. Stellte Arbeitsbeschaffung bis Ende der 20er Jahre dieses Jahrhunderts in erster Linie ein lokal orientiertes Instrument dar, das von den Kommunen angewendet wurde, um Fürsorgeempfänger zu beschäftigen, so wurde Arbeitsbeschaffung vor dem Hintergrund der Weltwirtschaftskrise in den Zusammenhang einer staatlichen, defizitfinanzierten Beschäftigungspolitik gerückt (Keynesianismus).[1]

Nach dem Arbeitsförderungsgesetz (von 1969) haben Arbeitsbeschaffungsmaßnahmen (ABM) ein wesentliches Instrument »aktiver Arbeitsmarktpolitik« dargestellt, die darauf orientiert ist, die »passive« Subsistenzsicherung über die Arbeitslosenunterstützung durch die Integration von Arbeitslosen in Beschäftigungsverhältnisse zu ersetzen. Außerdem ist die »Hilfe zur Arbeit« nach dem Bundessozialhilfegesetz (BSHG)

---

1 In Deutschland waren es die Gewerkschafter Woytinsky, Tarnow und Baade, die in den Jahren 1931/32 als erste einen in diese Richtung weisenden Plan entwarfen.

seit den 80er Jahren mehr und mehr zum Instrument einer originären kommunalen Arbeitsmarktpolitik geworden, das auf arbeitslose Sozialhilfeempfänger ausgerichtet ist, die nicht von Maßnahmen der Arbeitsämter erreicht werden.

2. Die Kommunen als arbeitsmarktpolitische Akteure

a. Staatliche Problemabwälzung und Bedeutungszuwachs der kommunalen Ebene seit Mitte der 70er Jahre

Daß den Kommunen bei der Bewältigung von Arbeitslosigkeit und ihrer sozialen Folgen seit Mitte der 70er Jahre eine herausgehobene Bedeutung zukommt, hat eine Reihe von Gründen.[2]

Zunächst kann festgestellt werden, daß schon in der »alten« Bundesrepublik staatliche Reaktionen (des Bundes) angesichts der steigenden und sich verfestigenden Arbeitslosigkeit in zweifacher Hinsicht unzureichend waren: zum einen erwiesen sich beschäftigungspolitische staatliche Maßnahmen (Investitionshilfen, regionale Wirtschaftsförderung/Strukturpolitik) als dem Problem nicht angemessen, und zum anderen zog sich die staatliche Ebene aus den Bekämpfung von Arbeitslosigkeit mehr und mehr zurück, de-thematisierte politische Handlungsanforderungen und wälzte diese Aufgabenwahrnehmung auf die kommunale Ebene ab.

Hinzu kommt, daß Arbeitslosenversicherungssysteme und staatliche Beschäftigungspolitik auf ein temporäres Ungleichgewicht am Arbeitsmarkt ausgerichtet sind. Dies wird daran deutlich, daß Arbeitslosengeld nur befristet gewährt wird, und beschäftigungspolitische Maßnahmen (Investitionshilfen, Steuererleichterungen, Infrastrukturverbesserungen usw.) zielen darauf ab, durch eine Belebung der Arbeitskräftenachfrage allgemein Beschäftigungsmöglichkeiten zu schaffen oder zu verbessern. Was geschieht jedoch in einer Situation, in der trotz Wirtschaftswachstum und auch teilweise nicht befriedigter Arbeitskräftenachfrage ein quantitativ beträchtlicher Teil von Erwerbspersonen keine Arbeit findet und langfristig arbeitslos bleibt? Spätestens in den 80er Jahren wurde das sich hinter dieser Frage verbergende Phänomen manifest, daß die »Krise des Erwerbssystems« (strukturelles quantitatives und qualitatives Ungleichgewicht zwischen Arbeitskräfteangebot und -nachfrage) nicht hinlänglich mit gängigen beschäftigungspolitischen Problemlösungen ist.

Weil marginalisierte Gruppen der Erwerbsbevölkerung kaum von globalen Maßnahmen der Beschäftigungspolitik erreicht werden können (oder von makro-ökonomischen Steuerungsmechanismen keynesianischer Politik) wurde Arbeitsmarkt-

---

2 Vgl. Hans E. Maier/Hellmut Wollmann (Hrsg.), Lokale Beschäftigungspolitik, Basel u. a. 1986; Hubert Heinelt, Die Beschäftigungskrise und arbeitsmarkt- und sozialpolitische Aktivitäten in den Städten, in: Hubert Heinelt/Hellmut Wollmann (Hrsg.), Brennpunkt Stadt. Stadtpolitik und lokale Politikforschung in den 80er und 90er Jahren, Basel u. a. 1991, S. 257–280; Susanne Benzler/Hubert Heinelt, Stadt und Arbeitslosigkeit. Örtliche Arbeitsmarktpolitik im Vergleich, Opladen 1991; Wolfgang Jaedicke/Kurt Ruhland/Uta Wachenhofer/Hellmut Wollmann/Holger Wonnenberg, Lokale Politik im Wohlfahrtsstaat. Zur Sozialpolitik der Gemeinden und ihrer Verbände in der Beschäftigungskrise, Opladen 1991.

politik bedeutsam, d. h. eine Politik, die direkt auf die Verbesserung von Beschäftigungschancen und die Schaffung von Beschäftigungsmöglichkeiten von Personen bzw.
besonderen Personengruppen abzielt.[3] Um diese Zielgruppen zu erreichen, genügt es
nicht, durch zentrale Entscheidungen Finanzmittel zur Verfügung zu stellen und den
Zugang zu ihnen zu regeln. Es ist notwendig, daß zentral gesetzte Leistungen und
Programme lokal zugeschnitten werden, um bei örtlich differierenden Bedingungen
die sog. »Problemgruppen« des Arbeitsmarktes tatsächlich zu erreichen. Aus diesem
Grund ist Arbeitsmarktpolitik per se ein Gegenstand lokaler politischer Prozesse.

Die bei der Bekämpfung von Arbeitslosigkeit zu verzeichnende Orientierung auf
Arbeitsmarktpolitik bewirkt nicht nur eine Aufwertung der lokalen Ebene (als entscheidende Implementationsebene). Hinzu kommt eine »Kommunalisierung« von
Folgeproblemen der Arbeitslosigkeit. Sie ergibt sich institutionell daraus, daß die
Kommunen als örtliche Sozialhilfeträger zu »Ausfallbürgen« werden, wenn Defizite
sozialer Sicherungssysteme entstehen resp. von staatlichen Instanzen zugelassen werden. Die Kommunen werden mit Marginalisierungsprozessen infolge von Arbeitslosigkeit aber nicht nur in der Form steigender Sozialhilfeleistungen konfrontiert. Sie
stehen auch vielfältigen Anforderungen im Bereich persönlicher Hilfen (Schuldnerberatung, Wohnungsversorgung u. ä.) gegenüber.[4] Im Rahmen der vertikalen
Aufgabenverteilung des politischen Systems und der gegebenen politischen Entscheidungsstrukturen ist es den Kommunen nicht gelungen, dieser Problemabwälzung entgegenzutreten.[5]

Nicht zuletzt deshalb haben sich auf der kommunalen Ebene Ansätze einer
Politik gegen Arbeitslosigkeit entwickelt. Bei den Kommunen greift nämlich ein
Effekt, der als »Folge institutioneller Kongruenz« beschrieben worden ist: Fallen
Kosten und Nutzen von Nichthandeln bzw. Handeln bei ein und demselben Akteur
an, werden in der Regel aktive Problemlösungsstrategien gesucht. Zwar sind ge-
rade bei der bundesrepublikanischen Arbeitsmarktpolitik institutionelle Kongru-
enzen selten[6], bei der unteren politischen Ebene sind sie z. T. jedoch anzutreffen:
Für Kommunen kann es sich durchaus finanziell lohnen, z. B. Beschäftigungsmöglichkeiten (nach § 19 BSHG) zu schaffen, wenn die neu entstehenden Arbeitsplätze
mit arbeitslosen Sozialhilfeempfängern besetzt werden und diese dadurch wieder
Ansprüche auf Leistungen der Arbeitslosenversicherung erwerben, d. h. in den
Zuständigkeitsbereich der Bundesanstalt für Arbeit »zurückgewälzt« werden (vgl.
hierzu den Beitrag von Holger Backhaus-Maul zur kommunalen Sozialpolitik in
diesem Band).

Hinzu kommt, daß sich kommunalpolitische Akteure einem politischen Handlungsdruck weniger leicht entziehen können, als politische Akteure auf der Bundes-
und Landesebene: Sie können von der öffentlichen Debatte »vor Ort« und/oder von
Initiativen gegen Arbeitslosigkeit, die teilweise von Organisationen der Betroffenen
selbst getragen werden, teilweise aber auch von »Sozialstaatsadvokaten« (Wohlfahrtsverbände, Kirchen) ausgehen, in die Pflicht genommen werden.

---

3 Vgl. zur begrifflichen Unterscheidung von Arbeitsmarkt- und Beschäftigungspolitik Friedhart
   Hegner, Handlungsfelder und Instrumente kommunaler Beschäftigungs- und Arbeitsmarktpolitik, in: Bernhard Blanke/Adalbert Evers/Hellmut Wollmann (Hrsg.), Die Zweite Stadt.
   Neue Formen lokaler Arbeits- und Sozialpolitik (Leviathan-Sonderheft 7), Opladen 1986,
   S. 120 f.
4 Vgl. Susanne Benzler/Hubert Heinelt (Anm. 2), S. 27 f., 79 ff.
5 Vgl. Wolfgang Jaedicke u. a. (Anm. 2).
6 Vgl. Günther Schmid/Bernd Reissert/Gerd Bruche, Arbeitslosenversicherung und aktive
   Arbeitsmarktpolitik. Finanzierungssysteme im internationalen Vergleich, Berlin 1987, S. 46 ff.

Vor diesem Hintergrund ist erklärlich, daß arbeitsmarktpolitische Anforderungen das Spektrum beschäftigungspolitischer Aktivitäten von Kommunen (als Investoren, Beschäftiger und Wirtschaftsförderer)[7] verändert haben: Für den (insbesondere »zielgruppengerechten«) Einsatz von ABM sind Kommunen zum einen als Träger und zum anderen im Hinblick auf die Gewährung einer Komplementärfinanzierung von Maßnahmen bei »Dritten« gefordert. Sie haben dazu institutionelle Innovationen (Einrichtung von kommunalen Beschäftigungsgesellschaften, Planungs-, Koordinations- und Beratungsstellen u. ä.)[8] vorgenommen und eigene Förderprogramme aufgelegt. Ähnliches gilt für die bereits erwähnte »Hilfe zur Arbeit« nach § 19 des Bundessozialhilfegesetzes (BSHG).[9] Im Bereich der Maßnahmen gegen Jugendarbeitslosigkeit sind Kommunen vor die Aufgabe gestellt worden, in Kooperation mit Maßnahmeträgern unterschiedlicher überörtliche Förderprogramme (der betreffenden Länder, des Bundes und der EU) auf örtliche Gegebenheiten zuzuschneiden, ggf. mit kommunalen Mitteln zu ergänzen und sich auch selbst als Maßnahmeträger zu engagieren. Und schließlich haben sich kommunale Bildungseinrichtungen (z. B. Volkshochschulen) mit Anforderungen konfrontiert gesehen, Angebote im Bereich beruflicher Weiterbildung bereitstellen oder ausweiten zu müssen. Traditionelle beschäftigungspolitische Orientierungen von Kommunen sind dadurch insofern erweitert (bzw. sogar gesprengt) worden, als arbeitsmarktpolitische Aktivitäten nicht nur direkt (im Unterschied zur indirekt ansetzenden kommunalen Wirtschaftsförderung über Infrastrukturverbesserungen, Technologietransfer, Technologiezentren, High-Tech Industrieparks usw.) auf die Verbesserung von Beschäftigungschancen oder die Schaffung von Beschäftigungsverhältnissen für bestimmte Personen bzw. Personengruppen zielen, sondern aufgrund eines »Zielgruppenbezugs« mehr oder weniger stark auch sozialpolitische Imperative verfolgt werden.

b. Die Debatte um den Bedeutungszuwachs der kommunalen Ebene in den 80er Jahren

Parallel zur politischen Thematisierung von besonderen lokalen Handlungsanforderungen im Bereich der Arbeitsmarktpolitik erfolgte im Laufe der 80er Jahre in der sozialwissenschaftlichen Diskussion ein Wechsel von Forschungperspektiven.[10] Mit der Verschärfung der Beschäftigungskrise rückten die Politikfelder Sozial- und Arbeitsmarkt-(Beschäftigungs-)politik ins Zentrum der Aufmerksamkeit.[11] Im Hintergrund

---

7 Vgl. Friedhard Hegner (Anm. 3).
8 Vgl. dazu u. a. KGSt (Kommunale Gemeinschaftsstelle für Verwaltungsvereinfachung), Organisation der kommunalen Beschäftigungsförderung – Aktivitäten gegen Arbeitslosigkeit, Köln 1988; KGSt, Aufgaben und Organisation kommunaler Arbeitsmarktpolitik in den ostdeutschen Bundesländern, Köln 1990; Bundes-SGK (Sozialdemokratische Gemeinschaft für Kommunalpolitik in der Bundesrepublik Deutschland e.V.), Mehr Beschäftigung – Ein Politikfeld der Kommunen, Bonn 1997.
9 Vgl. Hubert Heinelt, »Hilfe zur Arbeit« – Ergebnisse einer schriftlichen Befragung von Kommunen, in: Sozialer Fortschritt, (1989) 5/6, S. 113–118; Stefan Sell, Sozialhilfe, Arbeitsmarkt und Arbeitsmarktpolitik, in: Sozialer Fortschritt, (1995) 8/9, S. 214–220; Tom Priester/ Peter Klein, Hilfe zur Arbeit. Ein Instrument für die kommunale Arbeitsmarktpolitik, Augsburg 1992.
10 Vgl. Hubert Heinelt (Anm. 2).
11 Vgl. Hans E. Maier/Hellmut Wollmann (Anm. 2); Bernhard Blanke u. a. (Anm. 3).

stand dabei immer auch die Fragestellung nach dem Handlungsspielraum des »Sozialstaats von unten«[12] angesichts ausbleibender zentralstaatlicher Konzepte. Während einerseits deutlich wurde, daß die traditionelle kommunale Wirtschaftsförderung nicht mehr in der Lage war, angemessene Antworten auf das Problem der Massenarbeitslosigkeit zu finden[13], konnte andererseits die Relevanz lokaler Implementationsbedingungen und -strategien von überörtlichen Arbeitsmarktprogrammen bzw. -instrumenten herausgestellt werden.[14]

Ein herausgehobenes Interesse zogen Arbeitsbeschaffungsmaßnahmen auf sich, weil sie es örtlichen Akteuren ermöglichten, mittels beachtlicher Finanzmittel der Bundesanstalt für Arbeit weitgehend selbständig gesetzte Ziele zu verfolgen. In Untersuchungen wurden Handlungsmöglichkeiten (und -restriktionen) von örtlichen Arbeitsämtern, Kommunen und freien Trägern bestimmt[15] sowie Chancen dargestellt, mit Hilfe von ABM strukturverbessernde Wirkungen zu erzielen oder innovative (Sozial-)Projekte zu fördern und z. T. mittelfristig von einer arbeitsmarktpolitisch motivierten Förderung unabhängig zu machen.[16] Gerade bei innovativen Projekten wurden Verknüpfungsmöglichkeiten von arbeitsmarkt- und sozialpolitischen Aspekten sowie die Förderung von Selbsthilfe und (bislang) informellen Tätigkeiten hervorgekehrt.[17]

---

12 Vgl. Hellmut Wollmann, Stadtpolitik – Erosion oder Erneuerung des Sozialstaats »von unten«?, in: Bernhard Blanke u. a. (Anm. 3), S. 79–101.

13 Vgl. u. a. Joachim Jens Hesse, Stadt und Staat – Veränderungen der Stellung und Funktion der Gemeinden im Bundesstaat, in: Joachim Jens Hesse/Hellmut Wollmann (Hrsg.), Probleme der Stadtpolitik in den 80er Jahren, Frankfurt a. M./New York 1983, S. 6–32; Werner Väth, Kommunale Arbeitsmarktpolitik und kommunale Wirtschaftsförderung, in: ebd. S. 227–233.

14 Vgl. Fritz W. Scharpf/Marlene Brockmann/Manfred Groser/Friedhart Hegner/Günther Schmid (Hrsg.), Aktive Arbeitsmarktpolitik. Erfahrungen und neue Wege, Frankfurt a. M./ New York 1982; Dieter Garlichs/Friederike Maier/Klaus Semlinger (Hrsg.), Regionalisierte Arbeitsmarkt- und Beschäftigungspolitik, Frankfurt a. M./New York 1983; Gerhard Bosch/ Haus Gabriel/Hartmut Seifert/Joachim Welsch, Beschäftigungspolitik in der Region, Köln 1987; Peter Hurler/Martin Pfaff (Hrsg.), Lokale Arbeitsmarktpolitik, Berlin 1987 sowie Friederike Maier, Beschäftigungspolitik vor Ort. Die Politik der kleinen Schritte, Berlin 1988.

15 Vgl. u. a. Eugen Spitznagel, Arbeitsbeschaffungsmaßnahmen (ABM). Beschäftigungswirkung, Zielgruppenorientierung und gesamtfiskalischer Kostenvergleich; in: Dieter Mertens (Hrsg.), Konzepte der Arbeitsmarkt- und Berufsforschung, Nürnberg 1982, S. 278–285; Christine Sellin/Eugen Spitznagel, Chancen, Risiken, Probleme und Expansionspotentiale von Allgemeinen Maßnahmen zur Arbeitsbeschaffung (ABM) aus der Sicht von Maßnahmeträgern. Ergebnisse einer Befragung, in: Mitteilungen aus der Arbeitsmarkt- und Berufsforschung, (1988) 4, S. 483–497; Hubert Heinelt, Chancen und Bedingungen arbeitsmarktpolitischer Regulierung am Beispiel ausgewählter Arbeitsamtsbezirke. Zur Bedeutung von Kommunen beim Einsatz von Arbeitsbeschaffungsmaßnahmen, in: Mitteilungen aus der Arbeitsmarkt- und Berufsforschung, (1989) 2, S. 294–311; Michael Huebner/Alexander Krafft/Heiner Thormeyer/Günter Ulrich/Klaus Zelder, ABM in der lokalen Politikarena. Macht und Interesse bei der Implementation lokaler Arbeitsmarktpolitik, Berlin 1990.

16 Vgl. Hans E. Maier, Arbeitsbeschaffungsmaßnahmen zur Verbesserung der sozialen Dienste und der sozialen Infrastruktur, in: Fritz W. Scharpf u. a. (Anm. 14), S. 209–268; Hartmut Seifert, Arbeitsbeschaffungsmaßnahmen – Beschäftigungspolitische Lückenbüßer für Krisenregionen? in: Sozialer Fortschritt, (1988) 6, S. 121–128.

17 Vgl. Adalbert Evers, Zwischen Arbeitsamt und Ehrenamt. Unkonventionelle lokale Initiativen im Schnittpunkt von Arbeit und sozialen Diensten, in: Bernhard Blanke u. a. (Anm. 3), S. 15–50.

Im Zentrum der sozialwissenschaftlichen Auseinandersetzung um lokale Arbeits-marktpolitik stand ferner die durch Probleme der Politiksegmentation und Verwaltungsfragmentierung, d. h. nach institutionell abgegrenzten Politikfeldern (Arbeitsmarkt-, Beschäftigungs-, Sozial-, Jugendhilfepolitik usw.) und engen administrativen Zuständigkeiten geprägte Bearbeitung des Problemsyndroms Arbeitslosigkeit.[18] Lösungsversuche wurden an den Überschneidungs- und Bruchstellen traditioneller Problemlösungen lokalisiert, die als Politikfelder institutionalisiert sind. Verschiedene Untersuchungen stellten die Bedeutung der sich auf lokaler Ebene herausgebildeten Arbeitsgemeinschaften, Arbeitsgruppen, Kommissionen, Stabsstellen, Beschäftigungsgesellschaften u. ä. heraus, deren Aufgabe die Koordinierung und der Informationsaustausch von und zwischen Akteuren und Aktivitäten im Problemfeld Arbeitslosigkeit ist.[19] Untersucht wurde das Zusammenwirken bislang nebeneinander (und z. T. gegeneinander) arbeitender Akteure und »neue Mixturen«[20] von Instrumenten. Dies verdeutlichte, daß Lösungsversuche die »Bündelung von Einzelpolitiken«[21] erzwingen.

c. Auf dem Weg zur »fürsorgerischen Arbeitsmarktpolitik«

Die zuvor skizzierte Entwicklung der kommunalen Arbeitsmarktpolitik änderte sich in den 90er Jahren erheblich. Dabei konnte sie in den ersten Jahren nach der deutschen Vereinigung (wie eingangs erwähnt) in Ostdeutschland im Zuge der reichlich zur Verfügung gestellten Fördermittel und im Rahmen von Sonderregelungen einen bemerkenswerten Aufschwung verzeichnen[22] und sich im Westen mehr oder weniger konstant weiterentwickeln.

Seit 1992 sind jedoch brisante Veränderungen greifbar. Die Überforderung der Beitragsfinanzierung von arbeitsmarktpolitischen Aktivitäten in den neuen Bundesländern und eine steigende Arbeitslosigkeit auch im Westen sowie die für die Bundesregierung schwer zu kalkulierenden Defizitdeckungsverpflichtungen gegenüber der Bundesanstalt für Arbeit und die stetig gewachsenen Arbeitslosenhilfeaufwendungen des Bundes haben eine »programmatische« Re-Orientierung der Arbeitsmarktpolitik in Gang gesetzt. Deutlich werden die dadurch bedingten Veränderungen sowohl im Bereich der passiven Arbeitsmarktpolitik (bei den Lohnersatzleistungen) als auch bei den »aktiven« arbeitsmarktpolitischen Maßnahmen (die unmittelbar auf eine Behebung [registrierter] Arbeitslosigkeit abzielen).

---

18 Vgl. Bernhard Blanke/Hubert Heinelt/Carl-Wilhelm Macke, Großstadt und Arbeitslosigkeit. Ein Problemsyndrom im Netz lokaler Sozialpolitik, Opladen 1987.

19 Vgl. über die bereits genannten Arbeiten hinaus Udo Bullmann/Mike Cooley/Edgar Einemann (Hrsg.), Lokale Beschäftigungsinitiativen. Konzepte – Praxis – Probleme, Marburg 1986; Werner Fricke/Hartmut Seifert/Joachim Welsch (Hrsg.), Mehr Arbeit in die Region. Chancen für regionale Beschäftigungsinitiativen, Bonn 1986.

20 Vgl. Friedhart Hegner (Anm. 3).

21 Vgl. Joachim Jens Hesse, Erneuerung der Politik »von unten«? Stadtpolitik und kommunale Selbstverwaltung im Umbruch, in: ders. (Hrsg.), Erneuerung der Politik »von unten«? Opladen 1986, S. 14.

22 Vgl. Hubert Heinelt/Gerhard Bosch/Bernd Reissert (Hrsg.), Arbeitsmarktpolitik nach der Vereinigung, Berlin 1994 (dort besonders den Artikel von Alexander Wegener, Die Kommunen als arbeitsmarktpolitische Akteure, S. 234–248).

Bei der passiven Arbeitsmarktpolitik sind Leistungseinschränkungen und eine Kommunalisierung der Subsistenzsicherung von Arbeitslosen in Gang gekommen, die über die Tendenzen der 80er Jahre weit hinausgeht. Mit der Senkung der Leistungssätze zu Beginn des Jahres 1994 wurden zum ersten Mal nach 1982/83 die Lohnersatzleistungen als »Kernbereich« der Arbeitslosenversicherung beschnitten und damit die Möglichkeit vergrößert, daß Arbeitslosengeld- und Arbeitslosenhilfeempfänger ergänzend zur Sicherung ihres Lebensunterhalts Sozialhilfeleistungen in Anspruch nehmen müssen. Entscheidender als die Senkung der Leistungssätze sind indes die von der Bundesregierung ins Spiel gebrachten und vorgenommenen Veränderungen beim Arbeitslosenhilfeanspruch. So sollte die sog. originäre Arbeitslosenhilfe (ohne vorherigen Anspruch auf Arbeitslosengeld) entfallen, die sog. Anschluß-Arbeitslosenhilfe (nach dem Bezug von Arbeitslosengeld) auf zwei Jahre begrenzt und der Zahlbetrag jährlich gesenkt werden. Durchsetzbar war allerdings im Rahmen von Verhandlungen mit den Bundesländern zum 1. 1. 1994 nur eine auf ein Jahr begrenzte Bezugsdauer der originären Arbeitslosenhilfe und (mit dem »Arbeitslosenhilfe-Reformgesetz«/AlhiRG von 1996) eine jährliche Absenkung der Zahlbeträge. Eine Realisierung der von der Bundesregierung weiterverfolgten Einschränkungen bei der Arbeitslosenhilfe (wie dies zwischenzeitlich im Rahmen des »Arbeitsförderungs-Reformgesetzes«/AFRG und der Neuformulierung des Arbeitsförderungsrechts im Sozialgesetzbuch III anstand) hätte zur Folge, daß Arbeitslose in noch stärkerem Maße als bislang schon zu Empfängern kommunaler Fürsorgeleistungen gemacht würden.[23] Dabei hat man sich zu vergegenwärtigen, daß die Arbeitslosenhilfe eine staatliche Fürsorgeleistung darstellt, die eine ursprünglich (zu Beginn der 20er Jahre) von den Kommunen zu finanzierende Erwerbslosenfürsorge abgelöst hat[24] und nur an das aus Sozialversicherungsbeiträgen finanzierte Leistungssystem der Arbeitslosenversicherung institutionell angekoppelt ist.

Neu ist an den Veränderungen bei der Arbeitslosenhilfe, daß sie (im Unterschied zu leistungsrechtlichen Einschränkungen der 80er Jahre) von der Bundesregierung nicht nur als Möglichkeit zur Abwälzung von Leistungsverpflichtungen begriffen, sondern auch durch ergänzende Regelungen gezielt zur Umorientierung von Sicherungssystemen eingesetzt werden. So sind die Veränderungen bei der Arbeitslosenhilfe auch mit der Notwendigkeit einer stärkeren Abstimmung mit der Sozialhilfe begründet worden[25], und parallel zum »Arbeitslosenhilfe-Reformgesetz« und vor dem

---

23 Die mit dem 1. SKWPG von 1994 geplanten und mit dem AlhiRG von 1996 weiterverfolgten leistungsrechtlichen Einschränkungen bei der Arbeitslosenhilfe hätten zur Ausgrenzung von rund 300 000 Arbeitslosen aus dem Leistungsbezug geführt (vgl. Stefan Sell [Anm. 9], S. 461).

24 Vgl. zur damaligen Situation Stefan Leibfried, Die Institutionalisierung der Arbeitslosenversicherung in Deutschland, in: Kritische Justiz, (1977) 10, S. 289–301.

25 Die Tragweite dieser Veränderungen wird erst hinlänglich deutlich, wenn die über die Sozialhilfereform installierten Beschäftigungshilfen für Sozialhilfeempfänger im Zusammenhang mit den Veränderungen der im Arbeitsförderungsrecht geregelten aktiven Arbeitsmarktpolitik und dem »Arbeitslosenhilfe-Reformgesetz« gesehen werden. Vgl. dazu im einzelnen Hubert Heinelt/Michael Weck, Arbeitsmarktpolitik – vom Vereinigungsdiskurs zur Standortdebatte, Opladen 1998. So beinhaltete das »Arbeitslosenhilfe-Reformgesetz« neben den dargestellten leistungsrechtlichen Einschränkungen auch speziell auf Arbeitslosenhilfeempfänger bezogene »arbeitsfördernde« Regelungen – nämlich »Arbeitstrainingsmaßnahmen« und die »Arbeitnehmerhilfe«. Und durch die seit der 10. AFG-Novelle (d. h. seit 1993) bei Maßnahmen aktiver Arbeitsmarktpolitik vorgenommenen Veränderungen ist nicht zuletzt mit dem Prinzip einer tariflichen oder ortsüblichen Bezahlung bei beschäftigungsfördernden Maßnahmen gebrochen und gemeinnützige Beschäftigung von Arbeitslosenhilfe-

»Arbeitsförderungs-Reformgesetz« wurde eine Sozialhilfereform auf den Gesetzgebungsweg gebracht. Diese Novelle des Bundessozialhilfegesetzes (BSHG) zielte neben einer unmittelbaren finanziellen Entlastung der Kommunen, die durch eine begrenzte Erhöhung der Regelsätze für die sog. laufende Hilfe zum Lebensunterhalt erreicht werden sollte, auf eine Wiedereingliederung arbeitsloser Sozialhilfeempfänger in den Arbeitsmarkt ab. Nachdem über die Regelsatzerhöhung/-begrenzung mit der SPD-geführten Mehrheit im Bundesrat eine Einigung im Vermittlungsausschuß erreicht worden war, konnte die Novelle zum 1. 8. 1996 in Kraft treten. Damit kann über die bislang schon gesetzlich genormte gemeinnützige und zusätzliche »Hilfe zur Arbeit« (nach § 19, Abs. 2 BSHG)[26] und Tätigkeiten zur »Arbeitsgewöhnung« und Prüfung der Arbeitsbereitschaft (nach § 20 BSHG) die Arbeitsaufnahme von arbeitslosen Sozialhilfeempfängern nun gefördert werden durch

– Lohnkosten- und Einarbeitungszuschüsse an Arbeitgeber[27],
– Leiharbeitsverhältnisse mit Sozialhilfeempfängern,
– berufliche Qualifikationsmaßmahmen,
– Zuschüsse zum Lohn bei Saisonbeschäftigung und
– eine Erhöhung der Zuverdienstgrenze bei beschäftigten Hilfeempfängern.

Sollte es mittels dieser »arbeitsmarktpolitischen Aufladung‹ des BSHG«[28] gelingen, einen Kreis von 400 000 bis 500 000 Sozialhilfeempfängern, die der bei der Sozialhilfereform federführende Bundesgesundheitsminister Horst Seehofer für arbeitsfähig hält[29], in Arbeit zu bringen, so würden Sozialämter endgültig zu »Ersatzarbeitsämtern«[30] – was sie vor dem Hintergrund einer gestiegenen Abwälzung von Folgelasten der Arbeitslosigkeit sowieso schon mehr und mehr geworden sind. So ist von »bescheidenen« Anfängen in den 80er Jahren die Zahl der im Rahmen von »Hilfe zur Arbeit« Beschäftigten auf knapp 119 000 im Jahr 1993 angestiegen[31] und soll inzwischen (im Sommer 1997) annähernd ein Niveau von 200 000 Personen erreicht haben.[32]

Kommunen setzen inzwischen nicht nur das auf gemeinnützige und »zusätzliche« Tätigkeiten ausgerichtete Instrument der »Hilfe zur Arbeit« ein und gewähren Lohnkostenzuschüsse für »normale« Beschäftigungsverhältnisse, um Sozialhilfeempfänger in Arbeit zu bringen und von kommunalen Unterstützungsleistungen unabhängig zu machen. Immer mehr Kommunen sind außerdem dazu übergegangen, eigene Stellen für die Arbeitsvermittlung von Sozialhilfeempfängern einzurichten (teilweise mit vorher selbst arbeitslosen Personen), worin die Tendenz auch institutionell manifest wird, daß

---

empfängern nach sozialhilferechtlichen Regelungen (»Gemeinschaftsarbeit«) ermöglicht worden.

26 Siehe dazu – insbesondere zu den Unterschieden der Hilfe zur Arbeit nach der Entgelt- und der Mehraufwandsentschädigungsvariante – Anm. 9.

27 Lohnkosten- und Einarbeitungszuschüsse konnten im Prinzip auch vorher schon nach § 19 Abs. BSHG gezahlt werden. Die BSHG-Reform sollte hier jedoch mehr Rechtssicherheit schaffen.

28 Stefan Sell (Anm. 9), S. 464.

29 Vgl. Horst Seehofer, Eckpunkte für eine Reform der Sozialhilfe, in: Wirtschaftsdienst, (1995) 5, S. 232.

30 Wilhelm Adamy, Arbeitslosigkeit und Sozialhilfe – Ausgrenzung stoppen, in: Soziale Sicherheit, (1995) 6, S. 207.

31 Vgl. Stefan Sell (Anm. 9), S. 217 mit Verweisen auf die Quellen.

32 Vgl. Deutscher Städtetag Kommunale Beschäftigungsförderung. Ergebnisse einer Befragung von 1997, Köln 1997.

Sozialämter zu »Ersatzarbeitsämtern« geworden sind. Andere Kommunen haben außerdem (private) Arbeitsvermittlungsagenturen (z. B. die niederländische Firma »Maatwerk«) eingeschaltet und zahlen ihnen für die erfolgreiche Vermittlung von Sozialhilfeempfängern Prämien.

Diese kommunalen arbeitsmarktpolitischen Aktivitäten mögen für eine Reintegration von arbeitslosen Sozialhilfeempfängern in das Erwerbssystem bedeutsam sein. Gleichwohl tritt bei ihnen mehr und mehr – wie bei entsprechenden Konzepten früherer Zeiten (siehe Abschnitt 1) – der Charakter einer »fürsorgerischen Arbeitsmarktpolitik«[33] hervor, bei der die Funktionen von Kontrolle und Disziplinierung nicht zu übersehen ist.

Die Orientierungen, die in der Vergangenheit (etwa nach § 2 des AFG) mit aktiver Arbeitsmarktpolitik verbunden gewesen sind, mögen vor diesem Hintergrund zurückgenommen worden sein. Aber diejenigen, die aus dem Erwerbssystem und unter Umständen auch aus der Leistungsgewährung der passiven Arbeitsmarktpolitik ausgegrenzt sind, werden nicht allein sich selbst und einer marktlichen Reintegration überlassen. Zum einen erhalten sie Subsistenzsicherungsleistungen (auch wenn diese bedürftigkeitsabhängig bemessen werden), wobei sich bei der Sozialhilfe das Bedarfsdeckungsprinzip geltend macht, das auf der Grundlage des Postulats, »die Führung eines Lebens zu ermöglichen, das der Würde des Menschen entspricht« (§ 1, Abs. 2 BSHG), auf eine sozialstaatliche Teilhabesicherung orientiert war und ist. Zum anderen bleiben Arbeitslose Objekte einer öffentlichen Beschäftigungsförderung – auch wenn diese den Charakter »fürsorgerischer Arbeitsmarktpolitik« annimmt. Mit dem Wandel von einer aktiven »zu einer »fürsorgerischen Arbeitsmarktpolitik« geht allerdings ein fundamentaler Perspektivenwechsel einher: Im Zentrum steht nicht mehr das Modell eines Wohlfahrtsstaats, der gesellschaftliche Teilhabe durch eine Integration in »Normalarbeitsverhältnisse« sichert, sondern ein »workfare state«[34]: Die Gewährung einer bedarfsorientierten Subsistenzsicherungsleistung bleibt dabei zwar als Kern sozialstaatlicher Politik in Deutschland gesichert, sie wird allerdings nachdrücklicher an Arbeitseinsatz gebunden – und zwar mit erheblich eingeschränktem Status- bzw. Berufsschutz.

d. Zum weiteren Spektrum lokaler arbeitsmarktpolitischer Aktivitäten

Kommunale Arbeitsmarktpolitik weist zwar die zuvor umrissene Komponente auf, sie ist darüber hinaus aber auch auf eine arbeitskräfte- und arbeitsplatzbezogene Beschäftigungsförderung und eine betriebsbezogene Förderung ausgerichtet.[35]

Eine arbeitskräfte- und arbeitsplatzbezogene Beschäftigungsförderung zeichnet sich dadurch aus, daß gezielt ein örtliches Arbeitskräftepotential entwickelt bzw. arbeitsplatzbezogen individuelle Beschäftigungschancen verbessert werden. Entspre-

---

33 Stefan Sell (Anm. 9, S. 219) spricht von einer »negativen Arbeitsmarktpolitik«.
34 Zur angelsächsischen Debatte über eine Entwicklung vom »welfare to workfare« vgl. Martin Jones, Full Steam ahead to a Workfare State? In: Policy and Politics, (1996) 2, S. 137–157.
35 Vgl. Hubert Heinelt, Lokale Arbeitsmarktpolitik in einem sich wandelnden Wohlfahrtsstaat, in: Bernhard Blanke (Hrsg.), Stadt und Staat. Systematische, vergleichende und problemorientierte Analysen »dezentraler« Politik, PVS-Sonderheft (1991) 22, Opladen, S. 113–125.

chende arbeitsmarktpolitische Maßnahmen weisen meist einen fließenden Übergang zur regionalen Strukturpolitik und Wirtschaftsförderungen auf. Im Unterschied zur üblichen lokalen Wirtschaftsförderung besteht in diesem Fall ein unmittelbarer Bezug zu örtlichen Arbeitslosen oder örtlich von Arbeitslosigkeit bedrohten Beschäftigten. Durch sie wird

– entweder auf spezifische Arbeitskräfte (mit spezifischen Arbeitsfertigkeiten/skills) gesetzt, für die durch Um- oder Weiterqualifikation, aber auch durch Finanzhilfen Möglichkeiten geschaffen werden, in einem absehbaren Zeitraum ohne dauerhafte öffentliche Subvention Güter oder Dienstleistungen zu produzieren;

– oder auf spezifische Produktionskapazitäten, die durch Konversionsmaßnahmen zu erhalten oder zu erschließen sind.

Betriebsbezogene Arbeitsmarktpolitik verfolgt das Ziel, die Qualifikation von Arbeitslosen direkt auf die Bedarfe örtlicher Betriebe auszurichten. Dies setzt nicht nur – wie auch bei einer arbeitskräfte- und arbeitsplatzbezogenen Beschäftigungsförderung – die unmittelbare Beteiligung örtlicher Betriebe an der Konzipierung und Durchführung von Maßnahmen voraus. Ebenso notwendig ist üblicherweise ein Verbund von Bildungsträgern. Nur dadurch ist zu gewährleisten, daß die erforderlichen (allgemeinen und betriebsspezifischen) Qualifikationen für meist recht unterschiedliche Tätigkeiten vermittelt werden können. Ausbildungsverbünde sind aber auch deshalb erforderlich, weil die je Betrieb nachgefragte Zahl unterschiedlich qualifizierter Arbeitskräften oft nur begrenzt ist. Bei der Konzentration auf Arbeitslose sind (zumal dann, wenn es sich um Langzeitarbeitslose handelt) qualifikationsbegleitende soziale Hilfen erforderlich, die über andere Träger (Wohlfahrtsverbände, Kirchen) abgewickelt werden können und für deren Finanzierung eine kommunale Komplementärförderung wichtig sein kann.

Bislang gibt es zwar erst vereinzelte Ansätze betriebsbezogener Arbeitsmarktpolitik, sie sind allerdings auf reges Interesse gestoßen. Dieses Interesse steht damit in Verbindung, daß sich – zumindest am westdeutschen Arbeitsmarkt – mehr und mehr demographisch bedingte Angebotsengpässe (Überalterung) und ein qualifikatorisches mismatching konturieren[36], für die eine betriebsbezogene Arbeitsmarktpolitik Lösungen verspricht.

3. Grenzen kommunaler und Möglichkeiten lokaler Politik

Die Betrachtung lokaler Politikprozesse unterliegt der Gefahr, lokale Politik mit Kommunalpolitik gleichzusetzen bzw. den Blick nur auf kommunale Politik zu richten und die lokale auf die kommunale Ebene zu reduzieren. Bei einer solchen Betrachtungsweise ist es naheliegend, auf die begrenzten Handlungsspielräume der Kommune hinzuweisen. Durch die Betonung von finanziellen und institutionellen Restriktionen kommunaler Politik werden jedoch lokale Handlungsspielräume übersehen, von deren Nutzung es abhängt, ob Beschäftigungs- und Arbeitsmarkteffekte zu erzielen sind

---

36 Vgl. Frieder Buttler/Ulrich Cramer, Entwicklung und Ursachen von mis-matching-Arbeitslosigkeit in Deutschland, in: Mitteilungen aus der Arbeitsmarkt- und Berufsforschung, (1991) 3, S. 483–500.

und politisch sozialen Marginalisierungsprozessen entgegenzuwirken ist. Wie Untersuchungen zum Einsatz arbeitsmarktpolitischer Instrumente verdeutlichen konnten (siehe Abschnitt 2.a), ist es für die über sie zu erzielenden Effekte nicht nur erheblich, ob, sondern wie sie von Kommunen implementiert werden: Es kommt darauf an, wie Kommunen Handlungsanforderungen wahrnehmen, gegebene Instrumente einsetzen und ob sie für die Realisierung selbst gesetzter arbeitsmarktpolitischer Zielsetzungen durchaus meist noch verfügbare Eigenmittel einsetzen. Außerdem ist für die Einschätzung von Wirkungsmöglichkeiten lokaler Arbeitsmarktpolitik entscheidend, wie Kommunen mit anderen lokalen arbeitsmarktpolitischen Akteuren zusammenarbeiten. Diese Akteure unterliegen zwar auch spezifischen Restriktionen und mögen auch andere Handlungsorientierungen als Kommunen (oder fallweise eine bestimmte Kommune) verfolgen, was zu Spannungen führen kann. Sie verfügen jedoch jeweils über eigene Potentiale und zeichnen sich aus durch spezifische Restriktionen, verschiedene Handlungsorientierungen und eigentümliche interne Entscheidungsprozesse, die für die Wirkung arbeitsmarktpolitischer Aktivitäten maßgeblich sind.

Lokale Arbeitsämter verfügen über teilweise beträchtliche Finanzmittel, deren Verwendung zwar überwiegend durch die zentral vorgenommene rechtliche Definition von Zielgruppen- bzw. Zugangsvoraussetzungen gebunden ist. Den örtlichen Ämtern (einschließlich deren Selbstverwaltungsorganen) sind aber dennoch Entscheidungsspielräume bei der Prioritätensetzung belassen, die durch die Reform des Arbeitsförderungsrechts im Jahr 1997 sogar noch ausgeweitet wurden. Handlungsorientierungen mögen zwar entsprechend zwischen zentralen Vorgaben und dezentral-örtlichen Prioritätensetzungen schwanken, allgemein lassen sich die institutionellen Handlungsorientierungen der Arbeitsverwaltung in einer Verschränkung zwischen Kosteneffizienz und Arbeitsmarktentlastungseffektivität (Senkung der örtlichen Arbeitslosenquote) verorten.

Lokale Träger von Arbeitsbeschaffungsmaßnahmen bzw. – allgemeiner – von *Beschäftigungsprojekten* setzen sich im Regelfall aus selbständigen örtlichen Initiativen (von Vereinen, Kirchengemeinden u. ä.) und örtlichen Einrichtungen überörtlicher Organisationen (von Wohlfahrtsverbänden, Gewerkschaften u. ä.) sowie aus Kommunen zusammen. Neben personellen Erfahrungen, organisatorischen Fähigkeiten und begrenzten Eigenmitteln verfügen sie teilweise über Kontakte zu potentiellen Maßnahmeteilnehmern und – was am entscheidensten ist, weil davon Effekte der Maßnahmen weitgehend abhängen[37] – über besondere Zugänge zu bestimmten Tätigkeitsfeldern. Diese Akteursgruppe ist zwar meist nicht erwerbswirtschaftlich orientiert, Kostenkalkulationen spielen jedoch aufgrund begrenzter Eigenmittel eine entscheidende Rolle. Das Engagement der Träger von Arbeitsbeschaffungsmaßnahmen bzw. von Beschäftigungsprojekten ist so unterschiedlich begründet wie die Struktur dieser Akteursgruppe: Das Spektrum reicht dabei von politisch begründeten Prioritätensetzungen und fiskalischen Überlegungen bei Kommunen bis zu Präferenzen, die für sozialpolitische Selbst- und Fremdhilfe eigentümlich sind.

Lokale Träger von arbeitsmarktpolitischen Qualifikationsmaßnahmen verfügen über organisatorische Fähigkeiten sowie über Personal mit Wissen und Erfahrungen, die für die Durchführung von Qualifikationsmaßnahmen erforderlich sind. Teilweise besitzen sie auch (exklusive) Kontakte zu potentiellen Beschäftigern (Betrieben). Da es sich bei ihnen im Regelfall um gewerbliche Bildungsträger handelt, benötigen sie finanzielle Ressourcen, die sie weitgehend vom Arbeitsamt »einwerben«. Ihr Engagement bei arbeitsmarktpolitischen Aktivitäten hängt von Profitabilität der Maßnahmen

---

37   Vgl. Hubert Heinelt (Anm. 15).

ab und ist durch Konkurrenz untereinander geprägt – und zwar durch Konkurrenz um finanzielle Mittel der Arbeitsverwaltung und Personal, aber u. U. auch um Arbeitslose als Maßnahmeteilnehmer.

Ortsansässige Betriebe sind letztlich für die Eingliederung von Arbeitslosen in reguläre Beschäftigungsverhältnisse ausschlaggebend. Ihr Engagement bzw. ihre Beteiligung an arbeitsmarktpolitischen Aktivitäten hängt davon ab, inwieweit sie auf ein örtliches Arbeitskräftepotential angewiesen sind und sie Interesse an einer arbeitsmarktpolitischen Strukturierung dieses Arbeitskräftepotentials haben bzw. entwickeln. Ausschlaggebend sind dafür ökonomische Kosten-Nutzenkalküle, die – wenn sie ein arbeitsmarktpolitisches Engagement nahelegen – auch zur Mobilisierung von Eigenmitteln führen können.

Kommunen sind nicht nur als Träger von arbeitsmarktpolitischen Maßnahmen relevant. Eine herausgehobene Bedeutung können sie auch dadurch erlangen, daß sie Maßnahmeträgern Komplementärmittel neben der finanziellen Förderung der Bundesanstalt und anderer überörtlicher Institutionen (Bund, Länder, Europäische Union) zur Verfügung stellen, die unter Umständen Innovationen und örtlich spezifische Aktivitäten erst ermöglichen. Für Entscheidungsprozesse und Handlungsdispositionen sind kommunalpolitische Auseinandersetzungen – mit den sich in ihnen ausdrückenden politischen Orientierungen – und fiskalische Überlegungen, aber auch fachlich-professionale Rationalitäten (etwa der Sozialverwaltung) prägend.

Effekte arbeitsmarktpolitischer Aktivitäten hängen häufig davon ab, ob es gelingt, diese verschiedenen Akteure in »pluralistische Verhandlungssysteme«[38] einzubeziehen. Verhandlungen und Verhandlungslösungen sind deshalb erforderlich, weil die genannten Akteure zwar bei der Realisierung ihrer Handlungsorientierungen häufig aufeinander angewiesen, aber letztlich nicht einseitig Weisungen eines Akteurs oder mehrerer Akteure unmittelbar unterworfen sind. Nur sofern es gelingt, solche »Verhandlungssysteme« – seien sie informeller oder formeller Art – aufzubauen und über sie Verhandlungslösungen zu finden und durchzusetzen, können die spezifischen lokalen Ressourcen der Kommunikation und Koordination genutzt werden. Dies ist fundamental für eine umfassende, nicht nur auf einzelne Maßnahmen und Instrumente ausgerichtete lokale Arbeitsmarktpolitik. Der Kommune kann dabei die Funktion zukommen, als Moderatorin, die sich als gemeinwohlorientiert legitimieren kann, ein »Schnittstellenmanagement«[39] zu betreiben, in dem Interessen von Akteuren offengelegt, auf deren Überschneidungen hingewiesen und gemeinsame Handlungsmöglichkeiten angeboten werden.

---

38 Vgl. zu diesem Begriff Adalbert Evers, Intermediäre Institutionen und pluralistische Verhandlungssysteme in der lokalen Politik. Eine Problemskizze zur Produktion und Aneignung sozialer Innovationen, unveröffentl. Ms. 1988; vgl. dazu auch die theoretischen Überlegungen von Fritz W. Scharpf zum Verhältnis von hierarchischer Steuerung und horizontaler Selbstkoordination (ders., Die Handlungsfähigkeit des Staates am Ende des Zwanzigsten Jahrhunderts, in: Beate Kohler-Koch [Hrsg.], Staat und Demokratie in Europa, Opladen 1992, S. 93–115) sowie die wissenschaftliche Debatte über »policy networks« (Bernd Marin/ Renate Mayntz [Hrsg.], Policy Networks. Empirical Evidence and Theoretical Considerations, Frankfurt a. M./Boulder.

39 Vgl. Stefan von Bandemer/Sybille Stöbe, Der »Erste Arbeitsmarkt« im Visier lokaler Handlungsmöglichkeiten. Betriebsbezogene Arbeitsmarktpolitik in Gelsenkirchen, in: Hubert Heinelt/Margit Mayer (Hrsg.), Politik in europäischen Städten. Fallstudien zur Bedeutung lokaler Politik, Basel u. a. 1992, S. 102.

JOCHEN HUCKE

Kommunale Umweltpolitik[1]

1. Probleme und Ziele der kommunalen Umweltpolitik

Auf der lokalen Ebene treten viele Umweltbelastungen – wie Luftverschmutzung, Lärmbelästigung, Abfälle und Abwasser, Grundwassergefährdung, Bodenvergiftung, Landschaftszerstörung, Artenschwund und Klimabelastung – besonders nachdrücklich in Erscheinung, weil hier durch bauliche Verdichtung Verursacher und Betroffene von Umweltbelastungen auf engem Raum konzentriert sind. Zugleich bietet gerade die räumliche Nähe Chancen für innovative Problemlösungen vor Ort. Die Umweltbewegung mit dem Slogan »Global denken – lokal handeln« ebenso wie die Agenda 21 des Umweltgipfels der Vereinten Nationen in Rio de Janeiro 1992 haben darum die Bedeutung der kommunalen Ebene für eine nachhaltige und umweltverträgliche Entwicklung herausgestellt. Im Rahmen der kommunalen Selbstverwaltung sind Städte und Gemeinden für die Lösung vieler örtlicher Umweltprobleme eigenverantwortlich zuständig. Die kommunalen Umweltschutzaufgaben umfassen das gesamte Spektrum der Umweltmedien (Wasser, Boden, Luft) und Schutzgüter (Klima, Natur und Landschaft, menschliche Gesundheit, Sachgüter und kulturelles Erbe – vgl. Tabelle 1). Trotz der Aufgabenvielfalt und unterschiedlicher Probleme vor Ort lassen sich gemeinsame Merkmale der Ziele, Instrumente und Handlungsmuster der kommunalen Umweltpolitik identifizieren. Diese werden zur Erläuterung der Spielräume, Restriktionen und Entwicklungstendenzen des kommunalen Umweltschutzes in der Bundesrepublik Deutschland im folgenden Beitrag knapp umrissen.[2]

---

1 Dem Gedenken an Karl-Heinz Fiebig gewidmet, der mit seiner Arbeit am Deutschen Institut für Urbanistik wesentlich zur Vermittlung und Stärkung von Umweltschutzkonzepten in den Städten beigetragen hat.

2 Im Rahmen dieses Beitrags kann keine vertiefende Darstellung der materiellen Probleme und Lösungsansätze des kommunalen Umweltschutzes erfolgen. Siehe hierzu als Einführung und mit Verweisen auf vertiefende Literatur z. B. Klaus Adam/Thomas Grohé (Hrsg.), Ökologie und Stadtplanung, Köln 1984; Ralf Baumheier, Kommunale Umweltpolitik, in: Politische Vierteljahresschrift, 1990, S. 485ff; Bundesforschungsanstalt für Landeskunde und Raumordnung, Städtebaulicher Bericht Nachhaltige Entwicklung, Bonn 1996; Deutsches Institut für Urbanistik, Umweltberatung für Kommunen, Arbeitshefte, Berlin o. J.; Deutsches Institut für Urbanistik/Umweltbundesamt (Hrsg.), Arbeitshilfe kommunale Umweltschutzberichte, Berlin 1987; Klaus P. Fiedler (Hrsg.), Kommunales Umweltmanagement, Köln u. a. 1991; Petra Gelfort/Wolfgang Jaedicke/Bärbel Winkler/Hellmut Wollmann, Ökologie in den Städten, Basel u. a. 1993; Heinrich Pehle, Umweltschutz vor Ort; in: Aus Politik und Zeitgeschichte, B 6/90, S. 24 ff.; Ernst-Hasso Ritter (Hrsg.), Stadtökologie, Sonderheft 6/1995 der Zeitschrift für Angewandte Umweltforschung; Umweltbundesamt (Hrsg.), Was Sie schon immer über Umweltschutz wissen wollten, Berlin o.J.; Rüdiger Wittig/Herbert Sukopp (Hrsg.), Stadtökologie, Stuttgart u. a. 1993; Thomas Zapf-Schramm, Kommunale Umweltpolitik, in: Oscar W. Gabriel (Hrsg.), Kommunale Demokratie zwischen Politik und Verwaltung, München 1989, S. 299 ff.

Tab. 1: Wichtigste Kommunale Umweltschutzaufgaben

Umweltmedien Schutzgüter	Dienstleistungsaufgaben	räumliche Entwickungsaufagben
Schutz von Natur und Landschaft	Anlage – öffentliches Grün (F)[1] – kommunale Wälder (F) – Nutzflächen (Q)[2]	– Stadtentwicklungsplanung (Q) – Bauleitplanung (Q) – Landschafts- und Grünordnungsplanung (F)
Bodenschutz	– sparsamer und schonender Umgang mit Boden bei Erschließung und Baumaßnahmen (Q) – Entsiegelung öffentlicher Flächen (Q)	– Altlastenuntersuchungen und Bodensanierungsprogramme (F) – Stadtentwickungs- und Bauleitplanung (Q)
Wasserversorgung, Abwasserentsorgung	– Kommunale oder kommunalbeauftragte Ver- und Entsorgungsbetriebe (F)	– Fachpläne zur Sanierung, Freihaltung und Standortsicherung von Grundwasserschutzgebieten, Infrastrukturstandorten (F) – Stadtentwicklungs- und Bauleitplanungseinrichtungen (Q)
Abfallentsorgung	– Kommunale oder kommunalbeauftragte Entsorgungsbetriebe (F)	– Fachpläne (F) – Standortsicherung für Entsorgungseinrichtungen (Q)
Immissionsschutz (Luftreinhaltung, Lärmbekämpfung)	– Energieeinsparung, Immissionsschutz bei kommunalen Gebäuden, Anlagen, Fahrzeugen (Q) – Öffentlicher Personennahverkehr (Q) – Energieversorgungsunternehmen (Q)	– Verkehrs(beruhigungs)konzepte (Q) – Energieversorgungskonzepte (Q) – Lärmminderungspläne (Q) – Stadtentwicklungs- und Bauleitplanung (Q)
Förderung umweltschonender Technologien und Verhaltensweisen	– Umweltberater (F) – Umweltaktionen, Umweltaufklärung (F) – Beschaffung umweltschonender Produkte (Q)	

1 F = Fachaufgaben.
2 Q = Querschnittsaufgaben.

Verminderungen der Lebensqualität in den Städten und Gemeinden durch Umweltbelastungen sowie Forderungen der betroffenen Bürger nach Verbesserungen beim Umweltschutz haben in den letzten drei Jahrzehnten den Stellenwert der kommunalen Umweltpolitik erheblich gesteigert. Heute zählt sie fast überall zu den wichtigsten kommunalpolitischen Aufgaben:
- In den hochverdichteten Kernstädten sollen Umweltqualitätsverbesserungen der Abwanderung von Bewohnern und Arbeitsplätzen in das Umland entgegenwir-

ken, Vorzüge des Wohnens in der Verdichtung stärker zur Geltung bringen sowie Spielräume zur Umstrukturierung, Erweiterung und Ansiedlung von Betrieben eröffnen. Vorrang hat der Abbau bestehender Belastungen (Minderung von Luft- und Lärmbelastung, Altlastensanierung, Neunutzung von Gewerbebrachflächen, Durchgrünung der Städte usw.).

– In den oft unter Zuwanderungsdruck stehenden Umlandgemeinden der Kernstädte sollen Einbußen an Umweltqualität vermieden werden. Ansätze sind die Konzentration der Neubautätigkeit auf einige wenige geeignete Flächen, die Ausrichtung der Bebauungspläne an ökologischen Kriterien (wie Erhaltung von Grünbestandteilen, schonender Umgang mit Boden, energetische Optimierung von Gebäuden und Verkehrswegen) und das Freihalten von Flächen mit wichtigen Funktionen für den örtlichen und regionalen Naturhaushalt von der Bebauung.

– In den Städten und Gemeinden des ländlichen Raums sollen die meist noch günstigen Umweltbedingungen bewahrt und aus intensiver Landwirtschaft resultierende Belastungen (Nitrat- und Pflanzenschutzmittelbelastung des Grundwassers, Landschaftszerstörung, forstwirtschaftliche Monokulturen) abgebaut werden. Landschaftspflege und Tourismus sollen eine arbeitsplatzschaffende Umstrukturierung befördern.

Mit der Bedeutungszunahme der kommunalen Umweltpolitik sind vielerorts qualitative Veränderungen des umweltpolitischen Zielespektrums und Instrumentariums verbunden. Früher haben die Kommunen Umweltschutz meist »reaktiv" betrieben. Man wartete ab, bis der Problemdruck – z. B. schlechte Klärwerksleistungen oder erschöpfte Deponiekapazitäten – so groß wurde, daß man zum Handeln gezwungen war. Meist waren die ergriffenen Maßnahmen von kurzsichtigem Kostendenken geprägt und schon bald wieder unzureichend.[3] Heute gehen dagegen umweltpolitische Innovationen vor allem von den Kommunen aus. Viele kleine und mittlere Gemeinden haben eine Vorreiterrolle bei der Entwicklung und modellhaften Erprobung neuer Konzepte – von der Förderung des Stadtgrüns, tausalzfreiem Winterdienst, der Verwendung umweltfreundlicher Produkte durch das kommunale Beschaffungswesen bis hin zu Umwelterziehung, Beschäftigungs- und Qualifizierungsprojekten im Umweltschutz oder »Entsiegelungskonzepten", mit denen Stadtklima und örtliche Grundwasserneubildung verbessert werden sollen.[4] Oft werden diese durch Erfahrungstransfer von anderen Städten übernommen, bis sie allmählich allgemein gültige Praxis sind.

Der Übergang zu mehr »aktivem" kommunalem Umweltschutz ist durch folgende Merkmale gekennzeichnet:

1. Immer mehr Kommunen erarbeiten eigene umfassende Bestandsaufnahmen der örtlichen Umweltsituation, auf deren Grundlage umweltpolitische Aktionsprogramme entwickelt werden.
2. Umweltpolitische Programme setzen zunehmend bereits im Vorfeld der akuten Gefährdung an, indem sie das Entstehen von Umweltbelastungen und Gefähr-

---

3 Als Fallstudien zu diesem reaktiven Kalkül der kommunalen Umweltpolitik siehe z. B. Jochen Hucke/Axel Müller/Peter Wassen, Implementation kommunaler Umweltpolitik, Frankfurt a. M./New York 1980. Die zwischenzeitlichen Veränderungen dokumentieren u. a. die Fallstudien von Johann Malcher, Der Landrat im kommunalen Konfliktfeld Abfallentsorgung, Basel u. a. 1992.
4 Überblicke über innovative kommunale Umweltschutzaktivitäten vermitteln regelmäßig die von der Deutschen Umwelthilfe, Radolfzell, organisierten Kommunalwettbewerbe. Der achte Wettbewerb 1997 thematisiert den kommunalen Klimaschutz.

dungen zu vermeiden suchen. Die Ziele der kommunalen Umweltpolitik werden erweitert, indem nicht allein der Schutz der menschlichen Gesundheit, sondern eine umfassende Erhaltung und Entwicklung der natürlichen Lebensgrundlagen einbezogen werden. Neuartige Instrumente – z. B. kommunale Umweltverträglichkeitsprüfungen, örtliche Verkehrs- und Energieversorgungs- und Klimaschutzkonzepte oder der Einsatz von Abfallberatern – dienen vorrangig der Vermeidung von Umweltbelastungen.[5]

3. Haushaltsansätze und das für Umweltschutzaufgaben eingesetzte Verwaltungspersonal wurden vielerorts erhöht und die Organisation des Umweltschutzes verbessert.[6]

4. Umweltschutz auf der kommunalen Ebene wird von einer »Fachaufgabe«, die ausschließliche Angelegenheit weniger Umweltspezialisten in den zuständigen Fachämtern war, zu einer »Querschnittsaufgabe«, deren Ziele und Aktivitäten in immer weitere kommunalpolitische Aufgabenfelder – von Energieversorgung und Verkehrspolitik bis hin zur kommunalen Technologieförderung und Arbeitsmarktpolitik – Eingang finden.[7]

Der Umweltgipfel von Rio, der in Kapitel 28 der Agenda für das 21. Jahrhundert die Kommunen aufforderte, im Dialog mit ihren Bürgern ihre eigene »Lokale Agenda 21« zu entwickeln, hat die konzeptionellen Bemühungen um Umweltvorsorge weiter forciert.[8] Viele Kommunen treten dem Internationalen Rat für Kommunale Umweltinitiativen (ICLEI) bei, dessen Charta von Aalborg 1994 das Leitbild der »nachhaltigen Entwicklung« an heute noch überwiegend abstrakten, im Falle künftiger Konkretisierung aber äußerst stringenten und weitgehenden Zielkriterien der Leistungsfähigkeit des Naturhaushaltes zu definieren sucht[9], indem

f) die Verbrauchsrate natürlicher Ressourcen nicht größer als deren Neubildungsrate sein darf,

g) nicht erneuerbare Ressourcen nicht schneller verbraucht werden dürfen, als sie durch erneuerbare ersetzt werden können und

h) die Schadstoffemission nicht größer sein darf als die Fähigkeit der Umweltmedien, diese aufzunehmen und abzubauen.

---

5 Zu innovativen Lösungen siehe u. a. Landeszentrale für politische Bildung Baden-Württemberg (Hrsg.), Kommunale Umweltpolitik, Stuttgart u. a. 1992; Kommunale Umwelt-AktioN U. A.N., Kommunale Umweltarbeit, Hannover 1995.

6 Als aktuelle Fallstudien siehe Dietrich Fürst/Rainer Martinsen, Reaktionsweisen kommunaler Umweltschutzverwaltungen gegenüber wachsenden Anforderungen, Baden-Baden 1997.

7 Vgl. z. B. Ralf Baumheier, Kommunale Umweltvorsorge, Basel u. a. 1993, Markus Birzer/Peter Henning Feindt/Edmund A. Spindler (Hrsg.), Nachhaltige Stadtentwicklung, Bonn 1997.

8 Bundesumweltministerium (Hrsg.), Bericht der Bundesregierung über die Konferenz der Vereinten Nationen für Umwelt und Entwicklung – Dokumente – Agenda 21, Bonn 1993; Deutscher Städtetag, Städte für eine umweltgerechte Entwicklung, Materialien für eine »Lokale Agenda 21«, Köln 1995; Klaus Fiedler/Jörg Hennerkes, Vier Jahre nach Rio, in: der städtetag, (1996) 6, S. 388ff; Monika Zimmermann, Lokale Agenda 21, in: Aus Politik und Zeitgeschichte, B 27/97, S. 25 ff.

9 Vgl. insbesondere Dietrich Fürst, Nachhaltige Entwicklung und kommunalpolitische Gestaltungsspielräume, in: E.-H. Ritter (Anm. 1), S. 59 ff; Konrad Otto-Zimmermann/Martin Storksdieck, Kommunale Naturalhaushaltswirtschaft, ebenda S. 241 ff; Institut für Landes- und Stadtentwicklung (Hrsg.), Nachhaltige Stadtentwicklung, Dortmund 1996; UVP-Förderverein, Aufstellung kommunaler Umweltqualitätsziele, Hamm/Dortmund 1994.

2. Die Akteure der kommunalen Umweltpolitik

Der vorsorgende, querschnittsorientierte und am ambitionierten Nachhaltigkeits-prinzip ausgerichtete kommunale Umweltschutz erweitert bei Politik, Verwaltungen und Öffentlichkeit den Kreis der Akteure, die sich mit Fragen der kommunalen Umweltpolitik auseinandersetzen. Dabei nimmt das Konfliktpotential zu, da umweltpolitische Ziele auf teils erheblich divergierende Interessen und Ziele anderer Aufgabenbereiche und Akteure treffen. Interessenlagen und Einflußmöglichkeiten der wichtigsten Akteure, die auf der lokalen Ebene bei Formulierung und Vollzug der Umweltpolitik mitwirken (siehe Abbildung 1), seien im folgenden knapp charakterisiert.

Abb. 1: Wichtigste Akteure der kommunalen Umweltpolitik

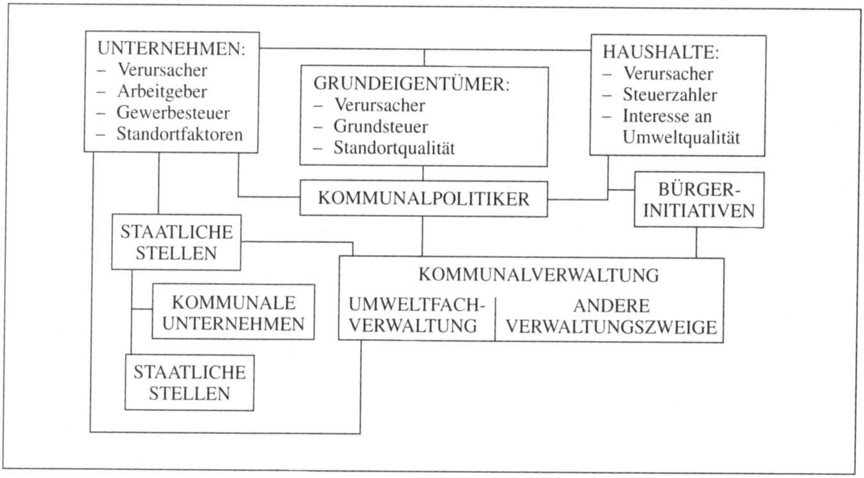

a. Kommunalpolitische Mandatsträger

Im Mittelpunkt des umweltpolitischen Handlungsfeldes stehen Kommunalpolitiker und Kommunalverwaltung, die politische und administrative Verantwortung für die Formulierung und den Vollzug der kommunalen Umweltpolitik tragen. Im allgemeinen finden heute Umweltschutzthemen bei den Mandatsträgern und der von ihnen kontrollierten Verwaltungsspitze hohe Aufmerksamkeit.[10] Hierzu hat das starke Umweltbewußtsein der Bürger beigetragen. Zudem haben Bürgerinitiativen, die sich

---

10 Zu den im folgenden genannten Einflußfaktoren siehe u. a. Martin Leonhard, Umweltverbände, Opladen 1986; Joachim Raschke, Die Grünen, Köln 1993; Katja Ahlstich/Volker Kunz, Die Entwicklung kommunaler Aufgaben in Zeiten des Wertewandels, in: Oscar W. Gabriel/Rüdiger Voigt (Hrsg.), Kommunalwissenschaftliche Analysen, Bochum 1994, S. 167 ff.

seit Mitte der 60er Jahre aus Anlaß ungelöster Umweltprobleme auf der lokalen Ebene bildeten, den Handlungsdruck auf die Kommunalpolitiker erhöht. Schließlich gründeten sich seit Mitte der 70er Jahre aus dem Reservoir der Bürgerinitiativen und Kernenergie-Gegner immer mehr örtliche Parteigruppierungen des grünen und alternativen Spektrums, die zur Konkurrenz für die etablierten Rathausparteien wurden und diese zwangen, sich ihrerseits intensiver mit dem Umweltschutz zu befassen.

Seit Mitte der 80er Jahre haben in Westdeutschland grüne und alternative Ratsfraktionen vielerorts die traditionelle Machtbalance zwischen den Parteien verändert. Es kam zu neuen Koalitionen vor Ort, und nicht nur die von Grünen und Alternativen gestellten Beigeordneten fanden mit Umweltschutz-Initiativen in den Kommunalparlamenten zunehmend Unterstützung. Auch in Ostdeutschland waren Vertreter grüner und alternativer Gruppierungen sowie Forderungen nach Umweltentlastung anfangs auf kommunaler Ebene sehr stark vertreten.[11]

Allerdings wurde der umweltpolitische Elan vieler Kommunen in der gesamten Bundesrepublik im Verlauf der 90er Jahre durch die verschärfte Arbeitsmarktkrise erheblich abgebremst, in deren Folge die meisten Kommunen mit immer schwierigeren Haushaltslagen zu kämpfen haben.[12] Aktuell werden so auf der einen Seite im Zuge des Rio-Prozesses anspruchsvolle Zielkonzeptionen für einen nachhaltigen kommunalen Umweltschutz weiterentwickelt, während auf der anderen Seite infolge zunehmender wirtschaftlicher Probleme die Aktivitäten der meisten Kommunen zur Umsetzung dieser Konzepte deutlich nachgelassen haben. Insofern scheint es an der Zeit, die arbeitsplatzschaffenden und wirtschaftsstrukturell positiven Effekte wiederzuentdecken, die schon einmal Anfang der 80er Jahre zur Wiederbelebung der Umsetzung kommunaler Umweltschutzaktivitäten beigetragen haben.[13]

---

11 In der Formulierung von Jens Reich, Das Zünglein an der Waage, in: Die Zeit Nr. 27 vom 27. 6. 1997, S. 9 f: »Die DDR-Umweltbewegung war als Folge der katastrophalen Umweltschäden entstanden; sie widmete sich nicht so sehr allgemeinen Zukunftsängsten, sondern orientierte sich an den aktuellen Hustenanfällen und Hautausschlägen. Die Unterstützung breiter Bevölkerungsschichten verlor diese Bewegung, als die Schlote von Leuna, Espenhain und Bitterfeld alsbald aufhörten, gelbbraune Nitrodämpfe abzusondern, da die Betriebe geschlossen und die Belegschaften in den Ruhestand geschickt wurden. Im selben Jahr 1990 wurde eine Naturschutzbewegung aktiv, die weiter verbreitet war, als die Klientel der Bündnisgrünen und die Einrichtung zahlreicher Naturschutz- und Biosphärenreservate durchsetzte. Die Protagonisten dieser Bewegung wurden zunächst in Ämter gewählt, weil die Bevölkerung die Öffnung jener Gebiete begrüßte, die früher für Staatsmacht, Armee, Grenzwache und Besatzungsmacht reserviert gewesen waren. Schon bald wurden sie allerdings wieder abgewählt, als es zu Konflikten über Baugenehmigungen, Ansiedlungen und Asphaltstraßen kam.«

12 Den im Verhältnis zu kommunalen Finanzproblemen, Arbeitslosigkeit und Wirtschaftsentwicklung aktuell deutlich geringeren Stellenwert von Umweltproblemen belegt die Befragung von Thomas R. Cusack/Bernhard Weßels, Problemreich und konfliktgeladen: Lokale Demokratie in Deutschland fünf Jahre nach der Vereinigung, Paper Wissenschaftszentrum Berlin 1996. Als Fallstudie mit kritischen Hinweisen auf die begrenzte Wirksamkeit einer Lokalen Agenda 21 sowie auf die dafür verantwortlichen Restriktionen siehe Michael Quante, Umweltschutz in den Kommunen, in: Aus Politik und Zeitgeschichte, B 50/96, S. 32 ff.

13 Siehe z. B. diverse Beiträge in Hans E. Maier/Hellmut Wollmann (Hrsg.), Lokale Beschäftigungspolitik, Basel u. a. 1986. Zur aktuellen Diskussion u. a. die Beiträge in: Politische Ökologie, Heft 50/1997, S. 22 ff. Gemäß der vom Bundesumweltministerium herausgegebenen Studie von DIW/Ifo/IWH/RWI, Aktualisierte Berechnung der umweltschutzinduzierten Beschäftigung, Bonn 1996, sichert der Umweltschutz aktuell rund 950 000 Arbeitsplätze (2,3 % der Erwerbstätigen in West- und 4,7 % in Ostdeutschland). Vorwiegend

b. Kommunalverwaltung

Während Kommunalpolitik und Verwaltungsspitzen durch Initiativen, Beratung von Vorlagen und Entscheidungen in Konfliktfällen die Tätigkeit der Verwaltung temporär kontrollieren, werden Inhalte, Verlauf und Ergebnisse umweltpolitischer Entscheidungsprozesse von den Problemdefinitionen und Lösungsansätzen der Kommunalverwaltung geprägt, die sich permanent mit diesen Aufgaben befaßt. In der Verwaltung sind Umweltschutzzuständigkeiten meist auf eine Vielzahl von Ämtern und Stellen verteilt. Zudem sind Umweltschutzfunktionen häufig auf rechtlich verselbständigte kommunale Unternehmen (z. B. Stadtreinigungsbetriebe) ausgelagert oder werden im Zuge zunehmender Privatisierung kommunaler Dienstleistungsaufgaben von privaten Beauftragten wahrgenommen.[14]

Zur Differenzierung der Umweltschutzaufgaben ist die Unterscheidung zwischen Fach- und Querschnittsaufgaben hilfreich (vgl. Tabelle 1):
– Die Ziele von Fachaufgaben beziehen sich überwiegend oder ausschließlich auf den Umweltschutz. Sie werden von spezialisierten Fachämtern mittels spezifischer Instrumente des Umweltschutzes wahrgenommen. Kooperationspartner außerhalb der Kommunalverwaltung sind meist ebenfalls spezialisierte Akteure mit ähnlicher fachlicher Aufgabenstellung (im Falle der Abfallentsorgung z. B. private Entsorgungsunternehmen und staatliche Fachbehörden des Abfallwesens). In dieser Konstellation sind Konflikte über die Art und Weise der Aufgabenwahrnehmung überschaubar und die Interessenlagen der an Konflikten Beteiligten leicht zu bestimmen. Häufig werden Sachkonflikte zudem durch ein allen Beteiligten gemeinsames professionelles Aufgabenverständnis vereinfacht.
– Demgegenüber sind bei Querschnittsaufgaben des kommunalen Umweltschutzes die Umweltschutzziele nur ein Teilbestandteil eines insgesamt breiteren, in sich oft widersprüchlichen Zielbündels. Hier sind neben den auf Umweltschutz-Fachaufgaben spezialisierten Instanzen auch jene Ämter und kommunalen Unternehmen wichtige umweltpolitische Akteure, welche Schlüsselpositionen bei der Erfüllung von umweltpolitischen Querschnittsaufgaben innehaben (z. B. Planungsamt, Hoch- und Tiefbauamt, Verkehrsbetriebe, Energieversorgungsunternehmen). An Querschnittsaufgaben ist meist eine Vielzahl von Akteuren mit stark divergierenden Interessenlagen und Aufgabenverständnissen beteiligt. Querschnittsaufgaben sind so meist wesentlich konfliktreicher als Fachaufgaben, und auftretende Konflikte lassen sich durch die Kommunalpolitik viel schwieriger regeln.

Ansätze zur Stärkung des Umweltschutzes innerhalb der Kommunalverwaltungen zielen vor allem auf eine verbesserte personelle und organisatorische Verankerung ab.[15] Wurden anfangs nur Stabs- oder Koordinierungsstellen mit wenigen Mitarbeitern

---

kommunale Aufgaben Abwasser/Abfall (70 000 Beschäftigte), Grünanlagen (57 000) sowie teilweise kommunale Aufgaben Vollzug/Planung (52 000), Entsorgung/Recycling (90 000) haben hieran einen erheblichen Anteil.

14 Siehe z. B. Peter J. Tettinger, Die rechtliche Ausgestaltung von Public Private Partnership, in: Die Öffentliche Verwaltung Heft 18/1996, S. 765 ff; Werner Heinz/Frank Steinfort, Public Private Partnership als Instrument der Stadtentwicklung, in: der städtetag, (1995) 4, S. 238 ff., Karl-Ulrich Rudolph, Organisation und Finanzierung der kommunalen Abwasserentsorgung, in: Franz Schuster (Hrsg.), Kommunale Abwasserpolitik als vorbeugender Grundwasserschutz, Köln 1992, S. 43 ff.

15 Siehe z. B. Karl-Heinz Fiebig/Udo Krause/Rainer Martinsen, Organisation des kommunalen Umweltschutzes, Berlin 1986; Dietrich Fürst/Rainer Martinsen, Reaktionsweisen kommunaler Umweltschutzverwaltungen gegenüber wachsenden Anforderungen, Baden-

gebildet, deren Einfluß gegenüber etablierten Fachämtern schon aus personellen Gründen gering blieb, so haben viele Kommunen inzwischen Umweltschutzämter gegründet, die stärker mit Personal und eigenen Kompetenzen – so etwa bei Bodenschutz oder Umweltverträglichkeitsprüfung[16] – ausgestattet werden. Auch ist das Handlungsspektrum der Umweltverwaltungen durch Aufgaben der Umweltberatung erweitert worden, welche Verursacher von Umweltbelastungen – vor allem Haushalte und kleinere Unternehmen – zu umweltschonendem Verhalten motivieren.[17] Die Einrichtung von Umweltdezernaten, die Ämter mit umweltrelevanten Aufgaben fachlich bündeln, stellt die Vertretung der Umweltpolitik in der Verwaltungsspitze sicher. Zudem eröffnet die Dezernatsorganisation zusätzliche »Tauschoptionen«, bei denen Kompromißbereitschaft des Umweltschutzes mit Gegenleistungen konfligierender Verwaltungsbereiche verknüpft werden kann.

c. Bürger und Bürgerinitiativen

Bürger haben nicht nur als Wähler und mit der Unterstützung von Bürgerinitiativen wesentlich zur Aufwertung der kommunalen Umweltpolitik beigetragen. Sie sind in einer Doppelrolle zugleich Verursacher und Betroffene von Umweltbelastungen. In der Betroffenen-Rolle[18] setzen sich immer mehr Bürger für Verbesserungen im Wohnviertel ein (vgl. auch den Beitrag von Roland Roth zur lokalen Demokratie »von unten«, in diesem Band). In der Verursacher-Rolle hat die Bereitschaft zu umweltschonendem Verhalten durch Kauf umweltfreundlicher Produkte, Nutzung getrennter Müllsammlung usw. erheblich zugenommen.[19] Allerdings werden in beiden Rollen auch Grenzen deutlich, wenn zu stark in die persönlichen Präferenzen oder das Budget der Haushalte eingegriffen wird. So ist die Bereitschaft, aus Umweltschutzgründen auf die Benutzung des PKW zu verzichten oder höhere Müllgebühren zu akzeptieren, deutlich geringer ausgeprägt.[20] Auch lassen inzwischen strukturelle Arbeitslosigkeit

Baden 1997; Wolfgang Jaedicke/Kristine Kern/Hellmut Wollmann, Kommunale Aktionsverwaltung in Stadterneuerung und Umweltschutz, Köln 1990; Kommunale Gemeinschaftsstelle für Verwaltungsvereinfachung (KGSt), Organisation des Umweltschutzes, Köln, Berichte 26/1973, 5/1985, 11/1986, 10/1987, 9/1988 und 18/1992; Heinrich Mäding, Kommunale Umweltpolitik unter veränderten Rahmenbedingungen, in: E.-H. Ritter (Anm. 1), S. 221 ff; Rainer Martinsen/Dietrich Fürst, Organisation des kommunalen Umweltschutzes, Hannover 1987; Joachim Peters, Organisatorische Alternativen der Koordination des Umweltschutzes im kommunalen Bereich, in: Zeitschrift für Umweltpolitik 1986, S. 49 ff.

16 Siehe z. B. Karl-Heinz Fiebig u. a., Materialien zur kommunalen Umweltverträglichkeitsprüfung; Texte 10/93 des Umweltbundesamtes, Berlin 1993; Klaus Fiedler, Umweltverträglichkeitsprüfung in der Kommunalverwaltung, in: der städtetag, (1995) 5, S. 376 ff.

17 Siehe z. B. Monika Zimmermann (Hrsg.), Umweltberatung in Theorie und Praxis, Basel u. a. 1988; Hans-Peter Obladen, Situation der Abfallberatung in den Städten, in: der städtetag, (1996) 7, S. 498 ff, Gerd Michelsen (Hrsg.), Umweltberatung, Bonn 1997.

18 Siehe z. B. Johannes Siegrist, Stadtökologie aus gesundheitswissenschaftlicher Sicht, in: E.-H. Ritter (Anm. 1) S. 47 ff. Daten zur Umweltbelastung der Bevölkerung liefert insbesondere der vom Institut für Wasser-, Boden- und Lufthygiene des Umweltbundesamtes betreute »Umweltsurvey«.

19 Siehe z. B. Harald Neitzel, Ute Landmann, Marian Pohl, Das Umweltverhalten der Verbraucher – Daten und Tendenzen, Texte Nr. 75/94 des Umweltbundesamtes, Berlin 1994.

20 So z. B. Helmut Holzapfel, Autonomie statt Auto, Bonn 1997. Siehe auch Wolfgang Schluchter, Guido Dahm u. a., Analyse der Bedingungen für die Transformation von Um-

und Realeinkommenssenkungen das Umweltbewußtsein abnehmen. Insoweit sind die Anforderungen der Bürger an die kommunale Umweltpolitik ambivalent: Einerseits erwartet man, daß die Gemeinden mehr für den Umweltschutz tun, andererseits dürfen die kommunalen Maßnahmen aber auch bestimmte Bequemlichkeits- oder finanzielle Belastungsgrenzen der Bürger nicht überschreiten. Kommunalpolitiker, die eine aktive Umweltpolitik betreiben, stehen so ständig vor der schwierigen Aufgabe, die Akzeptanzgrenze der Bürger für umweltpolitische Innovationen richtig einzuschätzen und durch Überzeugungsarbeit zu erweitern. Auch suchen Lokale Agenda 21-Prozesse örtliche Bildungseinrichtungen nicht nur als Diskussionsforen, sondern auch als Umweltbildungseinrichtungen zur Weiterentwicklung umweltschonenden Verhaltens zu nutzen.

Bürgerinitiativen bilden sich überwiegend aus konkreten Anlässen, etwa zur Verhinderung umweltbelastender privater oder öffentlicher Investitionsvorhaben oder als Betroffeneninitiativen bei Altlasten. Wichtigste Einflußmittel sind Mobilisierung von Fürsprechern in Presse, Politik und Kommunalverwaltungen. Da das Engagement in der Bürgerinitiative für die Beteiligten, die sich in technische und rechtliche Details einarbeiten müssen, oft sehr aufwendig ist, haben Initiativen örtlicher Betroffener erhebliche Schwierigkeiten, langwierige Auseinandersetzungen mit Unternehmen oder Verwaltungen durchzustehen. Zudem sind ihre rechtlichen Einwirkungsmöglichkeiten begrenzt. Durch die Einflußnahme von Bürgerinitiativen werden einzelne Investitionsvorhaben deshalb selten einmal völlig verhindert. Häufig wird das Projekt jedoch sorgfältiger geplant, detailliert öffentlich erörtert und oft auch so modifiziert, daß es weniger Umweltbelastungen verursacht, als in der ursprünglichen Planung zunächst vorgesehen war. Darüber hinaus sind die indirekten Einflüsse von Bürgerinitiativen auf die Kommunalpolitik nicht zu unterschätzen, die in der Aktivierung von Bürgern zu kommunalpolitischem Engagement, der allgemeinen Stärkung von Umweltschutzbelangen und zu neuen Verbindungen zwischen Bürgerinitiativen und Parteigruppierungen führen. Ob die mancherorts im Rahmen von Agenda 21-Prozessen eingerichteten »Runden Tische« hier zusätzliche Veränderungen in die kommunalpolitischen Entscheidungsstrukturen bringen werden, erscheint fraglich, da diese Einrichtungen – wenn sie mehr sein wollen als Foren, auf denen jeweils drängende örtliche Umweltprobleme diskutiert werden – zwangsläufig in Konkurrenz zu den institutionalisierten kommunalpolitischen Entscheidungszentren treten würden.[21]

d. Grundeigentümer

Grundeigentümer sind vorrangig an Wertsteigerungen und Erträgen aus rentierlichen Grundstücksnutzungen interessiert. Hieraus resultiert vor allem in den Umlandgemeinden der Kernstädte ein starker Druck, weniger wertvolle landwirtschaftliche Nutzflächen in Bauland umzuwandeln, während Umweltverwaltungen

---

weltbewußtsein in umweltschonendes Verhalten, Texte Nr. 49/96 des Umweltbundesamtes, Berlin 1996; Gerhard de Haan/Udo Kuckartz, Umweltbewußtsein, Opladen 1996.

21 Zur aktuellen Wiederbelebung der aus den stadtentwicklungspolitischen Diskussionen der 70er Jahre bekannten Partizipationsmodelle unter dem Schlagwort »Mediation« siehe z. B. mit umfangreichen Literaturhinweisen Peter Henning Feindt, Kommunale Demokratie in der Umweltpolitik, in: Aus Politik und Zeitgeschichte, B 27/97, S. 39 ff.

und -verbände am Freihalten oder weniger intensiver Flächennutzung interessiert sind.[22] Häufig – zumal bei zunehmender Finanznot der Städte und Gemeinden – wird dieser Konflikt zu Lasten des Umweltschutzes entschieden, weil die Grundeigentümer meist über eine starke Interessenvertretung in den kommunalpolitischen Gremien verfügen.

In den Kernstädten, wo bebaubare Flächenreserven in privatem Eigentum meist sehr knapp sind, setzen Konflikte bei der Altlastensanierung[23] und Beteiligung der Grundeigentümer an Kosten der Umweltqualitätsverbesserung deutliche Grenzen. So scheitert z. B. oft eine zur Verbesserung von Stadtklima und wohnungsnahen Erholungsflächen sinnvolle Vernetzung von innerstädtischen Grünverbindungen an den Grunderwerbskosten.

Zwar können Gemeinden Konflikte mit Grundeigentümern mittels Erwerb oder Tausch der umstrittenen Grundstücke umgehen, doch hängt diese Form der Konsensbildung wesentlich vom Umfang des gemeindeeigenen Grundstücksvorrats und der kommunalen Finanzkraft ab. Besonders eine den Bodenwert mindernde, »unrentierliche« Umwandlung in Grün- und Freifläche wird häufig auf Bedenken von Kämmerern und Politikern stoßen, deren Hauptinteresse bei Erhalt und Wertsteigerung des kommunalen Vermögens liegt.

e. Unternehmen

Zumindest die größeren Unternehmen besitzen als Gewerbesteuerzahler und Arbeitgeber einen erheblichen kommunalpolitischen Einfluß. Steuereinnahmen machen in den alten Bundesländern im Durchschnitt rund 40 % der kommunalen Einnahmen aus. Die Gewerbesteuer hat allein einen Anteil von rund 15 % der Kommunaleinnahmen.[24] Kommunen haben darum ein starkes Eigeninteresse an Erhalt und Förderung ansässiger Betriebe sowie der Neuausweisung von Gewerbegebieten.[25] Da Arbeitgeber- und Arbeitnehmervertreter größerer Unternehmen meist auch als Ratsmitglieder verschiedener Fraktionen präsent sind, ist ihr politisches Gewicht vergleichsweise hoch.

Das Interesse der Unternehmen am Umweltschutz ist im allgemeinen ambivalent. Da Umweltschutzinvestitionen Kosten verursachen, denen keine direkten Erträge gegenüberstehen, sind Unternehmen einerseits als Verursacher an kostengünstigen Umweltschutzauflagen interessiert. Andererseits wird eine hohe Umweltqualität zunehmend zu einem relevanten Standortfaktor. Es besteht großes Interesse an einem niedrigen Belastungsniveau vor Ort, damit Spielräume für Produktionsumstellungen

22 Siehe z. B. Stefan Bochnig/Klaus Selle (Hrsg.), Freiräume für die Stadt, Wiesbaden 1993, Bundesforschungsanstalt für Landeskunde und Raumordnung (Hrsg.), Bodenmanagement, Informationen zur Raumentwicklung Heft 1/2 1994.

23 Vgl. z. B. Ralf Baumheier, Altlasten als aktuelle Herausforderung der Kommunalpolitik, München 1988; Jochen Hucke/Hellmut Wollmann, Altlasten im Gewirr administrativer (Un-)Zuständigkeit, Basel u. a. 1989; Bärbel Winkler/Hellmut Wollmann, Altlasten – Hemmnisse des Gewerbebrachenrecyclings, Basel u. a. 1993.

24 In Ostdeutschland machen Steuern nur 15 %, Gewerbesteuern noch unter 5 % des Kommunalsteueraufkommens aus. Siehe im einzelnen Hanns Karrenberg, Engelbert Münstermann, Gemeindefinanzbericht 1997, in: der städtetag, (1997) 3, S.129 ff.

25 Vgl. z. B. Ulrich Maly, Wirtschaft und Umwelt in der Stadtentwicklungspolitik, Wiesbaden 1991.

und Erweiterungen erhalten bleiben. Auch ist angesichts des hohen Stellenwertes des Umweltschutzes in der Öffentlichkeit nahezu jedes Unternehmen daran interessiert, die beim betrieblichen Umweltschutz erreichten Verbesserungen zu dokumentieren.[26]

Zwischen Unternehmen und Bürgern können hieraus drei typische Konfliktkonstellationen resultieren, in deren Regelung die kommunale Umweltpolitik unterschiedlich involviert sein kann:[27]

1. Von bestehenden Betrieben ausgehende Umweltbelastungen führen zu Beschwerden der Anwohner. Im Mittelpunkt des Konfliktes stehen Fragen nach Einhaltung geltender Umweltschutzbestimmungen sowie nach Belastungsminderungen auf freiwilliger oder rechtlicher Basis. Sofern Unternehmen die umweltrechtlichen Mindeststandards erfüllen, haben sie eine verhältnismäßig starke Konfliktposition.
2. Am bestehenden Standort wird eine Betriebsumstellung oder -erweiterung geplant, die auf Bedenken der Bürger stößt. Hier ist die Position der Unternehmen weniger stark, da Einwendungen zu kostenträchtigen Verzögerungen bei den Investitionsvorhaben führen können.
3. An einem neuen Standort ist die Ausweisung eines neuen Industrie- oder Gewerbegebietes geplant. Ist ein konkretes Investitionsvorhaben der Anlaß, so hängt das Einflußpotential des Investors nicht zuletzt von den erwarteten Arbeitsplätzen sowie davon ab, ob er u. U. Alternativstandorte in konkurrierenden Gemeinden ins Gespräch bringen kann.

Seit Mitte der 80er Jahre ist bei allen drei Konstellationen aus folgenden Gründen eine deutliche Verminderung der Konfliktschärfe bei Zunahme innovativer Lösungen zu bemerken:

– Durch diverse Verschärfungen des Umweltrechts in den 80er Jahren[28] werden den Unternehmen zunehmend verbindliche Fristen für die Verbesserung bestehender Anlagen vorgegeben, deren Einhaltung die Anlässe von Bürgerbeschwerden mindern.
– Die Weiterentwicklung der Umwelttechnik hat zusätzliche Optionen technischer Lösungen von Umweltkonflikten geschaffen. Zunehmend wird gerade der Umweltkonflikt als Labor für die staatliche Förderung umwelttechnischer Innovationen genutzt.
– Auch tragen Betriebsverlagerungen mit Wirtschafts- oder Städtebaufördermitteln zur Problemlösung bei.
– Schließlich werden bei der Neuausweisung von Gewerbe- und Industriegebieten Umweltgesichtspunkte von vornherein stärker beachtet. Dabei gewinnt vor allem

---

26 Siehe z. B. Lutz. Wicke/Hans Dieter Haasis/Franzjosef Schafhausen/Werner Schulz, Betriebliche Umweltökonomie, München 1992, Georg Winter (Hrsg.), Ökologische Unternehmensentwicklung, Berlin u. a. 1997.
27 Siehe z. B. Arbeitsgruppe für Regionalplanung, Stadtentwicklung ohne Landschaftsverbrauch Bericht 1/88 des Umweltbundesamtes, Berlin 1988; Bundesforschungsanstalt für Landeskunde und Raumordnung (Hrsg.), Nutzungsmischung im Städtebau, Informationen zur Raumentwicklung Heft 6/7 1995; Bundesminister für Raumordnung, Bauwesen und Städtebau, Städtebaulicher Bericht Umwelt und Gewerbe in der Städtebaupolitik, Bonn 1986; Andreas Pfadt, Gewerbentwicklung, Siedlungsstruktur und Landschaftsverbrauch, Hamburg 1990.
28 Als Übersichten über das Umweltrecht siehe z. B. Peter-Christoph Storm (Hrsg.), Umwelt-Recht, München 1996; ders./Oswald Kimminich/Heinrich von Lersner (Hrsg.), Handwörterbuch des Umweltrechts, Berlin 1993.

in »altindustrialisierten« Regionen das »Brachflächenrecycling« der Sanierung und Wiederherrichtung ehemaliger Industriestandorte an Bedeutung.[29]

f. Kommunale und staatliche Umweltschutzkompetenzen

Zu den wichtigen Akteuren des kommunalen Umweltschutzes zählen schließlich auch staatliche Behörden mit Vollzugsaufgaben beim Umweltschutz[30] oder bei mit Umweltzielen konfligierenden Regelungen. Adressaten von Forderungen staatlicher Instanzen können sowohl einzelne örtliche Akteure oder als auch die Kommunen selbst als Verursacher von Umweltbelastungen sein.

Staatliche Behörden sind vor allem für die regulativen Umweltschutzaufgaben der Genehmigung und Überwachung umweltrelevanter Anlagen zuständig, die den Kern der beschriebenen Umweltkonflikte mit Unternehmen bilden. Selbst wenn einzelne Bundesländern Vollzugsaufgaben auf kommunale Ämter übertragen haben, werden diese im staatlichen Auftrag tätig und sind an entsprechende Vorgaben des Umweltrechts sowie Weisungen staatlicher Stellen gebunden, während der Gemeinderat als kommunales Vertretungsgremium keine direkten Einwirkungsmöglichkeiten auf Entscheidungen des Amtes besitzt. Diese Zuständigkeitsverteilung ist sinnvoll, weil die staatlichen Behörden weniger dem Druck interkommunaler Konkurrenz um Arbeitsplätze und Steueraufkommen sowie kommunalpolitischer Kräfte ausgesetzt sind. Allerdings dürften – je nach Gewichtigkeit des Falles – Ansätze indirekter Einflußnahme kommunaler Interessen über »Parteischienen« und Landespolitik häufig sein.

Bei Standortentscheidungen und Regelungen räumlicher Nutzungskonflikte liegt die vorrangige Entscheidungskompetenz dagegen bei den Gemeinden. Sie können mit Instrumenten der Bauleitplanung u. a. die Nutzung neuer Gewerbeflächen auf bestimmte Branchen und Anlagenarten beschränken, Mindestabstände zwischen Gewerbegebieten und Wohnbebauung sichern oder bestehende »Gemengelagen« zwischen Wohnen und Gewerbe planerisch neu ordnen.[31] In der Bauleitplanung getroffene Festsetzungen sind als Vorgaben von den staatlichen Stellen bei umweltrechtlichen Genehmigungsentscheidungen zu beachten. Die Verzahnung kommunaler und staatlicher Kompetenzen im Bauleitplanungs- und Genehmigungsbereich ergibt einen Kooperationszwang zwischen staatlichen und kommunalen Behörden, der z. B. in Behörden-Arbeitskreisen seine Institutionalisierungsform findet.

Sofern die Kommunen selbst Umweltschutzdienstleistungen erbringen, unterliegen sie umweltrechtlichen Mindestanforderungen, deren Einhaltung von staatlichen Aufsichtsbehörden (sowohl der allgemeinen Kommunalaufsicht der Landkreise oder Bezirksregierungen als auch von Umweltschutz-Fachbehörden, wie etwa staatlichen Gewerbeaufsichts-, Wasserwirtschafts-, Abfall- oder Naturschutzbehörden) kontrolliert wird. Überschreitet z. B. eine kommunale Kläranlage in Umweltgesetzen und Abwassereinleitungserlaubnis festgelegte Grenzwerte und nimmt die Gemeinde von sich

---

29 Zum Stellenwert umweltpolitischer Ansätze in altindustrialisierten Regionen siehe z. B. die Beiträge von Karl Ganser, Wolfgang Roters und Jürgen Breuste in E.-H. Ritter (Anm. 1).

30 Zur Vollzugs- und Instrumentenproblematik staatlicher Umweltpolitik siehe diverse Beiträge in Erik Gawel (Hrsg.), Institutionelle Probleme der Umweltpolitik, Sonderheft 8/1996 der Zeitschrift für Angewandte Umweltforschung.

31 Siehe u. a. Petra Gelfort/Hubert Müller/Hellmut Wollmann, Evaluierung städtebaulicher Instrumente der Gewerbestandortsicherung in Gemengelagen, Bonn 1988.

aus keine Verbesserungen vor, so können die staatlichen Aufsichtsbehörden mit ordnungsrechtlichen Mitteln (laufende Anlagenüberwachung, Schriftverkehr, Bußgeldandrohnungen usw.) auf die Gemeinde einwirken. Welche Art von Verbesserungen die Gemeinde dann vornimmt, ob sie etwa die vorhandene Anlage ausbaut, eine neue Anlage an einem anderen Standort plant oder sich mit anderen Gemeinden zu einem Abwasserzweckverband zusammenschließt, ist dagegen in kommunaler Verantwortung durch den Gemeinderat zu entscheiden. Die staatliche Aufsicht legt ihrerseits im Rahmen zu treffender Genehmigungsentscheidungen die Grenzwerte und Bedingungen fest, die das neue Projekt einzuhalten hat. Oft sind diese Verzahnungen zwischen kommunaler Selbstverwaltung und staatlichen Umweltschutzkompetenzen Ansatzpunkte für langwierige Entscheidungsprozesse und z. T. sehr konfliktreiche Auseinandersetzungen zwischen kommunalen und staatlichen Instanzen im politischen wie administrativen Bereichen.[32]

Auch wird die kommunale Investitionsbereitschaft nicht zuletzt durch den »Goldenen Zügel« staatlicher Zweckzuweisungen befördert. Die staatliche Förderung kann allerdings auch nachteilig »Subventionsattentismus« bewirken, wenn bei knappen staatlichen Mitteln Kommunalpolitiker mit Investitionsentscheidungen so lange warten, bis sie die Förderzusage erhalten.[33]

3. Kommunale Umweltschutz-Dienstleistungen

Bei den Dienstleistungsaufgaben erbringt die Gemeinde selbst oder eine von ihr beauftragte Stelle (z. B. ein privates Entsorgungsunternehmen) Umweltschutzleistungen für die Bürger. Dienstleistungsaufgaben sind die historische Wurzel des kommunalen Umweltschutzes. In den durch Industrialisierung während des 19. Jahrhunderts schnell wachsenden Städten lösten unzureichende hygienische Verhältnisse immer wieder Epidemien aus. Unter dem Problemdruck begannen die Städte, Einrichtungen der kommunalen Müllabfuhr, zentralen Wasserversorgung und Abwasserbeseitigung aufzubauen. Zur Daseinsvorsorge für die Bürger wurden spezialisierte kommunale Einrichtungen (z. B. Stadtreinigungs-, Wasserversorgungs-, Entwässerungsämter) geschaffen, die Umweltschutzaufgaben professionell erledigten und hygienische Mindeststandards kostengünstig sicherstellten.[34] Im Lauf der Jahrzehnte sind die Anforderungen an die Qualität der Leistungserstellung deutlich gestiegen. Erschien es z. B. zur Jahrhundertwende noch ausreichend, wenn eine Stadt ihr Abwasser im örtlichen Kanalisationsnetz sammelte und es – allenfalls mechanisch von groben Ver-

---

32 Neben der bereits genannten Literatur (Anm. 3 und 23) siehe u. a. Klaus Müller/Michael Holst, Raumordnung und Abfallbeseitigung, Bonn 1987; Christa Schulze, Akteure und Umweltschutz, Leverkusen 1989; Gerd Winter, Das Vollzugsdefizit im Wasserrecht, Berlin 1974.

33 Das Gegenteil von Subventionsattentismus – Überdimensionierung von Kläranlagen infolge unzureichender Planung, unerfüllter Wachstumserwartungen sowie des Zwangs, innerhalb begrenzter Fristen reichlich verfügbare staatliche Fördergelder nicht verfallen zu lassen – war z. B. bei den nach 1990 aufgelegten »Aufschwung Ost«-Programmen z. T. zu beobachten. Da Überangebots-Situationen bei Fördermitteln jedoch weitaus seltener sind als Mangelsituationen, wird in der Praxis meist Subventionsattentismus überwiegen.

34 Vgl. z. B. Ludwig Trepl, Geschichte der Ökologie, Frankfurt a. M. 1987; Klaus-Georg Wey, Umweltpolitik in Deutschland, Opladen 1982.

schmutzungen gereinigt – in ein Gewässer einleitete, so zwingt die starke Belastung der meisten Fließgewässer die Gemeinden heute dazu, ihre Abwässer zumindest vollbiologisch zu reinigen, wenn nicht sogar eine noch weitergehende Reinigung (»3. Reinigungsstufe«) zur Verminderung von Nährstoffeinträgen und chemischer Gewässerbelastungen erforderlich ist.[35]

Wesentliches Instrument und zugleich kritischer Engpaß bei Dienstleistungsaufgaben sind die für Investitionen und laufenden Betrieb erforderlichen kommunalen Haushaltsmittel. Über Gebühren und Beiträge können die Kosten per kommunalem Satzungsbeschluß ganz oder teilweise auf die Benutzer umgelegt werden. Zudem können die Gemeinden z. T. mittels Anschluß- und Benutzungszwang Bürger zur Inanspruchnahme verpflichten.[36] Hier hängt es vom Mut kommunaler Entscheidungsträger ab, gegebenenfalls auch politisch unpopuläre Entscheidungen zur Gebührenerhöhung oder zum Anschluß- und Benutzungszwang zu treffen. Darüber hinaus wird die Wirksamkeit der kommunalen Dienstleistungen von Umfang und Qualität der Personal- und Einrichtungskapazitäten sowie der Bereitschaft der Bürger zur tatsächlichen Nutzung der kommunalen Angebote bestimmt.[37]

Bei Dienstleistungsaufgaben kann zudem die Bildung kommunaler Zweckverbände sinnvoll sein. Oft ist das Gebiet einer einzelnen Gemeinde für die angemessene Lösung eines Umweltproblems zu klein: So liegen z. B. die Hauptverursacher der Verschmutzung eines Flusses am Oberlauf außerhalb der Stadtgrenzen; ein Naturraum, der die Gemeindegrenzen überschreitet, läßt sich nur erhalten, wenn mehrere Gemeinden bei seiner Pflege zusammenarbeiten; das Stadtgebiet ist so dicht bebaut, daß sich innerhalb der Stadt kein Standort mehr für eine Mülldeponie finden läßt. Das räumliche Auseinanderfallen von Verursacher- und Auswirkungsgebiet der Umweltbelastungen begünstigt auf kommunaler Ebene oft anzutreffende Tendenzen zur »räumlichen Externalisierung« der Umweltbelastungen: Da der Nutzen verstärkter

---

35   Die steigenden Anforderungen an die Dienstleistungsaufgaben lassen sich u. a. an der Entwicklung der Umweltschutzausgaben ablesen. Zwischen 1975 (13,5 Mrd. DM) und 1994 (21,6 Mrd. DM) haben sich in Westdeutschland die Gesamtausgaben der öffentlichen Hand für den Umweltschutz – in konstanten Preisen gerechnet – fast verdoppelt. Rund drei Viertel der öffentlichen Ausgaben für den Umweltschutz werden von den Kommunen und kommunalen Zweckverbänden getätigt. Der Wert der Umweltschutz-Infrastruktur hat sich von 1975 (128 Mrd. DM) und 1994 (278 Mrd. DM) mehr als verdoppelt. Überwiegender Bestandteil (92 %) des Bruttoanlagevermögens sind Kanalisationssysteme und Kläranlagen, der Rest vor allem Abfallentsorgungseinrichtungen. Siehe im einzelnen Statistisches Bundesamt, Fachserie 19 Reihe 6, Umweltökonomische Gesamtrechnung. Ausgaben und Anlagevermögen für den Umweltschutz, Wiesbaden 1996. Ulrich Adler u. a., Umweltschutz in den neuen Bundesländern, in: ifo-Schnelldienst 11/91, S. 3 ff schätzten die Gesamtkosten der Umweltsanierung in Ostdeutschland auf 211 Mrd. DM. Hiervon würden mindestens 87 Mrd. DM auf die Kommunen entfallen (47 Mrd. Abwasserentsorgung, 20 Mrd. DM Abfallentsorgung, 17 Mrd. DM Trinkwasserversorgung, 3 Mrd. DM Altlastensanierung).

36   Eine sehr überzeugend politikanalytisch strukturierte Darstellung der rechtlichen Handlungsinstrumente Bernhard Haaß, Handlungsspielräume gemeindlicher Umweltpolitik am Beispiel des Abfallrechts, Berlin 1992.

37   Recht anschaulich hierzu Bernd Martens/Jürgen Thomas, Einflußfaktoren des Abfallaufkommens aus Privathaushalten in Baden-Württemberg, in: Zeitschrift für Umweltpolitik, Heft 2/96 S. 243 ff. Daß das bundesrechtlich mit der Verpackungsverordnung etablierte »Duale System Deutschland« im Bereich des Hausmüllaufkommens nur begrenzte Entlastungswirkungen bei kommunalen Dienstleistungen haben kann, belegt überzeugend Anselm U. Römer, Weg von der Wegwerfgesellschaft?, in: Zeitschrift für Umweltpolitik Heft 1/94, S. 75 ff.

Umweltschutzaufwendungen nicht innerhalb des Gemeindegebietes anfällt, sondern ganz oder teilweise Standorten außerhalb der Gemeinde zugute kommt, neigen viele Gemeinden zur Zurückhaltung bei Umweltschutzinvestitionen.

Nehmen dagegen Zweckverbände Umweltschutzaufgaben für das zusammenhängende Gebiet mehrerer Gemeinden wahr, so können sie eine verbandsinterne »Internalisierung« der Umwelteffekte bewirken.[38] Z. B. können für die Reinhaltung eines gesamten Flußlaufs zuständige Wasserwirtschaftsverbände unabhängig von den räumlichen Beschränkungen der einzelnen Gemeindegebiete die günstigsten Standorte für Umweltschutzeinrichtungen auswählen und die Maßnahmenkosten gleichmäßig auf die Verbandsmitglieder umlegen. Zudem fallen meist auch »Skalenerträge« durch den spezialisierten Personaleinsatz der Verbandsverwaltung an.

Ähnliche Skaleneffekte kann auch die Privatisierung kommunaler Umweltschutzdienstleistungen haben. Diese wird zwar meist vorrangig unter dem Gesichtspunkt der Entlastung kommunaler Haushalte von Investitions- und Betriebskosten propagiert.[39] Sie kann jedoch ebenso Qualitätsverbesserungen durch professionellere Aufgabenwahrnehmung bewirken.

4. Räumliche Entwicklungsaufgaben

Räumliche Entwicklungsaufgaben bilden den zweiten Schwerpunkt der kommunalen Umweltpolitik. Die Raumstruktur der Gemeinde ist so zu erhalten und zu gestalten, daß die natürlichen Grundlagen und die Qualität des Lebens bewahrt und verbessert werden. Überwiegende Handlungsinstrumente sind kommunale Planungen und deren Umsetzung in öffentliche und private Investitionsentscheidungen.[40]

Umweltschutz im Rahmen räumlicher kommunaler Entwicklungsaufgaben hat ähnliche Traditionen und qualitative Veränderungen erfahren wie Dienstleistungsaufgaben.[41] Unter dem Siedlungsdruck der Industrialisierung des 19. Jahrhunderts konzentrierte man sich zunächst darauf, bestimmte Gebiete innerhalb oder am Rande der Städte von der Besiedelung freizuhalten, um sie als Naturräume zu sichern oder als Grün- und Freizeitflächen für die Erholung der Bürger zu gestalten. Hierbei stand der »Reservatsgedanke« der Sicherung, Pflege und Entwicklung einzelner Flächen im

---

38 Die ersten Zweckverbände mit den Wasserversorgungs- und Abwasserverbänden für das Ruhrgebiet sind bereits um die Jahrhundertwende gegründet worden. Vgl. z. B. Allen V. Kneese/Blair T. Bower, Die Wasserwirtschaft im Ruhrgebiet, in: Horst Siebert (Hrsg.), Umwelt und wirtschaftliche Entwicklung, Darmstadt 1979, S. 351 ff.

39 Laut Karrenberg/Münstermann (Anm.24) sind in Westdeutschland infolge verstärkter Privatisierung nicht zuletzt kommunaler Umweltschutzleistungen ca. 6 % des kommunalen Gebührenaufkommens aus den Kommunalhaushalten ausgelagert worden. – Für Ostdeutschland wird wegen der schwachen Finanzkraft der Gemeinden die Privatisierung von Umweltschutzdienstleistungen vor allem als Weg zur Vorfinanzierung von Investitionen empfohlen.

40 Siehe z. B. im Überblick Gelfort u. a. (Anm. 2); Eckart Hahn, Ökologischer Stadtumbau, Frankfurt a. M. u. a. 1991; Gerd Steinebach/Sabine Herz/Andreas Jacob, Ökologie in der Stadt- und Dorfplanung, Basel u. a. 1993; Rudolf Stich/Karl-Wilhelm Porger/Gerd Steinebach/Andreas Jacob, Stadtökologie in Bebauungsplänen, Wiesbaden/Berlin 1992; Birzer u. a. (Anm. 7).

41 Siehe z. B. Michael Andritzky/Klaus Spitzer (Hrsg.), Grün in der Stadt, Reinbek 1981.

Mittelpunkt. Allmählich setzte sich die Erkenntnis durch, daß nicht die isolierten Grünflächen, sondern die räumliche Zuordnung, Nutzungsart und -intensität sämtlicher Flächen des Gemeindegebietes wesentliche Rückwirkungen auf das Stadtklima, die Luft- und Lärmbelastung, den örtlichen Wasserhaushalt und die anderen Grundlagen der Lebensqualität in der Stadt haben.[42] Umweltschutz wird so bei fast allen räumlichen Planungen und Maßnahmen der Kommunen zu einem immer gewichtigeren Kriterium.

Neben den Bedingungen am örtlichen Bodenmarkt ist die Qualität von Informationen über die örtliche Umweltsituation wesentliche Voraussetzung zur Durchsetzung von Umweltqualitätszielen bei räumlichen Entwicklungsaufgaben. Je genauer und politisch überzeugend sich die voraussichtlichen Umweltauswirkungen bestimmter Nutzungsalternativen darstellen und vorhersagen lassen, desto größer wird ihr sachliches Gewicht im kommunalen Abwägungsprozeß. Eine wesentliche Schwäche des Umweltschutzes lag in der Vergangenheit darin, daß wegen des Fehlens detaillierterer kleinräumiger Umweltzustandsdaten die Umweltauswirkungen räumlich relevanter Vorhaben nur sehr grob abschätzbar waren.[43] Heute sind bei Umweltinformationen vielerorts deutliche Verbesserungen eingetreten:

– Die vor allem von staatlichen Stellen betriebenen Umweltmeßnetze sind in belasteten Regionen inzwischen so weit ausgebaut, daß ihre Daten zur Beschreibung des örtlichen Umweltzustands genutzt werden können.

– Immer mehr Kommunen haben eigene Umweltinformationssysteme aufgebaut, die örtliche Umweltzustandsmerkmale flächendeckend und kleinräumig differenziert darstellen. Hiermit können Umweltauswirkungen raumbeanspruchender Vorhaben kurzfristig beurteilt werden. Darüber hinaus bietet die Überlagerung und Verknüpfung medialer und sektoraler Umweltzustandsdaten die Basis für die Entwicklung von Umweltqualitätszielen und Nachhaltigkeitsindikatoren bei lokalen Agenda 21-Konzepten.[44]

– Kommunale Umweltberichte fassen den Stand der Informationen über die örtliche Umweltsituation sowie durchgeführte und geplante Maßnahmen zusammen. Sie dienen als Informationsinstrument für die Bürger sowie als politische Rechenschaftsberichte der Verwaltung gegenüber dem Rat.[45]

– Bei der Erstellung und Fortschreibung von Flächennutzungs- und auch Bebauungsplänen[46] nehmen ökologische Bestandsaufnahmen – wie z. B. Biotopkartierungen, Stadtklimauntersuchungen oder die Erfassung von Altlastenverdachtsflächen – zunehmend mehr Raum ein. Grundsätzliche Forderung ist, daß die Be-

---

42 Siehe z. B. Deutscher Rat für Landschaftspflege (Hrsg.), Natur in der Stadt, Schriftenreihe (1992) 61; Herbert Sukopp (Hrsg.), Stadtökologie. Das Beispiel Berlin, Berlin 1990.

43 Vgl. z. B. Rat von Sachverständigen für Umweltfragen, Allgemeine Ökologische Umweltbeobachtung, Sondergutachten, Wiesbaden 1990.

44 Als Beispiel für besonders umfassende Bestandsaufnahmen siehe Senatsverwaltung für Stadtentwicklung und Umweltschutz (Hrsg.), Umweltatlas Berlin, Bd. 1: Berlin 1985, Bd. 2: 1987; Bd. 3: 1996; dies., Ökologisches Planungsinstrument Naturhaushalt/Umwelt, Berlin 1990.

45 Siehe z. B. Karl-Heinz Fiebig/Ulrich Klein/Udo Krause, Auswertung von Umweltberichten der Kommunen, Materialien 3/88 des Deutschen Instituts für Urbanistik, Berlin 1988. Einen Überblick über den Stand der kommunalen Umweltberichterstattung enthält das Umweltbundesamt, Daten zur Umwelt 1992/93, Berlin 1994, S. 673 ff.

46 Siehe z. B. Bundesforschungsanstalt für Landeskunde und Raumordnung, Umweltschonend Planen, Bauen und Wohnen, Bonn 1997; Arno Bunzel, Ajo Hinzen, Gerd Ohligschläger, Umweltschutz in der Bebauungsplanung, Wiesbaden/Berlin 1997.

standsaufnahme der naturräumlichen Potentiale und der Belastungssituation den nutzungsorientierten Planungen vorausgehen muß, damit die Erhaltung der Lebensgrundlagen der Kommunen ihren angemessenen Stellenwert erreichen kann.

– Immer mehr Kommunen haben die Umweltverträglichkeitsprüfung als Handlungsinstrument zur umfassenden Beschreibung, Prognose und Bewertung der Umweltauswirkungen räumlicher Planungen sowie öffentlicher und privater Investitionsvorhaben eingeführt.[47]

Für die Umsetzung von Umweltschutzzielen der räumlichen Entwicklungsplanung haben vor allem die kommunale Verkehrs- und Energiepolitik Schlüsselfunktionen. In den beiden Bereichen sind in den letzten Jahrzehnten planerische Konzeptionen entwickelt und vielerorts modellhaft erprobt worden, deren konsequente Umsetzung zu nachhaltigen Minderungen der mit Energieverbrauch und Stadtverkehr verbundenen komplexen Umweltbelastungen führen kann. Bei diesen Konzepten wirkt jeweils ein Bündel sehr unterschiedlicher Einzelmaßnahmen zusammen: So lassen sich Verminderungen von Energie- und Flächenverbrauch, Luftschadstoff- und Lärmimmissionen des Stadtverkehrs erreichen, indem einerseits das Infrastrukturangebot für den nichtmotorisierten Individualverkehr (Fußwege, Grünverbindungen, Radverkehrsverbindungen, Verkehrssicherheit) und den öffentlichen Personennahverkehr (Verbindungen, Bedienungshäufigkeit, Fahrpreisgestaltung usw.) verbessert und die Attraktivität dieser Verkehrsmittel erhöht wird. Andererseits muß durch Geschwindigkeits-, zeitliche Zugangs- und Parkraumregelungen eine »Defavorisierung« des motorisierten Individualverkehrs erfolgen (vgl. hierzu den Beitrag von Dieter Apel in diesem Band zur kommunalen Verkehrspolitik). Zudem müssen Benutzer zum Wechsel auf umweltschonende Verkehrsmittel motiviert werden.[48]

Bei der Energieversorgung müssen auf der einen Seite durch verbesserten Wärmeschutz an öffentlichen und privaten Gebäuden sowie auf der anderen Seite durch ein Energieträgerangebot der Energieversorgungsunternehmen, welches hohe Energieausnutzung sowie den Einsatz emissionsarmer und erneuerbarer Energieträger in den Vordergrund stellt, die Möglichkeiten rationeller Energieverwendung ausgeschöpft werden (vgl. hierzu den Beitrag von Klaus Müschen in diesem Band). Darüber hinaus hat auch hier das Verbraucherverhalten erhebliche Bedeutung.[49]

Nachhaltige Verbesserungen der Umweltsituation sind vor allem dann zu erreichen, wenn diese Konzepte nicht nur punktuell für einzelne Straßenzüge, Baublöcke oder Quartiere, sondern flächendeckend für das gesamte Stadtgebiet eingeführt werden. Entsprechend hoch sind dann die erforderlichen Investitionsmittel sowie die zu überwindenden Widerstände der verschiedenen Interessentengruppen. Somit ist der erforderliche »ökologisch orientierte Stadtumbau« eine Langfristaufgabe, die die Kommunalpolitik auch in den kommenden Jahrzehnten nachhaltig beschäftigen wird.

---

47 Siehe z. B. Karl Hermann Hübler/Konrad Otto-Zimmermann (Hrsg.), Umweltverträglichkeitsprüfung, Taunusstein 1989; Konrad Otto-Zimmermann u. a., Umweltverträglichkeitsprüfung in der Kommunalverwaltung, Köln 1990.

48 Siehe z. B. Dieter Apel, Helmut Holzapfel u. a., Handbuch der kommunalen Verkehrsplanung, Loseblattsammlung, Bonn 1992, Dieter Apel u. a., Flächen sparen, Verkehr reduzieren – Möglichkeiten zur Steuerung der Siedlungs- und Verkehrsentwicklung, Berlin 1995, Bundesministerien für Raumordnung, Bauwesen und Städtebau, Umwelt, Naturschutz und Reaktorsicherheit sowie Verkehr (Hrsg.), Flächenhafte Verkehrsberuhigung, Bonn 1992.

49 Siehe u. a. Bundesforschungsanstalt für Landeskunde und Raumordnung (Hrsg.), Information zur Raumentwicklung, (1990) 6–7; Willy Leonhardt/Rainer Klopfleisch/Georg Jochum, Kommunales Energie-Handbuch, Karlsruhe 1989; Helmut Spitzley, Die andere Energie-Zukunft, Bonn 1989.

KLAUS MÜSCHEN

Kommunale Energiepolitik

1. Handlungsrahmen kommunaler Energiepolitik

Energieversorgung und Energiepolitik sind in ihrer Entstehung kommunal. Ursprünglich gehören die verschiedenen Themenfelder der Energiepolitik zu den klassischen Aufgaben der kommunalen Selbstverwaltung und Daseinsvorsorge: Energieversorgung ist ein Teil der Infrastruktur und wurde schon immer von der Stadtentwicklungsplanung bearbeitet. Die kommunale Energiewirtschaft mit Stadtwerken oder kommunaler Beteiligung an Energieversorgungsunternehmen (EVU) ist eingebunden in die kommunale Wirtschafts- und Finanzpolitik, auch bei Fremdversorgung sind die Einnahmen aus den Konzessionsverträgen[1] eine wesentliche Quelle kommunaler Finanzierung. Und die Energieversorgung öffentlicher Liegenschaften ist eine Grundvoraussetzung für die Funktion kommunalen Handelns.

Ausgehend von den vier zentralen Zielgrößen der Energiepolitik – Wirtschaftlichkeit, Versorgungssicherheit, Sozial- und Umweltverträglichkeit – hat sich eine kommunale Energiepolitik als eigenständiger Politikbereich durch den Ölpreisschock und die Umweltschutzdebatte erst seit den siebziger Jahren etabliert. Als typische Querschnittsaufgabe ist sie inzwischen in vielen Städten und Gemeinden auch institutionell verankert. Kommunale Energiepolitik kann nur im Kontext von nationaler wie internationaler Energienutzung und -politik[2] begriffen werden. Der gesetzliche Rahmen dafür wird durch Bundes-, teilweise Landes- und zunehmend durch EG-Gesetzgebung bestimmt. Dieser Kontext kann hier nur angedeutet werden, es geht um Themen, die im öffentlichen Bewußtsein inzwischen präsent sind: Gesundheits- und Umweltschäden, Gefahren der Atomenergie, Begrenztheit der Ressourcen, Klimaschutz, Liberalisierung der Energiemärkte. In jüngster Zeit eröffnet der Druck der knappen Kommunalhaushalte zusätzliche Handlungschancen durch neue Finanzierungs- und Einsparmaßnahmen.

Das Thema Klimaschutz[3] hat seit Beginn der neunziger Jahre eine besondere Bedeutung für die kommunale Energiepolitik erhalten. Denn die Emission treibhauswirksamer Gase wird zum überwiegenden Teil durch die Energienutzung bewirkt.

---

1 Die Verlegung von Leitungen zur Energieversorgung auf öffentlichem Straßenland als ausschließliches Wegerecht wird von den Kommunen gegen eine Konzessionsabgabe an Energieversorgungsunternehmen vergeben. Gesetzliche Grundlage dafür ist die von der Bundesregierung erlassene Konzessionsabgaben-Verordnung.

2 Vgl. Hans Günter Brauch (Hrsg.), Energiepolitik, Technische Entwicklung, politische Strategien, Handlungskonzepte zu erneuerbaren Energien und zur rationellen Energienutzung, Berlin/Heidelberg 1997.

3 Vgl. Enquete-Kommission »Schutz der Erdatmosphäre« des Deutschen Bundestages (Hrsg.), Klimaänderung gefährdet globale Entwicklung, Bonn 1992; ebenso Enquete-Kommission »Schutz der Erdatmosphäre« des Deutschen Bundestages (Hrsg.), Mehr Zukunft für die Erde, Nachhaltige Energiepolitik für dauerhaften Klimaschutz, Bonn 1995.

Einen wichtigen Anstoß gab die 1. Vertragsstaatenkonferenz zur Klimarahmenkonvention der Vereinten Nationen, die 1995 in Berlin stattfand.

In der Kommune geht es um zwei materielle Handlungsfelder, zum einen um die Wärmeversorgung, bei der unterschiedliche leitungsgebundene (Fernwärme, Gas, Elektrizität) und nichtleitungsgebundene Energieträger (Öl, Kohle) konkurrieren, zum anderen um die Elektrizitätsversorgung, bei der grundsätzlich ein EVU vor Ort eine Monopolstellung besitzt.

In diesen Handlungsfeldern hat kommunale Energiepolitik eine Reihe von direkten und indirekten Eingriffsmöglichkeiten. Erstens bestimmen die Kommunen, welche Energieträger und welche Energietechnik in ihren eigenen Einrichtungen wie Verwaltungsgebäuden, Schulen, Kindergärten etc. eingesetzt werden. Zweitens bestimmen die Kommunen über die Energienutzung ihrer Eigenbetriebe wie beispielsweise Krankenhäuser, Verkehrsbetriebe, Wasserwerke. Drittens besitzen rund 800 Städte und Gemeinden – sog. A-Gemeinden – eigene Stadtwerke zur Versorgung mit einem oder mehreren leitungsgebundenen Energieträgern. Viertens haben die B-Gemeinden ohne eigene Stadtwerke einen Konzessionsvertrag mit dem Elektrizitäts- oder Gasunternehmen, das das Stadtgebiet versorgt. Diese Verträge regeln das in der Regel ausschließliche Recht des Energieversorgungsunternehmens, auf Gemeindeland Leitungen zu verlegen. Fünftens können die Kommunen über die Bauleit- und Bebauungsplanung einen Einfluß auf die Energienutzung ausüben.

Die Handlungsmöglichkeiten auf kommunaler Ebene sind relativ groß, wenn die beteiligten Akteure es wollen. Der Hebel liegt in der kommunalen Autonomie über das Wegerecht, durch das die Energieversorgungsunternehmen gezwungen sind, mindestens alle zwanzig Jahre mit der Kommune über die zukünftige Energienutzung zu verhandeln. Der Handlungsrahmen liegt zwischen einem kommunal geplanten Energiekonzept und einer Umsetzung durch örtliche Energiedienstleistungsunternehmen. Impulse kommen durch Bürgerinitiativen, Energiegruppen und Parteien vor Ort sowie auch durch landes- und bundespolitische Initiativen.

In den achtziger Jahren hat der Begriff Rekommunalisierung die energiepolitische Diskussion bestimmt. Damit wird eine umfassende Reformstrategie von Energiewirtschaft und -politik bezeichnet, die auf die Behebung von Mängeln in den genannten Problemfeldern abzielt. Anhand der Diskussion um die Rekommunalisierung lassen sich die Optionen einer kommunalen Energiepolitik darstellen. In der historischen Entwicklung ist eher eine gegenläufige Entwicklung abzusehen. Die Konzentrations- und Zentralisierungsprozesse der Energiewirtschaft und besonders der Elektrizitätswirtschaft haben zu einer Entkommunalisierung der Energiepolitik geführt. Daher kann sich eine Reformstrategie für den Energiesektor nicht nur auf den kommunalen Bereich beziehen. Im folgenden sollen die Entstehung, die Inhalte und die Perspektiven der Reformdiskussion der kommunalen Energiepolitik dargestellt werden.

2. Ursachen und Inhalte der Rekommunalisierungsdebatte

Im Konflikt um die »friedliche Nutzung der Atomenergie« seit 1975 in der Bundesrepublik[4] ging es nicht nur um den Widerstand gegen eine bestimmte Technologie,

---

4 Vgl. Herbert Kitschelt, Kernenergiepolitik. Arena eines gesellschaftlichen Konflikts, Frankfurt/New York 1980.

sondern auch um technische Alternativen zur herrschenden Energienutzung und um Alternativen in der politischen Planung und Kontrolle von Technik. Ausgangspunkt für derartige Alternativen waren kommunale Energiekonzepte von Basisinitiativen z. B. in Tübingen, München oder Stuttgart sowie die Rezeption der ausländischen, besonders nordamerikanischen Diskussion über Energiealternativen unter dem Stichwort »Sanfte Energie«. Ein alternatives Szenario für die Bundesrepublik ist 1980 vom Öko-Institut unter dem Titel »Energiewende« vorgestellt worden.[5] Gegen die Orientierung der Energiewirtschaft an einem ständig steigendem Verbrauch von Energieträgern setzt das Energiewende-Szenario auf den verstärkten Einsatz energiesparender und regenerativer Technologien. Als Ergebnis eines Umbaus der Energienutzung in der Bundesrepublik ist eine Halbierung des Primärenergieverbrauchs innerhalb von 50 Jahren prognostiziert worden, wobei die regenerativen Energiequellen dann einen Anteil von ca. 50 % haben könnten. Die technische Machbarkeit einer anderen Energieversorgung ist zu Beginn der achtziger Jahre Ausgangspunkt für eine Diskussion über die politische Umsetzung eines solchen Konzepts in der Bundesrepublik gewesen. Inzwischen ist die Realisierbarkeit solcher Szenarien unbestritten, letztlich geht es um die volkswirtschaftlichen Kosten solcher Wege und um die Frage der politischen Durchsetzbarkeit.[6]

In der Folge wurden besonders die ökonomischen und politischen Hemmnisse für eine Energiewende und ein Reformkonzept der Rekommunalisierung diskutiert.[7] In einer Phase, in der die Anti-AKW-Bewegung im Gegensatz zur Friedensbewegung ein sehr geringes öffentliches Mobilisierungspotential entfalten konnte (vgl. den Beitrag von Roland Roth in diesem Band), sind trotzdem bundesweit informelle und institutionalisierte Arbeitszusammenhänge entwickelt worden, die besonders in den Monaten nach der Reaktorkatastrophe in Tschernobyl quasi aus dem Stand in der Lage waren, das alte Protestpotential nicht nur wiederzubeleben, sondern auch die öffentliche Debatte u. a. durch Ausstiegsszenarien[8] inhaltlich entscheidend zu bestimmen.

Folgende strukturellen Hemmnisse sind in dem Rekommunalisierungs-Szenario identifiziert worden: Die Monopolisierung der Energiewirtschaft hat historisch zu einer Entkommunalisierung der Energieversorgung geführt. Besonders das Verbundsystem des Stromsektors mit Kondensations-Großkraftwerken dient in erster Linie den industriellen Großkunden und behindert auf kommunaler Ebene die rationellere und ökologischere Kraft-Wärme-Kopplung (KWK). Durch das Energiewirtschaftsgesetz von 1935, die Ausnahmebestimmungen des Gesetzes gegen Wettbewerbsbeschränkungen für die leitungsgebundene Energiewirtschaft und die Bundestarifordnung Elektrizität ist die Monopolstruktur rechtlich abgesichert worden. Weiterhin wirkte die Abhängigkeit der Kommunalfinanzen von der Energiewirtschaft u. a. durch die Konzessionsverträge gegen die Umsetzung einer neuen Energiepolitik.

Zwei Ansätze in der offiziellen Energiepolitik der Bundesregierung haben Ende der siebziger Jahre Tendenzen der Rekommunalisierung vorbereitet: die Novellierung des Kartellrechts und das Arbeitsprogramm »Örtliche und regionale Energieversorgungskonzepte«.

5 Vgl. Florentin Krause u. a., Energiewende. Wachstum und Wohlstand ohne Erdöl und Uran, Frankfurt a. M. 1980.
6 Vgl. Enquete-Kommission (Anm. 3).
7 Peter Hennicke u. a., Die Energiewende ist möglich. Für eine neue Energiepolitik der Kommunen, Frankfurt a. M. 1985.
8 Vgl. Klaus Müschen/Erika Romberg, Strom ohne Atom. Ausstieg und Energiewende, Frankfurt a. M. 1986.

Die 4. Novellierung des Kartellgesetzes durch die Bundesregierung 1980 zielte darauf, den Wettbewerb im Bereich der leitungsgebundenen Energieträger zu intensivieren. Besonders durch die Begrenzung der Laufzeiten von Konzessionsverträgen auf 20 Jahre sollten Möglichkeiten für Städte und Gemeinden geschaffen werden, einen größeren Wettbewerb auf dem Energiemarkt zuzulassen.

In der 2. Fortschreibung des Energieprogramms der Bundesregierung 1977 sind die Gemeinden aufgefordert worden, für den örtlichen Ausbau der leitungsgebundenen Energien Versorgungskonzepte zu erstellen. In einem Arbeitsprogramm »Örtliche und regionale Energieversorgungskonzepte« sind dann von 1980 bis 1984 Parameterstudien, einzelnen Planstudien und Siedlungsstrukturuntersuchungen durchgeführt worden.

Damit standen die Grundlagen einer fachkundigen Planung von Energiekonzepten auf kommunaler und regionaler Ebene zur Verfügung. Sie müssen jedoch ergänzt werden, da das Bundesprogramm im wesentlichen für eine Neuaufteilung des Wärmemarktes unter dem Gesichtspunkt der Ölsubstitution gesorgt und den Stromsektor fast vollständig ausgeklammert hat.

Die zentrale Aussage des Rekommunalisierungskonzeptes ist, daß sich nur mit der Kommune als Entscheidungszentrum eine sozial und ökologisch verträgliche Energienutzung durchsetzen läßt. Dafür gibt es eine Reihe von technischen und politökonomischen Gründen, die hier nur summarisch genannt werden können[9]: Die rationelle Energienutzung (d. h. Energiesparen) ist nicht transportierbar. KWK ist nur dezentral wirtschaftlich nutzbar, wie Beispiele in vielen Städten zeigen. Aus Atomkraftwerken läßt sich die Wärme wirtschaftlich nicht nutzen, weil jene – aus guten Gründen – fern der Ballungszentren gebaut worden sind. Auch die regenerativen Energien sind nur vor Ort nutzbar, Visionen einer zentralen Solar-Wasserstoffwirtschaft brauchen Planungs- und Bauzeiten von Jahrzehnten und sind heute im Gegensatz zum dezentralen Einsatz noch nicht wirtschaftlich. Die Rahmenbedingungen der Energienutzung werden vor Ort durch kommunale Planung entschieden. Dazu gehören die Bauleitplanung, Flächennutzungs- und Stadtentwicklungsplanung oder die Planung des gemeindeeigenen Gebäudebestandes. Eine demokratische Mitbestimmung der BürgerInnen über Planungsentscheidungen im Energiesektor ist am ehesten in der Kommune realisierbar. In Anlehnung an das Subsidiaritätsprinzip sind erst kommunale Möglichkeiten auszuschöpfen, bevor auf die regionale oder Landesebene z. B. durch Lastausgleich, Verbundbetrieb oder den gemeinschaftlichen Betrieb von regionalen Anlagen zurückgegriffen wird. Die Energieplanung soll also von unten nach oben stattfinden und nicht umgekehrt. Die Rekommunalisierung zielt auf die demokratische Wiederaneignung eines Politiksektors, der nahe an der Lebenswelt der Betroffenen ist.

Ansätze der Rekommunalisierung im Ausland wie das Energieplanunggesetz in Dänemark, Energiegenossenschaften in der Schweiz und Dänemark, regionale Energiepläne und Energiedienstleistungsgesellschaften in den USA wurden in der Bundesrepublik von kommunalen Stadtwerken, z. B. in Saarbrücken, Rottweil, Hannover oder Kassel, aufgegriffen. Auf kommunaler Ebene haben Bürgerinitiativen Impulse zur Umsetzung gegeben, Rot-Grüne-Koalitionen sich besonders in Fragen von Energiekonzepten und Plänen zum Netzrückkauf eingesetzt, und schließlich haben auf der Ebene der Landespolitik Rot-Grün- oder SPD-geführte Landesregierungen in Hessen, Nordrhein-Westfalen, Saarland, Schleswig-Holstein, Berlin sowie auf Bundesebene

---

9 Vgl. Stephan Kohler/Jürgen Leuchtner/Klaus Müschen, Sonnenenergie-Wirtschaft. Für eine konsequente Nutzung von Sonnenenergie, Frankfurt a. M. 1987.

die Bundestagsfraktionen der GRÜNEN und der SPD Gesetzesinitiativen zur Rekommunalisierung eingebracht bzw. realisiert.

Wichtig ist eine enge Kooperation der kommunalen Akteure bei der Energieplanung. In den klassischen Ausschüssen der kommunalen Parlamente ist das Thema Energie als Querschnittsthema nicht vorgesehen. Möglichkeiten für diesen Interessenausgleich bieten ein Energiebeirat oder eine Arbeitsgruppe Energie, in denen Vertreter der unterschiedlichen Interessen vertreten sind. Solche institutionalisierte Kooperation gibt es z. B. in Wuppertal, Münster, Wiesbaden, Bremen, Hamburg, Berlin, Düsseldorf oder Lübeck, allerdings kaum in kleineren Städten und Gemeinden. Da es in den Kommunalverfassungen der Länder keine rechtliche Absicherung der Mitbeteiligung von Interessengruppen an der kommunalen Energieplanung gibt, besteht immer die Möglichkeit, daß ohne hinreichenden Druck von unten solche Beteiligungsformen zu reinen Akzeptanzbeschaffungsorganen verkümmern.

Notwendig sind ebenso Umsetzungsinstitutionen für die erarbeitete kommunale Energieplanung. Von diesen Energiedienstleistungsunternehmen (EDU) wird Energiesparen, rationelle Energienutzung und der Vertrieb von Energiedienstleistungen als öffentliche Aufgabe begriffen. Sie sind eingebunden in die kommunale Energieplanung und unterliegen so einer demokratischen Kontrolle.

3. Kommunale Energiepolitik nach 1989

Die Ansätze der Rekommunalisierung sind auf den verschiedenen Politikebenen weiterentwickelt worden, und nach der Deutschen Vereinigung ist in den neuen Bundesländern eine eigene Kommunalisierungbewegung entstanden.

Auf Bundesebene ist die Notwendigkeit einer neuen Energiepolitik, die sowohl auf Energieeinsparung sowie auf rationelle und regenerative Energienutzung setzt, durch den dritten Bericht der Enquête-Kommission »Vorsorge zum Schutz der Erdatmosphäre« des Deutschen Bundestages bestärkt worden. Die Bundesregierung hat darauf im November 1990 das Ziel einer 25 %igen Reduzierung der Kohlendioxid-Emissionen bis zum Jahr 2005 beschlossen. Maßnahmen zur Umsetzung sind u. a. die Einführung einer CO2-Abgabe, die Verschärfung der Wärmeschutzverordnung und der Heizanlagenverordnung sowie die Novellierung des Energieeinsparungsgesetzes. Die Rahmenbedingungen für eine kommunale Energiepolitik sind außerdem verbessert worden durch das Einspeisegesetz für Strom aus regenerativen Energiequellen, das im Bundestag mit einer erstaunlichen fraktionsübergreifenden Gemeinsamkeit beschlossen wurde, durch die neue Bundestariforddnung Elektrizität, die die Möglichkeit linearer Tarife beinhaltet, sowie durch Förderprogramme für Solar- und Windenergie.

In Berlin 1990 und in Bremen 1991 sind eigene Landes-Energiespargesetze beschlossen und verabschiedet worden. Neben allgemeinen Vorschriften zur sparsamen Verwendung von Energie sind darin Maßnahmen der Stadtstaaten zur Energieeinsparung besonders in landeseigenen Gebäuden und Anlagen, Förderungsmaßnahmen sowie Maßnahmen zur Neuordnung der Energiewirtschaft enthalten. Zu solchen Maßnahmen gehören u. a. ein Landesenergieprogramm, jährliche Energieberichte, eine Öffentlichkeitsbeteiligung bei wesentlichen energiepolitischen Entscheidungen, Bildung von Energiedienstleistungsunternehmen, Einfluß auf Konzessionsverträge, Bestellung von Energiebeauftragten sowie die Einrichtung eines Energiebeirats. Ein weiteres Instrument zur Umsetzung einer kommunal orientierten Energiepolitik sind die Energieagenturen. Nachdem zu Beginn der neunziger Jahre das Saarland, Hamburg und Nordrhein-Westfalen Energieagenturen eingerichtet hatten, sind ebensolche in Niedersachsen, Hessen, Schleswig-Holstein, Brandenburg, Berlin und Baden-Württemberg gegründet worden. Diese Energieagenturen sollen auf der kommunalen Ebene nicht nur beratend tätig werden, sondern auch Energiespartechnologien für kommunale und private Nutzer durch Contracting-Modelle planen, finanzieren und betreiben. Anteilseigner dieser privatwirtschaftlich arbeitenden Energieagenturen sind in der Regel Bundesländer, Kommunen, EVU und Kreditinstitute.

Durch die Energiewirtschaft werden zunehmend Programme zur Energieeinsparung und rationellen Energienutzung umgesetzt. Eine Reihe von Stadtwerken und Energieversorgungsunternehmen haben sich zu einer Arbeitsgemeinschaft kommunaler Versorgungsunternehmen zur Förderung rationeller, sparsamer und umweltschonender Energieverwendung und rationeller Wasserverwendung (ASEW) zusammengeschlossen. Sogar die Vereinigung der Deutschen Elektrizitätswirtschaft (VDEW) propagiert inzwischen den Gedanken der Energiedienstleistung und hat eine Arbeitsgruppe dazu gegründet. Mehrere EVU und Bundesländer prüfen derzeit, wieweit sich die US-amerikanische Praxis des »Least-Cost Planning«[10] auf bundesdeutsche Verhältnisse übertragen läßt, dazu gehören u. a. Hessen, Schleswig-Holstein, Stadtwerke Hannover und Kassel, BEWAG Berlin.

Auf der kommunalen Ebene werden die bestehenden Instrumente verstärkt für eine Neuorientierung der Energiepolitik genutzt. Kommunale Energiekonzepte werden besonders in den neuen Bundesländern erstellt. Diese Konzepte sind wichtig vor dem Abschluß von neuen Konzessionsverträgen mit den EVU. In einer Reihe von Städten werden Modellversuche zu linearen und zeitvariablen Stromtarifen durchgeführt. Neben den Energieagenturen gibt es inzwischen von den Kommunen initiierte Betreibergesellschaften für Block-Heizkraftwerke (BHKW). Energiebeauftragte sorgen für Energiesparmaßnahmen in kommunalen Einrichtungen, und Energieberatungsstellen werden ausgebaut.

Ein zentraler Konfliktpunkt in den letzten Monaten der DDR war die zukünftige Verfügung über die Energiewirtschaft. Im Sommer 1990 verabschiedete die Volkskammer noch das Kommunalvermögensgesetz, in dem bestimmt wurde, daß die volkseigene Betriebe, die kommunalen Versorgungsaufgaben dienen, in das Eigentum der Gemeinden zu überführen sind. Hinter diesem Gesetz standen besonders die Bürgerbewegungen und die SPD, die von bundesrepublikanischen Initiativen unterstützt wurden. Mit dem Treuhandgesetz vom 17. 6. 91 wurde sogar bestimmt, daß Volkseigentum kostenlos in kommunales oder Ländereigentum überführt werden kann. Parallel zu diesen Gesetzgebungsverfahren hatten die letzte DDR-Regierung und die Treuhand mit den großen westdeutschen Elektrizitätsunternehmen (RWE-Energie, Bayernwerk, PreussenElektra) die sogenannten Stromverträge abgeschlossen. Mit diesen Verträgen wurde den westdeutschen Energiekonzernen faktisch die gesamte Energiewirtschaft der DDR – die Kraftwerke, die Netze und die 15 bezirklichen Energiekombinate – übereignet. Ziel dieser Verträge war die »Privatisierung der DDR-EVU unter mehrheitlicher Beteiligung der westdeutschen EVU«. An den DDR-Verbundunternehmen sollen die westdeutschen EVU mit 75 %, an

---

10 Vgl. Peter Hennicke (Hrsg.), Den Wettbewerb im Energiesektor planen. Least-Cost Planning: Ein neues Konzept zur Optimierung von Energiedienstleistungen, Berlin/Heidelberg 1991.

den DDR-Regionalunternehmen mit mindestens 51 % beteiligt sein. Wirtschaftliche Risiken für die westdeutschen EVU werden mit dem Stromvertrag reduziert. So wird die Übernahme der DDR-Atomkraftwerke ausgeschlossen, deren Lasten in Milliardenhöhe hat der Bund zu übernehmen. Außerdem wird eine Absatzgarantie in den Verträgen festgehalten, über eine Laufzeit von 20 Jahren sollen die Regionalunternehmen 70 % ihres Strombedarfs von der Verbundnetz AG beziehen. In den Vollzug des Kommunalvermögensgesetzes wird mit den Regionalverträgen direkt eingegriffen:»Die DDR wird darauf hinwirken, daß ... die Kommunen nach dem Kommunalvermögensgesetz nur Geschäftsanteile an den regionalen DDR-EVU erhalten ...«

Im Einigungsvertrag wurde dann aufgrund der Intervention der westdeutschen Energiekonzerne die ursprünglich 100 %ige Verfügung der Kommunen über die kommunale Energiewirtschaft auf 49 % begrenzt. Allerdings gibt es inzwischen über 160 Kommunen in den neuen Bundesländern, die Restitutionsansprüche angemeldet haben und vor dem Bundesverfassungsgericht klagen. Sie hatten z. T. vor 1945 schon eigene Stadtwerke besessen, und haben inzwischen wieder eigene Stadtwerke gegründet. An diesem Konflikt um die Kommunalisierung der Energiewirtschaft in den neuen Ländern läßt sich focusartig die energiepolitische Diskussion der letzten 15 Jahre in der Bundesrepublik ablesen.

1993 haben sich in diesem Konflikt die kommunalen Spitzenverbände, die klagenden ostdeutschen Kommunen, die größten westdeutschen EVU, die Treuhandanstalt und die Bundesregierung grundsätzlich geeinigt, den Aufbau kommunaler Stromversorgungsunternehmen in den neuen Bundesländern zuzulassen. Die Gemeinden erhalten danach auf Verlangen alle örtlichen Versorgungsanlagen für Strom und Fernwärme gegen Erstattung des Sachzeitwerts übertragen, die Abgeltung erfolgt seitens der Gemeinde ohne Zahlungen durch den Verzicht der Kommune auf ihre Kapitalbeteiligung beim Regionalversorger gem. Abs. 2 des DDR-Kommunalvermögensgesetzes. Inzwischen sind in über 100 Städten und Gemeinden der neuen Bundesländer nach teilweise heftigen juristischen Auseinandersetzungen Stadtwerke gegründet worden.[11]

4. Instrumente und Institutionen kommunaler Energiepolitik

Im folgenden werden die Instrumente und Institutionen einer kommunalen Energiepolitik dargestellt.

a. Das kommunale Energiekonzept

Von ca. 8 500 Gemeinden in der Bundesrepublik hatten 1990 nur etwa 200 ein Energiekonzept erstellt. Häufig waren sie Substitutionskonzepte zur Neuverteilung der

---

11   Vgl. Felix Christian Matthes, Zwischen Braunkohle und Stadtwerken, Die Transformation der Stromwirtschaft in den neuen Bundesländern, Dissertation, Berlin, 1998.

Energieträger auf dem Wärmemarkt. Inzwischen sind über 1 200 kommunale Energiekonzepte auch mit finanzieller Unterstützung von Bund und Ländern erstellt worden.[12]

Die Erstellung eines örtlichen Energiekonzepts ist ein mehrstufiger Prozeß, zu dem folgende Schritte gehören: Bestimmung der Ziele, Bestandsaufnahme der Nutzung aller Energieträger, Ermittlung der Einsparpotentiale, der KWK-Potentiale und der Potentiale regenerativer Energien, Erstellung verschiedener Zukunftsszenarien, wirtschaftliche, ökologische und soziale Bewertung der Szenarien, Erstellung eines kommunalen Energieplans, Planung von Einzelmaßnahmen, Aktionsplan.

Häufig sind lokale Unzufriedenheiten Auslöser für eine kommunalpolitische Energiedebatte. Hohe Energiepreise und hohe Emissionsbelastungen in einzelnen Stadtteilen führten bereits Ende der siebziger Jahre zur Gründung örtlicher Bürgerinitiativen. Je nach Mobilisierungsleistung solcher Initiativen konnten bei den örtlichen Verwaltungen ein Energiekonzept oder direkte Maßnahmen durchgesetzt werden.

In den untersuchten Fällen kommunaler Energiekonzepte ist festgestellt worden, daß überwiegend breite parlamentarische Mehrheiten die entsprechenden Beschlüsse zur Einführung und Umsetzung getragen haben. Selbst wenn die politischen Mehrheiten gewechselt haben, sind die Energiekonzepte und -planungen weitergeführt worden.[13]

Die Impulse kamen sowohl aus dem politischen Raum als auch aus der kommunalen Energiewirtschaft, eine besondere Rolle spielen dabei häufig Schlüsselpersonen, die qua Amt (Entscheider in Parteien, Vorstände von Stadtwerken) oder durch Impulse aus der politischen Debatte dieses Thema bewußt vorantrieben. Das umweltpolitische Thema Klimaschutz ist seit Beginn der neunziger Jahre zunehmend konsensfähig auf der kommunalen Ebene, es hat als Leitmotiv für die kommunale Energiepolitik klassische Themen des Umweltschutzes wie Luftreinhaltung oder wirtschaftliche Themen der Energienutzung überlagert.[14]

b. Neuabschluß von Konzessionsverträgen

Bis Ende 1994 waren nach der Kartellrechtsnovelle von allen Städten und Gemeinden neue Konzessionsverträge für die Energieversorgung abzuschließen, die maximal 20 Jahre Laufzeit haben dürfen. Das – meist ausschließliche – Wegerecht, das die Kommune an das Energieunternehmen vergibt, ist über die Konzessionsabgabe auch ein Mittel zur Steigerung der Eigenfinanzierung. Bis zu 7 % der Eigeneinnahmen der Kommunen sind auf Konzessionsabgaben zurückzuführen.[15] Häufig werden über eine Querfinanzierung damit auch die Defizite aus dem Öffentlichen Personen-Nah-Verkehr subventioniert.

---

12 Vgl. Winfried Damm, Energiekonzepte in Westdeutschland, Umsetzungsergebnisse und -bedingungen auf Bundes-, Länder- und Kommunalebene, Dissertation, Leipzig 1996.
13 Vgl. Winfried Damm (Anm. 12).
14 Eine sehr detaillierte Darstellung der kommunalen Aktivitäten im Energiebereich gibt: Deutsches Institut für Urbanistik (Hrsg.), Klimaschutz in Kommunen, Leitfaden zur Erarbeitung und Umsetzung von kommunalen Klimakonzepten, Berlin 1997.
15 Vgl. Deutsches Institut für Urbanistik (Anm. 14), S. 292.

Die zunehmende Aufmerksamkeit für eine kommunale Energiepolitik hat dazu geführt, daß in den kommunalen Gremien bei den Debatten über den Neuabschluß der Verträge besonders für die Stromversorgung das ganze Spektrum der kommunalen Eingriffsmöglichkeiten thematisiert worden ist. So sind in vielen Konzessionsverträgen die örtlichen Energieversorger auf die energiepolitischen Ziele der Kommune durch die Erarbeitung und Umsetzung von Energiekonzepten verpflichtet worden. In Schleswig-Holstein ist sogar 1990 durch Ministerial-Erlaß geregelt worden, daß 50 % der Einnahmen aus der Konzessionsabgabe für Energieprojekte zur Verfügung gestellt werden. Allerdings sind auch viele Gemeinden von den Versorgungsunternehmen durch Rabatte und andere finanzielle Zugeständnisse dazu bewegt worden, Verträge vorfristig neu abzuschließen.

Eine Möglichkeit der Konzessionsverträge ist nach Ende der Laufzeit die Übernahme des Netzes durch die Kommune bzw. durch ein kommunales Stadtwerk.

c. Rückkauf von Stromnetzen durch Kommunen

Über den Netzrückkauf durch Kommunen gibt es keine systematische Übersicht, allein für Nordrhein-Westfalen wird von 38 Fällen bis 1990 berichtet.[16] Bundesweit beachtet wurden u. a. die Netzübernahmen in Detmold, Schönau oder Göttingen.

In Detmold hatte die Stadt schon 1990 bei Auslaufen des alten Konzessionsvertrages beschlossen, einen neuen nur für fünf Jahre abzuschließen und die Konzessionsabgabe anzusparen, um die Netzübernahme zu finanzieren. Die rechtlichen und wirtschaftlichen Auseinandersetzungen über die Trennung der Netze dauern häufig mehrere Jahre, da beide Seiten mit Hilfe von Gutachtern versuchen, das wirtschaftliche Optimum durchzusetzen.

In Schönau im Schwarzwald hat eine lokale Bürgerinitiative, die nach der Reaktorkatastrophe von Tschernobyl gegründet wurde, das Thema einer eigenen Energieversorgung über Jahre thematisiert. Die von der Bürgerinitiative initiierte Kampagne zum Netzrückkauf unter dem Motto »Ich bin ein Störfall« wurde bundesweit beachtet und auch von prominenten Einzelpersonen und privaten Unternehmen unterstützt. Nach einer Niederlage im Gemeindeparlament wurde von der Bürgerinitiative diese bundesweite Kampagne verstärkt. Über zwei Bürgerentscheide ist dann der Gemeindebeschluß revidiert und die Netzübernahme beschlossen worden. Inzwischen ist mit dem Regionalversorger über den Preis der Netzübernahme verhandelt und ein Vertrag dazu abgeschlossen worden. Der Preis für das Netz ist von der Bürgerinitiative über die Störfall-Kampagne aufgebracht worden. Eine von jener gegründete Gesellschaft, die Elektrizitätswerke Schönau GmbH (EWS), wird das Netz quasi als bürgereigenes Stadtwerk betreiben.[17]

Die Stadt Göttingen hat ebenfalls beschlossen, das Stromnetz zur städtischen Versorgung vom Regionalversorger zu übernehmen. Hintergrund ist hier vor allem das Interesse an den erwarteten Gewinnen aus dem Stromsektor, um die bestehenden Stadtwerke, die auch den Öffentlichen Personen-Nahverkehr betreiben, von den daraus resultierenden Defiziten zu entlasten. Inzwischen wird mit dem Regionalversorger ein Prozeß um die Netzübernahme und die Kosten geführt.

---

16 Vgl. Winfried Damm (Anm. 12), S. 26.
17 Vgl. Der Spiegel, Hamburg (1996) 21, S. 135 f.

d. Eigenbetrieb von Stadtwerken bzw. Energiedienstleistungsunternehmen

Durch die Rekommunalisierungsdebatte ist das Thema Energiedienstleistungsunternehmen (EDU) als neue Qualität der kommunalen Energieversorger auf die lokale Agenda gesetzt worden. Beispiele für solche Konzepte haben z. B. die Stadtwerke Saarbrücken, Rottweil, Bremen, Hannover und Wiesbaden entwickelt.

Zu den Dienstleistungsangeboten gehören beispielsweise Energiespar-Darlehen, direkte Nutzwärmelieferung zu linearen Tarifen, Strom-Spar-Pakete einschließlich der Finanzierung, Prämien für energiesparende Geräte, Energiesparprogramme als Beschaffungsalternative durch least cost planning, Bau von KWK-Anlagen als Contracting-Lösungen sowie Förderprogramme zur Solarenergienutzung,

Eine besondere Rolle für die kommunalen Stadtwerke spielt die Liberalisierungsdebatte, seitdem 1996 die Bundesregierung auf dem Hintergrund der Rahmenrichtlinien der Europäischen Union eine Novelle zum Energiewirtschaftsgesetz vorgelegt hat. Der Widerstand kommunaler Institutionen geht dabei in zwei Richtungen. Zum einen wird über die Verbände versucht, die Novelle so zu beeinflussen, daß geschützte kommunale Monopolbereiche zur Energieversorgung erhalten bleiben. Dies scheint allerdings aufgrund der europäischen Vorgaben relativ erfolglos. Zum anderen werden von kommunalen Unternehmen Konzepte entwickelt, um dem zunehmenden Wettbewerb mit der Tendenz zu niedrigen Energiepreise dadurch zu begegnen, daß quasi als Qualitätswettbewerb neue Geschäftsfelder für Energiedienstleistungen ausgebaut werden. Dazu gehören u. a. Modelle zum Energiespar-Contracting für öffentliche Gebäude in Frankfurt, Berlin, Hannover sowie für Wohnungsbaugesellschaften in Dessau und Cottbus. In den neuen Bundesländern führte außerdem die stärkere Durchdringung des Wärmemarktes mit Fernwärme dazu, daß erhebliche Potentiale der Kraft-Wärme-Kopplung bestehen und auch ausgeschöpft werden.

e. Kommunale Energieberatung

Die kommunale Energieberatung[18] ist ein zentrales Instrument im neuen Dienstleistungsangebot eines Energiedienstleistungsunternehmen bzw. einer Kommune. Die Anforderungen an die Energieberatung sind ein integriertes Beratungskonzept (Wärmedämmung, Heizungstechnik, Stromspartechnik), inhaltliche und organisatorische Kooperation verschiedener Beratungsträger sowie die Umsetzung der Beratung durch Angebote des Energiedienstleistungsunternehmens. Flankierende Maßnahmen einer effizienten Energieberatung sind die Fortbildung von den beteiligten Energieberatern sowie eine kontinuierliche Öffentlichkeitsarbeit. Ein Konzept zu einer solch begleitenden Öffentlichkeitsarbeit ist z. B. im Rahmen des Energiekonzeptes Wiesbaden und Berlin erstellt worden.

Modelle zur Energieberatung existieren z. B. durch kommunale Energiebeauftragte (u. a. in Hessen), projektbegleitende Beratung im Energiekonzept (z. B. in Darmstadt), Beratung durch die in der ASEW zusammengeschlossenen Energiever-

---

18 Vgl. Klaus-Dieter Clausnitzer, Energieberatung: Akteure, Methoden und Beratungsinstrumente, in: Gerd Michelsen (Hrsg.), Umweltberatung, Grundlagen und Praxis, Bonn 1997.

sorger (inzwischen in über 200 Städten) sowie durch kommunale Energieberatungs-zentren (wie in Kassel).

f. Innovative Fördermodelle für Energietechnologien

Unter den aktuellen Haushaltsrestriktionen werden von Kommunen kaum die ratio-nelle Energienutzung oder regenerative Energien direkt gefördert. Aber mit der »kostendeckenden Einspeisevergütung« für solar erzeugten Strom ist von lokalen Bürgerinitiativen in Aachen ein bundesweites Modell entwickelt worden, was inzwi-schen von vielen Kommunen umgesetzt worden ist.

Danach soll allen Betreibern von solaren Stromerzeugungsanlagen für den in das öffentliche Netz eingespeisten Strom vom Energieversorger eine Vergütung gezahlt werden, die die Kosten über die Laufzeit der Anlage abdeckt. Damit werden die Marktchancen für Solarstrom erheblich verbessert. Der Energieversorger legt die Ko-sten auf alle Stromkunden über die allgemeinen Strompreise um. Grundlage für dieses Modell bieten die Bundestarifordnung Elektrizität und entsprechende Durchfüh-rungsrichtlinien, die einzelne Flächenländer inzwischen erlassen haben.

Die kostendeckende Einspeisevergütung ist nach einer bundesweiten Kampagne, an der sich u. a. auch Greenpeace beteiligt hatte, in fast 40 Städten politisch be-schlossen worden. 20 Kommunen bzw. deren Stadtwerke haben das Modell realisiert, inzwischen sind im Bundesgebiet 1995 bis 1997 rd. 3 000 kW Photovoltaik-Leistung zusätzlich errichtet worden.

Ein abgewandeltes Modell ist in Zürich und Berlin mit einer Solarstrombörse ein-geführt worden. Das EVU fördert mittels Investitionszuschuß und kostenorientierter Einspeisevergütung Photovoltaik-Anlagen. Die Vergütung wird für die kontrahierten Anlagen für 15 Jahre festgeschrieben. Das Besondere dieser Börse liegt darin, daß durch die Ausschreibung des Bezugs von Solarstrom eine Reduzierung der Kosten bei Anlagenherstellern und Betreibern und damit eine Reduzierung der Vergütung er-reicht wird.

g. Institutionalisierung in der Kommunalverwaltung

Die lokale Energiepolitik ist seit Ende der achtziger Jahre besonders durch rot-grüne Koalitionen in der Kommunalverwaltung institutionalisiert worden. Beispiele dafür sind neu geschaffene Energie- oder Klimaschutzreferate, die in der Regel in den Um-weltämtern ressortieren und für kommunale Energieplanung und -konzepte zuständig sind. Die Energiereferate bzw. -leitstellen gibt es u. a. in Städten wie Kiel, Göttingen, Münster, Berlin, Bremen, Hannover, Greifswald und Frankfurt. In kleineren Städten sind die Aufgaben häufig bei den Energiebeauftragten angebunden, die auch für das kommunale Energiemanagement der Liegenschaften zuständig sind. Die Erfahrungen zeigen, daß solche neugeschaffenen Organisationseinheiten in der Kommunalver-waltung nach kurzer Zeit eine Eigendynamik entwickeln, so daß auch nach partei-politisch veränderten Verhältnissen solche Einheiten nicht wieder aufgelöst werden.

Die Vorbildfunktion der Kommune bezieht sich auch auf eigene Gebäude und eigene Anlagen wie Rathäuser, Heime, Bäder, Schulen, in denen eine KWK-Nutzung, neue Energiespartechniken und der Einsatz regenerativer Energiequellen geplant werden können. So gehört auf kommunaler Verwaltungsebene der Aufbau eines kommunalen Energiemanagements[19] ebenfalls zur Rekommunalisierungsstrategie.

h. Diskursive Verfahren in der Energiepolitik

Bei der Erstellung örtlicher Energiekonzepte sind vielfältige Formen der Öffentlichkeitsbeteiligung[20] entwickelt worden. Dazu gehören u. a. Energiebeiräte, öffentliche Anhörungen zu Energiekonzepten z. B. in Bremen und Hannover, ein Runder Tisch Klima und Energie in Regensburg, das Wuppertaler Energieforum, die Energietische in Bensheim, Dessau oder Heidelberg sowie der Münchner Klimagipfel.[21]

Diese Formen der Öffentlichkeitsbeteiligung sollen dazu dienen, daß sowohl die unterschiedlichen Interessen von Akteuren bei der Energieplanung berücksichtigt werden als auch die Öffentlichkeit in allen Phasen ausreichend informiert wird, um sich an der Energieplanung zu beteiligen. Die Umsetzung des Energiekonzepts erfordert dabei eine enge Kooperation zwischen der Stadt bzw. Gemeinde und den beteiligten Energieunternehmen.

Nach der Reaktorkatastrophe in Tschernobyl sind in der Bundesrepublik mehr als 300 Energiewende-Komitees gegründet worden. Diese Initiativen haben sich über das Öko-Institut in Freiburg vernetzt. Auch wenn der Erfolg solcher Initiativen nicht direkt meßbar ist, lassen sich in vielen Städten und Gemeinden Ergebnisse einer Politisierung der kommunalen Energiedebatte erkennen. So sind in Ganderkesee ein Energiekonzept und eine kommunale Energieberatung durch das örtliche Energiewende-Komitee durchgesetzt worden, in Göttingen ein Konzept zur Energieberatung entwickelt, im Saarland Einfluß auf kommunale Entscheidungen im Energiesektor z. B. beim Netzrückkauf und beim Abschluß neuer Konzessionsverträge ausgeübt worden. Im Main-Kinzig-Kreis ist auf Initiative des Komitees ein Energiereferat mit fünf Mitarbeitern eingerichtet und die energetische Optimierung kreiseigener Gebäude durchgesetzt worden. In Dortmund ist ein alternativer Geschäftsbericht für die VEW sowie eine Stellungnahme zum Energiekonzept der Stadt Dortmund vorgelegt worden, und in Schleswig werden Bürgermeister der Umlandgemeinden beim Neuabschluß von Konzessionsverträgen mit der SCHLESWAG beraten. In Berlin ist eine umfassende Strategie zum öffentlichen Dialog über Energie- und Klimaschutzfragen entwickelt worden. Grundlegend dafür ist das Energiekonzept Berlin, das unter Beteiligung von Fachverbänden und Öffentlichkeit erstellt und 1994 vom Senat verabschiedet worden ist. Parallel dazu sind neben der klassischen Energieberatung von Energieversorgern und Verbänden neue Elemente des Energiespar-Marketing eingesetzt worden. Die Institutionalisierung eines vom Parlament geforderten »Berliner Energiedialogs« ist die Weiterentwicklung dieser Vorgehensweise.[22]

---

19 Vgl. Wolfgang G. Croissier, Kommunales Energiemanagement, in: G. Michelsen (Anm. 18); siehe auch umfangreiche Beschreibungen in: Deutsches Institut für Urbanistik (Anm. 14).
20 Einen Überblick über Modelle zur Bürgergeteiligung gibt Peter Henning Feindt, Kommunale Demokratie in der Umweltpolitik, Neue Beteiligungsmodelle, in: Aus Politik und Zeitgeschichte, B27/97, S. 39 ff.
21 Vgl. Deutsches Institut für Urbanistik (Anm. 14).
22 Vgl. Klaus Müschen, Energiespar-Marketing und Energiedialog am Beispiel Berlin, in: G. Michelsen (Anm. 18).

5. Rekommunalisierung »von oben«

Die Beispiele kommunalpolitischer Initiativen zur Energieplanung in vielen Gemeinden zeigen, daß die Rekommunalisierungsstrategie mehr ist als eine nur programmatische Option grün-alternativer Kommunalpolitik. GRÜNE Parteipolitik dient dabei auf kommunaler Ebene zur Vermittlung von Bürgerinitiativ-Forderungen, auf Landesebene besonders durch Arbeitsgemeinschaften zur Verbreitung der programmatischen und praktischen Erfahrungen und auf Bundesebene durch – allerdings bisher gescheiterte – Gesetzesinitiativen zu einem Energiestrukturgesetz, einem Atomabschaltgesetz und durch eine Grünes Energiewende-Szenario[23] zur Verbesserung der Rahmenbedingungen für die Rekommunalisierung. Auch durch die Energiepolitik einzelner Landesregierungen sind die Rahmenbedingungen für die Rekommunalisierung verbessert worden. Beispiele dafür sind Energiespargesetze, Förderprogramme für Energiekonzepte, die Einrichtung landeseigener Energieagenturen sowie die Beratung von Kommunen bei dem Neuabschluß von Konzessionsverträgen.

Als indirektes Ergebnis der Rekommunalisierungsdebatte läßt sich auch eine Ökologisierung der energiepolitischen Forderungen besonders der SPD seit dem Nürnberger Parteitag 1986 und der Gewerkschaften infolge der Ausstiegsbeschlüsse nach Tschernobyl feststellen.

Seit der 1. Vertragsstaatenkonferenz zur Klimarahmenkonvention 1995 in Berlin wird auch von der Bundesregierung die Bedeutung der Kommunen zum Klimaschutz – und damit als einem wesentlichen Akteur in der Energiepolitik – zunehmend anerkannt. Dies wird deutlich durch die Förderung kommunaler energiepolitischer Maßnahmen und besonders des Erfahrungsaustauschs zwischen den Kommunen durch die Bundesregierung.

6. Kommunale Netzwerke und Kooperationen[24]

Im Bundesgebiet gibt es mehrere themenspezifische Kooperationen von Kommunen, um die Erfahrungen bei der Umsetzung von Energie- und Klimaschutzkonzepten auszutauschen. Beispiele sind eine Arbeitsgruppe Immissionsschutz der Städteachse Nürnberg-Fürth-Erlangen-Schwabach-Ansbach, ein Regionalbüro des Städtedreiecks Remscheid-Solingen-Wuppertal, ein Energieberatungszentrum des Rheingau-Taunus-Kreises, Länderarbeitskreise von Energiebeauftragten sowie Facharbeitskreise der kommunalen Spitzenverbände.

Vor dem Hintergrund der weltweiten Gefährdung durch Klimaveränderungen sind ebenfalls mehrere internationale Netzwerke zum Klimaschutz entstanden.

Im August 1990 haben Vertreter und Vertreterinnen europäischer Städte und der indigenen Völker Amazoniens ein Bündnis für den internationalen Klimaschutz beschlossen. Die Ziele des Klimabündnisses sind die Reduzierung der CO_2-Emissionen in den Städten um 50 % bis zum Jahr 2010, der sofortige Stop von Produktion und Verbrauch von FCKW sowie anderer klimarelevanter Gase und der Verzicht auf der

---

23 Vgl. Eckhard Stratmann u. a., Das Grüne Energiewendeszenario 2010. Sonne, Wind und Wasser, Köln 1989.
24 Vgl. Deutsches Institut für Urbanistik (Anm. 14), S. 191 ff.

674

Verwendung von Tropenholz bei der kommunalen Beschaffung. Die Indianervölker des Amazonas werden durch das Bündnis bei ihren Bemühungen unterstützt, den tropischen Regenwald zu erhalten. Die Ziele sind im Manifest europäischer Städte zum Bündnis mit den Indianervölkern Amazoniens festgelegt. Die Klimabündnis-Städte erstellen kommunale Klimaschutzprogramme besonders durch integrierte Energie- und Verkehrskonzepte. Ein effektiver Erfahrungsaustausch soll die notwendigen Voraussetzungen für lokale und dezentrale Strategien schaffen. Zur Koordination des Bündnisses ist in Frankfurt a. M. eine Geschäftsstelle eingerichtet worden, die von den Bündnisstädten über einen Beitrag von 1 Pf. je Einwohner finanziert wird. Bündnis- partner der europäischen Städte ist die Koordination der indianischen Organisationen des amazonischen Beckens, COICA.

1993 wurde die Cities for Climate Protection Campaign auf dem Ersten Welt- bürgermeistergipfel des Internationalen Rats für Umweltfragen (ICLEI) in New York gegründet. Deutsche Mitglieder sind u. a. Hannover, Saarbrücken, Heidelberg, Viern- heim und Berlin. Europaweit sind inzwischen über 60 Städte beigetreten und haben sich dazu erklärt, lokale Aktionspläne zum Klimaschutz und zur Energieeinsparung zu entwickeln und umzusetzen. Ziel ist die Reduktion der CO_2-Emissionen um min- destens 20 % von 1987 bis 2005. Der Zweite Weltbürgermeistergipfel fand in Berlin 1995 parallel zur 1. Vertragsstaatenkonferenz der Vereinten Nationen statt. Gemein- sam mit dem Klimabündnis wurde eine Konferenz zu Erfolgsfällen kommunalen Klimaschutzes durchgeführt.[25]

Im Rahmen des Deutschen Umwelttages in Frankfurt a. M. hat durch die Enquête- Kommission »Schutz der Erdatmosphäre« eine Anhörung von vierzehn Städten zum Thema »Kommunale Energie- und Verkehrskonzepte zum Klimaschutz« stattge- funden. Rund die Hälfte der vierzehn angehörten Städte konnten Szenariorechnungen für die Entwicklung des Energiesektors bis zum Jahr 2010 und der damit verbundenen CO_2-Emissionen vorlegen, allerdings wird von fast keiner Stadt das Reduktionsziel des Klimabündnisses erreicht. Gegenüber der Bundesregierung wurde erklärt, daß das Ziel, die CO_2-Emissionen um 25–30 % zu reduzieren, nicht ohne Änderung der Bun- des- und EG-Rahmenbedingungen erreicht werden kann.

Durch den Beitritt von über 600 europäischen Städten zum Klimabündnis wird deutlich, daß auf kommunaler Ebene die nationalen und gar die internationalen Ziele zum Klimaschutz nicht als ausreichend angesehen werden. Kommunale Maßnahmen ohne entsprechende Rahmenbedingungen sind nur unzureichend. Dieser Rahmen für eine effektive kommunale Klimaschutz- und Energiepolitik ist zu verbessern durch ordnungspolitische Maßnahmen und ökonomische Instrumente wie die Einbeziehung externer Kosten, Fördermaßnahmen, Drittfinanzierungsmodelle sowie planerische und informatorische Maßnahmen.

25 Vgl. Europäische Akademie für städtische Umwelt (Hrsg.), Facing the Challange, Successful Climate Policies in European Cities, Berlin 1996.

HERMANN GLASER

Kommunale Kulturpolitik

1. Historische Begriffsbestimmung

Der Begriff »Kulturpolitik« ist verhältnismäßig jungen Ursprungs. Er taucht zwar bereits in den 40er Jahren des 19. Jahrhunderts auf, fand jedoch keine weitere Verbreitung und auch keine Aufnahme in den politischen Wortschatz. In den Konversationslexika und den Staatshandbüchern fehlt das Stichwort »Kulturpolitik« bis 1927. 1929 führt das bei Herder erschienene Staatslexikon aus:»Kulturpolitik ist der Einsatz geistiger Mittel und kultureller Mittel durch den Staat.«

Nach Manfred Abelein[1] sind die Wurzeln der Kulturpolitik in der Kulturpolizei, in der protestantischen Staatsidee, im Kulturkampf und in der Kulturkritik zu sehen. Während zunächst »Polizei« den Zweck hatte, die Sicherheit des Bürgers zu garantieren, wurde später unter dem Begriff auch die »Förderung der allgemeinen Wohlfahrt« verstanden; zu dieser »Wohlfahrt« gehörten auch die geistigen und sittlichen Belange. Das Tugendsystem war dabei »verordnet«; von Staats wegen wurde festgelegt, was schädlich und was gut war. K. H. L. Poelitz definiert in seiner Staatslehre (1808) »Kulturpolizei« als »Inbegriff aller der Anstalten der Polizei, wodurch die Kultur der Staatsbürger nach ihrem ganzen Umfange begründet, befördert, erhalten und erhöht wird«. In engem Verbund mit der Kirche wurde »Geschmack« so festgelegt, daß revolutionäre, die bestehenden Verhältnisse kritisierende Tendenzen von vornherein ausgeschaltet blieben. Die prostestantische Staatsidee forderte, daß alle Maßnahmen der Staatsgewalt der christlich-sittlichen Ordnung dienten. Bürgerliche Eigenschaften mußten zugleich christliche Tugenden sein. Die Ehrfurcht vor Gott, der Gehorsam gegenüber den Gesetzen, die Treue dem Staat gegenüber und sittlich-gute Gesinnung gegenüber den Mitbürgern wurden als Einheit gesehen. Der Kulturkampf als Auseinandersetzung der katholischen Kirche mit dem preußischen Staat um die Herrschaft über bestimmte Kulturbereiche, insbesondere über die Erziehung, machte deutlich, welches Gewicht man dem Herrschaftsinteresse der »Kultur« zumaß. Mit der Übernahme der Schulaufsicht durch den Staat konnte dieser insgesamt seine Einflußnahme verstärken, so daß man das Wort »Kulturkampf« als den eigentlichen Vorläufer des Begriffs »Kulturpolitik« bezeichnen kann.

Auch die Kulturkritik, die den Niedergang der Kultur im 19. Jahrhundert, die Erstarrung in der Zivilisation, den Verlust der ehemals »edlen Bildung« beklagt, stärkte die Bereitschaft zur politischen Einflußnahme. Man glaubte, die hohen Ideen und Ideale nur durch staatliche Lenkung vor der banalen Alltäglichkeit retten zu können. Die deutsche Jugendbewegung inspirierte dabei Tendenzen, welche die Rettung der

---

1 Manfred Abelein, Die Kulturpolitik des Deutschen Reiches und der Bundesrepublik Deutschland. Ihre verfassungsrechtliche Entwicklung und ihre verfassungsrechtlichen Probleme, Köln/Opladen 1968, S. 194 ff.

Kultur in der Rückkehr zu einem romantisch eingefärbten anti-zivilisatorischen Zustand, einem ästhetisch-phantastischen Lebensstil, zu vitaler Lebensfreude, Wanderlust, Seelengemeinschaft und Volkstümlichkeit sahen. Nach den Erfahrungen des Nationalsozialismus, der in Anknüpfung an die repressive Kulturpolitik des 19. und beginnenden 20. Jahrhunderts die totale Gleichschaltung aller kulturellen Bereiche bewirkte und mit großem propagandistischem Geschick den Rückfall in die Barbarei mit einer Kulturfassade umstellte, ist seit 1945 die staatliche Kulturpolitik sehr zurückhaltend ausgeübt worden. Anstelle von Indoktrination will Kulturpolitik heute die freie Entfaltung von Kunst, Wissenschaft und Religion garantieren und diese Freiheit im materiellen Sinne durch entsprechende Subventionen abstützen helfen. Der Kulturföderalismus sucht die Monopolisierung von Zuständigkeiten im kulturellen Bereich auszuschließen.

In diesem Sinne begreift sich die Bundesrepublik Deutschland als moderner Kulturstaat in der Tradition europäischer Zivilisation; sie ist ein demokratischer und sozialer Rechtsstaat, dessen Wirken durch die Verfassung geregelt ist. Dies bedeutet die Verpflichtung, Bildung und Erziehung, Wissenschaft und Forschung, die Künste und die sonstigen Bereiche kulturellen Lebens zu pflegen und zu fördern. In der Aufzählung der Grundrechte, die dem Grundgesetz für die Bundesrepublik Deutschland vom 23. Mai 1949 vorangestellt sind und die als unmittelbares Recht gelten, heißt es:»Kunst und Wissenschaft, Forschung und Lehre sind frei. Die Freiheit der Lehre entbindet nicht von der Treue zur Verfassung.« In einigen Verfassungen der Bundesländer finden sich ähnliche Artikel. Die Kunstfreiheit wie die Wissenschaftsfreiheit ist im Grundgesetz ohne Gesetzesvorbehalt gewährleistet, d. h. ohne die Möglichkeit der Einschränkung durch Allgemeingesetze, was die betont liberale Haltung des Grundgesetzes gegenüber dem Bereich der Kunst dokumentiert; dem entspricht auch Artikel 5, Absatz 1, Satz 3 des Grundgesetzes:»Eine Zensur findet nicht statt.« Die Notwendigkeit strikter Neutralität gegenüber dem künstlerischen Schaffen könnte dann nahelegen, sich auch jeglicher Kunstförderung zu enthalten, um auf diese Weise das oberste Prinzip der Kunstfreiheit nicht zu gefährden.»Auf der anderen Seite hat es sich jedoch deutlich gezeigt, daß die öffentliche Kunstförderung seit 1945 sich für den Avantgardismus durchaus günstiger ausgewirkt hat, als wenn der Staat auf diesem Felde nicht tätig geworden wäre . . . Denn der im Namen der Öffentlichen Hand (. . .) wirksam gewordene Kunstverstand hat sich vielerorts bewußt dem Neuen zugewandt. (. . .) Die Problematik öffentlicher Kunstförderung, ihre mögliche Unausgeglichenheit oder gar politisch oder weltanschaulich bedingte Ausrichtung, war dabei einer wachsamen und dadurch zugunsten der Kunstfreiheit wirksamen Öffentlichkeit stets bewußt. Der Pluralismus, also Vielfalt und Breite in der Kunstförderung, findet Unterstützung auch durch die föderative Struktur des Staates, der der Kunst nicht als eine einzige zentrale Instanz, sondern als Mehrheit voneinander unabhängiger Gremien und Institutionen gegenübertritt.«[2]

Von besonderer Bedeutung für aktive Kulturpolitik ist die sozialstaatliche Verpflichtung, jedem Menschen ein Höchstmaß an Förderung zur Entfaltung seiner Persönlichkeit zukommen zu lassen. Daß diese auch das Bürgerrecht auf Kultur einzuschließen hat, rückte immer mehr in den Vordergrund erklärter kulturpolitischer Forderungen. Nach zwei Weltkriegen und aufgrund weitreichender sozialer Umschichtungen wäre eine Kulturpflege auf privater Basis nicht hinreichend möglich; in einer Reihe von Landesverfassungen heißt es dementsprechend, daß künstlerisches

---

2 Deutsche UNESCO-Kommission, Kulturpflege und Kulturförderung in der Bundesrepublik Deutschland, Pullach 1974, S. 12.

und kulturelles Schaffen vom Staat und von den Gemeinden zu fördern sei oder daß die Kultur unter dem Schutz des Landes, der Gemeinden und Gemeindeverbände stehe (so etwa Art. 18 der Landesverfassung Nordrhein-Westfalens). »Schließlich finden sich auch in den Gemeindeordnungen aller Bundesländer Regelungen über die kulturellen Aufgaben der Gemeinden. So besagen die Bestimmungen über die kommunale Daseinsvorsorge, wie z. B. 18 Abs. 1 GemO NW, daß die Gemeinden die Aufgabe haben, in den Grenzen ihrer Leistungsfähigkeit die für ihre Einwohner erforderlichen wirtschaftlichen, sozialen und kulturellen öffentlichen Einrichtungen bereitzustellen. Derartige ›öffentliche Einrichtungen‹ zur kulturellen Betreuung der Einwohner sind z. B. Theater, Kommunikationszentren, Bibliotheken, Museen, Volkshochschulen, Musikschulen und ähnliche Einrichtungen.«[3]

Die Pflege von Kultur, Bildung und Wissenschaft durch die Kommunen ist nicht nur Bestandteil ihres in Art. 28 Abs. 2 GG gewährten Rechts, alle Angelegenheiten der örtlichen Gemeinschaft im Rahmen der Gesetze in eigener Verantwortung zu regeln, sondern auch – so Ernst Pappermann (langjähriger stellvertretender Hauptgeschäftsführer des Deutschen Städtetages) – ihre Pflicht. Dem steht die Praxis gegenüber, daß Aufgaben der Gemeinden, die nicht in einem speziellen Gesetz geregelt sind, zu den »freiwilligen« Selbstverwaltungsaufgaben gezählt werden. »Diese kategorische Trennung in spezialgesetzlich geregelte Pflichtaufgaben einerseits, freiwillige Aufgaben andererseits, und die Zuordnung der Kultur zu den ›freiwilligen‹ gleich ›beliebigen‹ Aufgaben führt nun immer wieder zu der bedauerlichen Konsequenz, daß kommunale Kulturarbeit als nachrangige, am Rande liegende Angelegenheit verstanden wird.«[4]

Mit der deutschen Vereinigung, also seit Oktober 1990, ergab sich die historische Chance, die seit 1945 entwickelte Vorstellung von einer freiheitlich-demokratischen kommunalen Kulturpolitik auch in den neuen Bundesländern zu verwirklichen. Was im Westen jedoch über lange Zeit reifen konnte (im Auf und Ab der Zeitläufe), bedeutete für Ostdeutschland eine unter äußerstem Zeitdruck stehende Herausforderung – noch dazu belastet mit schwerwiegenden ökonomischen Problemen als Erbschaft der DDR-Mißwirtschaft. Äußerlich gesehen ergab sich insofern eine gewisse Kontinuität, als nach dem Krieg in der SBZ/DDR das Gehäuse von Gemeinden und Kreisen nahezu unverändert bestehen blieb; doch war Selbstverwaltung, damit auch kulturelle Autonomie, nicht gegeben. Die Kommunen waren weniger durch Rechtsvorschriften als durch Parteibeschlüsse und Anweisungen, vorwiegend zentralistischen Ursprungs, festgelegt. So war es auch folgerichtig, daß der noch in der Demokratischen Gemeindeordnung von 1946 und in der DDR-Verfassung von 1949 gebrauchte Begriff »Kommunale Selbstverwaltung« zwischen 1952 und 1990 aus dem offiziellen Sprachgebrauch verbannt wurde und dementsprechend in der Praxis kaum noch eine Rolle spielte.

Kommunale Kulturpolitik nach der Wende mußte also jahrzehntelange Unselbständigkeit überwinden und konzeptionell, organisatorisch wie mentalitätsmäßig sich ein neues Fundament schaffen (auf der Grundlage der Kommunalverfassung vom 17. Mai 1990, die dann in den Einigungsvertrag vom 31. August 1990 mündete, der die Übernahme bundesdeutschen Rechts festlege[5]).

3 Ernst Pappermann, Der gemeindliche Kulturauftrag, in: Fortbildung. Zeitschrift für Führungskräfte in Verwaltung und Wirtschaft, (1986) 3, S. 77.
4 Ernst Pappermann (Anm. 3), S. 79.
5 Vgl. Gerd Schmidt-Eichstaedt, Kommunale Gebietsreform in den neuen Bundesländern. H. Schneider, Der Aufbau der Kommunalverwaltung und kommunalen Selbstverwaltung in den neuen Bundesländern, in: Aus Politik und Zeitgeschichte, B 36/93.

Für die in der DDR bestehende kulturelle Infrastruktur (217 Theater, 87 Orchester, 190 Musikschulen und -kabinette, 719 Museen, 16 883 Bibliotheken, 1 709 Kultur- und Clubhäuser und rund 12 000 innerhalb des Kulturbundes bestehende kulturelle Interessengemeinschaften) bedeutete dies einen wirtschaftlichen Umbruch; bei einigermaßen linientreuem Verhalten konnten bislang sowohl die Institutionen als auch die einzelnen Kultur- und Kunstschaffenden von einer guten sozialen Absicherung ausgehen.[6]

Theoretisch waren nun die Länder und Gemeinden für Kultur zuständig; großer (oft selbstausbeuterischer) Idealismus und die in der DDR-Zeit entwickelte Improvisationsfähigkeit ermöglichten es, relativ gut (ohne wesentliche institutionellen Einbußen) über die Runden zu kommen. Dies war freilich finanziell nur möglich, weil im Einigungsvertrag (Artikel 35) die Bundesrepublik sich zur Kulturpflicht des Staates bekannt hatte und entsprechend viel – durch zentrale Zuweisungen – für die Kultur in den neuen Ländern tat; zwischen Oktober 1990 und Ende 1992 handelte es sich um 2,5 Milliarden DM.

Die Kulturdezernate mancher Städte (z. B. Leipzig, Dresden, Görlitz, Erfurt, Eisenach) entwickelten kulturpolitische Konzepte, die hinsichtlich ihres Ideenreichtums und ihrer künstlerischen »Farbigkeit« in nichts der westlichen »Kultur in der Stadt« nachstanden und zugleich wesentliche Impulse, vor allem was soziokulturelles Engagement betraf, in den Westen weitergaben.

Der vielzitierte »Kulturschock« bei der Begegnung des Ostens mit der westlichen Welt (ideologische Eindimensionalität mit schillernder, oft fragwürdiger Vielfalt) ist zwar ein generelles sozialpsychologisches Phänomen, betrifft aber die – bald auch routiniert organisierte – kommunale Kulturpolitik kaum. Positiv wirkte sich aus, daß gerade im Kulturbereich unkonventionelle Stellenbesetzungen (gegenüber den eingeschliffenen Verfahrensweisen im Westen) möglich waren. »›Wir sind keine Kulturverwalter, wir sind Idealisten und Einzelkämpfer!‹ Dieses abgrenzend und auch selbstkritisch formulierte berufliche Selbstverständnis ostdeutscher Kulturarbeiter ist nicht nur Ausdruck eines ›Unbehagens in der Kultur‹ als einer verwalteten. Kulturarbeit wird vor allem als eine Aufgabe verstanden, die persönliches und politisches Engagement erfordert, nicht als Stelle im öffentlichen Dienst oder gar als Job. Kunst und Kultur waren in der ehemaligen DDR ein zentraler Bereich des gesellschaftlichen Lebens und der Identitätsbildung: ein Raum sowohl der Identifikation als auch einer kritischen Reflexion, einer Gegenöffentlichkeit. Die Überzeugung von der politischen und sozialen Kraft der Kultur, die Perspektive, mit Kultur Gesellschaft verändern zu können, zumindest ein Gegengewicht zu Anpassung und Entfremdung zu schaffen, ist daher für viele Ostdeutsche eine entscheidende Motivation gewesen, sich nach der ›Wende‹ in der Kultur zu engagieren. Zum großen Teil aus den Bürgerbewegungen, als frühere Kulturschaffende oder Lehrer gingen sie mit großem Engagement und Idealismus in die Kulturarbeit, um den neuen Freiraum, als Kulturpolitiker oder Kulturarbeiter, gesellschafts- und sozialpolitisch zu gestalten.«[7]

---

6 Vgl. Gabriele Muschter, Kulturentwicklung in den neuen Bundesländern, in: Werner Weidenfeld/Karl-Rudolf Korte (Hrsg.), Handbuch zur deutschen Einheit, Frankfurt/New York 1993, S. 420 ff.; Hermann Glaser (Hrsg.), Was bleibt – was wird. Der kulturelle Umbruch in den neuen Bundesländern, Bonn 1994.
7 Ellen Lissek-Schütz, Es gab durchaus ein richtiges Leben im falschen, in: Hermann Glaser (Anm. 6), S. 110 f.

2. Grundprinzipien der Kulturpolitik

Die (west-)deutsche »Kulturpolitik« im engeren Wortsinne beginnt mit der Verabschiedung des Grundgesetzes der Bundesrepublik Deutschland. 1949 wurde damit die Entwicklung der vorangegangenen vier Jahre (in der »Trümmerzeit«) »festgeschrieben«: Der konstitutive Kulturföderalismus sollte die Monopolisierung von Zuständigkeiten im kulturellen Bereich ausschließen. Die Kulturhoheit wurde ausschließlich den Ländern zugewiesen, während der Bund die Pflege der kulturellen Beziehungen zu auswärtigen Staaten wahrzunehmen hat. Die anfangs meist nur zaghaften, später verstärkten Bemühungen des Bundes, trotz dieser generellen Einschränkung gewisse übergreifende kulturpolitische Zuständigkeiten wahrzunehmen, riefen von Beginn an den Widerstand der Länder hervor und führten schließlich zu dem für die Kulturpolitik in der Bundesrepublik charakteristischen »föderativen Spannungszustand«.

Den eigentlichen kulturellen Wiederaufbau leisteten die Gemeinden. Als die wichtigste Kraft für die kulturpolitische Motivation und Kooperation der Kommunen erwies sich der Deutsche Städtetag (1946/47 entstanden). Zunächst wirkte er fast ausschließlich »konkretistisch« – mehr reagierend als initiierend, das kulturpolitische Vakuum bei den jeweiligen Landesregierungen kompensierend. Der Mangel an einer übergreifenden Konzeption, die sich erst Ende der 60er und dann in den 70er Jahren herausbildete, wird allein schon dadurch deutlich, daß die Stellungnahmen, Empfehlungen, Hinweise, Richtlinien zur kommunalen Kulturpolitik, wie sie vom Deutschen Städtetag seit 1950 erarbeitet und veröffentlicht wurden, sich meist sektoralen Themen zuwandten (etwa Archiv, Werkkunstschulen, Büchereiwesen, Ostdeutsche Kulturwerte, Jugendmusikschulen, Puppenspiel, Konzerte junger Künstler, Jugendschrifttum, Wertvoller Film, Theaterbesucher-Organisationen, Volkshochschule). Immerhin entstanden 1952 »Leitsätze zur kommunalen Kulturarbeit« (»Stuttgarter Richtlinien«), die sich um Zusammenschau bzw. um einen allgemeinen Begründungszusammenhang bemühten. Außerdem thematisierte die 10. Hauptversammlung des Deutschen Städtetags in Hannover bereits im Juni 1958 das Freizeitproblem (»Die Städte und die Fünf-Tage-Woche«).[8]

Die kommunale Kulturpolitik wurde zur »neuen Kulturpolitik« in den 70er Jahren. Nachdem ein Arbeitskreis bereits 1965 (auf dem Städtetag in Nürnberg) ein einigermaßen geschlossenes Konzept – mit dem Ziel, die Lebensqualität angesichts mentaler Verelendung wesentlich zu verbessern – vorgestellt hatte, erfolgte 1971 der Durchbruch zum weitreichenden Perspektiven- und Paradigmenwandel, ausgelöst von dem Bewußtsein, daß der Wiederaufbau der Städte sich in eine neue Stadtzerstörung verkehre; anstelle von Urbanität herrsche Unwirtlichkeit.[9] Die 16. Hauptversammlung des Deutschen Städtetags 1971 stand unter dem Motto: »Rettet unsere Städte jetzt!« Der amerikanische Soziologe John Kenneth Galbraith hielt eine Rede, in der er die fatale Lage der Großstädte anprangerte und als Lösung die »organische Stadt« propagierte. Mit der industriellen Revolution sei die Städteplanung liberalisiert, dezentralisiert und säkularisiert worden. Die Stadt sei zur Arena der industriellen Entfaltung geworden. Als beste Stadt gelte diejenige, die am fleißigsten sei, am schnellsten wachse

---

8 Vgl. Deutscher Städtetag, Städtische Kulturpolitik. Empfehlungen, Richtlinien und Hinweise des Deutschen Städtetages zur Praxis städtischer Kulturpolitik 1946 bis 1970, Köln 1971.

9 Alexander Mitscherlich, Thesen zur Stadt der Zukunft, Frankfurt a. M. 1971.

sowie den größten wirtschaftlichen Zuwachs vorweisen könne. Ansprüche an Schönheit würden nicht gestellt; es komme auf Bürotürme, Fabriken und Mietskasernen an. Galbraith kommt zu dem lapidaren Schluß: »In der ökonomischen Stadt finden wir somit die Ursprünge nahezu aller Probleme, die die moderne urbane Existenz heute kennzeichnen.«[10]

In dem von Olaf Schwencke, Klaus H. Revermann und Alfons Spielhoff 1974 herausgegebenen Band »Plädoyers für eine neue Kulturpolitik« wurde gefordert, daß es die Pflichtaufgabe des Staates sein müsse, die Bürger für den Gebrauch der Freizeit in Freiheit zu »begaben«. Frieden und Wohlstand seien gefährdet, wenn ein Volk nicht genügend Muße habe; vor allem aber, wenn es nicht wisse, was es mit seiner Muße anfangen könne. Hatte zu Beginn der 60er Jahre Kulturpolitik dazu gedient, dem affirmativen Kulturverständnis wie der Festivalkultur die besten Entfaltungsmöglichkeiten zu gewähren, so überwanden progressive Kulturpolitiker seit Beginn der 70er Jahre die kulinarisch bestimmte Indolenz; sie stellten einen theoretischen »Reisevorrat« zusammen, mit dem sie den langen Marsch durch die Dispositionen und Institutionen zu bestehen hofften.[11] Vor allem städtische Kulturdezernenten wagten die »Dreckarbeit der Reform«; sie wollten nicht warten, bis die globale Gesellschaftsveränderung, an die sowieso nicht mehr viele glaubten, stattgefunden habe. Nach langen Jahren der Diskussion um Schule und Bildung, vor allem des Streites um die Bildungsreform, begann man das »Bürgerrecht Kultur« einzuklagen. Man wollte weg von dem Kulturangebot für die wenigen und außerdem den engen Kulturbegriff aufgeben.

Die Grundprinzipien der in den 70er Jahren entwickelten »neuen Kulturpolitik« sind heute für die gesamtdeutsche kommunale Arbeit weiterhin konstitutiv:
– inhaltlich der Versuch, in Distanzierung von einem »affirmativen« (die bestehenden Verhältnisse stabilisierenden) wie ästhetizistischen (den ethisch-sozialen »Mehrwert« von Kultur mißachtenden) Kulturbegriff eine Demokratisierung von Kultur zu erreichen;
– methodisch durch Koordinierung, Kooperation, Konzertierung, Kulturentwicklungsplanung (Spielraumplanung) synergetische Effekte zu erzielen.[12]

Die meisten Kommunen förderten in diesem Sinne, neben der Pflege traditionaler Einrichtungen, Projekte der Alternativ- bzw. Soziokultur, die Kulturpolitik als Ge-

---

10 John Kenneth Galbraith, Die Zukunft der Städte im modernen Industriesystem – Konzept der organischen Stadt, in: Rettet unsere Städte jetzt! Vorträge, Aussprachen und Ergebnisse der 16. Hauptversammlung des Deutschen Städtetages vom 25.–27. 5. 1971 in München, Stuttgart 1971, S. 13 ff.

11 O. Schwencke/Klaus H. Revermann/Alfons Spielhoff, Plädoyers für eine neue Kulturpolitik, München 1974. Ferner: Hermann Glaser/Karl Heinz Stahl, Die Wiedergewinnung des Ästhetischen, München 1974; dies., Bürgerrecht Kultur, aktualisierte und erweiterte Ausgabe, Frankfurt a. M. u. a. 1983; Kultur in den Städten. Eine Bestandsaufnahme, bearbeitet von Gerald Kreißig/Heidemarie Tressler/Jochen von Uslar, Stuttgart 1979; Stadt und Kultur. Arbeitshilfen des Deutschen Städtetages zur städtischen Kulturpolitik, bearbeitet von Jürgen Grabbe, Stuttgart 1986; Kultur vor Ort. Hinweise und Materialien zur Förderung der offenen Kulturarbeit in den Städten, von Gerald Kreißig/Jürgen Grabbe, Stuttgart 1987; Wolfgang R. Langenbucher/Ralf Rytlewski/Bernd Weyergraf, Kulturpolitisches Wörterbuch. Bundesrepublik Deutschland/Deutsche Demokratische Republik im Vergleich, Stuttgart 1983; Erna Heckel u. a., Kulturpolitik in der Bundesrepublik von 1949 bis zur Gegenwart, Köln 1987.

12 Vgl. Thomas Röbke (Hrsg.), Zwanzig Jahre Neue Kulturpolitik. Erklärungen und Dokumente. 1972–1992, Essen 1993.

sellschaftspolitik begriffen. Nach Norbert Sievers und Bernd Wagner[13] ist Soziokultur eng verbunden mit den Ideen der Selbsttätigkeit und der Hilfe zur Selbsthilfe; sie versuche, durch konkrete Initiativen und Projekte den Alltag und letztlich auch die Gesellschaft zu verändern; sie mache weder halt an etablierten Aufgaben- und Ressortgrenzen, noch konzentriere sie sich ausschließlich auf bestimmte Zielgruppen. Soziokultur sei emanzipatorische kulturelle Praxis, die dazu beitrage, daß die Menschen selbst die »Bilder eines gelungenen Lebens« entwerfen und sich für deren Verwirklichung einsetzen. Soziokultur, weder traditionalistisch noch folkloristisch, bemühe sich um die gesellschaftliche Anerkennung und Förderung fremder Kulturen und neuer Lebensstile; sie setze sich für einen »innergesellschaftlichen Kulturaustausch« ein, für die Konfrontation und Durchmischung der unterschiedlichen Kulturen, Kunst- wie Lebensformen und ziele auf die Herstellung von Zusammenhängen durch kommunikative Vernetzung sowie die weitere Überwindung der Trennung von Kunst und Alltagswelt.

»Soziokultur ist weiterhin ›Kultur für alle‹ und ›Kultur von allen‹. Das schließt die etablierten Kunstinstitutionen ebenso ein wie die freie selbstorganisierte Kunst und Kultur und die kulturelle Freizeitgestaltung. Sie verweigert sich nicht einem avantgardistischen künstlerischen Anspruch, wohl aber dem Charakter elitärer Exklusivität. Sie ist weder eine Durchgangsetappe zur ›eigentlichen Kultur‹ noch beschränkt sie sich als Nischenkultur auf das eigene Praxisfeld. Sie ist ein Angebot für kreative Eigenarbeit und kulturpädagogische Vermittlung, das prinzipiell allen Interessenten offensteht. Soziokultur ist zwar sozialen Zielen verpflichtet, nicht aber den Zielen der Sozialarbeit. Sie verweigert sich der Klientelisierung und sozialpädagogischen Betreuung, ohne diese gering zu schätzen. Sie setzt an den kreativen Möglichkeiten und Ressourcen der Menschen an und nicht an ihren sozialen Problemen und Defiziten. Joseph Beuys' ›Jeder Mensch ist ein Künstler‹ ist ihr kulturpolitisches Credo.«[14]

Die sowohl generalistische, um eine kulturpolitische bzw. ästhetische Theorie bemühte, als auch die »Wahrheit des Konkreten«, also Praxis ernstnehmende kommunale Arbeit – rund 63 % der öffentlichen Kulturausgaben im engeren Sinne werden von den Gemeinden (einschließlich der Stadtstaaten) getragen –, findet ihren Niederschlag in den Themen der Konferenzen des Kulturausschusses des Deutschen Städtetages (von der 1. Sitzung, 1947, bis zur 100. Sitzung, 1992): 13,6 % der Themen waren allgemeinen kulturellen Fragen gewidmet; den Schwerpunkten »Bibliotheken/Bildstellen/Archive« (9,8 %) und Theater (9,2 %) folgten Volkshochschule/Weiterbildung, Orchester/Musik, Museen, Internationale kulturelle Zusammenarbeit, Interstaatliche kulturelle Fragen, Film/Kommunales Kino, Denkmalschutz/Denkmalpflege, Rechtsfragen, Musikschulen, Bildende Kunst/Architektur, Kultur und Freizeit, Kulturfinanzierung, Kulturentwicklungsplanung, Offene Kulturarbeit, Rundfunk/Fernsehen/Audiovisuelle Medien, Kunst/Kultur/Schule, Stadtgeschichte, Kultur und Ausländer, Kulturstiftungen – eine Liste, die zugleich die Aufgabenfelder kommunaler Kulturpolitik markiert.[15]

---

13   Norbert Sievers/Bernd Wagner (Hrsg.), Bestandsaufnahme Soziokultur. Beiträge, Analysen, Konzepte, Stuttgart u. a. 1992, S. 19 f.

14   Norbert Sievers/Bernd Wagner (Anm. 13), S. 20.

15   Deutscher Städtetag, Fünf Jahrzehnte kommunale Kulturpolitik, bearbeitet von Helmut Lange. Reihe C: DST-Beiträge zur Bildungs- und Kulturpolitik, (1992) 20, S. 82, Köln.

3. Probleme kommunaler Kulturpolitik

Kommunale Kulturpolitik sieht sich in Richtung Jahrtausendwende mit schwerwiegenden Herausforderungen konfrontiert, die sich als »Verlängerung« bisheriger oder neu hinzukommender Probleme erweisen.[16] Wichtige Theorie- wie Praxisaspekte sind dabei

- Kulturtopographie: die stadtgeographische Plazierung und Planung von Kulturorten, vor allem auch soziokultureller Art (mit dem Ziel, über die Quantität, Qualität und Kontinuität von kulturellen Kleinereignissen Identität mit der Stadt als Heimat zu stiften); und
- Stadtökonomie: die Beschaffung und Bereitstellung der Ressourcen für die öffentliche Finanzierung von Kultur.

Die qualitativen Probleme haben aufgrund quantitativer Veränderungen zugenommen: Immer mehr Menschen leben in mittleren und großen Städten. Der Anteil der Bevölkerung in den Städten zwischen 10 000 und 100 000 Einwohnern in der BRD nahm zwischen 1950 und 1989 von 21 % auf 41 % zu; in den Großstädten mit mehr als 100 000 Einwohnern von 27 % auf 33 %. Auch die Zuwanderung der Übersiedler und Aussiedler strebt hauptsächlich in die Städte. Doch sind gegenläufige Tendenzen der Peripherisierung erkennbar; ein Teil der jüngeren und gutverdienenden Bevölkerungsschichten schätzt die Wohn- und Lebensqualität der großstadtnahen kleinen Gemeinden. Mit erheblichen Investitionen haben die Städte in den vergangenen Jahren Urbanität via Kultur gefördert. Angesichts finanzieller Engpässe besteht die Gefahr essentieller Kürzung der Ressourcen, so daß die Lebensqualität garantierende »Gleichgewichtigkeit« von Infrastruktur Schaden erleiden mag.

Der Kulturboom der vergangenen Jahre war vor allem ein Kultur-Bau-Boom. Oft betrieben die Städte dabei »Kathedralen-« bzw. »Zitadellenpolitik«[17], mit dem Trend zur Repräsentationskultur und der Konzentration auf das Stadtzentrum. Kultur wird zunehmend für Wirtschaft und Tourismus bedeutungsvoll. Die Lebensweise des Städters wird festgeschrieben als die des Kunden, dem das Unternehmen Stadt kulturelle Güter und Dienstleistungen zu bieten hat. Es besteht die Gefahr, daß Kultur vom Kommerz vereinnahmt und zum reinen Handlungsinstrument der Wirtschaftsförderung degradiert wird.

Zum »Netzwerk Kultur« müssen die Kulturinstitute im Zentrum (Theater, Museum, Bibliothek) gleichermaßen wie die neuen Initiativen der Stadtteilkulturarbeit (Kulturläden, Stadtteilzentren, Stadtteilgalerien, Stadtteilwerkstätten etc.) gehören. Postmodernes »Beliebigkeitsdenken« setzt jedoch immer mehr auf inszenierte Kultur, auf »Farbigkeitsbedarfsdeckung«, damit den essentiellen Grund von Kultur (die »ästhetische Erziehung des Menschen« als wichtiges Gegengewicht zur Warenästhetik) mißachtend.

Zudem ist die Gefahr groß, daß sich der ganzheitliche Kulturbegriff, der auf die »Totalität des gelungenen Lebens« zielt, aufspaltet; auf der einen Seite die »Hochburgen« professionell-artistischer Kultur, auf der anderen Seite die sich im Gegensatz dazu begreifende Alternativkultur. Der Fetischisierung ästhetischer Qualität steht die

---

16 Vgl. Deutscher Städtetag, Diskurs Kultur. Die Zukunft der Arbeitsgesellschaft und der Kulturpolitik. Referate, Grundsatzpapiere und Materialien zum Nürnberger Symposion »Diskurs Kultur« vom März 1990. Reihe C: DST-Beiträge zur Bildungs- und Kulturpolitik, (1991) 18, Köln.
17 Vgl. Otto Karl Werckmeister, Zitadellenkultur. Die Schöne Kunst des Untergangs in der Kultur der achtziger Jahre, München/Wien 1989.

Romantisierung von Kreativität gegenüber. Eine Sowohl-als-auch-Kultur dagegen anerkennt die Bedeutung artistischer Qualität, ohne die eine Kulturgesellschaft maßstabslos bleibt; die Aktivität des Publikums besteht hier im Nachdenken, Nachsehen, Nachfühlen, in der Aneignung und persönlichen Umwandlung des Vorgedachten, Vorgestalteten und Vorgefühlten. Der Wert der Soziokultur wiederum läßt sich nicht am Produkt ablesen; er besteht im Tun, in der prozessualen Verwirklichung individueller wie kollektiver Kreativität.

Während auf der einen Seite, gesehen vom Standpunkt gesellschaftsengagierter Kulturpolitik aus, die Städte in den Sog ästhetizistischer Kultur zu geraten drohen (mit einem entleerten Festivalbetrieb, der nur auf events setzt), stellt die Weiterentwicklung der Industriegesellschaft neue Forderungen an Kulturarbeit, bei deren Erfüllung Primärprävention geleistet werden kann; sogleich ergeben sich auch neue Formen der Zusammenarbeit, die der gesellschaftsorientierten Kulturpolitik zum Aufschwung verhelfen könnten. Kultur gilt als wichtiges Mittel, corporate identity heranzubilden und sublimen Konsum zu fundieren. Kultursponsoring entwickelt sich zumindest teilweise als neue Marketing-Strategie, mit deren Hilfe der aufgeklärte Konsument angesprochen und möglichst langfristig »gebunden« werden soll. Die trivialmythische Manipulation wird innerhalb der Spirale von Profitmaximierung auf eine höhere Ebene gedreht. Die Psychostruktur der neuen technologischen Intelligenz soll durch Kultur besonders angesprochen werden; man nimmt an, daß unternehmerische Entscheidungen (z. B. bei der Standortwahl) vor allem auch in Hinblick auf den Lifestyle der Jungmanager und Experten der Chip-Technologie getroffen werden. Kultur übernimmt eine kompensatorische Rolle, bei der sie besorgt sein muß, das »unvollendete Projekt der Aufklärung« nicht aus dem Auge zu verlieren.

Neben dem Wandel der individuellen Lebensformen ist eine stärkere Segmentierung des Stadtlebens durch unterschiedliche Lebensstile erkennbar. Auch wird das Wachsen des Wohlstandes und der Anstieg des Bildungsstandes begleitet von einem Einstellungs- und Wertewandel, der sich in neuen Sinnfragen und geänderten Interessen äußert. Neben Arbeit und Freizeit wird Tätigkeit wichtig: ein »dritter Weg« zwischen Streß und Entspannung. Am Ende des klassischen Industriezeitalters befinden wir uns im Übergang zur Informations- und Dienstleistungsgesellschaft. Aus diesem Veränderungsprozeß erwachsen neue Anforderungen an berufliche Qualifikationen, Bildung und Weiterbildung. Die arbeitsfreie Zeit wächst weiter. Schon jetzt gilt (bezogen auf das ganze Jahr): Jeder dritte Tag ist frei; zu Beginn unseres Jahrhunderts betrug die Jahresarbeitszeit über 3 600 Stunden; heute liegt die effektiv geleistete Jahresarbeitszeit in Deutschland bei ca. 1 600 Stunden. Mit der 35-Stunden-Woche ist ein neuer Abschnitt auf dem Weg in die Freizeitgesellschaft erreicht. Die Zeit, die für Erwerbsarbeit notwendig ist, tritt hinter die Zeit zurück, die als »Humanzeit« zur Verfügung steht. Bereits heute kann der arbeitende Durchschnittsbürger jede Woche ca. 40 bis 45 Stunden frei gestalten. Freizeit verliert ihren Charakter als Regenerationszeit.

Andererseits bleiben die Arbeitslosenzahlen sehr bedrückend hoch. Bis weit in die 90er Jahre werden nach wie vor Millionen Menschen zur »Dauer-Freizeit« verurteilt sein und dies nicht nur Menschen mit geringer beruflicher Qualifikation, sondern zunehmend auch Hochschulabsolventen mit geistes- und kulturwissenschaftlichem Studium. Die Gesamtkosten der Arbeitslosigkeit beliefen sich 1989 (Bundesrepublik West) auf rund 59 Mrd. DM, 1996 bereits auf etwa 180 Milliarden. »Arbeit« und »Freizeit« sind als gesellschaftliche Werte neu zu definieren. Die Erwerbsarbeit kann künftig nur eine Form der Arbeit sein, auch wenn sie zur Existenzsicherung und zugleich für die Sozialisation und Persönlichkeitsbildung vieler Menschen unentbehrlich bleibt. Die Freizeit bedarf einer eigenen Sinnstiftung; sie könnte und müßte zur »Tätigkeits-Zeit« werden. Für Tätigkeitsarbeit und Tätigkeitsfreizeit erweist sich die Werkstatt als ein Topos, der das weite Spektrum von Möglichkeiten für Sinnfindung in der modernen Industriegesellschaft »lokalisiert«. Von Werkstätten ausgehend (z. B. Gesundheits-, Medien-, Theater-, Stadtsanierungs-, Alten-, Öko-Werkstatt), lassen sich in Form von Selbsthilfe und Hilfe zur Selbsthilfe viele Probleme jenseits der »Betreuungsideologie«, zugunsten von Gemeinwesenarbeit, lösen.

Der Reichtum der europäischen Kultur, gerade auch der Stadtkultur, gründet auf ihrer Vielfalt und Unterschiedlichkeit. Der fortschreitende Abbau der nationalen Grenzen in Europa vergrößert die internationale Freizügigkeit ständig. In der Bundesrepublik leben derzeit ca. 5 Millionen Ausländer. Kulturelles Nebeneinander ist in den Städten soziale Realität. Eine multikulturelle Stadtgesellschaft kann zum interkulturellen Übungsfeld werden, ein Laboratorium für Überlebensformen in einer immer enger zusammenwachsenden Welt sein. Aus engen multikulturellen Kontakten müßte eine kulturelle Symbiose (Interkultur) hervorgehen.[18]

Nach der Vereinigung haben jedoch insgesamt Frustration und Frustrationsaggressivität (etwa in Form von Ausländerfeindschaft) zugenommen, wobei strukturelle Arbeitslosigkeit, im besonderen bei der Jugend, das Gefühl, daß die Politik versagt habe, verstärkte. Statt die dem Sinnverlust gegensteuernden soziokulturellen Bemühungen zu fördern, werden diese von einem immer mehr zunehmenden postmodernen Ästhetizismus als kunstfern und kunstfremd denunziert. Die »neue Unübersichtlichkeit« (Jürgen Habermas) hat den für Kulturpolitik vor allem in Zeiten des Um- und Aufbruchs charakteristischen »Möglichkeitssinn«, ihr visionäres und utopisches Potential, reduziert. Die Knappheit der Ressourcen verschärft den Konkurrenzkampf und untergräbt so das Prinzip Solidarität; (der nicht durch Einnahmen gedeckte Anteil der Ausgaben für die Theater stieg von 60 % 1957 auf 87 % 1991). »Ein Zeichen der veränderten Verhältnisse ist die Härte, mit der um Besitz und Organisation von Kultur gestritten wird. Kultur ist dabei Beute. Die Streitigkeiten greifen, auf den unterschiedlichen Seiten, nicht mehr in die Formulierung innerkultureller Differenzen ein, sondern gehen um den Umgang mit dem Paket, insbesondere darum, wem es gehört. Der Kulturbetrieb besteht zunehmend aus großformatigen Pack- und Aneignungsvorgängen.«[19]

4. Entwicklung von Stadtkultur

Folgende Postulate sind an die Entwicklung von Stadtkultur zu richten:
- Die Stadt sei Topos verwirklichter humaner Grundwerte, nämlich Lokalisation des Behagens in Gesellschaft, fundiert durch die Kooperation von Wirtschaft und Kultur, Umland und Region, im Rahmen polyzentrischer Selbständigkeit.
- Die Stadt sei bürgerschaftlich gestalteter Lebens-, Erlebnis- und Identitäts-Raum, der sich durch die Qualität, Quantität und Kontinuität von ineinandergreifenden »Ereignissen« ausbildet.

---

18 Der Beauftragte der Bundesregierung für die Belange der Ausländer (Hrsg.), Heimat: Vom Gastarbeiter zum Bürger. Symposion, Bonn 1996.
19 Dieter Hoffmann-Axthelm, Kulturkämpfe, in: Ästhetik und Kommunikation (»Kulturkämpfe«), (1997) 97, S. 8.

- Die Stadt sei Rhizom, Wurzelgeflecht kommunikativer, Sozialisation fördernder und Kreativität motivierender Gegebenheiten.
- Die Stadt sei Werk-Statt (Werk-Stadt), die Entfaltung ermöglicht, sich dem Leitbild der organischen Stadt verpflichtet weiß, dabei aber auch – dann in Distanz zur »Natürlichkeit« von Entwicklung – ihren Labor-Charakter nicht vernachlässigt (die experimentelle Entwicklung von Modellen bedeutet einen Vorgriff auf die Zukunft, Falsifikation wie Verifikation ermöglichend).
- Die Stadt sei multi- und interkultureller Durchmischungsraum, der bei aller notwendigen Zielgruppenorientierung auf Integration hinzielt.

Es besteht die Chance, daß mit Hilfe eines weitgefaßten Kulturbegriffs und der öffentlichen Finanzierung von Kultur (basierend auf stetem Lastenausgleich) die in der Stadt besonders deutlich in Erscheinung tretenden sozialpathologischen Deformationen zu steuern sind; zudem kann, ebenfalls auf der Basis eines steten Lastenausgleichs, Kultur einen wichtigen Beitrag zu den »Humandiensten« leisten, die – um Primärprävention bemüht, was erhebliche volkswirtschaftliche Einsparungen bewirkt – strukturelle Arbeitslosigkeit abbauen helfen. Dies ist mittelfristig volkswirtschaftlich rentabel, da bereits jetzt ein Großteil der benötigten Summen sozialstaatlich (z. B. für Arbeitslosenunterstützung, Sozialhilfe) benötigt wird; er wäre besser für den soziokulturellen Umbau, für die Humanisierung der High-Tech-Gesellschaft, eingesetzt.[20]

Die Arbeitsgesellschaft wird sich unter dem Einfluß der Mikroelektronik entscheidend verändern; die entsprechenden Qualifikationsprofile (in Überwindung des Taylorismus mit Drill und Dressur zugunsten von »Reprofessionalisierung«) verlangen neben den Spezialqualifikationen Schlüsselqualifikation und eine hohe soziokulturelle Kompetenz. Schlüsselqualifikation und soziokulturelle Kompetenz sind aber nicht nur in den Ausbildungs-, Bildungs- und Fort- bzw. Weiterbildungseinrichtungen zu erwerben, sondern bedürfen zur Einübung einer hochentwickelten kulturellen Infrastruktur mit entsprechendem Innovationsklima.

Die demographische Entwicklung in den Industrienationen, vor allem auch in der Bundesrepublik, bedarf eines besonderen kulturellen Engagements. Die Alterspyramide verliert ihren breiten jugendlichen Sockel, sie verstärkt sich im mittleren und hohen Alter. Man spricht bereits in Hinblick auf die Gefahr der Vergreisung von einer »Bevölkerungsurne«. (vgl. hierzu den Beitrag von Peter Gitschmann/Udo Bullmann in diesem Band) Angesichts der Veränderung der Lebensformen wie Lebensweisen, ferner aufgrund der Tatsache, daß zunehmende Freizeit wie »Freisetzung« von Arbeit Alterungsprozesse als »Trainingsverlust« viel früher eintreten lassen, muß man nicht nur von einem demographischen, sondern auch von einem psychodemographischen Problemfeld sprechen.

Der neue Generationenvertrag, vor allem die Überwindung von Alter durch Herausforderung und »Sinn-Rückgabe«, bedarf intensiver kultureller Kommunikation und Sozialisation.

Den Gefahren der Telekratie (vgl. hierzu den Beitrag von Otfried Jarren in diesem Band) ist auch kommunalpolitisch entgegenzutreten. »Wenn das kulturelle Leben neu bestimmt wird als eine endlose Reihe von Unterhaltungsveranstaltungen, als gigantischer Amüsierbetrieb, wenn der öffentliche Diskurs zum unterschiedslosen Geplapper wird, kurz, wenn aus Bürgern Zuschauer werden und ihre öffentlichen An-

---

20 Axel Bust-Bartels, Beseitigung der Massenarbeitslosigkeit durch soziale Innovation? Alternativen zur Arbeitsmarktpolitik, in: Aus Politik und Zeitgeschichte, B 43/87, S. 3 ff.

gelegenheiten zur Varieté-Nummer herunterkommen, dann ist die Nation in Gefahr – das Absterben der Kultur wird zur realen Bedrohung.«[21]

Der Deutsche Städtetag wie die Kulturpolitische Gesellschaft[22] – als wichtigste Einrichtungen zur Förderung des kulturpolitischen »Prinzips Hoffnung« – haben sich einem Konzept der breiten kulturellen Teilhabe verpflichtet, das die Gefahren zu bannen vermag, indem es
– die Nachdenklichkeit der Menschen anzuregen,
– Kommunikation zu fördern und
– die Entfaltung von Kreativität zu unterstützen trachtet.

Wenn diese kulturpolitischen Zielsetzungen nicht aufgegeben werden sollen, sind erhebliche kulturpädagogische Anstrengungen erforderlich. Notwendig ist insbesondere eine Verstärkung der musisch-kulturellen Bildung an den Schulen, ebenso eine intensivere Zusammenarbeit zwischen den Schulen und den Kultureinrichtungen.

Insgesamt geht es um die Beachtung und Betonung der gesellschaftlichen Relevanz von Ästhetik für das Gemeinwohl. Erst der ästhetische »Mehrwert« gibt der öffentlichen Finanzierung von Kunst und Kultur Sinn; er besteht darin, daß dadurch ein Beitrag für den »stillen Bau besserer Begriffe, reinerer Grundsätze und edlerer Sitten« geleistet wird, von dem zuletzt alle Verbesserung des gesellschaftlichen Zustandes abhinge – so Friedrich Schiller in der »öffentlichen Ankündigung« der Zeitschrift »Horen« –; es gehe um die Beförderung von »Wohlanständigkeit, Ordnung, Gerechtigkeit und Friede«.

21 Vgl. Neil Postman, Wir amüsieren uns zu Tode. Urteilsbildung im Zeitalter der Unterhaltungsindustrie, Frankfurt a. M. 1985.
22 Vgl. Olaf Schwencke, Der Stadt Bestes suchen. Kulturpolitik im Spektrum der Gesellschaftspolitik. Arbeiten zur deutschen und europäischen Kulturpolitik aus 25 Jahren (1971–1996), Bonn 1997. Ferner: Bernd Wagner, Zwanzig Jahre Neue Kulturpolitik. Eine Bibliographie 1970–1990, Essen 1993.

HOLGER BACKHAUS-MAUL

Kommunale Sozialpolitik

Sozialstaatliche Garantien und die Angelegenheiten der örtlichen Gemeinschaft

1. Bedeutung kommunaler Sozialpolitik

Sozialpolitik ist ein traditions- und konfliktreiches Politikfeld zugleich. Politische Konflikte und staatliche Befriedungsversuche prägen die deutsche Sozialpolitik seit der Einführung von Sozialversicherungen im Deutschen Kaiserreich. Der Prozeß der sozialen Integration relevanter Bevölkerungsgruppen bzw. das Projekt einer sozialen Marktwirtschaft kam bereits in den 70er Jahren weitgehend zum Abschluß. Die Teilhabe breiter Bevölkerungskreise am Wirtschaftswachstum und deren Einbezug in ein umfassendes soziales Sicherungssystem nahm unter günstigen wirtschaftspolitischen Rahmenbedingungen Gestalt an.[1] Das System der Sozialen Sicherung mit seinen Teilbereichen Vorsorge, Entschädigung, Förderung und Hilfe[2] ist seitdem allein schon aufgrund seines finanziellen Volumens[3] einer der wichtigsten öffentlichen Aufgaben-

---

1 Vgl. Jens Alber, Der Sozialstaat in der Bundesrepublik 1950–1983, Frankfurt a. M. 1989.

2 Vgl. Eberhard Eichenhofer, Sozialrecht, Tübingen 1997.

3 Die herausragende Bedeutung von Sozialpolitik wird anhand der dafür bereitgestellten Ressourcen deutlich. So lag die Sozialleistungsquote, d. h. der Anteil der Sozialleistungen an der volkswirtschaftlichen Gesamtleistung bzw. am Bruttosozialprodukt, 1950 bei 17,1 %, 1960 bei 22,7 %, 1970 bei 26,7 % und 1980 bei 32 %. In der Zeit von 1975 (33,7 %) bis 1982 (33,2 %) blieb die Sozialleistungsquote relativ konstant und sank bis 1990 auf 29,3 %; 1993 lag sie allerdings – im nunmehr vereinten Deutschland – wieder bei 33,1 % (vgl. Martin R. Textor (Koord.), Sozialpolitik. Aktuelle Fragen und Probleme, Opladen 1997, S. 59). Die Gesamtausgaben für die Soziale Sicherung umfaßten 1994 rund 1 034 Mrd. DM für direkte Sozialleistungen und 73 Mrd. DM für indirekte Leistungen, wie z. B. steuerliche Vergünstigungen. Betrachtet man die konkrete kommunale Leistungserbringung eingehender, so ist auch hier eine hohe Bedeutung sozialpolitischer Aufgaben feststellbar. Der Anteil der Sozialausgaben am Kommunalhaushalt in den alten Ländern ist kontinuierlich von 11,8 % (1980) auf 21,7 % (1996) gestiegen (Hanns Karrenberg/Engelbert Münstermann, Gemeindefinanzbericht 1996, in: der städtetag 49 [1996] 3, S. 201). Im Vergleich zwischen alten und neuen Ländern sind nach wie vor Unterschiede festzustellen, aber die Entwicklung der Sozialausgaben verläuft in den

bereiche und Gegenstand sozialpolitischer Reformbemühungen[4]. Im Mittelpunkt dieser Reformdebatten stehen die Kranken- und die Rentenversicherung, die Sozialhilfe sowie die Kinder- und Jugendhilfe, die soziale Absicherung des Pflegefallrisikos und – wenn auch mit bescheidenen finanziellen Mitteln – die öffentliche Förderung selbstorganisierter Initiativen und Vereine.

Mit dem Beitritt der DDR zum Geltungsbereich des Grundgesetzes stand das sozialpolitische Institutionensystem vor einer besonderen Herausforderung. Sozialpolitik war in der DDR eine zentralstaatliche Aufgabe mit – gemessen am westdeutschen Niveau – geringen Leistungen.[5] Sowohl für sozialpolitische Entscheidungen, als auch für die konkrete Leistungserbringung reklamierte der Zentralstaat eine Monopolstellung.[6] Nur die Diakonie und die Caritas konnten als freie Träger in staatlich limitierten Aufgabenbereichen tätig werden.[7] Unter den Bedingungen einer sozialistischen Erwerbsgesellschaft konnten – wenn auch auf relativ geringem Niveau – so doch existenzsichernde Einkommen erzielt werden; existenzielle Armut war ein randständiges Phänomen.

Mit dem Scheitern sozialistischer Sozialpolitik und dem Beitritt der DDR zur Bundesrepublik Deutschland wurde das westdeutsche sozialpolitische Institutionensystem übertragen. Der Zusammenbruch der DDR und die geringe Wirtschaftskraft Ostdeutschlands haben zur Folge, daß im Sozialsektor erhebliche Transferzahlungen aus den Altbundesländern erforderlich sind. So wurden bis Ende 1996 allein aus den Beiträgen zur Renten- und Arbeitslosenversicherung rund 230 Mrd. DM von West- nach Ostdeutschland transferiert.[8]

Ganz anders stellt sich die Institutionalisierung der Sozialpolitik in der ehemaligen Bundesrepublik dar: Sozialpolitik ist das Ergebnis eines von Kontroversen geprägten Aushandlungsprozesses, in dem sich Bund, Länder und Kommunen über sozialpolitische Vorstellungen und Kompetenzen sowie die Verteilung von Einflußchancen und finanziellen Belastungen auseinandersetzen.[9] Gleichzeitig versuchen

neuen Bundesländern in die gleiche Richtung wie in den Altbundesländern: Der Anteil der Sozialausgaben an den Kommunalhaushalten der neuen Bundesländer stieg von 4,5 %, im Jahre 1991 auf 14,9 % im Jahre 1996 (ebenda).

4 Franz-Xaver Kaufmann, Herausforderungen des Sozialstaates, Frankfurt a. M. 1997.

5 Vgl. Holger Backhaus-Maul/Thomas Olk, Von der »staatssozialistischen« zur kommunalen Sozialpolitik. Gestaltungsspielräume und -probleme bei der Entwicklung der Sozial-, Alten- und Jugendhilfe in den neuen Bundesländern, in: Archiv für Kommunalwissenschaften, 2. Halbjahresband, 1993, S. 300–330. Vgl. Hellmut Wollmann/Kai-Uwe Schnapp, Kommunale Sozialpolitik in den neuen Bundesländern, in: Walter Hanesch (Hrsg.), Sozialpolitische Strategien gegen Armut, Opladen 1995, S. 195–220.

6 Vgl. Sighard Neckel, Das lokale Staatsorgan. Kommunale Herrschaft im Staatssozialismus der DDR, in: Zeitschrift für Soziologie, 21 (1992) 4, S. 252–268.

7 Vgl. Susanne Angerhausen/Holger Backhaus-Maul/Martina Schiebel, Nachwirkende Traditionen und besondere Herausforderungen. Strukturentwicklung und Leistungsverständnis von Wohlfahrtsverbänden in den neuen Bundesländern, in: Thomas Rauschenbach/Christoph Sachße/Thomas Olk (Hrsg.), Von der Wertgemeinschaft zum Dienstleistungsunternehmen, Frankfurt a. M. 1995, S. 377–403.

8 Vgl. Martin Textor, Einführung, in: ders. (Anm. 3), S. 9.

9 Vgl. Walter Hanesch (Hrsg.), Überlebt die soziale Stadt? Konzeption, Krise und Perspektiven kommunaler Sozialstaatlichkeit, Opladen 1997. Vgl. Friedrich Ortmann, Öffentliche Verwaltung und Sozialarbeit, Weinheim/München 1994. Vgl. Rainer Pitschas, Kommunale Sozialpolitik, in: Bernd von Maydell/Franz Ruland (Hrsg.), Sozialrechtshandbuch, Darmstadt 1996, S. 1011–1040. Vgl. Hellmut Wollmann, Politik- und Verwaltungsinnovation in den Kommunen? – Eine Bilanz kommunaler Sozial- und Umweltschutzpolitik, in: Thomas Ellwein/

organisierte Interessengruppen, d. h. Parteien und Interessenverbände, Einfluß auf sozialpolitische Entscheidungsprozesse zu nehmen, während freigemeinnützige Träger mit Sozialverwaltungen über Mengen und Qualitätsstandards sozialer Leistungen verhandeln.[10]

Im Mittelpunkt sozialpolitischer Verhandlungen stehen die Auseinandersetzungen zwischen Bundes- und Landesgesetzgebern sowie kommunalen Leistungserbringern. Der demokratische und soziale Rechtsstaat soll entsprechend dem in den Art. 20 und 28 Grundgesetz formulierten Sozialstaatspostulat dazu beitragen, soziale Grundrechte zu verwirklichen und sozial Benachteiligte in die Lage versetzen, ihre sozialen Rechte in Anspruch nehmen zu können. Das Sozialstaatspostulat ist inhaltlich nicht konkretisiert, sondern im Sinne eines Gestaltungsauftrages im sozialpolitischen (Gesetzgebungs-)Prozeß auszuhandeln.[11] Der Bund ist bestrebt, bundesweit geltende Normen und Standards zu setzen, während die Kommunen spezifischen Bedarfen und Sonderinteressen Rechnung tragen müssen. Da die Kommunen über eigene sozialpolitische Gestaltungsspielräume verfügen, kann folglich – trotz bundeseinheitlicher Regelungen – keinesfalls von einer monolithischen Sozialpolitik im Bundesgebiet gesprochen werden. So wird in der kommunalen Sozialpolitik etwa – unter bundespolitischen Rahmenbedingungen – über Mengen und Qualitätsstandards sozialer Leistungen, die pluralistische Gestaltung der Trägerlandschaft und das Angebot an sozialen Diensten und Einrichtungen entschieden.[12]

Aufgrund ihrer Gesetzgebungskompetenzen haben Bund und Länder weitreichende sozialpolitische Gestaltungsmöglichkeiten. Angesichts der Expansion sozialstaatlicher Aufgaben seit Ende der 60er Jahre erleben Bund und Länder einen Zuwachs an Entscheidungskompetenzen, während die Kommunen, die die konkrete Erbringung öffentlicher Aufgaben zu gewährleisten haben, eine gestiegene Verantwortung und finanzielle Belastung durch die vermehrte Leistungserbringung zu bewältigen haben. Somit läßt sich die Entwicklung der sozialpolitischen Kompetenzverteilung zwischen Bund und Ländern einerseits und Kommunen andererseits als eine Zentralisierung von Entscheidungskompetenzen und eine Dezentralisierung der Aufgabenerbringung darstellen[13], wobei die Länder – je nach parteipolitischer Prägung – eine Vermittlungsposition einnehmen.

Als originäre Aufgaben kommunaler Sozialpolitik gelten die Sozialhilfe, die Kinder- und Jugendhilfe und der seit 1995 aus der Sozialhilfe teilweise ausgegliederte Bereich der Leistungen für Pflegebedürftige. In einem erweiterten Verständnis von

Joachim Jens Hesse/Renate Mayntz/Fritz W. Scharpf (Hrsg.), Jahrbuch zur Staats- und Verwaltungswissenschaft, Baden-Baden 1990, S. 69–112.

10 Vgl. Holger Backhaus-Maul/Thomas Olk, Von Subsidiarität zu ›outcontracting‹. Zum Wandel der Beziehungen zwischen Staat und Wohlfahrtsverbänden in der Sozialpolitik, in: Wolfgang Streeck (Hrsg.), Staat und Verbände, Sonderheft 25 der Politischen Vierteljahresschrift, Opladen 1994, S. 99–134. Vgl. Holger Backhaus-Maul/Thomas Olk, Vom Korporatismus zum Pluralismus? Aktuelle Tendenzen in den Staat-Verbände-Beziehungen am Beispiel des Sozialsektors, in: Lars Clausen (Hrsg.), Gesellschaften im Umbruch, Verhandlungen des 27. Kongresses der Deutschen Gesellschaft für Soziologie, Frankfurt a. M./New York 1996, S. 578–592.

11 Vgl. Rainer Pitschas, Kommunale Sozialpolitik, in: Bernd von Maydell/Franz Ruland (Hrsg.), Sozialrechtshandbuch, Darmstadt 1996, S. 1011–1040.

12 Weiterführend zum Thema Gestaltungsspielräume kommunaler Sozialpolitik im sozialen Bundesstaat Holger Backhaus-Maul, Kommunale Sozialpolitik, in: Roland Roth/Hellmut Wollmann (Hrsg.), Kommunalpolitik, Opladen 1994, S. 528–533.

13 Vgl. Hellmut Wollmann (Anm. 8).

kommunaler Sozialpolitik würde zudem noch die Gesundheits-, Gleichstellungs-, Ausländer-, Wohnungs- sowie die Arbeitsmarkt- und Beschäftigungspolitik mit einbezogen werden. Kommunale Sozialpolitik kann aber nicht nur anhand abgrenzbarer Aufgabengebiete, sondern vielmehr als ressortübergreifende Querschnittsaufgabe definiert werden. In dieser Perspektive würden auch andere kommunale Aufgabenbereiche, wie etwa die Wirtschafts-, die Stadtentwicklungs- und die Kulturpolitik, einer sozialpolitischen Bewertung unterzogen werden (vgl. hierzu die Beiträge von Busso Grabow/Dietrich Henckel, Gerd Albers und Hermann Glaser in diesem Band). Darüber hinaus ist Sozialpolitik immer auch ein Seismograph für soziale, politische und ökonomische Wandlungsprozesse.[14]

Der Stellenwert kommunaler Sozialpolitik wird auch anhand ihres finanziellen Volumens sichtbar. So ist der Anteil der Sozialausgaben in den Kommunalhaushalten in den Altbundesländern kontinuierlich von 11,8 % (1980) auf 21,7 % (1996) gestiegen.[15] Im Vergleich zwischen alten und neuen Ländern sind zwar nach wie vor Unterschiede feststellbar, aber die Entwicklung der Sozialausgaben verläuft in den neuen Bundesländern in die gleiche Richtung wie in den Altbundesländern: Lag der Anteil der Sozialausgaben in den Kommunalhaushalten der neuen Bundesländer 1991 noch bei 4,5 %, so ist der Anteil bis 1996 auf 14,9 % gestiegen.[16]

Ob die Gestaltungsspielräume im Rahmen der kommunalen Selbstverwaltung zur Förderung sozialer Innovationen genutzt werden, hängt insbesondere von den sozialpolitischen Prioritäten und der finanziellen Situation der jeweiligen Kommune ab. Im Falle einer defizitären finanziellen Haushaltslage sind freiwillige Sozialleistungen häufig der erste Ansatzpunkt für Mittelkürzungen. So weisen Karrenberg und Münstermann darauf hin, daß gerade diejenigen Leistungen, auf die kein individuell einklagbarer Rechtsanspruch besteht, wie etwa Sozialpässe, Beratungsstellen, Maßnahmen der Jugendarbeit sowie die institutionelle Förderung von Jugend- und Wohlfahrtsverbänden, begehrte Objekte für Mittelkürzungen sind.[17] Folglich kam es in den vergangenen Jahren gerade bei den freiwilligen Selbstverwaltungsaufgaben, die sozusagen die innovative Spitze kommunaler Sozialpolitik und eine zentrale Legitimation für die Institution der kommunalen Selbstverwaltung darstellen, vielerorts zu einer fachpolitischen »Verödung« und zu einer interkommunalen Nivellierung.

Im folgenden werden zunächst die Aufgaben- und Organisationsstrukturen kommunaler Sozialverwaltungen erläutert (Kap. 2.). Sozialpolitik soll dabei als ein Gestaltungsauftrag aufgefaßt werden, der durch verschiedene Akteure inhaltlich ausgefüllt und strategisch umgesetzt wird (Kap. 3.), wobei sich angesichts veränderter politischer und ökonomischer Rahmenbedingungen die Frage nach den Perspektiven und Gestaltungsmöglichkeiten kommunaler Sozialpolitik stellt (Kap. 4.).

---

14 Vgl. Ulrich Beck, Risikogesellschaft. Auf dem Weg in eine andere Moderne, Frankfurt a. M. 1986. Vgl. Anthony Giddens, Jenseits von Links und Rechts. Die Zukunft radikaler Demokratie, Frankfurt a. M. 1997.
15 Vgl. Hanns Karrenberg/Engelbert Münstermann, Gemeindefinanzbericht 1996, in: der städtetag, 49 (1996) 3, S. 201.
16 Ebenda.
17 Ebenda, S. 209.

2. Aufgaben- und Organisationsstrukturen kommunaler Sozialverwaltungen

a. Aufgaben

Als Hauptaufgabenbereiche kommunaler Sozialpolitik sind die Sozial- sowie die Kinder- und Jugendhilfe zu nennen. Im einzelnen handelt es sich dabei um
a) Leistungen nach dem Bundessozialhilfegesetz (BSHG), d. h. existenzsichernde Hilfen zum Lebensunterhalt und Hilfen in besonderen Lebenslagen, insbesondere für pflegebedürftige alte Menschen und zur sozialen Integration von Behinderten;
b) Leistungen des Kinder- und Jugendhilfegesetzes (KJHG), d. h. sozialpädagogische Leistungen zur Unterstützung der Erziehung in der Familie und – demgegenüber nachrangig – Maßnahmen zur Ersetzung der Herkunftsfamilie, wie etwa Adoptionen;
c) Sozialhilfe, d. h. Hilfe zum Lebensunterhalt und Hilfen in besonderen Lebenslagen. Hilfe zum Lebensunterhalt im Rahmen des BSHG soll denjenigen Personen gewährt werden, die über kein für die Existenzsicherung ausreichendes Einkommen verfügen und vorübergehend in eine wirtschaftliche Notsituation geraten sind. Die Hauptempfängergruppen von Hilfe zum Lebensunterhalt sind Erwerbslose, Alleinerziehende, Kinder- und Jugendliche aus einkommensschwachen Familien sowie Asylberechtigte. Die zweite Hilfeart, d. h. Hilfe in besonderen Lebenslagen, bezieht sich auf Personengruppen mit besonderen sozialen Problemen, wie Behinderung und Pflegebedürftigkeit.[18]
Die als örtliche Sozialhilfeträger zuständigen Kommunen wandten 1995 rund 52,2 Mrd. DM für Sozialhilfeleistungen auf, wovon 18,8 Mrd. DM für die Hilfe zum Lebensunterhalt und 33,4 Mrd. DM für die Hilfe in besonderen Lebenslagen aufgebracht wurden. Die größten Anteile bei der Hilfe in besonderen Lebenslagen entfielen mit 17,5 Mrd. DM auf Leistungen für Pflegebedürftige und mit 13,2 Mrd. DM auf Leistungen zur Eingliederung Behinderter.[19]
Betrachtet man die Empfängerstruktur von Hilfen zum Lebensunterhalt eingehender, so fällt auf, daß knapp 90 % der Leistungsberechtigten die Hilfe nur vorübergehend in Anspruch nehmen; der Anteil der Langzeitbezieher, d. h. derjenigen, die Hilfe zum Lebensunterhalt mehr als fünf Jahre in Anspruch nehmen, lag 1994 bei 12,4 %.[20] Die Arbeiten von Leibfried/Leisering u. a.[21] machen deutlich, daß Sozialhilfebezug kein gesellschaftliches Randgruppenphänomen ist, sondern daß ein knappes Drittel der Bevölkerung irgendwann in ihrem Leben Sozialhilfeleistungen in Anspruch nehmen wird. Besondere sozialpolitische Aufmerksamkeit verdient der Umstand, daß Kinder und auch Jugendliche gemessen am Bevölkerungsanteil überproportional hoch in der Gruppe der Empfänger von Hilfe zum Lebensunterhalt vertreten sind.

---

18 Vgl. Ulrich-Arthur Birk u. a., Bundessozialhilfegesetz. Lehr- und Praxiskommentar, Baden-Baden 1994.
19 Vgl. Hermann Seewald, Die reformierte Sozialhilfestatistik, in: Nachrichtendienst des Deutschen Vereins für öffentliche und private Fürsorge, 77 (1997) 8, S. 251–258.
20 Ebenda.
21 Vgl. Stephan Leibfried/Lutz Leisering u. a., Zeit der Armut. Lebensläufe im Sozialstaat, Frankfurt a. M. 1995.

Die Sozialhilfepolitik steht im Mittelpunkt kommunalpolitischer Debatten. Bei der bisweilen populistischen Suche nach Ursachen für den Anstieg der Sozialhilfeausgaben, wird gerne mit Schuldzuweisungen an die verschiedenen Gruppen von Leistungsempfängern, insbesondere Erwerbslose und Ausländer, gearbeitet. Dabei ist aber zu bedenken, daß rund ⅔ der Bezieher von Hilfe zum Lebensunterhalt gar nicht dem Arbeitsmarkt zur Verfügung stehen und daß Asylbewerber einem Arbeitsverbot unterliegen. Die Analysen von Sozialpolitikforschern und -forscherinnen weisen vielmehr auf ein generelles Strukturproblem im System der Sozialen Sicherung hin: Die vorrangigen Sozialversicherungen sind »nach unten hin offen« bzw. es fehlen dort Grundsicherungselemente, die eine Exklusion von Leistungsberechtigten zu Lasten der Sozialhilfe verhindern könnten.[22]

Im Kern geht es in der Sozialhilfediskussion letztlich um die finanzielle Überlastung der Kommunen (vgl. hierzu den Beitrag von Hanns Karrenberg/Engelbert Münstermann in diesem Band). Von seiten des Bundesgesetzgebers wurden die Kommunen bei Sozialhilfezahlungen für Asylbewerber und Pflegebedürftige finanziell entlastet. Die Einführung des sogenannten Asylbewerberleistungsgesetzes zum 1.11.93 hat für die Betroffenen Leistungskürzungen von rund 20 % und für die Kommunen eine finanzielle Entlastung zur Folge. Mit der Einführung des Pflegeversicherungsgesetzes am 26.5.94 werden seit dem 1.4.95 ambulante und seit dem 1.7.96 stationäre Leistungen für Pflegebedürftige durch Versicherungsbeiträge (teil-)finanziert.[23] In der Pflegeversicherung ist der Umfang der Geld- und Sachleistungen limitiert und die Möglichkeit der Beitragserhöhung erschwert. Vor dem Hintergrund sachlich begrenzter und finanziell »gedeckelter« Leistungen bei steigenden Kosten in der ambulanten und vor allem stationären Pflege, ergibt sich eine steigende Inanspruchnahme von ergänzender Sozialhilfe und somit mittelfristig ein weiterer Anstieg der Sozialhilfeausgaben. Diese Entwicklung wird durch die geplante sukzessive Absenkung des Rentenniveaus noch verstärkt werden. Selbst diese kurzfristigen finanziellen Entlastungseffekte werden angesichts einer steigenden Dauererwerbslosigkeit, der Einschränkung von Arbeitsförderungsmaßnahmen und der Kürzungen in der Arbeitslosenhilfe kaum nennenswert zu Buche schlagen.

In der kommunalen Sozialhilfedebatte wird zweierlei deutlich: 1) Entlastungen haben allenfalls kurzfristige Effekte, ohne aber das Strukturproblem des sozialen Sicherungssystems, d. h. die fehlenden Grundsicherungselemente in den vorrangigen Sozialversicherungen, zu beheben; 2) die Diskussion über die finanzielle Belastung der Kommunen verengt sozialpolitische Diskurse auf Kostengesichtspunkte; sozialpolitische Innovationen geraten dabei aus dem Blick.

Kinder- und Jugendhilfe

Der zweite wichtige Bereich kommunaler Sozialpolitik ist durch die Einführung des Kinder- und Jugendhilfegesetzes (KJHG) 1990 grundlegend verändert worden.[24] Die Ablösung des Jugendwohlfahrtsgesetzes (JWG) durch das KJHG läßt sich als Über-

---

22 Vgl. Barbara Riedmüller/Thomas Olk (Hrsg.), Grenzen des Sozialversicherungsstaates, Leviathan-Sonderheft 14, Opladen 1994.
23 Vgl. Gerhard Igl, Das neue Pflegeversicherungsrecht, München 1995.
24 Vgl. Johannes Münder u. a., Frankfurter Lehr- und Praxiskommentar zum Kinder- und Jugendhilfegesetz, Münster 1998.

gang von einem ordnungsrechtlichen Eingriffs- zu einem sozialpädagogischen Leistungsgesetz beschreiben. Das Aufgabengebiet Kinder- und Jugendhilfe umfaßt Leistungen wie die Jugendarbeit, die Jugendsozialarbeit und die Hilfen zur Erziehung, aber auch hoheitliche Aufgaben wie Inobhutnahme, Pflegschaften und Vormundschaften. Wesentliche Neuerungen des KJHG bestanden u. a. in der Kommunalisierung öffentlicher Zuständigkeiten, der Lebensweltorientierung und dem präventiven Charakter der Leistungserbringung sowie der Förderung von Partizipation und Selbstorganisationsprozessen von Kindern und Jugendlichen.[25] Betrachtet man den Bereich der Kinder- und Jugendhilfe unter Kostengesichtspunkten, so wird deutlich, daß rund 50 % der öffentlichen Mittel in den Altbundesländern für Kindertageseinrichtungen und 25 % für Kinderheime eingesetzt werden.[26] Durch den Beitritt der DDR stieg der Anteil der Kosten für Tageseinrichtungen an den Gesamtausgaben im Bereich der Kinder- und Jugendhilfe auf über 60 % an.[27]

Der hohe Stellenwert einer organisierten Kinderbetreuung erklärt sich aus der im internationalen Vergleich immer noch relativ geringen, aber steigenden Erwerbsbeteiligung von Frauen in den Altbundesländern, bei einer im vereinten Deutschland weitgehend unveränderten geschlechtsspezifischen Arbeitsteilung mit einer geringen Beteiligung von Männern an der Hausarbeit und Kindererziehung. Um eine hinreichende Anzahl an Kindergartenplätzen in den Altbundesländern zu schaffen, wurde im KJHG der Rechtsanspruch auf einen Kindergartenplatz ab 1996 garantiert. Dieser Rechtsanspruch mußte dann aber – mit Übergangsregelungen – bis 1998 verschoben werden. Diese Verzögerung erklärt sich insbesondere aus kommunalen Finanzierungsschwierigkeiten. Ein öffentlicher Kindergartenplatz ist bei weitem nicht kostendeckend: In der Regel werden 10 % der Kosten durch Gebühren und 20 % durch Landesmittel gedeckt; die restlichen 70 % müssen die Kommunen bereitstellen.[28] Der proklamierte Rechtsanspruch auf einen Kindergartenplatz hat zur Folge, daß ein Großteil der öffentlichen Mittel für die Kinder- und Jugendhilfe beim Kapazitätsausbau im Bereich der Kindertagesstätten gebunden ist. Dabei handelt es sich in der Regel – entgegen allen Subsidiaritätsbekundungen – weitgehend um eine Expansion im Bereich öffentlicher Träger. Während sich aber in den Altbundesländern immer noch rund ⅔ der Plätze in Kindertageseinrichtungen in freigemeinnütziger Trägerschaft befinden[29], stellt sich die Situation in Ostdeutschland grundlegend anders dar. Hier befinden sich in einer Situation von leichten Überkapazitäten immer noch mehr als ⅔ der Plätze in Kindertageseinrichtungen in öffentlicher Trägerschaft.

Insgesamt betrachtet reagieren viele Kommunen auf den im KJHG verankerten Rechtsanspruch auf einen Kindergartenplatz mit einer konventionellen Strategie: Der Bereitstellung öffentlicher Betreuungskapazitäten. Vom pädagogischen Anliegen des KJHG, im Sinne der Förderung innovativer pädagogischer Ansätze und selbstorganisierter Formen der Kleinkindererziehung, ist dabei wenig zu spüren. Kinder- und Jugendhilfepolitik droht vielerorts im neuen Deutschland zur Kindergartenplatzpolitik in öffentlicher Regie zu werden.

Die Aufgabenstruktur kommunaler Sozialpolitik in Ostdeutschland weist gegenüber dieser allgemeinen Entwicklung einige Besonderheiten auf. So liegen in allen neuen Bundesländern die Zahl der Kindergartenplätze und die Länge der Öffnungs-

---

25 Vgl. Johannes Münder, Einführung in das Kinder- und Jugendhilferecht, Münster 1996.
26 Vgl. Sozialpolitische Umschau, 1992 (50).
27 Vgl. Sozialpolitische Umschau, 1995 (251).
28 Vgl. Hanns Karrenberg/Engelbert Münstermann (Anm. 14), S. 156.
29 Ebenda, S. 155.

zeiten deutlich über den entsprechenden Durchschnittswerten in den Altbundesländern. Gleichzeitig weist das Angebot an Kindergartenplätzen in Ostdeutschland noch deutliche Mängel in der Pluralität pädagogischer Konzepte und Trägerorganisationen auf. In der Sozialhilfe sind entgegen allen Erwartungen die Empfängerzahlen zwar steigend, aber immer noch deutlich unter westdeutschem Niveau. Aufgrund der hohen Erwerbsquote in der DDR verfügt die Mehrzahl der DDR-Bürger/innen nach der deutschen Vereinigung über Rechtsansprüche auf Leistungen aus den Sozialversicherungen, wie der Renten- und Arbeitslosenversicherung. Aufgrund dieser Rechtsansprüche mußten nachrangige Sozialhilfeleistungen in Ostdeutschland bisher seltener in Anspruch genommen werden.[30] Der Zusammenbruch des sozialistischen Wirtschaftssystems hat zu einem rapiden Verlust von Industriebetrieben und entsprechenden Arbeitsplätzen geführt. Unter diesen Bedingungen kommt der Arbeitsmarktpolitik eine besondere Bedeutung zu. Im Vordergrund standen dabei Arbeitsbeschaffungsmaßnahmen (ABM), die aus Mitteln der Bundesanstalt für Arbeit finanziert wurden. Innerhalb kürzester Zeit entstand ein umfangreicher zweiter Arbeitsmarkt, dessen Arbeitnehmer/innen vielerorts damit beschäftigt wurden, Grünflächen und öffentliche Plätze zu reinigen oder ihre ehemaligen Betriebe zu demontieren. Jenseits einer zeitlich befristeten Entlastung des Arbeitsmarktes sind die Effekte derartiger ABM zweifelhaft. Denn nur ein Bruchteil der ABM-Beschäftigten wurde in arbeitsmarktpolitisch sinnvollen und innovativen Projekten qualifiziert und weitergebildet.

Einerseits sind die Ausgangsbedingungen kommunaler Sozialpolitik, wenn man etwa die Kindergarten- und Sozialhilfepolitik betrachtet, relativ günstig, andererseits hängt über der kommunalen Sozialpolitik in Ostdeutschland das Damoklesschwert einer ungünstigen wirtschaftlichen Entwicklung. Nach dem Zusammenbruch der ökonomischen Strukturen in der ehemaligen DDR fällt mittlerweile – trotz entsprechender Transferzahlungen – sogar das Wirtschaftswachstum in Ostdeutschland geringer als in Westdeutschland aus. Auch mittelfristig ist folglich weiterhin mit einer hohen Erwerbslosenquote und entsprechenden Transferzahlungen von West- nach Ostdeutschland zu rechnen.

b. Organisationsstrukturen

Die Organisationsstrukturen kommunaler Sozialverwaltungen sind ähnlich, weisen aber jeweils örtliche Besonderheiten auf. Häufig ist der Aufgabenbereich der Sozialverwaltung bzw. des Sozialdezernats nicht auf den Kernbereich Sozial- sowie Kinder- und Jugendhilfe begrenzt, sondern Aufgabenbereiche, wie Gesundheits-, Gleichstellungs-, Wohnungs- und Kulturpolitik, können hinzukommen. Die kommunale Sozialverwaltung ist hierarchisch strukturiert und nach Sachgebieten gegliedert. An der Spitze steht der Sozialdezernent als politischer Wahlbeamter. Ihm untergeordnet sind die Ämter, wie das Sozial- und das Jugendamt, die intern wiederum in verschiedene Aufgabengebiete untergliedert sind.[31]

---

30 Weiterführend die Beiträge in Richard Hauser u. a., Ungleichheit und Sozialpolitik, Opladen 1996.

31 Ein weiterer Bestandteil der Sozialverwaltung ist der Allgemeine Sozialdienst (ASD), der auch in Form eines Amtes für soziale Dienste organisiert sein kann. Der ASD erbringt so-

Beim Sozialamt handelt es sich insbesondere um Aufgabenbereiche wie Hilfe zum Lebensunterhalt und in besonderen Lebenslagen, Hilfen für Asylbewerber, Aus- und Übersiedler sowie um Aufgaben nach dem Betreuungsgesetz. Als Bindeglied zwischen Sozialamt und Gemeindevertretung fungiert der Sozialausschuß.

Das Jugendamt ist zweigliedrig organisiert: Es besteht aus der Verwaltung und dem Kinder- und Jugendhilfeausschuß. Wesentliche Aufgabenbereiche der Verwaltung sind Erziehungshilfen, Jugendpflege, Kindertagesstätten und Vormundschaftsfragen. Der Kinder- und Jugendhilfeausschuß setzt sich entsprechend dem Parteienproporz aus gewählten Mitgliedern der Gemeindevertretung sowie Vertretern freigemeinnütziger Träger der Jugendhilfe zusammen. Die Besonderheit des Kinder- und Jugendhilfeausschusses besteht darin, daß er nicht – wie andere Kommunalausschüsse – nur ein Beratungsgremium ist, sondern in allen Belangen kommunaler Kinder- und Jugendhilfepolitik unter Beteiligung von Vertretern freigemeinnütziger Träger entscheidet.[32]

Die Organisation der Sozialverwaltung war immer auch ein bevorzugter Gegenstand für Reformdebatten. Blickt man in die 70er Jahre zurück, so sind die Diskussionen über die Neuorganisation sozialer Dienste[33] und die bürgernahe Verwaltung hervorzuheben.[34] Im Mittelpunkt der Neuorganisationsdebatte standen Fragen der Kooperation, Koordination und Modernisierung sozialer Dienste im Sinne einer effektiven Erfüllung sozialpolitischer Zwecke, und mit dem Konzept der bürgernahen Verwaltung wurde die Absicht verfolgt, die Zugänglichkeit zur öffentlichen Verwaltung für Bürger zu verbessern. Als erfolgreichste Mittlerorganisation in Sachen Verwaltungsmodernisierung kann die kommunale Gemeinschaftsstelle für Verwaltungsvereinfachung (KGSt) gelten. In den 70er Jahren hat sie mit der Entwicklung von Organisationsmodellen für Kommunen unterschiedlicher Größenklassen zu einer bundesweiten Vereinheitlichung von kommunalen Organisationsstrukturen beigetragen. In den 80er Jahren versuchte die KGSt den Kommunen mit dem Verfahren der Aufgabenkritik ein Instrument zur selbstkritischen Überprüfung und Begrenzung des kommunalen Aufgabenbestandes an die Hand zu geben.

Ihren bisher größten Erfolg erlebt die KGSt derzeit mit dem Konzept des »Neuen Steuerungsmodells«[35], mit dem die Abkehr vom klassisch bürokratischen Verwaltungshandeln eingeleitet werden soll. Als spezifische Neuerungen wurden in der Einführungsphase a) erweiterte Bürgerbeteiligung, b) effektives politisches Entscheiden und c) betriebswirtschaftliche Effizienz angekündigt. Erprobt wird das neue Steuerungsmodell insbesondere im Bereich der Kinder- und Jugendhilfe. Das Jugendamt wird zum »Unternehmen« erklärt und mit einem eigenen Budget ausgestattet, die Ressourcen- und Fachverantwortung wird dezentralisiert, Leistungen werden als Pro-

zialarbeiterische Beratungs- und Betreuungsleistungen und gliedert sich in einen administrativen Innendienst und einen sozialarbeiterisch ausgerichteten Außendienst.

32 In den 80er Jahren wurden außerhalb der Ausschußstruktur Beiräte mit Beratungskompetenzen geschaffen. Hervorzuheben sind in diesem Zusammenhang etwa Senioren- und Ausländerbeiräte. Kritisch anzumerken ist dabei, daß derartige Gremien fehlende Mitentscheidungs- und Wahlmöglichkeiten – etwa von Ausländern – nicht ausgleichen können.

33 Vgl. Dietrich Kühn, Jugendamt – Sozialamt – Gesundheitsamt. Entwicklungslinien der Sozialverwaltung in Deutschland, Neuwied u. a. 1994.

34 Vgl. Franz-Xaver Kaufmann (Hrsg.), Bürgernahe Sozialpolitik. Planung, Organisation und Vermittlung sozialer Leistungen auf kommunaler Ebene, Frankfurt a. M./New York 1979.

35 Vgl. Holger Backhaus-Maul, Trägerkonkurrenz und Wirtschaftlichkeitsmaximen im Sozialsektor, in: Nachrichtendienst des Deutschen Vereins für öffentliche und private Fürsorge, 76 (1996) 9, S. 280–286.

dukte definiert und der Prozeß der Leistungserbringung wird einem Controlling unterzogen. Die Effektivität dieser Modernisierungsstrategie ist noch nicht absehbar. Das Neue Steuerungsmodell der KGSt hat aber eine betriebswirtschaftliche Wende in Kommunalverwaltungen eingeleitet. Deutlich geworden ist dabei aber die betriebswirtschaftliche und bisweilen technokratische Verengung dieser Strategie und damit die – so scheint es zumindest – ersatzlose Streichung der Ziele Bürgerbeteiligung und politische Steuerung.

3. Akteure in der kommunalen Sozialpolitik

Sozialverwaltung als Gewährleistungsträger

Betrachtet man die kommunale Sozialpolitik unter der Fragestellung, wer sozialpolitische Entscheidungen trifft, so ist die Sozialverwaltung zweifelsohne der Hauptentscheider. Dabei ist zu berücksichtigen, daß die Sozialverwaltung über den Dezernenten als politischen Wahlbeamten an parteipolitische Entscheidungen in der jeweiligen Fraktion und Partei rückgebunden ist, und daß der Kreis der sozialpolitisch relevanten Akteure auf kommunaler Ebene durch die Übertragung von öffentlichen Aufgaben auf freigemeinnützige Träger und deren Beteiligung an kommunalpolitischen Entscheidungsprozessen erweitert worden ist.[36]

Subsidiaritätsprinzip

Die deutsche Sozialpolitik ist durch das der katholischen Soziallehre entstammende Subsidiaritätsprinzip geprägt, das im Sozialbereich einen bedingten Vorrang für Formen der familialen Selbsthilfe und sozialen Selbstorganisation postuliert.[37] In der kommunalen Sozialpolitik gibt es traditionell ein ausdifferenziertes Spektrum nichtstaatlicher Leistungsträger, deren Bedeutung nachhaltig durch Sozialgesetze, wie das BSHG und das KJHG, gestärkt wird. Beide Gesetze begünstigen die Übertragung öffentlicher Aufgaben auf nicht-staatliche und nicht-gewinnorientierte Träger. In der 30jährigen Praxis des BSHG wurde das Subsidiaritätsprinzip primär auf das Verhältnis von Verwaltungen und Verbänden angewandt: Freigemeinnützigen Wohlfahrtsverbänden wurde bei der Leistungserbringung ein bedingter Vorrang gegenüber öffentlichen Trägern eingeräumt. Im KJHG hingegen kommt das Subsidiaritätsprinzip im

---

36 Bei der Übertragung von Aufgaben auf Dritte werden in einzelnen Aufgabenfeldern, wie etwa der Altenpflege, zunehmend auch privatgewerbliche Träger berücksichtigt. Sie sind aber weder in den Kooperationsgremien von Verwaltungen und Verbänden, wie Arbeitsgemeinschaften im Rahmen des BSHG oder Kinder- und Jugendhilfeausschüssen, vertreten, noch werden sie überhaupt als sozialpolitische Akteure wahrgenommen.

37 Vgl. Johannes Münder/Dieter Kreft (Hrsg.), Subsidiarität heute, Münster 1990. Vgl. Christoph Sachße, Verein, Verband und Wohlfahrtsstaat. Entstehung und Entwicklung der dualen Wohlfahrtspflege, in: Thomas Rauschenbach/Christoph Sachße/Thomas Olk (Hrsg.), Von der Wertgemeinschaft zum Dienstleistungsunternehmen, Frankfurt a. M. 1995, S. 123–149.

eigentlichen Sinne zur Anwendung, da primär Formen der sozialen Selbstorganisation gefördert werden sollen; der bedingte Vorrang für Formen der nicht-staatlichen Trägerschaft wird nicht einseitig zugunsten relativ großer und formalisierter Wohlfahrts- und Jugendverbände ausgelegt. Im KJHG werden freigemeinnützige Träger nicht nur als Leistungsträger, sondern auch als entscheidungsbefugte sozialpolitische Akteure berücksichtigt. Im Kinder- und Jugendhilfeausschuß verfügen freigemeinnützige Träger mit einem Anteil von ⅔ der stimmberechtigten Mitglieder über politische Mitentscheidungsmöglichkeiten. Durch derartige institutionalisierte Formen der Zusammenarbeit wurden Wohlfahrts- und Jugendverbände zu einem machtpolitischen Faktor kommunaler Sozialpolitik.[38]

Seit Ende der 70er Jahre haben sich am Rande der von Verwaltung und Verbänden geprägten sozialpolitischen Arena neuartige, sozialpolitisch engagierte Initiativen und Vereine herausgebildet, die als Selbsthilfegruppen tätig sind oder soziale Dienste für Dritte anbieten und sich anfangs mehrheitlich als Alternative zur etablierten Sozialpolitik verstanden. Diese Organisationen befinden sich häufig in dem Dilemma, daß sie relativ fragil sind, einen sehr kleinen Aufgaben- und Wirkungskreis haben und am Rande des öffentlich finanzierten Versorgungssystems wirken. Erst im Laufe der 80er Jahre erhielten derartige Initiativen und Vereine punktuell Unterstützung durch Sozialverwaltungen und Verbände. So wurden kommunale Fördermittel bereitgestellt und innerhalb der Spitzenverbände der Freien Wohlfahrtspflege kam man überein, daß sich der Paritätische Wohlfahrtsverband auch als Dachverband für soziale Initiativen und Vereine betätigen soll.

Betrachtet man die Organisation sozialer Dienste in Ostdeutschland, so zeichnen sich hier angesichts nachwirkender Traditionen bemerkenswerte Besonderheiten ab. Der Übergang von Trägermonopolen zu einer pluralen Trägerstruktur ist in Ostdeutschland insofern gelungen, als weitgehend das namentlich gleiche Spektrum freier Träger wie in Westdeutschland entstanden ist. Betrachtet man die ostdeutsche Trägerlandschaft eingehender, so werden die Differenzen zwischen den namentlich gleichen Verbänden im Ost-West-Vergleich sowie Lücken im Bereich selbstorganisierter Initiativen und Projekte deutlich.[39] Aber nicht nur das staatliche Organisations-, sondern auch das staatliche Politikmonopol wirkt nach: Sozialpolitische Diskussionen in der Öffentlichkeit und selbst in Parteien, Verbänden und sozialen Einrichtungen sind allenfalls zarte Pflänzchen.

Betrachtet man das Gesamtspektrum der in der kommunalen Sozialpolitik mitwirkenden Akteure und ihre institutionalisierte Zusammenarbeit, so kann von einer verwaltungsgeprägten Sozialpolitik gesprochen werden, die gegenüber Verbandseinflüssen relativ offen ist. Die sowohl in Ost- als auch in Westdeutschland forcierte Übertragung öffentlicher Aufgaben auf freigemeinnützige Träger und deren zunehmende Beteiligung an kommunalen Entscheidungsprozessen sollten aber nicht als Beitrag zur Entlassung kommunaler Sozialverwaltungen und Politiker aus der politischen Verantwortung gewertet werden. Die örtlichen Träger der Sozial- und Jugendhilfe tragen weiterhin die Gesamtverantwortung dafür, daß die soziale Versorgung entsprechend den gesetzlichen Bestimmungen, den fachlichen Standards und dem örtlichen Bedarf erbracht wird.

---

38 Vgl. Holger Backhaus-Maul/Thomas Olk (Anm. 9).
39 Weiterführend Susanne Angerhausen/Holger Backhaus-Maul/Martina Schiebel (Anm. 6).

4. Gestaltungspotentiale und Grenzen kommunaler Sozialpolitik

Die Perspektiven kommunaler Sozialpolitik sind uneindeutig. Veränderte ökonomische, soziale und demographische Rahmenbedingungen wirken sich nachhaltig auf den Gestaltungsspielraum kommunaler Sozialpolitik aus. So führen die Globalisierung des Wirtschaftens bzw. die internationale Konkurrenz in ökonomisch wichtigen Marktsegmenten auf nationaler Ebene zu Rationalisierungsbestrebungen im Bereich öffentlicher (Sozial-)Aufgaben. »Sparsamkeit« bzw. Ausgabenkonsolidierung wird zum politischen Glaubensbekenntnis stilisiert, und die öffentlichen Sozialhaushalte werden zum Testgelände erklärt. Daß derartige Sparsamkeitsappelle auf der anderen Seite ritualisierte Klagen über die finanzielle Misere im Sozialbereich hervorrufen, überrascht nicht. Der Ausbau der Sozialen Sicherung und die Unzufriedenheit damit scheinen die beiden Seiten der gleichen Medaille zu sein. Festzuhalten ist aber, daß sich das deutsche System der Sozialen Sicherung – im internationalen Vergleich betrachtet – auf einem hohen Niveau befindet. Gestaltungsspielräume ergeben sich zukünftig aber nicht mehr aus einer steigenden Ressourcenzufuhr, sondern allenfalls aus einer internen Umverteilung innerhalb der Sozialetats von Bund, Ländern und Kommunen.

Im Mittelpunkt politischer Diskussionen stehen derzeit (noch) unangefochten ökonomische Fragen. Dabei geraten sozialpolitisch folgenreiche Prozesse sozialen Wandels leicht aus dem Blick. In diesem Zusammenhang sei zumindest stichwortartig auf Prozesse wie Individualisierung und Singularisierung, die Pluralisierung von Lebensstilen und -formen, die Zunahme des Anteils älterer Menschen an der Gesamtbevölkerung sowie die Ausdifferenzierung und sozialräumliche Trennung von Schichten und sozialen Gruppen[40], hingewiesen. Derartige Wandlungsprozesse sind aber nicht pauschal als Anzeichen für den Zerfall von Gesellschaft und Solidarbeziehungen anzusehen, sondern im Prozeß des sozialen Wandels konstituieren sich auch neuartige freiwillige Vergemeinschaftungsformen.

Die skizzierten ökonomischen und sozialen Veränderungen kündigen aber nicht das Ende kommunaler Sozialpolitik, sondern vielmehr deren wachsende Bedeutung an. Nur der demokratische und soziale Rechtsstaat verfügt über die Legitimation und die Kompetenzen zur sozialen Integration und zur Umverteilung innerhalb des Sozialen Sicherungssystems, etwa im Sinne einer Niveauabsenkung bei Leistungen und der Einführung von Grundsicherungselementen in einzelnen Sicherungszweigen.

Die kommunale Sozialpolitik verfügt trotz »gedeckelter« finanzieller Ressourcen über »unentdeckte« Modernisierungs- und Rationalisierungspotentiale. Leider wird unter Verweis auf den »drohenden Sozialabbau« seit Ende der 80er Jahre nicht nur versucht, Kürzungen bei Geldleistungen, wie etwa in der Sozialhilfe, zu verhindern, sondern es wird auch die Notwendigkeit von Veränderungen im Bereich der Leistungsverwaltung und der konkreten Erbringung von Dienstleistungen ausgeblendet. Das von der KGSt proklamierte Neue Steuerungsmodell verweist geradezu auf derartige brachliegende Modernisierungs- und Rationalisierungspotentiale. Unter dem Motto »Unternehmen Stadt« wird nicht zuletzt im Sozialbereich der Versuch unternommen, eine wirtschaftliche Modernisierung von Betriebsabläufen in Verwaltungen sowie sozialen Einrichtungen und Diensten einzuleiten. Dabei geht es – folgt man der

---

40 Vgl. Rainer Geißler, Die Sozialstruktur Deutschlands, Opladen 1992.

Programmatik der KGSt – darum, kostengünstige Preis-Leistungsverhältnisse, die sozialpolitisch gewollte Qualitätsstandards mit einem Höchstmaß an Wirtschaftlichkeit verbinden, zu schaffen.

Politische Steuerung basiert angesichts der Vielzahl der beteiligten Akteure auf einem kooperativen Verwaltungshandeln mit dem Ziel, ordnungspolitische Rahmenbedingungen für den lokalen Wohlfahrtsmix bzw. den organisierten Pluralismus von Sozialverwaltungen, Verbänden, selbstorganisierten Initiativen, bürgerschaftlichem Engagement und privatgewerblichen Anbieter, zu schaffen.[41] Die Wirksamkeit und die Erfolge politischer Steuerung lassen sich aber nur beurteilen, wenn Leistungsverträge und geeignete Controllinginstrumente vorhanden sind, um Menge und Qualität öffentlicher Sozialleistungen kontinuierlich messen zu können. Vergegenwärtigt man sich, daß kommunale Sozialpolitik in den lokalen Vertretungskörperschaften durch Aufgabenvielfalt und Detailbezogenheit geprägt ist, so setzt eine effektive politische Steuerung zunächst einmal eine Aufgabenentlastung voraus. Als geradezu klassische Maßnahme hierzu bietet sich – vor allem in Ostdeutschland – der Rückzug kommunaler Sozialverwaltungen aus der konkreten Leistungserbringung und die Übertragung öffentlicher Aufgaben auf geeignete freigemeinnützige Träger an.

Eine wesentliche kommunalpolitische Aufgabe wird in der Zukunft darin bestehen, Sozialpolitik nicht als ordnungsgemäße Erbringung sozialstaatlicher Leistungen anzusehen, sondern stärker den Zusammenhang von bürgerschaftlichem Engagement und Sozialer Sicherung herauszustellen.[42] Diese kommunitaristische Wende in der Sozialpolitik zielt nicht auf einen appellativen Moraldiskurs, sondern auf die Notwendigkeit zur öffentlichen Diskussion über die Verteilung von Rechten und Pflichten zwischen Staat, sozialen Organisationen und Bürgern ab.[43] Mit dieser Resozialisierung und Demokratisierung von Sozialpolitik werden zugleich erweiterte Mitentscheidungsmöglichkeiten und soziale Pflichten auf Bürger übertragen.[44] Bürgerschaftliches Engagement kann angesichts sozialer Selektivität und ungerechter Verteilungseffekte nicht den Sozialstaat ersetzen, sehr wohl aber auf lokaler Ebene wohlfahrtssteigernd wirken.

Der Sozialstaat ist mithin auch zukünftig als Gewährleistungsträger unabdingbar. Betriebswirtschaftliche Steuerung und bürgerschaftliches Engagement entfalten Eigendynamiken, sei es die Reduktion von Entscheidungen auf Kostenaspekte oder Formen des sozialen Ausschusses, die des sozialstaatlichen Ausgleichs bedürfen. Der Sozialstaat hat als Gewährleistungsträger über Rahmenbedingungen, d. h. Verfahrensregeln sowie Mengen und Qualitätsstandards, zu entscheiden. Denn nur der demokratische und soziale Rechtsstaat ist institutionell dazu in der Lage und hinreichend legitimiert, soziale Gerechtigkeit herzustellen.

---

41 Vgl. Adalbert Evers/Thomas Olk (Hrsg.), Wohlfahrtspluralismus. Vom Wohlfahrtsstaat zur Wohlfahrtsgesellschaft, Opladen 1996.

42 Vgl. Holger Backhaus-Maul/Andreas Brandhorst, Risiken, Nebenwirkungen und Chancen. Kommunitarismusdebatte in den USA und in Deutschland, in: Alternative Kommunalpolitik, 18 (1997) 4, S. 36–38.

43 Vgl. Michael Walzer, Die kommunitaristische Kritik am Liberalismus, in: Axel Honneth (Hrsg.), Kommunitarismus. Eine Debatte über die moralischen Grundlagen moderner Gesellschaften, Frankfurt a. M./New York 1993, S. 157–180. Vgl. Roland Roth, Kommunitaristische Sozialpolitik? Anmerkungen zur aktuellen Debatte über Professionalität und Ehrenamt in der Sozialpolitik, in: Forschungsjournal Neue Soziale Bewegungen, 8 (1995) 3, S. 44–53.

44 Vgl. Adalbert Evers, Das politische Defizit der Wohlfahrtsgesellschaft, in: Erwin Teufel (Hrsg.), Was hält die moderne Gesellschaft zusammen?, Frankfurt a. M. 1996, S. 209–222.

Inwiefern die trotz limitierter Ressourcen zweifelsohne vorhandenen Gestaltungs-spielräume kommunaler Sozialpolitik genutzt werden, wird – jenseits betriebswirt-schaftlich-technokratischer Patentlösungen – vom sozialpolitischen Selbstverständnis des neuen Deutschlands abhängig sein. Der alte soziale Konsens, in dessen Mittel-punkt Lebensstandardsicherung, dauerhafte Vollerwerbstätigkeit und Ehe standen, ist erschöpft. Der soziale Konsens der Berliner Republik ist noch nicht gestiftet. Die ge-sellschaftspolitische Kardinalfrage, wie sollen Rechte und Pflichten oder Rechtsan-sprüche auf Leistungen und Mitwirkungspflichten der Bürger zukünftig verteilt wer-den, ist offen.

WALTER WERNER

Armut und Obdachlosigkeit in der Kommune

1. Armut und Obdachlosigkeit – zentrale Herausforderungen für die Kommunalpolitik

Die deutsche Gesellschaft steht im Zuge der Globalisierung und der nationalen Vereinigung vor großen politischen, wirtschaftlichen und sozialen Umbrüchen. Die Kommunen sind es vor allem, in denen sich dieser Strukturwandel sichtbar vollzieht, die mit erheblichen Folgeproblemen der deutschen Wirtschaftsstandortentwicklung und einer wachsenden Armutsdynamik konfrontiert werden und die diesen Wandlungsprozeß als lokaler Sozialstaat mit immer begrenzteren Mitteln zu bewältigen haben.

Armut und Obdachlosigkeit sind Begriffe mit erheblicher gesellschaftspolitischer Brisanz. Die Meinungen, Bilder und Bewertungen über das jeweilige Ausmaß, die Struktur und Intensität gehen dabei weit auseinander – je nachdem, aus welchem politischen, wissenschaftlichen oder praxisorientierten Kontext geurteilt wird.

2. Definition von Armut und Obdachlosigkeit

a. Der Begriff Armut

Armut läßt sich absolut oder relativ bestimmen, im ökonomischen Sinne als Einkommensarmut, im sozialen Sinne als Verringerung von Teilhabechancen an gesellschaftlichen Aktivitäten. Armut kann über Einkommensgrenzen oder über Gesetze und ihre Ausführungsbestimmungen wie den Sozialhilfebezug definiert werden.[1] Zur methodischen Erfassung von Armut wird in der Armutsforschung und Armutsberichterstattung heute überwiegend der »Lebenslagenansatz«[2] herangezogen, der die

---

1 Als relative Armutsgrenze werden dann meist 50 % des durchschnittlichen Nettoeinkommens pro Kopf angesetzt, zum Teil wird auch mit einer 40 %- oder 60 %-Grenze gearbeitet, die dann Ausdruck für »strenge Armut« ist bzw. fließende Übergänge zum Niedriglohnbereich aufweist. In Deutschland dient häufig auch die Sozialhilfeschwelle als Armutsgrenze, mit der sich die »bekämpfte Armut« (als Anzahl der Sozialhilfebezieher/innen) erfassen und auf die »verdeckte Armut« (als Dunkelziffer der Nichtinanspruchnahme von Sozialhilfeleistungen) rückschließen läßt. Die Sozialhilfeschwelle ist das offiziell definierte Existenzminimum – als Summe aus Regelsatz, Mehrbedarf, einmaligen Beihilfen und Warmmiete.
2 Vgl. Walter Hanesch, Armut in Deutschland. Der Armutsbericht des DGB und Paritätischen Wohlfahrtsverbandes, Reinbek 1994; Richard Hauser/Werner Hübinger, Arme unter uns, Er-

Analyse objektiver Lebensbedingungen mit der Analyse subjektiver Bewertungen und Verhaltensmuster verbindet, um die soziale Komplexität von Armutslagen hinreichend zum Ausdruck zu bringen.

Demgegenüber reduziert der »Ressourcenansatz« Armut auf den materiellen Aspekt, die Versorgung von Haushalten mit Einkommen, Wohnung und Konsumartikeln. In diesem Sinne definiert auch die Europäische Union Einkommensarmut: Als arm gelten »Einzelpersonen oder Familien, die über so geringe Mittel verfügen, daß sie von einer Lebensweise ausgeschlossen sind, die in dem Mitgliedsstaat als Minimum angesetzt ist, in dem sie leben, als Minimum annehmbar ist.«[3]

b. Der Begriff Obdachlosigkeit

Der problematische und mehrdeutige Begriff Obdachlosigkeit[4] wird in der Fachdiskussion zunehmend durch die Begriffe Wohnungsnotfälle und Wohnungslosigkeit ersetzt.[5] Der Begriff »Alleinstehende Wohnungslose« ersetzt heute den diskriminierenden Begriff »Nichtseßhafte«, der allerdings sozialhilferechtlich immer noch gebraucht wird.[6]

Die traditionellen Rechtsgrundlagen zur Verhinderung von Obdachlosigkeit und zur Unterbringung von Obdachlosen sind vor allem das Bundessozialhilfegesetz (BSHG) und das Ordnungsrecht; weitere Rechtsvorschriften enthält das allgemeine Mietrecht (bes. die mietrechtlichen Bestimmungen des BGB zur fristlosen Kündigung bei Zahlungsverzug und sog. »mietwidrigem« Verhalten), das Wohnungsbindungsgesetz und das II. Wohnungsbaugesetz im sozialen Wohnungsbau.

Das Ordnungsrecht definiert Obdachlosigkeit als Störung der öffentlichen Sicherheit und Ordnung, die über polizeirechtliche Maßnahmen zu beseitigen ist: über sog. »Einweisungsverfügungen«, »Wohnungsbeschlagnahmen« oder »Wiedereinweisungen« (Beschlagnahme der bisherigen Wohnung für einen Zeitraum bis zu sechs Monaten).

---

gebnisse und Konsequenzen der Caritas-Armutsuntersuchung, Freiburg 1993; Siegfried Müller/Ulrich Otto (Hrsg.), Armut im Sozialstaat. Gesellschaftliche Analysen und sozialpolitische Konsequenzen, Neuwied u. a. 1997.

3 Kommission der Europäischen Gemeinschaft, Die Gemeinschaft im Kampf gegen die Armut, Stichwort Europa, (1987) 4 Brüssel 1987.

4 Obdachlose sind eine Untergruppe der Wohnungsnotfälle. Die Obdachlosigkeit wird rein ordnungsrechtlich bestimmt: Personen, die völlig ohne Wohnung sind, leben in einem ordnungswidrigen Zustand. Die Einweisung aufgrund von Wohnungslosigkeit gemäß § 14 ff. OBG ist die ordnungsrechtliche Beseitigung dieser Störung der öffentlichen Sicherheit und Ordnung ... Alleinstehende Wohnungslose sind eine Teilgruppe der Obdachlosen (MAGS NRW, 1992).

5 Diese Begriffe erlauben es eher, den Prozeß des Wohnungsverlustes bis zur Wohnungslosigkeit sowie das Wohnen in unzumutbaren Wohnverhältnissen empirisch nachvollziehbar darzustellen.

6 Nichtseßhafte sind nach § 4 der Durchführungsverordnung zum § 72 BSHG Personen, die ohne gesicherte wirtschaftliche Lebensgrundlage umherziehen oder die sich zur Vorbereitung einer Teilnahme am Leben in der Gemeinschaft oder zur dauernden persönlichen Betreuung in einer Einrichtung für Nichtseßhafte aufhalten.

3. Armutspolitik in der Kommune – eine Geschichte mit langer Tradition

Armut in den Städten und auf dem Lande ist kein Phänomen dieses Jahrhunderts. Die Geschichte von Armut läßt sich historisch weit zurückverfolgen – als eine Geschichte der Ausgrenzung vom bürgerlichen Leben.

Im Mittelalter wurden hilfsbedürftige und notleidende Menschen zumeist von Kirchen, Klöstern und Spitälern unterstützt. Man tolerierte sie und idealisierte sie als »Bettelmönche«. Die Linderung ihrer Not kam häufig von »Begüterten« oder ihren Armenstiftungen. Unterschieden hat man damals zwischen »würdigen und unwürdigen« bzw. »willigen« und »unwilligen« Armen. Die einen waren arbeitswillig oder alt, gebrechlich oder verwaist. Sie erhielten Almosen und bei Bedarf auch Wohnung und Verpflegung. Die anderen waren Leute, die nicht arbeiten wollten und umherzogen. Vor ihnen galt es »sich in acht zunehmen«, sie galten als Bedrohung der öffentlichen Ordnung. In vielen Städten wurden Bettelordnungen erlassen, als die Hungersnot immer mehr Menschen auf der Suche nach Brot und Arbeit in die Städte trieb. Der Verstoß gegen die Gebote und Verbote für Bettler führte zu Strafen und zum Entzug von Almosen. Bettelgerichte wurden eingesetzt mit »Bettelvögten« als Richter, die selbst aus dem Kreis der Bettler kamen und vom Rat der Stadt kontrolliert wurden.[7] Armen- und Arbeitshäuser sollten in der städtischen Armenpflege des Mittelalters dazu beitragen, die für die Aufrechterhaltung der bürgerlichen Gesellschaft notwendige Lebensauffassung durchzusetzen. Diese Verbindung sozialer Fürsorge und Disziplinierung ist im deutschen Sozialleistungssystem bis heute erkennbar.

Am Ende des 18. Jahrhunderts kam es in den ersten Städten zu einer Reform der städtischen Armenpflege (z. B. die Armenordnung der Stadt Hamburg von 1788), die neben der Arbeitsverpflichtung die ehrenamtliche Arbeit von »Armenpflegern« als Aufgabe des städtischen Bürgertums verankerte. Armenpflege wurde von einem aufstrebenden Bürgertum zunehmend als lokale Angelegenheit begriffen, als Gegengewicht zu einem zentralistischen Obrigkeitsstaat und als Hebel gegen aufkeimende revolutionäre Bestrebungen.

Ein deutlicher Einschnitt in der Armutsbekämpfung erfolgte im letzten Jahrhundert. 1875 wurde das »Heimatrecht«, wonach Arme Unterstützung nur an ihrem Geburtsort erhielten, durch das »Unterstützungswohnsitzgesetz« abgelöst – als Reaktion auf die damals einsetzende Wanderungsbewegung. Im Zuge der Industrialisierung waren Teile der Landbevölkerung in die Städte gezogen – in der Hoffnung, durch Arbeit in der Industrie die eigene Existenz sichern zu können. Die Not nahm jedoch in den Städten nicht oder kaum ab, neue Probleme traten hinzu. Arme lebten im vergangenen Jahrhundert in den schlechteren, gesundheitsgefährdenden Stadtgebieten. Die Wohnverhältnisse waren katastrophal: Kaum vorstellbare Enge, Feuchtigkeit und mangelnde Belüftungsmöglichkeiten kennzeichneten die »normale« Unterkunft armer Menschen. Die Existenznot armer Familien zwang sie vielfach noch dazu, »Kostgänger«, d. h. alleinstehende Arbeiter aufzunehmen, um ihr elendes Dasein aufzubessern. Diese drangvolle Enge und die miserable Wohnlage (offene Abwässer, engste Häuserschluchten) führten entsprechend häufig zum Ausbruch epidemischer Krankheiten.[8]

---

7 Christoph Sachße/Florian Tennstedt, Geschichte der Armenfürsorge in Deutschland, 3 Bde., Stuttgart u. a. 1980, 1988, 1992, hier: 1980.
8 Am bekanntesten: die Choleraepidemie in Hamburg 1892.

In dieser Zeit wurde das »Elberfelder System«[9] entwickelt, das über ein halbes Jahrhundert zum herrschenden Prinzip der Armutsbekämpfung in den deutschen Ländern und im Deutschen Reich wurde. Einzelfallprüfung und regelmäßige Kontrolle durch ehrenamtliche Armenpfleger in einem Quartier waren Voraussetzung der Hilfegewährung; die Festlegung des Hilfebedarfs lag zunächst im Ermessen des Armenpflegers, über die Hilfegewährung wurde in einer Bezirksversammlung entschieden.

Das im Zuge der Industrialisierung steigende Ausmaß an Armut, die Schwierigkeit, genug ehrenamtliche Armenpfleger zu finden, die wachsenden Anforderungen an ihre Kompetenz, denen sie mit der Zeit immer weniger genügen konnten, und das Mißtrauen in ihre Bewilligungspraxis führten allmählich zu einer »Verstaatlichung« des Systems der Armenpflege. Im Jahr 1906 wurde das Elberfelder System vom »Straßburger System« abgelöst. Ab jetzt wurden zunehmend Berufsarmenpfleger eingesetzt und damit allmählich auch das Arbeitsfeld für die heutige berufliche Sozialarbeit vorbereitet. Die Entscheidung über die Hilfegewährung wurde faktisch auf die Verwaltung verlagert.

Der Erste Weltkrieg veränderte die Situation und das Bild der Armut in den Kommunen. Neue Bevölkerungsschichten waren von Armut betroffen, dazu kamen die Kriegsbeschädigten und -hinterbliebenen. In der Weimarer Republik hat die Armut bisher nicht gekannte Dimensionen in den Kommunen erreicht.[10] Massenarbeitslosigkeit und Massenelend kennzeichnen den Alltag in den 20er Jahren bis zur Weltwirtschaftskrise. Als Reaktion darauf wurden städtische Wohlfahrtsämter als Fachbehörden eingerichtet, das Fürsorgewesen hat sich differenziert (Kriegs-, Wohnungs-, Gesundheits- und Jugendfürsorge). Während der Zeit des Nationalsozialismus war Armut aus ideologischen Gründen ein Tabuthema. In der Nachkriegszeit nach der Wiederaufbauphase wurden Armut und Obdachlosigkeit zunächst als Problem von Randgruppen angesehen, denen man zudem noch häufig die Schuld an ihrer Misere zuschob. Angesichts der fortgesetzten wirtschaftlichen Rezession und anhaltender Massenarbeitslosigkeit ist Armut heute das kommunale Thema mit der höchsten Brisanz.

4. Entwicklung und Ausmaß der Armut und Obdachlosigkeit auf kommunaler Ebene

Bei den Analysen und Forschungen zu Armut und Reichtum spielt die kommunale Ebene bzw. Stadt als Untersuchungskategorie immer noch eine untergeordnete Rolle, obwohl Armut und soziale Ausgrenzung immer mehr das zentrale Problem auf kommunaler Ebene wird. Die sozialräumliche Polarisierung nimmt zu.[11] Neue soziale

---

9 Nach dem im Jahr 1852 entwickelten Elberfelder System, das die Gemeinde Elberfeld (heutiger Stadtteil Wuppertals) in über 100 Bezirke aufteilte, wurden für jeden Bezirk für bis zu vier hilfsbedürftige Familien angesehene Bürger als ehrenamtliche Armenpfleger eingesetzt. Sie hatten die Armen wöchentlich aufzusuchen, ihre Bedürftigkeit zu prüfen und sie materiell zu unterstützen.

10 Der Kreis der Bedürftigen war gegenüber der Vorkriegszeit auf etwa das Vierfache gestiegen, vgl. Christoph Sachße/Florian Tennstedt 1988 (Anm. 6), S. 81.

11 Vgl. Monika Alisch/Jens Dangschat, Die solidarische Stadt. Ursachen von Armut und Strategien für einen sozialen Ausgleich, Darmstadt 1993.

Brennpunkte entstehen, alte verlieren an Aufmerksamkeit. Soziale Integration und Solidarität im gesamtstädtischen Rahmen nehmen ab. In unmittelbarer Nachbarschaft zu armen Stadtquartieren schotten sich reiche Stadtteile ab. Die Finanzierung der Armutsregionen und ihrer Bevölkerung wird immer schwieriger. Die Risiken für eine sozialverträgliche Stadt bzw. Gemeinde nehmen zu. Die kommunalen Armutsberichte belegen dies eindringlich.[12]

Die übliche Strategie zur Armutsbekämpfung in einer Großstadt macht Armut zum Problem Einzelner oder Gruppen. Sozialhilfe und sozialpolitische Spezialprogramme federn die ärgsten Notlagen ab – bisweilen in Verbindung mit sozialkulturellen Kompensationsangeboten. Die Auftragslinie kommunaler Sozialverwaltungen in schwieriger Zeit lautet deshalb: sozialverträgliche Senkung der Sozialausgaben mit dem Anspruch, die Grundsätze kommunaler Sozialpolitik nicht aus dem Auge zu verlieren (vgl. auch den Beitrag von Holger Backhaus-Maul zur kommunalen Sozialpolitik, in diesem Band).

Die Sozialrechtsänderungen im vergangenen Jahrzehnt laufen von verschiedenen Flanken aus überwiegend auf einen Abbau der sozialstaatlicher Leistungen hinaus und schränken den sozialpolitischen Gestaltungsspielraum auf örtlicher Ebene ein. Fiskalisch werden die Leistungsabsenkungen mit der »Kostenexplosion« in der Sozialhilfe begründet, ohne daß dabei hinreichend deutlich wird, daß der Leistungsabbau in vorgelagerten Sicherungssystemen immer mehr Personenkreise in die Sozialhilfe abdrängt. Der Leistungsabbau im Arbeitsförderungsgesetz z. B. ist der direkte Verschiebebahnhof in den Sozialhilfebezug. Mit solchen Sparmaßnahmen steigt der Druck auf die Kommunen, welche die Sozialhilfe bezahlen, in einer ohnedies desolaten Haushaltssituation der Kommunen nur noch weiter.

a. Das Ausmaß der Armut in den Kommunen

Die Armutsrisiken sind heute vielfältig – Arbeitslosigkeit, Einkommensschwäche trotz Erwerbstätigkeit, Überschuldung, Alleinerziehen, Alleinleben in sozialer Isolation u. a. m. – und erfassen längst auch die traditionellen Mittelschichten. Das Armutsrisiko erfaßt immer mehr Bevölkerungsgruppen – klassische Armutskarrieren sind nur noch ein Ausschnitt der Armutsszene.

Im August 1997 gibt es 4,46 Mio. Arbeitslose in Deutschland. Das entspricht einer Arbeitslosenquote von 11,6 %. Während in den alten Bundesländern fast jede/r Zehnte unter den Erwerbspersonen keine Arbeit hatte, war es in den neuen Bundesländern beinahe jede/r Fünfte. Die Zahl erhöht sich noch um ca. 1,5 Mio. Personen in der sogenannten »stillen Reserve« und etwa 1 Mio. Personen in ABM, in Fortbildungs- und Umschulungsmaßnahmen. Das heißt, es fehlen derzeit 6–7 Mio. Arbeitsplätze. Daneben gibt es nach einer Studie des Deutschen Institutes für Wirtschaftsforschung (DIW) 6,2 Mio. Menschen in geringfügiger Beschäftigung. Arbeitslosigkeit verursacht neben den psychosozialen Folgen für die Betroffenen hohe Kosten und Einnahmeausfälle bei der Sozialversicherung: je Arbeitslosen etwa 40 000 DM im Jahr.

Es gibt nach Angaben der Bundesarbeitsgemeinschaft Schuldnerberatung über 2 Mio. überschuldete Haushalte, bei denen das verfügbare Einkommen nicht mehr zur Deckung des elementaren Lebensunterhaltes ausreicht.

---

12 Vgl. stellvertretend den Frankfurter Sozialbericht, Bartelheimer 1997.

1,3 Mio. Haushalte bzw. 2,5 Mio. Personen beziehen Ende 1995 laufende Hilfe zum Lebensunterhalt, die sog. »Sozialhilfe im engeren Sinne«, darunter 40 % Alleinstehende und rund ein Viertel Alleinerziehende. Die durchschnittliche Sozialhilfebezugsdauer lag bei 27 Monaten, wobei alleinstehende Frauen mit 42 Monaten am längsten im Hilfebezug sind. Deutlich überrepräsentiert sind Kinder, Langzeitarbeitslose sowie die unterschiedlichen Migrationsgruppen; und innerhalb der einzelnen Gruppen ist die Betroffenheit noch einmal unterschiedlich – je nach Bildungs- und Sozialstatus. Bei den Frauen sind es heute neben den »klassischen« armen alten Frauen, den Witwen ohne eigene Versichertenrenten, mittlerweile vor allem alleinerziehende Mütter, arbeitslose Frauen und Ehefrauen arbeitsloser Männer mit Kindern.

Hinter der steigenden Anzahl von Kindern im Sozialhilfebezug versteckt sich eine Zunahme weiblicher Armut. Alleinerziehen ist ohne Sozialhilfebezug häufig nicht möglich. Frauen sind in vieler Hinsicht materiell benachteiligt (vgl. auch den Beitrag von Dorothée Rhiemeier/Barbara Stolterfoht zur kommunalen Frauenpolitik, in diesem Band). Die Frauenbeschäftigung konzentriert sich auf tariflich gering entlohnte Bereiche oder auf ungesicherte Beschäftigungsverhältnisse: Geringe Löhne und Gehälter haben dann geringere Rentenansprüche zur Folge – und begründen vielfach die spätere Altersarmut von Frauen.

Für die Kinder selbst ist das Armutsrisiko erheblich gestiegen: von 1980 bis 1995 hat sich die altersspezifische Inanspruchnahme laufender Hilfen zum Lebensunterhalt bei Kindern unter 8 Jahren mehr als verdreifacht. Ende 1995 sind fast 40 % aller Sozialhilfebezieher/innen unter 18 Jahren, also knapp eine Mio. Kinder im Sozialhilfebezug. Das Armutsrisiko ist um so höher, je jünger die Kinder sind.

Ein Drittel aller Sozialhilfebezieher/innen hat außer der beanspruchten Sozialhilfe keine anderen Einkommensquellen. Etwa 10–15 %, die Gruppe der »working poor« (Armut trotz Arbeit), sind auf ergänzende Sozialhilfe angewiesen, obwohl sie voll- oder teilzeiterwerbstätig sind, weil ihr Arbeitslohn zur Existenzsicherung nicht ausreicht.

Eine Bremer Studie über Sozialhilfekarrieren liefert die zusätzliche Erkenntnis, daß Armut für die persönliche Biographie häufig ein zeitlich vorübergehendes Phänomen ist.[13] Der zeitlichen Dimension von Armut wurde bis dahin kaum Bedeutung beigemessen; sie wurde auch nicht in sozialpolitische Zielvorstellungen oder Programme aufgenommen. So wie sich die Normalbiographie aufgelöst hat, weil die Lebensläufe individueller und mannigfaltiger geworden sind, sind auch die Armutsbiographien vielfältiger geworden, weil sich die gesellschaftlichen Auf- und Abstiegsprozesse dynamisiert haben.

Leistungen nach dem im Jahr 1993 eingeführten Asylbewerberleistungsgesetz (AsylbLG) zur Deckung ihres täglich Bedarfs erhielten Ende 1995 knapp eine halbe Million Personen, davon ca. 10 % in den neuen Bundesländern. Die aufenthalts- und arbeitserlaubnisrechtlichen Regelungen von Migranten und Flüchtlingen werden ständig verschärft und wirtschaftliche Leistungen abgesenkt. Mit dem AsylbLG wird erstmals zwischen einem Existenzminimum für Deutsche und für Ausländer/innen unterschieden.

---

13 Stephan Leibfried/Lutz Leisering u. a., Zeit der Armut. Lebensläufe im Sozialstaat, Frankfurt a. M. 1995.

b. Das Ausmaß der Wohnungslosigkeit in den Kommunen

Umfang und Ausmaß der Wohnungslosigkeit bzw. Obdachlosigkeit hängen entscheidend von der Definition des Personenkreises ab – je nachdem, wie der Begriff Obdachlosigkeit bzw. Wohnungslosigkeit definiert wird. Hier gibt es bundes- und landesweit in den Rechtsvorschriften und Richtlinien keine einheitliche Regelung, sondern nur mehr oder weniger gute Annäherungen.

In den alten Bundesländern ging man im Jahr 1992 von ca. 2 Mio. Wohnungsnotfällen (ohne die Personenkreise mit überhöhter Mietbelastung oder in unzumutbaren Wohnverhältnissen) aus, die nach einer Analyse zu Umfang und Ursachen der Wohnungsnot in Nordrhein-Westfalen hochgerechnet wurden.[14] Für die neuen Länder liegen noch keine verläßlichen Daten zur quantitativen Ermittlung der Wohnungsnotfälle vor.

Der Armutsstudie des Paritätischen Wohlfahrtsverbandes und des DGB[15] zufolge lebten 1992 in der Bundesrepublik 800 000 Menschen in Notunterkünften und 150 000 Menschen auf der Straße. Die Bundesarbeitsgemeinschaft Wohnungslosenhilfe geht im Jahr 1996 von 1 Million aus. Betroffen sind in erster Linie junge Erwachsene, Arbeitslose, Menschen mit psychosozialen Problemen – insbesondere nach Trennung und Scheidung, ausländische Familien, Haushalte von Aussiedler/innen und Flüchtlingen.

15 % aller Deutschen leben in zu kleinen Wohnungen, bei kinderreichen Familien oder ausländischen Familien sind es mehr als doppelt so viele. Besorgniserregend ist die Lage wohnungsloser Menschen in den neuen Bundesländern im Vollzug der in den letzten Jahren angestauten Räumungsklagen und Zwangsräumungen sowie in dem noch lückenhaften Präventionssystem.

Zum besonderen Problem wird die Wohnungslosigkeit von Alleinstehenden. Alleinstehende Wohnungslose treten heute in erster Linie in Großstädten auf. Die Städte stehen damit vor der schwierigen Situation, neben den wohnungssuchenden Menschen, die ein Dach über dem Kopf haben und aus unterschiedlichen Gründen einen Wohnungswechsel anstreben, eine steigende Zahl wohnungsloser oder von Wohnungslosigkeit bedrohter Menschen dauerhaft mit Wohnraum zu versorgen.

Alleinstehende Wohnungslose kommen häufig erst mit den Einrichtungen der Wohnungslosenhilfe in Kontakt, wenn sie bereits ein hohes Maß an selbstdestruktivem Verhalten gelebt haben und als Folge massive Gesundheitsschäden aufweisen. Alkoholismus und Wohnungslosigkeit hängen eng zusammen, wobei offen ist, was hierbei Ursache und Wirkung ist. Alkoholismus bei alleinstehenden Wohnungslosen ist der fortgesetzte Versuch, unverarbeitete und kritische Lebensereignisse in einem tristen und häufig auch gewalttätigen Alltag zu bewältigen.

Der Anteil von Frauen an den Wohnungslosen nimmt ständig zu. Ihr Anteil wird mittlerweile bundesweit auf ca. 15 % geschätzt. Die Wohnungslosigkeit von Frauen spielt sich in hohem Maße verdeckt ab. Sie bezeichnen sich häufig selbst nicht als wohnungslos, erhalten nach außen hin eine Fassade vor einem Hintergrund aufrecht, in dem sie extrem gesundheitsgefährdet sind, häufig in Abhängigkeit von Männern leben, die ihnen Unterschlupf gewähren und sie dabei häufig sexuell mißbrauchen. Eine nicht

---

14 Vgl. Volker Busch-Geertsema/Ekke-Ulf Ruhstrat, Wohnungsnotfälle und Wohnungslosigkeit. Zwischen strukturellen Defiziten und defizitären Strukturen, in: Nachrichtendienst des deutschen Vereins für öffentliche und private Fürsorge, (1995) 10, S. 400–407 und (1995) 11, S. 443–448.

15 Vgl. Walter Hanesch, Armut in Deutschland. Der Armutsbericht des DGB und Paritätischen Wohlfahrtsverbandes, Reinbek 1994.

unwesentliche Zahl von ihnen kommt in Pensionen, Hotels, Frauenhäusern (bei Gewalterfahrung) und vorübergehend in Notunterkünften unter. Frauen »auf der Straße« haben als gewöhnliche Aufenthaltsorte Wohnwagen, Garagen, Parkbänke oder Hauseingänge.

Auch wenn wissenschaftliche Studien noch so oft belegen, daß Wohnungslosigkeit ihre Ursachen in den wenigsten Fällen in individuellem Fehlverhalten hat, halten sich hier doch hartnäckig Vorurteile, alleinstehende Wohnungslose hätten sich ihre Situation selbst zuzuschreiben, »Nichtseßhaftigkeit« sei ein abnormer Charakterzug, Wohnungslose seien »arbeitsscheue Gewohnheitstrinker, die ihrem Wandertrieb nachgehen«, seien »wohnunfähig« u. ä.

Die Versorgung alleinstehender Wohnungsloser mit Normalwohnraum ist äußerst schwierig, weil bundesweit viele Wohnungsämter und die Wohnungswirtschaft dies häufig nicht als ihren originären Auftrag verstehen oder ein zu schmales Kontingent an preiswertem, belegungsgebundenem Wohnraum haben.

Über Schätzungen hinaus ist es ausgesprochen schwierig, das Ausmaß der Wohnungslosigkeit in den Kommunen und in der Bundesrepublik insgesamt zu erfassen, da eine seit langem von Fachorganisationen und Verbänden geforderte Wohnungsnotfallstatistik als Datengrundlage fehlt. Die prekäre Datenlage erschwert die Steuerung der Hilfeplanung für die wohnungslose Menschen. Eine gesetzlich geregelte Wohnungshilfeplanung fehlt und ist im neuen Wohnungsgesetzbuch auch nicht als sozialplanerische Pflichtaufgabe verankert worden. In den meisten Kommunen sind für die Wohnungsversorgung und Wohnungsnotfälle nach wie vor unterschiedliche Dienststellen zuständig: Wohnungsamt, Sozialamt, Liegenschaftsamt, Ausländerbeauftragte/Flüchtlingsbetreuungsstellen.

5. Armut und Obdachlosigkeit im Spannungsfeld lokaler Politik

Wohnungsnot, Verarmungs- und Ausgrenzungsprozesse rücken in den deutschen Kommunen um so mehr in das Zentrum kommunalpolitischen Handelns, je intensiver vor Ort der Problemdruck wird und je stärker ein Diskurs für den kommunalen Sozialstaat in Gang kommt. Nach dem Sozialstaatspostulat im Grundgesetz und der Gemeindeverfassung ist es Aufgabe der kommunalen Selbstverwaltung, in den Kommunen für gleichwertige und einheitliche Lebensverhältnisse und damit für sozialen Ausgleich zu sorgen. Die Kommunen erfüllen diesen Versorgungsauftrag – je nach örtlicher politischer Konstellation, erklärtem Willen oder definitiver kommunalpolitischer Beschlußlage – in der Intensität und Qualität höchst unterschiedlich im Rahmen ihrer kommunalen Entwicklungsplanung und spannen ein letztes Netz sozialer Sicherung gegen Armut und Obdachlosigkeit auf.[16] In diesem »Geschäft nachrangiger Akteure mit umfassender Zielsetzung«[17] sind die Kommunen strukturell überfordert und haben immer weniger Spielraum für eine lokale Sozialpolitik:

16 Vgl. Walter Hanesch (Hrsg.), Überlebt die soziale Stadt? Konzeption, Krise und Perspektiven kommunaler Sozialstaatlichkeit, Opladen 1997.
17 Peter Bartelheimer, Risiken für die soziale Stadt. Erster Frankfurter Sozialbericht, Frankfurt a. M. 1997, S. 7.

- Ein Bevölkerungswachstum findet in den Städten in aller Regel nur noch durch Migration statt, wodurch erhebliche Probleme für eine Politik sozialer Durchmischung und die Integration der Migrant/innen auftreten.
- Der städtische Arbeitsmarkt stagniert und führt vor allem in den altindustriellen Regionen als Verlierer des wirtschaftlichen Strukturwandels zu dauerhaften Ausgrenzungen aus dem regulären Arbeitsmarkt, wodurch die Auftragslage für eine kommunale Beschäftigungspolitik steigt.
- Die Bekämpfung der Wohnungsnot und Armut wird immer stärker kommunalisiert, weil insbesondere die Förderleistungen der Arbeitsämter nach dem Arbeitsförderungsgesetz (AFG) und im sozialen Wohnungsbau abnehmen.
- Die kommunale Finanzkraft ist durch unterproportionale Steuereinnahmen und überproportionale Ausgaben erheblich geschwächt und es zeichnet sich in naher Zukunft auch keine für die Kommunen günstigere Steuerverteilung zwischen Bund, Ländern und Kommunen durch eine Gemeindefinanzreform ab.

a. Kommunales Handlungsfeld Armut

Für eine kommunale Politik der Armutsbekämpfung in diesem für eine sozialverträgliche Kommunalpolitik begrenzten Handlungsrahmen sind Armutskonferenzen bzw. sozialpolitische Aktions- oder Initiativgruppen in den letzten Jahren zu einem wichtigen Faktor geworden. Diese neuen stadtpolitischen Bündnisse, von denen bundesweit mittlerweile mehr als 50 existieren[18], sind vielfach schon zu einer Plattform für sozialpolitische Innovation und lokale Sozialreform geworden. Ihr Anspruch, mit dem sie offizielle Politik als »solidarische Kritik für eine soziale Stadt« konfrontieren, lautet: Armutsentwicklungen und Ausgrenzungsprozesse zum Thema machen, sich politisch, aber parteipolitisch neutral einmischen, sozialpolitische Schwerpunkte und konkrete Maßnahmen formulieren, divergierende Interessen ausbalancieren, soziale Arbeit koordinieren und Bürger/innen zu sozialpolitischem Engagement motivieren.

So lautet beispielsweise das Ziel der seit 1994 bestehenden Sozialpolitischen Offensive Mannheim, »der wachsenden Armut und Ausgrenzung der Mannheimer Bürgerinnen und Bürger entgegenzuwirken. Gemeinsam mit der politischen Gemeinde, den Kirchen, Gewerkschaften, Betrieben, den Initiativen von Betroffenen und anderen gesellschaftlichen Kräften wird versucht, auf örtlicher Ebene das soziale

---

18 Der Verein für Sozialplanung (VSOP) organisiert seit 1994 gemeinsam mit dem kirchlichen Träger KAIROS Europa und mit Unterstützung der Nationalen Armutskonferenz in Deutschland Austauschtreffen solcher kommunaler Bündnisse, die als Armutskonferenzen, Sozialpolitische Offensiven, z. T. als Lokale Agenda 21-Gruppen oder als NRO (Nichtregierungsorganisationen) zur lokalen Umsetzung der Beschlüsse des Weltsozialgipfels 1995 in Kopenhagen oder des Weltsiedlungsgipfels 1996 in Istanbul auftreten. Bei aller Unterschiedlichkeit und Vielfalt begreifen sie sich dabei als konzertierte Aktion gegen Sozialabbau und soziale Ausgrenzung und haben sich fast durchgängig die Forderung nach einer kommunalen Armutsberichterstattung auf die Fahnen geschrieben. Viele stecken noch in einem Such- und Orientierungsprozeß. Die Nationale Armutskonferenz als deutscher Ableger des Europäischen Armutsnetzwerkes (European Anti Poverty Network) sucht gegenwärtig nach Unterstützungsmöglichkeiten dieser neuen Formen sozialer Bewegungen auf örtlicher Ebene.

Netz so zu gestalten und – wo erforderlich – so zu verstärken, daß es den Betroffenen effektiv hilft.«[19] Dazu werden neben einem mehrmals im Jahr tagenden Plenum immer wieder neue Arbeitsgruppen zu unterschiedlichen Themen und in wechselnder Besetzung eingerichtet, z. B. zu Obdachlosigkeit, Beschäftigungspolitik, Schuldnerberatung, Kinder in Armut, Grundsicherung.

Für Kommunalverwaltungen, die sich der »Strategie für eine soziale Stadt« verschrieben haben und ggf. auch Mitglied in europaweiten und internationalen Städtebündnissen sind, sind solche Bündnisse zu kritischen und konstruktiven Begleitern geworden; sie sind häufig auch das Ergebnis eines offenen Beteiligungsprozesses in den Kommunen über ihre zukünftige Entwicklung.

b. Kommunales Handlungsfeld Obdachlosigkeit

Die allgemeine Situation am Wohnungsmarkt, Probleme der Wohnungsversorgung und Wohnungsunterversorgung verschiedener Personengruppen und einzelner Stadträume bilden den Hintergrund für ein Gesamtkonzept zur Analyse sozialer Risiken am Wohnungsmarkt und ein bedarfsgerechtes und leistungsfähiges System kommunaler Wohnungslosenhilfe.

Mit der Planung für Wohnungslose geht es vor allen Dingen um eine Lageverbesserung in drei Bereichen, und zwar in den Bereichen Wohnen, Beschäftigung und Existenzsicherung mit entsprechenden Beratungs- und Betreuungsangeboten. Drei Ziele stehen dabei im Vordergrund: besserer Zugang zu Normalwohnraum, ggf. betreute Wohnungsangebote, geeignete Beschäftigungsmöglichkeiten und ein koordiniertes Netz von Anlauf- und Beratungsstellen mit der Förderung von Selbsthilfeansätzen.[20]

Die Verwirklichung solcher Ziele setzt zunächst die Kenntnis der Lebens- und Problemsituation alleinstehender Wohnungsloser und der Angebotsstruktur voraus. Aus einer mit einer Defizit- und Schwachstellenanalyse verbundenen Bestandsaufnahme lassen sich die Ziele, Projekte und Maßnahmen für konkrete Veränderungen formulieren. In einem solchen dreidimensionalen Handlungsfeld bildet sich in aller Regel auch das lokale Akteursnetz. Ein Netz oder System der Wohnungshilfe auf kommunaler Ebene wird dabei um so wirkungsvoller, je mehr es von vornherein beteiligungswirksam, trägerübergreifend, kooperativ, projektbezogen, qualitäts- und umsetzungsorientiert angelegt ist.

Die Effektivierung der Hilfe für alleinstehende Wohnungslose ist allerdings immer die zweitbeste Lösung. Die wirkungsvollste Form zur Bekämpfung der Wohnungslosigkeit heißt, sie erst gar nicht entstehen zu lassen. Deshalb sind präventive Hilfen zur Verhinderung von Wohnungslosigkeit von herausragender Bedeutung. Das grundlegende Ziel heißt: Normalisierung im Umgang mit Wohnungslosen, keine Ausgrenzungen und Sonderbehandlungen. Die Leitlinie für die Träger lautet: *keine verdrängenden, aber auch keine aufdrängenden Hilfen.*

---

19 Aus dem Gründungsaufruf der Sozialpolitischen Offensive Mannheim, Mannheim 1994.
20 Vgl. Deutscher Städtetag (Hrsg.), Sicherung der Wohnungsversorgung in Wohnungsnotfällen und Verbesserung der Lebensbedingungen in sozialen Brennpunkten, Reihe D, Köln, 1987 (21).

6. Wirkungsvolle Handlungsansätze gegen Armut und Obdachlosigkeit in den Kommunen

Die kommunalen Handlungsstrategien für eine wirkungsvolle Politik zur Bekämpfung von Armut und Obdachlosigkeit müssen so komplex angelegt sein, wie sich die Phänomene Armut und Obdachlosigkeit auf kommunaler Ebene auch faktisch darstellen. Die Wechselwirkung mit zentralstaatlicher Politik, das Wechselverhältnis Armut/ Reichtum und die auf die Kommunen rückwirkenden Globalisierungsprozesse dürfen dabei nicht vernachlässigt werden.

Zu einem solchen lokalen Handlungsprogramm gehören dann ein kooperatives Akteursnetz, eine aussagefähige Datenbasis, materielle, technisch-organisatorische und personelle Ressourcen und ein konkretes Maßnahmenbündel.

a. Kommunale Armutskonferenzen und Wohnungskonferenzen zur Vitalisierung kommunaler Sozialpolitik

Runde Tische auf örtlicher Ebene, die mittlerweile in einer ganzen Reihe von Kommunen institutionalisiert oder im Entstehen sind[21] spielen eine bedeutende Rolle für die Thematisierung von Armutsentwicklungen, sozialer Notlagen und die Zielrichtung kommunaler Sozialpolitik.

Diese lokalen Konferenzen haben dabei von Seiten der Sozialpolitik mitunter wohlwollende Unterstützung, weil sie im Prinzip eine kritisch-konstruktive Lobbyarbeit für den Erhalt des lokalen Sozialstaates betreiben. Die Forderung nach einer kontinuierlichen und beteiligungsoffenen Armutsberichterstattung ist dabei eine ihrer Grundforderungen.

b. Kommunale Sozial- und Armutsberichterstattung

Ein qualifiziertes Planungsinformationssystem bzw. eine systematische Sozialberichterstattung über Lebenslagen, soziale Problemlagen, ihre regionale Verteilung und Entwicklung in den Kommunen und ihren Teilräumen ist heute eine unverzichtbare Grundlage einer kommunalen Armuts- und Obdachlosenpolitik, die sich nicht nur auf Sozialressortpolitik beschränkt. Ein Sozialatlas als regionalisiertes, gruppen- und haushaltsbezogenes Sozialindikatorensystem liefert Informationen über die soziale Ungleichheit zwischen Bevölkerungsgruppen, das soziale Gefälle zwischen Stadtteilen und gibt Antworten auf die Frage, wie sich Ausgrenzungsprozesse sozialräumlich in den Kommunen entwickeln. Solche Frühwarnsysteme oder sozialpolitischen Diagnoseinstrumente sind in vielen Kommunen noch unterentwickelt, weil oft die Einsicht, die Bereitschaft oder die Ressourcen für eine professionelle Sozialplanung fehlen.

---

21 Vgl. VSOP – Verein für Sozialplanung (Hrsg.), Armutsberichterstattung in der Krise, Workshop-Dokumentationen Nr. 3, Speyer 1994.

c. Kommunale Arbeitsmarktpolitik

Neben der Verbesserung gesamtwirtschaftlicher Rahmenbedingungen ist auf kommunaler Ebene insbesondere die Weiterentwicklung einer gestaltenden Arbeitsmarktpolitik angesagt, d. h. die Ausweitung öffentlich geförderter Arbeit. Im Verbund mit Arbeitsamt, Betrieben, Kammern, Gewerkschaften geht es dabei für Kommunen um die Entwicklung lokaler Bündnisse für Arbeit. Das BSHG bietet in der neuen Fassung hier jetzt auch flexiblere Handlungsmöglichkeiten zur Beschäftigungsförderung und Qualifizierung von Sozialhilfebezieher/innen (z. B. Förderung privatwirtschaftlicher Betriebe über Lohnkostenzuschüsse) – allerdings auch mit der Gefahr, aus den Sozialämtern Nebenarbeitsämter zu machen, weil vorrangige Leistungsträger ihre Beschäftigungs- und Qualifizierungsmaßnahmen zurückfahren. Man sollte auch den Mengeneffekt nicht überschätzen, auch wenn Refinanzierungsrechnungen, Kosten-/Nutzenrechnungen und Sozialbilanzen einer aktiven Sozialhilfe deutlich den Wert einer aktiven Beschäftigungsförderung unterstreichen.

d. Wohnungshilfeplanung und Wohnungspolitik

Ziel jeder Wohnungshilfeplanung ist die dauerhafte Versorgung Wohnungsloser oder von Wohnungslosigkeit bedrohter sozial benachteiligter Gruppen mit preisgünstigem Wohnraum. Besondere Schwierigkeiten am Wohnungsmarkt haben einkommensschwache, überschuldete und arbeitslose Personen. Die Handlungsspielräume zum Abbau der Wohnungslosigkeit auf kommunaler Ebene sind begrenzt, da steigende Wohnungslosigkeit im wesentlichen eine Folge wirtschaftlicher Entwicklungen sowie sozial- und wohnungspolitischer Entscheidungen auf Bundesebene ist. Einer präventiven Strategie gegen Wohnungslosigkeit, die auf Erhaltung und Erweiterung des Bestandes an preisgünstigem Wohnraum setzt, fehlt es auf der kommunalen Ebene immer mehr an den finanziellen und förderrechtlichen Voraussetzungen. Eine handlungs- und sozialorientierte, langfristig und zukunftsorientiert angelegte Wohnungshilfeplanung muß daher vor allem die traditionell verfestigte Teilung zwischen dem ersten und zweiten (und ggf. einem weiteren) Wohnungsmarkt aufheben, Durchlässigkeit organisieren, nicht Wohnungsteilmärkte zementieren.

Drei Ziele und drei Wege sind in aller Regel maßgebend für die kommunale Wohnungshilfe bzw. ein kommunales Obdachlosenprogramm: Zu den Zielen zählen die Reduzierung der Obdachlosenzahlen, die Verbesserung der Lebensbedingungen in sozialen Brennpunkten und die Verhinderung des Entstehens neuer sozialer Brennpunkte. Wirkungsvolle Wege zur Umsetzung dieser Ziele sind die organisatorische Aufgabenbündelung durch Einrichtung von Fachstellen zur Wohnraumsicherung, die Intensivierung und der effektivere Einsatz bestehender Ressourcen und der wirtschaftlichen Hilfen zur Verhinderung von Obdachlosigkeit sowie die Entflechtung sozialer Brennpunkte in Verbindung mit sozialer Betreuung.

Mit dem neu geregelten § 15a BSHG haben Kommunen jetzt eine gesetzlich stringentere Basis zur Wohnungssicherung. Mit der Einrichtung von Fachstellen zur Wohnraumsicherung läßt sich eine durchaus erfolgreiche Wohnungssicherungspolitik auf örtlicher Ebene betreiben.

Freie und private Träger der Wohlfahrtspflege sind in der Wohnungslosenhilfe traditionell stark engagiert – in aller Regel mit einer christlichen oder kirchlichen

Tradition. Das Verhältnis zwischen Kommunen und Freien Trägern, die sich nach § 10 Abs. 3 (1) BSHG »zum Wohle des Hilfesuchenden wirksam ergänzen« sollen, und die Zusammenarbeit mit der Wohnungswirtschaft ist allerdings in den meisten Kommunen wenig abgestimmt und bis zu einem gewissen Grade beliebig.

e. Infrastruktursicherung und Regionalisierung

Bei aller kritischen Haushaltssituation muß kommunale Sozialpolitik Wert auf die Sicherung einer sozialen Basisinfrastruktur legen, in der die Selbsthilfeförderung und die Aktivierung von nachbarschaftlichen Netzen und freiwilliger Arbeit einen zentralen Stellenwert hat (vgl. auch den Beitrag von Wolfgang Thiel zur Selbsthilfe, in diesem Band). Wenn eine solche Struktur einmal kaputt gespart ist, ist sie nicht wiederherzustellen.

Soziale Dienste brauchen mehr Nähe zu den Bürger/innen. Wenn das Neue Steuerungsmodell in der kommunalen Verwaltungsreform mit dezentraler Ressourcenverantwortung und einer konsequenten Regionalisierung sozialer Arbeit ernst genommen wird, eröffnen sich hier vielversprechende Entwicklungsperspektiven für eine quartierbezogene Arbeit mit Möglichkeiten zu einer regionalen Budgetierung. Das ist dann auch die Basis für die Schaffung einer »gemeinwesenorientierten, lokalen Ökonomie«, die Potentiale der Quartiersbevölkerung mit Entwicklungszielen für die Wohngebietssanierung und zur Infrastruktursicherung verbindet.

Fazit: ein Programm für den lokalen Sozialstaat

Die ungünstige Datenlage zu Armut/Reichtum zeigt, wie wenig Regierungspolitik, Forschung und Planung derzeit mit einer Analyse gesellschaftlicher Verteilungszusammenhänge befaßt sind.[22] Der Auftrag für eine Nationale Armutsberichterstattung wäre hier ein deutliches Signal für Politik, Wissenschaft und Praxis zu einer handlungsorientierten Auseinandersetzung, anstatt das Thema auszublenden oder Entwarnung zu signalisieren.

Voraussetzung einer wirkungsvollen Armutspolitik auf kommunaler Ebene ist ein Kurswechsel in der staatlichen Arbeitsmarkt- und Sozialpolitik, wie dies die kommunalen Spitzenverbände, Sozialverbände und Gewerkschaften seit Jahren fordern. 6 Mio. fehlende Arbeitsplätze entstehen nicht durch eine Senkung der Lohnkosten. Dafür ist eine andere Verteilung bezahlter Arbeit und die Schaffung neuer Nachfrage auf dem Arbeitsmarkt mit konventionellen und unkonventionellen Methoden notwendig, z. B. durch Stärkung lokaler Ökonomien in Quartieren mit hoher Armutspopulation, die Arbeitslose und das Sanierungshandwerk zusammenbringt.

---

22 Vgl. Bundesregierung (Hrsg.), Armut in der Bundesrepublik Deutschland, Antwort der Bundesregierung auf die Große Anfrage der SPD, Drs. 13/3339 vom 28. 11. 1995; Bundesregierung (Hrsg.), Bericht der Bundesregierung über Maßnahmen zur Bekämpfung der Obdachlosigkeit, Drs. 13/5226, 1996; Ernst-Ulrich Huster, Reichtum in Deutschland. Der diskrete Charme der sozialen Distanz, Frankfurt u. a. 1993.

Eine entscheidende Weichenstellung für eine wirksame Armutsbekämpfung ist eine existentielle Gundsicherung einkommensschwacher Bevölkerungsgruppen: entweder durch eine Aufstockung von Sozialhilfeleistungen auf ein bedarfsgerechtes Niveau oder durch eine bedarfsorientierte Mindestsicherung, die einen einheitlichen Mindestsockel für alle großen Sicherungssysteme vorsieht, daß sie armutsfest werden und eine materielle Existenzsicherung unabhängig von Sozialhilfe ermöglichen. Hier sind derzeit unterschiedliche Grundsicherungsmodelle in der Diskussion.

Neben der materiellen Armutsbekämpfung haben immaterielle Ansätze gegen Verarmungsprozesse einen vergleichbaren Stellenwert: Gefragt sind eine neue soziale Praxis mit kleinen sozialen Netzen, soziokulturelle Stadtteilarbeit, kommunitaristische Ansätze und die Förderung bürgerschaftlichen Engagements, die über den Einzelfall hinaus Bevölkerungsgruppen in ihren räumlichen und sozialen Lebenslagenbezügen vitaler unterstützen – soziale Arbeit mit Bezug auf Lebensräume, Lebenswelten, Lebens- und Problemlagen. Dazu gehören auch Handlungsansätze gegen die soziale Ausgrenzung der Personengruppen, die immer stärkere Armutsrisiken tragen.

Die Bekämpfung der Armut braucht politischen Willen, Professionalität und intelligente Strategien. Armutsbekämpfung ist aber nicht ausschließlich Hausaufgabe der Sozialen Arbeit und der Sozialpolitik mit einem immer kleineren Budget, zu der sie gerade auf kommunaler Ebene gerne gemacht wird, sondern eine quersektorielle Aufgabe. Die Siedlungs- und Wohnungspolitik, die städtebauliche Planung und die Wirtschaftsförderung setzen ebenso wichtige Eckpunkte wie die Sozialpolitik für oder gegen die Entstehung von Armut.

Bei einer wirkungsvollen Bekämpfung von Armut und Obdachlosigkeit stehen Solidarität, Teilen und Modernisierung im Vordergrund. Kommunalpolitisches Ziel ist die sozialverträgliche Stadt oder Gemeinde, in der die Grundbedürfnisse auf Wohnen, Beschäftigung und Gesundheit gewährleistet werden können. Dieses anspruchsvolle Programm ist aus sozialplanerischer Sicht das wirkungsvollste Programm gegen Armut von Einzelnen, Gruppen oder ganzen Stadtquartieren!

DIETER GREESE

Kommunale Kinder- und Jugendpolitik

1. Der Auftrag

Auf dem Weg in die Welt der Erwachsenen bedürfen Kinder der Erziehung, der Bildung, des Schutzes und der Förderung. Die Erziehung fällt gemäß unserer grundgesetzlichen Ordnung in die private Zuständigkeit der Familien, in die die Kinder hineingeboren werden, die Bildung i. S. umfassender Vermittlung der erforderlichen Kulturtechniken gehört in die staatliche Verantwortung für Schulen und Hochschulen durch 16 Bundesländer. Alles, was die Systeme Familie und Schule/Hochschule nicht leisten, muß über das dritte System, die Kinder- und Jugendhilfe, sichergestellt werden.

Dieses ist mit dem Inkrafttreten des Kinder- und Jugendhilfegesetzes vom Juni 1990 als 8. Buch des Sozialgesetzbuches (KJHG.SGB VIII) Städten, Landkreisen und hinreichend leistungsfähigen kreisangehörigen Gemeinden als örtlichen öffentlichen Trägern der Jugendhilfe aufgetragen worden. Es ist damit zu einem breit angelegten Gestaltungsfeld der Kommunalpolitik geworden.

Jordan und Sengling haben sich bemüht, eine knapp gefaßte Definition der Jugendhilfe als Instrument kommunaler Kinder- und Jugendpolitik zu geben: »Jugendhilfe hat in Ergänzung zur Familie und neben Schule und Ausbildung junge Menschen in ihrer Entwicklung allgemeinerzieherisch zu fördern, durch Beratung und Unterstützung sozialen Benachteiligungen und Entwicklungskrisen entgegenzuwirken, Hilfe zur Erziehung zu leisten, wenn das Wohl des Kindes oder des Jugendlichen nicht gewährleistet ist, und an gerichtlichen Verfahren mitzuwirken. Zugleich soll Jugendhilfe sich anwaltlich-politisch für bessere Lebensbedingungen junger Menschen einsetzen. Damit verbunden ist die Erarbeitung und Durchsetzung korrigierender Alternativen ebenso wie die Vertretung der betroffenen Gruppen gegenüber anderen gesellschaftlichen Interessen und Gruppen.«[1]

Wo hier die aktuelle Herausforderung für die kommunale Kinder- und Jugendpolitik liegt, hat die Studie des Jugendwerks der Deutschen Shell »Jugend '97« wie folgt zusammengefaßt: »Die Krisen im Erwerbsarbeitssektor, Arbeitslosigkeit, Globalisierung, Rationalisierung und Abbau oder Verlagerung von Beschäftigung sind inzwischen nicht mehr ›bloß‹ eine Randbedingung des Aufwachsens. Sie sind nicht mehr ›bloß‹ Belastungen des Erwachsenenlebens, von denen Jugendliche in einem Schonraum entlastet ihr Jugendleben führen können. Sie haben inzwischen vielmehr das Zentrum der Jugendphase erreicht, in dem sie ihren Sinn in Frage stellen. Wenn die Arbeitsgesellschaft zum Problem wird, dann muß auch die Jugend-

---

1 Jordan und Sengling, Jugendhilfe – Einführung in die Geschichte und Handlungsfelder, Organisationsformen und gesellschaftliche Problemlagen, Weinheim/München 1992, S. 14.

phase als Phase der biographischen Vorbereitung auf diese Gesellschaft zum Problem werden.«[2]

Die Rede ist letztlich von einem Legitimationsverlust der gesellschaftlichen Sozialisationsinstanzen. Wohin soll erzogen bzw. wofür gebildet und ausgebildet werden, wenn das Ziel eines auf Dauer aus eigener Kraft bewältigten Lebens immer ungewisser wird?

Die Kinder- und Jugendhilfe hat offenbar einen Punkt erreicht, an dem sie nicht mehr nur einzelne Unglücksfälle im Prinzip funktionierender familiärer Erziehung und schulischer Lebensvorbereitung zu reparieren hat, sondern immer mehr zu einem strukturbildenden Faktor werden muß, der Lebenslagen und Lebensphasen generell determinieren kann. Stadtteilarbeit, Übernahme von Berufsvorbereitung, -qualifizierung und Beschäftigungsmöglichkeiten sowie Entwicklung von Einmischungs- und Partizipationsstrategien sind Kennzeichen dieser Reaktion auf die Herausforderungen eines ökonomisch bedingten gesellschaftlichen Modernisierungsprozesses.

Angesichts der deutlichen Auflösungserscheinungen der Traditionsfamilie heute, dem Entstehen neuer familiärer Lebensformen, der Erosion sinnstiftender gesellschaftlicher Großgruppierungen (Kirchen, Verbände, Parteien), zunehmender Individualisierung von Lebensführungsmustern, eines diffusen Wertepluralismus entsteht das Szenario einer Risikogesellschaft, in der es immer schwerer wird, sich zu orientieren und einen dem einzelnen jeweils gemäßen Platz zu finden. Der gesellschaftliche Plazierungsprozeß ist komplizierter und länger geworden. Die sozio-kulturelle Verselbständigung der nachwachsenden Generationen beginnt in immer früherem Lebensalter, die sozio-ökonomische Abnabelung von den unterhaltspflichtigen Angehörigen zögert sich immer weiter hinaus. Dazwischen ist eine verlängerte und risikoreiche Jugendphase eigenständigen Zuschnitts entstanden, in der sich junge Menschen mit Experimentierverhalten und unterschiedlichsten Suchbewegungen zurechtzufinden bemühen. Die Lebensmuster der Eltern sind dabei meist wenig hilfreich, die Gleichaltrigengruppe bietet oft mehr Halt und Orientierung.

Vor einem solchen Hintergrund leuchtet es unmittelbar ein, daß da, wo die private Verantwortung für die Zukunft der Kinder und Jugendlichen schwindet, die gesellschaftliche Verantwortung für die Bedingungen des Aufwachsens der jungen Generation zunehmen muß. Und wo Eltern als Orientierungshelfer und Weggefährten nur noch mit abnehmender Kompetenz zur Verfügung stehen können, da muß der junge Mensch selbst mehr zum handelnden Subjekt in eigener Sache werden dürfen.

2. Entwicklungslinien

Das Bemühen um Rechtsgrundlagen für den kommunalen Handlungsauftrag im Feld der Kinder- und Jugendpolitik kann 1997 auf einen Zeitraum von 75 Jahren zurückblicken. 1922 gelang es im Prinzip mit Verabschiedung des Reichsjugendwohlfahrtsgesetzes (RJWG), sehr viele der bis dahin entstandenen Bestrebungen von Institutionen, Verbänden, Kirchen, Diensten und Rechtsgebieten, mit denen Einfluß auf die Aufwachsbedingungen der Kinder und Jugendlichen in ihren Familien bzw. Milieus

---

2 Jugendwerk der Deutschen Shell (Hrsg.): Jugend '97, Zukunftsperspektiven – Gesellschaftliches Engagement – Politische Orientierung; Opladen 1997, S. 13.

genommen werden sollte, über die Schaffung der Behörde »Jugendamt« als »Fürsorge-bzw. Erziehungs-Korrektur-Amt« zusammenzufassen. Die damals den Gesetzge-bungsprozeß begleitenden politischen Kontroversen sind bis heute noch relevant und virulent. Während die Linke ein kollegiales Führungskonzept unter Beteiligung von Kirchen und Verbänden durchsetzte, die Zusammenfassung aller jugendrele-vanten gesetzlichen Bestimmungen in einem Jugendgesetz, die Gleichrangigkeit der Jugendhilfe mit Familie und Schule, die Reduzierung des Einflusses weltanschaulicher freier Träger und ein eigenständiges Kinderrecht auf Hilfe und Förderung forderte, setzten die Konservativen den Vorrang freier Träger sowie das uneingeschränkte El-ternrecht durch und verhinderten die Verwirklichung eines umfassenden Jugendrechts. Das Jugendamt galt als Errungenschaft und Hoffnungsträger, insbesondere um för-dernde, kompensatorische, eingreifende und kontrollierende bzw. familienergänzende Hilfen unter der Formel »Einheit der Jugendhilfe« zusammenzuführen. Durch Welt-wirtschaftskrise, Nazizeit, Krieg und Kriegsfolgen wurde die Verwirklichung dieses Ziels immer wieder verhindert.

Die nach dem Krieg einsetzenden zahlreichen Reformschritte zur Anpassung der Jugendhilfe an eine moderne demokratische Gesellschaft in den alten Bundesländern endeten im heute gültigen Kinder- und Jugendhilfegesetz vom Juni 1990. Das machte in den neuen Bundesländern, in denen die Zuständigkeiten der Kommunen für Be-reiche der Jugendhilfe auf Sanktionen gegen auffällige und verhaltensgestörte Kinder und Jugendliche beschränkt waren, grundlegende Veränderungen bezüglich Zusam-menführung von zentralen Kompetenzen des Schul- und Gesundheitswesens sowie der großen Betriebe auf die kommunale Ebene erforderlich. Hier mußten Jugendämter, ohne auf traditionsgestützte Entwicklungslinien zurückgreifen zu können, aus dem Boden gestampft werden. Ein zusätzliches Handicap war das fehlende Fachpersonal, weil es in der DDR keine Ausbildungsinstitutionen gegeben hatte, die Nachwuchs für das westlich geprägte Anforderungsprofil für die Fachkräfte der Jugendhilfe hätten liefern können.

Mit der Wandlung des Jugendwohlfahrtsgesetzes (JWG) zum Kinder- und Jugend-hilfegesetz (KJHG) hat sich die Perspektive gewandelt. Im JWG stand die fürsorgliche Obrigkeit in Gestalt des Jugendamtes im Mittelpunkt. Es hatte globale Pflichten und Aufgaben, die es rechtzeitig und ausreichend an die Zielgruppen zu bringen hatte, wenn ihm denn ein entsprechender Bedarf bekannt wurde. Mit dem KJHG tritt das Jugendamt in die Funktion eines Dienstleistungsträgers, auf dessen Leistungen in großem Umfang Rechtsansprüche geltend gemacht werden können. So haben Kinder vom 3. Lebensjahr an einen Rechtsanspruch auf einen Kindergartenplatz, und Eltern können erzieherische Hilfen aus einem differenzierten Angebotskatalog einfordern. Fortschrittlich ist die Verpflichtung zu systematischer Jugendhilfeplanung und auf einen personenbezogenen Datenschutz.

Gleichwohl bleiben Grundstrukturen einschließlich der alten Konfliktlinien aus der Zeit des Reichsjugendwohlfahrtsgesetzes erhalten. Nach wie vor gilt im Prinzip das sog. Subsidiaritätsprinzip, d. h. der Vorrang der Leistungen freier Träger vor denen des öffentlichen, geht Elternrecht im Bereich erzieherischer Hilfen vor Kindesrecht, bleibt die Förderung offener und verbandlicher Jugendarbeit wenig konkret, sind wesent-liche Rechtsbereiche, die Kinder und Jugendliche betreffen, nicht integriert, ist aus dem bildungsorientierten Jugendgesetz letztlich ein versorgendes Sozialgesetz ge-worden, bleibt das kollegiale Führungsprinzip durch die Sonderrolle des Jugendhilfe-ausschusses im Prinzip erhalten.

3. Die Aufgaben

Mit dem Wandel der Jugendhilfe von einer obrigkeitlichen Behördenverpflichtung zu einem nachfrageorientierten Dienstleistungsunternehmen müssen die Jugendhilfeaufgaben neu geordnet werden. Das Gesetz unterscheidet nach Leistungen und anderen Aufgaben. Leistungen sind Angebote an die Zielgruppen, mal mit Rechtsanspruch, mal mit bedarfsorientierter Angebotsverpflichtung. Der Begriff »andere Aufgaben« kennzeichnet jene obrigkeitlichen Restbereiche, in denen es um Schutz, Kontrolle und Eingriff staatlicher Organe (z. B. Gerichte) geht, bei denen die Situation des Minderjährigen keine Beliebigkeit mehr erlaubt.

Zu den Leistungen i. S. nachfrageorientierter Angebote zählen:
- offene und verbandliche Kinder- und Jugendarbeit,
- Jugendsozialarbeit als Hilfen für Jugendliche im schulischen und beruflichen Entwicklungsprozeß,
- erzieherischer Kinder- und Jugendschutz als Aufklärung und Kooperationsangebot mit staatlichen Ordnungs- und Eingriffsbehörden,
- Förderung der Erziehung in der Familie durch Angebote von Familienfreizeiten, Familienbildung und Familienberatung,
- Trennungs- und Scheidungsberatung zum Wohl der Kinder,
- Betreuung und Versorgung von Kindern bei zeitlich begrenztem Ausfall der Erziehungspersonen durch Notlagen,
- Kindergartenplätze ab dem 3. Lebensjahr (Rechtsanspruch),
- Schaffung eines bedarfsgerechten Tagesbetreuungsangebotes neben bzw. vor und nach dem Kindergartenbereich; dazu gehört auch die Tagespflege,
- ambulante, teilstationäre und stationäre erzieherische Hilfen, auch für seelisch behinderte Kinder und Jugendliche (Rechtsanspruch),
- Einbezug junger Volljähriger in die Leistungsangebote erzieherischer Hilfen.

Als »andere Aufgaben«, die den Bereich der unabdingbar notwendigen Bemühungen um Schutz der Kinder und Jugendlichen durch Kontroll- und Eingriffsmöglichkeiten meinen, findet man:
- Inobhutnahme von Kindern und Jugendlichen in Krisensituationen,
- ihre Herausnahme gegen den Willen der Erziehungsberechtigten aus akuten Gefährdungssituationen,
- Qualitäts- und Standardsicherung bei Fremdunterbringungen bzw. regelmäßiger Nutzung von Einrichtungen,
- Vertretung von Kindesinteressen vor Vormundschafts-, Familien- und Jugendgerichten,
- Abwicklung von Adoptionen,

Als Aufgaben übergeordneter Art sind zu verstehen:
- die Verpflichtung der Kommunen, alle Leistungen der Jugendhilfe in der Organisationseinheit Jugendamt zusammenzufassen,
- einen Beitrag zur Sicherung positiver Lebensbedingungen für junge Menschen und ihre Familien sowie für eine kinder- und familienfreundliche Umwelt zu leisten,
- den Schutz personenbezogener Daten im Bereich der Jugendhilfe zu sichern,
- eine differenzierte Kinder- und Jugendhilfestatistik zu führen,
- systematische Jugendhilfeplanung unter frühzeitiger und intensiver Beteiligung der freien Träger und anderer relevanter Fachressorts der Verwaltung durchzuführen, um eine bedarfsgerechte Angebotspalette sicherzustellen.

4. Zielsetzungen kommunaler Kinder- und Jugendpolitik

Jugendhilfe bleibt so lange ihrem traditionellen Schwerpunkt der »Entstörung« der Jugendphase und der öffentlichen Ordnung verhaftet, wie sie reaktiv verharrend auf Reparaturfälle bzw. -situationen wartet. Sie wird dann zum kommunalen Gestaltungselement im Sinne einer Kinder- und Jugendpolitik, wenn sie aktiv auf die Lebensbedingungen ihrer Zielgruppen Einfluß nimmt. Offensiv politisch kann Jugendhilfe nur dann werden, wenn ihre rechtlichen Voraussetzungen, ihre Organisations- und Ausstattungsstrukturen sowie ihre kommunalpolitische Steuerung entsprechende Maximen verfolgen. Solche Strukturmaximen hat der 8. Jugendbericht des Bundes aus dem Jahre 1990 benannt:

- Prävention,
- Regionalisierung,
- Alltagsorientierung,
- Partizipation,
- Integration.[3]

Prävention sollte nicht als Reflex auf potentielles Scheitern und damit als strukturelles Mißtrauen gegenüber jugendlicher Selbstbehauptung organisiert werden, sondern als Gestaltungseinfluß auf anregungsreiche, fördernde und stützende Lebensverhältnisse. Regionalisierung bedeutet, auf die sozial-räumliche Gliederung von Lebenslagen zu reagieren. Jugendhilfe muß für ihre sehr unterschiedlichen Bedarfsgruppen erreichbar sein und ihr Angebot bedarfsspezifisch gestalten. Alltagsorientierung meint insbesondere auch Entpädagogisierung, d. h. junge Menschen und ihre Angehörigen sind als prinzipiell zur Selbstverantwortung berufene Subjekte wahrzunehmen, deren Lebenserfahrung Anlaß und Gegenstand des Jugendhilfeangebotes ist und für deren Bearbeitung personelle, räumliche und sächliche Ressourcen je spezifisch bereitgestellt werden müssen. Partizipation meint Entscheidungen, Arbeitsformen und Hilfeverläufe weitestmöglich als offene Aushandlungsprozesse zu organisieren, an denen unterschiedliche Profis unterschiedlicher Träger und die Hilfebedürftigen selbst beteiligt sind und gemeinsam nach dem jeweils besten Weg suchen. Integration zielt auf Verknüpfung und Vernetzung statt auf Ausgliederung, Abgrenzung, Expertenexklusivität und Spezialisierung.

Das KJHG fordert diese Strukturelemente ein bzw. verhindert sie wenigstens nicht, auch wenn man sich für die Bereiche Behinderte und Ausländer deutlichere Integrationsvorschriften gewünscht hätte (vgl. zur kommunalen Ausländerpolitik den Beitrag von Thomas Scheffer in diesem Band). Das Zusammenarbeitsgebot zwischen öffentlichen und freien Trägern (§ 4), das Wunsch- und Wahlrecht der Leistungsberechtigten (§ 5), die Beteiligungsverpflichtung von Kindern und Jugendlichen (§ 8), die Verfahrensvorschrift zum Hilfeplan (§ 36), die sozialräumliche Orientierung und die partizipatorische Gestaltung der Jugendhilfeplanung (§ 80) sowie der garantierte Persönlichkeitsschutz der Adressaten des KJHG durch den eigenen Datenschutz belegen diese Aussage.

Es mußte der Jugendhilfe schwer fallen, sich von der Obrigkeits- auf die Dienstleistungsmentalität umzustellen. In den letzten Jahren sind hier unübersehbare Fortschritte gemacht worden. Hierbei hatten es die neuen Bundesländer z. T. sogar leichter, mußten sie doch nicht mit zu Strukturen geronnenen Traditionslasten arbeiten. So

---

3 Bundesminister für Jugend, Familie, Frauen und Gesundheit, 8. Jugendbericht, Bonn 1990.

ist durchaus positiv zu vermerken, daß unorthodoxe Modelle flexibler, nicht versäulter erzieherischer Hilfen im Osten entwickelt wurden.

Es wird noch eine Weile dauern, bis die Leistungen und Ressourcen der Jugendhilfe den genannten Strukturmaximen und den Ausbauerfordernissen nach dem KJHG gerecht werden.

Besonderer Anstrengungen hat es bedurft, die Voraussetzungen für den ab 1. 1. 1999 uneingeschränkt umzusetzenden Rechtsanspruch auf einen Kindergartenplatz zu erfüllen. Bis dahin bringen in immer kürzeren Abständen wirkende Stichtage die Möglichkeit, sich mit Ersatzangeboten wie Tagespflege und Spielgruppen zu entlasten, den Kommunen etwas Erleichterung bei der Erstellung der erforderlichen Infrastruktur zu geben. Hier waren die neuen Bundesländer im Vorteil, hatten sie doch schon zu DDR-Zeiten eine Vollversorgung mit Krippen-, Kindergarten- und Hortplätzen. Bei ihnen bestand das große Problem darin, angesichts fast halbierter Geburtenraten nach der Wende die erforderliche Personalreduzierung sozialverträglich umzusetzen.

5. Die Kosten der Jugendhilfe

Trotz ihrer herausragenden Bedeutung für die Entwicklungschancen junger Menschen nimmt sich der Finanzaufwand für die Aufgaben der Jugendhilfe im Vergleich relativ bescheiden aus. Lt. Wabnitz[4] wurden 1995 31,9 Milliarden DM für die Jugendhilfe ausgegeben. 27,4 Milliarden (d. s. ca. 86 %) entfielen dabei auf die Kommunen. In der auf 1993 bezogenen Antwort zur »Situation der Jugendlichen in Deutschland«[5] spricht die Bundesregierung von einem Gesamtaufwand von rd. 24,5 Mrd. DM, wovon die Gemeinden 64 %, die Länder 32 % und der Bund 4 % trugen. Möglicherweise drückt sich in dieser Diskrepanz die fortgeschrittene Entwicklung zur Kommunalisierung aus.

Die Zahl aus 1993 machte damals aber nur 2,3 % des Sozialbudgets bzw. 0,8 % des gesamten Bruttosozialprodukts aus.[6] Das belegt eigentlich den relativ geringen Stellenwert der Kinder- und Jugendhilfe im gesamten Sozialleistungssystem.

Auffällig ist der enorme Anstieg der Jugendhilfe zwischen 1991 und 1995. Lt. Wabnitz[7] erfolgte in diesem Zeitraum ein Anstieg von 20,2 auf 31,8 Mrd. DM. Dies dürfte dem Ausbau des Kindergartensektors zur Erfüllung des Rechtsanspruchs geschuldet sein.

Deutliche Diskrepanzen gibt es im Vergleich alter zu neuen Bundesländern. So arbeiten in den alten Bundesländern in Einrichtungen der Jugendarbeit und der Beratung rd. 36 000 Personen, während es in Ostdeutschland lediglich 3 400 sind. Erschreckend gering war dort 1991 auch mit 6 % der Anteil freier Träger an der Gesamtzahl der Einrichtungen. In Westdeutschland betrug der Anteil zum gleichen

---

4 Reinhard Joachim Wabnitz, Standortbestimmung und Perspektiven in der Kinder- und Jugendhilfe in Deutschland, in: Forum Jugendhilfe, AGJ-Mitteilungen, (1997) 2, S. 31 ff.
5 Deutscher Bundestag, Situation der Jugend in Deutschland, in: Zentralblatt für Jugendrecht, (1994) 12, S. 513 ff.
6 Vgl. Johannes Münder, Einführung in das Kinder- und Jugendhilferecht, Münster 1996, S. 119.
7 Vgl. Reinhard Joachim Wabnitz (Anm. 4).

Zeitraum etwa 70 %. Dies und der erforderliche Nachholbedarf erklären, warum zwischen 1991 und 1993 der Kostenanstieg im Westen 12 %, im Osten jedoch 30 % betrug.

In den Kommunalhaushalten liegt der Anteil der Jugendhilfe nur zwischen 5 und 8 %. Wegen des hohen Personalbestandes in den Einrichtungen kann sich allerdings der Personalanteil der Jugendhilfe am gesamten Personalbestand einer Kommune schnell auf über 10 % belaufen. Nicht selten ist das Jugendamt die größte Organisationseinheit einer Stadtverwaltung und zieht leicht die Aufmerksamkeit für Organisationsreformen und Personaleinsparungen auf sich.

Die zwei stärksten Ausgabeblöcke stellen die Tageseinrichtungen für Kinder mit ca. 60 % und die Hilfen zur Erziehung mit ca. 24 % dar. Beide Bereiche sind durch bundes- und landesrechtliche Vorschriften hinsichtlich personeller und sächlicher Standards so vorbestimmt, daß wenig Spielraum für Einsparungen gegeben ist.

6. Instrumente kommunaler Kinder- und Jugendpolitik

Wegen ihrer Vielfalt und ihrer komplexen rechtlichen Gestaltung durch Bundesrahmengesetz, Landesausführungsgesetze und kommunalpolitische Entscheidungen über Ausschuß und Rat bedarf es einer sachkundigen und taktisch klugen Nutzung der Instrumente der Kinder- und Jugendpolitik.

Hier wären zu nennen:
a) das Jugendamt in seiner kommunalpolitischen Sonderstruktur,
b) Landesjugendämter,
c) die Jugendhilfeplanung,
d) Kooperationsformen mit freien Trägern,
e) die Förderung freier Träger,
f) Partizipationsstrukturen für Kinder, Jugendliche und Eltern.

a. Das Jugendamt als Sonderfall der Kommunalverwaltung

Angebote öffentlicher und freier Träger sind als Reaktionen auf gesellschaftliche Umwälzungsprozesse entstanden und 1922 über das RJWG gebündelt worden, ohne die Eigenständigkeit freier Träger in Frage zu stellen. Dies hat damals zu der Kollegialbehörde Jugendamt geführt, die in der weiteren Gesetzesentwicklung dann zur Zweigliedrigkeit in Verwaltung und Fachausschuß führte, die erst beide zusammen das Jugendamt ausmachen.

Diese Konstruktion ist bis heute so geblieben. Dies gibt immer wieder Anlaß für Irritationen und Verärgerungen in den Spitzen der Verwaltung und der Ratsparteien. In keinem anderen Ratsausschuß sitzen freie Träger mit Stimmrecht bei einem Stimmanteil von ⅖ und können fachpolitische Interessenlagen zu einer Veränderung der im Rat und seinen Ausschüssen sonst gegebenen Mehrheitsverhältnisse führen, auch wenn die Parteien aus den Verbänden ihre Parteigänger berufen haben. Kein anderer Ausschuß hat ein Antragsrecht an den Rat und keiner darf darauf insistieren, beteiligt zu werden, bevor der Rat eine ihn betreffende Entscheidung fällt. Außergewöhnlich ist auch, daß der Leiter der Verwaltung des Jugendamtes geborenes Ausschußmitglied mit beratender Stimme ist. Während in anderen Ratsausschüssen in der Regel die Vorgesetzten der Amtsleiter die Verwaltung vertreten, so hat der Jugendamtsleiter ein eigenständiges Recht, am Tisch zu sitzen und seine fachlichen Sichtweisen einzubringen. Hier kommt es immer wieder zu Konflikten, wenn seine Meinung von der vom Verwaltungschef gewünschten abweicht. Aber der eigenständige Sitz im Jugendhilfeausschuß macht nur Sinn, wenn der Sitzinhaber seine Fachposition auch einzubringen in der Lage ist. Die Kritiker dieser Sonderrolle des Jugendhilfeausschusses sollten erkennen, daß das hier strukturell geforderte Miteinander der an der Gestaltung der Jugendhilfe beteiligten Partner letztlich zu besser durchdachten, weil gründlicher ausgeleuchteten und diskutierten Ergebnissen führt.

Mit der Jugendhilfereform ist der Spielraum für die Zusammensetzung des Jugendhilfeausschusses größer geworden. Die sechs Verbandsplätze müssen z. B. nicht zu gleichen Teilen an Jugend- und Wohlfahrtsverbände gehen. Hier kann nach örtlicher Bedeutung durchaus gewichtet werden. Auch das Instrument der Jugendamtssatzung, mit dem die weitere Besetzung des Jugendhilfeausschusses mit beratenden Mitgliedern sowie die Bildung von Unterausschüssen und Kooperationsgremien geregelt werden kann, sollte nicht ungenutzt bleiben. So kann man sich z. B. wichtiger Kooperationspartner wie Schule, Polizei, Arbeitsamt, Jugend-, Vormundschafts- und Familienrichter versichern.

Das KJHG weist dem Jugendhilfeausschuß (JHA) deutlicher als in der Vergangenheit eine Innovationsfunktion zu. Neben den noch darzustellenden Aufgaben der Jugendhilfeplanung und der Förderung der freien Jugendhilfe soll er die Entscheidungsebene für die Weiterentwicklung der Jugendhilfe sein und sich deshalb intensiv mit Problemlagen junger Menschen und ihrer Familien sowie mit daraus resultierenden Anregungen und Vorschlägen befassen.

b. Landesjugendämter

Mit der konsequenten Kommunalisierung der Jugendhilfe entfällt jede originäre, vom Bürger einzufordernde Hilfezuständigkeit der Landesjugendämter. Sie sollen sich zu Service-Instanzen wandeln, die den Jugendämtern Fortbildung anbieten, sie in schwierigen Praxis- und Rechtsfragen beraten, Empfehlungen für komplexe Problemstellungen, die alle Jugendämter betreffen, erarbeiten und Modelle ausprobieren, die die Jugendhilfe weiterentwickeln. Gerade kleinere Jugendämter finden hier einen in der Regel leistungsstarken jugendpolitischen Helfer.

c. Jugendhilfeplanung

Dreh- und Angelpunkt für die Weiterentwicklung der Jugendhilfe ist die im KJHG besonders herausgehobene und dort sehr anspruchsvoll geforderte Jugendhilfeplanung. Jugendhilfe soll vielfältig, bedarfsgerecht, rechtzeitig, effizient und wirtschaftlich sein. Sie soll die Angebote öffentlicher und freier Träger vernetzen und die

Bedürfnisse der Zielgruppen berücksichtigen. Das KJHG beschreibt die Planungsphasen (Bestandserhebung, Bedarfsermittlung und Umsetzung). Es verpflichtet die Planung auf die Strukturmaximen, wenn es die Einbeziehung der Betroffenen und ihres sozialen Nahraumes (Partizipation und Integration) und die sozial-räumliche Schwerpunktsetzung (Prävention und Regionalisierung) fordert. Das hier aufgezeigte Planungsverständnis ist prozeßhaft angelegt und kann nicht durch das einmalige Einkaufen von Fremdplanungen erledigt werden. Es bezieht die ebenfalls neu eingeführte Jugendhilfestatistik in die Planung ein. Steuerung der Planungsprozesse und Datenpflege machen den Einsatz speziellen Personals und ein EDV-gestütztes technisches Equipment erforderlich. Freie Anbieter von Jugendhilfeplanungspaketen von außen dürfen nur dann als seriös gelten, wenn sie Anschubhilfe leisten wollen. Danach aber muß jede Kommune selbst die Planung in die Hand nehmen.

Die Planungsverantwortung liegt beim örtlichen öffentlichen Träger der Jugendhilfe, also der Gebietskörperschaft insgesamt. Es macht aber keinen Sinn, ein Jugendamt als Aufgabenverantwortlichen für alle Leistungen der Jugendlichen vorzuhalten, die zu ihrer Gestaltung erforderlichen Instrumente aber bei anderen Ämtern (z. B. Stadtplanung oder Stadtentwicklungsplanung) unterzubringen.

Dies führt nur zu Kompetenzgerangel, Zeit- und Reibungsverlusten. Allerdings hat das Jugendamt als Planungsträger intensiv auch mit den anderen kommunalen Planungsträgern zusammmenzuarbeiten. Dazu dienen Datenaustausch und ämterübergreifende Arbeitsgespräche.

d. Kooperation mit freien Trägern

Das KJHG garantiert den Leistungsberechtigten ein Wunsch- und Wahlrecht. Dieses korrespondiert mit einem uneingeschränkten Betätigungsrecht der freien Träger im Bereich der Leistungen (s. Abschnitt 3.a). Im Feld der hoheitlichen Aufgaben (siehe 3.b) können einige (z. B. Inobhutnahme, Krisenintervention und Gerichtshilfen) durch förmliche Übertragung ganz oder teilweise zur Ausführung delegiert werden. Insbesondere im Feld der im Prinzip freien Anbieterkonkurrenz bei den Leistungen laufen freie Träger leicht Gefahr, am Bedarf vorbeizuplanen und auf den Kosten sitzenzubleiben. Die fachliche Zuständigkeit über die Gewährung von Leistungen mit Rechtsanspruch liegt ausschließlich beim Jugendamt, so daß auch hier ein Träger seine Plätze nicht belegen kann, wenn sie für nicht geeignet gehalten werden. Deswegen muß die Kooperation zwischen öffentlichen und freien Trägern organisiert sein.

Die im KJHG garantierte Beteiligung im Jugendhilfeausschuß beschränkt sich selektiv auf einige wenige. Auch die garantierte Anhörung aller nach § 75 KJHG anerkannten freien Trägern im JHA, wenn es um Planungsvorlagen geht, ist die denkbar schwächste Form der Beteiligung. Sie ist zudem eingebunden in ein geschäftsordnungsmäßig reglementiertes und formalisiertes Verfahren, das kaum intensiven Austausch ermöglicht.

Für die intensive und prozeßhafte, auch planungsbezogene Kooperation bieten sich die in § 78 KJHG vorgesehenen Arbeitsgemeinschaften an, die sich effektive Arbeitsgremien schaffen können, in denen gemeinsam die Entwicklung der Jugendhilfe vorangetrieben wird.

Im Sinne einer Matrixorganisation, d. h. auch Vermittlung in die zentrale Planungs- und Führungsebene, sollte die arbeitsbezogene Kooperation vor Ort in Stadtteilkonferenzen oder trägerübergreifenden Mitarbeitertreffen zur Lösung gemeinsamer Aufgaben stattfinden.

e. Förderung freier Träger

Zwar hat der Gesetzgeber das bereits dargestellte Subsidiaritätsprinzip im § 4 KJHG wieder aufgenommen, durch das Wunsch- und Wahlrecht (§ 5) und die Förderungsmodalitäten des § 74 wird es jedoch deutlich modifiziert. Insbesondere der Abs. 2 von § 74 verweist auf die Verknüpfung der Förderung mit der Jugendhilfeplanung. Es soll eben nicht alles gefördert werden, was im freien Wildwuchs entsteht, sondern nur etwas, dessen Bedarfsgerechtigkeit durch Einbezug in Planungskonzepte legitimiert ist.

Neben diesem qualitativen Aspekt der Förderung der Angebote freier Träger ist auch der quantitative zu berücksichtigen. Für freie Träger müssen die Förderungshöhe und der Eigenanteil zumutbar sein. Deshalb empfiehlt sich für die Praxis, Jugendhilfeförderpläne mit den freien Trägern zu erarbeiten, in denen die Aufgabenfelder abgesteckt und die Förderungsmodalitäten nach Art und Umfang beschrieben werden. Diese Pläne sind über den Jugendhilfeausschuß jährlich fortzuschreiben und dem Praxisbedarf anzupassen.[8]

Soweit Plätze in Einrichtungen freier Träger für die Erfüllung von Rechtsansprüchen an den öffentlichen Träger benötigt werden, sind nach § 77 KJHG Leistungsvereinbarungen bzw. -verträge auszuhandeln, die sicherstellen, daß der freie Träger kostendeckend arbeiten kann und der anspruchsverpflichtete öffentliche Träger aber auch nur das zahlt, was für eine Bedarfsbefriedigung im Einzelfall unabdingbar erforderlich und geeignet ist. Dies verweist auf zu entwickelnde Verfahren der Erfolgskontrolle.

f. Partizipationsstrukturen

Neu am KJHG ist auch die tendenzielle Schwächung der Expertokratie durch Beteiligungsformen der Kinder und Jugendlichen sowie ihrer erwachsenen Angehörigen. So sind nach § 8 Kinder und Jugendliche entsprechend ihrem Entwicklungsstand an allen sie betreffenden Entscheidungen der örtlichen Jugendhilfe zu beteiligen. Das gilt für Einzelfallentscheidungen genauso wie für Strukturentwicklungsmaßnahmen.

Aber auch Eltern und Dienstleister des Jugendamtes wie Pflegeeltern sind in Elternräten, Beiräten, Selbsthilfegruppen, Fördervereinen etc. einzubeziehen. Im Rahmen von Stadtteilarbeit ist die Betroffenenbeteiligung bzw. ihr Selbsthilfepotential zu entwickeln.

Für Kinderbelange haben sich Kinderbüros, Kinderbeauftragte, Kinderanwälte, Kinderparlamente, Kindersprechstunden u. ä. bestens bewährt. Diese Entwicklung hat durch die UN-Kinderrechtskonvention[9] inzwischen starken Auftrieb erhalten.

---

8 Zur Vertiefung der gesamten Rechtsmaterie des KJHG vergleiche J. Münder u. a., Frankfurter Lehr- und Praxiskommentar zum KJHG, Münster 1997.

9 Bundesministerium für Familie, Senioren, Frauen und Jugend (Hrsg.), Übereinkommen über die Rechte des Kindes. UN-Kinderkonvention im Wortlaut mit Materialien, Bonn 1993.

7. Kinder- und Jugendpolitik im Kontext von Verwaltungsmodernisierung und Haushaltskonsolidierung

Bis dahin wurde Kinder- und Jugendhilfe mit ihren politischen Instrumenten quasi systemimmanent betrachtet. Vernachlässigt wurde, daß sie ein Teil eines großen Gesamtapparates öffentlicher Verwaltung ist, dessen Prozeßregeln und Strukturen sie sich anpassen muß. Diese öffentliche Verwaltung kann man so kennzeichnen, daß ressourcenverwaltende Querschnittsämter Macht, aber keine Fachkompetenz, Fachämter Kompetenz, aber keine Macht haben. So findet zwischen ihnen permanent ein stressiges und zeitraubendes Gerangel statt, damit die einen das gewähren, was die anderen zur Erfüllung ihrer Aufgaben brauchen. Bei diesem Vorgang wenden sich zwei Verwaltungsbereiche einander zu, während dem bedürftigen Bürger nur noch die Rückseite der Verwaltung präsentiert wird. Entsprechend ist dort das Image der Bürokratie.

So wirkte es wie eine Befreiung, als zu Beginn der 90er Jahre der damalige Leiter der den kommunalen Spitzenverbänden zugeordneten Kommunalen Gemeinschaftsstelle (KGST), Prof. Banner, durch die Gremien und Führungsmannschaften der Kommunen zog, um sie unter Berufung auf entsprechende Erfahrungen in der holländischen Stadt Tilburg (Tilburger Modell) auf ein neues, modernes Verwaltungsmodell einzuschwören. Das alte geißelte er wegen seiner Inputorientierung als »System organisierter Unverantwortlichkeit«. Das neue Konzept sollte outputorientiert sein, d. h. daß diejenigen, die eine Leistung für den Bürger zu erbringen haben, auch die Verantwortung für die dafür erforderlichen Ressourcen und deren wirksamen (effektiven) sowie wirtschaftlichen (effizienten) Einsatz erhalten sollten (vgl. zur Reform/Modernisierung der Stadtverwaltung auch den Beitrag von Michael Schöneich/ Niclas Stucke in diesem Band).

Das löste z. T. euphorische Aufbruchstimmung in den Jugendämtern aus. Der Zeitpunkt schien nahe, sich aus dem Joch der Querschnittsverwaltung (Hauptamt, Personalamt, Kämmerei) zu befreien.

Man machte sich ans Werk. Unter maßgeblicher Mitarbeit leitender Fachkräfte der Jugendämter entstanden als Grundlagen für die Einführung des neuen Steuerungsmodells in der Jugendhilfe vier KGST-Gutachten[10]:

1. »*Organisation der Jugendhilfe: Ziele, Aufgaben und Tätigkeiten des Jugendamtes*« *(KGST-Bericht 3/1993)*. Hierbei handelte es sich letztlich um eine fachliche Beschreibung der durch das KJHG vorgegebenen Aufgaben für die Organisationseinheit Jugendamt. Wer über diesen Aufsatz hinaus mehr über die Jugendhilfe erfahren möchte, dem sei dieser Bericht empfohlen.

2. »*Outputorientierte Steuerung der Jugendhilfe*« *(KGST-Bericht 9/1994)*. Dieser Bericht konfrontiert die Fachbasis mit einem betriebswirtschaftlichen Operationalisierungsvorschlag für die Aufgaben der Jugendhilfe, in dem er sie in 4 Produktbereiche, 16 Produktgruppen und über 50 Einzelprodukte gliedert.

---

10 Kommunale Gemeinschaftsstelle für Verwaltungsvereinfachung (KGSt), Köln:
   – Organisation der Jugendhilfe: Ziele, Aufgaben und Tätigkeiten des Jugendamtes, Bericht Nr. 3/1993.
   – Outputorientierte Steuerung der Jugendhilfe, Bericht Nr. 3/1995
   – Aufbauorganisation der Jugendhilfe, Bericht Nr. 3/1995
   – Integrierte Fach- und Ressourcenplanung in der Jugendhilfe, Bericht Nr. 3/1996.

3. »*Aufbauorganisation in der Jugendhilfe*« *(KGST-Bericht 3/1995)*. Er erarbeitet Organisationsschemata, wie es bei weitgehender dezentraler Produktverantwortung der Fachleute vor Ort zu einer sinnvollen Verknüpfung von Steuerung (Controlling) und produktübergreifenden internen Serviceleistungen, die die Fachkräfte entlasten sollen, kommen kann und wie man diese internen Leistungen miteinander verrechnet.

4. »*Integrierte Fach- und Ressourcenplanung in der Jugendhilfe*« *(KGST-Bericht 3/ 1996)*. Dieser Bericht zeigt auf, wie die Jugendhilfeplanung in den Dienst einer outputorientierten Steuerung gestellt werden kann, in der neben die Wege zur quantitativen Ermittlung von Bedarf auch Methoden und Werkzeuge für die Bewertung der Angemessenheit der Angebote zur Problemlösung gestellt werden. Hier geht es um Effektivitäts- und Effizienzbestimmungen durch produktbezogene Kennzahlenvergleiche.

Es ist so etwas wie ein Treppenwitz der Geschichte, daß in der Zeit, in der in den alten Bundesländern das klassische Verwaltungssystem in Frage gestellt und seine Modernisierung in Angriff genommen wurde, Verwaltungsfachkräfte des Westens wie Missionare in den Osten ausschwärmten, um dort das bei ihnen schon Obsolete erst aufzubauen. Dadurch sind die Jugendämter in den neuen Bundesländern immer wieder in heftigste Organisationsturbulenzen geraten, die der Entwicklung einer wirkungsvollen Kinder- und Jugendpolitik keineswegs zuträglich waren.

Aber auch für die Jugendämter in den alten Bundesländern ist die anfängliche Begeisterung für die neuen Perspektiven schnell abgeklungen und mit dem Prozeß der Verwaltungsmodernisierung eine in der Nachkriegszeit nie gekannte Leidenszeit angebrochen. Tilburg war nicht Ergebnis politischer Vernunft auf Grund besserer Einsicht, sondern war ausgelöst durch eine existenzbedrohende Finanzkrise. Eben diese ist z. T. Motor bzw. ständiger Wegbegleiter des Verwaltungsumbaus in Deutschland. Es bleibt z. B. gar keine Zeit, Bedarf nach Kostenaufwand und Leistungserfolg zu gestalten, sondern ohne inhaltliche Legitimation vorgegebene Budgets zwingen die Kinder- und Jugendpolitik, ihre »Produkte« so zurechtzuschrumpfen, bis sie in das vorgegebene Kästchen passen. Da bleibt manche fachliche Position auf der Strecke.

Großes Befremden hat auch die Übernahme von Sprache und Regeln aus der Betriebswirtschaft ausgelöst. »Input- und Outputorientierung«, »Produkt«, »Outsorcing«, »Lean-Management«, »Total-Quality-Management«, »Produktbezogene Budgetierung«, »Finanz- und Fachcontrolling«, »Berichtswesen«, »Kontrakt-Management«, »Kosten-Leistungs-Rechnung« gehören keineswegs zum sprachlichen Fundus der sozialen Fachkräfte.

Die Angst vor der »Ökonomisierung« der Kinder- und Jugendpolitik ist nicht unberechtigt. Wenn man nur noch geben kann, was man weniges hat, und nicht mehr, was der Hilfebedürftige braucht, helfen betriebswirtschaftliche Erklärungen zur Verbrämung einer Mangelverwaltung nicht weiter. Und ob die neuen Instrumente, wenn sie denn erst beherrscht werden, genügend Legitimationskraft haben, um die Mittel bedarfsgerecht zu lenken, ist zur Zeit noch unbewiesen.

Viele Einwände sind berechtigt und ernst zu nehmen. Betriebswirtschaft meint immer zwei Richtungen: Kostenminimierung zwecks Gewinnmaximierung. Da man mit Hilfen für Kinder, Jugendliche und Eltern keinen materiellen Gewinn machen kann, kann allenfalls der immaterielle Erfolgsnachweis als Ertrag gewertet werden. Der ist aber angesichts der Komplexität biographischer Einflußfaktoren auf Menschen sehr schwer zu messen. Viele Leistungen der Jugendhilfe sind nicht einfach Produkte, die ein Kunde abnimmt, nachdem er sich im Angebot umgesehen hat. Die grundgesetzliche Verpflichtung, Kinder vor Gewalt und Vernachlässigung zu schützen, erlaubt es gar nicht zuzuwarten, bis anspruchsberechtigte Eltern geneigt sind, Hilfe einzufordern. Der Erfolg eines fachlichen Bemühens entsteht zudem in einem zeitlich selten exakt festzulegenden Prozeß, an dem Helfer und Hilfebedürftige in einem vielschichtigen und dynamischen Austausch beteiligt sind. Wer ist hierbei das Produkt bzw. Produzent und wer Kunde? Problematisch ist auch eine »produktbezogene Budgetierung«. Wenn die einzelnen Aufgaben der Leistungskapitel die Produkte sind und für sie Budgets gebildet werden, die wiederum von Budgetverantwortlichen sorgsam gehütet werden, damit sie vor dem Controller bestehen können, blockiert das möglicherweise eine flexible Mischung unterschiedlicher Produkte, obwohl nur dies dem tatsächlichen Bedarf entspräche. So kann leicht der Einsatz eines Produkts ineffizient sein, weil die Produktfixierung den rechten Zuschnitt vereitelt hat. Und schließlich: Was ist mit der Bewertung nicht paragraphenbezogener Aufgaben wie z. B. einer strukturorientierten Stadtteilarbeit? Woran messen sich hier Effektivität und Effizienz? Ohne spezifische Erarbeitung nicht unmittelbar aus Gesetzen abzuleitender Ziele wird es nicht gehen. Ganz verzwickt dürfte es werden, wenn einzelne Produkte des KJHG im Rahmen von Stadtteilarbeit oder spezifischen Einzelprojekten zum Einsatz kommen. Wer ist da Herr des Budgets und wer kann für Budgetüberschreitungen zur Rechenschaft gezogen werden? Hier droht neuer Streit im Input-Verhältnis.

Die spezifische Struktur der Kinder- und Jugendhilfepolitik, in der öffentliche und freie Träger in einem durch Jugendhilfeplanung modifizierten Subsidiaritätsprinzip und nach Wunsch- und Wahlrecht miteinander kooperieren sollen, macht die Anwendung des neuen Steuerungsmodells hier noch einmal komplizierter. Verbände haben Anspruch auf Förderung und auf Erstattung ihrer Aufwendungen, wenn sie für Rechtsansprüche an den öffentlichen Träger ausgewählt werden. Sie veranlassen Hilfen, deren Gewährung sich der öffentliche Träger bei angemessener fachlicher Begründung kaum entziehen kann. So kann es nicht einfach so gehen, die für die eigenen Leistungen ermittelten Kosten auch dem freien Träger zu unterstellen und ihm nur diese zu erstatten. Es läuft letztlich darauf hinaus, freie Träger für die neue Steuerung zu gewinnen, mit ihnen die Instrumente zu erarbeiten und Kontrakte zu schließen, nach denen auch sie Budgetverantwortung übernehmen und dem öffentlichen Träger Kostentransparenz erlauben, denn dieser ist gehalten, auch bei freien Trägern, die von öffentlichen Mitteln leben, auf wirtschaftlichen Einsatz dieser Mittel zu achten. Auch das Wunsch- und Wahlrecht der Anspruchberechtigten endet da, wo unverhältnismäßige Mehrkosten mit ihren Vorstellungen verbunden sind. Ob das der Fall ist, kann aber erst entschieden werden, wenn Klarheit über die Produktkosten der freien Träger besteht. Hier mit Drohungen oder Leistungsausschreibungen auf dem Markt zu reagieren, entspricht nicht Geist und Zielsetzung des KJHG. Am ehesten hilft noch die ebenfalls krisenhaft verlaufende eigene Finanzentwicklung der freien Träger. Diese hat die Bereitschaft zur Beteiligung an dem neuen Steuerungsmodell deutlich erhöht.

Viele Kommunen kapitulieren vor der Herausforderung, Haushaltskonsolidierung und Verwaltungsmodernisierung miteinander zu verknüpfen und aus eigener Kraft zu Lösungen zu kommen. Sie beauftragen dann Unternehmensberater, nach Einsparpotentialen zu suchen und die Verwaltung effizienter zu organisieren. Hier erlebt man dann als Ergebnis eine nur ökonomische Zweckrationalität, die die historische Entwicklung der Kinder- und Jugendhilfe schlicht ignoriert. Da werden dann Jugendämter nach Produktbereichen oder Produktgruppen bzw. internen und externen Leistungszielen in diverse selbständige, miteinander kaum noch verbundene Organisationseinheiten auseinanderdividiert. Die einzige Klammer bleibt dann ein in der Regel riesiger Fachbereich (z. B. Jugend, Soziales, Schule, Sport und Kultur), der, was seine

Leistung anbetrifft, noch über das hinausgeht, was bisher Dezernate geleistet haben. Mit diesen Konstruktionen endet das Bemühen um eine Einheit der Jugendhilfe als drittem Sozialisationsbereich neben Elternhaus und Schule. Es steht im Widerspruch zum KJHG und zu allen vier die Jugendhilfe betreffenden Berichten der KGST. Jugendhilfeplanung, politische Gestaltung, interkommunale Info-Netze zur kennziffergesteuerten Weiterentwicklung der Jugendhilfe und Synergieeffekte zwischen den Leistungsbereichen werden so erschwert bzw. nahezu unmöglich gemacht. Es muß schon verwundern, daß bisher kein Fall bekannt geworden ist, in dem sich die Kommunalaufsicht einzugreifen veranlaßt sah.

Nicht verschwiegen werden darf, daß in der Regel dort, wo sich Kommunalverwaltungen aus eigener Kraft daran machen, die Jugendhilfe nach dem Muster des KGST-Gutachtens zur Verwaltungsmodernisierung umzugestalten, ein Trend zur Stärkung des Miteinanders der Produktbereiche und -gruppen dezentral in der Lebenswelt der Bürger ganz im Sinne der Formel von der Einheit der Jugendhilfe zu verzeichnen ist. Im Interesse einer Kinder- und Jugendpolitik aus einem Guß sollte ein Prozeß des Auseinanderdriftens der Organisationsmodelle gestoppt werden.

Das führt zum letzten Aspekt einer veränderten Kinder- und Jugendpolitik im Kontext der Verwaltungsmodernisierung. Gerade die kommunalpolitische Sonderrolle des Jugendamtes, das erst im Zusammenwirken von Verwaltung und Jugendhilfeausschuß zur eigentlichen Organisationseinheit für die Kinder- und Jugendhilfe wird, macht es erforderlich, über das sog. Kontrakt-Management in der Kinder- und Jugendpolitik spezifisch nachzudenken.

Grundsätzlich will Kontrakt-Management ein neues Verhältnis zwischen Politik und Verwaltung herstellen. Politik will die großen Ziele (das »Was«) bestimmen, der Verwaltung soll die Ausführung (das »Wie«) überlassen bleiben. Der Jugendhilfeausschuß ist der Rest des alten Kollegialorgans, mit dem im Reichsjugendwohlfahrtsgesetz das Amt als ganzes geleitet wurde. Schon damals war dieses eine gemischte Gesellschaft aus Politik, Verbänden und Verwaltung. In der Kommentierung des KJHG (z. B. Münder u. a.[11]) wird auch heute noch die Auffassung vertreten, daß der Jugendhilfeausschuß das eigentliche Leitungsorgan des Jugendamtes ist. Denn die Verwaltung ist nur für ihre laufenden Geschäfte zuständig, alle Wegweisungen von grundsätzlicher Bedeutung sind vom Jugendhilfeausschuß zu entscheiden. Damit geraten Kinder- und Jugendhilfepolitiker der Ratsparteien automatisch tiefer in die Fachmaterie hinein, als das nach der Philosophie des Kontrakt-Managements wohl gemeint ist. So erhält nicht selten der/die Vorsitzende des Jugendhilfeausschusses Beschwerden über die Arbeit der Verwaltung und geht diesen nach. Zukünftig wird der JHA seine Steuerungsfunktion über das zentrale Berichtswesen der Jugendamtsleitung ausüben müssen. Damit werden ihm aber mehr Informationen zugänglich als bisher, wo eigentlich nur an Haushaltsplanung und Haushaltsrechnung abzulesen war, wie sich die Jugendhilfe im Laufe eines Jahres entwickelt hat. Im Modell der Inputorientierung war das nicht besonders aussagekräftig. Es besteht aber die Hoffnung, daß der JHA durch Kontrakt-Management durchaus besser in die Lage versetzt werden kann, seine grundsätzliche Gestaltungsaufgabe wahrzunehmen, als das bisher der Fall war. Wo man aber in den o. a. Auflösungsmodellen des Jugendamtes sogar noch den Jugendhilfeausschuß einem größeren Ausschußgebilde zu- bzw. unterordnen will, dürfte auch diese Chance des verbesserten Austausches zwischen Politik und Fachverwaltung in der Menge untergehen.

---

11 Johannes Münder u. a., Frankfurter Lehr- und Praxiskommentar zum KJHG, 3. Auflage, Münster 1997.

8. Schlußbemerkung

Kinder- und Jugendpolitik ist eines der lebendigsten und reizvollsten Handlungsfelder der Kommunalpolitik. In ihr fließen erzieherische, soziale, kulturelle, schulische, sport- und freizeitpolitische, frauen- und arbeitsmarktpolitische, wohnungsbau- und verkehrspolitische Aspekte zusammen. Kinder- und Jugendpolitik ist daher Querschnittspolitik im Interesse der nachwachsenden Generation. Deshalb ist sie auch u. a. durch das KJHG verpflichtet, sich in die Planungsbemühungen anderer Ressorts (§ 81) einzubringen.

In einem seltsamen Gegensatz dazu steht die in vielen Kommunen zu beobachtende Randständigkeit der Jugendhilfe. Sie wird oft als Ärgernis empfunden, weil sie in ihrer bundesgesetzlichen Struktur quer zu den im kommunalpolitischen Geschäft üblichen Ritualen liegt, da sie nie ganz berechenbar ist, viel Geld kostet und dennoch nie zur Ruhe kommt. Außerdem gibt es lukrative Handlungsfelder, die schneller persönlichen Erfolg und öffentliche Reputation bringen. Für Denkmäler ist Kinder- und Jugendpolitik ungeeignet, weil sie entwicklungsbedingt immer wieder in Frage stellen muß, was gestern noch Gültigkeit hatte.

Andererseits ist doch gerade dieses feldspezifisch. Was wäre es für eine Kinder- und Jugendpolitik, wenn sie durch statische Geschäftigkeit geprägt wäre? Völliges Unverständnis muß allerdings herrschen, wenn Kommunen immer wieder versuchen, die originären und unabweisbaren Pflichtleistungen der Jugendhilfe klein zu reden und in Teilen der unverbindlichen Freiwilligkeit zuzuordnen. Es gibt keine gesetzlichen Bestimmungen, die Kommunen vorschreiben, ob bzw. wieviele Theater, Museen, Schwimmbäder oder Tierparks sie haben sollen. Wie oft aber müssen die Pflichtaufgaben der Jugendhilfe hinter diesen zurückstehen.

Mit der Modernisierung der öffentlichen Verwaltung, in der die kommunale Kinder- und Jugendpolitik eingebettet ist, hat ein risikoreicher Innovationsprozeß begonnen, der Chancen enthält, durch umfassende Ressourcenverantwortung der Fachkräfte die Wirkung ihrer Arbeit zu kontrollieren und weiter zu optimieren. Es bedeutet zugleich die Gefahr, daß die Instrumente der Kinder- und Jugendpolitik so auseinanderorganisiert werden, daß von einer kommunalen Kinder- und Jugendpolitik aus einem Guß nicht mehr geredet werden kann. Die Lage der Kinder und Jugendlichen am Ende des auslaufenden Jahrhunderts erfordert die Bündelung, nicht die Diversifizierung aller Kräfte.

Kommunale Altenpolitik

1. Rahmenbedingungen und Grundorientierungen kommunaler Altenpolitik und Altenhilfe

a. Demographische Entwicklungen

Im Jahre 1994 lebten in der Bundesrepublik 16,9 Mio. 60jährige und ältere Menschen, das sind 20,7 % der Gesamtbevölkerung.[1] 6,6 Mio. ältere Männer stehen 10,3 Mio. älteren Frauen gegenüber. Der Altersaufbau der deutschen Bevölkerung hat sich in den vergangenen Jahrzehnten deutlich zugunsten des Anteiles der Älteren bzw. zu Lasten des Anteiles der Jüngeren verschoben. Dieser Prozeß wird auch in den kommenden Jahrzehnten weiter vonstatten gehen, so daß der Anteil der über 60jährigen an der Gesamtbevölkerung auf 23,7 % im Jahre 2000 bzw. auf 26,2 % im Jahre 2010 anwachsen wird. Auch der Anteil der Hochbetagten (über 80jährigen) wird sich von 3,7 % (1990) auf 4,4 % (2010) erhöhen.

Infolge der historischen Gegebenheiten (Folgen des Zweiten Weltkrieges), aber auch im Zusammenhang mit der deutlich höheren Lebenserwartung von Frauen (Neugeborene 1992/94 ca. 79 Jahre, 60jährige ca. 22 Jahre) gegenüber Männern (Neugeborene ca. 73 Jahre, 60jährige ca. 18 Jahre) überwiegt die weibliche Altenbevölkerung die männliche deutlich (über 60 Jahre: 1,7 : 1, über 80 Jahre: 2,6 : 1). 5,1 Mio. über 65jährige Deutsche leben allein, wobei in 84 % dieser Einpersonen-Altenhaushalte weibliche Haushaltsvorstände wohnen.

Alle vorstehend genannten demographischen Angaben über ältere Menschen in Deutschland belegen die allgemeine gesellschaftliche Tendenz hin zur Singularisierung und Ein-Generationen-Familie. Hinzu kommt eine wachsende Ausdifferenzierung des »Alters« und der »Alten«. Angesichts der ferneren Lebenserwartung von 22 (Frauen) bzw. 18 Jahren (Männer) wird deutlich, daß sich hier tatsächlich ein »drittes Lebensalter« jenseits des 60. Lebensjahres ausprägt, welches in ähnlicher Differenziertheit wie bei der Kinder- und Jugendphase bzw. der Erwerbstätigen- oder Familienphase Lebenslagen verschiedener Generationen präsentiert, die mit einer Begrifflichkeit (ob »Senioren«, »ältere Menschen« oder »Alte«) nur unzureichend charakterisiert ist. Die Kehrseite der Verlängerung der Altersphase besteht darin, daß mit ihr höhere Wahr-

---

1 Alle in diesem und in den folgenden Abschnitten enthaltenen bevölkerungsstatistischen und sozialstatistischen Angaben – soweit nicht anders angegeben – nach Statistisches Bundesamt (Hrsg.), Statistisches Jahrbuch 1996 für die Bundesrepublik Deutschland, Wiesbaden/Stuttgart 1996 sowie Statistisches Bundesamt (Hrsg.), Im Blickpunkt: Ältere Menschen, Stuttgart 1992.

scheinlichkeiten chronischer Mehrfach-Erkrankungen, Hilfs- und Pflegebedürftigkeit – insbesondere für die immer zahlreicher werdenden Hochbetagten – einhergehen. Die absolute und relative Zunahme der älteren Bevölkerung führt immer häufiger dazu, daß diese natürliche demographische Entwicklung mit Begriffen wie »Alterslast« versehen wird und mit Prognosen eines zwangsläufigen Zusammenbruchs der Alterssicherungs- und Versorgungssysteme verbunden wird. Ein neuartiger Verteilungskampf bzw. »Krieg der Generationen«[2] soll bevorstehen, da die überbordenden Ansprüche der immer zahlreicher werdenden Älteren von den bereits überlasteten Jüngeren nicht mehr freiwillig getragen werden. Befremdlich sind solche Thesen insbesondere auf dem Hintergrund der Tatsache, daß hier eine der weiterhin reichsten Gesellschaften dieser Erde vorgibt, ihre Bevölkerung nicht mehr adäquat ernähren zu können. Hier kommt die klassische Frage der gerechten Verteilung des gesamten Volkswohlstandes in neuem Gewande daher; und wieder einmal wird versucht, mit scheinbar objektiven Berechnungen gesellschaftliche Verantwortung zu negieren. Im Frühkapitalismus führte dies dazu, daß die politische Ökonomie sich unter anderem mit der Frage der kontrollierten Vermehrung des Proletariats befaßte; heute scheinen die aufgeflammten Diskussionen über Sterbehilfen, über die unbotmäßigen Gesundheitskosten der älteren Bevölkerung sowie über mit deutlichen Standardabsenkungen verbundene »Rentenreformen« Anzeichen einer ähnlichen gesellschaftspolitischen Orientierung – diesmal zu Lasten der Alten – zu sein.

b. Ältere Menschen in Städten und Gemeinden

Während der Anteil der älteren Menschen an der jeweiligen Gesamtbevölkerung in den Städten und Gemeinden der 13 Flächenländer zwischen 17 % (Mecklenburg-Vorpommern) und 22 % (Rheinland-Pfalz) schwankt, sind die Anteile der Älteren in den Stadtstaaten Hamburg (22 %) und Bremen (23 %) überdurchschnittlich. Lediglich Berlin liegt mit 18 % Älterer sogar leicht unter dem allgemeinen Anteils-Durchschnitt.

Hierin drückt sich aus, daß nur 38 % aller älteren Bundesbürger in kleineren Gemeinden mit bis zu 20 000 Einwohnern leben (wollen), 26 % in Städten und Gemeinden mittlerer Größe (bis 100 000 Einwohner), 36 % jedoch in Großstädten. Festzustellen ist weiterhin, daß auch der Anteil der über 60jährigen Frauen an der gleichaltrigen Bevölkerung in den Stadtstaaten mit 65 % (Berlin), 63 % (Hamburg) bzw. 62 % (Bremen) deutlich höher ist als in allen »alten« Flächenländern, während in den »neuen« Ländern ein Durchschnittswert des Frauenanteils innerhalb der Altenbevölkerung von 65 % zu verzeichnen ist.

Zum Ausdruck kommt in diesen allgemeinen, die kommunale Ebene betreffenden demographischen Faktoren einerseits, daß seitens der älteren Bevölkerung offenbar die bessere Infrastruktur, Kommunikations- und Versorgungsmöglichkeiten in den größeren Städten geschätzt werden und zu entsprechendem Zuzug führen. Andererseits könnte dies im Umkehrschluß bereits ein Indiz für schlechtere Altenhilfe-Standards im ländlichen Raum bzw. kleineren Gemeinden sein.

---

2 Vgl. Reimer Gronemeyer, Die Entfremdung vom Wolfsrudel. Über den drohenden Krieg der Jungen gegen die Alten, Düsseldorf 1989 sowie die Rezension von Peter Gitschmann, in: Das Argument, (1990) 181, S. 489–491; später: Heidi Schüller, Die Alterslüge. Für einen neuen Generationenvertrag, Reinbek 1996 und Jörg Tremmel, Der Generationsbetrug, Frankfurt a. M. 1996 sowie kritisch: Lutz Leisering, Alternde Bevölkerung – veraltender Sozialstaat ? In: Aus Politik und Zeitgeschichte, B 35/96, S. 13–22.

c. Sozialrechtliche und staatsstrukturelle Grundlagen

Altenpolitik und Altenhilfe sind in der Bundesrepublik – im Unterschied etwa zur Jugendhilfe (vgl. hierzu den Beitrag von Dieter Greese in diesem Band) – nur bruchstückhaft, unsystematisch und zum Teil widersprüchlich sozialrechtlich normiert. Zwar gilt der allgemeine Teil des Sozialgesetzbuches auch für die Altenhilfe als Bestandteil kommunaler Sozialpolitik, eine gesetzgeberische Aussage über Ziele, wesentliche Inhalte und Träger von Altenhilfe sucht man jedoch vergebens. Die einzige Explikation von Altenhilfe findet sich im § 75 des Bundessozialhilfegesetzes (BSHG), der jedoch im wesentlichen nur die sogenannte »offene Altenhilfe« (vgl. Abschnitt 2.c) als Aufgabe der örtlichen Sozialhilfeträger, d. h. der Städte, Gemeinden und Landkreise definiert. Da die Altenhilfe sozialrechtlich Teil des Sozial- und nicht Gesundheitswesens ist, ist sie zwar unmittelbar von allen Regelungen des Sozialversicherungsrechtes – insbesondere des Krankenversicherungs-, Pflegeversicherungs- und Rentenversicherungsrechts – betroffen, hat jedoch keinerlei direkte Rückkopplungs- und Interventionsmöglichkeit, sondern muß eher im Sinne eines Ausfallbürgen und einer Restkategorie Defizite der übergeordneten Sozial- und Gesundheitssysteme auffangen. Sozialpolitik für ältere Menschen umfaßt somit das Kranken- und Pflegeversicherungs-, Rentenversicherungs-, Rehabilitations- und Sozialhilferecht als definierende und steuernde Instanzen, kennt auf der zuständigen kommunalen Ebene in der hier umfassend stattfindenden Altenhilfe jedoch nur ein auf Bedürftigkeit, Subsidiarität und Individualisierung abstellendes, restriktives Teil-Rechtssystem wie die Sozialhilfe.

Eine *Bundes-Altenpolitik* ist auf diesem Hintergrund kaum existent. Erst seit wenigen Jahren existiert ein Bundesministerium, welches als Zuständigkeitsbereich auch die »Senioren« aufweist. Bei den Ländern liegen in der Regel mehr oder weniger aktuelle »Landes-Altenpläne« und neuerdings Landespflegegesetze vor, welche die Ziele und Formen der Alten- und Pflegepolitik des Landes im Grunde nach definieren und mitunter mit gezielten Forderungen, Modellprogrammen etc. ausstatten. Die eigentliche und allumfassende Zuständigkeit liegt jedoch allenthalben bei den Gebietskörperschaften, in denen die gesamte Lebenssituation der älteren Menschen letztlich stattfindet und ihre konkreten Rahmenbedingungen hat – in den Städten, Gemeinden und Landkreisen.

Während für die unter 18jährigen Menschen also ein geschlossenes Rechtssystem existiert, welches im Kinder- und Jugendhilfegesetz Ziele, Formen, Träger, Finanzierung, Sozialplanung und Sozialberichterstattung verbindlich regelt, ist die Altenhilfe- und Pflegepolitik weitgehend und in beliebiger, unterschiedlichster Ausprägung der kommunalen Selbstverwaltung überantwortet.

d. Soziale Gerontologie und Altenpolitik

Seit etwa Mitte der 70er Jahre hat sich in der Bundesrepublik eine wissenschaftliche Disziplin der *sozialen Gerontologie* allmählich herausgebildet und stabilisiert, welche bereits einige beachtliche »Standardwerke« hervorgebracht hat.[3] Dabei ist die soziale

---

3   Vgl. Gerhard Naegele/Margret Dieck (Hrsg.), Sozialpolitik für ältere Menschen, Heidelberg
    1978; Deutsches Zentrum für Altersfragen e.V. (Hrsg.), Altwerden in der Bundesrepublik

Gerontologie nicht einer Disziplin des klassischen, wissenschaftlichen Fächerkanons zuzuordnen, sondern zeichnet sich vielmehr durch eine besonders ausdifferenzierte Interdisziplinarität aus. Soziologie, Politikwissenschaft, Sozialmedizin, Ökonomie, Psychologie, Biologie, Pädagogik, Sozialpädagogik und Pflegewissenschaft können mit jeweils spezifischen Fragestellungen, Beiträgen und Positionen auf die Orientierung der sozialen Gerontologie Einfluß nehmen. Eine von einem solchen Ansatz her betriebene wissenschaftliche Sozialberichterstattung über die Lebenssituationen älterer Menschen[4] verdeutlicht in ihren Ergebnissen, daß aus solcher Interdisziplinarität keine unverdaulichen Mixturen, sondern durchaus wegweisende und handlungsleitende Forschungsergebnisse resultieren können. Allerdings ist die Verarbeitung solcher Forschungsergebnisse in der kommunalen Praxis der Altenhilfe und Altenpolitik noch unbefriedigend. Die sozial-gerontologischen Erkenntnisfortschritte werden häufig nur plakativ anhand neuer, »moderner« Begrifflichkeiten (»neue Alte«, »junge Alte« etc.) wahrgenommen, jedoch keineswegs in entsprechende, zukunftsorientierte alterssozialpolitische Planung und Maßnahmen umgesetzt. Vielmehr ist kommunale Altenpolitik und Altenhilfe weiterhin eher traditionelle Sozialverwaltung, korporatistisch abgeschottete, pragmatische Zusammenarbeit mit den Trägern der Freien Wohlfahrtspflege sowie restriktive Fürsorge und nicht gestaltende, planvolle und partizipative Gesellschaftspolitik auf kommunaler Ebene.

Das nachfolgende Schaubild (siehe Abbildung 1) ist daher weiterhin eher theoretisches Konstrukt und normative Vorgabe, weniger jedoch Spiegelbild tatsächlicher kommunaler altenpolitischer »Kultur«. An ihm wird jedoch deutlich, um welch komplexes Politikfeld es sich bei der Altenpolitik und Altenhilfe auf kommunaler Ebene faktisch handelt. Daher ist die Tatsache, daß kommunale Altenpolitik in der Regel nicht in Form eines strukturierten, planvollen und reflexiven Systems erfolgt, besonders problematisch.

2. Altenhilfe als kommunales System der Daseinsvor- und -fürsorge

a. Stationäre Altenhilfe

In der Bundesrepublik existieren heute ca. 8 200 Altenhilfe-Einrichtungen (Altenwohnheime, Altenheime, Altenpflegeheime bzw. mehrgliedrige Einrichtungen) mit insgesamt 660 000 Plätzen. Während zu einem Stichtag somit eben 660 000 von den 16,9 Mio. über 60jährigen (d. h. ca. 3,9 %) in Einrichtungen der *stationären Altenhilfe* leben, ist die Betroffenheit der älteren Menschen von diesem Altenhilfeteilsystem

---

Deutschland/Bd. I-III, Berlin 1982; Rudolf-M. Schütz/Adelheid Kuhlmey/Hans Peter Tews (Hrsg.), Altern in Deutschland, Berlin 1991; Helmut Braun/Thomas Klie/Monika Kohnert/ Inge Lüders (Hrsg.), Zukunft der Pflege, Melsungen 1994; Hans Peter Tews/Thomas Klie/ Rudolf-M. Schütz (Hrsg.), Altern und Politik, Melsungen 1996 u. a. m.

4 Bundesministerium für Familie und Senioren (Hrsg.), Erster Altenbericht. Die Lebenssituation älterer Menschen in Deutschland, Bonn 1993; Deutsches Zentrum f. Altersfragen e. V. (Hrsg.), Expertisen zum ersten Teilbericht der Sachverständigenkommission zur Erstellung des ersten Altenberichts der Bundesregierung/Bd. I-V, Berlin 1991, 1993.

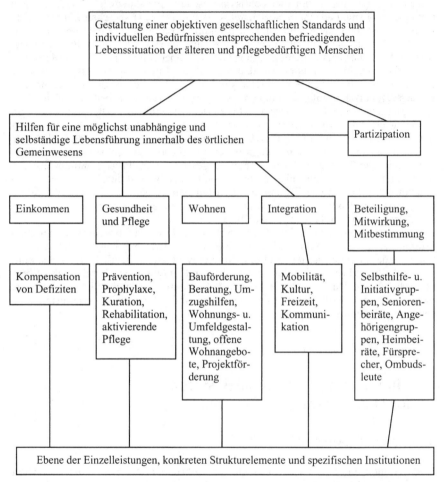

Abb. 1: Planung Kommunaler Alten- und Pflegepolitik –
Zielsystem und Strukturwandel

Gestaltung einer objektiven gesellschaftlichen Standards und
individuellen Bedürfnissen entsprechenden befriedigenden
Lebenssituation der älteren und pflegebedürftigen Menschen

Hilfen für eine möglichst unabhängige und
selbständige Lebensführung innerhalb des örtlichen
Gemeinwesens

Partizipation

| Einkommen | Gesundheit und Pflege | Wohnen | Integration | Beteiligung, Mitwirkung, Mitbestimmung |

Kompensation von Defiziten

Prävention, Prophylaxe, Kuration, Rehabilitation, aktivierende Pflege

Bauförderung, Beratung, Umzugshilfen, Wohnungs- u. Umfeldgestaltung, offene Wohnangebote, Projektförderung

Mobilität, Kultur, Freizeit, Kommunikation

Selbsthilfe- u. Initiativgruppen, Seniorenbeiräte, Angehörigengruppen, Heimbeiräte, Fürsprecher, Ombudsleute

Ebene der Einzelleistungen, konkreten Strukturelemente und spezifischen Institutionen

Quelle: P. Gitschmann, Hamburg 1996.

wesentlich höher. Nahezu jeder 10. Mann und jede 4. Frau im Alter von über 65 Jahren verbringt die letzte Zeit ihres Lebens in einem Heim der stationären Altenhilfe.[5]

Der Standard der stationären Altenhilfe in der Bundesrepublik ist – gemessen an dem vergleichbarer, westlicher Industriestaaten – bestenfalls durchschnittlich. Eine quantitativ und qualitativ verbesserungswürdige Personalausstattung führt in diesem bis zum 1. 7. 1996 – Eintritt der stationären Leistungsstufe des PflegeVG – zu hohen

---

5 Vgl. Horst Bickel/Jutta Jaeger, Die Inanspruchnahme von Heimen im Alter, in: Zeitschrift für Gerontologie, (1986) 1, S. 30–39.

Teilen aus Sozialhilfe-Mitteln finanzierten Bereich dazu, daß etwa in der stationären Pflege notwendige und mögliche Rehabilitations- sowie Aktivierungsmaßnahmen immer noch häufig unterbleiben. Dieser Trend wird durch die *Pflegeversicherung* keineswegs durchbrochen; angesichts des Zuschußcharakters der Leistungen (bis Ende 1997 in der Pflegestufe 1 maximal 2 000,– DM/Monat, 2 – max. 2 500,– DM/Monat, 3 – max. 2 800,– DM/Monat) bei Gesamtentgelten (Pflege + Unterkunft/Verpflegung + Investitionskosten) von bis zu 7 000,– DM/Monat sowie des weitgehenden sozialrechtlichen Ausschlusses ergänzenden Krankenversicherungsleistungen (»Behandlungspflege«) in stationären Einrichtungen droht die Leistungsqualität weiterhin hinter den Anforderungen zurückzubleiben. Auch das Risiko, infolge eines Heimeinzugs sozialhilfeabhängig zu werden, wird keineswegs beseitigt, sondern lediglich punktuell reduziert.

Dabei entspricht in den neuen Ländern der bauliche Standard der vorhandenen Feierabend- und Pflegeheime zu weit über 50 % nicht den Vorgaben des geltenden Heimgesetzes bzw. der zugehörigen Heim-Mindest-Bauverordnung. Aber auch die Tatsache, daß in den alten Ländern noch relativ hohe Anteile der vorhandenen Plätze sich in Mehrbettzimmern befinden, wirft ein bedenkliches Licht auf die stationäre Altenhilfe.

Als »geschlossen« kann dieser Leistungssektor deshalb auch heute noch in Teilen bezeichnet werden, weil nur völlig unzureichende Kooperations- und Koordinationsbeziehungen zwischen den Einrichtungen der stationären Altenhilfe und Altenpflege und den anderen – offenen, ambulanten und teilstationären – Altenhilfeangeboten der jeweiligen Region bestehen. In dem immer noch mancherorts vorhandenen, geschlossenen, institutionenbezogenen Denken werden Ressourcen und Potentiale der vorhandenen Einrichtungen und Angebote entweder nicht gesehen oder bewußt nicht ausgeschöpft. So bieten etwa häufig größere Heime trotz unausgeschöpfter Küchenkapazitäten und ebenfalls vorhandener Gasträumlichkeiten dennoch keinen »stationären Mittagstisch« für ältere Menschen aus den umliegenden Wohngegenden an. Vielmehr bleiben die Essensangebote nur allzuoft auf die älteren Heimbewohnerinnen und Heimbewohner beschränkt.

Die in der Umgebung lebenden älteren Menschen werden statt dessen von einem ambulanten Mahlzeitendienst (»Essen auf Rädern«) versorgt, indem häufig einmal wöchentlich sieben Tiefkühlportionen ins Haus geliefert werden. Ein zweites Beispiel sind die Angebote von Tages- und Kurzzeitpflege (vgl. auch nachfolgenden Abschnitt), die viele Einrichtungen angesichts ihrer räumlichen und personellen Ausstattung durchaus auch für Nicht-Heimbewohnerinnen und Heimbewohner leisten könnten.

b. Ambulante und teilstationäre gesundheits- und sozialpflegerische Dienste

Ca. 80 % der hilfs- und pflegebedürftigen älteren Menschen in der Bundesrepublik leben in der eigenen Wohnung bzw. in einem Privathaushalt zusammen mit Angehörigen. Daher kommt der Versorgung mit ambulanten gesundheits- und sozialpflegerischen Diensten (häusliche Krankenpflege, Altenpflege, Familienpflege, hauswirtschaftliche Versorgung, Haushaltshilfe) besondere Bedeutung zu. Dennoch ist dieser Bereich – wiederum im internationalen Vergleich – immer noch eher schlecht ausgebaut. Häufig müssen – entweder wegen nicht vorhandener ambulanter Angebote oder wegen dort ausgeschöpfter Leistungskapazitäten – rein private Lösungen für die Versorgung, Betreuung und Pflege älterer zu Hause lebender Menschen gefunden werden. Dies hat die davon betroffenen Familien sowie die zugehörigen kleinen sozialen Netze (Freunde, Bekannte, Nachbarn) in eine dauerhafte, hohe Belastungssituation gebracht, ohne daß bis 1995 – Eintritt der ambulanten/teilstationären Leistungsstufe des PflegeVG – hinreichende öffentliche Unterstützung und Entlastung vorhanden gewesen wäre. Seitdem gibt es abgestufte Geld- (400, 800, 1 300 DM/Monat) und Sachleistungen (bis zu 750, 1 800, 2 800 DM/Monat) je nach Pflegestufe mit Zuschußcharakter. Mit den Mindestvoraussetzungen der Pflegestufe 1 ist allerdings die Eingangshürde sehr hoch. In manchen Bundesländern wurden 1995/96 mehr als 40 % aller Antragsteller auf Pflegeversicherungsleistungen als nicht hinreichend pflegebedürftig abgewiesen!

Für die wachsende Zahl älterer Menschen, die nicht nur allein leben, sondern auch alleinstehend, d. h. ohne familiäres Umfeld sind, war und ist diese Situation besonders dramatisch. Aber auch bei den Älteren, die in ihrer Familie – häufig von Ehepartnern, Töchtern oder Schwiegertöchtern – betreut und gepflegt werden, ist mit den erhaltenen Pflegekassenleistungen häufig noch keine ausreichende Entlastung gegeben. Dies kann einerseits durch den weiteren Auf- und Ausbau angemessener ambulanter gesundheits- und sozialpflegerischer Dienste geschehen, verweist andererseits aber auch auf den hohen, bisher nicht gedeckten Bedarf an teilstationären Angeboten wie *Tages- und Kurzzeitpflege*. Ein Tagespflegeangebot in erreichbarer Nähe ermöglicht z. B. pflegenden Angehörigen, trotz dieser aufwendigen, familiären Tätigkeit weiterhin eine Berufstätigkeit auszuüben. Während die Betreuung und Pflege die in der Familie lebenden älteren Menschen morgens, abends, in der Nacht und am Wochenende weiterhin ausschließlich in der Familie stattfinden kann, ist an einzelnen oder auch sämtlichen Werktagen die Tagespflegestätte für die Betreuung und Pflege zuständig, so daß die zeitliche und räumliche Angebundenheit der pflegenden Angehörigen während dieser Zeit entfällt.

Kurzzeitpflege als entweder konzentrierte, intensive, tägliche, ambulante Versorgung oder als zeitlich befristete stationäre Aufnahme wiederum kann dazu dienen, einerseits einen Urlaub der pflegenden Angehörigen zu ermöglichen, andererseits Übergänge – etwa zwischen einem Krankenhausaufenthalt und der danach folgenden Rückkehr in den eigenen Haushalt – für den Pflegebedürftigen zu ermöglichen. Schließlich ist auch gezielte Krisenintervention in kritischen Pflegesituationen durch Kurzzeitpflege denkbar. Das hohe Potential an familienentlastender, die familiäre Pflege stützender Wirkung bei den genannten teilstationären Angeboten belegt die besondere Bedeutung des Auf- und Ausbaus in diesem Sektor.

c. Offene Altenhilfe

Die sogenannte *offene Altenhilfe*, indirekt dadurch definiert, daß in ihr alle Angebote, Hilfen und Leistungen für Ältere versammelt sind, die nicht der stationären, teilstationären oder ambulanten Versorgung und Pflege im engeren Sinne zuzurechnen sind, betrifft am umfassendsten die verschiedenartigen Lebenssituationen und Lebenslagen älterer Menschen in den Städten und Gemeinden der Bundesrepublik. Gegenstandsbereiche der offenen Altenhilfe sind sowohl die Wohnsituation, die kommunikative und sozialräumliche Situation, schließlich alle mit Beratung, Vorbereitung und Prävention zusammenhängenden Maßnahmen und Angebote an Ältere. Diese eigentliche »Altenhilfe« ist im BSHG als Soll-Leistung in Ergänzung der »harten« Sozialhilfeleistungen wie laufende Hilfe zum Lebensunterhalt oder Hilfe zur Pflege ausgeprägt. Der § 75 BSHG enthält eine beispielhafte Auflistung möglicher Altenhilfemaßnahmen, welche von bedürfnisorientierter Wohnungsversorgung über Umzugsberatung, allgemeine Hilfenvermittlung, kulturelle Angebote, kommunikative Angebote und Beschäftigungsangebote reichen. Viele direkte Einkommens- und Pflegehilfen für Ältere können nur dann ihre gesamte Wirksamkeit zu einem optimalen Nutzen für die Betroffenen entfalten, wenn bereits im Vorfeld solcher Maßnahmen hinreichende offene Altenhilfe stattgefunden hat. Die Sozialhilfe-Ausgabenstatistik belegt jedoch, daß in der überwiegenden Mehrzahl aller Städte und Gemeinden gerade für offene Altenhilfe kaum Geld, mitunter auch überhaupt kein Geld, ausgegeben wird. Häufig erschöpfen sich die Maßnahmen der kommunalen offenen Altenhilfe in jährlich stattfindenden Großveranstaltungen (Altennachmittagen, Ausfahrten etc.) bzw. der Bezuschussung solcher Veranstaltungen. Gerade das präventive Potential gesetzlich normierter Altenhilfe wird also bisher völlig ungenügend ausgeschöpft. Erst auf der Basis einer umfassenden, prospektiven und betroffenen-orientierten *Altenhilfeplanung* (vgl. auch Abschnitt 2.e) könnte hier eine Umsteuerung erfolgen. In den neuen Ländern wird diese Anforderung derzeit noch in besonderer Weise konterkariert, da im Gefolge der aktuellen AFG-Restriktionen (ABM-Abbau) und der enger werdenden finanziellen Spielräume der Kommunen und Länder gerade der noch nicht abgeschlossene Strukturaufbau der offenen Altenhilfe von Einschnitten bedroht ist.[6]

d. Altenhilfe als Schnittstelle kommunaler Gesundheits- und Sozialversorgung

Grundsätzlich sind alle Einrichtungen und Maßnahmen der Altenhilfe zunächst dem Sozialwesen, nicht dem – mit Sozialversicherungsleistungen ausgestatteten – Gesundheitswesen und Pflegesystem zugehörig. Die aus dieser unterschiedlichen Kostenträgerschaft und Leistungsfähigkeit mehrerer Systeme resultierenden Probleme sind unmittelbar einsichtig, wenn man bedenkt, daß in der ambulanten, häuslichen Altenpflege beispielsweise Leistungen der häuslichen Krankenpflege (krankenkassenfinanziert) und Pflege (mit Pflegekassen-Zuschuß) mit Leistungen der häuslichen Altenpflege, Familienpflege, hauswirtschaftlichen Versorgung und Haushilfe (vom Betroffenen selbst bzw. im Bedarfsfalle von der Sozialhilfe zu finanzieren) zusammentreffen.

Die Hauptanbieter solcher Leistungen, die ambulanten Pflegedienste, müssen also mit mindestens 4 potentiellen Kostenträgern (Selbstzahler, Krankenkassen, Pflegekassen, Sozialhilfe) und mit anzubietenden Leistungen unterschiedlichster Rechtsnatur (Leistungen nach SGB V und SGB XI, BSHG-Leistungen, privatrechtlich definierte Leistungen) zurechtkommen – und all das gegebenenfalls im Haushalt eines einzigen, bedürftigen älteren Menschen. Für die Betroffenen selbst wird die Aufspaltung ihrer Bedarfssituation in gesundheitliche, pflegerische und soziale Aspekte besonders dramatisch bei der Pflegebedürftigkeit. Obwohl diese in der Regel nichts an-

---

6 Vgl. Eberhard Jüttner, Ganzheitliche Hilfe nicht gewährleistet, in: Blätter der Wohlfahrtspflege, 144 (1997) 4+5, S. 90–92.

deres als ein Syndrom chronischer, nicht mehr völlig heilbarer Krankheiten darstellt, differenziert das bundesdeutsche Sozialrecht einerseits in mit dem Ziel der völligen Wiederherstellung behandelbare Krankheiten, andererseits in dauerhaft zu versorgende Pflegebedürftigkeit. Im ersten Falle findet durchaus komfortable Rehabilitation statt, im zweiten Falle häufig nicht. So belegt beispielsweise die Rehabilitationsstatistik des Jahres 1993, daß lediglich 15 % aller *Rehabilitationsmaßnahmen* auf über 65jährige, d. h. nicht mehr Erwerbstätige entfielen, während der Anteil dieser Altersgruppe an der Gesamtbevölkerung bei etwa 17 % liegt und der Bedarf ohnehin überdurchschnittlich ist. Auf der anderen Seite belegen zahlreiche Untersuchungen, daß Rehabilitation im Sinne des Linderns oder Verzögerns eines chronischen krankhaften Zustandes völlig altersunabhängig Sinn machen würde. Zwar enthalten Krankenversicherungs- (SGB V) und das neue Pflegeversicherungsrecht (SGB XI) hier entsprechende Klarstellungen, in der Praxis der Altenpflege hat jedoch bis heute Rehabilitation nicht im hinreichenden Maße Einzug gefunden. Auch hierfür gilt – ähnlich wie bei der offenen Altenhilfe (siehe Abschnitt 2.c) –, daß eine Umsteuerung von Prioritätensetzungen, insbesondere im Rahmen kommunaler Altenpolitik, vonstatten gehen sollte.[7] Die mit dem PflegeVG hinsichtlich der Infrastruktur-Verantwortlichkeiten völlig neu definierte sozialrechtliche Situation hat hier allerdings eher weitere Komplikationen geschaffen, und sieht die kommunale Ebene nicht in der zentralen Verantwortung.

e. Kommunale Alten(hilfe)planung

Die quantitative Verbreitung kommunaler Altenhilfeplanung in den verschiedenen Bundesländern ist bisher außerordentlich unterschiedlich. Eine inhaltliche Analyse gibt rasch Hinweise auf die bisher in der Regel eher fragwürdige Qualität solcher Planungen als Steuerungs- und Gestaltungsinstrument kommunaler Sozialpolitik.[8] Geradezu paradox mutet die Tatsache an, daß einerseits die Anforderungen an kommunale Altenhilfe und Altenpolitik ständig in Ausweitung begriffen sind, andererseits aber dieser durchaus umfängliche und differenzierte kommunale sozialpolitische Leistungsbereich in weiterhin vielen Kommunen und Landkreisen ungeplant expandiert. Auch die Basis jeder soliden Altenhilfeplanung – die *Altenberichterstattung* als Darstellung der Lebens- und Versorgungssituation der älteren Gemeindebürger/innen – ist mitunter defizitär ausgeprägt. Gerade für die neuen Länder ist dringend anzuraten, daß die hier erst kürzlich konstituierte kommunale Altenpolitik und Altenhilfe möglichst planvoll, d. h. auch unter optimaler Ausschöpfung vorhandener Ressourcen und ebenfalls weitgehender Betroffenenorientierung erfolgt. Vermieden würde damit der Fehler in der alten Bundesrepublik, wo der Großteil aller kommunalen Gebietskörperschaften ihre Altenhilfe in Unkenntnis der tatsächlichen, kleinräumigen Lebens- und Versorgungssituation ihrer älteren Bürgerinnen und Bürger gestaltet.[9]

---

7 Vgl. auch Peter Gitschmann, Rehabilitation und Pflege alter Menschen als Gegenstand kommunaler Altenplanung, in: Blätter der Wohlfahrtspflege, 137 (1990) 7+8, S. 177–179.

8 Peter Gitschmann, Innovative Altenplanung und kommunalpolitische Praxis, in: Deutsches Zentrum für Altersfragen (Hrsg.), Verzeichnis der Altenpläne der Länder, Kommunen und Landkreise, Berlin 1991, S. 151–156.

9 Vgl. Peter Gitschmann, Kommunale Sozialplanung und Partizipation im Alten- und Pflegebereich, in: Walter Hanesch (Hrsg.), Überlebt die soziale Stadt? Opladen 1997, S. 257–281.

3. Altenpolitische Leistungsfelder und Problembereiche

a. Einkommenssicherung und Altersarmut

Immer noch nahezu jeder 6. Empfänger von laufenden Sozialhilfe-Einkommensleistungen oder pflegerischen Hilfen ist über 60 Jahre alt. Damit hat sich der relative Anteil der älteren Bevölkerung an allen Sozialhilfeempfängern in den letzten Jahrzehnten zwar deutlich verringert, die absolute Zahl der betroffenen Älteren ist jedoch relativ stabil geblieben, so daß auch heute noch ca. 867 000 ältere Sozialhilfeempfänger/innen registriert werden.

Auch hier wiederum haben die Gemeinden im Rahmen ihrer Altenpolitik und Altenhilfe die entsprechenden Lasten zu tragen, die erforderliche Aufklärung und Beratung zu leisten, schließlich die zugehörigen Angebote und Institutionen zu schaffen bzw. zu finanzieren.

Bei 242 000 über 60jährigen im Bezug von laufender Sozialhilfe zum Lebensunterhalt (1993) kann von einer Überwindung der Altersarmut noch keine Rede sein. Im Bereich der Pflegehilfen ist durch die Pflegeversicherung zwar eine deutliche Entlastung zu verzeichnen; angesichts des Zuschußcharakters der neuen Sozialversicherungsleistungen ist jedoch bei hohem Hilfebedarf und geringem Einkommen weiterhin ein starkes Sozialhilferisiko gegeben. Zudem ist die *Dunkelziffer* der verdeckten Altersarmut, d. h. der Nichtinanspruchnahme zustehender Sozialhilfeleistungen gerade seitens Älterer, in der Bundesrepublik und sicherlich gerade auch in den neuen Ländern weiterhin hoch. Zwar hat sich die Verzichtsquote in den vergangenen Jahren allmählich reduziert, dürfte aber immer noch um die 30 % betragen. Offensive Aufklärung und zugehende Beratung können hier weiterhelfen. Auch dieses wieder sind Maßnahmen, die der offenen Altenhilfe als dem entscheidenden Feld kommunaler Altenpolitik und Altenhilfe zuzurechnen sind.

Schließlich ist darauf hinzuweisen, daß sich das Problem der Altersarmut in der Bundesrepublik keineswegs »auf natürlichem Wege« im Zuge der allgemeinen Wohlstandsvermehrung erledigen wird; vielmehr verweisen alle Prognosen darauf, daß dieses Problem ohne eine radikale Änderung des geltenden Rentenversicherungsrechts weiterhin, insbesondere im höchsten Maße für ältere und alte Frauen, zu einer latenten oder manifesten Armutsgefährdung führen wird. Die »Rentenreform«-Debatten des Jahres 1997 verweisen eher darauf, daß im Rahmen der gesetzlichen Rentenversicherung künftig ein noch höheres Armutsrisiko riskiert werden soll.

b. Gesundheitliche Betreuung, Versorgung und Pflege – Prävention, Kuration, Rehabilitation, Aktivierung

Das von unterschiedlichen sozialrechtlichen Grundlagen, Kostenträgern und Leistungsdefinitionen geprägte System der gesundheitlichen Betreuung, Versorgung und Pflege älterer Menschen in der Bundesrepublik auf kommunaler Ebene benötigt in erheblich erweitertem Maße Kooperation, Koordination und *Vernetzung* der einzelnen Systemelemente. Solange in den Städten und Gemeinden Sozialstationen, Tagespflegestätten, Kurzzeitpflege, stationäre Einrichtungen, Rehabilitationseinrichtungen und Krankenhäuser nicht in einem konstruktiven Miteinander zum Besten des einzelnen betroffenen älteren Menschen zusammenwirken, sondern in der Regel eher nebeneinander, häufig ohne hinreichende Kenntnis der Potentiale und Leistungen anderer Systemelemente, mitunter deshalb sogar gegeneinander arbeiten, ist hier nicht nur erhebliche Ressourcenvergeudung zu vermuten, sondern auch festzustellen, daß die angemessene gesundheitliche Betreuung, Versorgung und Pflege gemessen an einer ganzheitlichen Sicht individueller Problemlagen älterer Menschen in der Regel eher unterbleibt.

Vielmehr wird hier punktuell behandelt, gepflegt, beraten, finanziert, ohne daß sich diese empfangenen Leistungen und Maßnahmen zu einer konsistenten Gesamtversorgung zusammenfügen. Helfen kann angesichts dieses diffusen Zustandes einerseits wiederum ambitionierte kommunale Altenhilfeplanung, andererseits aber auch ein vermehrtes Aufeinanderzugehen der verschiedenen Kosten- und Leistungsträger, indem verbands- oder institutionenbezogene Sichtweisen und Egoismen überwunden bzw. zurückgestellt werden. Zwar kann dieses generelle Systemdefizit unserer Gesundheits- und Sozialversorgung nicht allein und auch nicht vorrangig auf kommunaler Ebene verwunden werden. Das Erproben entsprechend veränderter Praxis vor Ort wäre jedoch ein großer Schritt in die richtige Richtung, um dann mittelfristig auch das Beharrungsvermögen der überwölbenden Strukturen und Institutionen zum Wanken zu bringen. Einzelne Kommunen beweisen denn auch in entsprechend geplanten Maßnahmen und Modellprogrammen, daß hier vieles möglich ist, was anderenorts heute noch kaum denkbar erscheint. Auch hier wiederum ist darauf hinzuweisen, daß die in diesem Zusammenhang konsistenteren Traditionen der neuen Länder hoffentlich noch nicht allenthalben als »Ballast« der sozialistischen Vergangenheit abgeschafft wurden, sondern weiterhin als Basis einer besseren, vernetzten kommunalen Zusammenarbeit und damit auch Versorgung der betroffenen älteren Menschen dienen.

c. Wohnen im Alter

Gerade die Versorgung älterer Bürger/innen mit angemessenem Wohnraum (vgl. hierzu auch den Beitrag von Burkhard Hintzsche in diesem Band) stellt im Rahmen der offenen Altenhilfe ein hochrangiges Potential für Prävention, Rehabilitation und *Erhaltung der Selbständigkeit* im Alter dar. Andererseits resultieren gerade aus beeinträchtigten Wohnungsverhältnissen besondere Risiken wiederum für die betroffenen älteren Menschen: Mangelhafte Ausstattung oder Lage einer von Älteren bewohnten Einheit bergen sowohl gesundheitliche Risiken, behindern mitunter Kommunikation und soziale Einbindung, erschweren oder verunmöglichen häusliche Pflege, beeinträchtigen schließlich das Selbstwertgefühl der älteren Bewohner/innen erheblich. Gerade in den neuen Ländern stellt dies eine herausragende Anforderung an kommunale Altenpolitik im Sinne umfassend verstandener Gesellschaftspolitik dar. Nur auf dem Hintergrund der Bereitstellung ausreichenden, qualifizierten altengerechten Wohnraums kann die stationäre Altenhilfe als ultima ratio vor einer Nachfrageentwicklung bewahrt werden, die letztlich in ihr vorrangig die Behebung von Wohnungsnotständen sucht. Aber auch in den alten Ländern ist die Wohnungsversorgung der älteren Menschen keineswegs überall zufriedenstellend bzw. bedarfsgerecht.

Auch die Frage der rechtzeitigen Ausstattungsberatung sowie der Bereitstellung von Umzugshilfen für Ältere gehört in den Kontext der so recht verstandenen offenen

Altenhilfe. Schließlich stellt sich bei dieser Thematik die Frage nach den angemessenen Formen des Zusammenlebens der verschiedenen Generationen. Zwar ist es im Zusammenhang der heute gegebenen Rahmenbedingungen schon kaum noch möglich, in einem entsprechend ausgestatteten 3-Generationen-Haushalt zu leben, die »Durchmischung« und das Zusammenleben verschiedener Generationen in den gleichen Wohnungszusammenhängen kann jedoch gefördert werden. So sind zwar einerseits Altenwohnanlagen und Altenwohnheime für bestimmte Bedarfskonstellationen der richtige Weg; für die überwiegende Mehrzahl der älteren Menschen in den Städten und Gemeinden bietet sich jedoch eher an, in »eingestreuter« Form in größeren Wohngebäuden, Eigenheimsiedlungen etc. zusammen mit jüngeren Generationen zu leben. Nur so kann das allgemein als hochrangig angesehene kleine soziale Netz von Familie und Nachbarschaft auch entsprechende Wirkungen für die älteren Menschen entfalten. Und nur so haben sie die Möglichkeit, ihre eigenen ja durchaus noch vorhandenen Fähigkeiten und Potentiale auch anderen in ihrem sozialen Umfeld zur Verfügung zu stellen.

d. Gesellschaftliche Teilhabe und politische Partizipation

Auf nahezu allen Gebieten des öffentlichen Lebens ist festzustellen, daß die ältere Bevölkerungsgruppe nicht ihrem relativen Anteil entsprechend auch in Positionen der Teilhabe, Mitwirkung, Mitbestimmung vertreten ist. In der kommunalen Altenpolitik bedeutet dies, daß jüngere Kommunalpolitiker/innen – mitunter über die Köpfe der eigentlich Betroffenen bzw. der Adressaten hinweg – Entscheidungen fällen, Strukturen schaffen, verändern und entwickeln, ohne dies mit den Betroffenen selbst rückzukoppeln. Ein solches Defizit wiegt um so schwerer, da auch keineswegs davon auszugehen ist, daß bei den Entscheidungsträgerinnen und -trägern eine hinreichende Kenntnis über die Lebenssituation und die Versorgungsbedarfe der älteren Gemeindebürger/innen vorhanden ist (siehe oben, Abschnitt 2.e). Einen Ausweg aus dieser problematischen Situation stellen die immer zahlreicher werdenden *kommunalen Seniorenbeiräte* dar.[10] Diese Interessenvertretungsgremien der Älteren werden zum Teil direkt gewählt, zum Teil existiert ein abgestuftes Wahlsystem mit jeweiliger Mandatsweitergabe, zum Teil sind die vorhandenen Seniorenbeiräte aber auch lediglich »berufen« worden, ohne daß sie tatsächlich ein Mandat der älteren Bevölkerung der jeweiligen Gebietskörperschaft hätten.

Zumindest für die durch eine Wahl ins Amt gekommenen Seniorenbeiräte ist zu betonen, daß diese Gremien häufig die einzigen Rückkopplungschancen der kommunalen Altenpolitik hinsichtlich ihrer tatsächlichen Betroffenen- und Bedürfnisorientierung beinhalten. Um so wichtiger ist, daß auf eine angemessene Repräsentanz der gesamten älteren Bevölkerung geachtet wird. Honoratiorengremien sollten sich von daher eigentlich von selbst verbieten, zumal in ihnen häufig lediglich wiederum die gleichen Interessenträger Sitz und Stimme haben, die auch bereits die Zusammenarbeit von öffentlicher Sozialverwaltung und Freier Wohlfahrtspflege dominieren. Direkt gewählte kommunale Seniorenbeiräte können hingegen einen erheblichen Einfluß auf die kommunale Altenpolitik ausüben; sie stellen überdies einen unver-

---

10   Vgl. Heike Reggentin/Jürgen Dettbarn-Reggentin, »Wir wollen Unruhe in die Ratsparteien bringen«. Seniorenbeiräte und -vertretungen in der Bundesrepublik, Bonn 1990.

zichtbaren Faktor einer angemessenen Alten(hilfe)planung auf kommunaler Ebene dar. Dies insbesondere deswegen, weil Betroffenenorientierung und der Anspruch bedürfnisgerechter Altenhilfe über vermittelte Formen wie Repräsentativbefragungen und Expertenstudien nicht ersetzbar ist. Schließlich sollte kommunale Altenhilfeplanung eher die Tendenz zur *Altenplanung* in sich tragen, wobei dies insbesondere ausdrückt, daß nicht nur für die Älteren und über die Älteren geplant wird, sondern daß die Älteren selbst maßgeblich mitplanen und somit auch die zukünftige kommunale Altenhilfe und Altenpolitik gestalten können.

4. Kommunale Altenpolitik im Aufwind?

a. Kommunale Altenhilfe in der bundesdeutschen Politikstruktur

Seit geraumer Zeit hat das Thema der kommunalen Altenpolitik zweifelsohne Konjunktur. Langsam aber stetig werden die hier zu verortenden Probleme in den Amtsstuben stärker wahrgenommen, und es wächst der Berg an in den letzten Jahren erstellter wissenschaftlicher Literatur. In der politischen Diskussion und Praxis der Bundesrepublik wird damit lediglich eine Entwicklung nachgeholt, die in Ländern mit noch stärker ausgebildeten wohlfahrtsstaatlichen Strukturen bereits sehr viel früher eingesetzt und auch zu inzwischen weitaus ertragreicheren Ergebnissen geführt hat.[11]

Die praktische und theoretische Neuentdeckung dieses Politikbereichs als ein wichtiges Feld der Kommunalpolitik kann jedoch – ähnlich wie etwa die gesteigerte Aufmerksamkeit für eine kommunale Umwelt-, Wohnungs- oder Beschäftigungspolitik – keineswegs als Beleg dafür angesehen werden, daß die hier zunehmend anfallenden öffentlichen Aufgaben überwiegend von dezentraler Ebene aus bewältigbar wären. Dies gilt gerade auch für die Bundesrepublik, wo die Verfassung zwar weitgehende Rechte für Kommunen und Bundesländer vorsieht, deren Verfassungswirklichkeit und innerstaatliche Ordnung aber durch eine intensiv ausgeprägte »Politikverflechtung«[12] gekennzeichnet ist. Das föderative System der Bundesrepublik weist den verschiedenen politischen Ebenen dabei weniger voneinander unterschiedene Aufgabengebiete zu, sondern unterscheidet statt dessen sehr viel stärker nach unterschiedlichen *Regelungsfunktionen*, die bei Bund, Ländern und Kommunen angesiedelt sind. Während dem Bund neben der weitgehenden Festlegung der gesamtstaatlich wie aufgabenspezifisch zur Verfügung stehenden Finanzmasse häufig die Definition des rechtlichen Handlungsrahmens zufällt, sind Länder und Gemeinden sehr viel stärker mit Verwaltungsaufgaben und Personal- und Sachinvestitionen befaßt. Die in den verschiedenen Handlungsfeldern anstehenden Aufgaben können deshalb nur im »kooperativen Politikverbund« wahrgenommen werden.

Dies gilt auch für die kommunale Altenhilfe und Altenpolitik. Als problemverschärfend tritt hier allerdings aus kommunaler und aus Ländersicht hinzu, daß die Altenpolitik auf Bundesebene auch im Vergleich zu anderen sozialpolitischen Hand-

---

11   Vgl. etwa P. Gitschmann, Wohlfahrtsarbeit von unten – Analysen am Beispiel der Niederlande, in: U. Bullmann/P. Gitschmann (Hrsg.), Kommune als Gegenmacht, Hamburg 1985.

12   Vgl. als einen wichtigen Ausgangspunkt der Debatte F. Scharpf, Politikverflechtung. Theorie und Empirie des kooperativen Föderalismus in der Bundesrepublik, Kronberg i. Ts. 1976 (Bd. 1) und 1977 (Bd. 2).

lungsfeldern als extrem »unterreguliert« gelten muß. Nur unzureichend und zögerlich reagiert die Bundesebene hier auf den dynamisch wachsenden gesellschaftlichen Handlungsdruck. Die erst neuerlich eingerichteten und mit teils hohen Eingangshürden versehenen Pflegekassen drohen zudem ohne begleitende infrastrukturelle Maßnahmen durch Länder und Kommunen zu »kalten Geldverteilungsmaschinen«[13] zu werden. Der erforderliche Aufbau einer qualitativ wirksamen »Infrastruktur der Nachbarschaft«[14] scheitert aber nur allzuoft schon allein am Niedergang der Finanzspielräume auf dezentraler Ebene.

b. Die spezifische Produktivität der dezentralen Ebene

Die wachsende Bedeutung der kommunalen Altenpolitik läßt sich daher nur als Ergebnis eines »magischen Dreiecks« erklären, das nicht schon einfach mit kommunalem Kompetenzgewinn oder gar einer dezentralen Erfolgsbilanz verwechselt werden darf. Seine Seiten werden vielmehr von einem rapide ansteigenden gesellschaftlichen Handlungsbedarf insbesondere in Folge demographischer Entwicklungen, von unzureichenden bzw. restriktiven zentralstaatlichen Rahmensetzungen wie gleichzeitig von kumulierenden Handlungsanforderungen auf kommunaler Ebene bestimmt. Allein von dezentraler Ebene aus läßt sich so der Wettlauf zwischen politischen Handlungsmöglichkeiten und wohlfahrtsstaatlich gebotenen Leistungen nicht gewinnen. Auch das Feld der kommunalen Altenpolitik bedarf dringend gesamtgesellschaftlicher Strukturreformen, die zuvorderst die finanziellen Voraussetzungen für konzeptionelle Zukunftsgestaltung in Ländern und Kommunen wiederherstellen.

Dennoch muß selbst die unter Status-quo-Bedingungen überforderte lokale Ebene nicht »ohnmächtig« bleiben. Die durch staatsstrukturelle Lastenaufteilung und sich dynamisierende Handlungsanforderungen angelegte Politisierung der kommunalen Altenhilfe birgt ebenso Chancen für konzeptionelle und praktische Weiterentwicklungen der eigenen Politikansätze, die zwar auch an »objektive« (in erster Linie ressourcenbedingte) Handlungsgrenzen stoßen, dabei aber trotzdem zu spürbaren Veränderungen in der Lebenssituation der Betroffenen führen können. Nutzt die kommunale Ebene ihre hier vorhandenen Spielräume extensiv, so erhält sie im Bereich der Altenpolitik wie in vielen anderen Politikfeldern eine doppelte Funktion: Zum einen kann sie durch eine optimierte eigene Praxis mit dazu beitragen, die Standards für die Diskussion um eine gesamtstaatliche Reform des jeweiligen Politikbereichs zu definieren. Zum anderen ist eine insgesamt verbesserte Altenpolitik ihrerseits wiederum auf die *spezifische Produktivität« der lokalen Ebene* angewiesen, da bestimmte, gerade für qualitative Verbesserungen notwendige Innovationsleistungen nur von hier aus zu erbringen sind.

So können die sich auch unter den alten Menschen zunehmend ausdifferenzierenden Lebenslagen kaum zureichend durch die Steuerungsmedien des Zentralstaats (Recht und Geld) erfaßt werden. Genauere Kenntnisse der orts- und bevölkerungsgruppenspezifischen, häufig auch individuell unterschiedlichen Problembeschaffenheiten können im staatlichen Politikverbund nur auf kommunaler Ebene gewonnen werden. Maßnahmen der Gesundheits-, Wohnungs- und Einkommenspolitik müssen

---

13 W. H. Asam/U. Altmann, Geld oder Pflege. Zur Ökonomie und Reorganisation der Pflegeabsicherung, Freiburg i. Br. 1995, S. 216.
14 Ebenda.

kombiniert und »paßgenau« zugeschnitten werden, um angemessene »integrierte« Hilfsangebote zu konzipieren. Deren praktische Umsetzung erfordert wiederum die enge und wenn nötig fallbezogene Zusammenarbeit verschiedener Verwaltungsabteilungen, darüber hinaus die Kooperation mit den in der Altenpolitik einflußreichen Verbänden und Einrichtungen der freien Wohlfahrtspflege und nicht zuletzt die Ansprache und Aktivierung der alten Menschen selbst, die an der Erarbeitung einer bedarfsgerechten Altenpolitik vor Ort beteiligt und nicht durch sie entmündigt werden sollen. All das kann nur durch eine kommunale Politik geleistet werden, die traditionelle Orientierungen wie bürokratische Erstarrungen überwindet, ihre eigenen konzeptionellen Grundlagen verbessert und sich bei ihrer *reformerischen Konstruktionsarbeit* die Gesamtheit der im jeweiligen Politikfeld vorhandenen Ressourcen zu Nutze macht.

In der Praxis steht dem jedoch weiterhin eine kommunale Politikstruktur entgegen, die von dem steigenden altenpolitischen Handlungsbedarf häufig überfordert wird. Während antizipative Planungen, integrierte altenpolitische Konzepte und partizipative Politikformen nach wie vor Ausnahmen darstellen, wird die Realität im Mainstream der kommunalen Altenhilfe von unzureichenden und selektiven öffentlichen Problembearbeitungen und kooperativen Politikstilen mit eingefahrenen Eigeninteressen der traditionellen Wohlfahrtsverbände dominiert.

c. Spielraumöffnende Faktoren

Wie läßt sich die »spezifische Produktivität« der lokalen Ebene im Feld der Altenhilfe unter diesen staatsstrukturellen und kommunalpolitischen Bedingungen freisetzen?

Die Ergebnisse der vergleichenden Stadt- und Kommunalforschung belegen, daß der lokal vorhandene Reformspielraum nur in konkreten politikfeldbezogenen *Prozeßanalysen* auszuleuchten ist. Unterschiedliche kommunalpolitische Interventionsprofile lassen sich nicht schon aus einer verschiedenartigen objektiven Datenlage und auch nicht allein aus unterschiedlichen partei- oder verbandspolitischen Programmen herleiten. Wie Studien in benachbarten Bereichen der Sozialpolitik zeigen, bilden sich innovative Problembearbeitungsprofile häufig erst durch den Anschub *einer spezifischen lokalen Akteurskonstellation* aus, die ihrerseits durch die Einwirkung auf die entsprechenden Handlungsträger und Lokalmilieus zu programmatischen Erneuerungen und einer veränderten Verwaltungspraxis führt.[15]

Über Fragen von reformstrategischer Bedeutung wird hiernach nicht so sehr durch rein rechnerische Parteimehrheiten als im konsensualen bzw. konfliktären Zusammenspiel zwischen den Eliten des kommunalpolitischen Systems und dem jeweiligen themenspezifischen lokalen Akteursumfeld (»issue network«) entschieden. Hier dominieren häufig verwaltungs- und alltagspolitische Routinen. Wo unter dem Druck örtlicher Problematisierung und Politisierung traditionelle Aushandlungssysteme zwischen den vorhandenen Handlungspolen brüchig werden, können aber auch ansonsten außerhalb des »bürokratischen Gehäuses« von Verwaltung und Verbänden angesiedelte Akteursgruppen an Einfluß gewinnen, im Prozeß der Thematisierung des jeweiligen Politikfeldes Anstöße geben und durch ihr Engagement praktisch neue Weichenstellungen vorgeben. Wenn auf diese Weise Reformdurchbrüche auf kommunaler

---

15 Vgl. Wolfgang Jaedicke u. a., Lokale Politik im Wohlfahrtsstaat. Zur Sozialpolitik der Gemeinden und ihrer Verbände in der Beschäftigungskrise, Opladen 1991.

Ebene gelingen, können innovative Praktiken wiederum über wechselseitige Orientierungen der Kommunen aneinander generalisiert werden (»mutual adjustment«[16]). Ein solches »Einklagen« neuer »policies« scheint jedoch auch nicht voraussetzungslos zu funktionieren. Es ist an die Existenz bzw. die Schaffung institutionalisierter Diskussionsforen gebunden, die als »Bühnen« für die Thematisierung des jeweiligen Gegenstandsbereichs fungieren und von denen *örtliche Reformkoalitionen* ihren Ausgang nehmen können. Die Politisierung der Arenen hat dabei offenbar um so mehr Aussicht auf Erfolg, je nachhaltiger die dort auftretenden Akteure auf den verbands- und institutionspolitischen Kontext und die ansonsten strukturell eher abgeschotteten und ihren Funktionslogiken gehorchenden administrativen Apparate einwirken.[17]

Genau hier liegt aber die Chance einer offensiven Wende der kommunalen Altenpolitik. Sie kann sich stützen auf eine langsam aber stetig ansteigende Zahl von »radical professionals« in Wissenschaft und öffentlichen Verwaltungen und, was noch wichtiger ist, auf Einstellungsveränderungen unter den alten Menschen selbst, die sich und ihre Anliegen nicht länger »klientelisieren« lassen wollen. Die wachsende Zahl von »intermediären« Altengruppen und -vereinigungen (vom Freizeitverein bis zu den Grauen Panthern) belegt diese Tendenz hin auf eine selbstbewußtere eigene Interessenwahrnehmung. Die Kommune wird nicht zuletzt deswegen in Zukunft ein wichtiger Resonanzboden für altenpolitische Forderungen sein, weil der Aufmerksamkeitsgrad für die Lage alter Menschen mit dem Anstieg der Altenpopulation hier auch auf relativ direktem Wege wählerwirksam werden kann. Die in jüngster Zeit stärkere Repräsentanz von Altenhilfe-Themen in parteipolitischen Programmen zeigt, daß solche Entwicklungen antizipiert werden. Die kommunalpolitische Praxis könnte dadurch für den Sektor der Altenpolitik zusätzliche politische Legitimation gewinnen. Sie müßte mit integrierten Hilfekonzepten und offenen Partizipationsangeboten reagieren, wenn der gerade unter alten Menschen immer stärker zu Buche schlagenden Auflösung einheitlicher Lebensbedingungen und den damit verbundenen Problemen wachsender Altersarmut und Verelendung entgegengewirkt werden soll.

---

16 Ebenda, S. 212.
17 Vgl. auch Udo Bullmann, Zur »Identität der lokalen Ebene«, in: Bernhard Blanke (Hrsg.), Staat und Stadt. Systematische, vergleichende und problemorientierte Analysen »dezentraler« Politik, Opladen 1991.

DOROTHÉE RHIEMEIER/BARBARA STOLTERFOHT

Kommunale Frauenpolitik

Als gegen Anfang der 80er Jahre die Ausläufer der Frauenbewegung die Rathäuser erreichten, konzentrierten sich die Forderungen zunächst auf die Einrichtung von kommunalen Frauenbüros und Frauenbeauftragten. Es folgte die Forderung nach Frauenförderplänen und der Anspruch, Ressortpolitiken so zu gestalten, daß Fraueninteressen und Lebenslagen von Frauen angemessen berücksichtigt werden.

Die Politik griff diese Forderungen auf, und die Institutionen integrierten die sogenannte »Frauenfrage«, die im Kern eine »Männerfrage« ist, so daß Frauenpolitik ein nicht mehr wegzudenkender Bestandteil kommunalpolitischen Handelns ist.

Im folgenden Beitrag werden – ausgehend von den rechtlichen und politischen Rahmenbedingungen – Institutionen, Akteurinnen und Handlungsfelder kommunaler Frauenpolitik dargestellt. Ein besonderes Augenmerk wird dabei auf die Institution der Frauenbeauftragten bzw. der Gleichstellungsstelle gelegt. Neben den institutionellen und politischen Erfolgen kommunaler Frauenpolitik geht der Beitrag auch auf die Grenzen und Interessenkonflikte in diesem Politikfeld ein. Abschließend wird versucht, einen Ausblick auf die Chancen kommunaler Frauenpolitik im Zusammenhang mit der Einführung des Neuen Steuerungsmodells[1] zu geben.

1. Rechtliche Rahmenbedingungen und Problemstellung

Die so häufig zitierten »Väter« und die so selten genannten »Mütter« des Grundgesetzes hatten 1949 gleich zweifach die Gleichstellung von Mann und Frau im Artikel 3 des Grundgesetzes festgeschrieben. Doch – wie in so vielen anderen Fällen – stimmte auch fast 50 Jahre später die Verfassungsnorm noch nicht mit der Verfassungsrealität überein. Im Rahmen der Neufassung des Grundgesetzes im Zuge der »Deutschen Einheit« wurde daher der bisherige Artikel 3 Absatz 2 des Grundgesetzes – »Männer und Frauen sind gleichberechtigt« – ergänzt um einen differenzierteren Verfassungsauftrag an den Gesetzgeber: »Der Staat fördert die tatsächliche Gleichberechtigung von Frauen und Männern und wirkt auf die Beseitigung bestehender Nachteile hin.«

Während der erste Teil der Ergänzung sich vor allem auf die Angleichung der Lebensverhältnisse von Frauen und Männern richtet, zielt der zweite Teil auf einen Abbau der darüber hinausgehenden Benachteiligungen von Frauen aufgrund ihres Geschlechts.

---

1 Von den Autorinnen werden Grundkenntnisse über Ziele und Instrumente des Neuen Steuerungsmodells vorausgesetzt (siehe zum Neuen Steuerungsmodell die Beiträge von Michael Schöneich/Niclas Stucke, Werner Schnappauf sowie das Sachregister in diesem Band).

a. Gleichstellung von Familien- und Erwerbsarbeit

Aus dem Gleichberechtigungsgebot ergibt sich in Verbindung mit dem Artikel 6 Absatz 1 des Grundgesetzes die Verpflichtung, die Grundlagen für die Vereinbarkeit von Familien- und Erwerbstätigkeit zu schaffen. Damit wird ein Ziel aufgegriffen, das seit 1977 seinen Eingang in die Rechtsnormen gefunden hat. Mit der Novellierung des Familienrechts wurde nämlich erstmals beiden Ehegatten unterschiedslos das Recht eingeräumt, erwerbstätig zu sein. Hausarbeit und Erwerbstätigkeit sollten als gleichwertige Aufgaben gelten. Die Realität hat jedoch gezeigt, daß der innerfamiliären Planung subjektive und gesellschaftliche Grenzen gesetzt sind. Ein Ziel kommunaler Frauenpolitik ist es daher, Bedingungen zu schaffen, die es Frauen wie Männern ermöglichen, ihre Vorstellungen über die Verteilung von Familien- und Erwerbstätigkeit weitestgehend zu verwirklichen.

Frauenpolitik wird in diesem Zusammenhang von einigen politisch agierenden Personen reduziert auf eine Angleichung an die Normen des männlichen »Normalarbeitsverhältnisses.«[2] Besonders deutlich wird dies bei der Betrachtung der Frauenförderung in der ehemaligen DDR: Hier gehörte Gleichstellung zu den offiziellen Staatszielen. Der staatliche Auftrag zur Frauenförderung war seit 1968 in der Verfassung verankert. Vor dem Hintergrund eines Arbeitskräftemangels orientierten sich die frauenpolitischen Maßnahmen (ausreichende Kinderbetreuung, Qualifizierungsmaßnahmen) aber einseitig an der Einbeziehung der Frauen in die Erwerbsarbeit – und das mit Erfolg: 91,4 % aller Frauen in der DDR waren erwerbstätig, lernten oder studierten.[3] Frauen blieben auch bei Mutterschaft erwerbstätig und damit ökonomisch unabhängig und wurden nicht wegen ihres Geschlechts erwerbslos. Die Verteilung der Familienarbeit dagegen war kein Thema, d. h. in allen einschlägigen Gesetzen wurde explizit den Frauen die Verantwortung für Haus- und Familienarbeit zugesprochen. Tabuisierte Themen – wie z. B. die familiäre Gewalt – wurden erst in der Liberalisierungsphase der 80er Jahre aufgegriffen – insbesondere vom Unabhängigen Frauenverband (UFV) in der DDR.

b. Abbau von Benachteiligungen

Während der eine Teil des Gleichberechtigungsartikels im Grundgesetz – »Männer und Frauen sind gleichberechtigt« – die Gleichstellung von Familien- und Erwerbsarbeit intendiert und sich damit auf Frauen und Männer bezieht, hat der letzte Teil – »...wirkt auf die Beseitigung bestehender Nachteile hin« – allein Frauen als Zielgruppe im Blick, da die meisten geschlechtsspezifischen Unterschiede eine Benachteiligung von Frauen bedeuten:
– Die faktische Zuständigkeit für Haus- und Familienarbeit liegt weiterhin fast ausschließlich bei den Frauen; dies erschwert ihnen eine eigene, unabhängige ökonomische Existenz und verstärkt ihre Benachteiligung am Arbeitsmarkt.

---

2 Gemeint ist damit das Bild vom allzeit verfügbaren, flexiblen Vollzeiterwerbstätigen, dessen notwendige Reproduktionsarbeiten (Haus- und Familienarbeit) von einer anderen Person im Hintergrund erledigt werden.

3 Vgl. Heidrun Radtke, Erwerbsarbeit von Frauen im Gebiet der ehemaligen DDR, in: Anne Sachs/Christiane Lindecke (Hrsg.), Frauen zwischen Ost und West, Kassel 1991, S. 4.

- Obwohl Frauen die besseren Schulabschlüsse aufweisen, konzentrieren sie sich auf ein enges Spektrum von niedrig qualifizierten und schlecht entlohnten Arbeitsplätzen, die ihnen nur geringe Aufstiegschancen bieten und mit wenig Sozialprestige und Aufstiegsmöglichkeiten verbunden sind.
- Gemessen an ihrem Anteil an den Erwerbstätigen sind Frauen überproportional von Erwerbslosigkeit und Armut betroffen.[4]
- Frauen sind deutlich stärker körperlicher und sexueller Gewalt ausgesetzt.
- Leistungen von Frauen werden in der Öffentlichkeit nicht in vollem Umfang zur Kenntnis genommen.

Tatsächliche Gleichberechtigung ist eine Demokratiefrage. So verstanden, muß Frauenpolitik die gleichberechtigte Partizipation und Zuständigkeit von Frauen und Männern in allen Lebensbereichen zum Ziel haben, d. h. bei der Haus- und Familienarbeit, im Kultur- und Freizeitbereich, im Erwerbsleben und in der Politik. Dies setzt allerdings Veränderungen in der geschlechtsspezifischen Arbeitsteilung bzw. in der einseitigen Orientierung der Männer auf Erwerbsarbeit und in den überkommenen Vorstellungen des »typisch Weiblichen« voraus.

c. Frauenpolitik und ihr Bezug zu kommunalen Handlungsfeldern

Die im Grundgesetz festgelegte Gleichberechtigung bzw. das Gebot der Gleichbehandlung von Mann und Frau ist unmittelbar geltendes Verfassungsrecht. Die Träger der öffentlichen Gewalt, zu denen auch die Kommunen zählen, sind dazu verpflichtet, in ihrem örtlichen Wirkungskreis zur Realisierung des Gleichheitsgrundsatzes beizutragen.[5]

Bund und Länder geben Rahmenbedingungen vor, die konkrete Arbeits- und Lebenssituation von Frauen wird jedoch wesentlich von der jeweiligen regionalen und lokalen Situation beeinflußt, oder, anders formuliert: ». . . die Probleme unseres Staates bündeln sich auf der kommunalen Ebene wie in einem Brennglas.«[6]

So entscheidet die kommunale Planungs- und Verkehrspolitik mit über die Mobilität und die Sicherheit von Frauen. Kommunale Sport-, Kultur- und Bildungsangebote beeinflussen die Entwicklungschancen von Mädchen und Frauen, und ob eine Frau kontinuierlich erwerbstätig sein kann (und in einem von ihr gewünschtem Ausmaß bzw. Beruf), hängt wesentlich von der Struktur des regionalen Arbeitsmarktes und von einem quantitativ ausreichenden Angebot an familienergänzender Kinderbetreuung

---

4 Eklatant zeigt sich dies in den neuen Bundesländern, wo 1995 die Erwerbslosenquote mit 22 % bei den Frauen doppelt so hoch wie bei den Männern war. Vgl. Gisela Helwig, Ausgestaltung des Gleichberechtigungsgebotes, in: Informationen zur politischen Bildung (1997) 254, S. 26.

5 Vgl. Bodo Pieroth/Johannes Delmer, Die rechtliche Stellung der Gleichstellungsbeauftragten nach § 64 Abs. 4 Gemeindeordnung Nordrhein-Westfalen, in: Zeitschrift für Frauenforschung (1987) 3, S. 51–64. Ministerium für die Gleichstellung von Frau und Mann (MGFM) in NRW, Rechtsgutachten zur Stellung der kommunalen Gleichstellungsstellen in NRW, Düsseldorf 1992, Urteil des Europäischen Gerichtshof vom 17. 10. 1995, in: Streit, 13 (1995) 4, S. 159–169.

6 Vgl. Hans-Erich Frey, Agonie des Bürokratiemodells? In: Ulrich Steger (Hrsg.), Lean Administration. Die Krise der öffentlichen Verwaltung als Chance, Frankfurt a. M./New York 1994, S. 23–47.

ab. Damit sind nur einige Problembereiche benannt, denen durch kommunalpolitische Akzentsetzungen begegnet werden kann.

Dabei wird deutlich, daß das kommunale Handlungsfeld »Frauenpolitik« sich nicht wie andere Politikbereiche auf ein Fachressort begrenzen läßt, sondern sich auf alle Handlungsfelder kommunaler Politik erstreckt: »Es geht darum, die Frauenfrage in jeden Teil der Verwaltung und Politik hineinzutragen – so lange und so intensiv, bis die Berücksichtigung der Interessen, Belange und Bedürfnisse von Frauen im täglichen Verwaltungshandeln, im politischen Alltag selbstverständlich geworden ist.«[7]

2. Institutionen und Akteurinnen kommunaler Frauenpolitik

In der alten Bundesrepublik blieben die in den 70er Jahren durch die »Neue Frauenbewegung« angestoßenen politischen Diskussionen nicht folgenlos. Einige Gemeinden begannen, Gleichstellungsstellen[8] einzurichten (als erste Köln 1982) und Frauenbeauftragte zu benennen, in einigen Bundesländern wurden Frauenministerien begründet. 1989 wurden im Saarland und in Nordrhein-Westfalen die ersten Frauenfördergesetze verabschiedet, und mittlerweile verfügen alle Bundesländer über Gleichstellungsgesetze, die in der Regel die Kommunen in ihren Geltungsbereich mit einbeziehen. Inzwischen existieren in fast 1 500 Gemeinden, Städten und Landkreisen Gleichstellungsstellen. Zu Recht kann daher die Gleichstellungsstelle seit Gründung der Jugendämter als die »erfolgreichste institutionelle Innovation auf der Ebene der Kommune in der Nachkriegsgeschichte« gelten.[9]

Der Anteil von Frauen in den Kommunalparlamenten und in qualifizierten Positionen in Politik, Verwaltung und Öffentlichkeit hat sich in den letzten Jahren enorm erhöht. In Kommunen mit mehr als 10 000 Einwohnern hat sich der Frauenanteil in den Kommunalparlamenten seit 1983 verdoppelt, in Städten mit über 100 000 Einwohnern betrug ihr Mandatsanteil 1994 durchschnittlich 30,2 %.[10] Neben den Institutionen wie Gleichstellungsstellen, Kommissionen, Ausschuß etc. sind sie die Akteurinnen der kommunalen Frauenpolitik: die »Netzwerkfrauen« (und -männer) in den Parteien, Verbänden, Gewerkschaften, in der Verwaltung und in autonomen Gruppierungen und Vereinen – vom »FrauenNotruf« bis hin zum »Deutschen Akademikerinnenbund«.

Bevor auf sie näher eingegangen wird, soll zunächst die Arbeit der Frauenbeauftragten bzw. der kommunalen Gleichstellungsstellen dargestellt werden, da sie nach wie vor als die zentrale Institution der kommunalen Frauenpolitik gelten.

---

7 Barbara Stolterfoht, Wir sind angetreten, um irgend wann überflüssig zu werden, in: Demokratische Gemeinde (1985) 6, o. S.

8 Die Bezeichnungen dieser Einrichtungen variieren von Frauenbeauftragte, Amt für Frauenfragen, Frauenreferat, Frauenbüro bis hin zu Zentralstelle zur Gleichstellung von Frau und Mann.

9 Barbara Stolterfoht, Macht für Frauen in der Kommunalpolitik, in: Marianne Weg/Otti Stein (Hrsg.), Macht macht Frauen stark, Hamburg 1988, S. 62.

10 Vgl. Bundesministerium für Frauen und Jugend, Frauen in der Bundesrepublik Deutschland, Bonn 1992, S. 113.

a. Kommunale Gleichstellungsstellen

a.1 Rechtliche und finanzielle Grundlagen

Die Einrichtung und Festlegung der Aufgaben und Rechte der Gleichstellungsstelle gehen in der Regel auf einen kommunalpolitischen Beschluß und/oder ein Landesgleichstellungsgesetz und/oder eine Verankerung in der Gemeinde- bzw. Kreisordnung zurück. Die personelle und finanzielle Ausstattung ist je nach Größe der Kommune unterschiedlich und reicht von einer nebenamtlichen Frauenbeauftragten bis hin zum eigenen Amt mit mehreren Mitarbeiterinnen und eigenem Etat. Teilweise sind zusätzliche Fördermittel bei Haushaltsstellen anderer Ämter vorgesehen (z. B. Fortbildungsmittel im Personalamt, Finanzierung des Frauenhauses im Sozialamt, Mittel für Frauenkulturveranstaltungen im Kulturetat). Im Zuge der desolaten Finanzsituation der Kommunen sind die Ressourcen nach dem gerade begonnenen Aufbau der Gleichstellungsstellen in den 80er Jahren zehn Jahre später auf das gesetzlich notwendige Mindestmaß herabgesenkt worden. Einige Bundesländer denken bereits über kostenwirksame Einsparungen in ihrem Gleichstellungsgesetz nach.

a.2 Organisationsmodelle

Aufgrund der unterschiedlichen Entstehungsbedingungen und gesetzlichen Grundlagen weisen die gegenwärtigen Gleichstellungsstellen keine einheitliche Struktur auf. Wie bei den Bezeichnungen, so herrscht auch bei den Organisationsformen eine große Variationsbreite. Die Organisationsform und die damit verbundenen Einflußmöglichkeiten entscheiden – neben der Stärke der Frauenbewegung vor Ort und der individuellen Durchsetzungskraft der jeweiligen Frauenbeauftragten – über den Erfolg der Gleichstellungsarbeit. Nach nunmehr 15 Jahren Erfahrung hat sich gezeigt: Wenn die Einrichtung der Gleichstellungsstelle nicht nur ein symbolischer Akt bleiben soll, müssen die Kriterien Hauptamtlichkeit, Querschnittsfunktion, hohe hierarchische Ansiedlung und kurzer Instanzen- und Informationsweg bei der Wahl der Organisationsform erfüllt sein.

Die überragende Mehrzahl der Kommunen hat eben dieses »klassische Modell« einer als Stabsstelle direkt der Verwaltungsspitze unterstellten hauptamtlichen Frauenbeauftragten gewählt. Die Gleichstellungsstelle ist damit eine eigenständige, anderen Verwaltungseinheiten gleichgestellte Organisationseinheit.

Werden die Gleichstellungsaufgaben einem Dezernat zugeordnet, nimmt entweder der/die Dezernent/in die Aufgabe selbst wahr, oder im Dezernat wird eine Stabsstelle bzw. Amt verankert. Ziel dieses Modells ist es, die Gleichstellungsstelle zum Frauenamt weiterzuentwickeln. Vorteil dieses »Stadträtinnenmodells« ist, daß Frauenpolitik auf höchster Hierarchieebene angesiedelt ist und die dortige gewählte Amtsinhaberin unabhängig agieren kann. Allerdings kann dies auf Kosten der Querschnittsfunktion gehen, denn hauptamtliche Beigeordnete verfügen nicht über ressortübergreifende Kompetenzen. Nur noch selten ist das »Politikerinnenmodell« anzutreffen, bei dem eine Abgeordnete des Kommunalparlaments zur Frauenbeauftragten gewählt wird. Sie ist allein dem Parlament gegenüber verantwortlich und weisungsungebunden gegenüber der Verwaltung. Die Ferne zur Verwaltung ist denn auch das Problem dieser Organisationsform.

Im Rahmen der Diskussion um die Einführung des Neuen Steuerungsmodells in der Kommunalverwaltung wird die Ansiedlung der Frauenbeauftragten bzw. der Gleichstellungsstelle neu diskutiert.

Drei Varianten sind denkbar:

- Die Verankerung auf der Ebene der politischen Steuerung (Parlament), was weitgehend dem o. g. »Politikerinnenmodell« entspräche.
- Die Ansiedlung bei der Steuerungsunterstützung (Querschnittsbereich, der konzeptionell der Dienststellenleitung zuarbeitet) hätte den Vorteil, daß die Frauenbeauftragte an der strategischen Zielfestlegung beteiligt wird, aber den Nachteil, daß sie in Einzelentscheidungen (z. B. Personalentscheidungen) der dezentralen Einheiten nicht eingreifen kann bzw. von den dortigen Entscheidungen nicht Kenntnis erhält.
- Die Zuordnung zu einem Fachbereich bedeutet keine Eingriffsmöglichkeit in andere Fachbereiche, und die Frauenbeauftragte wäre bei der Erarbeitung und Festlegung der strategischen Ziele und deren Kontrolle nicht beteiligt.

a.3 Aufgaben und Kompetenzen

Bei den Frauenbeauftragten handelt es sich um eine Mischform von Überwachungs-, Initiativ- und Beratungsinstanz. Sie sind mit anderen Beauftragten wie etwa dem Datenschutzbeauftragten nur begrenzt vergleichbar, da sich ihr Aufgaben- und Zuständigkeitsbereich nicht nur auf einen eng umgrenzten Bereich, sondern weitergehend auf alle kommunalpolitischen Politikfelder bezieht.

Mit dem Beschluß zur Einrichtung einer Gleichstellungsstelle verabschieden die meisten Kommunalparlamente einen Aufgabenkatalog. Desweiteren enthalten die Gleichstellungsgesetze in unterschiedlicher Ausprägung eine Festlegung der Aufgaben und Kompetenzen. Zum Standardkatalog der Aufgaben gehören:

Mitwirkung an der kommunalen Willensbildung

Die Gleichstellungsstelle prüft Verwaltungsvorlagen hinsichtlich ihrer Auswirkungen auf Frauen und bringt frauenspezifische Anliegen und Forderungen in die Arbeit der Verwaltung bzw. kommunalen Vertretungskörperschaften mit ein.

Interessenvertretung für die weibliche Bevölkerung

Einerseits wird den ratsuchenden Bürgerinnen direkte Hilfe in Sprechstunden angeboten, andererseits sind die Einzelprobleme oftmals »Seismograph« für strukturelle Probleme. In dieser Hinsicht sind die Beratungen wichtige Informationsquellen über Bereiche, in denen Frauen benachteiligt sind. In den neuen Bundesländern stellt die Beratungsfunktion den Hauptanteil der Arbeit für die Gleichstellungsstellen dar, da sich sehr viele Frauen in der Hoffnung auf Abhilfe ihrer Probleme – vorwiegend Erwerbslosigkeit – an die Gleichstellungsstelle wenden. Gleichstellungsarbeit droht damit – entgegen ihrer eigentlichen Zielsetzung – zur Sozialarbeit zu werden. Zugleich sehen sich die dortigen Gleichstellungsstellen einem deutlichen Mangel an Engagement seitens der betroffenen Frauen gegenübergestellt: Resignation, Hoffnungslosigkeit und Zukunftsangst müssen in der Gleichstellungsarbeit überwunden werden.

Öffentlichkeitsarbeit und Kooperation

Neben der Erstellung von Berichten, Gutachten, Informationsmaterial und Pressemitteilungen zur Situation der Frauen in der Kommune (Arbeitsmarkt, Kinderbetreuungssituation, Mobilität, Wohnsituation, sexuelle Gewalt etc.) initiiert die Gleichstellungsstelle Veranstaltungen, Arbeitskreise u. ä. Die Kooperationen und Kontaktpflege zu Betriebs- und Personalräten, Verbänden, Unternehmen sowie zum Arbeitsamt haben das Ziel, Informationen und Anregungen weiterzuleiten, zu vermitteln und die Bereitschaft dieser Entscheidungsträger zu erhöhen, Maßnahmen zur Gleichstellung zu entwickeln.[11]

Frauenförderung innerhalb der Verwaltung

Jede Kommunalverwaltung ist ein Arbeitgeber mit potentieller Vorbildfunktion. Je nachdrücklicher sie sich für die berufliche Gleichstellung ihrer Mitarbeiterinnen einsetzt, desto glaubwürdiger kann sie dies auch von der Privatwirtschaft einfordern. Doch noch gilt auch für Arbeitgeber Staat: Männer entwickeln die Konzepte, und Frauen führen sie aus.[12] Um diesen Benachteiligungen entgegenzuwirken, haben viele kommunale Arbeitgeber Frauenförderpläne in Kraft gesetzt. Frauenförderpläne sind personalpolitische Konzepte, die Maßnahmen und Umsetzungsverfahren für die Förderung der beruflichen Gleichstellung festlegen mit dem Ziel, den Frauenanteil in der Dienststelle zu erhöhen. Die getroffenen Maßnahmen beziehen sich auf
– Stellenbesetzungen und Beförderungen[13];
– Vereinbarkeit von Familie und Beruf durch Arbeitszeitflexibilisierung, betriebsnahe Kinderbetreuung und Beurlaubungen mit Arbeitsplatzgarantie;
– Qualifizierungsmaßnahmen zur Übernahme von höherwertigen Tätigkeiten bzw. Funktionen;
– Verbesserung von Arbeitsbedingungen, z. B. durch sozialversicherungspflichtige Arbeitsverhältnisse, sexuelles Belästigungsverbot am Arbeitsplatz, Auflösung von zentralen Schreibbüros, Einrichtung von Gesundheitszirkeln.
In vielen Kommunen sind gerade die teilweise umstrittenen Frauenförderpläne der Einstieg in die Personalentwicklungsplanung und der erste Schritt zum modernen Personalmanagement. Frauenförderung ist ohne systematische Personalentwicklung

---

11 Die Frauenbeauftragten haben sich in Landes- und Bundesarbeitsgemeinschaften zusammengeschlossen und werden hier durch ein Sprecherinnengremium vertreten. Durch einen regelmäßigen Austausch über ihre Arbeit, eine Abstimmung ihrer frauenpolitischen Zielsetzungen und Vorgehensweisen sowie durch gezielte politische Intervention, u. a. als Sachverständige bei öffentlichen Anhörungen, versuchen sie, Einfluß auf die Landes- und Bundesgesetzgebung zu nehmen.

12 Im höheren Dienst beträgt der Frauenanteil weniger als 15 %; die Mehrheit der Frauen im öffentlichen Dienst arbeitet in den traditionellen, schlechter bezahlten und mit geringeren Aufstiegschancen ausgestatteten Berufen (Schreib- und Verwaltungsdienst, Reinigungs-, Pflege- und Erziehungsdienst).

13 Eine Bevorzugung von Frauen bei gleicher Qualifikation ist lt. EU-Rechtsprechung nicht erlaubt; zulässig ist aber die Formulierung von Zielquoten zur Erhöhung des Frauenanteils, wie sie z. B. im hessischen Gleichberechtigungsgesetz vorgesehen sind. Die Dienststelle hat in diesem Fall entsprechende Qualifizierungsmaßnahmen einzuleiten, so daß eine verbesserte Chance für Frauen besteht, als qualifizierteste Bewerberinnen aus einem Auswahl- bzw. Beförderungsverfahren hervorzugehen.

auf der Basis von quantitativen und qualitativen Daten nicht möglich. Von der damit verbundenen größeren Transparenz und der damit einhergehenden Diskussion über Ziele der Personalpolitik profitieren weibliche Beschäftigte. Bisher überwiegend Frauen zugeschriebene Qualifikationen wie soziale und kommunikative Kompetenz, Teamorientierung und Einfühlungsvermögen gewinnen gerade auch im Zusammenhang mit Verwaltungsmodernisierung zunehmend an Bedeutung. Die bisherigen Erfahrungen mit Frauenförderplänen haben allerdings gezeigt, daß für ihren Erfolg ein hohes Maß an Verbindlichkeit und Kontrolle (Berichtspflicht) notwendig ist.

b. Frauen in der Verwaltungsspitze

1986 gab es in der gesamten Bundesrepublik weniger als zehn hauptamtliche weibliche Beigeordnete in Städten und Landkreisen; im Jahr 1992 waren es – nach einer unvollständigen Liste des Arbeitskreises kommunaler Wahlbeamtinnen – weit über 60. Dies war kein naturwüchsiger Prozeß, sondern durchweg Ergebnis politischer Kämpfe. Oft hatten Frauen schon vor der eigentlichen Personalauswahl in den Parteigremien durchgesetzt, daß die jeweils nächste freiwerdende Position im Kreisausschuß (Verwaltungsausschuß, Magistrat, Beigeordnetenkonferenz) von einer Frau zu besetzen sei. An qualifizierten Bewerberinnen mangelte es nicht, da die Bildungsexpansion der 60er Jahre dazu geführt hatte, daß Fachfrauen mit Berufserfahrung in fast jedem Bereich zur Verfügung standen. So gibt es inzwischen auf der Ebene der Exekutive in Landkreisen und kreisfreien Städten Oberbürgermeisterinnen, Kämmerinnen, Stadtbaurätinnen, Schuldezernentinnen, Jugend- und Sozialdezernentinnen.

In einer Reihe von Städten und einigen Landkreisen gibt es darüber hinaus Frauendezernate, die jedoch in der Regel – wie in der Kommunalpolitik üblich – mit anderen Ressortpolitiken zusammen von einer politischen Wahlbeamtin vertreten werden. Regelmäßig fehlt diesen Frauendezernaten der personelle Unterbau. Dieser beschränkt sich in der Regel auf das Frauenbüro. Selten (z. B. Stadt Köln) gibt es ein Amt mit einer Amtsleiterin. Gleichwohl ist die Einrichtung von Frauendezernaten nicht hoch genug einzuschätzen: Frauenfragen haben damit Eingang in die politische Ressortaufteilung gefunden. Sie gelten als »ressort-« und damit als »politikfähig«.

c. Frauen in Stadt- und Kreisparlamenten

Die Wirksamkeit von parteiübergreifenden »Frauenfraktionen« in den kommunalen Parlamenten ist bislang nicht untersucht worden. Auffällig ist jedoch das Wachstum der Frauenanteile in den Fraktionen. Diese Entwicklung ist bei den Parteien unterschiedlich verlaufen und hängt damit zusammen, ob und wie verbindlich Frauen bei der Vergabe von öffentlichen Ämtern unterstützt werden. Die Partei BÜNDNIS 90/ DIE GRÜNEN führte 1986 eine Frauenquote mit dem (bisher nicht erreichten) Ziel ein, Wahlämter paritätisch zu besetzen; bei der SPD soll bis 1998 eine Quote von 40 % erreicht sein, und die CDU beschloß im Herbst 1995 ein »Frauenquorum«: Jeweils ein Drittel der Parteiämter soll zukünftig von Frauen wahrgenommen werden.

Zwei gegenläufige Tendenzen hinsichtlich der Wirkung dieser Beschlüsse sind auszumachen:

Frauen in Kommunalparlamenten klagen einerseits häufig darüber, daß Fraueninteressen der Fraktionsdisziplin von der Mehrheit oder von der Opposition rigoros
untergeordnet werden. Zu fraktionsübergreifenden Frauenbündnissen komme es in
der Regel nicht. Frauen leiden auch unter dem männlich dominierten Politikbetrieb,
wo »der Einsatz für Frauenfragen der Karriere . . . eher hinderlich«[14] ist. Andererseits
schlagen Fraueninteressen sich jedoch in zahlreichen Anträgen und Initiativen nieder,
die von Maßnahmen gegen sexuellen Mißbrauch über Frauenhäuser bis zu frauen-
freundlicher Verkehrsplanung reichen. In einigen Landkreisen und Städten gibt es
Frauenausschüsse (z. B. Wiesbaden), häufig jedoch mindestens Frauenkommissionen,
Deputationen, Gleichstellungskommissionen und -beiräte. Festzuhalten bleibt daher,
daß sich zwar am Politikstil erst wenig verändert hat, im Hinblick auf die Ergebnisse
die kommunale Frauenpolitik jedoch eindeutig eine positive Bilanz aufweisen kann.

d. Vereine mit frauenpolitischer Zielsetzung

Das stützende Element, aber auch gleichzeitig der Maßstab für den kommunalpolitischen Erfolg der Gleichstellungsstellen und der Frauenbewegung in den Parteien ist
die frauenpolitische Infrastruktur. Ein weites Netz von Kommunalpolitikerinnen, Gewerkschafterinnen, Verbands- und autonomen Frauen hat sich im Laufe der letzten 15
Jahre gebildet. Oft von autonomen Frauengruppen gegründet, gibt es zahlreiche Projekte und Gruppen, die zu wesentlichen Teilen aus den kommunalen Haushalten mit-
finanziert werden. Dazu gehören Bildungs- und Kulturangebote ebenso wie Projekte
zur beruflichen Orientierung und Qualifizierung und zum Abbau von Gewalt gegen
Frauen (vgl. auch den Beitrag von Annette Zimmer zu Vereinen und lokaler Politik, in
diesem Band). Die Frauenbewegung war in der Bundesrepublik eher antistaatlich geprägt; erst mit der Institutionalisierung ihrer Projekte relativierte sich dies. Durch den
Rückgang der kommunalen Förderungsmöglichkeiten mußten viele Frauenprojekte
wieder aufgeben, einige wiederum haben sich durch die Erschließung von neuen Fi-
nanzierungsquellen, z. B. Sponsorengelder, etablieren können. Der härtere Verteilungskampf hat aber auch dazu geführt, daß der institutionalisierten Frauenpolitik
wieder mit größerer Skepsis begegnet wird.

3. Institutionelle und politische Erfolge kommunaler Frauenpolitik

Eine neue Qualität der Frauenpolitik der 90er Jahre zeichnet sich ab. Frauenpolitik hat
ihren Ort gefunden: Verwaltungsmäßig ist sie abgesichert durch ein Frauenbüro; in
Einzelfällen ist sie zur Ressortpolitik mit Anbindung an eine hauptamtliche Wahlbeamtin aufgewertet worden; in den Kommunal- und Kreisparlamenten macht sie –
personell und inhaltlich – einen deutlich erkennbaren Teil der Kommunalpolitik aus.

---

14 Rita Süssmuth, Frauen im Job benachteiligt, in: Beilage der Süddeutschen Zeitung vom 7. 10.
1994, S. II.

Kommunalpolitik war noch Jahrzehnte nach Einführung des Frauenstimmrechts eine Männerdomäne, in den Kommunalparlamenten gab es Frauen nur als Ausnahmeerscheinung. Die, Interessen, die Lebenszusammenhänge, die Lebenslagen von Frauen spielten in der Kommunalpolitik keine Rolle. Ein Teil der Entgleisungen der Kommunalpolitik – von der autogerechten Stadt bis zu den Wohnsilos der 60er Jahre – hat ihre Ursache auch darin, daß Frauen in der Kommunalpolitik weder gehört noch berücksichtigt worden sind. Dies beginnt sich jedoch zu ändern.

Frauenfreundliche Verkehrspolitik

Ausgehend von der Bestandsaufnahme, daß Männer sich mit dem Auto, Frauen und Kinder aber vor allem zu Fuß, mit dem Fahrrad und mit öffentlichen Verkehrsmitteln fortbewegen, haben sich die Zielsetzungen der Verkehrspolitik der Städte nicht zuletzt durch frauenpolitische Impulse verändert: Vorrang für den öffentlichen Nahverkehr, Ausbau der Radwege, Erhöhung der Aufenthaltsqualität von Stadtplätzen – das alles sind Forderungen, die Frauenbeauftragte und Frauenpolitikerinnen schon früh und zunehmend mit mehr Erfolg erhoben haben (vgl. auch den Beitrag von Dieter Apel zur kommunalen Verkehrspolitik in diesem Band).

Frauenfreundliche Kulturpolitik

Künstlerinnen beklagen seit Jahren zu Recht, daß der Kulturbetrieb in hohem Maße männlich geprägt sei. Ausstellungen von Frauen für Frauen (und meist auch Männer), Frauenveranstaltungen im Rahmen städtischer Kulturprogramme, Frauenfestivals (z. B. das Komponistinnenfestival in Kassel), Mitwirkung von Künstlerinnen am Kulturprogramm einer Stadt oder Gemeinde, Förderung von Frauentheater u. v. m. haben auf kommunaler Ebene dazu beigetragen, Frauen neue Ausdrucksformen zu erschließen und Künstlerinnen einen neuen Zugang zu ihrem Publikum und zur Kunstszene zu schaffen (vgl. auch den Beitrag von Hermann Glaser zur kommunalen Kulturpolitik in diesem Band).

Frauenfreundliche Bildungspolitik

Die Benachteiligung von Mädchen im Unterricht, die Nichtberücksichtigung von Frauen in Schulbüchern außer als Hausmütterchen, die Rolle von Gewalt an Schulen – alle diese Themen sind auch kommunalpolitisch relevant. Die Förderung der Bildung von Mädchengruppen an Schulen, die Wiederaufnahme der Diskussion um Sinn und Folgen koedukativen Lernens, Selbstbehauptungstraining für Schülerinnen, kritische Schulbuchdiskussionen wurden nicht zuletzt dort vorangetrieben, wo Schule dem kommunalen Einflußbereich offensteht.

Schutz für Frauen

Gegenstand kommunalpolitischer Entscheidungen (und heftiger kommunalpolitischer Kämpfe) war und ist der Themenbereich Gewalt gegen Frauen. Der Kampf um die

Finanzierung von Frauenhäusern und Notrufgruppen ist noch längst nicht in allen Städten und Landkreisen entschieden, und ein Nachttaxi für Frauen gibt es leider nur sehr selten.

Anders als vor wenigen Jahren ist jedoch die Forderung nach mehr Schutz für Frauen in allen Kommunalparlamenten unüberhörbar.

Frauenfreundliche Jugendpolitik

Angeregt durch den Mädchenbericht der Bundesregierung, aufgeschreckt durch einschlägige wissenschaftliche Studien, die bewiesen, daß Jugendarbeit Jungenarbeit ist, forderten und erreichten Jugendpolitikerinnen, Frauenbeauftragte und Sozialarbeiterinnen einen Kurswechsel. In den Jugendzentren wurden spezielle Angebote für Mädchen geschaffen; die Benachteiligung von Mädchen in der Kinder- und Jugendarbeit wurde Gegenstand von Dienstbesprechungen und Fortbildungen. Das Problem des sexuellen Mißbrauchs und der sexuellen Übergriffe wurde nicht zuletzt dank kommunalpolitischer Initiativen ins Bewußtsein gerückt und damit bearbeitbar. Einige Städte haben sogar Mädchenbeauftragte berufen. Zahlreiche Gebietskörperschaften haben inzwischen Angebote und Schutzmöglichkeiten für sexuell mißbrauchte Mädchen eingerichtet.

Frauenfreundliche Arbeitsmarktpolitik

Die hohe Zahl der Sozialhilfeempfängerinnen und -empfänger brachte in den 80er Jahren zahlreiche Städte und Landkreise dazu, spezielle Arbeitsmarktprogramme für benachteiligte Gruppen auf dem Arbeitsmarkt zu entwickeln. Damit gerieten auch Frauen – die den weitaus größten Teil des Personenkreises stellen, der Sozialhilfe bezieht – ins Blickfeld der Arbeitsmarktpolitik. Durch spezielle Teilzeit-Qualifikationsmaßnahmen, durch Wiedereingliederungs- und Existenzgründungsprogramme, durch Kinderbetreuungsangebote bei Teilnahme an den Programmen »Arbeit statt Sozialhilfe« bzw. »Ausbildung statt Sozialhilfe« gelang es, die Chancen von Frauen und insbesondere von alleinerziehenden Müttern zu erhöhen, ihren Lebensunterhalt eigenständig zu sichern.

Der besonders schwierigen Lage von erwerbswilligen Müttern nach der Kinderpause widmeten sich zahlreiche Wiedereinstiegsprogramme der Frauenbeauftragten, der Volkshochschulen und der Frauenverbände. Die Förderung aus kommunalen Kassen ist allen Programmen gemeinsam – auch dies ein Indikator für die Stärke frauenpolitischer Impulse (vgl. auch den Beitrag von Hubert Heinelt zur kommunalen Arbeitsmarktpolitik in diesem Band).

Frauenfreundliche KiTa-Politik

Sichtbarstes Zeichen der gewachsenen Einflußchancen der Frauen ist die politische Durchschlagskraft der Forderung nach mehr Kindertagesstättenplätzen, welche schließlich in einen Rechtsanspruch mündete. Pädagogische Argumente für Kindertagesstätten hätten diese hohe politische Priorität nie erreicht. Es sind die inzwischen nicht mehr zu übersehenden Frauenforderungen nach KiTa-Versorgung als Voraussetzung ihrer Erwerbstätigkeit, die Kindertagesstätten an die Spitze kommunal-politischer Prioritäten katapultiert haben – ein Vorgang, der noch vor zwanzig Jahren undenkbar gewesen wäre.

Frauenfreundliche Personalpolitik

Die zahlreichen Frauenförderpläne auf kommunaler Ebene dokumentieren das Be-mühen, die Chancengerechtigkeit von Frauen in den Stadtverwaltungen zu erhöhen. Politische Entscheidungen zugunsten von Teilzeitarbeit oder des Erhalts des Arbeits-platzes bei Rückkehr aus der Beurlaubung tragen hierzu bei. Auf kommunalpolitische Initiativen gehen jedoch auch die Untersuchungen von Arbeitsbedingungen be-sonderer Gruppen (Reinigungsfrauen, Erzieherinnen, Schreibkräfte) zurück. Diese standortbezogenen Untersuchungen haben in unterschiedlicher Weise zu Maßnahmen zur Verbesserung der Situation am Arbeitsplatz geführt. Besonders bemerkenswert ist der Kampf in zahlreichen Städten und Landkreisen gegen ungesicherte Be-schäftigungsverhältnisse von Frauen im Reinigungsgewerbe. In vielen Städten und Landkreisen ist trotz der erhöhten Kosten das Reinigungspersonal wieder rekom-munalisiert worden, oder die Privatfirmen wurden vertraglich verpflichtet, nur sozial-versicherungspflichtig beschäftigte Frauen für die Reinigung städtischer Gebäude einzusetzen.

4. Widersprüche und Interessenkonflikte

Die lokalen Akteurinnen kommunaler Frauenpolitik haben Verwaltungshandeln und kommunale Politik in den vergangenen Jahren nachhaltig geprägt und verändert – weniger durch formale Macht als durch Einfluß, Einmischung, Infragestellen und Herausarbeiten frauenpolitischer Aspekte auch bei scheinbar so frauenfernen Themen wie Fahrradwegeplanung und Müllkonzepten. Nach wie vor steht jedoch der Vorwurf im Raum, daß die »Verstaatlichung« der Frauenfrage mehr zu einer Vereinnahmung von Fraueninteressen als zu einer grundlegenden Veränderung von patriarchalischen Strukturen geführt habe.[15] Wie ist dieser Vorwurf zu bewerten?

Trotz überwiegend positiver Bilanz muß sicher vor der Hoffnung gewarnt werden, innerhalb weniger Jahre könnten jahrhundertealte, Frauen benachteiligende Struk-turen verändert werden. So muß vor diesem Hintergrund auch die Institution der Gleichstellungsstelle kritisch beleuchtet werden.

Die Entscheidung der Politik, eine »Veränderin« – in der Sprache des Neuen Steuerungsmodells eine »change agent« – in der Verwaltung mit der Lösung des ge-sellschaftlichen Problems der Benachteiligung von Frauen zu beauftragen, ist keines-wegs gleichzusetzen mit dem Willen zur Veränderung. Veränderungen in Organisa-tionen bringen ganz spezifische Widerstandsformen hervor. Natürlich ist es nicht op-portun, sich gegen Gleichheit und Gerechtigkeit öffentlich auszusprechen. Dennoch denken einzelne Personen im Geheimen anders und verhalten sich entsprechend. Der

---

15 Vgl. Anita Heiliger, Institutionalisierte Frauenpolitik im Umbruch, in: Zeitschrift für Frauenforschung, 13 (1995) 1+2, S. 8-15.

sensibelste Bereich ist dabei der der Personalpolitik. Die strukturelle und individuelle Diskriminierung von Frauen wird vielfach dann nicht mehr als Problem wahrgenommen, wenn »man« persönlich betroffen ist. Statt dessen wird eine mögliche Benachteiligung von Männern infolge von Frauenförderplänen zum Thema der von Männern geführten Diskussionen, die neuerdings zunehmend zu gerichtlichen Auseinandersetzungen führen. Auf diesen Sachverhalt geht auch die ehemalige hessische Frauenministerin Heide Pfarr in ihrem Resumée zur Frauenpolitik[16] ein: »Frauenpolitik stößt immer und überall auf den geballten Widerstand. Die Apparate kennen alle Wege und Schlichen, um neue Ansätze im Sand oder vielmehr in der Bürokratie verlaufen zu lassen. . . . Der Widerstand wird schließlich militant, wenn die Männer, die in den Institutionen beschäftigt sind, ihre persönlichen Interessen gefährdet sehen. Das geschieht schon dann, wenn der Frauenpolitikerin zugestanden wird, daß sie für die eine oder andere Beförderungsposition nach Qualifikation entscheiden oder gar Frauen berücksichtigen will. Am schlimmsten ist es, wenn sie dieses Verhaltensmuster auch noch allgemein verbindlich machen will. Lang geplante Karriereleitern, gut gesicherte Seilschaften und Männernetzwerke sind so vom Zusammenbruch bedroht. Mögen Männer auch einmal eine Änderung der Politik nach außen hinnehmen, ein Infragestellen ihrer persönlichen Position, eine Verletzung ihrer Karriereaussichten und das Zerschlagen ihrer männlichen Machtzentren werden sie auf keinen Fall durchgehen lassen«.

So kann die Gleichstellungsstelle als »institutionalisierte Spielwiese« der Frauenpolitik durchaus von vielen Antagonisten in der Verwaltung akzeptiert werden, soweit sie ihre Grenzen nicht überschreitet und »fremdes Terrain« betritt. Eine Frauenbeauftragte, die die bestehenden Strukturen und Machtverhältnisse akzeptiert und sich darin bewegt, kann vielleicht sogar noch Teilerfolge vorweisen, wie die Besetzung der einen oder anderen Führungsposition, die Etablierung eines Frauenkulturtages o. ä.; dem Anspruch auf umfassende und gleichberechtigte Teilhabe von Frauen an allen gesellschaftlichen Bereichen kann sie jedoch sicherlich nicht gerecht werden. Doch ist dieser Anspruch nicht ohnehin eine überzogene Erwartung an die Funktion der Frauenbeauftragten, unabhängig von der jeweiligen persönlichen Stärke der Person und ihrer Bereitschaft, Strukturen in Frage zu stellen und Konflikte einzugehen?

Der von den meisten Kommunen (dennoch nicht unbedingt freiwillig) gewählte Weg der Einrichtung einer Gleichstellungsstelle innerhalb der Verwaltung hat sich als Schritt in die richtige Richtung erwiesen, wie die bisherigen Erfahrungen und politischen Erfolge gezeigt haben; beschränkt sich Frauenpolitik in einer Kommune aber allein auf diese Maßnahme, bleibt sie unzureichend. Allein das Mißverhältnis der umfangreichen Aufgaben zu den begrenzten Kompetenzen und geringen Ressourcen führt bei vielen Frauenbeauftragten zu einer Überlastung aufgrund ihrer vermeintlichen »Allzuständigkeit« und des hohen Legitimationsdrucks, begleitet von dem Gefühl des »Nichtgenügens« und der Unzufriedenheit. Wird Gleichstellung nur als Arbeitsauftrag der Frauenbeauftragten und nicht als »Gemeinschaftsaufgabe« aller kommunalpolitisch Handelnden aufgefaßt, so steht sie in Gefahr, sehr schnell Opfer finanzpolitischer Spielräume zu werden.

Neue Hoffnung zur Lösung dieses Dilemmas erhält die kommunale Frauenpolitik durch die Einführung des Neuen Steuerungsmodells in der Kommunalverwaltung.

---

16 Heide Pfarr, Wenn es um Frauenpolitik geht, klappt der Männerbund in der Politik prima, in: Frankfurter Rundschau vom 27. 8. 1994, S. 14.

5. Gleichstellung im Neuen Steuerungsmodell

Die Ziele der Verwaltungsreform – mehr Effektivität, mehr Bürger/innennähe, mehr Wirtschaftlichkeit, mehr Mitarbeiter/innenzufriedenheit – werden von allen Seiten begrüßt. Gerade Frauenbeauftragte können sich mit diesen Zielen identifizieren, stehen sie doch beispielsweise zu dem von ihnen bekämpften Anciennitätsprinzip der Verwaltung konträr.

Modernisierungsstrategien in der Verwaltung führen jedoch nicht automatisch die Aufhebung der geschlechtsspezifischen Arbeitsteilung mit im Gepäck. Verwaltungsreform bedeutet daher keinesfalls eine zwangsläufige Entwicklung zu mehr Gleichberechtigung, aber sie kann neue Chancen für eine größere Berücksichtigung von Fraueninteressen eröffnen.

So ermöglichen die Produktbeschreibungen (Dienstleistungen der Verwaltung) und die Kostenzuordnungen zu den einzelnen Produkten erstmals eine Transparenz des städtischen Haushaltes. Das bedeutet auch, daß klarer wird, wer die »Kundinnen und Kunden« der jeweiligen kommunalen Dienstleistungen sind.

Eine entscheidende Voraussetzung für die Umsetzung von Geschlechtergerechtigkeit ist die Entwicklung von Leitbildern für die Verwaltung, in denen Gleichstellung als Globalziel verankert sein muß. Erst dann wird deutlich, daß Frauenförderung eine Gemeinschaftsaufgabe ist. Eine Leitfrage bei allen Zielformulierungen muß daher sein: Inwieweit werden die Bedürfnisse von Frauen, inwieweit die von Männern berücksichtigt?

Frauenförderung allein durch Produkte der Gleichstellungsstelle – das wäre zu wenig für die Frauen und zu viel für die Frauenbeauftragte. Frauenförderung muß daher integraler Bestandteil bei den Produktbeschreibungen der Fachbereiche sein. Denn die Produktverantwortung liegt beim Fachamt, nicht bei der Frauenbeauftragten.

a. Die Vision: Frauenpolitik im Neuen Steuerungsmodell

Über das Kontraktmanagement wird die Gemeinschaftsaufgabe Frauenförderung durch die Politik über die Verwaltungsführung und den zentralen Steuerungsdienst als Qualitätskennzeichen kommunalen Handelns mit den Fachbereichen vereinbart. Die Fachbereiche entwickeln daraufhin geschlechtergerechte Qualitätskriterien für bestehende Produkte und erstellen eigenständige Produkte zur Frauenförderung. Die Controlling-Stellen der Fachbereiche melden über das Berichtswesen der Verwaltungsführung, der Gleichstellungsstelle und -kommission den Grad der Zielerreichung zurück (Anzahl der Maßnahmen, Stand der Bearbeitung, Produktverantwortliche, Budget etc.).

Die Gleichstellungsstelle ist bei der Realisierung der Gemeinschaftsaufgabe unterstützend tätig, indem sie das Verwaltungsmanagement bei der Festlegung der Ziele zur Realisierung der Gemeinschaftsaufgabe berät und mit den Fachbereichen einzelne Handlungsprogramme entwickelt. Darüber hinaus unterstützt die Frauenbeauftragte das Controlling bei der Aus- und Bewertung der Qualitätssicherung. Da das Expertinnenwissen zum großen Teil noch bei ihr liegt, kann es sein, daß sie noch eigenständige Produkte anbietet. Langfristiges Ziel ist aber die Implementation dieses Wissens in die Verwaltung.

b. Chancen und Risiken der Frauenpolitik im Neuen Steuerungsmodell

Die Verwaltungsreform beinhaltet sicherlich viele Chancen für Frauen, vor allem für weibliche Beschäftigte des öffentlichen Dienstes: stärkere Betonung des Leistungsgrundsatzes, Parallelaufstieg durch alternative Laufbahnen, die Berücksichtigung bisher nicht honorierter Qualifikationen (Moderation, Präsentation, soziale und kommunikative Fähigkeiten). Eine systematische und transparente Personalentwicklung müßte eigentlich zwangsläufig zu einer stärkeren Berücksichtigung des weiblichen Qualifikationspotentials führen. Da der Motor der unter dem Schlagwort »Verwaltungsmodernisierung« betriebenen Reformbemühungen aber eindeutig die Konsolidierungsnotwendigkeit der kommunalen Haushalte ist und diese nicht zuletzt zu einem Personalabbau führt, können bestimmte Beschäftigtengruppen, zu denen überwiegend auch Frauen gehören, zu den Modernisierungsverlierern gehören:

- Aufgrund von Konsolidierungsauflagen kommt es so gut wie nicht mehr zu externen Einstellungen. Sie waren in der Vergangenheit das Hauptinstrument zur Erhöhung des Frauenanteils gerade bei höherwertigen Funktionen.
- Lean Management und der Abbau der mittleren Führungsebene bedeuten geringere Aufstiegsmöglichkeiten auch für Frauen, und dies gerade zu einem Zeitpunkt, zu dem qualifiziertes weibliches Führungspersonal nachgewachsen war.
- Bisher von den Kommunen wahrgenommene Aufgaben werden ausgelagert bzw. an private Dienstleister vergeben, die oftmals schlechtere Arbeits- und Entlohnungsbedingungen bieten. Der damit verbundene Abbau von Arbeitsplätzen in der Verwaltung vollzieht sich gerade in Bereichen, in denen überwiegend Frauen arbeiten (z. B. Reinigungsbereich, Schreibarbeitsplätze, Köchinnen).

Für die Bürgerinnen ist auf der einen Seite die neue Transparenz der Dienstleistungen positiv. Die zur Zeit aller Orten vorgenommene Aufgabenkritik zur Einsparung von Haushaltsmitteln wird auf der anderen Seite nur selten unter geschlechtsspezifischen Aspekten vollzogen. Die Veränderungen von Aufgaben oder deren Streichung aus dem Angebot der öffentlichen Dienstleistungen haben aber oft unterschiedliche Auswirkungen auf Frauen und Männer. Diese geschlechtsspezifischen Effekte werden allerdings nur selten berücksichtigt. Es wird jedoch darum gehen müssen, sie zum Gegenstand politischer Entscheidungen zu machen.

Frauen brauchen in bestimmten Bereichen den Ausbau öffentlicher Dienstleistungen und die Entprivatisierung unbezahlt geleisteter Arbeit für Kinder und ältere Menschen – zumindest so lange, wie sie aufgrund der traditionellen geschlechtsspezifischen Arbeitsteilung für die (unbezahlte) Haus- und Familienarbeit zuständig sind. Die Verlagerung dieser öffentlichen Dienstleistungen in den Bereich der unbezahlten Arbeit bewirkt, daß noch weniger wahrgenommen und politisch bewertet wird, daß es überwiegend Frauen sind, die diese Arbeit im Haushalt, in Initiativen und Ehrenamt leisten.

6. Mehr Demokratie wagen mit Frauen

Insgesamt ist festzustellen, daß noch nie in der Geschichte der Bundesrepublik Fraueninteressen in einem so hohen Maße Eingang in die Kommunalpolitik und kommunales Verwaltungshandeln gefunden haben wie gegenwärtig. Dies hat jedoch bisher noch nicht zur Auflösung der männlich dominierten Strukturen geführt, jedoch sehr wohl zu einer Verbesserung der Lebensqualität zahlreicher Frauen und in jedem Falle zu einer lebendigeren Kultur- und Bildungslandschaft und Infrastruktur.

Frauen innerhalb und außerhalb der Rathäuser, in den Kommunalparlamenten, in Vereinen, Verbänden und Initiativen wirken gemeinsam mit an der Entwicklung eines lebendigen, demokratischen, kurz: frauenfreundlichen Gemeinwesens.

THOMAS SCHEFFER

Ausländerpolitik in der Kommune

Die Kommune ist zuständig für die »Angelegenheiten der örtlichen Gemeinschaft im Rahmen der Gesetze in eigener Verantwortung« (Art. 28 (2) GG). Sie hat als Gebietskörperschaft in ihren Grenzen die Grundversorgung und infrastrukturelle Entwicklung zu sichern. Zur örtlichen Gemeinschaft zählen dabei nicht nur die mit allen bürgerlichen Rechten ausgestatteten Deutschen, sondern auch die nicht-deutschen *MigrantInnen*, die Deutschland faktisch zu einem »*Einwanderungsland wider Willen*« (Bade) gemacht haben.

Bundespolitisch gehört die Zuwanderungspolitik heute zu einem anerkannten und umkämpften Politikfeld. Diskutiert werden aktuell: ein neues Einbürgerungsrecht, eine umfassende Einwanderungsgesetzgebung sowie – seit der Asylrechtsreform – ein eigener Bürgerkriegsstatus. Macht es aber auch Sinn, von einer eigenen kommunalen Ausländerpolitik zu sprechen? Idealtypisch lassen sich hier folgende Positionen unterscheiden:

– *eine passive Konzeption*: Eine Gestaltungsaufgabe wird mit Verweis auf die Kompetenzverteilung geleugnet. Die Kommune greift nur dort appellativ ein, wo Normen des friedlichen Zusammenlebens verletzt werden oder, um den Bund und die Länder an kommunale Betroffenheiten zu erinnern. Generell sind hier weder feste Haushaltsansätze noch programmatische Festlegungen nötig.

– *eine offensive Konzeption*: Die Kommune versteht sich als Korrektiv zur Landes- und Bundespolitik. Sie versucht das Themenspektrum als Politikfeld zu etablieren, um diagnostizierte Benachteiligungen auszugleichen. Hierzu sind Haushaltsmittel zu binden sowie programmatische und organisatorische Festlegungen zu treffen.

– *eine pragmatische Konzeption*: Versucht wird hier – trotz anerkannter Nichtzuständigkeit – die Wirkungen eigener Entscheidungen auf die ausländische Wohnbevölkerung zu kontrollieren. Die Ausländerpolitik wird als Querschnittsbereich behandelt, unter Vermeidung gesonderter Mittel- und Stellenmobilisierung.

In der Kommunalpolitik konkurrieren die drei Positionen. Sie werden durch die Akteure der Kommunalvertretung, der Kommunalverwaltung sowie von Parteien und Initiativen ins Feld geführt. Auffällig ist dabei, daß eine kommunale Ausländerpolitik, ähnlich sog. weicher Politikfelder begründungsbedürftig ist.

Für eine genauere Darstellung kommunalpolitischer Handlungsoptionen erscheint es sicher sinnvoll, zunächst einmal die rechtlichen und institutionellen Rahmenbedingungen zu klären. Im weiteren wird auf einzelne Politikfelder eingegangen, nicht ohne jeweils die Problemaufrisse zu liefern, vor deren Hintergrund vor Ort Politik betrieben wird.

1. Ausländerrecht und kommunale Ausländerverwaltung

Das Recht unterscheidet grundlegend zwischen *Staatsangehörigkeit* und *Gebietszugehörigkeit*. Es ist möglich, daß Familien seit Generationen in der BRD leben und trotzdem Ausländer bleiben: »Fast zwei Drittel aller Türken und Griechen, 71 % der Italiener und 82 % der Spanier leben schon zehn Jahre und länger in Deutschland.«[1] Andersherum: Die deutsche Staatsangehörigkeit kann – mit dem Nachweis der *Volkszugehörigkeit* – beansprucht werden, ohne daß einmal das Bundesgebiet betreten wurde. Die Entkopplung von Gebietszugehörigkeit und Bürgerschaft setzt eine Abstammungsgemeinschaft (*Ius Sanguinis*) voraus. In anderen Rechtstraditionen definiert allein der Geburtsort die Staatsangehörigkeit (*Ius Soli*).[2]

Im *Ausländerrecht* werden die Aufenthalte Nicht-Deutscher sortiert, normiert und sanktioniert. Es galt 1995 für insgesamt 7,2 Mio Personen (gegenüber 5,3 Mio 1990), wobei 25,3 % (1995) als Unionsbürger unter die EU-Freizügigkeit fallen. Für alle gilt: Anders als bei Staatsan- und Volkszugehörigen sind die Aufenthalte genehmigungspflichtig. Der politische Verband ordnet so den Ein- und Ausschluß der Teilnahme und garantiert so die Rechte der Verbandgenossen.[3]

a. Die Schließung nach innen: Bewährungen

Das Ausländergesetz von 1990 (AuslG) formuliert eine Hierarchie der Aufenthaltsgenehmigungen (AE) als Stufen des Hereinwachsens in die gesellschaftliche Ordnung.[4] Die sog. Aufenthaltstitel bilden eine Art Karriereleiter:
1. befristete Erlaubnis (§§ 16–23 AuslG);
2. unbefristete Erlaubnis (§§ 24–26 AuslG);
3. Berechtigung (§ 27 AuslG).

Die befristete Erlaubnis gleicht einer betrieblichen Probezeit, in der eine Neueinstellung begutachtet und unter Umständen nicht verlängert wird. Nach dem Ende der Probezeit (5 Jahre) kann eine »Kündigung« nur noch begründet ausgesprochen werden. Zum Überblick: Ende 1995 hatten von den ca. 2 Mio Türken 278 000 eine befristete AE, 494 000 eine unbefristete AE und 530 000 eine Berechtigung.

Auf jeder Karrierestufe formuliert das Recht neben spez. Bedingungen allgemeine Versagungsgründe (sog. *Ausweisungstatbestände*). Diese sind »ebenso unbestimmt wie weit und daher für die jeweiligen ausländerpolitischen Zielsetzungen unbegrenzt

---

1 Vgl. Die Beauftragte der Bundesregierung für die Belange der Ausländer, Daten und Fakten zur Ausländersituation, Bonn, März 1997, S. 10.
2 »Ginge man ... nach dem französischen Staatsbürgerrecht vor, dann würden augenblicklich mindestens 840 000 hier geborene jugendliche Ausländer zu Deutschen werden – und damit würde der Anteil der ausländischen Bevölkerung um mehr als 15 Prozent sinken. ... Würde man in der Bundesrepublik das französische oder schwedische Einbürgerungsverfahren übernehmen, dann hätten mehr als 70 % der Ausländer (1990: 3 684 700) sofort das Recht auf einen deutschen Paß.« Daniel Cohn-Bendit/Thomas Schmid, Heimat Babylon. Das Wagnis der multikulturellen Demokratie, Hamburg 1992, S.334.
3 Vgl. Max Weber, Wirtschaft und Gesellschaft, Tübingen 1972, S. 23–28.
4 Vgl. Gérard Noiriel, Die Tyrannei des Nationalen, Sozialgeschichte des Asylrechts in Europa, Lüneberg 1994.

offen«[5] gefaßt. Sie stellen einen allgemeinen Aufenthaltsvorbehalt dar und erhöhen den Entscheidungsspielraum der Ausländerbehörden. Dieser Vorbehalt kann erst mit der erfolgreich beantragten Einbürgerung (1985: 13 894; 1995: 31 888) überwunden werden.

Die Aufenthaltskarriere funktioniert Zug-um-Zug: Je größer die Einfügung in die vorgegebene Lebensordnung, um so höher die gewährte Aufenthaltssicherheit und Teilhabe. Die Einfügung wird mittels definierter Leistungen (Aufenthaltsdauer, Einkommen, Wohnung, Straffreiheit, Schullaufbahn, Sprachkenntnisse etc.) bzw. anhand der individuellen Versäumnisse und Vergehen gemessen.

Die AE gestaltet wiederum die Lebensbedingungen des Kandidaten – und damit seine Bewährungschancen – durch die unmittelbare Verknüpfung mit der Arbeitserlaubnis. Der Zugang zum Arbeitsmarkt bedingt zentrale aufenthaltsrechtliche Anforderungen (gesicherter Lebensunterhalt, ausreichender Wohnraum, kein Sozialhilfebezug, Beiträge zur Rentenversicherung etc.). Die ersten Bewährungen werden also unter erschwerten Bedingungen gefordert. Es wird, wie in einer betrieblichen Probezeit, eine besondere Anstrengung des Bewerbers verlangt.

b. Die Schließung nach außen: Eingrenzung

Ließ sich die Schließung nach innen mit der Probezeit veranschaulichen, so handelt es sich hier um die grundsätzlichere Frage der Anstellung. Eine Anstellung erfolgt bei einem Unternehmen entweder für benötigte, unbesetzte Stellen oder aufgrund von gesetzlichen oder tariflichen Bindungen. Diese Analogie kann die wesentlichen Einstellungsmodi verdeutlichen, die im Ausländerrecht vorgesehen sind. Zum einen ist die Schließung nach außen auf *one-issue-groups* abgestellt (vgl. Bewilligung § 28 AuslG); d.h. auf Studenten, Werkvertragarbeitnehmer oder Saisonarbeiter, deren Aufenthalt als punktuell nützlich bestimmt ist. Die Einwanderung wird grundsätzlich ausgeschlossen.

Ausgenommen der Zuwanderung von ArbeitnehmerInnen im Rahmen der *EU-Freizügigkeit* und von Ehegatten und Kindern im Rahmen des *Familiennachzugs* kann die Schließung nach außen nur der überwinden, der sich erfolgreich auf das Asylgrundrecht (Art. 16 II GG) oder das Völkerrecht (Genfer Konvention)[6] beruft. Der Bewerber hat Schutz vor (individueller politischer) Verfolgung oder Schutz vor (Leib und Leben gefährdender) Abschiebung zu beantragen.

Die schutzsuchenden Ausländer (1989: 236 000; 1992: 610 000; 1995: 372 000) werden auf Sondergesetze (z. B. *Asylverfahrensgesetz*/AsylVerfG) verwiesen, die das

---

5 Vgl. Helmut Rittstieg, Sozialer Rechtsstaat nicht für Ausländer, Stellungnahme zu dem Gesetzentwurf der Bundesregierung zur Neuregelung des Ausländerrechts vom 5. 1. 1990, in: Bundesratsdrucksache 11/90.

6 In das deutsche Asylrecht wurde die Genfer Flüchtlingskonvention (GFK) nur indirekt aufgenommen: Es gibt keinen Flüchtlingsstatus »bei begründeter Angst vor . . . Verfolgung« (Art. 1 A II GFK). Bindende Kraft besitzt nur das sog. non-refoulement, wie es im § 51 AuslG formuliert wird:»Ein Ausländer darf nicht in einen Staat abgeschoben werden, in dem sein Leben oder seine Freiheit wegen seiner Rasse, Religion, Staatsangehörigkeit, seiner Zugehörigkeit zu einer bestimmten sozialen Gruppe oder wegen seiner politischen Überzeugung bedroht ist.« Im Rahmen dieser Regelung wird festgestellt, in welche Länder ein »De-facto-Flüchtling« nicht abgeschoben werden darf. Die Statusrechte der Konvention werden nicht eingeräumt.

Procedere der Prüfung bestimmen. Antragsteller werden für die Dauer des Verfahrens auf eingegrenzte und kontrollierte Zonen verwiesen. AsylbewerberInnen sind verpflichtet »bis zu sechs Wochen, längstens jedoch für drei Monate in der für die Aufnahme zuständigen Aufnahmeeinrichtung zu wohnen« (§ 47 AsylVerfG). In dieser Zeit sollen die offensichtlich unbegründeten Asylanträge abgewickelt werden.[7] Nur die Asylsuchenden mit längerem Verfahren werden (nach Quoten) auf die Kommunen verteilt. Die anfänglichen räumlichen, arbeits- und sozialrechtlichen Restriktionen werden mit der Zuerkennung von Schutzansprüchen sowie mit der Verfahrensdauer gelockert.

Das Grundgesetz verbrieft den Asylanspruch zunächst als einklagbares *Individualrecht* gegenüber dem Staat. Damit sind prinzipiell verbunden: die Einreisemöglichkeit, ein Bleiberecht für die Dauer des Verfahrens, die Rechtswegegarantie. Für sog. unbeachtliche oder offensichtlich unbegründete Anträge wurden diese Garantien am 1. 7. 1993 per Grundgesetzänderung ausgesetzt. Im wesentlichen sind es hier zwei Ausschlußregeln, welche den Asylanspruch für eine staatliche Regulation[8] öffnen:

– Ein Asylsuchender, der über einen »*sicheren Drittstaat*« (EU sowie die östlichen Nachbarstaaten) eingereist ist, »kann sich nicht auf Artikel 16a Abs. 1 berufen« (§ 26a AsylVerfG). Es wird (rechtlich) unterstellt, daß er auch im Drittstaat Schutz hätte finden können. Diese Fälle sollen möglichst an der Grenze abgewiesen werden.[9]

– Kommt der Antragsteller aus einem »*sicheren Herkunftsstaat*« gilt die Vermutung, »daß dort weder politische Verfolgung noch unmenschliche oder erniedrigende Bestrafung oder Behandlung stattfindet« (Art. 16a III). Ein Antragsteller hätte diese allgemeine Vermutung glaubhaft zu widerlegen. Ansonsten wird der Antrag im Schnellverfahren abgelehnt.

Die (übrigen) Asylanträge werden bei den *Außenstellen des Bundesamtes für die Anerkennung ausländischer Flüchtlinge* (BAFl) gestellt und beschieden. Ein *Einzelentscheider* des BAFl hat die Asylberechtigung zu prüfen und des weiteren, ob ein Abschiebeverbot entsprechend des non-refoulement (§ 51 AuslG) oder Abschiebehindernisse wie Gefahr der Folter oder der Todesstrafe vorliegen.[10] Allgemeine Ge-

---

7 Einmal im Schnellverfahren, sinkt die Chance, eine Verfolgungseigenschaft zu beweisen oder auch nur das Verfahren mit den komplexen Regeln und Anforderungen zu durchschauen. Die Inanspruchnahme rechtsstaatlicher Instrumente durch die Antragsteller wird juristisch (z. B. die Anrufung von Widerspruchsinstanzen) und praktisch (z. B. die Konsultation von Rechtsbeistand) eingeschränkt. Nach offiziellen Angaben hat die Zahl der Abschiebungen zugenommen. Für das Jahr 1993 haben die Innenministerien 36 358 Abschiebungen gemeldet, gegenüber 10 798 im Jahre 1992 (1991: 8 232, 1990: 5 861).

8 Vgl. Thomas Scheffer, Was kommt nach der Festung – Zuwanderungspolitiken in der Union, In: Kommune, (8 1994) 7.

9 Als wesentlicher Grund für den Rückgang der Antragszahlen (von 224 099 im 1. Halbjahr 1993, über 98 500 im 2. Halbjahr auf 62 802 im 1. Halbjahr 1994) wird vom Bundesinnenminister die Drittstaatenregelung in Kombination mit der verbesserten Überwachung der Ostgrenzen genannt.

10 Im Jahr 1996 hat das Bundesamt 194 451 Entscheidungen getroffen. 7,4 % wurden als Asylberechtigte anerkannt. 5 % erhielten Abschiebeschutz nach § 51 Abs. 1 AuslG, und 65,1 % wurden abgelehnt. 22,5 % wurden sonstwie erledigt. Für 2082 Personen hat das Bundesamt Abschiebehindernisse im Sinne von § 53 AuslG festgestellt (vgl. BMI vom 8. 1. 1997). Erfahrungsgemäß erhöht sich die Quote der Anerkennungen noch einmal um das Doppelte nach dem verwaltungsgerichtlichen Klageverfahren.

fahren oder Krisen begründen allein keinen Flüchtlingsstatus. Hier kann ein Bundesland eine humanitäre Gruppen-Duldung für bis zu 6 Monaten aussprechen.

Die Schließung nach außen ist für *Aussiedler* in ganz anderer Weise organisiert. Seit der Verabschiedung des Aussiedleraufnahmegesetz (AAG) 1990 werden die kompletten Anerkennungsverfahren vom Herkunftsland aus betrieben. Die verbliebenen *Spätaussiedler* haben von dort umfangreiche schriftliche Angaben und Nachweise zu ihren Vorfahren, zum praktizierten deutschen Brauchtum, zu den Sprachkenntnissen sowie zum Fortbestehen des Vertreibungsdrucks beim Bundesverwaltungsamt in Köln einzureichen. Letzterer wird nur noch für die Rußland-Deutschen generell vorausgesetzt.

Im Rahmen festgelegter Jahresquoten werden die Anerkennungen an die Antragsteller zurückgesandt, mit denen sie dann einreisen und die deutsche Staatsangehörigkeit per *Anspruchseinbürgerung* (1995: 281 718) erhalten. Die Aussiedler werden auf die Länder und von sog. Grenzdurchgangslagern auf die Kommunen verteilt. Sie genießen mit ihrer Ankunft die vollen Deutschen-Rechte: also auch die volle Freizügigkeit – was eine Zuzugssteuerung erschwert – sowie das aktive und passive Wahlrecht. Mit dem Kriegsfolgenbereinigungsgesetz (KfbG) von 1993 wurde ein generativer Schlußstrich gezogen.

Der Spätaussiedler-Status kann nur noch von solchen Personen beansprucht werden, die vor dem 1. 11. 1993 geboren wurden. Die kommenden Generationen der in Osteuropa verbliebenen deutschen Minderheiten sind damit auf das Asyl- und Ausländerrecht verwiesen.

c. Zur Stellung der kommunalen Ausländerbehörde

Bewährung und Eingrenzung sehen grundverschiedene Einsätze und Funktionen der kommunalen Ausländerbehörde vor. Der Vollzug der Eingrenzung ist auf zentralisierte Apparate zugeschnitten. Bei der Anhörung und Entscheidung führen Bundesbehörden, bei der Verteilung und Unterbringung Landesbehörden Regie. Die kommunale Ausländerbehörde hat nur noch die ihr zugewiesenen Fälle zu begleiten. Sie ist zuständig für die Ausstellung der Ersatzpapiere und für die Beschaffung von Reisepapieren, für die Kontrolle der gesetzlichen Beschränkungen, für die Führung der Akte, für die Unterrichtung der Bundesbehörden sowie für den Vollzug der Ausreiseaufforderungen.

Hiermit fallen allerdings der Ausländerbehörde gleichwohl Entscheidungskompetenzen zu, deren Wahrnehmung in offensiven Konzeptionen gefordert wird. Demnach entscheidet die Ausländerbehörde nach eigenem Ermessen:

- ob eine vom Bundesamt jeweils für drei Monate ausgesprochene *Duldung* verlängert werden kann;
- über die weitere »Erteilung einer Duldung nach Ablauf der drei Monate« (§ 41 II AsylVerfG);
- ob tatsächliche *Abschiebehindernisse* der Abschiebung entgegenstehen (§ 55 II AuslG);
- »über den späteren Eintritt und Wegfall des Abschiebehindernisses, ohne daß es einer Aufhebung der Entscheidung des Bundesamtes bedarf« (§ 42 AsylVerfG);
- ob beim Wegfall einer Bundes- oder Länderregelung im Einzelfall konkrete Gefahren für Leib, Leben und Freiheit als Abschiebehindernisse geltend gemacht werden;

– ob die *Abschiebehaft* (beim Amtsrichter) für bis zu 3 x 6 Monate zu beantragen ist oder eine freiwillige Ausreise erwartet werden kann. Hier forderten u. a. die Innenminister von Hessen, Niedersachsen und NRW aus humanitären wie ökonomischen Gründen größere Zurückhaltung.

In der Bewährungsprüfung (Probezeit, Einstellung und Kündigung) erhält die kommunale Ausländerbehörde die Federführung: d. h. hier wird im Ermessen der jeweiligen Amtsleitung über Aufenthaltsverfestigung oder -beendigung entschieden. Entsprechend scheint dieser Bereich auf den ersten Blick besser in politische Gestaltungsprogramme einbeziehbar. Doch auch hier können offensive Initiativen nur Appelle aussprechen – oder auf das Vorfeld von Verwaltungsverfahren zielen. So kann die Ausländerbehörde angewiesen werden, durch Rundschreiben die Förderung der Aufenthaltsverfestigung zu betreiben. Solche Weisungen werden von der passiven Konzeption mit dem Hinweis abgelehnt, daß die Ausländerbehörde nur als »Pflichtaufgabe nach Weisung« des Landes zu betreiben sei. Dieser Bereich stehe für kommunalpolitische Gestaltungen schon deshalb nicht zur Verfügung, weil dies zu Ungleichbehandlungen »von Stadt zu Stadt« und bei allzugroßer »Ausländerfreundlichkeit« zu Sogeffekten führen würde.

Pragmatisch Konzepte setzen dagegen auf solche Felder, die unbestreitbar in die kommunale Kompetenz fallen: die räumliche und personelle Organisation der Ausländerbehörde. Die Ausländerverwaltung läßt sich in sehr unterschiedlicher Weise vor Ort organisieren.[11] In der Regel finden sich in den Gemeinden und Landkreisen ausgegliederte Sonderbehörden. Diese betonen per se den Sonderstatus der jeweiligen Behördengänger. Andere Kommunen haben dagegen ihre Ausländerbehörde im »Bürgeramt« integriert, in der alle anfallenden Aufenthalts-, Paß- und Meldefragen zu bearbeiten werden. Für die SachbearbeiterInnen bringt dies größere fachliche Anforderungen, aber auch Abwechslung und Entlastung mit sich; für die ausländischen Behördengänger ein Stück Normalisierung.

2. Handlungsfelder kommunaler Integrationspolitik

Die Analyse der gesetzlichen Konzeptionen konnte zeigen, wie verschieden definiert ist, was allgemein als Migrant, Zugewanderter oder Fremder gilt. Asylbewerbern, Ausländern und Aussiedlern ist wohl nur dies gemein: daß sie nicht als Etablierte, sondern als Außenseiter betrachtet werden können.

Der Begriff Ausländer bezeichnet – unabhängig von der Staatsangehörigkeit – eine öffentliche Zuschreibung von Eigenschaften anhand äußerlicher Merkmale. Hieran orientieren sich Zuschreibungsmuster, was »vom anderen« zu erwarten ist. Der Ausländer ist demnach eine öffentliche Figur, die vom Publikum als Typus (nicht als Individuum) wiedererkannt wird – und dieses realisiert. Die öffentliche Figur ist aus der Masse hervorgehoben und ihrer Beobachtung ausgesetzt. Dies gilt nicht für alle Nicht-Deutschen und auch für viele Deutsche.[12]

Die öffentliche Typisierung überschneidet sich real nur zum Teil mit den Rechtsbegriffen; und zwar dort, wo der Status durch besondere Formen der Verwaltung (der

---

11 Vgl. Thomas Scheffer, Aufenthaltsgenehmigung – Studien zur Praxis der Ausländerverwaltung. Bielefelder Arbeiten zur Verwaltungssoziologie, Bd. 1, 1995.

12 Vgl. Thomas Scheffer, Die Kategorie des Ausländers, in: Kommune, (1997) 5, S. 6-10.

Unterbringung oder der Kontrolle) zugleich zur Schau gestellt wird. Tradierte Stereotype finden in Sonderbehandlungen weitere Nahrung und Anschauung. Die jüngste rassistische Gewalt seit der Maueröffnung (v. a. 1991/92) hatte entsprechend stigmatisierte Personen (Farbige) und/oder Orte (Massenunterkünfte) als Angriffsziele.

Unter Ausländerpolitik lassen sich beide genannten Dimensionen fassen: die Politik gegenüber einer rechtlich definierten Gruppe und die Politik gegenüber einer öffentlich zur Schau gestellten Gruppe. Viele der im folgenden aufgeführten Handlungsfelder werden beide Dimensionen behandeln. Erst in der Zusammenschau tritt die volle Bedeutung der kommunalen Politik zutage. Im folgenden wird eine Auswahl wesentlicher Handlungsfelder – Erstbetreuung (a.), Wohnen (b.), Arbeit (c.), Aus-Bildung (d.) und politische Teilhabe, Partizipationen (e.) – vorgestellt.

a. Erstbetreuung

Die vorgenannten Regulationen werden nicht nur aufenthaltsrechtlich vermittelt: Sie zeigen sich auch in den unterschiedlichen Eingliederungshilfen, die je nach Statusgruppe gewährt werden. Aussiedler, Asylberechtigte und Kontingentflüchtlinge erhalten Eingliederungsleistungen gem. Eingliederungsanpassungsgesetz (Eingl.AnpG). Es werden Sprachkurse und Umschulungen über die Bundesanstalt für Arbeit finanziert (vgl. § 62c f. Arbeitsförderungsgesetz/AFG). Die Aufwendungen wurden von der Bundesregierung (vgl. Eingliederungsanpassungsgesetz 1990) abgewälzt mit der Folge, daß die AussiedlerInnen»156 Tage nach ihrer Ankunft (AFG § 62a) zu Sozialhilfeempfängern und damit zu Geldnehmern der Kommunen werden, falls sie keine Arbeitsstelle finden.«[13]

Die Erstbetreuung gegenüber Asylbewerbern hat von gänzlich anderen Rahmenbedingungen auszugehen. Asylbewerber sind für die ersten 12 Monate auf das Asylbewerberleistungsgesetz verwiesen. Die Leistungen des BSHG werden um 25 % gekürzt. Die Leistungen müssen in den Sammellagern als Sachleistung gewährt werden. In kommunalen Unterkünften wird diese Muß- in eine Soll-Vorschrift umgewandelt. So behalten die aufnehmenden Kommunen die Möglichkeit, die Leistungen – nach entsprechender Begründung – auch als Gutscheine oder bar zu entrichten. Die Kommunen können so Verwaltungsaufwand sparen und die Bewerber vor Stigmatisierung (z. B. an der Supermarktkasse), Entmündigung (durch Verpflegungspakete) und weiterer Leistungskürzung (weitere 25 % bei Anrechnung der Lieferkosten) bewahren.

Ungeachtet dieser verschiedenen Ausgangsbedingungen kommt der Erstbetreuung von Zuwanderern generell große Bedeutung zu. Hier wird die Basis für die ökonomische wie soziale Integration der Neuankömmlinge gelegt. Entsprechend sind Kommunen in Kooperation mit Wohlfahrtsverbänden und örtlichen Vereinen bemüht, Hilfestellungen zu leisten:
– Durch *Sprach- und auch Alphabetisierungskurse.* Die Bedeutung der Sprachförderung für die Wahrnehmung der folgenden Integrationshilfen wird durch zahlreiche Studien belegt. Entsprechend negativ für die Integration der Spätaussiedler haben sich die im AFG vorgenommenen Kürzungen der Sprachkurse von 12 (1992) auf 9 (1993) und schließlich auf 6 Monate (1994) ausgewirkt. Insbesondere bei den

---

13 Leonie Herwartz-Emden/Michaela Westphal, Einwanderung und Eingliederung von Aussiedlern, in: Klaus J. Bade (Hrsg.), Fremde im Land, IMIS-Schriften 3, Osnabrück 1997, S. 187 f.

jüngeren Aussiedlern steigt der Bedarf, weil nur noch geringe Vorkenntnisse vorhanden sind.[14]
- Durch eine niederschwellige, möglichst muttersprachliche *Sozialbetreuung*. Die Klientel wird auf Verfahrenspflichten und -versäumnisse aufmerksam gemacht. Es werden die ortsgebundenen Angebote vermittelt, eröffnet und bei Ämtergängen geholfen. Z. T. kann so verhindert werden, daß aussichtslose Verfahren betrieben werden.
- Durch landessprachliche *Erstinformationen* werden Standardfragen im Vorfeld geklärt sowie ein Überlick über das Betreuungsangebot gegeben. Als ebenso hilfreich erweisen sich spezielle Stadtführer für Neuankömmlinge, in denen sich neben den relevanten Ämtern auch die ansässigen Verbände und Vereine präsentieren. Solche praktischen Hilfestellungen sind allerdings nicht unumstritten. Die defensive Konzeption warnt davor, die Migranten »einzuladen« und sie zum Ausnutzen der Sozialleistungen zu ermuntern.

b. Wohnen

Kommunen waren insbesondere Mitte der 90er Jahre mit enormen Aussiedler- und Asylbewerberzuwanderungen konfrontiert, auf die mit Krisenmanagement reagiert wurde. Es wurden provisorische, statt wertige; konsumtive, statt investive; entlegene, statt integrative Unterkünfte bereitgestellt. Eine sozialgeographische Untersuchung von gemeindlichen Sammelunterkünften zeigt, wie so aufgrund von Standortwahl und -gestaltung »Wohnverhältnisse und sozialer Status miteinander in Verbindung gesetzt« und »die BewohnerInnen mit den Wohnverhältnissen identifiziert« werden.[15]
Problematisiert wird nicht nur die Erstunterbringung. Bezogen auf die angestammten Migranten werden strukturelle Phänomene wie Koloniebildung oder räumliche Segregation in den Blickpunkt gerückt.[16] Die Volkszählung von 1987 hat gezeigt, daß ausländische Haushalte geringfügig mehr Miete (6,92 DM/qm statt 6,85 DM/qm) für minderwertigere Wohnungen entrichten müssen. Entsprechendes gilt auch für *Aussiedlerfamilien*: sie leben beengter, die Ausstattung mit Heizung und Sanitäranlagen ist schlechter, ein größerer Teil des Einkommens ist mietgebunden.
Eine relative räumliche Ungleichverteilung findet sich nicht nur auf der Mikro-Ebene der Gemeinde (zwischen Quartieren), sondern auf der nationalen Makro-Ebene: »Die räumliche Verteilung der ausländischen Bevölkerung nach Bundesländern und Regionstypen ist sehr unterschiedlich. So lebten Ende 1993 allein in den vier Flächenländern Baden-Württemberg, Bayern, Hessen und Nordrhein-Westfalen fast drei Viertel aller MigrantInnen und Migranten.«[17] Weitere Merkmale der Ungleichverteilung sind:

14 Vgl. Bundesministerium für Raumordnung, Bauwesen und Städtebau; Integration von Aussiedlern und anderen Zuwanderern in den deutschen Wohnungsmarkt. Vorgelegt vom Geographischen Institut der Universität Göttingen – Abt. Kultur- und Sozialgeographie, 1993.
15 Vgl. Stefan Thimmel, Ausgegrenzte Räume – Ausgegrenzte Menschen. Zur Unterbringung von Flüchtlingen und AsylbewerberInnen am Beispiel Berlin, Frankfurt a. M. 1994, S. 149.
16 Vgl. dazu Jürgen Friedrichs, Interethnische Beziehungen und städtische Strukturen, in: Hartmut Esser/Jürgen Friedrichs (Hrsg.), Generation und Identität. Theoretische und empirische Beiträge zur Migrationssoziologie, Opladen 1990, S. 305–320.
17 Vgl. Bericht der Beauftragten der Bundesregierung für die Belange der Ausländer über die Lage der Ausländer in der Bundesrepublik Deutschland, Berlin, Dezember 1995.

- Die Städte verfügen über ca. doppelt, die Kernstädte über ca. dreimal so hohe Ausländeranteile (15 %) als die ländlichen Gemeinden.
- Einige Großstädte haben wiederum überproportionale Anteile (z. B. Frankfurt a. M. 29 %; Stuttgart 23,6 %).
- In den neuen Bundesländern finden sich die mit Abstand geringsten Anteile (1–1,5 %). Dies gilt ebenso für die dortigen Ballungsräume (1,8–2,6 %). Ursächlich hierfür dürften der Arbeitsmarkt sowie bestehende soziale und familiäre Bindungen sein. Entsprechend lassen sich verstärkte siedlungspolitische Aktivitäten in den westdeutschen, großstädtischen Ballungsräumen finden, bzw. bei solchen Gemeinden, die in überproportionalem Maße Aussiedler beherbergen.

Die Hauptinstrumente einer offensiven Integrationstrategie sind Umverteilungen im kommunalen Wohnungsbestand, indirekte Steuerungen der genossenschaftlichen Vermietungen sowie die Nutzung der Planungshoheit. Über öffentlich geförderten Wohnraum versuchen Gemeinden, sich den Zugriff zugunsten der benachteiligten Gruppen zu verschaffen. Belegungsrechte sichern sich Kommunen auch im Zuge begleitender Stadtteil- und Wohnprojekte (vgl. Bremer Modell).[18] Einige Kommunen behalten sich vor, Belegungen zwar zu quotieren, die Auswahl aber dem Vermieter zu überlassen.

Um Verdrängungen unter den Randgruppen zu vermeiden, setzt eine eher pragmatische Strategie auf die allgemeine Verbesserung von »kritischen« Wohnumfeldern sowie auf wohnbereichsbezogene Gemeinwesenarbeit. Anstöße liefern hier sog. Sozialpläne, die in Kooperation mit sozialwissenschaftlichen Instituten erstellt werden. Es werden soziale Dienste gebündelt, die Arbeit der Träger koordiniert, Eigeninitiativen gefördert sowie kommunale Beratungs- und Betreuungsstellen wohnortnah angeboten. Demnach ist nicht die Segmentierung an sich das Problem, sondern die ethnischen räumlich-infrastrukturellen Begleitumstände.

c. Arbeit

Die Unterschichtung, die sich anhand der Wohnraumversorgung ablesen läßt, findet sich auch auf dem Arbeitsmarkt. Auch hier bietet auf den ersten Blick die Kategorie des Ausländers ein Ungleichheitskriterium. AusländerInnen wie AussiedlerInnen sind auf dem Arbeitsmarkt zumeist auf Tätigkeitsfelder verwiesen, die sich durch ein niedriges Qualifikationsniveau, durch erschwerte Arbeitsbedingungen und durch eine geringere Bezahlung auszeichnen. Die Arbeitslosenquote der ausländischen Wohnbevölkerung ist überproportional hoch (1994: 16,2 %); eine Tendenz, die sich auch bei AussiedlerInnen durchsetzt.[19] Insgesamt scheinen die Zugewanderten überproportional von konjunkturellen Schwankungen betroffen. Sie erfüllen eine Art Pufferfunktion auf dem Arbeitsmarkt.

Die Ungleichverteilungen erklären sich nur zum geringen Teil aus der rechtlich-vermittelten Schließung nach innen, die für den Arbeitsmarkt über die Arbeitserlaubnispflicht (gem. Arbeitsförderungsgesetz/AFG) vermittelt wird. Zu unterscheiden sind:

---

18 Vgl. Ulla-Christina Schuleri-Hartje, Ausländische Arbeitnehmer und ihre Familien – Teil 2: Maßnahmen im Städtevergleich, Berlin 1984.
19 In Ostdeutschland lag 1993 die Arbeitslosenquote der Ausländer bei 30 % gegenüber 15,8 %. Allerdings stellen hier die ausländischen Arbeitnehmer nur weniger als 1 % der sozialversicherungspflichtig Beschäftigten.

- Die besondere Arbeitserlaubnis (AE). Sie gilt »unabhängig von der Lage und Entwicklung des Arbeitsmarktes« für alle Beschäftigungsangebote. Insgesamt 87 % der arbeitserlaubnispflichtigen Ausländer werden so mit den Deutschen gleichgestellt.
- Die allgemeine AE: Sie wird lediglich für konkrete Arbeitsplatzangebote erteilt, soweit diese nicht mit Deutschen oder bevorrechtigten Ausländern zu besetzen sind.

Soziologische Arbeiten erklären die Randständigkeiten auf dem Arbeitsmarkt eher mit strukturellen Eigenheiten der Migrantenpopulation:

- Ähnlich wie bei Statistiken zur Kriminalität verweisen die »schlechten« Erwerbszahlen eher auf allgemeine Merkmale der Schichtzugehörigkeit. Diese ist des weiteren durch den Bildungsstand und das Qualifikationsniveau bestimmt. Daran gemessen sind die erhöhten Zahlen »normal«. Die Benachteiligungen sollten also nicht vorschnell als »ausländerspezifisch« gedeutet werden.
- Ausländer wie Aussiedler finden sich in einer Etablierten-Außenseiter-Relation wieder[20], in der die Etablierten ein funktionierendes Netz von sozialen Beziehungen unterhalten und nutzen. So ergab die Untersuchung der Personalpolitik in einem Autowerk, daß Neueinstellungen zunächst nach dem Kriterium bereits beschäftigter Familienangehöriger erfolgen. Die übrigen Stellen wurden auf die Bewerber »von außen« verteilt.[21]
- Hinzu kommen die besonderen Orientierungsmuster bei der Berufswahl, die wiederum auf die soziale Herkunft schließen lassen.[22] So zeigen eine Reihe von Studien des Bundesinstitutes für Berufsausbildung, daß sich türkische Jugendliche häufiger an Fertigungsberufen statt an Dienstleistungsberufen (hier v. a. Spanier oder Ex-Jugoslawen) oder an akademischen Berufen (hier v. a. Griechen) orientieren.[23] Insgesamt variiert also das Berufswahlverhalten nationalitätenspezifisch, was auch auf das Kriterium der doppelten Verwertbarkeit zurückzuführen ist: Der gewählte Beruf soll sowohl in Deutschland wie im Herkunftsland auszuüben sein.[24]

Offensive Gegenprogramme versuchen der Benachteiligungen mit *positiver Diskriminierung* von Ausländern zu begegnen. Per Auftragsvergaben bei Firmen und per Personalpolitik im »eigenen Haus« soll eine bessere Repräsentation durchgesetzt werden. Eine Normalisierung ist aber selbst im Öffentlichen Dienst aber nicht zu verzeichnen. Auch hier sind AusländerInnen v. a. als einfache Arbeiter (18 %) beschäftigt (diese zu 70 % in Reinigungsdiensten – zu). Nur äußerst selten (1 %) finden sich

---

20 Vgl. hier die lehrreiche Gemeindestudie von Norbert Elias/John L. Scotson, Etablierte und Außenseiter, Frankfurt a. M.1993.

21 Vgl. Michael Bommes, Ausbildung in Großbetrieben. Einige Gründe, warum ausländische Jugendliche weniger Berücksichtigung finden, in: D. Kiesel (Hrsg.), Ausbilden statt Ausgrenzen. Jugendliche ausländischer Herkunft in Schule, Ausbildung und Beruf, Frankfurt a.M, S. 31–44.

22 Vgl. hierzu die ausgezeichnete Ethnographie von Paul Willis, Learning to labour. How working class kids get working class jobs, Saxon House 1977.

23 Vgl. Dagmar Beer-Kern, Zur Lebens- und Berufsausbildungssituation von türkischen Jugendlichen, Bundesinstitut für Berufsausbildung, Bonn/Berlin 1994; Klaus Schweikert, Zur Lebens- und Berufsausbildungssituation von Jugendlichen aus dem ehemaligen Jugoslawien, Bundesinstitut für Berufsausbildung 1994; Klaus Schweikert, Zur Lebens- und Berufsausbildungssituation junger Spanier in der Bundesrepublik Deutschland, Bundesinstitut für Berufsausbildung, Bonn/Berlin 1994.

24 Vgl. Ursula Boos-Nünning, Berufsausbildung von Jugendlichen ausländischer Herkunft, in: Jugend, Beruf, Gesellschaft, Zeitschrift für Jugendsozialarbeit, Bonn 45 (1994) 3.

AusländerInnen im Bereich der inneren Verwaltung. Eine gleiche Tendenz findet sich bei Landesbehörden, z. B. der Polizei (0,07 %). Als Ursachen gelten das Beamtenrecht sowie die standardisierten Auswahlkriterien: ausländische Bewerber scheitern zumeist an dem geforderten Schriftdeutsch.[25]

Zu vernachlässigen sind ebenso gezielte Förderungen der *unternehmerischen Selbständigkeit* von AusländerInnen. 1993 wurden per Mikrozensus 213 000 Selbständige und 18 000 mithelfende Familienangehörige registriert. Einzelne Städte versuchen in Kooperation mit der IHK, der Handwerkskammer, dem Einzelhandelsverband und den örtlichen Sparkassen dieses unternehmerische Potential zu fördern. Ziel ist es, die überdurchschnittliche Mißerfolgsrate zu senken und so wiederum für positive Beschäftigungseffekte zu sorgen.[26] Zur gezielten Beratung über bestehende Förderprogramme[27] wird die Gewerbeanmeldung genutzt.

d. Aus-Bildung

Prüfungsleistungen und Zertifikate sind es – und nicht Zugehörigkeiten zu einem Clan, einer Ethnie oder Schicht –, die in der modernen Gesellschaft Personen für eine Stellung qualifizieren sollen. Ein niedriger oder fehlender Schulabschluß oder eine fehlende bzw. abgebrochene Ausbildung stellen demgemäß »objektive« Wettbewerbsnachteile dar. Diese finden sich überproportional bei ausländischen Jugendlichen – wobei die Mädchen bessere *Schulabschlüsse* als die Jungen erreichen.[28]

Von den ausländischen Jugendlichen besuchten 1994 lediglich 9,1 % eine Realschule (26,5 % der Deutschen) und 9,7 % ein Gymnasium (31,5 % der Deutschen). 26,6 % erreichten den Realschulabschluß (37 % der deutschen Schüler). Nur 8,8 % erlangte die Hochschulreife (28,3 % der Deutschen). Der Anteil an den Auszubildenden war mit 8 % nur halb so groß, gemessen an der deutschen Kohorte (15 %). Insgesamt bleiben 40 % nach Ablauf der Schulpflicht ohne jede Ausbildung.[29] Damit sind »ihre Chancen angesichts tendenziell eher zurückgehender Nachfrage nach ungelernter Arbeitskraft begrenzt.«[30]

Die mangelnde Qualifikation ist, so die Theorie des *institutionellen Rassismus*[31], nur eine weitere Facettte eines reproduktiven Kreislaufs. Empirisch läßt sich der Ras-

---

25 Vgl. Integration und Konflikt – Kommunale Handlungsfelder der Zuwanderungspolitik, Forschungsinstitut der Friedrich-Ebert-Stiftung, Abt. Arbeits- und Sozialforschung, Bonn Dezember 1996.

26 Vgl. hierzu Eckhard J. Dittrich/Jürgen Feldhoff, Der Prozeß der Verselbständigung von TürkInnen in Bielefeld, in: Arbeitsberichte und Forschungsmaterialien Nr. 53, Forschungsschwerpunkt »Zukunft der Arbeit« an der Universität Bielefeld, 1990.

27 Vgl. Doc-Lap-Zentrum, Wie mache ich mich selbständig? Informationen für ausländische Flüchtlinge, Stuttgart 1988; Deutsche Ausgleichsbank, Existenz gründen, Bonn o. J.

28 Vgl. Mona Granato/Vera Meissner: Hochmotiviert und abgebremst. Junge Frauen ausländischer Herkunft in der Bundesrepublik Deutschland: Eine geschlechtsspezifische Analyse ihrer Bildungs- und Lebenssituation, Bielefeld 1994.

29 In der Diskussion: Integration oder Ausgrenzung?, Zur Bildungs- und Ausbildungssituation von Jugendlichen ausländischer Herkunft, in: Mitteilungen der Beauftragten der Bundesregierung für die Belange der Ausländer Nr. 7, April 1997.

30 Bundesvereinigung der Deutschen Arbeitgeberverbände, Ausländerbeschäftigung in Deutschland. Grundsätze und Empfehlungen der Arbeitgeber, Köln, Oktober 1992.

31 Zur Kritik vgl. Robert Miles, Rassismus. Einführung in die Geschichte und Theorie eines Begriffs, Hamburg 1991.

sismus-Vorwurf allerdings nicht einfach anhand von quantitativen Ungleichheiten belegen, da offen bleibt, welche Merkmale (z. B. Herkunft, Rasse, Vor-Bildung, Sprachkompetenz) den Ausschlag geben. Instruktiver erscheint es, die numerischen Randständigkeiten praktisch zu klären. So erklärt eine von der Bundesregierung in Auftrag gegebene Studie die hohe Überweisungsrate von italienischen Schulkindern auf Sonderschulen mit ihren diskontinuierlichen und gebrochenen Schullaufbahnen. Die Familien praktizieren im Rahmen der EU-Freizügigkeit eine Pendel-Migration. Bei den ebenso stark betroffenen türkischen Jugendlichen macht die Studie die – einseitig auf die deutsche Erfahrungswelt abgestellte – Ausgestaltung der Testverfahren bei der Sonderschulzuweisung für die Überproportionalität verantwortlich.[32]

Ein Grund für Minderqualifikationen wird in der Auswahl und Gewichtung der Leistungsanforderungen vermutet. Schulen sind weitgehend monokulturell verfaßt. So werden die bilingualen Kompetenzen eher als störend thematisiert. Nur vereinzelt wird – z. B. in NRW – *muttersprachlicher Unterricht* in Schulen angeboten.[33] Andererseits fehlen gesonderte Förderkurse zur Überwindung grundlegender Defizite in der deutschen Sprache. Diese strahlen auf die gesamte Schulleistung. Als entscheidend wird darüber hinaus der Kindergartenbesuch eingeschätzt, weil durch eine frühzeitige Kontaktaufnahme mit deutschen Muttersprachlern zugleich ein reibungsloser Spracherwerb erfolgt.

Um die Bedenken der Ausbildungsbetriebe hinsichtlich der Vorbildung ausländischer Bewerber zu zerstreuen und die überproportionale Abbrecherquoten zu senken, wurden in verschiedenen Städten (z. B. Köln, Hamburg) Modellprojekte zur »Qualifizierung ausländischer Nachwuchskräfte« (BQN) durchgeführt.[34] Die Auszubildenden werden hier durch besondere Beratungs- und Lehrangebote unterstützt. Um die Berufsausbildungschancen zu verbessern, kooperiert dabei die Berufsberatung des Arbeitsamtes mit den örtlichen Verbänden, Jugendzentren, kommunalen Beratungsstellen und Schulen. Das Arbeitsamt setzt die Betriebe regelmäßig über ihre Förderangebote in Kenntnis. Schulabgänger und Eltern werden durch sog. »Ex-Azubi-Stammtische« einbezogen.

Die Wirkung solcher Förderprojekte darf allerdings, so argumentieren pragmatische Strategien, auch skeptisch beurteilt werden. Jede Sonderförderung bestätigt ja zugleich Außenstehenden, daß Defizite und Probleme zu erwarten sind. Solche Defizite könnten sich, so die naheliegende Befürchtung, im Arbeitsalltag (z. B. im Kundenverkehr) als störend und hinderlich erweisen.[35] Auch kann allein schon das Wissen um verbreitete Vorurteile eine Ablehnung motivieren. Der stigmatisierte Bewerber wird abgelehnt, um den Anfeindungen von seiten des Publikums aus dem Weg zu gehen.

32 Vgl. den Bericht »99 – zur Situation der ausländischen Arbeitnehmer und ihrer Familien – Bestandsaufnahme und Perspektiven für die 90er Jahre«, hrsg. von der Beauftragten der Bundesregierung für die Belange der Ausländer.

33 Vgl. Muttersprachlicher Unterricht in Nordrhein-Westfalen, in: NDS-Thema, Muttersprachen für Migrantenkinder, (1990) 23/24.

34 Vgl. Bundesministerium für Bildung, Wissenschaft, Forschung und Technologie (Hrsg.), Die Beratungsstelle zur Qualifizierung ausländischer Nachwuchskräfte (BQN) – Ein Kölner-Modell, Bonn 1995; BQN-Hamburg (Hrsg.), Die Situation ausländischer Jugendlicher auf dem Ausbildungsmarkt, Hamburg, Dezember 1994.

35 Vgl. Günther Schaub, Betriebliche Rekrutierungsstrategien und Selektionsmechanismen für die Ausbildung und Beschäftigung junger Ausländer, in: Bundesinstitut für Berufsausbildung (Hrsg.): Bericht zur beruflichen Bildung, Heft 135, Berlin/Bonn 1991.

e. Partizipation

Ausländer stellen, soweit sie als EU-Bürger noch nicht das *Kommunalwahlrecht* wahrnehmen konnten, den Teil der Einwohnerschaft, der zwar durch den Kommunalrat regiert wird, über dessen Zusammensetzung er aber weder per aktivem noch passivem Wahlrecht mitentscheiden kann.[36] Die sog. Drittausländer können hier per Parteimitgliedschaft oder öffentlicher Parteinahme Einfluß nehmen. Die »demokratische Idee . . . , eine Kongruenz zwischen den Inhabern demokratischer politischer Rechte und den dauerhaft einer bestimmten Herrschaft Unterworfenen herzustellen«[37], ist noch weniger für die übergeordneten legislativen Institutionen eingelöst.

Die Grundlage dieses Ausschlusses liefern die sog. *Deutschenrechte*, zu denen das aktive wie passive Wahlrecht (vgl. Art. 28 GG) zählt. Diese unterliegen der *Ewigkeitsklausel* (gem. Art 78 III.). Versuche einzelner Länder, das Kommunalwahlrecht für Ausländer mit einem Daueraufenthalt zu öffnen, scheiterten.[38] Allein über die Änderung des Staatsangehörigkeitsrechts und dessen Ausführungsbestimmungen kann demnach der Bundesgesetzgeber auf die Zusammensetzung des Wahlvolkes einwirken.

Die *politische Betätigung* von Ausländern in eigenen Gruppierungen ist darüber hinaus mit vagen Beschränkungen und Verboten belegt, soweit:
1. sie geeignet ist, die politische Willensbildung, das friedliche Zusammenleben, die öffentliche Sicherheit und Ordnung oder deutsche Interessen zu beeinträchtigen oder zu gefährden;
2. sie außenpolitischen Interessen zuwiderläuft;
3. sie gegen die Rechtsordnung, insbesondere unter Gewaltanwendung, verstößt;
4. ihre Ziele und Mittel gegen Grundwerte gerichtet sind.[39]

Die Beschränkungen sind geprägt von einer Gastrecht-Idee und erinnern an den allgemeinen Aufenthaltsvorbehalt (vgl. 1.a). Sie zielen v. a. auf extremistische, gewaltbereite Vereinigungen. Für das wachsende studenten-, partei-, gewerkschafts- oder kommunalpolitische Engagement von Ausländern haben diese ausländerrechtlichen Bestimmungen dagegen keine Bedeutung.

In den Kommunen haben sich entsprechend eine Reihe von provisorischen Partizipationen durchgesetzt:

– Ausländerbeiräte

Die Kommunen sind befugt – über die sog. Pflichtausschüsse des Rates hinaus – Ausschüsse, Kommissionen oder Beiräte zu bilden. Auf dieser Grundlage wurden im Zuge engagierter Konzeptionen sog. Ausländerbeiräte installiert. Dahinter verbergen sich

---

36 Eine Ausnahme stellen die ca. 40 000 ehemaligen Vertragsarbeitnehmer der DDR dar, die am 9. 5. 1990 bei den ersten freien Kommunalwahlen aktives wie passives Wahrecht hatten. Per Einigungsvertrag wurde dieses Ausländerwahlrecht wieder aufgehoben.

37 Urteil des BVerfG zum Ausländerwahlrecht vom 31. 10. 1990, in: Europäische Grundrechtszeitschrift 1990, S.443.

38 Vgl. BVerfG-Urteil im Normenkontrollverfahren gegen das Schleswig-Holsteinische Gesetz zur Änderung des Gemeinde- und Kreistagswahlgesetzes vom 21. 2. 1989 sowie zum Gesetz zur Einführung des Ausländerwahlrechts zu den Bezirksversammlungen in der Freien und Hansestadt Hamburg, DVBl., 1990, S. 1397 ff.

39 Vgl. Fritz Franz, Ausländerrecht auf Kollisionskurs mit der Verfassung – Gutachten zur Verfassungsmäßigkeit des AuslG, Coburg 1990, S.14.

allerdings sehr verschiedene Einrichtungen. Die Beiräte differieren in ihren politischen Kompetenzen (z. B. Anhörungs- und Beteiligungsrechte), der Ausstattung (z. B. eigener Etat, hauptamtliche Geschäftsführung), der Zusammensetzung (Ernennung oder Wahl, nur Ausländer oder nur Deutsche, Sitze für Parteien etc.) sowie dem Wahlrecht (ab bestimmter Aufenthaltsdauer) und dem Wahlmodus (z. B. nationale Listen, Parteien, Personen).[40] Entsprechend haben einige Ausländerbeiräte den Charakter von Verwaltungstreffen (ohne demokratische Funktion), andere eher den Charakter eines Schülerparlamentes (ohne materiale Kompetenz). Ausländerbeiräte scheinen heute, aufgrund mangelnder Beteiligungs- und Mitbestimmungsrechte ihren Nimbus weitgehend eingebüßt zu haben.

– Sachkundige EinwohnerInnen

Die Gemeindeordnungen (vgl. Hessen, Niedersachsen, NRW) bieten die Rechtsgrundlage, ihre Einwohner in Fachausschüsse, Kommissionen oder sog. Planungszellen zu berufen und ihnen dort eine beratende Stimme einzuräumen. Dieses Institut wird auch zur Stärkung der Partizipation von Ausländern verwandt und entsprechend institutionalisiert: So berufen Ausländerbeiräte (z. B. Kassel) Mitglieder aus ihren Reihen als sachkundige Einwohner in die Fachausschüsse der Stadt. Es ergibt sich ein Netz spezieller fachbezogener Posten als Grundlage einer Querschnittspolitik.

– Selbstorganisationen

Die Selbstorganisationen der Migranten sind vielfältig.[41] Sie dienen der Gemeinschaftspflege, der Fortführung heimatlicher Aktivitäten oder schlicht der Bearbeitung lebenspraktischer Fragen: Es finden sich afrikanische Kulturvereine, andalusische Folklorevereine, Internationale Begegnungszentren, kurdische Frauenvereine, türkische Jugendkeller, internationale Bildungseinrichtungen, griechische Elternvereine, kroatische Fußballclubs usw. In westlichen Ballungsräumen ist deren Zahl unübersehbar, während in den ostdeutschen Städten erst langsam eine solche Infrastruktur entsteht. Selbstorganisationen mobilisieren gleiche Betroffenheiten, Interessen und Ansprüche. Entsprechend kann das »Ausländer-Sein« – über den Umweg einer ethnischen Verortung – der tragende Bezugspunkt für den Zusammenschluß werden.

Für eine engagierte oder pragmatische Ausländerpolitik bieten die Vereine (vgl. hierzu den Beitrag von Annette Zimmer in diesem Band) wichtige Bezugspunkte, um sich ein Bild von der Lebensrealität zu machen. Sie bieten Ansprechpartner, Multiplikatoren, mögliche Fürsprecher[42] und Antreiber. Viele der oben genannten Projekte blieben ohne diese Anbindung wirkungslos und undurchführbar.[43] Die neuere Aus

40 Vgl. Michael Bommes, Interessenvertretung durch Einfluß, Ausländervertretungen in Niedersachsen, 2. Aufl. Osnabrück 1992; außerdem: Die Beauftragte für die Belange der Ausländer (Hrsg.), Satzungen für Ausländerbeiräte und Ausländerausschüsse, Bonn 1985.
41 Vgl. Wolf-Dieter Just, Selbstorganisationen der Wanderarbeitnehmer in der EG, in: Wolf-Dieter Just/Annette Groth (Hrsg.), Wanderarbeitnehmer in der EG. Ein Vergleich ihrer rechtlichen und sozialen Situation in den wichtigsten Aufnahmeländern, Mainz 1985.
42 Vgl. Paul von Kodolitsch, Zur Teilnahme ethnischer Vereine am kommunalem Geschehen, in: ILS, Institut für Landes- und Stadtentwicklungsforschung des Landes NRW (Hrsg.), Wohnungsbau und kommunaler Hochbau (ILS-Schriften 3.033), Dortmund 1984.
43 Vgl. die Bremer Selbsthilfeförderung der 80er Jahre. Im Rahmen der Kulturförderung wurde der Aufbau sog. »Ausländer-Kulturvereine« unterstützt. Der Dachverband dieser Vereine

länderpädagogik hat entsprechend die Wirkung früherer engagierter Konzepte kritisiert, als die »Gefahr, Abhängigkeiten zu schaffen oder zu stabilisieren und bestimmte Gruppen in der öffentlichen Meinung und auch in ihrem eigenen Bewußtsein und Verhalten als hilfsbedürftig abzustempeln und dadurch Diskriminierung zu legitimieren und zu normalisieren, also kontraproduktive Effekte zu erzeugen.«[44]

Eine Sonderstellung in dieser ausländerpolitischen Infrastruktur nimmt der *Ausländerbeauftragte* ein, der in Westdeutschland Anfang der 80er Jahre installiert wurde – mit dem Ziel, der offenkundigen Einwanderungsrealität vor Ort »irgendwie« kommunalpolitisch Rechnung zu tragen. Die Ausländerbeauftragten wurden mit universellen, also unbestimmten Aufgaben und Kompetenzen ausgestattet. Sie sind im Sozialreferat, beim Ordnungsamt oder auch direkt bei der Verwaltungsspitze angesiedelt. Charakteristisch ist die relative Distanz der Beauftragten zur klassischen Verwaltung, aufgrund fehlender Verfahrenseinbindung. Die Figur des allzuständigen Beauftragten hat sich nach der Wende auch in vielen ostdeutschen Kommunen durchgesetzt. Hier besteht die besondere Schwierigkeit, daß die Beauftragten sich – bis auf wenige Ausnahmen (z. B. vietnamesische Vertragsarbeitnehmer) – nicht auf eine relevante ausländische Wohnbevölkerung und entsprechende Selbstorganisationen beziehen können.

In engagierten Konzepten wird der Beauftragte dem Ausländerbeirat unterstellt, mit der Gefahr, gänzlich zum Fremdkörper in der Verwaltung zu werden. In pragmatischen Konzepten wird er als eine Art Ombudsmann eingesetzt, als ein professioneller Mittler zwischen Behördengänger und Verwaltung. Ausländerbeauftragte ohne festen Aufgabenzuschnitt sind auf öffentlichkeitswirksame Aktivitäten (z. B. der Organisation von »Ausländerwochen«, Kampagnen für »Ausländerfreundlichkeit«) oder auf eine geschickte Lobbyarbeit verwiesen, weil sich anders der Posten gegenüber Politik und Klientel nicht halten läßt.

3. Fazit

Dieser Überblick legt kein geschlossenes Gesamtkonzept im Sinne einer »multikulturellen Stadtpolitik«[45] nahe. So fehlen eine Reihe von gewichtigen Problemfeldern:
- das Alt-werden der ersten Generation in der Gemeinde, daß noch nicht zum kommunal- und sozialpolitischen Thema gereift ist;
- die vieldiskutierte Organisation der sozialen Arbeit, die überwiegend noch nationalitätenspezifisch orientiert ist und nur vereinzelt auf Problemfelder umgeschnitten wird[46];
- die Gesundheitsversorgung vor Ort mit ihren besonderen Zugangsproblemen zu den relativ isolierten in-groups;

(DAB) wurde über den Landeskoordinierungskreis »Ausländerpolitik« eingebunden. Ähnliche Konzepte finden sich in den Großstädten Berlin und Hamburg.

44 Jürgen Puskeppeleit/Dietrich Thränhardt, Vom betreuten zum gleichberechtigten Bürger, Freiburg 1990, S. 11.

45 Vgl. Michael Krummacher/Viktoria Waltz, Einwanderer in der Kommune. Analysen, Aufgaben und Modelle für eine multikulturelle Stadtpolitik, Augsburg 1996.

46 Vgl. Otto Filtzinger/Dieter Häring, Von der Ausländersozialberatung zu sozialen Diensten für Migranten, Freiburg 1993.

- die ungehinderte (v. a. islamische) Religionsausübung, wie sie in einigen Städten unterbunden, in anderen dagegen hingenommen oder gefördert wird.

Auch in anderer Hinsicht findet sich kein Gesamtkonzept: Die Kompetenzen der Kommunen sind je nach Problemlage verschieden ausgeprägt. So mag einiges an dem Überblick ernüchternd wirken. Einige der angeführten Aktivitäten gehen gar nicht von Kommunen aus oder scheinen nur schwerlich in alleiniger Regie durchführbar. Andere, offensive Maßnahmen gehen mit der Gefahr der Vorurteilsstabilisierung einher.

Alles in allem besitzt die Kommunalpolitik einen unschätzbaren Standortvorteil im Ausgleich für die relative Machtlosigkeit im staatlichen Institutionengefüge: Vor Ort ist es möglich, Probleme trefflich zu analysieren und mit den Beteiligten kleinzuarbeiten. Nicht alles, was dann zu tun ist, wird als »Ausländerpolitik« zu bilanzieren sein.

Die Mannigfaltigkeit der versammelten Fragestellungen läßt insgesamt, wenn nicht ein eindimensionales Konzept, so doch zumindest die Einsicht zu, daß sich eine verantwortungsvolle Kommunalpolitik schwerlich der Einwanderungsrealität verschließen kann. Von daher verbietet sich eine durchgehend passive Strategie bzw. die Verdrängung der Probleme aus dem kommunalpolitischen Tagesgeschäft, auch wenn die Verweise auf mangelnde Kompetenzen formal begründet und zuweilen heilsam sind. Auch eine *offensive Strategie* vermag nicht die gesamtstaatlichen Rahmenbedingungen auszusetzen, wohl aber »unübersehbare« vertrauensbildende Signale zu setzen. Sie stößt dort an ihre Grenzen, wo sie mit plakativen Diskriminierungsvorwürfen immer auch neue plakative Differenzierungen zwischen Deutschen und Ausländern einführt – statt nötige Normalisierungen und Differenzierungen zu ebnen. Die *pragmatische Strategie* schließlich unterschätzt die tiefsitzende Polarisierung zwischen Deutschen und Ausländern sowie den Vertrauensverlust gegenüber den offiziellen Institutionen. Es sind nicht zuletzt die wiederkehrenden Deklassierungs-Erfahrungen, die eine (normative) Distanz zur Etablierten-Gesellschaft zementieren und so Integrationsangebote (z. B. die erleichterte Einbürgerung) zum Scheitern verurteilen.

ALF TROJAN

Kommunale Gesundheitspolitik

1. Zum Verständnis und zu den Ursprüngen kommunaler Gesundheitspolitik

a. Begriff

Eine kommunale Gesamtverantwortung für Gesundheit gibt es bisher nicht. Kommunale Politik im Sinne einer gesundheits-, sozial- und umweltverträglichen Stadt-(teil)- und Kommunal-Entwicklung ist in zahlreiche spezielle Träger, Teilsysteme und Rollen ausdifferenziert. Diese Ausdifferenzierung hat sowohl vertikal (verschiedene Politikebenen) wie auch horizontal (verschiedene Interventionsfelder) zugenommen. Die Steuerung dieser verschiedenen Teilsysteme wird immer schwieriger. Kommunale Gesundheitspolitik, die von der Anlage her gerade ganzheitlich sein will, wirkt daher überwiegend atomisiert und zersplittert. Badura/Lenk sprechen davon, daß das Angebot an Gesundheitsdiensten auf Gemeindeebene »buntscheckig wie ein Flikkenteppich« sei und daß dem auf der Steuerungsebene ein »Gestrüpp verschiedenster Organisationen, Trägerschaften und Zuständigkeiten«[1] entspreche. Dies gilt sowohl für die intrasektorale Politik im Gesundheitsbereich wie auch für die intersektorale Kooperation mit anderen Politikbereichen (insbesondere Stadtentwicklung, Umwelt sowie Soziales).

Als Aufgabenfelder kann man grob unterscheiden zwischen der Krankenversorgung und der Gesundheitsförderung. Die Krankenversorgung wird sehr weitgehend von der Gesetzlichen Krankenversicherung getragen und von der Bundesgesetzgebung (SGB V) bestimmt. Obwohl natürlich die Trägerschaft von Einrichtungen der Krankenversorgung durch die Kommune von Bedeutung ist, sind die Gestaltungsspielräume der Kommune in diesem Bereich heutzutage marginal. Gesundheitspolitik soll daher in diesem Beitrag im ursprünglichen Sinne des Wortes verstanden werden: als Politik, die sich der Aufgabe stellt, Gesundheit in einem Gemeinwesen, einer Stadt oder einem Stadtteil vorbeugend herzustellen und zu »pflegen« – wie es früher hieß.

Eine zentrale Stellung in der kommunalen Gesundheitspolitik nimmt der Öffentliche Gesundheitsdienst (ÖGD) bzw. das Gesundheitsamt ein. Auch heute noch gibt es eine Zweiteilung der Aufgabenstellung in den Gesundheitsämtern: einerseits den Strang der ordnungsbehördlichen, aus der staatlichen Gesundheitsaufsicht gewachsenen Kontrollfunktionen und andererseits den aus der kommunalen Gesundheits-

1 Bernhard Badura/Klaus Lenk, Der Öffentliche Gesundheitsdienst: Begräbnis oder Neubeginn? In: Bernhard Blanke/Adalbert Evers/Helmut Wollmann (Hrsg.), Die zweite Stadt, Opladen 1986, S. 37.

fürsorge der großen Industriestädte gewachsenen Strang gesundheitsfördernder Gestaltungsfunktionen. In den derzeitigen Ämtern dominieren eindeutig Aufsichts- und Kontrollaufgaben. Trotz der quantitativen Dominanz sollen solche Aufgaben in diesem Beitrag nur am Rande behandelt werden, da sie weniger den Charakter aktiv gestaltender Kommunalpolitik haben, sondern überwiegend im Dienste dezentraler Staatsverwaltung stehen.

b. Ursprünge und erste Nachkriegs-Jahrzehnte

Gesundheitsförderung in Gemeinde und Stadt basiert auf der schon von Hippokrates recht prägnant formulierten Erkenntnis, daß in der örtlichen Umgebung eines Menschen seine wesentlichen Belastungs-, aber auch die wesentlichsten Unterstützungsfaktoren zu finden sind.

Mit dem Wachsen der Städte entstand eine »sozialhygienische Bewegung«, die zur Entwicklung eines »öffentlichen Gesundheitswesens« führte: »Die öffentliche Gesundheitspflege ist im 19. Jahrhundert Stadtsanierung, Wasserversorgung, Abfallbeseitigung, Kanalisation u. a. . . .«[2]

Neumann und Virchow postulierten 1849: »Die öffentliche Gesundheitspflege hat zu sorgen: 1. für die Gesellschaft im ganzen durch die Berücksichtigung der allgemeinen, natürlichen und gesellschaftlichen Verhältnisse, welche der Gesundheit hemmend entgegentreten, 2. für das einzelne Individuum durch Berücksichtigung derjenigen Verhältnisse, welche das Individuum hindern, für seine Gesundheit einzutreten.«[3] Dieser Entwicklungsstrang, der in der Weimarer Republik seine Blütezeit hatte, trat in den Hintergrund mit dem Nationalsozialismus und seiner Konzentration auf Rassenhygiene. Die vorher in der Kommunalpolitik vergleichsweise unbedeutenden Gesundheitsämter wurden durch das Gesetz zur Vereinheitlichung des Gesundheitswesens von 1934 aufgewertet für ihre fatale Rolle in der nationalsozialistischen »Erb- und Rassenpflege.«

Nach 1945 waren die Besatzungsmächte daran interessiert, einen arbeitsfähigen Gesundheitsdienst zu haben, um Seuchen und anderen kriegsbedingten Gesundheitsgefahren begegnen zu können. Viele Amtsärzte konnten daher trotz NS-Parteizugehörigkeit bleiben; das Vereinheitlichungsgesetz von 1934 (mit späteren Durchführungsverordnungen) blieb Arbeitsgrundlage des ÖGD und ist es in einigen Bundesländern in veränderter Form noch heute.

Durch die Konzentration auf den Ausbau der naturwissenschaftlich-technisch orientierten Individual-Medizin in der Nachkriegszeit, in der fast alle Mittel allein in die kurative Versorgung der Bevölkerung flossen, verlor der ÖGD zahlreiche Funktionen (überwiegend an die niedergelassene Ärzteschaft mit ihrem Behandlungsmonopol für die ambulante Versorgung). In den siebziger Jahren kamen dann jedoch mit der Kritik an dieser einseitig naturwissenschaftlich ausgerichteten Krankenversorgung präventive Ansätze in die öffentliche Diskussion.

---

2 Gerd Göckenjan: Kurieren und Staat machen. Gesundheit und Medizin in der bürgerlichen Welt. Frankfurt a. M. 1985, S. 110 f.
3 Salomon Neumann/Rudolf Virchow (1849), zit. n.: Ludwig v. Manger-König; Der öffentliche Gesundheitsdienst zwischen gestern und morgen, in: Öffentliches Gesundheitswesen, (1975) 37, S. 433–448.

Seit den 70er Jahren, verstärkt jedoch in den 80er Jahren und bis heute gibt es auch ein neues Interesse, die verschütteten Traditionen der Gesundheitssicherung auf örtlicher Ebene (in Kreisen, Gemeinden und Städten) wieder sichtbar zu machen.[4]

c. Wiederentdeckung der kommunalen Ebene

Diese Phase umfaßt die 70er bis ca. Mitte der 80er Jahre. In der Medizin geriet mit dem Erklärungsmodell der Entstehung von Herz-Kreislauf-Erkrankungen durch Risikofaktoren das gesundheitsschädigende Verhalten ins Blickfeld. Schon früh wurden dabei auch die Lebens- und Arbeitsbedingungen als wichtige determinierende Hintergrundfaktoren für das Verhalten thematisiert (Lebensweisenmodell). Nach ausländischen Vorbildern, insbesondere in Finnland und den USA, entstand der Typus der Gemeinde-Interventionsstudie.

Die größte Studie dieser Art war die Deutsche Herz-Kreislauf-Präventionsstudie (DHP; 1979 bis 1991). In größerem Umfang wurden in diesen Studien das erste Mal wieder »kommunale« und »kooperative«, gemeindebezogene Präventionsansätze auf die politische Tagesordnung gesetzt.

Etwa zur gleichen Zeit wie die deutsche Herz-Kreislauf-Präventionsstudie, wenn auch kleiner und mit kürzerer Laufzeit (1979 bis 1983), entstand ein multizentrischer Forschungsverbund mit dem Titel »Laienpotential, Patientenaktivierung und Gesundheitsselbsthilfe«. Dieses Forschungsprogramm hieß in seiner Entstehungsphase »Konsumentenorientierte Gesundheitspolitik« und basierte zu großen Teilen auf der Intention, sichtbar zu machen, daß für die Gesundheitssicherung neben dem professionellen Versorgungssystem auch das Laiensystem von erheblicher Bedeutung ist. Selbsthilfe- und Netzwerkförderung hat sich hierdurch als ein strukturell vergleichsweise weit entwickeltes Kernelement von Gesundheitsförderung auf lokaler Ebene etablieren können.

Auch in den anderen helfenden Disziplinen wurde, ausgehend von der Gemeindepsychiatrie und der Gemeindepsychologie, die lokale Ebene als Bezugspunkt einer an den Lebens- und Arbeitsbedingungen ansetzenden vorbeugenden politischen Gestaltungs-Arbeit entdeckt und entwickelt: »Gemeinde-Psychologie« und »gesundheitsbezogene Gemeinwesenarbeit«.

Für die kommualpolitische Wahrnehmung der Gesundheitsförderung auf lokaler Ebene haben die Sozialpolitikforschung mit den DFG-Schwerpunkten »Bürgernahe Sozialpolitik« sowie »Staat, intermediäre Instanzen und Selbsthilfe« im sozialwissenschaftlichen Bereich und die lokale Politikforschung in der Politikwissenschaft große Bedeutung gehabt. Aus dem Bereich von Stadtentwicklung und Stadtplanung (in engem Kontakt mit der sozialwissenschaftlichen Stadtforschung) ist die »ökologische

---

4 Vgl. z. B. G. Göckenjan (Anm.2); Alfons Labisch, Gemeinde und Gesundheit. Zur historischen Soziologie des kommunalen Gesundheitswesens, in: Bernhard Blanke/Adalbert Evers/Helmut Wollmann (Hrsg.), Die zweite Stadt, Opladen 1986, S. 275–305; Marianne Rodenstein, Mehr Licht, mehr Luft. Gesundheitskonzepte im Städtebau seit 1750, Frankfurt a. M.; dies.: Stadtplanung und Gesundheitssicherung. Eine Untersuchung der Praxis der Bauleitplanung. Beiträge zur Stadt- und Regionalforschung Nr. 1, Frankfurt a. M., Fachbereich Gesellschaftswissenschaften der J. W. Goethe Universität; Dittmar Machule u. a. (Hrsg.): Macht Stadt krank? Hamburg, 1996.

Stadtentwicklung« zu erwähnen, die in jüngerer Zeit mehr und mehr in den Hintergrund tritt gegenüber dem neuen Leitbild der »sozialen Stadtentwicklung«. Gerade dieser letzte Diskurs, der sich stark um »Stadtviertel in der Krise«, benachteiligte Stadtteile, soziale Brennpunkte und die Themen Armut und Arbeitslosigkeit herumrankt, trifft sich mit ähnlichen Thematiken, wie sie einstmals am Anfang von kommunaler Gesundheitsfürsorge und Gemeinwesenarbeit standen und heute erneut in Kontexten der Gesunde-Städte-Projekte (s. Abschnitt 1.d) wieder in den Vordergrund treten.[5]

Die Diskussionsstränge einzelner Wissenschaftsdisziplinen sind kontinuierlich durch Politikdiskurse »von oben« und »von unten« beeinflußt worden: Der Weltgesundheitsorganisation (WHO) gelang es »von oben«, mit neuen Programmen durch die nationale Ebene (die sich häufig als »Mauer« für die Politikumsetzung erwiesen hatte) hindurchzudringen auf dezentrale, kommunale und städtische Ebenen. Wichtigstes Programm-Dokument dabei war die »Ottawa-Charta«.

»Von unten« beeinflußten »neue soziale Bewegungen« die Re-Orientierung auf Prävention und Gesundheitsförderung als Kern-Element kommunaler Gesundheitspolitik. Frühe Entwicklungsstränge gehen bis in die 70er Jahre zurück. Forschung und die Gesundheitsbewegung der 80er Jahre standen in engem Austausch mit der internationalen politischen Ebene.[6]

Man kann die Ottawa-Charta von 1986 sogar als konzeptionelle und handlungsleitende Bündelung dieser »gesundheitsbewegten«, sozialreformerischen Aktivitäten auffassen.

Dem »Meilenstein« Ottawa-Charta ging eine umfangreiche Reihe von Diskussions- und Programmpapieren voran, die in ihrer Gesamtheit vom medizinischen Risikofaktorenmodell hin zu dem Konzept der »Gesundheitsförderung« führten. Praktisch gleichzeitig, jedoch in enger Wechselwirkung mit der Entwicklung der Gesundheitsförderungsprogrammatik und unmittelbar als Umsetzungsprojekt der Ottawa-Charta gemeint, entstand das Healthy-Cities-Projekt der WHO (vgl. Abschnitt 1.d).

d. Kommunale Gesundheitsplanung und Gesundheitsförderungspolitik

Ähnlich wie für die Jahre vorher kann man auch für die vergangenen 10 Jahre die Entwicklung am besten nachzeichnen, indem man einerseits auf den Bereich der anwendungsorientierten Forschung schaut und andererseits auf die Entwicklung von Praxis und Politik. Eine eindeutige Trennung dieser beiden Bereiche ist jedoch nicht

---

5 Vgl. hierzu ausführlicher und Quellenbelege in: Alf Trojan u. a., Gesundheitsförderung in Gemeinde und Stadt. Entwicklung und Perspektiven, in: Barbara Hazard (Hrsg.), Humanökologische Ansätze in der Gesundheitsförderung; Opladen, 1997 S. 142–162.

6 Vgl. den Text und seine Kommentierung durch die »geistige Mutter« der Charta, Ilona Kickbusch, in: Alf Trojan/Brigitte Stumm (Hrsg.), Gesundheit fördern statt kontrollieren. Eine Absage an den Mustermenschen, Frankfurt a. M. 1992. Zur programmatischen Übersetzung der Charta für die Bundesrepublik durch eine Arbeitsgruppe der Grünen vgl. Reinhard Fuß u. a., Gesundsein 2000. Wege und Vorschläge, Berlin 1984 und die dort zitierte Literatur.

möglich, da sowohl die »Denker« wie auch die »Akteure« nach wie vor häufig enge Verbindungen untereinander haben oder auch als Personen zwischen den Bereichen der Wissenschaft und der Praxis bzw. Politik hin und her wechseln. Im folgenden soll zunächst mehr auf die Vorreiterrolle anwendungsorientierter Forschung eingegangen werden (kommunale Gesundheitsplanung; Public Health Forschung), und danach mehr auf die Praxisbereiche (Healthy Cities Projekt; öffentlicher Gesundheitsdienst) und den Ansatz einer »gesundheitsfördernden Gesamtpolitik« (healthy public policy).

Kommunale Planung und Politik

Forscherisch begleitete Modellprojekte kommunaler Gesundheitsplanung waren zunächst auf die Gesundheitsversorgung im umfassenden Sinne ausgerichtet. Ein Bericht über diese Modelle erschien im selben Jahr wie die Ottawa-Charta.[7] Die Steuerung der gesamten kommunalen Gesundheitsversorgung sollte durch eine »regionale Gesundheitskonferenz« erfolgen. Diese umfassenden Pläne haben sich wegen der vertikal und horizontal äußerst komplexen Trägerausdifferenzierung nicht realisieren lassen. Die Ideen leben jedoch weiter, allerdings begrenzt auf Teilbereiche wie die Entwicklung lokaler Gesundheitsberichterstattung als Planungsgrundlage[8] und in der Idee der Gesundheitsförderungskonferenzen.[9]

Wenig später begannen auch die ersten systematischen Diskussionen über kommunale Gesundheitspolitik.[10] 1989 stellte Grunow einleitend zu einem Übersichtsbeitrag die These auf: »Das Thema ›kommunale Gesundheitspolitik‹ hat in der Bundesrepublik Deutschland keine klaren Konturen. Dies betrifft sowohl die politische Praxis als auch die politische Wissenschaft.« Der Beitrag zeigt die engen Grenzen kommunaler Gesundheitspolitik, aber doch auch einige Möglichkeiten, innovative Ansätze durchzusetzen. Die dort geschilderten hauptsächlichen Handlungsbereiche (S. 26 ff.) sind alle auch prioritäre Handlungsbereiche der Gesunde-Städte-Projekte. Im Perspektivteil des Aufsatzes wird betont, daß die größte Wahrscheinlichkeit für neue

7 Vgl. Wilhelm Schräder u. a., Kommunale Gesundheitsplanung, Basel 1986.
8 Vgl. z. B. Wilhelm Thiele/Alf Trojan (Hrsg.), Lokale Gesundheitsberichterstattung. Hilfen auf dem Weg zu einer neuen Gesundheitspolitik? St. Augustin 1990; Rainer Müller u. a., Soziale Gesundheitsberichterstattung und regionale Gesundheitspolitik. Ergebnis einer Umfrage, in: Hans-Ulrich Deppe/Hannes Friedrich/Rainer Müller (Hrsg.), Qualität und Qualifikation im Gesundheitswesen, Frankfurt a. M. 1995, S. 80–105, Hamburger Projektgruppe Gesundheitsberichterstattung, Praxishandbuch Gesundheitsberichterstattung. Düsseldorf 1996.
9 Vgl. Alexander Brandenburg/Meinolf Nowak, Gesundheitskonferenzen als Instrumente der Gesundheitsförderung, in: Jahrbuch für kritische Medizin, Hamburg, 26 (1997), S. 91–108; Waldemar Streich, Gesundheitsberichterstattung und Gesundheitskonferenz. Chancen einer staatlichen Regiefunktion im lokalen Gesundheitswesen, in: Jahrbuch für kritische Medizin, Hamburg, 26 (1997), S. 109–120; Kerstin Kreuger/Andreas Renner, Kommunale Gesundheitskonferenzen – eine innovative Strategie der Gesundheitspolitik? Vortrag auf der Jahrestagung der Deutschen Gesellschaft für Sozialmedizin, Schwerin 1997.
10 Vgl. z. B. Ellis Huber, Kommunale Gesundheitspolitik – Kampf um neue Ressourcen und neue Inhalte, in: Wolfgang Pohl u. a. (Hrsg.), Handbuch für alternative Kommunalpolitik, Bielefeld 1985; Jürgen Krüger/Eckhart Pankoke (Hrsg.), Kommunale Sozialpolitik, München u. a. 1985; Bernhard Badura/Klaus Lenk (Anm.1).

Entwicklungen »aus der Bevölkerung heraus und von der kommunalen Ebene her besteht«. Als Hoffnungsträger wird damals schon (1989) in den Schlußpassagen das WHO-Konzept »Gesunde Städte« angesprochen.[11]

Public Health Forschung

1989 bot der Bund den Ländern für einige Standorte eine projektbezogene Anlauffi-nanzierung zum Aufbau von Public Health Forschung an, d. h. einer bevölkerungsbe-zogenen im Gegensatz zur individuumsbezogenen Forschung. Für das Thema der kommunalen Gesundheitsförderung sind besonders diejenigen Projekte wichtig, die sich mit der Gesundheitsförderung in Stadt und Umwelt beschäftigen und Projekte, die versuchen, bestimmte Ansätze der lokalen Berichterstattung, von Gesundheits-verträglichkeitsprüfungen sowie intersektoraler Gesundheitsförderung für bestimmte Zielgruppen (Kinder, alte Menschen) weiterzuentwickeln. Andere Projekte mit be-sonderer Bedeutung für Politik und Praxis der Gesundheitsförderung auf lokaler Ebene widmen sich Fragen nach den rechtlichen Rahmenbedingungen der Stadtent-wicklungspolitik sowie nach der Rolle der Gesundheits- und anderer gesundheits-relevanter Ämter in der intersektoralen Politik.[12]

Healthy Cities Projekt

Seit 1986 gibt es das internationale Healthy Cities Projekt der Weltgesundheits-organisation, das im Kontext der Abteilung Gesundheitsförderung und im engen Be-zug auf dieses Programm entstand. Inzwischen nehmen über 500 Städte in Europa und weitere 300 Städte in anderen Teilen der Welt an diesem Programm teil. Überwiegend sind sie in nationalen Netzwerken organisiert.[13]

Auch das deutsche Netzwerk hat erst kürzlich eine Bilanz vorgelegt. Das deutsche Gesunde-Städte-Netzwerk umfaßt derzeit 36 Kommunen (d. h. ganz allgemein Ge-bietskörperschaften in Gestalt von Bezirken, Kreisen sowie Städten völlig unter-

---

11 Dieter Grunow, Kommunale Gesundheitspolitik. Forschungsgruppe Systemanalyse für Ver-waltung und Politik (SVP-Schriften, [1989] 3), Duisburg 1989.

12 In Anm. 8 und 9 finden sich Hinweise auf einige der wichtigsten der bisherigen Projekte. Obwohl konzeptionell zum »New Public Health« auch die »gesamte Gesundheitspolitik« sowie die »Politikwissenschaften« gehören , sind diese Themen im Sinne einer »Health Po-licy-Forschung« in den Projekten der ersten Förderphase nur rudimentär vertreten gewesen. Eine Intensivierung dieser wichtigen Forschungsrichtung gibt es in der zweiten Förderphase (1995–99).

13 In einem bilanzierenden Beitrag von Agis Tsouros (The WHO Healthy Cities Project; State of the art and future plans. Health Promotion International, [1995] 10, S. 133–42) wird neben vielen anderen Leistungen und Erfolgen hervorgehoben, daß es der WHO das erste Mal gelang, mit diesem Projekt Umsetzungen auf der lokalen Ebene zu erreichen. Für die zweite Phase (1993–1998) wird ein starker Akzent auf »Healthy Public Policy« (gesundheitsfördernde Gesamtpolitik und umfassenderstädtischer Gesundheitsplanung angestrebt. Als Sammelbände zum Thema vgl. Albert Evers/Wendy Famant/Alf Trojan (Hrsg.), Healthy Public Policy at the Local Level, Frankfurt a. M. 1989 und Brigitte Stumm/Alf Trojan (Hrsg.), Gesundheit in der stadt, Modelle – Erfahrungen – Per-spektiven, Frankfurt a. M. 1994.

schiedlicher Größenordnung von 25 000 Einwohnern bis 1, 8 Millionen), in denen ca. 10 Millionen Bürgerinnen und Bürger leben. In jedem Bundesland gibt es mindestens eine Mitgliedskommune. In der zitierten Bilanz wird relativierend festgestellt: »Die Gesundheitsförderung-Rhetorik ist gewiß weiter entwickelt als die Realität von Gesundheitsförderung.«[14]

Eine der wenigen umfassenden empirischen Untersuchungen zu diesem Projekt wurde 1994 unter dem Titel »Stadtentwicklung unter dem Leitbild Gesunde Stadt« vorgelegt. Es handelte sich um eine Untersuchung in sieben Mitgliedskommunen des Gesunde-Städte-Projekts und sieben anderen Kommunen Nordrhein-Westfalens, wobei 100 nicht-gesundheitsbezogene Ämter nach ihrer Beurteilung des Leitbilds Gesunde Stadt für die Fachverwaltung befragt wurden.

Insgesamt zeigte sich nur ein geringer Erfolg hinsichtlich des Anspruchs der Berücksichtigung von Gesundheitsbelangen in allen Politiksektoren: Nur 19 % der Befragten waren der Ansicht, daß sich mit dem Beitritt zum Gesunde-Städte-Netzwerk etwas in der Arbeit ihres Fachamtes geändert habe (7 % bejahten dies für die kommunale Fachplanung). Hingegen wurde auch deutlich, daß es an positiven Einstellungen nicht mangelt (73 % wollen das Leitbild »Gesunde Stadt« zukünftig mit Leben erfüllen) und daß vor allem im Bereich der Kooperation und Koordination Fortschritte in den Mitgliedsstädten des Gesunde-Städte-Netzwerks festzustellen sind: Während 66 % der Ämter in Mitgliedsstädten in Arbeitskreisen und Foren mit gesundheitsbezogenen Aufgaben befaßt sind, ist dies in Nicht-Mitgliedskommunen nur bei 42 % der Fall.[15]

Zweifellos sind in einem solchen Projekt unmittelbare Auswirkungen auf den Gesundheitszustand der Bevölkerung nur sehr schwer nachzuweisen. Auch die Struktur- und Prozeßevaluation des Projektes würde sicher zahlreiche kritische Punkte zu Tage fördern.[16] Andererseits hat dieses Projekt wie kein anderes in den vergangenen Jahrzehnten Gesundheitsförderung zu einem Thema in der Kommunalpolitik gemacht und – zusammen mit den angesprochenen Initiativen aus der Forschung – entscheidende Impulse für die Zukunft des öffentlichen Gesundheitsdienstes geliefert (s. ausführlicher dazu Abschnitt 2.b).

Gesundheitsfördernde Gesamtpolitik

Gesundheitsförderung auf lokaler Ebene stellt schon von der Namensgebung her den Anspruch dar, umfassend Verhältnisprävention zu betreiben im Sinne eines Hineinwirkens in alle gesundheitsrelevanten Politiksektoren (intersektorale Gesundheitsförderungpolitik). Interessanterweise gibt es völlig gleichsinnige Bestrebungen in den für Stadtplanung und -entwicklung zuständigen Ressorts. Schlagwörter hierfür sind

---

14 Klaus-Peter Stender, Städte wollen gesund werden, eine Einführung in das Gesunde Städte-Netzwerk der Bundesrepublik Deutschland, in: Freie und Hansestadt Hamburg (Hrsg.); Leitbild Gesunde Stadt. Von der Vision zur Wirklichkeit, Hamburg 1995, S. 2; vgl. auch Helmut Hildebrandt/Alf Trojan, Auf dem Weg zu »gesünderen Städten« – Vom Programm zur Praxis vor Ort, in: Alf Trojan/Brigitte Stumm (Hrsg.); Gesundheit fördern statt kontrollieren. Eine Absage an den Mustermenschen, Frankfurt a. M. 1992.
15 Norbert Wohlfahrt u. a., Stadtentwicklung unter dem Leitbild Gesunde Stadt. ILS-Schriften 82, Dortmund 1994.
16 Vgl. Helmut Hildebrandt/Alf Trojan (Anm. 14).

»ökologischer Stadtumbau«, oder auch »integrierte Quartiers- bzw. Stadtentwicklungspolitik«[17].

e. Gesundheitsförderung in der ehemaligen DDR

1974 erschien als »Bilanz zum 25. Jahrestag der Staatsgründung« ein Buch mit dem Titel »Das Gesundheitswesen in der Deutschen Demokratischen Republik.«[18] In dieser Schrift, exakt 12 Jahre vor der Ottawa-Charta erschienen, läßt sich die Programmatik im Bereich der Gesundheitspolitik und -pflege systematisch und wohl recht vollständig nachlesen. Frappierend ist dabei, in welchem Maße dieses ein Programm der Gesundheitsförderung ist, das, zum Teil bis in die Formulierungen hinein, Grundgedanken der Ottawa-Charta vorwegnimmt.

So hieß es in der DDR-Verfassung Artikel 35: »Jeder Bürger der DDR hat das Recht auf Schutz seiner Gesundheit und Arbeitskraft. Dieses Recht wird durch die planmäßige Verbesserung der Arbeits- und Lebensbedingungen, die Pflege der Volksgesundheit, eine umfassende Sozialpolitik, die Förderung der Körperkultur, des Schul- und Volkssports und der Touristik gewährleistet.«

Gesundheitsschutz wird in dem o. g. Buch erläutert als »die gesamtgesellschaftliche Aufgabe und Verantwortung für alle staatlichen, kommunalen und betrieblichen Maßnahmen in ihrer Wirkung für Gesundheit, Leistungsfähigkeit und Lebensfreude der Bevölkerung«. Weiterhin heißt es (Seite 18): »In der entwickelten sozialistischen Gesellschaft ist der Gesundheitsschutz des Menschen in allen Bereichen des gesellschaftlichen Lebens, der Produktion, in Industrie und Landwirtschaft intensiv verflochten.« Auch in anderen Passagen (vgl. z. B. Seite 151 ff.) finden sich entsprechende programmatische Schlagworte, wie beispielsweise »Förderung, Erhaltung und Wiederherstellung der Gesundheit als gemeinsame Aufgabe der ganzen Gesellschaft«, »Gesundheit, Leistungsfähigkeit und Lebensfreude« als Ziel, ebenso wie die »vom einzelnen Bürger mitgestalteten Lebensweisen«.

Von Gesundheitsfachleuten der DDR wird häufig dieselbe Kritik bzw. Enttäuschung geäußert, die man auch im Zusammenhang mit der Ottawa-Charta hört: Die Kluft zwischen dieser Programmatik und der Realität bzw. dem Erreichten sei riesig. Ohne daß dies hier ausdiskutiert werden kann, ist jedoch zu bemerken, daß die DDR in einigen Bereichen durchaus vorbildliche Ansätze verfolgte, beispielsweise im Impfschutz, in der Dispensaire-Betreuung, im betrieblichen Arbeitsschutz.[19]

Die heutige Entwicklung ist dadurch gekennzeichnet, daß das »Kind mit dem Bade ausgeschüttet wird«, d. h. die gewachsenen positiven Ansätze der kommunalen (früher oft »territorialen« genannten) Betreuung und Gesundheitsförderung im Rahmen der Angleichung an das System der Gesundheitsversorgung in den alten Bundesländern einer oft kurzsichtigen Spar-Politik zum Opfer fallen.

---

17 Vgl. z. B. Ekhart Hahn, Ökologischer Stadtumbau. Theorie und Konzept, WZB-Papers FS II 91–405, Berlin 1991 und Rolf Froessler u. a. (Hrsg.), Lokale Partnerschaften. Die Erneuerung benachteiligter Quartiere in europäischen Städten, Basel 1994.

18 Kurt Winter, Das Gesundheitswesen der DDR, Berlin 1974.

19 Eine differenzierte Würdigung findet sich in Thomas Elkeles u. a., Prävention und Prophylaxe. Theorie und Praxis eines gesundheitlichen Grundmotivs in zwei deutschen Staaten 1949–1990, Berlin 1991.

2. Lokale Arena, Institutionen und Akteure

a. Einflüsse oberhalb der kommunalen Ebene

Da die Möglichkeiten für konkretes Handeln auf Bundesebene wegen der Länderhoheit für den Bereich der Gesundheit begrenzt sind, war die Einführung der Gesundheitsförderung im Gesundheitsreform-Gesetz von 1988 in die gesetzliche Krankenversicherung sicher ein wichtiger Meilenstein. Die Rückschneidung dieses Paragraphen auf Krankheitsverhütung erscheint hingegen als Wende zurück zu einer Beschränkung der Leistungen auf medizinische Prävention.

Auf der internationalen Ebene hat die Weltgesundheitsorganisation auf einer zweiten und dritten internationalen Konferenz die Gesundheitsförderung weiterentwickelt: in Adelaide stand 1988 das Prinzip gesundheitsfördernder Gesamtpolitik im Vordergrund; 1991 in Sundsvall ging es primär um »gesundheitsförderliche Lebenswelten«. Eine Rahmengesetzgebung auf Bundesebene, die diesen internationalen Programmen zur Durchsetzung auf der lokalen Ebene verhelfen könnte, fehlt allerdings fast gänzlich.

Als bescheidene Instrumente auf Bundesebene können die schon erwähnte Forschungsförderung und die Bundeszentrale für gesundheitliche Aufklärung genannt werden. Letztgenannte Institution hat vor einigen Jahren u. a. auch ein Modellprogramm durchgeführt, das der Qualifizierung der Gesundheitsämter dienen sollte.

Auf Länderebene haben zahlreiche Gesundheitsminister-Konferenzen, insbesondere die 64. im Jahre 1991, sich der Programmatik der Gesundheitsförderung im weit verstandenen Sinne intersektoraler Politik explizit angeschlossen. In Ländern, in denen neue Gesetze für den Öffentlichen Gesundheitsdienst verabschiedet wurden, ist Gesundheitsförderung in mehr oder weniger großem Umfang enthalten; besonders ausgeprägt hat sich das Bremer Gesetz für neue Aufgaben für den Öffentlichen Gesundheitsdienst im Sinne der Gesundheitsplanung und -förderung ausgesprochen.

b. Hauptakteur: Öffentlicher Gesundheitsdienst

Die Gesundheitsämter bzw. der öffentliche Gesundheitsdienst sind u. E. trotz enger innerer und äußerer Grenzen ihrer Handlungsmöglichkeiten als wichtigster Akteur im Feld der gemeindebezogenen Gesundheitsförderung anzusehen.[20] Tatsächlich sind auch personelle Erneuerungen und intensivierte Diskussionen um neue ÖGD-Gesetze auf Länder-Ebene zu konstatieren. Einige Pilot-Gesundheitsämter haben sich (meistens angeregt durch die Mitgliedschaft im Gesunde-Städte-Projekt) dem neuen Aufgabenfeld Gesundheitsförderung und damit zusammenhängenden zentralen Aufgaben wie Gesundheitsberichterstattung, Gesundheitsverträglichkeitsprüfungen und Federführung oder Koordination von lokalen Kooperationsgremien mit beachtlichem Engagement angenommen. Solche Ämter sind bisher jedoch eher die Ausnahmen als die Regel.

---

20 Vgl. Alf Trojan/Brigitte Stumm/Waldemar Süß, Zur Rolle des Gesundheits- (und Umwelt-) Amtes in der Stadtentwicklung. Situation und Perspektiven, in: Das Gesundheitswesen, 56 (1994), S. 498–504 und Alf Trojan/Brigitte Stumm/Waldemar Süß, Gesundheitsförderung und Prävention durch Stadtteilsanierung? In: Das Gesundheitswesen 57 (1995) 3, S. 165–170.

Parallel zur zunehmenden Öffnung der Gesundheitsämter entwickelte sich in den vergangenen Jahren leider die Finanzknappheit der öffentlichen Haushalte, von der die Gesundheitsämter zumeist stark betroffen sind. In vielen Kommunen wird gerade der Gesundheitsbereich mit Einsparabsichten durchforstet. In einer solchen Situation ist die konstruktive Diskussion über die Aufgabe alter und die Übernahme neuer Aufgaben äußerst schwierig, wenn nicht gar unmöglich. In einigen Bundesländern, u. a. Hamburg, stagnieren vor allem aus diesem Grunde die schon recht weit gediehenen Bemühungen um neue ÖGD-Gesetze, in denen die innovativen, zukunftsweisenden Aufgaben festgeschrieben werden sollten.[21]

Dem Geiste nach sind jedoch auch schon ältere ÖGD-Gesetze durchaus darauf angelegt, den Gesundheitsbehörden Handlungsspielräume im Sinne intersektoraler Politik bzw. gesundheitsfördernder Gesamtpolitik zu ermöglichen. So lautet z. B. ein Paragraph im schleswig-holsteinischen ÖGD-Gesetz von 1978: »Die Gesundheitsbehörden haben darauf hinzuwirken, daß alle Behörden und öffentlichen Planungsträger bei ihren Belangen und Maßnahmen die gesundheitlichen Belange der Bevölkerung berücksichtigen.«[22] Solche Berücksichtigungsnormen, die es in analoger Weise auch im Bau-Gesetz-Buch gibt (§ 1; im Raumordnungsgesetz in § 2) haben sich in der Vergangenheit jedoch als nicht besonders wirksame Bestimmungen erwiesen.

Tatsächlich liegen neben solchen viel zu wenig genutzten Bestimmungen auch große Möglichkeiten des Gesundheitsamtes in alten Bereichen wie der Mütterberatung oder bei den Schulärzten. Ebenso könnten die Aufsichts- und Kontrollaufgaben des ÖGD viel mehr, als es bis heute der Fall ist, dafür genutzt werden, Standards für die Berücksichtigung gesundheitlicher Belange zu setzen (vgl. Abschnitt 3.a). Eine besondere Aufgabe wächst den Gesundheitsämtern insbesondere in den Großstädten mit den sogenannten »sozialkompensatorischen« Aufgaben zu, d. h. mit der verstärkt nötig werdenden Versorgung von Randgruppen und Ausgegrenzten wie Obdachlosen, Drogenabhängigen, (illegalen) Migranten, psychisch Kranken, Armen und Alten.

Weitere sinnvolle Aufgaben für das Gesundheitsamt wären etwa Projekte der Gesundheitsförderung im Betrieb, der gesundheitsfördernden Schulen, gesundheitsfördernden Krankenhäuser und ähnliche auf bestimmte Institutionen bezogene Programme mehr. Für die Umweltberatung wird empfohlen, daß Personal von der Aufklärung und Beratung der Endverbraucher bzw. Konsumenten verlagert wird zur Beratung der Produzenten, Architekten und Bauherren.[23]

Die Handlungsspielräume des Öffentlichen Gesundheitsdienstes sind zwar einerseits durch zentrale gesetzliche Vorgaben und knappe Ressourcen begrenzt, in den allermeisten Fällen jedoch bedeutend weiter, als sie heute genutzt werden.

---

21 Vom Landtag von Nordrhein-Westfalen ist ein Gesetzentwurf »zur Stärkung der Leistungsfähigkeit der Kreise, Städte und Gemeinden« vom 1. 9. 97 inzwischen beschlossen worden, in dessen § 3 ein neues ÖGD-Gesetz die innovativen Aufgaben, wie sie in diesem Beitrag akzentuiert werden, festgeschrieben wurden.

22 Dieter Grunow (Anm. 11), S. 20 f.

23 Am Beispiel einer eigenen exemplarischen Studie in einem Sanierungsgebiet Hamburgs wurde deutlich, daß die Chancen für Gesundheitsförderung und Prävention durch Stadtteilsanierung eindeutig als schlecht zu betrachten sind. Diese bedauerlicherweise negative Bilanz läßt sich für nicht unmittelbar zu unserem Untersuchungsbereich gehörende Ebenen und Ämter, die eine gesundheitsfördernde Stadtentwicklung gestalten könnten, im großen und ganzen bestätigen (vgl. Alf Trojan u. a. 1994, Anm. 20). Auch eine Dokumentation, die empirische Untersuchungsergebnisse und kritische Analysen enthält, kommt zu einem äußerst skeptischen Gesamtbild von den Chancen, die das »Leitbild Gesunde Stadt« in der Praxis hat (vgl. N. Wohlfahrt u. a., Anm. 15).

Fokussiert man den Blick einmal nicht auf die zugegebenermaßen aktuell massiv drängenden ökonomischen Probleme bzw. die Finanzknappheit der öffentlichen Haushalte, sondern schaut auf die Trends der vergangenen zehn Jahre, stellt sich die Situation etwas positiver dar. Während vor 10–15 Jahren eine sehr traditionelle, auf individuelle Belehrung abzielende Gesundheitserziehung noch als etwas absolut Neues und Fremdes für Gesundheitsämter erschien, haben inzwischen doch viel weitreichendere Konzepte, wie die Gesundheitsförderung oder auch die Selbsthilfeförderung, erheblich an Boden gewonnen. In diesem Kontext ist ein wachsendes Interesse und eine wachsende Kompetenz (zumindest bei einigen Pilot-Gesundheitsämtern) im Umgang mit den zentralen Instrumenten festzustellen, die für eine neue Rolle des Gesundheits- und Umweltamtes in der kommunalen Politik einzusetzen wären: so mit der Gesundheitsberichterstattung, der Gesundheits- und Umweltprüfung sowie der Gründung von und Zusammenarbeit in lokalen oder regionalen Kooperationsgremien der Gesundheitsförderung (vgl. Abschnitt 3).

Diese Entwicklungen sind keine »Modeerscheinungen«, sondern als Reaktionen auf neue, gravierend veränderte Problemlagen anzusehen. Da solche Probleme in den Bereichen von Umwelt und Ökologie, aber auch bei der Integration der genannten benachteiligten, zunehmend verarmenden Randgruppen sicher nicht einfach und schnell in den Griff zu bekommen sind, werden auch die Anforderungen an eine Neudefinition der Rolle des ÖGD zunehmen.

c. Bürger: ihre Vereinigungen und ihre Beteiligung

Starke Anfangsimpulse für die kommunale Gesundheitspolitik kamen aus dem Dritten Sektor jenseits von Markt und Staat, zu denen wir die Gesundheits- und Selbsthilfebewegung, die selbstorganisierten Gemeinde-Gesundheitsprojekte und Brückeneinrichtungen als Infrastruktur für die Kooperation in der Gesundheitsförderung zählen.

Die Gesundheitsbewegung lebt noch in einigen Gesundheitsläden und lokalen Projekten fort, hat jedoch mehr Bedeutung durch das Weiterbestehen ihrer Ideen und Werte in zahlreichen formellen Einrichtungen: Für viele ihrer ehemaligen Mitglieder ist der Marsch *durch* die Institutionen *in* ihnen geendet. Prominentestes Beispiel ist der Initiator des 1. Gesundheitstags 1980 in Berlin, Ellis Huber, der jetzt schon in der 3. Legislaturperiode als Präsident der Ärztekammer Berlin wirkt.

Die Entwicklung von Gemeinde-Gesundheitsprojekten und Brückeneinrichtungen ist weitgehend zum Stillstand gekommen. An den meisten Stellen kämpfen die existierenden Projekte um das Überleben. Sowohl die Bereitstellung öffentlicher Mittel für freie Träger als auch die Möglichkeiten der Finanzierung durch Maßnahmen nach dem Arbeitsförderungsgesetz sind deutlich rückläufig.

Der Selbsthilfebereich hat sich kontinuierlich weiter ausgedehnt und stellt ein zentrales Element der Bürgerbeteiligung dar.

Die Vertretung von Bürger-Interessen in der kommunalen Gesundheitspolitik will Bedürfnisgerechtigkeit und Konsumentenschutz gewährleisten. Sie ist erst mit der Gesundheitsbewegung in die Gesundheitspolitik gekommen. Ein gutes Beispiel aus der Vergangenheit ist etwa die Initiative »Kind im Krankenhaus«, die mehr Rechte für die Eltern erkämpfte, beispielsweise hinsichtlich Besuchszeiten und der Mitaufnahme von Eltern im Krankenhaus. Ein Beispiel aus jüngster Zeit ist die Aufnahme von zwei Selbsthilfe-Mitgliedern in das Hamburger »Kuratorium Qualität im Krankenhaus«.

Eine politische Perspektive stellt in den Vordergrund, daß die formaldemokratische Legitimation von Macht auf der Organisations- und Systemebene auch Elemente direkter Demokratie als Ergänzung benötigt (vgl. auch den Beitrag von Roland Roth in diesem Band). Bürgerbeteiligung erscheint aus dieser Sichtweise vor allem als politische Mitbestimmung. Ein Beispiel stellt der massive Bürgerprotest im Hamburger Stadtteil St.Pauli gegen die Schließung des Hafenkrankenhauses dar (1997 nach zwei vorher gescheiterten Versuchen zum dritten Mal beschlossen). Aus verschiedenen (allerdings nicht fachpolitischen Gründen) haben diese Proteste bewirken können, daß im Rahmen hochkomplexer Schlichtungsverhandlungen unter Einschaltung des Senators für Stadtentwicklungspolitik und eines externen Vermittlers ein »Gesundheits- und Sozialzentrum« mit gesundheitsfördernden, kurativen (auch stationären) und sozialpflegerischen Funktionen entstehen soll.

Aus fachpolitischer Sicht läßt Bürgerbeteiligung sich als Prozeß definieren, der die Mobilisierung, Förderung und Nutzbarmachung sozialer Ressourcen zum Ziel hat und die bessere Bewältigung individueller Probleme, aber auch lokaler Probleme des sozialen und ökonomischen Wandels ermöglichen soll. Sofern mit diesen Ressourcen die Lebensqualität des einzelnen oder eines Gemeinwesens gefördert wird (im Sinne verbesserter Lebensbedingungen und höheren subjektiven Wohlbefindens), stellt die Bürgerbeteiligung auch ein wesentliches Element gesundheitsfördernder Politik dar.

d. Sonstige Akteure der kommunalen Ebene

Die Krankenkassen haben auf der Basis des ehemaligen § 20 SGB V ein vielfältiges Angebot zur Verhaltensprävention entwickelt und auch die arbeitsplatzbezogene Gesundheitsförderung in verschiedenen Betrieben und Innungen vorangetrieben.[24]

Der neue § 20 des SGB V sieht eine engere Kooperation der Krankenkassen mit den *Berufsgenossenschaften* vor. Diese haben im Rahmen des Sozialgesetzbuches VII einen erweiterten Präventionsauftrag bekommen, auf den sie sich auch schon zunehmend einzustellen versuchen. Hierbei geht es vorrangig neben den alten Aufgaben der Abwehr von Arbeitsunfällen und Berufskrankheiten um die Gefährdungsermittlung und -bekämpfung im Bereich der »arbeitsbedingten Gesundheitsgefahren«.[25]

Im *Bereich der freien Träger und Initiativgruppen* sind vor allem die Sportvereine und Erwachsenenbildungseinrichtungen, insbesondere Volkshochschulen, hervorzu-

---

24 Die politische Diskussion und die Würdigung der möglichen zukünftigen Entwicklungen in diesem Bereich können an dieser Stelle nicht geleistet werden. Zweifellos aber ist die radikale Veränderung des § 20 zu kritisieren, da dieser nicht nur Kristallisationspunkt für vielfältige Maßnahmen im Krankenkassenbereich, sondern auch für Aktivitäten darüber hinaus geworden war. Inwieweit der Mittelwegfall bei den Krankenkassen sich auch auf die mit diesen kooperierenden anderen Träger von Kursangeboten (z. B. Sportvereine und Erwachsenenbildungseinrichtungen) auswirkt und zum Rückzug aus kommunalen Kooperationsgremien wie den Gesundheitskonferenzen führt, ist derzeit nicht genau absehbar. Zum Krankenkassenbereich vgl. Alfons Schroer, Prävention und Gesundheitsförderung als Aufgabe der Krankenkassen, in: Die Betriebskrankenkasse, (1995) 6, 331–337.

25 Zu den Berufsgenossenschaften vgl. Andreas Rentel: Neue Präventionsansätze der Berufsgenossenschaften zur Verhütung arbeitsbedingter Gesundheitsgefahren, in: Erika Zoike u. a. (Hrsg.), Branchenbezogene Gesundheitsberichterstattung und Präventionsansätze in der Metallindustrie. Bundesverband der Betriebskrankenkassen, Essen, Mai 1996.

heben. Sie haben eigene Programme für den Bereich der Gesundheitsförderung verabschiedet und stellen ein großes flächendeckendes Potential für Gesundheitsförderungsangebote, zumeist im Sinne der Verhaltensänderung, dar. Die Bedeutung der *Wohlfahrtsverbände* ist weiter im Schwinden begriffen, nachdem die ambulanten gesundheits-und sozialpflegerischen Dienste zunehmend mehr von »privaten« (überwiegend erwerbswirtschaftlich, teilweise noch gemeinnützig) organisierten Vereinen übernommen werden, in Hamburg schätzungsweise schon zu ca. 70 %.

Am schwierigsten einzuschätzen ist der *ärztliche Bereich*. Veranstaltungen und einzelne Texte ärztlicher Verbände machen deutlich, daß der medizinische Blick ein anderer ist als der Blick der Gesundheitsförderer. Zumeist erscheint es so, daß das Konzept der Gesundheitsförderung gar nicht oder nicht wesentlich anders verstanden wird als das alte Konzept der Gesundheitserziehung oder -beratung. Neuere Veröffentlichungen[26] lassen erkennen, daß Gesundheitsförderung im weit verstandenen Sinne ernster genommen wird. Dies wird von einer Reform-Minderheit mit »ehrlichen« Absichten verfolgt. Für die Mehrheit geht es um berufspolitische Verteilungskämpfe, mit deren Hilfe Zugang zu möglichen neuen Einkommensfeldern gewonnen werden soll.

3. Handlungsansätze und Instrumente

Eine 1972 von der Gesundheitsminsterkonferenz verabschiedete Richtlinie für Ländergesetze über das Gesundheitswesen sollte eigentlich zu einer raschen Verabschiedung von Ländergesetzen führen nach dem Motto »So landesbezogen wie nötig, so bundeseinheitlich wie möglich!« Dieses Ziel wurde nicht erreicht. Erst 1994/95 wurden in einer Reihe von Bundesländern die entsprechenden Gesetze verabschiedet (Baden-Württemberg, Berlin, Brandenburg, Bremen, Mecklenburg-Vorpommern, Rheinland-Pfalz). In einigen Ländern existierten schon neue ÖGD-Gesetze (Schleswig-Holstein, 1979; Bayern 1986; Sachsen 1991); in den übrigen steht die Verabschiedung von neuen ÖGD-Gesetzen noch aus. Für die ehemalige DDR gilt – soweit nicht durch Landesgesetz neu geregelt – die Verordnung über den öffentlichen Gesundheitsdienst und die Aufgaben der Gesundheitsämter in den Landkreisen und kreisfreien Städten vom 8.8.1990. In der Mehrheit der Bundesländer wird der ÖGD als kommunale Aufgabe wahrgenommen, in einigen anderen jedoch als staatliche Sonderbehörde (Bayern, Baden-Württemberg, Rheinland-Pfalz und Saarland).[27]

Diese Vielfalt der Trägerschaften, Ländergesetze und Entwicklungsgeschichten bedingt natürlich eine große Unüberschaubarkeit der konkreten Situation in den Gesundheitsämtern und macht Verallgemeinerungen fast unmöglich. Bei der folgenden Übersicht über die Handlungsinstrumente orientieren wir uns vorrangig an neuen zukunftsträchtigen Gestaltungsaufgaben. Es sei ausdrücklich betont, daß die quantitative

---

26 Frank Lehmann/Justina Engelbrecht, Gesundheitsförderung – eine permanente Aufgabe, in: Deutsches Ärzteblatt, 94 (1997), S. A1556–1557.

27 Vgl. hierzu ausführlicher Deutscher Städtetag, Synopse der Gesundheitsdienstgesetze der Länder: Schleswig-Holstein, Bayern, Sachsen, Berlin, Brandenburg, Mecklenburg-Vorpommern, Bremen, Rheinland-Pfalz, unveröff. Manuskript v. 16. 4. 1997 sowie G. Frost/W. Müller, Neue Chance für Gesundheitsdienstgesetze – eine rechtsvergleichende Darstellung, in: Öffentliches Gesundheitswesen, 53 (1991) Sonderheft 3, S. 250–253.

Verteilung der Aufmerksamkeit in diesem Beitrag in keiner Weise der heutigen Realität in der kommunalen Gesundheitspolitik entspricht. Allerdings gibt sie Kernbereiche einer Reform-orientierten Diskussion über und Programmatik für eine eigentlich notwendige kommunale Gesundheitsförderung und -politik wieder.

a. Aufsicht und Kontrolle

Stark vereinfacht kann man die Aufgaben des Gesundheitsamtes in fünf Bereichen zusammenfassen:
1. Medizinalaufsicht über Berufe und Einrichtungen des Gesundheitswesens,
2. Allgemeine Hygiene und Seuchenbekämpfung,
3. Gesundheitsschutz, Vorsorge und Gesundheitshilfen,
4. Gutachterwesen,
5. Epidemiologie und Gesundheitsplanung.
Die Aufgaben überlappen sich und sind entsprechend unterschiedlich in den einzelnen Ämtern strukturiert.

Die polizeilich-kontrollierenden Aufgaben enthalten fast alle auch Elemente von Gesundheitsförderung. Besonders deutlich ist dies bei den Überwachungsaufgaben für Immissionen, Luft, Boden, Wasser und beim Verkehr mit Lebensmitteln, Bedarfsgegenständen, giftigen Stoffen und Arzneimitteln sowie der Überwachung von Einrichtungen wie Gaststätten, Heimen, Justizanstalten u. a. m. Überwachung heißt in diesen Bereichen, für gesunde bzw. gesundheitsfördernde Lebensbedingungen im Sinne der Verhältnisprävention zu sorgen.

Die starke Verrechtlichung dieser Bereiche bedeutet jedoch, daß die Arbeitsroutinen stark schematisiert sind. Die Eingriffsmöglichkeiten bei neuen Problemen entwickeln sich erst mit großen zeitlichen Verzögerungen. So sind die durch den Autoverkehr bedingten Gefahren zwar in erheblichem Maße gewachsen und ihre Gesundheitsgefährdungen auch zunehmend besser belegbar, die Handlungsmöglichkeiten in diesem Bereich sind jedoch nur äußerst gering.

Unstrittig ist, daß viele der Aufsichts-und Kontrollaufgaben sinnvoll und wichtig sind; von allen kann man dies jedoch nicht sagen. Ein gestalterisches Element fehlt in der Praxis zumeist fast gänzlich. Andererseits ist unschwer vorstellbar, daß das im Rahmen der Kontrollen erlangte Wissen in vielen Fällen zu einer offensiven Präventionspolitik führen könnte, wenn ein anderes Selbstverständnis der Gesundheitsämter um sich greifen würde. Darüber hinaus treten die sozialkompensatorischen Aufgaben der Gesundheitsämter wieder stärker in den Vordergrund. In einigen großstädtischen Ämtern gibt es hier neue Initiativen einer aufsuchenden Gesundheitsversorgung für Randgruppen, z. B. für Obdachlose in Köln.

Die früher bedeutsame Rolle der Kommune als Träger von Krankenhäusern geht mit der zunehmenden Umgestaltung des Krankenhausbereichs (infolge der Gesundheitsstruktur-Gesetze) als Feld eines marktwirtschaftlichen Wettbewerbsregeln unterworfenen Versorgungssektors weitgehend verloren.

Die im folgenden zu beschreibenden neuen oder zumindest neu akzentuierten Instrumente haben sich bisher nur in einigen wenigen Ämtern fest etablieren können. Sie sind aber wegweisend und werden programmatisch auch in weitgehender Übereinstimmung bundesweit befürwortet. Dort, wo neue Gesetze für den Öffentlichen Gesundheitsdienst entstanden sind, wurden die neuen Aufgaben fast immer als Kern einer Erneuerung des ÖGD festgeschrieben.

b. Gesundheitsberichterstattung

Zur kommunalen oder auch lokalen Gesundheitsberichterstattung gibt es einerseits inzwischen eine umfängliche Diskussion und auch durchaus eine nennenswerte Anzahl von Berichten, andererseits ist dieses Instrument weder flächendeckend verbreitet noch in den Planungs- bzw. Policy-Zyklus so integriert, daß es sein Wirkungspotential voll und ganz entfalten könnte.

Ein Bielefelder Public Health-Projekt mit dem Kurztitel »Gesundheitsberichterstattung und regionale Gesundheitspolitik« analysiert die »Voraussetzungen und Entwicklung neuer Informationsgrundlagen und Steuerungsinstrumente für eine regionale, Public Health-orientierte Gesundheitspolitik.«[28] In einer telefonischen Befragung der 54 Gesundheitsämter in Nordrhein-Westfalen (Dezember 1992) ergab sich, daß erst fünf Ämter einmalig einen Bericht publiziert hatten, ein weiteres veröffentlichte schon den zweiten Bericht. Drei weitere Ämter waren mit der Vorbereitung eines Berichts beschäftigt. Bedeutung und Nutzen einer Gesundheitsberichterstattung wurden jedoch fast überall erkannt: nur fünf Ämter zeigten sich nicht interessiert.

Als erste Praxiserfahrungen bei der Ausarbeitung von Gesundheitsberichten wurden bilanziert:
- daß eine thematische Bearbeitung der Gesundheitsberichte Vorrang haben muß vor einer Statistikorientierung;
- daß in der Regel mit vorhandenen Daten, so wie sie geliefert werden, gearbeitet werden muß;
- daß aufwendige Aufbereitungsarbeiten oder Neuerhebungen nur sehr begrenzt möglich sind;
- daß lokale Experten stärker als bisher einbezogen werden müssen;
- daß zur Herstellung des Transfers der Gesundheitsberichterstattung in Politik, Verwaltung und Fachöffentlichkeit besondere Kooperationsstrukturen wie z. B. Gesundheitskonferenzen erforderlich sind;
- daß eine Übertragung der entwickelten Berichtspraxis auch auf andere Gesundheitsämter nur mit externer Unterstützung von außen (z. B. durch Universitäten, wissenschaftliche Institute etc.) möglich sein wird.

In einer bundesweiten Berliner Studie[29] war die Frage gestellt worden, inwieweit Berichtssysteme in den befragten Stadtplanungs-, Umwelt- und Gesundheitsämtern existierten und inwieweit entsprechende Arbeitshilfen zur Verfügung stünden. Dabei zeigte sich, daß lediglich 23 % der Umwelt-, 19 % der Gesundheitsämter und 10 % der Stadtplanungsämter Berichtssysteme zur Verfügung hatten. Arbeitshilfen oder Checklisten gab es nur in Ausnahmefällen, am wenigsten im Bereich der Gesundheit, in dem von 11 % fremde Arbeitshilfen und in nur 2 % eigene Arbeitshilfen genannt wurden .

Im Prinzip ist die Gesundheitsberichterstattung als Informationssystem für die Weiterentwicklung und Erneuerung von städtischen Gebieten gut geeignet. Im Gegensatz zu Umweltverträglichkeitsprüfungen vor einer Entscheidung, ob, wo und wie gebaut werden soll, geht es bei der Gesundheitsberichterstattung stärker (wenn auch

---

28 Brigitte Meier/Waldemar Streich, Gesundheitsberichterstattung als Beitrag zur Modernisierung der Gesundheitsämter, in: Forum Public Health, 2 (1994) 5, S. 13.
29 Christine Siegfried und Projekt A5, Ergebnisse der Umfrage unter Stadtplanungs-, Gesundheits- und Umweltämtern. Vortragsmanuskript, Berlin 1994; Petra Lau, Rudolf Schäfer, Christine Siegfried, Rechtliche und administrative Rahmenbedingungen als restriktive und fördernde Faktoren der Gesundheitsförderung. Schlußbericht. TU Berlin 1996.

nicht ausschließlich) um ein Instrument der Verlaufsbeobachtung und -steuerung, des Monitoring von gesundheitsrelevanten Lebensbedingungen in einem bestimmten Gebiet.

Für die Gesundheitsämter zeigt sich in den vergangenen Jahren zunehmend die Notwendigkeit, kleinere Gebietsteile als ihren Bezirk oder ihre Kommune (mit oft 100 000 und mehr Einwohnern) in den Blick zu nehmen. Diese Notwendigkeit entsteht durch Segregationsprozesse, durch die sich die sogenannten A-Gruppen (Arbeitslose, Arme, Ausländer, Alte) in bestimmten, oft »soziale Brennpunkte« genannten Gebieten gehäuft zusammenfinden.

c. Gesundheits- und Umweltverträglichkeitsprüfung (GUVP)

Von Brandenburg u. a.[30] wird die Forderung Leidels aus dem Jahre 1989 berichtet, neben der Umweltverträglichkeitsprüfung auch eine »Gesundheitsverträglichkeitsprüfung für alle kommunalen Planungen« einzuführen. In der schon erwähnten Befragung des Berliner Forschungsverbundes Public Health[31] wurden u. a. auch Fragen zur Einführung einer Gesundheitsverträglichkeitsprüfung (GVP) gestellt (Antworten aus 43 Gesundheitsämtern, 39 Umweltämtern und 48 Stadtplanungsämtern in deutschen Städten über 100 000 Einwohner). Mit Ausnahme von vier Ämtern ergab sich, daß eine GVP derzeit nicht existiert. In 19 Gesundheits- und Umweltämtern wurden allerdings Überlegungen angestellt, eine solche einzuführen. 36 Gesundheits- und 23 Umweltämter (81 %) halten eine GVP für nötig; in den Stadtplanungsämtern ist dies deutlich seltener der Fall, allerdings auch unter Hinweis auf die ja schon existierende Umweltverträglichkeitsprüfung (UVP).

Seit 1990 ist die UVP bei unterschiedlichen Vorhaben wie industriellen Anlagen, Fernstraßen, Bahnanlagen, Flugplätzen, Abfall- und Abwasserbehandlungsanlagen, Feriendörfern und anderem mehr vorgeschrieben. Neben den jeweiligen Genehmigungsbehörden, Planungs- und Umweltämtern soll auch die Öffentlichkeit an diesem Verfahren beteiligt werden. In Paragraph 2 des UVP-Gesetzes werden Auswirkungen auf den Menschen an erster Stelle der zu prüfenden Aspekte genannt. Diese gesundheitlichen Aspekte kommen in der gegenwärtigen Durchführung der UVP jedoch noch eindeutig zu kurz.

Insgesamt ergibt sich aus vorliegenden empirischen Studien, daß sich die Situation für die UVP ähnlich darstellt wie für die allgemeine Bauleitplanung: Gesundheitsbelange werden selten berücksichtigt; das Gesundheitsamt ist, wenn überhaupt, meist erst nach der Konzeptionsphase der Prüfungen (Scoping) beteiligt; es besteht jedoch Interesse und Qualifizierungsbedarf bei den Gesundheitsämtern mit dem Ziel, eine definierte Rolle in einer integrierten Umwelt- und Gesundheitsverträglichkeitsprüfung einzunehmen.[32]

Aus einigen exemplarischen Praxisberichten läßt sich allerdings auf eine positive Entwicklungstendenz schließen.[33]

---

30 Alexander Brandenburg u. a., Gesundheit und Bürgerbeteiligung. Leitideen und Praxis in Herne, in: Gesundheitswesen, 54 (1992), S. 271 – 276.

31 Vgl. Anm. 29.

32 Adriane-Bettina Kobusch/Rainer Fehr/Hans-Jürgen Serve (Hrsg.), Gesundheitsverträglichkeitsprüfung, – eine Chance für den gesundheitlichen Umweltschutz. Baden-Baden, 1998.

33 Vgl. z. B. Burkhart Jaeschke, Gesundes Wohnen und Arbeiten in der Stadt. Öffentliche Gesundheit und Umweltverträglichkeitsprüfung, in: Brigitte Stumm/Alf Trojan (Hrsg.), Ge-

Solche Bemühungen finden intensive Unterstützung durch die Arbeitsgemeinschaft der leitenden Medizinalbeamtinnen und -beamten der Länder (AGLMB). Eine Projektgruppe dieser Einrichtung hat ein Konzept zum Ablauf von Inhalten der Gesundheitsverträglichkeitsprüfung (GVP) erarbeitet und entwickelt derzeit verschiedene Arbeitshilfen für die Gesundheitsämter zur Durchführung einer entsprechenden Prüfung.[34] Die Verträglichkeitsprüfung auf umweltbezogene Gesundheitsgefahren scheint sich als Teil der gesetzlich vorgesehenen Umweltprüfung (und nicht eigenständig neben ihr) zu etablieren.

d. Intersektorale Politik und Kooperationsgremien

Intersektorale Politik, d. h. eine Querschnittspolitik für Gesundheit, erfordert Politikverflechtung durch geeignete Koperationsstrukturen.

Vermittlung und Vernetzung bedeutet also, horizontale und vertikale Kooperationsstrukturen aufzubauen und weiterzuentwickeln.

Horizontal sind die verschiedenen Lebensbereiche der Menschen und die entsprechenden Politiksektoren miteinander zu verknüpfen und für gesundheitsfördernde Aktivitäten zu gewinnen. Vertikale Kooperation bedeutet, daß die unterschiedlichen politischen Ebenen, von der internationalen bis hinunter zur lokalen und Nachbarschaftsebene, miteinander verbunden werden müssen. Vertikale Kooperation bezieht sich aber auch darauf, daß gesellschaftliche Großinstitutionen des formellen Bereichs, wie z. B. Staat, Kommunen, Krankenkassen, über eine mittlere Ebene von Komplexität, wie z. B. bei Wohlfahrtsverbänden, Berufsverbänden, kommunalen bzw. Stadtteil-Einrichtungen bis hin zu den selbstorganisierten Zusammenschlüssen von Bürgern, wie z. B. Selbsthilfegruppen und Bürgerinitiativen, in einen gemeinsamen Arbeitszusammenhang gebracht werden sollen, in dem Konflikte ausgetragen und Konsensprozesse auf den Weg gebracht werden können.

Diese Strukturen werden auch häufig intermediäre Instanzen (mediating structures) genannt. Aus dem überaus komplexen Bereich solcher Strukturen sind für die Gesundheitsförderung besonders relevant: a) die intermediären Kooperationsstrukturen »Netze«, »Foren«, »Arbeitsgemeinschaften«, »Konferenzen« etc. sowie die intermediären »Brücken-Einrichtungen«.

Bei den intermediären *Kooperationsstrukturen* handelt es sich um freiwillige, zielgruppen-, gebiets- oder problembezogene, unterschiedlich stark formell organisierte Verbundsysteme, die zumeist Staat, marktwirtschaftliche Instanzen und die informelle Sphäre von Bürgerengagement und Selbsthilfe miteinander verknüpfen. Solche Verbundsysteme entstehen, um träger- und politikbereichsübergreifend allgemeine gesellschaftliche Interessen wahrzunehmen bzw. Maßnahmen gemeinschaftlich zu planen und durchzuführen. Diese Strukturen für unseren Bereich heißen häufig »regionale Arbeitsgemeinschaften für Gesundheitsförderung« oder »Gesundheitsförderungskonferenzen«. In diesen Kooperationsgremien konkretisiert sich auf struktureller

---

sundheit in der Stadt, Modelle – Erfahrungen – Perspektiven, Frankfurt a. M. 1994 sowie Alice Nennecke, GVP. Ein Praxisbericht aus der Behörde für Arbeit, Gesundheit und Soziales Hamburg, in: UVP-report, (1994) 8, S. 13–14.

34 Vgl. Helmut Gottwald u. a., Gesundheitsverträglichkeitsprüfung (GVP) als Teil der Umweltverträglichkeitsprüfung (UVP). Vom Konzept zur praktischen Umsetzung; Eine Zwischenbilanz, Vortrag auf der Jahrestagung der Deutschen Gesellschaft für Sozialmedin, Witten-Herdecke 1996.

Ebene die von der WHO, insbesondere in der Ottawa-Charta, aber auch in anderen Dokumenten vielfach beschworene multisektorale Zusammenarbeit und Bürgerbeteiligung.

An den meisten Stellen, wo solche Kooperationsstrukturen entstanden sind, hat sich gezeigt, daß es zur Unterstützung ihrer Arbeit intermediärer »Brücken« bedarf. Dies sind konkrete *Infrastruktur-Einheiten* mit räumlicher, Sachmittel- und Personalausstattung. Ihre Aufgaben liegen einerseits in der praktischen Unterstützung solcher Kooperationsstrukturen. Darüber hinaus haben sie aber auch vermittelnde Aufgaben zwischen dem formellen Bereich der gesellschaftlichen Großinstitutionen und den kleinen, vielfach fragilen Bürgerzusammenschlüssen im informellen Bereich. Sie helfen, Mechanismen der Mitbestimmung und Mitwirkung der Bürger zu verwirklichen, indem sie als Zwischenglieder einer langen Kette von sozialen Gebilden zwischen dem einzelnen Gesellschaftsmitglied und den höchsten Ebenen staatlicher Macht, aber auch zwischen den bestehenden Subkulturen und der Kultur des Establishments und der Bürokratie mit ihren jeweils spezifischen »Sprachen« und Wertesystemen vermitteln. Solche Brücken-Instanzen gibt es in vielen für die Gesundheitsförderung wichtigen Bereichen. Beispiele sind etwa Mütterzentren, Elternschulen, Stadtteilzentren, Kulturzentren, Nachbarschaftsheime, Kontakt-, Beratungs- und Informationsstellen (z. B. für Selbsthilfe, Arbeit, Umwelt oder andere Themen). Als Infrastrukturen der ausdrücklich auf Gesundheitsförderung ausgerichteten Bemühungen gibt es z. B. »Werkstätten Gesundheit«, »Gesundheitsbüros«, »Gesundheitsläden«, »Gesundheitszentren«, »Gesundheitshäuser« u. ä. m.[35]

Für die Gesundheitsförderung ist die Vorkämpferrolle dieser Brücken-Instanzen besonders wichtig. Dabei ist kennzeichnend, daß sie zwischen politisch-administrativem System, Märkten und Selbsthilfezusammenschlüssen stehen, jedoch zu keinem dieser Bereiche unmittelbar gehören (»zwischen den Stühlen sitzen«). Als wichtige Vermittler und Vernetzer, Informations-Zwischenhändler, Initiatoren von Aktionen etc. sind sie jedoch »Stütz- und Knoten-Punkte« für die Weiterentwicklung der traditionellen und die Durchsetzung der neuen Ansätze über bestehende institutionelle Gräben und Grenzen hinweg.

Gesundheitsfördernde Beeinflussung der Lebensverhältnisse erfordert (viel mehr als verhaltensorientierte Prävention) *intersektorale Politik.* In den ersten Veröffentlichungen zur Gesundheitsberichterstattung (als Grundlage der kommunalen Gesundheitsplanung[36] war dementsprechend schon eine »Regionale Gesundheitskonferenz« vorgesehen. Die WHO mit dem Gesunde-Städte-Projekt hat ebenfalls viel dazu beigetragen, daß lokale Kooperationsgremien (Gesunde-Stadt-Komitees) inzwischen als notwendiges Umsetzungsinstrument einer Gesundheitsförderungspolitik angesehen werden.

Auch eine Entschließung der 64. GMK (Konferenz der für das Gesundheitswesen zuständigen MinisterInnen und SenatorInnen der Länder) hat sich unter Hinweis auf die WHO und das Gesunde-Städte-Projekt eindeutig für die »gesundheitsfördernde Gesamtpolitik« und die hierdurch notwendige intersektorale Zusammenarbeit ausgesprochen: »Die GMK hält es für unverzichtbar, daß gesundheitliche Belange bei al-

---

35 Vgl. Alf Trojan/Helmut Hildebrandt (Hrsg.), Brücken zwischen Bürgern und Behörden. Innovative Strukturen für Gesundheitsförderung, St. Augustin 1990 sowie Peter Bartelheimer/Thomas von Freyberg, Neue Bündnisse in der Krise der sozialen Stadt. Das Beispiel der sozialpolitischen Offensive Frankfurt, in: Walter Hanisch (Hrsg.), Überlebt die soziale Stadt? – Konzeption, Krise und Perspektiven kommunaler Sozialstaatlichkeit, Opladen 1997.

36 Vgl. Wilhelm Schräder (Anm. 7).

len öffentlichen Planungen über den Krankheitsbezug hinaus berücksichtigt werden. Dabei soll das Anliegen ›Gesundheit‹ ressortübergreifend – also auch in primär nicht gesundheitsbezogenen Bereichen – angesprochen, in Entscheidungen einbezogen und auch durch aktive Bürgerbeteiligung verwirklicht werden. Als Beispiele seien hier die Stadtplanung und die Verkehrspolitik genannt.« Für die Koordination in diesem Bereich wird der Öffentliche Gesundheitsdienst vorgesehen, der dies z. B. mit Hilfe von »Arbeitsgemeinschaften zur Gesundheitsförderung/Gesundheitserziehung auf lokaler Ebene« leisten könnte.

Angesichts der starken Zersplitterung von Kompetenzen und Ressourcen für die Gesundheitsförderung sind Arbeitsgemeinschaften bzw. »Bündnisse für Gesundheit« sicher eine außerordentlich wichtige strukturelle Grundlage für intersektorale Politik. In der Hamburger Gesundheitsförderungskonferenz, neuerdings integriert in der Hamburgischen Landesvereinigung für Gesundheitsförderung e.V. (HLG), gibt es beispielsweise derzeit ca. 60 Mitglieder. In Hamburg hat es allerdings auch seit vielen Jahren die Absicht gegeben, bezirkliche, also kommunale Gesundheitskonferenzen ins Leben zu rufen. Dies ist jedoch trotz vereinzelten aktiven Bemühens von Gesundheitsämtern bisher nicht geglückt.

Als besonders erfreulichen Hoffnungsschimmer wollen wir hier eine intersektorale Hamburger Arbeitsgruppe erwähnen, die vom Sekretariat der Gesundheitsförderungskonferenz in der Behörde für Arbeit, Gesundheit und Soziales und der verantwortlichen Referentin für soziale Stadtentwicklung (Stadtentwicklungsbehörde) in Hamburg gemeinsam gegründet wurde. Sie hat sich das Ziel gesetzt, Kriterien für eine integrierte sozial-, umwelt- und gesundheitsgerechte Stadt zu entwickeln und in die relevanten Umsetzungsteile der jeweiligen Landes-Behörden und Bezirksämter einzubringen.

So erfreulich diese Ansätze zu intersektoraler Kooperation auch sind: Als effektive Steuerungsinstrumente für intersektorale Politik haben sie sich bisher nicht beweisen können. Zu dominant sind immer wieder die Eigen-Interessen der einzelnen Behörden, das Pochen auf fachliche Zuständigkeiten und die Routinen der arbeitsteiligen Bearbeitung in stark gegeneinander abgeschotteten Ressorts. Ohne Konsens läuft nichts: Das Ensemble für konzentrierte Aktionen ist zwar versammelt, allein es fehlt der von allen anerkannte Dirigent.

e. Selbsthilfeförderung

Selbsthilfezusammenschlüsse haben nicht nur für die individuelle Bewältigung von Problemen und Krankheit eine große Bedeutung, sondern auch für die multisektorale Politik der Gesundheitsförderung. Selbsthilfezusammenschlüsse unterschiedlichster Art sind an vielen Programmen der Gesundheitsförderung insbesondere auf lokaler Ebene beteiligt. Sie treten z. B. ein für eine Neuorientierung und Verbesserung von Gesundheitsdiensten, engagieren sich in der sozialen Beratung, kämpfen für eine bessere Lebensqualität oder Krankenversorgung im Stadtteil und setzen sich an vielen Stellen für ökologische und Umweltbelange ein.

Basis der Förderung solcher Gruppen sind Kontakt- und Informationsstellen, die an anderer Stelle ausführlicher behandelt werden (vgl. hierzu den Beitrag von Wolfgang Thiel in diesem Band). In Mitgliedsstädten des Gesunde-Städte-Projekts, aber auch allen anderen Kommunen und Städten, die eine aktive Politik der Gesundheitsförderung betreiben, haben sich Selbsthilfekontaktstellen als ein wesentliches Infrastruktur-Element entwickelt für die bessere Bewältigung von Krankheiten, mehr

Selbstbestimmung des Individuums und aktive Bürger-Beteiligung am Gemeinwesen sowie für die Humanisierung der medizinischen Versorgung.

4. Handlungs- und Leistungsfähigkeit, Perspektiven

Betrachtet man die bisherigen Erfolge kommunaler Gesundheitspolitik im Rahmen des Policy-Zyklus, kann man feststellen, daß in den vergangenen zehn Jahren die Problemdefinitionen und -wahrnehmungen aller relevanten Akteure dieses Bereichs positiv verändert wurden. Auch sind auf einer nächsten Stufe die politischen Tagesordnungen und Themen deutlich verändert und erweitert worden. Dies reicht in die programmatischen Äußerungen aller relevanten Trägerinstanzen und Akteure. Schaut man jedoch auf die beiden nächsten Stufen, nämlich auf das Treffen politischer Entscheidungen (insbesondere auch über finanzielle Budgets) und auf das daraus resultierende Handeln, so sind die Fortschritte eher mit der Lupe zu suchen. Die wichtigsten Engpässe stellen die Umsetzung, Verstetigung und Generalisierung von bisher meist nur exemplarisch erprobten Interventionen dar.

In der Diskussion um die neuen Aufgaben der Gesundheitsämter gibt es zunehmend größeren Konsens über die potentielle Rolle des Gesundheitsamtes als zentralen Akteur der gesundheitsförderlichen Gestaltung von Arbeits- und Lebensbedingungen im kommunalen Gemeinwesen. Die Handlungsfähigkeit dieses Akteurs ist jedoch an Voraussetzungen gebunden: Angesichts der Knappheit öffentlicher Mittel kann kommunale Gesundheitsförderung nur als Pflichtaufgabe des öffentlichen Gesundheitsdienstes Bestand haben bzw. ausgebaut werden.

Diese Überlegung macht auf ein zentrales Paradoxon aufmerksam: Obwohl die Reformbemühungen davon ausgehen, daß Gesundheitsrisiken auf dezentralen, örtlichen, kommunalen Ebenen besser erkannt und bewältigt bzw. Ressourcen besser verstärkt werden können, kommt kommunale Gesundheitspolitik nicht ohne zentralstaatliche Rahmengesetzgebung aus.[37] Dies bedeutet einmal die Verankerung der neuen gesundheitsfördernden Gestaltungsaufgaben, ihrer Instrumente und Organisationsstrukturen in den ÖGD-Gesetzen der Länder. Aber auch eine Reform des SGB V böte eine Chance: Notwendig wäre die Verpflichtung der Krankenkassen, in Kooperationsinstanzen auf Landes- und örtlicher Ebene mitzuwirken und sich entsprechend ihrer Mitgliederzahl auch finanziell an gemeinschaftlichen Aktivitäten und Aktionen zu beteiligen.[38]

Die letztgenannten Überlegungen richten sich darauf, das derzeit größte Hindernis für eine leistungsstarke kommunale Gesundheitspolitik aus dem Weg zu räumen,

---

37 Wolfgang Pföhler, Kommunale Gesundheitspolitik – sozialstaatlicher Auftrag, in: Gesundheitswesen 58 (1996), S. 592–595.

38 Diese Instanzen sollten Steuerungsfunktionen bekommen durch die Möglichkeit von Mehrheitsbeschlüssen (im Gegensatz zu der jetzt ständig hemmenden Konsens-Maxime). Die Federführung dieses Gremiums sollte bei den Gesundheitsbehörden liegen. Für eine gewisse Einheitlichkeit der inhaltlichen Bestimmung und Weiterentwicklung der Gesundheitsförderung wäre außerdem eine Bund-Länder-Einrichtung nötig, in der auch die Spitzenverbände der Krankenversicherung und die kommunalen Spitzenverbände (z. B. in Form eines Beirats) mitwirken. Diese Instanz könnte den fachlichen Rahmen vorgeben und Stellung nehmen zu fachlichen Anfragen aus der gesetzlichen Krankenversicherung oder von dezentralen Politikebenen.

nämlich die zunehmende Finanznot aller öffentlichen Haushalte. Zwar sieht es bei den sozialen Sicherungssystemen, insbesondere der Krankenversicherung, auch nicht gerade rosig aus, aber es ist auch nicht einzusehen, warum die Krankenversicherung nicht an der Gestaltung der kommunalen Gesundheitspolitik und ihrer Finanzierung beteiligt werden sollte: Es sind Synergie- und Einspareffekte zu erwarten, von denen auch die Krankenversicherung profitieren würde.

Eine neuere Befragung von 152 Gesundheitsämtern in den alten Bundesländern (die neuen wurden auch befragt, sind aber noch nicht ausgewertet) ergab interessante Aufschlüsse über das derzeitige Selbstbild und das gewünschte »Organisationsleitbild«. Am häufigsten sehen sich die Ämter als »Fachverwaltung«; für über 80 % soll dies auch Kern des zukünftigen Leitbildes sein bzw. bleiben. Gegenüber dem derzeitigen Ist-Zustand wird besonders ein Zuwachs an Koordinationsaufgaben gewünscht (zweit-wichtigster Bestandteil des Leitbildes für die Zukunft: von fast 100 % gewünscht). Sozialkompensatorische Funktionen werden von ca. 80 % als Teil des Leitbildes akzepiert, ebenso häufig die Funktion als »Feuerwehreinrichtung«, jedoch als Kern des Leitbildes nur noch von ca. 15 %. Am wenigsten Zukunft haben die Charakterisierungen als »Vollzugseinrichtung« und als »Auffangeinrichtung«. Unterscheidungen nach Größe der Gesundheitsämter (von unter 50 bis zu über 100 Mitarbeitern) ergaben, daß die Modernisierungstendenzen in den großen städtischen Ämtern schon etwas ausgeprägter sind.[39]

Trotz gewisser Modernisierungswünsche bleibt es schwierig, die Frage zu beantworten, welche Perspektiven sich hieraus für die kommunale Gesundheitspolitik ergeben. Einerseits bleibt ein primäres Selbstverständnis als Fachverwaltung bestehen, andererseits werden Koordinationsaufgaben (ÖGD als »Regie-Instanz«), die eng mit gestaltender Politik verknüpft sind, gewünscht.

Aufgrund einer emprischen Studie über den Berliner ÖGD stellt Petra Müller[40] in Frage, ob der ÖGD »in der Lage ist, zu einer Schnittstelle der Gesundheitspolitik auf kommunaler Ebene zu werden«. In der Bilanz vermutet sie, daß auch für andere Bundesländer gelte, was sie zur Situation in Berlin konstatieren mußte: »Im ÖGD existieren heterogene Modernisierungskonzepte, die alle mit dem Begriff der Gesundheitsförderung hantieren, sich dabei aber auf ganz unterschiedliche Aspekte und Gestaltungskriterien stützen. Von einer generellen Neuorientierung des ÖGD in der kommunalen Gesundheitspolitik, wie sie in Gesundheitspolitik und Gesundheitswissenschaften immer wieder gefordert wird, kann keine Rede sein.« Die pessimistische Einschätzung entbehrt sicher nicht der Grundlagen. Eine optimistischere Sichtweise, die längere Zeiträume in den Blick nimmt, würde als Positivum bilanzieren können, daß der ÖGD sich trotz Aufgabenverlustes und zunehmender finanzieller Restriktionen langsam mit einer neuen aktiveren Rolle in der kommunalen Gesundheitspolitik anzufreunden beginnt. Für alle ungeduldigen Reformer geschieht dies aber viel zu langsam und auch nicht radikal genug.

---

39 Vera Grunow-Lutter/Klaus Dieter Plümer, Neue Leitbilder in den Gesundheitsämtern der Bundesrepublik Deutschland, Vortrag auf der Jahrestagung der Deutschen Gesellschaft für Sozialmedizin, Schwerin 1997.

40 Petra Müller, Gesundheitsförderung. Ansatzpunkt für eine Neuorientierung des öffentlichen Gesundheitsdienstes? Ergebnisse einer empirischen Untersuchung in Berlin, in: Jahrbuch für kritische Medizin, Hamburg, 26 (1997), S. 88 f.

BURKHARD HINTZSCHE

Kommunale Wohnungspolitik

1. Wohnungspolitische Aufgaben

Probleme des Wohnungsmarktes zählen für die Städte und Gemeinden zu den wichtigsten Fragen kommunaler Daseinsvorsorge.[1] Sie sind es, die mit den Problemen der Wohnungssuchenden unmittelbar konfrontiert werden. Angelegenheiten des Wohnungswesens gehören zu den klassischen Selbstverwaltungsaufgaben der Städte und Gemeinden. Sie entscheiden im wesentlichen eigenverantwortlich darüber, wie sie die Aufgabe erfüllen wollen. Dabei können freiwillige Selbstverwaltungsaufgaben wie z. B. der Wohnungstausch, weisungsfreie Pflichtaufgaben wie z. B. der soziale Wohnungsbau oder Pflichtaufgaben zur Erfüllung nach Weisung wie beispielsweise die Wohnungsaufsicht unterschieden werden. Ziel kommunaler Wohnungspolitik ist es grundsätzlich, allen Einwohner/innen eine angemessene Wohnungsversorgung zu ermöglichen. Kommunale Wohnungspolitik trägt diesem Auftrag abgestuft Rechnung: Einkommensschwache und sozial benachteiligte Haushalte werden z. T. direkt mit Wohnraum versorgt und mittlere Einkommensschichten punktuell gefördert. Mit zunehmendem Einkommen reduziert sich der kommunale Auftrag auf die Bereitstellung von Infrastruktur und Baurechten. Im Mittelpunkt kommunaler Wohnversorgungsstrategien steht der Erhalt preiswerten Wohnraums und die Förderung des Baus von mietpreis- und belegungsgebundenen Wohnungen. Die Aufgaben kommunaler Wohnungspolitik sind aber nicht statisch, sondern abhängig von gesetzlichen Rahmenbedingungen, finanziellen Handlungsspielräumen, unterschiedlichen Nachfrage- und Investitionsbedingungen auf den örtlichen Wohnungsteilmärkten und kommunalpolitisch festgelegten Zielen.

Engpässe bei der Wohnungsversorgung sind heute weniger ein quantitatives Problem: die Bundesbürger sind im Durchschnitt mit ca. 36 qm Wohnfläche pro Kopf gut versorgt. Wohnungsversorgungsprobleme haben vielmehr ihre Ursachen in einer ungleichen Verteilung von Wohnfläche und unterschiedlichen Marktzugangschancen. Trotz der Entspannungstendenzen im oberen und mittleren Marktsegment ist die Wohnungsmarktlage für einkommensschwache und sozial benachteiligte Haushalte unverändert kritisch: Die Zahl der Wohnungsnotfälle[2] hat sich auf hohem Niveau

---

1 Vgl. Everhard Holtmann/Rainer Schaefer, Wohnen und Wohnungspolitik in der Großstadt. Eine empirische Untersuchung über Wohnformen, Wohnwünsche und kommunalpolitische Steuerung, Opladen 1996.
2 Als Wohnungsnotfälle werden Personen bezeichnet, die unmittelbar von Obdachlosigkeit bedroht sind oder aktuell von Obdachlosigkeit betroffen sind oder aus sonstigen Gründen in unzumutbaren Wohnverhältnissen leben; vgl. Deutscher Städtetag, Sicherung der Wohnungsversorgung in Wohnungsnotfällen und Verbesserung der Lebensbedingungen in sozialen Brennpunkten, Reihe D, (1987) 21, S. 14 ff., Köln.

verstetigt. In den Städten und Gemeinden unterschreiten zudem bis zu 90 % der bei den Wohnungsämtern gemeldeten Wohnungssuchenden die Einkommensgrenzen, die zum Bezug einer Sozialwohnung berechtigen, um mehr als 20 %. Dagegen geht die Zahl der mietpreis- und belegungsgebundenen Sozialwohnungen und damit das kommunale Steuerungspotential rapide zurück. Von den heute noch ca. 2,2 Mill. Sozialwohnungen des 1. Förderweges werden in den nächsten zehn Jahren mehr als die Hälfte aus der Sozialbindung fallen.[3] Hinzu kommt die Abwanderung von Familien mit mittleren Einkommen aus den Kernstädten ins Umland, die negative Folgen für die Sozialstruktur und die Finanzen der Kernstädte hat. Beides, die Versorgung der Wohnungsnotfälle und Minderverdienenden sicherzustellen wie die Abwanderung einkommensstärkerer Haushalte – auch durch eine bessere Wohneigentumsförderung – zu bremsen, sind die wohnungs- und strukturpolitischen Aufgaben der nächsten Jahre. Wohnungspolitik ist in diesem Kontext weniger als sektorale und stärker als *Querschnittsaufgabe* zu verstehen.

2. Geschichtliche Entwicklung

Die Verantwortung der Städte und Gemeinden für das Wohnungswesen hat eine lange Tradition. Schon im Mittelalter mußten sie Regeln für das Bauen aufstellen und durchsetzen, um die Unterbringung finanziell und sozial benachteiligter Haushalte sicherzustellen. »Die Aufsicht über das Wohnungswesen ist eine Gemeindeangelegenheit«, heißt es beispielsweise in § 1 des Preußischen Wohnungsgesetzes von 1916, das im übrigen bestimmte, daß sich der Gemeindevorstand »von den Zuständen im Wohnungswesen fortlaufend Kenntnis zu verschaffen, auf Fernhaltung und Beseitigung von Mißständen sowie auf die Verbesserung der Wohnverhältnisse, namentlich der Minderbemittelten, hinzuwirken habe.« Industrialisierung und Städtewachstum zwangen Städte und Gemeinden, ihre wohnungspolitischen Aufsichts- und Fürsorgeaufgaben noch intensiver wahrzunehmen. Wohnungspolitik wurde zum Bestandteil kommunaler Sozialpolitik (vgl. auch den Beitrag zur kommunalen Sozialpolitik, Holger Backhaus-Maul in diesem Band).

Die Wohnungsversorgungslage nach dem Zweiten Weltkrieg war geprägt durch eine große Wohnungsnot breiter Schichten der Bevölkerung. In der *neugegründeten Bundesrepublik* fehlten nach Kriegsende ca. 6 Mio. Wohnungen. Privates Kapital war rar. Ziel staatlicher und kommunaler Wohnungspolitik war zunächst die Beseitigung der Wohnungsnot und die Versorgung breiter Schichten des Volkes mit Wohnraum zu tragbaren Mieten. Vermietung und Miethöhe wurden behördlich kontrolliert. Gesetzliche Grundlage für den Neubau von Sozialwohnungen war das I. Wohnungsbaugesetz von 1950. 1956 folgte das II. Wohnungsbaugesetz. Neben den Wohnversorgungsauftrag trat nun das Ziel, die Eigentumsbildung für breite Kreise der Bevölkerung zu fördern und den Wohnungsbau qualitativ zu verbessern. Mit dem »Gesetz über den Abbau der Wohnungszwangswirtschaft und über ein soziales Mietrecht« wurde 1960 die Liberalisierung des Wohnungsmarktes eingeleitet. In Städten und Kreisen, in denen die Anzahl der Wohnungen in etwa der Anzahl der Haushalte entsprach, wurden die Mieten freigegeben (»weißer Kreis«). Dort, wo das Defizit an Wohnungen größer

---

3 Vgl. Gesellschaft für Struktur- und Stadtforschung (empirica), Möglichkeiten des Abbaus von Mietenverzerrungen im Bestand von Sozialwohnungen, Bonn 1996, S. X.

als 3 % war, galt weiterhin die Mietpreisbindung (»schwarzer Kreis«). Mit den »weißen Kreisen« wurden jedoch gleichzeitig Kündigungsschutzgesetze und das Wohngeld zum Ausgleich sozialer Härten eingeführt.

Mitte der 80er Jahre, als die Engpässe in der Wohnungsversorgung weitgehend beseitigt schienen, sollten Mischfinanzierungstatbestände zwischen Bund und Ländern abgebaut, die Förderung des sozialen Wohnungsbaus weitgehend zurückgeführt, das Wohngeld als das vermeintlich treffsichere Instrument gestärkt, das Mietrecht dereguliert und die Wohnungsversorgung stärker dem Markt überlassen werden.[4] Die kommunale Handlungsebene rückte dabei zwangsläufig in den Mittelpunkt auch des wissenschaftlichen Interesses. Gegen Ende der 80er Jahre kam es dann, zunächst als Folge der Zuwanderung von Aus- und Übersiedlern, verstärkt durch die zunehmenden Wohnungsversorgungsprobleme der einheimischen Bevölkerung, zu einer Renaissance der Förderung des sozialen Wohnungsbaus.

In der *damaligen DDR* hat sich das Wohnungswesen bis zur Deutschen Einheit ab dem 3. 10. 1990 grundlegend anders entwickelt. Der Wohnungsbau war Bestandteil sozialistischer Sozialpolitik. Sie war gekennzeichnet durch Planwirtschaft, eine weitgehende Verstaatlichung des Eigentums an Grund und Boden und eingefrorene Mieten auf dem Niveau des Jahres 1936. Da die staatlichen Mittel nahezu ausschließlich in den Wohnungsneubau gelenkt wurden und die niedrigen Mieten keine Erträge zur ordnungsgemäßen Bewirtschaftung und Instandhaltung abwarfen, verfiel die Altbausubstanz. Das Privateigentum wurde zurückgedrängt. 1971 befanden sich noch 62 % des Wohnungsbestandes in Privateigentum. 1989 war dieser Anteil schon auf 41 % zurückgegangen.[5]

Nach der Wiedervereinigung wurde die ehemals staatlich gelenkte Wohnungsplanwirtschaft schrittweise in die soziale Marktwirtschaft überführt. Dazu mußten zunächst die eigentums- und vermögensrechtlichen Fragen der Zuordnung des bis dahin volkseigenen Wohnungsvermögens geregelt werden. Ihre Klärung wird gleichwohl noch Jahre in Anspruch nehmen.[6] Die kommunalen und genossenschaftlichen Woh-

---

4 Vgl. zur Diskussion u. a.: Hellmut Wollmann: Wohnungspolitik in der Krise – Reformansätze durch kommunale Politik, in: Adelbert Evers/Hans-Georg Lange/Hellmut Wollmann (Hrsg.), Kommunale Wohnungspolitik, Basel u. a. 1983, S. 40–72; Wilhelm Laumann, Handlungsspielräume in der kommunalen Wohnungspolitik: Methoden und Konzepte zur Analyse der Problemlösungsfähigkeit des kommunalen Steuerungssystems, in: Heik Afheldt (Hrsg.), Werkzeuge qualitativer Stadtforschung, Gerlingen 1983, S. 65–82; Johann Eekhoff, Leitlinien zur künftigen Wohnungspolitik der Bundesregierung, in: Ders. u. a., Rückzug des Staates aus der Wohnungspolitik? Münster 1986, S. 4; Fritz Scharpf u. a. 1976, Politikverflechtung, Theorie und Empire des kooperativen Föderalismus in der Bundesrepublik, Kronberg/Ts.; Theodor Paul 1990, Die Aufgaben des privaten Haus-, Wohnungs- und Grundeigentums zu Beginn der neunziger Jahre, in: Der Langfristige Kredit, H. 1, S. 14; Informationsdienst des Deutschen Volksheimstättenwerkes 1985, S. 125; Wolf-Dieter Füchsel 1985, Gemeinschaftsaufgaben, Spardorf, S. 36 und dortige Literatur; Institut für Kommunalwissenschaften der Konrad-Adenauer-Stiftung 1980, Programm zur Reform der Wohnungspolitik, Sankt Augustin, S. 12; Hellmut Wollmann, Kommunale Wohnungspolitik – Ein Ausweg? In: Jürgen Heuer (Hrsg.), Wohnungspolitik unter geänderten Rahmenbedingungen. Schwerpunkt kommunale Wohnungspolitik, Bochum 1982, S. 35; Horst-Manfred Schellhaas 1987, Übergangsbedingungen für eine Liberalisierung des Wohnungsmarktes, Berlin, S. 1.

5 Vgl. u. a. Bundesministerium für Raumordnung, Bauwesen und Städtebau, Wohnungspolitischer Umbruch in Ostdeutschland, Bonn 1994, S. 6-8.

6 Vgl. Karl-Ernst Kappel, Kommunale Wohnungsunternehmen in den neuen Bundesländern. Rechtliche und steuerliche Probleme von der Gründung bis zur Teilentlastung, in: ZögU, Band 20, (1997) 2, S. 157–177.

nungsunternehmen wurden Eigentümer von ca. 2,4 Mio. Wohnungen. Mit einer mehrstufigen Mietenreform wurden die preisgebundenen Mieten an die ortsübliche Vergleichsmiete herangeführt und durch ein auf die besonderen Erfordernisse der neuen Länder abgestelltes Wohngeld flankiert. Das Altschuldenhilfegesetz[7] hat die überschuldete Wohnungswirtschaft entlastet. Mit hohen steuerlichen Abschreibungsmöglichkeiten und dem Modernisierungsprogramm der Kreditanstalt für Wiederaufbau wurde neben der direkten Förderung der Modernisierung durch Bund, Länder und Gemeinden in kurzer Zeit auch viel privates Kapital für die dringend erforderlichen Investitionen im Wohnungsbestand mobilisiert. Inzwischen wurde der ordnungspolitische Rahmen der Bundesrepublik weitgehend übernommen.

3. Aktuelle Reformbestrebungen

Nach dem II. Wohnungsbaugesetz (II. WoBauG) sollen Bund, Länder und Gemeinden den Wohnungsbau vor allem für breite Schichten der Bevölkerung als vordringliche Gemeinschaftsaufgabe fördern, den Wohnungsmangel beseitigen, für weite Kreise der Bevölkerung breit gestreutes Eigentum schaffen, eine ausreichende Wohnungsversorgung aller Bevölkerungsschichten entsprechend den unterschiedlichen Wohnbedürfnissen ermöglichen und die Wohnungsversorgung namentlich derjenigen sicherstellen, die hierzu nicht in der Lage sind. Das II. WoBauG, das in seinen Grundzügen aus dem Jahr 1956 stammt, wird von allen Akteuren der Wohnungspolitik nicht mehr als zeitgemäß angesehen. Allerdings unterscheiden sich die wohnungspolitischen Reformvorstellungen von Bund, Ländern, Gemeinden und Wohnungswirtschaft erheblich.[8] Die Bundesregierung hat am 23. 7. 1997 einen Gesetzesentwurf zur Reform des Wohnungsbaurechts beschlossen und damit das parlamentarische Verfahren eingeleitet. Auf die zentralen Elemente[9] und Kritikpunkte aus kommunaler Sicht[10] soll im folgenden kurz eingegangen werden.

Der Bund will die verschiedenen wohnungspolitischen Instrumente in einem *Wohngesetzbuch* zusammenfassen, gemeinsamen Zielsetzungen unterstellen und Wohnungs- und Städtebau besser aufeinander abstimmen. Dieses Ziel wird zwar von allen wohnungspolitischen Akteuren unterstützt. Allerdings enthält der Gesetzentwurf kein schlüssiges Gesamtkonzept, welches die wohnungspolitischen Instrumente auch materiell miteinander verzahnt.

Die *direkte Förderung* soll künftig, auch unter Einbeziehung des Sozialwohnungsbestandes, grundsätzlich *immer markt- und einkommensorientiert* ausgestaltet, bei der Förderung sollen alle Möglichkeiten der *Baukostensenkung* ausgeschöpft werden. Im Rahmen der Förderung sollen *ökologisches und barrierefreies Bauen* stärker berück-

---

7 Gesetz über Altschuldenhilfen für Kommunale Wohnungsunternehmen, Wohnungsgenossenschaften und private Vermieter in dem in Artikel 3 des Einigungsvertrages genannten Gebiet (Altschuldenhilfe-Gesetz) vom 23. Juni 1993 (BGBl. I S. 944, 986).

8 Vgl. Burkhard Hintzsche, Wohnungspolitik zwischen Reform und Flickschusterei, in: städtetag, (1994) 8, S. 528–532.

9 Vgl. Presseinformation des Bundesministeriums für Raumordnung, Bauwesen und Städtebau Nr. 52 vom 23. 07. 1997.

10 Vgl. Folkert Kiepe/Burkhard Hintzsche, Das neue Wohngesetzbuch – eine Reform zu Lasten der Kommunen, in: Der langfristige Kredit, (1997) 14, S. 450–453.

sichtigt werden. Das vom Bund favorisierte Modell der einkommensorientierten Förderung überzeugt nicht, weil das staatliche *Wohngeld* als originäres und marktwirtschaftliches Instrument der Subjektförderung *nicht Bestandteil der Reformpläne* und die Finanzierung der notwendigen Zusatzförderung ungeklärt ist. Es besteht die Gefahr, daß sich Bund und Länder über die Einführung einer neuen Zusatzförderung sukzessive aus der Finanzierung des staatlichen Wohngeldes zurückziehen werden. Die unterschiedlichen Wirkungen des von Bundesseite favorisierten Modells und der insbesondere in den Beständen des sozialen Wohnungsbaus vorherrschenden klassischen Förderung im sog. 1. Förderweg[11] einschließlich Fehlsubventionierungsabgabe und ihre Auswirkungen auf die kommunale Sozialhilfe können wie folgt skizziert werden:

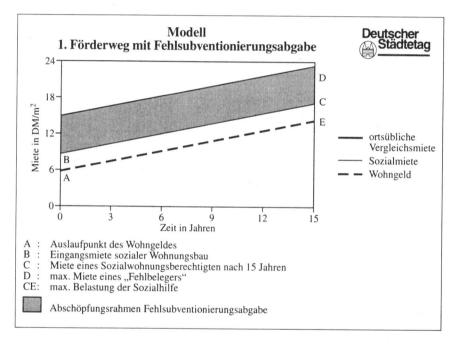

Modell
1. Förderweg mit Fehlsubventionierungsabgabe

Deutscher Städtetag

A : Auslaufpunkt des Wohngeldes
B : Eingangsmiete sozialer Wohnungsbau
C : Miete eines Sozialwohnungsberechtigten nach 15 Jahren
D : max. Miete eines „Fehlbelegers"
CE: max. Belastung der Sozialhilfe

Abschöpfungsrahmen Fehlsubventionierungsabgabe

Im vorstehenden Modell wurde unterstellt, daß das Wohngeld während der gesamten Laufzeit 70 % der Wohnkosten abdeckt. Die optimistische Annahme dürfte angesichts der gegenwärtigen Entwicklungen beim Wohngeld kaum haltbar sein. Bei der ortsüblichen Vergleichsmiete und der Sozialmiete wurde eine jährliche Steigerung von ca. 3 % unterstellt. (Die Anhebung der Sozialmieten verläuft durch die Höherverzinsung öffentlicher Wohnungsbaudarlehen real in Stufen).
Ergebnis: Für den nach 15 Jahren noch Sozialwohnungsberechtigten ergibt sich eine Mietbelastung von ca. 17 DM je qm (Punkt C). Der Vermieter hat die Möglichkeit, von den anderen Mietern die Basismiete C zuzüglich der bislang entrichteten Fehlbelegungsabgabe zu nehmen. Die maximale mögliche Belastung der Sozialhilfe kann durch die Strecke CE ausgedrückt werden.

---

11 Vgl. auch Burkhard Hintzsche, Sozialer Wohnungsbau am Scheideweg, in: der städtetag, (1993) 9, S. 584–589.

805

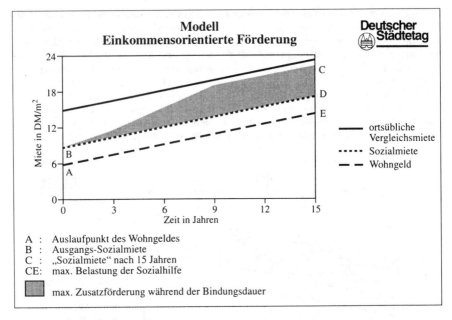

Modell
Einkommensorientierte Förderung

Deutscher Städtetag

A : Auslaufpunkt des Wohngeldes
B : Ausgangs-Sozialmiete
C : „Sozialmiete" nach 15 Jahren
CE: max. Belastung der Sozialhilfe

max. Zusatzförderung während der Bindungsdauer

Im vorstehenden Modell wurde unterstellt, daß Mietanpassungen analog zum Miethöhegesetz (30 % innerhalb von 3 Jahren) durchgeführt werden. Ebenso wurde davon ausgegangen, daß das Wohngeld während der gesamten Laufzeit ca. 70 % der Mietbelastung abdeckt.

Ergebnis: Der nach 15 Jahren noch Sozialwohnungsberechtigte muß nach Auslaufen der »Sozialbindung« eine Miete von ca. DM 22 je qm (Punkt C) zahlen. Die maximale Zusatzförderung CD entfällt nach Ende der Bindung. Die maximale mögliche Belastung der Sozialhilfe kann durch die Strecke CE ausgedrückt werden.

Im Hinblick auf die mittlerweile im Durchschnitt gute Wohnungsversorgung soll das Ziel der Förderung nicht mehr die Versorgung breiter Schichten der Bevölkerung, sondern die gezielte Unterstützung *bedürftiger Haushalte* sein. Bei der Förderung sollen *ausgewogene Bewohnerstrukturen* gewährleistet werden, um soziale Segregationsprozesse zu vermeiden. Die Einengung der Zielgruppe auf »bedürftige Haushalte« birgt jedoch gerade die Gefahr, daß sich einseitige Sozialstrukturen ergeben können.

Vorrang sollen künftig in erster Linie *Maßnahmen im Wohnungsbestand*, z. B. der Ankauf von Belegungsrechten, haben, an denen sich der Bund aber mit Ausnahme der Modernisierungsförderung finanziell nicht beteiligt. Die bisherige Förderverpflichtung des Bundes soll ordnungspolitisch auf die Schaffung von »Rahmenbedingungen für eine soziale und marktwirtschaftliche Ordnung des Wohnungswesens« reduziert werden. Dagegen sind die kommunalen Gebietskörperschaften nach dem Bundessozialhilfegesetz und den Polizei- und Ordnungsbehördengesetzen der Länder für bestimmte Haushalte in einer gesetzlichen Unterbringungspflicht. Die beabsichtigte Regelungsdichte bezüglich kommunaler und Landesaufgaben steht im Mißverhältnis zur finanziellen Beteiligung des Bundes, die sich nach Art. 104a Abs. 4 Grundgesetz (Bundesfinanzhilfen) auf investive Maßnahmen beschränkt.

Städte und Gemeinden sollen künftig aufgrund ihrer unmittelbaren Nähe zu den Wohnraumversorgungsproblemen ihrer Bürger die Förderung stärker als bisher mitgestalten. Ihnen sollen daher im Wohngesetzbuch mehr Mitspracherechte bei dem Einsatz der Fördermittel eingeräumt werden, vor allem dann, wenn sie eigene kommunale Förderkonzepte zur Bewältigung der Wohnungsprobleme erarbeitet haben.

Übersicht 1: Verpflichtungsrahmen im sozialen Wohnungsbau
(Programmvolumen in Mio. DM)

Programm-jahr	Ins-gesamt	Bundesmittel		Eigene Mittel der Länder (lt. Programmeldungen)	
		alte Länder	neue Länder	alte Länder (mit Gesamt-Berlin)	neue Länder (ohne Berlin-Ost)
1991	14 081	1 760	1 000	9 888	1 433
1992	17 860	2 700	1 000	11 535	2 625
1993	23 002	2 700	1 250	13 031	6 021
1994	21 527	2 460	1 000	13 839	4 229
1995	20 037	1 900	957	13 336	3 845
1996	15 720	1 310	· 900	10 030	3 480

Übersicht 2: Förderung des sozialen Wohnungsbaus in 1995

Land	Mittel		Wohnungen	
	Gesamt	davon Bund Mio. DM	Neubau	Mod./Inst.
Baden-Württemberg	822 000	203 854	15 800	100
Bayern	1 129 620	236 620	14 000	2 000
Berlin	2 932 028	118 604	8 500	17 108
Brandenburg	1 439 341	146 800	7 500	11 120
Bremen	86 812	13 544	771	0
Hamburg	1 931 101	33 875	5 100	0
Hessen	542 525	118 732	5 140	0
Mecklenburg-Vorp.	582 896	106 136	3 660	45 200
Niedersachsen	340 400	152 927	4 100	0
Nordrhein-Westfalen	2 894 463	353 603	26 022	0
Rheinland-Pfalz	318 465	78 398	4 668	0
Saarland	43 048	21 524	760	0
Sachsen	1 581 506	265 753	25 500	30 000
Sachsen-Anhalt	320 562	160 013	5 420	16 180
Schleswig-Holstein	374 886	53 736	5 000	0
Thüringen	380 262	145 881	3 900	10 600
Insgesamt	15 719 915	2 210 000	135 841	132 308

Quelle für Übersichten 1 und 2: Bundesministerium für Raumordnung, Bauwesen und Städtebau (Anmerkung: Finanzhilfen der Gemeinden werden nicht erfaßt).

Allerdings wird die Mitsprache an verfassungsrechtlich bedenkliche, zusätzliche Mitfinanzierungspflichten der Gemeinden geknüpft. Dies geht, wie die vorstehenden Übersichten 1 und 2 belegen, einher mit einem Rückzug des Bundes, aber auch zahlreicher Länder aus der Förderung des sozialen Wohnungsbaus.

4. Wohnungspolitische Akteure und Interessenkonflikte

Um das Produkt »Wohnung« gruppieren sich eine Vielzahl von lokalen Akteuren. Dabei kann zwischen Rat und Verwaltung einerseits und externen Akteuren andererseits unterschieden werden. Schon innerhalb der Kommunalverwaltung gibt es keine einheitliche Verantwortungszuweisung. Nach dem Aufgabengliederungsplan der Kommunalen Gemeinschaftsstelle für Verwaltungsvereinfachung (KGSt) sollte in größeren Städten ein Amt oder eine Abteilung für Wohnungswesen eingerichtet werden.[12] Das Amt für Wohnungswesen soll danach dem Bereich Bauen und Planen zugewiesen werden. In der kommunalen Praxis hat dagegen weit überwiegend eine Zuordnung der Aufgabe zum Fachbereich Soziales stattgefunden. In einigen Städten und Gemeinden wird die Wohnungsversorgung auch als Teil der Wirtschaftsförderung gesehen. Zum Teil werden die Aufgaben der Wohnungsbauförderung und der Wohnungsvermittlung auf die Fachbereiche Bauen und Soziales aufgeteilt, so daß hier zusätzliche *Schnittstellen* entstehen. Es liegt auf der Hand, daß bereits die organisatorische Zuordnung erheblichen Einfluß auf die Berücksichtigung von Interessen von Wohnungsanbietern (Investoren/Vermietern) und Wohnungsnachfragern haben kann. Besonders deutlich wird dies am Beispiel *präventiver Wohnungspolitik.* Trotz aller Bemühungen zur Verwaltungsmodernisierung ist die Aufgabenwahrnehmung in der Kommunalverwaltung immer noch durch die Trennung von Fach- und Ressourcenverantwortung gekennzeichnet.[13] Die benötigten Ressourcen (Personal, Finanzen) werden von den Querschnittsämtern (Haupt-, Personalamt, Kämmerei) im einzelnen zugeteilt. Die Fachämter definieren zwar ihre Aufgaben im Rahmen globaler Vorgaben (Gesetze, Entscheidungen des Rates) selbst, operationale Zielvorgaben fehlen jedoch. In der klassischen, heute immer noch vorherrschenden Verwaltungsstruktur sind das Ordnungsamt, das Sozialamt, das Jugendamt, das Wohnungsamt, das Liegenschaftsamt mit dem Aufgabenfeld Wohnungssicherung und Wohnungsversorgung befaßt. Unter den spezifischen Schwerpunktaufgaben der beteiligten Ämter stellen die mit der Wohnungsversorgung verbundenen Aufgaben nicht selten nur einen (nachrangigen) Teilaspekt dar. Zum Teil werden Problemlösungen noch dadurch erschwert, daß *Zielkonflikte* zwischen der Erfüllung verschiedener kommunaler Aufgaben bestehen können. Z. B. steht die Nutzung des knappen Gutes Boden für Wohnzwecke häufig in Konkurrenz zur alternativen Gewerbeansiedlung.[14]

Außerhalb der Verwaltung sind eine Reihe von *Trägern der Wohnungspolitik* in unterschiedlichen Teilbereichen des Arbeitsfeldes aktiv. Zu nennen sind hier insbesondere: *Kirchliche Siedlungswerke* und *Träger der sozialen Arbeit,* die sich, letztere sogar über ihren sozialen Betreuungs- und Hilfeauftrag hinaus, um die Wohnungsversorgung von Familien und Haushalten mit besonderen sozialen Schwierigkeiten bemühen. Die *ehemals gemeinnützigen Wohnungsunternehmen:* rd. 2 000 *Wohnungsgenossenschaften* mit einem Bestand von ca. 2,2 Mio. Wohnungen und rd. 1 200 Kapi-

---

12 Vgl. Kommunale Gemeinschaftsstelle für Verwaltungsvereinfachung, Verwaltungsorganisation der Gemeinden, Köln 1979, S. 188; im folgenden wird der Einfachheit halber immer vom Amt für Wohnungswesen gesprochen.

13 Vgl. Michael Schleicher, Von der klassischen Verwaltung zum modernen Projektmanagement, in: Jochen Dieckmann/Burkhard Hintzsche, Wohnungspolitik für Städte, Gemeinden und Kreise, Köln 1996, S. 77–95.

14 Vgl. auch Burkhard Hintzsche/Frank Steinfort, Boden und Kommunalfinanzen, in: Beate und Hartmut Dieterich, Neue Perspektiven des Bodenrechts, Braunschweig/Wiesbaden 1997, S. 203–217.

talgesellschaften mit 4,8 Mio. Wohnungen, die unter dem Dach des GdW Bundes-verband deutscher Wohnungsunternehmen zusammengeschlossen sind.[15] Hinzu kom-men große *private Wohnungsunternehmen* und eine Vielzahl von kleinen *privaten Hauseigentümern*, die sich im sozialen Wohnungsbau engagieren. Ihre Bereitschaft, sich in den Wohnungsversorgungsauftrag der Kommunen insbesondere hinsichtlich der Versorgung von Wohnungsnotfällen einbinden zu lassen, ist je nach *Unterneh-menszweck* sehr unterschiedlich ausgeprägt.

Trotz zahlreicher guter Beispiele ist die *Beteiligung der* (künftigen) *Nutzer* am Pla-nungs- und Bauprozeß in der kommunalen Praxis immer noch unterentwickelt. Dafür sind nicht nur *administrative*, sondern bei einem mehrjährigen Prozeß von der Planung bis zur Bauausführung und einem schwankenden Mieterinteresse auch *praktische* Gründe verantwortlich. Eine Ausnahme stellt die durch lokale Träger der Wohnungs-politik *organisierte (Gruppen-)Selbsthilfe* dar. Insbesondere bei der Schaffung selbst-genutzten Wohneigentums ist sie für viele Bauherren nicht selten das einzige Mittel, um die notwendigen Eigenleistungen aufzubringen.

Fast alle Städte und Gemeinden haben *kommunale Wohnungsunternehmen* ge-gründet, die überwiegend in der Rechtsform der GmbH oder AG geführt werden. Nach Angaben des GdW Bundesverband deutscher Wohnungsunternehmen gibt es in der Bundesrepublik rd. 340 kommunale Wohnungsunternehmen, die rd. 3,2 Mio. Wohnungen bewirtschaften. Innerhalb der ehemals gemeinnützigen Wohnungswirt-schaft sind damit die kommunalen Wohnungsunternehmen gemessen an der Zahl der bewirtschafteten Wohnungen die größte Eigentümergruppe. Lediglich in kleineren Gemeinden oder in den Fällen, in denen Wohnungen ausschließlich zur Versorgung bestimmter Personengruppen dienen sollen, trifft man heute noch *regie- und eigen-betriebsähnliche Rechtsformen* an. Zwischen den intern und den extern wahrgenom-menen Aufgabenbereichen kommt es jedoch häufig zu *Konflikten*. Eine politische Klärung ist – im Rat – insbesondere darüber erforderlich, welches Maß an Einfluß die Stadt ausüben soll. Sie muß durch *rechtlichen* oder *tatsächlichen* Einfluß sicher-stellen, daß das Unternehmen wirklich dem öffentlichen Zweck dient, den die Stadt mit der Gründung des Unternehmens verfolgt. Nicht wenige kommunale Unter-nehmen haben in der Vergangenheit die notwendige Autonomie als eine Art »Frei-brief« (miß-)verstanden: die Kommune solle sich gefälligst um »ihre Aufgaben« küm-mern. Daß es zur Auffassung einer nahezu schrankenlosen Selbständigkeit kommen konnte, lag auch am Fehlen oder Versagen einer effektiven *Beteiligungssteuerung*.

Unter dem Druck leerer Kassen gibt es in der Kommunalpolitik auch Bestre-bungen, die Potentiale kommunaler Wohnungsunternehmen besser zu erschließen. Einerseits wird überlegt, den kommunalen Wohnungsunternehmen über das Kernge-schäft hinaus weitere *Dienstleistungen* »rund ums Wohnen« und darüber hinaus zu übertragen[16], um den kommunalen Haushalt zu entlasten. Andererseits wird auch vorgeschlagen oder praktiziert, kommunale Wohnungsbestände oder ganze Unter-nehmen zu *verkaufen*, auch wenn die einmaligen Erlöse keine nachhaltigen Beiträge zur Haushaltskonsolidierung leisten.[17] Teilverkäufe von Wohnungsbeständen oder gar die völlige Liquidation führen nicht nur zum *Verlust kommunaler Handlungs- und Steuerungsmöglichkeiten* im Bereich der sozialen Wohraumversorgung, sondern haben

---

15 Vgl. Geschäftsbericht GdW, Köln 1996, S. 42.
16 Vgl. Wie kommunale Wohnungsunternehmen ihren Eignern auch in schwierigen Zeiten in-telligent helfen können, GdW-Arbeitshilfen 17, Köln 1996.
17 Vgl. Burkhard Hintzsche, Kommunale Wohnungsunternehmen – Auslauf- oder Modell mit Zukunft? In: Informationsdienst des Deutschen Volksheimstättenwerkes, (1997) 9, S. 162–164.

für Städte und Gemeinden auch *wirtschaftliche Nachteile*, wenn Wohnungsunternehmen auf Schulden, Personal und schlechten, weniger attraktiven Wohnungen bei zunächst gleichen Gemeinkosten sitzen bleiben oder Vermögenssubstanz aufgrund der niedrigeren Nettoerlöse nach Steuern verlorengeht.

Generell ist *für die alten Länder* zu konstatieren, daß die kommunalen Überlegungen zur Privatisierung kommunaler Wohnungsunternehmen im Gegensatz zur Diskussion auf Bundesebene *weniger ordnungspolitisch* und *mehr fiskalisch motiviert* sind. In den neuen Ländern haben dagegen Bund und Länder durch den Einigungsvertrag, die Regelungen im Altschuldenhilfegesetz und in einzelnen Gemeindeordnungen Städte und Gemeinden zur *formellen* und *materiellen* Privatisierung ihres Wohnungsbestandes gesetzlich verpflichtet. Aufgrund der erheblichen Bevölkerungsverluste stößt die Privatisierung in den neuen Ländern jedoch – nicht nur an strukturschwachen Standorten – zunehmend an Grenzen, weil weder der Bedarf noch die notwendige Kaufkraft vorhanden sind.

5. Rahmenbedingungen kommunaler Wohnungspolitik

Die Wohnungsversorgung ist das Ergebnis ungezählter individueller Entscheidungen, die erheblich vom politisch-administrativen System beeinflußt werden, auch wenn die Bereitstellung von Wohnraum weitgehend in privater Hand liegt.[18] Wohnungspolitik ist im wesentlichen das Resultat einer Kombination aus regulativer Politik, Leistung der öffentlichen Hand, fiskalischer Anreize und verschiedenen Formen der partnerschaftlichen Zusammenarbeit. Wichtige Regelungsbefugnisse liegen auf staatlicher Ebene.[19]

Unter den *fiskalischen Anreizen* kommt *der Förderung des sozialen Wohnungsbaus* eine besondere Bedeutung zu, weil Bund, Länder und Gemeinden mit Hilfe dieses Instrumentariums *mit*einander oder *gegen*einander auf die Wohnungsversorgung direkt Einfluß nehmen. Der Bund beteiligt sich an der Förderung des sozialen Wohnungsbaus auf der Grundlage des Art. 104a Abs. 4 GG an investiven Fördermaßnahmen der Länder. Die Bundesmittel werden nicht nach einem Bedarfs-, sondern nach einem Bevölkerungsschlüssel auf die einzelnen Länder verteilt. Hierzu schließt der Bund mit den Ländern Verwaltungsvereinbarungen über die Förderung des sozialen Wohnungsbaus ab. Die Länder sind verpflichtet, die Bundesmittel mindestens um den gleichen Betrag zu ergänzen. In der Regel legen die Länder unter Einhaltung der gegenüber dem Bund eingegangenen Verpflichtungen für die einzelne Kommune fest, wieviel Miet- und Eigentumswohnungen in welchen Förderwegen für welche Personengruppen innerhalb welcher Einkommensgrenzen zu welchen Konditionen gefördert werden (sogenannte Kontingentmittel). In einigen Ländern erfolgt die Verteilung der Mittel sogar nach dem »Windhundverfahren«. Ein Teil der Landesmittel wird zudem für Sonderprogramme reserviert. Die ohnehin begrenzten kommunalen Handlungsspielräume sind hier noch geringer.

Kommunale Wohnungspolitik steht also im Spannungsfeld zwischen staatlicher Regulierung und kommunaler Selbstverwaltung. Gerade in Zeiten einer tiefen Krise der kommunalen Finanzen müssen aber die *gestaltbaren* (endogenen) und *nicht ge-*

---

18 Vgl. Hellmut Wollmann, Wohnungspolitik in Baden-Württemberg, in: Heik Afheld u. a. (Hrsg.), (Anm. 4), S. 182.
19 Vgl. Wilhelm Laumann (Anm. 4), S. 31.

staltbaren (exogenen) Bedingungen stärker als in der Vergangenheit voneinander unterschieden werden.[20] Dabei zeigt sich, daß es trotz zahlreicher staatlicher Vorgaben in der kommunalen Praxis *erhebliche Handlungsspielräume* gibt.[21] Eine Betrachtung, die sich ausschließlich auf die (gesetzlichen) *Regelungskompetenzen* beschränkt, verkennt – wie die nachfolgende Übersicht wichtiger Felder der Wohnungspolitik[22] zeigt – den großen Einfluß der Städte und Gemeinden auf die *Implementation* staatlicher Förderprogramme und Normen.

Übersicht 3: Matrix wichtiger Felder der Wohnungspolitik nach Regelungskompetenzen, *Implementationsebene* und Steuerungsprinzip

Regelungs-ebene / Steuerungs-prinzip	Bund	Länder	Gemeinden
Regulative Politik	– Wohnungsbaurecht – Mietrecht	– Wohnungsauf-sichts(pflege)-gesetze – Wohnungsbau-förderungs-bestimmungen – Zweckentfrem-dungsverbots-verordnungen	– *Verfolgung über Miet-preisüberhöhungen* – *Bestands- und Besetzungskontrolle* – *Durchsetzung des Zweckentfremdungs-verbots* – *Wohnungsaufsicht*
Leistung	– Wohngeldgesetz		– *Baulanderschließung* – *Baulandbereitstellung* – *Wohngeldstellen*
Fiskalische Anreize	– Finanzhilfen zur Förderung des sozialen Wohnungsbaus – Steuervergünsti-gungen – Wohnungsbau-prämien – Eigenheim-zulagengesetz	– Landes-wohnungs-bauprogramme	– *Förderung des sozialen Wohnungsbaus* – *kommunale Wohnungsbau-programme* – *Umzugsprämien* – *Ankauf von Belegungsrechten*
Kooperation			– *Belegungs-vereinbarungen* – *Mietspiegel*

---

20 vgl. Heinrich Mäding, Bedingungen für eine erfolgreiche Konsolidierungspolitik der Kommunen, in: Archiv für Kommunalwissenschaften, I/96, S. 81–97.
21 Vgl. Uwe Keßler, Kommunale Wohnungsbaupolitik, in: Jochen Dieckmann/Burkhard Hintzsche (Anm. 13), S. 17–29.
22 Grundlegend zu den wohnungspolitischen Instrumenten vgl. Johann Eekhoff, Wohnungs- und Bodenmarkt, Tübingen 1987.

6. Instrumente kommunaler Wohnungspolitik

Angesichts der örtlich sehr differenzierten Wohnungsversorgungsprobleme sind zahlreiche größere Städte dazu übergegangen, ihren Handlungsspielraum zu analysieren und *kommunale Wohnkonzepte* mit dem Ziel der Vernetzung und des zielgenaueren Einsatzes vorhandener wohnungspolitischer Instrumente zu entwickeln.[23] Kommunale Wohnkonzepte stützen sich in der Regel auf eine solide Datenbasis, koordinieren die verschiedenen Fachplanungen und wohnungspolitischen Instrumente entsprechend den Vorgaben der Kommunalpolitik. Wesentliche Zielsetzungen dabei sind: Der Erwerb und die Sicherung von Mietpreis- und Belegungsbindungen, die Erweiterung des Wohnungsangebotes und die Einflußnahme auf die Vermittlung und Belegung von Wohnungen.

a. Kommunale Wohnungsbaupolitik

Städte und Gemeinden tragen über die Schaffung von Baurechten hinaus mit ihren Leistungen erheblich zur sozialen Wohnungsversorgung beim Wohnungsneubau bei. Das Spektrum der wohnungsbaupolitischen Aktivitäten der Städte i. e. S. läßt sich in folgende Gruppen einteilen:

Eine große Zahl von Städten und Gemeinden ergänzt die Landesförderung durch zusätzliche kommunale Mittel. Diese *kommunale Spitzenfinanzierung* ist notwendig, wenn die Länder einen kommunalen Eigenanteil an der Finanzierung zwingend vorsehen oder die in den Wohnungsbauförderungsbestimmungen der Länder vorgeschriebenen Höchstdurchschnittsmieten allein mit den Fördermitteln des Bundes und der Länder nicht eingehalten werden können. Sie kann aber auch dazu dienen, zusätzliche Belegungsbindungen bzw. Besetzungsrechte und Mietpreisbindungen anzukaufen. Da sich Städte und Gemeinden auch wegen des Drucks der Kommunalpolitik schwer tun, Landesmittel nicht abzurufen und die kommunale Spitzenfinanzierung im Vergleich zur Förderung des sozialen Wohnungsbaus allein aus kommunalen Mitteln relativ billig ist, ist die Beteiligung der Kommunen an den Landeswohnungbauprogrammen in aller Regel gesichert, aber in Umfang, Höhe und Zielrichtung abhängig vom »goldenen Zügel« der Landespolitik.

Mit der *Förderung* des sozialen Wohnungsbaus *allein aus kommunalen Mitteln* geht es den Gemeinden nicht nur darum, zusätzlichen Wohnungsneubau zu unterstützen. Städte und Gemeinden können hierbei auch von den strikten Landesvorgaben abweichen und eigene städtebauliche Konzepte verwirklichen. Sie machen dabei häufig vom Institut der sog. vereinbarten Förderung Gebrauch, bei der sie über die Höhe und Art des Einsatzes der Mittel, Zweckbestimmung, Besetzungsrechte, Einkommensgrenzen und Höhe der Miete mit dem Bauherren vertragliche Vereinbarungen treffen. Der Wohnungsbau allein aus kommunalen Mitteln ist stark abhängig von der örtlichen Wohnungsbedarfslage und den zur Verfügung stehenden kommunalen Haushaltsmitteln.

Der im Verhältnis zu den Bevölkerungsanteilen weit über dem Durchschnitt der Gesamtheit der Länder liegende hohe Mitteleinsatz der Stadtstaaten (vgl. Über-

---

23 Weiterführend vgl. Claus-Peter Echter/Werner Heinz, Konzepte städtischer Wohnungspolitik, Berlin 1985; Kommunale Wohnkonzepte Sachsen und Brandenburg, Wüstenrot-Stiftung, Ludwigsburg 1994.

sicht 2) läßt Rückschlüsse auf die kommunalen Finanzierungsanteile in Großstädten zu. Die Kommunen dürften insgesamt mehrere Milliarden DM pro Jahr zum sozialen Wohnungsbau beisteuern, obwohl auch hier aufgrund der abnehmenden Finanzierungsspielräume die Förderung rückläufig ist.[24] Beispielhaft wird auf das finanzielle Engagement der Stadt Stuttgart verwiesen (Übersicht 4):

Auf der Grundlage des Gesetzes über den Abbau der Fehlsubventionierung im Wohnungswesen[25] und der entsprechenden Landesführungsgesetzen/-verordnungen werden Inhaber einer öffentlich-geförderten Wohnung von den Kommunen zu einer Ausgleichsabgabe herangezogen, wenn sie die zum Bezug einer Sozialwohnung maßgeblichen Einkommensgrenzen überschreiten. Die Einnahmen aus der Fehlsubventionierungsabgabe von z. Z. ca. 700 Mio. DM jährlich müssen jedoch wieder zweckgebunden für die soziale Wohnraumförderung eingesetzt werden. Die Fehlsubventionierungsabgabe stellt damit ein wichtiges Ausgleichs- und Finanzierungsinstrument dar.

Städte und Gemeinden beteiligen sich mit ihren Wohnungsbauunternehmen auch selbst an der Umsetzung kommunaler Förderprogramme. Die Vorteile des *kommunalen Wohnungsbaus* sind zum einen in der *Schaffung kommunalen Vermögens* und zum anderen darin zu sehen, daß die Kommunen einen dauerhaften und direkten *Einfluß* auf die Miete und Belegung von Wohnungen gewinnen.

Preiswertes Bauen ist in der Bundesrepublik zu teuer. In den Ballungsräumen betragen die Grundstückskosten bis zu 50 % der Gesamtkosten eines Bauvorhabens.[26] Die Antwort auf die *Bodenfrage* entscheidet ganz wesentlich darüber, ob *kosten- und flächensparendes Bauen*, die Finanzierbarkeit des Wohnungsbaus allgemein sowie des sozialen Wohnungsbaus mit öffentlichen Mitteln von Bund, Ländern und Gemeinden im besonderen und die Tragbarkeit der Belastung für den einzelnen auf Dauer gesichert werden können.[27] Angesichts der hohen Baulandpreise, des Mangels an verfügbarem Bauland und des evidenten Zusammenhangs zwischen *aktiver kommunaler Bodenvorratspolitik* und kommunaler Mitfinanzierung des sozialen Wohnungsbaues gewinnen Maßnahmen zur *Mobilisierung von Bauland* in den Ballungsgebieten eine immer größere Bedeutung. Städte und Gemeinden vergeben Grundstücke sowohl durch den *Verkauf* als auch in *Erbpacht*. Für die Kommunalverwaltung bedeutet das Erbbaurecht im Vergleich zum Grundstücksverkauf zwar einen größeren Verwaltungsaufwand, da jede Belastung und Veräußerung der Genehmigung des Grundeigentümers bedarf. Dafür bleibt jedoch langfristig die kommunale Verfügungsgewalt über Grund und Boden erhalten. Über die bloße Vergabe von Bauland hinaus wird der Wohnungsneubau über ermäßigte Kaufpreise und Erbbauzinsen gefördert, obwohl die rechtlichen Möglichkeiten hierzu eingeschränkt sind. Umfassende Lösungen der bodenpolitischen Frage sind nur über die Aktivierung weiterer bodenpolitischer Instrumente zu erwarten.[28]

Trotz großer Anstrengungen und hervorragender Beispiele[29] hat sich kosten- und flächensparendes Bauen in der Praxis noch nicht im nötigen Umfang durchgesetzt. Dies kann

---

24 Vgl. Adolf Völker, Sozialer Wohnungsbau 1995, in: BBauBl., (1996) 10, S. 743.
25 Gesetz über den Abbau der Fehlsubventionierung im Wohnungswesen (AFWoG) i. d. F. d. Bekanntmachung vom 19. August 1994 (BGBl. I S. 2180).
26 Vgl. hierzu Baulandbericht 1993, Bonn 1993, S. 8 ff.
27 Vgl. hierzu Gutachten der Expertenkommission Wohnungspolitik, Wohnungspolitik auf dem Prüfstand, Bonn 1994, S. 109–122.
28 Vgl. zum Diskussionsstand insbesondere Beate und Hartmut Dieterich (Hrsg.), Neue Perspektiven des Bodenrechts, Berlin 1997 und die darin gesammelten Aufsätze zu dieser Frage.
29 Vgl. Hartmut Großhans, Kosten- und flächensparendes Bauen – ein Instrument kommuna-

Übersicht 4: Förderung des sozialen Mietwohnungsbaus in der Landeshauptstadt Stuttgart 1978–1996

Jahr	Landesförderung und städtisches Mitfinanzierprogramm			Kommunales Mietwohnungsprogramm		Landesförderung ohne städtische Beteiligung		WE insgesamt	Städtische Subvention von Erbbaurechten[4]
	WE	Stadt Mio. DM	Land Mio. DM	WE	Stadt[2] Mio. DM	WE	Land Mio. DM		Mio. DM
1	2	3	4	5	6	7	8	9	10
1978	332	6,2	34,2					332	12,0
1979	590	12,7	50,7					590	13,8
1980	468	12,3	38,0	200	20,0			668	13,8
1981	363	21,0	39,2	300	36,1			663	13,8
1982	602	21,1	51,1	15	2,1			617	27,1
1983	735	16,5	53,7	73	6,8	161[2]	(Sp 4)	969	27,1
1984	806	13,1	60,9			80[2]	(Sp 4)	886	27,1
1985	379	5,7	28,6	43	3,8			422	48,1
1986	260	7,0	20,9	44	4,2			304	64,3
1987	128	6,1	10,2	310	19,5			438	64,5
1988	108	4,3	7,5	265	20,2			373	68,8
1989	646	42,7	26,0[1]	134	10,6			780	68,8
1990	599	38,4	29,4[1]	58	13,3			647	68,8
1991	641	49,4	35,3[1]	104	18,9			745	86,6
1992	354	34,9	37,0			293[5]	30,6	747	86,6
1993	590	45,3	69,6[1]			456[6]	28,2[1]	1 046	91,8
1994	558	31,0	71,7[1]			414[7,8]	30,6[1]	972	91,8
1995	**607**	**32,375**	**58,7[1]**			**781[9]**	**45,0[1]**	**1 388**	**40,1**
1996	**715**	**29,750**	**64,5[1]**			**270**	**13,5[1]**	**985**	**40,1**
1978 – 1996	**9 481**	429,825	787,276	**1 546**	155,5	2 455	147,9	**13 482**	955,0

1 Barwert. – 2 2. Förderweg, insbesondere Versicherungsprogramm. – 3 ausschließlich städtische Zuschüsse. – 4 Haushaltsansatz. – 5 davon 209 WE im Bund-Länder-Sonderprogramm (Ballungsraumprogramm). – 6 davon 434 WE im Bund-Länder-Sonderprogramm (Ballungsraumprogramm). – 7, 8 davon 167 WE im Bund-Länder-Sonderprogramm, 45 WE Einkommensorientierte Objekt-/Subjekt-Förderung (4. Förderweg) sowie 150 WE der SWSG (ohne städt. Mitfinanzierung). – 9 davon 656 WE im Bund-Länder-Sonderprogramm (Ballungsraumprogramm) sowie 115 WE der SWSG ohne städtische Mitfinanzierung.

Quelle: Stuttgarter Wohnungsbericht 1995–96, S. 45.

nicht allein durch die ungelöste Bodenfrage und mit Hinweis auf Standards nach der Landesbauordnung, DIN-Normen oder Wohnungsbauförderungsbestimmungen erklärt werden. Auf kommunaler Ebene sind deshalb verstärkt Bemühungen festzustellen, auf die Erschließungs- und Baukosten Einfluß zu nehmen. Besonders bewährt haben sich dabei neue *Formen der öffentlich-privaten Zusammenarbeit* (*Public-Private-Partnership* – vgl. hierzu den Beitrag von Werner Heinz in diesem Band) und ein von der Ausschreibung bis zur Schlußabrechnung reichendes *Kostencontrolling*.[30] Erforderlich ist eine Gesamtstrategie von ineinandergreifenden Maßnahmen. Die »unsichtbare Hand« der Baukostensteigerung, ein Geflecht aus staatlichen Regulierungen, eingefahrenen Interessen, gewohnten und rechtlich verfestigten Rollen und Arbeitsteilungen auf Baustellen[31] und innerhalb des politisch-administrativen Systems ist kein Naturgesetz, sondern auch ein Produkt falscher öffentlicher Insentives.

b. Kommunale Wohnungsbestandspolitik

Die kommunale Wohnungsbestandspolitik[32] i. e. S. ist von wenigen Ausnahmen abgesehen im Vergleich zur kommunalen Wohnungsbaupolitik durch eine *geringere staatliche Einflußnahme* und eine *größere Konstanz* gekennzeichnet. Im wesentlichen entscheidet die Kommunalpolitik selbst darüber, ob und welche Maßnahmen mit welcher Intensität durchgeführt werden.

Angesichts des Auslaufens der Sozialbindungen, der durch den Neubau von Sozialwohnungen nicht annähernd kompensiert werden kann, kommt dem bislang von den Kommunen nur mit geringem Aufwand und Erfolg praktizierten *Ankauf von Belegungsbindungen im Wohnungsbestand* künftig ein größerer Stellenwert zu. Die bisherigen Mißerfolge mit diesem Instrument lassen sich damit erklären, daß die ausgereichten *einmaligen Prämien* mit weit unter 20 000 DM für ein 20jähriges Belegungsrecht für Investoren/Vermieter im Vergleich zur Neubauförderung wenig attraktiv, für die Kommune im Vergleich zu den Beiträgen und Effekten der kommunalen Spitzenfinanzierung bei der Förderung des sozialen Wohnungsneubaus zu teuer waren. Bereits heute werden im Rahmen verschiedener Modelle Belegungs- und Mietpreisbindungen im Bestand erworben. Zu nennen sind hier u. a.: 1. Im Rahmen der *Kombinationsförderung* werden öffentlich geförderte Wohnungen von allen Bindungen freigestellt, wenn sich der Investor im Gegenzug verpflichtet, dauerhafte Mietpreis- und Belegungsbindungen in seinem nicht gebundenen Wohnungsbestand einzuräumen. 2. Wohnungen oder Häuser werden zum Zwecke der Vermietung an Sozialmieter *angekauft*. 3. Insbesondere in den neuen Ländern werden Mietpreis- und Belegungsbindungen *im Rahmen kommunaler Wohnungsmodernisierungsprogramme* erworben. Allein der Instandsetzungsbedarf ohne Modernisierung des deutschen Wohnungsbestandes beträgt 163,4 Mrd. DM. Hiervon entfallen mehr als 70 % auf den Wohnungsbestand in den neuen Ländern, obwohl

---

ler und unternehmerischer Wohnungspolitik, in: Jochen Dieckmann/Burkhard Hintzsche (Anm. 13), S. 111–145.
30 Vgl. Martin Wentz, Projekt und Kostenkontrolle als Instrument der Wohnungspolitik, in: Jochen Dieckmann/Burkhard Hintzsche (Anm. 13), S. 111–149.
31 Vgl. Bericht der Kommission zur Kostensenkung und Verringerung von Vorschriften im Wohnungsbau. Mehr Wohnraum für weniger Geld, Bonn 1994, S. 136–139.
32 Vgl. hierzu auch Klaus Selle, Bestandspolitik. Zehn Beiträge zu Stadterneuerung und Wohnungspolitik, Darmstadt 1986, zu weiteren Feldern kommunaler Bestandspolitik.

dessen Anteil am Gesamtwohnungsbestand nur bei ca. 20 % liegt.[33] Angesichts der enormen Modernisierungs- und Instandsetzungsdefizite einerseits und des geringen Neubaubedarfs andererseits kommt dem Ankauf von Bindungen im Rahmen der Modernisierungsförderung in den neuen Ländern eine besonders große Bedeutung zu.

Ende 1996 konnten in den neuen Ländern 51 % des Wohnungsbestandes nicht vermietet werden. Von den 162 000 unvermieteten Wohnungen waren 35 000 wegen laufender Modernisierungsarbeiten vorübergehend nicht bewohnbar, weitere 55 000 waren mit Restitutionsansprüchen behaftet, so daß notwendige Investitionen nicht vorgenommen wurden. Angesichts des Überangebots an Wohnraum und der weiterhin anhaltenden Ost-West-Wanderungen wird nun auch über »Rückbaumaßnahmen« nachgedacht, um einen dauerhaften *Leerstand* zu verhindern. Auch in den alten Ländern gibt es mittlerweile wieder Wohnungsteilmärkte, in denen die Vermietung und der Verkauf von Wohnraum auf Schwierigkeiten stößt.

Um der Gefahr zu begegnen, daß in den kommenden Jahren in intakten Wohngebieten durch Umzüge unerwünschte Segregationsprozesse in Gang gesetzt werden, werden z. Z. verstärkt Anstrengungen unternommen, das *Wohnumfeld* v. a. in Großwohnsiedlungen zu verbessern.

Zahlreiche Städte und Gemeinden haben mit größeren Wohnungsunternehmen *informelle* und *formelle* vertragliche *Vereinbarungen (Kooperationsverträge)* über die Belegung getroffen. Über die Einbeziehung größerer Wohnungsbestände in die Belegungssteuerung soll erreicht werden, daß zusätzliche, nicht gebundene Wohnungen in die Belegung einbezogen, damit einseitige Belegungsstrukturen in den Wohnungsbeständen vermieden, die Belegungssteuerung insgesamt verbessert und auch Haushalte mit Wohnraum versorgt werden können, bei denen nicht sicher ist, ob sie ihre mietvertraglichen Pflichten wahrnehmen. *Gegenleistungen* der Kommunen sind zwar die Regel, aber nicht zwingend. Sie reichen von der Abtretung von Belegungsrechten über die Bevorzugung bei der Vergabe öffentlicher Fördermittel und Grundstücke, den Tausch von Belegungsbindungen bis hin zu umfassenden Gewährleistungsregelungen oder Bürgschaften bei der Übernahme von Wohnungsnotfällen z. B. im Rahmen von Generalmietverträgen. Bei letzterem *Anmietmodell* tritt die Kommune zwischen Vermieter und Mieter und übernimmt alle mietvertraglichen Pflichten gegenüber dem Vermieter.

In den neuen Ländern mußten alle kommunalen Wohnungsunternehmen und Wohnungsgenossenschaften, die die Teilentlastung nach dem Altschuldenhilfegesetz in Anspruch genommen haben, für bis zu 50 % dieses Bestandes Belegungsbindungen, aber *keine Mietpreisbindungen* einräumen. Hierzu haben Städte und Gemeinden mit den Unternehmen Verträge abgeschlossen, die das Belegungsverfahren regeln. Da die Kommunen in den neuen Ländern kaum über größere Sozialwohnungsbestände verfügen, kommt diesen vertraglich gebundenen Wohnungen in den neuen Ländern eine ähnlich große Bedeutung wie dem Sozialwohnungsbestand in den alten Ländern zu. Allerdings werden die Bindungen spätestens im Jahre 2013, wenn das Altschuldenhilfegesetz außer Kraft tritt, auslaufen, so daß frühzeitig kommunale Initiativen zur Verlängerung der Bindungen ergriffen werden müssen.

Einerseits leben nicht wenige Single- und Altenhaushalte in Wohnungen, die für sie zu groß sind. Andererseits suchen insbesondere junge Familien mit Kindern familiengerechten Wohnraum, der von älteren Ein- und Zweipersonenhaushalten bewohnt ist. Dieser familiengeeignete Wohnungsbestand liegt bei ca. 4,6 Mio. Wohnun-

---

33 Vgl. Dritter Bericht über Schäden an Gebäuden, Bundestagsdrucksache 13/3593, S. II.

gen.[34] Städte und Gemeinden versuchen deshalb, die Disparitäten in der Wohnungsversorgung auch durch eine bessere Verteilung der Wohnfläche zu beseitigen. Bislang wurden hier in erster Linie einmalige *Umzugsprämien* für sog. Freimacherhaushalte ausgereicht. Neben Prämienprogrammen wurde der *Wohnungstausch* bei größeren Eigentümern von Sozialwohnungen praktiziert. Diese isolierten Ansätze, die sich vor allem auf die Bestände des sozialen Wohnungsbaus bezogen, waren quantitativ eher von geringer Bedeutung, die Prämien wurden vielfach bei ohnehin bestehender Umzugsbereitschaft einfach mitgenommen. Neuerdings sind aufgrund der demographischen Entwicklung und angeregt durch Studien, die von einer höheren Umzugsmobilität älterer Haushalte ausgehen, komplexere Ansätze zur *Förderung der Mobilität* im Rahmen eines umfassenden *Umzugsmanagements* entwickelt worden. Die Ansätze reichen von allgemeinen Informationen über Wohnalternativen, notwendigen *Wohnanpassungsmaßnahmen*, der Vermittlung weiterer Hilfen (z. B. ein Notrufsystem), der Abklärung von Finanzierungsfragen (z. B. mit Kranken-, Pflegekasse, Sozialhilfeträgern), der Organisation des Umzugs und der Übernahme administrativer Vorgänge, (z. B. Ummeldung) bis hin zu nachgehenden Hilfen wie der Vermittlung von Service- und Betreuungsleistungen.[35] Beispielsweise hat die Stadt Hagen im Jahr 1996 durch Maßnahmen im Wohnungsbestand zusätzlich 2 140 qm Wohnfläche mobilisiert und dafür an Umzugshilfen und Umzugsprämien 236 700 DM eingesetzt. Im Neubau hätten zur Schaffung der gleichen Wohnfläche mehr als 6 420 000 DM aufgewendet werden müssen.

Die Kommunen haben *Wohngeldstellen* eingerichtet, die Antragsteller beraten. Dem *Wohngeld* als *staatliche Geldleistung mit Rechtsanspruch*, das zu gleichen Teilen vom Bund und den Ländern finanziert wird, kommt bei der Inangriffnahme örtlicher Wohnversorgungsstrategien eine große Bedeutung zu. Bei den Sozialhilfeempfängern beteiligen sich Bund und Länder mit 41,3 %–53 % an den sozialhilferechtlich anerkannten Unterkunftskosten (sog. pauschaliertes Wohngeld). Die Mieten sind seit der letzten Wohngelderhöhung im Jahr 1990 um ca. 30 % gestiegen. Immer mehr Haushalte werden allein aufgrund nominaler Einkommenssteigerungen vom Bezug des Wohngeldes ausgeschlossen oder zahlen Mieten, die von den Höchstbeträgen des Wohngeldes nicht mehr abgedeckt werden.[36] Viele Haushalte sind nicht einmal in der Lage, die Eingangsmieten im sozialen Wohnungsbau zu tragen.

Angesichts der eingeschränkten Wirkung des staatlichen Wohngeldes gab es immer wieder Überlegungen auf der Ebene der Städte und Gemeinden, ein *kommunales Wohngeld* ohne Rechtsanspruch einzuführen. Allerdings scheiterten die Bestrebungen zum einen an den hohen Folgekosten, vor allem jedoch auch wegen der Sorge, daß sich Bund und Länder aus der Finanzierung des staatlichen Wohngeldes zurückziehen könnten. In den neuen Ländern kommt der *einkommensorientierten Förderung* im Rahmen der Modernisierungs- und Instandsetzungsförderung angesichts der fehlenden Mietpreisbindungen bereits die Bedeutung eines zweiten Wohngeldes zu. In den alten Ländern wird die einkommensorientierte Förderung beim Neubau z. Z. erprobt.

Gemeinden sollen nach dem Gesetz zur Regelung der Miethöhe *Mietspiegel* aufstellen, soweit hierfür ein Bedürfnis besteht und dies mit einem für sie vertretbaren

---

34 Vgl. Ulrike Stein-Schmiede/Burkhard Hintzsche (Bearb.), Demographischer-Wandel. Herausforderungen für die kommunale Wohnungspolitik«, DST-Beiträge zur Stadtentwicklung und zum Umweltschutz, Reihe E, (1997) 26, Köln.

35 Vgl. Gerd-Rainer Voss, Bessere Verteilung von Wohnraum durch Umzugsmanagement, in: Ulrike Stein-Schmiede/Burkhard Hintzsche (Anm. 13), S. 51–63.

36 Vgl. Wohngeld- und Mietenbericht 1995, Bundestagsdrucksache 13/4254.

Aufwand möglich ist. Mietspiegel bilden die üblichen Entgelte ab, die in Gemeinden oder in vergleichbaren Gemeinden für nicht preisgebundenen Wohnraum vergleichbarer Art, Größe, Ausstattung, Beschaffenheit und Lage in den letzten vier Jahren vereinbart worden sind.[37] Sie dienen als Orientierungshilfe für Vermieter und Mieter. Ca. drei Viertel der Städte und Gemeinden mit mehr als 100 000 Einwohnern haben einen Mietspiegel aufgestellt. In Gemeinden zwischen 50 000 und 100 000 Einwohnern liegt der Verbreitungsgrad von Mietspiegeln immer noch bei über 50 %.[38] Mietspiegel sind i. d. R. das Ergebnis von statistischen Erhebungen oder Aushandlungsprozessen zwischen den örtlichen Verbänden der Vermieter und Mieter unter Beteiligung der Kommunen.

Hoheitliche Instrumente flankieren die bisher genannten Maßnahmen kommunaler Wohnungsbestandspolitik. Sie sind dadurch gekennzeichnet, daß sie in *hohem Maße staatlich reguliert* sind und ihre Bedeutung sowohl durch ihren konkreten Einsatz erhalten, als auch bereits im Vorfeld *abschrecken* sollen. Zu nennen sind hier insbesondere:

Nach den *Wohnungsaufsichts*gesetzen der Länder sind die Eigentümer von Gebäuden verpflichtet, diese so zu unterhalten, daß der Gebrauch zu Wohnzwecken nicht erheblich beeinträchtigt wird. Wird diese Verpflichtung nicht eingehalten, können die Kommunen die zur Durchführung erforderlichen Arbeiten anordnen und Zwangsgelder festgesetzt werden.

Nach den *Zweckentfremdungsverbots*verordnungen/-gesetzen der Länder darf in Gemeinden, in denen die Versorgung der Bevölkerung mit ausreichendem Wohnraum zu angemessenen Bedingungen besonders gefährdet ist, Wohnraum anderen als Wohnzwecken nur mit Genehmigung der Kommune zugeführt werden. Eine Verwendung zu anderen als Wohnzwecken liegt vor, wenn Wohnraum als Geschäftsraum genutzt wird, vermeidbar leer steht oder abgebrochen wird. Die Genehmigung zur Zweckentfremdung kann erteilt werden, wenn ein vorrangiges öffentliches Interesse daran besteht (z. B. zur Unterbringung sozialer Einrichtungen), dafür neuer Wohnraum geschaffen wird oder die Eigentümerin ein überwiegendes berechtigtes Interesse an der Zweckentfremdung nachweisen kann (z. B. wenn ihre Existenz bedroht ist).

Die Kommunen verfolgen *Mietpreisüberhöhungen:* Mietpreisüberhöhungen liegen nach § 5 Abs. 1 Wirtschaftsstrafgesetz (WiStG) dann vor, wenn vorsätzlich oder leichtfertig für die Vermietung von Räumen unangemessen hohe Entgelte (20 % über der ortsüblichen Vergleichsmiete) gefordert werden. Übersteigt die Mietforderung die ortsübliche Vergleichsmiete um mehr als 50 %, liegt der Verdacht einer Straftat nach § 302a StGB wegen Mietwucher vor, der von der Staatsanwaltschaft verfolgt wird.

Die Kommunen überprüfen nach dem Gesetz zur Sicherung der Zweckbestimmung von Sozialwohnungen (Wohnungsbindungsgesetz – WoBindG) durch Kontrollen regelmäßig die Einhaltung der Mietpreis- und Belegungsbindungen (sog. *Bestands- und Besetzungskontrolle*).

Der Beitrag der hoheitlichen Instrumente zur Lösung von Wohnungsversorgungsproblemen[39] ist stark abhängig von der Rückendeckung in der Kommunalpolitik und

---

37 Vgl. Gesetze zur Regelung der Miethöhe vom 18. Dezember 1994 (BGBl. I, S. 3603) i. d. F. vom 15. 12. 1995.

38 Vgl. Forschung und Beratung für Wohnen, Immobilien und Umwelt GmbH, Praxis der Vergleichsmietenermittlung, Gutachten im Auftrag des Bundesministeriums für Raumordnung, Bauwesen und Städtebau für die Expertenkommission Wohnungspolitik, Hamburg 1994.

39 Vgl. Klaus. Miehrig, Instrumente kommunaler Bestandspolitik, in: Jochen Dieckmann/ Burkhard Hintzsche (Anm. 13), S. 63–76.

dem Einsatz personeller Ressourcen. So kann z. B. das Instrument des Zweckentfremdungsverbots sowohl aktiv zur Erhaltung des preiswerten Wohnungsbestandes als auch als Instrument kommunaler Wirtschaftspolitik genutzt werden.

7. Perspektiven kommunaler Wohnungspolitik

Angesichts der knappen öffentlichen Mittel, des demographischen Wandels und der Anforderungen an eine nachhaltige Siedlungsentwicklung steht kommunale Wohnungspolitik vor *neuen Herausforderungen*: Wohnungspolitische Subventionen dürfen sich nicht mehr überwiegend nur auf den Wohnungsneubau konzentrieren und zur Wohnflächenproduktion beitragen, sondern müssen sich mehr als bisher auch für Maßnahmen im Wohnungsbestand öffnen und auch auf die Verteilung von Wohnfläche Einfluß nehmen. Eine Reform des Wohnungsbaurechts, die diesem Leitbild Rechnung trägt, ist nötig, um das Profil der Wohnungsbauförderung den gewandelten ökonomischen, sozialen, ökologischen und fiskalischen Bedingungen anzupassen. Die Wohnungspolitik muß in Zeiten zunehmenden Globalisierungsdrucks, beschleunigten Strukturwandels und sich verschärfender sozialer Ungleichheiten Städte und Gemeinden gezielt stärken. Bei abnehmenden Finanzierungsspielräumen müssen Bund, Länder und Gemeinden den Einsatz öffentlicher Mittel besser als bisher aufeinander abstimmen und bündeln.[40] Städte und Gemeinden sollten in die Lage versetzt werden, Fördermittel aus verschiedenen Bereichen in bestimmten, für die Verbesserung und Stabilisierung eines Standortes besonders wichtigen Projekte zu konzentrieren. Dies würde zu der gebotenen Stärkung der *Kommunen als Dienstleister* in der Wohnungspolitik beitragen.

Angesichts der unterschiedlichen Bedingungen auf den örtlichen Wohnungsteilmärkten muß das Gewicht von Objekt- und in Ergänzung zum staatlichen Wohngeld ausgereichter Subjektförderung vor Ort gewichtet werden. Auf entspannten Wohnungsteilmärkten kann der Wohnungsneubau z. Z. beispielsweise auf das zur Substanzverbesserung und -erneuerung notwendige Maß zurückgeführt werden. Dies gilt insbesondere für die neuen Länder. Mittel- und insbesondere langfristig ist das Instrument der direkten objektgebundenen Förderung des sozialen Wohnungsbaus in den verschiedenen Förderwegen und -arten in den alten und neuen Ländern nicht verzichtbar.

Der Stellenwert der Investitionsförderung hängt aber – anders als bisher – von den lokalen Wohnungsmarktverhältnissen ab. Vor diesem Hintergrund ist zukünftig ein flexibler Mitteleinsatz sinnvoll, der es ermöglicht, die bislang für den sozialen Wohnungsbau eingesetzten öffentlichen Mittel auch für Maßnahmen im Bestand (z. B. Ankauf von Belegungs- und Mietpreisbindungen, einkommensorientierte Subjektförderung, Umzugsmanagement) einzusetzen. Damit könnten bei gleichem Mitteleinsatz die wohnungspolitischen Subventionen wesentlich zielgenauer und effizienter eingesetzt werden.

Daneben muß aber auch die Möglichkeit der Förderung einer systematischen Bestandsverbesserung durch Modernisierung, Instandsetzung, Verbesserung des Wohnumfeldes sowie des Neubaus spezifischer, bisher nur in unzureichendem Umfang vor-

---

40 Vgl. Burkhard Hintzsche, Reform durch kommunale Wohnungspolitik, in: Jochen Dieckmann/Burkhard Hintzsche (Anm. 13), S. 11.

handener Wohnungsarten (wie z. B. barrierefreier Wohnungen) bestehen. Dadurch kann der Bestand an belegungsgebundenen und mietpreisgebundenen Wohnungen so erweitert werden, daß ein breites Spektrum an verschiedenen Wohnungstypen für die unterschiedlichen Bedürfnisse der Haushalte zur Verfügung steht. Dies kommt im übrigen auch dem Ziel, gemischte Sozialstrukturen zu erhalten, zugute.

Bereits Mitte der 80er Jahre wurde unter – nach heutigen Maßstäben bescheidenen – finanziellen Restriktionen darüber diskutiert, Kompetenzen in der Wohnungspolitik auf die problemnähere kommunale Ebene zu verlagern.[41] Zu konkreten Vorschlägen hinsichtlich eines organisatorischen Konzepts kam es aber nicht. Nunmehr steht das Thema wieder auf der politischen Agenda: Die Kommunen werden bei den Vorschlägen des Bundes zur Reform des Wohnungsbaurechts als sachnähere Entscheidungsebene direkt angesprochen.[42]

Städte und Gemeinden haben grundsätzlich ein großes Interesse an einer Neuorientierung der Wohnungspolitik, die sie in die Lage versetzt, ihre unterschiedlichen Problemlagen über ein *Konzept der freieren Budgetierung* öffentlicher Mittel auf kommunaler Ebene zu lösen.[43] Dieses Konzept bietet realistischerweise jedoch nur dann mehr Optionen, wenn Bund und Länder bereit sind, ihre bisherigen Finanzierungsbeiträge den Kommunen direkt zur Verfügung zu stellen und sie regelmäßig an die Entwicklung anzupassen. Städte und Gemeinden haben erfahren müssen, daß sie wegen des Fehlens eines verfassungsrechtlich verankerten Konnexitätsprinzips zwischen Aufgabenübertragung und Finanzausstattung heute nicht mehr in der Lage sind, die ihnen übertragenen Aufgaben zu übernehmen. Die Kommunen können deshalb zu einem Konzept, das ihre Kompetenzen stärken soll, nur konditioniert zustimmen.

Notwendige, unabdingbare Voraussetzung für eine Stärkung der kommunalen Entscheidungskompetenzen ist eine Neuordnung der Finanzbeziehungen zwischen Bund, Ländern und Gemeinden. Die Förderung des sozialen Wohnungsbaus muß – unter wesentlicher finanzieller Beteiligung des Bundes – auf eine dauerhafte Grundlage gestellt werden und sich künftig neutral in bezug auf kommunale investive und Maßnahmen im Bestand verhalten. Das staatliche Wohngeld als originäres Instrument der Subjektförderung muß aus einer Reform des Wohnungsbaurechts gestärkt hervorgehen, dynamisch an die Entwicklung der Mieten und Einkommen angepaßt und mit der Wohnungsbauförderung verzahnt werden. Ansonsten droht ein schleichender Einstieg in ein kommunales Wohngeld.

---

41 Vgl. u. a. Gerhard Killiat, Kommunalisierung der Wohnungspolitik? Zur Dezentralisierung politischer Kompetenzen, Köln 1984.
42 Vgl. Beschluß des Bundeskabinetts vom 23. 7. 1997 zur Reform des Wohnungsbaurechts; Gutachten der Expertenkommission Wohnungspolitik, »Wohnungspolitik auf dem Prüfstand«, Bonn 1994; Deutscher Verband für Wohnungswesen, Städtebau und Raumordnung e. V., Verbesserung der Markt- und Einkommensorientierung der öffentlichen Förderung im Wohnungsbau, Bonn 1996, S. 62; Deutscher Städtetag, Für eine neue Wohnungspolitik, Köln 1995.
43 Zum organisatorischen Konzept vgl. Burkhard Hintzsche, Stärkung der kommunaler Entscheidungskompetenzen in der Wohnungspolitik? In: Institut für Wohnungsrecht und Wohnungswirtschaft an der Universität zu Köln. Vorträge und Diskussionsbeiträge, (1997) 16, Köln.

Auswahlbibliographie[1]

1. Hand-/Quellenbücher

BRIX, JOSEF (Hrsg.), Handwörterbuch der Kommunalwissenschaften. 4 Bde. Jena 1918–1927.

DEUTSCHER STÄDTETAG (Hrsg.), Statistisches Jahrbuch Deutscher Gemeinden. Köln (jährliches Erscheinen).

ENGELI, CHRISTIAN/HAUS, WOLFGANG, Quellen zum modernen Gemeindeverfassungsrecht in Deutschland. Stuttgart usw. 1975.

HANDWÖRTERBUCH des Städtebaus, Wohnungs- und Siedlungswesens. Stuttgart 1959.

KLEMISCH, HERBERT u. a. (Hrsg.), Handbuch für alternative Kommunalpolitik. Bielefeld 1994.

PETERS, HANS (Hrsg.), Handbuch der kommunalen Wissenschaft und Praxis. 1. Aufl., 3 Bände. Berlin usw. 1956–1959.

PÜTTNER, GÜNTER (Hrsg.), Handbuch der kommunalen Wissenschaft und Praxis. Neuauflage, 6 Bände, Berlin usw., 1981–1984.

ROTH, ROLAND/WOLLMANN, HELLMUT (Hrsg.), Kommunalpolitik. Politisches Handeln in den Gemeinden. 1. Aufl. Opladen 1993.

SCHMIDT-EICHSTAEDT, GERD/STADE, ISABELL/BORCHMANN, MICHAEL (Hrsg.), Gemeindeordnungen und Kreisordnungen in der Bundesrepublik Deutschland. Mit Einführung, Bibliographie, Register und ergänzenden Rechtsvorschriften. Loseblattausgabe, (aktueller Stand: Dez. 1995), Stuttgart usw.

VOIGT, RÜDIGER (Hrsg.), Handwörterbuch zur Kommunalpolitik. Opladen 1984.

2. Geschichte

DANN, OTTO (Hrsg.), Vereinswesen und bürgerliche Gesellschaft in Deutschland. München 1984.

GALL, LOTHAR (Hrsg.), Stadt und Bürgertum im 19. Jahrhundert. München 1990.

GRÖTTRUP, HENDRIK, Die kommunale Leistungsverwaltung. Stuttgart u. a. 1973.

HEFFTER, HEINRICH, Die deutsche Selbstverwaltung im 19. Jahrhundert. Geschichte der Ideen und Institutionen. 2. Aufl. Stuttgart 1969.

HERZFELD, HANS, Demokratie und Selbstverwaltung in der Weimarer Republik. Stuttgart usw. 1957.

JESERICH, KURT G. A./POHL, HANS/UNRUH, GEORG-CHRISTOPH VON (Hrsg.), Deutsche Verwaltungsgeschichte. 6 Bände, Stuttgart 1983 ff.

KRABBE, WOLFGANG R., Kommunalpolitik und Industrialisierung. Stuttgart u. a. 1985.

MATZERATH, HORST, Nationalsozialismus und kommunale Selbstverwaltung. Schriftenreihe des Vereins für Kommunalwissenschaften, Bd. 29, Stuttgart u. a. 1970.

---

1 Die nachstehende Auswahlbibliographie führt im wesentlichen nur Monographien/Sammelbände auf. Für detaillierte einschlägige Nachweise vgl. die Fachbeiträge dieses Bandes und deren bibliographische Angaben.

POHL, HANS/TREUE, WILHELM (Hrsg.), Kommunale Unternehmen. Geschichte und Gegenwart. Zeitschrift für Unternehmensgeschichte, Beiheft 42, Wiesbaden 1987.
PREUSS, HUGO, Entwicklung des deutschen Städtewesens. Aalen 1965 (Neudruck).
REULECKE, JÜRGEN, Geschichte der Urbanisierung in Deutschland. Frankfurt/Main 1985.
SALDERN, ADELHEID VON, Häuserleben. Zur Geschichte städtischen Arbeiterwohnens vom Kaiserreich bis heute. Bonn 1997 (2. Aufl.).

3. Gesellschaft, Politik und (Selbst-)Verwaltung auf der lokalen Ebene (allgemein)

BAHRDT, HANS PAUL, Die moderne Großstadt. Soziologische Überlegungen zum Städtebau. Reinbek 1961.
BANNER, GERHARD, Politische Willensbildung und Führung in den Großstädten der Oberstadtdirektoren-Verfassung. In, Grauhan, Rolf Richard (Hrsg.), Großstadt-Politik. Gütersloh 1972, S. 162 ff.
BEER, RÜDIGER ROBERT/LAUX, EBERHARD, Die Gemeinde. Einführung in die Kommunalpolitik. 2. durchges. Auflage. München – Wien 1977.
BLANKE, BERNHARD/BENZLER, SUSANNE (Hrsg.), Stadt und Staat. PVS-Sonderheft 22. Opladen 1991.
BORST, RENATE u. a. (Hrsg.), Das neue Gesicht der Städte. Basel usw. 1990.
BRANDNER, BIRGIT (Hrsg.), Kulturerlebnis Stadt. Wien 1994.
BULLMANN, UDO/GITSCHMANN, PETER (Hrsg.), Kommune als Gegenmacht. Alternative Politik in Städten und Gemeinden. Hamburg 1985.
DEUTSCHER STÄDTETAG (Hrsg.), DSt-Beiträge (mehrere Schriftenreihen zu aktuellen Problemen der Städte, u. a. A, zur Kommunalpolitik, B, zum Kommunalrecht, D, zur Sozialpolitik, G, zur Finanzpolitik).
DILL, GÜNTER/KANITZ, HORST (Hrsg.), Grundlagen praktischer Kommunalpolitik. Bd. 1–7, Sankt Augustin 1994.
ELLWEIN, THOMAS/ZOLL, RALF, Wertheim. Politik und Machtstrukturen einer deutschen Stadt. München 1982.
EVEN, HERBERT/HOFFMANN, LUTZ (Hrsg.), Politische Beteiligung unerwünscht? Bielefeld 1985.
EVERS, ADALBERT/LEHMANN, MICHAEL, Politisch-ökonomische Determinanten für Planung und Politik in den Kommunen der BRD. Offenbach 1972.
FRANZ, PETER, Stadtteilentwicklung von unten. Zur Dynamik und Beeinflußbarkeit ungeplanter Veränderungsprozesse auf Stadtteilebene. Basel usw. 1989.
FREY, RAINER (Hrsg.), Kommunale Demokratie. Beiträge für die Praxis der kommunalen Selbstverwaltung. Bonn-Bad Godesberg 1976.
FRIEDRICHS, JÜRGEN, Stadtanalyse. Soziale und räumliche Organisation der Gesellschaft. Reinbek 1977.
FRIEDRICHS, JÜRGEN (Hrsg.), Die Städte in den 80er Jahren. Demographische, ökonomische und technologische Entwicklungen. Opladen 1985.
DERS. (Hrsg.), Soziologische Stadtforschung. Sonderheft der Kölner Zeitschrift für Soziologie und Sozialpsychologie, Nr. 29, Opladen 1988.
DERS. (Hrsg.), Die Städte in den 90er Jahren. Opladen 1997.
DERS./HÄUSSERMANN, HARTMUT/SIEBEL, WALTER (Hrsg.), Süd-Nord-Gefälle in der Bundesrepublik? Opladen 1986.
FÜRST, DIETRICH, Kommunale Entscheidungsprozesse. Ein Beitrag zur Selektivität politisch-administrativer Prozesse, Baden-Baden 1975.

DERS. (Hrsg.), Stadtökonomie. Stuttgart u. a. 1977.

DERS./HESSE, JOACHIM JENS/RICHTER, HARTMUT (Hrsg.), Stadt und Staat. Verdichtungsräume im Prozeß der föderalistischen Problemverarbeitung, Baden-Baden 1984.

GABRIEL, OSCAR W. (Hrsg.), Kommunalpolitik im Wandel der Gesellschaft. Eine Einführung in Probleme der politischen Willensbildung in der Gemeinde. Königstein 1979.

DERS. (Hrsg.), Bürgerbeteiligung und kommunale Demokratie. München 1983.

DERS. (Hrsg.), Kommunale Demokratie zwischen Politik und Verwaltung. München 1989.

DERS./VOIGT, RÜDIGER (Hrsg.), Kommunalwissenschaftliche Analysen. Bochum 1994.

GANSER, KARL/HESSE, JOACHIM/ZÖPEL, CHRISTOPH (Hrsg.), Die Zukunft der Städte. 1. Aufl., Baden-Baden 1991.

GLOTZ-RICHTER, MICHAEL (Hrsg.), Lokale Demokratie auf dem Prüfstand. Bremen 1994.

GRAUHAN, ROLF-RICHARD, Politische Verwaltung – Auswahl und Stellung der Bürgermeister als Verwaltungschefs deutscher Großstädte. Freiburg 1970.

DERS. (Hrsg.), Großstadtpolitik. Texte zur Analyse und Kritik lokaler Demokratie. Gütersloh 1972.

DERS. (Hrsg.), Lokale Politikforschung. 2 Bde., Frankfurt/New York 1975.

DERS., Kommune als Strukturtypus politischer Produktion. In, Grauhan, Rolf-Richard/ Hickel, R. (Hrsg.), Krise des Steuerstaates. Leviathan-Sonderheft 1. Opladen 1978, S. 229–247.

DERS./LINDNER, WOLF, Politik der Verstädterung. Frankfurt/Main 1974.

GRUNOW, DIETER, Bürgernahe Verwaltung. Theorie, Empirie, Praxismodelle. Frankfurt/ New York 1988.

HAHN, ALOIS/SCHUBERT, HANS-ACHIM/SIEWERT, HANS-JÖRG, Gemeindesoziologie. Stuttgart 1979.

HAUS, WOLFGANG (Hrsg.), Kommunalwissenschaften in der Bundesrepublik Deutschland. Baden-Baden 1989.

HÄUSSERMANN, HARTMUT, Die Bedeutung »lokaler Politik« – neue Forschung zu einem alten Thema. In, Blanke, Bernhard/Benzler, Susanne (Hrsg.), Stadt und Staat. PVS-Sonderheft 22, Opladen 1991, S. 35–50.

DERS./SIEBEL, WALTER, Neue Urbanität. Frankfurt/Main 1987.

HEINELT, HUBERT/WOLLMANN, HELLMUT (Hrsg.), Brennpunkt Stadt. Stadtpolitik und lokale Politikforschung in den 80er und 90er Jahren. Basel usw. 1991.

HENNEKE, HANS-GÜNTER (Hrsg.), Stärkung der kommunalen Handlungs- und Entfaltungsspielräume. Stuttgart u. a. 1996.

HERLYN, ULFERT (Hrsg.), Großstadtstrukturen und ungleiche Lebensbedingungen in der Bundesrepublik. Verteilung und Nutzung sozialer Infrastruktur. Frankfurt/New York 1980.

HESSE, JOACHIM JENS (Hrsg.), Erneuerung der Politik »von unten«? Stadtpolitik und kommunale Selbstverwaltung im Umbruch. Opladen 1986.

DERS. (Hrsg.), Zur Situation der Kommunalen Selbstverwaltung heute, Stadtpolitik und Kommunale Selbstverwaltung im Umbruch. Baden-Baden 1987.

DERS. (Hrsg.), Kommunalwissenschaften in der Bundesrepublik Deutschland. Baden-Baden 1989.

DERS. et al. (Hrsg.), Staat und Gemeinden zwischen Konflikt und Kooperation. Baden-Baden 1993.

DERS./WOLLMANN, HELLMUT (Hrsg.), Probleme der Stadtpolitik in den 80er Jahren. Frankfurt/New York 1983.

HEUER, HANS, Sozioökonomische Bestimmungsfaktoren der Stadtentwicklung. 2. erg. Aufl. Stuttgart usw. 1977.

HOLTMANN, EVERHARD, Kommunalpolitik im politischen System der Bundesrepublik. In, Aus Politik und Zeitgeschichte, B-25 (1990), S. 3–14.

JAEDICKE, WOLFGANG/RUHLAND, KURT/WACHENDORFER, UTE/WOLLMANN, HELLMUT/WONNENBERG, HOLGER, Lokale Politik im Wohlfahrtsstaat. Opladen 1990.
KEVENHÖRSTER, PAUL (Hrsg.), Lokale Politik unter exekutiver Führerschaft. Meisenheim am Glan 1977.
DERS./WOLLMANN, HELLMUT (Hrsg.), Kommunalpolitische Praxis und Lokale Politikforschung. Berlin 1978.
KLEIN, ANSGAR/SCHMALZ-BRUNS, RAINER (Hrsg.), Politische Beteiligung und Bürgerengagement in Deutschland. Baden-Baden 1997.
KLEIN, PETER (Hrsg.), Die Stadt – Ort der Gegensätze. Bonn 1996.
KLEINFELD, RALF, Kommunalpolitik. Eine problemorientierte Einführung. Opladen 1996.
KORTE, HERMANN, Stadtsoziologie. Forschungsprobleme und Forschungsergebnisse der 70er Jahre. Darmstadt 1986.
KÖSER, HELMUT (Hrsg.), Der Bürger in der Gemeinde. Der Bürger in der Gemeinde. Kommunalpolitik und politische Bildung. Bonn 1979.
KRÄTKE, STEFAN, Stadt – Raum – Ökonomie, Einführung in aktuelle Problemfelder der Stadtökonomie und Wirtschaftsgeographie. Ein Lehrbuch. 2. Aufl., Basel usw. 1996.
KRONAWITTER, GEORG (Hrsg.), Rettet unsere Städte jetzt! Düsseldorf 1994.
LANG, EVA u. a. (Hrsg.), Kommunen vor neuen Herausforderungen. Berlin 1996.
MACHULE, DITTMAR (Hrsg.), Macht Stadt krank? Hamburg 1996.
MÄDING, HEINRICH (Hrsg.), Stadtperspektiven. Berlin 1994.
MAYER, ALEXANDER, Der Landkreis in der Politikverflechtungs-Falle. Eine Unteruchung zur Theorie der Politikverflechtung am Beispiel der Verbindungsstraße-West im Landkreis Fürth. Fürth 1993.
MAYER, MARGIT, »Postfordismus« und »lokaler Staat«. In, Heinelt, Hubert/Wollmann, Hellmut (Hrsg.), Brennpunkt Stadt. Basel 1991, S. 31–51.
MAYNTZ, RENATE, Soziale Schichtung und sozialer Wandel in einer Industriegemeinde. Stuttgart 1958.
MUTIUS, ALBERT VON (Hrsg.), Selbstverwaltung im Staat der Industriegesellschaft. Heidelberg 1983.
NASSMACHER, HILTRUD/NASSMACHER, KARL-HEINZ, Kommunalpolitik in der Bundesrepublik. Möglichkeiten und Grenzen. Opladen 1979.
PFEIL, ELISABETH, Großstadtforschung. Bremen 1950 (2. Auflage, Hannover 1972).
POHL, WOLFGANG u. a. (Hrsg.), Handbuch für alternative Kommunalpolitik. Bielefeld 1985.
PRIGGE, WALTER (Hrsg.), Die Materialität des Städtischen. Stadtentwicklung und Urbanität im gesellschaftlichen Umbruch. Basel usw. 1987.
ROBERT BOSCH STIFTUNG (Hrsg.), Beiträge zur Stadtforschung. 6 Bde. Stuttgart 1979–1984.
ROTH, WOLFGANG (Hrsg.), Kommunalpolitik – für wen? Arbeitsprogramm der Jungsozialisten. Frankfurt/Main 1971.
SCHÄFERS, BERNHARD/WEWER, GÖTTRIK (Hrsg.), Die Stadt in Deutschland. Aktuelle Entwicklung und Probleme. Opladen 1996.
SCHILLER-DICKHUT, REINER u. a., Alternative Stadtpolitik. Grüne, rote und bunte Arbeit in den Rathäusern. Hamburg 1981.
SCHMALS, KLAUS, Soziologie der Planung. Ein Lehrbuch. Basel usw. 1998.
SCHNEIDER, HERBERT, Kommunalpolitik auf dem Lande. München 1991.
SCHOLZ, RUPERT/PITSCHAS, RAINER, Gemeindewirtschaft zwischen Verwaltungs- und Unternehmensstruktur. Berlin 1982.
SEE, HANS, Grundwissen einer kritischen Kommunalpolitik. Köln 1975.
SEILER, GERHARD (Hrsg.), Gelebte Demokratie. Festschrift für Manfred Rommel. Stuttgart usw. 1997.
SPIEGEL, ERIKA, Kommunalforschung – zwischen Kommunalwissenschaft und empirischer Sozialforschung. In, Roth, Roland/Wollmann, Hellmut (Hrsg.), Kommunalpolitik. Politisches Handeln in den Gemeinden. Opladen 1993, S. 52–62.

STRUBELT, WENDELIN (Hrsg.), Städte und Regionen – räumliche Folgen des Transformationsprozesses. Opladen 1996.

THRÄNHARDT, DIETRICH/UPPENDAHL, H. (Hrsg.), Alternativen lokaler Demokratie. Königstein Ts. 1981.

VERBAND DEUTSCHER STÄDTESTATISTIKER VDSt (Hrsg.), Städtestatistik und Stadtforschung, Leistungen – Aufgaben – Ziele. Hamburg 1979.

VOIGT, RÜDIGER, Kommunale Partizipation an staatlichen Entscheidungsprozessen. Würzburg 1977.

DERS., Kommunalpolitik zwischen exekutiver Führerschaft und legislatorischer Programmsteuerung. In, Aus Politik und Zeitgeschichte, B-22/23, 1992, S. 3–12.

WEHLING, HANS-GEORG (Hrsg.), Kommunalpolitik. Hamburg 1975.

DERS., Kommunalpolitik in der Bundesrepublik Deutschland. Berlin 1986.

WOLLMANN, HELLMUT, Entwicklungslinien lokaler Politikforschung – Reaktionen auf oder Antizipation von sozio-ökonomischen Entwicklungen? In, Heinelt, Hubert/Wollmann, Hellmut (Hrsg.), Brennpunkt Stadt. Basel usw. 1991, S. 15 ff.

WULF-MATHIES, MONIKA (Hrsg.), Vernetzung lokaler Initiativen. Köln 1993.

WUNDER, HEIDE, Die bäuerliche Gemeinde in Deutschland. Göttingen 1986.

ZIELINSKI, HEINZ (Hrsg.), Lokale Politik zwischen Eigenständigkeit und staatlicher Abhängigkeit. Empirische Analysen zu Handlungsspielräumen, Gebietsreformen und zur Selbstverwaltung. Königstein 1980.

DERS., Kommunale Selbstverwaltung im modernen Staat, Opladen 1997.

ZOLL, RALF, Gemeinde als Alibi, Materialien zur politischen Soziologie der Gemeinde. München 1972.

DERS., Wertheim III. Kommunalpolitik und Machtstruktur. München 1974.

4. Kommunalverfassung, Kommunalrecht

AICH, PRODOSH (Hrsg.), Wie demokratisch ist Kommunalpolitik? Reinbek 1977.

BLÜMEL, WILLI/HILL, HERMANN (Hrsg.), Die Zukunft der kommunalen Selbstverwaltung. Berlin 1991.

BOVENSCHULTE, ANDREAS/BUSS, ANNETTE, Plebiszitäre Bürgermeisterverfassungen. Der Umbruch im Kommunalverfassungsrecht. Baden-Baden 1996.

DERLIEN, HANS-ULRICH et al., Kommunalverfassung und kommunales Entscheidungssystem. Eine vergleichende Untersuchung in vier Gemeinden. Meisenheim am Glan 1976.

DERS., Kommunalverfassungen zwischen Reform und Revolution. In, Gabriel, Oscar W./Voigt, Rüdiger (Hrsg.), Kommunalwissenschaftliche Analysen. Bochum 1994, S. 47–78.

FREY, RAINER/NASSMACHER, KARL-HEINZ, Parlamentarisierung der Kommunalpolitik? In, Archiv für Kommunalwissenschaften, 1975, S. 195 ff.

GABRIEL, OSCAR W./KNEMEYER, FRANZ-LUDWIG/STROHMEIER, KLAUS PETER, Neue Formen politischer Partizipation – Bürgerbegehren und Bürgerentscheid. Sankt Augustin 1997.

GÖNNEWEIN, OTTO, Gemeinderecht. Tübingen 1963.

HENNEKE, HANS-GÜNTER, Kreisrecht in den Ländern der Bundesrepublik Deutschland. Stuttgart u. a. 1994.

DERS. (Hrsg.), Stärkung der kommunalen Handlungs- und Entfaltungsspielräume. Stuttgart usw. 1996.

DERS. (Hrsg.), Aktuelle Entwicklungen der inneren Kommunalverfassung. Stuttgart usw. 1996.

IPSEN, JÖRN (Hrsg.), Kontinuität oder Reform – Die Gemeindeverfassung auf dem Prüfstand. Köln u. a. 1990.
KNEMEYER, FRANZ-LUDWIG, Bürgerbeteiligung und Kommunalpolitik. Mitwirkungsrechte von Bürgern auf kommunaler Ebene. 2. Aufl., München und Landsberg/Lech 1997.
MUTIUS, ALBERT VON, Kommunalrecht. München 1996.
OTT, IVONNE, Der Parlamentscharakter der Gemeindevertretung. Baden-Baden 1994.
PAGENKOPF, HANS, Kommunalrecht. 2. Aufl., 2 Bde. Köln u. a. 1975/1976.
SCHEFOLD, DIAN/NEUMANN, MAJA, Entwicklungsendenzen der Kommunalverfassungen in Deutschland. Basel usw. 1996.
SCHIMANKE, DIETER (Hrsg.), Stadtdirektor oder Bürgermeister. Beiträge zu einer aktuellen Kontroverse. Basel usw. 1989.
SCHMIDT-EICHSTAEDT, GERD, Bundesgesetze und Gemeinden. Stuttgart u. a. 1981.
DERS., Machtverteilung zwischen Gemeindevertretung und dem Hauptverwaltungsbeamten im Vergleich der deutschen Kommunalverfassungssysteme. In, Archiv für Kommunalwissenschaften, (1985), S. 20 ff.
SCHMITZ, MARGUN, Der Landrat. Mittler zwischen Staatsverwaltung und kommunaler Selbstverwaltung. Baden-Baden 1991.
SCHOCH, FRIEDRICH (Hrsg.), Selbstverwaltung der Kreise in Deutschland. Köln u. a. 1996.
SEELE, GÜNTER, Die Kreise in der Bundesrepublik Deutschland. Köln 1990.
STIFTUNG MITARBEIT (Hrsg.), Demokratie vor Ort. Modelle und Wege der lokalen Bürgerbeteiligung. Bonn 1991.
DIES. (Hrsg.), Bürgerbeteiligung und Demokratie vor Ort. Bonn 1997.
STOBER, ROLF, Kommunalrecht in der Bundesrepublik Deutschland. 3. Aufl. Stuttgart u. a. 1996.
UNRUH, GEORG-CHRISTOPH VON, Der Landrat – Mittler zwischen Staatsverwaltung und kommunaler Selbstverwaltung. Köln u. a. 1966.
VIETMEIER, HANS, Die staatlichen Aufgaben der Kommunen und ihrer Organe. 1992.
WURZEL, GABRIELE, Gemeinderat als Parlament? Würzburg 1975.

5. Lokale Akteure

GABRIEL, OSCAR W./HAUNGS, PETER/ZENDER, MATTHIAS, Opposition in Großstadtparlamenten. Melle 1984.
GAU, DORIS, Politische Führungsgruppen auf kommunaler Ebene. Eine empirische Untersuchung zum Sozialprofil und den politischen Karrieren der Mitglieder des Rates der Stadt Köln. München 1983.
GROTTIAN, PETER/MELLES, WOLFGANG (Hrsg.), Großstadt und neue soziale Bewegungen. Basel u. a. 1983.
GRÜNER, HANS/JAEDICKE, WOLFGANG/RUHLAND, KURT, Rote Politik im schwarzen Rathaus? Bestimmungsfaktoren der wohnungspolitischen Ausgaben bundesdeutscher Großstädte. In, PVS-Sonderheft 1, Opladen 1988, S. 42–57.
HAASIS, HANS-ARTHUR, Kommunalpolitik und Machtstruktur. Eine Sekundäranalyse deutscher empirischer Gemeindestudien. Frankfurt/Main 1978.
HOLTMANN, EVERHARD, Politisierung der Kommunalpolitik und Wandlungen im lokalen Parteisystem. In, Aus Politik und Zeitgeschichte, B-22/23 (1992), S. 13–22.
LEHMBRUCH, GERHARD, Der Januskopf der Ortsparteien. Kommunalpolitik und das lokale Parteiensystem. In, Köser, Helmut (Hrsg.), Der Bürger in der Gemeinde. Kommunalpolitik und politische Bildung. (Bundeszentrale für Politische Bildung) Bonn, S. 320–334.

Möller, Thomas, Die kommunalen Wählergemeinschaften in der Bundesrepublik Deutschland. 2. Aufl. München 1985.

Riese, Horst, Mieterorganisationen und Wohnungsnot. Geschichte einer sozialen Bewegung. Basel usw. 1990.

Roth, Roland, Demokratie von unten. Neue soziale Bewegungen auf dem Wege zur politischen Institution. Köln 1994.

Ders./Rucht, Dieter (Hrsg.), Neue soziale Bewegungen in der Bundesrepublik Deutschland. Bonn 1991, (erw. Neuausgabe).

Rucht, Dieter/Blattert, Barbara/Rink, Dieter, Soziale Bewegungen auf dem Weg zur Institutionalisierung. Zum Strukturwandel »alternativer« Gruppen in beiden Teilen Deutschlands. Frankfurt/Main/New York 1997.

Scheuch, Erwin K. und Ute, Cliquen, Klüngel und Karrieren. Über den Verfall der politischen Parteien. Reinbek 1992.

Zeuner, Bode/Wischermann, Jörg, Rot-Grün in den Kommunen. Konfliktpotentiale und Reformperspektiven. Opladen 1995.

Ziebill, Otto, Politische Parteien und kommunale Selbstverwaltung. 2. Auflage. Stuttgart u. a. 1972.

Zimmer, Annette, Vereine heute – zwischen Tradition und Innovation. Basel usw. 1992.

6. Kommunale Finanzen

Elsner, Hermann, Gemeindehaushalte, Konjunktur und Finanzausgleich. Baden-Baden 1978.

Frischmuth, Birgit (Hrsg.), Haushaltskonsolidierung. Berlin 1994.

Henneke, Hans-Günter, Die Kommunen in der Finanzverfassung des Bundes und der Länder. 1994.

Ders., Die Kommunen in der Finanzverfassung des Bundes und der Länder. Wiesbaden 1998.

Karrenberg, Hanns/Münstermann, Engelbert, Gemeindefinanzbericht (jährlich jeweils im Februar- bzw. März-Heft der Zeitschrift der städtetag erscheinende umfangreiche Darstellung).

Kirchhof, Ferdinand/Meyer, Hubert (Hrsg.), Kommunaler Finanzausgleich im Flächenbundesland. Baden-Baden 1996.

Lüders, Klaus, Konzeptionelle Grundlagen des neuen Kommunalen Rechnungswesens. 1996.

Mäding, Heinrich, Finanzielle Restriktionen kommunalen Handelns. In, Heinelt, Hubert/Wollmann, Hellmut (Hrsg.), Brennpunkt Stadt. Stadtpolitik und lokale Politikforschung in den 80er und 90er Jahren. Basel u. a. 1991, S. 92–108.

Ders., Kommunale Finanzplanung. In, Roth, Roland/Wollmann, Hellmut (Hrsg.), Kommunalpolitik. Politisches Handeln in den Gemeinden. Opladen 1993, S. 341–349.

Meis, Christiane, Verfassungsrechtliche Beziehungen zwischen Bund und Gemeinden. Aufgabenzuweisung und Finanzierung. Baden-Baden 1989.

Mutius, Albert von/Henneke, Hans-Günter, Kommunale Finanzausstattung und Verfassungsrecht. Siegburg 1985.

Pohl, Wolfgang/Schiller-Dickhut, Reiner (Hrsg.), Politik mit leeren Kassen. Grundlagen und Perspektiven kommunaler Haushaltspolitik. Bielefeld 1996.

Schoch, Friedrich/Wieland, Joachim, Finanzierungsverantwortung für gesetzgeberisch veranlaßte kommunale Aufgaben. Baden-Baden 1995.

VOIGT, RÜDIGER, Die Auswirkungen des Finanzausgleichs zwischen Staat und Gemeinden auf die kommunale Selbstverwaltung von 1919 bis zur Gegenwart. Berlin 1975.

7. Verwaltungsmodernisierung

BANNER, GERHARD, Von der Behörde zum Dienstleistungsunternehmen – Die Behörden brauchen ein neues Steuerungsmodell. In: Verwaltung-Organisation-Personal, (1991), S. 6–11.

DERS., Steuerung kommunalen Handelns. In, Roth, Roland/Wollmann, Hellmut (Hrsg.), Kommunalpolitik. Politisches Handeln in den Gemeinden. Opladen 1993, S. 350–361.

DERS./REICHARD, CHRISTOPH (Hrsg.), Kommunale Managementkonzepte in Europa. Anregungen für die deutsche Reformdiskussion. Köln 1993.

BERTELSMANN-STIFTUNG (Hrsg.), Carl-Bertelsmann-Preis 1993. Demokratie und Effizienz in der Kommunalverwaltung. Gütersloh 1993.

BEYER, LOTHAR/BRINKMANN, HANS, Kommunalverwaltung im Umbruch. Verwaltungsreform im Interesse von Bürgern und Beschäftigten. Frankfurt/Main 1990.

BOGUMIL, JÖRG/KISSLER, LEO, Vom Untertan zum Kunden? Berlin 1995.

DIES. (Hrsg.), Verwaltungsmodernisierung und lokale Demokratie. Baden-Baden 1997.

BUDÄUS, DIETRICH/EICHHORN, PETER (Hrsg.), Public Private Partnership, neue Formen öffentlicher Aufgabenerfüllung. Baden-Baden 1997.

BUSCH, ROLF (Hrsg.), Verwaltungsreform in Berlin. Zwischenbilanz. Berlin 1998.

DAMKOWSKI, WULF/PRECHT, CLAUS (Hrsg.), Moderne Verwaltung in Deutschland. Public Management in der Praxis. Stuttgart u. a. 1998.

DEUTSCHER STÄDTETAG (Hrsg.), Produkte im Mittelpunkt. Städte auf dem Weg zu besseren Leistungen. Köln 1996.

DIECKMANN, JOCHEN u. a., Reformen im Rathaus – Modernisierung der kommunalen Selbstverwaltung. Köln 1996.

DRESCHER, BURKHARD U./DELLWIG, MAGNUS, Rathaus ohne Ämter, Verwaltungsreform, Public-Private-Partnership und das Projekt Neue Mitte in Oberhausen. Frankfurt/New York 1996.

DST-BEITRÄGE ZUR KOMMUNALPOLITIK, Verwaltungsmodernisierung – Dialog zwischen Praxis und Wissenschaft. (Reihe A, Heft 26) Köln 1997

GRAUHAN, ROLF-RICHARD, Politische Verwaltung. Freiburg 1970.

GRUNOW, DIETER/WOLLMANN, HELLMUT (Hrsg.), Kommunale Verwaltungsmodernisierung in Aktion. Fortschritte und Fußangeln. Basel usw. 1998.

HEINELT, HUBERT/MAYER, MARGIT (Hrsg.), Modernisierung der Kommunalpolitik. Neue Wege zur Ressourcenmobilisierung. Opladen 1997.

HEINZ, WERNER (Hrsg.), Public Private Partnership – ein neuer Weg zur Stadtentwicklung? Stuttgart 1993.

DERS./SCHOLZ, CAROLA, Public Private Partnership im Städtebau. Berlin 1996.

HELLSTERN, GERD-MICHAEL/WOLLMANN, HELLMUT (Hrsg.), Erfolgskontrolle und Wirkungsanalysen auf der kommunalen Ebene. Basel u. a. 1983.

DIES., Evaluierungsforschung – Ansätze und Methoden am Beispiel des Städtebaues. Basel usw. 1983.

HESSE, JOACHIM JENS, Stadtentwicklungsplanung – Zielfindungsprozesse und Zielvorstellungen. Stuttgart 1972.

HILL, HERMANN/KLAGES, HELMUT (Hrsg.), Jenseits der Experimentierklausel. Stuttgart u. a. 1996.

DIES. in Verbindung mit dem DEUTSCHEN LANDKREISTAG (Hrsg.), Kreisverwaltung der Zukunft. Vergleichende Untersuchung aktueller Modernisierungsansätze in ausgewählten Kreisverwaltungen. Stuttgart u. a., 1995.

HOLTMANN, EVERHARD/KILLISCH, WINFRIED, Lokale Identität und Gemeindegebietsreform. Erlangen 1991.

JANNING, HERMANN, Das Modell Soest. Der Umbau der Kommunalverwaltung auf Kreisebene, Stuttgart 1994.

KGST (Kommunale Gemeinschaftsstelle für Verwaltungsvereinbarung, Köln), Wege zum Dienstleistungsunternehmen Kommunalverwaltung. Fallstudie Tilburg, Bericht 19/1992. Köln 1992.

KGST, Berichte (Vielzahl von Veröffentlichungen der KGSt zur Verwaltungsmodernisierung der Kommunen).

KISSLER, LEO/BOGUMIL, JÖRG/GREIFENSTEIN, RALPH, Moderne Zeiten im Rathaus? Reform der Kommunalverwaltungen auf dem Prüfstand der Praxis. Berlin 1997.

KISSLER, LEO/BOGUMIL, JÖRG/WIECHMANN, ELKE (Hrsg.), Anders Verwalten. Erfahrungen und Perspektiven kommunaler Gestaltungsprojekte. Marburg 1993.

DIES., Das kleine Rathaus. Kundenorientierung und Produktivitätssteigerung durch den Bürgerladen Hagen. Baden-Baden 1994.

KLAGES, HELMUT, Verwaltungsmodernisierung, »harte« und »weiche« Aspekte II. (Speyerer Forschungsberichte Nr. 181), Speyer 1998.

KÜHNLEIN, GERTRUD/WOHLFAHRT, NORBERT, Zwischen Mobilität und Modernisierung. Personalentwicklungs- und Qualifizierungsstrategien in der Kommunalverwaltung. Berlin 1994.

DIES., Leitbild lernende Verwaltung? Situation und Perspektiven der Fortbildung in westdeutschen Kommunalverwaltungen. Berlin 1995.

MUTIUS, ALBERT VON, Neues Steuerungsmodell in der Kommunalverwaltung. In, Burmeister, Joachim (Hrsg.), Verfassungsstaatlichkeit. Festschrift für Klaus Stern zum 65. Geburtstag. München 1997. S. 685.

NASCHOLD, FRIEDER/OPPEN, MARIA/WEGENER, ALEXANDER (Hrsg.), Innovative Kommunen. Internationale Trends und deutsche Erfahrungen. Stuttgart usw. 1997.

REICHARD, CHRISTOPH, Internationale Entwicklungstrends im kommunalen Management. In, Banner, Gerhard/Reichard, Christoph (Hrsg.), Kommunale Managementkonzepte in Europa. Köln 1993, S. 3–24.

DERS., Umdenken im Rathaus. Neue Steuerungsmodelle in der deutschen Kommunalverwaltung. Berlin 1994.

DERS./WOLLMANN, HELLMUT (Hrsg.), Kommunalverwaltung im Modernisierungsschub? Basel usw. 1996.

REIS, CLAUS/SCHULZE-BÖING, MATTHIAS (Hrsg.), Planung und Produktion sozialer Dienstleistungen. Die Herausforderung »neuer Steuerungsmodelle«. Berlin 1998.

THIEME, WERNER/PRILLWITZ, GÜNTHER, Durchführung und Ergebnisse der kommunalen Gebietsreform. Baden-Baden 1981.

8. DDR/ostdeutsche Bundesländer

BACKHAUS-MAUL, HOLGER/OLK, THOMAS, Von der »staatssozialistischen« zur kommunalen Sozialpolitik. Gestaltungsspielräume und -probleme bei der Entwicklung der Sozial-, Alten- und Jugendhilfe in den neuen Bundesländern. In, Archiv für Kommunalwissenschaften. 2. Halbjahresband, (1993), S. 300–330.

BENZLER, SUSANNE/BULLMANN, UDO/EISSEL, DIETER (Hrsg.), Deutschland-Ost vor Ort. Anfänge der lokalen Politik in den neuen Bundesländern. Opladen 1995.

BERG, FRANK/NAGELSCHMIDT, MARTIN/WOLLMANN, HELLMUT, Kommunaler Institutionenwandel. Regionale Fallstudien zum ostdeutschen Transformationsprozeß. Opladen 1996.

BERNET, WOLFGANG/LECHELER, HELMUT, Die DDR-Verwaltung im Umbau. Regensburg 1991.

BRETZINGER, OTTO, Die Kommunalverfassung der DDR. Baden-Baden 1994.

CUSACK, THOMAS R./WESSELS, BERNHARD, Problemreich und konfliktgeladen, Lokale Demokratie in Deutschland fünf Jahre nach der Vereinigung. Paper, Wissenschaftszentrum Berlin 1996.

DASE, MARTINA/LÜDTKE, JÜRGEN/WOLLMANN, HELLMUT (Hrsg.), Stadterneuerung im Wandel – Erfahrungen aus Ost und West. Basel usw. 1989.

DEUTSCHER STÄDTETAG, Städte im Aufbruch. Fünf Jahre kommunale Selbstverwaltung in den neuen Ländern. DSt-Beiträge zur Kommunalpolitik. Reihe A (1995) 21, Köln.

EINENKEL, B./THIERBACH, T., Das schwere Erbe des Zentralismus. In, DDR-Städte im Rückblick. Beiträge zur Kommunalpolitik, (1990) 11, Köln, Deutscher Städtetag.

GRUNOW, DIETER (Hrsg.), Verwaltungstransformation zwischen politischer Opportunität und administrativer Rationalität. Bielefeld 1996.

HAUSCHILD, CHRISTOPH, Die örtliche Verwaltung im Staats- und Verwaltungsapparat der DDR. Baden-Baden 1991.

HÄUSSERMANN, HARTMUT/NEEF, RAINER (Hrsg.), Stadtentwicklung in Ostdeutschland. Soziale und räumliche Tendenzen. Opladen 1996.

HERLYN, ULFERT/HUNGER, BERND, Ostdeutsche Wohnmilieus im Wandel. Eine Untersuchung ausgewählter Stadtgebiete als sozialplanerischer Beitrag zur Stadterneuerung. Basel usw. 1994.

KEIM, KARL-DIETER (Hrsg.), Aufbruch der Städte. Räumliche Ordnung und kommunale Entwicklung in den ostdeutschen Bundesländern. Berlin 1995.

KNEMEYER, FRANZ-LUDWIG (Hrsg.), Aufbau kommunaler Selbstverwaltung in der DDR. Baden-Baden 1990.

KÖNIG, KLAUS (Hrsg.), Vermögenszuordnung. Baden-Baden 1994.

KOVÁCS, ZOLTÁN/WIESSNER, REINHARD (Hrsg.), Prozesse und Perspektiven der Stadtentwicklung in Ostmitteleuropa. Passau 1997.

KROPP, SABINE, Systemreform und lokale Politik in Rußland. Opladen 1995.

KÜHN, GERD/FLOETING, HOLGER, Kommunale Wirtschaftsförderung in Ostdeutschland. Berlin 1995.

MARCUSE, PETER (Hrsg.), Wohnen und Stadtpolitik im Umbruch. Perspektiven der Stadterneuerung nach 40 Jahren DDR. Berlin 1991.

MEISEL, DIRK, Kommunale Selbstverwaltung im Umbruch, Entscheidungsprozesse in einer ostdeutschen Stadt nach der Wende. Erfurt/Vieselbach 1995.

MELZER, HELMUT, Lokale Politikforschung in der DDR zwischen Zentralismus und kommunaler Selbstverwaltung. In, Heinelt, Hubert/Wollmann, Hellmut (Hrsg.), Brennpunkt Stadt. Basel usw. 1991, S. 321–339.

PETZOLD, SIEGFRIED, Zur Entwicklung und Funktion der kommunalen Selbstverwaltung in den neuen Bundesländern. In, Roth, Roland/Wollmann, Hellmut (Hrsg.), Kommunalpolitik. Politisches Handeln in den Gemeinden. Opladen 1993, S. 35–51.

POPPE, ULRIKE/ECKERT, RAINER/KOWALCZUK, ILKO-SASCHA (Hrsg.), Zwischen Selbstbehauptung und Anpassung. Formen des Widerstands und der Opposition in der DDR. Berlin 1995.

SCHMIDT-EICHSTAEDT, GERD u. a., Gesetz über die Selbstverwaltung der Gemeinden und Landkreise in der DDR (Kommunalverfassung). Kommentar. Köln 1990.

WEGRICH, KAI/JAEDICKE, WOLFGANG/LORENZ, SABINE/WOLLMANN, HELLMUT, Kommunale Verwaltungspolitik in Ostdeutschland. Basel usw. 1997.

WOLLMANN, HELLMUT, Transformation der ostdeutschen Kommunalstrukturen, Rezeption, Eigenentwicklung, Innovation. In, Wollmann, Hellmut u. a. (Hrsg.), Transformation der politisch-administrativen Strukturen in Ostdeutschland. Opladen 1997, S. 259 ff.

9. Politikfelder

9.1. Infrastruktur, Umwelt, Wirtschaft

AFHELDT, HEIK/SIEBEL, WALTER/SIEVERTS, THOMAS (Hrsg.), Gewerbeentwicklung und Gewerbepolitik in der Großstadtregion. Gerlingen 1987.

ALBERS, GERD, Stadtplanung. Eine praxisorientierte Einführung. Darmstadt 1988.

APEL, DIETER/HOLZAPFEL, HELMUT u. a., Handbuch der kommunalen Verkehrsplanung. Loseblattsammlung, Bonn 1992.

BAUHARDT, CHRISTINE, Stadtentwicklung und Verkehrspolitik. Eine Analyse aus feministischer Sicht. Basel usw. 1995.

BAUMHEIER, RALPH, Kommunale Umweltvorsorge. Chancen und Probleme präventiver Umweltpolitik auf der kommunalen Ebene am Beispiel der Energie- und Verkehrspolitik. Basel usw. 1993.

CRONAUGE, ULRICH, Kommunale Unternehmen, Eigenbetriebe – Kapitalgesellschaften – Zweckverbände. Berlin 1995.

DIECKMANN, JOCHEN/KÖNIG, EVA-MARIA (Hrsg.), Kommunale Wirtschaftsförderung. Handbuch für Standortsicherung und -entwicklung in Stadt, Gemeinde und Kreis. Köln 1994.

EINEM, EBERHARD VON/DILLER, CHRISTIAN/ARNIM, GÖTZ VON, Standortwirkungen neuer Technologien. Räumliche Auswirkungen der neuen Produktionstechnologien und der »flexiblen Spezialisierung«. Basel usw. 1994.

FIEBIG, KARL-HEINZ/KRAUSE, UDO/MARTINSEN, RAINER, Organisation des kommunalen Umweltschutzes. Berlin 1986.

FREIDINGER, GUIDO/SCHULZE-BÖING, MATTHIAS (Hrsg.), Handbuch der kommunalen Arbeitsmarktpolitik. (Praxis der Regionalwirtschaft, Bd. 2), Marburg 1993.

FÜRST, DIETRICH/MARTINSEN, RAINER, Reaktionsweisen kommunaler Umweltschutzverwaltungen gegenüber wachsenden Anforderungen. Baden-Baden 1996.

GELFORT, PETRA/JAEDICKE, WOLFGANG/WINKLER, BÄRBEL/WOLLMANN, HELLMUT, Ökologie in den Städten. Basel usw. 1993.

GRABOW, BUSSO/HEUER, HANS/KÜHN, GERD, Lokale Innovations-Technologiepolitik. Berlin 1990.

HAASS, BERNHARD, Handlungsspielräume gemeindlicher Umweltpolitik am Beispiel des Abfallrechts. Berlin 1992.

HAHN, ECKART, Ökologischer Stadtumbau. Frankfurt/Main u. a. 1991.

HELBRECHT, ILSE, Stadtmarketing. Konturen einer kommunikativen Stadtentwicklungspolitik. 2. Aufl. Basel usw. 1995.

HESSE, MARKUS, Wirtschaftsverkehr stadtverträglich. Der Strukturwandel in der Logistik und seine Bedeutung für die Stadtentwicklung. Basel usw. 1996.

HEUER, HANS, Instrumente kommunaler Gewerbepolitik. Stuttgart 1985.

HOLLBACH-GRÖMIG, BEATE, Kommunale Wirtschaftsförderung in den 90er Jahren. Berlin 1996.

HUCKE, JOCHEN/MÜLLER, AXEL/WASSEN, PETER, Implementation kommunaler Umweltpolitik. Frankfurt/Main – New York 1980.

HUCKE, JOCHEN/REINHARD UEBERHORST (Hrsg.), Kommunale Umweltpolitik. Basel u. a. 1983.

HUCKE, JOCHEN/WOLLMANN, HELLMUT, Altlasten im Gewirr administrativer (Un-)Zuständigkeiten. Analyse zweier Altlastenfälle in Berlin (West). Basel usw. 1989.

DIES. (Hrsg.), Dezentrale Technologiepolitik? Technikförderung durch Bundesländer und Kommunen. Basel u. a. 1989.

HUEBNER, MICHAEL/KRAFFT, ALEXANDER/ULRICH, GÜNTER, Das Spektrum kommunaler Arbeitsmarktpolitik. Berlin 1992.

JAEDICKE, WOLFGANG/KERN, KRISTINE/WOLLMANN, HELLMUT, Kommunale Aktionsverwaltung in Stadterneuerung und Umweltschutz. Köln 1990.

JARREN, OTFRIED, Kommunale Kommunikation. München 1984.

JESSEN, JOHANN/ROOS, HORST J./VOGT, WALTER (Hrsg.), Stadt – Mobilität – Logistik. Perspektiven, Konzepte und Modelle. Basel usw. 1997.

LINDER, WOLF, Der Fall Massenverkehr. Verkehrsplanung und städtische Lebensbedingungen. Frankfurt/Main 1973.

LÖLHÖFFEL, DIETER/SCHIMANKE, DIETER (Hrsg.), Kommunalplanung vor neuen Aufgaben. Basel u. a. 1983.

MAIER, HANS E./WOLLMANN, HELLMUT (Hrsg.), Lokale Beschäftigungspolitik. Basel usw. 1986.

MALCHER, JOHANN, Der Landrat im kommunalen Konfliktfeld Abfallentsorgung. Basel usw. 1992.

NASSMACHER, HILTRUD, Wirtschaftspolitik »von unten«. Ansätze und Praxis der kommunalen Gewerbebestandspflege und Wirtschaftsförderung. Basel usw. 1987.

QUANTE, MICHAEL, Umweltschutz in den Kommunen, In, Aus Politik und Zeitgeschichte, (1996) 50, S. 32 ff.

RITTER, ERNST-HASSO (Hrsg.), Stadtökologie. Sonderheft 6/1995 der Zeitschrift für Angewandte Umweltforschung.

STAUDER, JOCHEN, Möglichkeiten und Grenzen kommunaler Wirtschaftsförderung. Sankt Augustin 1994.

TESCHNER, MANFRED/RETZKO, HANS-GEORG (Hrsg.), Klimaschutz und Verkehrspolitik. Eine Fallanalyse der Stadtverträglichkeit und der kommunalen Handlungsblockaden. Basel usw. 1997.

WIEGANDT, CLAUS-CHRISTIAN, Altlasten und Stadtentwicklung. Eine Herausforderung für eine kommunale Umwelt- und Planungspolitik. Basel usw. 1989.

WINKLER, BÄRBEL/WOLLMANN, HELLMUT, Altlasten – Hemmnisse des Gewerbebranchenrecyclings. Basel usw. 1993.

ZIMMERMANN, MONIKA (Hrsg.), Umweltberatung in Theorie und Praxis. Basel u. a. 1988.

9.2. »Sozialgemeinde«

ALISCH, MONIKA/HEINELT, HUBERT, Stadt und Arbeitslosigkeit. Örtliche Arbeitsmarktpolitik im Vergleich. Opladen 1991.

BÄRSCH, JÜRGEN (Hrsg.), Das Ende der Normalität im Wohnungs- und Städtebau? 1993.

BENZLER, SUSANNE/HEINELT, HUBERT, Stadt und Arbeitslosigkeit. Örtliche Arbeitsmarktpolitik im Vergleich. Opladen 1991.

BLANKE, BERNHARD/EVERS, ADALBERT/WOLLMANN, HELLMUT (Hrsg.), Die Zweite Stadt. Neue Formen lokaler Arbeits- und Sozialpolitik. Leviathan-Sonderheft 7, Opladen 1986.

BLANKE, BERNHARD/HEINELT, HUBERT/MACKE, C.-W., Großstadt und Arbeitslosigkeit. Ein Problem im Netz lokaler Sozialpolitik. Opladen 1987.

BÖHN, SIEGFRIED/LIESE, HANS-JÜRGEN, Die sozialen Aufgaben der Kommunen und Landkreise. Regensburg usw. 1991.

DAMKOWSKI, WULF/LUCKEY, KARIN, Neue Formen lokaler Sozial- und Gesundheitsdienste. Köln 1990.

DIECKMANN, JOCHEN/HINTZSCHE, BURKHARD, Wohnungspolitik für Städte, Gemeinden und Kreise. Köln 1996.

ECHTER, CLAUS-PETER/HEINZ, WERNER, Konzepte städtischer Wohnungspolitik. Berlin 1985.

EVERS, ADALBERT/LANGE, HANS-GEORG/WOLLMANN, HELLMUT (Hrsg.), Kommunale Wohnungspolitik. Basel usw. 1983.

EVERS, ADALBERT/LEICHSENRING, KAI/PRUCKNER, BIRGIT, Alt genug, um selbst zu entscheiden. Internationale Modelle für mehr Demokratie in Altenhilfe und Altenpolitik. Freiburg 1993.

GRUNOW, DIETER (Hrsg.), Bürgernahe Sozialpolitik. Planung, Organisation und Vermittlung sozialer Leistungen auf lokaler Ebene. Frankfurt/New York 1979.

HAMMERSCHICK, WALTER u. a. (Hrsg.), Die sichere Stadt. Prävention und kommunale Sicherheitspolitik. (Jahrbuch für Rechts- und Kriminalsoziologie '95), Baden-Baden 1996.

HANESCH, WALTER (Hrsg.), Sozialpolitische Strategien gegen Armut. Opladen 1995.

DERS. (Hrsg.), Überlebt die soziale Stadt? Opladen 1997.

KAUFMANN, FRANZ XAVER (Hrsg.), Bürgernahe Sozialpolitik. Frankfurt/Main 1979.

KRÜGER, JÜRGEN/PANKOKE, ECKART (Hrsg.), Kommunale Sozialpolitik. München 1985.

KRUMACHER, MICHAEL/WALTZ, VIKTORIA, Einwanderer in der Kommune. Analysen, Aufgaben und Modelle für eine multikulturelle Stadtpolitik. Augsburg 1996.

NASSMACHER, HILTRUD (Hrsg.), Wohnen und kommunale Politik. München 1985.

DIES., Frauen und lokale Politik. In, Blanke, Bernhard/unter Mitarbeit von Benzler, Susanne (Hrsg.), Staat und Stadt. Systematische, vergleichende und problemorientierte Analysen»dezentraler« Politik. Opladen 1991, S. 151–176.

RUDOLPH, CLARISSA, Die andere Seite der Frauenbewegung. Frauengleichstellungsstellen in Deutschland. Pfaffenweiler 1993.

SCHRÄDER, WILHELM u. a., Kommunale Gesundheitsplanung. Basel usw. 1986.

SCHRIDDE, HENNING, Neue sozialpolitische Tendenzen in deutschen Großstädten. Düsseldorf 1995.

SCHULZE-BÖING, MATTHIAS/JOHRENDT, NORBERT (Hrsg.), Wirkungen kommunaler Beschäftigungsprogramme. Basel usw. 1994.

TROJAN, ALF/HILDEBRANDT, HELMUT (Hrsg.), Brücken zwischen Bürgern und Behörden. Innovative Strukturen für Gesundheitsförderung. St. Augustin 1990.

WILKEN, LINDA, Einmischung erlaubt? Kommunale Frauenbüros in der Bundesrepublik. Hamburg 1992.

WRANGEL, UTE VON (Hrsg.), So arbeiten Frauenbüros. Bielefeld 1996.

10. Ausland, Europa, internationaler Vergleich

BALDERSHEIM, HARALD/ILLNER, MICHAL/OFFERDAL, AUDUN/ROSE, LAWRENCE/SWIANIEWICZ, PAWEL (eds.), Local Democracy and the Processes of Transformation in East-Central Europe. Boulder 1996.

BENNETT, ROBERT (ed.), Territory and Administration in Europe. London/New York 1989.

DERS. (ed.), Local Government in the New Europe of the 1990s. London 1993.

CAIHALY-STELKENS, ANNE, Kommunale Selbstverwaltung und Ingerenz des Gemeinschaftsrechts – insbesondere am Beispiel Frankreichs und Deutschlands. Baden-Baden 1996.

CLARK, TERRY NICHOLS/FERGUSON, LORNA CROWLEY, City Money. Political Processes, Fiscal Strain and Retrenchment. New York 1983.

COULSON, ANDREW (ed.), Local Government in Eastern Europe. Establishing Democracy at the Grassroots. Aldershot 1995.

COUNCIL OF EUROPE, The Reforms of Local and Regional Authorities in Europe. Strasbourg 1983.

COUNCIL OF EUROPE, Bearbeiter, PRAMBÖCK, E., Bericht über die Entwicklung der kommunalen Selbstverwaltung in den Staaten Zentral- und Osteuropas. Strasbourg 1993.

DENTE, BRUNO/KJELLBERG, FRANCO (eds.), The Dynamics of Institutional Change. London 1988.

DEUTSCHER LANDKREISTAG, Die Kreisebene in den Mitgliedstaaten der Europäischen Union. Darstellung der institutionellen Grundlagen und Leitfaden für die europäischen, kommunal-relevanten Förderprogramme. Bonn 1996.

ERICHSEN, HANS-UWE/HOPPE, WERNER/LEIDINGER, ADALBERT (Hrsg.), Kommunalverfassungen in Europa. Stuttgart 1988.

ERNST, RAINER W./BORST, RENATE/KRÄTKE, STEFAN/NEST, GÜNTER (Hrsg.), Arbeiten und Wohnen in städtischen Quartieren. Zum Verständnis der Stadt im interkulturellen Vergleich. Basel usw. 1993.

EUROPEAN DIRECTORIES LIMITED, Regional and Lokal Government in the EC Europe. A brief overview. London 1992.

EVERS, ADALBERT/FARRANT, WENDY/TROJAN, ALF (Hrsg.), Healthy Public Policy at the Local Level. Frankfurt/Main u. a. 1989.

EWERS, HANS-JÜRGEN/GODDARD, JOHN B./MATZERATH, HORST (eds.), The Future of the Metropolis. Economic Aspects. Berlin/New York 1986.

FROESSLER, ROLF/LANG, MARKUS/SELLE, KLAUS/STAUBACH, REINER, Lokale Partnerschaften. Die Erneuerung benachteiligter Quartiere in europäischen Städten. Basel usw. 1994.

GIFFINGER, RUDOLF, Wohnungsmarktbarrieren und Stadtentwicklung. Ein regionalwissenschaftlicher Beitrag zur Ausländerdiskriminierung am Beispiel von Wien. Basel usw. 1997.

GOLDSMITH, MICHAEL/KLAUSEN, KURT K. (eds.), European Integration and Local Government. Cheltenham/Brookfield 1997.

GREGORY, ANDRUSZ (ed.), Cities after socialism. Oxford 1996.

HÄUSSERMANN, HARTMUT (Hrsg.), Ökonomie und Politik in alten Industrieregionen Europas. Probleme der Stadt- und Regionalentwicklung in Deutschland, Frankreich, Großbritannien und Italien. Basel usw. 1992.

HEINELT, HUBERT (Hrsg.), Politik in europäischen Städten. Fallstudien zur Bedeutung lokaler Politik. Basel usw. 1992.

DERS./MAYER, MARGIT (Hrsg.), Politik in europäischen Städten. Fallstudien zur Bedeutung lokaler Politik. Basel u. a. 1992.

HELLSTERN, GERD-MICHAEL/SPREER, FRITHJOF/WOLLMANN, HELLMUT (eds.), Applied Urban Research. Towards an Internationalization of Research and Learning. Bonn 1982.

HESSE, JOACHIM JENS (ed.), Local Government and Urban Affairs in International Perspective. Baden-Baden 1991.

DERS./GOETZ, KLAUS H., Public Sector Reform in Central and Eastern Europe I, The Case of Poland. In, Ellwein, Thomas u. a. (Hrsg.), Jahrbuch zur Staats- und Verwaltungswissenschaft, Bd. 6, Baden-Baden, S. 237 ff.

DIES., Public Sector Reform in Central and Eastern Europe III, The Case of Hungary. In, Ellwein, Thomas u. a. (Hrsg.), Jahrbuch zur Staats- und Verwaltungswissenschaft, Bd. 6, Baden-Baden, S. 325–360.

HOOD, CHRISTOPHER/SCHUPPERT, FOLKE G. (Hrsg.), Verselbständigte Verwaltungseinheiten in Westeuropa. Baden-Baden 1988.

ILLNER, MICHAL, The territorial dimension of public administration reforms in East Central Europe. Prague 1997.

INTERNATIONAL POLITICAL SCIENCE REVIEW (Schwerpunktheft), New Trends in Municipal Government. London u. a. 1998, Heft 2.

KÄLLTORP, O., Cities in transformation – transformation in cities. Aldershot 1997.

KNEMEYER, FRANZ-LUDWIG, Die Europäische Charta der kommunalen Selbstverwaltung. Entstehung und Bedeutung – Länderberichte und Analysen. Baden-Baden 1990.

LORRAIN, DOMINIQUE/STOKER, GERRY (eds.), The Privatization of Urban Services in Europe. Pinter 1997.

MABILEAU, ALBERT, Kommunalpolitik und -verwaltung in Frankreich. Basel usw. 1996.

834

MARAHRENS, WALTER/AX, CHRISTINE/BUCK, GERHARD (Hrsg.), Stadt und Umwelt. Aspekte einer europäischen Stadtpolitik. Basel usw. 1991.

MARCOU, GÉRARD/VEREBELYI, IMRE, New Trends in Local-Government in Western and Eastern Europe. Brussels 1993.

MARTINI, ALEXANDER, Gemeinden in Europa. Köln 1992.

MAYNTZ, RENATE (Hrsg.), Kommunale Wirtschaftsförderung. Ein Vergleich Bundesrepublik Deutschland – Großbritannien. Stuttgart u. a. 1981.

MILDNER, KIRK, Lokale Politik und Verwaltung in Rußland. Zwischen Neuanfang, Erbe und Korruption. Basel usw. 1996.

MINGIONE, ENZO (ed.), Urban poverty and the underclass. Oxford 1996.

MOMBAUR, PETER MICHAEL, Kommunalpolitik in der Europäischen Union. Göttingen 1992.

DERS., Kommunalpolitik und Europäische Union. 3. Aufl. Göttingen 1994.

NASCHOLD, FRIEDER, Umstrukturierung der Gemeindeverwaltung, eine international vergleichende Zwischenbilanz. In, Naschold, Frieder/Oppen, Maria/Wegener, Alexander (Hrsg.), Innovative Kommunen. Internationale Trends und deutsche Erfahrungen. Stuttgart usw. 1997, S. 15–48.

NIERHAUS, MICHAEL (Hrsg.), Kommunale Selbstverwaltung – europäische und nationale Aspekte. Berlin 1996.

NORTON, ALAN, International Handbook of Local and Regional Government. Aldershot 1994.

DERS./NOVVY, KLAUS (Hrsg.), Soziale Wohnpolitik der 90er Jahre. Probleme und Handlungsansätze aus britisch-deutscher Sicht. Basel usw. 1990.

PAGE, EDWARD C., Localism and Centralism in Europe. The Political and Legal Bases of Local Self-Government. Oxford 1991.

DERS./GOLDSMITH, MICHAEL J. (eds.), Central and Local Relations, A Comparative Analysis of West European Unitary States. London 1987.

PEHLE, HEINRICH, Kommunale Entscheidungsstrukturen in Schweden und Deutschland. Vier Fallstudien zum Stellenwert kommunaler Außenpolitik bei Verkehrsinvestitionen. München 1985.

PICKVANCE, CHRISTOPH/PRETECEILLE, EDMOND (eds.), State Restructuring and Local Power – A Comparative Perspective. London 1991.

RUDOLPH-CLEFF, ANNETTE, Wohnungspolitik und Stadtentwicklung. Ein deutsch-französischer Vergleich. Basel usw. 1996.

SASSEN, SASKIA, Metropolen des Weltmarkts. Die neue Rolle der Global Cities. Frankfurt/Main – New York 1996.

SCHROER, JOCHEN, Kommunaler Umweltschutz in Europa. Stuttgart 1992.

SEELE, GÜNTER, Der Kreis aus europäischer Sicht. Die übergemeindliche Kommunalverwaltung im Spiegel der nationalstaatlichen Verwaltungsstrukturen und der europäischen Gemeinschafspolitik. Köln 1991.

SIMKO, DUSAN, Einwohner und Umweltbelastung in Tokyo. Fallstudie, Die Nachbarschaft Ojima in Koto-ku. Basel usw. 1990.

STAHLBERG, KRISTER, Local Government in Transition. Helsinki 1993.

STEWART, JOHN/STOKER, GERRY (Hrsg.), The Future of Local Government. London 1989.

STOKER, GERRY, The Politics of Local Government. London 1988.

THIES, MARTIN, Die Situation der gemeindlichen Selbstverwaltung im europäischen Einigungsprozeß. Frankfurt/Main 1995.

UPPENDAHL, H., Anatomie einer Kommunalreform. Lokale Selbstregierung in England und Wales. Königstein 1981.

VILLADSEN, SÖREN (ed.), Big City Politics. Problems and Strategies. Roskilde 1990.

WEHLING, HANS-GEORG (Hrsg.): Kommunalpolitik in Europa. Stuttgart usw. 1994.

WOLLMANN, HELLMUT, Systemwandel und Städtebau in Mittel- und Osteuropa. Basel usw. 1994.

D<small>ERS</small>., Variationen institutioneller Transformation in sozialistischen Ländern: Die (Wieder-)Einführung der kommunalen Selbstverwaltung in Ostdeutschland, Ungarn, Polen und Rußland. In: Wollmann, Hellmut/Wiesenthal, Helmut/Bönker, Frank (Hrsg.), Transformation sozialistischer Gesellschaften: Am Ende des Anfangs. Opladen 1995, S. 554–596.

W<small>OLMAN</small>, H<small>AROLD</small>/G<small>OLDSMITH</small>, M<small>ICHAEL</small>, Urban Politics and Policy: A Comparative Approach. Oxford 1992.

11. Zeitschriften

Alternative Kommunalpolitik
Archiv für Kommunalwissenschaften
Die Demokratische Gemeinde (hrsg. von der Sozialdemokratischen Gemeinschaft für Kommunalpolitik in der Bundesrepublik Deutschland e.V., Bonn)
Kommunalpolitische Blätter (hrsg. von der Kommunalpolitischen Vereinigung der CDU und CSU Deutschlands, Bonn)
das rathaus (hrsg. von der Bundesvereinigung Liberaler Kommunalpolitiker e.V., Bonn)
der städtetag (hrsg. vom Deutschen Städtetag, Köln)
der landkreis (hrsg. vom Deutschen Landkreistag, Bonn)
Städte- und Gemeindebund (hrsg. vom Deutschen Städte- und Gemeindebund, Düsseldorf)

Sachregister[1]

---

1 Die fettgedruckten Seitenzahlen verweisen auf Begriffe, denen spezielle Autorenbeiträge in
   diesem Band gewidmet sind.

Autorenverzeichnis

ALBERS, GERD, Dr. Ing., Dr.-Ing. E. h., Professor (em.) für Städtebau und Regionalplanung der Technischen Universität München.

APEL, DIETER, Dr.-Ing., Wiss. Mitarbeiter beim Deutschen Institut für Urbanistik in Berlin.

BACKHAUS-MAUL, HOLGER, Mag. rer. publ., Martin-Luther-Universität Halle-Wittenberg, Fachbereich Erziehungswissenschaften, Fachgebiet »Recht, Verwaltung und Organisation«.

BERKEMEIER, KARL-HEINZ, Journalist, Mitglied der Frankfurter Stadtverordnetenversammlung.

BULLMANN, UDO, Dr. rer. soc., Wiss. Assistent am Institut für Politikwissenschaft der Justus-Liebig-Universität, Gießen.

DIECKMANN, JOCHEN, Geschäftsf. Präsidialmitglied des Deutschen Städtetages, Köln/Berlin, und Lehrbeauftragter an der Deutschen Hochschule für Verwaltungswissenschaften Speyer.

GITSCHMANN PETER, Dr. rer. soc., Leiter der Abt. Altenhilfe und Pflege/Landessozialamt, Behörde für Arbeit, Gesundheit und Soziales der Freien Hansestadt Hamburg.

GLASER HERMANN, Dr., Honorarprofessor an der Technischen Universität Berlin, Mitglied des PEN.

GORNIG, MARTIN, Dr. rer. pol., Dipl.-Volksw. und Dipl.-Ing., Wiss. Mitarbeiter am Deutschen Institut für Wirtschaftsforschung (DIW) in Berlin und Dozent am Institut für Stadt- und Regionalplanung der Technischen Universität Berlin.

GRABOW, BUSSO, Dr. rer. pol., Dipl.-Ök., Wiss. Mitarbeiter und Projektleiter am Deutschen Institut für Urbanistik in Berlin.

GREESE, DIETER, grad. Sozialarbeiter, Leiter des Jugendamtes der Stadt Essen.

GRUNOW, DIETER, Dr., Professor für Verwaltungs- und Politische Wissenschaften an der Universität Duisburg.

HÄUSSERMANN, HARTMUT, Dr. rer. pol., Professor für Stadt- und Regionalsoziologie im Institut für Sozialwissenschaften der Humboldt-Universität zu Berlin.

HEIDE, HANS-JÜRGEN VON DER, Dr., Erster Beigeordneter a. D. des Deutschen Landkreistages.

HEINELT, HUBERT, Dr. phil., Professor für Verwaltungswissenschaft und lokale Politikforschung am Institut für Politikwissenschaft der Technischen Universität Darmstadt.

HEINZ, WERNER, Dr. phil., Dipl.-Ing., Wiss. Mitarbeiter und Leiter der Kölner Abteilung des Deutschen Instituts für Urbanistik.

HEINZE, ROLF G., Dr., Professor für Soziologie an der Ruhr-Universität, Bochum.

HENCKEL, DIETRICH, Dr. rer. soc., Dipl.-Volksw., Wiss. Mitarbeiter und Projektleiter am Deutschen Institut für Urbanistik in Berlin, Honorarprofessor an der Technischen Universität Berlin.

HENNEKE, HANS-GÜNTHER, Dr. jur., Professor, Stellv. Hauptgeschäftsführer des Deutschen Landkreistages, Bonn/Rechtswissenschaftliche Fakultät der Universität Osnabrück.

HINTZSCHE, BURKHARD, Referent für Wohnungswesen beim Deutschen Städtetag in Köln.

HOLTMANN, EVERHARD, Dr., Professor für Systemanalyse und Vergleichende Politik am Institut für Politikwissenschaft der Martin-Luther-Universität, Halle-Wittenberg.

HUCKE, JOCHEN, Dr., Mitarbeiter der Senatsverwaltung für Bauen, Wohnen und Verkehr Berlin.

JAEDICKE, WOLFGANG, Dipl.-Pol., Gesellschafter und Projektleiter am IfS Institut für Stadtforschung und Strukturpolitik Berlin.

JANNING, HERMANN, Dr. jur., Betriebswirt (VWA), Oberkreisdirektor des Kreises Soest.

JARREN, OTFRIED, Dr. phil., Professor für Publizistikwissenschaft am Institut für Publizistikwissenschaft und Medienforschung der Universität Zürich sowie Direktor des Hans-Bredow-Instituts, Institut für Medienforschung an der Universität Hamburg.

KARRENBERG, HANNS, Hauptreferent in der Finanzabteilung des Deutschen Städtetages in Köln.

KNEMEYER, FRANZ-LUDWIG, Dr. jur., Professor, Vorstand des Kommunalwissenschaftlichen Forschungszentrums, Würzburg.

KRÄTKE, STEFAN, Dr., Professor für Wirtschafts- und Sozialgeographie an der Europa-Universität Viadrina in Frankfurt (Oder).

KRAUTZBERGER, MICHAEL, Dr., Ministerialdirektor, Leiter der Abt. Raumordnung und Städtebau im Bundesministerium für Raumordnung, Bauwesen und Städtebau, Honorarprofessor an der Universität Dortmund.

KUBAN, MONIKA, Stadtdirektorin, Kämmerin und Dezernentin für Personal und Organisation, Duisburg.

LAUX, EBERHARD, Dr. jur., Honorarprofessor an der Deutschen Hochschule für Verwaltungswissenschaften, Speyer.

LORENZ, SABINE, Dipl.-Sozialw., Wiss. Mitarbeiterin am Institut für Sozialwissenschaften der Humboldt-Universität zu Berlin.

MÄDING, HEINRICH, Dr., Professor für Volkswirtschaftslehre, Leiter des Deutschen Instituts für Urbanistik in Berlin.

MEYER, HUBERT, Dr. jur., Geschäftsf. Vorstandsmitglied des Landkreises Mecklenburg-Vorpommern, Schwerin.

MÜNSTERMANN, ENGELBERT, Dr., Hauptreferent in der Finanzabteilung des Deutschen Städtetages, Köln.

MÜSCHEN, KLAUS, Dr., Leiter des Referats Klimaschutz und Informationssystem Umwelt bei der Senatsverwaltung für Stadtentwicklung, Umweltschutz und Technologie, Berlin.

PÜTTNER, GÜNTER, Dr. jur., Professor für Öffentliches Recht an der Universität Tübingen.

REICHARD, CHRISTOPH, Dr., Professor für öffentliche Betriebswirtschaftslehre an der Universität Potsdam.

RHIEMEIER, DOROTHÉE, Sozialwissenschaftlerin, Leiterin des Schulverwaltungsamtes der Stadt Kassel.

ROTH, ROLAND, Dr., Professor für Politikwissenschaft an der Fachhochschule Magdeburg, Fachbereich Sozial- und Gesundheitswesen.

SALDERN, ADELHEID VON, Dr., Professorin für Neuere Geschichte am Historischen Seminar der Universität Hannover.

SCHEFFER, THOMAS, Dipl.-Soz., Doktorand am Institut für Migrationsforschung und interkulturelle Studien (IMIS) der Universität Osnabrück.

SCHMIDT-EICHSTAEDT, GERD, Dr. jur., Professor für Bau- und Planungsrecht an der Technischen Universität Berlin.

SCHNAPPAUF, WERNER, Dr. jur., Landrat des Landkreises Kronach.

SCHNEIDER, HERBERT, Dr. phil., Dr. rer. pol., Professor für Politikwissenschaft an der Pädagogischen Hochschule Heidelberg, Lehrbeauftragter für Kommunalpolitik an der Universität Heidelberg.

SCHÖNEICH, MICHAEL, Beigeordneter für Personal und Organisation, Deutscher Städtetag, Köln/Berlin.

SIMON, NIKOLAUS, Geschäftsführer der Hans-Böckler-Stiftung, Düsseldorf.

STOLTERFOHT, BARBARA, Dipl.-Pol., Hessische Ministerin für Frauen, Arbeit und Sozialordnung.

STUCKE, NICLAS, Leiter des Büros Hauptgeschäftsführer, Deutscher Städtetag, Köln/Berlin.

THIEL, WOLFGANG, Dipl.-Soz., Wiss. Mitarbeiter der Nationalen Kontakt- und Informationsstelle zur Anregung und Unterstützung von Selbsthilfegruppen (NAKOS), Berlin.

THRÄNHARDT, DIETRICH, Dr. rer. soc., Professor für Politikwissenschaft der Universität Münster.

TROJAN, ALF, Prof. Dr. Dr. M. Sc., Direktor der Abteilung II des Instituts für Medizin-Soziologie, Universitätskrankenhaus Eppendorf, Universität Hamburg.

VOELZKOW, HELMUT, PD Dr., Max-Planck-Institut für Gesellschaftsforschung, Köln.

WERNER, WALTER, Vorsitzender des VSOP – Verein für Sozialplanung e.V., Speyer.

WOLLMANN, HELLMUT, Dr. jur., Professor für Verwaltungslehre an der Humboldt-Universität zu Berlin, Gesellschafter des IfS Institut für Stadtforschung und Strukturpolitik Berlin.

ZIMMER, ANNETTE, Dr., Professorin für Politikwissenschaft an der Universität Münster.